중국 소재 고구려 유적과 유물 X

송화강 – 목단강 – 두만강 유역

표지 사진 | 유하 조어대고성 전경　　Ⓒ 여호규

중국 소재 고구려 유적과 유물　Ⅹ

송화강 – 목단강 – 두만강 유역

THE KINGDOM OF KOGURYO RUINS AND ARTIFACTS IN CHINA

| 동북아역사재단 편 |

• 이 책은 2018년 동북아역사재단 연구용역 수행 결과물임.

책머리에

압록강 중상류를 비롯해 중국 동북지역에는 고구려 유적과 유물이 무수히 산재해 있다. 이러한 유적과 유물은 고구려사를 연구하고 한국사를 체계화하는 데 매우 중요한 자료일 뿐 아니라, 모든 인류가 공유해야 할 소중한 문화유산이기도 하다. 그런데 아쉽게도 이와 관련된 각종 보고서나 연구논저가 여러 학술지에 산재해 있거나 절판된 경우가 적지 않아 관련 연구자나 역사에 관심 있는 일반인들이 이용하는 데 많은 어려움을 겪고 있다. 이에 동북아역사재단에서는 2007년부터 중국 소재 고구려 유적·유물을 집대성하여 DB를 구축하는 사업을 추진하였다.

본 연구팀도 이 사업에 참여하여 DB 구축에 필요한 기초자료를 정리하는 과제를 수행하였다. 2007–2008년에는 고구려 발흥지인 압록강 중상류, 2009–2011년에는 두 번째 도성이었던 통구분지(집안분지), 2012–2014년에는 요동반도와 요하·송화강·두만강 유역 등에 분포한 유적과 유물을 정리하였다. 이어 2015–2016년에는 2007년 이후 새롭게 조사된 유적에 대한 정리 작업을 진행하였다. 이를 통해 고분군 246곳, 개별 고분 269기, 성곽 301곳, 성곽의 개별 유구 31기, 기타 유적 40곳, 개별 유물 84개 등 총 971건의 유적과 유물을 정리하였다.

그런데 이렇게 정리한 기초자료를 토대로 DB를 구축한 결과, 각 지역별 '개관'이나 각 유적의 '역사적 성격' 등 종합적인 서술 부분을 모두 DB로 전환하는 데는 상당한 애로가 따르는 것으로 확인되었다. 또한 연구자나 일반인들이 각 유적의 전체 현황을 일목요연하게 파악하는 데도 많이 불편하다는 문제점이 제기되었다. 이에 2018–2019년에 기존의 DB 구축용 기초자료를 재정리하여 책자 형태로 출간하는 사업을 진행하였다.

본 연구팀은 연구과제를 체계적으로 수행하기 위해 각 유적·유물을 고분, 성곽, 기타 유적, 개별 유물 등으로 분류한 다음, 관련 전공자로 연구팀을 구성하였다. 연구 책임자인 여호규는 과제를 총괄하면서 성곽을 담당하였고, 강현숙은 고분, 백종오는 유물 등을 담당하면서 각 권의 개관과 유적의 역사적 성격을 집필하였다. 김종은(고분), 이경미(성곽), 정동민(고분과 성곽), 한준영(유물)은 각종 보고서와 연구논저의 서술 내용을 1차 정리하는 작업을 담당하였다. 나유정과 노윤성은 출간 사업에 참여하여 원고 교정과 지도 제작 등을 담당하였다.

이 작업에서 본 연구팀은 중국 소재 고구려 유적과 유물을 체계적으로 정리하여 집대성하는 데 가장 주안점을 두었다. 이를 위해 먼저 각종 보고서와 연구논저, 지도와 지지(地誌), 보도자료, 답사자료 등을 광범위하게 수집하였다. 그런 다음 각 유적별로 조사 현황, 위치와 자연환경, 유적의 전체 현황, 유구별 현황(또는 성벽과 성곽시설, 성내시설과 유적), 출토유물, 역사적 성격, 참고문헌 등의 항목을 설정해 각 유적의 조사 현황과 연구성과를 체계적이고 통일성 있게 정리하고자 노력하였다.

이러한 작업을 통해 본 연구팀은 A4 약 1만 매에 이르는 DB 구축용 기초자료를 확보하였다. 이를 바탕으로 책자 형태의 출간 사업을 진행하여 압록강 중상류 2권(Ⅰ-Ⅱ), 통구분지 4권(Ⅲ-Ⅵ), 요동반도-요하-송화강-두만강 유역 4권(Ⅶ-Ⅹ) 등 총 10권으로 구성하였다. 각 권의 서두에는 개관을 설정하여 각 지역별 전체 현황을 서술하는 한편, 시·현 행정구역이나 유적군을 단위로 각 권의 부(部)를 설정해 유적의 현황을 정리하고 역사적 성격을 서술하였다.

이상의 과정을 거쳐 출간하게 된 본 시리즈는 중국 동북지역에 산재한 고구려 유적과 유물을 체계적으로 집대성한 최초의 성과라 할 수 있다. 이러한 점에서 본서의 발간은 고구려 유적·유물에 관한 방대한 정보를 체계적으로 제공하여 고구려사 연구기반을 확충하는 한편, 이를 활용한 다양한 역사 콘텐츠 개발 및 일반 국민의 역사인식 제고에도 크게 기여할 것으로 기대된다.

본서는 동북아역사재단의 중장기적인 지원 덕분에 발간될 수 있었다. 김현숙 연구정책실장께서는 본 과제를 처음 기획하여 중장기 사업으로 추진할 수 있는 토대를 놓았고, 이성제 한국고중세사연구소장께서는 2011년부터 본 과제를 담당하여 각종 실무적인 뒷받침을 해주었는데, 이에 깊이 감사드린다. 그리고 2007년 이래 본 과제를 물심양면으로 성원해주신 김용덕, 정재정, 김학준, 김호섭 역대 이사장님들과 김도형 이사장님께도 깊이 감사드린다. 아울러 난삽한 원고와 각종 도면을 깔끔하게 정리하여 산뜻한 책으로 꾸며주신 출판 관계자 여러분들께도 깊이 감사드린다.

2020년 6월 10일
연구팀을 대표하여 여호규

일러두기

1   중국의 간체자는 모두 우리식 한자로 수정하고, 음도 우리식 한자음으로 표기했다.

2   한자 용어는 가능한 한글 표현으로 풀어쓰고자 했으나, 의미 전달을 고려하여 그대로 노출하여 사용하거나 한글과 병기하기도 하였다.

3   기원전은 연도에 각각 표기했고, 기원후 혹은 서기는 생략했다.
〈예〉 기원전 45 – 기원전 12년 / 기원전 2 – 2세기 /
       3 – 4세기

4   참고문헌은 오래된 연도부터 배열했고, 같은 연도에서는 가나다 순으로 배열했다.

5   유적 명칭은 공식 보고서나 『중국문물지도집』을 기준으로 '시·현＋유적명'으로 표기하고, 이칭이 있는 경우 병기하였다. 다만 '등탑 백암성'처럼 국내에 널리 통용되는 명칭이 있는 경우 이를 따랐다. 같은 시·현에 명칭이 같거나 유사한 유적이 있는 경우, 향·진이나 촌을 표기하여 구분하였다. 지명 이외의 유적명은 한 단어로 보아 붙였다.
〈예〉 수암 조양향 고려성산산성 / 수암 합달비진 고려성산
       산성 / 관전 대고령지후강연고분군 / 수암 마권산
       성내고분군

6   유적 위치도는 각종 보고서의 도면을 집성하여 제시하였고, 정확한 위치를 파악한 경우에는 '만주국 10만분의 1 지형도'에 표기하였다. 아울러 『중국문물지도집』 길림분책(1993)과 요령분책(2009)에 실린 유적 위치를 구글 지형도(2020년 1월 기준)를 활용하여 제시하였다.

7   지도의 기호는 다음과 같이 사용했다. 단, 자체 범례를 가진 지도는 이에 해당하지 않는다.

산 : △	산성 : ▲	평지성 : ■	관애 : ▬
장성 : ᴨᴨ	고분 : ▲	기타 유적 : ●	
시·현 : ◉	향·진 : ◎	촌 이하(촌·둔·동) : ○	

차례

책머리에 5
일러두기 7

제1부 개관

1. 고분군과 고분 13
2. 성곽 19
3. 기타 유적 34
4. 유물 35

제2부 길림시(吉林市) 지역의 유적

1. 성곽

01 길림 동단산산성 吉林 東團山山城 41
02 길림 남성자고성 吉林 南城子古城 49
03 길림 용담산성 吉林 龍潭山城 54
04 길림 천태고성 吉林 天太古城 69
05 길림 관지고성 吉林 官地古城 71
06 길림 가자산성 吉林 架子山城 74
07 길림 삼도령자산성 吉林 三道嶺子山城 76
08 길림 삼가자고성 吉林 三家子古城 79

2. 기타 유적

01 길림 용담산녹장유적 吉林 龍潭山鹿場遺蹟 83

제3부 덕혜시(德惠市) 지역의 성곽

01 덕혜 노변강유적 德惠 老邊崗遺蹟 102

제4부 농안현(農安縣) 지역의 성곽

01 농안 농안고성 農安 農安古城 114
02 농안 노변강유적 農安 老邊崗遺蹟 120

제5부 교하시(蛟河市) 지역의 성곽

01 교하 신가고성 蛟河 新街古城 128
02 교하 복래동고성 蛟河 福來東古城 133
03 교하 납법소립자산성 蛟河 拉法小砬子山城 136
04 교하 육가자동산산성 蛟河 六家子東山山城 140
05 교하 횡도하자남산산성 蛟河 橫道河子南山山城 144

제6부 반석시(磐石市) 지역의 성곽

01 반석 지방구관애 磐石 紙房溝關隘 150
02 반석 성자구관애 磐石 城子溝關隘 153
03 반석 대마종령산성 磐石 大馬宗嶺山城 156
04 반석 포대산성 磐石 炮臺山城 159
05 반석 후호취자산성 磐石 後虎嘴子山城 162

제7부 동풍현(東豊縣) 지역의 성곽

01 동풍 성지산산성 東豊 城址山山城 168

제8부 휘남현(輝南縣) 지역의 유적

1. 고분군과 고분
01 휘남 소가점후산고분군 輝南 邵家店後山古墳群   175
02 휘남 무민고분군 輝南 撫民古墳群   177

2. 성곽
01 휘남 휘발성 輝南 輝發城   181
02 휘남 조어대고성 輝南 釣魚臺古城   192
03 휘남 소성자고성 輝南 小城子古城   196

제9부 유하현(柳河縣) 지역의 유적

1. 고분군과 고분
01 유하 색수배고분군 柳河 色樹背古墳群   205

2. 성곽
01 유하 조어대고성 柳河 釣魚臺古城   209
02 유하 나통산성 柳河 羅通山城   214

제10부 청원현(清原縣) 지역의 성곽

01 청원 남산자산성 清原 南山子山城   242

제11부 정우현(靖宇縣) 지역의 유적

1. 고분군과 고분
01 정우 승리고분군 靖宇 勝利古墳群   249

2. 성곽
01 정우 유수천고성 靖宇 楡樹川古城   253

제12부 무송현(撫松縣) 지역의 유적

1. 고분군과 고분
01 무송 감장후산고분 撫松 碱場後山古墳   261
02 무송 감장서감고분군 撫松 碱場西坎古墳群   263
03 무송 신안고분 撫松 新安古墳   265
04 무송 대방(황)정자적석고분군 撫松 大方(荒)頂子積石古墳群 266

2. 성곽
01 무송 대방정자성 撫松 大方頂子城   277

3. 기타 유적
01 무송 양동유적 撫松 羊洞遺蹟   281
02 무송 황니외자유적 撫松 黃泥崴子遺蹟   284
03 무송 소남구유적 撫松 小南溝遺蹟   286
04 무송 신안유적 撫松 新安遺蹟   288

제13부 돈화시(敦化市) 지역의 성곽

01 돈화 성산자산성 敦化 城山子山城   382
02 돈화 횡도하자고성 敦化 橫道河子古城   387
03 돈화 대전자고성 敦化 大甸子古城   390

제14부 안도현(安圖縣) 지역의 유적

1. 고분군과 고분
01 안도 동청고분군 安圖 東淸古墳群   397

2. 성곽
01 안도 대립자산성 安圖 大砬子山城   431
02 안도 오봉산성 安圖 五峰山城   434
03 안도 오호산성 安圖 五虎山城   439
04 안도 유수천고성 安圖 楡樹川古城   444
05 안도 성문산성 安圖 城門山城   447
06 안도 동청고성 安圖 東淸古城   451
07 안도 앙검산성 安圖 仰瞼山城   456

제15부 화룡시(和龍市) 지역의 성곽

01 화룡 송월산성 和龍 松月山城   462
02 화룡 팔가자산성 和龍 八家子山城   466
03 화룡 양목정자산성 和龍 楊木頂子山城   470
04 화룡 삼층령산성 和龍 三層嶺山城   474
05 화룡 토성리고성 和龍 土城里古城   478
06 화룡 고성리고성 和龍 古城里古城   481

제16부 용정시(龍井市) 지역의 유적

1. 고분군과 고분
01 용정 수남촌고분군 龍井 水南村古墳群   489

2. 성곽
01 용정 삼산동산성 龍井 三山洞山城   493
02 용정 중평고성 龍井 仲坪古城   495
03 용정 편검산성 龍井 偏瞼山城   498
04 용정 금곡산성 龍井 金谷山城   501
05 용정 양참봉산성 龍井 養參峰山城   504
06 용정 토성둔고성 龍井 土城屯古城   508
07 용정 선구산성 龍井 船口山城   513
08 용정 백석립자산성 龍井 白石砬子山城   518
09 용정 성자구산성 龍井 城子溝山城   521
10 용정 동흥고성 龍井 東興古城   525
11 용정 청수산성 龍井 淸水山城   529
12 용정 조동산성 龍井 朝東山城   533

3. 기타 유적
01 용정 용곡유적 龍井 龍曲遺蹟   541
02 용정 수남수칠구사지 龍井 水南水七溝寺址   543

제17부 연길시(延吉市) 지역의 유적

1. 성곽
01 연길 흥안고성 延吉 興安古城   549
02 연길 하룡고성 延吉 河龍古城   555
03 연길 대암고성 延吉 臺巖古城   562

2. 기타 유적
01 연길 용연유적 延吉 龍淵遺蹟   567

제18부 도문시(圖們市) 지역의 성곽

01 도문 성자산산성 圖們 城子山山城 570
02 도문 만대성산성 圖們 滿臺城山城 587
03 도문 정암산성 圖們 亭巖山城 591

제19부 왕청현(汪淸縣) 지역의 성곽

01 왕청 하북고성 汪淸 河北古城 598
02 왕청 광흥산성 汪淸 廣興山城 602
03 왕청 동사방대산성 汪淸 東四方臺山城 607

제20부 혼춘시(琿春市) 지역의 유적

1. 성곽

01 혼춘 온특혁부성 琿春 溫特赫部城 615
02 혼춘 살기성 琿春 薩其城 626
03 혼춘 석두하자고성 琿春 石頭河子古城 636
04 혼춘 간구자산성 琿春 干溝子山城 642
05 혼춘 도원동남산성 琿春 桃源洞南山城 649
06 혼춘 농평산성 琿春 農坪山城 653
07 혼춘 수류봉산성 琿春 水流峰山城 656
08 혼춘 영성자고성 琿春 營城子古城 659
09 혼춘 성장립자산성 琿春 城墻砬子山城 664
10 혼춘 통긍산성 琿春 通肯山城 668

2. 기타 유적

01 혼춘 양목림자유적 琿春 楊木林子遺蹟 673

제21부 연변(延邊) 지역의 장성(長城)

01 연변 장성 延邊 長城 678

제1부

개관

1. 고분군과 고분

중국의 송화강, 목단강, 두만강 유역 일대는 고구려의 동쪽 경계에 해당되는 지역으로, 졸본이나 국내에서 동쪽으로 진출하는 데 있어서 교통로상의 중요한 곳이다. 문헌기록에 의하면 일찍부터 동쪽으로 진출한 것으로 전해지지만, 이 일대의 고구려 유적에 대한 조사는 활발하지 못했고, 문헌기록을 뒷받침해줄 만한 고고학적 증거도 충분하지 못하다.

고구려가 진출하기 전의 송화강, 목단강, 두만강 유역 일대는 옥저와 동부여가 자리했던 곳으로 이해되지만, 이 일대에 대한 고고학 조사에서 옥저는 물론, 동부여에 대한 고고학적 증거는 확실하지 않다. 특히 두만강 일대에서의 고고학 조사가 발해의 유적이나 유물에 집중되었음에도 고구려와 발해의 고고학적 정체성에 대해서도 충분한 논의가 이루어졌다고 하기 어려운 실정이다. 그렇기 때문에 물질 증거를 통한 이 일대의 역사적 정황을 추론하는 데에는 한계가 있다. 다만, 이 일대에 고구려 성곽으로 추정되는 성들이 다수 분포하고 있는 점으로 미루어 고구려의 영역이었음은 쉬이 유추된다. 그러나 고구려 성곽에 비해 고분은 송화강 유역과 두만강 유역의 제한된 범위에서만 확인되고 있다.

현재 알려진 고구려 또는 고구려로 추정되는 유적들은 송화강 유역과 두만강 유역 일대에서 확인되나, 두 지역의 양상은 조금 차이가 있다. 송화강 유역에서 고구려의 물적 증거로 이용되는 것은 대상 파수 등 주로 토기인 데 반해, 두만강 유역의 경우 주로 무늬가 있는 기와를 통하여 고구려의 흔적을 추적하고 있다. 그러나 고구려와 발해 초기의 고고학적 양상이 확연하게 구별되지 않는 문제가 있으므로, 향후 이 일대에 대한 조사와 연구가 활성화될 필요가 있다.

1) 고분군의 분포양상

송화강과 두만강 유역 일대에서 고구려 유적으로는 적석묘를 포함한 고분과 재구덩이 그리고 그 성격이 확실하지 않은 유물 산포지 등이 있다. 고분군의 경우 수적으로 많지 않고, 단일 고분군을 이루는 고분의 군집 정도나 규모가 크지 않아서, 고분군으로 일정 정도 규모의 집단을 상정하기는 어렵다.

먼저 고구려로 보고된 고분군으로는 휘남현의 소가점후산고분군과 무민고분군, 유하현의 색수배고분군, 정우현의 승리고분군, 그리고 무송현의 대방(황)정자고분군과 감장서감고분군, 신안고분군 그리고 용정시의 수남촌고분군과 안도 동청고분군 등이 알려졌다.

휘남현의 소가점후산과 무민 두 고분군은 모두 지상에 드러난 현상에 대해 보고된 것으로, 학술 발굴조사를 거친 것은 아니어서 그 구조나 연대를 추정하는 데에는 한계가 있다. 소가점후산 고분군은 동서 방향으로 배열된 4기의 적석묘로 이루어진 고분군으로, 가장 큰 무덤이 능선의 정상부에 자리하고 나머지 3기의 무덤은 구릉의 사면에 열상으로 배치되어 있어서 고구려 적석묘의 분포와 유사한 양상을 보이지만, 개개 고분의 구조는 확실하지 않다.

무민 고분군은 적석묘와 봉토석실분으로 이루어졌다고 한다. 산등성이에 3기의 고분이 品자상으로 배치되어 있으며, 적석묘를 정점으로 남쪽으로 좌우에 두 기의 봉토석실분이 있다고 전하지만, 소가점후산고분군과 마찬가지로 개개 무덤에 대한 구체적인 정보는 없다. 다만, 적석묘는 냇돌과 화산석을 이용하여 축조한 것으로 묘광으로 보이는 중앙 함몰갱의 크기와 잔존 상태로 미루어 석실 구조는 아닌 것으로 보인다. 두 기의 봉토석실분은 석실의 석재가 노출되는 등 심하게 훼손되었다. 시기를 판단할 유물은 물론 구조도 자세하지 않아서 적석묘와 봉토석실분의 시간적 선후관계를 알 수 없으며 고분군의 중심 시간 위치도 파악하기 어렵다. 다만, 品자상으로 배치된 세 기의 고분이 서로 관련을 갖고 있다고 가정하자면, 무민 고분군은 석실봉토분으로 미루어 4세기 이전에 조성되었을 가능성은 그리 크지 않다.

유하현에서는 현재 색수배 한 곳에서만 고분군이 확인되었다. 현급문물보호단위로 보호받고 있는 고분군으로, 색수배 고분군은 원래 100여 기 정도의 고분으로 구성 되었다. 고분군은 적석묘와 봉토분으로 이루어졌지만 다수를 점하는 것은 단칸 구조의 석실봉토분이다. 그중 1984년 2기의 석실봉토분이 구제 발굴되었다. 조사 보고문만으로는 무덤의 구조를 확실히 알 수 없으나 1호 무덤에서 부부 합장임이 확인된 것으로 미루어 횡혈식 구조로 추정된다. 2호 석실 내부에서 불에 탄 흔적이나 백회를 바른 흔적이 확인되었다고 하는 점으로 미루어 휘남현의 무민고분군과 비슷한 양상일 것으로 추정된다. 대상파수가 출토된 점으로 미루어 고구려에 조성되었을 가능성을 배제할 수 없으나, 대상파수 토기는 청동기시대뿐 아니라 발해의 고구려계 토기에서도 보이는 속성이어서 그 시기를 가늠하기 어렵다.

정우현의 승리고분군은 마을 안쪽에서 봉토석실분 한 기가 확인되었으나, 발굴이 진행되지 않아서 무덤의 구조는 확실하지 않다. 다만, 훼손된 분구에서 천정석이 노출되었을 뿐이다.

무송현에서는 여러 곳에서 고분군이 확인되었지만, 감장후산이나 감장서감고분군의 경우 이미 너무 많이 훼손되어서 그 성격이나 연대를 가늠할 수 없다. 신안고분군도 마찬가지로 신안유적(舊 신안고성) 내에 위치한다고 하는 점으로 미루어 고분인지 여부조차 판단하기 어렵다.

반면, 대방(황)정자고분군은 정식 학술조사가 이루어졌다. 1960년 문물조사에서 대방정자유적은 고구려시대 고성으로 소개되었고, 1986년 조사에서 고구려성터로 추정되는 길이 50m, 폭 1m, 높이 0.35m의 석렬(石帶)과 함께 돌무지 6기를 확인하였다. 2008년 10월 문물조사에서 돌무지 6기를 확인하고 고구려적석묘로 판단했으나, 이전 고구려성터로 추정했던 석렬은 확인하지 못했다. 2011년에는 유적의 성격을 확실히 하기 위한 조사를 실시해서 6기의 돌무지(적석묘)를 정리하고 주변의 유적지를 조사했다. 북쪽에서 남쪽으로 내려오면서 분포하는 6기의 적석묘는 무기단식이거나 기단 혹은 계단식이었을 가능성도 있으며, 매장부는 석광일 가능성이 크다. 그중 5호 적석묘는 두 기가 분구의 한 변을 잇대어 축조한 연접묘일 가능성이 있으며, 6호 적석묘는 적어도 3개의 매장부를 가진 다광식일 것으로 추정된다. 무덤의 구조로 미루어 볼 때 대방(황)정자고분군은 적석묘로 이루어졌고, 석광을 매장부로 했다는 점에서 휘남현이나 정우현의 고구려 무덤보다 앞서 조성되었을 가능성이 있지만, 조사된 내용만으로는 그 시기를 구체적으로 판단하기 어렵다.

용정의 수남촌에는 일제 강점기의 조사보고에 의하면, 장방형의 계단적석묘와 원형과 방형 평면을 가진 봉토분이 혼재했던 것으로 보이지만, 현재는 모두 멸실되어 원상 확인이 불가능하다.

안도의 동청고분군에서는 기단과 계단석실적석묘와 봉토분 등과 소형의 토광묘도 조사되었다. 토광묘를 제외한 나머지 무덤의 매장부는 석실로, 석실 중에는 천정석이 없는 것도 있다. 적석묘의 경우 석실은 지표면에 자리하는 반면, 봉토분의 경우 지면에 자리하는 것과 지하에 자리하는 두 가지 경우가 확인된다. 기단이나 계단석실적석묘는 고구려와 관련을 가질 것으로 보기도 하지만(이성제, 2009), 多次에 걸친 多人합장이나 화장 등의 장속, 1호 적석묘에서 출토된 철제 등자나 2호 적석묘에서 출토된 허리띠 장식, 4호 적석묘에서 출토된 소위 山자형 장식의 머리 장식은 발해의 전형적인 유물이어서 적석묘지만 고구려시기에서 조성되었다고 보기는 어렵다. 이와 유사한 양상은 발해 초기 고분군인 돈화·육정산 고분군에서도 관찰되므로, 발해의 고구려 계승을 잘 보여주는 예라고 할 수 있다.

2) 고분의 구조와 시기

송화강과 두만강 유역 일대에서 확인되는 고구려 고분은 적석묘, 기단봉토분, 봉토분 세 종류가 있다. 무송의 대방정자고분군, 휘남의 소가점후산고분군은 적석묘 단일묘제로 이루어졌지만, 대개는 적석묘와 봉토분이 함께 자리한다(표 1 참조). 아직 두만강 유역 일대에서는 적석묘만으로 이루어진 고분군은 확인되지 않고 있다.

표 1에서 볼 수 있듯이 송화강과 두만강 일대의 고구려 고분은 유하현의 색수배고분군을 제외하고는 수기의 고분으로 이루어진 고분군이며, 고분군 내 고분의 규모가 크지 않을 뿐 아니라, 원상을 알 수 있는 예가 극히 드물다. 훼손 정도가 심할 뿐 아니라 고분 조사는 대개 지상에 드러난 구조나 상황을 확인하는 지표 조사적 성격을 띠다 보니, 고분으로부터 읽어 낼 수 있는 정보는 극히 제한적이다.

먼저, 적석묘는 보고 내용만으로 그 구조를 정확히 판단하기 어렵다. 대개 돌무지(石堆) 또는 적석묘로 보고되어서 외형은 무기단 적석묘처럼 보이지만, 적석 상태를 조사한 보고 내용을 보면 용정 수남촌, 무송 대방(황)정자고분군을 제외하고는 적석묘 여부조차 확실하지 않다. 보고에 따르면 용정 수남촌의 적석묘는 기단이나 3~4단의 계단적석묘였을 것으로 추정되며, 무송의 대방(황)정자 적석묘 가운데 장대석을 이용한 2호분이나 모서리돌이 정연하게 관찰된 3호분은 기단이나 계단적석묘였을 가능성이 있다. 5호분는 방형 평면의 적석묘 두기가 한변을 잇댄 연접 적석묘이며, 각각의 적석묘는 둘레에 장방체의 돌을 사용한 것으로 보아서 기단이나 계단 적석묘일 가능성이 크다. 6호분의 경우 적어도 3개의 매장부가 있는 장방형 평면의 다광식 적석묘일 것이다. 보고자의 구조 설명을 존중하여 볼 때 용정 수남촌이나 무송 대방(황)정자고분군이 4세기 이전에 조성되었다고 볼 근거는 확실치 않다.

한편, 휘남의 무민적석묘는 냇돌과 화산암석으로 조성되었다고 하는 점으로 미루어 기단이나 계단적석묘였을 가능보다는 무기단적석묘였을 가능성도 있다. 다만, 品자상의 배열을 보이는 두 기

표 1 송화강-두만강 유역의 고구려 고분군 분포 현황

명 칭	입지	구성	분포 현황	비고
휘남 소가점 후산	구릉 정상부, 사면	4기	적석묘(큰 무덤 구릉 정상 위치, 작은 무덤 사면에 위치)	
휘남 무민	구릉	3기	적석묘를 정점으로 두 기의 봉토분이 品자상으로 배치	
유하 색수배	구릉 사면	70기	봉토석실분 다수, 적석묘의 소수 대상파수편, 금동소환귀걸이 출토	1958년 1기, 1984년 2기 조사
무송 대방(황)정자	구릉 사면	6기	적석묘(연접묘, 다광식)	3기 미확인
안도 동청	구릉 사면	10여 기	적석묘(기단, 계단석실) 기단봉토, 봉토분, 토갱묘	출토유물은 발해
용정 수남촌	?	?	적석묘(기단, 계단), 봉토분	현재 멸실

의 고분이 모두 소형 봉토석실분인 점을 고려해 볼 때 고구려 초기의 무기단적석묘는 아닌 것으로 추정된다. 이상과 같이 송화강과 두만강 유역의 적석묘는 구조 형식으로 보아 고구려 초기에 조성된 것은 아닌 것으로 추정되며, 그 상한이 4세기대로 올라갈 가능성은 희박하다. 오히려 봉토석실분과 군을 이루고 있는 점으로 보아 고구려 중기 이후, 5세기보다 앞으로 올라갈 가능성은 그리 크지 않을 것이다.

한편, 안도의 동청고분군에서 보고된 적석묘 가운데 석실을 매장부로 한 기단(계단) 적석묘 등이 포함되어 있다. 기단이나 계단적석묘의 경우 매장부가 지표면에 위치하여 지면에서 떨어져 분구 중간에 매장부가 자리하는 고구려의 기단이나 계단적석묘와는 구별된다. 더욱이 1호 기단적석묘의 경우 다차에 걸친 다인 합장, 화장 습속 등이 확인되어서 고구려의 장속과도 차이를 보인다. 부장유물에서도 1호분의 철제 등자는 발해 시기의 특징을 갖고 있어서 외형은 고구려식이지만 장속이나 부장품으로 미루어 고구려하에서 조성된 것으로 보기 어렵다. 이외에도 2호분의 허리띠 장식패, 그리고 4호분의 山자형 머리 장식등의 부장품이 발해의 특징적인 기물인 점을 감안해 볼 때 고구려하에서 조성된 무덤은 아닐 것으로 보인다. 그뿐만 아니라 발해의 돈화 육정산 고분군 내의 205호분과 206호분 그리고 화룡 용해 5호분 등이 이와 유사한 구조이어서 고구려 무덤이 아닐 가능성도 염두에 두어야 한다. 그러나 동청 고분군의 근처에 토성지가 있고, 주변의 유적지에서 고구려 무늬 기와편들과 함께 초석 건물지가 확인된 바 있는 점을 고려해 볼 때 고구려와의 관련을 완전히 배제할 수는 없다.

봉토분은 대개 석실 매장부로 추정된다. 그러나 석실이 추가 합장을 고려한 횡혈식 구조인지는 확실하지 않다. 가령, 발굴 조사한 유하현의 색수배 고분군의 1호분과 2호분의 보고에 따르면 묘실은 장방형 평면이지만, 추가 합장을 의도한 묘도나 연도 등 입구 시설에 대한 언급이 없을 뿐 아니라 묘실의 폭이 1호분의 경우 1.05m이고, 2호분의 경우 1.1~1.23m인 점을 감안해 볼 때 동실에 2인이 합장되었다고 보기 어려워서 횡혈식 석실은 아닐 것이다. 다만, 1호분에서 부부로 추정되는 인골 2구가 확인된 점으로 미루어 횡혈식 장법의 수용에 따른 수혈식에서 횡혈식으로 과도기에 나타나는 횡구식 구조일 가능성을 상정해 볼 수 있으며, 그 시기를 4세기대로 소급시킬 여지가 없는 것은 아니다. 그러나 2호 무덤에서 묘실 내에서 불탄 흔적이 있다고 하는 점으로 미루어 고구려가 아닐 개연성도 배제할 수는 없다.

이상과 같이 송화강과 두만강 유역의 고구려 고분은 적석묘와 봉토분으로 나누어 볼 수 있고, 적석묘와 봉토분이 함께 하거나 적석묘 단일 묘제인 경우에도 축조 방식을 설명한 보고 내용으로 보아서 이른 시기의 적석묘로 보기 어렵다. 따라서 고분군 조성의 상한은 고구려 중기 이전으로 올려보기 어렵고 오히려 안도 동청의 적석묘는 경우 고구려 멸망 이후에 조성되었을 가능성이 있으며, 발해의 고구려 계승의 증거로 볼 수 있다.

3) 과제와 전망

송화강과 두만강 유역은 고구려의 동북지역에 해당되는 곳으로, 고구려의 동단에 해당되는 두만강 유역 일대는 일찍부터 柵城이 자리했던 중요한 거점지였다. 고구려가 두만강으로 나아가는 교통로상의 주요한 지역의 하나가 송화강 유역 일대이다. 그런 만큼 이 일대에서도 이른 시기의 고구려 유적이 확인될 만하지만, 아직까지 이 일대에서 고구려 초기의 유적 예는 확실하지 않다.

현재 알려진 송화강과 두만강 유역에 분포하는 고구려 유적의 다수는 교통로와 방어상의 요지에 위치한 성곽이 중심이 되며, 고분은 단편적이며, 일부 유물산포지가 알려지고 있을 뿐이다. 따라서 고분의 구조는 차치하고 고분인지 여부도 확실히 알 수 없으며, 설사 무송의 대방(황)정자고분군처럼 발굴조사를 거쳤다고 하더라도 이미 자연적, 인위적 변형으로 많이 훼손되어서 조사된 내용으로는 고분의 시기는 커녕 구조조차 가늠하기 어렵다.

한편 두만강 일대 고분의 경우 고구려 혹은 발해 두 시대 중 어느 시대로 귀속시켜야 하는가를 판단하기 어렵다. 이는 고구려와 발해의 물질적 경계가 뚜렷하지 않기 때문이다. 아마도 6세기 후반 이후 고구려와 중국의 전쟁 속에서도 동북지방이 전쟁의 화를 입지 않았음을 고려해 볼 때 주민의 변동이나 단절이 없었기 때문일 것으로 상정해 볼 수 있지만, 그러한 역사적 정황만으로는 해결하기 어려운 문제이다. 가령 안도 동청고분군의 경우 적석묘는 고구려 고유 묘제라는 점에 주안을 두고 고구려에 귀속시키게 된다면 그와 유사한 구조의 발해 초기의 돈화 육정산 고분군이나 화룡 용해고분군 가운데에도 고구려 고분이 존재할 개연성이 있게 되며, 역으로 안도 동청고분을 발해로 귀속시킬 수도 있다. 그러나 중요한 것은 모두 고구려 적석묘의 전통이 유지된다는 점이고, 이는 발해 고분의 고구려 계승을 보여주는 고고학적 증거가 된다는 점이다.

이러한 고고학적 상정은 고분이나 유물에서도 마찬가지이다. 고분의 경우 적석묘가 고구려 고유의 정체성을 보여주는 묘제라는 점에서 적석묘와 봉토분으로 이루어진 안도 동청고분군을 고구려 고분으로 귀속시키지만, 정작 장속이나 부장유물은 발해의 다른 무덤들과 같은 양상이다. 유물 산포지에서 출토되는 기와는 적갈색이나 회백색 연질의 승문이나 망격문 등이 시문되고, 내면에 포흔이 있는 것으로, 이러한 특징의 기와는 고구려 유적은 물론 발해 유적지에서도 출토되고 있어서 이러한 역사적 정황을 잘 보여준다고 생각된다. 때문에 두만강 유역 일대의 고고학적 조사가 좀 더 정치하게 이루어질 필요가 있다.

이상과 같이 송화강과 두만강 일대의 고구려 유적에 대해서는 고고학적으로 크게 두 가지 문제가 해결되어야 할 것이다. 하나는 고구려 초기의 내용을 담은 역사기록과 잘 부합되지 않는다는 것으로, 고고학적 증거에서 고구려 초기의 모습이 그려지지 않는다. 그러나 길림 용담산 녹장유적에서 청동기시대 이래 부여, 고구려, 발해로 이어지는 토기편들이 출토되고 있어서 향후 이 일대에서 고구려 초기 유적이 발견될 가능성은 충분하다. 때문이 초기철기시대에서 고구려 초기로 이어지는 시기의 유적에 대한 조사가 필요하다.

다른 하나는 고구려와 발해의 고고학적 정체성을 규명할 필요가 있다. 특히 두만강 유역 일대에서의 고고학 조사, 연구가 필요하다. 현재 알려진 자료로 볼 때 이 일대 고분의 경우 구조와 장속, 부장유물이 서로 잘 부합되지 않는 경우가 적지 않다. 이는 발해 고분도 마찬가지일 것이다. 즉, 발해 고분으로 알려진 유적 가운데에는 고구려 고분이 포함되어 있을 개연성도 배제할 수 없다. 고구려와 발해의 계승 관계를 보다 구체적으로 실증하기 위해서는 이 일대 유적에 대한 정밀조사가 필요하다.

결국, 고구려의 동북지방에 해당되는 송화강-목단강-두만강 유역은 일찍부터 고구려 역사에 등장하지만, 정작 이 일대의 고구려 유적에 대한 고고학 조사가 충분했다고 할 수 없다. 유적의 일부는 상당 정도로 훼손되고 멸실되었으므로, 이 일대에 대한 관심과 조사가 신속하고 절실하다고 하겠다.

참고문헌

- 吉林省文物志編委會, 1984a, 『龍井縣文物志』.
- 吉林省文物志編委會, 1984b, 『琿春縣文物志』.
- 吉林省文物志編委會, 1985a, 『安圖縣文物志』.
- 吉林省文物志編委會, 1985b, 『延吉市文物志』.
- 吉林省文物志編委會, 1987, 『撫松縣文物志』.
- 國家文物局 主編, 1993, 『中國文物地圖集-吉林分冊』, 文物出版社.
- 陳景河 等, 2008, 「大方頂子古祭壇遺址的考察報告」, 『協商新報』(2008. 12. 19).
- 張璇如, 2009, 「長白山祭壇探源」, 『東北史地』 2009-5.
- 馮恩學·馬天夫, 2012, 「撫松大方(荒)頂子積石堆調査報告」, 『邊疆考古研究』 11.
- 吉林省文物考古研究所·吉林市文物處·吉林市博物館, 2014, 「吉林市龍潭山鹿場遺址發掘簡報」, 『北方文物』 2014-1.
- 정영진, 1990, 「연변지구의 고구려유적 및 몇 개 문제에 대한 연구」, 『한국상고사학보』 4.
- 연변박물관, 1992, 「동청발해무덤발굴보고」, 『발해사연구』 3, 연변대학출판사.
- 이성제, 2009, 「高句麗와 渤海의 城郭 운용방식에 대한 기초적 검토」, 『高句麗渤海硏究』 34.

2. 성곽

1) 조사 현황

송화강 및 두만강 유역의 고구려 성곽에 대해서는 일본인들이 가장 먼저 관심을 기울이기 시작했다. 특히 日帝는 1906년 지금의 연변조선족자치주에 朝鮮統監府臨時間島派出所를 설치한 다음 이 일대의 고적 유물에 대해 관심을 가지기 시작했다. 그리하여 1910년에 발행한 統監府臨時間島派出所 紀要의 고적 항목에 도문 城子山山城이 소개되었다.

이 무렵부터 일제는 두만강 유역의 유적을 본격적으로 조사하기 시작했는데, 鳥居龍藏과 鳥山喜一 등이 琿春市, 和龍市, 延吉市, 龍井市, 敦化市 등의 유적을 조사하며 도문 성자산산성, 혼춘 온특혁부성, 혼춘 영성자고성 등을 조사한 것으로 확인된다. 또한 1920년대에는 중국학자 魏聲龢이 琿春 일대의 고성을 조사하면서 현재 연변 장성의 일부인 혼춘 장성을 '邊濠'로 기록한 사실도 확인된다(魏聲龢, 1931). 또한 1920년대 말~1930년대 초에 중국학자 李文信은 길림 용담산성에 대한 조사를 진행하여 보고하기도 했다(李文信, 1937; 李文信, 1938).

1930년대에 들어와 일제의 만주침략이 본격화되면서 일본학자들의 조사는 더욱 활기를 띠게 되었다. 1937년 4월 鳥山喜一과 藤田亮策은 괴뢰 정권인 만주국의 間島省 일대를 다니면서 여러 유적의 현황을 조사했는데, 이때 도문 성자산산성, 용정 동흥고성, 용정 토성둔고성, 혼춘 영성자고성 등도 조사했다(鳥山喜一·藤田亮策, 1941). 이 무렵 龍井 偏臉山城도 조사했는데, '太平溝山城子'라 칭하며 金代에 축조된 것으로 추정했다. 만주국 민생부에서는 교하 신가고성을 조사하고 보고서를 발간했고(山本首, 1938), 1942년에는 齋藤甚兵衛가 혼춘 영성자고성에서 건물지를 발견하기도 했다(『間島の史蹟』).

이 지역의 고구려 성에 대한 본격적인 조사·발굴은 1950년대 이후 중국학자들에 의해 이루어졌다. 중국의 길림성 인민정부 교육국은 1952년 8월 吉林市郊區의 문화유적 16곳을 조사했는데, 이 때 길림 동단산성과 용담산성에 대한 조사도 시행했다. 그 뒤 1950년대에 李文信의 주도 아래 송화강 유역에 산재한 유적에 대한 조사가 여러 차례 이루어졌는데, 1956년에는 동북인민대학(지금의 길림대학) 역사학과 학생들과 함께 동단산성과 용담산성 등지에서 1,000여 가지의 유물을 채집했다고 한다. 특히 1958년 가을에 길림 용담산성 저수지를 준설하는 과정에서 토기와 철제솥 등의 유물을 다량 출토하기도 했다(董學增, 1986).

1957년 5월에는 吉林省 文管會가 輝南縣 文敎科와 함께 휘남 휘발성에 대해 조사를 진행하여 석기를 비롯하여 토기, 기와 등을 출토한 바 있다. 또한 1960년 통화지구 문물보사대도 휘발성에 대한 조사를 진행하여 석기를 비롯하여 골제 화살촉, 철제 칼과 칼집, 동전 등을 출토한 바 있다.

1958년에 연변대학에서는 도문 성자산산성과 연길 하룡고성을 조사하여 網格文 암키와를 비롯하여 토기, 철제 솥 등을 채집하고 고구려 유물로 파악하기도 했다.

1960년에는 길림지구의 문화재를 일제히 조사하여, 길림 용담산성을 비롯하여 삼도령성지, 동단산성, 영길 토성자성지와 漂兀河山城, 교하 拉法城址 등을 고구려 성곽으로 확정했다고 한다. 이때 무송현 문물보사대가 대방정자성에 대한 조사를 진행하여 고구려 고성임을 확인하기도 했다. 특히 1962년에는 吉林市 文化局이 북한이 참여한 中朝聯合考古調査隊를 안내하여 용담산성 등을 조사하기도 했다. 1963~1964년에는 길림성박물관과 연변박물관이 도문 성자산산성과 하룡 고성에 대한 조사를 진행하기도 했다.

중국학계의 조사는 1970년대 말부터 더욱 활기를 띠었다. 1977년에는 연변지역의 연길 河龍古城, 龍井 太陽古城·東興古城, 安圖 寶馬城, 和龍 河南屯古城·獐項古城 등을 조사했고, 1978년에는 화룡과 용정 경내에서 장성을 확인하기도 했다. 1979년에는 吉林省 文物考古練班이 汪淸·琿春·龍井·和龍 경내의 유적을 대대적으로 조사하기도 했다. 1980년 5월에는 通化地區 文管會 辦公室이 유하 나통산성에 대한 시굴 조사를 시행하고 보고했으며, 1982년에는 董學增 등이 길림 용담산성을 비롯한 三道嶺子山城과 東團山山城 등에 대한 재조사를 시행하기도 했다.

1983~1985년에는 길림성 각 市·縣의 문물지를 편찬하면서 길림성 전체의 유적과 유물을 대대적으로 조사했다. 그리하여 길림시 지역에서는 총 63개의 성곽을 조사하여 길림 용담산성과 동단산성을 비롯하여 삼도령자산성, 납법소립자산성, 횡도자남산산성, 육가자동산산성, 성자구패성, 지방구패성 등을 고구려 성곽으로 파악했다. 또한 연변조선족자치주에서도 1983년~1985년에 걸쳐 州 전체의 유적을 조사하여 고구려 성곽과 관련한 기초자료를 집대성할 수 있게 되었다. 연변박물관에서는 1989년에 혼춘 온특혁부성의 동벽 단면을 발굴하여 기와를 수습하기도 했다.

이상과 같은 고고조사를 통해 송화강 및 두만강 일대의 고구려 성곽과 관련한 고고자료를 다수 확보할 수 있게 되었다. 이에 중국학계에서는 1980년대 후반과 1990년대 전반에 제반 고고조사 성과를 집대성하는 작업도 이루어졌다.[1] 중국학계에서는 위와 같은 고고조사 성과를 바탕으로 1980년대 중반 이래 고구려 성의 전반적인 성격과 각종 성곽시설, 교통로, 군사방어체계, 지방통치조직 등을 검토했으며, 이를 집대성한 단행본도 잇따라 출간되었다.

이 지역의 고구려 성곽에 대한 중국학계의 조사와 고고학발굴이 종전에 비해 매우 활발하게 이루어지고 있는 것이다. 따라서 향후 중국학계의 고고 조사 및 발굴 현황을 면밀하게 파악하면서 이 지역 고구려 성곽에 대한 조사성과를 지속적으로 집대성할 필요가 있다. 다만 2001~2002년에 이루어진 길림 동단산성에 대한 발굴조사를 제외하면, 정밀 발굴이 이루어진 경우는 거의 없다. 이로 인해 성곽의 축조 시기나 성격에 대해 논란이 분분한 상황이다.

특히 고구려 유물이 출토되지 않은 중소형 산성이나 평지성의 경우, 발해시기나 요·금대에 처음

---

[1] 孫進己·馮永謙, 1989, 『東北歷史地理』(二), 黑龍江人民出版社; 王禹浪·王宏北, 1994, 『高句麗·渤海古城址研究匯編』(上), 哈爾濱出版社 등은 이러한 고고조사를 집대성한 것이다.

축조되었을 가능성도 완전히 배제하기 힘든 상황이다. 이로 인해 고구려가 이 지역으로 진출한 시기를 통해 성곽의 축조 시기나 양상을 추정할 뿐, 구체적인 고고자료를 근거로 축성 시기나 성곽의 제반 구조를 다각도로 검토할 수 있는 상황은 아니다. 이 지역에 산재한 성곽의 축조 시기나 그 성격을 판별할 수 있는 기준을 마련하는 것이 가장 시급하다고 할 수 있는 것이다.

최근 국내학자들이 이 지역의 성곽을 답사한 다음, 이를 바탕으로 이 지역의 교통로, 영역확장의 양상, 지방통치조직 구조 등을 다각도로 검토한 연구성과를 잇따라 발표하고 있다. 중국학계의 연구성과에 전적으로 의존하던 종전과 비교하면 괄목할 만한 변화라 할 수 있다. 향후 연구를 더욱 진전시키기 위해서는 이 지역의 성곽을 분류하기 위한 우리 학계의 기준을 마련하는 것이 가장 시급하다고 생각된다. 이와 관련하여 최근 남한지역에서 고구려 성곽에 대한 정밀한 고고발굴이 급증하고 있는 만큼, 양 지역의 조사성과에 대한 보다 정치한 비교 분석이 요구된다고 하겠다.

2) 전체 분포양상

송화강 및 두만강 유역에 산재한 성곽을 종합적으로 정리한 결과, 표 2에서 보듯이 고구려 성곽일 가능성이 제기된 성곽이 총 78기에 이른다. 이를 입지에 따른 유형으로 재분류하면 평지성 23기, 산성 50기(보루성 포함), 차단성(장성 포함) 5기 등이다. 산성의 비중이 높기는 하지만 압록강 중상류나 요동지역에 비해서는 평지성의 비중이 상당히 높다는 사실을 알 수 있다.

평지성은 연길과 용정, 혼춘 등 두만강 연안이나 그 지류의 하곡평지를 따라 밀집 분포한다. 이 가운데 연길 흥안고성, 연길 하룡고성, 용정 토성둔고성, 혼춘 온특혁부성, 혼춘 석두하자고성 등에서는 고구려 기와가 출토된 바 있다. 고구려시기에 축조했을 가능성이 매우 높으며, 특히 혼춘 온특혁부성은 고구려 동북방의 중진인 책성일 가능성이 높은 것으로 파악된다.

따라서 고구려 이전에 두만강 유역에 국가체가 존재하지 않았다는 사실을 고려하면, 고구려 기와가 출토되는 평지성은 고구려가 처음 축조되었다고 파악하는 것이 타당하다. 이는 고구려가 요동방면으로 진출한 다음, 거의 대부분의 성곽을 산성으로 축조하고, 평지성은 중국의 군현성을 부분적으로 재활용하던 양상과 명확히 대비되는 현상이다. 향후 이 지역에 대한 고구려의 지방통치조직이나 군사방어체계의 구축과 관련하여 면밀하게 검토할 필요가 있다.

산성은 규모에 따라 대체로 둘레 500m 이하인 보루성, 둘레 0.5~1km의 소형산성, 1~3km의 중형산성, 3~5km의 대형산성 등으로 분류할 수 있다. 그런데 산성의 분포양상은 각 지역에 따라 다소 다른 양상을 보인다. 가령 휘발하 유역의 경우, 대형산성인 유하 나통산성, 그리고 중형산성으로 분류할 수 있는 휘남 소성자고성과 휘발성, 청원 남산자산성, 동풍 성지산산성 등을 제외하면 소형산성과 보루성이 절대 다수를 차지한다. 북류 송화강 중하류 지역도 소형산성이나 보루성의 비중이 높은 편이다. 이에 비해 두만강 유역의 산성은 거의 대부분 중형산성이며, 도문 성자산산성, 안도 오호산성, 왕청 동사방대산성, 혼춘 살기성은 대형산성으로 분류할 수 있다. 역시 고구려의 지방통치조직 및 군사방어체계와 관련하여 주목되는 현상이라고 생각된다.

표 2 송화강 및 두만강 유역의 고구려 성곽 현황

市, 縣	입지유형					축성방식					
	평지성	산성	차단성(장성)	미상	합계	석축	토축	토석혼축	토축+토석혼축	미상	합계
반석시		3	2		5			5			5
동풍현		1			1			1			1
휘남현		3			3	1		2			3
유하현		2			2			1	1		2
청원현		1			1			1			1
정우현		1			1	1					1
무송현	1				1	1					1
길림시	3	5			8		4	3		1	8
교하시	2	3			5		3	2			5
덕혜시			1		1		1				1
농안현	1		1		2		2				2
돈화시	2	1			3		2	1			3
안도현	2	5			7	2		4		1	7
화룡시	2	4			6	1	1	4			6
용정시	3	9			12	1	2	9			12
연길시	3				3	1		2			3
도문시		3			3	1	1	1			3
왕청현	1	2			3		1	2			3
혼춘시	3	7			10	6	1	3			10
연변자치주			1		1			1			1
합계	23	50	5		78	14	19	42	1	2	78

한편 이 지역에서는 고구려 후기에 축조한 천리장성으로 추정되는 노변강유적이 송료대평원 분수령 지대와 연결된 농안과 덕혜 일대에서 확인되고 있다. 연변 지역에서도 화룡, 용정, 연길, 혼춘 등지에서 총길이 150km에 달하는 장성이 확인되고 있다. 이들 장성의 축조시기나 그 주체에 대해서는 논란이 분분한데, 향후 이 지역의 다른 산성이나 평지성과 연관시켜 다각도로 검토할 필요가 있다.

표 2에서 보듯이 축성방식에 따라 이 지역의 고구려 성곽을 분류하면, 석축성 14기, 토축성 19기,

토석혼축성 42기, 토축+토석혼축 성곽 1기, 미상 2기 등으로서 토석혼축성의 비중이 매우 높다. 그리고 석축성에 비해서도 토축성의 비중이 높은 편이다. 이는 고구려 발상지인 압록강 중상류 일대나 압록강 하류-요동반도 지역에 석축성의 비율이 압도적으로 높은 것과 뚜렷이 대비되는 현상이다. 물론 정밀한 조사를 거치지 않은 성곽이 상당수 있기 때문에 이 자료를 토대로 이 지역 고구려 성곽의 축성방식을 구체적으로 논의하기에는 다소 위험이 따른다. 다만 전체적인 추이를 고찰하는 데는 유용하다고 생각하는데, 지형조건이나 축성재료 등으로 인해 지역별로 축성방식이 달랐을 가능성을 면밀하게 검토할 필요가 있다.

3) 휘발하 유역의 성곽 분포현황

휘발하 유역은 고구려 초기 중심부인 압록강 중상류에서 송화강 유역으로 나아가는 전략적 요충지이다. 문헌사료를 종합하면 늦어도 4세기 전반 부여의 중심지를 점령할 무렵에는 이 지역으로 진출했을 것으로 파악된다. 따라서 이 지역의 성곽 분포양상은 고구려의 부여방면 진출 및 지배양상과 관련하여 다각도로 검토할 필요가 있다.

표 3~표 7에서 보듯이 휘발하 유역에는 반석시, 동풍현, 휘남현, 유하현, 청원현 등이 속하며, 현재까지 고구려성으로 거론되는 성곽은 총 12기이다. 그런데 이들 성곽은 모두 산성이나 보루성, 차단성 등으로 분류되며, 평지성은 아직까지 확인된 바 없다. 송화강 중하류나 두만강 유역에서 평지성이 다수 확인되는 것과 뚜렷이 대조되는 현상인 것이다.

휘발하 유역에서 확인된 12기 가운데 유하 나통산성이 둘레 7~8km로 규모가 가장 큰데, 지리적으로 이 유역의 중심부에 위치한다는 사실과 연관되는 것으로 보인다. 더욱이 나통산성 주변에는 색수배고분군이라는 대규모 고분군도 분포하고 있다. 중형산성으로는 휘남 휘발성과 소성자고성, 청원 남산자산성, 동풍 성지산산성 등을 들 수 있는데, 각 권역의 중심 산성으로 분류할 수 있다. 그밖에 반석 지역에 보루성 4기와 관애 1기가 분포하며, 휘남 지역에 보루성인 조어대고성, 유하 지역에 소형 산성인 조어대산성이 각각 분포한다.

전체적으로 보아 휘발하 유역에는 중심지에 위치한 유하 나통산성을 중심으로 각 권역에 위치한 중형산성이 유기적인 연관을 이루며 분포한다. 다만 시굴조사가 이루어진 나통산성을 제외하면 아직 정밀 조사는 거의 이루어지지 않은 상황이다. 이로 인해 각 성곽의 초축시기 등을 판단할 수 있는 고고자료는 거의 없는 실정이다. 향후 더욱 정밀한 고고조사가 요청되는 것이다.

표 3 磐石市 지역의 고구려 성곽

성곽명	異稱	水系(河川)	규모(둘레)	유형	축성방식	비고
磐石 紙房溝壩城	鍋盔山山城, 紙房溝山城, 紙房溝關隘	輝發河 (當石河)	약 200m	관애	토석혼축	

성곽명	異稱	水系(河川)	규모(둘레)	유형	축성방식	비고
磐石 城子溝壩城	城子溝山城, 城子溝關隘	輝發河	약 200m	관애/보루?	토석혼축	
磐石 大馬宗嶺山城		輝發河 (當石河)	약 330m/ 470m	산성(보루)	토석혼축	
磐石 炮臺山城	炮臺山山城	飮馬河	125m	산성(보루)	토석혼축	
磐石 後虎嘴子山城		飮馬河 (東梨河, 西梨河)	300m	산성(보루)	토석혼축	

표 4 輝南縣 지역의 고구려 성곽

성곽명	異稱	水系(河川)	규모(둘레)	유형	축성방식	비고
輝南 輝發城		輝發河 (黃泥河)	내성 706m, 중성 1313m, 외성 2647m	산성	토석혼축, 일부는 토축	
輝南 釣魚臺古城	釣魚臺山城	輝發河 (三通河)	210m	산성 (보루)	토석혼축	
輝南 小城子古城	小城子山城	輝發河	약 1548m	산성	토축	

표 5 柳河縣 지역의 고구려 성곽

성곽명	異稱	水系(河川)	규모(둘레)	유형	축성방식	비고
柳河 釣魚臺古城	釣魚臺山城	大柳河 (一統河, 梅河)	700m	산성 (산정식)	토축	
柳河 羅通山城		大柳河 (三通河, 一通河)	7500~8000m	산성	석축+ 토석혼축	

표 6 淸原縣 지역의 고구려 성곽

성곽명	異稱	水系(河川)	규모(둘레)	유형	축성방식	비고
淸原 南山子山城	南山城	柳河	1000m, 1120m, 2000m	산성 (산정식)	석축	

표 7 東豊縣 지역의 고구려 성곽

성곽명	異稱	水系(河川)	규모(둘레)	유형	축성방식	비고
東豊 城址山山城	城子山山城	휘발하(梅河)	1,980m	산성	토석혼축	

4) 북류 송화강 유역의 성곽 분포현황

북류 송화강 유역은 다시 최상류인 정우현과 무송현, 중류인 길림시와 교하시, 하류인 덕혜시와 농안현 등으로 세분할 수 있다. 이 가운데 북류 송화강의 중류에 위치한 길림시 일대는 서단산문화의 중심지로서 부여의 도성이 있었던 것으로 추정된다. 반면 상류인 정우현과 무송현은 부여와 직접적인 연관관계를 설정하기는 어려우며, 최근 고구려가 연변지역 나아가 두만강 하류 방면으로 나아가던 교통로와 관련하여 많은 주목을 받고 있다.

그런데 표 8~표 13에서 보듯이 각 지역별 고구려 성곽의 분포양상에서도 많은 차이를 보이고 있다. 가령 최상류인 정우현과 무송현에서는 겨우 2기의 성곽이 확인되었을 뿐이다. 이 가운데 정우 유수천고성은 둘레 약 1.5km인 산성이며, 무송 대방정자성지는 소형 평지성이다. 다른 지역에 비해 분포한 성곽의 수가 매우 적은 것이다. 이는 이 지역이 산간지대로 거주하는 주민이 적었을 것이라는 사실과 밀접히 연관된 것으로 추정된다.

이에 비해 북류 송화강 중류의 길림시와 교하시 일대에는 총 13기의 성곽이 밀집하여 분포하고 있다. 특히 부여의 원 중심지로 추정되는 길림시 동쪽 일대에는 용담산성, 동단산성, 남성자고성 등이 밀집 분포하고 있다. 이 가운데 평지성인 남성자고성은 부여의 도성으로 추정되는데, 고구려가 4세기 전반에 이 지역으로 진출한 다음 계속 사용한 것으로 파악된다. 이에 비해 산성인 길림 용담산성은 고구려가 이 지역으로 진출한 이후 지방통치조직과 군사방어체계를 정비하면서 새롭게 축조했을 가능성이 높다.

다만 다른 지역에 비해 보루성 등 소형 성곽의 비중이 높은 편이다. 중형급 성곽으로는 둘레 2.4km 전후인 길림 용담산성이 거의 유일하다. 그밖에 길림 동단산성, 남성자고성, 관지고성, 교하 횡도하자남산성 등은 소형산성으로 분류되며, 나머지는 모두 보루성으로 분류할 수 있다. 역시 이 지역에 대한 고구려의 지방통치조직 및 군사방어체계 정비와 관련하여 주목되는 현상이다.

북류 송화강 하류의 농안현과 덕혜시에는 평지성인 농안고성과 노변강유적이 확인되었다. 다만 농안고성에 대해 후기 부여의 왕성으로 고구려 후기의 부여성이라는 견해가 제기되어 있지만, 명확한 논거가 확보된 상태는 아니다. 그리고 농안현과 덕혜시에서 확인된 노변강유적은 송료분수령 일대의 노변강유적과 더불어 고구려 후기의 천리장성 유적으로 파악되는데, 이에 대한 반론도 만만치 않은 상태이다. 향후 고구려의 서북방 국경 및 대흥안령산맥 방면 진출로와 관련하여 다각도로 검토할 필요가 있다.

표 8 靖宇縣 지역의 고구려 성곽

성곽명	異稱	水系(河川)	규모(둘레)	유형	축성방식	비고
靖宇 楡樹川古城	楡樹川山城	頭道松花江(蒙江, 三道花園河)	1,456m	산성	토석혼축	

표 9　撫松縣 지역의 고구려 성곽

성곽명	異稱	水系(河川)	규모(둘레)	유형	축성방식	비고
撫松 大方頂子城址	大方頂子山城	頭道江 (二道松花江)	남은 길이 50m	평지성	석축	

표 10　吉林市 지역의 고구려 성곽

성곽명	異稱	水系(河川)	규모(둘레)	유형	축성방식	비고
吉林 東團山山城	東團山城, 團山子山城, 東團山遺址	송화강 (嘎呀河)	외성 둘레 650m~680m	산성 (산정식)	토석혼축	
吉林 南城子古城	東團山平地城	송화강 (嘎呀河)	1,050m	평지성	토축	
吉林 龍潭山城	龍潭山山城	송화강 (嘎呀河)	2,396m	산성 (포곡식)	토석혼축, 일부는 토축	북부여성설 고구려 후기의 부여성설
吉林 天太古城		송화강	518m	산성	토축	
吉林 官地古城	官地城址	송화강	약 1,160m	평지성	토축	
吉林 架子山城		송화강	약 100m	산성	토축	
吉林 三道嶺子山城	三道嶺子大砬山子山城, 九站南山城	송화강	258m	산성	토석혼축	
吉林 三家子古城		송화강 (牛河)	120m	평지성?	미상	

표 11　蛟河市 지역의 고구려 성곽

성곽명	異稱	水系(河川)	규모(둘레)	유형	축성방식	비고
蛟河 新街古城	新街城址	송화강 (拉法河)	184m	평지성	토축	
蛟河 福來東古城	松江村古城	송화강 (拉法河)	약 160m	평지성	토축	
蛟河 拉法小砬子山城	小砬子山城	송화강 (拉法河)	414m	산성 (포곡식)	토석혼축 (흙벽돌;土壤)	
蛟河 六家子東山山城	東山山城	송화강 (拉法河)	남북 길이 65m, 동서 너비 45m	산성 (포곡식)	토석혼축	

성곽명	異稱	水系(河川)	규모(둘레)	유형	축성방식	비고
蛟河 橫道河子南山山城	橫道子山城, 南山山城	송화강 (漂河)	998m		토축	

표 12 農安縣 지역의 고구려 성곽

성곽명	異稱	水系(河川)	규모(둘레)	유형	축성방식	비고
農安 農安古城	農安縣城	伊通河	3,840m	평지성	토축	후기부여의 왕성설
農安 老邊崗遺蹟			약 75km	장성	토축	

표 13 德惠市 지역의 고구려 성곽

성곽명	異稱	水系(河川)	규모(둘레)	유형	축성방식	비고
德惠 老邊崗遺蹟		송화강	약 63km	장성	토축	

5) 목단강 유역의 성곽 분포현황

주지하듯이 목단강 유역은 고구려 유민들이 말갈족과 연합하여 발해를 건국했던 발해 초기의 중심지이다. 현재 발해 초기의 도성은 돈화 성산자산성과 그 동쪽의 영승유적 일대로 추정되는데, 성산자산성 동북방의 육정산고분군에서 문왕의 딸인 정혜공주의 무덤이 확인되기도 했다. 이러한 점에서 돈화 성산자산성은 문헌사료에 발해의 건국지로 전하는 동모산일 가능성이 매우 높다.

이에 발해를 건국한 대조영이 고구려인들이 축조했던 성산자산성을 재활용했을 가능성이 강하게 제기되고 있다. 현재 목단강 유역에서는 돈화 지역에서만 고구려 성곽이 확인되고 있으며, 하류 방면에서는 아직까지 고구려 성곽으로 비정할 만한 유적이 확인되지 않은 상태이다. 목단강 유역 가운데 돈화지역은 목단강 하류 방면으로 나아가는 전략적 요충지일 뿐 아니라, 송화강 유역과 두만강 유역을 연결하는 가교지이기도 하다.

그러므로 고구려가 목단강 하류 방면의 말갈인을 통제하거나 이들의 침공을 방어하기 위해 이 지역에 군사방어망을 구축했을 것으로 추정된다. 또한 고구려가 북류 송화강 방면 및 두만강 하류 방면으로 진출하는 루트는 상이했지만, 양 지역을 모두 장악한 다음 양 지역의 가교지인 돈화지역에 대한 지배력을 강화했다고 파악된다. 그런데 표 14에서 보듯이 이 지역에서는 산성보다 평지성이 더 많이 확인되고 있다. 이는 고구려가 이 지역에 군사방어적 측면보다 지방통치에 중점을 두고 성곽을 축조했을 가능성을 시사하는데, 향후 면밀하게 검토할 부분이라고 생각된다.

표 14 敦化市 지역의 고구려 성곽

성곽명	異稱	水系(河川)	규모(둘레)	유형	축성방식	비고
敦化 城山子山城		牡丹江 (大石河)	2000m	산성/평지성?	토석혼축	
敦化 橫道河子古城	橫道河古城	牡丹江 (雷風氣河, 黃泥河)	1,620m	평지성	토축	
敦化 大甸子古城	大甸子村古城	牡丹江	600m	평지성	토축	

6) 두만강 유역의 성곽 분포현황

두만강 유역은 지리적으로 크게 두만강 하류의 혼춘 지역과 중상류 일대로 대별할 수 있다. 혼춘지역에는 혼춘하와 두만강이 합류하는 혼춘시 일대에 혼춘분지가 크게 발달해 있으며, 혼춘하 중상류 방면으로도 하곡평지가 계속 이어진다. 두만강 중상류 일대의 경우, 두만강 본류 연안에는 하곡평지가 거의 발달하지 않은 반면, 지류인 포이합통하와 그 지류 연안을 따라 폭이 넓은 하곡평지가 펼쳐져 있다.

현재까지 이 지역에서 고구려 성곽으로 보고되거나 거론된 유적은 45기에 이른다. 이들 유적은 거의 대부분 두만강 본류나 그 지류 연안을 따라 분포하고 있는데, 특히 혼춘평원 주변과 포이합통하 연안 하곡평지를 따라 밀집 분포하는 양상을 보이고 있다. 그런데 표 2에서 보듯이 이 지역에서 확인된 45기 가운데 평지성은 14기, 산성은 30기, 장성은 1기로서 다른 지역에 비해 평지성의 비중이 대단히 높은 양상을 보인다.

물론 현재까지 고구려 성곽으로 거론된 이 지역의 유적을 모두 고구려시기에 축조했다고 단정하기는 힘들다. 그렇지만 고구려 기와가 출토된 유적은 고구려시기에 축조했다고 파악하는 것이 타당하다고 생각된다. 이렇게 본다면 현재까지 고구려 기와가 출토된 도문 성자산산성, 하룡고성, 용정 토성둔고성, 중평고성, 동흥고성, 연길 흥안고성, 왕청 하북고성, 혼춘 살기성, 온특혁부성, 석두하자고성 등은 고구려 성곽으로 분류할 수 있다(정영진, 1990).

그런데 고구려 기와가 출토된 10기 가운데 7기가 평지성이다. 주로 산성을 중심으로 성곽을 축조한 다른 지역과 비교하여 뚜렷이 대조되는 현상이라 할 수 있다. 특히 이들 평지성은 두만강 하류의 혼춘분지를 비롯하여 두만강 지류인 포이합통하 연안과 그 지류 연안을 따라 각 지역권별로 1~2기씩 분포하는 양상을 보이고 있다. 이러한 분포양상은 이 지역에 대한 고구려의 지방지배와 관련하여 향후 더욱 면밀하게 검토할 필요가 있다.

한편 산성은 현재까지 약 30기 정도 보고되었다. 물론 현재까지 보고된 30기의 산성을 모두 고구려시기에 축조했다고 단정하기는 힘들다. 다만 이 지역의 산성은 다른 지역에 비해 중형산성이나 대형산성의 비중이 높다는 점이 매우 특징적이다. 가령 도문 성자산산성, 안도 오호산성, 왕청 동사방대산성, 혼춘 살기성, 혼춘 통긍산성 등 5기는 둘레 3km 이상의 대형산성으로 분류할 수 있다. 그리고 둘레 1~3km인 중형산성으로 분류할 수 있는 성곽이 20기에 이른다.

보루성의 비중이 높은 송화강 유역 일대와 명확히 대비되는 현상이다. 따라서 이 지역에 대형산성이나 중형산성의 비중이 높은 이유에 대해서도 향후 면밀하게 검토할 필요가 있는데, 이 경우 함경북도 지역의 성곽분포 양상까지 아울러 고찰할 필요가 있다. 한편 이 지역에는 화룡, 용정, 연길, 도문, 혼춘 일대에서 총 길이 150km에 이르는 장성유적이 확인된 바 있는데, 그 축조 시기나 주체를 둘러싸고 논란이 분분한 실정이다. 특히 최근 남한학계를 중심으로 고구려보다는 다른 주체에 의해 축조되었을 가능성이 강하게 제기되고 있는데, 향후 정밀한 고고조사를 통해 규명할 필요가 있다.

문헌사료상 이 지역에는 일찍부터 북옥저가 자리잡고 있었고, 고구려는 국가형성기에 이미 이 지역으로 진출한 것으로 확인된다. 다만 고구려가 이 지역으로 진출한 루트와 관련하여 백두산 북로와 남로가 거론되고 있는데, 문헌사료상 이 지역으로의 진출로에 '東海'나 '海谷'으로 불린 지명이 확인되고 있는 사실에 유의할 필요가 있다. 또한 고구려 건국설화와 광개토왕릉비에 나오는 동부여의 위치를 이 지역 일대로 비정하는 견해도 제기된 바 있다.

이러한 제반 문제는 향후 이 지역의 성곽을 비롯한 고고조사 현황과 문헌사료를 연관시켜 더욱 다각도로 검토할 필요가 있다. 또한 고구려 중후기의 동북 대진인 책성의 위치에 대해서도 혼춘 온특혁부성(살기성)설과 도문 성자산산성설이 대립하고 있는데, 대체로 혼춘설이 조금 더 우세한 상황이다. 더욱이 발해가 고구려 책성지역에 동경용원부를 설치했다고 하므로 동경용원부의 치소인 팔련성이 소재한 혼춘 지역일 가능성이 더 높다고 생각된다.

이와 관련하여 이 지역의 고구려 성곽이 거의 대부분 발해 건국 이후에도 재사용된 것으로 확인되는 점에도 유의할 필요가 있다. 이는 고구려 멸망 이후 이 지역 주민집단의 동향이나 발해의 건국과정을 고찰하는 데 중요한 시사를 준다고 생각한다. 향후 이 지역 고구려 성곽의 분포양상이나 그 성격은 발해시기까지 아울러 다각도로 검토할 필요가 있다.

표 15 延吉市 지역의 고구려 성곽

성곽명	異稱	水系(河川)	규모(둘레)	유형	축성방식	비고
延吉 興安古城		두만강	1,800m	평지성	토석혼축	
延吉 河龍古城	土城村古城	두만강	984m	평지성	토석혼축	고구려 柵城설 고구려 新城설
延吉 臺巖古城		두만강	310m	평지성	석축?	

표 16 龍井市 지역의 고구려 성곽

성곽명	異稱	水系(河川)	규모(둘레)	유형	축성방식	비고
龍井 三山洞山城		두만강	2,075m	산성(포곡식)	토석혼축	
龍井 仲坪古城		두만강	1,600m	평지성	토석혼축	
龍井 偏臉山城		두만강	380m	산성(산정식)	토석혼축	
龍井 金谷山城		두만강	1,415m	산성	토축	
龍井 養參峰山城	養三峰山城	두만강	1,952m	산성(포곡식)	토축	
龍井 土城屯古城	土城子古城	두만강	1,880m	평지성	토석혼축	
龍井 船口山城		두만강	2,700m	산성	토석혼축	
龍井 白石砬子山城		두만강	1,675m	산성(산정식)	토석혼축	
龍井 城子溝山城		두만강	2,500m	산성(포곡식)	토석혼축	
龍井 東興古城		두만강	알수 없음	평지성	토석혼축	
龍井 淸水山城		두만강	2,053m	산성(포곡식)	토석혼축	
龍井 朝東山城	汗王山城	두만강	1,502m	산성(산정식)	석축	

표 17 圖們市 지역의 고구려 성곽

성곽명	異稱	水系(河川)	규모(둘레)	유형	축성방식	비고
圖們 城子山山城	磨盤村山城	두만강	4,454m	산성(포곡식)	토석혼축	고구려 柵城설 고구려 新城설 東夏國 南京설
圖們 滿臺城山城		두만강	2,755m	산성(포곡식)	토축	
圖們 亭巖山城		두만강	2,320m?, 2,500m, 2,800m?	산성(포곡식)	석축	

표 18 和龍市 지역의 고구려 성곽

성곽명	異稱	水系(河川)	규모(둘레)	유형	축성방식	비고
和龍 松月山城		두만강	2,480m	산성 (포곡식)	토축	
和龍 八家子山城	八家子南山城	두만강	1,500m	산성 (포곡식)	토축+ 토석혼축	
和龍 楊木頂子山城		두만강	2,680m	산성 (포곡식)	토석혼축	
和龍 三層嶺山城		두만강	1,000m? 1,400m?	산성 (포곡식)	석축	
和龍 土城里古城	土城屯古城	두만강	1,006m	평지성	토석혼축	
和龍 古城里古城		두만강	710m	평지성	토석혼축 +석축	

표 19 安圖縣 지역의 고구려 성곽

성곽명	異稱	水系(河川)	규모(둘레)	유형	축성방식	비고
安圖 大砬子山城		두만강	340m	산성 (산정식)	토석혼축	
安圖 五峰山城		두만강	2,000m	산성 (포곡식)	토석혼축	
安圖 五虎山城		두만강	5,000m	산성 (포곡식)	석축	
安圖 楡樹川古城		두만강	496m	평지성	토석혼축	
安圖 城門山城		두만강	2,500m	산성	석축	
安圖 東淸古城		두만강	287m	평지성	미상	
安圖 仰臉山城		두만강	1,500m	산성	토석혼축	

표 20 汪淸縣 지역의 고구려 성곽

성곽명	異稱	水系(河川)	규모(둘레)	유형	축성방식	비고
汪淸 河北古城	江北古城	두만강	1,200m	평지성	토석혼축	
汪淸 廣興山城		두만강	2,288m	산성 (포곡식)	토축	
汪淸 東四方臺山城		두만강	5,000m	산성 (산정식)	토석혼축 +토축	

표 21 琿春市 지역의 고구려 성곽

성곽명	異稱	水系(河川)	규모(둘레)	유형	축성방식	비고
琿春 溫特赫部城		두만강	2,269m	평지성	토축	고구려 柵城설
琿春 薩其城	沙齊城, 薩奇城	두만강	7,000m	산성(포곡식)	석축	고구려 柵城설
琿春 石頭河子古城		두만강	832m	평지성	토축? 토석혼축?	
琿春 干溝子山城	乾溝子山城, 韓溝子山城	두만강	2,500m	산성	토축+ 토석혼축? 석축? 토축+ 토석혼축 +석축?	
琿春 桃源洞南山城	下馬滴達河古城	두만강	430m, 520m?, 1,000m?	산성	석축	발해 東京龍原府의 穆州설 혹은 賀州 州治설
琿春 農坪山城		두만강	400m	산성	석축	
琿春 水流峰山城		두만강	1,000m? 1,250m?	산성	석축	
琿春 營城子古城		두만강	1,200m	평지성	토석혼축	
琿春 城墻砬子山城		두만강	10km	산성	석축	고구려 柵城설
琿春 通肯山城		두만강	3,000m	산성	석축	

표 22 延邊 장성 유적

성곽명	異稱	水系(河川)	규모(둘레)	유형	축성방식	비고
和龍·龍井·延吉·圖們 長城	邊墻, 邊壕, 高麗邊, 백리장성, 萬里長城	두만강	150km	장성	토축+석축 +토석혼축	
琿春 長城						

참고문헌

- 魏聲龢, 1931, 「琿春古城考」, 『東北叢刊』 15.
- 李文信, 1937, 「吉林龍潭山遺蹟報告」(一)(二), 『滿洲史學』 1권 2호~3호, 東亞印刷.
- 山本首, 1938, 『蛟河敦化的古蹟調査報告書』.
- 李文信, 1938, 「吉林龍潭山遺蹟報告」(三), 『滿洲史學』 2권 2호, 東亞印刷.
- 鳥山喜一·藤田亮策, 1941, 『間島省古蹟調査報告』, 滿洲帝國民生部.

- 李文信, 1946, 「吉林市附近之史蹟及遺物」, 『歷史與考古』 1호, 瀋陽博物館.
- 滿洲國民生部厚生司敎化科, 1941, 『滿洲古蹟古物名勝天然記念物彙編』.
- 董學增, 1986, 「吉林市龍潭山高句麗山城及其附近衛城調査報告」, 『北方文物』 1986-4.
- 李健才, 1987, 「東北地區的邊崗和延邊長成」, 『遼海文物學刊』 1987-1.
- 延邊博物館, 1988, 『延邊文物簡編』, 延邊人民出版社.
- 孫進己·馮永謙, 1989, 『東北歷史地理』 2, 黑龍江人民出版社.
- 嚴長錄, 1990, 「연변지구 발해시기의 옛 성터에 관한 고찰」, 『발해사연구』 1, 延邊大學出版社.
- 정영진, 1990, 「연변지구의 고구려유적 및 몇 개 문제에 대한 탐구」, 『한국상고사학보』 4.
- 吉林市地方志編纂委員會, 1991, 『吉林省志』 卷43 文物志, 吉林人民出版社.
- 西川宏, 1992, 「中國における高句麗考古學の成果と課題」, 『靑丘學術論集』 2.
- 李文信, 1992, 『李文信考古文集』, 遼寧人民出版社.
- 國家文物局, 1993, 『中國文物地圖集』 吉林分冊, 中國地圖出版社.
- 魏存成, 1994, 『高句麗考古』, 吉林大學出版社.
- 林直樹, 1994, 「中國東北部の高句麗山城」, 『靑丘學術論集』 5.
- 馮永謙, 1994, 「高句麗城址輯要」, 『北方史地研究』, 中州古籍出版社.
- 서길수, 1995, 「松花江 流域의 高句麗 山城 硏究」, 『고구려연구』 1.
- 東潮·田中俊明, 1995, 『高句麗の歷史と遺跡』, 中央公論社.
- 孔錫龜, 1998, 「高句麗 城郭의 類型에 대한 硏究」, 『韓國上古史學報』 29.
- 李殿福, 1998, 「高句麗山城硏究」, 『北方文物』 1998-4.
- 魏存成(宋龍鎬 옮김), 1999, 「길림성내 고구려산성의 현황과 특징」, 『고구려연구』 8.
- 정영진, 1999, 「延邊地域의 城郭에 대한 연구」, 『고구려연구』 8.
- 김현숙, 2000, 「延邊地域의 長城을 통해 본 高句麗의 東夫餘 支配」, 『國史館論叢』 88.
- 방학봉, 2002, 『발해성곽연구』, 연변인민출판사.
- 王綿厚, 2002, 『高句麗古城硏究』, 文物出版社.
- 魏存成, 2002, 『高句麗遺蹟』, 文物出版社.
- 이종수, 2003, 「扶餘 城郭의 特徵과 關防體系硏究」, 『白山學報』 67.
- 李鐘洙, 2004, 『夫余文化硏究』, 吉林大學 박사학위논문.
- 지승철, 2005, 『고구려의 성곽』, 사회과학출판사.
- 동북아역사재단, 2006, 『高句麗城 사진자료집』 (中國 遼寧城·吉林省 西部).
- 王禹浪·王宏北, 2007, 『高句麗·渤海古城址硏究匯編』 (上·下), 哈爾濱出版社.
- 기획편집위원회, 2009, 『고구려유적의 어제와 오늘』, 동북아역사재단.
- 이성제, 2009, 「고구려와 발해의 성곽 운영방식에 대한 기초적 검토」, 『고구려발해연구』 34.
- 정원철, 2009, 「高句麗山城瓮城的類型」, 『博物館硏究』 2009-3.
- 동북아역사재단, 2010, 『고구려성 사진자료집』 (중국 길림성 동부).
- 魏存成, 2011, 「中國境內發現的高句麗山城」, 『社會科學戰線』 2011-1.
- 국립문화재연구소, 2012, 『중국동북지역 고고조사 현황-『중국고고학연감』(2000~2010)을 중심으로』 (길림성·흑룡강성 편).
- 김진광, 2012, 『북국 발해 탐험』, 박문사.
- 양시은, 2012, 「연변 지역 고구려 유적의 현황과 과제」, 『동북아역사논총』 38.
- 임기환, 2012, 「고구려의 연변 지역 경영」, 『동북아역사논총』 38, 동북아역사재단.
- 임찬경, 2012, 「延邊長城의 現況과 性格」, 『동북아역사논총』 38, 동북아역사재단.
- 양시은, 2013, 『고구려 성 연구』, 서울대학교대학원 박사학위논문.
- 여호규, 2017, 「두만강 유역 고구려 성곽의 분포현황과 지방통치의 양상」, 『역사문화연구』 61.

3. 기타 유적

송화강-두만강 유역 일대에서는 산포된 유물로 미루어 고구려 유적지로 비정되는 유적이 8곳 정도 확인되었다. 길림 용담산의 녹장유적을 비롯하여 무송현에서 양동유적, 황니외자유적, 수남구유적, 그리고 용정의 용곡유적과 수남수칠구 유적, 연길의 용연유적, 훈춘의 양목림자유적 등이 있다.

이 가운데 길림 용담산의 녹장유적은 길림과 훈춘을 연결하는 고속철도 건설로 인한 구제 발굴조사의 일환으로 행해진 탐색갱에 대한 층위 조사에서 한, 부여, 고구려, 발해에 걸친 유물들이 출토되었고, 재구덩이도 확인되었으나 정연한 층위 상을 서열을 보여주지는 않는다. 재구덩이에서는 다량의 토기와 소량의 동물뼈 및 이빨 그리고 소토와 목탄편이 확인되었으나, 기형 복원이 가능한 토기는 일부에 불과하며, 이미 교란되어 문화층 간의 선후관계는 확실하지 않다. 다만, 토기는 태토와 그릇 표면의 무늬와 시문기법, 잔존 기형 등으로 미루어 볼 때 청동기시대 이래 한, 부여, 고구려, 발해에 이르는 긴 기간에 걸쳐 사용된 것들이다.

무송 양동유적에서는 재구덩이가 확인되었고, 강변의 토층 단면에서 많은 유물이 수습되었다. 그 중에는 청동기시대의 석부와 황갈색이나 홍갈색 토기편 등 선사시대 유물과 함께 물레를 사용하여 빚은 니질회도, 흑회도편 가운데는 대상파수 등이 포함되어 있어서 고구려의 토기로 비정하고 있다. 그리고 시대를 알 수 없는 청동기 저부편과 철기 잔편이 출토되었다. 황니외자유적도 유구는 확인되지 않았으나 니질토기 등이 출토되어서 고구려시기에 조성된 것으로 유추할 뿐이다.

유구의 성격이 뚜렷하지 않은 것은 연길 용연, 용정 용곡, 훈춘 양목림자 유적도 마찬가지인데, 이 유적지들에서 수습된 내면에 포흔이 있는 승문이나 망문, 승석문, 격자문 등의 무늬를 가진 기와편들이 고구려 기와와 특징을 같이 하고 있어서 고구려의 유적지로 추정되고 있을 뿐이다.

4. 유물

송화강, 목단강, 두만강 유역의 주요 유적은 단일 시기에 한정하여 사용되기 보다는 오랜 시간에 걸쳐 沿用되는 특징을 보이고 있으며, 여러 시대의 유물이 출토되는 경우가 많다. 성곽의 경우 부여 또는 고구려에 의해 축조되어 발해에 의해 수·개축되거나 그 이후까지 지속적으로 사용되었다. 그러나 발굴조사는 미진하고, 보고 결과도 조사 주체의 자국 역사를 중심으로 해석되어 정확한 정보를 얻기 쉽지 않은 상황이다. 이를 감안하여 유물은 시대 및 재질별로 살펴보고 와당에 한해 최근 연구성과를 언급하고자 한다.

먼저 부여의 유물은 발굴 보고 자료에 언급된 굵은 모래가 혼입된 갈색토기, 니질의 회색토기, 오수전, 청동장식품, 기와, 석기 등 漢代 유물에 해당되는 것으로 추정된다. 주로 길림지역의 산성에서 출토되며, 고구려-발해 시기의 유물과 함께 출토되는 예가 많다. 또한 길림 용담산성, 동단산산성, 용담산 녹장유적, 교하 신가고성과 복래동고성, 육가자동산산성 등에서 출토된 격자문토기와 고리형 파수 등의 토기류도 부여 성곽임을 추정케 하는 자료로 판단된다.

다음으로 고구려의 유물은 기와류, 토기류, 철기류, 금속기류 등으로 구분된다. 기와류는 막새와 평기와 등이 출토되었다. 막새는 혼춘 온특혁부성에서 출토된 용면문와당(龍面文瓦當 또는 鬼面文, 獸面文)과 입연화문와당(立蓮花文瓦當)이 주목된다.

입연화문와당은 횡판연화문(橫瓣蓮花文), 유정연화문(乳丁蓮花文)으로도 불리는데, 형태는 무복선(無複線)에 가운데 자방을 두고 그 주위로 연화문을 횡으로 연결해 놓았으며, 주연부와의 사이에 연주나 돌기문을 배치한 형태를 가진다. 온특혁부성의 입연화문와당은 소형 돌기가 연주문 형태로 주연을 돌아가는 형태이며, 집안 동대자유적, 평양 일대 출토품 등이 유사하나 전자와 동일한 형식으로 구분할 수 있다.

온특혁부성 출토 와당은 동대자 유적 출토 와당에 비해 고사리문이 없고 연판의 개수가 2개 많은 10개이며, 문양의 간격은 동대자유적 와당이 일정한 데 반해 온특혁부성 와당은 간격이 불규칙하다. 이에 비해 평양 일대 출토 와당은 연판이 9개이며 중방을 비롯한 문양 사이에 3개의 문양대가 있어 앞선 두 와당과는 약간의 차이가 있다.

이 두 형식의 입연화문와당은 연구자에 따라 출현 시기에 대한 견해 차이가 있는데, 온특혁부성과 동대자유적 출토 와당을 평양출토 와당보다 늦은 형식으로 보는 입장은 연판 개수의 변화와 문양의 복합성을 근거로 평양 천도 이후 시기인 5세기 초반(王飛峰, 2013) 또는 5세기 후반(백종오, 2006) 등으로 편년한다. 평양출토 와당을 빠르게 보는 견해는 주연부에 연주문이 돌아가는 입연화문와당이 중국 東魏(535~550)와 陳代(557~589)에 등장하기 시작하였고 수·당대 와당의 주요문양이 된 점을 감안하여 6세기 후엽으로 비정한다(강현숙, 2010).

한편, 입연화문와당을 비롯한 연화문계열의 와당이 평양도읍기 이후 수목문(樹木文), 인동문(忍冬紋), 용면문(수면문 또는 귀면문 포함), 시체문(枾蔕文), 입연화문 등으로 복합화된 이유는 중국과의 교류 외에도 불교사상의 다양화와 연립귀족세력의 권력독점이 영향을 미친 것으로 파악된다. 즉, 연화문와당의 문양변화는 귀족의 다양한 취향을 반영하거나 전통적으로 가지고 있던 토착적 가치관을 상징하는 것으로 풀이되며, 이는 고구려화의 과정으로 이해할 수 있다(백종오, 2006).

평기와는 연변지역의 고구려 성곽에서 주로 채집되었다. 혼춘 살기성·온특혁부성·비우성·석두하자성, 연길 하룡고성·흥안고성·용연유적, 용정 토성둔토성·동흥고성·중평고성·용곡유적 등에서 출토된 고구려 평기와는 문양이 집안지역 출토 기와와 유사하다. 문양은 승문계열, 격자문계열로 구분되는데 승문, 석문, 승석문, 격자문, 사격자문 등이 주종을 이루며, 내면은 포흔과 모골흔이 선명한 특징을 가진다. 색조는 적(갈)색 계열 또는 회색 계열이 많으며, 암키와가 다수를 점하고 있다.

일제강점기에 도리야마 기이치(鳥山喜一)의 기증으로 서울대학교박물관에 소장된 연변지역 고구려 기와에서도 배면 모양과 내면의 양상이 동일함을 확인할 수 있다(양시은, 2012). 이러한 형태의 평기와는 환도산성과 같은 집안지역 고구려 성곽 출토품과의 유사함을 근거로 연길지역 성곽의 축조시점을 고구려로 비정하는 근거로 주장된다(정영진, 1999). 한편 길림지역에서는 용담산성, 삼도령자성, 휘발성 등에서 고구려 평기와가 확인되었으며 형태는 연변지역 출토품과 대체로 유사하다.

연변지역 성곽에서는 고구려 기와의 영향을 받은 발해의 기와도 빈번히 출토되는데 연길 하룡고성에서 연화문와당이, 이와 가까운 지역인 성자산산성과 흥안고성, 동흥고성(서울대학교 소장품) 등에서는 지압문기와편이 출토되어 이들 성곽이 고구려-발해까지 지속적으로 활용되었음을 알 수 있다.

고구려 토기류는 기형을 알 수 있는 기종이 드물다. 산성에서는 유하 나통산성에서 발형토기와 뚜껑, 화룡 토성리토성에서 호 1점이 완형에 가깝게 출토되었다. 길림 용담산 녹장유적에서는 호(罐, 壺), 반(盤), 동이(盆), 시루(甑) 등 기종 파악이 가능한 여러 종의 토기편이 출토되었다. 이와 함께 중호문, 현문+중호문이 시문된 토기편이 함께 확인되었는데, 오녀산성에서 출토된 토기편과 문양이 유사하여 4세기경으로 편년된다. 이러한 문양이 시문된 토기편은 남한지역의 파주 육계토성에서도 출도된 바 있다.

철기류는 유하 나통산성과 휘발성의 출토품이 주목되는데 무기류와 마구류가 주를 이룬다. 나통산성은 화살촉(鏃), 괭이(钁), 재갈(馬銜), 칼(鐵刀), 도끼(斧) 등이, 휘발성에서는 화살촉, 등자, 창 등이 출토되었으며, 간구자산성과 성자산산성에서는 철솥, 용담산성과 간구자산성에서는 수레바퀴 줏대축(車輻) 등이 출토되어 이 지역 고구려 철기의 양상을 알 수 있게 되었다.

청동기류는 나통산성에서 청동화살촉, 청동방울, 못, 거울(光明鏡), 화폐(조개화폐, 반량전, 오수전 2점) 등 여러 종류가 확인되었는데, 대부분 漢代의 유물로 보고되어 부여와의 관련성이 짐작된다. 이 밖에 나통산성에서는 허리띠고리와 화형(花形)장식 등 금동제 유물이 출토되었는데, 집안 우산하 M1897호분과 장천M2호분 출토품과 유사하여 3~4세기의 고구려 유물로 편년(魏存成, 1999)된다. 이 지역 성곽의 중요성을 보여주는 유물로 평가할 수 있다.

참고문헌

- 魏存成, 1999, 「길림성내 고구려산성의 현황과 특징」, 『고구려연구』 8.
- 정영진, 1999, 「연변지역의 성곽에 대한 연구」, 『고구려연구』 8.
- 이종수, 2003, 「夫餘城廓의 特徵과 關防體系硏究」, 『白山學報』 67.
- 백종오, 2006, 『고구려 기와의 성립과 왕권』, 주류성출판사.
- 강현숙, 2010, 「中國 吉林省 集安 東台子遺蹟 再考」, 『한국고고학보』 75.
- 국립문화재연구소, 2012, 『중국동북지역 고고조사 현황-『중국고고학연감』(2000~2010)을 중심으로』(길림성·흑룡강성 편).
- 양시은, 2012, 「연변 지역 고구려 유적의 현황과 과제」, 『동북아역사논총』 38.
- 양시은, 2013, 『고구려 성 연구』, 서울대학교 박사학위논문.
- 王飛峰, 2013, 『고구려 와당 연구』, 고려대학교 박사학위논문.

제2부

길림시(吉林市) 지역의 유적

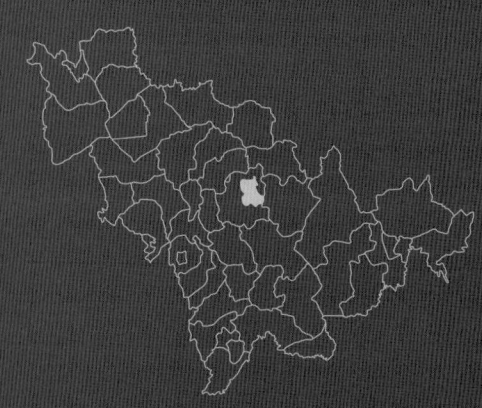

유적 분포도

- △ 산
- ▲ 산성
- ■ 평지성
- ▬ 관애
- ᴧᴧ 장성
- ▲ 고분
- ● 기타 유적

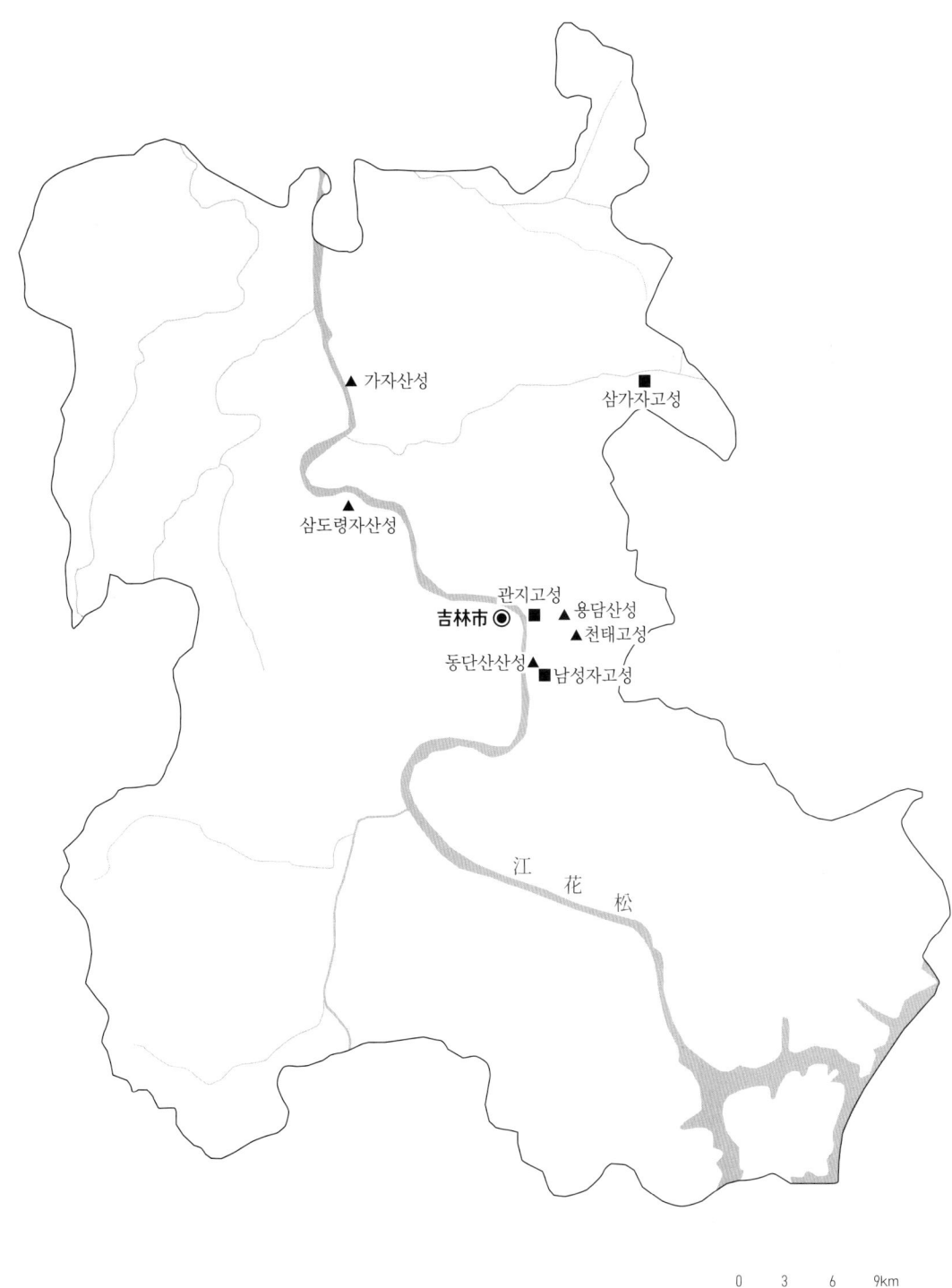

1
성곽

01 길림 동단산산성

吉林 東團山山城 | 東團山城 | 團山子山城 | 東團山遺址

1. 조사현황

1940년대 초에 발견되었음.

1) 1952년 8월
○ 조사자 : 吉林省 人民政府 교육국의 鄒吉太.
○ 조사내용 : 8월 보름 동안 吉林市郊區 문화 유적 가운데 토성자, 동단산, 용담산 등 16곳을 조사함.
○ 발표 : 「吉林市古蹟名勝調査報告」

2) 1960년
1960년 吉林지역 문화재 일제조사 결과 吉林市郊區의 용담산성, 삼도령성지, 동단산유적, 영길현의 토성자성지와 漂兀河山城, 교하현의 拉法城址 등을 고구려 성으로 확정함.

3) 1973년
吉林市圖書館 文物組가 吉林省 文物局의 허가를 얻어 동단산유적을 시굴하여 고구려 시대의 유물을 포함한 많은 유물을 조사하였음.

4) 1982년
○ 조사자 : 董學增, 吉林市郊區文化館 文志, 吉林省博物館 董朝權, 仇起, 金麗華.
○ 조사내용 : 용담산성에 대한 재조사를 진행할 때 용담산성 부근의 三道嶺子山城과 東團山山城에 대한 조사도 아울러 진행하여, 과거 잘못 기재한 부분과 누락된 것을 바로 잡고 새로 발견된 사실을 보고함.
○ 발표 : 董學增, 1986, 「吉林市龍潭山高句麗山城及其附近衛城調査報告」, 『北方文物』 1986-4.

5) 1983년 4월~1985년 말
○ 吉林市 문물관리위원회를 주축으로 7개 縣과 區의 문화재 일제조사와 문물지 편찬이 이루어졌는데, 이때 동단산성도 조사함.
○ 1985년에 이곳에 '서단산 문화 진열실'을 건립하였음.

6) 2001년 6~10월, 2002년 7~11월
○ 조사자 : 吉林省文物考古研究所, 吉林市博物館, 吉林市文物管理處.
○ 조사내용 : 길림성 성내의 동부에 위치한 동단산유적을 조사함. 유적은 세 개 부분 즉 동단산 산성(A 구역), 동단산 평지성(B 구역)과 성 주변 유적(C 구역)으로 조성되어 있으며, 면적은 약 2만 m²임.

(1) 2001년의 발굴
○ 2001년에는 A구역(동단산 산성)과 B구역(동단산 평지성; 남성자고성)의 두 개 구역으로 나누어 1,500m²를 발굴함.
○ A 구역(동단산 산성)에는 5×5피트 24개를 설치하여 600m²를 조사함.

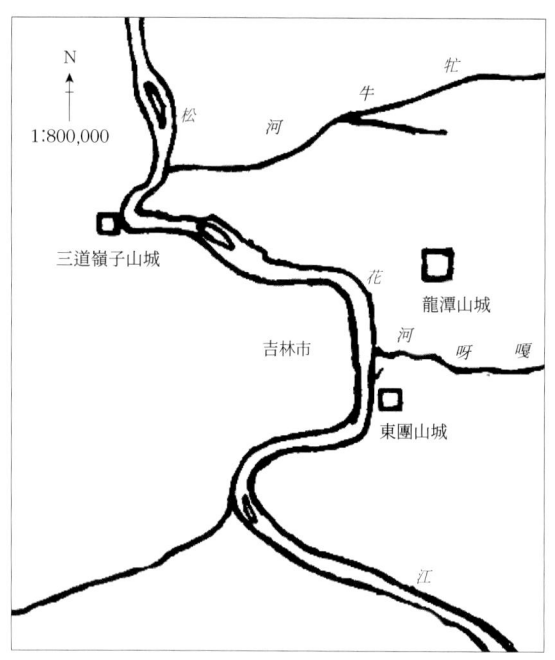

그림 1 동단산산성 지리위치도 1(董學增, 1986, 32쪽)

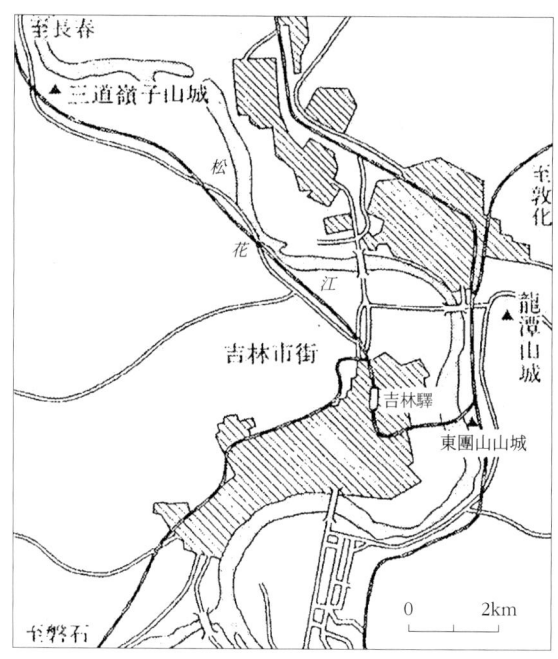

그림 2 동단산산성 지리위치도 2(東潮·田中俊明, 1995, 374쪽)

○ 퇴적층은 5개층으로 나눌 수 있는데, 그중 제3, 4층은 부여(漢·魏시기) 문화층이고, 제5층은 청동기시대 후기 문화층임.
○ 부여(漢·魏) 문화층 조사과정에서 주거지 1기, 재구덩이(灰坑) 7기, 회구 1기를 발견하였음.

(2) 2002년의 발굴

○ 동단산유적 3개년 발굴계획의 두 번째 발굴로 A 구역(동단산 산성)과 B구역(동단산 평지성; 남성자고성)의 3개 지점에 대해 진행되었음.
○ A 구역(동단산 산성)의 발굴면적은 500m²임.
○ 유적 층위는 5개 층으로 이루어 졌으며, 그중 제1층은 근현대층, 제2·3·4층은 부여(漢·魏) 문화층, 제5층은 청동기시대 후기 문화층임.
○ 발견된 유구와 유물은 부여(漢·魏)시기가 주를 이루며, 청동기시대 문화가 그 다음으로 많음. 이 밖에도 명·청시기 유적이 확인되었음.
○ 부여(漢·魏) 시기 유구는 총 21기가 발굴되었는데, 주로 주거지와 灰坑(교혈)임.

(3) 발표

○ 唐音·翟敬源·張寒冰, 2003, 「吉林市東團山漢魏時期及明代遺址」, 『中國考古年鑑』, 文物出版社.
○ 唐音·丁宏毅·劉利, 2004, 「吉林市東團山漢魏時期遺址」, 『中國考古年鑑』, 文物出版社.
○ 성급문물보호단위.

2. 위치와 자연환경(그림 1~그림 4)

1) 지리위치

○ 동단산은 길림시 郊區 江南鄉 永安村 서남쪽에 위치함.
○ 동단산은 해발 252m로 주위의 지면보다 약 60m 높은 타원형의 작은 산인데, 이로 인해 산성 이름이 지어졌음.

그림 3 동단산산성 지리위치도 3

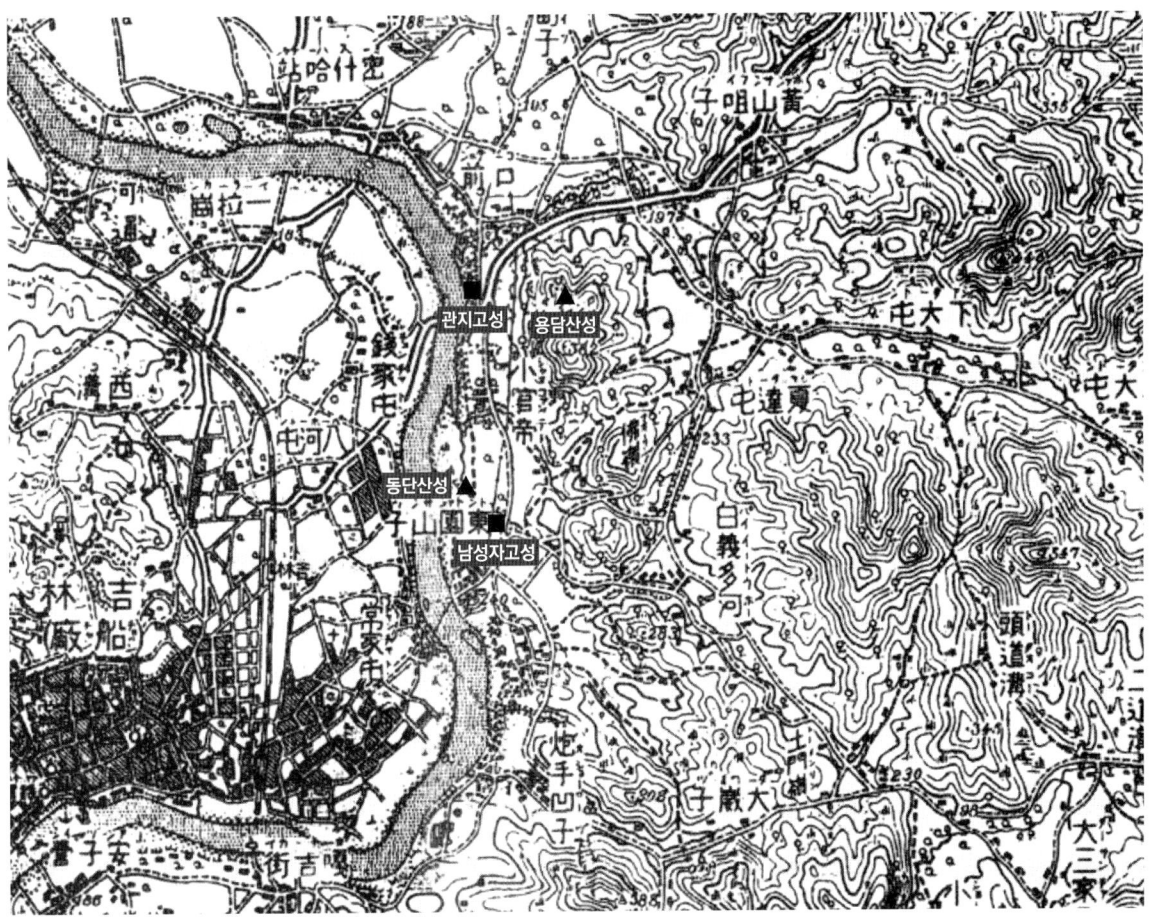

그림 4 동단산성 주변 지형도(滿洲國 10만분의 1 지형도)

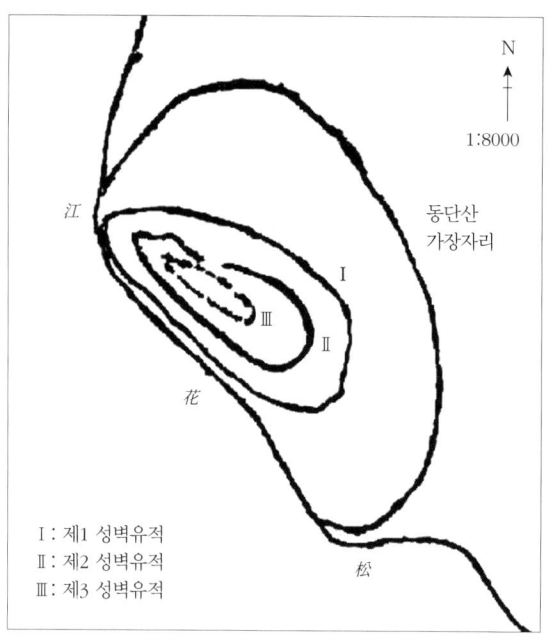

그림 5-1 동단산산성 평면도 1(董學增, 1986, 133쪽)

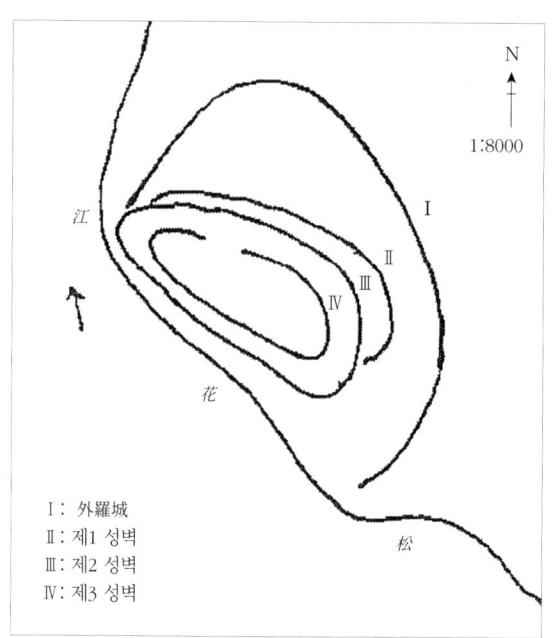

그림 5-2 동단산산성 평면도 2(『吉林市志(文物志)』, 112쪽)

○ 동단산의 동쪽으로는 吉林-豊滿 철도를 사이에 두고 帽兒山과 약 1km 떨어져 있음. 북쪽으로는 嘎呀河를 사이에 두고 용담산산성과 서로 마주보고 있으며 약 2.5km 떨어져 있음.

2) 자연환경

동단산의 동남면은 비탈이 가파르고, 서쪽에는 송화강이 남에서 북으로 흘러가고 있으며, 서북쪽은 비탈의 경사가 완만해짐.

3. 성곽의 전체현황(그림 5)

○ 동단산성의 정상부는 해발 252m이며, 성 내부 면적은 약 3만 m²임.

○ 성벽은 3중(董學增 1986, 그림 5-1) 또는 4중(吉林市地方志編纂委員會 1994, 그림 5-2)으로 파악되는데, 토석혼축으로 축조하였음.

○ 주거지와 온돌, 재구덩이(灰坑), 저수지, 석관묘 무덤떼 등의 유적이 확인되었는데, 성문은 파괴되어 판별하기 어려운 상태임.

4. 성벽과 성곽시설

1) 성벽

○ 송화강에 면한 서남 산기슭에 두 갈래의 성벽이 있고, 동북 기슭에는 세 갈래의 성벽이 있음. 또한 산기슭과 평지가 만나는 지점에 평지보다 5~10m 정도 높은 활모양의 高地가 있는데, 外羅城 성벽으로 추정됨. 다만 성벽의 축조양상에 대해서는 조사자에 따라 다소 다름.

○ 董學增(1986)은 3중 성벽으로 구성된 것으로 파악함(그림 5-1). 제1성벽(외성)과 제2성벽(중성)은 보존상태가 좋은 반면, 제3성벽(내성)은 해방 전 국공내전 시기에 파괴되었다고 함. 외성은 동서 길이 230m, 남북

너비 115m, 잔고 10m, 윗너비 3m임. 중성은 동서 길이 170m, 남북 너비 62m, 높이 12m. 내성은 정상부의 平臺에 근거해 동서 길이 60m, 남북 너비 15m라고 파악함. 동남 방향에서 측량하면 내성은 중성에서 53.5m 떨어져 있고, 중성은 외성에서 35.2m 떨어져 있다고 함. 또한 성벽 단면을 통해 황토와 응회암 깬돌을 섞어 토석혼축 방식으로 성벽을 축조한 것으로 파악함.

○ 이에 비해 吉林市地方志編纂委員會(1994)에서는 산자락이 평지와 접하는 평지 부근에 약 5~10m 높이의 돌출한 활모양의 高地가 있는데, 이를 外羅城으로 파악함. 동단산성은 산기슭의 3중 성벽과 평지의 성벽을 아울러 총 4중 성벽으로 이루어졌다는 것임(그림 5-2). 이 가운데 가장 외곽의 외라성은 전체 둘레가 680m임. 산기슭 하단의 제1성벽은 해방 전에 국민당군에 의해 파괴되었는데, 남아 있는 성벽의 잔존 길이는 200m이고, 잔고는 3m 전후임. 산중턱의 제2성벽은 산을 한 바퀴 감싸며 축조되었는데, 둘레는 345m, 잔고 10m, 윗너비 3m 정도임. 그리고 산정상부를 감싼 제3성벽은 둘레 150m임. 각 성벽의 간격은 일정하지 않는데, 동쪽에서부터 측량하면 제3성벽과 제2성벽의 간격은 35.2m, 제2성벽과 제1성벽의 간격은 15m, 제1성벽과 외라성의 간격은 70m임. 산허리에 노출된 성벽 단면을 통해 화강암 깬돌로 성벽을 축조했음을 파악할 수 있다고 함.

2) 성곽시설

(1) 성문

○ 『盛京通志』에 따르면, 이 성은 "성에서 동남쪽 7리 떨어진 拉木山 위에 있고(동단산성은 청나라 초기에 鄂漠城이라고 불렸고, 청나라 중기에는 伊蘭茂城 혹은 拉木山이라고 불렸음), 둘레 1리로 동쪽과 북쪽에 각각 성문이 하나씩 있었다"라고 함. 원래 2개의 문이 있었음을 알 수 있으나, 현재는 확인할 수 없음.

○ 외성의 동쪽과 서쪽에 각각 성문 하나씩 있음(魏存成 2002).

5. 성내시설과 유적

1) 건물지

성내 지면에서 일찍이 고구려 적색 승문 암키와와 격자문 암키와 잔편을 발견하였는데, 건축물이 있었을 것으로 추측됨.

2) 주거지

(1) 주거지 1

산비탈 계단 모양의 대지와 산정에 주거지 유적이 있는데, 돌도끼(石斧), 돌칼(石刀), 돌화살촉(石鏃), 그물추(石網墜) 및 토제솥(夾砂褐陶鼎)을 채집하였음. 문화층 두께 0.8m(國家文物局, 1993).

(2) 주거지 2

2001년 발굴조사 시에 3, 4층의 부여문화층 정리과정에서 주거지 1기가 발견되었음. 주거지는 얕은 수혈식으로 평면은 방형 혹은 장방형임. 방 내부 둘레에는 몇 개의 기둥구멍이 있고, 주거지 구조는 분명하지 않음.

(3) 주거지와 온돌

○ 2002년 발굴조사 시, 제2·3·4층의 부여 시기 유구에서 주거지 20기가 발견되었음. 주거지는 장방형의 얕은 수혈식으로 한 변의 길이가 4.2m이고, 그 남벽 중앙에 너비 0.6m의 출입문(양측에 각각 한 개의 원형 기둥구멍이 있음)과 잔존 길이가 1.2m인 문길(門道)이 경사지게 설치되어 있음.

○ 주거지 바닥면에서 격자문 니질 회색토기 잔편과 소량의 철갑편을 수습함. 토기 기형으로는 분(盆), 호

(罐), 옹(甕) 등이 보임.
○ 주거지 내 동쪽의 벽에 기대어 3개의 고래로 이루어진 온돌이 설치되어 있고, 부뚜막, 아궁이, 굴뚝 부분도 비교적 잘 남아 있음.

3) 재구덩이(灰坑)

(1) 재구덩이 1
○ 2001년 발굴조사 시 제3, 4층의 부여문화층 정리과정에서 재구덩이 7기가 발견됨.
○ 재구덩이는 교혈이 폐기된 후 형성된 쓰레기 구덩이가 대부분이며, 형태는 원형 혹은 타원형이고, 방형인 것도 있음.

(2) 재구덩이 2
○ 2002년 발굴조사 시 제2·3·4층의 부여 시기 유구에서 재구덩이와 원형의 교혈 1기가 발견되었음.
○ 위치는 온돌의 남측이며, 재구덩이와 교혈은 크게 두 종류로 나눌 수 있음. 하나는 작고 정연한 것으로 방형 혹은 원형을 이루고 있으며, 다른 한 종류는 불규칙한 형태를 갖추고 있음.

4) 저수지
○ 李文信의 조사에 따르면, "이 성의 성벽(외성을 가리킴) 동북 모퉁이에 저수지가 하나 있는데, 630여 m이고 깊이는 수m였다"고 하지만, 1982년 조사 시에는 그 당시의 조사내용을 판별하기 어려웠다고 함(董學增, 1986, 132쪽).

6. 출토유물

○ 성 안에서 청동기시대의 토기편이 출토됨.
○ 성내 지면에서 일찍이 고구려 적색 승문암키와와 격자문 암키와 잔편을 발견하였는데 당시 성내에 건축물이 있었음이 추측됨.
○ 동단산 산기슭 농토로 이용중인 곳에 허다한 고구려 건축 재료가 흩어져 있는데, 紅色 繩文瓦, 길쭉한 화문 벽돌(長條花文磚) 등을 채집함. 이 밖에 또 橄欖形 금동꾸미개(鎏金銅飾物) 등이 출토된 바 있음. 이에 근거해 이 곳 동단산산성은 고구려인이 거주한 곳임을 알 수 있음.
○ 산비탈의 계단상 대지와 산정의 주거지 유적에서 돌도끼, 돌칼, 돌화살촉, 그물추(石網墜) 및 솥(夾砂褐陶鼎)을 채집하였음.
○ 유적의 서남부에 위치한 석관묘 무덤떼에서 土陶器, 石器, 青銅器 등 유물이 출토된 바 있음.
○ 1983년 조사 시 솥(夾砂褐陶鼎), 발(鉢), 호(罐殘片) 및 돌도끼(石斧), 돌칼(石刀), 돌자귀(石錛), 가락바퀴(石紡輪), 돌끌(石鑿) 등을 채집함.
○ 2001년 발굴조사 때 A 구역(동단산 산성)의 유적·유물은 기본적으로 부여(漢·魏시기)의 유적이며 출토유물의 기본 조합은 호(斜頸環耳壺), 두형토기(柱把鉛皮豆), 호(深腹筒形罐) 등이고, 그 밖에 花文條形磚, 격자문(方格文), 승문(繩文)토기는 지방적 특색이 매우 깊은 유물들임(국립문화재연구소, 2012).
○ 2002년 A 구역(동단산 산성)에서 발굴된 유적 층위는 5개 층으로 이루어졌으며, 그중 제2·3·4층의 부여(漢·魏)문화층의 주거지 바닥면에서 격자문 니질 회색토기 잔편과 소량의 철갑편을 수습. 토기 기형으로는 분(盆), 호(罐), 옹(甕) 등이 출토되었음. A 구역(동단산 산성)에서 출토된 유물은 모두 200여 점인데, 그중 모래혼입 토기는 호(斜頸鼓腹雙耳壺;無耳도 있음), 호(侈口深腹罐), 시루(單孔 혹은 多孔甑), 제기(柱把豆) 등이 조합을 이루며, 연대는 漢初임. 니질회색 토기의 출토 비율은 비교적 높은 편인데 대개 기물에 승문(繩文)과 격자문(方格文)이 시문되어 있으며, 그 외에 弦文, 垂幛文, 篦點文 조합도 비교적 많은 편임. 토기의 기본적

인 조합은 분(深腹盆, 敞口折腹盆), 시루(盆形多孔甑), 옹(甕), 호(球腹罐), 소반(盤) 등이 있으며, 연대는 대략 後漢에서 魏·晋 시기임(국립문화재연구소, 2012).

7. 역사적 성격

동단산산성이 위치한 북류 松花江 중류의 吉林지역은 전기 부여의 중심지로 파악됨(李健才, 1982; 노태돈, 1989). 동단산산성은 송화강 東岸의 평지에 우뚝 솟은 산에 자리하고 있는데, 동남쪽으로는 부여 왕성유적으로 추정되는 남성자고성이 펼쳐지며, 동쪽 1km 거리에는 帽兒山 고분군이 위치함. 북쪽 약 2.5km 거리에는 고구려 산성인 용담산성이 위치하고 있고, 용담산성 서북쪽 12km 거리의 송화강 서안에는 삼도령자산성이 위치함.

이러한 입지조건과 주변 유적의 분포상황으로 보아 동단산산성은 부여시기에 조영되어 고구려시기까지 사용된 것으로 파악됨. 동단산산성 내부와 그 동남쪽의 남성자고성(동단산평지성)에서 부여와 함께 고구려시기의 유물이 출토되는 사실은 이를 반영함(董學增, 1982; 孫進己·馮永謙, 1989).

특히 길림지역의 산성은 규모가 가장 큰 용담산성을 중심으로 남쪽의 송화강 동안에는 동단산산성, 북쪽의 송화강 서안에는 삼도령자산성이 위치함. 이에 동단산산성과 삼도령자산성은 각각 송화강 동안(우안)과 서안(좌안)을 통제하면서 용담산성과 犄角의 형세를 이루었을 것으로 파악함. 동단산산성은 삼도령자산성과 함께 용담산성의 위성이었다는 것임(董學增, 1982; 吉林市地方志編纂委員會, 1994).

중국학자들은 고구려가 전기 부여의 중심지인 吉林 지역으로 진출한 시기를 광개토왕-장수왕대로 파악하고 있음. 용담산성이나 그 부근의 동단산산성 등이 고구려 서북부의 중진으로 편입된 것은 광개토왕-장수왕대라는 것임(李文信, 1946). 다만 장수왕대 이후 勿吉이 흥기하여 북류 송화강 일대로 진출한 점에 주목하여 용담산성과 그 주변의 동단산산성 등은 부여를 통제하고 물길의 남하를 막기 위해 축조했을 것으로 파악함(董學增, 1986).

다만 『晋書』 慕容皝載記나 〈牟頭婁墓誌〉 등의 사료를 종합하면, 고구려가 전기 부여의 중심지인 길림지역으로 진출한 것은 4세기 전반이며, 346년경에는 부여를 둘러싸고 전연과 치열한 각축전을 전개한 것으로 추정됨. 더욱이 牟頭婁는 광개토왕대에 길림지역에 '領北夫餘守事'라는 지방관으로 파견되어 장수왕대까지 재임한 것으로 파악됨(여호규, 1995). 이에 비해 勿吉은 5세기 후반에 동류 송화강을 거슬러 西進하다가, 494년경에 북류 송화강 하류의 農安 일대에서 명맥을 유지하던 후기 부여를 점령했으며, 그 이후에는 大黑山脈을 경계로 고구려와 접경을 이룬 것으로 파악됨(여호규, 2018).

이렇게 본다면 동단산산성은 4세기 전반 고구려가 길림지역으로 진출한 다음, 송화강 중류일대를 지배하기 위해 전기 부여의 왕성을 재활용하는 과정에서 개축해 사용했을 것으로 파악됨. 특히 동단산산성이 송화강 동안에 접해 있다는 점에서 송화강 수로의 이용이나 통제와 관련한 기능을 담당했고, 勿吉이 북류 송화강 하류 일대로 진출한 이후에는 군사방어적 기능도 크게 강화되었을 것으로 추정됨.

참고문헌

- 李文信, 1946, 「吉林市附近之史蹟及遺物」, 『歷史與考古』 1, 瀋陽博物館.
- 董學增, 1982, 「吉林東團山原始·漢·高句麗·渤海諸文化遺存調査簡報」, 『博物館研究』 1982-1.
- 李健才, 1982, 「扶餘的疆域和王城」, 『社會科學戰線』 1982-4.
- 吉林省文物志編委會, 1983, 『吉林市文物志』, 吉林文史出版社.

- 董學增, 1986, 「吉林市龍潭山高句麗山城及其附近衛城調査報告」, 『北方文物』 1986-4.
- 馬德謙, 1987, 「談談吉林龍潭山, 東團山一帶的漢代遺物」, 『北方文物』 1987-4.
- 盧泰敦, 1989, 「扶餘國의 境域과 그 變遷」, 『國史館論叢』 3.
- 孫進己·馮永謙, 1989, 『東北歷史地理』 2, 黑龍江人民出版社.
- 國家文物局, 1993, 『中國文物地圖集』 吉林分冊, 中國地圖出版社.
- 吉林市地方志編纂委員會, 1994, 『吉林市志(文物志)』, 吉林文史出版社.
- 王禹浪·王宏北, 1994, 『高句麗渤海古城址研究匯編』(上), 哈爾濱出版社.
- 魏存成, 1994, 『高句麗考古』, 吉林大學出版社.
- 馮永謙, 1994, 「高句麗城址輯要」, 『北方史地研究』, 中州古蹟出版社.
- 東潮·田中俊明, 1995, 『高句麗の歷史と遺跡』, 中央公論社.
- 여호규, 1995, 「3세기 후반~4세기 전반 고구려의 교통로와 지방통치조직」, 『한국사연구』 91.
- 魏存成, 1999, 「길림성 내 고구려산성의 현황과 특징」, 『고구려연구』 8.
- 魏存成, 2002, 『高句麗遺積』, 文物出版社.
- 唐音·翟敬源·張寒冰, 2003, 「吉林市東團山漢魏時期及明代遺址」, 『中國考古年鑑』, 文物出版社.
- 이종수, 2003, 「扶餘城郭의 特徵과 關防體系研究」, 『白山學報』 67.
- 唐音·丁宏毅·劉利, 2004, 「吉林市東團山漢魏時期遺址」, 『中國考古學年鑑』, 文物出版社.
- 李新全, 2004, 「關于高句麗兩座土城的一點思考」, 『東北史地』 2004-3.
- 李鍾洙, 2004, 「夫余文化研究」, 吉林大學 박사학위논문.
- 지승철, 2005, 『고구려의 성곽』, 사회과학출판사.
- 동북아역사재단, 2006, 『高句麗城 사진자료집』(中國 遼寧城·吉林省 西部).
- 唐音, 2008, 「東團山遺址」, 『田野考古集粹』, 文物出版社.
- 이성제, 2008, 「부여와 고구려의 관계사에서 보이는 몇 가지 쟁점」, 『부여사와 그 주변』, 동북아역사재단.
- 干麗群·賈素娟·韓安生, 2010, 「以東團山遺址出土爲例 試析漢文化對夫餘文化的影向」, 『東北史地』 4.
- 동북아역사재단, 2010, 『고구려성 사진자료집』(중국 길림성 동부).
- 정원철, 2010, 「高句麗山城研究」, 吉林大學 박사학위논문.
- 魏存成, 2011, 「中國境內發現的高句麗山城」, 『社會科學戰線』 2011-1.
- 김진광, 2012, 『북국 발해 탐험』, 박문사.
- 국립문화재연구소, 2012, 「중국동북지역 고고조사 현황-『중국고고학연감』(2000~2010)을 중심으로」(길림성·흑룡강성 편).
- 양시은, 2013, 「고구려성 연구」, 서울대학교 박사학위논문.
- 여호규, 2018, 「5세기 후반 高句麗·勿吉의 충돌과 북방 接境空間의 변화」, 『중앙사론』 47.

02 길림 남성자고성
吉林 南城子古城 | 東團山平地城

1. 조사현황

1) 1952년 8월
○ 조사자 : 吉林省 인민정부 교육국의 鄒吉太.
○ 조사내용 : 1952년 8월에 보름 동안 吉林市郊區 문화 유적 가운데 토성자, 동단산, 용담산 등 16곳을 조사함.
○ 발표 : 「吉林市古蹟名勝調査報告」.

2) 1960년
1960년 吉林지역 문화재 일제조사 결과 吉林市郊區의 용담산성, 삼도령성지, 동단산유적, 영길현의 토성자성지, 漂兀河山城, 교하현의 拉法城址를 고구려 성으로 확정함.

3) 1973년
○ 吉林市圖書館 文物組가 길림성문물국의 허가를 얻어 동단산유적을 시굴하여 고구려 시대의 유물을 포함한 많은 유물을 조사하였음.
○ (길림성) 문물고고공작대는 동단산 기슭의 평지성(남성자고성) 내부에서 발해 유물로 판단되는 유물을 채집하였음. 대체로 건축재료와 토기편이 많음(吉林市地方志編纂委員會, 1994).

4) 2001년 6~10월, 2002년 7~11월
○ 조사자 : 吉林省文物考古研究所, 吉林市博物館, 吉林市文物管理處.
○ 조사내용 : 길림성 성내의 동부에 위치한 동단산유적을 조사함. 유적은 세 개 부분 즉 동단산 산성(A 구역), 동단산 평지성(B 구역)과 성 주변 유적(C 구역)으로 조성되어 있으며, 면적은 약 20만 m²임.

① 2001년 발굴
○ 발굴면적은 1,500m²임.
○ A 구역(동단산 산성)과 B구역(동단산 평지성; 남성자고성)의 두 개 구역으로 나누어 발굴이 이루어졌음.
○ B 구역(동단산 평지성; 남성자고성)에는 10×10피트를 9개 설치하였으며 노출면적은 900m²임.
○ 지층 퇴적은 5개 층으로 나눌 수 있으며, 그중 제2, 3층은 明代 문화층이고, 제4층은 부여(漢·魏시기) 문화층임. 부여(漢·魏시기) 문화층에서는 재구덩이(灰坑) 4기가 발견되었음.
○ 2001년 발굴에서는 각종 유물 400여 점이 출토되었음.

② 2002년 발굴
○ 2002년 발굴은 동단산유적 3개년 발굴계획의 두 번째로, A 구역(동단산 산성)과 B 구역(남성자고성; 동단산 평지성)의 3개 지점을 발굴함.
○ B 구역(동단산 평지성; 남성자고성)의 발굴 면적은 500m²임.
○ 성벽 절개발굴을 통해 동단산 평지성의 건축연대와 축성방식 등 상관문제에 대하여 보다 자세한 조사를 실

시하였음.

(3) 발표
○ 唐音·翟敬源·張寒冰, 2003, 「吉林市東團山漢魏時期及明代遺址」, 『中國考古年鑑』, 文物出版社..
○ 唐音·丁宏毅·劉利, 2004, 「吉林市東團山漢魏時期遺址」, 『中國考古年鑑』, 文物出版社.

2. 위치와 자연환경(그림 1~그림 2)

1) 지리 위치
○ 남성자고성(동단산평지성)은 吉林市 郊區 江南鄕 裕民村(종전의 江南公社 永安大隊)의 동단산 동남쪽의 평지에 위치하는데, 속칭 '南城子'라 불림.
○ 남성자고성이 자리한 동단산은 해발 252m로 그리 높지 않으며, 서쪽으로 송화강을 끼고 있음.

2) 주변의 유적 현황
○ 남성자고성(동단산 평지성)이 자리한 東團山에는 동단산산성이 있음.
○ 남성자고성의 동쪽 1km에는 帽兒山 유적이 위치함.
○ 남성자고성의 동북쪽 2.5km에는 길림 용담산성이 위치함.

3. 성곽의 전체 현황

○ 성곽의 평면은 불규칙한 타원형으로 둘레는 약 1,050~1,300m임.
○ 성문 : 남문과 북문 2개의 성문이 있음.
○ 高臺, 재구덩이(灰坑) 및 해자 등이 있음.
○ 성벽은 흙으로 축조했는데, 동남벽의 보존상태가 비교적 좋음.

4. 성벽과 성곽시설

1) 성벽
○ 성벽은 원형에 가까운데, 서쪽은 성벽을 축조하지 않고 東團山 가장자리를 병풍으로 삼고 있음. 서쪽의 동단산 가장자리를 포함하지 않은 성벽의 전체 길이는 1,050m임.
○ 동남벽은 보존상태가 비교적 좋은데, 잔고 5~6m, 윗너비 1m 정도임. 서남벽과 서북벽은 많이 훼손되었지만, 기초 흔적은 남아 있음.
○ 2002년 성벽 절개 조사를 통해 현존하는 성벽이 두 시기에 걸쳐 축조되었음을 확인함. 전기의 성벽은 판축한 토축성벽으로 판축 두께는 평균 6~8cm인데, 모래 혼입 호(陶壺(罐)) 잔편, 두형토기(柱把豆) 등의 유물이 출토됨. 후기의 성벽은 황토를 쌓아 올려 축조한 성토성벽으로 승문(繩文)이 시문된 泥質 회색토기 잔편을 포함하고 있음. 이를 통해 성벽의 축조연대와 사용연대가 주로 前漢 초에서 魏·晉 시기라는 것을 알 수 있음.

2) 성문
○ 남문과 북문 2개의 성문이 있음.
○ 남문 : 현재 너비 16m.
○ 북문 : 현재 너비 44m임.

5. 성내시설과 유적

1) 高臺
○ 남문 부근에 지면보다 1~1.5m 높은 장방형의 높은 臺가 있음.
○ 규모는 남북 길이 150m, 동서 너비 73m임.

2) 재구덩이(灰坑) : 4기
○ 2001년 발굴조사 시 4층 부여 문화층에서 재구덩이

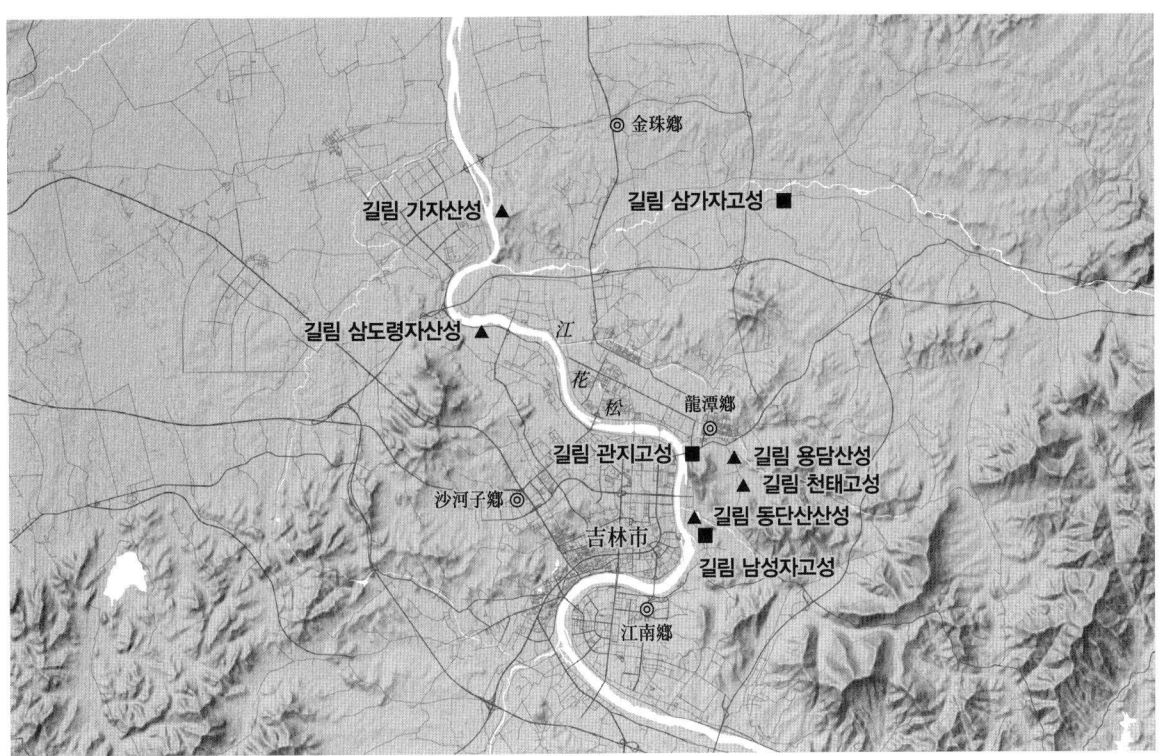

그림 1 남성자고성 지리위치도

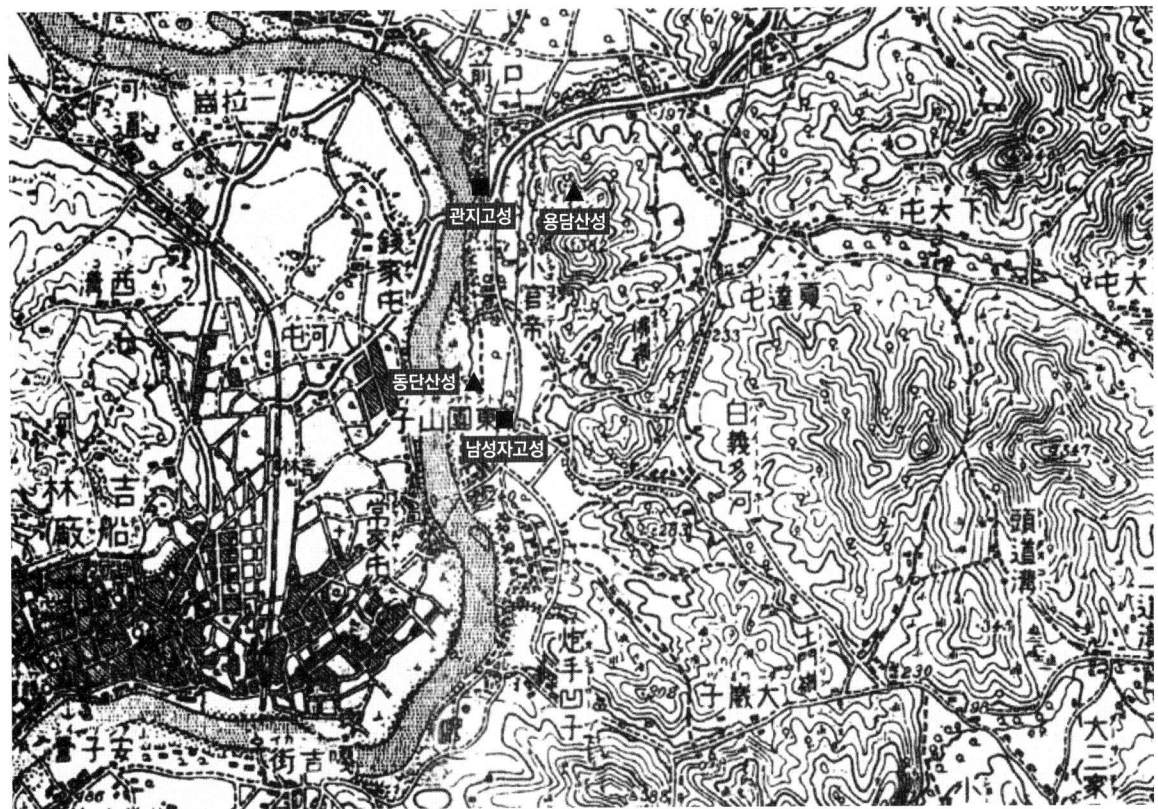

그림 2 남성자고성 주변 지형도(滿洲國 10만분의 1 지형도)

4기가 발견되었음.

○ 형태는 원형과 장방형이 있는데, 재구덩이에서 호(深腹筒形罐), 동이(니질 회색 陶盆) 등과 격자문(方格文)과 승문(繩文)의 토기편 등이 출토됨.

3) 해자

성 밖에는 해자(環濠)가 있음.

6. 출토유물

○ 1973년 문물고고공작대는 남성자고성 내부에서 발해 유물을 채집했는데, 그중에는 암키와 4점이 있음. 모두 파손품인데 그중에 2점은 기와의 앞끝 윗가장자리에 方木 압인문이 있음. 암키와 안쪽 면에 모두 布文이 있음. 수키와 2점 역시 안쪽 면에 布文이 있음. 토기 구연부 1점은 홍갈색의 모래혼입 토기임. 구순은 납작하고 구연은 외반되었음. 구연 아래에 점렬문대(貼文帶)가 부가된 鋸齒 모양이 눌러 찍혀 있는데, 이는 말갈식 호(陶罐)의 특징을 지닌 殘部임(吉林市地方志編纂委員會, 1994).

○ 2001년의 발굴조사에서 5개 층위의 퇴적 중 제4층 부여(漢·魏시기) 문화층의 재구덩이(灰坑) 4기에서 호(深腹筒形罐), 동이(니질 회색 陶盆), 격자문(方格文)과 승문(繩文)의 토기편 등이 출토되었음.

○ 2001년 발굴에서는 각종 유물 400여 점이 출토되었음. 그중 부여(漢·魏)시기의 전형적인 생활용기인 호(斜頸壺), 두형토기(柱把豆), 호(深腹筒形罐) 등이 주요 출토품임. 그 외에도 많은 종류의 벽돌과 건축 부재 역시 이 지역에 부여(漢·魏) 시기의 중요한 유적이 존재하였다는 것을 증명해 주고 있음(국립문화재연구소, 2012).

○ 2002년에 성벽 절개조사를 실시하였는데, 판축성벽에서 모래혼입 호(陶壺(罐)) 잔편, 두형토기(柱把豆) 등 유물이 출토되었고, 황토를 쌓아 올려 축조한 성토성벽에서는 승문(繩文)이 시문된 니질회색토기 잔편이 출토되었음(국립문화재연구소, 2012).

○ 남성자고성 내부는 농경지로 사용 중인데, 원시·漢·고구려 시대의 유물 외에도 발해시대의 유물 잔편이 많이 흩어져 있음(김진광, 2012).

7. 역사적 성격

남성자고성이 위치한 북류 松花江 중류의 吉林지역은 전기 부여의 중심지임(李健才, 1982; 노태돈 1989). 남성자고성은 송화강 東岸의 평지에 자리잡고 있고, 동쪽으로는 부여의 고분군인 帽兒山 유적이 위치함. 2002년도에는 성벽 절개조사를 통해 성벽의 축조와 사용시기를 前漢 초에서 魏·晉시기로 파악함(唐音·丁宏毅·劉利, 2004). 이로 보아 남성자고성은 본래 부여의 왕성이었다고 파악됨(李文信, 1946; 董學增, 1982; 武國勳, 1983; 孫進己·馮永謙, 1989; 王禹浪·王宏北, 1994).

남성자고성 내부에서는 부여와 함께 고구려시기의 유물도 출토된다는 점에서 고구려가 이 지역으로 진출한 다음, 재활용했을 것으로 파악됨. 중국학자들은 고구려가 전기 부여의 중심지인 吉林地域으로 진출한 시기를 광개토왕-장수왕대로 파악하고 있지만(李文信, 1946; 董學增, 1986), 『晉書』 慕容皝載記나 〈牟頭婁墓誌〉 등을 종합하면 4세기 전반으로 추정됨(여호규 1995). 다만 고구려가 이 지역 진출 이후 새로운 거점성으로 용담산성을 조영했는데, 이로 인해 남성자고성의 기능과 비중은 약화되었을 것으로 추정됨.

한편 남성자고성 내부에서는 일찍이 치미, 회색의 암키와와 수키와, 꽃문양 벽돌 등 발해시기의 유물이 많이 출토되었음. 이에 남성자고성을 粟末水 곧 북류 송화강에 위치했다는 발해 獨秦州의 소재지인 涑州城으로 비정하기도 함(李文信, 1946; 吉林市地方志編纂委員會, 1994).

참고문헌

- 李文信, 1946, 「吉林市附近之史蹟及遺物」, 『歷史與考古』 1, 瀋陽博物館.
- 李健才, 1982, 「扶餘的疆域和王城」, 『社會科學戰線』 1982-4.
- 董學增, 1982, 「吉林東團山原始·漢·高句麗·渤海諸文化遺存調査簡報」, 『博物館硏究』 1982-1.
- 武國勛, 1983, 「扶餘王城新考」, 『黑龍江文物叢刊』 1983-4.
- 吉林省文物志編委會, 1984, 『吉林市郊區文物志』, 吉林文史出版社.
- 董學增, 1986, 「吉林市龍潭山高句麗山城及其附近衛城調査報告」, 『北方文物』 1986-4.
- 盧泰敦, 1989, 「扶餘國의 境域과 그 變遷」, 『國史館論叢』 3.
- 孫進己·馮永謙, 1989, 『東北歷史地理』 2, 黑龍江人民出版社.
- 國家文物局, 1993, 『中國文物地圖集』 吉林分冊, 中國地圖出版社.
- 吉林市地方志編纂委員會, 1994, 『吉林市志文物志』, 吉林文史出版社.
- 王禹浪·王宏北, 1994, 『高句麗·渤海古城址硏究滙編』 (上), 哈爾濱出版社.
- 東潮·田中俊明, 1995, 『高句麗の歷史と遺跡』, 中央公論社.
- 여호규, 1995, 「3세기 후반~4세기 전반 고구려의 교통로와 지방통치조직」, 『한국사연구』 91.
- 王綿厚, 2002, 『高句麗古城硏究』, 文物出版社.
- 唐音·翟敬源·張寒冰, 2003, 「吉林市東團山漢魏時期及明代遺址」, 『中國考古年鑑』, 文物出版社.
- 이종수, 2003, 「扶餘城郭의 特徵과 關防體系硏究」, 『白山學報』 67.
- 唐音·丁宏毅·劉利, 2004, 「吉林市東團山漢魏時期遺址」, 『中國考古年鑑』, 文物出版社.
- 李新全, 2004, 「關于高句麗座兩土城的一點思考」, 『東北史地』 2004-3.
- 李鍾洙, 2004, 「夫余文化硏究」, 吉林大學 박사학위논문.
- 唐音, 2008, 「東團山遺址」, 『田野考古集粹』, 文物出版社.
- 干麗群·賈素娟·韓安生, 2010, 「以東團山遺址出土爲例試析漢文化對夫餘文化的影向」, 『東北史地』 4.
- 국립문화재연구소, 2012, 「중국동북지역 고고조사 현황-『중국고고학연감』(2000~2010)을 중심으로」(길림성·흑룡강성 편).
- 양시은, 2013, 「고구려성 연구」, 서울대학교 박사학위논문.

03 길림 용담산성
吉林 龍潭山城 | 龍潭山山城

1. 조사현황

1) 1920년대 후기 ~ 1930년대 초기
○ 조사자 : 李文信.
○ 조사내용 : 1920년대 후반에서 30년대 초반에 이르기까지 용담산성에 대하여 조사를 진행하고 보고서를 발표하였음.
○ 발표 : 李文信, 1937, 「吉林龍潭山遺蹟報告」(一)(二), 『滿洲史學』 1권 2~3호, 東亞印刷; 李文信, 1938, 「吉林龍潭山遺蹟報告」(三), 『滿洲史學』 2권 2호, 東亞印刷.

2) 1952년 8월
○ 조사자 : 吉林省 인민정부 교육국의 鄒吉太.
○ 조사내용 : 1952년 8월에 보름 동안 吉林市郊區 문화 유적 가운데 토성자, 동단산, 용담산 등 16곳을 조사함.
○ 발표 : 「吉林市古蹟名勝調査報告」.

3) 1954년 7월
○ 조사자 : 李文信, 康家興 등
○ 조사내용 : 용담산, 토성자와 그 부근의 유적을 조사함.

4) 1956년
○ 조사자 : 李文信.
○ 조사내용 : 東北人民大學(지금의 吉林大學) 역사학과 학생들을 인솔하고 동단산, 용담산, 토성자 등지에서 1,000여 점의 표본 유물을 채집하였음.

5) 1958년 가을
1958년 가을에 吉林市 공원관리처에서 저수지의 진흙을 제거하는 과정에서 泥質의 흑회색토기 3점, 호(陶壺) 1점, 솥귀 6개가 부착된 철제솥 1점, 고리 2개가 부착된 철제솥 1점(雙環耳鐵釜) 등을 출토하였음(董學增, 1986; 吉林市地方志編纂委員會, 1991).

6) 1960년
○ 1960년 吉林지역 문화재 일제조사 결과 吉林市郊區의 용담산성, 삼도령성지, 동단산유적, 영길현의 토성자성지, 漂兀河山城, 교하현의 拉法城址를 고구려성으로 확정함.
○ 1961년 길림성인민위원회는 용담산성을 길림성문물보호단위로 공포함(吉林市地方志編纂委員會, 1991).

7) 1962년
○ 조사자 : 吉林省博物館 張滿庭, 陳相偉, 李茂杰, 劉萱堂, 韓淑華, 董學增.
○ 조사내용 : 길림성 문물보호단위인 용담산성 조사.
○ 발표 : 韓淑華, 1962, 「吉林市龍潭山城調査簡報」, 吉林省博物館(미간행 유인물).[1]

---

[1] 董學增(1986), 133쪽의 기술 내용 참조.

○ 1962년에 吉林市 文化局이 북한과 중국의 中朝聯合考古調査隊를 안내하여 용담산 등 고적을 조사하였음.

8) 1974~1981년
○ 1974년 10월 : 樺甸縣 文體局이 용담산성을 보수하고 旱牢 주변의 파괴된 돌들을 복구하고 水牢 북벽 동쪽 끝에 있는 배수구를 정리하였음.
○ 1974년 11월 : 북한 문물보호고찰단이 용담산성 조사.
○ 1977년 : 吉林市 園林處에서 용담산성의 한뢰와 수뢰 보수.
○ 1981년 : 15명으로 구성된 일본 고고학자들이 용담산성 답사.

9) 1982년
○ 조사자 : 董學增, 吉林市郊區文化館 文志, 吉林省博物館 董朝權, 仇起, 金麗華.
○ 조사내용 : 용담산성에 대한 재조사를 진행하여 과거 잘못 기재한 부분과 누락된 것을 바로 잡고 아울러 새로 발견된 사실을 보고함.
○ 발표 : 董學增, 1986, 「吉林市龍潭山高句麗山城及其附近衛城調査報告」, 『北方文物』 1986-4.

10) 1983년 4월~1985년 말
길림시 문물관리위원회를 주축으로 7개 縣과 區의 문화재 일제조사와 문물지 편찬이 이루어졌는데, 이때 용담산성도 재조사함.

11) 2011년 7월
○ 조사자 : 吉林省文物考古研究所.
○ 조사내용 : 산성 남쪽 기슭에 위치한 鹿場(부여시기)을 발굴함.
○ 발표 : 劉玉成, 2012, 「吉林市龍潭區龍潭山鹿場漢代夫余文化遺址」, 『中國考古學年鑑』, 文物出版社.

12) 2012~2013년
○ 2012~2013년 길림성 문물고고연구소가 고고조사를 진행하여 지층에서 金代 유물, 성벽 중에서 西團山문화 토기편을 출토함.
○ 2013년 길림성 문물고고연구소가 길림시 영안유적, 길림시 용담산성, 화전시 소밀성, 백성시 성사가자성지, 휘남현 휘발성 등 5개 유적지에 대하여 고고조사를 진행함.
○ 2013년 10~12월에 길림성 문물고고연구소가 길림시 문물관리처, 길림시박물관 등과 함께 용담산성 동벽 절개 및 서문지에 대한 조사 진행.
○ 발표 : 吉林省文物考古研究所, 2014, 「2013年吉林省文物考古研究所考古發掘收穫」, 『東北史地』 2014-3; 徐坤, 2014, 「吉林市龍潭山城」, 『中國考古學年鑑』, 文物出版社.

13) 2014년 6~12월
○ 조사자 : 吉林省文物考古研究所.
○ 조사내용 : 성내 중부의 대형 대지를 발굴함. 1,400㎡를 발굴하면서 주거지(房址) 3곳, 臺基式 건물지 5곳을 정리함.
○ 발표 : 徐坤, 2015, 「吉林市龍潭山城」, 『中國考古學年鑑』, 文物出版社.

14) 2015년 6~11월
○ 조사자 : 吉林省文物考古研究所.
○ 조사내용 : 성내 중부의 대형 대지 1,000㎡를 발굴함. 문지 1곳, 판축 臺基式 건물지(夯土台基) 3곳, 주거지(房址) 11곳을 조사함.
○ 발표 : 徐坤, 2016, 「吉林市龍潭山城」, 『中國考古學年鑑』, 文物出版社.

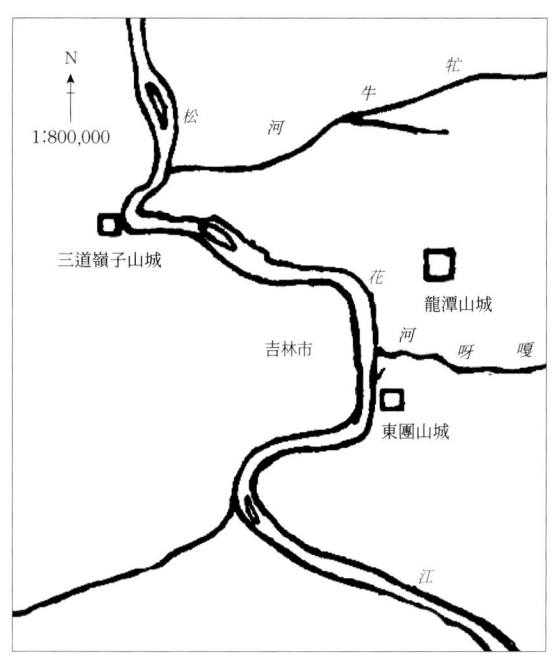
그림 1 용담산성 지리위치도 1(董學增, 1986, 32쪽)

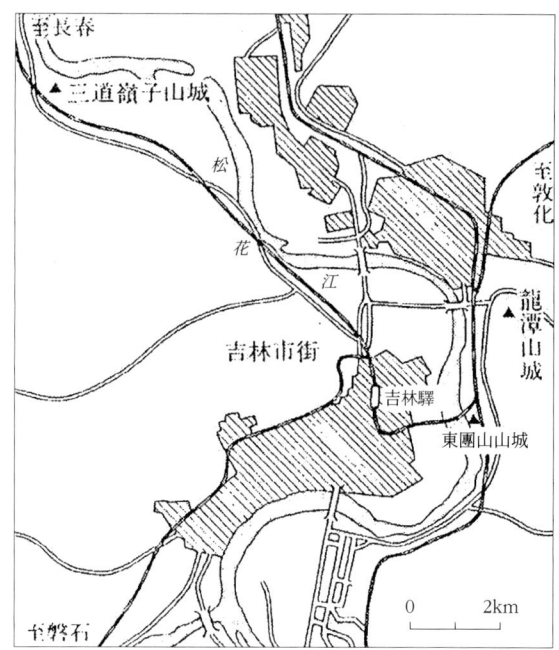
그림 2 용담산성 지리위치도 2(東潮·田中俊明, 1995, 374쪽)

2. 위치와 자연환경

1) 지리위치(그림 1~그림 5)
○ 吉林省 吉林市에서 동북쪽 7km[2] 용담산에 위치함.
○ 송화강의 東岸(右岸)으로 현재 龍潭山公園으로 활용되고 있음.
○ 용담산성에서 서남쪽 2.5km 거리에 東團山城, 서북쪽 12km[3] 거리에 三道嶺子山城이 있음.

2) 자연환경
○ 용담산은 산세가 빼어나고 웅장하며, 가장 높은 산봉우리인 '南天門'은 해발 388.3m로, 부근의 지표보다 100m 정도 높음.
○ 용담산의 동쪽과 남쪽은 기복이 심한 산줄기로 이어지며, 서쪽에는 송화강이 남쪽에서 북쪽 방향으로 흐르며, 송화강의 서쪽으로 충적평야가 넓게 펼쳐져 있음.
○ 용담산의 서남쪽으로는 嘎呀河를 사이에 두고 東團山이 인접해 있는데, 두 산의 거리는 약 2.5km임. 서북쪽으로는 송화강을 사이에 두고 三道嶺子七家子西山과 마주보고 있는데, 거리는 약 12km 정도임.

3. 성곽의 전체현황(그림 6~그림 7)

○ 성곽의 평면은 불규칙한 다변형으로 전체 둘레는 2,396m임.
○ 성벽은 토석혼축으로 축조했는데, 일부 구간은 토축임.
○ 성문은 서문, 북문, 남문 등 3개가 남아 있고, 각루와 평대 4곳, '水牢(저수지)', '旱牢(저장시설)' 등이 있음.
○ 보존상태는 대체로 양호함.

2 　王綿厚(2002)에는 '吉林市 동쪽 9km'로 나옴.
3 　吉林市地方志編纂委員會, 1994; 魏存成 2002에는 '14km'로 나옴.

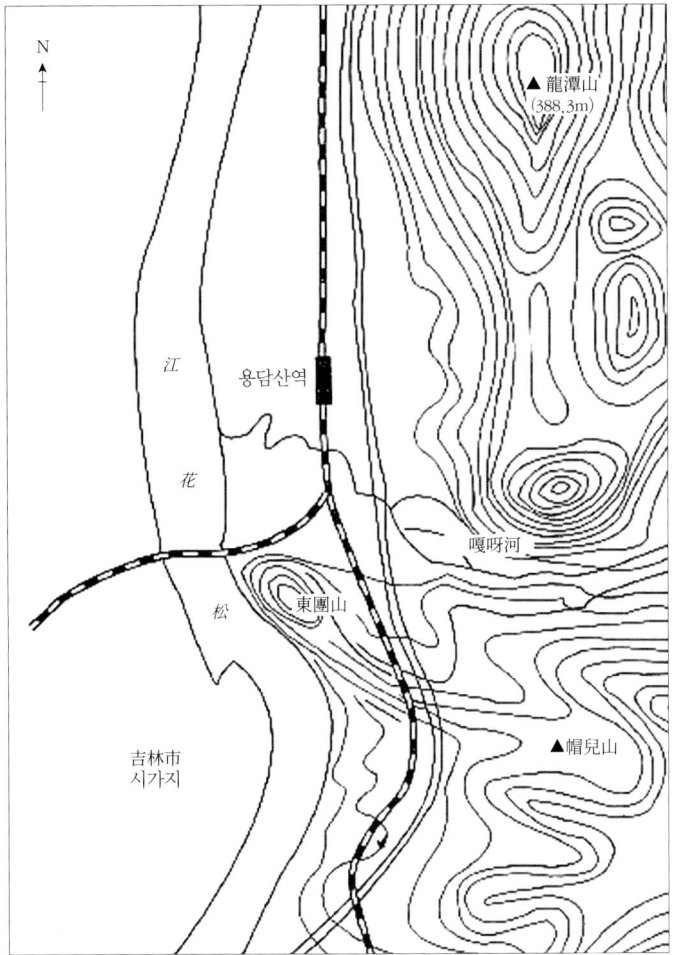

그림 3 용담산성 지리위치도 3
(吉林省文物志編委會, 1983, 229쪽; 서길수, 1995, 121쪽)

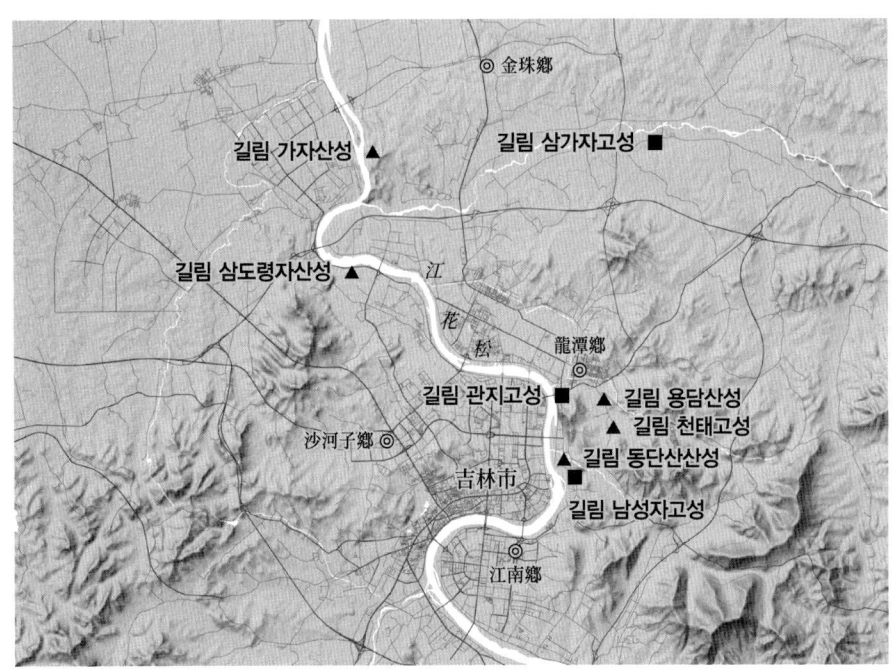

그림 4
용담산성 지리위치도 4

제2부 길림시(吉林市) 지역의 유적   57

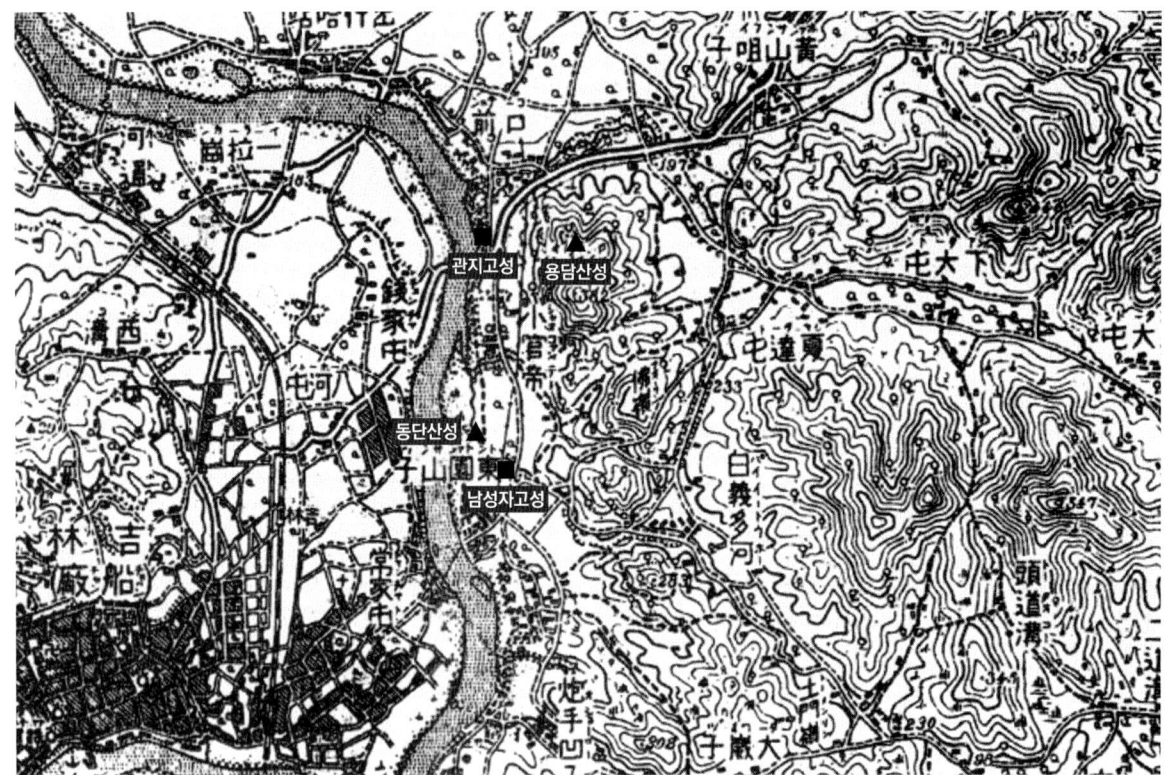

그림 5 용담산성 주변 지형도(滿洲國 10만분의 1 지형도)

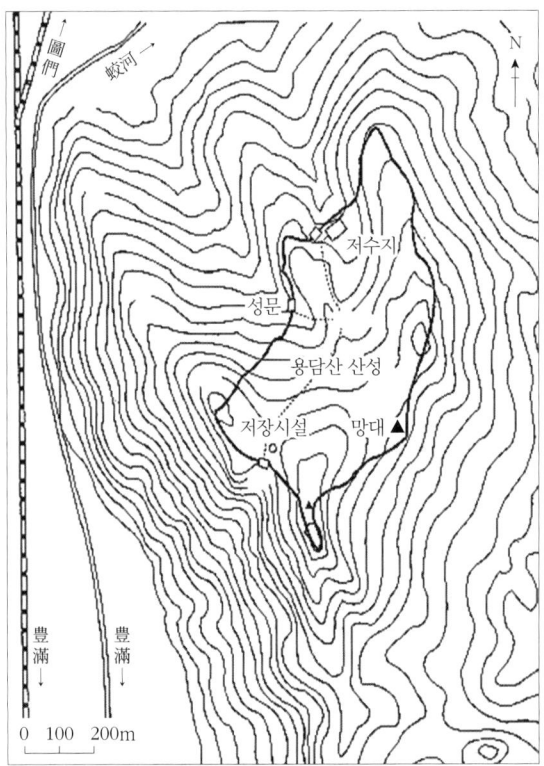

그림 6 용담산성 평면도 1
(『吉林省志』(文物志), 96쪽; 서길수, 1995, 130쪽)

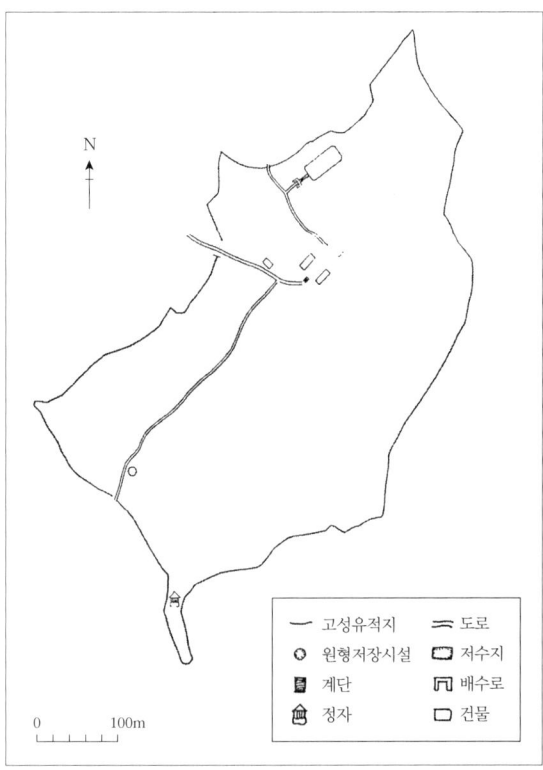

그림 7 용담산성 평면도 2(『吉林市志』(文物志), 111쪽)

4. 성벽과 성곽시설

1) 성벽

(1) 성벽 현황

○ 용담산의 형태는 화분 모양(仰盒; 覆盆形; 仰盆形)을 이루는데, 산등성이가 중간의 골짜기를 감싸 안은 형세임. 동서가 넓고 남북이 비교적 좁음.

○ 성벽은 기복이 심한 산등성이를 따라 축조했음. 성벽의 높낮이는 일정하지 않아 지세가 높은 곳은 낮게 쌓고 지세가 낮은 곳은 높게 쌓았음.

○ 성벽의 길이는 동벽 1,082m, 서벽 528m, 남벽 405m, 북벽 381m 등으로 전체 둘레는 2,396m임.

○ 성벽은 대부분 응회암 깬돌과 황토를 혼합하여 축조하였는데, 서벽의 한 구간은 황토를 다져서 쌓았음. 가장 높은 성벽은 10m, 가장 낮은 곳은 2m 이하임. 아랫너비는 3~10m,[4] 윗 너비는 1~2m 정도임. 서문 단층의 경우, 다진 층의 두께 6~12cm, 너비 1~1.5m임(董學增, 1986).

○ 남서모서리에는 석축성벽도 존재한다고 파악됨(양시은, 2013).

(2) 2013년 동벽TG2 조사

○ 2013년에 동벽의 트인 지점 두 곳에 대한 절개조사를 했는데, 이 중 TG2에서 벽체 절개 단면을 상세히 파악함.

○ TG2는 동벽 북부에 위치하며 동문에서 약 200m 떨어져 있음. 발굴 전 이곳에는 주민들이 산성으로 출입하는 작은 길이 있었음. 벽체에 트인 곳(缺口)이 형성되어 있어서 트렌치를 트인 지점에 설치하였음.

○ 성벽의 벽체는 생토층 위에 조영했는데, 지표를 평평하게 정리한 후 지면에 성벽을 축조했으며 지하의 基礎는 발견되지 않았음. 벽체는 토석혼축이며, 하부의 벽체 기초, 상부의 벽심(墻芯), 내외 양측의 보축성벽(護坡) 등으로 구분할 수 있음.

○ 벽체 기초(墻基) 부분은 평평하게 고른 계단상 지표에 직접 판축하여 쌓았음. 벽체 기초를 공고하게 하기 위해 산비탈 아래에 흙을 판축하여 계단 모양을 조성했는데, 頂部는 산비탈 위쪽의 기초와 수평을 이룸. 판축재료(夯料)는 회갈색 흙과 풍화암 알갱이를 혼합해서 만들었으며, 다져 쌓은 정도는 비교적 정밀함. 다진 층위는 세밀하나 분별하기 어려움.

○ 벽체 기초 위의 벽심(墻芯) 벽체의 잔고는 5.6m임. 벽심의 잔존 구조는 세 부분으로 구분할 수 있음. 하부는 회흑색으로 알갱이가 혼합된 황색점토와 비교적 가는 깬돌을 다져 축조했고, 매우 치밀하며 다진 층이 불분명함. 중부는 흙을 다졌고 다진 층이 분명하며 깬돌층과 황색점토층을 엇갈리게 축조했는데, 석괴의 직경은 대체로 10~20cm이며, 황색 점토는 비교적 가늘고 매끄러우며 체를 쳐서 걸러내었음. 상부는 황갈색 흙을 다진 층으로 다진 층이 불분명하며, 혼입된 석괴가 간혹 보임.

○ 내외 양측의 보축성벽(護坡) 가운데 외측 성벽의 하부는 멀리 뻗어 있고 頂部는 허물어졌는데, 잔고는 7.8m임.

(3) 2013년 동벽 남부 조사

○ 동벽 남부를 절개하면서 토석으로 판축한 흔적을 확인함. 성벽은 벽심(墻芯)과 내·외 보호벽(護坡) 세 부분으로 구성됨.

○ 벽심(墻芯) 부분의 재료는 선별과정을 거쳤음. 돌은 비교적 가늘고 작은데, 직경 2cm 정도임. 토석 혼합 또한 비교적 균일하고, 판축은 극히 긴밀함. 상부에서는 황색토와 흑색토층을 교대로 판축한 흔적을 볼 수 있음.

○ 내측의 보호벽(護坡)은 위·아래 두 부분을 포함하

---

[4] 王禹浪·王宏北(1994)에는 10m로 나옴.

고 있음. 재료 가운데 돌은 비교적 큼. 아랫부분 재료 가운데 돌은 직경 5~10cm임. 판축은 비교적 긴밀함. 윗부분의 재료 가운데 돌의 크기는 같지 않고, 판축의 치밀도 또한 차이가 큼. 보호벽(護坡)에서는 많은 양의 모래혼입 홍갈색 토기편이 출토되었는데, 鬲足, 鬲襠, 대상파수(橫橋耳) 그리고 적은 양의 구연부가 있음. 보호벽(護坡) 외측의 표면에서 띠 모양으로 쌓은 돌 세 줄기를 볼 수 있음.

○ 외측의 보호벽(護坡)은 벽심 판축 사이와 경계가 명확함. 판축은 매우 치밀한데, 판축 두께는 5~10cm임. 회색과 황색이 번갈아서 겹겹이 누르고 있는데, 매우 치밀함. 알갱이 모양의 깬돌, 황색점토와 청회색 진흙이 혼합됨. 판축방식은 정연하고, 夯窩는 명확하게 보이지 않음.

2) 성곽시설

(1) 성문
서쪽, 남쪽, 북쪽 등에 각각 성문을 설치하였음.

① 서문
○ 회곽도의 중간 지점에 위치하는데, 정문으로 추정되며, 잔존 너비는 24m 정도임.

○ 서문 양측의 산등성이에는 황토를 사용하여 다져 채운 성벽 흔적을 확인할 수 있음. 자연석괴를 약간 다듬어 성벽 기초를 축조하였음. 서문 양측의 산등성이 높이는 5~6m에 달함.

○ 성벽의 다진 층에서 다량의 회색 토기편 등이 출토되었음. 고구려시기의 적색 기와편, 발해시기의 압인 격자문 기와편 등이 있음.

② 남문과 북문
남문과 북문 두 곳은 암문(偏門)으로 추정되는데, 북문의 너비는 약 15m임(康家興, 1957).

③ 2013년 서문지 조사
○ 서문지는 서벽 중부에 위치하는데, 남쪽 180m 거리에 서남모서리가 있음.

○ 발굴 면적은 600m²인데, 본래 서문지 구역 전부가 덮여 있었음.

○ 서문지는 남과 북 양측 성벽 벽체의 동서가 서로 엇갈리게 교차하여 조영하였음. 양 벽체가 엇갈리는 부분을 측벽(門垛), 양 벽체 사이의 개구부(豁口)를 문길로 만들었음.

○ 문길 부분은 5층으로 나눌 수 있음. 제①층은 두께 20~25cm임. 흑회색으로 표토층임. 현대의 쓰레기가 많이 혼입되어 있음. 지표의 쓰레기를 정리한 후 문길 중부에서 바깥 입구로 치우친 지점에서 성벽 한 줄기를 발견하였는데, 문길 부위를 봉쇄함. 제②층은 두께 20~40cm임. 회갈색임. 작은 돌이 다량 들어가 있음. 니질의 회색 토기편을 조금 볼 수 있음. 제③층은 두께 30~60cm임. 흑갈색임. 돌이 많이 들어가 있는데, 크기는 같지 않음. 니질의 회색·회갈색과 홍색 토기편, 모래혼입 홍색 기와편, 백자편, 철기 등이 다량 출토됨. 제④층은 두께 40~120cm임. 황갈색토임. 많은 양의 비교적 작은 돌을 포함하고 있음. 니질의 회색 토기편이 적게 출토됨. 제⑤층은 두께 30~50cm임. 회갈색 토층임. 많은 양의 돌을 포함하고 있음. 니질의 회색·회갈색·홍색 토기편, 모래혼입 홍색 기와편, 철기 등이 출토됨. 출토된 유물을 볼 때 상술한 퇴적층은 요·금시기보다 이르지 않은 시기에 형성된 것으로 볼 수 있음.

○ 날씨 때문에 서문지의 발굴은 기한 내 마치지 못했고, 문길의 구체적인 구조와 퇴적 상황을 확실하게 파악하지 못함.

④ 2015년 동문지 조사
○ 평면은 '凸'자형임. 여러 차례 파괴, 중수, 봉쇄된 흔적이 있음.

○ 현재 남아 있는 문길은 고구려 후기에 축조된 것임.

문길 邊石과 門垛 밖으로 쌓은 돌은 모두 쐐기형돌이고, 내측은 깬돌로 채웠음. 문 한 측을 향해서는 풀을 섞은 흙을 접착제로 이용해서 돌로 성벽을 쌓았음. 아울러 풀을 섞은 흙을 벽면에 바름.

○ 문길 남측은 옹성부분임. 양측 판축성벽과 門垛가 주위를 이루는 개방식 구조임.

(2) 平臺 : 4개

○ 동, 서, 남, 북 등 성벽의 가장 높은 곳에 각각 平臺가 하나씩 있음.

○ 규모는 대체로 길이 20~25m, 너비 6~9m인데, 남벽의 평대가 가장 높으며 속칭 '南天門'이라 불림. 이곳에서 紅色繩文瓦가 발견된 것으로 보아 원래 角樓나 망대 건축물이 있었을 것으로 추측됨.

(3) 배수구(泄水口)

○ 위치 : 산성의 북벽 아래쪽에 위치함.

○ 저수지 북벽 벽체 동단 가장자리 아래쪽 1m 지점에 돌로 쌓은 배수로가 있는데 저수지 북벽 바깥쪽을 통과해 산성의 북벽 아래와 연결되어 있음.

5. 성내시설과 유적

1) 건물지

(1) 2014년 조사

○ 주거지(房址) 3곳, 臺基式 건물지 5곳을 정리함.

○ 주거지는 F1~F3으로 편호함. 모두 ①a층 아래에서 발견됨. 일부는 지표에 노출되어 있고, 보존상태는 차이가 있음. 돌로 쌓은 온돌의 구들(烟道)과 굴뚝, 그리고 담 기초(墙基)가 남아 있음. F1의 구들에서 大定通寶가 출토됨.

○ 臺基式 건물지 5곳은 TJ1~TJ5로 편호함. TJ1~TJ3은 대지 중부에 위치하고, TJ4는 약간 북쪽에 치우쳐 있음. 평면은 모두 장방형임. 모두 ①b층 아래에서 발견됨. 축조방법을 보면 먼저 황색 亞黏土를 이용해서 원형의 墩臺 형태로 다지고, 기둥을 세우거나 돌을 놓는 基礎를 제작함. 그 다음에는 墩臺를 둘러싸는 구역 안에다가 황갈색 풍화암 깬돌, 회록색의 굵은 모래, 황색 亞黏土로 아래에서 위로 臺基를 구축하고, 그 위로 주거지 건물을 축조함. 무너진 퇴적에서 많은 양의 회색·홍갈색 포문 암키와편, 적은 양의 수키와, 그리고 脊獸 등이 출토됨.

○ TJ5는 평면이 장방형임. ②층 아래에서 발견됨. 황토로 축조하였고, 두께는 20cm임. 위에서 팔각형 건물 흔적이 발견됨. 기초석(모두 暗礎)과 토축 담 기초(墙基)가 남아 있음. 중심 부분의 기초석은 비교적 큼. 중심에 있는 기초석을 기준으로 8방면에 각각 1개의 기초석이 있어 팔각형을 이룸(중심 기초석과의 거리는 2.2m임). 다시 바깥으로 1.5m 떨어진 지점에 두 번째 기초석이 있음. 기초석 사이는 흙담(土墻)으로 연결됨. 북측에는 트인 곳이 있는데, 출입하는 통로임.

○ 지층퇴적 정황, 유구의 형태 및 상호관계, 출토유물 등을 볼 때 TJ5의 축조연대는 발해시기보다 늦지 않음. TJ1~TJ4는 축조연대가 금대 초기-중기에 해당한다는 점에서 엄격한 계획 하에 축조된 한 세트의 院落式 건축이라 볼 수 있음. F1~F3의 축조연대는 금대 후기이고, 임시적 간이주거지임. 건물지가 있는 대지의 형성 연대는 발해시기보다 늦지 않고, 금대에 정비 및 확대가 이루어졌다고 볼 수 있음.

(2) 2015년 조사

○ 판축 臺基式 건물지(夯土台基) 3곳을 발견함. TJ5~TJ7로 편호하였음. 모두 제①층 아래에서 발견됨.

○ TJ5는 1호 대지 남부에 위치함. 방형임. 네 모서리에는 판축 墩臺가 있는데, 기둥초석을 놓기 위함임. 臺基 윗부분의 건축 칸은 2014년에 발견된 사원건물지

군 중심축 위에 위치하고 있음. 이로 볼 때 사원건물지군의 山門 부분으로 추정됨.
◦ TJ6과 TJ7은 1호 대지의 서부(2호)와 서남부(3호)에 각각 위치하고 있음. 심하게 파괴되어 적은 양의 초석, 나무 기둥, 기둥 아래의 기초 등의 흔적만 남아 있음. 건축구조는 명확하지 않지만, 사원지 건물의 부속시설로 볼 수 있음.
◦ 주거지는 모두 12곳이 발견됨. F5~F16로 편호함.
◦ F5~F14는 금대 후기의 주거지(房址)임. 제①층 아래에서 발견되었는데, 일부는 지표에 노출되어 있음. 보존상태는 비교적 차이가 큼. 모두 장방형임. 돌로 쌓은 곱자형 온돌 구들(烟道), 굴뚝 바닥, 일부 돌로 쌓은 벽 기초를 볼 수 있음. F15와 F16은 금대 후기의 주거지임. F15에는 돌로 쌓은 구들, 아궁이, 일부 벽 기초가 남아 있음. F16은 보존상태가 비교적 양호한데, 장방형임. 주위 벽체는 토축이고, 안측에는 진흙을 발랐음. 문은 남쪽으로 향해 있음. 문길면은 안쪽 주거지면보다 약간 높음. 온돌은 돌로 쌓았음. 곱자형임. 구들 덮개돌 위에는 진흙을 덮었음. 구들 양 끝에는 아궁이가 있음. 굴뚝은 구들이 꺾어지는 지점의 주거지 외측에 위치함. 주거면은 매우 정연함. 지면에서 元祐通寶가 출토됨.

2) 저수지(水牢, 龍潭)
◦ '水牢'는 일명 '龍潭'이라고 함. 용담산이라는 명칭은 여기서 유래되었음. 서북 모서리의 가장 낮은 곳에 위치하는데, 저수지(연못)임.
◦ 모서리가 둥근 장방형인데, 동서 길이 52.8m, 남북 너비 25.75m, 깊이 9.08m임. '凸'의 돌출 부분 길이는 14.60m, 너비 2.05m임.
◦ 동쪽, 서쪽, 북쪽의 호안 벽체는 응회암과 화강암 석재로 축조했는데, 석재의 크기는 길이 40cm, 너비 30cm임. 벽체는 위에서 아래를 향해 크게 3층의 계단 모양을 이루는데, 계단의 너비는 20~30cm임.
◦ 저수지의 남벽은 연못 가장자리에서 아래로 약 1m까지 직립 암벽이며, 그 아래쪽으로는 암반의 경사면을 따라 불규칙한 화강암 석재를 깔았는데, 저수지 바닥까지 45도 경사도를 띰.
◦ 저수지 북벽 벽체 동단 가장자리 아래쪽 1m 되는 곳에 돌로 쌓은 배수로가 하나 있는데, 배수로 안쪽은 좁고 바깥쪽은 넓으며, 저수지 북벽 바깥쪽을 통과해 산성의 북벽 아래쪽으로 연결되어 있어 있음.
◦ 저수지의 물은 1년 내내 마르지 않고 수위도 일정한데, 저수량은 1만㎥에 달함. 이 저수지는 전시에 성내 병사와 말의 갈증을 해결하기 위한 것으로 샘만으로는 물의 공급이 부족하기에 시설한 것임.
◦ 저수지 서쪽 가장자리에는 응회암을 깔아 쌓은 돌계단이 30층이 있음. 계단의 너비는 2m 정도이며 각 층의 높이는 30cm 정도임. 저수지 계단을 통해 저수지 아래로 내려갈 수 있음. 계단 돌의 성격으로 보아 저수지의 부속 건축물로 추정됨.

3) 원형 저장시설(旱牢)
◦ '旱牢' 유적은 산성 서남쪽 모서리의 산등성이 가까운 곳에 위치함. 水牢(龍潭, 저수지)에서 약 420m 떨어져 있음.
◦ 길이 25~58cm, 너비 20~26cm인 장방형의 응회암과 화강암 석괴를 쌓아 원형으로 축조하였음. 암반을 기초로 삼은 다음 벽체를 수직으로 쌓았음. 바닥은 서쪽이 높고 동쪽이 낮은 비탈 모양을 띰. 주변 지표에 석괴를 평평하게 깐 지점이 두 곳이 있고, 하중을 떠받든 흔적이 있는 것으로 보아 상부에는 지붕을 덮었을 것으로 추정됨.
◦ 규모는 직경 10.6m,[5] 깊이는 2~3m 정도[6]인데, 전체 구조가 저수지(水牢)와 같고, 석질도 동일하므로 같은 시기에 축조된 것임을 알 수 있음.

---

[5] 康家興(1957); 王禹浪·王宏北(1994)에는 10m로 나옴.

[6] 康家興(1957); 王禹浪·王宏北(1994)에는 5~7m로 나옴.

○ 1973년 길림시 문물관리위원회는 '투뢰(套牢)'의 바닥을 발굴 조사했으나, 어떠한 유물도 발견되지 않았음. 투뢰(套牢)의 지세와 깊이로 판단할 때 군사물자를 저장해두는 구덩이로 추정됨.[7]

4) 배수로(泄水洞)
○ 저수지 북벽의 동단 가장자리 아래쪽 1m 되는 곳에 위치함. 돌로 쌓았는데, 배수로 안쪽은 좁고 바깥쪽은 넓음.
○ 저수지 북벽 바깥쪽을 통과해 산성의 북벽 아래쪽으로 연결되어 있는데, 저수지 물이 과다할 경우 이곳을 통해 물이 흘러나갈 수 있음. 배수로가 저수지의 북벽 동단에서 산성의 북벽 아래로 연결되어 있으므로 저수지와 산성의 성벽이 동일한 시기에 축조되었음을 알 수 있음.
○ 배수로 벽체를 축조하는데 사용된 돌의 길이는 35~40cm, 두께는 25~40cm임. 배수로 출구를 덮은 돌의 길이는 2.2m, 두께는 0.9m임. 배수로 입구의 길이는 1.5m, 높이는 1m.

6. 출토유물

1) 李文信(1937)에 수록된 출토유물

(1) 석기(石器)

① 돌도끼(石斧)

㉠ 돌도끼(石斧) 1
○ 석질 : 화산암질.
○ 크기 : 남은 부분의 길이 9cm, 두께 1.8cm, 너비 9.1cm.
○ 형태 : 파손품.

㉡ 돌도끼(石斧) 2
○ 석질 : 黑頁巖質.
○ 크기 : 길이 10cm, 두께 1.8cm, 너비 4.5cm.
○ 형태 : 상단부는 약간 파손됨. 형식이 정미함.

② 석검(石劍)
○ 출토지 : 용담산 남쪽의 구덩이에서 豆土器와 함께 출토됨.
○ 크기 : 길이 8cm, 너비 7cm, 두께 1.2cm.
○ 형태 : 옥과 같이 광택이 있음. 완전함.
○ 색깔 : 청회색으로 대리석과 유사함.

(2) 골각기(骨角器)

① 골기(骨器)

㉠ 갑자형 골기(甲子形 骨器)
○ 수량 : 1점.
○ 크기 : 길이 15cm, 너비 5.5cm, 두께 0.5cm.
○ 사슴뿔, 지금의 뼈, 물고기와 새의 뼈 등과 동반 출토됨.

㉡ 골제명적(骨鳴鏑)
○ 수량 : 1점.
○ 크기 : 길이 4.6cm, 몸체 직경 2.5cm.
○ 형태 : 대추씨(棗核)와 비슷한 형태이며, 중간은 비어 있는데 복부에 작은 구멍이 3개 있음. 맨 앞부분의 가는 구멍은 화살촉을 부착해 사용하였을 것으로 추정됨.
○ 五銖錢과 같은 무리에서 동반 출토됨.

㉢ 골기조각(骨器殘部)
○ 수량 : 1점.
○ 크기 : 길이 8.6cm, 너비 2.1cm, 두께 0.6cm.
○ 형태 : 방형의 널빤지 형태(骨板). 원래의 형태가 어

---

[7] 王禹浪·王宏北(1994)에서는 식량저장소로 보았음.

떠했는지 분명하지 않음. 가공된 角器 하나와 동반 출토됨.

② 각기(角器)

㉠ 가공각기(加工鹿角)
○ 수량 : 4점.
○ 특징 : 4점 중의 하나는 끝이 뾰족하며 반짝반짝 광택이 나는 형태이며, 1짐은 뿌리 부분에 톱질해 자른(鋸斷) 흔적이 깊게 나 있음.

㉡ 기둥모양 각기(柱狀角)
○ 수량 : 4점.
○ 4점 모두 뿔의 뿌리 부분임.
○ 크기 : 길이 약 16cm, 두께 3cm.
○ 형태 : 기둥의 중간 부분에 횡으로 뚫린 구멍이 하나 있음. 제작이 정밀하고 아름다움.
○ 2점이 같은 곳에서 동반 출토되었음. 용도는 불명함. 그 밖에 다수 골각기가 출토되었음.

(3) 청동기(銅器)

① 오수전(五銖錢)
○ 수량 : 12매.
○ 형태 : 안에 곽이 없는 것이 2매, 얇은 것 1매임.
○ 시기 : 漢代 유물로 추정됨.
○ 파손된 청동거울과 같은 구역에서 출토되었음.

② 동전(北宋錢)
○ 수량 : 10매.
○ 시기 : 연호가 번다함. 모두 북송 후반기에 속함.
○ 출토지 : 지층 약 1m 깊이에서 출토되었음.
○ 형태 : 몸체는 얇지 않음. 花紋 전체가 분명하지 않음.

(4) 옥기(玉器)

① 이빨모양의 옥기(牙狀玉器)
○ 크기 : 길이 4cm.
○ 형태 : 백옥을 다듬어 만들었음. 몸체는 짐승의 이빨과 같으며 약간 얇음. 하단은 뾰족하고 예리하며, 상부에는 구멍이 하나 있음. 윤택이 남.

(5) 철기(鐵器)

① 철제화살촉(鐵鏃)
○ 수량 : 4점.
○ 출토지 : 둥근 등자 등과 같은 지층에서 출토됨.
○ 형태 : 4점 중 2점은 유엽형, 하나는 파손품이고 하나는 완전함.
○ 크기 : 길이 10cm, 원형의 전체 길이는 분명하지 않음. 완전품은 비교적 작으며 길이 8cm. 몸체가 원형이고 뾰족한 화살촉은 길이가 16cm, 방추형의 화살촉 1점은 길이 12cm임.

② 철제등자(馬鐙)
○ 수량 : 2점.
○ 형태 : 원형의 고리 형태. 바닥은 약간 평평함. 고리 위에 수직의 기둥이 제법 길며, 상단에 가로 구멍이 있음.

③ 철제도끼(鐵斧)
○ 출토지 : 구덩이의 서부에서 출토되었음.
○ 형태 : 현대의 낫(鏟)과 유사함. 양 어깨는 약간 넓으며, 상부에 둥근 구멍이 있는데 손잡이 자루를 장식할 수 있음. 심하게 파괴되었음.
○ 크기 : 남은 부분의 길이 13cm, 너비 8cm.

(6) 토기(瓦器)

① 조질토기류(粗拙瓦器)

○ 이러한 종류의 토기는 호(罐), 잔(杯), 발(鉢) 등이 많음.

○ 형태 : 전부 손으로 제작하였음. 형식은 조잡함. 바닥의 두께는 두껍고, 바닥이 둥근 형태를 띠는 것도 약간 있음. 소량의 무늬를 장식한 것도 있으며, 완제품 1점이 출토될 때 짐승뼈와 사슴뿔 및 사슴 두개골(鹿頭蓋骨)이 있었음. 약간 완전한 와기가 2점이 나왔는데 바닥의 내부에 고리(環鼻)가 부착되어 있음. 제작이 특이해서 그 용법을 추정하기 어려움.

○ 색깔과 태토 : 대량의 석영을 함유하고 있으며, 灰赤色을 띰.

그림 8 용담산성 출토 토기 및 기와 탁편

② 유문토기(紋樣瓦器)

○ 종류가 다양함.

○ 색깔과 태토 : 색깔은 복잡함.

○ 그릇 표면에는 매번 눌러 찍거나 혹은 둘레에 꽃무늬 그림을 그려 넣은 형식이 있음. 그중에 가장 발달한 문양은 파상문임. 또 王莽代 新의 貨泉 및 후한의 오수전 문양도 있음.

③ 채색토기(色畵瓦器)

○ 수량 : 수 점.

○ 형태 : 파손품.

○ 색깔 : 회색의 그릇에 검은색으로 그려 넣었는데, 색채의 대비가 뚜렷하여 분명함. 그물무늬나 가로 水波文을 그려 넣은 것도 있음.

2) 董學增(1986)에 수록된 출토유물

○ 『吉林通志』에 용담산에서 깨진 벽돌과 기와편, 토기편을 흙 틈에서 얻었다는 기록이 있음.

○ 1958년 가을에 길림시 공원관리처가 저수지에서 진흙을 제거하는 과정에서 녹로제의 니질 흑회색 토기(陶罐) 3점, 호(陶壺) 1점을 획득하였음. 그중 하나는 심하게 파손되었음. 토기의 소성온도, 색깔 및 태토로 보아 金代의 토기로 간주됨. 저수지에서 같은 시기 6개의 파수가 달린 철제솥(六耳鐵鍋) 1점, 2개의 고리가 달린 철제솥(雙環耳鐵釜) 1점이 출토됨. 鍋와 釜 2점의 솥은 길림시 교외의 江南鄕 榮光金代窯藏의 기물과 유사하므로 金代 유물에 속함.

○ 1962년 발굴조사 때 고구려시기의 니질의 홍색 승문화편이 출토된 적은 있으나, 漢代의 토기나 기와 및 기타 漢代의 유물은 발견하지 못했음.

○ 산성의 서문 근처에서 돌절구(石臼) 1점을 발견하였는데 화강암 재질로 형태는 吉林 永吉縣 烏拉街鄕 富爾哈遼·金古城에서 출토된 것과 유사함.

3) 기타 출토유물 관련 기록

○ 산성 내에서 고구려시기의 벽돌조각, 기와편, 철제화살(鐵箭頭), 철제등자(鐵馬蹬), 철제도끼(鐵斧), 철

제수레바퀴줏대축(鐵車軸), 철제못(鐵釘) 등 유물이 출토됨. 李文信 선생의 설명에 따르면 기와 중 와당의 특색은 고구려 중기의 유물과 유사함(康家興, 1957).

○ 산성의 서문 곁에서 화강암 재질의 문지도리(門樞) 1점을 발견하였는데 형태가 돌절구(石臼)와 유사함(吉林市地方志編纂委員會, 1994).

○ 산성 내에서 청동문화에 속하는 돌칼(石刀), 돌검(石劍), 돌도끼(石斧) 및 토제가락바퀴(방추차) 등 유물 외에, 漢代의 토기편과 漢代의 五銖錢 및 고구려시기의 굵은 승문기와, 발해의 와당, 北宋代의 동전 등 유물이 출토되었음(王禹浪·王宏北, 1994).

○ 1993년 王禹浪, 王宏北 등이 용담산성을 살펴볼 때 서문 부근에서 돌절구(石臼) 하나를 발견하였는데, 고구려시기의 유물임(王禹浪·王宏北, 1994).

○ 2013년도 발굴 시 지층에서는 대체로 金代 유물이 출토되었으며, 성벽에서는 西團山문화 토기편이 출토되었음.

○ 2014년 발굴 당시 토기, 자기, 철기, 청동기, 석기 등이 출토됨. 토기로는 건축자재와 일상용기가 출토됨. 건축자재로는 암키와, 수키와, 脊獸 잔편 등이 있는데, 모두 TJ1~TJ4 건물지 주변에서 출토됨. 일상용기로는 호(罐), 시루 등이 있음. 자기는 유약색에 따라 백색, 청색, 흑색, 진한 홍갈색 등이 있음. 백자와 청자에는 대부분 꽃문양이 있는데, 주로 花草文임. 완(碗), 잔(盞) 등이 있음. 흑색 자기는 비교적 적고, 완(碗)과 반(盤) 잔편 등이 있음. 진한 홍갈색 자기는 모두 비교적 두꺼운데, 옹(瓮)임. 철기로는 주로 못(釘), 화살촉, 굴통쇠(釭), 낫(鐮), 솥(鍋) 등이 출토됨. 청동기는 절대다수가 동전인데, 북송대와 금대의 것이 주를 이룸. 석기로는 기둥 기초(柱礎)와 절구(臼)가 있음.

○ 2015년 발굴 당시 토기, 자기, 철기, 청동기 등이 출토됨. 토기로는 건축자재와 일상용기가 있음. 건축자재로는 주로 암키와, 수키와, 脊獸 잔편, 일상용기로는 호(罐), 시루(甑) 등이 출토됨. 자기는 유약색에 따라 백자, 청자, 흑색 자기, 醬釉 자기 등이 있음. 백자, 청자, 흑색 자기에는 완(碗), 잔(盞) 등이 있고, 醬釉 자기는 모두 비교적 두껍고, 대부분 옹(瓮)임. 철기로는 못, 화살촉, 굴통쇠, 낫, 솥 등이 있음. 청동기로는 동전, 거울 등이 있음. 동전은 북송시기와 금대의 것이 주를 이룸. 청동제 거울에 보이는 문양은 모두 금대에 일반적으로 보이는 雙魚文, 人物故事文, 龍虎文 등임.

7. 역사적 성격

용담산성은 송화강 東岸에 우뚝 솟은 해발 388m의 산에 자리하고 있는데, 길림 시가지 주변 일대에서는 가장 높은 산임. 산성의 남쪽 2.5km의 송화강 동안에는 동단산산성이 위치하며, 그 동남쪽으로는 전기 부여의 왕성유적으로 추정되는 남성자고성과 帽兒山 고분군이 펼쳐짐. 또한 산성의 서북쪽 12km의 송화강 서안에는 삼도령자산성이 위치함.

용담산성이 위치한 북류 松花江 중류의 吉林지역은 전기 부여의 중심지로 파악되어 왔음(李健才, 1982; 노태돈, 1989). 특히 용담산성 남쪽의 남성자고성과 동단산산성에서는 일찍부터 부여시기의 유물이 많이 출토되어 부여의 왕성유적으로 추정되어 왔음(李文信, 1946; 董學增, 1982; 孫進己·馮永謙, 1989). 이에 용담산성이 고구려의 전형적인 석축성벽이 아니라 토석혼축성이라는 점을 근거로 부여가 처음 축조했다고 파악한 다음, 본래 부여 왕성의 일부를 이루다가 고구려가 이 지역을 점거한 이후에 계속 사용되었을 것으로 파악하기도 함(李建才, 1991; 李建才, 1995).

그렇지만 부여가 용담산성을 처음 축조했다고 보기에는 근거 자료가 충분하지 않음(吉林市地方志編纂委員會, 1994). 이에 용담산성은 고구려가 전기 부여의 중심지인 길림지역을 진출한 조영한 북방 중진으로 파악함(康家興, 1957). 중국학자들은 고구려가 吉林地域

으로 진출해 용담산성을 축조한 시기를 광개토왕-장수왕대로 파악하고 있음(李文信, 1946). 특히 장수왕대 이후 勿吉이 흥기하여 북류 송화강 일대로 진출한 점에 주목하여 용담산성과 그 주변의 동단산산성 등은 부여를 통제하고 물길의 남하를 막기 위해 축조했을 것으로 파악함(董學增, 1986).

그렇지만 『晉書』 慕容皝載記나 〈牟頭婁墓誌〉 등의 사료를 종합하면, 고구려가 전기 부여의 중심지인 길림지역으로 진출한 것은 4세기 전반이며, 346년경에는 부여를 둘러싸고 전연과 치열한 각축전을 전개한 것으로 추정됨. 더욱이 牟頭婁는 광개토왕대에 '領北夫餘守事'라는 지방관으로 파견되어 장수왕대까지 재임했음(여호규, 1995). 이에 비해 勿吉은 5세기 후반에 동류 송화강을 거슬러 西進하다가, 494년경에 북류 송화강 하류의 農安 일대에서 명맥을 유지하던 후기 부여를 점령했으며, 그 이후에는 大黑山脈을 경계로 고구려와 접경을 이룬 것으로 파악됨(여호규, 2018).

그러므로 용담산성은 4세기 전반 고구려가 길림지역으로 진출한 다음, 송화강 중류 일대를 지배하고 북방 일대를 관할하기 위한 거점성으로 축조했다고 추정됨. 광개토왕-장수왕대에 牟頭婁가 지방관으로 파견되었다는 北夫餘城이나 『魏書』 고구려전의 '舊夫餘'의 거점성은 용담산성일 가능성이 높음.

한편 상당수 중국학자들은 용담산성을 중심으로 하는 길림지역이 5세기의 고구려 북부여일 뿐 아니라, 7세기 문헌사료에 나오는 부여성에 해당한다고 파악하기도 함(李健才, 1991; 王禹浪·王宏北 1994; 魏存成, 1999; 張福有, 2015). 그렇지만 고구려 말기의 부여성은 고구려가 북류 송화강 하류 일대로 옮긴 후기 부여의 중심지를 장악한 다음 조영한 성곽으로 5세기의 북부여성과 구분할 필요가 있음.

용담산성은 고구려가 북류 송화강 하류의 農安 일대를 완전히 장악하기 이전에 가장 중요한 북방의 중진이었던 것임. 이에 고구려는 용담산성 남쪽 2.5km의 송화강 동안에 동단산산성, 서북쪽 12km의 송화강 서안에는 삼도령자산성 등을 축조하여 용담산성을 중심으로 하는 위성방어체계를 구축했음(董學增, 1986; 王禹浪·王宏北, 1994; 魏存成, 1999). 고구려는 이러한 방어체계를 바탕으로 길림지역을 중심으로 북류 송화강 일대를 지배하고, 북방의 여러 족속과 활발하게 교섭했을 것임. 또한 5세기 후반에는 勿吉의 남하도 저지했을 것으로 추정됨. 다만 고구려가 6세기 이후 북류 송화강 하류 일대를 완전히 장악함에 따라 북방의 지배거점은 후기 부여의 중심지였던 農安 일대로 옮겨가고, 이로 인해 부여성이라는 명칭도 農安 일대를 지칭하게 된 것으로 추정됨.

참고문헌

- 李文信, 1937, 「吉林龍潭山遺蹟報告」(一)(二), 『滿洲史學』 1권 2~3호, 東亞印刷.
- 李文信, 1938, 「吉林龍潭山遺蹟報告」(三), 『滿洲史學』 2권 2호, 東亞印刷.
- 李文信, 1946, 「吉林市附近之史蹟及遺物」, 『歷史與考古』 1, 瀋陽博物館.
- 康家興, 1957, 「吉林市龍潭山的山城和'水庫'」, 『吉林省文物工作通訊』.
- 韓淑華, 1962, 「吉林市龍潭山城調査簡報」, 吉林省博物館(미발간 원고).
- 吉林省文物志編委會, 1983, 『吉林市文物志』, 吉林文史出版社.
- 王承禮, 1984, 「吉林遼寧的高句麗遺蹟」, 『考古與文物』 1984-6.
- 董學增, 1986, 「吉林市龍潭山高句麗山城及其附近衛城調査報告」, 『北方文物』 1986-4.
- 馬德謙, 1987, 「談談吉林龍潭山·東團山一帶的漢代遺物」, 『北方文物』 1987-4.
- 王健群, 1987, 「高句麗千里長城」, 『博物館研究』 1987-3.
- 李健才, 1987, 「東北地區的邊崗和延邊長成」, 『遼海文物學刊』 1987-1.
- 盧泰敦, 1989, 「扶餘國의 境域과 그 變遷」, 『國史館論叢』 3.
- 孫進己·馮永謙, 1989, 『東北歷史地理』 2, 黑龍江人民出版社.

- 吉林省地方志編纂委員會, 1991, 『吉林省志』 卷43 文物志, 吉林人民出版社.
- 李健才, 1991, 「唐代高麗長成和扶餘城」, 『民族研究』 1991-4.
- 李文信, 1992, 『李文信考古文集』, 遼寧人民出版社.
- 國家文物局, 1993, 『中國文物地圖集』 吉林分冊, 中國地圖出版社.
- 吉林市地方志編纂委員會, 1994, 『吉林市志文物志』, 吉林文史出版社.
- 王禹浪·王宏北, 1994, 『高句麗渤海古城址研究匯編』(上), 哈爾濱出版社.
- 魏存成, 1994, 『高句麗考古』, 吉林大學出版社.
- 李殿福(차용걸·김인경 역), 1994, 『中國內의 高句麗遺蹟』, 學研出版社.
- 林直樹, 1994, 「高句麗都城と山城」, 『靑丘學術論集』 5.
- 馮永謙, 1994, 「高句麗城址輯要」, 『北方史地研究』, 中州古蹟出版社.
- 여호규, 1995, 「3세기 후반~4세기 전반 고구려의 교통로와 지방통치조직」, 『한국사연구』 91.
- 李建才, 1995, 「吉林市龍潭山山城考」, 『博物館研究』 1995-2.
- 東潮·田中俊明, 1995, 『高句麗の歷史と遺跡』, 中央公論社.
- 서길수, 1995, 「松花江 流域의 高句麗 山城 研究」, 『고구려연구』 1.
- 李殿福, 1998, 「高句麗山城研究」, 『北方文物』 1998-4.
- 魏存成(宋龍鎬 옮김), 1999, 「길림성 내 고구려산성의 현황과 특징」, 『고구려연구』 8.
- 李健才, 2000, 「再論唐代高麗的扶餘城和千里長城」, 『北方文物』 2000-1.
- 王綿厚, 2002, 『高句麗古城研究』, 文物出版社.
- 魏存成, 2002, 『高句麗遺蹟』, 文物出版社.
- 이종수, 2003, 「扶餘城郭의 特徵과 關防體系研究」, 『白山學報』 67.
- 李鍾洙, 2004, 「夫余文化研究」, 吉林大學 박사학위논문.
- 지승철, 2005, 『고구려의 성곽』, 사회과학출판사.
- 동북아역사재단, 2006, 『高句麗城 사진자료집』(中國 遼寧城·吉林省 西部).
- 이성제, 2008, 「부여와 고구려의 관계사에서 보이는 몇 가지 쟁점」, 『부여사와 그 주변』, 동북아역사재단.
- 동북아역사재단, 2009, 『고구려유적의 어제와 오늘』.
- 정원철, 2009, 「高句麗山城瓮城的類型」, 『博物館研究』 2009-3.
- 동북아역사재단, 2010, 『고구려성 사진자료집』(중국 길림성 동부).
- 劉寧, 2011, 「夫余歷史與文化探索」, 東北師範大學 석사학위논문.
- 魏存成, 2011, 「中國境內發現的高句麗山城」, 『社會科學戰線』 2011-1.
- 국립문화재연구소, 2012, 『중국동북지역 고고조사 현황-『중국고고학연감』(2000~2010)을 중심으로』(길림성·흑룡강성 편).
- 김진광, 2012, 『북국 발해 탐험』, 박문사.
- 劉玉成, 2012, 「吉林市龍潭區龍潭山鹿場漢代夫余文化遺址」, 『中國考古學年鑑』, 文物出版社.
- 윤병모, 2013, 『요동지역의 고구려산성』 2, 한국학술정보.
- 吉林省文物考古研究所, 2014, 「2013年吉林省文物考古研究所考古發掘收獲」, 『東北史地』 2014-3.
- 吉林省文物考古研究所·吉林市文物處·吉林市博物館, 2014, 「吉林市龍潭山鹿場遺址發掘簡報」, 『北方文物』 2014-1.
- 徐坤, 2014, 「吉林市龍潭山城」, 『中國考古學年鑑』, 文物出版社.
- 徐坤, 2015, 「吉林市龍潭山城」, 『中國考古學年鑑』, 文物出版社.
- 王綿厚, 2015, 「扶餘城, 扶餘部與扶餘川再考論」, 『東北史地』 2015-6.
- 張福有, 2015, 「夫餘後期王城在遼源」, 『東北史地』 2015-6.
- 徐坤, 2016, 「吉林市龍潭山城」, 『中國考古學年鑑』, 文物出版社.
- 여호규, 2018, 「5세기 후반 高句麗·勿吉의 충돌과 북방 접경공간의 변화」, 『중앙사론』 47.

04 길림 천태고성
吉林 天太古城

1. 조사현황

○ 천태고성은 1983년 문물조사 때 발견되었음.
○ 吉林市郊區 文物保護單位.

2. 위치와 자연환경(그림 1)

○ 吉林市郊 龍潭鄕 天太村 楊樹林子屯 서쪽 0.5km 거리에 위치. 용담산 鹿場에서 산길을 따라 天太村으로 가는 고개마루 동측 산봉우리에 위치함.

○ 서북 약 800m 거리에 용담산의 최고봉이 있고, 서쪽으로 산을 사이에 놓고 官地古城과 약 1.5km 떨어져 있음
○ 서쪽과 북쪽 양쪽은 가파른 비탈이고, 동남쪽은 완만한 경사지임. 해발 300m.

3. 성곽의 전체현황

○ 2개의 작은 성으로 이루어져 있는데, 장방형으로 둘레는 518m임.

그림 1
천태고성 지리위치도

○ 성벽은 흙으로 축조했는데, 심하게 훼손되었음.
○ 성문 : 4개의 문터(門址)가 남아 있음.

4. 성벽과 성곽시설

1) 성벽
○ 2개의 작은 성(小城)으로 구성된 장방형인데, 중앙의 토벽이 고성을 제1성(頭城)과 제2성(二城)으로 양분하고 있음. 토벽은 잔고 1~1.5m임.
○ 동벽은 길이 30m 높이 1m, 남벽은 길이 203m 높이 1m, 서벽은 길이 85m 높이 1.5m, 북벽은 길이 200m, 높이 1m임. 성벽의 아랫너비는 2~3m.

2) 성문
○ 제1성(頭城)은 2개의 문터가 있는데, 서문의 너비 9m, 동문 너비 12m임.
○ 제2성(二城)에도 문지가 2곳 있는데, 남문의 너비 12m, 북문의 너비 10m임.
○ 제1성(頭城)과 제2성(二城) 사이에는 문이 없음.

5. 성내시설과 유적

○ 성내시설 및 유적은 남아있지 않음.

6. 출토유물

○ 泥質의 회색 토기편(灰陶片) 등이 채집됨(國家文物局, 1993).
○ 성내에서 유물은 발견하지 못함(王禹浪·王宏北, 1994)

7. 역사적 성격

천태고성은 1983년 문물조사 때 발견되었는데, 고구려 성곽인 용담산성 최고봉의 동남쪽 800m 거리에 위치했다는 점에서 고구려가 축조했을 것으로 추정함(王禹浪·王宏北 1994, 87쪽). 다만 송–원대의 성곽으로 분류하기도 함(國家文物局 1993).

참고문헌

- 國家文物局, 1993 『中國文物地圖集』 吉林分冊, 中國地圖出版社
- 王禹浪·王宏北, 1994 『高句麗·渤海古城址研究匯編』 (上), 哈爾濱出版社

05 길림 관지고성
吉林 官地古城 | 官地城址

1. 조사현황

1) 1983년 4월~1985년 말
길림시 문물관리위원회를 주축으로 7개 縣과 區의 문화재 일제조사와 문물지 편찬이 이루어졌는데, 이때 官地古城도 조사함.

2. 위치와 자연환경(그림 1~그림 2)

○ 吉林市 小官地居民區 남쪽 250m에 위치함. 용담산성의 서남쪽으로 북류 송화강 동안(우안)에서 약 250m 떨어진 완만한 언덕에 위치함.
○ 고성 동측에 吉舒철로 용담산역이 있고, 남쪽 3km에 東團山城이 있음.

3. 성곽의 전체현황

○ 평면은 장방형으로 남북 성벽의 길이는 약 200m, 동서 성벽의 길이는 약 380m로 전체 길이는 약 1,160m.

그림 1
관지고성 지리위치도

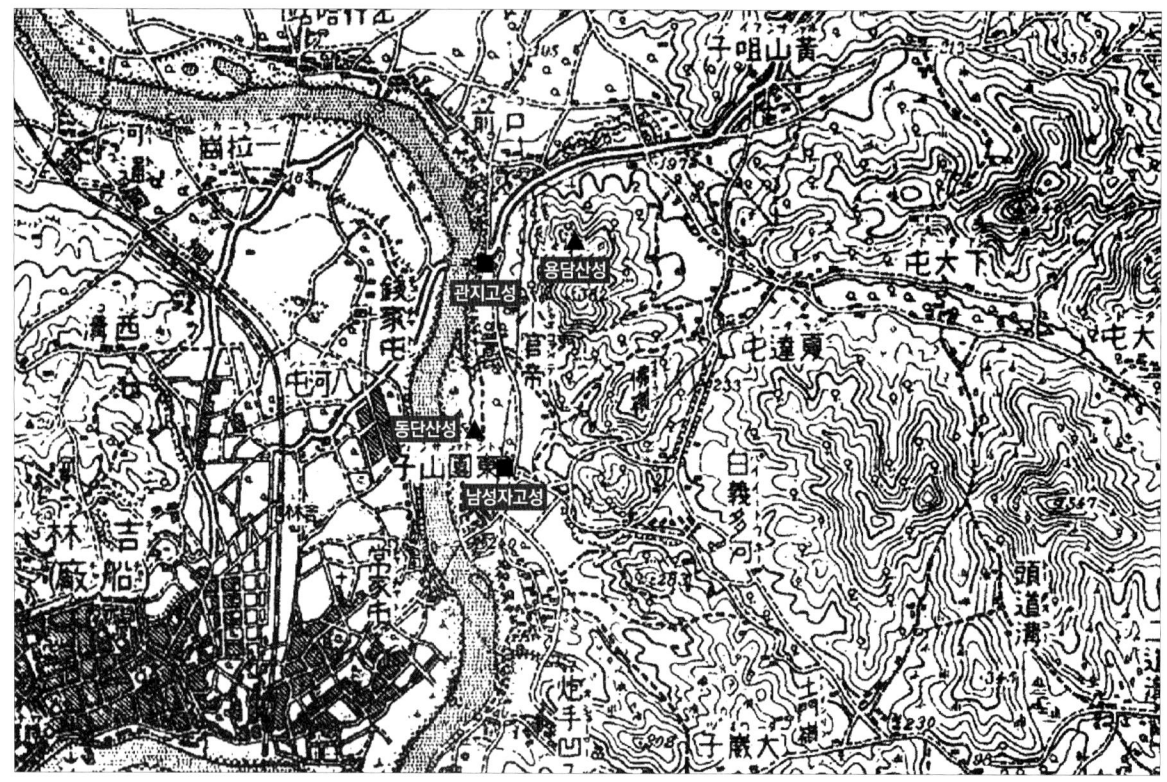

그림 2 관지고성 주변 지형도(滿洲國 10만분의 1 지형도)

○ 성문의 위치는 남아있지 않아 확인하기 어려움.
○ 흙을 다져서 성벽을 축조했는데, 대부분 파괴되어 서북 모서리만 약간 남아 있음(國家文物局, 1993).

4. 출토유물

○ 성 안에 마제석기, 토기편(夾砂褐陶片, 繩文灰陶片, 泥質灰陶片) 및 자기편(瓷片) 등이 흩어져 있음(國家文物局, 1993).
○ 성내 지표에 있는 토기편은 각각 서단산 문화, 漢, 부여 문화, 고구려 문화, 발해 문화, 요·금 문화에 속함.

5. 역사적 성격

관지고성은 길림 용담산성의 서쪽에 위치하며, 북류 송화강 동안(우안)에서 불과 250m 떨어진 언덕에 자리잡고 있음. 성곽의 위치와 규모로 보아 북류 송화강 수로와 관련한 기능을 수행했을 것으로 추정됨.

다만 축조시기에 대해서는 부여시기에 처음 축조되어 고구려-발해 시기에 계속 사용되었다는 견해(王禹浪·王宏北, 1994), 고구려 성곽으로 분류하는 견해(國家文物局, 1993; 김진광, 2012) 등이 있음. 이에 대해 성 내부에서 출토된 서단산문화, 부여 문화, 고구려 문화, 발해 문화 등과 관련한 유물은 성곽 축조 이전에 사용되었던 것이고, 성곽 자체는 요·금대의 유적이라고 추정하기도 함(吉林省文物志編委會, 1983).

참고문헌

- 吉林省文物志編委會, 1983, 『吉林市文物志』, 吉林文史出版社.
- 國家文物局, 1993, 『中國文物地圖集』 吉林分冊, 中國地圖出版社.
- 王禹浪·王宏北, 1994, 『高句麗·渤海古城址研究匯編』 (上), 哈爾濱出版社.
- 董學增, 2004, 「吉林市歷史與文物回眸」, 『東北史地』 2004-7.
- 李鍾洙, 2004, 「夫余文化研究」, 吉林大學 박사학위논문.
- 김진광 2012, 『북국발해탐험』, 박문사.
- 양시은, 2013, 「고구려성 연구」, 서울대학교 박사학위논문.

06 길림 가자산성
吉林 架子山城

1. 조사현황

吉林市郊區 文物保護單位.

2. 위치와 자연환경(그림 1)

○ 架子山城은 吉林市 金珠鄕 安達木村 安達木屯 남쪽의 羊面山 群峰에 위치하는데, 해발 288m임. 만주국 시기에 이곳 산봉우리에 木架子가 세워졌기 때문에 현지 주민들이 '架子山'이라 칭하고 있음.

○ 架子山은 서쪽으로 南砬子 절벽과 접하고, 송화강과 0.5km 떨어져 있는데, 羊面山의 주봉에 의지하고 있음. 남쪽으로는 猴石山의 연봉들과 연결되어 천연 병풍이라 할 만함. 산성에 서면 송화강 일대를 공제할 수 있을 뿐만 아니라, 송화강 서쪽의 광대한 평야를 감제할 수 있음.

3. 성곽의 전체현황

○ 성벽은 마사토를 다져 쌓았는데, 내외 2성으로 이루

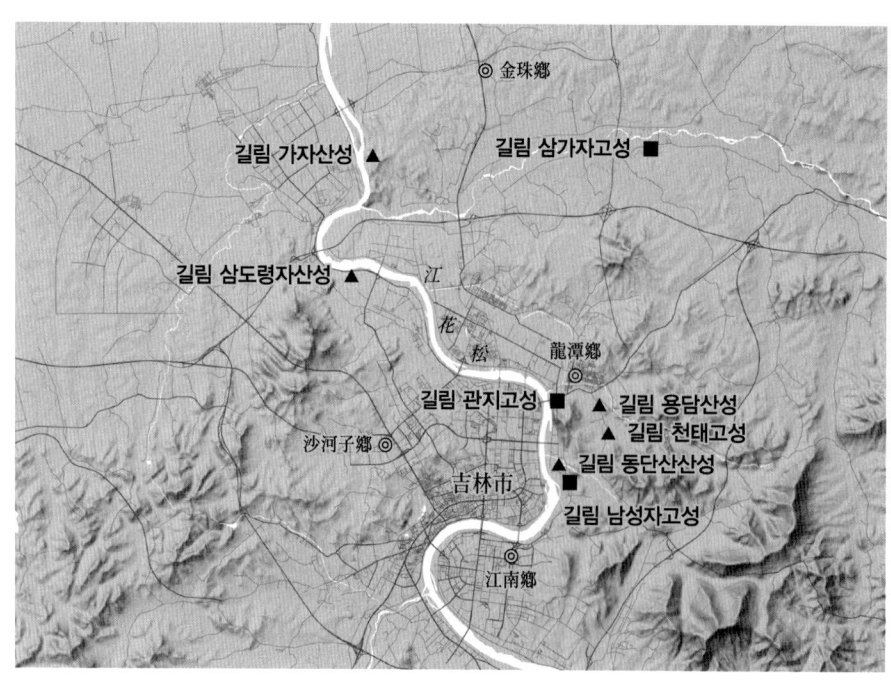

그림 1
가자산성 지리위치도

어져 있음.
○ 내외성의 둘레는 100m(國家文物局, 1993), 외성의 둘레는 약 30m(王禹浪·王宏北, 1994) 등으로 파악됨.
○ 성문은 서남 방향으로 향하고 있음.
○ 산성의 북쪽 외곽에 산기슭 아래에서 위쪽으로 6개의 穴居坑이 배열되어 있는데, 각 구덩이의 직경은 3m, 깊이는 1m로 간격은 6m가량임.

4. 역사적 성격

가자산성은 북류 송화강 일대의 고구려 성곽 가운데 가장 북쪽에 위치한 삼도령자산성보다 북쪽에 위치하고 있음. 그러므로 가자산성을 고구려시기에 축조한 것으로 상정한다면(王禹浪·王宏北, 1994), 현재까지 확인된 고구려 성곽 가운데 가장 북쪽에 위치한 것으로 파악할 수 있음. 다만 고구려시기에 축조했다고 볼만한 명확한 논거는 없음. 이에 明代 烏拉部의 방어시설로 파악하기도 함(國家文物局, 1993).

참고문헌
• 國家文物局, 1993, 『中國文物地圖集』 吉林分冊, 中國地圖出版社.
• 王禹浪·王宏北, 1994, 『高句麗·渤海古城址研究匯編』(上), 哈爾濱出版社.

07 길림 삼도령자산성
吉林 三道嶺子山城 | 三道嶺子大砬山子山城 | 九站南山城

1. 조사현황

1) 1960년
1960년 吉林지역 문화재 일제 조사 결과 吉林市 郊區의 용담산성, 삼도령성지, 동단산유적, 영길현의 토성자성지, 漂兀河山城, 교하현의 拉法城址 등을 고구려 성으로 확정함.

2) 1973년. 1982년
○ 조사자 : 董學增, 吉林市郊區文化館 文志, 吉林省博物館 董朝權, 仇起, 金麗華
○ 조사내용 : 용담산성에 대한 재조사를 진행할 때 용담산성 부근의 三道嶺子山城과 東團山山城에 대한 조사도 아울러 진행하여, 과거 잘못 기재한 부분과 누락된 것을 바로 잡고 아울러 새로 발견된 사실을 보고함.
○ 발표 : 董學增, 1986, 「吉林市龍潭山高句麗山城及其附近衛城調査報告」, 『北方文物』 1986-4.

3) 1983년 4월~1985년 말
길림시 문물관리위원회를 주축으로 7개 縣과 區의 문화재 일제조사와 문물지 편찬이 이루어졌는데, 이때 삼도령자산성도 조사함.

2. 위치와 자연환경(그림 1~그림 2)

○ 길림 시가지 북쪽의 沙河子鄕 三道嶺村 大砬子山에 자리잡고 있음.
○ 정상은 해발 272m로 부근의 지면보다 약 120m 높음. 동남쪽은 산간 분지인데, 송화강을 사이에 두고 동단산 및 용담산과 마주 보고 있음.
○ 북쪽으로 송화강이 흐르고, 정북방은 넓은 충적 평야임. 서면과 서북면은 높은 산의 구릉지대인데, 吉林-長春 철로와 吉林-九站 도로를 사이에 두고 二道嶺子鄕 七家子村의 西山 및 鍋頂山과 7~8km 떨어져 있음.
○ 길림분지의 북쪽 출입구로서 송화강과 잇닿은 지리적 요충지임.

3. 성곽의 전체현황

○ 현재의 평면은 'ㄴ'자형이지만, 본래는 'ㄇ'자형이었을 것으로 추정됨.
○ 성벽은 토석혼축으로 축조했지만, 장기간 채석장으로 사용되어 산의 동반부는 남아있지 않고, 원래 모습을 많이 잃어버렸음.

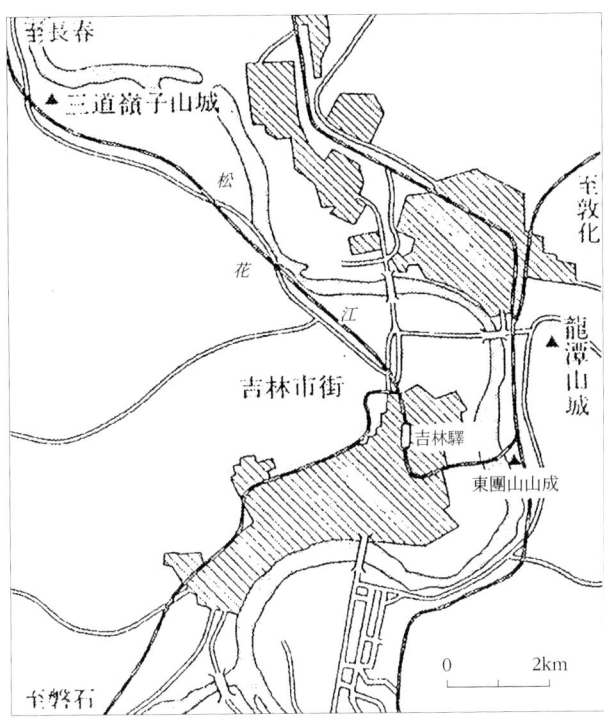

그림 1 삼도령자산성의 지리위치도 1
(東潮·田中俊明, 1995, 374쪽)

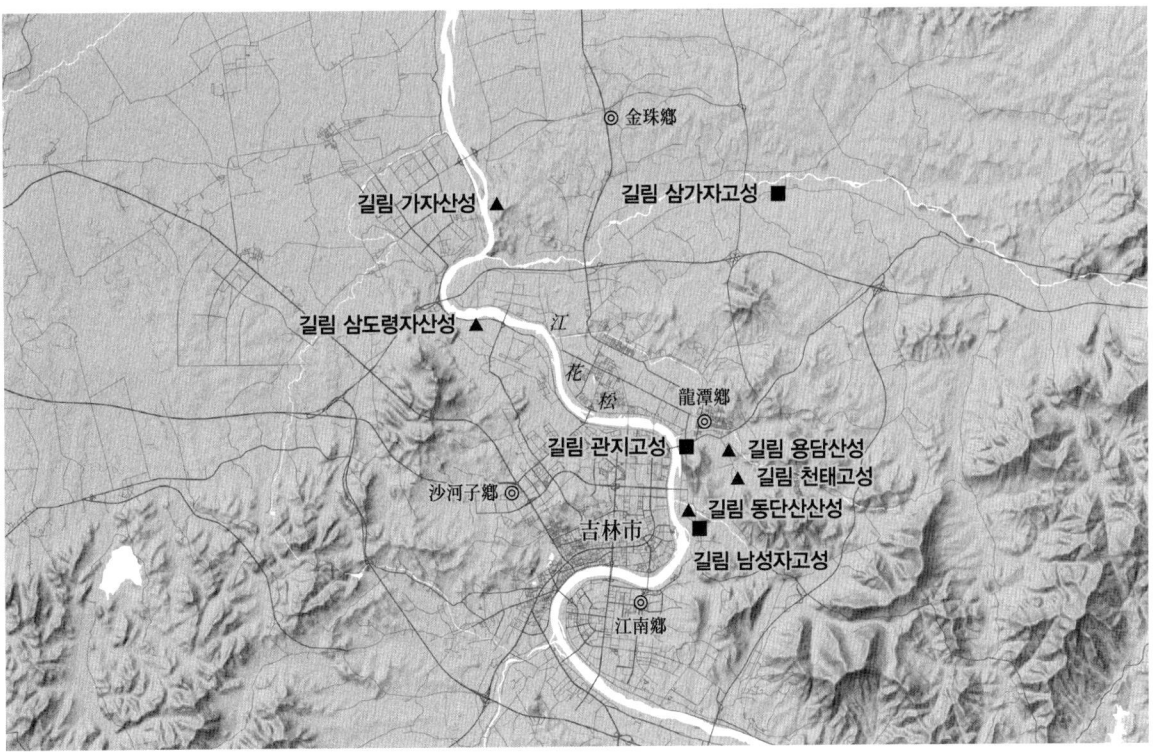

그림 2 삼도령자산성 지리위치도 2

4. 성벽과 성곽시설

1) 성벽

○ 三道嶺子大砬子山의 서북쪽 산비탈에 축조하였음.
○ 황토와 응회암 깬돌(碎石)을 섞어서 축조하였음.
○ 동서 길이 58m, 남북 길이 200m로 전체 길이는 258m임. 외벽의 높이는 6m임(王禹浪·王宏北, 1994; 魏存成, 2002).[1]

5. 출토유물

적색의 고구려 승문 평기와가 다량 출토(魏存成, 1999).

6. 역사적 성격

삼도령자산성은 북류 松花江의 하류 방면에서 吉林盆地로 진입하는 입구의 松花江 서안(좌안)에 위치하고 있음. 동남쪽 12km 거리에는 松花江을 사이에 놓고 길림지역 일대에서 가장 큰 고구려 성곽인 용담산성이 위치하고 있음. 이에 삼도령자산성은 발견 초기부터 동단산산성과 함께 용담산성의 위성방어체계를 이루었을 것으로 파악됨(董學增, 1986; 吉林市地方志編纂委員會, 1994; 魏存成, 1999). 특히 삼도령자산성은 현재까지 확인된 고구려 성곽 가운데 가장 북쪽에 위치하며, 북류 송화강 서안에 접했다는 점에서 길림분지를 방어하는 기능과 더불어 북방 제족과 교류하던 송화강 수로를 통제하는 기능도 지녔을 것으로 추정됨.[2]

---

[1] 國家文物局(1993)에는 잔존한 성곽의 둘레 520m, 잔고 3m, 윗너비 1~1.4m로 나옴.

[2] 고구려의 길림지역 진출시기에 대해서는 '길림 용담산성' 항목의 역사적 성격 참조.

참고문헌

- 董學增, 1986, 「吉林市龍潭山高句麗山城及其附近衛城調査報告」, 『北方文物』 1986-4.
- 李健才, 1991, 「唐代高麗長城和扶餘城」, 『民族研究』 1991-4.
- 國家文物局, 1993, 『中國文物地圖集』 吉林分冊, 中國地圖出版社.
- 吉林市地方志編纂委員會, 1994, 『吉林市志文物志』, 吉林文史出版社.
- 王禹浪·王宏北, 1994, 『高句麗·渤海古城址研究匯編』(上), 哈爾濱出版社.
- 馮永謙, 1994, 「高句麗城址輯要」, 『北方史地研究』, 中州古蹟出版社.
- 東潮·田中俊明, 1995, 『高句麗の歷史と遺跡』, 中央公論社.
- 魏存成, 1999, 「길림성 내 고구려산성의 현황과 특징」, 『고구려연구』 8.
- 李健才, 2000, 「再論唐代高麗的扶余城和千里長城」, 『北方文物』 2000-1.
- 王綿厚, 2002, 『高句麗古城研究』, 文物出版社.
- 魏存成, 2002, 『高句麗遺蹟』, 文物出版社.
- 董學增, 2004, 「吉林市歷史與文物回眸」, 『東北史地』 2004-7.
- 邵蔚風, 2004, 「夫余問題初探」, 『東北史地』 2004-5.
- 李鍾洙, 2004, 「夫余文化研究」, 吉林大學 박사학위논문.
- 지승철, 2005, 『고구려의 성곽』, 사회과학출판사.
- 정원철, 2010, 「高句麗山城研究」, 吉林大學 박사학위논문.
- 魏存成, 2011, 「中國境內發現的高句麗山城」, 『社會科學戰線』 2011-1.
- 김진광, 2012, 『북국 발해 탐험』, 박문사.
- 양시은, 2013, 『고구려성 연구』, 서울대학교 박사학위논문.

08 길림 삼가자고성
吉林 三家子古城

1. 위치와 자연환경(그림 1)

○ 吉林市 郊區 大屯鄉 柳樹村 三家子屯 동쪽 약 700m 되는 곳에 위치.
○ 삼가자고성의 북쪽에 牡牛河가 동쪽에서 서쪽으로 흘러가고,[1] 부근의 지세는 평탄하며 강(牡牛河)이 흐르는 西岸은 논(水田)임.

2. 성곽의 전체현황

○ 國家文物局(1993)에서는 평면은 방형으로 둘레는 120m라고 파악함.
○ 王禹浪·王宏北(1994)에서는 성곽은 본래 정방형으로 각 성벽의 길이 30m, 높이 2m로 정남 방향이었다고 함. 다만 경작으로 인해 심하게 훼손되어 성문의 위치도 분명하지 않으며, 동벽의 일부 구간만 남아 있는데, 길이 10m, 잔고 1m라고 함.

3. 출토유물

삼가자고성 부근에서 2점의 유물을 채집하였는데, 하나는 漢代의 승문(繩文) 토기편이고 또 하나는 철제 괭이(鐵钁) 殘片임.

4. 역사적 성격

부여가 축조하고 고구려가 계속 사용했다고 잠정적으로 파악하는 견해가 있지만(王禹浪·王宏北, 1994), 요·금대의 성곽으로 분류하기도 함(國家文物局, 1993).

참고문헌

- 國家文物局, 1993, 『中國文物地圖集』 吉林分冊, 中國地圖出版社.
- 王禹浪·王宏北, 1994, 『高句麗·渤海古城址硏究匯編』 (上), 哈爾濱出版社.

---

[1] 王禹浪·王宏北(1994)에는 서쪽에서 동쪽으로 흘러간다고 하였지만, 그림 1의 지도로 보아 牛河는 동에서 서쪽으로 흘러 松花江에 합류함. 오기로 추정됨.

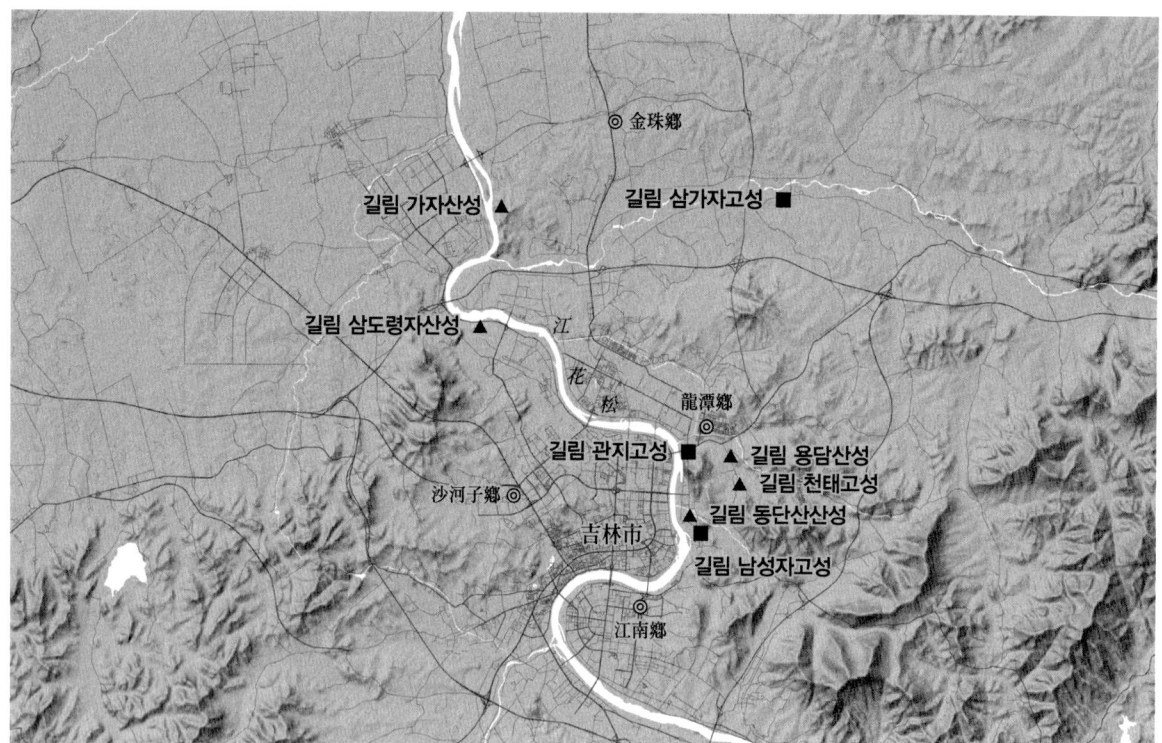

그림 1 삼가자고성 지리위치도

2
기타 유적

01 길림 용담산녹장유적
吉林 龍潭山鹿場遺蹟

1. 조사현황

- 조사기관 : 吉林省文物考古硏究所.
- 조사자 : 劉玉成·關長春·楊俊峰·劉力(吉林市文物管理處), 翟敬源(吉林市博物館), 杜戰偉(吉林大學考古學系), 王樂文(黑龍江大學歷史文化旅游學院).
- 조사기간 : 2011년 7월 15~22일.
- 조사내용 : 吉林-琿春 고속철도 건설에 맞춰 용담산 녹장유적지를 발굴함. 발굴조사 대상 범위의 대부분에서 공사가 진행되어 발굴 당시 겨우 2m×7m의 탐색갱(편호 T1)을 넣어 조사함. 발굴 지점은 鹿場 정문 앞의 동서 방향 도로의 남쪽에 위치하며, 그 정문과는 약 40m 떨어져 있음. 청동기시대, 한, 부여, 고구려, 발해 등 각 시기 유물이 출토. 지층 및 재구덩이 내에서 출토된 유물의 절대 다수는 토기로 罐, 盆, 壺, 甑, 豆, 盅 등임. 泥質陶가 주를 이루고 그 다음이 細沙陶임. 토기색은 갈색이 다수이고 그 다음이 회색, 흑색임. 대다수 토기편은 무문이며, 무늬 토기편에는 격자문(方格文), 중호문(垂帳文), 현문(弦文), 물결무늬(波浪文), 점렬문(戳點文) 등이 새겨져 있음.

2. 위치와 자연환경(그림 1)

유적지는 吉林省 吉林市 龍潭區 용담산성의 남쪽 기슭, 용담산 녹장 정문 앞의 사료장 안에 자리하고 있음.

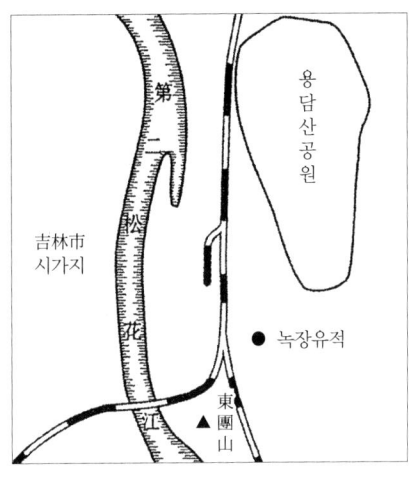

그림 1 용담산녹장유적 위치도 (『北方文物』 2014-1)

지리좌표는 북위 43°51′41.17″, 동경 126°36′18.18″이고, 고도는 203m(정밀도 6m)임.

3. 유적의 현황

1) T1(그림 2)

- T1 내 토층은 4개 층으로 나뉘며, 각 층은 수평상태를 이루고 있음.
- T1 서벽의 토층 및 유적의 선후관계는 제①층→제②층→제③층→H1(灰坑)→제④층→생토임.

2) 개별 지층의 현황

- 제①층 : 회갈색점토, 비교적 조밀. 두께 30~50cm. 소량의 토기편·돌·현대 쓰레기 등이 나옴.

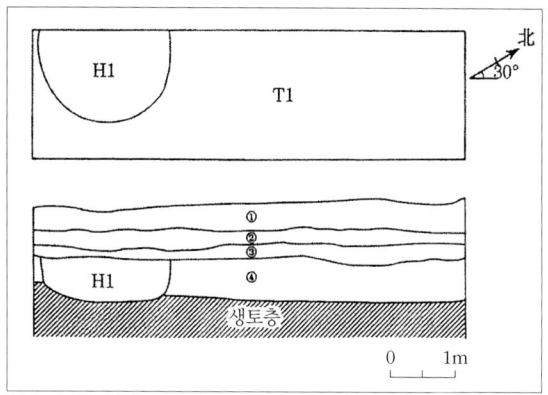

그림 2 T1 및 H1 평·단면도(『北方文物』 2014-1)

○ 제②층 : 흑색점토, 비교적 조밀. 두께 25~30cm. 소량의 토기편·동물뼈 등이 나옴.
○ 제③층 : 황갈색점토, 비교적 조밀. 두께 15~30cm. 비교적 많은 토기편 및 소량의 동물뼈·이빨·돌 등이 나옴. 灰坑(H1)이 제3층 아래에서부터 열려 있음.
○ 제④층 : 흑회색점토, 비교적 조밀. 두께 40~60cm. 비교적 많은 토기편 및 소량의 동물뼈·돌 등이 나옴. 이 층 아래는 생토임.

3) 재구덩이(灰坑, H1)
○ 재구덩이는 하나만 발견, H1으로 편호.
○ T1 내의 서남부에 위치. 재구덩이는 제③층 아래에서 시작하여 ④층과 생토를 파괴해 들어감. 재구덩이의 西半部는 서벽 아래로 들어가서 탐색갱 내 위치하는 부분만 발굴함.
○ 발굴된 부분의 평면은 반원형에 가까움. 재구덩이 벽은 약간 弧를 이루고 바닥은 비교적 평평함. 재구덩이 입구는 지표에서 80cm 떨어져 있으며, 깊이 60cm이고, 직경 약 220cm임.
○ 재구덩이 안의 퇴적층은 황갈색점토 한층만있고, 토질과 토색은 제③층과 비교적 유사함. 퇴적층에서 비교적 많은 토기편과 소량의 동물뼈·이빨 등이 있음. 이 외에 소량의 紅燒土·草拌泥·탄부스러기(炭屑)·돌 등을 볼 수 있음.

4. 출토유물

○ 지층 및 재구덩이에서 출토된 유물은 절대 다수가 토기. 그 밖에 소량의 동물뼈와 이빨만이 발견(길림성 문물고고연구소 于丹 감정을 통해 소뼈와 말뼈로 확인).
○ 출토 토기 중에서 완전한 것은 2점뿐이며, 陶盆 1점을 복원함. 陶質을 보면, 泥質陶가 주를 이루고 細沙陶가 그다음으로 많음. 일부는 夾粗沙로서 주로 거칠고 큰 豆柄에서 볼 수 있음.
○ 토기 색깔이 다양. 회도, 회갈도, 홍갈도, 황갈도, 棕褐陶, 흑도, 灰胎黑皮陶, 黃褐胎黑皮陶, 紅褐胎黑皮陶, 黃褐胎灰皮陶 등이 있음. 갈도가 다수를 차지하고 그 다음은 회도·흑피도(회피도 포함)임.
○ 무늬는 다수가 무문, 무늬가 있는 토기편은 비록 많지 않으나, 무늬 종류는 다양하여 십 여종에 달함. 무늬는 단독무늬와 복합무늬로 나뉨.
○ 토기편은 무늬 토기편(文飾陶片)과 기형 판별이 가능한 토기 및 복원토기·토기편으로 분류 가능함.

1) 무늬토기편(文飾陶片)

(1) 채집품

① 격자문(方格文)
○ C:46 : 니질회도. 방격이 비교적 크고 비교적 정연하며, 내벽은 고르지 않으며, 찍어 누른(戳印) 점모양의 오목한 구멍이 가득 분포함(그림 3-1).
○ C:68 : 니질회색 태토의 표면은 흑색을 띰. 무늬가 있고 내벽은 고르지 않으며, 찍어 누른(戳印) 점모양의 오목한 구멍이 가득 분포함(그림 3-2).

② 중호문(垂帳文)
C:62 : 태토는 니질회색, 표면은 흑색, 중호문은 3줄이며, 각각의 4-6줄로 이루어졌으며, 호선은 아래를 향

함(그림 3-3).

③ 현문(弦文)과 물결무늬(波浪文)의 결합무늬

○ C:57 : 태토는 니질회색, 표면은 흑색. 2組로 이루어졌음, 각각은 한 줄 음각선문 아래에 물결무늬로 이루어짐(그림 3-4).

○ C:63 : 니질갈도. 한 줄의 음각선문 아래에 4줄로 이루어진 물결무늬가 시문됨(그림 3-5).

○ C:70 : 니질회도. 하나의 음각선문 아래에 한 줄의 물결무늬로 이루어졌고, 물결무늬는 평행하는 4줄의 선으로 구성(그림 3-6).

○ C:56 : 니질갈도. 두 줄의 음각선문 아래에 지그재그 무늬(尖狀波浪文)가 시문됨. 지그재그무늬는 3줄의 평행하는 꺾은선(折線)으로 구성됨(그림 3-7).

④ 물결무늬(波浪文)

C:58 : 협사홍갈도. 5줄의 물결무늬가 남아 있으며, 무늬는 비교적 깊게 새겨졌으며 토기편 표면에 가득 배치되어 있음(그림 3-8).

⑤ 음각문(刻劃汶)

C:55 : 니질황갈도. 기하무늬(鋸齒文)를 시문(그림 3-9).

⑥ 점렬문(戳點文)

○ C:59 : 태토는 니질회색, 표면은 흑색. 위에 한 줄, 아래에 두 줄로 음각선을 그리고 그 사이에 점렬문 배치. 점렬문은 보리낟알모양(麥粒狀)이며 불규칙하게 분포함(그림 3-10).

○ C:61 : 니질황갈도. 토기 표면에 찍어 누른 짧은 선 모양이 시문되었는데 불규칙하게 분포함. 동시에 내벽에도 아주 밀집한 불규칙한 오목하게 찍힌 무늬가 보임(그림 3-11).

(2) T1①층 출토

① 중호문(垂帳文)

○ T1①:1 : 니질황갈도. 세 마디가 잔존하며, 각 마디는 4~6개의 평행선이 아래로 호선을 이룸(그림 3-12).

○ T1①:2 : 태토는 니질갈색, 표면은 흑색. 두 마디가 잔존하며, 각 마디는 4~6개의 평행선이 아래로 호선을 그리며, 그 위로 한 줄의 음각선문을 새김(그림 3-13).

○ T1①:3 : 니질황갈도. 위에 한 줄의 음각선문이 있고, 그 아래 짧은 음각선문이 종방형으로 등간격을 이루고, 그 아래 그은 삼각밀집선문이 있음(그림 3-14).

② 현문(弦文)과 물결무늬(波浪文)의 결합무늬

T1①:13 : 니질회도. 하나의 현문 아래에 생동감 있는 물결무늬 1組가 있음. 물결무늬는 3줄의 평행하는 꺾은선(折線)으로 표현됨(그림 3-15).

③ 점렬문(戳點文)

T1①:16 : 니질회도. 점은 방형을 띠며 組를 이뤄 분포함(그림 3-16).

④ 현문(弦文)

T1①:15 : 니질갈도. 두 줄의 음각선문(凹弦文)이 비교적 얕게 시문됨(그림 3-17).

(3) T1②층 출토

① 현문(弦文)

○ T1②:3 : 니질황갈태흑피도. 현문 하나가 비교적 거칠고 얕게 음각되었음(그림 3-18).

○ T1②:5 : 니질황갈도. 음각이 비교적 세밀하고 얕게 되어 있음(그림 3-19).

(4) T1③층 출토

① 격자문
- T1③:11 : 니질황갈도. 방격은 아주 정연하지 않으며 마름모형(菱形)을 띠고 있음. 내벽은 밀집한 불규칙한 둥근 점모양의 오목한 구멍무늬(凹坑文)가 찍혀 눌려 있음(그림 3-20).
- T1③:14 : 니질회도. 변형격자문으로 방격이 당겨져 넓적해진 듯한 모양임(그림 3-21).
- T1③:25 : 협사흑도. 방격이 정연함(그림 3-22).

② 중호문(垂帳文)
- T1③:12 : 니질황갈태흑피도. 중호문은 두 마디가 잔존하며, 각 마디는 모두 6줄의 평행하는 下弧線으로 구성되어 있음. 중호문의 위쪽에는 한줄의 음각선문(凹弦文)이 있음(그림 3-23).
- T1③:19 : 니질황갈도. 세 마디가 온전한 중호문이 잔존하며, 각 마디는 모두 3줄의 평행하는 하호선으로 구성됨(그림 3-24).

③ 현문(弦文)과 물결무늬(波浪文)의 결합무늬
T1③:2 : 니질회도. 중간에는 1줄의 음각선문(凹弦文)이 시문됨. 상하 양쪽에는 각기 1줄의 중호문이 음각되어 있음(그림 3-25).

④ 음각문(刻劃汶)
T1③:8 : 니질황갈도. 무늬가 기울어진 'X'형을 띠고 있음. 새긴 흔적이 비교적 얕음(그림 3-26).

⑤ 점렬문(戳點文)
T1③:17 : 협사홍갈도. 사선 방향으로 2열의 평행한 오목한 구멍무늬(凹坑文)가 찍혀 눌려있음. 오목한 구멍(凹坑)은 원각장방형을 띠고 있음(그림 3-27).

⑥ 현문(弦文)
T1③:10 : 니질황갈도. 현문 하나가 있는데 비교적 거칠고 얕음(그림 3-28).

(5) T1④층 출토

① 격자문
T1④:14 : 니질회태흑피도. 문양은 아주 정연하지 않으며, 각기 다른 방향의 세 덩어리의 격자문이 결합해 있음. 내벽에는 밀집한 點狀의 오목한 구멍무늬(凹坑文)가 시문됨(그림 3-29).

② 중호문(垂帳文)
T1④:5 : 니질황갈도. 중간에는 한 줄의 음각선문(凹弦文)이 새겨져 있으며, 그 위에는 여러 개의 평행하는 짧은 사선이 시문되어 있음. 짧은 사선은 4개 箆點으로 배열되어 있음. 그 아래에는 1組의 중호문이 시문되었으며 두 마디가 잔존하는데 각 마디는 세 줄의 평행하는 下弧線으로 구성됨(그림 3-30).

③ 현문(弦文)+물결무늬(波浪文)
T1④:12 : 니질회도. 하나의 음각선문(凹弦文) 아래에 한 줄의 물결무늬가 시문되었는데 그 물결무늬는 圓弧를 이루고 있음(그림 3-31).

④ 점렬문(戳點文)
T1④:9 : 니질회태흑피도. 3열로 點狀 무늬를 시문(그림 3-32).

⑤ 현문(弦文)
T1④:13 : 니질홍갈태황회피도. 하나의 음각선문(凹弦文)이 시문되었는데 비교적 거칠고 얕게 새겨져 있음(그림 3-33).

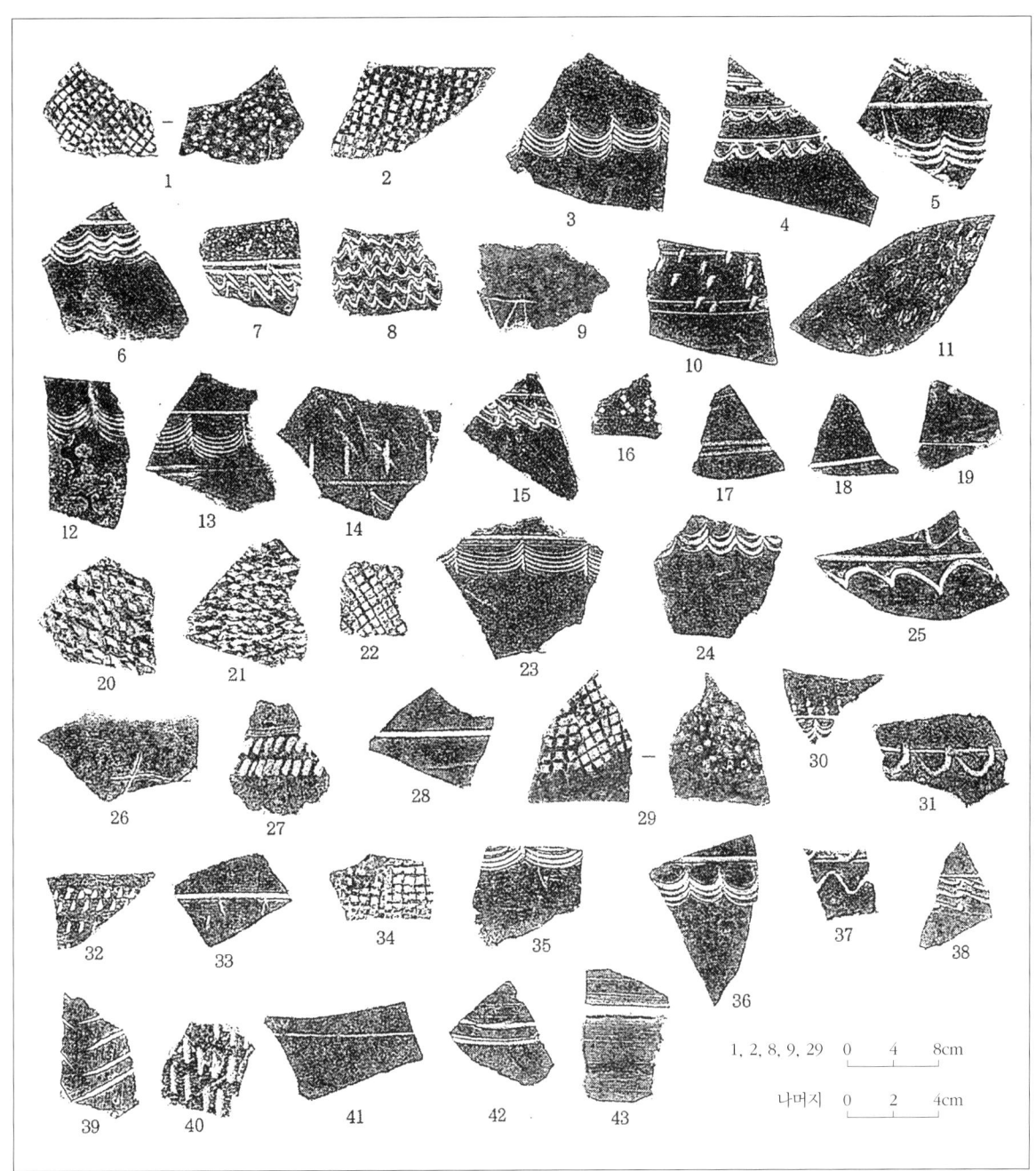

그림 3 토기무늬(『北方文物』 2014-1)

1·2, 20~22, 29, 34. 격자문(C:46, C:68, T1③:11, T1③:14, T1③:25, T1④:14, H1:33) 3, 12~14, 23, 24, 30, 35, 36 중호문(C:62, T1①:1, T1①:2, T1①:3, T1③:12, T1③:19, T1④:5, H1:16, H1:8) 4~7, 15, 25, 31, 37, 38. 현문+물결무늬(C:57, C:63, C:70, C:56, T1①:13, T1③:2, T1④:12, H1:21, H1:7) 8. 물결무늬(C:58) 9, 26, 39. 음각문(C:55, T1③:8, H1:25) 10, 11, 16, 27, 32, 40. 점렬문(C:59, C:61, T1①:16, T1③:17, T1④:9, H1:19) 17~19, 28, 33, 41~43. 현문(T1①:15, T1②:3, T1②:5, T1③:10, T1④:13, H1:24, H1:22, H1:32)

(6) H1(灰坑) 출토

① 격자문
H1:33 : 협사회태흑피도. 방격은 비교적 정연함(그림 3-34).

② 중호문(垂帳文)
○ H1:8 : 泥質夾心胎로 중간은 홍갈색이고 안팎의 겉면은 흑색임. 하나의 현문 아래에 중호문을 시문함. 세 마디가 잔존하는데 각 마디는 3~4줄의 평행한 下弧線으로 구성됨(그림 3-36).

○ H1:16 : 니질회태흑피도. 세 마디의 중호문이 잔존하며, 각 마디는 여러 줄의 평행하는 하호선으로 구성됨(그림 3-35).

③ 현문(弦文)+물결무늬(波浪文)
○ H1:21 : 니질황회도. 두 개의 현문이 있으며, 한 줄의 중호문이 그 현문 위에 겹쳐 시문되고 다른 한 줄의 중호문은 그 아래쪽에 시문됨(그림 3-37).

○ H1:7 : 니질회태흑피도. 하나의 현문 아래에 세 줄의 평행하는 꺾은선(折線)으로 구성된 중호문이 새겨져 있음(그림 3-38).

④ 음각문(刻劃汶)
H1:25 : 니질홍갈도. 여러 줄의 직선이 사선으로 시문되었으며, 이 직선은 비교적 거칠고 얕게 새겨짐(그림 3-39).

⑤ 점렬문(戳點文)
H1:19 : 협사홍갈도. 3열의 평행한 짧은선(短線) 모양의 오목한 구멍무늬(凹坑文)가 찍혀 눌려 있음(그림 3-40).

⑥ 현문(弦文)
○ H1:24 : 니질황갈도. 하나의 음각선문(凹弦文)이 비교적 가늘고 얕게 새겨져 있음(그림 3-41).

○ H1:22 : 니질회도. 두 줄의 음각선문(凹弦文)이 비교적 거칠고 얕게 새겨져 있음(그림 3-42).

○ H1:32 : 니질회태흑피도. 하나의 음각선문(凹弦文)이 비교적 거칠고 깊게 새겨져 있음(그림 3-43).

2) 기형 판별이 가능한 토기
○ 罐, 盆, 壺, 甑, 豆, 盅 등이 채집 또는 출토되었으며, 대다수 작은 토기편임.

(1) 채집유물

① 토기편(束頸罐, C:4, 그림 4-1)
○ 크기 : 입지름 40.5cm, 잔존 높이 5cm(그림 4-1)
○ 형태 : 뾰족한 입술(尖脣). 구연부는 약간 밖으로 벌어짐.
○ 태토 및 색깔 : 니질회도.

② 토기편(直口罐, C:2, 그림 4-2)
○ 크기 : 잔존 높이 4.2cm.
○ 형태 : 네모진 입술(方脣). 입술부는 비교적 두텁고 어깨는 기울어짐.
○ 태토 및 색깔 : 니질회도.

③ 토기편(折沿罐, C:23, 그림 4-3)
○ 크기 : 잔존 높이 6.1cm.
○ 형태 : 구연부가 비스듬히 꺾이고(斜折沿) 연면(沿面)이 비교적 좁음. 입술이 둥글고(圓脣), 복부 상부(上服)는 비교적 비스듬한 직선임.
○ 태토 및 색깔 : 협사회도.

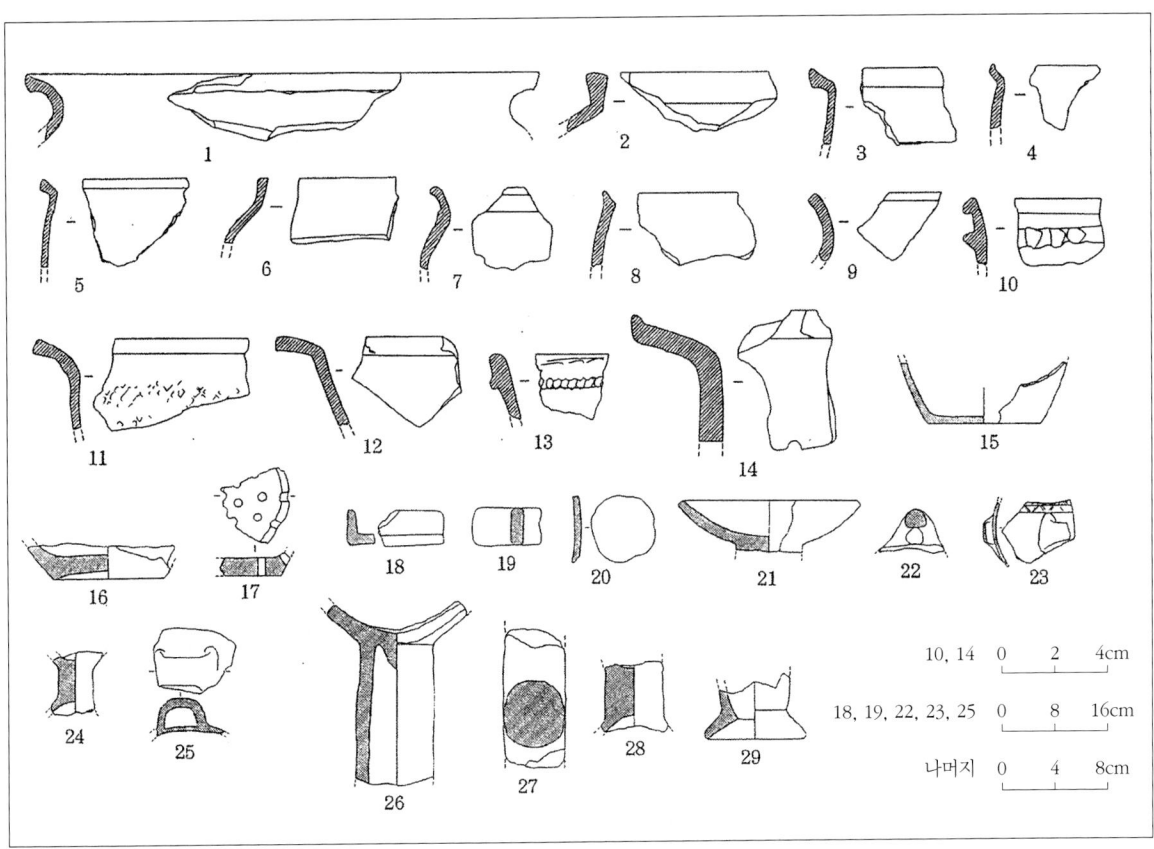

그림 4 채집 토기편(『北方文物』 2014-1)
1. 속경관(C:4) 2. 직구관(C:2) 3~5. 절연관(C:23, C:31, C:38) 6. 염구관(C:41) 7~10, 13. 치구관(C:7, C:26, C:11, C:32, C:33) 11·12. 분(C:5, C:9) 14. 반구호(C:16) 15·16. 기저부(C:73, C:10) 18·19. 벽돌(C:72, C:18) 17. 시루 바닥(C:34) 20. 병(C:15) 21. 두반(C:25) 22·23·25. 손잡이(C:17, C:3, C:74) 24, 26~28. 두병(C:71, C:75, C:39, C:28) 29. 두좌(C:24)

④ **토기편**(折沿罐, C:31, 그림 4-4)
○ 크기 : 잔존 높이 4.7cm.
○ 형태 : 구연부가 비스듬히 꺾이고(斜折沿) 연면(沿面)이 비교적 좁음. 입술이 뾰족하면서 둥글고(尖圓脣) 복부 상부(上服)는 약간 弧를 이룸.
○ 태토 및 색깔 : 협사갈도.

⑤ **토기편**(折沿罐, C:38, 그림 4-5)
○ 크기 : 잔존 높이 6.1cm.
○ 형태 : 구연부가 비스듬히 꺾이고(斜折沿) 연면(沿面)이 비교적 좁음. 네모진 입술(方脣). 복부 상부(上服)는 약간 弧를 이룸.
○ 태토 및 색깔 : 협사갈도.

⑥ **토기편**(斂口罐, C:41, 그림 4-6)
○ 크기 : 잔존 높이 5cm.
○ 형태 : 네모진 입술(方脣). 매끈한 어깨(溜肩).
○ 태토 및 색깔 : 니질회태흑피도.

⑦ **토기편**(侈口罐, C:7, 그림 4-7)
○ 크기 : 잔존 높이 6.3cm.
○ 형태 : 둥근 입술(圓脣), 불룩한 복부(鼓腹).
○ 태토 및 색깔 : 니질회도.

⑧ **토기편**(侈口罐, C:11, 그림 4-9)
○ 크기 : 잔존 높이 5cm.
○ 형태 : 네모진 입술(方脣).

○ 태토 및 색깔 : 니질회도.

⑨ **토기편**(侈口罐, C:26, 그림 4-8)
○ 크기 : 잔존 높이 5.3cm.
○ 형태 : 표면이 마광 처리를 거쳤음. 입술이 뾰족하면서 둥글고(尖圓脣) 복부는 弧를 이룸(弧腹).
○ 태토 및 색깔 : 협사갈태흑피도.

⑩ **토기편**(侈口罐, C:32, 그림 4-10)
○ 크기 : 잔존 높이 2.6cm.
○ 형태 : 둥근 입술(圓脣). 입술부는 밖으로 확연히 도출됨. 입술 아래 0.5cm 지점에 堆文이 한 바퀴 부가되어 있는데 그 위에 오목한 구멍(凹坑) 여러 개가 눌려 새겨짐.
○ 태토 및 색깔 : 협사갈도.

⑪ **토기편**(侈口罐, C:33, 그림 4-13)
○ 크기 : 잔존 높이 5.1cm.
○ 형태 : 둥근 입술(圓脣). 입술 아래 2cm 지점에 堆文이 한 바퀴 부가되어 있는데 그 위에 오목한 구멍(凹坑) 여러 개가 눌려 새겨짐.
○ 태토 및 색깔 : 협사갈도.

⑫ **분**(盆, C:5, 그림 4-11)
○ 크기 : 잔존 높이 7cm.
○ 형태 : 구연부는 둥글게 꺾이며 비교적 넓음. 네모진 입술(方脣). 구연과 복부와 서로 접하는 외벽 지점에 아주 명확치 않는 돌기가 한 바퀴 돌려 있음. 구연부 아래에는 정연한 사선 격자문이 시문되어 있음. 복부벽은 약간 弧를 이룸.
○ 태토 및 색깔 : 니질회도.

⑬ **반구호**(盤口壺, C:16, 그림 4-14)
○ 크기 : 잔존 높이 5.3cm.

○ 형태 : 입술이 뾰족하면서 둥글고(尖圓脣) 盤口는 비교적 얕고, 盤頸과 만나는 곳에서 둥글게 꺾이고 그 목부분(頸部) 하단에서는 원형의 구멍(穿孔) 하나를 볼 수 있음.
○ 태토 및 색깔 : 니질황갈도.

⑭ **토기 기저부**(器底, C:73, 그림 4-15)
○ 크기 : 잔존 높이 4.7cm, 바닥 직경 9cm.
○ 형태 : 바닥은 평평하며(平底), 비교적 얇으며 약간 고르지 않음. 복부 하부는 비스듬히 직선을 이룸(斜直).
○ 태토 및 색깔 : 협사홍갈도.

⑮ **토기 기저부**(器底, C:10, 그림 4-16)
○ 크기 : 잔존 높이 2.5cm, 바닥 직경 8.5cm, 바닥 두께 1.4cm.
○ 형태 : 오목한 바닥(凹底). 바닥은 비교적 두터움.
○ 태토 및 색깔 : 니질회도.

⑯ **시루 바닥**(甑底, C:34, 그림 4-17)
○ 크기 : 잔존 높이 1.5cm, 구멍 직경 0.7cm.
○ 형태 : 바닥은 평평하며, 여러 원형 구멍(穿孔)이 분포하고 있음.
○ 태토 및 색깔 : 협사갈도. 내부 바닥은 흑색을 띠고 있음.

⑰ **벽돌**(磚, C:72, 그림 4-18)
○ 크기 : 잔존 길이 10.4cm, 높이 5.5cm, 두께 1.5cm.
○ 형태 : 모서리가 꺾인 벽돌(折角磚). 횡단면은 'L'자형을 띠고 있음. 안으로 모서리가 꺾인 것은 명확하지만 밖으로 모서리가 꺾이는 곳은 평평하게 깎임.
○ 태토 및 색깔 : 협사황갈도.

⑱ **벽돌**(磚, C:18, 그림 4-19)
○ 크기 : 잔존 길이 11cm, 너비 5.8cm, 두께 2cm.
○ 형태 : 납작한 장방형으로 종단면은 원각장방형임. 끝부분은 약간 넓고 두터우며, 약간 弧를 이룸.
○ 태토 및 색깔 : 협사갈도.

⑲ **병**(餠, C:15, 그림 4-20)
○ 크기 : 긴 직경(長徑) 5.2cm, 짧은 직경(短徑) 4.7cm.
○ 형태 : 평면형 원형에 가까운 형태. 폐기한 토기편을 이용해 손으로 제작. 器表는 약간 弧를 이루며, 주변은 약간 가공하였으며, 앞뒤 양면에는 모두 세밀한 물레 돌린 흔적(旋痕)이 있음.
○ 태토 및 색깔 : 니질황갈도.

⑳ **손잡이**(器耳, C:3, 그림 4-23)
○ 크기 : 잔존 높이 9cm.
○ 형태 : 횡대상파수(橫橋狀耳)가 달린 잔편. 절단면은 원각장방형임. 토기 복부에 붙어 있음. 손잡이의 위쪽 器壁에는 현문이 시문됨.
○ 태토 및 색깔 : 니질회도.

㉑ **손잡이**(器耳, C:17, 그림 4-22)
○ 크기 : 구멍 직경 약 2.7cm.
○ 형태 : 둥근고리모양의 손잡이. 절단면은 원형에 가까운 형태.
○ 태토 및 색깔 : 협사홍갈도.

㉒ **손잡이**(器耳, C:74, 그림 4-25)
○ 크기 : 손잡이 길이 9.7cm, 너비 4.1cm, 두께 1.3cm.
○ 형태 : 횡대상파수(橫橋狀耳). 토기 손잡이 표면은 약간 울퉁불퉁하며 가지런하지 않음. 절단면은 장방형임.

㉓ **두반**(豆盤, C:25, 그림 4-21)
○ 크기 : 입 직경 13.6cm, 잔존 높이 4cm.
○ 형태 : 네모진 입술(方脣). 弧形의 기벽(弧壁). 얕은 복부(淺腹). 입술부에서 아래로 내려가면서 기벽이 점차 두터워짐.
○ 태토 및 색깔 : 협사갈태흑피도.

㉔ **두병**(豆柄, C:71, 그림 4-24)
○ 크기 : 직경 2.8cm, 잔존 높이 4.7cm.
○ 형태 : 손잡이가 짧고(矮柄), 속이 꽉 찬 원주 형태로 기둥이 비교적 가늠음. 묘는 비교적 작음.
○ 태토 및 색깔 : 협사홍갈도.

㉕ **두병**(豆柄, C:75, 그림 4-26)
○ 크기 : 圓柱 직경 6.1cm, 높이 13.9cm.
○ 형태 : 손잡이가 높으며(高柄), 속이 빈 원주 형태임.

㉖ **두병**(豆柄, C:39, 그림 4-27)
○ 크기 : 원주 직경 5.2cm, 잔존 높이 10.2cm.
○ 형태 : 손잡이가 높으며(高柄), 속이 꽉 찬 원주 형태임.
○ 태토 및 색깔 : 협사갈도.

㉗ **두병**(豆柄, C:28, 그림 4-28)
○ 크기 : 원주 직경 4.6cm, 잔존 높이 5.3cm.
○ 형태 : 손잡이가 짧고(矮柄), 속이 꽉 찬 원주 형태임.

㉘ **두좌**(豆座, C:24, 그림 4-29)
○ 크기 : 두좌 직경 7.4cm, 잔존 높이 4.9cm.
○ 형태 : 나팔형. 속이 빈 형태. 豆座 안에는 음각 흔적이 있음. 잔존 부분인 속이 빈 豆柄은 아래는 세밀하고 위는 거칠음.

(2) T1①층 출토유물

① **관**(罐, T1①:4, 그림 5-1)
○ 크기 : 잔존 높이 4.5cm.

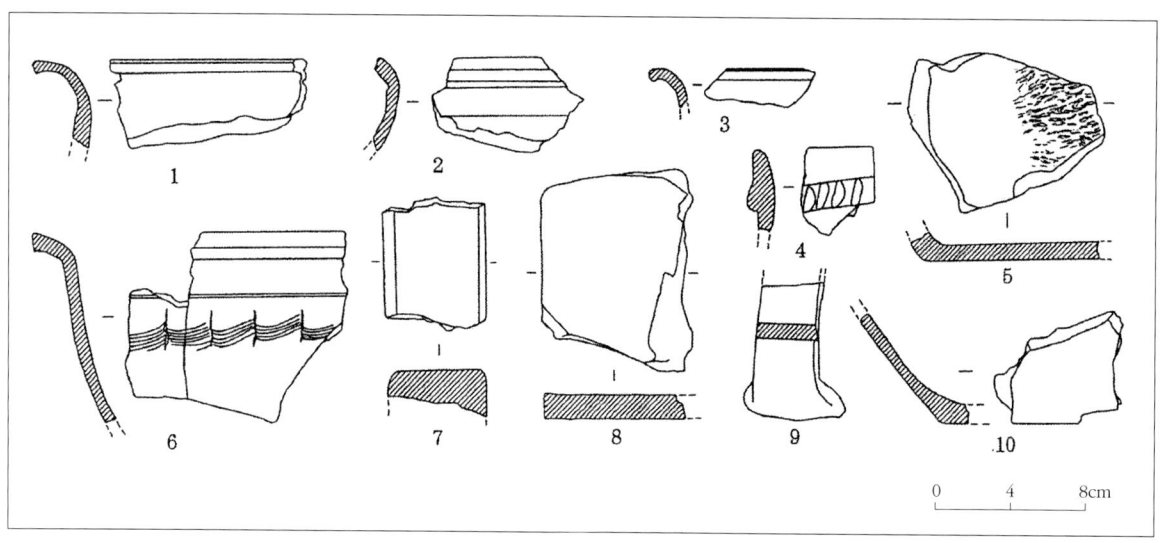

그림 5 T1①·②층 출토 토기편(『北方文物』 2014-1)
1~4. 관(T1①:4, T1①:5, T1①:10, T1①:12) 5·10. 기저부(T1①:6, T1②:1) 6. 분(T1①:7) 7·8. 벽돌(T1①:9, T1①:11) 9. 손잡이(T1②:4)

○ 형태 : 네모진 입술(方脣). 구연부가 밖으로 벌어져 있음.
○ 태토 및 색깔 : 협사홍갈도.

②관(罐, T1①:5, 그림 5-2)
○ 크기 : 잔존 높이 5cm.
○ 형태 : 오목한 입술(凹脣). 구연부가 비스듬히 꺾임.
○ 태토 및 색깔 : 니질갈도.

③관(罐, T1①:10, 그림 5-3)
○ 크기 : 잔존 높이 1.8cm.
○ 형태 : 둥근 입술(圓脣). 구연부가 밖으로 벌어지고 입이 큼(侈口).

④관(罐, T1①:12, 그림 5-4)
○ 크기 : 잔존 높이 5.3cm.
○ 형태 : 둥근 입술(圓脣), 곧은 입(直口). 입술 아래 1.8cm 지점에 堆文이 부가되어 있음. 퇴문 위에는 찍어 누른 오목한 둥지(凹窩) 무늬가 시문됨.
○ 태토 및 색깔 : 협사홍갈도.

⑤토기 기저부(器底, T1①:6, 그림 5-5)
○ 크기 : 잔존 높이 1.4cm.
○ 형태 : 평평한 바닥(平底), 비교적 腹壁은 약간 얇음. 내부 바닥에는 비교적 무질서하게 승문이 시문됨.
○ 태토 및 색깔 : 니질회도.

⑥분(陶盆, T1①:7, 그림 5-6)
○ 크기 : 잔존 높이 9.3cm.
○ 형태 : 네모진 입술(方脣). 구연부는 비스듬히 꺾이고 복부는 弧를 이룸. 구연부 아래 2.2cm 지점에는 음각선문이 한 바퀴 돌려져 있으며 그 아래에는 중호문이 시문되어 있음. 다섯 마디가 잔존하는데 각 마디는 5~6줄의 下弧線으로 이루어짐.
○ 태토 및 색깔 : 니질회도.

⑦벽돌(磚, T1①:9, 그림 5-7)
○ 크기 : 잔존 길이 7cm, 너비 5.4cm.
○ 형태 : 좁고 길은 형태. 잔존 부분을 보면 횡단면은 원각장방형임.
○ 태토 및 색깔 : 夾粗沙棕褐陶.

⑧ 벽돌(磚, T1①:11, 그림 5-8)
○ 크기 : 잔존 길이 10.6cm, 잔존 너비 8.8cm, 두께 1.3cm.
○ 형태 : 덩어리 형태의 벽돌. 잔존 부분을 보면 횡단면은 장방형을 띠고 있으며, 벽돌은 비교적 얇음.
○ 태토 및 색깔 : 니질황갈도.

(3) T1②층 출토유물

① 토기 손잡이(器耳, T1②:4, 그림 5-9)
○ 크기 : 손잡이 길이 7.2cm, 너비 3.3cm.
○ 형태 : 대상파수, 단면은 梯形에 가까운 형태.
○ 태토 및 색깔 : 니질황갈태회피도.

② 토기 기저부(器底, T1②:1, 그림 5-10)
○ 크기 : 높이 5.1cm.
○ 형태 : 평평한 바닥(平底), 복부 하부는 사선을 이룸.
○ 태토 : 니질갈도.

(4) T1③층 출토유물

① 관(罐, T1③:1, 그림 6-1)
○ 크기 : 잔존 높이 4cm.
○ 형태 : 둥근 입술(圓脣), 구연이 외반했고, 입술 아래에는 堆文이 부가되어 있는데 그 위에는 찍어 눌린 오목한 둥지무늬(凹窩文)가 시문됨.

② 관(罐, T1③:5, 그림 6-6)
○ 크기 : 잔존 높이 6.2cm.
○ 형태 : 오목한 입술(凹脣). 구연부는 비스듬히 꺾이고 구연은 외반함.
○ 태토 및 색깔 : 협사회흑도.

③ 관(罐, T1③:18, 그림 6-3)
○ 크기 : 잔존 높이 2.2cm.
○ 형태 : 네모에 가까운 입술(近方脣). 구연이 외반했고, 입술부는 두터우며 찍어 누른 오목한 둥지무늬(凹窩文)가 시문됨.
○ 태토 및 색깔 : 협사홍갈도.

④ 관(罐, T1③:23, 그림 6-2)
○ 크기 : 잔존 높이 4cm.
○ 형태 : 둥근 입술(圓脣). 구연이 외반했고, 입술 아래에는 堆文이 한 바퀴 돌려져 있음. 堆文 위에는 찍어 눌린 둥지무늬(凹窩文)가 시문됨.
○ 태토 및 색깔 : 협사갈도.

⑤ 분(盆, T1③:6, 그림 6-4)
○ 크기 : 잔존 높이 3.5cm.
○ 형태 : 네모에 가까운 입술(近方脣). 구연부는 비스듬히 꺾이며 복부는 비스듬한 직선을 이루고 있음(斜直腹).
○ 태토 및 색깔 : 니질황갈도.

⑥ 분(盆, T1③:21, 그림 6-5)
○ 크기 : 잔존 높이 5.7cm.
○ 형태 : 뾰족 입술(尖脣). 구연부는 비스듬히 꺾이고 복부는 弧를 이룸.
○ 태토 및 색깔 : 니질회태흑피도.

⑦ 두(豆, T1③:13, 그림 6-7)
○ 크기 : 원주 직경 6.2cm, 잔존 높이 3cm.
○ 형태 : 豆柄과 일부 豆盤이 잔존. 두병은 매우 짧으며 속이 꽉 찬 형태임.
○ 태토 및 색깔 : 협사흑도.

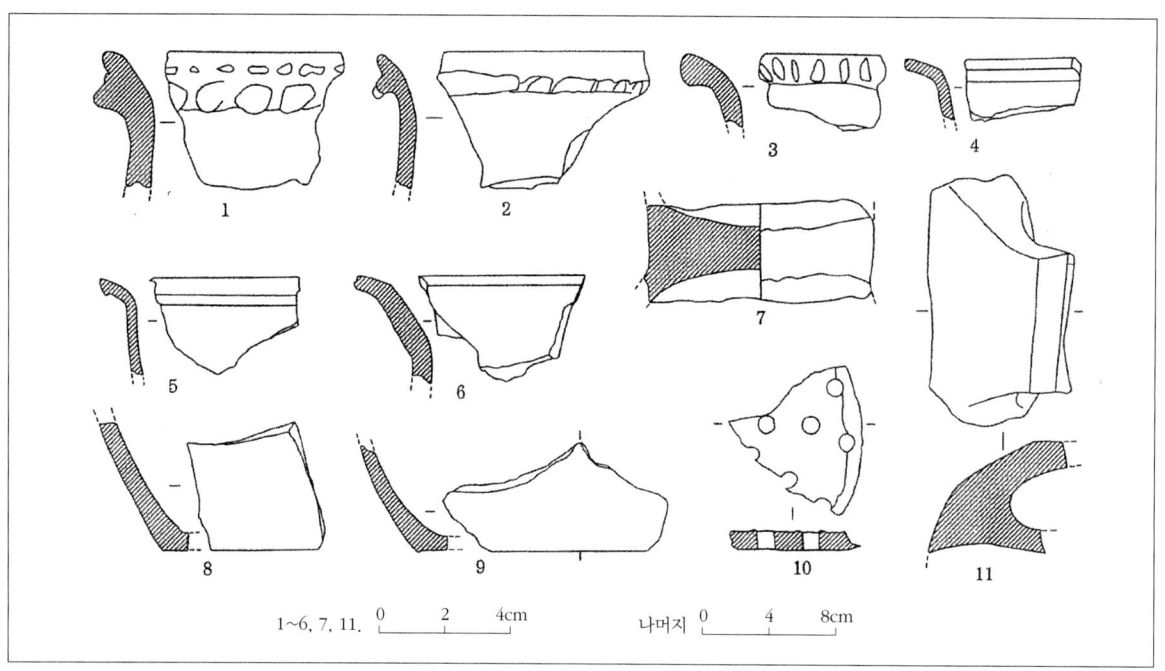

그림 6 T1③층 출토 토기편(『北方文物』 2014-1)
1~3, 6. 관(T1③:1, T1③:23, T1③:18, T1③:5) 4·5. 분(T1③:6, T1③:21) 7. 두(T1③:13) 8·9. 기저부(T1③:4, T1③:16) 10. 시루 바닥(T1③:9) 11. 손잡이(T1③:24)

⑧ **토기 기저부**(器底, T1③:4, 그림 6-8)

○ 크기 : 잔존 높이 7.5cm.

○ 형태 : 평평한 바닥(平底). 복부는 비스듬히 직선을 이룸(斜直腹).

○ 태토 및 색깔 : 니질회흑도.

⑨ **토기 기저부**(器底, T1③:16, 그림 6-9)

○ 크기 : 잔존 높이 6.4cm.

○ 형태 : 평평한 바닥(平底). 복부는 弧를 이룸.

○ 태토 및 색깔 : 니질회도.

⑩ **시루 바닥**(甑底, T1③:9, 그림 6-10)

○ 크기 : 직경 15.4m, 바닥 두께 1.2cm. 구멍 직경 약 0.9cm.

○ 형태 : 시루 바닥으로 평평한 바닥(平底). 7개의 구멍이 잔존하는데 그 가운데 4개 구멍은 온전하며, 그 구멍은 대다수 바닥에서 안으로 찍어서 뚫음.

○ 태토 및 색깔 : 니질갈도.

⑪ **토기 손잡이**(器耳, T1③:24, 그림 6-11)

○ 크기 : 손잡이 잔편 길이 4.4cm.

○ 형태 : 대상파수. 절단면은 장방형에 가까움.

○ 태토 및 색깔 : 泥質棕褐胎黑皮陶.

(5) T1④층 출토유물

① **토기 손잡이**(器耳, T1④:7, 그림 7-1)

○ 크기 : 손잡이 길이 9.2cm, 너비 3cm.

○ 형태 : 횡대상파수. 절단면은 장방형임.

○ 태토 및 색깔 : 니질회태흑피도.

② **토기 손잡이**(器耳, T1④:19, 그림 7-2)

○ 크기 : 손잡이 길이 12.5cm, 너비 3.4cm.

○ 형태 : 횡대상파수. 절단면은 장방형에 가까움.

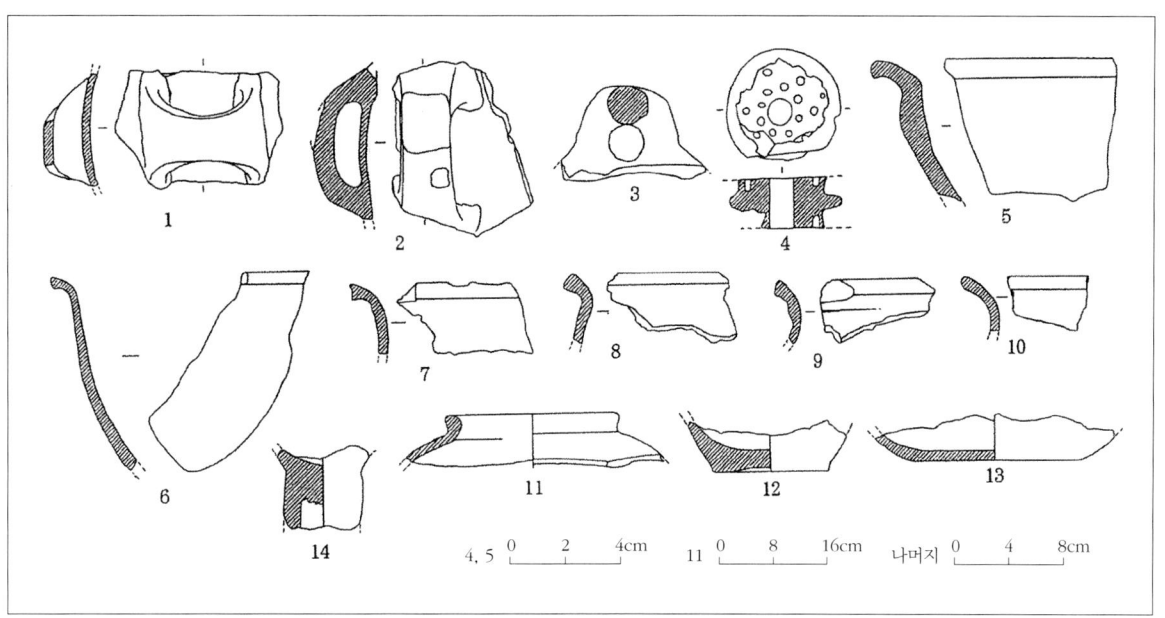

그림 7 T1④층 출토 토기(『北方文物』 2014-1)
1~3. 손잡이(T1④:7, T1④:19, T1④:22) 4. 방추차모양(T1④:24) 5·6. 분(T1④:8, T1④:6) 7~11. 관(T1④:1, T1④:10, T1④:17, T1④:20, T1④:25) 12·13. 기저부(T1④:16, T1④:23) 14. 두(T1④:21)

○ 태토 및 색깔 : 니질황갈태흑피도.

③ 토기 손잡이(器耳, T1④:22, 그림 7-3)

○ 크기 : 손잡이 길이 7.6cm, 절단면 직경 2.8cm.

○ 형태 : 둥근고리형 손잡이. 절단면은 원형에 가까운 형태.

○ 태토 및 색깔 : 夾砂棕褐胎黑皮陶.

④ 방추차 모양 토기(紡輪狀器, T1④:24, 그림 7-4)

○ 크기 : 직경 4cm, 구멍 직경 0.9cm.

○ 형태 : 소성도는 매우 높으며, 재질은 비교적 단단함. 전반적으로 방추차 형태를 띠고 있으며, 상하 양면은 모두 갈아서 광택이 남. 십여 개의 완전히 통과하지 못한 구멍(戳孔)이 분포하고 있으며, 중간에는 비교적 큰 원형 구멍(穿孔)이 하나 있음.

⑤ 분(盆, T1④:8, 그림 7-5)

○ 크기 : 잔존 높이 5.1cm.

○ 형태 : 둥근 입술(圓脣). 구연부는 비스듬히 꺾였는데 안쪽은 꺾인 흔적이 명확하고 바깥쪽은 둥글게 말린 모양(弧卷狀)을 이루고 있음. 복부는 비스듬히 직선을 이루는데(斜直腹) 복부 상부는 두터움.

○ 태토 및 색깔 : 니질회도.

⑥ 분(盆, T1④:6, 그림 7-6)

○ 크기 : 잔존 높이 13.6cm.

○ 형태 : 네모에 가까운 입술(近方脣). 구연부는 호를 이루며 꺾이며, 복부가 깊은 형태임(深弧腹).

○ 태토 및 색깔 : 니질회도.

⑦ 관(罐, T1④:1, 그림 7-7)

○ 크기 : 잔존 높이 5.2cm.

○ 형태 : 네모진 입술(方脣). 입술 안쪽은 오목함. 구연부는 꺾였으며 구연이 외반함.

○ 태토 및 색깔 : 니질회태흑피도.

⑧ 관(罐, T1④:10, 그림 7-8)
  ㅇ 크기 : 잔존 높이 4.5cm.
  ㅇ 형태 : 네모진 입술(方脣). 구연이 외반했고(侈口), 목이 잘록하고, 어깨가 깎임.
  ㅇ 태토 및 색깔 : 협사황갈태흑피도.

⑨ 관(罐, T1④:17, 그림 7-9)
  ㅇ 크기 : 잔존 높이 4.3cm.
  ㅇ 형태 : 네모진 입술(方脣). 구연은 외반함.
  ㅇ 태토 및 색깔 : 협사홍갈태흑피도.

⑩ 관(罐, T1④:20, 그림 7-10)
  ㅇ 크기 : 잔존 높이 3.8cm.
  ㅇ 형태 : 둥근 입술(圓脣). 구연은 외반함.
  ㅇ 태토 및 색깔 : 니질회태흑피도.

⑪ 관(罐, T1④:25 그림 7-11)
  ㅇ 크기 : 입 직경 24cm, 잔존 높이 7.2cm.
  ㅇ 형태 : 둥근 입술(圓脣). 입은 약간 모아지고 목은 약간 잘록하며, 어깨는 매끈함. 頸部 바깥쪽은 물레질로 생긴 현문(弦文)이 밀집해있으며, 기물 내벽에는 점 모양의 오목한 갱(凹坑)이 조밀하게 찍혀 눌려 있음.
  ㅇ 태토 및 색깔 : 니질회태흑피도.

⑫ 토기 기저부(器底, T1④:16 그림 7-12)
  ㅇ 크기 : 바닥 직경 8.5cm, 잔존 높이 3.6cm.
  ㅇ 형태 : 바닥은 약간 안으로 오목하며, 비교적 두터움.
  ㅇ 태토 및 색깔 : 니질황회도. 외벽은 칠흑(漆黑).

⑬ 토기 기저부(器底, T1④:23 그림 7-13)
  ㅇ 크기 : 바닥 직경 12.4cm, 잔존 높이 3.1cm
  ㅇ 형태 : 바닥은 평평함(平底). 복부는 바닥과 가까운 곳에 격자문이 시문되었으나 이미 오래되어 희미함. 내벽 및 내부 바닥은 점모양의 오목한 갱(凹坑)이 조밀하게 찍혀 눌려 있음.
  ㅇ 태토 및 색깔 : 니질회태흑피도.

⑭ 두(豆, T1④:21, 그림 7-14)
  ㅇ 크기 : 잔존 높이 6cm, 원주 직경 5.cm
  ㅇ 형태 : 주로 豆柄 부분이 잔존하며, 속이 빈 원주 형태임.
  ㅇ 태토 및 색깔 : 협사홍갈도.

(6) H1 출토유물

① 관(罐, H1:4, 그림 8-1)
  ㅇ 크기 : 입 직경 32.8cm, 잔존 높이 9.6cm.
  ㅇ 형태 : 뾰족한 입술(尖脣). 구연부는 꺾였고 목(頸部)은 짧게 호를 이루며, 어깨는 매끈함.

② 관(罐, H1:10, 그림 8-2)
  ㅇ 크기 : 입 직경 22cm, 잔존 높이 5.2cm.
  ㅇ 형태 : 네모진 입술(方脣). 구연부는 꺾였고 목(頸部)은 곧고 어깨는 꺾임.
  ㅇ 태토 및 색깔 : 니질회태흑피도.

③ 관(罐, H1:17, 그림 8-3)
  ㅇ 크기 : 잔존 높이 4cm.
  ㅇ 형태 : 둥근 입술(圓脣). 구연이 외반했고(侈口) 구연부 아래 1cm 지점에는 堆文이 한 바퀴 돌려져 있으며, 퇴문 위는 원형 또는 근원형의 오목한 갱(凹坑) 무늬가 찍혀 눌려 있음.
  ㅇ 태토 및 색깔 : 협사홍갈도.

④ 분(盆, H1:3, 그림 8-4)
  ㅇ 크기 : 입 직경 22.8cm, 바닥 직경 16.3cm, 잔존 높이 5.3cm.
  ㅇ 형태 : 네모진 입술(方脣). 구연부는 비스듬히 꺾이고, 복부는 약간 弧를 이루며, 바닥은 평평함(平底).

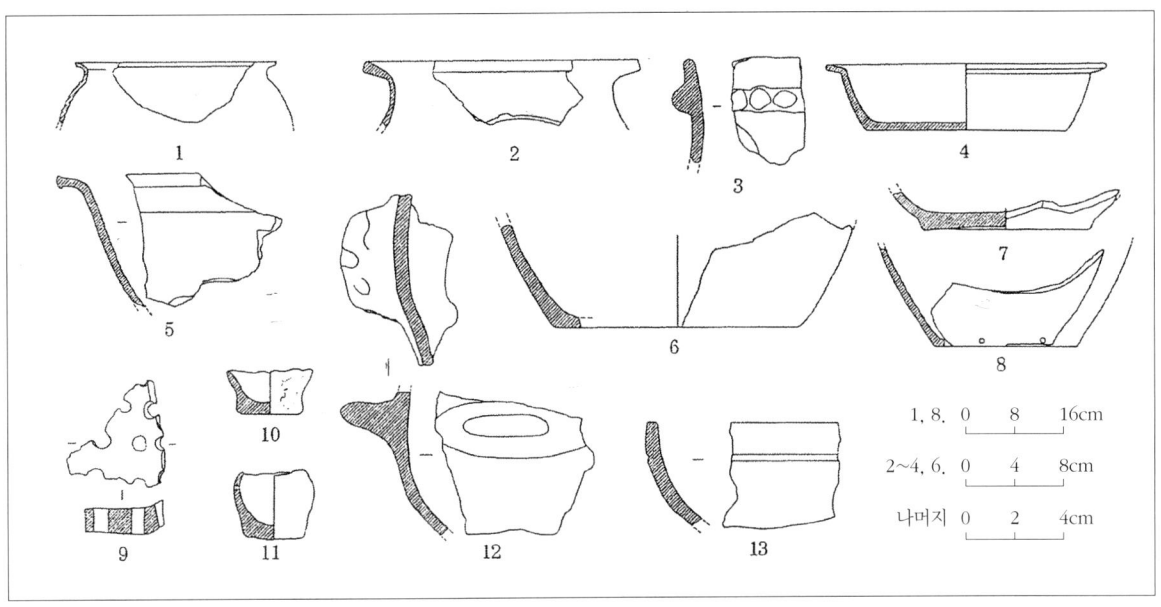

그림 8 H1 출토 토기(『北方文物』 2014-1)
1~3. 관(H1:4, H1:10, H1:17) 4·5. 분(H1:3, H1:5) 6·7. 기저부(H1:26, H1:6) 8·9. 시루 바닥(H1:9, H1:31) 10·11. 충(H1:1, H1:2) 12. 손잡이(H1:28) 13. 발(H1:14)

○ 태토 및 색깔 : 니질홍갈태흑피도.

⑤ 분(盆, H1:5, 그림 8-5)

○ 크기 : 잔존 높이 9.1cm.

○ 형태 : 둥근 입술(圓脣). 입술 위와 아래의 가장자리는 돌기되어 있으며, 구연부는 평평하게 꺾이며, 복부는 약간 弧를 이룸. 구연부 아래 2cm 되는 지점에는 음각선문(凹弦文)이 한 바퀴 돌려져 시문됨.

○ 태토 및 색깔 : 니질회태흑피도.

⑥ 토기 기저부(器底, H1:26, 그림 8-6)

○ 크기 : 바닥 직경 19.7cm, 잔존 높이 9.1cm.

○ 형태 : 평평한 바닥(平底)이며, 복부 하부는 비스듬히 직선을 이룸.

○ 태토 및 색깔 : 니질회태흑피도.

⑦ 토기 기저부(器底, H1:6, 그림 8-7)

○ 크기 : 긴 직경 7cm, 짧은 직경 6.5cm, 잔존 높이 1.4cm.

○ 형태 : 바닥은 臺에 가까우며, 복부는 弧를 이룸. 바닥은 약간 안으로 오목하며, 평면은 타원형을 띠고 있음.

○ 태토 및 색깔 : 니질홍갈태흑피도.

⑧ 시루 바닥(甑底, H1:9, 그림 8-8)

○ 크기 : 바닥 직경 23.2cm, 잔존 높이 15.6cm.

○ 형태 : 복부 하부는 비스듬히 직선을 이룸. 그 바닥부의 구멍(穿孔)은 비교적 크며, 2개의 구멍이 잔존하는데 하나는 크고 다른 하나는 작음. 복부는 바닥과 가까운 곳에서 2개의 작은 꺽쇠 구멍(鋦孔)을 볼 수 있음.

○ 태토 및 색깔 : 니질홍갈태흑피도.

⑨ 시루 바닥(甑底, H1:31, 그림 8-9)

○ 크기 : 바닥 두께 1cm, 구멍 직경 약 0.6cm.

○ 형태 : 시루바닥. 9개 구멍이 잔존하는데 그 가운데 하나의 구멍만이 온전하며, 밖에서 안으로 찍어서 구멍을 냄.

○ 태토 및 색깔 : 협사회갈도.

⑩ 종지(盅, H1:1, 그림 8-10)
○ 크기 : 입 직경 3.1cm, 바닥 직경 2.6cm, 잔존 높이 1.7cm.
○ 형태 : 手製. 뾰족한 입술(尖脣). 입은 널찍하고(敞口) 기벽은 비스듬한데 바닥과 가까운 곳은 안으로 오므라들어 臺狀을 띠고 있음. 기벽 표면의 안팎은 울퉁불퉁하여 정연하지 못함. 기형은 매우 작아 冥器 또는 어린이 완구로 추정됨.
○ 태토 및 색깔 : 泥質棕褐胎黑皮陶.

⑪ 종지(盅, H1:2, 그림 8-11)
○ 크기 : 입 직경 2.4cm, 바닥 직경 2.4cm, 잔존 높이 2.7cm. 구멍 직경 0.2cm.
○ 형태 : 뾰족한 입술(尖脣). 입은 오목하고(斂口) 복부는 불룩하며, 밖의 바닥은 평평한 편이며, 안의 바닥은 손으로 눌렀음. 내외 기벽은 아주 정연하지는 않고 울퉁불퉁함. 구연부 아래에는 마주보는 2개의 구멍(戳孔)이 있음. 기형은 매우 작아 명기 또는 어린이 완구로 추정됨.
○ 태토 및 색깔 : 니질홍갈도.

⑫ 토기 손잡이(器耳, H1:28, 그림 8-12)
○ 크기 : 손잡이 길이 4.6cm, 너비 2.3cm.
○ 형태 : 그릇손잡이로 평면형은 梯形에 가까움. 토기 표면에 부착되었는데 서로 접하는 곳에는 문질러 눌러서 견고하게 만든 흔적이 보임.
○ 태토 및 색깔 : 니질회태흑피도.

⑬ 발(鉢, H1:14, 그림 8-13)
○ 크기 : 잔존 높이 3.9cm.
○ 형태 : 네모진 입술(方脣). 입은 곧으며(直口) 복부는 弧를 이룸. 구연부 아래 1.2cm 되는 지점에는 음각 선문(凹弦文)이 한 바퀴 돌려져 시문됨.
○ 태토 및 색깔 : 니질홍갈태흑피도.

5. 역사적 성격

1) 녹장유적과 부여 핵심지역 유적과의 연관성

녹장유적이 위치한 길림지역은 전기 부여의 중심지로 비정되며, 부여 초기 왕성 소재지인 鹿山은 길림시 동쪽 교외의 동단산과 용담산 일대로 비정하고 있음. 녹장유적은 이 두 산 사이의 평탄대지에 자리함. 녹장유적의 북쪽은 용담산과 인접하고, 서남쪽으로 약 1km 떨어진 곳은 동단산으로 부여의 핵심지역이라 할 수 있음.

녹장과 그 인근 지역에는 많은 문화유적이 밀집해 분포하고 있는데, 1930·1970·1980년대에 여러 고고조사를 진행했음. 또한 길림성 문물고고연구소는 1989-1994년 및 1997년에 7차에 걸쳐 帽兒山 墓地의 4개 묘구(偏臉山墓區, 西山墓區, 帽兒山墓區, 南山墓區)에 대해 체계적인 고고발굴과 조사를 진행함. 그리고 2001·2002·2007년에도 동단산유적에 대해(동단산산성, 동단산평지성, 城 주변 유적 등을 포함) 고고발굴을 진행하였으나, 아직 발굴보고서는 출판되지 않음.

2011년 조사한 녹장유적은 면적이 작지만, 채집 및 발굴 출토된 기물을 보면 부여의 핵심지역인 모아산이나 동단산 일대의 유적과 유사성을 갖추고 있음.

2) 2011년 출토기물의 특징과 성격

(1) 격자문 토기편

격자문(격자타날문) 토기편은 과거 이 일대에서 비교적 많이 발견되었고, 한대(부여) 무덤의 메움 흙에서도 발견되었음. 특히 격자문이 시문된 온전한 기물도 발견. 격자문 토기편들은 주로 이런 陶罐의 잔편에서 나온 것으로 종전에는 부여문화의 기물이라고 파악했음(馬德謙, 1987).

이에 대해 2011년 보고서에서는 동단산유적에서 유사한 罐이 출토되어 고구려시대 유물로 파악하거나(吉林省文物志編纂委會, 1983), 후한 시기로 편년되는 백산시 무송 신안유적에서도 발견된 사실(吉林省文物 考古硏究所, 2013) 등을 예시하며, 이 토기의 격자문이 고구려 연화문 전돌 및 암키와의 격자문과 유사성이 있지만 격자문 토기를 고구려시기 유물이라고 판정하는 것을 신중하게 고려할 필요가 있다고 봄.

(2) 현문＋중호문 토기편

표본 C:57, T1③:2는 각기 부근의 馬家屯유적, 東團山유적에서 채집된 漢代 토기편과 일치하는데, 고구려 『오녀산성』 보고서(遼寧省文物考古硏究所, 2004)에 게재된 같은 무늬의 토기편(F4:5, F4:15, F4:16)을 통해 그 연대는 4세기 말로 비정할 수 있다고 파악함. 이러한 토기는 패왕조산성, 마선2100호묘 등 다른 고구려 유적에서도 보이는데 연대는 모두 전자와 동일함. 이처럼 2011년 보고서는 이 토기편을 고구려 유물로 파악했음. 다만 마가둔·동단산유적은 모두 채집유물에 근거하여 시기를 판단했으나 증거가 확실치 않음.

(3) 중호문 토기편

녹장유적의 중호문과 유사한 무늬는 대다수 고구려 유적에서 보이며 다른 시대 유물에서는 보이지 않거나 적게 보임. 예컨대, 집안 장천2호묘와 칠성산96호묘 출토의 黃釉陶壺, 국내성 체육장 지점 H3 및 마선2100호묘 출토의 釉陶 잔편 등임. 특히 마선2100호묘의 M2100 標: 24-1이 녹장유적 출토품과 가장 유사함. 그런데 주목할 만한 것은 고구려에서 발견된 이런 무늬를 갖춘 유물은 모두 釉陶壺로서 녹장유적 해당 토기의 재질·기형과는 다를 뿐만 아니라 무늬 풍격 역시 크게 유사하지 않음.

2011년 보고서에서는 이러한 차이를 연대상의 선후 차이를 의미하는 것으로 파악. 고구려 멸망 이후의 발해·요·금 시기에는 모두 이런 무늬가 보이지 않으므로 녹장유적의 이런 토기편은 연대상 고구려보다 빠른 부여의 기물일 가능성이 있고, 고구려 유도호 장식은 부여의 영향을 받았다고 추정함.

(4) 기형

녹장유적에서 채집 및 출토된 기물은 많은 문화 속성을 나타냄. 무문의 장방형 벽돌(C:18, T1①:9), 덩어리 모양(塊狀) 벽돌(T1①:11), 모서리가 꺾인 벽돌(C:72) 같은 경우는 선명한 해당 지역 특징을 갖추고 있음. 협사갈도의 豆(C:39, C:75), 횡대상파수(C:74)는 서단산문화의 기물에 속함. ④층 출토의 陶罐들은(T1④:17, T1④:20) 漢代 기물의 특징을 볼 수 있음. 구연부 아래에 堆文帶가 시문된 토기 구연 잔편(C:32, C:33)은 발해 초기부터 나온 鞦韆罐일 가능성이 높음.

3) 2011년 발굴조사의 성격

보고서에는 여러 시기의 유물이 출토되는 사실을 근거로 녹장유적을 단일한 시기의 문화유적이 아니라 여러 시기에 걸친 유적으로 파악. 청동기시대부터 漢·부여, 고구려·발해에 걸쳐 사용되었다는 것임.

다만 문화층을 보면 시기 순서는 확실치 않고, 각 문화층에는 여러 시기의 유물이 섞여 있음. 이는 전면에 걸친 지층을 발굴하지 못했기 때문인데, 발굴지점이 유적의 중심지에서 멀리 떨어졌을 가능성이 높다고 파악됨.

참고문헌

- 吉林省文物志編纂委員會, 1983, 『吉林市郊區文物志』.
- 馬德謙, 1987, 「談談吉林龍潭山·東團山一帶的漢代器物」, 『北方文物』 1987-4.
- 遼寧省文物考古硏究所, 2004, 『五女山城』, 文物出版社.
- 劉玉成, 2012, 「吉林市龍潭區龍潭山鹿場漢代夫余文化遺址」, 『中國考古學年鑑』, 文物出版社.
- 吉林省文物考古硏究所, 2013, 「吉林撫松新安遺址發掘報告」, 『考古學報』 2013-3.
- 吉林省文物考古硏究所·吉林市文物處·吉林市博物館, 2014, 「吉林市龍潭山鹿場遺址發掘簡報」, 『北方文物』 2014-1.

제3부

덕혜시(德惠市) 지역의 성곽

| 유적 분포도 |

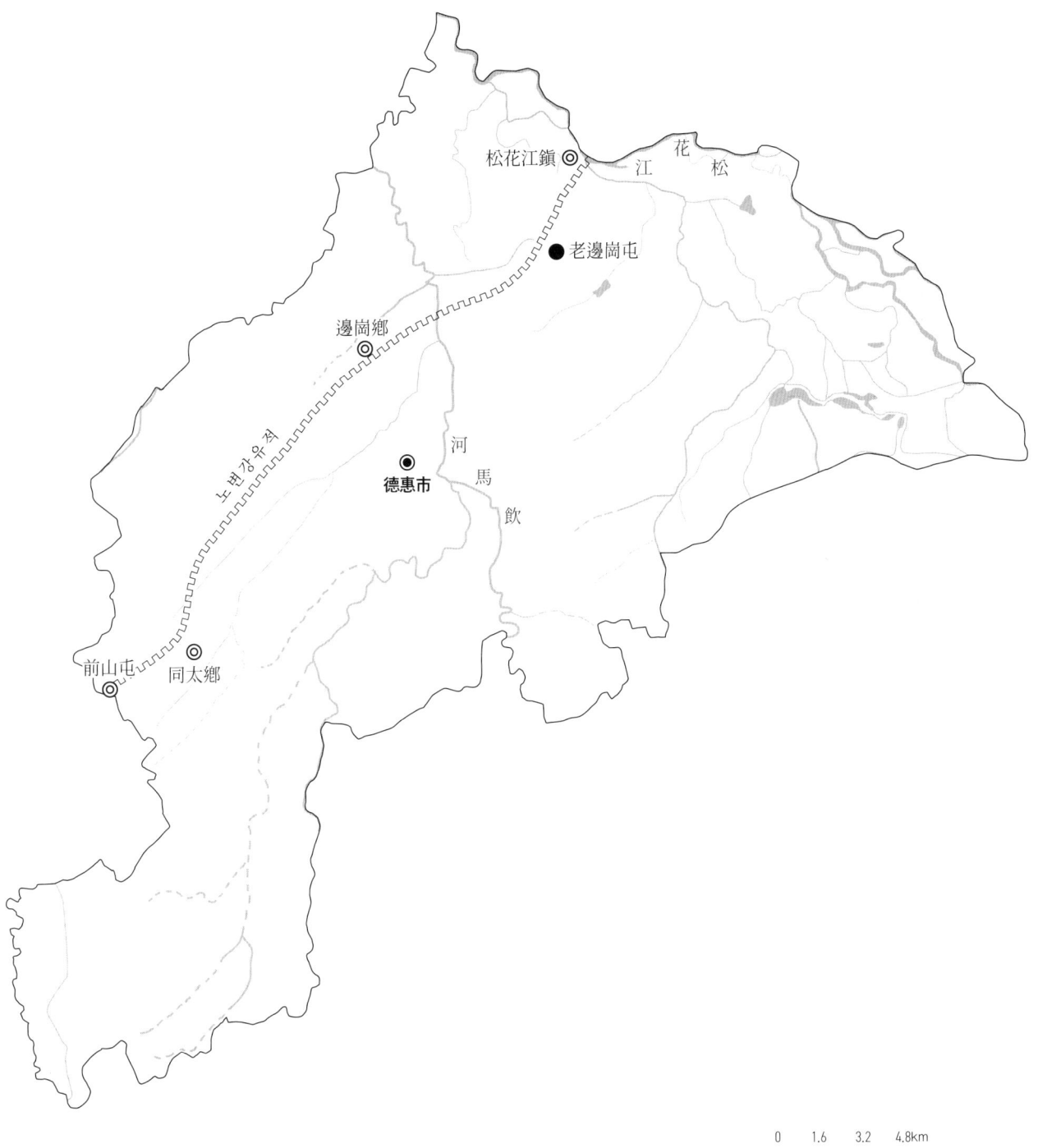

01 덕혜 노변강유적
德惠 老邊崗遺蹟

1. 조사현황

1) 1988년 4월 말 및 1989년 10월 초
○ 조사자 : 李健才, 王業釣, 龐治國, 劉安平.
○ 조사내용 : 農安縣 龍王鄕 북쪽 10리의 邊崗屯, 德惠縣 和平鄕 서쪽 20리의 西邊崗屯·腰邊崗屯·東邊崗屯, 德惠縣 邊崗鄕의 동서 邊崗屯에서 서남으로 邊崗 라인을 따라 郭家鄕 동쪽 5리의 曹家屯 일대를 조사함. 이 가운데 邊崗鄕의 동서 邊崗屯에서 郭家鄕 동쪽 5리의 曹家屯에 이르는 20km 구간에서는 지도상의 변강둔 사이의 라인과 실제 변강 라인이 거의 차이가 없다는 사실을 확인했다고 함. 1989년 10월 12일에 가장 마지막으로 德惠縣 松花江鄕 老邊崗屯에 대한 조사를 진행했다고 함.
○ 발표 : 李健才, 1991, 「唐代高麗長城和扶餘城」, 『民族硏究』 1991-4; 1992, 『東北亞歷史與文化』, 遼瀋書社.

2) 2008~2009년
○ 조사자 : 張福有, 孫仁杰, 遲勇. 덕혜시 구간의 조사에는 덕혜시 문물보호관리소 부소장 孫東文 등이 참가하였음.
○ 조사내용 : 2008년 5월 12일부터 20일까지 송화강 우안에서 출발하여 德惠, 農安, 公主嶺, 梨樹, 昌圖, 開原, 鐵嶺, 瀋陽, 遼陽, 開州, 營口까지 야외조사를 실시하였고, 23일 길림시로 돌아오는 길에 楡樹, 扶餘 일대를 조사함. 또 2009년 4월 3일에서 5일까지 3일간 遼陽, 營口, 開州 등지를 재조사. 李健才, 馮永謙, 崔德文, 崔艷茹 등의 선행 조사를 기초로 길림·요령성의 노변강 전 구간을 답사해 노변강에 대한 전면적 조사를 실시하였음.
○ 발표 : 張福有·孫仁杰·遲勇, 2010, 『高句麗千里長城』, 吉林人民出版社.

2. 위치와 자연환경

1) 지리위치와 자연환경
길림성 덕혜시 경내의 노변강 유적은 ① 松花江鎭 松花江村, (2) 松花江鎭 邢大橋村, (3) 邊崗鄕 西邊崗村과 東邊崗村, (4) 春林堂屯과 서남쪽 村屯 (5) 同太鄕 楊木鋪村 등에서 확인됨.

2) 松花江鎭 松花江村 일대 老邊崗 유적의 지리위치
○ 노변강 성벽 유적의 시발점은 송화강 좌안의 德惠市 松花江鎭 松花江村 3組 동북 약 100m 되는 곳으로, 조사지점의 중심 지리좌표는 동경 125°55′028″, 북위 44°45′699″, 해발 202m임.
○ 변강의 동북단에서 서남쪽으로 약 300m 되는 곳은 원래 송화강향 정부의 소재지인데, 중심 지리좌표는 동경 125°54′216″, 북위 44도 44′896″, 해발 221m임.

○ 노변강 성벽 유적의 시발점인 송화강 좌안의 德惠市 松花江鎭 松花江村 3組 동북 약 100m 되는 곳은 동북-서남 방향으로 높이 융기한 좁고 기다란 언덕(山崗)임. 언덕은 강에 잇닿아 있는데 강의 범람으로 인해 유실되어 깊은 도랑(溝)을 이루고 있음. 이 언덕은 송화강 수면보다 약 30m 높으며, 송화강과 근접해 있는데, 송화강은 동남에서 서북 방향으로 흐르고 있음. 송화강의 흐름을 따라 활 모양의 물굽이가 형성되어 있고, 폐기된 송화강 철교가 언덕의 성벽 북측 약 200m 되는 곳에 위치하고 있음. 폐기된 철교 아래쪽 약 1km 되는 곳에 새로 건설한 철교가 사용 중인데 송화강의 폭은 약 400m임. 동남쪽에 북류하는 沐石河가 언덕의 동남쪽에서 송화강에 유입되고, 서북쪽은 飮馬河와 송화강의 합류지점이고, 서남 방향은 구릉지대임.

3) 松花江鎭 邢大橋村 老邊崗屯 일대 노변강 유적의 지리위치

○ 松花江鎭 邢大橋河 양안의 溝 벽체 상에서 성벽 유적이 확인되는데, 邢大橋 조사지점의 중심 지리좌표는 동경 125°52′890″, 북위 44°43′162″, 해발 192m임.
○ 邢大橋村 노변강둔 조사지점의 중심 지리좌표는 동경 125°52′519″, 북위 44°42′448″, 해발 241m임.
○ 그 밖에 또 다른 조사지점의 중심 지리좌표는 동경 125°51′805″, 북위 44°41′760″임.

4) 邊崗鄕 西邊崗村과 東邊崗村 일대 노변강 유적의 지리위치

○ 西邊崗村 조사지점의 중심 지리좌표는 동경 125°41′308″, 북위 44°35′938″, 해발 235m임.
○ 東邊崗村 조사지점의 중심 지리좌표는 동경 125°42′126″, 북위 44°36′642″, 해발 232m임.
○ 燒鍋地屯과 官家屯의 노변강 성벽 기초는 모두 도로(鄕路)와 겹쳐졌음. 노변강에서 官家屯 동쪽 사이의 조사지점 중심 지리좌표는 동경 125°39′221″, 북위 44°35′269″, 해발 233m임.
○ 西邊崗村은 평원지대임.

5) 春林堂屯과 서남쪽 일대 노변강 유적의 지리위치

○ 春林堂屯 북측에 이르러 노변강 성벽 기초의 단면이 확인됨. 중심 지리좌표는 동경 125°37′176″, 북위 44°33′666″, 해발 238m임.
○ 王家車鋪屯의 노변강 성벽은 王家車鋪屯의 정북 200m 거리에서 서남 방향으로 뻗어 있으며, 그 조사지점의 중심 지리좌표는 동경 125°35′933″, 북위 44°32′942″, 해발 259m임.
○ 西山屯 西門 1km 조사지점의 중심 지리좌표는 동경 125°34′582″, 북위 44°31′603″, 해발 234m임.
○ 東邊崗屯 조사지점의 중심 지리좌표는 동경 125°30′65″, 북위 44°26′850″임.
○ 노변강 성벽 기초가 西邊崗屯의 남쪽 100m 되는 곳을 통과하는데, 조사지점의 중심 지리좌표는 동경 125°28′788″, 북위 44°25′955″, 해발 255m임.
○ 東邊崗村에서 서남 방향으로 春林堂屯까지는 대부분 지방도로나 농로, 방품림, 토지간의 격리 지대 등으로 사용되고 있음. 東邊崗屯 노변강의 남측은 二道溝이며, 북측은 四道溝임. 二道溝와 四道溝 사이에 길고 높게 융기해 있는 둔덕을 볼 수 있음.

6) 德惠市 同太鄕 楊木鋪村 노변강 유적의 지리위치

노변강 성벽 기초는 서변강둔에서 서남방향으로 同太鄕 楊木鋪村까지 뻗어있고, 楊木鋪村 정북 300m 거리의 경작지 한가운데서 확인됨. 조사지점의 중심 지리좌표는 동경 125°23′374″, 북위 44°22′732″임.

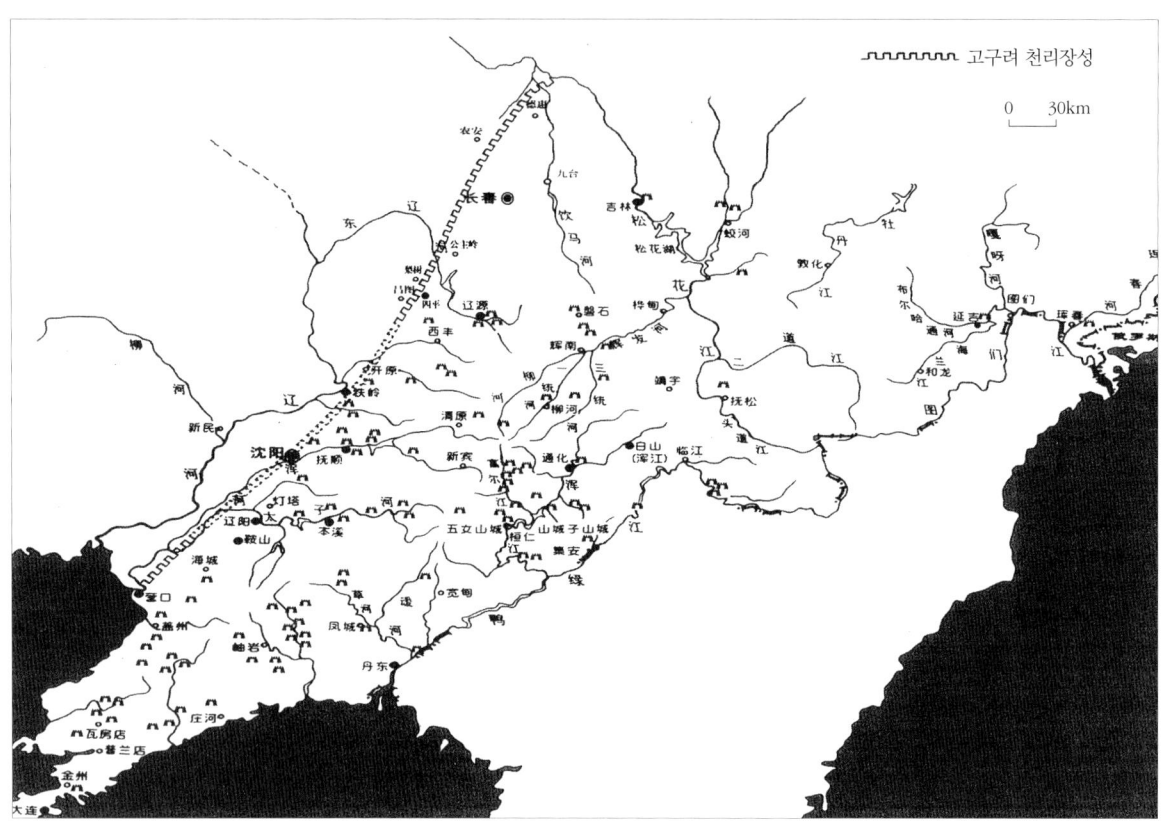

그림 1 고구려 천리장성과 주요 산성(張福有·孫仁杰·遲勇, 2010a, 1쪽)

3. 1988년 4월과 1989년 10월의 유적 조사현황

○ 1988년 4월과 1989년 10월에 두 차례의 조사를 통해 '邊崗'이라고 명명된 지역에는 대부분 邊崗 유적이 위치한 사실을 확인함. 邊崗 유적은 조사 당시에 이미 잘 보이지 않았는데, 도로로 바뀌거나 개간으로 인해 평지가 된 곳이 많음. 다만 유적은 보이지 않더라도 邊崗이라는 지명이나 전설은 남아 있었음. 현지 노인들은 대부분 邊墻을 본 적은 없고 邊崗道만 보았다고 하는데, 懷德縣(현 공주령시)으로 통하는 車道로 변해 邊崗道로 불렸던 것으로 파악됨.

○ 1989년 10월 11일에 德惠縣 和平鄕 서쪽 10리의 西邊崗屯을 조사할 때, 마을 남쪽의 경작지에서 '漫崗形'의 흙더미(土包)를 보았는데, 당시 85세였던 楊玉田 노인은 1.5~2km 간격으로 비교적 높은 흙더미가 있다고 함. 실제 西邊崗屯 동북 1.5~2km 거리의 腰邊崗屯, 腰邊崗屯 동북 1.5~2km 거리의 東邊崗屯에도 흙더미가 있었음. 이 세 개의 흙더미는 동북에서 서남 방향으로 라인을 이루는데, 현지 주민들은 봉화대라고 부르고 있었음.

○ 德惠縣 郭家鄕 동쪽 5리의 曹家屯 일대를 조사할 때, 68세였던 李樹成 노인이 曹家屯 일대의 邊崗道는 40여 년 전에는 지금보다 높았고, 도로는 새로 개설되고 원래의 邊崗道는 경작지로 개간되었다고 함. 유적은 전혀 볼 수 없었는데, 노인이 가리키는 지점에서 漫崗 라인을 겨우 볼 수 있었음.

○ 1988년 4월 29일에 德惠縣 邊崗鄕의 동서 邊崗屯 일대를 조사했는데, 66세였던 蘇廷發 노인이 과거 트랙터로 경작할 때 변강도의 흙은 비교적 단단한 蒜瓣

土인 반면, 변강도 좌우의 흙은 모두 부드러운 자연 상태의 흙이었다고 함. 1973~1975년에 변강도는 경작지로 개간되었다고 함. 西邊崗屯의 燒鍋屯 마을은 변강도 상에 조영된 것임.

○ 1989년 10월 12일에 德惠縣 松花江鄕 老邊崗屯 일대를 조사했는데, 변강 유적은 찾지 못함. 다만 마을 남쪽에 土崗이 있었는데 현지 주민에 따르면 土崗의 흙은 모두 황갈색의 단단한 蒜瓣土이고, 그 좌우의 흙은 모두 부드러운 흙이었다고 함. 지금은 이미 변강 유적의 흔적을 찾기 힘든데 農安으로 향하는 邊崗道가 됨. 松花江鄕 老邊崗屯은 '邊崗'이라는 명칭을 간직한 가장 동북쪽 지점. 이곳에서 동북으로 3.5~4km 가면 북류 송화강이고, 그 북쪽에서는 '邊崗'이라는 지명이 확인되지 않음.

4. 2008~2009년의 유적 조사현황

1) 전체 현황

○ 덕혜시의 송화강 강변에서 농안현 경계에 이르는 덕혜시 구간 노변강 성벽 기초의 총 길이는 약 63km임.

○ 덕혜시 경내 노변강 성벽은 동북에서 서남 방향으로 뻗어 있음. 성벽의 기초는 대체로 取土 및 도로 개설 등으로 훼손되었음. 자연적으로 훼손된 곳은 飮馬河 양안의 홍수가 범람한 구역으로 이곳의 성벽 기초는 현재 흔적이 남아 있지 않음.

○ 노변강 성벽 기초는 모두 현지의 흙을 채취해서 다져 쌓아 축조했으며, 어떤 곳은 산언덕의 정상부인 구릉에 축조하였으며, 어떤 곳은 산언덕의 정상부의 한쪽에 쌓았음. 바깥쪽에서 구덩이를 파서 취한 흙을 안쪽에 쌓은 것으로 이러한 모양은 바깥측이 도랑이고 내측은 벽체임.

○ 보존 상황이 좋은 구간에서는 성벽 기초의 높이가 1m, 너비 5~8m 정도 확인되는데, 지표에서 돌기하여 물고기 등뼈 모양을 이루며, 주변보다 높음. 훼손이 심한 곳은 지표와 같이 평평해서 흔적이 확인되지 않음.

2) 松花江鎭 松花江村 老邊崗유적

○ 송화강진 송화강촌 일대에서, 徐明富, 顧文江 등 현지의 노인을 만나 조사하였는데, 이들은 노변강으로 추정되는 위치, 뻗어나가는 방향을 손으로 가리켜 확인시켜 줌. 노변강의 과거 높이가 어떤 곳은 2~3m였으며, 나중에 농안으로 가는 길이 개통되어 마차가 다닐 수 있게 되었고, 그 이후 다시 밭으로 전용하게 됨으로써 평평하게 되었다고 알려줌.

(1) 제1 조사지점

○ 위치 : 송화강 좌안의 德惠市 松花江鎭 松花江村 3組 동북 약 100m 되는 곳으로 노변강 성벽 유적의 시발점임(그림 2).

○ 조사지점의 중심 지리좌표 : 동경 125°55′028″, 북위 44°45′699″, 해발 202m임.

① 성벽 기초

○ 이곳은 동북–서남 방향으로 이어진 좁고 기다랗게 높이 융기한 언덕(山崗)임. 언덕이 이어진 길이의 방향은 북편동 30도임.

○ 언덕은 강의 한쪽에 잇닿아 있음. 현재는 강의 범람으로 인해 유실되어 한 갈래의 깊은 도랑을 형성하고 있음, 현재 도랑 깊이는 약 10m 정도, 도랑의 너비 약 15m. 도랑의 가장자리의 단면에서 다져 쌓은 성벽을 확인할 수 있음. 이 언덕은 송화강의 수면보다 약 30m 높고, 송화강과 아주 근접해 있음. 노변강 성벽은 송화강 남안의 언덕마루(山崗崗脊) 위에 축조되었는데, 이 변강의 성벽 기초는 매년 경작지로 사용되어 훼손됨. 지표에서는 약간 돌기한(凸起) 변강 성벽 기초 부분이 확인됨.

○ 변강 성벽 기초 부분의 토질은 주변의 토질과 비교

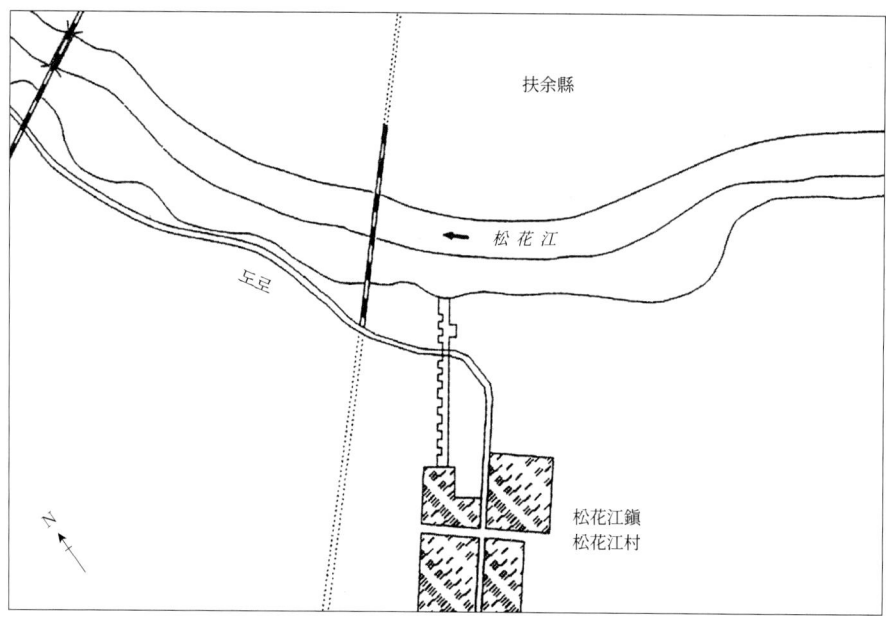

그림 2 송화강진 송화강촌 노변강 성벽 기점
(張福有·孫仁杰·遲勇, 2010a, 247쪽)

적 차이가 큼. 변강의 등마루(山崗崗脊) 위에 형성된 4~6m 너비의 검은색 흙띠가 분명하게 보이며, 어떤 구간은 검은색의 흙띠가 지표보다 0.3~0.5m 정도 높게 확인되는데, 이러한 검은색 흙띠는 등마루를 따라 동북에서 서남 방향으로 뻗어 있음.
○ 강변의 변강 성벽이 등마루 위에 축조된 것을 확인함.
○ 성벽의 축조법: 흑회색의 흙을 사용하여 매 층마다 다져 축조하였음. 다진 층의 두께는 0.15~0.2m, 斷面 아랫너비 8.4m, 토벽의 잔고 1.2m임.
○ 출토유물: 다진 흙의 단면(절개면) 가운데서 홍갈색의 모래가 섞인 토기편이 발견되었음. 토기편의 기형은 筒形罐과 유사하고, 손으로 빚어 만들었으며, 기형은 규정적이지 않음. 태토의 벽은 비교적 두껍고, 소성온도는 균일하지 않고 비교적 낮음. 토기의 특징으로 볼 때, 제작 연대는 청동기 시대 혹은 그보다 약간 이른 시기일 것으로 추정됨.

② 臺基(건물지, 戍卒地)
○ 위치: 변강 성벽의 끝에서 서남쪽으로 약 50m 되는 남측에서 지표면이 융기된 것이 확인됨. 융기 범위는 15×15m, 높이는 3m 정도 지표면에서 올라와 있음
○ 방형의 臺基로 북측은 성벽과 연결되어 있음. 건물의 기초로 추정되며, 이 건물은 군사와 관련 있거나 혹은 성벽을 지키기 위한 戍卒地였을 것임.

(2) 제2 조사지점
○ 위치: 변강의 동북단에서 서남쪽으로 약 300m 되는 곳으로 원래 송화강향 정부의 소재지임.
○ 조사지점의 중심 지리좌표: 동경 125°54′216″, 북위 44°44′896″, 해발 221m.
○ 대다수 건축물이 모두 변강의 등마루 위에 건립되었음. 이로 인해 노변강 성벽 유적 일부분이 현대식 건축물에 의해 훼손되었음.
○ 이 구간의 성벽은 대부분 훼손되었음.

3) 松花江鎭 邢大橋村 老邊崗屯 일대 노변강 유적
松花江鎭 邢大橋村 老邊崗屯의 노변강 성벽 유적은 서남 방향으로 이어지다가 小前屯 동쪽 약 30m 지점에서 邢大橋河로 인해 끊겼음.

(1) 제1 조사지점

○ 위치 : 邢大橋河 양안의 溝 벽체 상에서 성벽유적이 확인됨.

○ 조사지점의 중심 지리좌표 : 邢大橋 다리 위 조사지점의 중심 지리좌표는 동경 125°52'890", 북위 44°43'162", 해발 192m임.

○ 성벽은 흙을 다져 쌓았고 검은색임. 邢大橋河 강물이 범람하여 溝 벽체가 훼손되었음. 남아있는 벽체의 윗부분 너비는 3.5m, 아랫 부분의 너비는 약 6m, 잔고는 1.5m임.

○ 노변강 성벽 유적은 다시 서남방향으로 이어지다가 기점에서 약 7km지점에서 老邊江屯에 이름.

(2) 제2 조사지점

○ 조사지점의 중심 지리좌표 : 노변강둔 조사지점의 중심 지리좌표는 동경 125°52'519", 북위 44°42'448", 해발 241m임.

○ 노변강둔의 동남에 동북방향에서 서남방향으로 이어진 언덕(산강)이 있는데 방향은 북편동 30도임. 노변강 성벽은 대체로 산언덕의 등마루의 서북편에 축조하였으며, 성벽 기초가 뚜렷하게 뻗어 있음.

○ 보존상태 : 보존상태는 좋지 않음. 일부분의 성벽 기초는 바람을 막기 위한 방풍림 건설에 따른 나무의 식재로 훼손되었고 어떤 구간은 도로의 개통 혹은 田地로의 전용으로 인해 훼손을 당했음.

○ 비교적 보존상태가 양호한 구간은 성벽 기초 잔고가 1m, 너비 4m 정도임. 높이가 0.3m, 너비가 2m도 안 되는 곳도 있음.

○ 노변강둔에서 동남쪽으로 200m 되는 곳에서 성벽을 실측했는데, 동남쪽의 잔고는 0.2~0.4m, 서북쪽의 잔고는 0.8~1m임. 성벽 윗면의 너비 4m, 아랫면의 너비 5m, 해발 241m임(그림3).

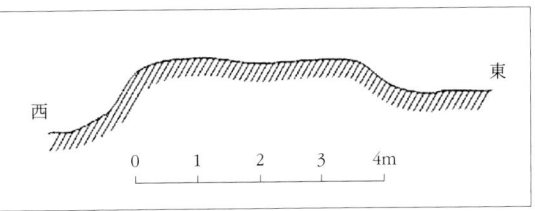

그림 3 송화강진 노변강둔 제2조사지점 노변강 성벽 기초
(張福有·孫仁杰·遲勇, 2010a, 249쪽)

(3) 제3 조사지점

○ 조사지점의 중심 지리좌표 : 동경 125°51'805", 북위 44°41'760"임. 성벽의 보존상태는 뚜렷함(그림4).

○ 현지 농민이 노변강 성벽의 위치를 설명해 주었고, 토지를 田地로 활용하기 이전 노변강의 벽체는 2m 정도였고, 농안까지 통하는 큰 도로가 개통될 때 언덕의 흙을 채취하여 도로를 건설했으며, 나중에는 큰 밭을 일구게 되어 땅을 깊게 갈아엎었다고 함. 이로 인해 땅이 평평해졌다고 함.

○ 현장조사를 통해 노변강둔의 서남 약 2km 되는 곳의 벽체는 이미 鄕道로 변경되었음이 확인되었음.

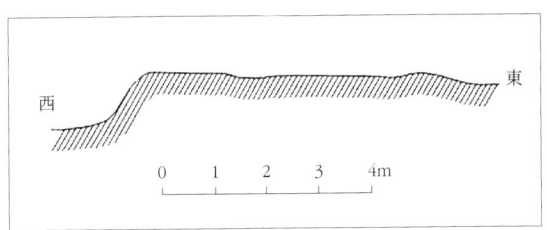

그림 4 송화강진 노변강둔 제3 조사지점 노변강 성벽 기초
(張福有·孫仁杰·遲勇, 2010a, 249쪽)

(4) 해자(溝)

○ 위치 : 12馬架子村의 남쪽, 노변강둔의 서남 방향으로 약 6km되는 곳.

○ 지표에서 약간 돌기한 벽체와 벽체의 서북쪽 측면에서 평행하게 함몰된(凹陷) 해자(溝)가 확인되었음.

○ 성벽 축조법 : 함몰된(凹陷) 해자(溝)의 상황을 분석해 보면, 성벽의 축조법은 서북쪽에서 흙을 채취해서 동남쪽으로 옮겨서 벽체를 축조하였음.

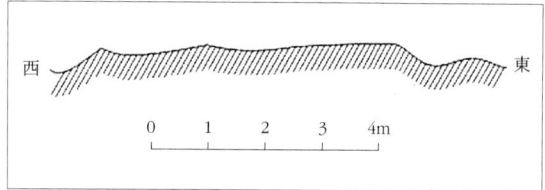

그림 5 송화강진 12마가자촌 남쪽 노변강 성벽 기초
(張福有·孫仁杰·遲勇, 2010a, 249쪽)

○ 기능 : 이러한 모양의 성벽 외측에는 한 갈래의 길(道)이 형성되어 있고 벽체와 나란히 해자(護城壕)가 형성되어 있음을 알 수 있음(그림 5).

4) 邊崗鄕 西邊崗村과 東邊崗村 일대 노변강유적

○ 邢大橋村 老邊崗屯에서 서남 방향으로 達家溝鎭의 경계로 들어가는 지점에 노변강 성벽 기초가 뚜렷함. 다만 郝家上溝屯에서 達家溝鎭 구간에는 노변강 성벽 기초가 뚜렷하지 않은데, 많은 구간이 이미 도로(鄕道)로 개설되었기 때문임.

○ 達家溝鎭에서 서남 방향으로 邊崗鄕에 이르는 10여 km 구간에는 노변강 성벽의 흔적이 남아있지 않음. 더욱이 飮馬河 충적 평원에 진입한 이후 구간에는 지표상에 벽체 유적의 흔적이 보이지 않음. 다만 이곳에는 노변강과 관련된 지명이 남아있는데, 현지 노인을 방문하여 조사한 결과, 노변강 성벽 기초의 위치를 확인할 수 있었음.

(1) 제1 조사지점
○ 위치 : 西邊崗村.
○ 조사지점의 중심 지리좌표 : 동경 125°41′308″, 북위 44°35′938″, 해발 235m임.
○ 西邊崗村은 평원지대로 노변강 성벽은 보이지 않고, 지명만 남아 있음.

(2) 제2 조사지점
○ 위치 : 東邊崗村.

○ 조사지점의 중심 지리좌표 : 동경 125°42′126″, 북위 44°36′642″, 해발 232m임.
○ 지표면에 한 줄기의 약간 돌기한 흙둑(土堎)이 서남 방향으로 이어져 있는 것이 보이며, 이 흙둑은 노변강 성벽 기초의 벽체임.

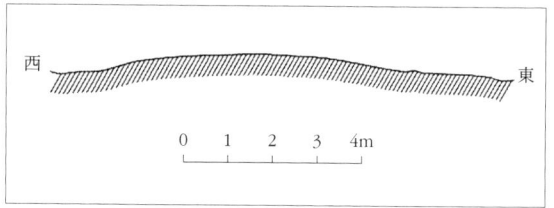

그림 6 변강향 제3 조사지점 관가둔 노변강 성벽 기초
(張福有·孫仁杰·遲勇, 2010a, 250쪽)

(3) 제3 조사지점
○ 燒鍋地屯과 官家屯의 노변강 성벽 기초는 모두 도로(鄕路)와 겹쳐졌음.
○ 조사지점의 중심 지리좌표 : 노변강에서 官家屯 동쪽 사이의 조사지점의 중심 지리좌표는 동경 125°39′221″, 북위 44°35′269″, 해발 233m임.
○ 이곳에서 邊崗은 도로(鄕路)와 나뉘어지는데, 지표에 돌기한 흔적이 분명히 보이며, 이 돌기한 언덕(崗)이 바로 노변강 성벽 기초임(그림 6).
○ 官家屯에서 84세의 노인 夏延廷과 77세의 張魁發을 방문하여 조사하였는데, 두 노인은 돌기한 이 언덕이 노변강이며, 일찍이 마차가 이 노변강 도로 위를 달렸었다고 상세히 설명해 주었음.

5) 春林堂屯과 서남쪽 일대 村屯의 노변강유적
東邊崗村에서 서남방향으로 春林堂屯에 이르러 노변강 성벽 기초의 흔적이 다시 비교적 뚜렷해지지만, 현재는 대부분 지방도로나 농로, 방풍림, 토지간의 격리지대 등으로 사용되고 있음.

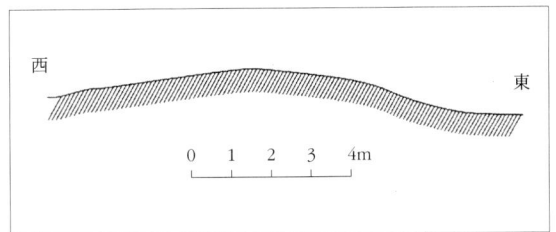

그림 7 변강향 춘림당 노변강 성벽 기초
(張福有·孫仁杰·遲勇, 2010a, 250쪽)

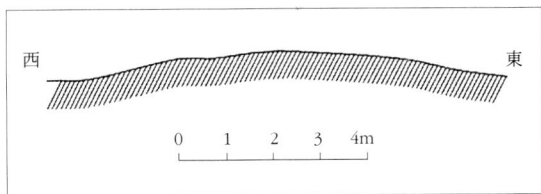

그림 8 덕혜시 변강향 서산둔 노변강 성벽 기초
(張福有·孫仁杰·遲勇, 2010a, 251쪽)

(1) 제1 조사지점

○ 위치 : 광활한 평원지대에서 약간 돌기한 흙둑(土堘)이 보이는데, 春林堂屯 북측에 이르러 노변강 성벽 기초의 단면이 확인됨.

○ 조사지점의 중심 지리좌표 : 동경 125°37′176″, 북위 44°33′666″, 해발 238m임.

○ 축조법 : 성벽 기초는 회갈색의 흙과 황색의 흙을 교대로 다져 쌓았음.

○ 규모 : 현재 남아있는 다진 흙은 3층임. 각층의 높이는 0.25~0.28m임. 다진 토벽의 너비 8~10m, 잔고 0.9m임(그림 7).

(2) 제2 조사지점

○ 위치 : 王家車鋪屯의 노변강 성벽은 王家車鋪屯의 정북 200m 되는 지점에서 서남 방향으로 이어져 있음.

○ 중심 지리좌표 : 동경 125°35′933″, 북위 44°32′942″, 해발 259m임.

○ 성벽 기초 : 노변강 성벽 흔적이 뚜렷함.

(3) 제3 조사지점

○ 위치 : 西山屯 西門 1km 되는 곳.

○ 중심 지리좌표 : 동경 125°34′582″, 북위 44°31′603″, 해발 234m임.

○ 성벽 기초 : 曹家屯 서남 약 300m에 이르는 지점까지 모두 노변강 성벽의 기초가 확인됨(그림 8).

(4) 제4 조사지점

○ 위치 : 東邊崗屯.

○ 중심 지리좌표 : 동경 125°30′065″, 북위 44°26′850″임.

○ 이곳의 노변강 성벽 기초는 도로(鄕道)와 합쳐짐. 東邊崗 정상부에 성벽을 축조하였음.

○ 변강의 남측은 二道溝, 북측은 四道溝인데, 양자 사이에 길고 높게 융기해 있는 변강이 있음. 노변강의 성벽 기초는 변강의 정상부에 언덕을 따라 서남 방향으로 腰邊崗屯까지 일직선으로 이어져 있음.

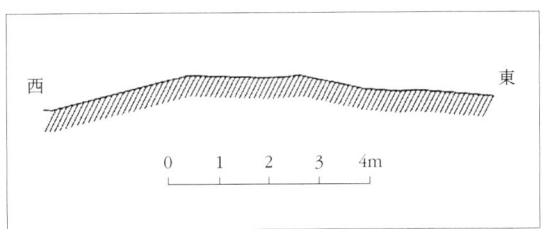

그림 9 변강향 서변강둔 성벽 기초
(張福有·孫仁杰·遲勇, 2010a, 251쪽)

(5) 제5 조사지점

○ 위치 : 西邊崗屯의 남쪽 100m 되는 곳.

○ 조사지점의 중심 지리좌표 : 동경 125°28′788″, 북위 44°25′955″, 해발 255m임.

○ 노변강의 성벽 기초는 지표보다 0.4~0.5m 높으며, 너비는 5~6m(그림 9).

6) 德惠市 同太鄕 楊木鋪村 노변강유적

○ 노변강 성벽 기초는 서변강둔에서 서남 방향으로

同太鄉 楊木鋪村까지 이어지는데, 楊木鋪村의 정북 300m 되는 곳의 경작지 한가운데서 확인됨.
○ 중심 지리좌표 : 동경 125°23'374", 북위 44° 22'732".
○ 이 곳의 유적은 뚜렷함. 노변강의 성벽 기초는 지표에서 돌기되어 있는데 물고기 등뼈 형태를 띰.
○ 현지 농민이 흙을 채취한 곳에서 성벽 기초의 절개면이 확인되었는데, 성벽은 흙을 다져 쌓았음을 확인. 기초의 너비는 8m에 가까움.
○ 노변강의 성벽 기초는 德惠市 同太鄉의 前山屯을 지나 農安縣 前江鄉 鮑家小橋村 경계로 들어감.

5. 역사적 성격

현재까지의 조사현황만 놓고 본다면, 德惠 경내의 邊崗 유적은 북류 松花江 남안(좌안)에서 시작하여 서남쪽으로 農安-公主嶺(舊 懷德) 일대로 이어진다고 파악됨. 종전에는 松遼大平原을 종단하는 老邊崗 유적이 農安-公主嶺 일대에서 시작해 遼河 하구의 營口에 이른다고 보았는데(李健才, 1987; 王建群, 1987), 동북쪽 기점이 북류 松花江 남안까지 연장된 것임. 이에 일찍부터 노변강유적을 고구려 천리장성과 관련시켰던 吉林省의 중국학자들은 고구려가 북류 松花江 남안에서 遼河 하구에 이르는 구간에 천리장성을 축조했을 것으로 파악함(李健才, 1991; 馮永謙, 2002; 張福有·孫仁杰·遲勇, 2010).

다만 農安뿐 아니라 그 동북쪽의 德惠 경내에서도 邊崗 유적이 확인되었을 뿐 아니라, 德惠-農安-公主嶺 일대의 변강 유적을 연결하면 農安古城이 위치한 農安縣 소재지 일대는 邊崗 유적의 외곽에 위치하게 됨. 이에 李健才는 종전 견해를 수정하여 農安은 후기 부여의 왕성일 뿐이고, 고구려 부여성은 전기 부여의 왕성이었던 吉林市 龍潭山城이라고 파악하기도 함(李健才 1991). 다만 이 경우에도 吉林市 일대가 노변강 유적에서 멀리 떨어졌다는 문제가 발생하자, 다시 천리장성의 기점으로 나오는 부여성은 고구려 후기의 부여성(길림 용담산성)이 아니라 후기 부여의 왕성을 지칭한다며 農安古城으로 비정함(李健才, 2000).

그렇지만 『三國史記』 지리지 4나 『遼史』 地理志 東京道 通州와 龍州 黃龍府조 등을 종합하면, 현재의 農安古城은 1013년에 신축한 黃龍府의 치소성이고, 요나라가 발해를 멸망시킨 다음 발해 부여부에 설치했던 黃龍府의 원위치는 農安古城의 서남쪽으로 파악됨. 후기 부여의 중심지 및 고구려 후기의 부여성은 農安古城 서남쪽의 伊通河 상류나 그 지류인 新開河 유역에 위치했던 것임(여호규, 2000).[1] 그러므로 현재의 농안고성 위치를 근거로 고구려 후기 부여성과 노변강 유적의 위치 관계를 파악해서는 안 됨.

한편 요령성의 중국학자들은 고구려 천리장성은 요동지역에 축조한 기존의 산성을 연결한 것이라며 松遼大平原을 종단하는 노변강 유적과 천리장성의 연관관계를 상정하지 않음(陳大爲, 1989; 王綿厚, 1990; 梁振晶, 1994). 다만 陳大爲나 王綿厚는 고구려가 천리장성=산성연방선 이외에 遼河 연안을 따라 별도의 장성을 축조했다고 보기도 함(陳大爲, 1995; 王綿厚, 1994). 한편 韓日 학계에서도 松遼大平原을 종단하는 老邊崗 유적을 고구려 千里長城과 연결시켜 이해하는 견해(손영종, 1997; 신형식, 1997; 田中俊明, 1999; 여호규, 2000)와 이를 부인하는 견해(李成制, 2014)가 대립하고 있는 상태인데, 문헌사료와 고고자료를 종합해 천리장성의 경로를 이해할 필요가 있음.[2]

---

1   후기 부여의 중심지 및 고구려 후기 부여성의 위치에 대해서는 '농안 농안고성' 항목의 역사적 성격 참조.

2   松遼大平原을 종단하는 老邊崗유적과 고구려 千里長城의 연관 관계에 대한 상세한 논의는 '공주령 노변강유적' 항목의 역사적 성격 참조.

참고문헌

- 吉林省文物志編修委員會, 1985, 『懷德縣文物志』.
- 馮永謙·何薄瀅, 1986, 『遼寧古長城』, 遼寧人民出版社.
- 王建群, 1987, 「高句麗千里長城」, 『博物館研究』 1987-3.
- 李健才, 1987, 「東北地區中部的邊崗和延邊長城」, 『遼海文物學刊』 1987-1.
- 陳大爲, 1989, 「遼寧境內的高句麗遺蹟」, 『遼海文物學刊』 1989-1.
- 王綿厚, 1990, 「東北古代夫餘部的興衰及王城變遷」, 『遼海文物學刊』 1990-2.
- 李健才, 1991, 「唐代高麗長城和扶餘城」, 『民族研究』 1991-4.
- 李健才, 1992, 『東北亞歷史與文化』, 遼瀋書社.
- 馮永謙, 1992, 「東北古代長城考辨」, 『東北亞歷史與文化』, 遼瀋書社.
- 梁振晶, 1994, 「高句麗千里長城考」, 『遼海文物學刊』 1994-2.
- 王綿厚, 1994, 「鴨綠江右岸高句麗山城綜合研究」, 『遼海文物學刊』 1994-2.
- 陳大爲, 1995, 「遼寧高句麗山城再探」, 『北方文物』 1995-3.
- 遼寧省 長城學會, 1996, 『遼寧長成』.
- 손영종, 1997, 『고구려사연구』(2), 과학백과사전종합출판사.
- 신형식, 1997, 「고구려 천리장성 연구」, 『백산학보』 49.
- 李健才·劉素雲(주편), 1997, 『東北地區燕秦漢長城和郡縣城的調查研究』, 吉林文史出版社.
- 田中俊明, 1999, 「城郭施設からみた高句麗の防禦體系」, 『고구려발해연구』 8.
- 余昊奎, 1999, 『高句麗 城』 Ⅱ(遼河流域篇), 國防軍史研究所.
- 신형식, 1999, 「천리장성」, 『한국의 고대사』, 삼영사.
- 余昊奎, 2000, 「高句麗 千里長城의 經路와 築城背景」, 『국사관논총』 91.
- 李健才, 2000, 「再論唐代高麗的扶餘城和千里長城」, 『北方文物』 2000-1.
- 馮永謙, 2002, 「高句麗千里長城建置辨」, 『社會科學戰線』 2002-1.
- 張福有·孫仁杰·遲勇, 2010a, 『高句麗千里長城』, 吉林人民出版社.
- 張福有·孫仁杰·遲勇, 2010b, 「高句麗千里長城調查要報」, 『東北史地』 2010-3.
- 李成制, 2014, 「高句麗 千里長城에 대한 기초적 검토」, 『嶺南學』 25.

제4부

농안현(農安縣) 지역의 성곽

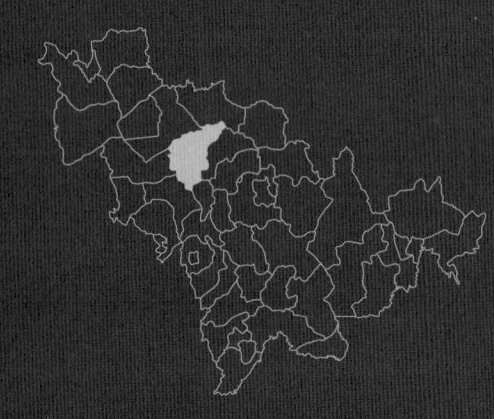

| 유적 분포도 |

△ 산   ᴧᴧ 장성
▲ 산성   ▲ 고분
■ 평지성 ● 기타 유적
▬ 관애

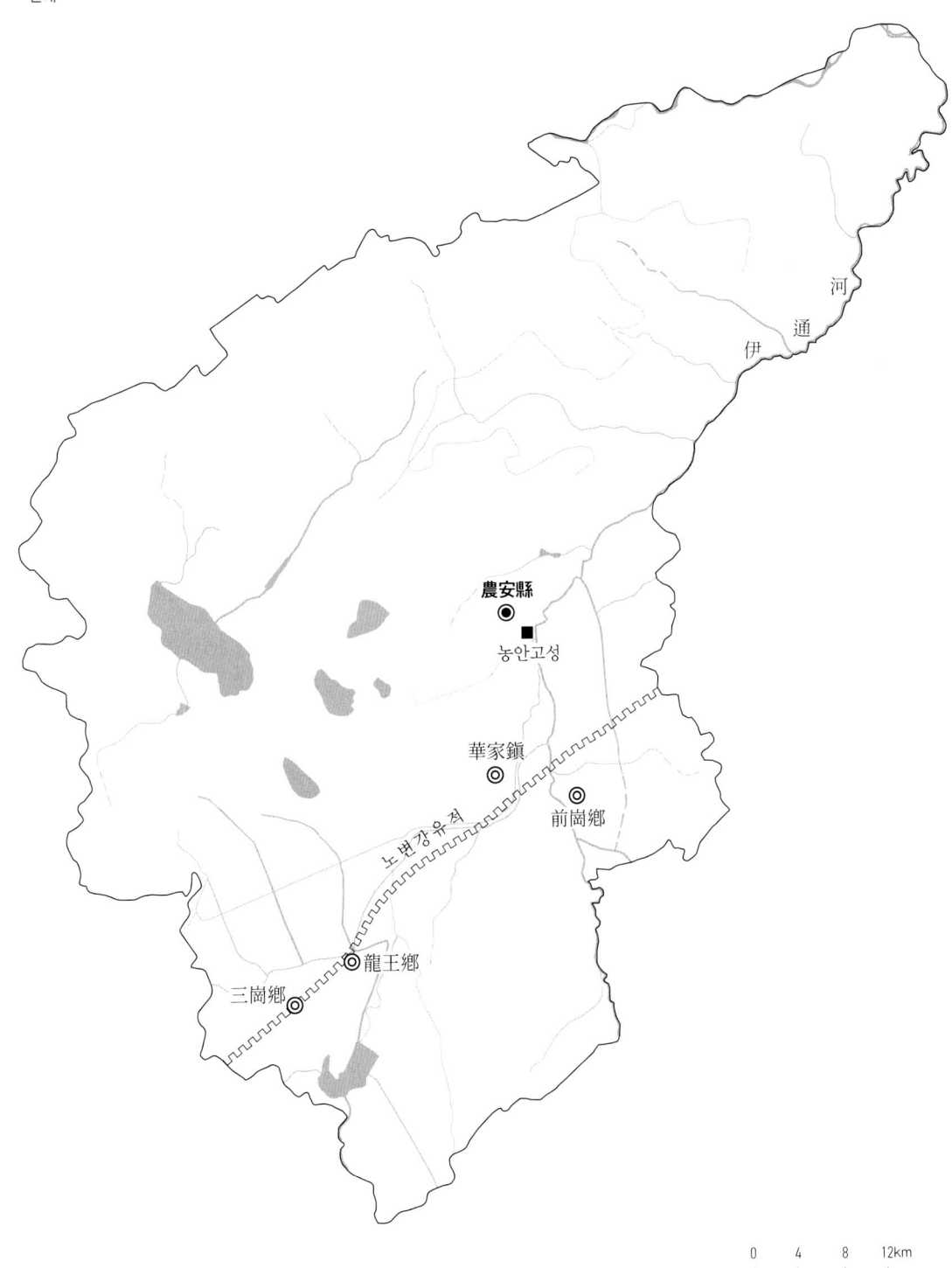

01 농안 농안고성
農安 農安古城 | 農安縣城

1. 위치와 자연환경 (그림 1~그림 2)

○ 농안고성은 농안시 松遼平原 중서부, 伊通河 좌안에 위치하는데, 현재 農安縣城 정부 소재지임. 농안고성의 남쪽 70km 지점에 장춘시가 위치함.

○ 농안고성의 동쪽 1km 지점에서 伊通河가 서남에서 동북 방향으로 흘러가며, 서쪽 400m 지점에서 長春-白城 철로와 圖們-烏蘭浩特 도로가 남북 방향으로 통과함.

○ 농안고성이 자리잡은 곳은 남북 교통의 요충지로 강 옆에 성벽을 축조하였고, 높은 곳에 웅거하여 사방의 평야를 감제할 수 있음. 또한 주변 토지가 비옥하고 수원이 풍부함.

2. 성곽의 전체현황 (그림 3)

○ 농안고성의 평면은 방형으로 방향은 10도이며, 전체 둘레는 3,840m임.

○ 토축으로 성벽을 축조했고, 성문은 4개, 암문(小門; 邊門)이 3개 있음.

○ 성벽의 네 모서리에 각루가 있음.

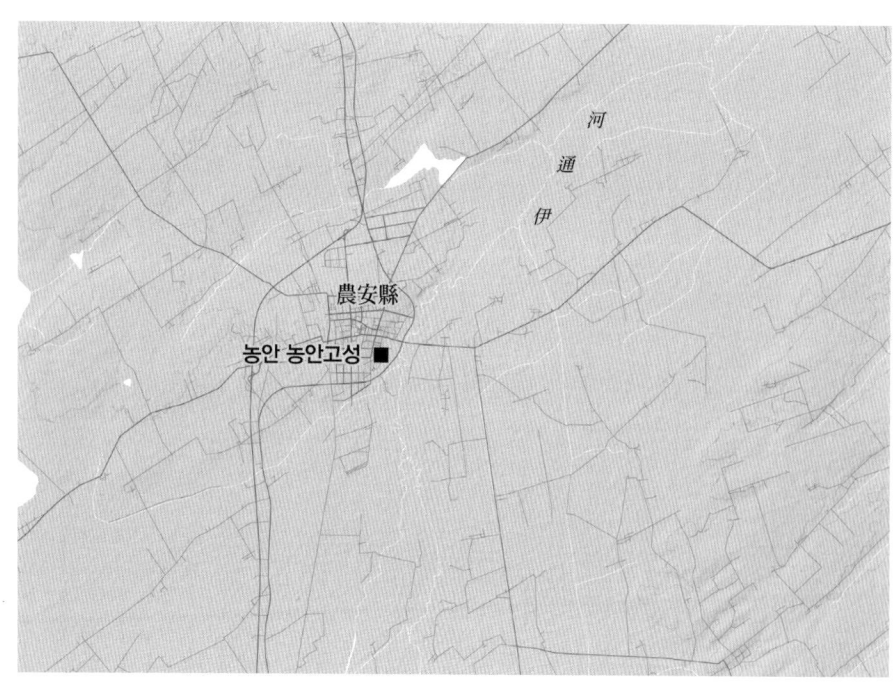

그림 1
농안고성 지리위치도 1

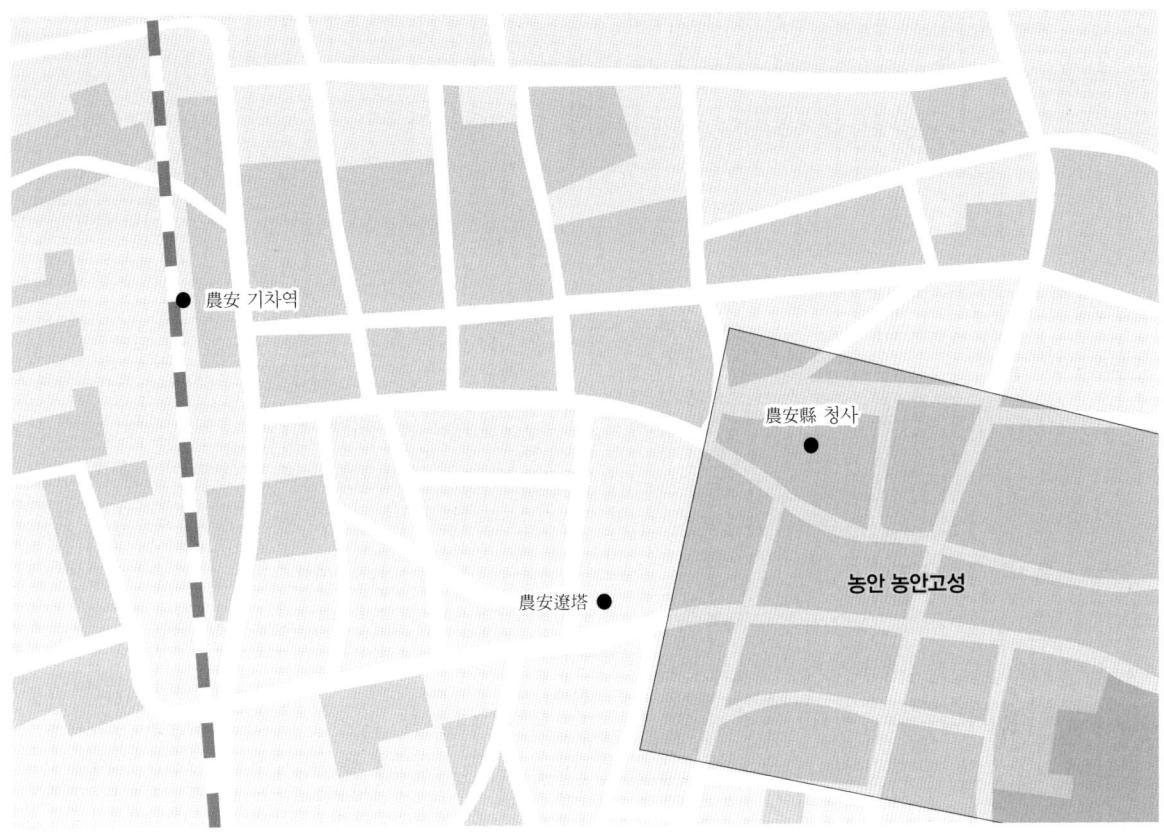

그림 2 농안고성 지리위치도 2

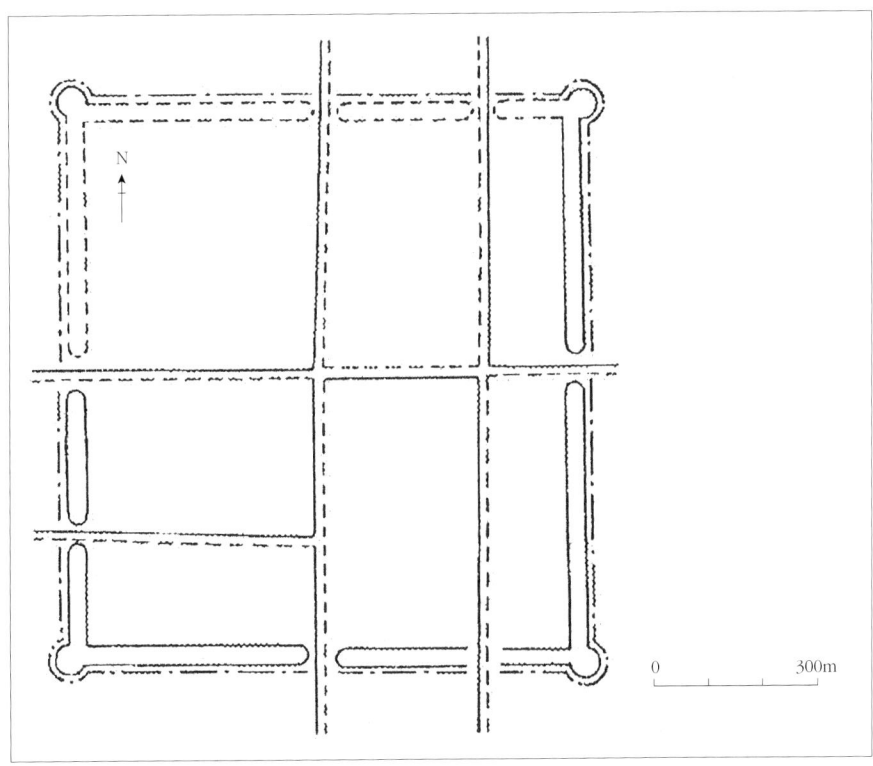

그림 3 농안고성 평면도
(『農安縣文物志』, 106쪽)

제4부 농안현(農安縣) 지역의 성곽　115

○ 성 내부에서는 건물지와 재구덩이 등이 다수 발견되었고, 석관묘도 발견되었음(『中國文物地圖集』吉林分冊).
○ 심하게 훼손되어 보존상태가 좋지 않음.

3. 성벽과 성곽시설

1) 성벽
○ 성벽의 전체 둘레는 3,840m로 동벽 936m, 남벽 984m, 서벽 937m, 북벽 983m임
○ 성벽의 아랫너비는 30m 전후이며, 북벽의 잔고는 0.5~2m,[1] 동벽의 잔고는 1~3m임.
○ 남벽은 대부분 훼손되었는데 남문의 동쪽에 겨우 잔흔이 남아 있음. 남문의 서벽 쪽에는 민가가 들어서 있어 흔적조차 관찰할 수 없음.

2) 성문
사면의 성벽 정 중앙에 성문이 한 곳씩 있음.

3) 암문(小門; 邊門)
남문의 동측 300m, 서문의 북측 500m, 동문의 북측 400m 등에 각각 암문이 있음.

4) 각루
○ 성벽의 네 모서리에는 각각 각루가 있음.
○ 동북 각루의 잔고 7m, 동남 각루의 잔고 3m.
○ 그 밖에 2개(서남 각루, 서북 각루)의 각루는 약간의 흔적만 남아 있음.

4. 성내시설과 유적

1) 고탑(古塔)
성의 서쪽에 遼代 八角 13층 密檐式의 古塔이 남아 있음.

2) 석관묘(石棺)
○ 출토일 : 1935년 3월 20일.
○ 출토장소 : 농안고성 북벽.
○ 석관 규모 : 석관 높이 76cm, 한 변의 길이 57.7cm.
○ 석관을 덮은 덮개 안쪽 면에 "大定 21년(1167) 12월 5일 조경광이 고인이 되어 22년 2월 26일 장사 지내고 관에 기록한다"라는 글자가 있음.
○ 부장품 : 관 안에 병(黑釉瓶, 素燒瓶), 자기(定窯白瓷器) 모조품 2점, 완(碗) 1점이 들어 있었음.

3) 기타 유적
기타 많은 건물지, 재구덩이(灰坑)가 발견되었음(『中國文物地圖集』).

5. 출토유물

인장(官印), 동제 거울(銅鏡), 기자동상(銅象棋子), 동전(銅錢), 토기(陶器), 토제 건축 장식물(陶建築飾件), 玉器, 鐵器, 瓷器 등 수백 점이 출토됨(國家文物局, 1993).

1) 동기(銅器)

(1) 銅鏡
○ 遼代의 三角緣 민무늬 동경, 花間雙童銅鏡, 仿唐水草端獸葡萄銅鏡, 海獸銅鏡, 臥人有柄銅鏡 등이 출토됨.

---

[1] 國家文物局(1993)에는 0.5~3m로 나옴.

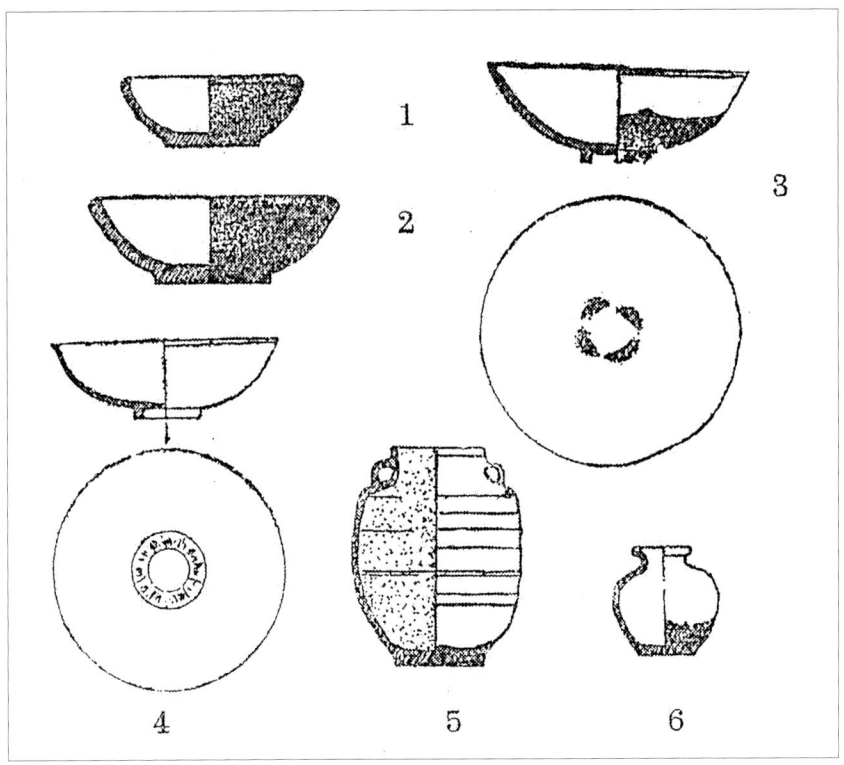

그림 4 농안고성 출토유물
(『農安縣文物志』, 107쪽)
1, 2. 접시(陶碟) 3, 4. 완(瓷碗)
5. 파수 호(雙耳罐) 6. 단지(小瓷壺)

○ 金代의 柳毅傳書故事銅鏡, 風景人物故事銅鏡 등이 출토됨.

(2) 기타
기타 기자동상(銅象棋子) 1매, 동제 팔찌(銅川)와 동제 가위(銅剪刀) 각 1점.

2) 철기(鐵器)
○ 金代의 철제집게(鐵钳) 4점, 철제추(鐵錘) 1점, 철침(모루; 鐵礎) 1점, 철제호(鐵罐) 2점, 철제줄칼(鐵锉) 1점, 철제고리(鐵環) 여러 점, 철제허리띠걸쇠(鐵帶卡) 6점이 출토.
○ 이상의 철제품은 모두 같은 구덩이(窖藏)에서 출토되었음.

3) 토기(陶器) 및 시유도기(釉器)

(1) 토기(陶器)
○ 遼代의 花口式 회색소반(陶盤), 花口式 회색병(陶瓶), 회색병(陶瓶).
○ 金代의 저금통(撲滿), 호(陶罐) 및 구멍이 많은 그릇(多孔器), 짐승머리 모양의 토기(陶獸頭), 받침(陶座), 그물추(陶網墜) 등.

(2) 시유도기(釉器)
○ 黑釉小陶罐, 赭石釉雙系小罐罇, 綠釉鋪首獸足鼎 등 8점.

4) 기와(瓦)
치미(鴟尾), 와당, 암키와(板瓦)와 수키와(筒瓦) 등.

5) 기타

(1) 자기(瓷器)

발(定窯白釉刻花鉢) 8점, 반 11점(定窯白釉刻花龍文盤 9점, 定窯白釉刻花纏枝花卉盤 1점, 定窯白釉印花盤 1점), 접시(定窯白釉印花小碟) 4점, 호(湖田窯印花石竹文影靑方執壺) 1점, 그 밖에 또 소반(窯白釉素面盤), 접시(碟), 발(鉢), 무문호(雙系素面罐), 호(白釉提梁壺) 등.

(2) 옥기

金代의 잔(鷓鴣斑靑玉盞), 소반(鴣斑斑靑玉盤).

(3) 인장

漢代의 軍假候印, 金代의 副統之印, 元代의 戶貢軍百戶印.

(4) 동전

○ 淸 同治 7년(1868)에 고성 남쪽에 있는 도로 동쪽의 동전 구덩이에서 총 2억매의 동전이 출토됨.
○ 淸 宣統 초년에 농안고성에서 옹 하나가 출토되었는데, 안에 동전이 있었음. 대부분 宋代 동전이며, 金代 海陵王(재위 1149~1161) 때 주조된 正隆元寶도 있었음.
○ 1966년 농안고성의 동쪽 도로에서 唐宋 동전 40만 매가 출토되었음.
○ 1968년 농안고성에서 출토된 陶製 저금통에 동전 300매가 저장되어 있었음. 가장 이른 시기의 것은 唐 고조 德武 4년(621)에 처음 주조된 開元通寶이고, 가장 늦은 시기의 것은 金代 正隆 2년(1157) 正隆元寶임. 또 2매는 5代10國 시기의 南唐에서 주조된 唐國通寶, 나머지는 宋代 동전임.
○ 1985년 10월 5일 농안고성 서북 모서리 金代의 구덩이에서 漢代의 '半兩', 宋代의 '大觀通寶', '天禧通寶', 金代의 '大定通寶' 총 34매가 발견되었음.

6. 역사적 성격

農安古城은 북류 松花江의 지류인 伊通河 유역에 위치함. 이 일대는 松遼大平原의 대평원 지대에 해당하는데, 기후상으로는 연강수량 500~600mm의 경계선으로 농경의 서쪽 한계선임. 실제 農安地域 동남쪽의 북류 송화강이나 그 지류 일대에는 본래 농경민이 거주했지만, 서북쪽의 嫩江이나 大興安嶺山脈 일대에는 수렵민이나 유목민이 거주했음. 이로 인해 農安 일대는 농경지대와 초원지대의 점이지역으로 일찍부터 전략적 요충지로 부상했을 것으로 추정되는데, 종래 후기 부여의 중심지 및 고구려 후기의 부여성이 위치한 지역으로 많은 주목을 받아왔음.

부여의 중심지는 본래 북류 松花江 중류의 길림지역이었는데, 4세기 전반 고구려의 공격을 받고 그 중심지를 서쪽으로 전연 가까이 옮겼다고 함(『資治通鑑』 권97 영화 2년 정월조). 후기 부여의 중심지를 遼寧省 지역의 중국학자들은 西豊 城子山山城으로 비정하기도 하지만, 북류 松花江 일대의 지형조건상 農安 일대일 가능성이 더 높음. 農安보다 서쪽지역은 저습지대나 초원지대로 농경민인 부여인들이 생활하기에 적합하지 않고, 남쪽 방면인 大黑山脈·吉林哈達嶺山脈 일대는 고구려나 전연과 가까워 피난지로 적합하지 않음. 이에 비해 農安地域은 大黑山脈과 伊通河·飮馬河 연안의 저지에 의해 송화강 중상류 일대와 지역적으로 뚜렷이 구분되며, 植生上 농경의 서쪽 한계선임. 이에 부여인들은 고구려에 의해 원 거주지를 함락당하자 농경지대과 초원지대의 중간지역인 농안 일대로 중심지를 옮긴 것으로 파악됨.

다만 후기 부여는 5세기 말경에 勿吉의 압박을 피해 고구려에 투항했음. 그 이후 고구려가 물길-말갈을 복속시키며 북류 송화강 하류 일대를 장악한 다음, 후기 부여의 중심지에 후기 부여성을 설치했으며, 631~646년에는 이를 기점으로 천리장성을 축조하기도 함. 그리고 고구려 멸망 이후 고구려의 후기 부여성은 발해의 扶餘府가 되었다가 遼代에는 龍州 黃龍府가 됨(『三國史記』 지리지 4; 『遼史』 地理志 東京道 通州와 龍州 黃龍府). 이에 일찍부터 많은 연구자들이 현재의 농안고성을 처음 축조한 주체는 부여이며, 그 이후 고구려, 발해, 요, 금, 원, 명, 청 등에 걸쳐 지속적으로 사용되며 개축과 중건을 거쳤을 것으로 파악함(吉林省文物志編委會, 1987; 신형식, 1997; 李健才, 2000).

다만 농안고성 내부에서는 부여나 고구려시기에 성곽을 축조했다고 단정할 만한 명확한 유구나 유물이 확인되지 않았음. 더욱이 농안고성은 천리장성의 흔적으로 추정되는 노변강유적보다 서북쪽에 위치함. 현재의 농안고성이 부여나 고구려시기에 축조되었다고 단정하기는 어려운 것임. 이에 遼寧省 지역의 중국학자들은 農安 일대가 후기 부여의 중심지나 고구려 후기 부여성일 가능성을 부정하기도 함(李文信, 1962; 陳大爲, 1989; 王綿厚, 1990). 그렇지만 제반 정황상 농안 일대가 후기 부여의 중심지이자 고구려 후기의 부여성일 가능성은 매우 높은데, 이와 관련해 발해의 부여부에 설치했다는 遼代 黃龍府 治所의 변천 과정에 주목할 필요가 있음.

遼나라는 발해를 멸망시킨 다음 발해 부여부를 龍州 黃龍府로 개칭했다가, 975년에 발해인 燕頗가 반란을 일으키자 黃龍府를 폐지하고 발해인을 서남쪽으로 옮겨 通州(지금의 四平－昌圖 일대)를 설치함. 그 뒤 요는 동북방의 여진족에 대한 통치를 강화하기 위해 1013년에 黃龍府를 다시 설치했는데, 그 治城은 황룡부의 원위치보다 동북쪽으로 약간 옮겨 신축했음. 그 뒤 금나라가 요를 멸망시킨 다음, 1140년에 황룡부를 濟州로 개칭했고, 1189년에는 山東의 濟州와 중첩된다 하여 다시 隆州로 개칭했음.

이와 같은 遼代 黃龍府의 변천과정을 참조하면, 현재의 농안고성은 1013년에 신축한 황룡부의 치소성으로 처음 축조되었던 것임. 현재의 농안고성 자체를 후기 부여의 중심지나 고구려 후기의 부여성으로 비정하기는 힘듦. 遼代 黃龍府의 변천과 관련한 문헌사료를 종합하면, 黃龍府의 원위치 곧 발해 부여부는 현재의 農安古城보다 서남쪽에 위치했을 것으로 추정됨. 즉 후기 부여의 중심지 및 고구려 후기의 부여성은 農安古城 서남쪽의 伊通河 상류나 그 지류인 新開河 유역에 위치했을 가능성이 높음(여호규, 2000).

참고문헌

- 李文信 편, 1962, 『遼寧史蹟資料』, 遼寧省博物館.
- 吉林省文物志編委會, 1987, 『農安縣文物志』, 吉林省文物志編修委員會.
- 陳大爲, 1989, 「遼寧境內的高句麗遺蹟」, 『遼海文物學刊』 1989-1.
- 孫進己·馮永謙, 1989, 『東北歷史地理』 2, 黑龍江人民出版社.
- 王綿厚, 1990, 「東北古代夫餘部的興衰及王城變遷」, 『遼海文物學刊』 1990-2.
- 李健才, 1991, 「唐代高麗長城和扶餘城」, 『民族研究』 1991-4.
- 國家文物局, 1993, 『中國文物地圖集』 吉林分冊, 中國地圖出版社.
- 신형식, 1997, 「高句麗 千里長城의 硏究」, 『백산학보』 49.
- 余昊奎, 2000, 「高句麗 千里長城의 經路와 築城背景」, 『국사관논총』 91.
- 李健才, 2000, 「再論唐代高麗的扶餘城和千里長城」, 『北方文物』 2000-1.
- 지승철, 2005, 『고구려의 성곽』, 사회과학출판사.
- 김진광, 2012, 『북국 발해 탐험』, 박문사.

02 농안 노변강유적
農安 老邊崗遺蹟

1. 조사현황

○ 조사자 : 張福有, 孫仁杰, 遲勇. 농안현 구간의 조사에는 농안현 문물보호관리소 소장 昊鐵軍이 참가하였음.
○ 조사내용 : 2008년 5월 12일부터 20일까지 德惠市의 송화강 좌안에서 출발하여 農安, 公主嶺, 梨樹, 昌圖, 開原, 鐵嶺, 瀋陽, 遼陽, 開州, 營口까지 야외조사를 실시하였고, 23일 길림시로 돌아오는 길에 楡樹, 扶餘 송화강 좌안까지 조사함. 또 2009년 4월 3일에서 5일까지 3일간 遼陽, 營口, 開州 등지를 재조사. 2008~2009년 두 차례에 걸친 李健才, 馮永謙, 崔德文, 崔艷茹의 선행 조사를 기초로 하여 길림·요령성의 노변강 전 구간을 답사, 노변강에 대한 전면적 조사를 실시하였음.
○ 발표 : 張福有·孫仁傑·遲勇, 2010, 『高句麗千里長城』, 吉林人民出版社.

2. 위치와 자연환경

1) 지리위치

길림성 농안현 경내의 노변강 유적은 ① 前崗鄉 三合村 老邊崗屯, ② 華家鎮 團林子村 西邊崗屯, ③ 龍王鄉 邊崗屯 및 기타, ④ 三崗鄉 安樂村 李家屯 등에서 확인됨.

(1) 前崗鄉 三合村 老邊崗屯 일대 노변강유적의 지리위치

○ 前崗鄉 三合村 노변강둔의 노변강 성벽 기초를 따라 마을의 동쪽 약 80m 되는 곳이 조사지점인데, 중심 지리좌표는 동경 125°14′232″, 북위 44°28′257″, 해발 194m임.
○ 前江鄉 鮑家村의 동쪽에는 서쪽의 敎堂과 100m 떨어진 지점이 있는데, 노변강 성벽 기초가 이곳을 통과함. 조사지점의 중심 지리좌표는 동경 125°22′149″, 북위 44°19′118″, 해발 273m임.
○ 그 밖에 上臺子屯에서 서쪽으로 약 200m 되는 곳에서 노변강 성벽의 기초가 동북-서남 방향으로 이어져 있는데, 조사지점의 중심 지리좌표는 동경 125°13′220″, 북위 44°13′973″, 해발 251m임.

(2) 華家鎮 團林子村 西邊崗屯 노변강유적의 지리위치

제1 조사지점의 중심 지리 좌표는 동경 125°03′369″, 북위 44°17′912″, 해발 199m임.

(3) 龍王鄉 邊崗屯 및 기타 노변강유적의 지리위치

○ 龍王鄉 邊崗屯의 노변강 성벽 기초는 邊崗屯 북쪽으로 약 1km 되는 알칼리성 토지 중에서 확인됨.
○ 제1 조사지점의 중심 지리좌표는 동경 124°53′941″, 북위 44°10′686″, 해발 245m임.
○ 제2 조사지점의 중심 지리좌표는 동경 124°51′285″, 북위 44°09′873″, 해발 234m.

○ 제3 조사지점의 중심 지리좌표는 동경 124°50'057", 북위 44°09'534", 해발 235m.

(4) 三崗鄕 安樂村 李家屯 일대 노변강유적의 지리위치
○ 제1 조사지점의 중심 지리좌표는 동경 124°44'896", 북위 44°03'326", 해발 267m임.
○ 제2 조사지점의 중심지리 좌표는 동경 124°46'042", 북위 44°04'549", 해발 260m임.

2) 자연환경
○ 농안현 경내 노변강 성벽 유적의 방향은 모두 동남에서 서북으로 이어져 있음. 伊通河와 新開河가 교차하는 곳은 그 지세가 비교적 낮은데, 이곳의 노변강 성벽 유적은 이미 평지가 되었음.
○ 龍王鄕 西邊崗屯에서 서남 방향으로는 논을 이루고 있어서, 변강 유적이 존재하지 않음. 三崗鄕 廂房子山頭村부터 구릉지대로 진입되는데 이 구릉은 남북방향으로 이어져 있음.

3. 농안 노변강유적의 전체현황

○ 農安縣 경내 노변강 성벽 유적은 4개 鄕鎭, 30여 개 마을을 지나는데, 길이는 약 75km임. 노변강유적은 동남에서 서북으로 이어져 있음.
○ 보존 상황은 대부분 양호하지 않으며, 지표에 드러난 성벽 유적 현상은 이미 분명하지 않음. 伊通河와 新開河가 교차하는 곳은 그 지세가 비교적 낮은데, 이곳의 노변강 성벽 유적은 이미 평지가 되었음. 그 밖에 龍王鄕 西邊崗屯에서 서남 방향으로는 논으로 개간되어 변강 유적은 존재하지 않게 되었음. 三崗鄕 廂房子山頭村에서 구릉지대가 시작되는데, 노변강 성벽 기초가 점점 분명하게 드러나다가 공주령시 경내로 진입됨. 보존상태가 비교적 좋은 구간은 물고기의 등 모양처럼 지표보다 돌기한 흙둑(土埈)을 이룸.
○ 노변강 성벽 기초의 구축 방법은 德惠 경내의 성벽 기초 구축 방법과 같으며, 도랑을 파서 얻은 흙을 다져 쌓았음. '邊崗', '邊道' 등의 지명으로 불리는 마을의 현지 주민들이 노변강유적의 위치와 뻗어있는 방향을 손으로 가리켜 확인해 주었음. 이러한 지명은 노변강 성벽 기초의 존재로 인해 얻게 되었음을 확인함.

4. 농안 노변강유적의 세부 상황

1) 前江鄕 三合村 老邊崗屯 일대 노변강유적
○ 조사 당시 86세였던 岳春富 노인이 노변강 유적의 위치와 走向, 노변강에 관한 故事 등을 알려줌.
○ 노변강 유적은 鮑家의 小橋村에서 시작해 于家大院屯 마을 북측을 지나 다시 동쪽으로 大房身屯 마을 동측에 도달함. 노변강 성벽 기초는 于家大院屯에서 一統河를 통과해 樺家屯과 老邊崗屯에 이름.

(1) 제1 조사지점
○ 노변강둔의 노변강 성벽 기초를 따라 마을 동쪽 약 80m에 위치함.
○ 조사지점의 중심 지리좌표 : 동경 125°14'232", 북위 44°28'257", 해발 194m임.

① **성벽 기초**
○ 생선 등뼈처럼 돌기한 지표가 보이며, 성벽은 이미 볼 수 없음.
○ 생선 등뼈 모양의 성벽이 이어진 방향은 北偏東 50도.
○ 융기 지면의 너비 10~12m, 가장 높은 곳 약 0.4m.

② **高臺(2곳)**
○ 노변강 성벽의 안쪽에서 2곳의 高臺가 발견되었는

데, 간격은 150m임.

○ 高臺의 길이와 너비는 약 15m×25m임. 지표보다 0.5m 정도 높음.

○ 건물지의 臺基였던 것으로 추정됨.

(2) 제2 조사지점

○ 前崗鄕 鮑家村의 동쪽에는 서쪽의 敎堂과 100m 떨어진 지점이 있는데, 노변강 성벽 기초가 이곳을 통과함.

○ 조사지점의 중심 지리좌표 : 동경 125°22'149", 북위 44°19'118", 해발 273m임.

○ 지표에 두둑(土塄) 모양으로 지면이 융기한 현상을 볼 수 있음.

○ 융기한 두둑의 너비 8~10m, 높이 0.5~0.8m.

○ 이 두둑(土塄)의 방향은 北偏東 30도.

○ 이곳의 변강은 三道溝, 四道溝의 변강으로부터 면면히 이어져 오다가 이곳에서부터 평원으로 바뀜.

(3) 제3 조사시점

○ 위치 : 上臺子屯에서 서쪽으로 약 200m 되는 곳에 노변강 성벽의 기초가 동북-서남 방향으로 뻗어 있음.

○ 조사지점의 중심 지리좌표 : 동경 125°13'220", 북위 44°13'973", 해발 251m임.

○ 변강의 등마루(崗脊)가 돌기하여 성벽의 기초 유적을 확인할 수 있었음.

2) 樺家鎭 團林子村 西邊崗屯 일대 노변강유적

○ 樺家鎭 團林子村 西邊崗屯의 노변강 성벽 기초 흔적은 분명함. 서변강둔에서 동북 방향으로 노변강 성벽 기초가 이어져 있는데, 董家窪子屯 → 東邊崗屯 → 陸家屯 → 王海豊屯 → 張窩鋪屯 등으로 이어져 있음.

○ 서변강에서 서남쪽으로 뻗어 나간 방향은 占家屯 → 到雙廟子屯인데, 邊崗의 흔적이 뚜렷하며, 조사 당시에도 변강 위로 농업용 차와 대형 마차가 다니고 있었음.

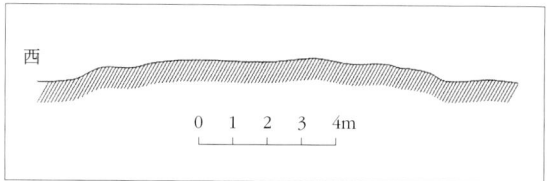

그림 1 樺家鎭 團林子村 西邊崗屯 성벽 기초
(張福有 외, 2010a, 254쪽)

(1) 조사지점(그림 1)

○ 지리 좌표 : 동경 125°03'369", 북위 44°17'912", 해발 199m임.

○ 지표가 분명히 드러나 돌기해 있음이 확인됨.

○ 돌기한 부분은 너비 9~10m로 농지보다 0.5m 정도 솟아 있음.

3) 龍王鄕 邊崗屯 및 기타 노변강유적

○ 龍王鄕 邊崗屯의 노변강 성벽 기초는 邊崗屯 북쪽으로 약 1km 되는 알칼리성 토지 중에서 확인됨.

○ 邊崗屯 마을의 현지 주민인 李舍春(57세)이 변강유적의 위치와 走向을 알려줌. 그의 말에 의하면 이 변강은 동남-서북 방향으로 이어져 있으며, 서남 방향으로 三崗鄕까지 12.5km나 이어져 있고, 동북 방향으로는 黃金屯의 노변강과 이어져 있다고 함.

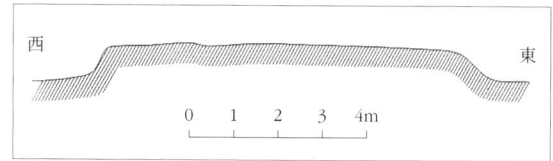

그림 2 龍王鄕 邊崗屯 성벽 기초(張福有 외, 2010a, 254쪽)

(1) 제1 조사지점(그림 2)

○ 지리좌표 : 동경 124°53'941", 북위 44°10'686", 해발 245m임. 노변강 성벽 기초의 방향은 北偏東 45도.

○ 노변강 성벽의 기초는 아주 분명하고, 보존상태 역시 양호한데, 너비 10~13m, 윗너비 8~10m, 잔고

0.5~1m임.

(2) 제2 조사지점
○ 지리좌표 : 동경 124°51'285", 북위 44°09'873", 해발 234m.
○ 노변강 성벽 기초 너비 7~8m, 윗너비 4~5m, 높이 1m임.

(3) 제3 조사지점
○ 지리좌표 : 동경 124°50'057", 북위 44°09'534", 해발 235m.
○ 현재 노변강 성벽 기초는 鄕路와 겹쳐짐.
○ 현재 규모 : 너비 12m, 윗너비 5m, 높이 1.5m임.

4) 三崗鄕 安樂村 李家屯 일대 노변강유적
○ 三崗鄕 廂房子山頭村부터는 구릉 지대로 진입되는데, 이 구릉은 남북방향으로 뻗어 있음.
○ 三崗鄕 安樂村 李家屯의 원래 이름은 李邊崗, 汪邊崗임.
○ 李家屯에서 현지 농민 李明富(68세)를 방문하여 조사했는데, 그는 노변강 성벽 기초의 위치를 명확하게 가리켰을 뿐만 아니라, 변강과 邊崗道 관련 고사를 말해주었음.
○ 이곳의 노변강 유적은 동북쪽으로 龍王鄕의 변강과 이어져 있고, 서남쪽으로는 공주령 쌍성보의 변강과 이어져 있음.

(1) 제1 조사지점
○ 지리좌표 : 동경 124°44'896", 북위 44°03'326", 해발 267m임.
○ 방향 : 노변강 성벽 기초의 방향은 북편동 30도.
○ 현재의 지표는 약간 돌기해 있지만, 농로가 되었음.

(2) 제2 조사지점
○ 지리좌표 : 동경 124°46'042", 북위 44°04'549", 해발 260m임.
○ 변강둔에서 향로와 노변강 성벽 기초가 합해져 있으며, 이곳에서 공주령시 경내로 진입됨.

5. 역사적 성격

현재까지의 조사현황만 놓고 본다면, 農安 경내의 邊崗 유적은 동북쪽으로는 德惠市, 서남쪽으로는 公主嶺市(舊 懷德) 일대의 노변강유적과 이어지는 것으로 파악됨. 이에 종전에는 松遼大平原을 종단하는 老邊崗유적이 農安-公主嶺 일대에서 시작해 遼河 하구의 營口에 이른다고 보았는데(李健才, 1987; 王建群, 1987), 동북쪽 기점이 북류 松花江 남안까지 연장된 것임. 이에 일찍부터 노변강유적을 고구려 천리장성과 관련시켰던 吉林省의 중국학자들은 북류 松花江 남안에서 遼河 하구에 이르는 구간에 천리장성을 축조했을 것으로 파악함(李健才, 1991; 馮永謙, 2002; 張福有·孫仁杰·遲勇, 2010).

다만 農安뿐 아니라 그 동북쪽의 德惠 경내에서도 邊崗 유적이 확인되었을 뿐 아니라, 德惠-農安-公主嶺 일대의 변강 유적을 연결하면 農安古城이 위치한 農安縣 소재지 일대는 邊崗 유적의 외곽에 위치하게 됨. 이에 李健才는 종전 견해를 수정하여 農安은 후기 부여의 왕성일 뿐이고, 고구려 부여성은 전기 부여의 왕성이었던 吉林市 龍潭山城이라고 파악하기도 함(李健才, 1991). 다만 이 경우에도 吉林市 일대가 노변강 유적에서 멀리 떨어졌다는 문제가 발생하자, 다시 천리장성의 기점으로 나오는 부여성은 고구려 후기의 부여성(길림 용담산성)이 아니라 후기 부여의 왕성을 지칭한다며 農安古城으로 비정함(李健才, 2000).

그렇지만『三國史記』지리지4나『遼史』지리지

東京道 通州와 龍州 黃龍府조 등을 종합하면, 현재의 農安古城은 1013년에 신축한 黃龍府의 치소성이고, 요나라가 발해를 멸망시킨 다음 발해 부여부에 설치했던 黃龍府의 원위치는 農安古城의 서남쪽으로 파악됨. 후기 부여의 중심지 및 고구려 후기의 부여성은 農安古城 서남쪽의 伊通河 상류나 그 지류인 新開河 유역에 위치했던 것임(여호규, 2000).[1] 그러므로 현재의 농안고성 위치를 근거로 고구려 후기 부여성과 노변강 유적의 위치 관계를 파악해서는 안 됨.

한편 요령성의 중국학자들은 고구려 천리장성은 요동지역에 축조한 기존의 산성을 연결한 것이라며 松遼大平原을 종단하는 노변강유적과 천리장성의 연관 관계를 상정하지 않음(陳大爲, 1989; 王綿厚, 1990; 梁振晶, 1994). 다만 陳大爲나 王綿厚는 고구려가 천리장성=산성연방선 이외에 遼河 연안을 따라 별도의 장성을 축조했다고 보기도 함(陳大爲, 1995; 王綿厚, 1994). 한편 韓日 학계에서도 松遼大平原을 종단하는 老邊崗유적을 고구려 千里長城과 연결시켜 이해하는 견해(손영종, 1997; 신형식, 1997; 田中俊明, 1999; 여호규 2000)와 이를 부인하는 견해(李成制, 2014)가 대립하고 있는 상태인데, 문헌사료와 고고자료를 종합해 천리장성의 경로를 이해할 필요가 있음.[2]

---

[1] 후기 부여의 중심지 및 고구려 후기 부여성의 위치에 대해서는 '농안 농안고성' 항목의 역사적 성격 참조.

[2] 松遼大平原을 종단하는 老邊崗유적과 고구려 千里長城의 연관 관계에 대한 상세한 논의는 '공주령 노변강 유적' 항목의 역사적 성격 참조.

참고문헌

- 吉林省文物志編修委員會, 1985, 『懷德縣文物志』.
- 馮永謙·何薄瀅, 1986, 『遼寧古長城』, 遼寧人民出版社.
- 王建群, 1987, 「高句麗千里長城」, 『博物館研究』 1987-3.
- 李健才, 1987, 「東北地區中部的邊崗和延邊長城」, 『遼海文物學刊』 1987-1.
- 陳大爲, 1989, 「遼寧境內的高句麗遺蹟」, 『遼海文物學刊』 1989-1.
- 王綿厚, 1990, 「東北古代夫餘部的興衰及王城變遷」, 『遼海文物學刊』 1990-2.
- 李健才, 1991, 「唐代高麗長城和扶餘城」, 『民族研究』 1991-4.
- 李健才, 1992, 『東北亞歷史與文化』, 遼瀋書社.
- 馮永謙, 1992, 「東北古代長城考辨」, 『東北亞歷史與文化』, 遼瀋書社.
- 王綿厚, 1994, 「鴨綠江右岸高句麗山城綜合研究」, 『遼海文物學刊』 1994-2.
- 梁振晶, 1994, 「高句麗千里長城考」, 『遼海文物學刊』 1994-2.
- 陳大爲, 1995, 「遼寧高句麗山城再探」, 『北方文物』 1995-3.
- 遼寧省 長城學會, 1996, 『遼寧長成』.
- 손영종, 1997, 『고구려사연구』(2), 과학백과사전종합출판사.
- 신형식, 1997, 「고구려 천리장성 연구」, 『백산학보』 49.
- 李健才·劉素雲(주편), 1997, 『東北地區燕秦漢長城和郡縣城的調查研究』, 吉林文史出版社.
- 余昊奎, 1999, 『高句麗 城』 Ⅱ(遼河流域篇), 國防軍史研究所.
- 田中俊明, 1999, 「城郭施設からみた高句麗の防禦體系」, 『고구려발해연구』 .8
- 신형식, 1999, 「천리장성」, 『한국의 고대사』, 삼영사.
- 余昊奎, 2000, 「高句麗 千里長城의 經路와 築城背景」, 『국사관논총』 91.
- 李健才, 2000, 「再論唐代高麗的扶餘城和千里長城」, 『北方文物』 2000-1.
- 馮永謙, 2002, 「高句麗千里長城建置辨」, 『社會科學戰線』 2002-1.
- 張福有·孫仁杰·遲勇, 2010a, 『高句麗千里長城』, 吉林人民出版社.
- 張福有·孫仁杰·遲勇, 2010b, 「高句麗千里長城調查要報」, 『東北史地』 2010-3.
- 李成制, 2014, 「高句麗 千里長城에 대한 기초적 검토」, 『嶺南學』 25.

제5부

교하시(蛟河市) 지역의 성곽

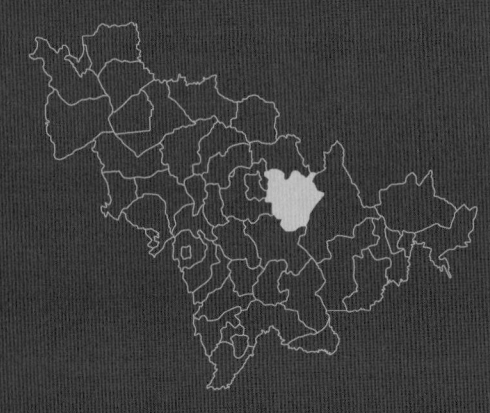

| 유적 분포도 |

△ 산   〰 장성
▲ 산성 ▲ 고분
■ 평지성 ● 기타 유적
▬ 관애

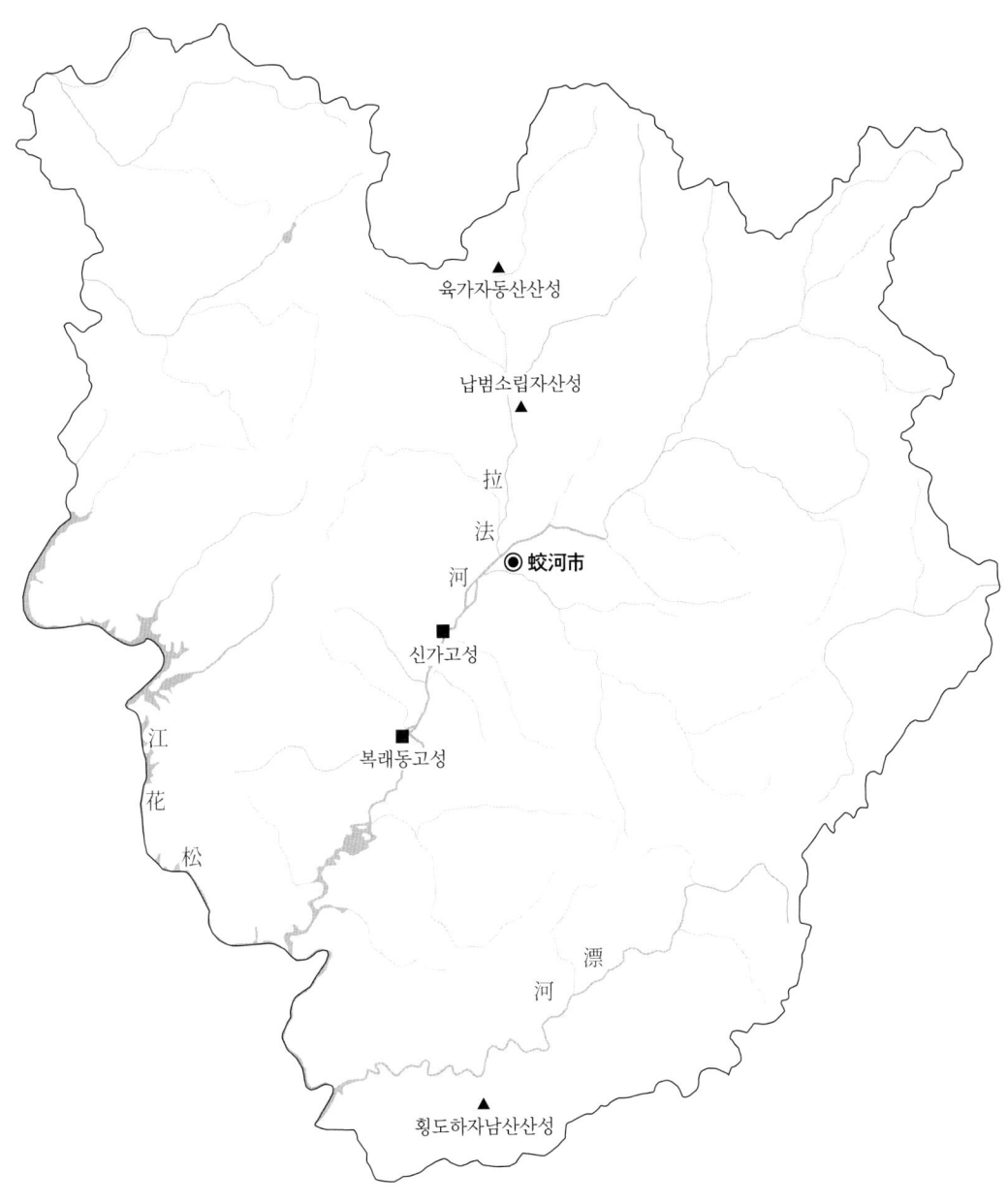

01 교하 신가고성
蛟河 新街古城 | 新街城址

1. 조사현황

1) 1938년 여름
○ 조사기관 : 만주족 주민들의 민생을 위하여 만주국 민생부에서 조사자를 파견하여 고성에 대한 조사를 진행함.
○ 조사 내용 : 고성의 전체적인 현황과 성벽 잔존 양상.
○ 발표 : 山本首, 1938, 『蛟河敦化的古蹟調査報告書』.

2) 1960년
1960년 고성을 조사할 때, 성터 동서 길이 79m, 남북 너비 65.2m(외부의 邊緣 추산)로 측량되었음.

3) 1985년
○ 조사자 : 董學增.
○ 조사내용 : 地水鄕과 松江鄕에서 新街古城과 福來東古城을 조사하고, 유물을 채집하였음.
○ 조사결과 : 新街古城과 福來東古城은 성의 형태와 유물로 보아 漢·晋 시대 부여의 문화유적으로 이해됨.
○ 발표 : 董學增, 1989, 「吉林蛟河縣新街·福來東古城」, 『博物館研究』 1989-7.

2. 위치와 자연환경 (그림 1)

○ 新街古城은 吉林省 蛟河市 地水鎭 地水村(현재 鄕 정부소재지) 동남쪽 평야에 위치함. 地水村이라는 마을은 비교적 늦은 시기에 만들어졌으므로 속칭 新街라고 불리는데, 이로 인해 신가고성으로 불리게 되었음.
○ 新街古城은 동남쪽으로 松花湖와 약 0.5~1km 떨어져 있으며 갈수기에는 蛟河老河道가 드러남. 신가고성의 서쪽 약 1km에 西山屯 마을이 있고, 고성의 북쪽으로는 넓은 충적평야가 펼쳐져 있음.

3. 성곽의 전체현황

○ 토성 동쪽에 별도로 'U'자형의 작은 성이 하나 있는데, 2개 성이 하나의 성을 이룸.
○ 성의 평면은 방형인데, 둘레는 184m, 성벽의 잔고는 0.3m임.
○ 토축 계열인데, 성문터는 확인되지 않았고, 성터는 대부분 파괴되었음.

4. 성벽과 성곽시설

1) 1938년의 조사내용 (山本首, 1938)
○ 토성은 한 변이 약 70보 정도인 아주 작은 성임.
○ 북쪽과 서쪽 양쪽에 성벽이 있으나, 동쪽과 서쪽에는 성벽이 없음.
○ 성벽은 일반적으로 토성의 토벽과 크게 다르지 않음.

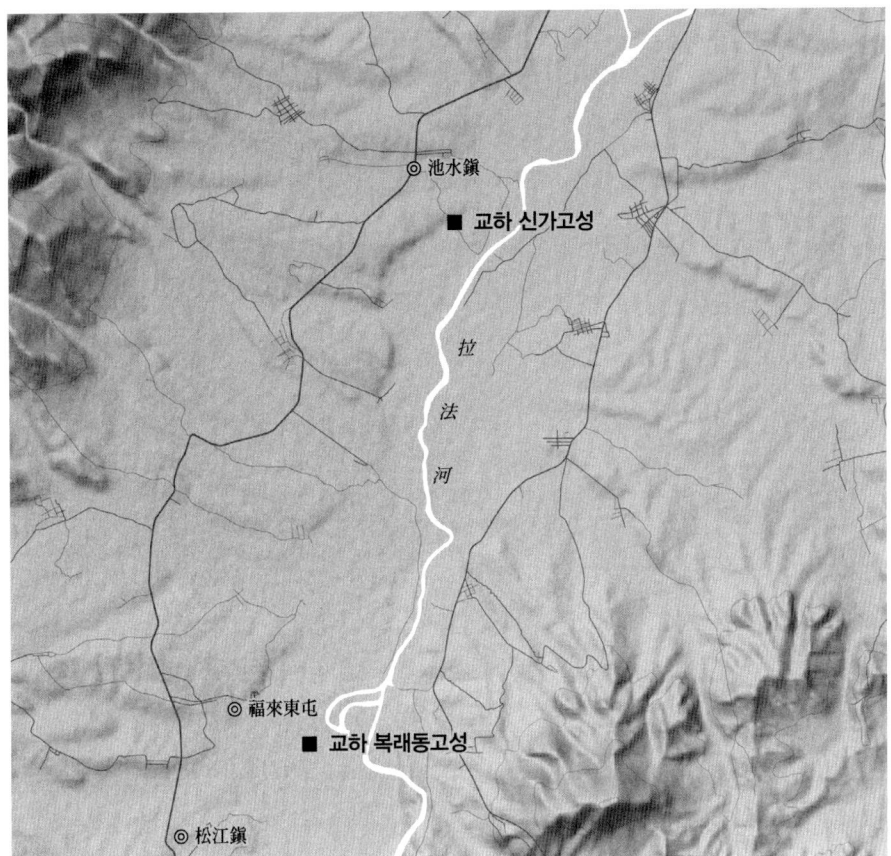

그림 1 신가고성 지리위치도

○ 북쪽이나 서쪽의 바깥에서는 성벽을 확인하기 좋지만, 안쪽에서 보면 성벽이 완전하게 보이지 않음. 북쪽과 서쪽은 모두 높이 6~7m의 경사진 비탈지임. 이런 종류의 경사진 비탈지에는 경작지가 형성되어 있어 원래 성벽을 확인하기 어려움.

○ 남쪽과 동쪽도 성벽의 흔적이 드러나지 않는데, 이런 상황은 두 가지의 가능성이 있음. 먼저 북쪽과 서쪽에 성벽을 축조하고, 동쪽과 남쪽에는 성벽을 설계하지 않았을 가능성이 있음. 다음으로 동쪽과 남쪽에도 원래 성벽이 있었는데 경작으로 인해 훼손되었을 가능성이 있음.

2) 1960년의 조사내용

新街古城의 성터는 동서 길이 79m, 남북 너비 65.2m(외부의 한 변 길이로 추산)로 측량되었음.

3) 1985년의 조사내용(그림 2)

(1) 성벽

○ 新街古城은 황토로 쌓았음.

○ 松花湖의 범람으로 성벽과 벽체 기초가 심하게 훼손되었음. 서벽 전체와 남벽 일부는 재해를 입어 성벽이 남아있지 않음.

○ 성의 평면은 원각 방형이며, 방향은 北偏東 30도임.

○ 성의 동서 길이는 48m, 남북 너비는 46m인데, 각 성벽의 길이는 동벽 46m, 서벽 30m, 남벽 46m, 북벽 48m임.

○ 1960년대의 조사내용과 비교하면 호수의 범람으로 인한 침식의 피해를 입었음이 확인됨. 성벽의 네 둘레는 성벽 기초보다 불과 20~30cm 높고, 성벽 기초 내측에는 완만한 비탈지가 형성되어 있으며, 성 내부의

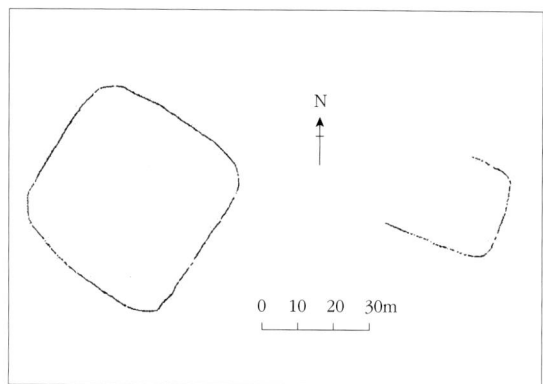

그림 2 신가고성 평면도(오른쪽은 大城, 왼쪽은 小城)(『蛟河縣文物志』, 133쪽)

중부는 약간 오목하게 들어갔음이 확인됨.
○ 성벽 기초의 수직 고도는 1.5~2m 정도이며, 경사도는 약 5m 정도임.

(2) 小城
○ 성의 동쪽 40m 지점에 또 하나의 小城이 있음.
○ 小城은 서측의 口자형의 大城과 子母城을 이룸.
○ 小城의 평면은 U자형이지만, 북벽과 서벽은 자연 및 인공적인 파괴를 입었으며 원래의 형상은 원각장방형이었을 것으로 추정됨. 開口는 서쪽의 큰 성(大城)을 향해 있음.
○ 각 성벽의 길이는 남벽 30m, 북벽 12m, 동벽 24m 이며, 성벽은 주위 평지보다 1.5~2.5m 정도 높음.
○ 소성의 성문은 서측에 있음.

5. 성내시설과 유적

○ 성 안의 중부는 약간 오목하게 들어갔음.
○ 동북쪽은 약간 낮고 서남쪽은 약간 높음.
○ 小城의 안쪽은 동서 방향으로 경사진 모양을 띰.

6. 출토유물(그림 3)

1) 1938년 조사보고서의 출토유물
성 안팎에는 모두 농작물이 매우 무성한 상태로 조사 시 많은 불편을 겪었음. 지표면에는 기와와 토기편이 보이지 않음.

2) 1960년의 고성 조사 때의 채집유물
홍갈색과 회갈색의 굵은 모래가 섞인 圓錐 모양의 솥다리(鬲足; 鼎足) 2점, 토기 바닥(圓平器底) 2점, 토기 구연부(陶盤口沿) 1점, 파수(環狀耳) 3점, 시루편(泥質灰陶甑底) 2점, 격자문 토기편(模印方格文陶片) 2점을 채집하였음.

3) 1985년 조사 때의 출토유물
○ 성벽의 윗면과 성내 지표에서 석기 및 토기 유물이 산포해 있음.
○ 홍갈색의 거친 모래 토기와 니질의 회갈색 토기 구연부 16점, 고리 모양의 파수(環狀耳)와 기둥 모양의 파수(柱狀耳) 6점, 토기 바닥(圓平底) 2점, 方柱 모양의 솥다리(鬲足; 鼎足) 1점, 제기(陶豆) 파손품 4점, 模印 격자문 토기편 2점을 채집하였음. 이 밖에 또 돌도끼(石斧) 1점이 있음.[1]

4) 출토유물의 성격
○ 1960년, 1985년 두 차례에 걸쳐 채집한 유물로 볼 때 생활용구가 가장 많음. 이로써 사람이 거주했음을 알 수 있지만, 유물이 비교적 소량인 것으로 보아 거주한 기간은 길지 않았던 것으로 추정됨(董學增, 1989).
○ 신가고성의 채집 유물은 길림시교 '문화3'의 유물

---

[1] 성내에서 동이(泥質 灰陶盆), 격자문 토기편(模印方格文陶片), 제기(夾砂褐陶豆), 파수(器耳殘段) 잔편 등이 채집됨(國家文物局, 1993).

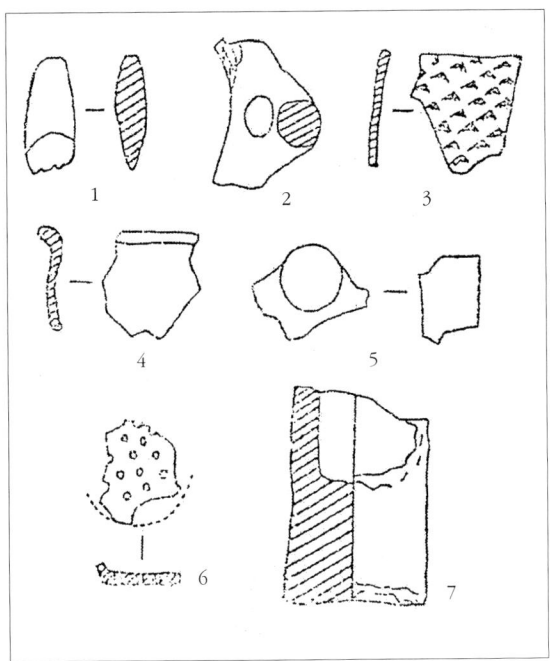

그림 3 신가고성 채집 유물(董學增, 1989, 135쪽)
1. 돌도끼 2. 파수 3. 격자문 토기편 4. 토기 구연
5. 기둥모양의 파수 6. 시루 저부 7. 제기의 기둥 부분

과 성격이 같음. '문화3' 유물은 '문화2(서단산문화)'와 계승관계가 있거나 혹은 밀접한 관계가 있으며 '문화2'의 유물 연대는 서단산 후기 혹은 漢代와 동일한 시기로 추정됨. 張忠培 교수는 『吉林市郊古代遺址的文化類型』에서 길림시교의 고대문화는 세 종류의 서로 동일하지 않는 유형으로 구분되며, '문화3'의 유물 특징에 대하여 "이 문화의 토기는 모두 홍갈색의 모래섞인 조잡한(粗) 토기에 속하며, 태토 속에 '문화2'(서단산문화를 가리킴)의 비교적 모래입자가 함유된 砂質 홍갈색 토기라서 조잡(粗)하다는 것인데 재료가 섞여 들어갔을 가능성이 있음. 토기는 모두 민무늬에 어떤 것은 두드리고 갈아서 매끈하게 만들었음. 제작방법에 있어 진흙을 직접 붙인 기술은 '문화2'와 서로 같음. 현재 알려진 기형으로는 구연부가 말려 올라갔거나(卷沿) 혹은 꺾인(折沿) 동체가 둥근 호(鼓腹罐, 曲復罐), 구멍이 많은 시루(多孔甑)와 제기(陶豆) 등이 있음. 손잡이는 豎耳로 가로 단면은 운형인데 '문화2'와 구별됨. 제기는 2종류의 형식이 있는데, 하나는 기둥의 가운데가 비어 있고, 하나는 기둥 가운데가 채워져 있음. 제기의 제작방법도 전통적인 제작 기술을 답습하였기 때문에 분명하다"고 지적함. 두 차례의 조사에서 채집한 토기로 볼 때, 토기의 태토, 색깔, 또 제작방법과 형태는 모두 길림시교 '문화3'의 유물과 서로 같음. '문화3'과 서단산문화(문화2)의 관계에 관하여 張忠培 교수는 '문화2'와 '문화3'의 토기의 제작방법은 서로 같으며, 그 기형의 형태도 비교적 비슷한데, 둘의 관계는 비교적 밀접하다고 할 수 있고, 혹은 그 둘 간에는 직접적인 계승관계가 존재할 것으로 추정하였음.

1982년 길림시박물관이 吉林市 泡子沿前山 서단산문화 거주지를 발굴하였을 때, 제3호 주거지 상층에서 태토에 굵은 砂質이 함유되고 구연이 외반되고 꺾이고 목이 길고 동체는 둥글며 고리모양의 손잡이가 있는 호, 철제자귀(鐵錛), 철제괭이(鐵鋤) 등이 출토되었는데, 상대 연대는 서단산문화 후기 혹은 漢代와 동일한 시기로 추정됨(王禹浪·王宏北, 1994).

7. 역사적 성격

新街古城은 북류 松花江의 지류인 拉法河 유역에 위치하는데, 전기 부여의 중심지인 吉林지역의 동쪽에 해당함. 남쪽으로 흐르는 拉法河를 따라 하류로 9km 정도 가면 蛟河縣 松江鄕에 복래동고성이 있는데, 두 성 모두 교하시의 西岸에 자리하고 있어서 일정한 관계가 있을 것으로 추정됨.

新街古城에서는 주로 생활용구가 출토되었는데, 유물의 양은 많지 않았음. 이에 新街古城은 사람들이 거주한 장소이지만, 그 거주기간은 길지 않았을 것으로 파악하기도 함(董學增, 1989). 또한 신가고성이 부여의 영역 범위에 해당하는 북류 송화강 유역에 위치하고, 성곽 형태가 '둥글다'는 부여의 성책처럼 원각방형이며, 성 내부에서 출토된 토기가 부여의 제기(豆)와 흡사하다는 점 등을 들어 부여시기에 처음 축조되어 고구려와 발해를 거치며 계속 사용되었을 것으로 파악하기도 함(董學增, 1989; 王禹浪·王宏北, 1994).

新街古城에서 고구려시기라고 단정할만한 유물은 출토되지 않았지만, 蛟河市 일대가 고구려 중후기의 경역에 해당한다는 점에서 고구려 성곽일 가능성을 완전히 배제하기는 힘듦. 다만 평지상에 위치한 소형 성곽이라는 점에서 군사방어적 기능보다는 거주와 관련한 기능이 더 컸을 것으로 보임.

참고문헌

- 山本首, 1938, 『蛟河敦化的古蹟調査報告書』.
- 張忠培, 1953, 「吉林市郊古代遺址的文化類型」, 『吉林大學社會科學學報』 1953-1.
- 吉林省文物志編委會, 1986, 『蛟河縣文物志』, 吉林省文物志編修委員會.
- 董學增, 1989, 「吉林蛟河縣新街·福來東古城」, 『博物館研究』 1989-2.
- 國家文物局, 1993, 『中國文物地圖集』 吉林分冊, 中國地圖出版社.
- 吉林市地方志編纂委員會, 1994, 『吉林市志文物志』, 吉林文史出版社.
- 王禹浪·王宏北, 1994, 『高句麗·渤海古城址研究匯編』 (上), 哈爾濱出版社.
- 이종수, 2003, 「扶餘城郭의 特徵과 關防體系硏究」, 『白山學報』 67.
- 李鍾洙, 2004, 「夫余文化硏究」, 吉林大學 박사학위논문.

02 교하 복래동고성
蛟河 福來東古城 | 松江村古城

1. 위치와 자연환경

○ 蛟河 福來東古城은 吉林省 蛟河市 松江鎭 松江村 福來東屯 동남쪽으로 약 2km 떨어진 평야에 위치함. 福來東古城의 동쪽으로 약 300m 거리에 蛟河老河道가 있으며, 강을 사이에 두고 杉松頂子山과 마주하고 있음.

○ 고성의 서북쪽 2km 거리에는 福來東屯 마을이 있고, 서남쪽 2.5km 거리에는 金星屯 마을이 있음.

2. 성곽의 전체현황

○ 고성의 평면은 원형에 가까운 圓角方形인데, 둘레 약 160m임.

○ 성벽은 흙으로 축조했는데, 남문이 있었을 것으로 추정됨.

○ 현재는 松江湖에 수몰된 상태임.

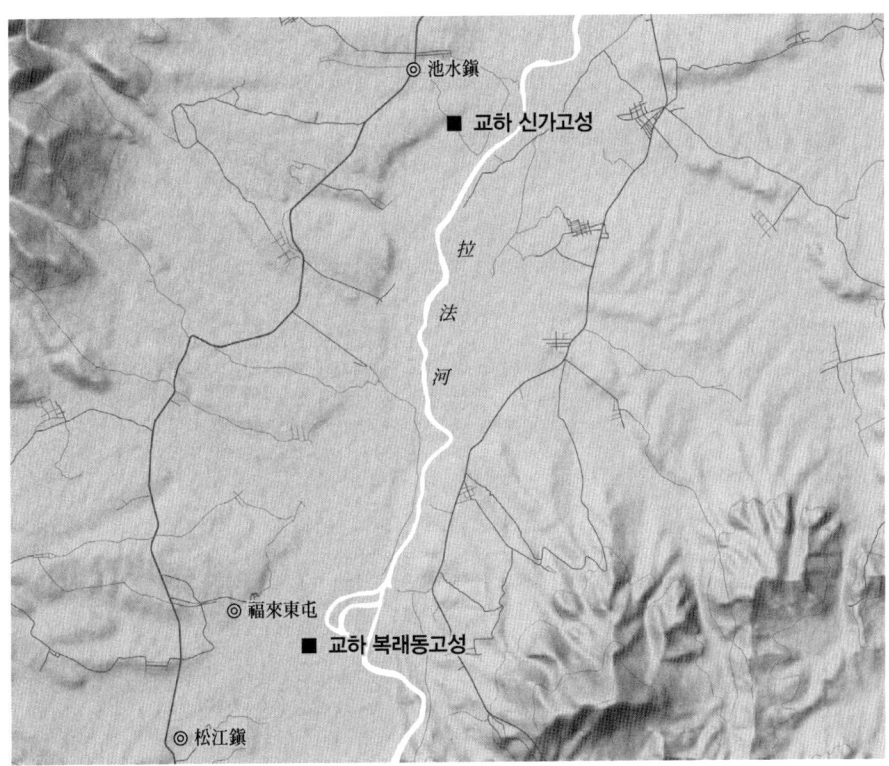

그림 1 복래동고성 지리위치도

3. 성벽과 성곽시설

1) 성벽
○ 복래동고성은 홍수기에는 松江湖에 수몰되고 갈수기에 성터가 드러남.
○ 수몰과 노출의 반복으로 고성의 윤곽이 분명하지 않게 됨.
○ 부근의 평지보다 0.8~1.5m 높음.

2) 성문: 남문
원래 문길(門道)이 고성의 남벽에 있었을 것으로 추정됨.

4. 성내시설과 유적

1) 구덩이(坑)
○ 성 중간 부분은 약간 함몰되어 솥 바닥 모양을 이룸.
○ 구덩이의 직경은 10m, 깊이는 40~50cm.

2) 土臺
○ 土臺子의 북측이 약간 높고, 남측은 약간 낮음.
○ 우선 土臺를 닦은 다음에 土臺子 주위에 성벽을 축조하였음.

5. 출토유물

○ 성의 내부에는 토기편이 흩어져 있음.
○ 홍갈색의 거친 모래 토기 구연 1점, 고리 모양의 파수(環狀耳) 1점, 토기 저부편(圓平底) 1점, 니질 회색 토기 구연 4점, 격자문(模印方格文) 토기편 10점 등이 출토됨(그림 2).
○ 복래동고성에서 출토된 유물은 그 태토와 형태로 보아 蛟河 新街古城의 출토유물과 같음. 이로 볼 때 복래

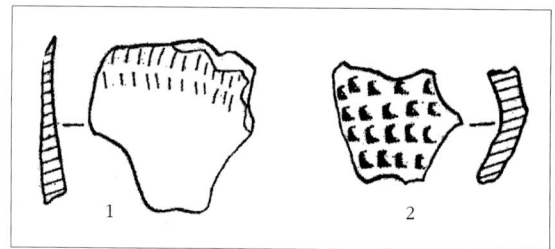

그림 2 복래동고성 채집유물(『蛟河縣文物志』, 136쪽)
1. 토기편(새김문)   2. 토기편(격자문)

동고성의 연대, 성격과 족속은 蛟河 新街古城과 유사한 점이 있을 것으로 이해됨.

6. 역사적 성격

福來東古城은 북류 松花江의 지류인 拉法河 유역에 위치하는데, 전기 부여의 중심지인 吉林지역의 동쪽에 해당함. 남쪽으로 흐르는 拉法河를 따라 상류로 9km 정도 거슬러 올라가면 新街古城이 나오는데, 두 성 모두 교하시의 西岸에 자리하고 있고 유물 출토양상도 유사하여 일정한 관계가 있을 것으로 추정됨.

복래동고성이 부여의 영역 범위에 해당하는 북류 송화강 유역에 위치하고, 성곽 형태가 '둥글다'는 부여의 성책처럼 원각방형이며, 성 내부에서 출토된 토기가 신가고성처럼 부여의 제기(豆)와 흡사하다는 점 등을 들어 부여시기에 처음 축조되어 고구려와 발해를 거치며 계속 사용되었을 것으로 파악하기도 함. 복래동고성의 축조시기나 성격은 신가고성과 기본적으로 동일하다는 것임(董學增, 1989; 王禹浪·王宏北, 1994).

복래동고성에서 고구려시기라고 단정할 만한 유물은 출토되지 않았지만, 蛟河市 일대가 고구려 중후기의 경역에 해당한다는 점에서 고구려 성곽일 가능성을 완전히 배제하기는 힘듦. 다만 평지상에 위치한 소형 성곽이라는 점에서 군사방어적 기능보다는 거주와 관련한 기능이 더 컸을 것으로 보임.

참고문헌

- 張忠培, 1963, 「吉林市郊古代遺址的文化類型」, 『吉林大學社會科學報』 1963-1.
- 董學增, 1989, 「吉林蛟河縣新街·福來東古城」, 『博物館研究』 1989-2.
- 吉林省文物志編委會, 1986, 『蛟河縣文物志』, 吉林省文物志編修委員會.
- 國家文物局, 1993, 『中國文物地圖集』 吉林分冊, 中國地圖出版社.
- 吉林市地方志編纂委員會, 1994, 『吉林市志文物志』, 吉林文史出版社.
- 王禹浪·王宏北, 1994, 『高句麗·渤海古城址研究匯編』 (上), 哈爾濱出版社.
- 이종수, 2003, 「扶餘城郭의 特徵과 關防體系硏究」, 『白山學報』 67.
- 李鍾洙, 2004, 「夫余文化硏究」, 吉林大學 박사학위논문.
- 이종수, 2009, 『松花江유역 초기철기문화와 夫餘의 문화기원』, 주류성.
- 董學增, 2010, 「古代夫余人的物質生活」, 『博物館研究』 2010-4.

03 교하 납법소립자산성
蛟河 拉法小砬子山城 | 小砬子山城

1. 조사현황

1) 1983년 4월~1985년 말
○ 吉林市 문물관리위원회를 주축으로 7개 縣과 區의 문화재를 조사하여 문물지를 편찬할 때, 拉法小砬子山城을 비롯한 총 63기의 성곽을 조사함.
○ 시문물보호단위로 지정.

2. 위치와 자연환경 (그림 1~그림 3)

○ 蛟河市 拉法鄕 동북쪽 2km 거리의 拉法河의 좌안에 있는 小砬子山에 위치함. 이곳은 북류 송화강의 지류인 拉法河의 東岸(좌안)에 해당하는데, 산성의 서쪽 산 아래가 河岸임.
○ 小砬子는 7개의 산봉우리로 이루어져 있는데, 가장 높은 지점은 해발 570m이며, 가장 낮은 지점은 해발 359m임. 그 남반부는 拉法鄕에 속하고, 북반부는 新站鎭에 속함.
○ 서북측 3개의 산봉우리는 서북에서 동남 방향으로 뻗어 나가는 형세를 띠며, 비교적 높은 산봉우리임. 拉法河 주위 몇십 리 범위 내에서 3개의 산봉우리를 확연하게 볼 수 있는데, 소립자산성은 이 3개의 산봉우리 가운데 해발 481m인 산봉우리의 서쪽 비탈에 자리잡고 있음.
○ 산봉우리 아래로 두 갈래의 방사모양 작은 산등성이

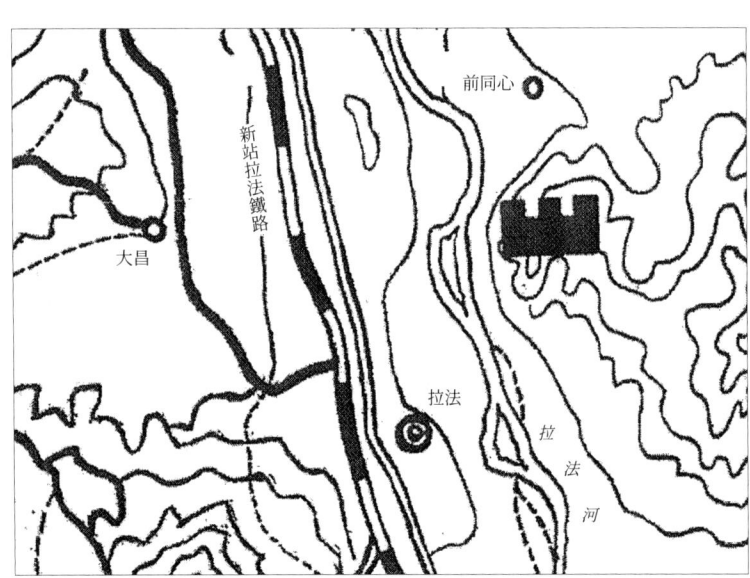

그림1 납법소립자산성 지리위치도 1
(『蛟河縣文物志』, 139쪽)

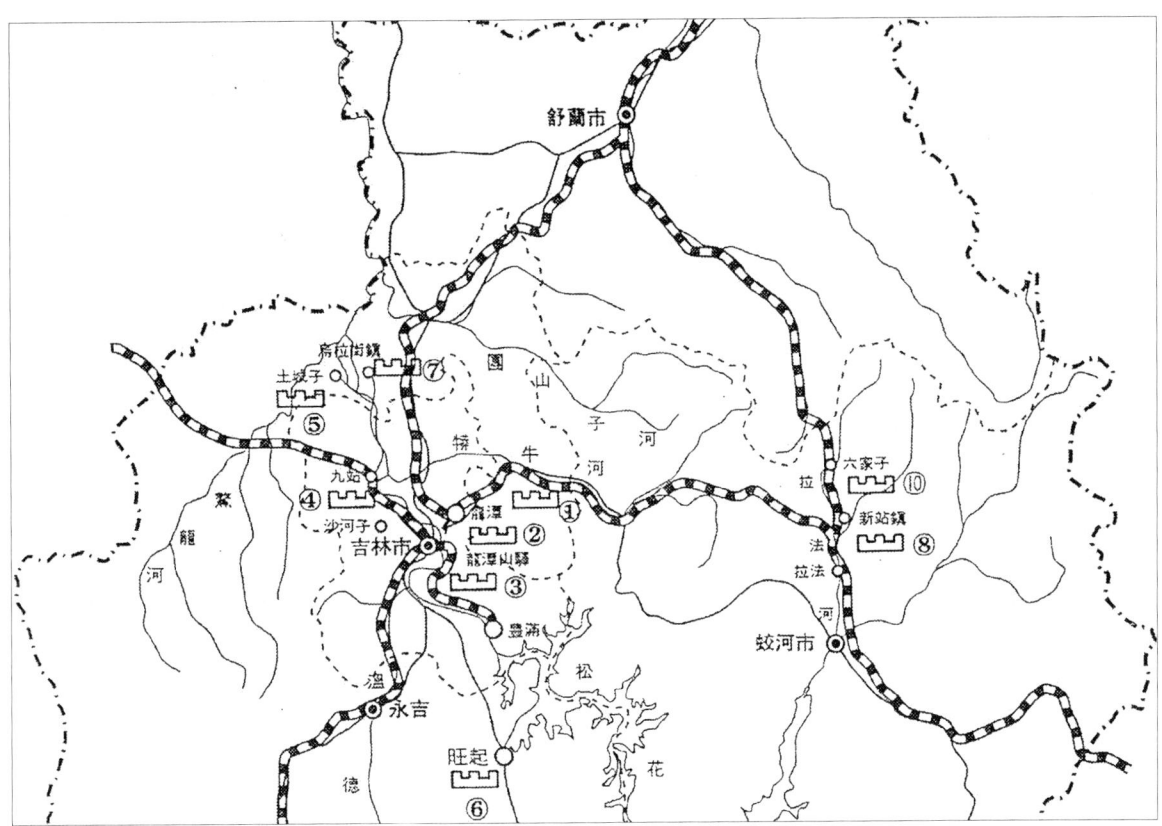

그림 2 납법소립자산성 지리위치도 2(⑧번) (서길수 1995, 257쪽)

그림 3 납법소립자산성 지리위치도 3

가 있고, 산등성이 서쪽 비탈에 산성을 조영함. 산성의 남북 양측은 가파르고 중간의 서쪽은 낮고 완만한 지세인데, 산성을 축조하기에 양호한 자연조건임.

3. 성곽의 전체현황(그림 4)

○ 산성의 평면은 불규칙한 사다리 모양으로 둘레는 약 414m임.
○ 성벽은 흙벽돌(土壞)을 이용하여 쌓았고, 서벽에 문지가 하나 있음.
○ 서북, 서남, 동남 등의 모서리에 망대가 있음.
○ 성벽은 이미 심하게 파괴되었음.
○ 성 내부에서는 특별한 유구나 유물은 확인되지 않았음.

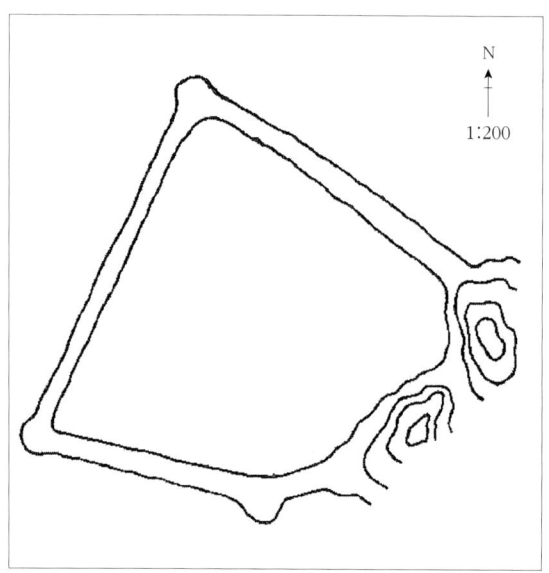

그림 4 납법소립자산성 평면도(『蛟河縣文物志』, 140쪽)

4. 성벽과 성곽시설

1) 성벽
○ 성벽은 자연 지형을 충분히 이용하여 축조했는데, 남북 양쪽 산등성이는 약간 인공적으로 가공하여 남북 성벽을 만들었고, 동벽은 산봉우리를 천연 성벽으로 삼았으며, 서벽은 인공적으로 성벽을 축조하였음.[1]
○ 성벽은 불에 구운 흙벽돌(燒壞)로 축조한 다음, 산흙(山皮土)으로 외면을 덮었음. 흙벽돌은 길이 약 35cm,[2] 너비 약 20cm, 두께 약 10cm임. 성벽은 흙벽돌을 5~12층 쌓았는데 층수는 균일하지 않음. 중간의 낮은 곳은 층수가 많은 반면, 양측의 높은 곳은 적게 쌓아 대체로 높이가 같음.
○ 서벽은 길이 130m, 아랫너비 7.9m, 윗너비 1.8m.[3] 성벽 내측 높이는 0.1~0.45m, 성벽 외측 높이는 0.5~1.5m.
○ 남벽은 길이 109m, 그중 서쪽 구간은 79m, 동쪽 구간은 30m, 아랫너비 10~15m, 윗너비 2m. 벽체 바깥은 가파르며 험준함.
○ 북벽은 길이 110m, 아랫너비 9m, 윗너비 2m.

2) 성문
서벽의 꼭대기 부분은 평평하지 않음. 서북 모서리에서 약 30m 떨어진 구간은 서벽 가운데 가장 낮은 곳으로 서북 각루보다 약 5m 낮은데, 성문터(門址)일 가능성이 있음.

3) 망대(瞭望臺; 角樓; 角臺)
○ 성벽에는 서북, 서남, 동남 등 세 모서리에 망대가 한 곳씩 있음.
○ 직경 8~12m임.

---

1 國家文物局(1993)에서는 동, 남, 북 3면은 대체로 절벽을 이용하면서 약간의 인공적인 축성을 가하여 만들었다고 함.
2 吉林省文物志編纂委會 1986, 140쪽에 '3.5cm'라고 나오지만, 35cm의 오기로 보임.
3 吉林市地方志編纂委員會 1994, 115쪽에는 "아랫너비 10~15m, 윗너비 2m"로 나옴.

5. 역사적 성격

拉法小砬子山城은 북류 松花江의 지류인 拉法河 유역에 위치하는데, 전기 부여의 중심지인 吉林지역의 동쪽에 해당함. 남쪽으로 흐르는 拉法河를 따라 하류로 내려가면 蛟河市 소재지의 서쪽 평원지대에 新街古城과 福來東古城 등의 소규모 평지토성이 위치하고 있는데, 두 성은 성곽 평면이나 출토유물상 부여 시기에 처음 축조되어 고구려나 발해시기까지 사용되었을 것으로 추정되고 있음(董學增, 1989; 王禹浪·王宏北, 1994).

이에 비해 拉法小砬子山城은 新街古城이나 福來東古城보다 拉法河 상류 방면에 위치한 산성임. 拉法小砬子山城은 산의 자연지세를 잘 이용해 성벽을 축조하고, 험준한 절벽이나 벼랑을 천연성벽으로 삼는 고구려 산성의 기본적인 특징을 갖고 있는 것으로 파악됨. 특히 고구려 산성의 유형을 둥근 산골짜기 분지를 이용한 유형과 두 줄기의 산으로 둘러싸인 협곡에 축조한 유형 등으로 분류한 다음, 拉法小砬子山城은 협곡에 해당한다며 고구려 산성으로 파악하기도 함(吉林省文物志編委會, 1986).

拉法小砬子山城을 고구려 성곽이라고 단정할 만한 유물이나 유구는 확인되지 않았음. 특히 고구려 성벽은 일반적으로 석벽이나 토벽인데, 납법소립자산성의 서벽은 불에 구운 흙벽돌로 쌓았다는 점에서 일반적인 고구려 성벽과 다름. 다만 蛟河市 일대가 고구려 중후기의 경역에 해당하며, 拉法小砬子山城의 입지조건이나 축성방식이 다른 고구려 산성과 유사한 점이 많다는 점에서 고구려 성곽일 가능성을 완전히 배제하기는 힘듦. 고구려 성곽이라면, 拉法河 연안에 연접한 산줄기에 위치했다는 점에서 拉法河 연안 일대를 공제하려는 목적에서 축조했을 것으로 추정됨.

참고문헌

- 吉林省文物志編委會, 1986, 『蛟河縣文物志』, 吉林省文物志編修委員會.
- 董學增, 1989, 「吉林蛟河縣新街·福來東古城」, 『博物館研究』1989-2.
- 國家文物局, 1993, 『中國文物地圖集』吉林分冊, 中國地圖出版社.
- 吉林市地方志編纂委員會, 1994, 『吉林市志文物志』, 吉林文史出版社.
- 王禹浪·王宏北, 1994, 『高句麗·渤海古城址研究匯編』(上), 哈爾濱出版社.
- 馮永謙, 1994, 「高句麗城址輯要」, 『北方史地研究』, 中州古蹟出版社.
- 서길수, 1995, 「松花江 流域의 高句麗 山城 研究(1)」, 『고구려연구』1.
- 東潮·田中俊明, 1995, 『高句麗の歷史と遺跡』, 中央公論社.
- 魏存成, 1999, 「길림성 내 고구려산성의 현황과 특징」, 『고구려연구』8.
- 魏存成, 2002, 『高句麗遺蹟』, 文物出版社.
- 정원철, 2010, 「高句麗山城硏究」, 吉林大學 박사학위논문.
- 魏存成, 2011, 「中國境內發現的高句麗山城」, 『社會科學戰線』2011-1.
- 양시은, 2013, 「고구려성 연구」, 서울대학교 박사학위논문.

04 교하 육가자동산산성
蛟河 六家子東山山城 | 東山山城

1. 조사현황

1) 1983년 4월~1985년 말
○ 吉林市 문물관리위원회를 주축으로 7개 縣과 區의 문화재를 조사하여 문물지를 편찬할 때, 육가자동산산성을 비롯한 총 63기의 성곽을 조사함.
○ 시문물보호단위로 지정됨.

2. 위치와 자연환경(그림 1~그림 3)

○ 길림성 蛟河市 新站鎭 六家子村에서 동쪽으로 약 2.5km 떨어진 山에 위치함. 동쪽 5km 거리에 東溝村, 서쪽 2.5km 거리에 六家子屯, 북쪽 4km 거리에 民主村 등이 있고, 남쪽으로 蛟河-舒蘭 철도를 사이에 두고 洋橋屯과 2.5km 떨어져 있음. 산 아래로는 拉法河의 지류인 民主河가 북에서 남으로 흘러감.
○ 六家子東山은 老爺嶺의 지맥에 속하며 부근의 평지보다 약 300m 정도 높은데, 남북방향으로 뻗어나간 형세를 띰. 六家子東山에는 모두 4개의 산봉우리가 있는데, 북부의 산봉우리가 주봉으로 이 산봉우리의 서, 북, 동 3면은 아주 가파르며, 남면은 비교적 평평하고 완만함.

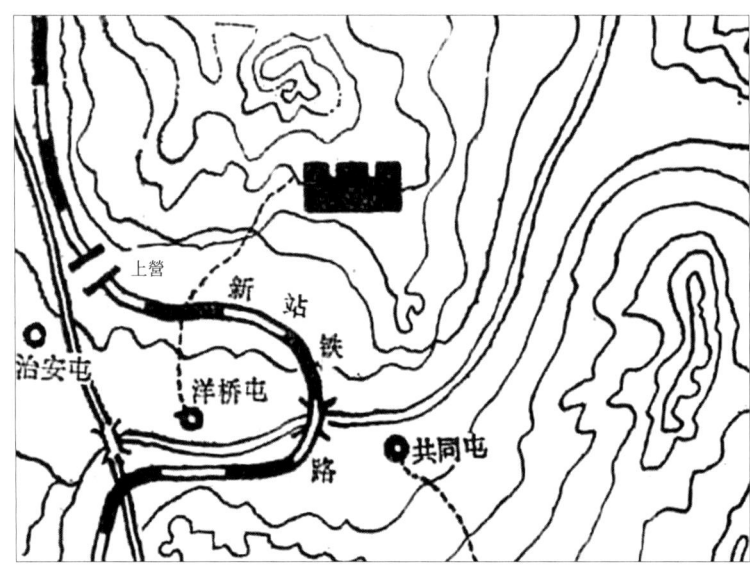

그림 1 육가자동산산성 지리위치도
(『蛟河縣文物志』, 142쪽)

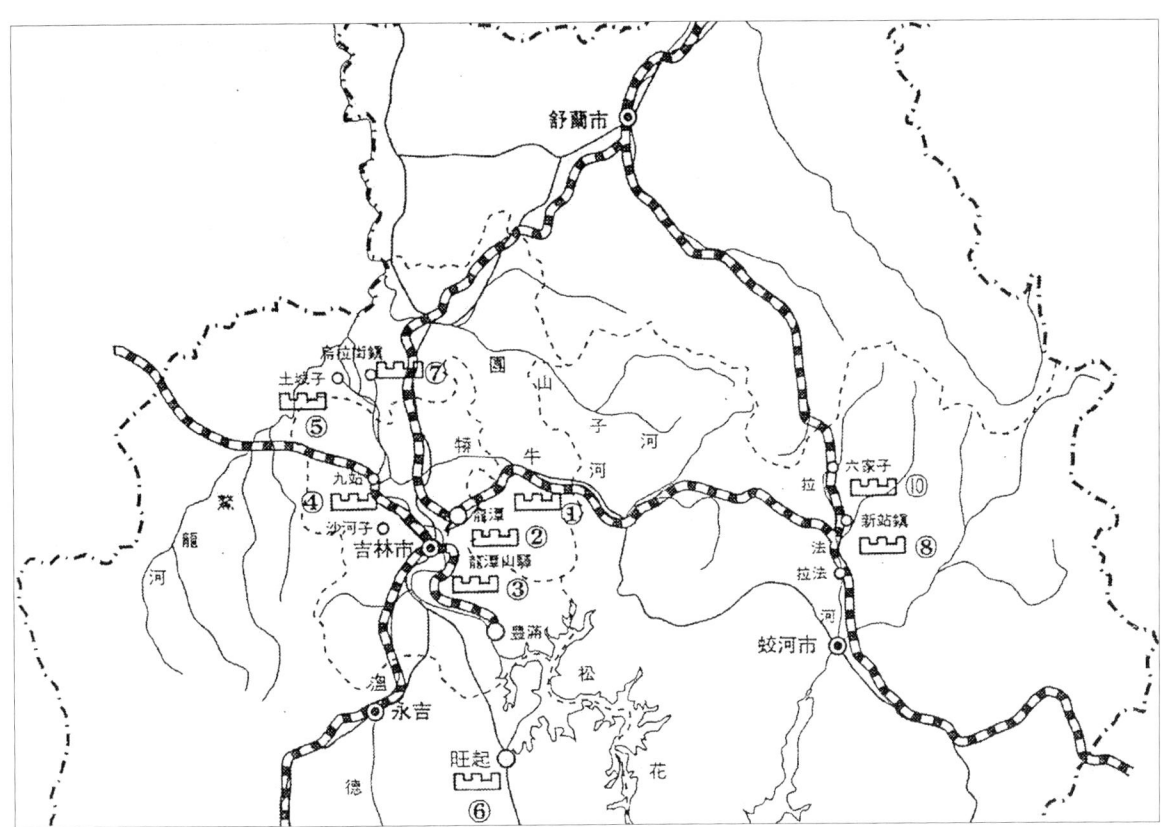

그림 2 육가자동산산성 지리위치도 2(⑩번) (서길수, 1995, 257쪽)

그림 3 육가자동산산성 지리위치도 3

제5부 교하시(蛟河市) 지역의 성곽 141

3. 성곽의 전체현황

○ 성곽의 평면은 타원형인데, 남북 길이 65m, 동서 너비 45m임.
○ 성벽은 토석혼축으로 축조했고, 서남쪽(서쪽)에 성문이 1개 있음.
○ 사면이 높고 중간이 낮음. 성 내부의 지세는 서쪽이 높고 동쪽이 낮음.

4. 성벽과 성곽시설

1) 성벽
○ 산성은 산세에 따라 주봉에 축조하였음. 동, 서, 남쪽은 산등성이를 천연성벽으로 삼고, 북쪽은 토석혼축으로 인공성벽을 쌓았음.
○ 성곽의 남북 길이는 65m, 동서 너비는 45m임. 북벽의 최고 높이는 10.2m, 최저 높이는 4.6m, 윗너비는 3.6m(가장 좁은 곳 3m) 등으로 조사됨(吉林省文物志編委會, 1986, 142쪽).[1]

2) 성문
서남부(서쪽)에 문길(門道)이 하나 있는데, 너비는 약 7m임.

5. 성내시설과 유적

성내시설과 유적은 남아있지 않음.

6. 출토유물

산성의 내부에서 일찍이 황갈색의 모래혼입 토기편을 채집하였는데, 소성온도는 비교적 낮으며, 기형을 판별하기 어려움.

7. 역사적 성격

六家子東山山城은 북류 松花江의 지류인 拉法河 상류의 民主河 유역에 위치하는데, 이 일대는 전기 부여의 중심지인 吉林지역의 동쪽에 해당함. 六家子東山山城 서쪽 100m 거리의 산기슭에는 육가자동산 유적 산포지가 있음. 1985년 문물조사 당시 농경지로 경작되고 있었는데, 지표에서 泥質灰陶 구연부 2점을 채집하였음. 토기 구연부는 말갈식 壺(靺鞨罐式)의 특징을 갖추고 있고, 소성도가 비교적 높고 재질은 단단하다고 함. 토기편의 재질과 형식이 영길현 양둔 대해맹 제3기 문화층에서 출토된 토기와 비슷한 점을 들어 속말말갈의 유물로 추정하기도 함(吉林省文物志編委會, 1986).

한편 육가자동산성에서 남쪽으로 흐르는 民主河와 拉法河를 따라 하류로 약 12km 내려가면 拉法河 東岸에 자리한 拉法小砬子山城이 나오며, 이곳에서 다시 약 15~20km 내려가면 蛟河市 소재지의 서쪽 평원지대에 新街古城과 福來東古城 등 소규모 평지토성이 위치하고 있음. 이 가운데 新街古城과 福來東古城은 성곽 평면이나 출토유물상 부여시기에 축조되어 고구려시기에도 사용되었을 것으로 추정되고 있음(董學增, 1989; 王禹浪·王宏北, 1994).

이에 비해 육가자동산성은 新街古城이나 福來東古城보다 拉法河 상류 방면에 위치한 산성으로 입지조건이 拉法小砬子山城과 유사함. 이에 육가자동산산성의 입지조건이나 축성방식이 교하 횡도하자남산고성과 유사하고, 광개토왕대에 고구려가 길림시 지역까지 진

---

[1] 國家文物局(1993), 65쪽에는 성벽 높이가 4.5~10m로 나옴.

출했다며 고구려가 축조한 軍事城堡로 추정하기도 함 (吉林省文物志編委會, 1986; 王禹浪·王宏北, 1994).

현재까지 육가자동산산성을 고구려 성곽이라고 단정할 만한 유물이나 유구는 확인되지 않았음. 다만 蛟河市 일대가 고구려 중후기의 경역에 해당하며, 입지조건이나 축성방식이 다른 고구려 산성과 유사한 점이 많다는 점에서 고구려 성곽일 가능성을 완전히 배제하기는 힘듦. 고구려 성곽이라면, 拉法河의 지류인 民主河 연안에 연접한 산줄기에 위치했다는 점에서 拉法河-民主河 연안 일대를 공제하려는 목적에서 축조했을 것으로 추정됨.

참고문헌

- 吉林省文物志編委會, 1986, 『蛟河縣文物志』, 吉林省文物志編修委員會.
- 董學增, 1989, 「吉林蛟河縣新街·福來東古城」, 『博物館研究』 1989-2.
- 國家文物局, 1993, 『中國文物地圖集』 吉林分冊, 中國地圖出版社.
- 王禹浪·王宏北, 1994, 『高句麗·渤海古城址研究匯編』 (上), 哈爾濱出版社.
- 서길수, 1995, 「松花江 流域의 高句麗 山城 硏究」, 『고구려연구』 1.
- 東潮·田中俊明, 1995, 『高句麗の歷史と遺跡』, 中央公論社.
- 魏存成, 1999, 「길림성 내 고구려산성의 현황과 특징」, 『고구려연구』 8.
- 魏存成, 2002, 『高句麗遺蹟』, 文物出版社.
- 邵蔚風, 2004, 「夫余問題初探」, 『東北史地』 2004-5.
- 정원철, 2010, 「高句麗山城研究」, 吉林大學 박사학위논문.
- 魏存成, 2011, 「中國境內發現的高句麗山城」, 『社會科學戰線』 2011-1.
- 김진광, 2012, 『북국발해탐험』, 박문사.
- 양시은, 2013, 「고구려성 연구」, 서울대학교 박사학위논문.

05 교하 횡도하자남산산성
蛟河 橫道河子南山山城 | 橫道子山城 | 南山山城

1. 조사현황

1) 1983년 4월~1985년 말

吉林市 문물관리위원회를 주축으로 7개 縣과 區의 문화재를 조사하여 문물지를 편찬할 때, 橫道河子南山山城을 비롯한 총 63기의 성곽을 조사함.

2. 위치와 자연환경(그림 1~그림 2)

○ 산성은 교하시 남부의 漂河鎭 橫道子村의 남쪽 山에 위치하는데, 현지주민들은 산성이 위치한 곳을 고려성이라 부르고 있음. 橫道子南山의 상대 고도는 약 150m임. 산의 동, 남, 서 3면은 고저의 기복이 있는 산줄기와 서로 이어져 있음.

○ 橫道子南山의 북면과 서북면은 북류 松花江의 지류인 漂河에 잇닿아 있는데, 漂河는 동북에서 산성 방향으로 흐르다가 남산의 동북 모서리에서 二道漂河와 합류하여 산성의 북쪽 기슭에서 꺾여 서쪽으로 흘러 송화호에 유입됨.

3. 성곽의 전체현황

○ 성곽의 평면은 불규칙한 편인데, 전체 둘레는 998m임.
○ 성벽은 토축이며, 開口部로 보아 동문과 서문이 있었을 것으로 판단됨.
○ 망대(瞭望臺) 시설이 있음.
○ 성벽은 단속적으로 이어지지만, 서벽의 보존상태는 좋음.
○ 성벽 내부에서 유물이나 유구는 확인된 바 없음.

4. 성벽과 성곽시설

1) 성벽

○ 산성은 산세를 따라 산흙(山皮土)을 다져서 축조하였음.
○ 전체 길이는 998m인데, 동벽 276m, 남벽 276m, 서벽 447m임.
○ 성벽 외측의 높이는 0.5~2.5m. 내측의 높이는 약 0.8m, 윗너비는 1.5~2m임(吉林省文物志編委會, 1986, 136쪽).[1]

2) 성문 : 2개

성벽의 개구부(豁口)로 보아 성문은 동문과 서문 2개가 있었을 것으로 판단됨.

---

[1] 國家文物局 1993, 64쪽에는 잔존한 최고 높이는 2.5m이며 일반적으로 0.8m라고 나옴.

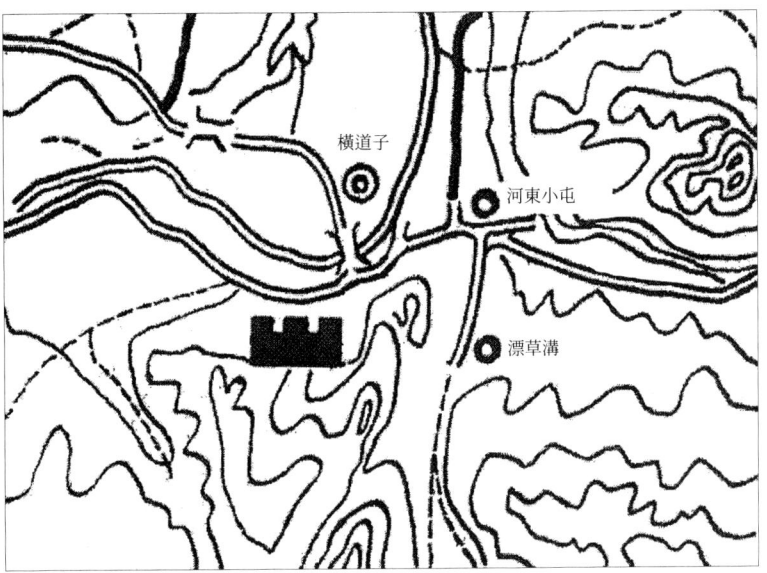

그림 1 횡도하자남산산성 지리위치도 1 (『蛟河縣文物志』, 137쪽)

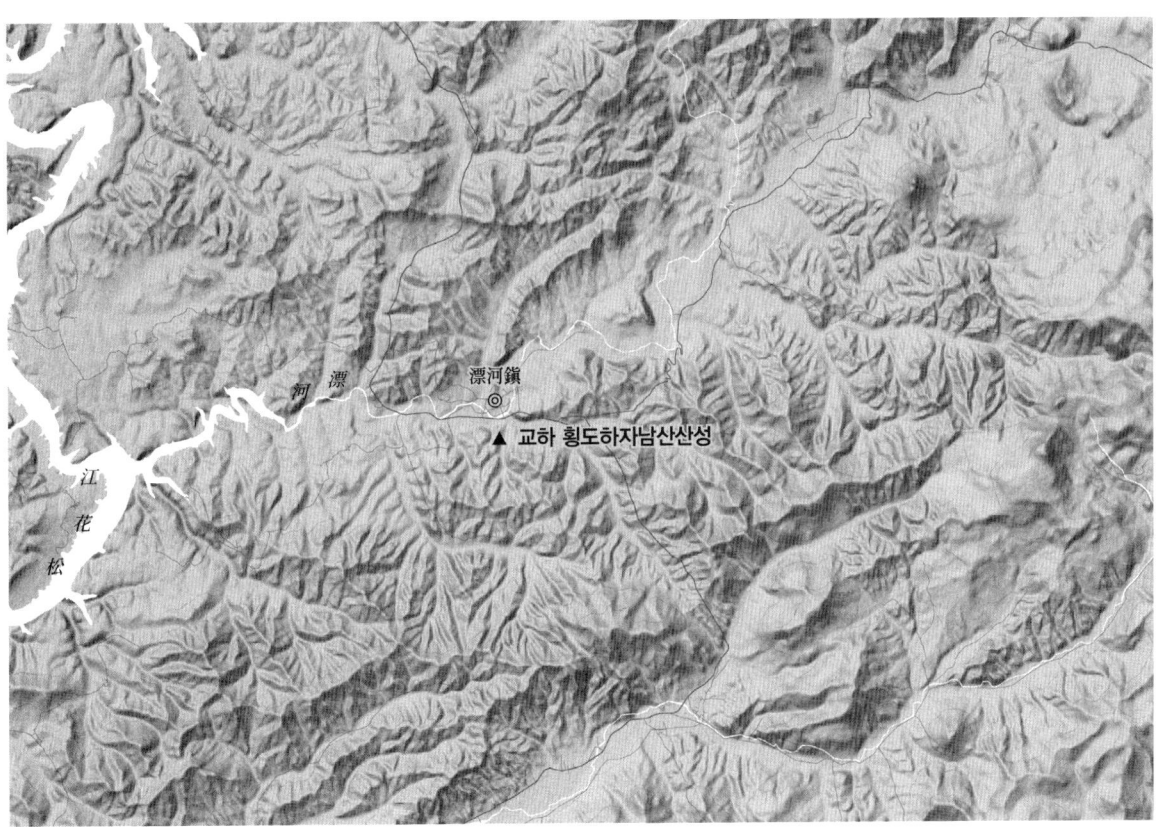

그림 2 횡도하자남산산성 지리위치도 2

제5부 교하시(蛟河市) 지역의 성곽

3) 망대(瞭望臺)

(1) 망대 1
○ 남벽의 가장 높은 지점에 平臺가 하나 있음.
○ 길이 약 80m, 너비 약 15~20m.

(2) 망대 2
○ 동북 모서리와 서북 모서리의 돌출한 지점에도 각각 平臺가 하나씩 있음.
○ 크기는 비슷한데, 길이 약 30m, 너비 약 15m.

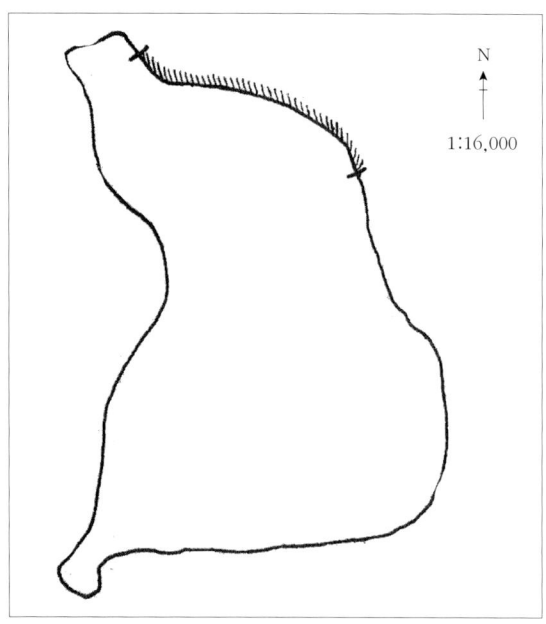

그림 3 횡도하자남산산성 평면도(『蛟河縣文物志』, 38쪽)

5. 역사적 성격

橫道河子南山山城은 북류 松花江의 지류인 漂河 유역에 위치하는데, 이 일대는 전기 부여의 중심지인 吉林지역의 동남쪽에 해당함. 현재 교하시 관내에는 북류 松花江의 지류인 拉法河를 따라 蛟河市 소재지의 서쪽 평원지대에는 新街古城과 福來東古城 등의 소규모 평지토성, 拉法河 상류에는 拉法小砬子山城과 六家子東山城이 분포하고 있음.

이 가운데 新街古城과 福來東古城은 성곽 평면이나 출토유물상 부여시기에 축조되어 고구려시기에도 사용되었을 것으로 추정되고 있음(董學增, 1989; 王禹浪·王宏北, 1994). 또한 拉法小砬子山城과 六家子東山城은 입지조건이나 축성방식상 고구려가 길림지역 일대로 진출한 다음 축조한 軍事城堡로 추정됨(吉林省文物志編委會, 1986; 王禹浪·王宏北, 1994).

橫道河子南山山城은 북류 松花江의 지류 가운데 拉法河보다 남쪽의 漂河 유역에 위치하였지만, 漂河와 拉法河는 거리나 지형상 하나의 권역을 이루었을 가능성이 높음. 그러므로 橫道河子南山山城이 고구려 성곽이라면 拉法河 유역의 성곽들과 유기적인 연관 아래 축조되었을 것으로 추정됨.

이에 횡도하자남산산성이 자연지세를 충분히 활용해 성벽을 축조한 고구려 성곽의 특징을 골고루 갖추고 있다며, 고구려가 길림지역과 연길지역까지 진출한 광개토왕-장수왕대에 축조했을 것으로 추정하기도 함. 특히 길림시의 용담산성, 동단산산성, 삼도령자산성 및 연길시의 성자산산성 등은 고구려가 이들 지역에 진출한 사실을 잘 보여주는데, 교하 횡도하자남산산성은 양자의 중간지대에 위치했다는 점에서 고구려 성곽이 명확하다고 파악함(吉林省文物志編委會, 1986).

물론 현재까지 횡도하자남산산성을 고구려 성곽이라고 단정할 만한 유물이나 유구는 확인되지 않았음. 다만 蛟河市 일대가 고구려 중후기의 경역에 해당하며, 입지조건이나 축성방식이 다른 고구려 산성과 유사한 점이 많다는 점에서 고구려 성곽일 가능성을 완전히 배제하기는 힘듦. 고구려 성곽이라면, 북류 松花江의 지류인 漂河 연안 일대를 공제하려는 목적에서 축조했을 것으로 추정됨.

참고문헌

- 吉林省文物志編委會, 1986, 『蛟河縣文物志』, 吉林省文物志編修委員會.
- 孫進己·馮永謙, 1989, 『東北歷史地理』 2, 黑龍江人民出版社.
- 董學增, 1989, 「吉林蛟河縣新街·福來東古城」, 『博物館研究』 1989-2.
- 國家文物局, 1993, 『中國文物地圖集』 吉林分冊, 中國地圖出版社.
- 吉林市地方志編纂委員會, 1994, 『吉林市志文物志』, 吉林文史出版社.
- 王禹浪·王宏北, 1994, 『高句麗·渤海古城址硏究匯編』 (上), 哈爾濱出版社.
- 東潮·田中俊明, 1995, 『高句麗の歷史と遺跡』, 中央公論社.
- 魏存成, 1999, 「길림성 내 고구려산성의 현황과 특징」, 『고구려연구』 8.
- 王綿厚, 2002, 『高句麗古城研究』, 文物出版社.
- 魏存成, 2002, 『高句麗遺蹟』, 文物出版社.
- 지승철, 2005, 『고구려의 성곽』, 사회과학출판사.
- 魏存成, 2011, 「中國境內發現的高句麗山城」, 『社會科學戰線』 2011-1.
- 양시은, 2013, 「고구려성 연구」, 서울대학교 박사학위논문.

제6부

반석시(磐石市) 지역의 성곽

01 반석 지방구관애
磐石 紙房溝關隘 | 鍋盔山山城 | 紙房溝山城 | 紙房溝壩城

1. 조사현황

1) 1960년 이전
1960년 문물 『考査報告』에 "과거 기와편, 동제 바리(銅盔) 등 유물을 발견하였다"는 기록이 있는 것으로 보아 1960년 이전에 이미 고고조사가 진행된 것으로 보임.

2) 1983년 4월~1985년 말
吉林市 문물관리위원회를 주축으로 7개 縣과 區의 문화재를 조사하여 문물지를 편찬할 때, 紙房溝關隘를 비롯한 총 63기의 성곽을 조사함.

2. 위치와 자연환경(그림 1)

○ 紙房溝關隘는 磐石市 寶山鄕 鍋盔村 서북쪽 약 3km의 鍋盔山에 위치함. 관애의 남쪽에 과수원이 있는데, 약 1km 거리에 과수원의 농막(果園房舍)이 있음. 다시 남쪽 1km 거리에 寶山鄕에서 鍋盔村으로 왕래하는 도로(鄕路)가 있음.
○ 紙房溝關隘가 위치한 곳은 輝發河 지류인 擋石河가 북쪽에서 남쪽으로 흐르고, 관애 주변으로는 鍋盔山의 뭇 봉우리들이 기복을 이루며 뻗어 있어 높고 가파른 장벽을 이루고 있음.

3. 성곽의 전체현황

○ 고성은 골짜기 입구를 가로질러 인공성벽을 축조했으며, 골짜기를 감싼 산줄기를 천연성벽으로 삼았는데, 전체 둘레는 총 5km에 이름.
○ 인공으로 축조한 관애의 길이는 약 200m인데, 砂石과 흙을 섞어 축조하였음. 인공성벽의 중부에 개구부(豁口)가 한 곳 있는데, 성문으로 추정됨.
○ 그밖에 참호(溝壕), 장대(平臺地), 샘(泉) 등이 있음.

4. 성벽과 성곽시설

1) 성벽
골짜기를 가로질러 축조한 인공성벽의 길이는 약 200m이며, 아랫너비 12m, 윗너비 1m, 높이 2~3m임. 산위의 砂石과 흙을 섞어 축조하였음.

2) 성문
인공성벽의 중부에 너비 약 2m인 개구부가 있는데, 성문으로 추정됨.

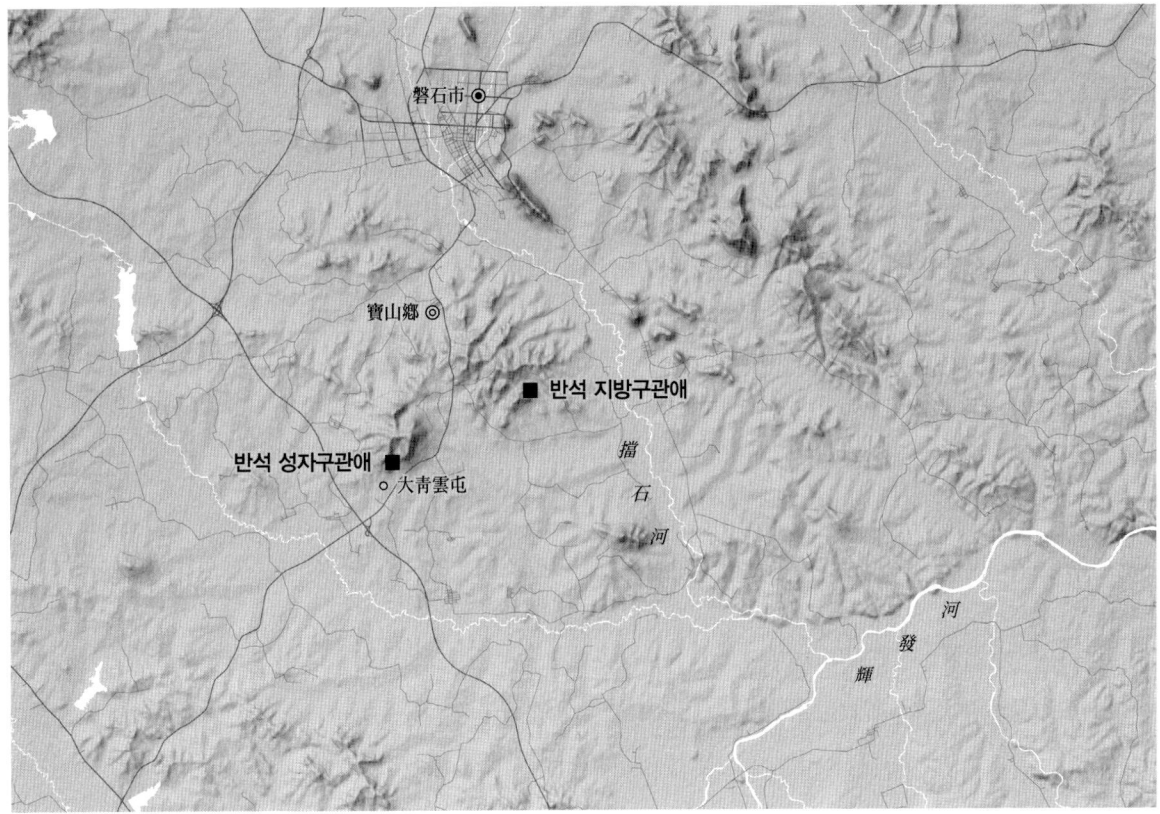

그림 1 지방구관애 지리위치도

5. 성내시설과 유적

1) 샘(泉)
성에서 발원하는 깨끗한 샘은 일 년 내내 얼지 않는 작은 시냇물(小溪)이 되어 트인 곳(缺口)을 통해 밖으로 흘러나감.

2) 평대(平臺)
○ 성내에 크고 작은 평대지(平臺地)가 10여 곳 있음.
○ 각 평대의 면적은 최소 25m², 최대 3000m²에 달함.
○ 현지주민들은 장대(點將臺)라 부름.

6. 출토유물

1960년 문물『考査報告』에는 "과거 기와편, 동제 바리(銅盔) 등 유물을 발견하였다"는 기록이 있음.

7. 역사적 성격

紙房溝關隘는 輝發河의 지류인 擋石河 유역에 위치하는데, 이 일대에서 가장 높은 鍋盔山의 동쪽에 해당함. 鍋盔山의 서남단에는 城子溝關隘가 위치하는데, 입지조건으로 보아 양자는 밀접한 연관관계가 있을 것으로 추정됨. 이곳은 고구려 초기 중심지인 압록강 중류유역에서 전기 부여의 중심지인 길림지역으로 나아가는 교통로에 해당함. 이에 지방구관애의 입지조건이나 축조방식 등이 기본적으로 吉林市 북쪽의 三道嶺子山城과 유사하다면서 고구려의 군사성보로 추정하기도 함(吉林省文物志編委會, 1987).

다만 紙房溝關隘를 고구려 성곽이라고 단정할 만한 유물이나 유구는 확인되지 않았음. 磐石市 일대가 고구려 중후기의 경역에 해당하며, 특히 고구려 초기 중심지인 압록강 중류유역에서 전기 부여의 중심지인 길림지역으로 나아가는 전략적 요충지임. 이로 보아 고구려가 磐石市 지역에 군사거점을 구축했을 가능성은 높지만, 이것만을 근거로 紙房溝關隘를 고구려 성곽이라고 단정하기는 쉽지 않음. 紙房溝關隘가 고구려 성곽일 가능성을 열어놓고, 추가적인 고고조사를 진행할 필요가 있음.

참고문헌

- 吉林省文物志編委會, 1987, 『磐石市文物志』, 吉林省文物志編修委員會.
- 孫進己·馮永謙, 1989, 『東北歷史地理』 2, 黑龍江人民出版社.
- 國家文物局, 1993, 『中國文物地圖集』 吉林分冊, 中國地圖出版社.
- 王禹浪·王宏北, 1994, 『高句麗·渤海古城址研究匯編』 (上), 哈爾濱出版社.
- 馮永謙, 1994, 「高句麗城址輯要」, 『北方史地研究』, 中洲古蹟出版社.
- 東潮·田中俊明, 1995, 『高句麗の歷史と遺跡』, 中央公論社.
- 魏存成, 1999, 「길림성 내 고구려산성의 현황과 특징」, 『고구려연구』 8.
- 魏存成, 2002, 『高句麗遺蹟』, 文物出版社.
- 지승철, 2005, 『고구려의 성곽』, 사회과학출판사.
- 정원철, 2010, 「高句麗山城研究」, 吉林大學 박사학위논문.
- 魏存成, 2011, 「中國境內發現的高句麗山城」, 『社會科學戰線』 2011-1.
- 양시은, 2013, 「고구려성 연구」, 서울대학교 박사학위논문.

02 반석 성자구관애
磐石 城子溝關隘 | 城子溝壩城

1. 조사현황

1) 1960년 5월
1960년 5월 고고조사 중에 서벽의 探土 구덩이에서 돌도끼(石斧), 石材 등을 습득하였음.

2) 1983년 4월~1985년 말
吉林市 문물관리위원회를 주축으로 7개 縣과 區의 문화재를 조사하여 문물지를 편찬할 때, 城子溝關隘를 비롯한 총 63기의 성곽을 조사함.

2. 위치와 자연환경(그림 1~그림 2)

○ 城子溝壩城은 磐石市 寶山鄉 大靑雲屯 서북쪽 약 3km 거리의 大鍋盔山 남측에 위치함. 大鍋盔山은 해발 650m인데, 이 일대에서 가장 높음.
○ 산등성이와 인공성벽으로 이루어진 성곽으로 난공불락의 요새임. 다만 서쪽 구간 성벽에 흙을 채토한 구덩이(取土溝)가 있으며, 현지주민들에 의하면 '城子溝'라는 이름은 성벽이 있어서 붙여진 이름이라고 함.
○ 성자구관애 동남쪽 1km 거리에 寶山鄉 罐頭廠이 있는데, 반석-휘남 도로가 이곳을 통과함.

3. 성곽의 전체현황

○ 관애의 인공성벽은 大鍋盔山 남쪽의 골짜기를 가로질러 동서 방향으로 축조하였음. 성벽 길이는 약 200m이며, 양단은 골짜기를 감싼 동쪽과 서쪽의 산등성이로 이어짐.
○ 골짜기 동쪽의 산등성이 기슭에 성벽 기초가 명확하게 남아있는데, 높이 약 2m, 아랫너비 3~4m, 윗너비 약 1m임.
○ 성벽 동쪽 구간에 트인 곳이 있는데, 오솔길이 이곳을 지나감.

4. 성벽과 성곽시설

1) 성벽
○ 관애의 성벽은 동서 방향으로 뻗어 있으며, 길이는 약 200m임.
○ 성벽은 흙과 돌을 섞어 축조하였음(孫進己·馮永謙, 1989).[1]
○ 동쪽 산비탈의 한 구간에서 성벽 기단의 정연한 흔적을 볼 수 있음. 높이 약 2m 정도, 아랫너비 3~4m, 윗너비 1m임.

---

[1] 吉林省文物志編委會(1987)에는 성벽의 축조방식에 대해 별다른 언급이 없음.

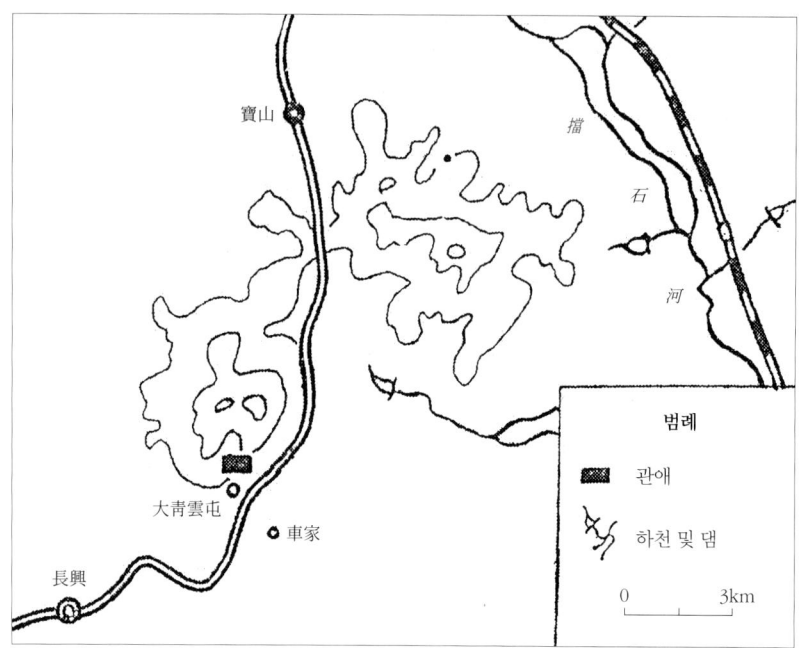

그림 1 성자구관애 지리위치도 1
(『蛟河縣文物志』, 137쪽)

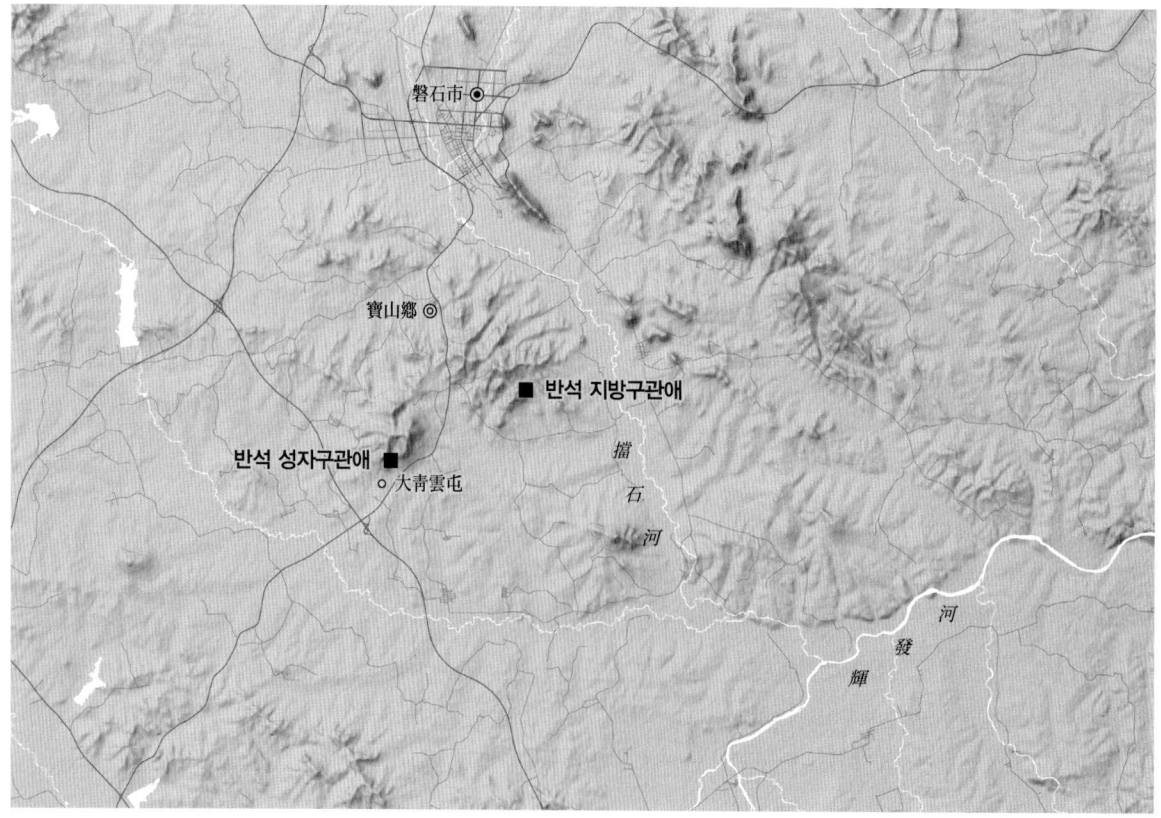

그림 2 성자구관애 지리위치도 2

5. 성내시설과 유적

○ 성내의 면적은 광활함.
○ 성 내부에는 계곡의 수원지인 샘이 2개 있음.
○ 성의 북단에 길이 300m, 너비 200m의 완만한 비탈지가 있으나 어떤 유적도 확인되지 않음.

6. 출토유물

1960년 5월 고고조사 중에 서쪽 성벽 구간의 채토(采土) 구덩이에서 돌도끼(石斧), 石材를 습득하였음.

7. 역사적 성격

城子溝關隘은 輝發河의 지류인 擋石河 유역에 위치하는데, 이 일대에서 가장 높은 鍋盔山의 서남쪽에 해당함. 鍋盔山의 동편에는 紙房溝關隘가 위치하는데, 입지조건으로 보아 양자는 밀접히 관계될 것으로 추정됨. 이곳은 고구려 초기 중심지인 압록강 중류 유역에서 전기 부여의 중심지인 길림지역으로 나아가는 교통로에 해당함. 이에 성자구관애의 형식과 구조가 고구려 성곽과 유사하다며 고구려시기의 軍事城堡로 추정하기도 함(吉林省文物志編委會, 1987).

다만 城子溝關隘를 고구려 성곽이라고 단정할 만한 유물이나 유구는 확인되지 않음. 磐石市 일대가 고구려 중후기의 경역에 해당하며, 특히 고구려 초기 중심지인 압록강 중류 유역에서 전기 부여의 중심지인 길림지역으로 나아가는 전략적 요충지임. 이로 보아 고구려가 磐石市 지역에 군사거점을 구축했을 가능성은 높지만, 이것만을 근거로 城子溝關隘를 고구려 성곽이라고 단정하기는 쉽지 않음. 城子溝關隘가 고구려 성곽일 가능성을 열어놓고, 추가적인 고고조사를 진행할 필요가 있음.

참고문헌

- 吉林省文物志編委會, 1987, 『磐石縣文物志』, 吉林省文物志編修委員會.
- 孫進己·馮永謙, 1989, 『東北歷史地理』 2, 黑龍江人民出版社.
- 國家文物局, 1993, 『中國文物地圖集』 吉林分冊, 中國地圖出版社.
- 王禹浪·王宏北, 1994, 『高句麗·渤海古城址研究匯編』 (上), 哈爾濱出版社.
- 馮永謙, 1994, 「高句麗城址輯要」, 『北方史地研究』, 中州古蹟出版社.
- 東潮·田中俊明, 1995, 『高句麗の歷史と遺跡』, 中央公論社.
- 魏存成, 1999, 「길림성 내 고구려산성의 현황과 특징」, 『고구려연구』 8.
- 劉子敏, 2001, 「高句麗疆域沿革考辨」, 『社會科學戰線』 2001-4.
- 王綿厚, 2002, 『高句麗古城研究』, 文物出版社.
- 魏存成, 2002, 『高句麗遺蹟』, 文物出版社.
- 지승철, 2005, 『고구려의 성곽』, 사회과학출판사.
- 정원철, 2010, 「高句麗山城研究」, 吉林大學 박사학위논문.
- 魏存成, 2011, 「中國境內發現的高句麗山城」, 『社會科學戰線』 2011-1.
- 양시은, 2013, 「고구려성 연구」, 서울대학교 박사학위논문.

03 반석 대마종령산성
磐石 大馬宗嶺山城

1. 조사현황

1) 1960년대 초
1960년대 초에 현지주민이 성 부근에서 흙을 파던 중에 철제화살촉(鐵箭頭), 동제완(銅碗), 동제국자(銅勺) 등의 유물을 발견하였음.

2) 1983년 4월~1985년 말
吉林市 문물관리위원회를 주축으로 7개 縣과 區의 문화재를 조사하여 문물지를 편찬할 때, 大馬宗嶺山城을 비롯한 총 63기의 성곽을 조사함.

2. 위치와 자연환경(그림 1)

대마종령산성은 磐石市 安東鄕 馬宗村 동북쪽 약 1.5km 거리의 '高麗城'山에 위치함. 이곳은 輝發河의 지류인 擋石河의 상류로 산성 동쪽 7km 거리에는 磐石에서 永吉을 경유해 吉林으로 가는 도로가 지나가고 있음.

3. 성곽의 전체현황

- 산성의 평면은 方形인데, 방향은 北偏東 20도임.
- 산성의 둘레에 대해서는 약 330m(吉林省文物志編委會, 1987, 57쪽), 470m(國家文物局, 1993, 72쪽) 등의 조사기록이 있음.
- 성벽은 토석혼축으로 쌓았고, 서벽의 중간 북쪽 부근의 개구부(豁口)는 성문으로 추정됨. 그 밖에 平臺, 참호(溝; 溝壕), 봉화대 등의 시설이 있음.

4. 성벽과 성곽시설

1) 성벽
- 高麗城山 산허리의 상반부에 산세를 따라 성벽을 축조하였음. 다만 성의 동쪽과 동남쪽은[1] 높고 가파른 산마루인데, 여기에는 성벽이 없음. 나머지 세 면에는 모두 성벽을 쌓았음(吉林省文物志編委會, 1987, 57쪽).
- 성벽의 기단부에 亂石이 있고, 체성은 깬돌과 흙을 섞어 쌓았음.
- 남벽: 길이 약 150m, 아랫너비 7m, 윗너비 2.5m, 잔고 1.2m.
- 서벽: 길이 177m, 아랫너비 7.9m, 윗너비 3.7m, 잔고 1.5m.[2]

---

[1] 國家文物局(1993), 72쪽에는 "성벽 동부 남단은 절벽이어서 성벽을 축조하지 않았다"라고 함.

[2] 國家文物局(1993), 72쪽에는 성벽의 기초너비 7~8m, 잔고 1~1.5m로 나옴.

그림 1
대마종령산성 지리위치도

2) 성문
서벽 중간 북쪽 가까이에 개구부(豁口)가 한 곳 있음. 平臺의 기단부에서 볼 때, 성문일 가능성이 있음. 개구부(豁口)의 너비 3.2m(吉林省文物志編委會, 1987, 57쪽).[3]

3) 통로
○ 북벽에 트인 곳(缺口)이 한 곳 있는데, 너비는 약 1m 정도임.
○ 현지주민들에 의하면 이 개구부는 사람들이 샘의 물을 길어가던 통로였다고 함.

5. 성내시설과 유적

1) 평대(平臺)
성내에 원형의 平臺 같은 것이 있는데, 직경은 약 20m.

2) 참호(溝, 溝壕)
○ 성벽 바깥에 벽체를 따라 참호 형태의 도랑이 있음.
○ 참호의 너비 1.5m, 깊이 0.5m임.
○ 성벽을 축조하기 위해 흙을 파내 만든 것임.

3) 봉화대
○ 성 바깥 서남모서리에 平臺가 하나 있음.
○ 규모 : 길이 9m, 너비 8.5m, 높이 약 2m임.
○ 일종의 봉화대와 같은 건축시설로 추정됨.

6. 출토유물

○ 1960년대 초에 현지주민이 성 부근에서 흙을 파던 중에 철제화살촉(鐵箭頭), 동제완(銅碗), 동제국자(銅勺) 등의 유물을 발견하였음.
○ 1980년대 조사에서는 성내에서 발견된 유물이 없음.

---

[3] 國家文物局(1993), 72쪽에는 성벽에 개구부(豁口)가 여러 곳에 있으나, 성문이 소재한 곳으로 확정하기 어렵다고 함.

7. 역사적 성격

大馬宗嶺山城은 輝發河의 지류인 擋石河 상류에 위치하는데, 하류 방면에는 鍋盔山의 동편과 서남쪽에 각각 紙房溝關隘와 城子溝關隘가 위치함. 이곳은 고구려 초기 중심지인 압록강 중류 유역에서 전기 부여의 중심지인 길림지역으로 나아가는 교통로에 해당함. 이에 大馬宗嶺山城의 구조와 출토유물을 근거로 고구려시기의 軍事城堡로 추정하기도 함(吉林省文物志編委會, 1987).

다만 大馬宗嶺山城을 고구려 성곽이라고 단정할 만한 유물이나 유구는 확인되지 않았음. 磐石市 일대가 고구려 중후기의 경역에 해당하며, 특히 고구려 초기 중심지인 압록강 중류 유역에서 전기 부여의 중심지인 길림지역으로 나아가는 전략적 요충지임. 이로 보아 고구려가 磐石市 지역에 군사거점을 구축했을 가능성은 높지만, 이것만을 근거로 大馬宗嶺山城을 고구려 성곽이라고 단정하기는 쉽지 않음. 大馬宗嶺山城이 고구려 성곽일 가능성을 열어놓고, 추가적인 고고조사를 진행할 필요가 있음.

참고문헌

- 吉林省文物志編委會, 1987, 『磐石縣文物志』, 吉林省文物志編修委員會.
- 國家文物局, 1993, 『中國文物地圖集-吉林分冊』.
- 王禹浪·王宏北, 1994, 『高句麗·渤海古城址研究匯編』(上), 哈爾濱出版社.
- 馮永謙, 1994, 「高句麗城址輯要」, 『北方史地研究』, 中州古蹟出版社.
- 東潮·田中俊明, 1995, 『高句麗の歷史と遺跡』, 中央公論社.
- 魏存成, 1999, 「길림성 내 고구려산성의 현황과 특징」, 『고구려연구』 8.
- 魏存成, 2002, 『高句麗遺蹟』, 文物出版社.
- 정원철, 2010, 「高句麗山城研究」, 吉林大學 박사학위논문.
- 魏存成, 2011, 「中國境內發現的高句麗山城」, 『社會科學戰線』 2011-1.
- 양시은, 2013, 「고구려성 연구」, 서울대학교 박사학위논문.

04 반석 포대산성
磐石 炮臺山城 | 炮臺山山城

1. 조사현황

1) 1983년 4월~1985년 말
吉林市 문물관리위원회를 주축으로 7개 縣과 區의 문화재를 조사하여 문물지를 편찬할 때, 炮臺山城을 비롯한 총 63기의 성곽을 조사함.

2. 위치와 자연환경(그림 1)

○ 炮臺山城은 磐石市 煙筒山鎭 余富村 서쪽의 포대산에 위치함. 余富西山 유적지와 잇닿아 있는데, 이곳은 余富西山 최남단으로 주봉인 서산 아래쪽의 원형 분지임. 산정에 평대가 있고, 주위에는 토성벽이 있어서, 주민들이 속칭 炮臺山이라고 부름.
○ 炮臺山의 동쪽과 남쪽은 모두 개활지이고, 小北河가 동쪽에서 흘러내려와 포대산의 남쪽 비탈을 돌아 서쪽으로 흘러가 飮馬河에 유입됨. 飮馬河의 남쪽 100여 m에 吉林에서 煙筒山까지 이어진 柏油路가 통과하며, 柏油路를 사이에 두고 동남 방향에는 100여 호의 余富村 마을이 있으며, 서남쪽 2.5km에는 煙筒山 기차역이 있음. 약 10km 떨어진 飮馬河의 동안에 雙龍泉 後虎嘴子山城이 위치함.
○ 炮臺山城은 뭇 산들이 둘러싸고 있으며, 평야를 조망하고 있어 아주 중요한 전략적 위치에 자리하고 있음. 다만 炮臺山城의 면적은 비교적 적어, 사람들이 취락을 이루어 살기에는 마땅하지 않음.

3. 성곽의 전체현황

○ 산성은 炮臺山에 위치하는데, 정상부는 平臺 형태로 원형에 가까우며, 직경은 약 25m임. 정상부보다 6m 정도 낮은 지점에 정상부를 감싸며 성벽을 쌓았는데, 둘레는 125m로 절벽인 동쪽을 제외한 3면에 축조함.
○ 산성에 오르려면 포대산 뒤쪽의 연못에서 서산에 오른 다음 산을 빙빙 돌아 산 위에 오를 수 있음. 이 성의 형태는 약 10km 떨어진 飮馬河의 東岸에 있는 雙龍泉 後虎嘴子山城과 기본적으로 일치함.

4. 성벽과 성곽시설

1) 성벽
○ 성벽의 전체 둘레는 125m임.
○ 성벽의 축조방식에 대해서는 깬돌로 성벽 기초를 조영한 다음 성벽 내측에서 파낸 흙으로 벽체를 쌓았다는 견해(吉林省文物志編委會, 1987) 및 塊石으로 기초를 쌓은 다음 벽체 상부를 토석혼축으로 축조했다는 견해(國家文物局, 1993) 등이 있음. 성벽은 잔고 0.5m, 아랫너비 3m, 윗너비 1.3m.

그림 1 포대산성 지리위치도

○ 현지주민에 따르면 청나라 후기 민국 초기 때만 해도 이 성은 완전한 상태였다고 하는데, 당시 성벽의 높이가 2m 정도였다고 함.

2) 土臺(角樓)
○ 성벽의 남쪽 구간에 정방형 土臺가 있는데, 각루일 것으로 추정됨. 토대 한 변의 길이 5m 정도임.

5. 성내시설과 유적

1) 平臺
산정에는 다져 쌓은 것 같은 平臺가 있음.

2) 참호(探溝)
○ 성벽 안쪽을 따라 깊이 0.5m, 너비 1.5m의 참호가 있는데, 성벽을 쌓기 위해 흙을 파낸 흔적임.
○ 현지주민의 말에 따르면 청나라 말기 민국 초기 때만 해도 이 성은 매우 완전한 상태였다고 하는데, 당시 참호(溝)의 깊이는 한 사람의 키 정도였다고 함.

6. 출토유물

○ 산정의 平臺 및 산비탈에서 홍갈색의 모래혼입 토기편을 채집하였음.
○ 성벽 및 내측의 도랑에서는 어떤 유물도 발견하지 못했음.
○ 현지주민들에 의하면 예전에 이 산에서 철제화살촉을 습득하였는데, 길이 약 15cm로 돼지를 거세하는 데 사용하는 칼 모양과 유사했다고 함.

7. 역사적 성격

炮臺山城은 伊通河의 지류인 飮馬河 상류에 위치하는데, 이곳은 고구려 초기 중심지인 압록강 중류 유역에서 전기 부여의 중심지인 길림지역으로 나아가는 교통로에 해당함. 또한 이곳에서 북진하면 大黑山脈을 가로질러 장춘-농안 일대로 나아갈 수도 있음. 炮臺山城은 고구려 초기 중심지에서 길림지역이나 장춘지역으로 나아가는 교통로의 분기점에 위치할 것임.

다만 炮臺山城은 지리위치나 축조방식, 출토품인 철제화살촉 등을 근거로 遼·金시기의 군사성보로 파악함(國家文物局, 1993, 73쪽). 다만 포대산성은 余富西山 유적과 이웃해 있고, 성 내부에는 청동시대의 유물도 산포해 있어 遼·金시기 이전에 西團山문화의 주인공들이 이곳에서 활동했을 것으로 파악됨(吉林省文物志編委會, 1987, 56~57쪽).

다만 炮臺山城을 고구려 성곽이라고 볼만한 유물이나 유구는 확인되지 않았음. 磐石市 일대가 고구려 중후기의 경역에 해당하며, 특히 고구려 초기 중심지인 압록강 중류유역에서 전기 부여의 중심지인 길림지역으로 나아가는 전략적 요충지임. 이로 보아 고구려가 磐石市 지역에 군사거점을 구축했을 가능성은 높지만, 이것만을 근거로 포대산성을 고구려 성곽이라고 단정하기는 쉽지 않음. 추가적인 고고조사가 필요한 상태임.

참고문헌

- 吉林省文物志編委會, 1987, 『磐石縣文物志』, 吉林省文物志編修委員會.
- 國家文物局, 1993, 『中國文物地圖集』 吉林分冊, 中國地圖出版社.
- 王禹浪·王宏北, 1994, 『高句麗·渤海古城址硏究匯編』 (上), 哈爾濱出版社.
- 馮永謙, 1994, 「高句麗城址輯要」, 『北方史地硏究』, 中州古蹟出版社.

05 반석 후호취자산성
磐石 後虎嘴子山城

1. 조사현황

1) 1983년 4월~1985년 말

吉林市 문물관리위원회를 주축으로 7개 縣과 區의 문화재를 조사하여 문물지를 편찬할 때, 後虎嘴子山城을 비롯한 총 63기의 성곽을 조사함.

2. 위치와 자연환경(그림 1~그림 2)

○ 後虎嘴子山城은 磐石市 小梨河鄕 西梨河村 雙龍泉屯 북쪽의 後虎嘴子山에 위치함. 후호취자산성의 남쪽으로 언덕산을 사이에 두고 雙龍泉屯이 위치함. 후호취자산성의 서쪽으로 0.5km 거리에 南梨河屯이 있고, 南梨河屯의 서측에 飮馬河가 북쪽으로 유유히 흘러감.

○ 후호취자산성은 동쪽으로 東梨河와 西梨河, 남쪽으로는 산줄기와 접해있는데, 산줄기에는 雙龍泉에서 西梨河를 잇는 도로가 있음. 西梨河屯은 성터에서 정북쪽 약 1.5km 되는 곳에 있음.

3. 성곽의 전체현황

○ 성곽의 평면은 타원형으로 둘레는 300m임.
○ 토석혼축으로 성벽을 축조했고, 동벽에 문터로 보이는 개구부(豁口)가 한 곳 있음. 그 밖에 平臺, 참호(溝), 계단(臺階) 등이 시설되어 있음.

4. 성벽과 성곽시설

1) 성벽

○ 성벽은 산 위에 축조되어 있음. 서쪽은 깎아지른 벼랑으로 성벽이 없음. 그 나머지 세 면에는 원형의 산정을 둘러싼 성벽이 축조되어 있음.

○ 성벽의 축조방식에 대해서는 석괴와 깬돌로 성벽 기초를 조영한 다음 산흙으로 벽체를 쌓았다는 견해(吉林省文物志編委會, 1987, 55쪽) 및 塊石으로 기초를 쌓은 다음 벽체 상부를 토석혼축으로 축조했다는 견해(國家文物局, 1993, 73쪽) 등이 있음.

○ 성벽의 아랫너비는 2.5m, 성벽의 현재 잔고는 1m임. 1983년 조사 당시 70여 세였던 현지 노인에 의하면, 본래 성벽 높이가 2m 정도였다고 함.

2) 성문

동벽에 개구부(豁口)가 있는데, 문터로 추정되며, 너비는 약 3m임.

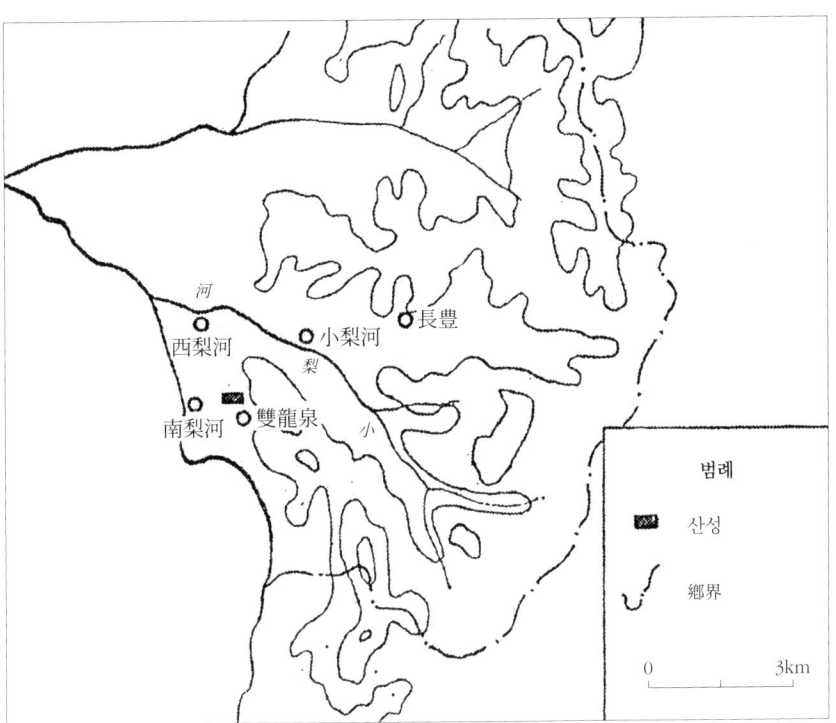

그림 1 후호취자산성 지리위치도 1(『磐石縣文物志』, 55쪽)

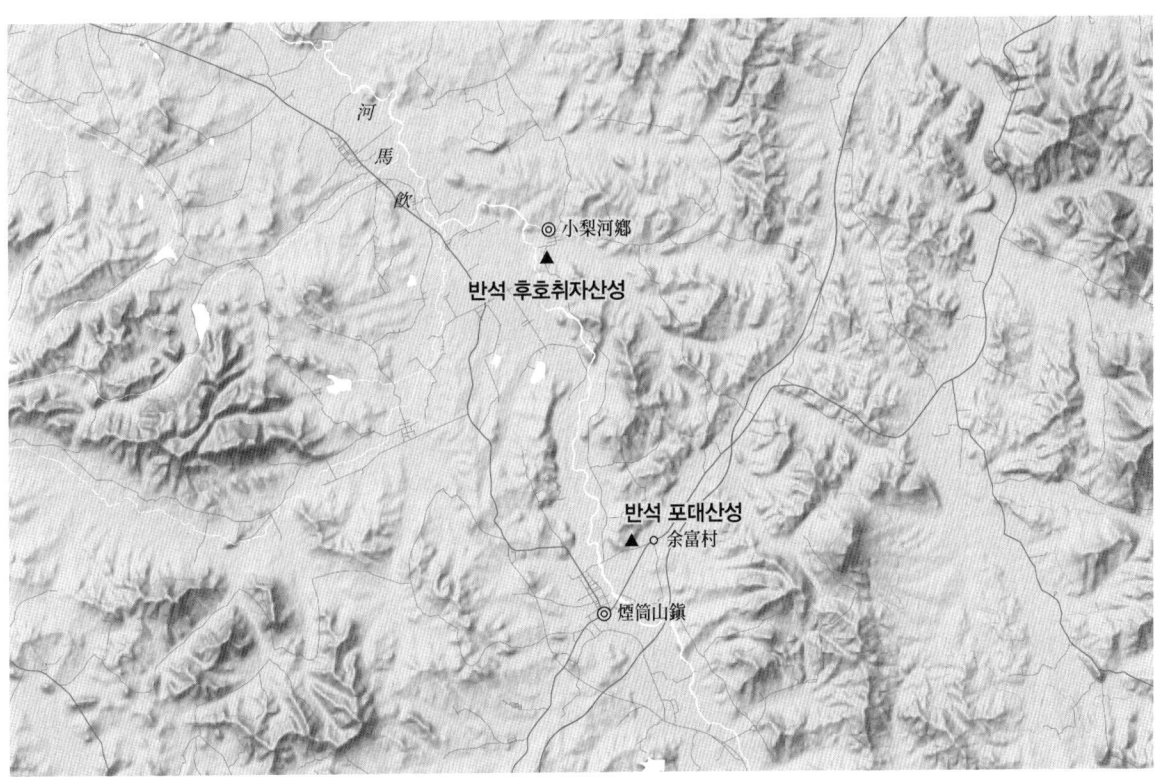

그림 2 후호취자산성 지리위치도 2

5. 성내시설과 유적

1) 참호(溝)
○ 성벽 내측 가까이에 성벽을 따라 깊은 참호(溝)가 시설되어 있는데, 성벽을 축조할 때 흙을 파내면서 만들어진 것임.
○ 현지 노인에 의하면, 본래 참호(溝)의 깊이가 사람 1명의 키 높이 정도였다고 함.

2) 平臺
○ 성내 산정의 남쪽 비탈에 장방형의 平臺가 하나 있음.
○ 평대의 동서 길이 60m, 남북 너비 40m임.
○ 현재는 경작지로 이용 중임.

6. 출토유물

현지 노인들에 의하면 예전에 성내에서 경작 중에 철제 화살촉을 습득한 적이 있고, 평대 내에는 홍갈색의 토기편이 흩어져 있었다고 함.

7. 역사적 성격

後虎嘴子山城은 伊通河의 지류인 飮馬河 유역에 위치하는데, 이곳은 고구려 초기 중심지인 압록강 중류 유역에서 전기 부여의 중심지인 길림지역으로 나아가는 교통로에 해당함. 또한 이곳에서 북진하면 大黑山脈을 가로질러 장춘-농안 일대로 나아갈 수도 있음. 後虎嘴子山城은 고구려 초기 중심지에서 길림지역이나 장춘지역으로 나아가는 교통로의 분기점에 위치함 것임.

다만 後虎嘴子山城은 지리위치나 축조방식, 출토품인 철제화살촉 등을 근거로 遼·金시기의 군사성보로 파악함(國家文物局, 1993, 73쪽). 또한 後虎嘴子山城 내부에는 청동시대의 유물과 유적이 발견되었는데, 축성 이전에 사람들이 거주하였음을 말해 줌. 성내의 臺地는 서단산문화 시기의 반지하식 주거지로 추정됨 (吉林省文物志編委會, 1987, 55쪽).

後虎嘴子山城을 고구려 성곽이라고 볼만한 유물이나 유구는 확인되지 않았음. 磐石市 일대가 고구려 중후기의 경역에 해당하며, 특히 고구려 초기 중심지인 압록강 중류 유역에서 전기 부여의 중심지인 길림지역으로 나아가는 전략적 요충지임. 이로 보아 고구려가 磐石市 지역에 군사거점을 구축했을 가능성은 높지만, 이것만을 근거로 後虎嘴子山城을 고구려 성곽이라고 단정하기는 쉽지 않음. 추가적인 고고조사가 필요한 상태임.

참고문헌
· 吉林省文物志編委會, 1987, 『磐石縣文物志』, 吉林省文物志編修委員會.
· 國家文物局, 1993, 『中國文物地圖集』吉林分冊, 中國地圖出版社.
· 王禹浪·王宏北, 1994, 『高句麗·渤海古城址研究匯編』(上), 哈爾濱出版社.
· 馮永謙, 1994, 「高句麗城址輯要」, 『北方史地研究』, 中州古蹟出版社.
· 邵蔚風, 2004, 「夫余問題初探」, 『東北史地』 2004-5.

제7부

동풍현(東豊縣) 지역의 성곽

| 유적 분포도 |

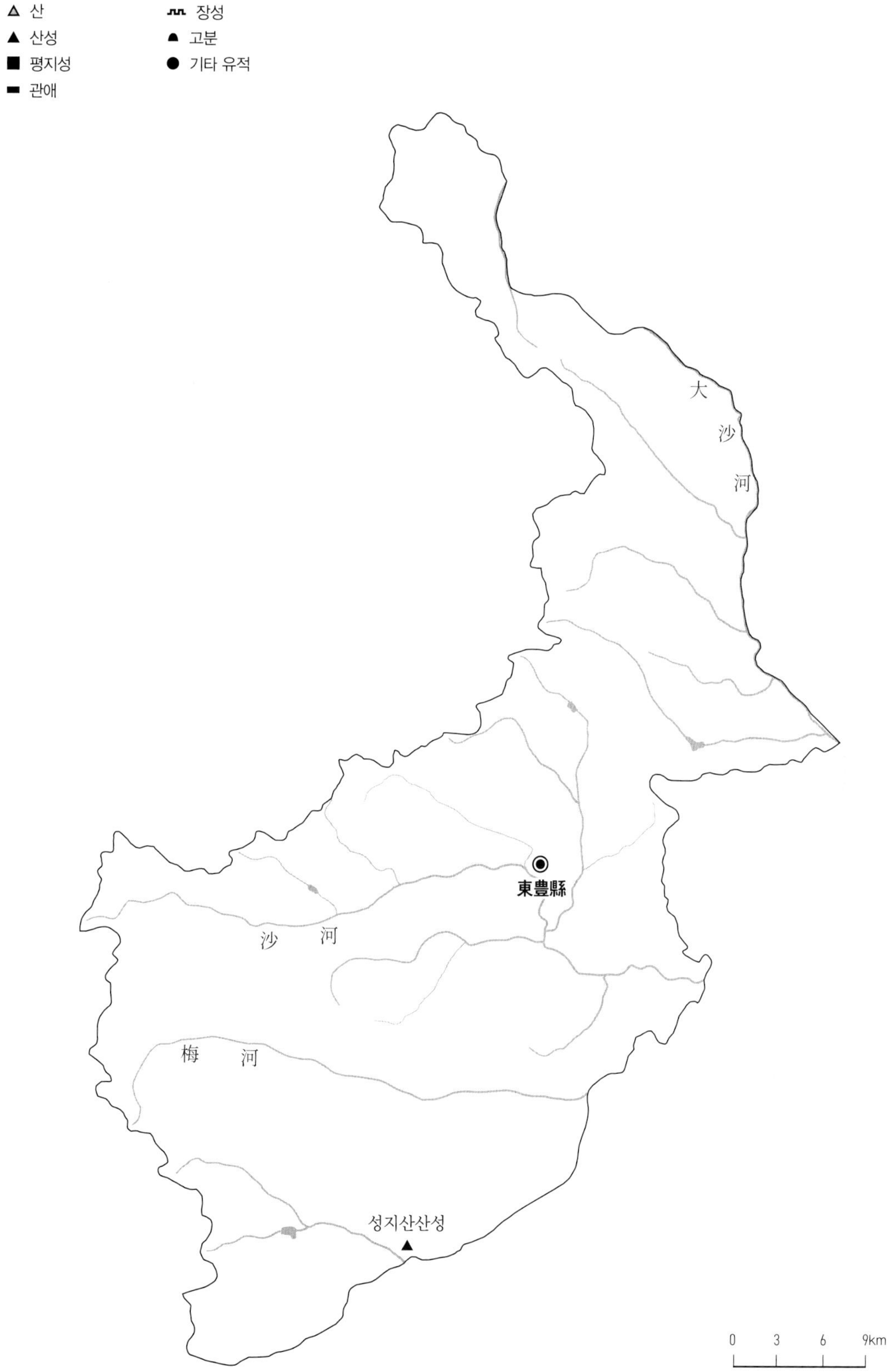

△ 산   ᴧᴧ 장성
▲ 산성   ▲ 고분
■ 평지성 ● 기타 유적
━ 관애

大沙河

東豊縣

沙河

梅河

성지산산성

0 3 6 9km

01 동풍 성지산산성
東豊 城址山山城 | 城子山山城

1. 조사현황

1) 1963년, 1965년, 1978년
○ 『東北史地考略』, 56~57쪽에 의하면 "1963년, 1965년, 1978년의 고고조사에서 海龍 山城鎭山城에서 회색과 홍갈색의 가는 泥質 토기편을 채집했다고 함. 1978년 6월의 측량 결과, 둘레는 약 4리(2km)이며, 성벽은 흙과 돌로 혼축했고, 치(馬面) 25개와 남문이 확인되었다"고 함.
○ 현문물보호단위.

2) 1983년 4월~1985년 말
○ 길림시 문물관리위원회를 주축으로 7개 縣과 區의 문화재 일제조사와 문물지 편찬이 이루어졌음.
○ 이때 여러 시기의 성곽 63기를 조사했는데, 성지산산성도 포함됨.

2. 위치와 자연환경(그림 1)

○ 성지산산성은 동풍현 남부의 橫道河子鎭 서쪽 약 6km 거리의 良善村 동쪽 城址山에 위치함. 성의 동남

그림 1
성지산산성 지리위치도

쪽 약 3km에는 梅河口市(구 海龍) 山城鎭이 있고, 서남쪽은 遼寧省 淸原縣과 경계를 접하는 곳임.
○ 이곳은 輝發河의 상류 지역인데, 주위는 산으로 둘러싸여 있고, 지세는 매우 험요함. 동쪽으로는 멀리 大架山과 마주 바라보고 있음.

3. 성곽의 전체현황

○ 성곽의 평면은 타원형에 가까운데, 둘레는 1,980m임.
○ 성벽은 토축 또는 토석혼축으로 축조했는데, 보존상태는 양호함.
○ 성문은 남문, 동남문, 북문, 서문 등 4개가 있음.
○ 치 14개, 각루 5개와 더불어 회곽도, 참호, 평대 등이 있음.

4. 성벽과 성곽시설

1) 성벽
○ 성벽은 산세를 따라 축조하였는데, 그 축조방식에 대해서는 黃砂土로 축조했으며 일부 구간은 모래흙과 돌을 섞어 축성한 곳도 있다는 견해(吉林省文物志編委會, 1987, 89～90쪽) 및 산등성이를 따라 토석혼축 방식으로 축조했다는 견해(國家文物局, 1993, 112쪽) 등이 있음.
○ 성벽의 잔고는 약 4～8m, 윗너비는 2m, 아랫너비는 12m임.
○ 서북벽의 한 구간에는 巨石이 몇 개 우뚝 서있음.

2) 성문
○ 남문, 동문(동남문), 북문, 서문등 4개의 성문이 있음.
○ 성문의 너비는 각각 약 12m임.

3) 치
○ 모두 14개의 치(馬面)가 발견됨.[1]
○ 치와 치 사이의 간격은 평균 약 80m임.
○ 치의 형태는 반원형임.

4) 각루
○ 모두 5개의 각루가 있음.
○ 일반적으로 모퉁이의 가장 높은 곳에 설치되어 있음.

5) 회곽도(馬道)
성벽 안쪽을 따라 平臺式의 회곽도가 있는데, 너비는 약 7m임.

5. 성내시설과 유적

1) 평대
동벽의 지세는 험준하며, 동문 바깥 약 100m 지점에 장방형의 평대가 하나 있음.

2) 참호(壕溝; 深溝)
○ 회곽도 옆으로 참호가 있는데, 성벽을 축조하면서 흙을 팠던 흔적임.
○ 깊이 3～4m.

6. 출토유물

○ 성곽 내부에서 채집한 유물로는 황백색의 시유자기편(黃白釉鐵花瓷器片), 니질의 회색토기바닥편(泥質灰陶的平底陶器底), 회색의 토기구연부(灰色圓唇器口

---

[1] 李健才(1986), 56～57쪽에서는 1978년 조사 당시 치 25개를 확인했다고 함.

沿), 니질의 홍색시유토기잔편(紅陶綠釉殘片), 회색의 호바닥(灰色陶罐殘底) 등이 있음.

○ 『東北史地考略』, 56~57쪽에 의하면 "1963년, 1965년, 1978년에 걸친 3차례의 고고조사에서 회색 및 적갈색의 니질 토기편을 채집했다"고 함.

○ 현지주민에 의하면 과거 이 산성 내에서 銅錢과 철제화살촉을 습득했다고 하는데, 모두 전해지지 않고 있음.

7. 역사적 성격

東豊 城址山山城은 '城子山山城'이라고도 지칭함. 성지산산성은 동풍현 관내에 위치하지만, 梅河口市(구 海龍) 山城鎭과 가까워 하나의 권역을 이루며 輝發河 상류의 梅河口 지역과 渾河 상류의 淸原 지역을 동시에 공제할 수 있음(吉林省文物志編委會, 1987, 90쪽). 이 지역은 요동평원에서 渾河-輝發河를 경유해 전기 부여의 중심지였던 길림지역이나 발해 중심부로 나아가는 교통로의 요충지였음. 고구려 초기 중심지였던 압록강 중류 유역에서는 渾江-輝發河를 경유해 遼河 중상류의 東岸지역, 나아가 西遼河나 대흥안령산맥 방면으로 나아갈 수 있었음.

이처럼 성지산산성은 梅河口市(구 海龍) 山城鎭 일대와 하나의 권역을 이루며, 이 일대는 일찍부터 교통로상의 요충지로 기능하였음. 이에 梅河口市(구 海龍) 山城鎭을 발해 15부의 하나인 長嶺府로 비정하고, 성지산산성을 그 治所城으로 지목하기도 함.[2] 또한 고구려 성곽을 종합적으로 다룬 논저에서는 성지산산성을 고구려 성곽으로 분류하기도 함(孫進己·馮永謙, 1989, 347쪽; 東潮·田中俊明, 1995, 385쪽; 魏存成, 1999, 34쪽; 王綿厚, 2002, 123쪽; 지승철, 2005, 260쪽).

그렇지만 현재까지 성지산산성 내부에서는 주로 요·금대의 유물만 출토되었고, 발해나 고구려시기의 유물이나 유구는 확인되지 않았음. 이에 성지산산성을 고구려나 발해 시기의 성곽으로 보기는 어려우며, 요·금대의 성곽으로 분류하기도 함(李健才, 1986, 56~57쪽; 吉林省文物志編委會, 1987, 89~90쪽; 國家文物局, 1993, 112쪽). 성지산산성의 축조시기나 성격을 보다 명확하게 파악하기 위해서는 향후 추가적인 고고조사가 필요함.

참고문헌

- 李健才, 1986, 『東北史地考略』, 吉林文史出版社.
- 吉林省文物志編委會, 1987, 『東豊縣文物志』, 吉林省文物志編修委員會.
- 孫進己·馮永謙, 1989, 『東北歷史地理』 2, 黑龍江人民出版社.
- 國家文物局, 1993, 『中國文物地圖集』 吉林分冊, 中國地圖出版社.
- 東潮·田中俊明, 1995, 『高句麗の歷史と遺跡』, 中央公論社.
- 魏存成, 1999, 「길림성 내 고구려산성의 현황과 특징」, 『고구려연구』 8.
- 王綿厚, 2002, 『高句麗古城研究』, 文物出版社.
- 지승철, 2005, 『고구려의 성곽』, 사회과학출판사.
- 윤병모, 2013, 『요동지역의 고구려산성』 2, 한국학술정보.

---

2 다만 발해 長嶺府의 治所는 일반적으로 樺甸 蘇蜜城으로 비정함.

제8부

휘남현(輝南縣) 지역의 유적

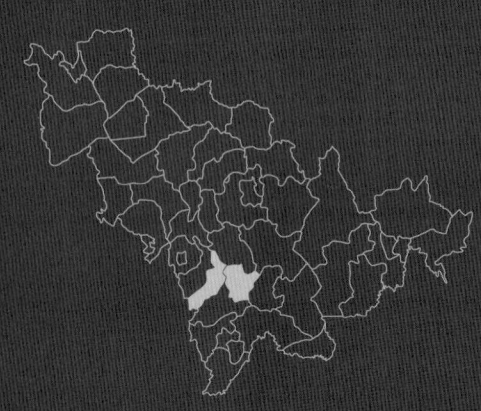

| 유적 분포도 |

- △ 산
- ▲ 산성
- ■ 평지성
- ▬ 관애
- ᚋ 장성
- ▲ 고분
- ● 기타 유적

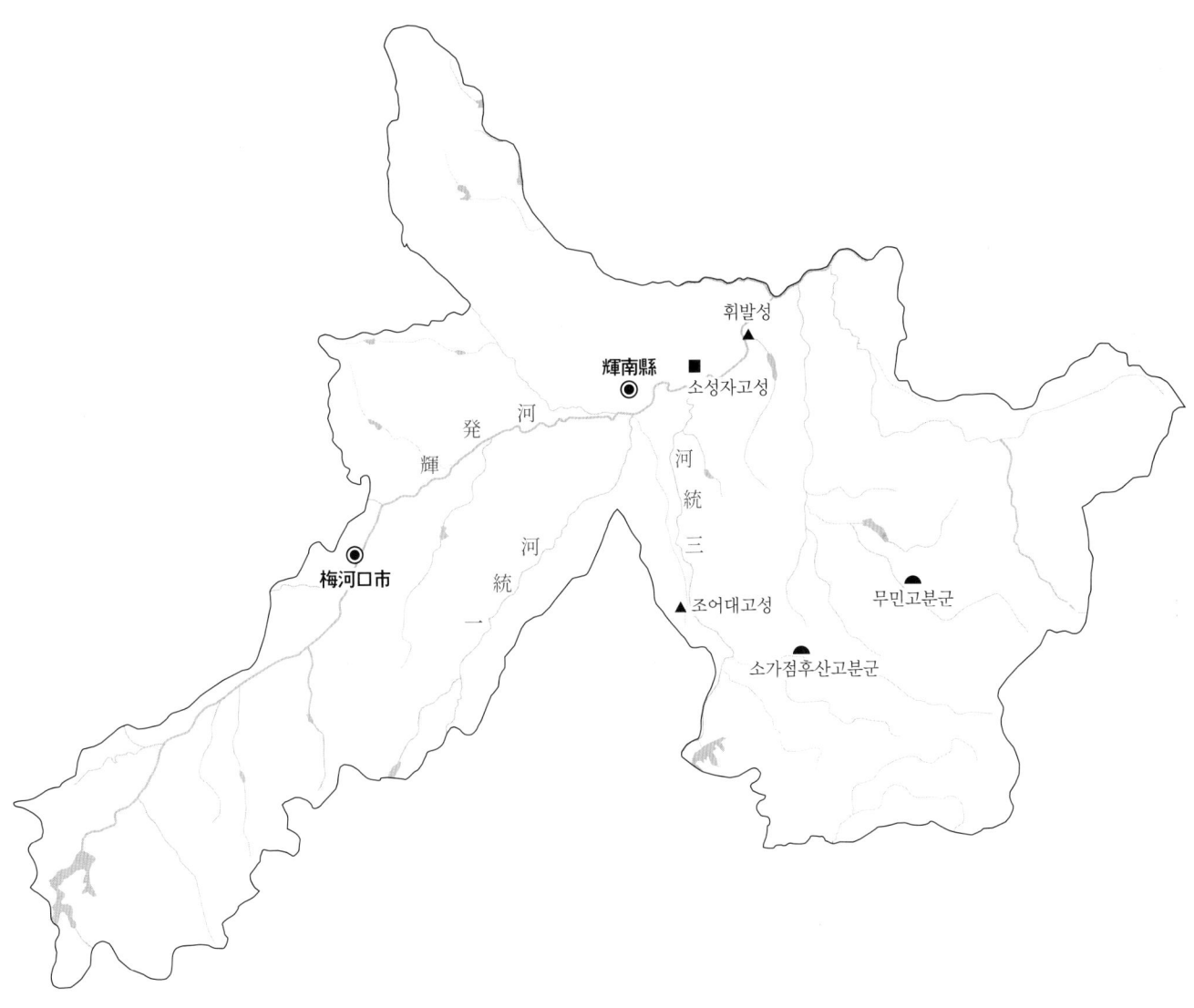

1
고분군과 고분

01 휘남 소가점후산고분군[1]
輝南 邵家店後山古墳群 | 邵家店古墳群

1. 조사현황

1) 1986년 6월 조사
- 조사기관 : 輝南縣文物普查隊.
- 조사내용 : 방형 적석묘 4기 확인.

2. 위치와 자연환경(그림 1)

- 輝南縣 樣子哨鎭 邵家店村 북쪽으로 약 200m의 산마루와 산비탈에 위치.
- 坦平河가 동에서 서로 소가점촌 앞을 흘러감.
- 소가점에서 서쪽으로 약 10km에는 樣子哨鎭이 있고, 북쪽으로 縣城 朝陽鎭과 38km 떨어져 있으며, 서남으로 0.5km 떨어져 하천을 두고 冷家溝屯과 마주 바라보고 있음.

3. 고분군의 분포현황

- 고분군은 동서 방향으로 배열, 고분 형식은 적석묘. 황색 砂巖으로 지표에 축조.
- 산마루의 적석묘가 가장 큼. 고분은 정방형을 띠

---
1 『輝南縣文物志』(1992) 참조. 『中國文物地圖集』 吉林分冊(1993)에는 '소가점 고분군'으로 소개됨.

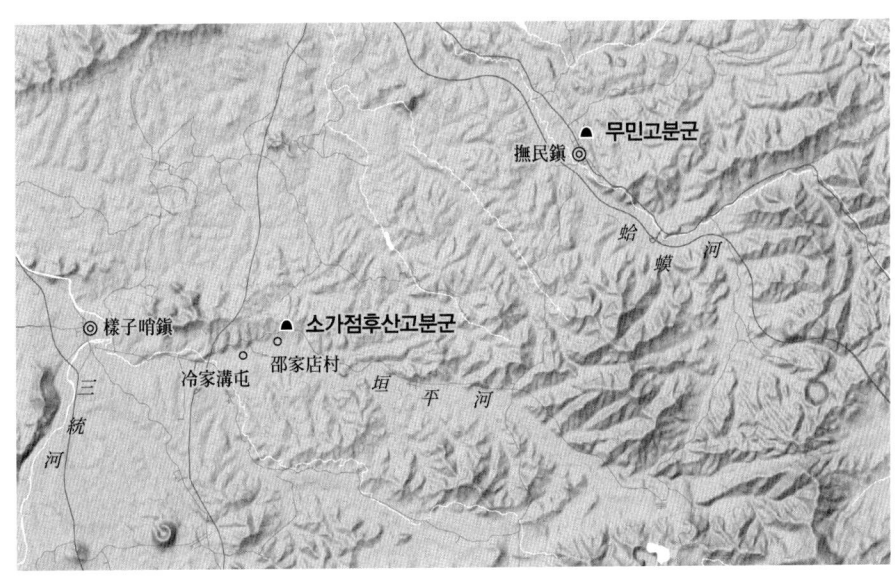

그림 1
소가점후산고분군의 위치도

며 방향은 180°이며, 한 변 길이 10m, 잔존 높이 1m 임. 무덤 중앙의 함몰갱이 뚜렷함. 함몰갱은 동서 너비 1.8m, 남북 길이 2m임. 무덤의 네 변은 비교적 정연한 큰 돌로 둘러쌓은 후에 높이 축조함. 정상부에 함몰갱 이 있음.

○ 나머지 적석묘 3기는 규모가 약간 작고, 정방형 평면임. 한 변 길이 8m, 잔존 높이 0.9m임. 축조방식은 산마루의 대묘와 동일. 산마루 대묘의 동쪽 산비탈에 위치함.

4. 역사적 성격

『輝南縣文物志』에 의하면, 휘남현 경내에서 적석묘군은 이곳 하나뿐이며, 고분의 형식이 통구 고분군 조성 적석묘와 동일하여 고구려시기의 고분으로 비정함. 고분의 조성 시기는 비교적 이를 가능성이 있다고 보았으며, 휘남이 고구려 중심지의 북방에 치우치므로 피장자의 신분이 낮을 가능성을 배제할 수 없다고 함. 이외에 고분의 배열 상황에 규율이 있음. 다만, 산마루의 대묘는 피장자의 신분이 비교적 높음을 보여줌. 소가점고분군의 발견은 고구려시기에 이 일대 역시 비교적 중요한 거주구역의 하나였음을 보여줌.

휘남현이 고구려에서 북쪽으로 나아가는 중간지점이며, 적석묘라는 점에서 고구려 고분일 가능성을 배제할 수 없지만, 잔존 상황만으로 고분의 조성 시기를 가늠할 수 없음. 잔존하는 함몰상태를 보면 석광 또는 광실일 가능성이 있음. 보고 내용으로 미루어 매장부는 석광이며, 분구는 기단적석묘로 추정됨.

참고문헌

- 吉林省文物志編纂委會, 1992, 『輝南縣文物志』.
- 國家文物局 主編, 1993, 『中國文物地圖集』 吉林分冊, 中國地圖出版社.

02 휘남 무민고분군
輝南 撫民古墳群

1. 조사현황

○ 조사시기 : 1986년 7월 조사.
○ 조사기관 : 輝南縣文物普查隊.
○ 조사내용 : 고분군을 발견하고 측량하고 기록함.

2. 위치와 자연환경(그림 1)

○ 輝南縣城 朝陽鎭의 동남쪽으로 45km 거리, 撫民鎭에서 동쪽으로 약 300m 떨어진 산등성이 위에 위치
○ 구릉 위는 평평하고 개활하여 현재 이미 농경지로 개간됨.

3. 고분군의 분포현황

○ 무민 고분군에는 총 3기의 고분이 있으며, '品'자형 배열을 하고 있음.
○ 고분형식은 두 종류로, 하나는 적석묘이며, 다른 하나는 소형 봉토석실묘임. 적석묘 1기는 강자갈(河卵石)과 화산암석으로 지표 위에 쌓은 돌무지로, 현지인들이 '哈拉子石'이라 부름. 평면은 방형을 띠며, 한 변 길이 7m, 높이 0.8m이며, 방향은 175°임. 무덤 정상 중앙의 함몰갱은 길이 1.5m, 너비 1.7m로 墓壙에 해당함.
○ 소형 봉토석실묘는 총 2기임. 모두 적석묘의 남단에 배열되어 있음. 외형상 봉토 무지는 비교적 크지 않으며 산실됨. 판상 석재가 밖에 노출됨. 묘실은 낮고 작게

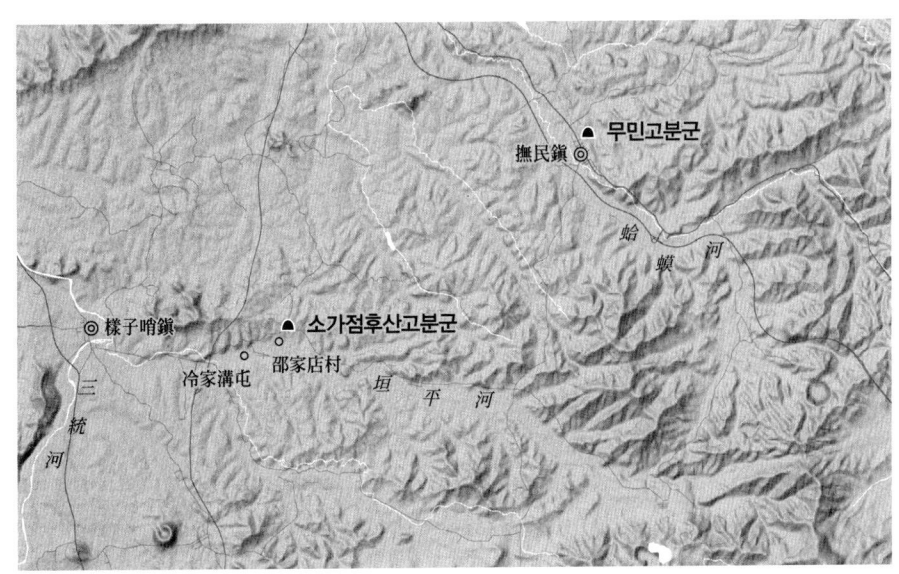

그림 1
무민고분군의 위치도

구축됨. 돌로 천정을 덮음. 이미 심하게 파괴된 상태이며, 내부 형식은 확실치 않음.

4. 역사적 성격

『輝南縣文物志』에 의하면 적석묘는 고구려시기의 무덤형식임. 무민 고분군의 적석묘 형식을 보면 西晉 이후의 무덤일 가능성이 있음. 소형 봉토석실묘 연대는 더욱 늦음.

보고 내용만으로 시기를 판단할 수 없으니 봉토분과 열상 배치하였다는 점을 감안해 볼 때 4세기보다 앞서 축조되었다고 보기 어려움.

참고문헌

- 吉林省文物志編纂委會, 1992, 『輝南縣文物志』.
- 國家文物局 主編, 1993, 『中國文物地圖集』 吉林分冊, 中國地圖出版社.

2

성곽

01 휘남 휘발성
輝南 輝發城

1. 조사현황

1) 1957년
1957년 5월, 吉林省 文管會가 輝發縣 文教科와 함께 휘남현문물조사대를 조직하여 휘발성을 조사함. 돌도끼(石斧), 석제그물추(石網墜), 토제그물추(陶網墜), 토기편(陶器片), 암키와(板瓦), 瓷器片 등의 유물을 채집함.

2) 1960년
1960년 통화지구 문물조사대가 휘발성을 조사함. 성내에서 三稜形의 골제화살촉(箭頭), 소형 철제칼(鐵刀), 칼집(刀鞘籠), 刀護手, 글자가 없는 동전, 돌호미(石鋤), 돌도끼(石斧), 돌괭이(石鎬) 등이 발견됨. 이로써 휘발성은 길림성 제1 중점문물보호단위가 되었음.

3) 1962년
○ 조사자 : 吉林省文物管理委員會.
○ 조사내용 : 1962년 10월 길림성문물관리위원회가 휘발성을 조사하고, 측량과 기록을 진행하였음. 아울러 비교적 풍부한 유물을 채집하였는데, 생활용구, 건축재료, 생산공구, 무기 및 장식품 등이 출토됨.
○ 발표 : 吉林省文物管理委員會, 1965, 「輝發城調查簡報」, 『文物』 1965-7.

4) 1986년
○ 조사자 : 휘남현문물조사대.
○ 조사내용 : 1986년 6월 휘남현문물조사대가 두 차례에 걸쳐 휘발성에 대해 조사, 측량, 기록, 사진촬영을 진행하였음. 파괴된 성벽 구간에 대해 세밀한 연구를 진행하였고 새로운 자료를 획득하였음. 이에 따라 휘발성의 축조 연대를 새롭게 인식하게 되었음.
○ 발표 : 吉林省文物志編委會, 1987, 『輝南縣文物志』.

5) 2010년
○ 조사자 : 吉林省文物考古研究所, 輝南縣文物管理所.
○ 조사내용 : 2010년 휘발성 보호 계획의 편제에 발맞추어 吉林省文物考古研究所가 휘발성에 대한 고고발굴을 실시. 주로 서남부의 평대, 내성 동남벽과 평대 사이의 평평한 지대를 발굴. 동시에 평대의 북측·동측 가장자리와 내성 북벽을 절개함. 또한 내성 동북 모서리의 1호 문지를 정리. 실제 발굴면적은 2,000m²임. 발굴을 통해 주거지(房址) 20여 곳, 아궁이(灶址) 11기, 재구덩이(灰坑) 30여 곳을 확인함. 토기, 자기, 청동기, 철기, 석기, 골기 등 1,000여 점의 유물을 수습.
○ 발표 : 劉曉溪, 2011, 「輝南縣明代輝發城址」, 『中國考古學年鑑』, 文物出版社.

6) 2013년
○ 조사기간 : 2013년 5~7월.
○ 조사자 : 吉林省文物考古研究所.
○ 조사내용 : 2013년에 吉林省文物考古研究所가 국가문물국의 비준을 거쳐 길림시의 영안유적지와 용담

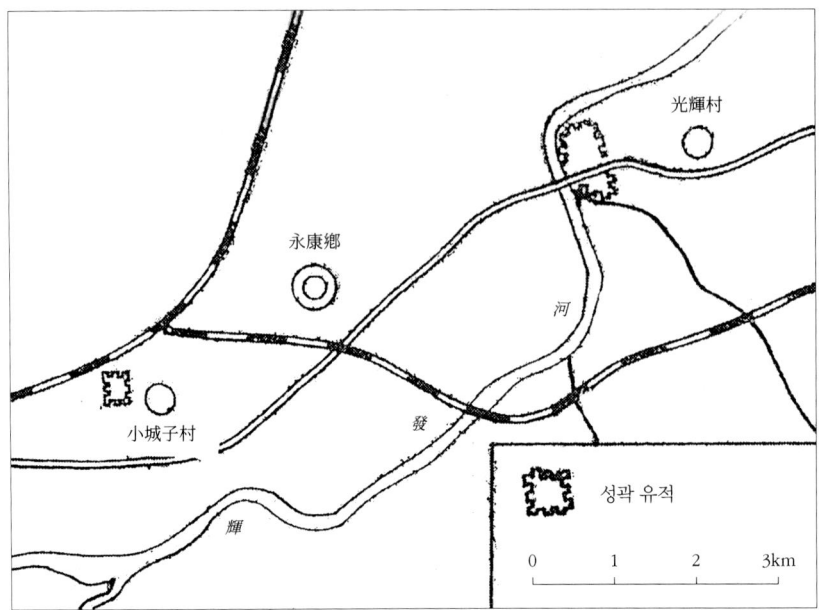

그림 1 휘발성 지리위치도(『輝南縣文物志』, 72쪽)

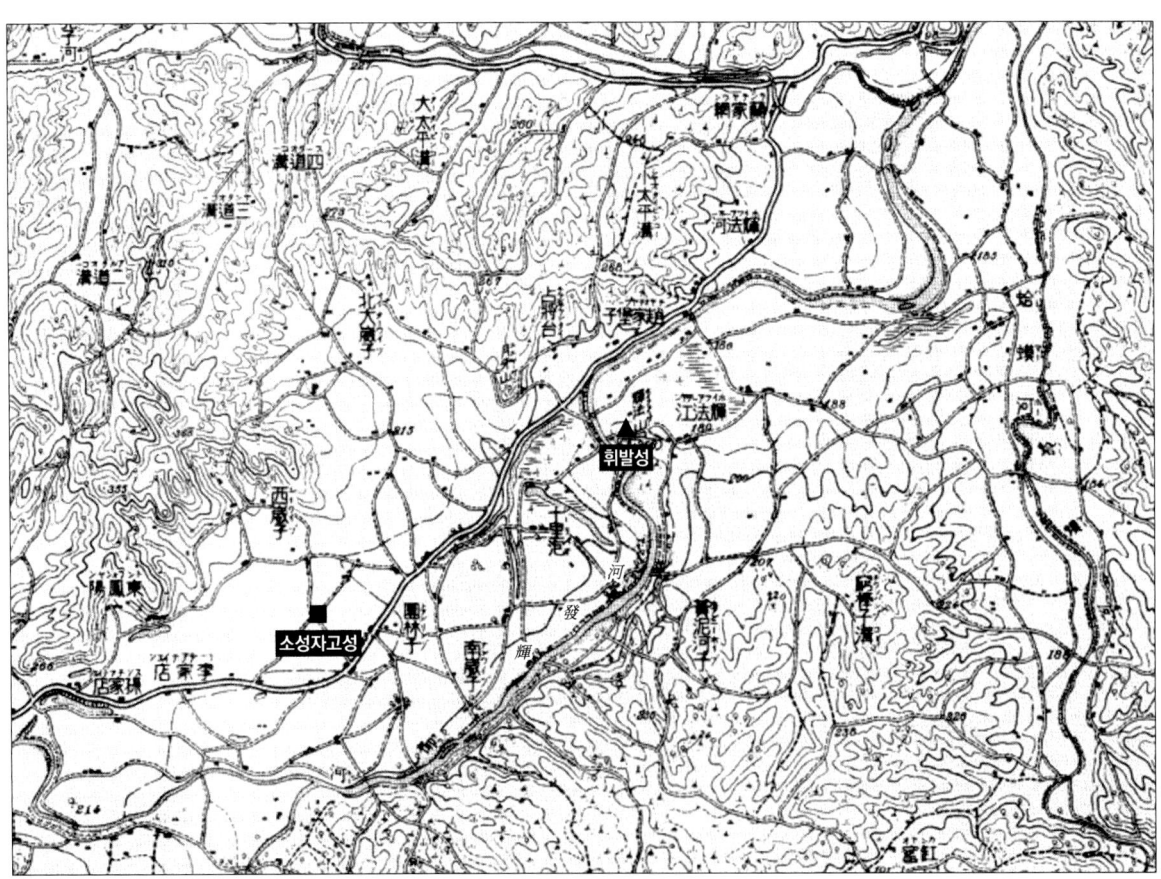

그림 2 휘발성 주변 지형도(滿洲國 10만분의 1 지형도)

산성, 화전시 소밀성, 백성시 성사가자성지, 휘남현 등 5개 유적지에 대하여 고고 발굴 작업을 전개하였음. 휘발성에 대해서는 2010년도에 마무리하지 못했던 내성 문지에 대한 2차 조사를 진행하였고, 성곽의 초축연대와 성벽 구조에 대한 정보를 획득하기 위해 내성, 중성, 외성에 대한 절개 조사를 진행하였음. 아울러 중성 내부의 300평방미터를 시굴하여 주거지(房址) 2기, 재구덩이(灰坑) 10여 기 등을 조사함.
○ 발표 : 吉林省文物考古研究所, 2014, 「2013年吉林省文物考古研究所考古發掘收獲」, 『東北史地』 2014-3; 劉曉溪, 2014, 「輝南縣明代輝發城城址」, 『中國考古學年鑑』, 文物出版社.

2. 위치와 자연환경(그림 1~그림 2)

1) 지리위치
○ 吉林省 通化市 輝南縣 朝陽鎭 동북 약 17km의 輝發河 東岸의 휘발산에 위치함. 輝發城鄕 長春堡 서남쪽 4km에 해당함.
○ 휘발성에서 서남쪽 17.5km 거리에 輝南縣城 朝陽鎭이 있고, 휘발하를 사이에 두고 永康鄕의 坎家街, 東勝, 高家街 등과 멀리서 마주 보고 있음.

2) 자연환경
○ 산성의 서쪽에 휘발하가 남쪽에서 북쪽으로 흐르고 있음. 휘발성 동남쪽 17km에 위치한 조양진 동문을 출발해 휘발하를 따라가면 강의 북쪽으로는 東風舞山의 산봉우리들이 이어지고, 남쪽으로는 구릉지대가 면면히 이어짐. 그 사이로 협장한 하곡평야가 펼쳐지는데, 평야의 동북쪽에 평지에서 우뚝 솟은 산봉우리가 보이는데, 바로 산성이 위치한 휘발산임. 휘발산은 산세가 가파르고, 평야에 호랑이가 누워있는 형세를 띰.
○ 휘발산은 해발 256m로 휘발하 수면보다 40m 높음. 산의 지세는 동남-서북 방향으로 뻗어있는데, 2개의 산봉우리로 이루어져 있고, 전체 길이는 340m임. 두 봉우리 사이는 말안장처럼 지세가 약간 오목한 형태임. 남측은 낭떠러지이고 북측은 가파르며 동측은 상대적으로 완만함.
○ 휘발성은 휘발산과 산 아래의 평지에 걸쳐 있음. 성터의 삼면은 강으로 둘러싸여 있음. 1면은 광활한 하곡평야에 잇닿아 있음. 휘발하가 서남방향으로 흐르다가 휘발산 아래에 이르러 꺾여 북향하여 고성의 서벽, 북벽을 반쯤 휘감아 돌다가 동북으로 흘러감.
○ 성의 남면에서는 黃泥河가 휘발성의 남벽을 지나 휘발하에 유입됨. 성이 위치한 곳은 강물이 종횡으로 흘러가고, 샘이 있으며 교통이 편리함. 산성에 수목이 번성하고 토질은 비옥하며 자연자원도 풍부함.

3. 성곽의 전체현황(그림 3)

○ 휘발성은 내성, 중성, 외성 등으로 이루어진 복곽식 성곽임. 내성과 중성은 성의 남부에 위치하며, 그중 내성은 휘발산의 산정에 위치함. 중성은 휘발산 동측의 완만한 산기슭에 위치함. 외성은 산 아래 평야에 위치함.
○ 성곽 규모에 대해 吉林省文物管理委員會(1965) 36쪽에서는 내성 596.5m, 중성 892.3m, 외성

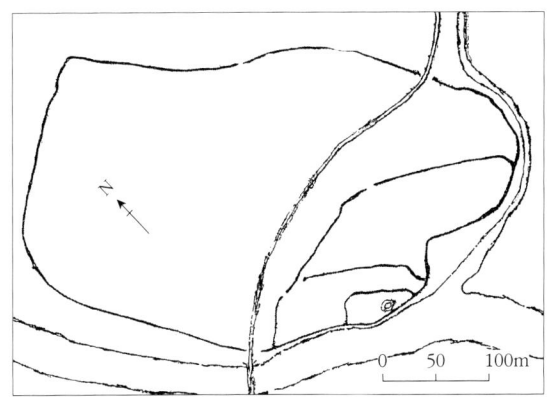

그림 3 휘발성 평면도(『輝南縣文物志』, 73쪽)

1,884.3m, 吉林省文物志編委會(1987), 73~75쪽에서는 내성 706m, 중성 1,313m, 외성 2,647m, 劉曉溪(2011), 199쪽에서는 내성 598m, 중성 892m, 외성 1,884m 등으로 각기 다르게 조사함.
○ 성벽은 토석혼축으로 축조했는데, 일부 구간은 판축토성임.
○ 2013년도에 내성, 중성, 외성의 성벽에 대해 절개조사를 진행했는데, 각 성벽의 주체 부분은 모두 현장의 흙을 쌓아 축조하였음을 확인함. 내성과 외성의 성벽은 모두 한 번 축조한 것이며, 중성 성벽은 두 차례의 증축을 거쳤음. 다만 내성, 중성, 외성의 축조순서는 명확하지 않음. 절개조사 과정에서 陶器, 瓷器, 銅器, 鐵器, 骨器, 角器, 料器 등 200여 점이 출토되었는데, 유물을 통해 볼 때, 각 성벽의 축조 연대는 모두 明代 중기보다 이르지 않다고 판단됨. 내성 문지의 발굴을 통해 문길이 두 시기에 걸쳐 이루어졌음을 확인함. 또한 중성에서 시굴한 유구도 모두 明代에 속함을 확인함.
○ 성문은 모두 5곳 있고, 그밖에 건물지, 平臺, 계단, 흙더미, 회곽도 등이 있음.

4. 성벽과 성곽시설

1) 성벽

(1) 내성
○ 내성은 휘발산의 정상에 자리잡고 있는데, 성벽은 산세를 따라 이어져 있고, 가장자리의 峭壁을 이용해 축조하였음. 동남부는 절벽을 천연성벽으로 삼았고, 서북부는 산세를 따라 인공성벽을 축조하였는데, 전체 평면은 약간 불규칙한 마름모꼴(菱形)임. 또한 내성 내부의 지세는 중앙 부분이 약간 융기하였고 양 끝은 비스듬히 경사짐(吉林省文物志編委會, 1987, 73~74쪽).
○ 내성의 외벽은 수직에 가까울 정도로 가팔라서 오르기 어렵고 험준함. 빗물의 침식에 의해 허물어진 성벽 단면을 통해 축조방식을 관찰할 수 있는데, 두 층의 강돌(河卵石) 사이에 판축토벽을 1층 조성한 다음, 그 위에 다시 판축토벽을 축조하였음. 강돌의 크기는 30~60cm로 균일하지 않음(吉林省文物志編委會, 1987, 73~74쪽).
○ 내성의 전체 둘레는 596.5m(吉林省文物管理委員會, 1965, 36쪽), 706m(吉林省文物志編委會, 1987, 73쪽), 598m(劉曉溪 2011, 199쪽) 등으로 조사됨. 또한 성벽의 규모도 내벽 높이 2m, 윗너비 1m(吉林省文物管理委員會, 1965, 36~37쪽) 또는 내벽 높이 약 1m, 윗너비 1.5m(吉林省文物志編委會, 1987, 73쪽) 등으로 조사됨.
○ 내성 내부의 산비탈에서는 원시시기의 석기, 도기, 골기 등이 출토되었고, 고구려 및 요·금 시기 유물도 발견되었다고 함(吉林省文物志編委會, 1987, 74쪽).

(2) 중성
○ 중성의 성벽은 대부분 평지에 축조하였음. 다만 서북과 동남단 일부분은 산비탈에 축조하였음. 중성 성벽의 동남과 서북 兩端은 휘발산의 범위 안에 해당하는데, 성의 중부에서(동남 방향) 평지를 향해 바깥으로 뻗어있는 것을 볼 수 있음. 중성 성벽의 서북단은 산 정상에서 아래로 내려와 산세가 뻗어나간 방향을 따라 기복을 이루며 서남단의 산정까지 곧장 이어짐. 아울러 내성의 서남단 성벽과 서로 이어져 하나의 벽체를 이룸.
○ 중성의 전체 둘레는 892.3m(吉林省文物管理委員會, 1965, 36쪽) 또는 1,313m(吉林省文物志編委會, 1987, 74쪽) 등으로 조사됨. 성벽 규모는 높이 1~3m, 기초 너비 12m, 윗너비 2~3m(吉林省文物管理委員會, 1965, 36쪽), 또는 높이 1~3m, 기초너비 12~14m, 윗너비 2~4m(吉林省文物志編委會, 1987, 75쪽) 등으로 조사됨.

(3) 외성

○ 외성은 휘발산의 동남단에서 시작하여 서남단에서 끝나는데, 성벽은 모두 평지에 축조하였음. 외성의 지세는 전체적으로 중성보다 약간 낮음. 외성의 동남단은 중성 성벽의 동남단과 이어져 하나의 성벽을 이루며, 서북단은 휘발하 연안의 지형을 이용하였음.

○ 외성의 전체 둘레는 1,884.3m(吉林省文物管理委員會, 1965, 36쪽) 또는 2,647m(吉林省文物志編委會, 1987, 75쪽) 등으로 조사됨. 성벽 규모는 높이 1.5~2m, 기초너비 약 8m, 윗너비 약 2m(吉林省文物管理委員會, 1965, 36쪽) 또는 높이 1.5~2m, 기초너비 10~20m, 윗너비 약 3m(吉林省文物志編委會, 1987, 75쪽) 등으로 조사됨.

(4) 2013년도 성벽 절개조사

○ 2013년도에 내성, 중성, 외성의 성벽에 대해 절개조사를 진행했는데, 각 성벽의 주체 부분은 모두 현장의 흙을 쌓아 축조하였음을 확인함. 내성과 외성의 성벽은 모두 한 번 축조한 것이며, 중성 성벽은 두 차례의 증축을 거쳤음. 다만 내성, 중성, 외성의 축조순서는 명확하지 않음.

○ 절개조사에서 陶器, 瓷器, 銅器, 鐵器, 骨器, 角器, 料器 등 200여 점이 출토되었는데, 유물을 통해 볼 때 성벽의 축조 연대는 明代 중기보다 이르지 않다고 판단됨. 내성 문지의 발굴을 통해 문길이 두 시기에 걸쳐 이루어졌음을 확인함. 또한 중성에서 시굴한 유구도 모두 明代에 속함을 확인함.

2) 성문

(1) 내성의 성문

○ 내성의 성문 1 : 내성의 동북단에 위치함. 내성의 성벽과 중성의 성벽이 연결된 곳으로 이 문을 통해서 중성으로 갈 수 있음. 문 너비 5m.

○ 내성의 성문 2 : 경사진 산세를 따라 중성으로 가는 곳 북벽 상에도 개구부(缺口)가 하나 있음. 개구부의 너비는 5m인데. 지세가 비교적 험함. 이곳은 내성에서 외성으로 가는 유일한 성문터임.

(2) 중성의 성문

○ 중성의 중앙 성문 : 성의 중부에 있음. 개구부(缺口)의 너비 12m, 개구부의 서단에 흙더미가 있음. 흙더미는 성벽보다 약 50cm 높음. 성의 동남단 성문지 및 외성 동남단 성문지와 서로 마주보고 있음.

(3) 외성의 성문

○ 외성의 성문지는 성의 동서 양측에 있음.

○ 동문의 현재 너비 10m, 서문은 이미 훼손되었음. 바로 앞에 휘발하를 도하할 수 있는 지점이 있는데, 오늘날 휘발성 및 동부의 마을을 왕래할 때 반드시 통과해야 하는 곳임. 현재 성내를 관통하는 동서의 주요 도로는 이 2개의 문을 지나감.

○ 성문에서 옹성은 발견되지 않음.

5. 성내시설과 유적

1) 平臺

○ 휘발성의 가장 높은 부분인 휘발산 동남측의 비교적 높은 산봉우리 상에 위치함. 平臺는 휘발산의 자연 산세를 따라 타원형으로 구축하였음. 규모는 둘레 길이 336.5m임. 평대는 내성보다 4.80m 높음. 평대가 있는 곳은 일찍이 경작지로 이용되었음. 원래 지표상에 유물이 있었는데 지금은 많이 보이지 않음. 토기편(陶片), 자기편(瓷片) 및 회색 벽돌과 기와 등 유물이 발견되었음. 현지 주민에 의하면 예전에는 벽돌과 기와가 매우 많았다고 함. 평대의 상황과 발견된 유물로 보아 당시의 건물 유적일 가능성이 있음.

○ 2010년 발굴 당시 휘발산 서남부에서 평대를 확인함. 평대의 가장자리는 정연함. 동측과 북측은 2층임.

2) 흙더미(土堆)
○ 위치 : 평대의 중부, 서남벽의 벼랑에서 13.30m 떨어져 있는 곳에 흙더미가 돌출해 있는데 전체 산에서 가장 높은 곳임.
○ 크기 : 높이 2m.

3) 대계(臺階)
○ 내성의 성벽과 평대 사이에 해당하는 평대 서북부에 '臺階'가 평대를 둘러싸며 활모양을 이룸.
○ 臺階의 규모는 높이 2.4m, 윗너비 4.5m, 길이 83m임.
○ 절벽에서 10m 떨어진 臺階와 평대의 서남쪽에서 평대와 대계가 모두 중단되고 지세도 움푹 들어가 있는데, 일찍이 훼손되었음을 알 수 있음.

4) 회곽도(小道; 盤山小道; 馬道)
○ 절벽에서 5m 거리에 사람이 다닐 수 있는 작은 길이 있는데, 이 길을 따라 산의 동남에서 서북으로 갈 수 있음(吉林省文物管理委員會, 1965).
○ 휘발하에 잇닿은 휘발산 중턱에 인공적으로 만든 회곽도가 있음. 이 길을 통해 산 정상에서 곧장 輝發河로 나아갈 수 있음(吉林省文物志編委會, 1987).

6. 출토유물

1) 전체 현황
휘발성에서 채집한 유물은 비교적 풍부하며 생활용구, 건축재료, 생산공구, 무기, 장식품 등 여러 종류를 포괄함. 유물은 주로 지표에서 채집한 것과 주민들로부터 수집한 것들임. 유물의 발견지점을 언급하면 아래와 같음.

○ 외성(外城) : 외성 범위 내에서 출토된 유물은 비교적 풍부함. 그중에 많은 것은 돌절구(石臼)임.
○ 흙더미(土堆) : 외성의 동남단, 중성 성벽 바깥 약 70m 정도 평지상에 돌출한 흙더미가 하나 있는데 높이 약 50cm, 5m 범위임. 현지 주민이 흙을 파는 중에 토기, 자기, 청동기 및 철기 장식품 등이 나왔다고 함. 성내에서 발견된 자기류는 모두 明代의 것이며 호(罐), 완(碗), 소반(盤) 등 세 종류를 포함함. 호(五彩瓷罐, 靑花瓷罐), 소반(五彩瓷盤, 白地靑花盤, 壽字盤), 완(白地小花碗, 白地豆彩花碗) 등이 있음.
○ 중성(中城) : 중성 내에서 철제화살촉(箭鏃)이 비교적 다량 발견되었고 대체로 5가지 유형으로 분류됨.
○ 내성(內城) : 내성과 산 정상 平臺에서 회색의 벽돌, 포문기와, 瓷器片, 토기편(陶片) 등 유물을 발견했음. 이 밖에 돌도끼(石斧), 토제 및 석제 그물추(網墜)가 발견되었음. 또 1960년, 通化地區文物普查隊는 성내에서 三稜形 骨製 화살촉(箭頭), 작은 철제칼(鐵刀), 칼집(刀鞘籠), 刀護手, 동전(無字銅錢) 및 돌호미(石鋤), 돌도끼(石斧), 돌괭이(石鎬) 등을 발견했음.
○ 휘발성 남쪽, 휘발하 좌안에서 재구덩이(灰坑) 7곳을 발견하였는데 재구덩이(灰坑) 안에서 두께 50cm에 달하는 불에 탄 숯(燒炭)과 흙(燒土)을 발견하였고 이와 함께 재구덩이(灰坑)에서 멀지 않은 곳에서 말라버린 우물(枯井)을 발견함. 우물 주변에서 불에 탄 적이 있는 목판흔적을 발견. 과거 휘발하의 맞은편에서도 黑釉甁 등 유물이 발견되었는데 이는 휘발성과 밀접한 관계가 있을 것임.

2) 개별 유물 현황

(1) 금동기(鎏金器)

① 귀고리(耳環)
○ 출토지 : 외성의 동남단 흙더미(土堆).

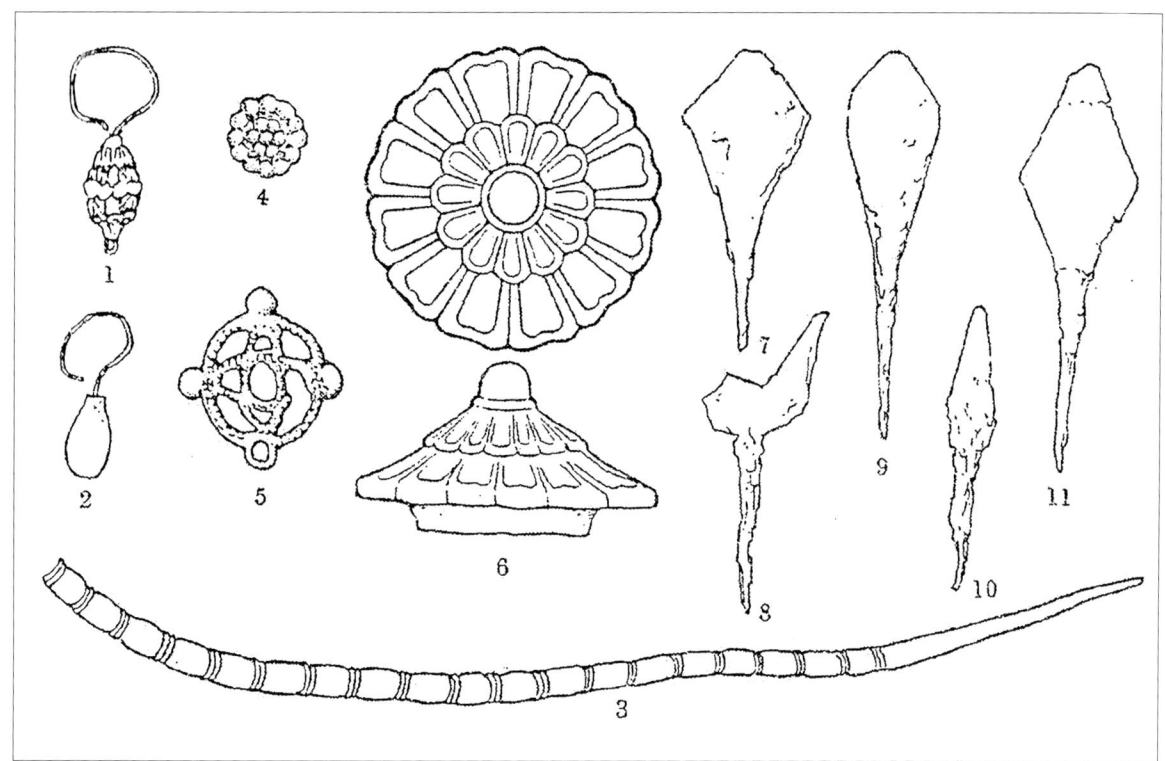

그림 4 휘발성 출토유물(吉林省文物管理委員會, 1965, 38쪽)
1, 2. 귀걸이 3. 은제 꾸미개 4, 5. 꾸미개 6. 뚜껑 7~11. 화살촉

○ 수량 : 3점.

○ 청동제에 금을 도금하였음.

○ 2유형으로 분류됨.

㉠ Ⅰ식(그림 4-1)

○ 크기 : 직경 5~6cm.

○ 형태 : 꽃문양 추형 수식이 달려있음. 추의 바닥에 구멍 하나가 있음.

㉡ Ⅱ식(그림 4-2)

○ 수량 : 1점.

○ 크기 : 고리 부분은 직경 4cm.

○ 형태 : 아래에 꽃 문양이 없는 추형 수식이 하나 달려 있음.

② **꾸미개**(鎏金銅飾物, 그림 4-4)

○ 출토지 : 외성의 동남단 흙더미(土堆).

○ 수량 : 1점.

○ 크기 : 직경 1.5cm.

○ 형태 : 청동재질의 작은 조각에 표면을 도금하였음. 원형임. 원형의 표면에 원형의 작은 점이 돌기해 있음. 조각의 양 끝에 각각 구멍이 하나씩 있음.

③ **帽頂**

○ 출토지 : 외성의 동남단 흙더미.

○ 크기 : 높이 6.3cm, 저경 4.2cm, 윗지름(頂經) 1cm. 무게 약 20g.

○ 형태 : 청동 재질. 표면은 도금하였음. 바닥은 엎은 완(碗)모양. 둘레에 매화 잎사귀 9개를 장식하였음. 아울러 대칭하는 4개의 바늘구멍(針孔)이 있음. 바닥의

가장 낮은 곳에 돌기한 작은 점이 있으며, 帽頂 중간에 돌기한 두 갈래의 꽃 문양이 장식되어 있음. 꼭대기 끝(정단)은 파손되었음. 帽頂 안은 비어있음. 金色이 선명하며 정교하고 아름답게 제작되었음.

(2) 청동기(銅器)

① 청동등자(銅馬蹬)
○ 출토지 : 외성의 동남단 흙더미(土堆).
○ 수량 : 1점.
○ 크기 : 전체 높이 13.5cm, 고리의 구멍 직경(環孔經) 10cm, 발판 너비 4cm, 구멍(鼻) 높이 3cm, 가죽 구멍(革孔) 너비 1.5cm.
○ 형태 : 주조품. 발판의 뒷면(背面) 가운데에 등마루(脊)가 있음. 고리(環)는 원주(圓柱)모양. 구멍(鼻)은 장방형임.

② 청동꾸미개(銅飾物, 그림 4-5)
○ 출토지 : 외성의 동남단 흙더미(土堆).
○ 크기 : 직경 4.5cm.
○ 형태 : 청동 재질. 안쪽은 꽃 모양의 고리임. 꼭대기(頂)에 구멍이 하나 있음.

(3) 철기(鐵器)

① 철제등자(鐵馬蹬)
○ 출토지 : 외성의 동남단 흙더미(土堆).
○ 수량 : 3점.
○ 3유형으로 분류됨.
○ 부식이 심함.

㉠ 철제등자(鐵馬蹬) 1
○ 크기 : 전체 높이 14.5cm, 고리의 구멍 직경(環孔經) 12cm, 발판 너비 9cm, 구멍(鼻) 높이 3cm, 가죽 구멍(革孔) 너비 2.0cm.
○ 형태 : 발판은 크고 둥근 형태임. 가운데에 구멍을 뚫었으며 뒷면에는 오목한 모양을 띰. 고리구멍(環孔) 상부(上方)에 원형의 구멍(鼻)이 있으며 고리는 납작한 형태임.

㉡ 철제등자(鐵馬蹬) 2
○ 크기 : 전체 높이 13cm, 고리의 구멍 직경(環孔經) 4cm, 구멍(鼻) 높이 2.5cm, 가죽 구멍(革孔) 너비 7cm.
○ 형태 : 청동제등자와 유사한 모양이며 발판의 정면과 뒷면이 모두 하나의 평평한 판(板)임.

㉢ 철제등자(鐵馬蹬) 3
○ 크기 : 발판 너비 6cm.
○ 형태 : 파손품. 철제등자 1의 형식과 유사하며, 다만 발판은 비교적 좁음.

② 화살촉(箭鏃)
○ 출토지 : 중성.
○ 철제품.
○ 5가지 유형으로 분류됨.

㉠ Ⅰ식(그림 4-7)
○ 크기 : 촉두 길이 8cm, 최대폭 5cm, 길이 6cm.
○ 형태 : 경부는 납작하고 평평함.

㉡ Ⅱ식(그림 4-8)
○ 크기 : 전체 길이 11cm.
○ 형태 : 촉두는 양끝이 뾰족하며 납작하고 평평함. 경부는 둥근 형태.

㉢ Ⅲ식(그림 4-9)
○ 크기 : 전체 길이 14cm.
○ 형태 : 촉두는 둥근 형태임. 촉신은 경부에 가깝게

접해 있고 경부는 좁고 납작함.

ⓔ Ⅳ식(그림 4-10)
○ 크기 : 촉두 2cm.
○ 형태 : 촉두는 비교적 좁음. 성내에서 가장 많이 출토된 유형임.

ⓜ Ⅴ식(그림 4-11)
유형은 Ⅰ식과 대략 같음. 촉두의 최대폭은 가운데 부분이 아니라 촉두의 꼬리 부분에 가까운 곳임.

③ 삼지창(三股叉)
○ 출토지 : 중성 내.
○ 크기 : 길이 27.5cm, 袴 지름 폭 3cm.
○ 형태 : 단조품. 손잡이 끝에 袴가 있음. 袴에는 木棒을 상감했을 것임. 삼지창 꼭대기 끝(叉頂端)에는 예리한 가시(倒尖)가 있음.
○ 기능 : 물고기를 잡는 용도임.

④ 투구(暮盔)
○ 출토지 : 중성 내.
○ 크기 : 잔고 13cm, 구경 22cm.
○ 형태 : 철제품. 부식이 심하여 많이 손상되었음. 형태는 깊은 소반(深腹盤)모양임. 구연부는 약간 넓고 큼. 구연부의 양 끝에 철제 고리가 하나씩 있음.

(4) 토기(陶器)
출토지 : 외성의 동남단 흙더미(土堆).

① 녹색시유병(綠釉甁)

㉠ 녹색시유병(綠釉甁) 1
○ 크기 : 높이 25cm, 동체 직경 14cm, 구경 2.5cm, 저경 8.5cm.
○ 형태 : 동체가 깊고(深腹), 들린 굽임(圈足). 표면에는 제작할 때 남긴 물레 흔적(輪文)이 뚜렷하게 남아 있음.
○ 색깔과 태토 : 시유색(釉色)은 가늘고 부드럽지 않으며, 底部 2cm 가까이에는 유약을 바르지 않았음. 태토는 우윳빛깔의 백색이며 底部에도 물레 흔적이 있음.

㉡ 녹색시유병(綠釉甁) 2
○ 크기 : 높이 24cm, 복경 17cm, 저경 10cm.
○ 형태 : 아가리는 작으며(小口), 파손되었음. 동체는 둥근 형태임(圓腹). 들린 굽임(圈足).
○ 색깔과 태토 : 태토는 엷은 분홍색을 띰. 유물이 장기간 지하에 묻혀있었기 때문에 시유색은 이미 부식되었음.

② 삼채병(三彩甁)
○ 크기 : 높이 23cm, 동체 직경(복경) 13.5cm, 구경 3.2cm, 저경 9cm.
○ 형태 : 아가리는 작으며 동체는 둥근 형태임(鼓腹). 바닥은 둥그스름함. 어깨 부분은 번개무늬(雷文)를 시문하였음. 가운데 부분에는 바다, 양, 인물, 물고기, 누각, 화훼, 구름 등을 시문하였음.
○ 색깔과 태토 : 시유색은 녹색, 황색, 흑홍색의 3색을 띰. 조형과 소성도로 보아 기교가 조잡하고 숙련도가 낮음. 태토는 우윳빛의 백색임. 시유색은 화려하며 구도도 완전하며 상상력이 풍부함.
○ 시기 : 遼代의 유물임.

③ 뚜껑(器蓋, 그림 4-6)
○ 크기 : 높이 2.5cm, 직경 5.5cm.
○ 형태 : 꽃잎모양. 꼭대기에 구멍뚫린 꼭지(鼻鈕)가 있음.
○ 색깔과 태토 : 태토는 백색가루임. 녹색을 시유하였음.

④ 흑색시유병(黑釉瓶)
수량 2점, 金代의 유물임.

㉠ 흑색시유병(黑釉瓶) 1
○ 높이 17.5cm, 복경 17cm, 저경 8.5cm, 구경 2.3cm.
○ 형태 : 아가리는 작으며, 구순은 둥그스름함(圓脣). 구연은 약간 외반하였으며 어깨가 넓음. 바닥은 오목함(凹底), 조형이 정교하고 아름다움.
○ 색깔과 태토 : 태토는 딱딱하고 두터움. 태토는 우윳빛깔의 황색을 띠며, 흑색을 시유하였는데, 시유색은 가늘고 부드러움. 광택이 나며 두껍고 무거움. 구연의 바닥(底部)에는 褚石色을 시유하였음.

㉡ 흑색시유병(黑釉瓶) 2
○ 크기 : 높이 19cm, 구경 3cm, 복경 15cm, 저경 8cm.
○ 형태 : 아가리는 작으며, 동체는 둥근 형태임, 바닥은 둥그스름하며(圈底), 시유색은 짙은 회색임. 유약을 바른 층이 비교적 두터움. 바닥까지 시유하지는 않았음. 저부 가까이에 두 갈래의 물레흔적(輪文)이 뚜렷함.

(5) 은기(銀器)

① 은제꾸미개(銀飾)(그림 4-3)
○ 출토지 : 외성의 동남단.
○ 수량 : 2점.
○ 크기 : 2점은 각각 길이 22cm, 직경 8cm.
○ 형태 : 머리 끝(頂端)은 삼각형임. 7cm 간격마다 두 줄의 무늬가 새겨져 있음. 꼬리 중간은 파손되었음.

(6) 석기(石器)

① 돌절구(石臼)
○ 출토지 : 외성 내.
○ 크기 : 크기는 비슷하며 일반적으로 절구(臼體) 높이 50cm, 너비 40cm, 구멍 직경 20cm, 깊이 40cm.
○ 특징 : 석질은 화강암. 어떤 것은 비교적 장기간에 걸쳐 사용되면서 마모가 심하여 구멍이 난 것도 있음.

7. 역사적 성격

휘발성은 북류 松花江 지류인 輝發河 東岸(右岸)에 위치함. 이 지역은 고구려시기에는 초중기의 중심지인 압록강 중류 유역에서 전기 부여의 중심지인 吉林지역으로 나아가는 교통로상의 요충지였고, 길림지역에서 輝發河 – 渾河를 경유해 요동지역을 나아가기도 함. 또한 발해시기에는 발해 중심부와 당의 영주를 잇는 營州道가 이 지역을 통과했음.

이처럼 휘발성은 고구려시기 교통로의 요충지에 자리잡고 있을 뿐 아니라 고구려시기 유물도 출토된 것으로 보고되었기 때문에[1] 많은 연구자들이 고구려 성곽으로 분류하였음(馮永謙, 1994, 195쪽; 王禹浪·王宏北, 1994, 105쪽; 東潮·田中俊明, 1995, 389쪽; 魏存成, 1999, 34쪽; 지승철, 2005, 260쪽). 또한 휘발성은 고구려시기 이후 遼·金을 거쳐 明代나(馮永謙, 1994, 195쪽) 清代까지(國家文物局, 1993, 128쪽) 계속 사용되었을 것으로 추정하기도 하는데, 3중의 복곽식 성곽은 시기적 선후가 있고 산 정상부의 내성만 고구려시기 성곽이라며 '輝發城山城'이라고 명명하기도 함(王綿厚, 2002, 124쪽).

이에 대해 휘발성의 축조시기를 明代로 상정한 다음, 明代 海西 여진인 扈倫 4部 가운데 하나인 輝發部의 王城으로 파악하기도 함(吉林省文物管理委員會, 1965, 39~40쪽; 吉林省文物志編委會, 1987, 78쪽; 劉曉溪, 2011, 200쪽). 실제 2013년에 성벽을 절개하여 조사했는데, 내성과 외성의 성벽은 모두 한 번 축조한 것

---

1 吉林省文物志編委會(1987), 74쪽.

이며, 중성 성벽만 두 차례의 증축을 거친 사실을 확인함. 내성, 중성, 외성의 축조순서를 명확하게 규명하지는 못했지만, 절개조사에서 출토된 200여 점의 유물을 통해 성벽의 축조 연대가 明代 중기 이후임을 확인함(吉林省文物考古研究所, 2014, 20쪽). 그러므로 현전하는 휘발성의 성벽은 明代에 조영된 것이라고 보아야 하며, 교통로 등을 근거로 고구려나 발해 성곽으로 비정하는 견해는 성립하기 어려움.

한편 휘발성의 남쪽, 휘발하 左岸에서 재구덩이(灰坑) 7곳을 발견하였는데, 그 안에는 두께 50cm에 달하는 불에 탄 숯과 흙이 있었음. 또한 재구덩이에서 멀지 않은 곳에서 말라버린 우물(枯井)을 발견하였음. 우물 주변에는 불에 탄 적이 있는 목판 흔적이 있었음. 과거 휘발하의 맞은편에서도 黑釉瓶 등 유물이 발견되었는데, 모두 휘발성과 밀접한 관계가 있을 것으로 추정됨(吉林省文物管理委員會, 1965, 39쪽).

참고문헌

- 吉林省文物管理委員會, 1965, 「輝發城調査簡報」, 『文物』 1965-7.
- 吉林省文物志編委會, 1987, 『輝南縣文物志』, 吉林省文物志編修委員會.
- 吉林市地方志編纂委員會, 1991, 『吉林省志』 卷43, 文物志, 吉林人民出版社.
- 國家文物局, 1993, 『中國文物地圖集』 吉林分冊, 中國地圖出版社.
- 王禹浪·王宏北, 1994, 『高句麗·渤海古城址研究匯編』(上), 哈爾濱出版社.
- 馮永謙, 1994, 「高句麗城址輯要」, 『北方史地研究』, 中州古蹟出版社.
- 東潮·田中俊明, 1995, 『高句麗の歷史と遺跡』, 中央公論社.
- 魏存成, 1999, 「길림성 내 고구려산성의 현황과 특징」, 『고구려연구』 8.
- 王綿厚, 2002, 『高句麗古城研究』, 文物出版社.
- 魏存成, 2002, 『高句麗遺蹟』, 文物出版社.
- 耿鐵華, 2003, 「高句麗文化研究與長白山區旅游資源開發」, 『通化師范學院學報』 2003-5.
- 이종수, 2003, 「扶餘城郭의 特徵과 關防體系研究」, 『白山學報』 67.
- 邵蔚風, 2004, 「夫余問題初探」, 『東北史地』, 2004-5.
- 孫守朋, 2005, 「輝發都城及輝發部的歷史」, 『吉林師範大學學報』 2005-5.
- 지승철, 2005, 『고구려의 성곽』, 사회과학출판사.
- 정원철, 2010, 「高句麗山城研究」, 吉林大學 박사학위논문.
- 劉曉溪, 2011, 「輝南縣明代輝發城址」, 『中國考古學年鑑』, 文物出版社.
- 呂軍, 2011, 「吉林地區出土的玉壺春瓶及其相關問題」, 『北方文物』 2011-3.
- 魏存成, 2011, 「中國境內發現的高句麗山城」, 『社會科學戰線』 2011-1.
- 국립문화재연구소, 2012, 『한국고고학전문사전』 성곽·봉수편, 학연문화사.
- 양시은, 2013, 「고구려성 연구」, 서울대학교 박사학위논문.
- 윤병모, 2013, 『요동지역의 고구려산성』 2, 한국학술정보.
- 吉林省文物考古研究所, 2014, 「2013年吉林省文物考古研究所考古發掘收獲」, 『東北史地』 2014-3.
- 劉曉溪, 2014, 「輝南縣明代輝發城址」, 『中國考古學年鑑』, 文物出版社.

02 휘남 조어대고성
輝南 釣魚臺古城 | 釣魚臺山城

1. 조사현황

1986년 5~7월 輝南縣 文物調査隊가 문물조사 시 발견하였음.

2. 위치와 자연환경(그림 1)

1) 지리위치
○ 吉林省 輝南縣 板石河鄕 板石河村의 서남쪽 2km 산 정상(釣漁臺)에 위치하는데, 三統河[1] 중상류에 해당함.
○ 북쪽으로 약 2.5km 거리에 輝南縣 朝陽鎭이 위치함.
○ 三統河 상류의 羅通山城과 약 15km 떨어져 있음.

2) 자연환경
○ 고성의 동측과 남측에 三統河가 잇닿아 있음. 三統河는 마치 옥띠(玉帶)의 형상과 같은데, 구불구불 굽어 흐름. 동남쪽으로부터 흘러와서 고성의 앞에서 꺾어져 동쪽으로 흘러감. 그런 다음에 고성을 반쯤 휘감고 흐르다가 북쪽으로 흘러나감. 최후엔 輝發河에 유입됨.
○ 釣魚臺는 서에서 동으로 펼쳐진 주머니 모양의 산 언덕(山崗)임. 언덕의 동쪽 끝에 네모난 臺가 하나 있는데, 현지 주민들이 그것을 釣魚臺라고 부름. 전설에 따르면 청나라 고종 황제가 동쪽을 순례하다가 이곳에 머물면서 낚싯대를 드리웠다고 함.
○ 조어대는 三統河의 수면보다 약 20m 정도 높음. 고성은 이 네모난 조어대의 위에 자리잡고 있음.

3. 성곽의 전체현황

○ 성곽의 평면은 장방형으로 둘레는 210m임.
○ 성벽은 토석혼축으로 축조했음.
○ 남벽의 중부에 개구부(開口)가 하나 있는데, 성문지로 추정됨.
○ 성내에 건물지가 있으며, 성벽 바깥에 해자가 있음.

4. 성벽과 성곽시설

1) 성벽
○ 산 정상의 형상에 따라 남, 서, 북 삼면에 인공성벽을 축조하고, 동면은 험준한 절벽을 천연성벽으로 삼았는데 그 아래에는 급류가 흘러감.
○ 산성의 규모는 작은 편인데, 서벽 길이 60m, 남벽과 북벽의 길이 각각 45m임. 성벽의 윗너비는 1.5m, 아랫너비는 4m임.

---

[1] 吉林省文物志編委會(1987); 王禹浪·王宏北(1994) 등에서는 '三通河'라고 표기했지만, 현재의 표기 방식인 '三統河'로 수정함.

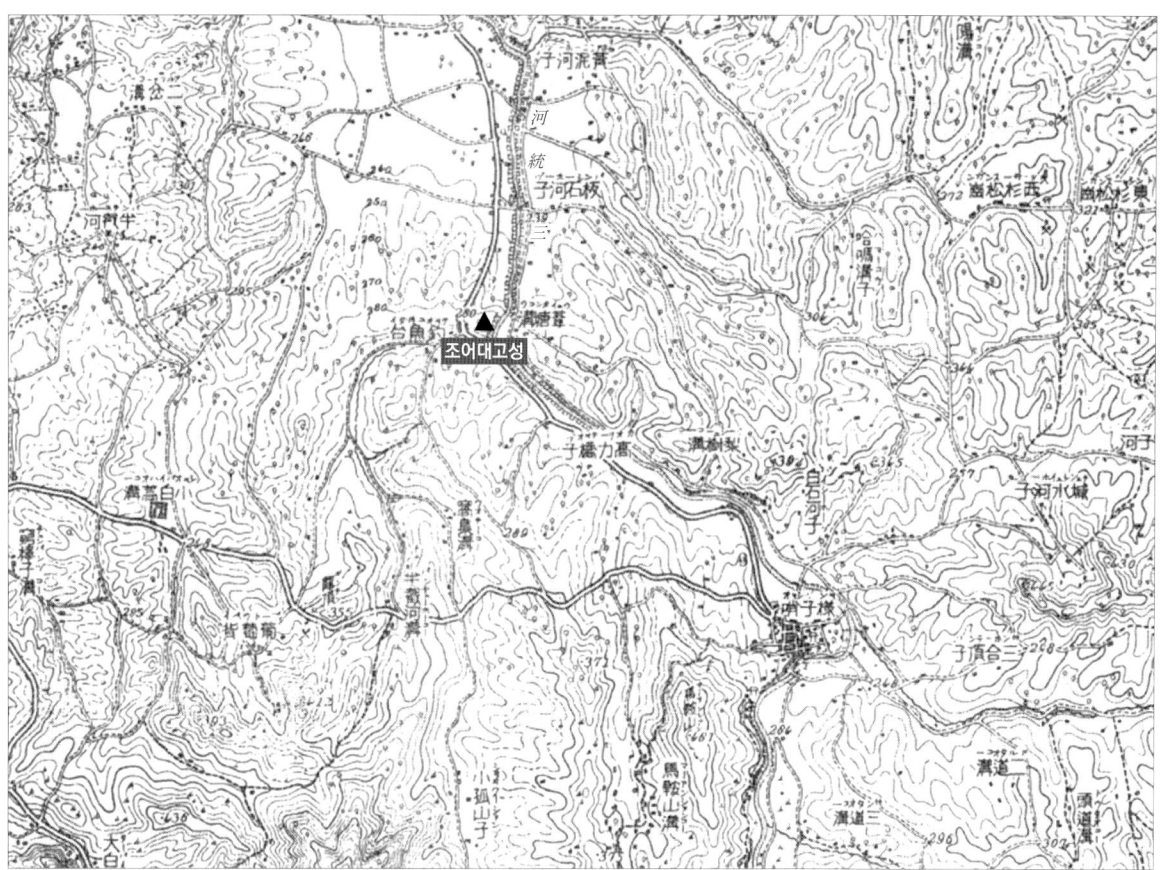

그림 1 조어대고성 주변 지형도(滿洲國 10만분의 1 지형도)

2) 성문

남벽의 중부에 개구부(開口)가 하나 있는데, 너비는 1.5m임. 성 안으로 들어가던 성문터임. 이 길을 따라 산 아래로 내려갈 수 있음.

5. 성내시설과 유적

○ 성 내부는 비교적 평탄하며 경작지로 이용되고 있는데, 건물지(臺地), 장대(高臺), 저수지, 샘 등이 남아 있음.
○ 건물지 : 성내에는 건물지도 있으며 토기편도 발견됨.
○ 해자 : 북벽과 서벽의 바깥쪽에 너비 2.5m, 깊이 1m의 해자(壕溝)가 있는데, 성을 방어하기 위해 설치된 것으로 추정됨.
○ 석벽 시설물 : 서벽 바깥 15m 지점에 길이 있고, 서벽과 같은 길이의 석벽이 있는데 도로를 닦을 때 파괴되었음.

6. 출토유물

1) 토기(陶器, 그림 2)
○ 출토지 : 조어대고성의 남벽 바깥 산비탈 경작지에서 현지 농민이 흙을 갈아엎다가 다량의 토기편을 채집하였음.
○ 문화층의 두께 : 퇴적층의 단면은 두껍지 않은데

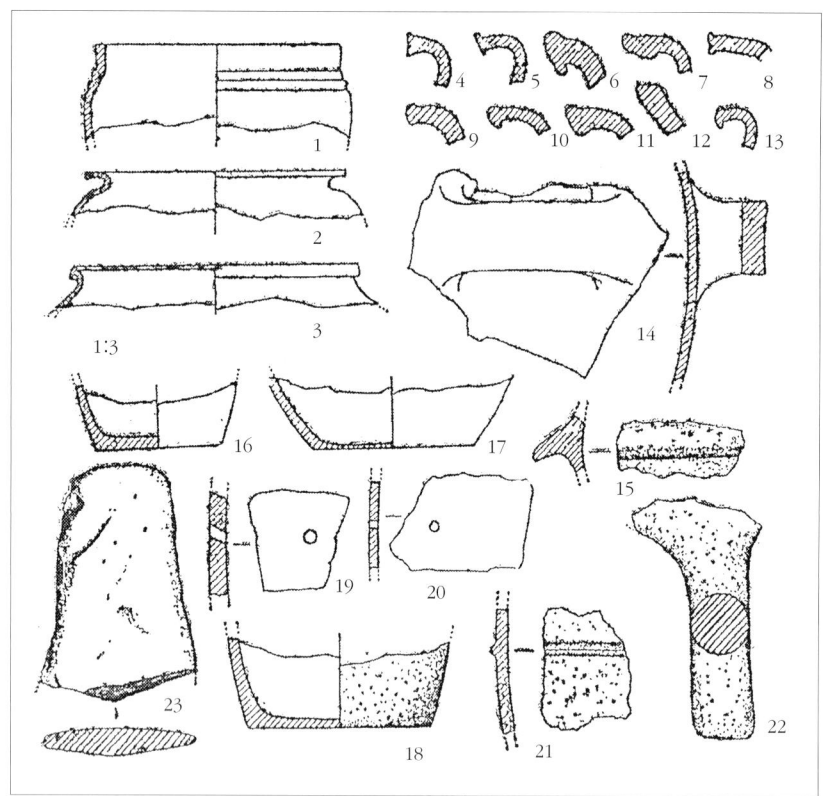

그림 2 조어대고성 출토유물
(『輝南縣文物志』, 65쪽)
1~13. 토기 구연부 14, 15. 파수
16~18. 토기 저부 19~21. 토기 동체
22. 토기 다리 23. 돌괭이

10cm 정도임.
○ 이곳에서 채집된 토기편과 성내에서 채집한 토기편은 같음.
○ 종류 : 니질의 회색 토기, 모래혼입 회갈색 토기와 모래혼입 홍갈색 토기, 또 소량의 굵은 모래가 혼입된 갈색 토기편이 출토되었음. 그밖에 시루(甑)와 태토가 얇은 호(罐), 발(鉢) 등이 있음.
○ 시기 : 출토된 토기는 대체로 고구려 중·후기 토기의 분명한 특징을 반영함. 굵은 모래 섞인 갈색토기의 연대는 약간 이른 시기일 가능성이 있으며, 토기 구연부의 종류가 비교적 풍부한데 이는 시대의 연속성이 비교적 길었음을 반영함.

(1) 토기편(泥質陶) 1
○ 형태 : 대부분은 구연부가 뻗어 있는 호(展沿壺)임. 어깨와 동체 사이에 대상파수(橋狀橫耳)가 부착되어 있음. 모두 물레로 제작하였음(輪制). 소성온도는 높음.
○ 태토 및 색깔 : 니질. 회색.

(2) 토기편(夾砂陶) 2
○ 형태 : 대부분은 구연이 외반하고 동체가 둥근 형태의 호(侈沿鼓腹罐)임. 바닥이 평평함. 호(罐)의 어깨 부분에는 중호문양(垂帳文飾)이 시문되어 있으며 일부 호(罐)에는 대상파수(橋狀耳)가 달려있음. 물레로 제작하였음. 소성온도가 비교적 높음.
○ 태토 및 색깔 : 모래가 섞여 있음. 회갈색, 홍갈색이 많음.

(3) 토기편(夾粗砂陶) 3
○ 형태 : 일반적으로 작고 아가리가 큰 호(大口罐)가 많음. 바닥은 평평함. 일부는 손으로 제작하였음. 소성온도는 역시 비교적 낮음.

○ 태토 및 색깔 : 굵은 모래가 섞여 있음. 갈색.

2) 석기(石器)

(1) 돌괭이(石鎬, 그림 2-23)
○ 수량 : 1점.
○ 출토지 : 휘남 조어대고성의 가장자리.
○ 형태 : 파손품.
○ 기능 : 당시 생산공구였을 가능성이 있음.

7. 역사적 성격

釣漁臺古城은 輝發河 지류인 三統河 西岸(左岸)에 위치함. 이 지역은 고구려시기에는 초중기의 중심지인 압록강 중류유역에서 전기 부여의 중심지인 吉林지역으로 나아가는 교통로상의 요충지였음. 특히 조어대고성 남쪽 15km 거리에는 휘발하와 그 지류 일대에서 규모가 가장 큰 고구려의 羅通山城이 자리잡고 있음. 조어대고성에서 출토된 토기 가운데 상당수는 고구려 중후기 토기의 특징을 간직하고 있고, 夾粗砂褐陶는 이보다 조금 더 이른 시기일 가능성도 있는 것으로 파악됨.

이에 고구려가 후한 이후 휘발하와 그 지류인 삼통하 일대를 장악했다는 점에서 조어대고성은 고구려 시기 성곽으로 파악됨. 다만 조어대고성은 규모가 작고 거주하기에 적합하지 않다는 점에서 삼통하 일대를 공제하기 위해 축조한 군사성보로 파악되며, 대형 산성인 나통산성과 15km 떨어져 있다는 점에서 나통산성의 전초기지로서 삼통하를 경유해 輝發河-松花江 유역으로 나아가는 고구려 북부의 교통로를 공동으로 방어했을 것으로 파악됨(吉林省文物志編委會, 1987, 64~65쪽; 王禹浪·王宏北, 1994, 45~46쪽).

참고문헌

- 吉林省文物志編委會, 1987, 『輝南縣文物志』, 吉林省文物志編修委員會.
- 國家文物局, 1993, 『中國文物地圖集』 吉林分冊, 中國地圖出版社.
- 王禹浪·王宏北, 1994, 『高句麗·渤海古城址研究匯編』(上), 哈爾濱出版社.
- 馮永謙, 1994, 「高句麗城址輯要」, 『北方史地研究』, 中州古蹟出版社.
- 魏存成, 1999, 「길림성 내 고구려산성의 현황과 특징」, 『고구려연구』 8.
- 王綿厚, 2002, 『高句麗古城研究』, 文物出版社.
- 魏存成, 2002, 『高句麗遺蹟』, 文物出版社.
- 耿鐵華, 2003, 「高句麗文化研究與長白山區旅游資源開發」, 『通化師范學院學報』 2003-5.
- 魏存成, 2011, 「中國境內發現的高句麗山城」, 『社會科學戰線』 2011-1.
- 양시은, 2013, 「고구려성 연구」, 서울대학교 박사학위논문.

03 휘남 소성자고성
輝南 小城子古城 | 小城子山城

1. 조사현황

1) 1957년 5월
○ 조사자 : 吉林省 文管會, 輝南縣 文敎科.
○ 조사내용 : 吉林省 文管會는 輝南縣 文敎科와 함께 소성자고성을 조사함. 지표에서 채집한 유물을 근거로 고구려시기의 성터로 추정함.

2) 1986년 6월
○ 조사자 : 輝南縣 文物普查隊.
○ 조사내용 : 소성자고성에 대한 세밀한 조사, 측량, 사진 촬영을 진행하였으며 아울러 유물을 채집하였음.
○ 縣문물보호단위로 지정함.

2. 위치와 자연환경 (그림 1 ~ 그림 2)

○ 吉林省 輝南縣 朝陽鎭 동북 약 7km의 永康鄕 小城子村에 위치함.
○ 심양-길림 철로가 서남에서 동북 방향으로 뻗어 있고 고성의 북부 약 100m 되는 곳을 통과하는데, 성의 서북쪽 약 500m 거리에 團林 기차역이 있음. 다시 북쪽으로 약 300m 가면 禿葫蘆山이 있음. 고성의 남쪽으로는 何家街, 賈家店과 이웃해 있음.
○ 소성자고성은 북쪽으로 禿葫蘆山에 의지해 있으며, 남쪽으로는 輝發河가 흘러감. 輝發河는 이곳에서 구불구불 흘러 북안에 길고 좁은 평야지대를 형성하였음. 고성은 이 평야 중부의 낮은 언덕(土崗)에 자리잡고 있음.
○ 소성자촌에서 縣城의 도로를 따라 가다가 동북쪽으로 약 1km 가면 永康鄕 所在地가 나오며, 휘발하를 사이에 두고 휘발성과 마주보고 있음.

3. 성곽의 전체현황 (그림 3)

○ 성곽의 평면은 장방형인데, 전체 둘레는 약 1,548m임.
○ 성벽은 토축으로 축조했으며, 각 성벽마다 성문이 있고, 북문은 내옹식이고, 동문과 서문은 외옹식임.
○ 성벽의 보존상태는 전반적으로 양호하지 않음.
○ 성곽 시설로는 각루, 건물지, 해자(水壕), 흙언덕(土崗), 우물 등이 있음.

4. 성벽과 성곽시설

1) 성벽
○ 성곽의 안팎이 매년 경작지로 이용되었기 때문에 성벽의 잔고가 많이 낮아졌음. 1986년 조사 당시 지표보다 약 1.5m 높은 성벽의 흔적만 남아 있고, 잔존 벽체의 윗너비 6m, 아랫너비는 분명하지 않았음.
○ 도로 근처의 드러난 성벽의 단면을 통해 황색 점토를 판축하여 성벽을 축조한 사실을 알 수 있음. 판축한

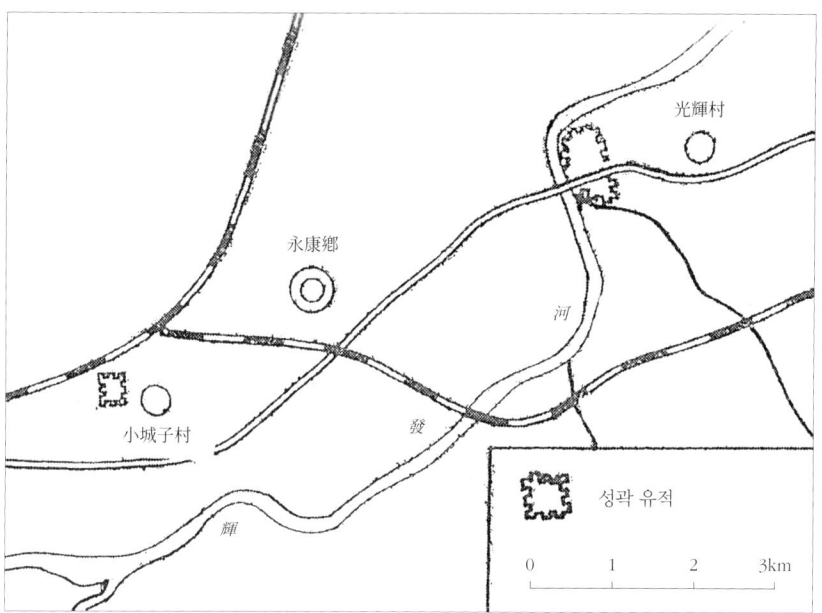

그림 1 소성자고성 위치도(『輝南縣文物志』, 72쪽)

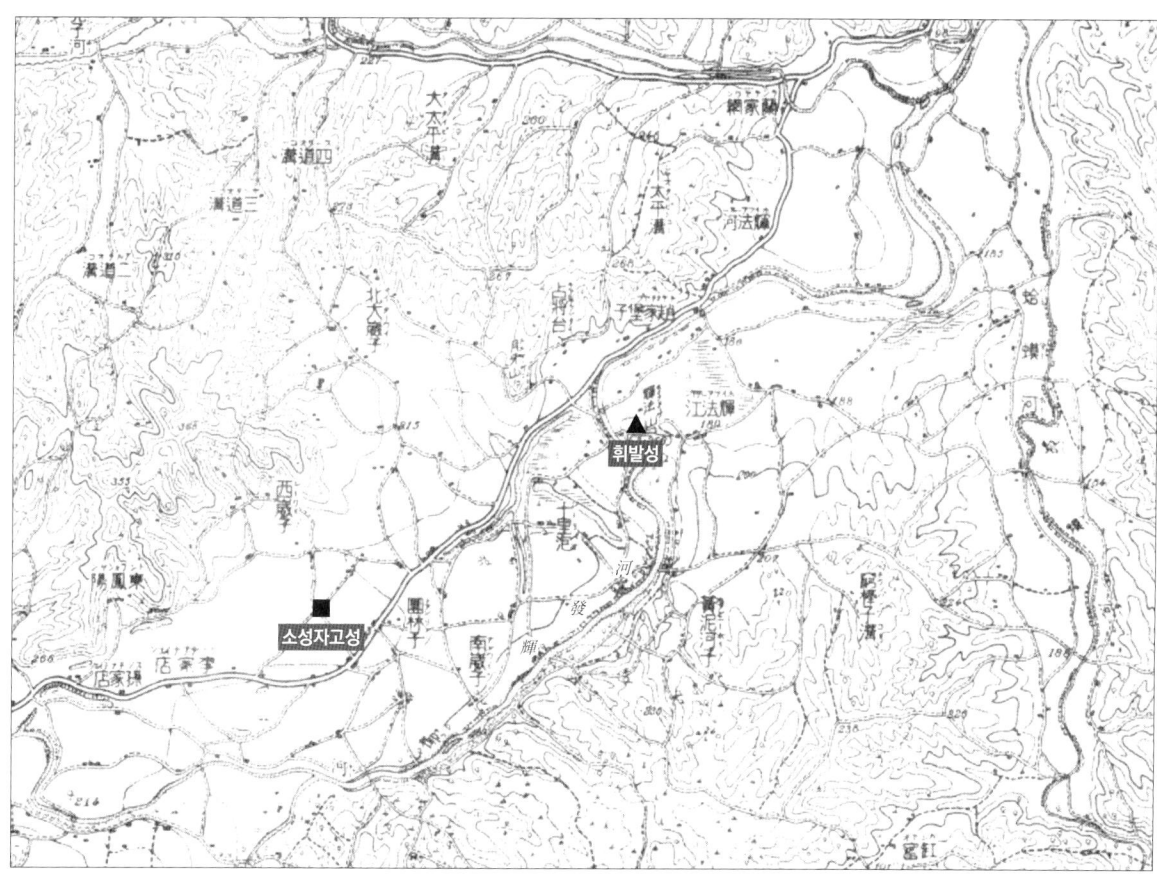

그림 2 소성자고성 주변 지형도(滿洲國 10만분의 1 지형도)

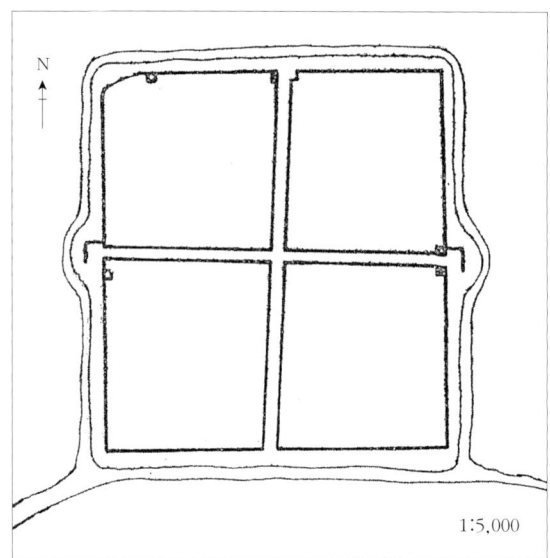

그림 3 소성자고성 평면도 (『輝南縣文物志』, 67쪽)

두께는 약 10~20cm로 같지 않음.
○ 성벽의 길이는 동벽과 서벽은 399m, 남벽과 북벽은 375m임.
○ 북벽의 서벽 모서리는 약간 안쪽으로 휘었음.

2) 성문 : 4개
○ 성벽의 각 면마다 성문이 하나씩 있음.

(1) 북문
○ 북벽의 중부에 있는데, 內甕式을 띰.
○ 내옹문의 동측 벽체는 주성벽과 직접 연결되어 있는데, 성벽에서 7m되는 곳에서 다시 서쪽으로 꺾어 직각으로 8m 뻗어나가 있고, 西端에는 양측 방향으로 길이 7m의 付壁을 축조하여 동측 옹성벽과 마주 보도록 함.
○ 북문의 중간에 7.5m 너비의 문길이 남아 있음.

(2) 동문과 서문
○ 동문, 서문은 모두 성벽의 중부에 있는데, 外甕式임.
○ 두 성문 모두 성문 북측의 주성벽 바깥면에 잇대어 성벽보다 튀어나오게 옹성을 축조한 다음 다시 남쪽을 향해 직각으로 꺾어 축조함.
○ 옹성의 규모는 북문보다 큰데, 옹성벽의 길이와 너비는 각각 20m임.
○ 다만 옹성 남단에 付壁은 보이지 않고, 주 벽체의 문길 양측에 8×8m의 방대를 축조하였음.
○ 성문의 문길 너비는 8m, 그 바깥의 옹문 너비는 20m임.

(3) 남문
남벽의 중앙에 있는데, 파괴되어 옹문은 보이지 않음.

3) 方臺(角樓)
서북 모서리에서 68m 떨어진 곳에 8×8m의 方臺가 하나 있는데, 이 방대는 지면보다 약간 높음. 角樓로 추정됨.

5. 성내시설과 유적

1) 도로
○ 성내에 성문을 연결한 십자형 도로가 있는데, 성 내부를 4등분함.
○ 동서 방향의 도로가 성 내부를 남반부와 북반부로 나눔. 남문으로 향하는 도로 양측의 남반부에는 민가와 학교가 가득 차 있음.

2) 흙언덕(土崗)
○ 성내 북반부에 3열의 돌출한 흙언덕이 있음.
○ 남북방향으로 뻗어있는데, 길이 15m, 동서 너비 6m 정도임.
○ 흙언덕(土包)의 범위는 동측이 약간 큼.
○ 주위에 기와와 토기 조각들이 흩어져 있는데 동측에 많이 있음. 적색 포문 평기와(紅色布文瓦)가 가장 흔하게 보임.

3) 우물

○ 현지주민에 의하면 성의 서남 모서리에서 우물(水井) 하나를 발견한 적이 있는데, 그 위에 큰 석판이 덮어져 있었다고 함.

○ 현재는 이미 진흙과 흙으로 가득 채워져 있음.

4) 해자(水壕)

○ 성벽의 네 둘레 바깥 약 10m 떨어진 곳에 해자가 있음.

○ 해자의 너비는 5m인데, 깊이는 분명하지 않음.

5) 하천

○ 북벽 바깥 해자 양 끝에 작은 하천이 관통함.

○ 경작지에 물길(水道)을 이끌거나 막는 역할을 함.

6. 출토유물

○ 서벽 바깥에서 농민이 경작 중에 철제칼(鐵刀), 화살촉(箭鏃) 등 유물을 습득한 적이 있음. 그 밖에 남벽에서 약 300m 지점에 거주지가 분포해 있으며 그 면적은 비교적 큰데, 약 1,000m² 범위 내에 토기편, 瓷器片, 벽돌과 기와 등의 건축재료 등이 흩어져 있음.

○ 채집한 토기편을 보면 다수는 니질의 회색토기이며 또 소량의 니질 적색 토기, 遼 三彩 및 白瓷도 있음. 기형에 호(罐), 시루(甑), 옹(甕), 동이(盆), 완(碗) 등이 있음. 모두 물레로 제작하였음. 소성온도는 높고, 표면에 일반적으로 음각선문(暗弦文)이 시문되어 있으며 또 일부 호(陶罐)의 동체 하부에 밀집 배열된 椎刺點이 시문되어 있음. 토기의 태토, 문양 및 조형으로 보아 대다수는 遼代에 속하는 유물임. 遼 三彩는 唐 三彩의 제작기법을 모방하였는데, 遼代의 전형적인 유물로 보임(그림 4). 한편 돌절구도 출토됨.

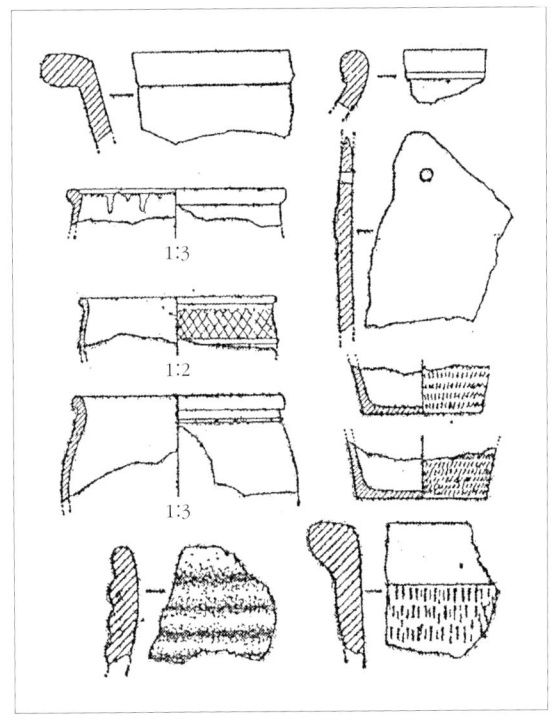

그림 4 소성자고성 출토유물(『輝南縣文物志』, 68쪽)

7. 역사적 성격

소성자고성은 북류 松花江 지류인 輝發河 北岸(左岸)에 위치함. 이 지역은 고구려시기에는 초중기의 중심지인 압록강 중류유역에서 전기 부여의 중심지인 吉林지역으로 나아가는 교통로상의 요충지였고, 길림지역에서 輝發河 – 渾河를 경유해 요동지역을 나아가기도 함. 또한 발해시기에는 발해 중심부와 당의 영주를 잇는 營州道가 이 지역을 통과했음.

이에 1957년에 소성자고성을 처음 조사한 다음에는 채집한 유물을 근거로 고구려시기의 성곽으로 추정하기도 했다고 함(吉林省文物志編委會, 1987, 66쪽). 이에 그 이후에도 여러 연구자들이 소성자고성을 고구려 성곽으로 분류하였음(王禹浪·王宏北, 1994, 98~101쪽; 지승철, 2005, 260쪽).

그렇지만 소성자고성에서 출토된 泥質 회색토기, 호(罐), 시루(甑), 옹(甕) 등은 태토나 문양상 대부분

遼代에 속하며, 백자완과 요 삼채는 요대의 전형적인 유물로 파악됨. 이에 비해 소성자고성 맞은편의 휘발성 내부에서는 요대의 유물은 거의 발견되지 않았음. 이에 소성자고성은 요나라가 발해를 멸망시킨 다음 回跋族을 안치하여 설치한 回跋大王府의 回跋城으로 비정함(吉林省文物志編委會, 1987, 69~71쪽; 國家文物局, 1993, 129쪽).

참고문헌

- 吉林省文物志編委會, 1987, 『輝南縣文物志』, 吉林省文物志編修委員會.
- 國家文物局, 1993, 『中國文物地圖集』 吉林分冊, 中國地圖出版社.
- 王禹浪·王宏北, 1994, 『高句麗·渤海古城址研究匯編』 (上), 哈爾濱出版社.
- 지승철, 2005, 『고구려의 성곽』, 사회과학출판사.

제9부

유하현(柳河縣) 지역의 유적

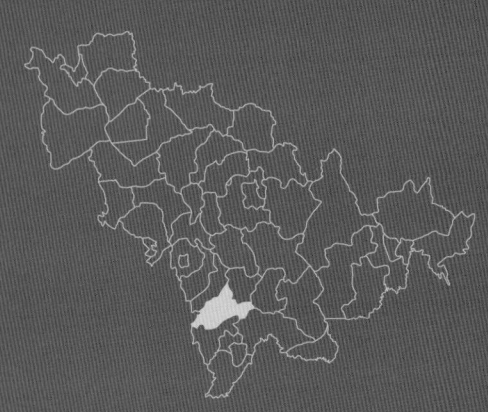

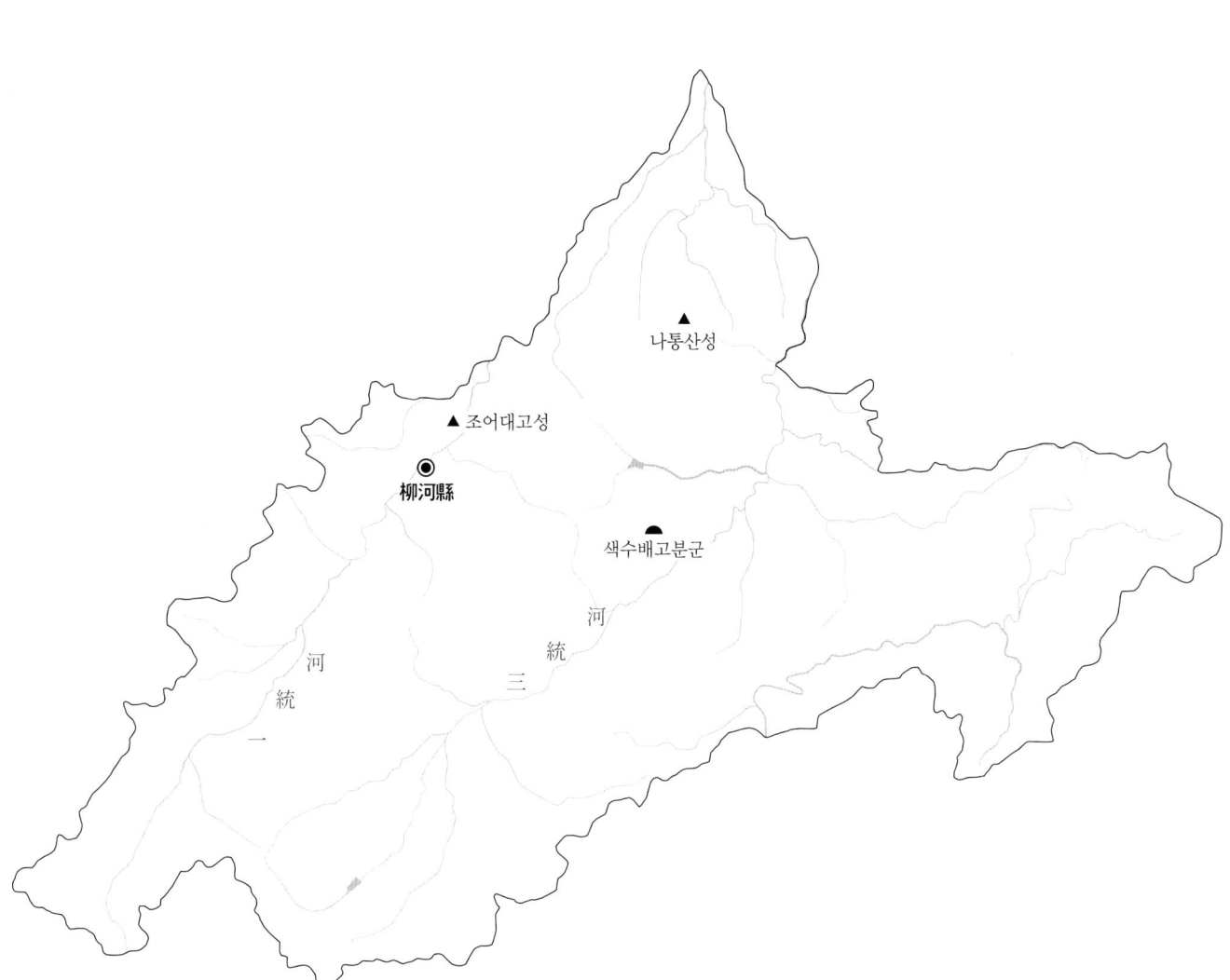

1
고분군과 고분

01 유하 색수배고분군
柳河 色樹背古墳群

1. 조사현황

1) 1958년 8월 조사
○ 조사기관 : 吉林師大 역사과 문화공작대.
○ 조사내용 : 산비탈에서 용광로(高爐) 기초공사 때 고분 1기 발견. 철촉, 금고리(金環飾) 등의 유물 출토, 유물은 길림성문물고고연구소에 소장.

2) 1984년 조사
○ 조사기관 : 吉林省文物考古硏究所·柳河縣文化局.
○ 조사내용 : 2기 고분 구제 발굴.

2. 위치와 자연환경(그림 1)

○ 柳河縣城 동남 20km 孤山子鎭 色樹背村의 서남쪽에 있는 완만한 구릉에 위치.
○ 색수촌과 약 700m 떨어져 있음.
○ 고분군은 동쪽으로 孤山子鎭 정부 소재지와 약 3.5km, 남쪽으로 평안둔과 약 1km 떨어져 있으며, 동남 1.5km 정도에는 신안유적(舊 신안고성)이 있음. 서면에는 산들이 돌출하였고, 남면 산기슭 아래에는 댐이 있으며 북면 산기슭 아래에는 新安村과 통하는 마을길이 있고 작은 하천이 동남으로 흘러 三統河로 유입됨.

그림 1
색수배고분군의 위치도

3. 고분군의 분포현황

○ 墓區 면적은 동서 길이 800m, 남북 너비 100m로 비교적 큰 편이며, 1958년에 고분 100여 기가 있었으나 1985년에 70기만 확인됨.
○ 봉토석실묘가 다수이며, 소량의 적석묘가 있음.
○ 1983년 柳河縣人民政府가 縣級重點文物保護單位로 공포.

4. 고분별 현황

1) 색수배1호묘

(1) 유형
봉토석실묘.

(2) 방향
160°.

(3) 규모
○ 묘실은 동벽 길이 2.0m, 서벽 길이 2.10m, 너비 1.05m, 높이 0.60m.
○ 봉토 두께 0.40m.

(4) 고분 구조
○ 묘실은 장방형, 네 벽은 불규칙한 돌로 쌓았음.
○ 묘실 바닥은 땅을 다진 夯土層으로, 항토층 두께는 10~20cm임.
○ 봉토는 황흑색 점토와 모래를 혼합하여 축조.

(5) 기타
○ 묘실 안 인골은 2구로, 모두 仰身直肢였으며 부부 합장임.
○ 묘실에서 금동 귀고리(鎏金銅耳環) 1점, 토제 대상 파수(橋狀陶耳) 1점 등이 출토됨.

2) 색수배2호묘

(1) 유형
봉토석실묘.

(2) 방향
180°

(3) 고분 규모
○ 무덤 높이 1.42m.
○ 묘실은 동벽 길이 2.32m, 서벽 길이 2.41m, 남벽 너비 1.10m, 북벽 너비 1.23m, 높이 0.82m.
○ 봉토 두께 0.45m, 토석혼합층 두께 0.23m.

(4) 고분 구조
○ 묘실 네 벽은 불규칙한 돌로 층층이 들여쌓았고 백회로 틈을 바름.
○ 묘실 바닥은 돌을 평평하게 깔았으며 위에는 약 1cm 두께로 백회를 발랐음.

(5) 기타
묘실 안에서 불탄 흔적이 있음. 금동 귀고리 1점 출토.

5. 출토유물

1) 금동귀고리(鎏金銅耳環)
○ 출토지 : 색수배1호묘.
○ 크기 : 직경 2.3cm, 두께 0.3cm.
○ 형태 : 전체적으로 윤이 나고 깨끗함.

2) 금동귀고리(鎏金銅耳環)
- 출토지 : 색수배2호묘.
- 크기 : 직경 2.1cm.
- 형태 : 0.4cm의 銅絲로 고리모양을 만들고 도금함. 1호묘 출토의 금동 귀고리와 형식이 동일함.

3) 대상파수(橋狀陶耳)
- 채집지 : 색수배1호묘.
- 색깔과 태토 : 모래혼입 흑갈도(夾砂黑褐陶).
- 형태 : 手製. 소성도는 비교적 낮음.

6. 역사적 성격

색수배 고분군의 고분은 대체로 봉토묘와 적석묘 등의 두 형식으로 나뉨. 발굴한 2기 봉토묘의 구조는 집안 고구려시기의 봉토동실묘와 유사하며, 일반적으로 묘실은 작고 낮으며, 벽석은 정연하지 못하며, 묘실 바닥에는 돌을 편평하게 깔고 백회를 바른 정황이 보임. 무덤 속에서 출토된 금동 귀고리는 집안 고구려 무덤에서 출토된 같은 종류의 기물과 유사함.

적석묘와 봉토묘의 대부분은 고구려시기의 고분임. 근래 집안 고분 발굴 자료를 보면 봉토동실묘 중에도 발해 무덤이 존재함. 색수배고분군에서도 발해 무덤이 존재하는지 여부는 확정하기 어려움. 다만 조사 보고 내용 그대로 취신한다면, 이미 발굴 보고된 고분 연대는 고구려 중기보다 이를 수 없음.

참고문헌
- 吉林省文物志編纂委會, 1987, 『柳河縣文物志』.
- 國家文物局 主編, 1993, 『中國文物地圖集』 吉林分冊, 中國地圖出版社.

2
성곽

01 유하 조어대고성
柳河 釣魚臺古城 | 釣魚臺山城

1. 조사현황

1985년 柳河縣文物普査隊가 柳河 釣魚臺古城을 조사하고 성내에서 토기편 20여 점을 채집하였음.

2. 위치와 자연환경(그림 1~그림 2)

1) 지리위치
○ 釣魚臺古城은 柳河縣城에서 동쪽으로 약 4km[1] 떨어진 一統河 북안의 외딴 산(孤山)에 위치함. 이 산 위에는 平臺가 있는데, 현지 주민들이 이 평대를 '釣魚臺'라 일컬어 성곽의 명칭도 '釣魚臺古城'이라 부르게 됨.
○ 조어대고성의 서쪽 약 500m 거리에 조어대촌(自興村)이 있고, 북쪽 약 3km 거리에는 유하현과 매하구시의 접경지역이 있음. 동남쪽으로는 一統河를 사이에 두고 采勝村과 1.5km 떨어져 있음. 서쪽으로는 安樂屯과 약 2.5km 떨어져 있음. 동쪽으로 약 35km 거리에 나통산성이 위치함.

2) 자연환경
○ 조어대고성은 輝發河 지류의 하나인 一統河의 北岸 산 위에 위치함. 通化-梅河口 구간의 철도와 고속도로가 이곳에서 교차하며 一統河의 양안으로 뻗어 있음.
○ 一統河 연안의 동쪽은 평평하고 넓은 충적평원이며, 서쪽으로는 구릉 산지가 펼쳐짐. 고성이 위치한 곳은 산을 등지고 좌우로 물이 있어 풍광이 수려하며, 토질이 비옥하고 자원이 풍부해 생활과 생산활동을 하기에 좋음.
○ 고성이 소재한 조어대산은 비록 높지 않지만, 지리 위치가 험요하고 강에 잇닿아 있음. 한쪽은 斷崖이고 동서 양쪽은 산세가 비교적 가파르며, 북쪽은 평평하고 완만함. 서남-동북으로 뻗어있는 산줄기와 이어져 있음.

3. 성곽의 전체현황

1) 傅少華(1983)의 기술내용
○ 조어대산성은 山頂型으로 내·외성으로 구성되어 있는데, 내성은 성 안에 있음. 전체 둘레는 약 300m임.
○ 성의 남면은 험준한 산봉우리를 천연성벽을 이루고, 나머지 3면에는 산세를 따라 성벽을 축조하였는데, 성벽의 기초 너비 약 6m, 윗너비 3m임.
○ 북벽에 성문이 있는데, 문길의 너비는 약 4m임.

2)『柳河縣文物志』의 기술내용
고성은 산 위의 평대와 산세를 활용하여 성벽을 축조했는데, 내성과 외성으로 이루어진 이중 성곽으로 형태는 불규칙함.

---

[1] 傅少華(1983), 151쪽에는 '柳河縣城 동북쪽 약 15리(7.5km)'라고 나옴.

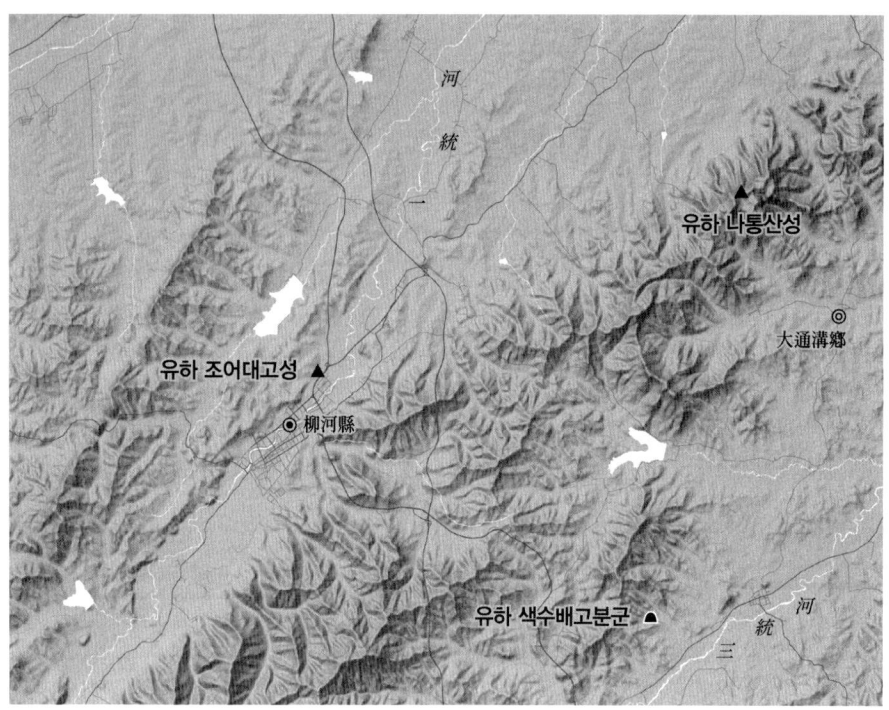

그림 1
조어대고성 지리위치도

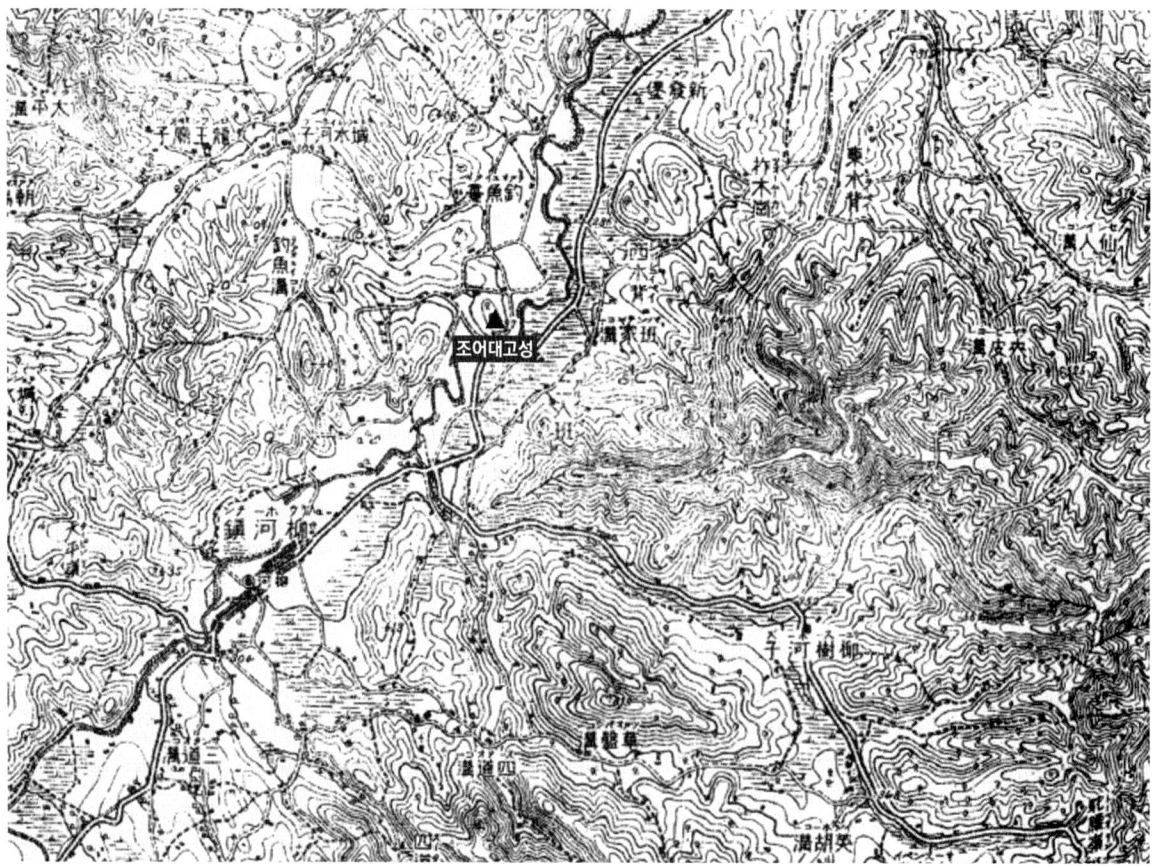

그림 2 조어대고성 주변 지형도(滿洲國 10만분의 1 지형도)

(1) 내성

○ 평면은 약간 타원형으로 둘레는 400m임.

○ 산 정상부의 가장 높은 곳에 축조하였음.

○ 남벽은 벼랑을 이용하여 성벽을 쌓았는데, 흙과 돌덩이, 깬돌을 가미하여 쌓았음. 동·서·북 3면은 산세를 따라 흙과 깬돌을 다져 쌓았으며, 다진 층의 두께는 약 15~20cm임. 다진 자리(夯窩)는 비교적 정연함.

○ 성곽 내부는 다년간 경작지로 이용되어 흙의 유실 및 자연 훼손이 심한 상태임. 성벽의 상부는 이미 훼손되었고, 성벽의 기초 및 남아있는 부분도 흙무더기 상태임. 잔존 부분의 기저 너비는 7~9m로 균일하지 않으며, 윗너비 4~5m, 잔고 1.5~2.5m임.

○ 내성의 북벽 서측에 문이 하나 있으며, 너비는 약 4m임. 성문 바깥의 산비탈은 평평하고 완만한데 성내로 통하는 주요 통로임.

(2) 외성

○ 외성은 비교적 간단하게 구축하였는데, 둘레는 700m임.

○ 외성은 주로 북쪽을 향해 넓게 펼쳐져 있는데, 내성의 북벽에서 약 56m 떨어진 거리에 서쪽에서 북쪽과 동쪽을 거쳐 동남 모서리에 이르기까지 반원형의 성벽을 구축하였음. 서쪽과 남쪽 양쪽은 험준한 산비탈과 절벽을 천연성벽으로 삼음.

○ 잔존 성벽의 기초 너비는 7~8m, 윗너비는 2.5~3m, 잔고는 1~2m임.

○ 외성의 북벽 서북부에 내성의 문과 서로 마주하며 9m 너비의 개구부(豁口)가 있음. 현지 주민에 따르면, 이 개구부는 이른 시기부터 존재했다고 함. 외성의 성문에 해당함.

3) 『中國文物地圖集』(吉林分冊)의 기술내용

○ 유하 조어대고성은 3면이 절벽에 잇닿아 있어서 한 면에만 성벽을 쌓았는데, 둘레는 700m임(현재 남아있는 전체 성벽의 길이는 300m).

○ 성벽은 다져 쌓았는데(夯築), 성벽의 잔고는 1~1.8m임.

○ 문지가 하나 있고, 성곽 내부에는 高臺가 한 곳 있음.

4. 출토유물

○ 만주국 시기에 동측 산 아래에 철로를 건설할 때 옥잔(玉杯) 등 玉器가 출토되었음. 신중국 정부 수립 이후 산상에서 청동기 유물을 채집한 적이 있음. 조어대촌에서 일찍이 銅錢이 발견된 적이 있음(傅少華, 1983).

○ 내성의 남쪽 산정에 반원형의 평대가 있으며, 평대의 북쪽 중부 지표상에 토기편, 석기, 붉은색의 불에 탄 흙 등이 흩어져 있음.

○ 조어대고성의 성내 유물은 비교적 풍부함. 내성의 평대를 제외하고 내성과 외성 사이의 북쪽 근처에 드러난 유물이 비교적 많음. 일찍이 통화-매하구 철로를 공사할 때 이 성의 동쪽 산비탈에서 옥잔(玉杯) 등 옥기류와 기타 유물이 출토되었음. 또한 현지 주민이 성내에서 밭을 경작하던 중에 청동 병기, 생산공구 등 유물을 발견하였음. 1985년 유하현문물보사대는 성내에서 토기편 20여 점을 채집하였는데 모두 수제품의 모래혼입 토기임. 토기는 조잡하고 대체로 무문(민무늬; 素面)이며, 표면은 광택이 남. 무늬가 시문된 토기도 소량 있음. 소성온도는 비교적 높으며, 홍갈색, 회색, 황갈색이 있음. 기형은 호(罐), 완(碗), 호(壺), 제기(豆) 등이 있음. 무늬가 시문된 토기편은 회갈색 토기이며 상부에 비스듬히 굵은 승문(繩文)를 시문하였으며, 승문의 외연 윤곽은 불규칙한 장방형을 띠며, 태토는 비교적 단단함. 소성온도는 비교적 높으며 陶罐의 동체(腹片)일 것으로 추정됨(吉林省文物志編委會, 1987).

5. 역사적 성격

柳河 釣漁臺古城은 輝發河 지류인 一統河 北岸(左岸)에 위치함. 이 지역은 고구려시기에는 초중기의 중심지인 압록강 중류 유역에서 전기 부여의 중심지인 吉林지역으로 나아가는 교통로상의 요충지였으며, 吉林 哈達嶺山脈을 넘어 遼河 中上流 東岸지역으로도 나아갈 수 있었음. 특히 조어대고성 동쪽 35km 거리에는 휘발하와 그 지류 일대에서 규모가 가장 큰 고구려 성곽인 羅通山城이 자리잡고 있음.

柳河 釣漁臺古城은 一統河 北岸에 우뚝 솟은 산에 위치해 다른 고구려 성곽과는 입지조건이 다소 다른 양상을 보임. 이에 조어대고성의 유형을 산상 성곽(傅少華, 1983, 151쪽)이나 내·외성으로 이루어진 兩重 성곽(吉林省文物志編委會, 1987, 77쪽)으로 분류하는데, 강안 평지성(양시은 2013)으로 파악하기도 함.

조어대고성의 축조시기에 대해서도 다양한 견해가 있음. 가령 『柳河縣志』에는 "조어대성은 羅通西城(나통산성의 서쪽 성곽)과 유사하다"는 기록이 있는데, 이에 근거해 고구려시기 나통산성의 서부 방위성보로 보는 견해가 제기되었다고 함.[2] 실제 傅少華(1983)는 성곽의 形制가 羅通山城과 비슷하다면서 고구려시기의 산성일 것으로 추정했음. 또한 조어대고성 일대는 인간이 거주하기에 좋은 입지조건과 자연환경을 갖추고 있어서 일찍부터 고대 인류의 주거 유적으로 활용되다가 요·금시기에 성곽을 축조했다는 견해도 있다고 함.[3]

이에 대해 吉林省文物志編委會(1987)는 성곽의 규모나 출토유물 등을 통해 전국 말에서 전한 초에 축조했다고 파악하는데, 그 논거는 다음과 같음.

첫째, 고구려 성은 산성과 평지성으로 나뉘지만 모두 돌로 쌓았으며 조어대고성처럼 흙을 다져 축조한 성벽은 보지 못했으므로 고구려 성곽으로 볼 수 없다는 것임. 또한 성 안팎에서 고구려시기뿐 아니라 요·금시기의 유물도 발견하지 못했기 때문에 요·금시기에 축조했다고 볼 수 없다는 것임.

둘째, 성곽 안팎에서 채집된 토기편은 모두 청동기시대에서 漢代의 것인데, 모래가 혼입된 토기(夾砂陶)로 승문토기의 특징이 분명히 있고, 손잡이가 있는 호(橋狀耳罐), 목이 높은 호(高領壺), 다리가 높은 제기(高足豆), 나팔다리의 제기(喇叭足豆) 등의 제작시기는 모두 漢代보다 늦지 않은 것으로 파악함. 또한 조어대고성의 지리위치나 성벽 구조는 내몽골 昭鳥達盟 北山根嶂塞址와 같은 것으로 파악됨. 성벽은 다소 높고 짧지만, 고성의 규모가 매우 비슷함. 따라서 조어대고성은 戰國 말에서 漢代에 축조해 사용된 것으로 볼 수 있다는 것임.

셋째, 조어대고성은 一統河 북안의 산위에 자리하고 있으며 규모가 크지 않은 내·외 이중의 토벽으로 이루어진 판축(夯築) 성벽임. 지리위치와 성벽 구조로 보아 군사방어 성격의 嶂塞로 추정됨. 戰國-秦漢 시기에는 북방의 燕·趙 지역에는 '嶂塞'라 불린 소규모 성곽(小城堡)를 다수 축조해 봉화대를 설치하고 보초병(戍卒)을 주둔시켰음. 이러한 소규모 성보는 종종 하곡을 따라 혹은 교통의 요지에 설치하였는데 거리는 균등하지 않음. 1985~1986년 문물 조사기간에 一統河 상류에서 王八脖子 유적이 발견되었는데, 지리위치나 자연환경이 조어대고성 일대와 같고, 양자의 거리는 약 42km임. 王八脖子 유적이 소재한 산 위에 둘레 30m의 평대가 있었지만, 성벽의 흔적은 발견되지 않았음. 각종 토기편과 함께 동제 화살촉 22점이 출토되었는데, 상부에 '左二'나 '右二' 등의 명문이 있는 동제 화살촉 2점은 戰國시대 조나라에서 제조한 것임. 이로 보아 王八脖子 유적과 조어대고성은 戰國 말이나 秦漢 시기의 장새로 추정할 수 있다는 것임. 즉 이들 두 유적

---

2 吉林省文物志編委會(1987), 78쪽의 서술 참조.
3 吉林省文物志編委會(1987), 78쪽의 서술 참조.

은 서북방 방향의 군사세력이 一統河 일대로 침략하는 것을 공제하거나, 유하와 통화 지역으로의 진입을 저지시키는 기능을 하였다는 것임.

이상의 논거를 바탕으로 조어대고성은 빠르면 戰國時期 말년에 군사요새로 축조되었고, 한 무제가 4군을 설치한 이후 북방지역을 통치하기 위한 성보로 사용되었다고 파악하기도 함(吉林省文物志編委會, 1987, 77~79쪽).[4]

그렇지만 戰國 燕나라가 기원전 3세기 초에 고조선의 서방 영역을 공략해 요동지역으로 진출했지만, 遼河水系를 넘어 松花江 상류인 輝發河 유역까지 진출했다고 보기 어려움. 또한 한 무제가 고조선을 멸망시키고 난 다음 설치한 한군현의 지역범위가 輝發河 유역까지 미쳤다고 보기도 어려움. 이러한 역사적 상황으로 보아 유하 조어대고성을 전국 말에서 전한 초에 축조되었다고 보는 견해는 성립하기 어려움. 戰國 조나라에서 제조한 화살촉이 발견된 王八脖子 유적은 秦·漢 교체기에 발생한 중국계 유이민과 관련된 유적으로 파악하는 것이 더 타당함.

그러므로 釣魚臺古城은 고구려가 龍崗山脈을 넘어 輝發河 유역으로 진출하면서 조영했을 가능성이 가장 높음. 또한 동쪽 35km 거리에 위치한 나통산성과 유기적 연관 아래 輝發河 상류 일대를 통제하는 지방지배의 거점 기능을 수행하면서 북류 松花江이나 遼河 中上流 東岸지역으로 나아가는 교통로를 통제하는 군사거점의 기능을 수행했을 것으로 추정됨. 다만 구체적인 축조시기 등을 파악하기 위해서는 더욱 면밀한 고고조사가 필요함.

참고문헌

- 傅少華, 1983, 「釣魚臺古城」, 『吉林文物』 8.
- 吉林省文物志編委會, 1987, 『柳河縣文物志』, 吉林省文物志編修委員會.
- 國家文物局, 1993, 『中國文物地圖集』 吉林分冊, 中國地圖出版社.
- 魏存成, 1999, 「길림성 내 고구려산성의 현황과 특징」, 『고구려연구』 8.
- 孫己進, 2002, 「高句麗的起源及前高句麗文化的研究」, 『社會科學戰線』 2002-2.
- 魏存成, 2002, 『高句麗遺蹟』, 文物出版社.
- 耿鐵華, 2003, 「高句麗文化研究與長白山區旅游資源開發」, 『通化師范學院學報』 2003-5.
- 정원철, 2010, 「高句麗山城硏究」, 吉林大學 박사학위논문.
- 魏存成, 2011, 「中國境內發現的高句麗山城」, 『社會科學戰線』 2011-1.
- 양시은, 2013, 「고구려성 연구」, 서울대학교 박사학위논문.

4　國家文物局(1993), 131~132쪽에서도 조어대고성을 한-고구려 성곽으로 분류하고 있음.

02 유하 나통산성
柳河 羅通山城

1. 조사현황

1) 초기 조사
20세기 전반에 발견되어 조사를 진행했고, 1958년에 吉林師大가 『柳河縣志』를 편찬한 때에도 조사를 진행했음.

2) 1980년 5월
○ 조사자 : 通化地區文管會辦公室의 王光普과 王志敏, 柳河縣 도서관의 孫玉璽 등이 나통산성을 길림성 제2중점문물보호단위로 확정하는 과정 중에 12일간 조사를 진행하였음.
○ 조사내용 : 산성을 실측하고, 서성에서 2×5m의 트렌치 2개를 시굴하였으며, 西城의 북문 일부에 대한 조사를 진행하였음.
○ 발표 : 吉林省文物工作隊, 1985, 「高句麗羅通山城調査簡報」, 『文物』 1985-2.
○ 제목 : 성급문물보호단위로 지정함(國家文物局, 1993).

3) 2006~2009년

(1) 조사자
吉林省文物考古研究所, 通化市文物管理辦公室, 柳河縣文物管理所 等.

(2) 조사내용
○ 2006년에는 시굴조사, 2007~2009년에는 발굴조사를 진행하였음. 고고조사와 발굴을 4단계로 나누어 진행.
○ 제1단계(2006년 10월 말~11월 초) : 西城 성벽에 대한 소규모 절개조사 진행, 발굴 면적은 총 16m²임.
○ 제2단계(2007년 6월 25일~10월 15일) : 서성에 대한 전면적인 탐사 진행. 龍潭 북부 臺地(발굴 면적 1100m²), '南門'과 그 주변(발굴 면적 80m²), 서북 각루(발굴 면적 40m²) 등에 대한 발굴 조사 진행.
○ 제3단계(2008년 9월 10일~10월 25일) : 북문 북측 臺地(발굴 면적 1,090m²) 및 용담 북측 대지(발굴 면적 80m²) 발굴 조사.
○ 제4단계(2009년 7월 20일-9월 28일) : 북문 서측 대지(발굴 면적 200m²), 북문(발굴 면적 300m²), 將臺(발굴 면적 100m²) 등에 대한 발굴 조사.
○ 몇 년에 걸친 고고 발굴 작업은 총 발굴 면적 2,966m².

(3) 발표
李東, 2010, 「羅通山城考古調査與試掘」, 『中國考古學年鑑-2009』, 文物出版社; 李東, 2011, 「柳河縣羅通宋金時期山城」, 『中國考古學年鑑-2010』, 文物出版社.

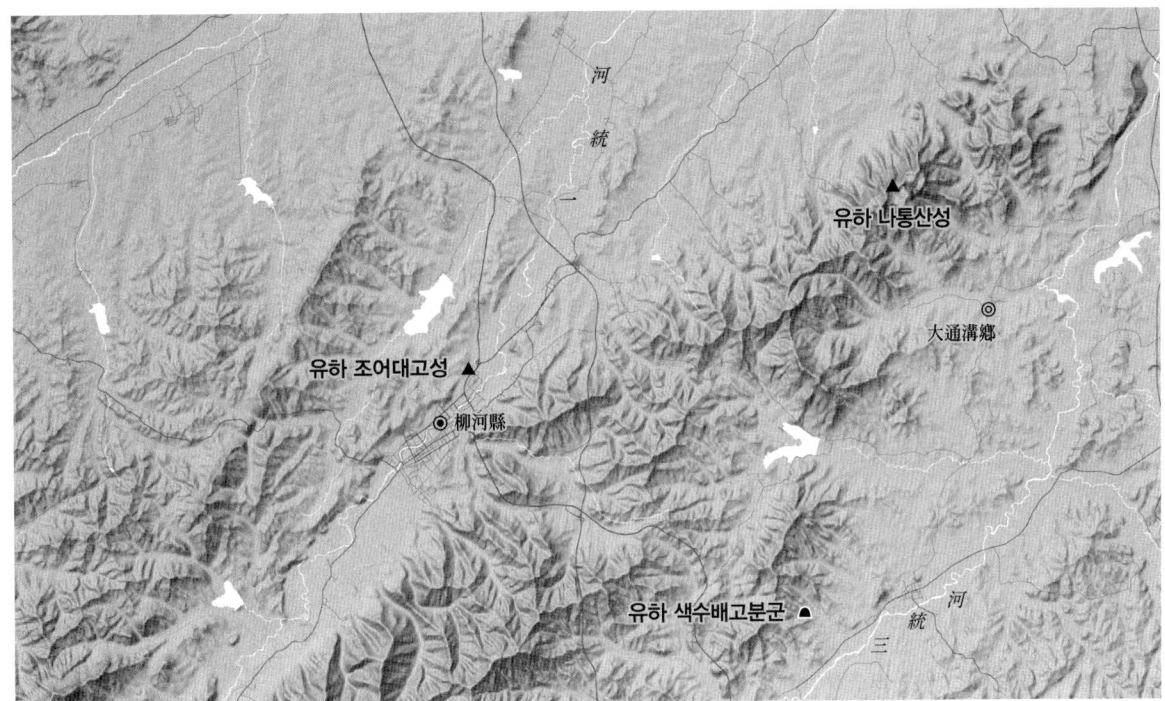

그림 1 나통산성 지리위치도 1

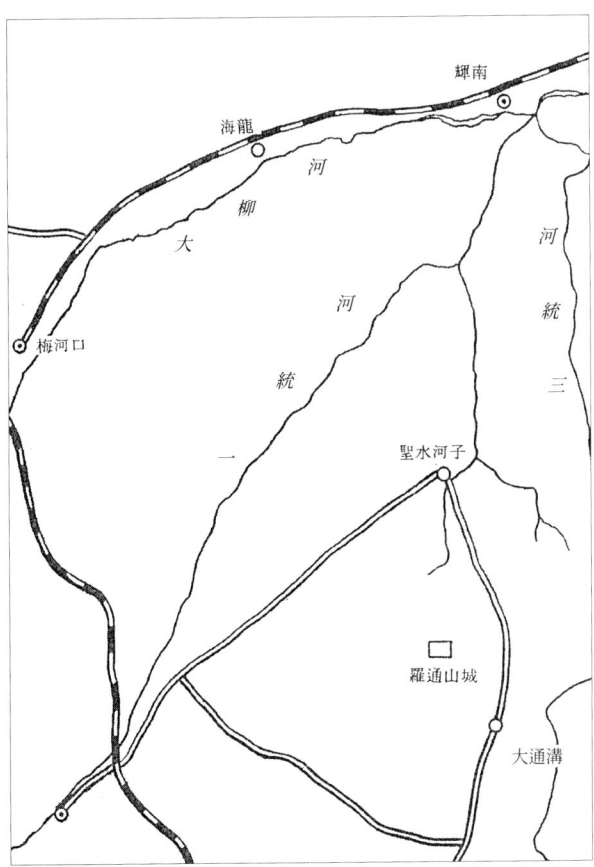

그림 2 나통산성 지리위치도 2
(吉林省文物工作隊, 1985, 139쪽)

4) 2010년 6～10월
○ 조사자 : 吉林省文物考古硏究所, 柳河縣文物管理所.
○ 조사내용 : 서성 북문지와 서문지, 동북 모서리 각루에 대한 발굴과 정리 진행.
○ 발표 : 徐坤, 2011,「柳河縣高句麗羅通山城」,『中國考古學年鑑』, 文物出版社.

5) 2012년 5～9월
○ 조사자 : 吉林省文物考古硏究所, 柳河縣文物管理所.
○ 조사내용 : 서성 벽체에 남아 있는 豁口를 정리하고, 3곳의 문지를 확인. 일찍이 발견된 서문지(1호), 북문지(3호)의 편호를 통일하고, 2호, 4호, 5호로 명명.
○ 발표 : 徐坤, 2013,「柳河縣高句麗羅通山城」,『中國考古學年鑑』, 文物出版社.

2. 위치와 자연환경

1) 지리위치(그림 1～그림 2)

○ 羅通山城은 吉林省 柳河縣 一統河 유역에 위치하는데, 지리적으로 휘발하 상류 유역에 해당함. 羅通山은 龍崗산맥 북부 지맥에 속하는데, 柳河·海龍·輝南 등 3현의 경계 지역에 해당함. 柳河縣 동북부의 大通溝鄕 서북쪽 6km에 위치하며, 해발 960m에 이름. 나통산성의 서남쪽 45km 거리에 柳河縣城, 남쪽 6m 거리에 大通溝鄕 정부 소재지가 위치하고 있음.

2) 자연환경(그림 3)

○ 산성이 위치한 羅通山의 명칭은 원래 駱駝山이었다가 와전되어 羅通山으로 불리게 되었다고 하며, 일명 羅通砬子라고도 불림. 羅通山은 龍崗산맥의 북부 지맥에 속하는데, 산세가 매우 험준함.

○ 나통산의 동북 양쪽으로는 柳河와 一統河 유역의 충적평야가 펼쳐져 있고, 남쪽으로는 三統河谷을 사이에 두고 龍崗山과 마주하고 있음. 나통산의 서쪽으로는 산이 끊임없이 이어져 해발 1,200m 되는 安口頂子山과 대치하고 있음. 輝發河의 양대 원류인 三統河와 一統河는 나통산성의 양측을 지나 북쪽으로 굽이쳐 흘러가고 있음.

○ 나통산성은 나통산 북단의 해발 960m의 주봉을 중심으로 東城과 西城의 2개 성으로 구성되어 있어 마치 사람의 허파모양처럼 생겨 좌우 두 개의 성곽으로 나뉘며, 중간의 성벽을 함께 공유하며 이어져 있음.

3. 성곽의 전체현황(그림 4)

○ 나통산성은 동·서 2개 성으로 이루어진 복곽식 성곽인데, 평면은 인체의 허파 모양을 띠고 있음.
○ 성곽의 전체 둘레는 7.5km이며,[1] 성벽은 토석혼축 방식으로 축조했음(吉林省文物工作隊, 1985).[2] 성벽에는 성가퀴와 角樓가 설치되어 있음.
○ 성문은 동성에 3개, 서성에 2개 등 5개 남아 있는데, 이 가운데 3개의 성문은 반원형 옹문임. 그밖에 성곽시설로 西城 내부에 건물지, 將臺, 저수지, 샘 등이 있음.
○ 성벽의 보존상태는 비교적 좋은 편임.

---

1 國家文物局 1993, 132쪽에는 8km라고 나옴.
2 孫進己·馮永謙 1989에는 '석축'이라고 나옴.

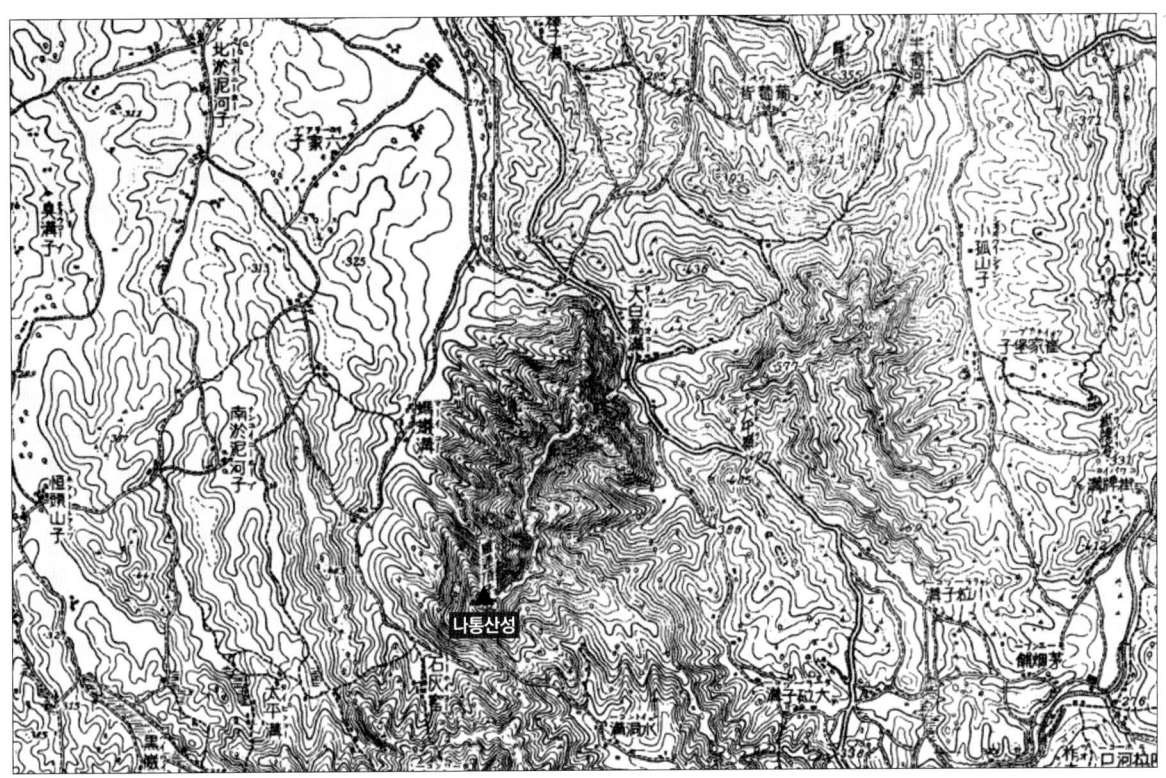

그림 3 나통산성 주변 지형도(滿洲國 10만분의 1 지형도)

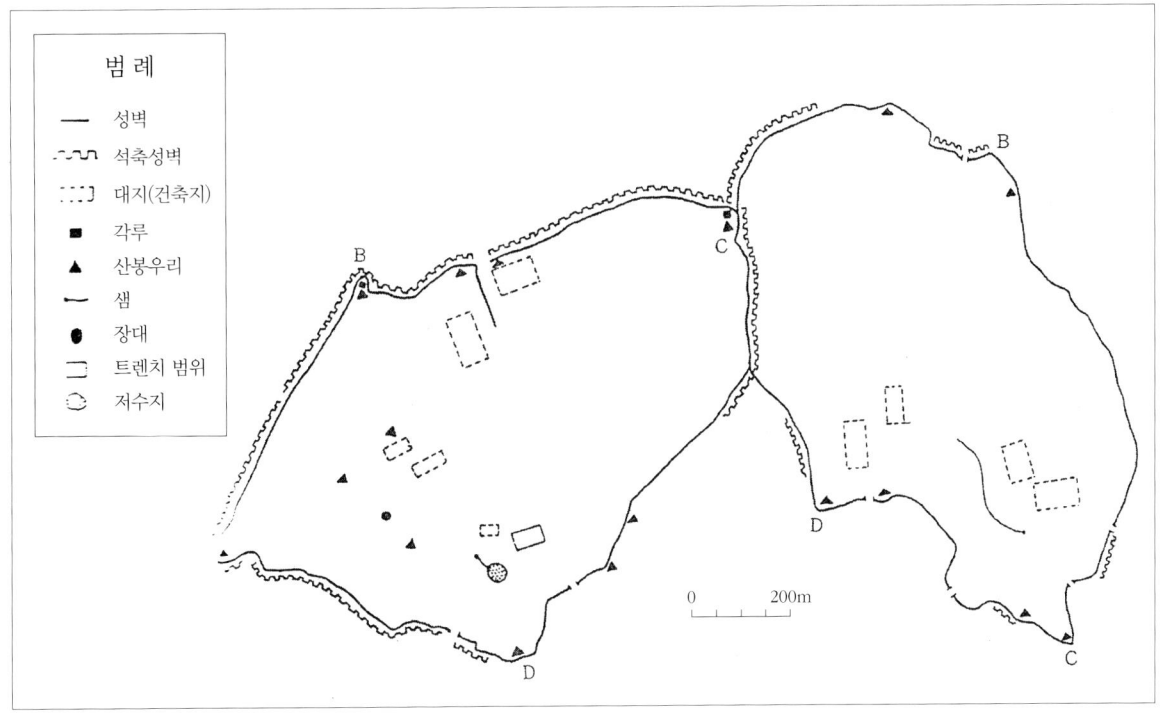

그림 4 나통산성 평면도(吉林省文物工作隊 1985, 140쪽)

4. 성벽과 성곽시설[3]

1) 성벽

○ 나통산성은 나통산 북단의 해발 960m의 주봉을 중심으로 東城과 西城의 2개의 성으로 구성되어 있음. 나통산성의 평면은 마치 허파 모양과 같음. 중간의 성벽을 공유하며 좌우로 나뉘는데, 공유한 성벽 길이는 352m임.

○ 성벽에 사용된 성돌은 모두 나통산에서 채취한 석회암인데, 장방형으로 잘 다듬어 사용하였음. 성돌의 크기는 일정하지 않은데, 작은 것은 길이, 너비, 두께가 30×20×15cm이고, 중간 것은 50×35×25cm, 큰 것은 115×96×35m 정도임.

○ 성벽의 보존상태는 비교적 양호함. 서성 북문 서측의 조사상황에 따르면, 성벽은 토석혼축 구조임. 성벽 기초부를 평평하게 고른 다음 기단석을 2~5단으로 축조하고, 그 뒤에 내외 양측에 面石으로 석벽을 쌓아 올린 다음, 중간에 흙과 돌을 채워 넣었음. 면석은 가지런하며 위쪽으로 올라가면서 조금씩 들여쌓아 체성벽의 단면은 사다리꼴을 띰.

○ 2012년 발굴조사 때 괴석 혹은 쐐기형돌로 양측 벽면을 쌓고 그 내부는 기다란 돌과 북꼴형 돌을 채워 서로 결합하게 하는 '干揷石' 구조를 확인함.

(1) 서성

① 1980년 5월 조사내용

○ 西城은 몇 개의 작은 산에 에워싸여 있고, 내부는 각 산등성이에 의해서 6개의 작은 분지로 나뉨. 이로 인해 西城의 평면 형태는 불규칙한 사변형을 띠게 됨. 西城의 전체 둘레는 3,737m인데, 서벽 724m, 북벽 910m, 동벽 1,288m, 남벽 815m임.

○ 동벽의 남쪽 구간과 남벽의 동쪽 구간은 수직의 가파른 절벽을 천연 성벽으로 삼았고, 그 나머지 부분은 산세를 따라 석벽을 쌓았는데, 산세가 완만하고 낮은 곳에는 석벽을 높이 쌓았음. 동벽 일부가 東城의 서벽을 차용하고 있는 것을 제외하면, 대부분의 성벽은 산등성이 위에 축조하였음.

○ 서성의 보존상태는 비교적 좋은 편임. 보존상태가 가장 양호한 곳은 성벽의 아랫너비 7.2m, 윗너비 6.0~6.8m, 잔고는 2~4m임. 그중 가장 높은 곳은 쌓은 성돌이 18층인데 높이가 약 4m에 이름.

○ 西城 남벽의 축성방법 : 西城의 서남모서리에서 약 350m 되는 남벽 중간 부분의 축성방법은 특수함. 성벽은 양측으로부터 구불구불 뻗어나와 서로 이어지지 않고 안팎으로 두 갈래의 벽체를 형성하고 있음. 그러다가 외벽이 직각으로 구부러져 내벽과 연결됨으로써 'ㄷ'자 형태를 이룸. 이 두 벽체 중간에는 길이 25m, 너비 8m의 빈 공간(空壙)이 있음.

② 2006년 10월 말~11월 초 조사내용

○ 西城의 성벽에 대한 소규모 절개를 진행함.

○ 서성의 성벽 외측은 나통산에서 채석한 석회암을 대략 다듬은 다음 산세를 따라 가지런하게 쌓았음. 성벽 기초는 암반 위에 조영했고, 안쪽을 향하여 약간 비스듬히 경사지게 쌓았고, 석괴의 틈 사이에는 작은 괴석을 맞물리게 쌓아 견고성을 보장하였음. 현재 외측 벽체는 17층 남아 있음.

○ 외측 벽체의 기초부에는 보축 부분이 있는데, 깬돌을 섞은 흙을 다져 축조하였음. 높이는 1m로 상당히 견고하여 외벽체를 보호하는 기능을 함.

○ 내측 성벽은 외측과 같은 규율은 없고, 쌓은 석괴가 2단 내지 3단 있으며, 외측 벽체와 합쳐 쌓았음. 성벽

---

[3] 나통산성에 대한 고고조사는 1980년 5월과 2006~2009년 두 차례 이루어짐. 1980년 5월과 2006~2009년 모두 조사가 이루어진 성곽시설이나 유적에 대해서는 조사시기를 구분하여 각기 별도로 기술함. 조사 시점에 대한 별도 표시가 없는 경우는 1980년 5월 조사내용임.

은 현재 너비 3~4m 정도 남아있으며 보존상태는 양호함.

(2) 동성

○ 東城은 거대한 분지 하나를 에워싸고 있는데, 험준한 산등성이를 천연 성벽으로 삼고, 지세가 낮은 저지대에만 돌을 쌓아 인공성벽을 축조하였음.

○ 동성의 전체 둘레는 3,479m인데, 동벽 1,181m, 서벽 746m, 남벽 768m, 북벽 784m임. 다만 東城의 성벽은 파괴가 심하여 서성보다 조잡한데, 성벽의 잔존 너비는 4m, 잔고는 2m 미만임.

○ 동성의 성벽은 축조기술과 사용재료가 서성보다 좋지 못하고 파괴도 심함. 동성의 서벽 북단은 서성의 동벽을 이용하였음. 동벽 서북 모서리의 두 성이 만나는 곳에서는 동성 북벽의 아랫부분이 서성 북벽의 윗부분과 이어지고 그 중간에 이음새나 이어 쌓은 것이 없는 것을 명확하게 볼 수 있는데, 이로써 동성이 서성보다 늦게 축조되었음을 알 수 있음(魏存成, 1999).

2) 성문

○ 서성 2개, 동성 3개 등 5개의 문지가 남아 있음. 서성에는 남쪽과 북쪽에 성문을 하나씩 설치했고, 동성에는 남쪽에 2개, 북쪽에 하나가 있음.[4]

○ 문지(門址)는 모두 지세가 평탄하고 출입하기 쉬운 부분을 선택했음.

○ 동성의 남문 2곳은 모두 천연의 개구부(豁口)를 이용하여 자연 성문을 삼았으며, 나머지 3개의 성문은 모두 성돌을 쌓아 만들었음.

○ 인공 성문은 모두 반원형 옹성구조임. 먼저 성벽을 內弧形으로 움푹 들여가게 쌓은 다음, 이 움푹 들어간

---

[4] 2006~2007년 조사에서 서성의 남문은 성문이 아닌 것으로 확인되었으므로 이를 고려하면 나통산성의 성문은 총 4개로 수정되어야 함. 다만 아직 정식 보고서가 간행되지 않았으므로 1980년 5월의 조사내용을 그대로 기술함.

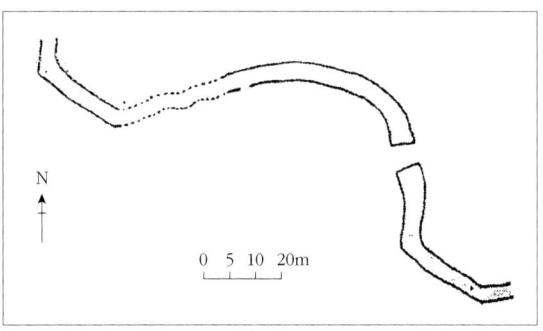

그림 5 나통산성 서성의 남문 평면도
(吉林省文物工作隊, 1985, 140쪽)

곳의 중간 부분에 성문을 쌓아 반원형의 內弧形 옹성구조를 만들었음.

(1) 서성의 남문

① 1980년 5월 조사내용(그림 5)

○ 서성의 남문은 남벽 서단 부근의 평탄한 대지에 자리잡고 있음.

○ 양쪽 성벽을 안쪽으로 들여쌓아 옹성구조를 만듦. 방향 250°, 문길(門道)의 길이 6.8m, 바깥쪽 너비 6.5m, 안쪽 너비 6m로 바깥이 약간 넓은 나팔모양임.

○ 문길 양 측의 성벽은 이미 무너졌는데, 잔고는 약 2.5m임. 동측 벽체에는 지표면 가까이에 높이 40cm, 너비 20cm, 깊이 40cm인 벽감이 있는데, 용도는 미상임.

○ 성문 바깥의 산길을 따라가면 小泉眼溝村을 거쳐 平原으로 진입할 수 있음.

② 2007년 6~10월 조사내용

○ 서성의 남문으로 비정하던 곳 일대를 조사하였는데, 이곳의 성벽이 연속적으로 이어지는 현상을 확인함. 즉 트인 곳은 성벽이 붕괴해서 형성된 곳으로 종래 남문으로 비정되던 곳은 성문 유적이 아님을 확인함.

○ 또한 이곳의 성벽 안쪽에서 주거지 1곳이 발견되었

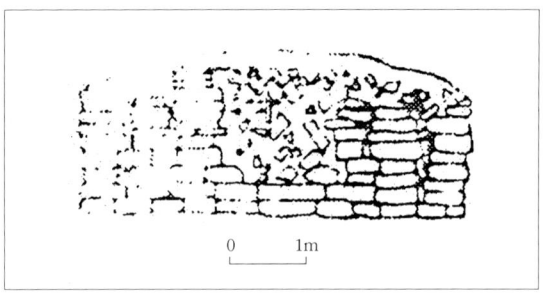

그림 6 나통산성 서성의 북문 서쪽 측벽
(吉林省文物工作隊, 1985, 141쪽)

는데, 보존상태가 좋음. 석면 온돌(火炕) 1곳이 있으며, 장방형을 띠며 2열의 고래(烟道)가 있는데, 일찍이 초소(哨卡)가 있었을 것으로 보임.

(2) 서성의 북문

① 1980년 5월 조사내용 (그림 6)
○ 북문은 서북 모서리에서 295m 떨어진 북벽의 중앙에 위치해 있음.
○ 서성의 북문도 반원형 옹성구조인데, 옹성의 반지름은 20m 미만임.
○ 북문지의 너비는 3m, 양 측벽의 길이는 5.5m임. 다만 문길 양측의 벽체는 붕괴되어 잔고가 1~2m에 불과함. 현지 주민에 따르면 1950년대에는 문길 측벽의 높이가 2丈이나 되었다고 함.
○ 성문 밖의 산길을 따라 내려가면 小螞蟻溝村을 거쳐 평원으로 진입할 수 있음.

② 2009년 7~9월 조사내용
북문의 기초부가 남아 있었고, 문길의 너비는 3.5m였고, 문길의 邊石이 남아 있었음. 이곳의 발굴 면적은 300m²였음.

③ 2010년 6~10월 조사내용
○ 문길의 평면은 대략 '凸'자형임.
○ 문길 하부에는 돌이 깔려 있는데, 양측 벽체와 서로 연결됨. 서측은 커다란 돌로 쌓은 邊石임. 변석은 대부분 門垛 아래를 누르고 있음. 양측은 붕괴되어 소량의 돌만 남아 있음.

(3) 서성의 서문(2010년 6~10월 조사내용)
○ 문길의 평면은 대략 '凸'자형임.
○ 문길 하부에는 돌이 깔려 있는데, 양측 벽체와 서로 연결됨. 서측은 커다란 돌로 쌓은 邊石임. 변석은 대부분 門垛 아래를 누르고 있음. 양측은 붕괴되어 소량의 돌만 남아 있음.

(4) 동성의 남문(2곳)
○ 동성의 남벽에는 성문이 2개 있음. 하나는 동쪽, 하나는 서쪽에 있음. 두 문 사이의 거리는 약 300m임. 동성의 남문 2곳은 모두 천연의 트인 곳(豁口)을 이용하여 자연 성문을 삼았음.
○ 서쪽 남문은 너비 18m, 양측 석벽의 높이 10m임. 산길을 따라 내려가면 서성 동남 모서리의 刀尖石立子를 거쳐 산 아래에 도달하는데, 동서 두 성곽의 남쪽에서 유일한 大路임.
○ 동쪽 남문은 너비 22m, 양 측벽의 잔고 13m임(李殿福, 1994).

(5) 동성의 북문
○ 동성 북벽의 동쪽 부분에 위치하였음. 안으로 들어간 반원형 옹성구조인데, 옹성의 전체 길이는 41m, 반경은 약 20m임.
○ 북문의 양 측벽은 높이 약 10m의 암석인데, 그 정상부에 너비 약 7m, 잔고 2m인 석벽을 축조하였음.
○ 성문 밖에 너비 80m, 길이 50m인 개활지가 있고, 산길을 따라 내려가면 七棵樹村을 지나 평원에 진입할 수 있음. 산길이 완만하고 수레도 통행할 수 있어 북쪽에서 산성으로 가는 가장 중요한 통로임.

(6) 2010년 6~10월 조사내용
○ 2호 문지는 3호 문지와 서북 망대 사이에 위치함. 서북 망대와의 거리는 35m임. 문의 방향은 55°임. 문길 평면은 대략 장방형임. 양측은 커다란 돌로 쌓은 邊石임. 邊石 부분은 門垜 입면 아래를 누르면서 門垜 입면의 基石이 됨. 양측 변석에서 문길 출구로 1.5~1.6m 지점에 좌우로 대칭하는 缺口가 있는데, 문기둥을 세웠던 자리임. 그리고 형태가 같은 철제 문지도리(門樞) 2개가 출토되었음. 문지도리가 위치한 지점의 石面에서 너비 약 5cm의 홈(凹槽)이 확인되었는데, 문지방(門檻)을 놓았던 자리로 추정됨. 문지방 외측에는 "將軍石"을 놓았던 구덩이가 있음. 門垜 입면, 邊石, 문길에 깔았던 돌 등에서 화재를 입었던 흔적을 볼 수 있음. 門垜 양측은 호형 벽체인데, 벽체와 문지는 내옹식 옹성을 이룸.
○ 4호 문지는 서성 동벽에서 북부에 치우진 지점에 위치함. 문의 방향은 80°임. 문길은 장방형임. 형태는 2호 문지와 유사함. 서성에서 동성으로 통하는 유일한 문임.
○ 5호 문지는 산성의 서남부에 위치함. 문의 방향은 58°임. 이곳에서 양측 벽이 서로 교차하여 어긋문식 구조를 형성함. 평면은 장방형임. 형태는 2호 문지와 유사함.

3) 각루(角樓; 角臺)

① 1980년 5월 조사내용
○ 서성의 네 모서리는 모두 산봉우리의 정상부에 위치하며, 그중 동북 모서리와 서북 모서리에 각루가 설치되어 있음.
○ 서북 각루의 길이 10m, 너비 8m. 동북 각루의 길이 20m, 너비 12m.
○ 동북 각루는 성내에서 가장 높은 곳에 위치하고 있어서 동성과 서성 두 성을 비롯하여 柳河·海龍·輝南 등 3현의 평야를 조망할 수 있음.

② 2007년 6~10월 조사내용
서성의 서북 각루를 발굴하였지만 어떠한 각루 기초(基址) 흔적도 발견하지 못했음. 불에 탄 붉은 흙 유적을 한 곳 발견하였지만 유물은 발견하지 못했음. 발굴자는 봉화터로 추정함. 발굴 면적은 40m².

③ 2010년 6~10월 조사내용
동북 각루에서 현대 건축물의 남은 기초와 자연퇴적물을 제거하면서 20여 m²의 基巖面을 발견함. 표면은 평평하지 않음. 동북 양측은 돌로 쌓은 벽체임. 꺾어지는 곳은 원호형임. 각루 시설 흔적은 발견하지 못함. 비록 인공시설 흔적을 발견하지 못했지만, 산성 전체의 제고점으로 시야가 개활하다는 점에서 경보 기능을 하였을 것이 분명함.

4) 성가퀴
성벽의 윗부분에 남아있는 흔적으로 볼 때 일반적으로 바깥쪽이 안쪽보다 높아 원래 성가퀴(女墻)가 설치되어 있었을 가능성이 많음.

5) 배수시설(2010년 6~10월 조사내용)
○ 북문 서측에서 배수시설이 발견됨.
○ 성내 부분의 돌로 쌓은 나팔모양의 引水溝, 성벽 하부의 암거시설(涵洞), 성벽 바깥의 배수구(排水溝) 등 세 부분으로 나뉨.

5. 성내시설과 유적

○ 산성의 면적이 넓고, 지세가 개활하여 유적이 비교적 많음.
○ 서성 내에 臺地(건물지), 장대, 저수지, 샘 등이 남아 있음.

1) 臺地(건물지)

(1) 1980년 5월 조사내용

① 서성 내 대지 : 5곳
○ 서성 내에는 비교적 평탄한 대지가 5곳 있는데, 서성 내 동부의 비교적 거대한 분지에 분포해 있음. 면적과 크기는 같지 않으며 길이 40～115m, 너비 25～75m로 균일하지 않음.
○ 1980년 나통산성을 조사할 때 서성 대지 2곳의 시굴 트렌치에서 토기편 등 유물이 출토되었음(魏存成, 1999).
○ 북쪽에서 남쪽으로 西1～西5로 편호하였음.

㉠ 西1호, 西2호 대지
○ 위치 : 서성 북문 부근에 위치하고 있음.
○ 규모 : 대지 면적은 비교적 큼.
○ 중간에 샘이 있는데 당시 주요 건물의 소재지였을 가능성이 큼.

㉡ 西3호, 西4호 대지
○ 위치 : 모두 산비탈상에 위치함.
○ 규모 : 면적은 비교적 작음.
○ 출토유물 : 지표에서 유물은 발견되지 않았음.

㉢ 西5호 대지
○ 위치 : 서성 남부 샘 북측 비탈 아래에 위치함.
○ 규모 : 면적은 비교적 큼.
○ 현재 西5호 대지상에 근대의 廟址와 폐기된 건물(房壙)이 하나씩 있음.
○ 지표에 깨진 벽돌과 기와편이 비교적 많음.
○ 남쪽으로 30m 떨어진 곳에서 화강암을 쪼아 만든 돌절구(石臼)가 발견됨. 돌절구의 직경 19cm, 깊이 20cm.
○ 西5호 대지의 동쪽 둘레 30～40m의 비탈지상에 남북 길이 약 6m, 동서 너비 4m, 깊이 0.4m의 장방형 구덩이 25개가 4열로 배열되어 있음. 생토 위에 구덩이를 팠으며, 구덩이 안에 유물은 없고, 용도는 미상임.

② 동성 내 대지 : 4곳
○ 동성 남부 분지의 중심에 샘이 하나 있는데, 샘 주위에는 규모가 서로 다른 臺地(건물지) 4개가 분포되어 있음.
○ 서쪽에서 동쪽으로 東1～東4로 편호하였음.
○ 현재는 모두 경작지로 이용되어 본래 모습을 찾을 수 없고 지표에는 유물이 비교적 소량 남아있는데 주로 토기편(陶片)임. 그중 東1호, 東2호 대지상에 모래혼입 갈색 토기편이 비교적 많으며, 東3호와 東4호 대지상에는 니질의 황갈색 토기편이 많음. 기형은 판별하기는 어려움.

③ 서성 내 臺地의 퇴적 지층 상황
1980년 나통산성을 조사할 때, 2×5m 트렌치 2개를 시굴하였음.

㉠ T1
○ 위치 : 서성 내 西2호 대지의 동남 모서리
○ 표토층 : 짙은 갈색의 부식토로 두께 35cm임. 물레로 만든 泥質의 회색토기편, 백색의 시유 瓷片, 철기편이 출토됨.
○ 제2층 : 황갈색토임. 두께 25～35cm로 균일하지 않음. 황갈색의 泥質 토기편이 발견되었는데, 그중에 여러 조각은 비교적 큰 甕罐類에 속하는 器形이며, 나머지는 器形을 판별하기 어려움.
○ 제2층 아래는 황색의 생토층임

㉡ T2
○ 위치 : 西5호 대지의 남쪽 가장자리
○ 표토층 : 흑갈색이고 두께 30cm임. 작은 기와편을 채집하였음.

○ 제2층 : 황갈색토이고 두께 70cm임. 소량의 토기편이 출토됨.
○ 제2층 아래는 생토층임.

(2) 2006~2009년 조사내용

① 2007년 6~10월 서성의 용담 북측 주거지 조사
○ 서성 용담 북측 대지에서 주거지 3곳을 발견함. 그중 1곳은 보존상태가 양호하며, 2곳은 파괴되었음.
○ 보존상태가 양호한 주거지의 형태는 반지하식 키(簸箕) 모양임. 북쪽으로 산세에 의지하여 축조하였으며 문은 남쪽을 향해 열려 있음. 동, 북, 서 3면에 집을 둘러싼 온돌(炕)이 보이며, 동쪽과 서쪽 온돌 바닥의 남단에 각각 아궁이가 하나 있음. 온돌 바닥은 'U'자 형태를 띠며, 석판을 깔아 쌓았음. 온돌의 석재와 성벽의 석재가 일치하는데, 나통산에서 채석한 것임. 석판 아래에 3갈래의 고래(炕洞)가 있고, 굴뚝(烟囱)은 동북 모서리에 있음.
○ 그 밖의 주거지 2곳은 겨우 온돌 유적만 남아있으며, 'L' 형태를 띰.

② 2008년 9~10월의 서성의 북문 서측 대지의 주거지 조사
○ 북문 서측 臺地를 발굴하여 주거지 12기를 발견하였음.
○ 그중에서 가장 큰 주거지의 온돌은 길이가 11m임.
○ 온돌(火炕) 형태와 뻗은 방향으로 볼 때 12기의 주거지는 배열에 질서가 있음. 발굴 구역 내에서 남쪽에서 북쪽으로 3열 분포된 상태임.
○ 온돌은 대체로 'L' 모양의 곱은자(曲尺形) 형태를 띰.

③ 2008년 9~10월의 서성의 용담 북측 북측 대지의 주거지 조사
○ 용담 북측 대지에서도 주거지 1기를 발견하였음.
○ 2007년에 발견된 주거지와 같으며, 두 주거지 사이의 거리는 10여 m임. 이번에 발굴한 주거지는 동측에 위치함.

④ 2009년 7~9월 서성의 북문 서측 대지의 주거지 조사
○ 북문 서측 대지의 주거지에 대한 발굴을 계속하였는데, 북문 12기 주거지의 선후 및 교란 관계를 확인하였음.

2) 흙구덩이
○ 서성의 성 내에 비교적 평탄한 臺地가 5곳 있는데, 그중 西5호 대지의 동쪽 30~40m의 비탈지에서 장방형의 흙구덩이 25개가 밀집된 것을 발견함.
○ 규모 : 남북 길이 약 6m, 동서 너비 4m, 깊이 0.4m.
○ 장방형의 구덩이 25개가 4열로 배열되어 있는데, 비교적 밀집되어 있으며, 생토 위에 구덩이를 팠음.

3) 장대(點將臺; 高臺)

(1) 1980년 5월 조사내용
○ 서성의 남문에서 서쪽으로 325m 떨어진 산등성이에 위치함.
○ 속칭 장대(點將臺)라고 불리는데, 토석혼축으로 조영함.
○ 장대와 남문 사이는 넓은 비탈인데, 이곳에서 철갑편(鐵甲片)이 대량 발견된 적이 있다고 함.

(2) 2009년 7~9월 조사내용
○ 장대는 석조 건축으로 평면은 방형을 띰. 한 변의 길이 약 5m.
○ 장대 둘레는 치석을 거친 대형 석재를 둘러 쌓았고, 속에는 깬돌을 채워 넣었음. 산등성이 한쪽 끝에 조영했기 때문에 지세는 솥바닥을 엎은 모양임. 주위의 石塊가 아래로 흘러내렸지만, 형태는 판별할 수 있음.

4) 저수지(연못)

○ 위치 : 서성 안의 남부 분지에 위치함.

○ 규모 : 타원형으로 동서 길이 약 50m, 남북 길이 약 30m임.

○ 석축 호안은 확인되지 않았는데, 종전에는 저수지의 깊이가 수 m나 되었다고 하지만, 1980년도 조사 당시에는 이미 물이 없고 풀만 무성했음.

5) 샘 : 2개

(1) 샘 1(동성의 샘)

○ 동성 남부 분지의 중심에 샘(泉眼)이 하나 있음.

○ 물은 풍부하지 않으나 수질은 비교적 좋음. 지하에서 솟아나 서북쪽으로 약 300m 흘러가다가 분지의 한복판 웅덩이에서 지하로 소실됨.

○ 샘 주위에는 규모가 같지 않은 臺地(건물지) 4개가 분포함.

(2) 샘 2(서성의 샘)

서성의 북부 분지에서 샘이 하나 발견되었음(魏存成, 1999).

6. 출토유물

1) 1980년 조사 시 출토유물

1980년에 西城의 臺地 2곳에서 2×5m 트렌치 2개를 시굴하였는데, 이곳에서 출토된 유물 및 西城과 東城에서 채집한 유물임.

(1) 금동기(鎏金器)

○ 수량 : 2점.

○ 청동이나 표면을 도금하였음. 그중에 띠고리(帶扣) 1점, 화형장식(花形飾) 1점이 있음.

① 띠고리(加梁帶扣, 그림 7-7)

○ 수량 : 1점.

○ 크기 : 너비 2.6cm, 전체 길이 3cm.

○ 형태 : 고리(扣圈)의 평면은 약간 곱자형(矩形)으로 만들었으며, 한쪽 끝은 볼록함(圓凸). 침꽂이(扣針套)는 중간에 橫梁上에 있음. 단면은 원형이며 표면을 도금하였음.

○ 띠고리(加梁帶扣)는 고구려 무덤에서 자주 보이는 것임(魏存成, 1999).

② 화형장식(花形飾 ; 圓形花飾, 그림 7-8)

○ 수량 : 1점.

○ 크기 : 직경 3cm.

○ 중간에 원형의 구멍이 하나 있으며, 황동을 단조한 얇은 조각으로 표면을 도금하였음. 광택이 남.

○ 형태와 문양이 집안 우산 M1897 봉토석실묘와 장천 M2에서 출토된 것과 유사하며, 크기의 차이가 있음(魏存成, 1999).

(2) 철기(鐵器)

○ 편평한 菱形과 長條形의 철제화살촉이 발견되었음(魏存成, 1999).

○ 철제화살촉(鐵鏃) 4점이 출토됨. 크게 Ⅰ식, Ⅱ식의 2가지 유형으로 분류됨

○ 철제화살촉 외에 T1 제2층에서 출토된 철기 잔편은 모두 주조 철(鑄鐵)이며, 파편은 비교적 적음.

① Ⅰ식

○ 수량 : 2점.

○ 촉두는 납작하고 네모남. 앞쪽의 칼날은 가지런하며(平齊), 뒤에는 원형의 경부(鋌)가 있음.

㉠ 羅 T1②:1(그림 7-5)

○ 크기 : 전체 길이 11.5cm.

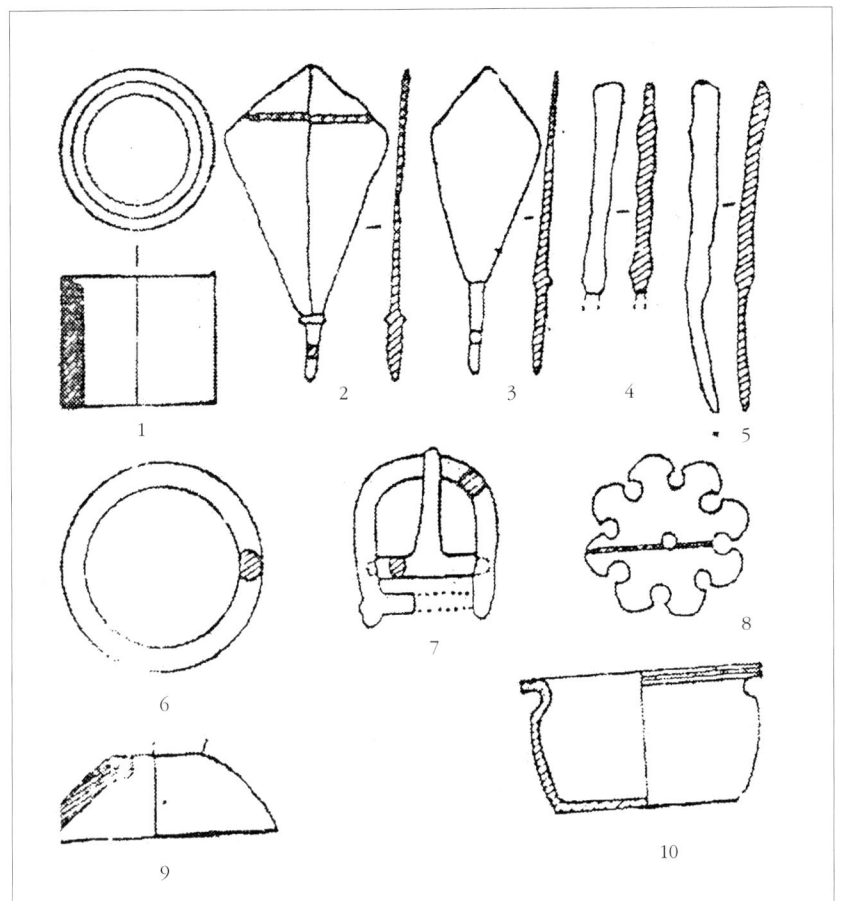

그림 7 나통산성 출토유물
(吉林省文物工作隊 1985, 142쪽)
1. 반지 2~3. Ⅱ식 화살촉
4~5. Ⅰ식 화살촉 6. 옥잔 7. 금동 허리띠 8. 꽃모양 금동 꾸미개
9. 뚜껑 10. 호

ⓒ 羅 T1②:3(그림 7-4)

○ 크기 : 전체 길이 11.5cm.

○ 형태 : 원형의 경부(鋌)는 이미 훼손됨.

② Ⅱ식

○ 수량 : 2점.

○ 촉두는 납작하고 평평한 마름모꼴(菱形)로 만들었음. 양측은 예리한 칼날임. 촉두의 폭은 넓고, 원형의 경부보다 깊.

㉠ 羅采:07(그림 7-2)

○ 크기 : 전체 길이 10.8cm, 칼날 폭 5.9cm.

ⓒ 羅采:06(그림 7-3)

○ 형태 : 촉두는 약간 가늚.

(3) 토기(陶器)

○ 니질 토기와 모래혼입 토기 두 종류로 양분되며 모래혼입 토기가 비교적 적음.

○ 출토지 : 주로 T2 제2층과 東城의 1, 2호 臺地에서 주로 출토되었음.

○ 모래입자는 고르며, 태토의 질은 조잡하고, 소성온도는 비교적 높음. 顔色은 비교적 斑駮, 홍갈색, 회갈색, 흑회색이 모두 있음. 완전품은 없음. 토기편은 비교적 작음. 니질토기의 수량은 비교적 많음. 서성과 동성 두 성에서 모두 발견되었으며, 태토의 질은 비교적 가늘고 부드러움(細膩). 모두 황갈색이고, 소성온도는 고

르지 않음.
○ 비교적 완전한 것은 陶罐 2점, 뚜껑(器蓋) 1점을 포함해 3점임.
○ 갈색이 위주이고, 모래혼입 토기가 적으며, 완전한 기형을 가진 것은 없었음. 니질 토기가 비교적 많은 편으로 완전한 기형의 호(陶罐)가 2점 발견되었는데 손으로 돌려 빚은 것으로서 무늬는 없음. 그중 한 점은 雙脣平沿으로 목이 짧고 어깨가 각이 져있으며 동체는 짧고 바닥은 편평함(魏存成, 1999).

① 호(陶罐)
○ 수량 : 2점.
○ 모두 손으로 만들었으며 물레로 다듬었음.
○ 민무늬(素面)임.

㉠ 호(陶罐) 1(羅采:01)
○ 크기 : 구경 15cm, 바닥 지름 12.5cm, 전체 높이 (通高) 9.8cm.
○ 형태 : 구순은 각이 져있고, 구연부는 외반(侈口)함, 동체는 둥근 형태이며, 바닥은 편평함.

㉡ 호(陶罐) 2(羅采:02, 그림 7-10)
○ 크기 : 구경 17.8cm, 저경 13.6cm, 전체 높이 9.6cm.
○ 형태 : 이중 구순(雙脣)임. 구연은 평평하고(平沿), 목이 짧고 어깨가 있음. 동체는 약간 경사졌으며 바닥은 편평함.

② 뚜껑(器蓋, 그림 7-9)
○ 수량 : 1점.
○ 크기 : 직경 8.6cm, 잔고 3cm.
○ 형태 : 뒤집은 제기용 소반 형태임. 손잡이 꼭지는 이미 파손되었음. 상부에 훼손된 원형의 구멍이 나있음.

(4) 옥기(玉器)
○ 수량 : 2점.
○ 고리(環)와 반지가 각각 1점씩 출토됨(魏存成, 1999).
○ 모두 성내에서 습득한 것으로 주민들로부터 받은 것임. 그중에 고리(玉環) 1점이 있음.

① 옥고리(玉環, 그림 7-6)
○ 수량 : 1점.
○ 크기 : 內徑 5.6cm, 外徑 7.3cm.
○ 형태 : 단면은 타원형임. 세일하고 투명하고 매끄러움.
○ 색깔 : 옅은 녹색임.

② 반지(扳指, 그림 7-1)
○ 수량 : 1점.
○ 크기 : 내경 2cm, 외경 2.9cm, 높이 2.3cm.
○ 형태 : 대롱 모양. 한쪽 끝의 내측에 깎아내어 도드라진 경사면이 있음.
○ 색깔 : 옅은 황색.

(5) 자기(瓷器)

① 자기편(瓷片)
○ 수량 : 총 3점.
○ 출토지 : T1 제2층에서 출토됨.
○ 형태 : 殘片은 모두 조각이 작음. 기형은 분명치 않음.
○ 태토 및 색깔 : 태토는 약간 거칠고, 기벽은 약간 얇으며, 백색바탕에 황색을 시유하였음.
○ 기타 遼代의 백자가 출토되었음(魏存成, 1999).

(6) 화폐(銅錢)
○ 수량 : 23매.
○ 출토지 : 모두 나통산성 성내에서 채집하였음.
○ 시기 : 唐代의 開元通寶와 乾元重寶, 宋代의 宋元通寶, 皇宋通寶, 聖宋元寶 및 遼·金代의 동전이 있음.

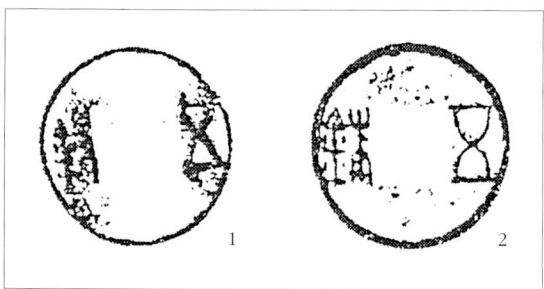

그림 8 나통산성 출토 동전
1. 전한 宣帝 오수 탁본 2. 후한 오수 탁본(吉林省文物工作隊, 1985, 142쪽)

漢代 五銖錢도 2매 있는데, 1매는 前漢 宣帝시기의 五銖錢(그림 8-1), 다른 1매는 後漢의 五銖錢으로 보임(그림 8-2).

2)「羅通山城考」(朴潤陸·高占一, 1997)의 출토 유물

(1) 금동기(鎏金器)

허리띠고리(鎏金帶扣)와 금동제 꾸미개(鎏金飾片) 2점은 현재 길림성고고연구소에 소장되어 있음.

① 금동허리띠고리(鎏金帶扣)
○ 수량 : 1점.
○ 크기 : 띠고리(帶扣) 길이 3.6cm, 너비 3.2cm.
○ 형태 : 앞부분(前端)은 느슨한 원형(漫圓形)이며, 뒷부분은 開口 모양을 만들었음. 뒷부분(後部)에 구멍이 있고, 구멍 안에 丁子形의 끼워 꽂은(安揷) 고리(扣子)가 있음. 제작이 정교함.

② 금동꾸미개(鎏金飾片)
○ 수량 : 1점.
○ 크기 : 직경 3.5cm.
○ 형태 : 꾸미개(飾片)는 원형으로, 外輪에 가는 이빨 모양(齒狀)을 만들었으며, 가운데에 작은 원형 구멍이 하나 있고, 빗장(鎦片)은 비교적 얇음. 금동은 광택이 남.

(2) 청동기(銅器)

① 청동화살촉(銅鏃)
○ 수량 : 1점.
○ 크기 : 길이 2.8cm, 최대 폭 1.1cm, 원형 구멍의 깊이 1.4cm.
○ 형태 : 화살촉은 雙翼形. 촉두 가운데 등에서 좌우 2갈래로 나뉘어짐. 갈래(葉) 가장자리는 칼날 모양(刃狀)으로 만들었고, 양 갈래는 앞쪽을 향해 모여져 前鋒을 이루고 뒤쪽을 향해서는 倒刺形의 後鋒을 형성함. 화살대(箭幹)의 촉신 부분은 약간 송곳 모양(錐形)의 원형 구멍을 띠며, 뒤쪽으로 뻗어나간 가지(莖)와 경부(鋌)는 없음. 주조 공정이 정교하고 세밀하게 제작하였으며, 윤택이 남.
○ 시기 : 이러한 모습은 商周시기 청동제 화살촉의 전형적인 특징임. 부식되지 않은 채 촉두날(鋒刃)은 여전히 예리함.
○ 소장처 : 梅河口市 文物科에 소장되어 있음.

② 청동방울(銅鈴)
○ 수량 : 1점.
○ 크기 : 높이 4.4cm, 최대 폭 3.8cm.
○ 형태 : 한 면은 민무늬로 문양이 없으며, 다른 한 면의 상단에 연접한 능형 도안이 시문되어 있음. 한 쪽 끝 아래 모서리가 약간 파손되었으며, 두드려서 나는 소리는 청량함.

③ 청동허리띠고리(衣帶扣)
○ 수량 : 1점.
○ 크기 : 길이 4cm, 한쪽 끝 너비 0.7cm, 다른 한쪽 끝 너비 0.3cm.
○ 형태 : 청동 재질. 한쪽은 넓고 한쪽은 좁음. 넓은 곳

에 둥근 기둥(圓柱)이 하나 있는데 허리(衣帶)를 고정시키는 용도임.

④ **청동제못**(銅泡釘)
○ 수량 : 1점.
○ 크기 : 직경 2.6cm, 한쪽 끝 너비 07cm, 다른 한쪽 끝 너비 0.3cm.
○ 형태 : 청동 재질. 원형이며 가운데가 융기해 있는데 버섯의 머리 모양으로 만들었음. 뒷면(背面)에 작은 구멍(鼻)이 하나 있는데 가는 줄 같은 것을 끼울 수 있음.

⑤ **청동거울**(銅鏡)
○ 크기 : 직경 6cm, 두께 0.2cm. 거울 가장자리 폭 0.4cm.
○ 문양 : 청동 재질. 거울의 뒷면 중부에 반구형의 꼭지(鏡鈕)가 있음. 放射 모양의 條文을 시문하였음. 거울의 한쪽은 파손되었음. 가장자리에 '見日之光天……明'의 여섯 글자가 새겨져 있음. 전서와 예서를 합친 서법임(篆隸合書). 중원 지역에서 출토된 漢代의 명문 동경에는 '見日之光天下大明'이라고 새겨져 있음. 이런 명문 동경을 통칭하여 漢代 光明鏡이라고 부름. 이로 보아 출토된 동경도 漢代 光明鏡으로 확인됨. 광명경 명문과 대조하면, 결락된 글자는 '下大'임을 알 수 있음. 이러한 청동 동경은 주조 공예가 뛰어나 거울 몸체도 종이와 같이 얇고 방울도 작게 만들며, 거울 면은 마치 옻칠한 것처럼 윤택이 남.
○ 시기 : 이 청동거울은 漢代 光明鏡으로 중원 지역에서 주조되어 이 지역으로 흘러들어왔을 가능성이 있음.
○ 소장처 : 길림성 문물고고연구소.

⑥ **옷꾸미개**(圓形衣飾)
○ 수량 : 2점.
○ 황동 재질.
○ 소장처 : 길림성 문물고고연구소.

㉠ **옷꾸미개**(圓形衣飾) 1
○ 크기 : 직경 6cm, 두께 0.4cm, 가운데에 원형 구멍 1cm.
○ 문양 : 전체에 인동화 문양을 누공하였음. 조형은 단순하나 아름다움.

㉡ **옷꾸미개**(圓形衣飾) 2
○ 크기 : 직경 7.5cm, 두께 0.6cm. 중간의 원형 구멍 1.2cm.
○ 문양 : 전체에 가지를 휘감은 꽃무늬를 뚫어 새겼음. 공예 기술이 뛰어나며 정미함.

⑦ **거란명문동경**(契丹銘文銅鏡)
○ 출토지 : 나통산성 바깥 평원지에서 출토됨.
○ 크기 : 무게 2.6kg, 직경 20cm, 가장자리 너비 1.3cm, 외연의 두께 0.8cm, 꼭지 직경 2cm, 높이 1.8cm.
○ 문양 : 황동 재질. 거울 면은 광택이 남. 둥근 꼭지가 있음. 거울 뒷면에는 2마리의 용이 구슬을 찾는 문양이 있고, 거울 가장자리에는 거란문자 일곱 글자가 새겨져 있는데 그중에 한 글자를 판독할 수 있음. 사회과학원 손진기 선생에 따르면 판독할 수 있는 한 글자는 '龍' 미를 가진 글자라고 함.

⑧ **청동제 비녀**(銅簪)
○ 수량 : 1점.
○ 크기 : 길이 16cm, 머리 끝 너비 1.2cm, 꼬리 끝 너비 0.4cm.
○ 형태 : 황동 재질. 얇은 청동조각을 사용하여 만들었음. 머리 끝은 가래 모양(臿狀)이며, 가지 부분(莖部)은 대롱 모양(管狀)으로 민무늬임. 질박하며 공예 기술은 단순하나 정교하며 실용적임.
○ 시기 : 遼·金 시대의 유물임.

(3) 철기

○ 서성과 동성에서 채집함.
○ 종류 : 철제화살촉(鐵鏃), 철제괭이(鐵钁), 재갈(馬銜), 철제칼(鐵刀), 철제검(鐵劍), 철제가래(鐵鏵), 철제삼지창(鐵叉) 등 종류가 많음.

① 철제화살촉(鐵鏃)

○ 수량 : 총 9점.
○ 5유형으로 분류됨.

㉠ Ⅰ식
○ 수량 : 3점.
○ 크기 : 전체 길이 12cm, 경부(鋌) 길이 3.5cm.
○ 형태 : 1점은 파손품. 2점는 완전함. 촉두는 편평하며, 납작한 도끼날 모양(扁鏟形), 앞날은 얇고 예리함. 경부는 각이 졌으며(方鋌) 모서리는 무딤(鈍棱). 촉두보다 짧음.
○ 소장처 : 그중 2점은 길림성고고문물연구소 소장되어 있음.

㉡ Ⅱ식
○ 수량 : 1점.
○ 크기 : 鏃身 길이 8cm, 경부(鋌) 길이 3.5cm.
○ 형태 : 몸체는 편평하며, 장방형의 판 모양(板狀)을 띰. 앞쪽의 날은 제비 꼬리처럼 두 갈래로 나뉘어져 있고 뾰족하고 예리함. 鏃은 뾰족하며 약간 파손되었음. 경부(鋌)는 납작하며 마름모꼴(菱形)을 띰.

㉢ Ⅲ식
○ 수량 : 1점.
○ 크기 : 전체 길이 10cm, 鏃身 6.6cm, 경부(鋌) 길이 3.5cm.
○ 형태 : 촉두는 납작한 도끼날 모양(扁鏟形)이고, 중간은 허리가 조여진 모양. 앞 부분은 편평하고, 뒷 부분은 중간에 등 하나에 양 날개가 있으며, 날은 얇음. 경부(鋌)는 方錐形.

㉣ Ⅳ식
○ 크기 : 촉두 8.6cm.
○ 형태 : 경부(鋌)는 闊葉形이며 각이 졌음. 한 단(段)은 굵고, 한 단(段)은 송곳처럼 가늚.

㉤ Ⅴ식
○ 수량 : 3점.
○ 크기 : 큰 것은 길이 15cm, 남은 경부(鋌) 길이 4.9cm, 중간 것은 길이 11.5cm, 남은 경부 길이 2.5cm, 작은 것은 길이 10.2cm, 남은 경부 길이 2.7cm.
○ 형태 : 扁鑿形. 鏃身은 方棱形. 머리는 가지런하며 鏃은 끝이 뾰족하고 납작하며 각이 졌음(扁方). 양면은 날을 갈아 예리하며, 경부는 각이 졌음(方鋌).
○ 시기 : 이 3점은 金代 유적인 黑龍江省 永生遺蹟에서 출토된 扁鑿式 철제화살촉을 참조하였을 때 金代 유물임.

② 철제괭이(鐵钁)

○ 수량 : 1점.
○ 출토지 : 나통산성 西城 유적내에서 출토됨.
○ 크기 : 괭이 길이 29cm, 너비 16.5cm, 구멍 길이 4.5cm, 아랫 너비 6.5cm. 무게 4.5kg.
○ 형태 : 괭이는 주형에 쇳물을 부어 만든 주조품임. 장방형이며, 날은 평평함. 괭이 구멍 아래는 扁角 타원형임. 괭이는 약간 활처럼휘었음. 윗부분에 반원형의 뚫린 구멍이 있으며 위는 타원형임. 문양이 없는 민무늬임.
○ 시기 : 형태가 1980년 유수현 대파에서 출토된 한대 철제 괭이와 해룡에서 출토된 漢代 괭이의 형태와 같으므로 漢代 유물로 감정됨. 나통산성에서 출토된 철기 가운데서 연대가 비교적 이른 시기에 속하는 유물임.

③ 재갈(馬銜)

○ 수량 : 1점.

○ 크기 : 銜口 길이 21cm, 양 끝의 鐵環 직경 8cm, 鐵粗 0.7cm.

○ 형태 : 표면은 부식이 심해 얼룩덜룩함. 銜口는 양 머리를 작게 말아 변형시킨 철근을 철사를 연결하여 만들었는데, 양 끝에 철제 고리가 달려있음. 銜口는 둥근 테두리(圓圈)로, 양 끝의 고리는 장기간의 사용으로 닳아 심하게 손상되었음.

○ 시기 : 그 형태와 특징으로 보아 遼·金 시대의 유물로 분석됨.

④ 철제검(鐵劍)

○ 수량 : 2점.

○ 크기 : 長劍(銅格長劍)의 전체 길이 97cm, 環首(環首短劍) 남은 길이 56cm.

○ 형태 : 하나는 銅格長劍이고 하나는 環首短劍임. 長劍의 몸체는 편평하고 길게 다듬었음. 자루와 몸체의 철이 심하게 부식되어 얼룩덜룩함. 劍은 비교적 작으며 청동 재질임. 상면에 청동의 부식으로 녹색이 가득함. 環首短劍의 環首는 이미 손상된 상태임. 劍은 柳葉形이며, 부식 정도가 약해 날 부분은 보통에 비해 예리함.

○ 시기 : 중원 지역의 漢代 유적에서 출토된 漢代 철제검(鐵劍)의 품격과 일치하므로 이 2개의 검은 漢代 유물로 보임.

○ 소장처 : 2개의 검은 길림성문물고고연구소에 소장되어 있음.

⑤ 철제칼(鐵刀)

○ 수량 : 1점.

○ 크기 : 칼(刀身) 길이 60cm, 너비 3.3cm.

○ 형태 : 칼(刀身)은 편평하며 등쪽으로 약간 휘어져 있음. 칼날은 얇고 예리하며, 자루(柄首)의 말단은 正方體 抹角으로 이루어져 多棱多面 모양임. 자루(柄首) 앞부분은 바깥으로 말려 올라간 圈雲形이며 날 부분은 약간 파손되었음.

○ 시기 : 형태와 특징으로 보아 遼代 유물임.

⑥ 철제가래(鐵鏵)

○ 수량 : 2점.

○ 형태 : 파손품. 가래 끝(鏵尖)은 닭의 심장 모양(鷄心形)임. 몸체(鏵體)는 2개의 주형을 마주 합쳐서 한 차례 쇳물을 부어 만들었음.

○ 시기 : 海龍 文物志에 기재된 내용을 참조하면, 洮安縣 四家子古城에서 출토된 金代 철제가래와 형태가 기본적으로 같으므로 遼代 말 金代 초 유물임.

⑦ 철제삼지창(鐵叉)

○ 수량 : 1점.

○ 크기 : 전체 길이 58cm, 구멍(銎) 길이 23cm. 구멍 직경 5cm, 날(齒) 길이 35cm. 무게 7kg. 날(齒) 간의 거리 12cm.

○ 형태 : 삼지창(叉)은 긴 가지(莖)에 원형의 구멍이 나있고, 앞 끝 가지의 날(莖齒)은 3개임. 중간의 날은 약간 길며, 양옆의 날은 약간 짧음. 뚫린 구멍은 원형임.

○ 기능 : 병기의 일종임.

○ 시기 : 遼代 유물임.

(4) 토기

○ 토기는 나통산성의 서성과 동성 내에서 다년간 채집된 것이며, 완전품은 적음.

○ 토제그물추(陶網墜), 솥발(鼎足), 제기받침(豆座), 토기 구연부 및 잔편 등 종류가 다양함.

① 토제그물추(陶網墜)

○ 수량 : 1점.

○ 크기 : 추 길이 3.1cm, 직경 1.3cm.

○ 형태 : 圓柱 모양. 양 끝에 각각 한 길의 홈(溝槽)이

파여 있음. 윗부분에 十자형의 새김무늬(刻文)가 하나 있음.
○ 색깔과 태토 : 엷은 담록색. 니질. 태토는 가늘고 부드러움. 소성온도는 비교적 높음.

② 솥발(鼎足)
○ 수량 : 1점.
○ 크기 : 발의 잔고 약 8cm, 직경 3.5cm.
○ 형태 : 기둥 모양. 표면의 손가락무늬가 확연함. 소성 온도는 비교적 높음.
○ 색깔 : 회색토기.

③ 제기받침(豆座)
○ 수량 : 1점.
○ 형태 : 나팔 모양과 유사함. 소성온도는 비교적 높음.
○ 태토 : 거친 니질 토기.

④ 토기구연부(陶口沿)
○ 수량 : 6점.
○ 출토지 : 나통산성 성내에서 채집된 유물 잔편 표본 중에 6점의 구연부를 추린 것임.
○ 형태 : 파손품. 토기의 구연부에 해당함. 나팔 모양과 유사함. 곧은 입(直口) 가장자리 凸棱상에 눌러찍은 壓文이 시문되어 있음. 2점은 구연이 외반연(外翻沿)하였고 2점은 구연이 외반권연(外翻圈沿) 하였음. 2점은 구연이 외반하였음(外侈). 소성온도는 비교적 높음.
○ 색깔과 태토 : 갈색. 회색. 니질. 태토는 가늘고 부드러우며 견고함.
○ 시기 : 토기의 태토, 기형, 특징으로 보아 遼·金시대의 유물에 해당함.

(5) 기와, 벽돌(瓦, 磚)
○ 나통산성 성내에서 다년간 채집된 유물중에 와당, 수키와, 암키와 등의 파편들과 벽돌의 잔편이 많이 있음.

① 벽돌
○ 크기 : 길이 39cm, 너비 24cm.
○ 형태 : 벽돌 파편. 태토는 가늘고 부드러움. 회색. 벽돌은 단단하고 견고함. 소성온도는 비교적 높음.

(6) 玉器
근래 나통산성에서 출토된 옥기류로는 고리(玉環), 반지(扳指), 마노관(瑪瑙管), 마노구슬(瑪瑙珠), 松綠石, 구슬(珠) 등과 같은 장식품, 실용기 등이 주로 출토되었음.

① 고리(玉環)
○ 수량 : 1점.
○ 크기 : 고리(環) 직경 7.8cm.
○ 특징 : 고리(環)는 회백색 가운데 붉은 빛이 돌며 견고하고 단단함. 정교하게 가공하여 만들었으며 윤이 나고 깨끗하며 화려함.
○ 기능 : 허리띠 장식물(配帶之物)임.

② 마노관(瑪瑙管)
○ 수량 : 1점.
○ 크기 : 管 길이 1.5cm, 원의 직경 0.7cm.
○ 특징 : 붉은색 가운데 누런빛을 띰. 단단함. 정교하게 가공하여 만들었으며 윤이 나고 깨끗하며 화려함. 빛이 비춰지면 붉은색 점무늬가 보임. 원의 중간에는 뚫린 구멍이 있음.

③ 마노구슬(瑪瑙珠)
○ 수량 : 1점.
○ 크기 : 둥근 구슬(圓珠) 직경 0.7cm.
○ 형태 : 圓體 6棱. 米紅色. 정교함. 윤이 나고 깨끗

함. 뚫린 구멍 한쪽 끝에 입자가 작은 흰점 3개가 서로 마주보고 있음.

④ 松綠石
○ 수량 : 5점.
○ 특징 : 옅은 청록색에 흰무늬로 갈아 만든 마제품. 윤이 나고 반질반질함. 정교하게 가공하여 아름다움. 모두 뚫린 구멍이 있음. 5점의 모양은 각각 다름.

㉠ Ⅰ식
○ 크기 : 길이 1.5cm, 직경 0.7cm.
○ 형태 : 둥근 기둥(圓柱) 모양. 구멍이 뚫려있음.

㉡ Ⅱ식
○ 크기 : 길이 1.9cm, 둥근 동체의 직경 0.9cm, 양끝의 직경 0.5cm.
○ 형태 : 둥근 기둥(圓柱) 모양에 동체가 볼록한 형태임. 중심부에 구멍이 뚫려있음.

㉢ Ⅲ식
○ 크기 : 원 직경 0.9cm, 높이 0.5cm.
○ 형태 : 납작한 원형 모양에 동체가 볼록한 구슬. 중간에 구멍이 뚫려있음.

㉣ Ⅳ식
○ 크기 : 길이 1.5cm, 바닥 너비 1.5cm. 높이 0.5cm.
○ 형태 : 납작한 원형 구슬(扁圓形珠). 중간에 구멍이 뚫려있음.

㉤ Ⅴ식
○ 크기 : 길이 3cm, 너비 1.6cm, 높이 0.5cm.
○ 형태 : 납작한 마름모형. 양 끝에 구멍이 뚫려있음.

⑤ 반지(扳指)
○ 수량 : 1점.
○ 크기 : 전체 길이 3.2cm, 구멍 직경 2.4cm, 가장자리(邊) 폭 0.4cm.
○ 특징 : 옅은 황색에 백색을 띰. 견고하고 단단함. 정교하고 아름답게 제작하였고 윤이 나고 깨끗함.

(7) 석기(石器)

① 돌도끼(石斧)
○ 수량 : 4점.
○ 1970년에서 1982년까지 나통산성 안팎에서 습득한 것임.
○ 유사한 마제 석기가 나통산 및 기타 산맥에 분포해 있으며, 다수는 신석기 시대의 유적에서 출토되었음.

㉠ 돌도끼(石斧) 1
○ 수량 : 1점.
○ 출토지 : 나통산성 성내.
○ 크기 : 길이 11cm, 도끼날의 너비 3.7cm,
○ 형태 : 기형은 완전함. 돌도끼 형체는 원기둥 형태이며, 전체가 매끈함. 도끼날은 활모양(弧形)이고, 윗부분은 원형으로 매끈함. 단면은 타원형을 띰. 형태가 정미함. 세밀하고 정교하게 갈아 만든 마제임.
○ 색깔 : 회흑색을 띰.

㉡ 돌도끼(石斧) 2
○ 수량 : 1점.
○ 출토지 : 나통산성 성내.
○ 크기 : 남은 길이 7cm, 도끼날의 너비 4.5cm.
○ 형태 : 파손품. 비교적 크며, 납작한 기둥모양을 띰. 전체가 매끈함. 도끼날은 활모양(弧形)인데 도끼날 부분의 한쪽 끝은 약간 파손되었음. 윗부분 끝은 이미 파손되었음. 단면은 역시 납작한 기둥 형태임. 세밀하고

정교하게 갈아만든 마제임.
○ 색깔 : 회색을 띰.

ⓒ 돌도끼(石斧) 3
○ 수량 : 1점.
○ 출토지 : 나통산성 성 바깥 산 중턱 쯤에서 출토됨.
○ 크기 : 남은 길이 8cm, 원의 직경 5.7cm, 도끼날의 너비 4.6cm.
○ 형태 : 원기둥 형태(圓柱形)이며, 전체가 매끈함. 도끼날은 활모양(弧形). 세밀하고 정교하게 갈아 만든 마제이며, 단면은 타원형임.
○ 색깔 : 회색을 띰.

ⓔ 돌도끼(石斧) 4
○ 수량 : 1점.
○ 출토지 : 나통산성 성 바깥 산 중턱쯤에서 출토됨.
○ 형태 : 비교적 크며, 세밀하고 정교하게 갈아 만든 마제임.
○ 색깔 : 회흑색을 띰.
○ 소장처 : 길림성문물고고연구소.

② 돌창(石矛)
○ 수량 : 1점.
○ 출토지 : 1979년 나통산성 서성 내에서 출토되었음.
○ 크기 : 남은 길이 12cm, 너비 4.5cm, 두께 1.1cm.
○ 형태 : 몸체(石矛身)는 柳葉形. 몸체의 날 부분은 비교적 심하게 훼손되었음. 정교하고 세밀하게 갈아 만든 마제임.
○ 색깔 : 회흑색.

③ 돌자귀(石錛)
○ 출토지 : 나통산성 동성 내에서 출토되었음.
○ 크기 : 남은 길이 11.5cm, 날의 너비 7.5cm, 두께 1.5cm.
○ 형태 : 편평한 사다리 모양.
○ 색깔 : 청회색.

④ 돌호미(石鋤)
○ 출토지 : 나통산성 동성 내에서 출토되었음.
○ 크기 : 남은 길이 6cm, 날의 너비 11cm, 두께 2cm.
○ 형태 : 등은 평평함. 날은 활모양이며 허리는 잘록함.
○ 색깔과 석질 : 청회색. 석질은 견고하고 단단하며 가늘고 부드러움.
○ 상술한 유물은 신석기 시대와 청동기시대의 유물에 속함.

⑤ 석제그물추(石網墜)
○ 수량 : 3점.
○ 출토지 : 나통산성 내 저수지 서측에서 출토되었음.
○ 형태 : 하나는 반원형이며 다른 하나는 삼각형임.

㉠ 석제그물추(石網墜) 1
○ 크기 : 길이 4.2cm, 반원의 직경 3.2cm, 두께 2cm.
○ 형태 : 다른 2점보다 작음. 양 끝에 홈이 있음.
○ 석질 : 2점은 가는 사암질의 마제임.

ⓒ 석제그물추(石網墜) 2
○ 크기 : 길이 7.4cm, 너비 4cm, 높이 2cm.
○ 형태 : 크기는 중간 크기이며 삼각형임. 중간에 세 갈래의 홈이 있음.

ⓔ 석제그물추(石網墜) 3
○ 크기 : 길이 9cm, 너비 7.5cm, 두께 6.5cm.
○ 형태 : 3점 중에 가장 큼. 크고 무거우므로 물이 깊은 급류에서 사용되던 큰 그물의 그물추로 보임.
○ 석질과 색깔 : 거친 사암질의 마제임. 회갈색.

⑥ **구멍 뚫린 돌공**(穿孔石球)
○ 수량 : 1점.
○ 크기 : 높이 5cm, 원의 직경 5cm, 두께 6.5cm. 구멍의 한쪽은 1cm, 다른 쪽은 1.5cm.
○ 형태 : 세밀하고 정교하게 갈아 만든 마제임. 모양이 아름답고 매끈함. 공의 중심에 원형의 구멍이 하나 뚫려있음.
○ 석질과 색깔 : 석질은 가늘고 부드러움. 흑색.
○ 기능 : 구멍 뚫린 돌공은 고대의 병기의 하나로 후대에 瓜, 杖, 撾 등의 長兵器로 변천, 발전하였음.
○ 이 밖에 瓜棱形, 蒜頭形, 橘形, 齒輪形 등 다양한 종류의 모양도 보임.

⑦ **돌소반**(石磨盤)
○ 수량 : 1점.
○ 크기 : 남은 길이 30.1cm, 너비 40cm, 두께 8.5cm. 구멍의 한쪽은 1cm, 다른 쪽은 1.5cm. 홈(窩) 바닥 2cm.
○ 형태 : 파손품. 面上에 우묵한 홈(凹窩)이 있음. 우묵한 홈 바닥의 잔여 부분으로 보아 장방형이었던 것으로 보임.
○ 석질과 색깔 : 석질은 거친 사암이며 갈색.
○ 기능 : 쌀을 갈던 용기임.

⑧ **돌봉**(磨棒)
○ 수량 : 1점.
○ 출토지 : 돌소반(石磨盤) 출토지 부근에서 발견됨.
○ 크기 : 길이 13.5cm, 최대 폭 6cm, 두께 8.5cm. 구멍의 한쪽은 1cm, 다른 쪽은 1.5cm. 홈(窩) 바닥 2cm.
○ 형태 : 삼면은 약간 네모지며, 한 면은 활모양의 둥근 형태(弧圓). 갈은 흔적이 분명함.
○ 석질과 색깔 : 거친 사암이며 갈색.

⑨ **돌절구**(石臼)
○ 수량 : 1점.

○ 크기 : 절구(臼) 길이 65cm, 최대 폭 47cm, 두께 30cm. 홈 직경 21cm, 깊이 18cm.
○ 형태 : 형태는 약간 타원형임. 중간에 깊은 홈(凹窩)이 있음. 홈벽(窩壁)에 파낸(鑿) 흔적이 뚜렷함. 홈의 바닥은 매끈함.
○ 석질과 색깔 : 갈색의 화강암.
○ 기능 : 쌀을 빻던 용기로 추정됨.

⑩ **돌절굿공이**(石杵)
○ 수량 : 1점.
○ 크기 : 남은 길이 28cm, 너비 14cm, 두께 10cm.
○ 형태 : 타원형의 송곳 모양(錐狀). 절굿공이 몸체(杵身)가 아직 남아있는 곳에는 쪼고 갈아 매끈하며 절굿공이를 뾰족하게 간 흔적이 뚜렷함.
○ 석질 : 석회 화강암.

⑪ **돌기둥**(穿孔石柱)
○ 수량 : 2점.
○ 크기 : 큰 것은 윗부분의 직경 6.5cm, 구멍 직경 2.2.cm, 바닥 직경 7.7cm, 구멍 직경 2.7cm. 높이 6.7cm. 작은 것은 윗부분 직경 5.7cm, 구멍 직경 2cm, 바닥 직경 7cm, 구멍 직경 2.4cm, 높이 6.3cm.
○ 석질과 색깔 : 모두 변성암이며, 옅은 회색과 흰색 바탕에 황색을 띰.
○ 기능 : 마제로 아름다우며, 기물의 용도는 분명하지 않음.

(8) **화폐**(貨幣)

나통산성에서 출토된 화폐의 수량은 비교적 많은데, 商, 周, 秦, 漢, 隋, 唐, 五代, 宋, 遼, 金 등 역대 화폐가 26종임.

① **조개화폐**(貝幣)
○ 수량 : 3매.

○ 종류 : 조개 화폐(貝幣)는 모두 3종류가 있는데 구멍이 작은 小孔式, 구멍이 큰 大孔式, 등을 갈아 만든 背磨式이 있음.
○ 크기 : 큰 것은 길이 1.8cm, 최대 폭 1.4cm. 작은 것은 길이 1.4cm, 최대 폭 1.2cm.
○ 형태 : 조개는 둥근 알 형태(卵圓形). 복부 면(腹面)은 비교적 평평함. 껍데기 아가리(殼口)는 길고 좁으며 양 가장자리는 이빨 모양. 작고 정교함.
○ 색깔 : 색깔은 윤이 나고 깨끗한 玉과 유사한 백색임.
○ 시기 : 나통산성에서 발견된 背磨式 조개 화폐(貝幣)는 원시 화폐 중의 진귀한 정품임. 조개 화폐는 당시 실물화폐로 사용되었는데, 夏나라 때 처음 만들어져 商·周시대에 많이 유통되었음. 연대는 대체로 商末·周初임.
○ 소장처 : 이 3점은 현재 梅河口市 文物科에 소장되어 있음.

② 청동화폐(銅幣)
○ 수량 : 1매.
○ 크기 : 길이 2.7cm, 최대 폭 1.7cm, 무게 4g.
○ 형태 : 청동 재질. 청동화폐는 조개 화폐(貝幣)를 모방해서 주조하여 만들었는데 商, 周 시대에 주조된 것과 같이 가장 이른 시기의 금속화폐라고 할 수 있음. 나통산성에서 발견된 청동 화폐는 주조 공예 기술이 뛰어나며 모양이 조개껍데기(貝殼)와 흡사함. 발견된 청동 화폐의 한쪽에 녹색 반점이 얼룩져 있으나 조형은 정교함. 원시 형태의 금속화폐 중의 珍品임.
○ 소장처 : 청동 화폐는 현재 梅河口市 文物科에 소장되어 있음.

③ 반량전(半兩錢)
○ 수량 : 1매.
○ 형태 : 원형의 형태에 네모 구멍이 있는 동전임. 구멍은 비교적 크며 '半兩'이라는 글자가 篆書로 쓰여 있음. 오른쪽에서 왼쪽으로 읽음.
○ 시기 : 秦代의 화폐임.

④ 오수전(五銖錢)
○ 수량 : 2매.
○ 시기 : 오수전은 漢 武帝 元獵 5년(기원전 118)에 처음 주조되었음. 나통산성에서 발견된 오수전 1매는 前漢 武帝 시기에 주조된 화폐이며, 다른 1매는 前漢 昭帝(기원전 86∼기원전 74) 시기에 주조된 화폐임.

㉠ 오수전(五銖錢) 1
○ 크기 : 직경 2.5cm. 구멍 너비 1cm, 무게 3g.
○ 시기 : 前漢 武帝 시기에 주조된 오수전임.
○ 형태 : 五자가 交筆하며 약간 휘었음. '米'자는 머리가 네모나게 꺾였음. '金'자의 머리는 矢鏃 모양을 띰.

㉡ 오수전(五銖錢) 2
○ 크기 : 직경 2.5cm. 구멍 너비 1cm.
○ 시기 : 漢 昭帝(기원전 86∼기원전 74) 시기에 주조된 오수전임.
○ 형태 : 五자가 交等 彎曲하였으며 '米'자는 머리가 네모나게 꺾였음. '金'자의 머리는 이등변 삼각형을 띰.

⑤ 화천(貨泉)
○ 수량 : 1매.
○ 시기 : 新莽 地皇元年(20)에 처음 주조되었음.
○ 글자체 : 貨泉의 글자체는 篆書이며, 오른쪽에서 왼쪽으로 읽음.

⑥ 唐代 화폐

㉠ 開元通寶
○ 수량 : 4매.
○ 시기 : 唐 高祖 李淵 武德 12년(621)에 처음 주조

되었음.
○ 글자체 : 동전의 글자체는 楷書임.

ⓒ 乾元通寶
○ 수량 : 1매.
○ 시기 : 唐 肅宗(758~760) 시기에 주조되었음.
○ 글자체 : 동전의 글자체는 楷書임.

⑦ 宋代 화폐

㉠ 太平通寶
○ 수량 : 1매.
○ 시기 : 宋 太宗 太平興國(976~983) 시기에 주조되었음. 宋代 제1종 年號 동전임.
○ 글자체 : 동전의 글자체는 楷書임.

㉡ 祥符元寶
○ 수량 : 1매.
○ 시기 : 宋 眞宗 祥符(1008~1016) 시기에 주조되었음.
○ 글자체 : 동전의 글자체는 楷書임.

㉢ 天禧通寶
○ 수량 : 1매.
○ 시기 : 宋 眞宗 天禧(1017~1021) 시기에 주조되었음.
○ 글자체 : 동전의 글자체는 楷書임.

㉣ 天聖元寶
○ 수량 : 1매.
○ 시기 : 宋 仁宗 天聖(1023~1031) 시기에 주조되었음.
○ 글자체 : 동전의 글자체는 楷書임.

㉤ 皇宋通寶
○ 수량 : 2매.
○ 시기 : 宋 仁宗 寶元(1038~1039) 시기에 주조되었음.

○ 글자체 : 동전의 글자체가 1매는 篆書이고 1매는 楷書임.

㉥ 治平通寶
○ 수량 : 1매.
○ 시기 : 宋 英宗 治平(1064~1067) 시기에 주조되었음.
○ 글자체 : 동전의 글자체는 篆書임.

㉦ 熙寧通寶
○ 수량 : 1매
○ 시기 : 宋 神宗 熙寧(1068~1077) 시기에 주조되었음.
○ 글자체 : 동전의 글자체는 楷書임.

㉧ 元豊通寶
○ 수량 : 1매
○ 시기 : 宋 神宗 元豊(1068~1077) 시기에 주조되었음.
○ 글자체 : 동전의 글자체는 篆書임.

㉨ 紹聖元寶
○ 수량 : 1매
○ 시기 : 宋 哲宗 紹聖(1094~1097) 시기에 주조되었음.
○ 글자체 : 동전의 글자체는 行文임.

㉩ 聖宋元寶
○ 수량 : 3매
○ 시기 : 宋 徽宗 建中靖國(1101) 시기에 주조되었음.
○ 글자체 : 동전의 글자체는 1매는 楷書, 2매는 篆書임.

㉪ 崇寧通寶, 崇寧重寶
○ 수량 : 崇寧通寶 2매, 崇寧重寶 2매.
○ 시기 : 宋 徽宗 崇寧(1102~1106) 시기에 주조되었음.
○ 글자체 : 崇寧通寶의 글자체는 瘦金書임. 崇寧重寶의 글자체는 隸書임.

Ⓔ 政和通寶
○ 수량 : 1매.
○ 시기 : 宋 徽宗 政和(1111~1117) 시기에 주조되었음.
○ 글자체 : 동전의 글자체는 楷書임.

⑧ 遼代 화폐

㉠ 淸寧通寶
○ 수량 : 1매.
○ 시기 : 遼 道宗 耶律洪基 淸寧(1055~1064) 시기에 주조되었음.
○ 글자체 : 동전의 글자체는 楷書임.

3) 2006~2009년 조사 시 출토유물
○ 鐵器, 陶器, 瓷器, 玉器, 銅錢 등이 출토되었음.
○ 鐵器로는 화살촉(鏃), 창(矛), 칼(刀), 삽(鍬), 삼지창(叉), 도끼(斧), 꺽쇠(鋦釘), 끌(鑿), 찰갑(甲片), 솥(鍋, 鼎) 등이 있음.
○ 陶器로는 호(壺, 罐), 분(盆), 완(碗), 시루(甑) 등이 있음.
○ 玉器로는 고리(環), 구슬(珠)이 있음.
○ 瓷器로는 병(瓶), 완(碗), 반(盤)이 있음.
○ 나통산성의 유물 수량은 비교적 많고, 시대는 청동기 시대, 고구려, 송·금 등의 시기에 걸쳐 있음(『中國考古學年鑑-2009』).

4) 2010년 6~10월 조사 시 출토유물
○ 서성 북문 동측 대지의 부식토에서 토기편과 철기편이 출토됨.
○ 토기편은 호(罐)류의 구연과 바닥이 주로 출토.
○ 철기는 부식이 심하여 기형을 판별할 수 없음.

5) 2012년 5월-9월 조사 시 출토유물
성벽 주변에서 철기가 주로 출토되었는데, 창, 간(鐗), 물미(鐏), 등자, 낫, 솥 등이 있음. 금대시기의 유물임.

7. 역사적 성격

柳河 羅通山城은 輝發河 지류인 一統河와 三統河 사이에 위치하는데, 柳河·海龍·輝南 등의 경계지역에 해당함. 羅通山은 압록강 지류인 渾江 유역과 송화강 지류인 輝發河 유역의 분수령인 龍崗山脈에서 輝發河 방향으로 뻗어 내린 산줄기에 속하는데, 해발 960m로 남북으로 펼쳐진 一統河와 三統河 연안뿐 아니라 하류 방면의 輝發河 연안까지 공제할 수 있는 전략적 요충지임.

이 지역은 고구려 초·중기의 중심지인 압록강 중류 유역에서 전기 부여의 중심지인 吉林지역으로 나아가는 교통로상의 요충지임. 또한 이곳에서 吉林哈達嶺 山脈을 넘어 遼河 中上流 東岸지역이나 西遼河 방면으로도 나아갈 수 있었음. 고구려가 전기 부여의 중심지인 길림지역이나 요하 중상류 동안지역을 진출하려면 먼저 輝發河와 그 지류 연안을 장악해야했던 것임. 고구려가 4세기 전반에 전기 부여의 중심지를 장악한 사실을 상기하면 늦어도 4세기 초에는 龍崗山脈을 넘어 휘발하 연안 일대로 진출했을 것으로 상정됨.

이에 1980년에 羅通山城을 조사했던 吉林省文物 工作隊는 성곽의 구조, 배치, 축조방식 등이 고구려 초기 중심지의 오녀산성, 환도산성, 패왕조산성 등과 유사하다며 고구려가 축조했을 것으로 파악함. 성곽 내부에서 출토된 유물이 크게 泥質黃褐陶가 많은 고구려시기 및 泥質灰陶와 遼代 瓷器가 포함된 遼·金代 시기로 대별된다며, 고구려시기에 축조되어 遼·金代에도 사용되었다고 파악함. 나통산성에서 출토된 帶鉤나 金銅花形장식은 마선구1호벽화묘, 만보정78호분, 칠성산96호분, 우산하41호분, 장천2호분 등의 출토품과 유사한 것으로 파악함. 그러면서 고구려가 輝發河

유역으로 진출한 시기는 渾河 북안에 新城을 축조한 335년 이전일 것으로 상정한 다음, 나통산성의 내옹식 옹성구조가 산상왕대에 개축한 환도산성(집안 산성자산성) 남문의 옹성구조와 유사하다며, 나통산성은 산상왕대에서 335년 사이 즉 3~4세기 초에 축조되었을 것으로 추정함(吉林省文物工作隊, 1985, 144쪽).

또한 이러한 견해를 수용한 다음, 나통산성의 축조방식, 규모, 성문구조, 장대 등이 환도산성과 거의 동일하다며 2~3세기(위·진시기)에 축조했다고 보기도 함(朴潤陸·高占一, 1997, 886쪽). 이렇게 본다면 羅通山城은 늦어도 4세기 초에는 축조되었을 것으로 추정되는데, 입지조건이나 출토유물로 보아 고구려의 북부 방면을 방어하던 중요한 군사거점으로 파악됨(吉林省文物工作隊, 1985, 144쪽; 朴潤陸·高占一, 1997, 886쪽).

또한 나통산성은 서성과 동성으로 이루어진 복곽식 성곽인데, 유구나 유물이 서성에서 많이 확인되는 것으로 보아 서성이 거주와 군사방어의 거점이고, 동성은 인구를 분산시키거나 물자 저장, 가축 방목 등 보조적인 역할을 담당했을 것으로 파악됨(吉林省文物工作隊, 1985, 144쪽; 魏存成, 1999). 나통산성은 입지조건이나 규모로 보아 輝發河 일대를 관장하면서 북류 송화강이나 요하 중상류 방면으로 나아가는 교통로를 공제하는 군사거점이었던 것으로 추정됨. 다만 현전하는 문헌사료나 금석문에서는 나통산성에 해당할 만한 성곽을 찾기 힘든 상태임.

한편 나통산성이 위치한 輝發河 일대를 후기 부여의 중심지로 상정한 다음, 나통산성을 후기 부여의 왕성인 '부여성'으로 상정하기도 함. 나통산성은 건축특징, 규모, 출토유물 등으로 보아 송화강 상류에서 고구려로 나아가고, 고구려에서 부여 방면으로 북상하는 전략적 요충지에 위치한 중후기의 대형산성인데, 본래 후기 부여의 왕성인 부여성으로 조영되었다가 고구려가 이 지역을 점령한 다음 계속 사용했다는 것임(王綿厚 2002, 110쪽). 그렇지만 후기 부여의 중심지는 대체로 伊通河 연안의 農安 일대로 비정된다는 점에서 이 견해는 성립하기 어렵다고 판단됨.

참고문헌

- 吉林省文物工作隊, 1985, 「高句麗羅通山城調査簡報」, 『文物』 1985-2.
- 吉林省文物志編委會, 1986, 『通化市文物志』, 吉林省文物志編修委員會.
- 孫進己·馮永謙, 1989, 『東北歷史地理』 2, 黑龍江人民出版社.
- 吉林市地方志編纂委員會, 1991, 『吉林省志』 卷43 文物志, 吉林人民出版社.
- 佟達, 1992, 「遼寧新賓縣高句麗太子城」, 『考古』 1992-4.
- 國家文物局, 1993, 『中國文物地圖集』 吉林分冊, 中國地圖出版社.
- 王禹浪·王宏北, 1994, 『高句麗渤海古城址研究匯編』(上), 哈爾濱出版社.
- 魏存成, 1994, 『高句麗考古』, 吉林大學出版社.
- 李殿福 著, 차용걸·김인경 역, 1994, 『中國內의 高句麗遺蹟』, 學硏出版社.
- 東潮·田中俊明, 1995, 『高句麗の歷史と遺跡』, 中央公論社.
- 최무장, 1995, 『고구려 고고학 Ⅰ』, 민음사.
- 이형구 외, 1996, 『고구려의 고고문물』, 한국정신문화연구원.
- 朴潤陸·高占一, 1997, 「羅通山城考」, 『高句麗渤海研究集成』, 哈爾濱出版社.
- 魏存成, 1999, 「길림성 내 고구려산성의 현황과 특징」, 『고구려연구』 8.
- 王綿厚, 2002, 『高句麗古城研究』, 文物出版社.
- 魏存成, 2002, 『高句麗遺蹟』, 文物出版社.
- 耿鐵華, 2003, 「高句麗文化硏究與長白山區旅游資源開發」, 『通化師范學院學報』 2003-5.
- 卑琳, 2004, 「高句麗城址出土陶器研究」, 『東北史地』 2004-12.
- 李鍾洙, 2004, 「夫余文化研究」, 吉林大學 박사학위논문.
- 정원철, 2005, 「高句麗陶器研究」, 吉林大學 석사학위논문.
- 琴京淑 외, 2006, 「高句麗前期地方統治考」, 『東北史地』 2006-6.
- 동북아역사재단, 2006, 『高句麗城 사진자료집』(中國 遼寧省·吉林省 西部).
- 정원철, 2009, 「高句麗山城瓮城的類型」, 『博物館研究』 2009-3.

- 李東, 2010, 「羅通山城考古調査與試掘」, 『中國考古學年鑑-2009』, 文物出版社.
- 정원철, 2010, 「高句麗山城研究」, 吉林大學 박사학위논문.
- 徐坤, 2011, 「柳河縣高句麗羅通山城」, 『中國考古學年鑑』, 文物出版社.
- 魏存成, 2011, 「中國境內發現的高句麗山城」, 『社會科學戰線』 2011-1.
- 국립문화재연구소, 2012, 「중국동북지역 고고조사 현황-『중국고고학연감』(2000~2010)을 중심으로」(길림성·흑룡강성 편).
- 徐坤, 2013, 「柳河縣高句麗羅通山城」, 『中國考古學年鑑』, 文物出版社.
- 양시은, 2013, 「고구려성 연구」, 서울대학교 박사학위논문.
- 윤병모, 2013, 『요동지역의 고구려산성』 2, 한국학술정보.

제10부

청원현(清原縣) 지역의 성곽

01 청원 남산자산성
清原 南山子山城

1. 조사현황

1) 1984년
○ 조사내용 : 산성 발견.
○ 縣級文物保護單位로 지정함.

2) 2000년대
○ 조사자 : 肯景全·鄭辰
○ 조사내용 : 南山子山城의 성격을 알기 위해 여러 차례 조사를 진행하여, 토기 등 유물을 발견함.
○ 2004년에 市級文物保護單位, 2008년에 省级文物保護單位로 지정됨.

2. 위치와 자연환경(그림 1)

○ 清原縣 소재지에서 동쪽으로 30km 떨어진 南山城子鄉 山城子村 東山 위에 위치함.
○ 산성은 水系上으로 輝發河 지류인 柳河 상류에 위치함.

3. 성곽의 전체현황

○ 南山城山城, 南山城이라고도 부름.
○ 산성은 평지에서 우뚝 솟은 산 위에 위치하는데, 이러한 입지선택은 보기 드문 것임. 주위 시야는 개활함. 산 정상은 비교적 평탄하고 성곽의 가장자리는 현무암 낭떠러지임. 동쪽 구릉이 비교적 완만해서 산 아래로 내려갈 수 있음. 성의 북쪽은 산세가 험함.
○ 산 정상부의 가장자리를 따라 성벽을 축조한 山頂式山城임.
○ 남북 길이 450m, 동서 너비 160m, 전체 둘레 1,120m이고(『撫順日報』, 2008),[1] 면적은 3,000m²임.

4. 성벽과 성곽시설

1) 성벽
○ 산성의 성벽은 일부만 남아 있는 상태임.
○ 축조방식 : 석축(馮永謙, 1997; 王綿厚, 2002; 魏存成, 2002) 또는 흙을 다지고 돌로 쌓은 토석혼축(『撫順日報』, 2008) 등으로 파악됨.

2) 성문
○ 동벽과 서벽에 모두 4개가 있음(『撫順日報』, 2008).[2]

---

[1] 성곽의 둘레는 약 1km(孫進己·馮永謙, 1989; 陳大爲, 1995; 王綿厚, 2002; 魏存成, 2002) 또는 약 2km(東潮·田中俊明, 1995) 등으로 파악하기도 함.

[2] 남문이 있다고 보기도 하며(孫進己·馮永謙, 1989; 東潮·田中俊明, 1995; 王綿厚, 2002; 魏存成, 2002), 성문을 찾지 못했다고도 함(陳大爲, 1995).

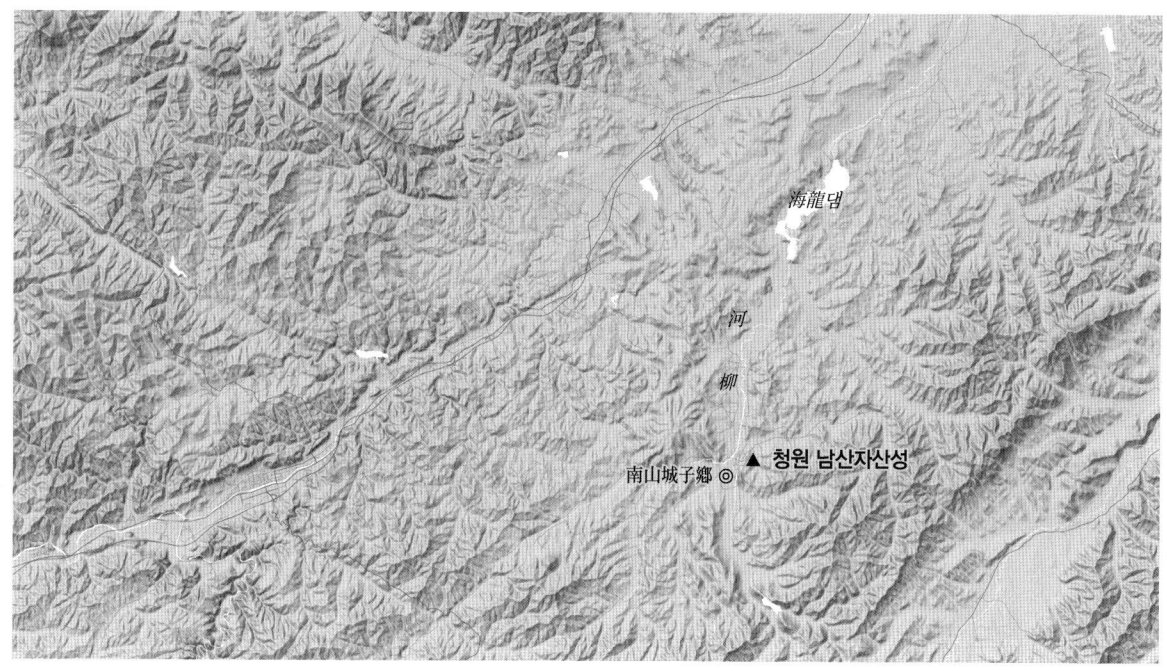

그림 1 남산자산성 위치도

○ 동문은 안쪽으로 둥근 형태를 띠고 있는데, 비교적 평탄하며, 성의 주요 통로임.
○ 서문은 작은 암문임.

3) 망대(각대)

성 내에는 3개의 망대(각대)가 있는데, 비교적 잘 남아 있음(『撫順日報』, 2008).

4) 墩臺

서문 남측에는 靑石으로 쌓은 墩臺가 있음. 높이는 8m, 직경은 15m임.

5. 성내시설과 유적

1) 건물지

동벽 남단에 건물지가 3곳 있는데, 면적은 모두 10~12m²임.

2) 저수지

성 안에 저수지가 있음.

3) 샘

성 안 가운데 부분에 샘이 흐르고 있음.

6. 출토유물

1) 철기

철제낫과 철제괭이 등 전형적인 戰國-漢代의 철제농기구가 출토됨.

2) 토기

모래혼입 홍갈색 토기가 가장 많이 출토됨. 그 다음으로 모래혼입 회색토기가 출토됨. 모래혼입 회색토기로는 호(壺), 호(罐), 두형 토기(高柄豆), 손잡이(環耳) 등이 출토됨(曹德全, 2004).

7. 역사적 성격

南山子山城은 행정구역상으로는 淸原縣에 위치하지만, 水系上으로는 輝發河의 지류인 柳河 상류에 해당함. 평지상에 우뚝 솟은 산 정상부의 평탄면에 자리한 산정식산성으로 고구려 초기의 桓仁 五女山城이나 新賓 黑溝山城 등과 입지 조건이 유사함. 이에 남산자산성은 여러 논저에서 고구려 성곽으로 소개되고 있으며 (孫進己·馮永謙, 1989, 339쪽; 馮永謙, 1994, 183쪽; 陳大爲, 1995, 62쪽; 王綿厚, 2002, 121쪽), 고구려 초기의 산성으로 비정하기도 함(佟達, 1993). 이에 대해 성 내부에서 고구려 계통의 유물이 발견되지 않고 고구려성의 특징을 갖추지 못했다는 점을 들어 토착세력이 축조한 이 지역에서 가장 오래된 성곽으로 추정하기도 함 (肖景全·鄭辰, 2007).

한편 342년 前燕이 고구려를 침공할 때 경유한 南道와 北道 가운데 南道는 蘇子河 沿岸路, 北道는 渾河-輝發河 上流 沿岸路로 상정한 다음, 남산자산성을 北道에 위치한 산성으로 파악하기도 함(佟達, 1993). 342년 전연의 고구려 침공시에 등장하는 남도와 북도의 분기점이 渾河·蘇子河 합류지점으로 南道는 蘇子河 沿岸路, 北道는 渾河-輝發河 上流 沿岸路일 가능성은 높음. 다만 남산자산성은 渾河 上流에서 輝發河 上流로 이어지는 교통로에서 많이 비켜나 있기 때문에 당시 성곽이 축조되어 있었다고 하더라도 北道上의 중요한 군사거점으로 볼 수 있을지는 의문임.

또한 淵蓋蘇文 사망 이후 男生이 형제 사이의 권력 다툼에서 패배하고 唐에 투항했을 때, 唐의 薛仁貴가 "南蘇·木底·蒼巖 등 3성을 점령한 다음 男生과 만났다"고 하며(『舊唐書』 薛仁貴傳), "哥勿·南蘇·蒼巖 등이 함께 당에 항복했다"고 함(『新唐書』 泉男生傳). 이에 南蘇城을 撫順 鐵背山城, 木底城을 新賓 木奇鎭, 哥勿城을 新賓 轉水湖山城 등으로 비정한 다음, 蒼巖城은 이들과 가까이에 위치했다며 3성과의 거리가 모두 150里 미만인 남산자산성으로 비정하기도 함. 남산자산성 정상부의 북쪽에 현무암이 드러나 있고 그 색깔이 검다는 점에서 蒼巖城이란 이름과 부합한다고 파악함 (孫進己·馮永謙, 1989, 312~313쪽 및 339쪽). 다만 당시의 제반 사료를 종합하면 南蘇城, 木底城, 蒼巖城은 요동방면에서 국내성 쪽으로 순차적으로 위치했다고 보인다는 점에서 南蘇城을 撫順 鐵背山城, 木底城을 新賓縣 木奇鎭 등과 蘇子河 중하류로 비정하면, 蒼巖城도 蘇子河 중상류로 비정하는 것이 더 타당하다고 판단됨.

이처럼 현전하는 문헌사료만으로는 남산자산성을 고구려의 특정 성곽으로 비정하기 어려움. 다만 南山城子鄕 소재지 일대가 비교적 넓은 분지를 이루고 있고, 성곽은 분지 중앙에 우뚝 솟은 산 정상부의 평탄면에 자리잡고 있다는 점에서 고구려시기에 축조했다면 南山城子鄕 일대를 다스리는 지방지배의 거점 역할을 수행했을 것으로 보임.

참고문헌

- 孫進己·馮永謙, 1989, 『東北歷史地理』(2), 黑龍江人民出版社.
- 淸原縣志辦公室, 1991, 『淸原縣志』.
- 佟達, 1993, 「關于高句麗南北交通道」, 『博物館研究』 1993-3.
- 張志立, 1994, 「高句麗南北道和有關城址的考證」, 『高句麗渤海研究集成』 高句麗 卷三, 哈爾濱出版社.
- 馮永謙, 1994, 「高句麗城址輯要」, 『北方史地研究』, 中州古蹟出版社.
- 東潮·田中俊明, 1995, 『高句麗の歷史と遺跡』, 中央公論社.
- 陳大爲, 1995, 「遼寧高句麗山城再探」, 『北方文物』 1995-3.
- 王綿厚, 2002, 『高句麗古城研究』, 文物出版社.
- 魏存成, 2002, 『高句麗遺蹟』, 文物出版社.
- 肖景全·鄭辰, 2007, 「撫順地區高句麗考古的回顧」, 『東北史地』 2007-2.
- 『撫順日報』(2008년 9월 2일자).
- 魏存成, 2011, 「中國境內發現的高句麗山城」, 『社會科學戰線』 2011-1.

제11부

정우현(靖宇縣) 지역의 유적

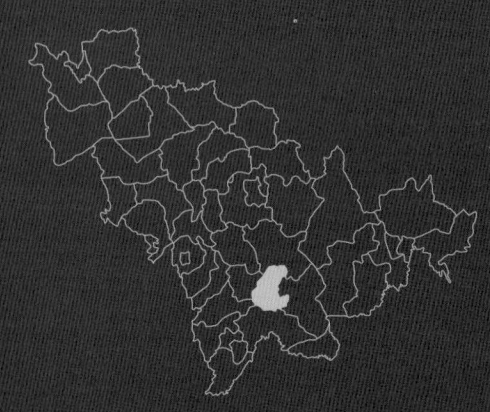

| 유적 분포도 |

- △ 산
- ▲ 산성
- ■ 평지성
- ▬ 관애
- ᨏᨏ 장성
- ▲ 고분
- ● 기타 유적

1
고분군과 고분

01 정우 승리고분군
靖宇 勝利古墳群

1. 조사현황

○ 조사기간 : 1986년 7월 조사.
○ 조사기관 : 輝南縣 文物普查隊.
○ 조사내용 : 고분군을 발견하고 실측하고 정리함.

2. 위치와 자연환경(그림 1)

○ 靖宇縣 楡樹川鄕 勝利屯 남쪽, 頭道松花江 西岸의 2급 대지에 위치.
○ 두도송화강은 老禿頂子山에서 발원, 북류하여 승리둔 동쪽을 흐름. 승리둔은 삼면이 강으로 둘러싸여 있으며 한 면은 산에 기댄 하안 충적지(江灘)임.

3. 고분군의 현황

마을 남쪽에는 봉토석실묘 1기가 있음. 봉토의 바닥은 직경 19m, 봉토 잔존 높이 3m 정도, 봉토는 일부 소실되어 무덤 천정석 부분이 밖으로 노출됨. 천정석은 길이 2.71m, 너비 1.67m, 두께 0.39m임. 묘실은 판상석으로 쌓은 것으로 볼 수 있음. 발굴이 진행되지 않아 무덤 구조는 명확치 않음. 무덤 외관은 아직 온전함.

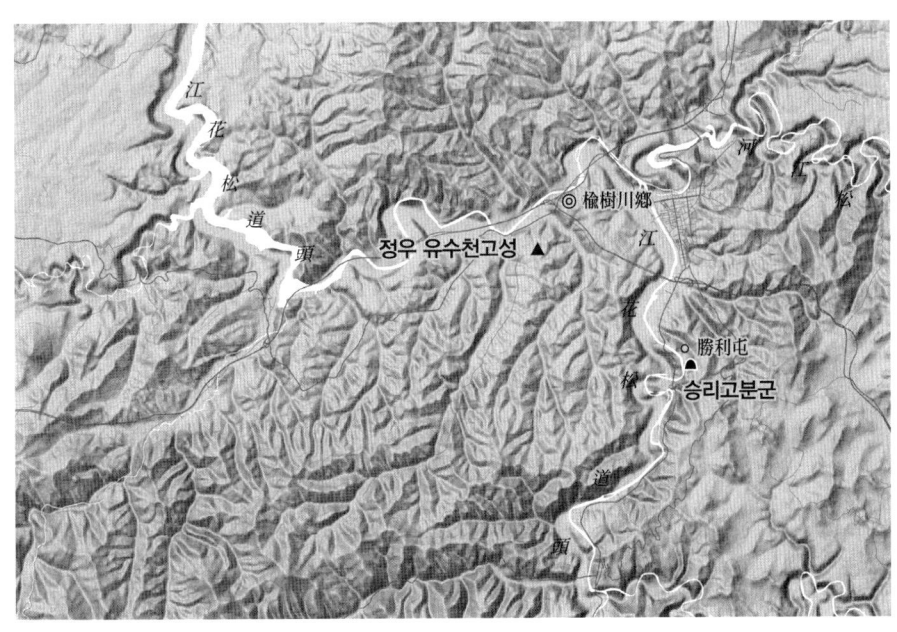

그림 1 승리고분군의 위치도

4. 역사적 성격

외관 형식 및 석축 묘실인 점으로 미루어 이 무덤은 5세기 이전으로 올라가지 않을 것이며, 고구려 말기 봉토석실묘일 가능성이 있음.

참고문헌

- 吉林省文物志編纂委員會, 1987, 『靖宇縣文物志』.
- 國家文物局 主編, 1993, 『中國文物地圖集』 吉林分冊, 中國地圖出版社.

2
성곽

01 정우 유수천고성
靖宇 楡樹川古城 | 楡樹川山城

1. 조사현황

○ 1957년에 여러 차례 조사하였고, 그 이후에도 여러 차례 재조사하였음(國家文物局, 1993).
○ 1986년 이전에도 여러 차례 조사했지만, 채집 유물은 매우 소량임. 기왕의 조사자들은 대체로 현지인의 전언에 고구려시기 산성으로 판단하였음.
○ 1986년과 1987년에 2차례 조사를 통해 성 안의 동남쪽 경작지에서 소량의 유물을 채집하였으며, 성의 전반적인 유적을 조사하고 발해 시기의 성터로 파악함.
○ 현문물보호단위.

2. 위치와 자연환경(그림 1 ~ 그림 2)

1) 지리위치
○ 유수천산성은 靖宇縣 동남쪽 楡樹川鄕 소재지인 楡樹川村에서 서남쪽으로 1km 떨어진 높은 산의 평평한 대지에 위치하는데, 頭道松花江의 左岸에 해당함.
○ 楡樹川古城 부근에는 楡樹川이라 불리는 좁고 긴 평야가 형성되어 있음. 성이 위치한 정우현 유수천향은 頭道松花江의 남안이고, 강의 북안은 撫松縣 新安鄕임. 頭道松花江은 靖宇縣과 撫松縣의 경계를 이루는 강으로 양안은 모두 기복이 있는 높은 산과 험준한 고개이며, 강을 사이에 두고 유수천향과 신안향이 서로 마주보고 있음.
○ 楡樹川古城의 맞은편인 頭道松花江 북안의 2단 계단상 대지에는 新安渤海城址가 위치함. 두 성곽의 거리는 약 500m 정도임.

2) 자연환경
○ 楡樹川古城은 지세가 험준한 곳에 자리잡고 있음. 古城의 동, 서, 북 3면은 가파른 절벽으로 높이가 100여m나 되어 오르기가 쉽지 않음. 古城의 남쪽은 평탄하여 높은 산의 평탄한 언덕을 형성하였음.
○ 고성의 서쪽 산기슭 아래로는 三道花園河가 남쪽에서 북쪽으로 흘러 고성의 서쪽을 지나 頭道松花江에 유입됨. 三道花園河의 서쪽도 기복이 있는 산임.
○ 古城에 올라서면 頭道松花江이 한눈에 들어오며, 新安城 전체를 조감할 수 있음.

3. 성곽의 전체현황(그림 3)

○ 평면 : 대략 장방형임.
○ 규모 : 전체 둘레 1,456m임.
○ 성문 : 남벽의 정중앙에 반원형의 옹문이 설치되어 있음.
○ 우물 : 성 내에 우물 유적이 2곳 있음.
○ 보존상태 : 비교적 양호함.

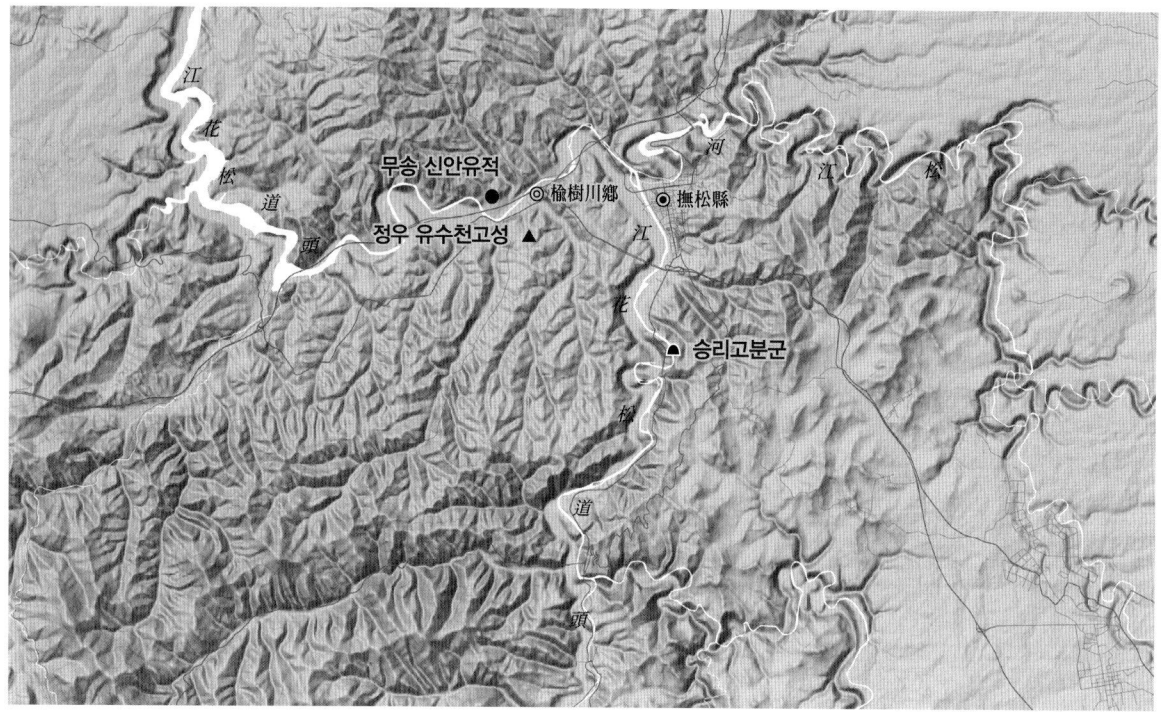

그림 1 유수천고성 지리위치도 1

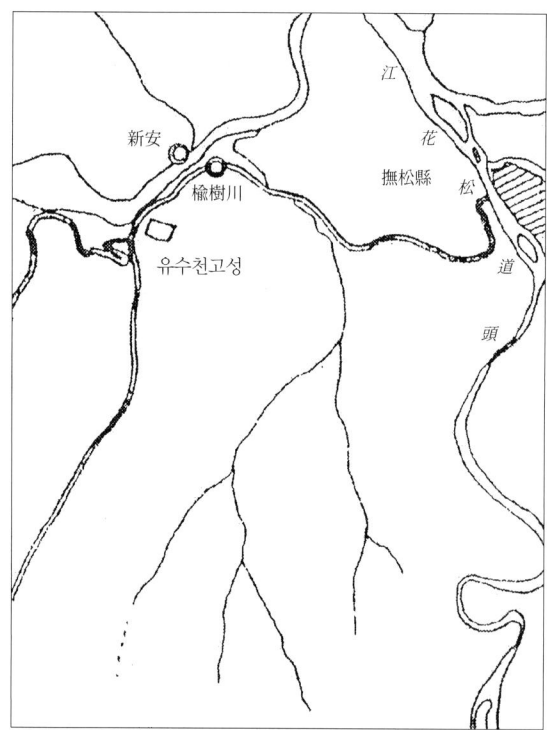

그림 2 유수천고성 지리위치도 2
(吉林省文物志編委會, 1988, 46쪽)

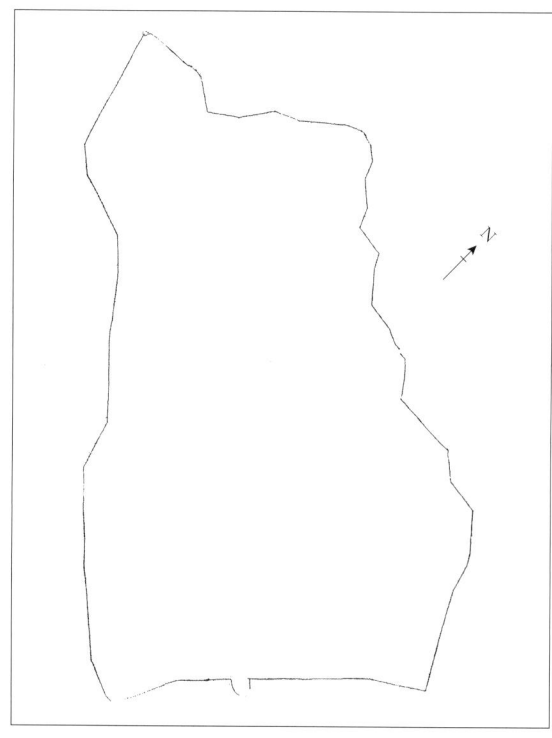

그림 3 유수천고성 평면도
(吉林省文物志編委會, 1988, 47쪽)

4. 성벽과 성곽시설

1) 성벽

○ 동·서·북쪽의 3면은 깎아지른 절벽 가장자리를 따라 성벽을 쌓았음.

○ 동벽 길이 439.5m, 서벽 길이 540.5m, 북벽 길이 221.6m, 남벽 길이 439.5m, 전체 둘레 1455.6m(吉林省文物志編委會, 1988, 46쪽).[1]

○ 돌(石塊)과 흙을 섞어 낮게 쌓았음. 성벽의 잔고는 1m 정도이며, 대부분 무너졌음. 다만 남벽은 높고 웅장하게 흙을 다져 판축하였는데, 아랫너비 6m, 윗너비 2m, 잔고는 2~3m임. 남벽 바깥쪽에는 너비 약 6m, 높이 1.5~2m의 보축성벽(護城牆)이 있음.

2) 성곽시설

남벽 중앙에 남문 1개가 설치되어 있는데, 반원형 옹문을 갖추고 있음. 옹성벽은 아랫너비 5m, 윗너비 1.5m, 잔고 1.5m임. 문길은 동남쪽에 나 있음.

5. 성내 시설과 유적

○ 성 안의 지세는 평탄하며, 대체로 북쪽이 높고, 남쪽이 낮음.

○ 성의 중부에는 소나무 숲이 울창함.

○ 성의 서북쪽과 동남쪽은 경작지로 개간되어 성 안의 도로와 里坊 등 원래의 건축 배치를 규명할 방법이 없음.

1) 우물 : 2개

성 안에는 지금도 마실 수 있는 우물이 2곳 있음. 하나는 남문에 있고, 다른 하나는 성 안의 동남쪽 모서리에서 30여 m 떨어진 곳에 있음.

(1) 동남모서리의 우물

○ 성 안의 동남쪽 모서리에서 30여m 떨어진 곳에 있음.

○ 1987년 6월 초 도굴을 당했을 때 조사가 진행되었음.

○ 우물의 구조는 방형임.

○ 축조방식 : 나무에 홈을 파서 우물 정(井)자 모양으로 우물 벽을 2층 쌓았음. 평평하고 가지런한 면이 물쪽을 향하고 있음. 이러한 종류의 축조 방법을 현지 주민들은 '覇王圈'이라고 부름. 2겹의 나무를 사용하여 우물 정(井)자 모양으로 쌓은 우물 벽 사이에는 靑石으로 채워 넣었음.

○ 우물의 규모 : 우물은 방형으로 바닥은 넓고 상부는 좁은데, 입구의 한 변의 길이는 80cm이고, 우물의 깊이는 7m임.

○ 우물은 흡사 샘에서 물이 흘러나오는 것 같음. 현재 이 우물을 음용하는 사람이 없어서 우물 안의 물이 바깥으로 넘쳐흐르고 있음.

2) 해자(壕)

○ 위치 : 남벽의 바깥에 성을 보호하는 해자(壕)가 한 갈래 있음.

○ 규모 : 너비 6m, 깊이 1.5~2m.

6. 출토유물

○ 현지인들에 의하면 우물 입구 위에는 가로세로로 쌓은 나무 덮개, 그리고 다시 그 위에 흙으로 덮여 있었는데, 흙과 나무 덮개를 치우고 양수기로 물을 모두 퍼 올렸지만, 어떤 유물도 발견되지 않았다고 함.

○ 성 안은 오랫동안 소나무가 울창하게 자라고, 일부는 경작지로 이용되어져, 여러 해에 걸친 조사에도 채집된 유물은 매우 소량임. 조사자들은 대체로 현지인들이 전

---

[1] 남북 길이 540m, 동서 너비 440m, 전체 둘레 1,456m로 파악하기도 함(國家文物局, 1993, 136쪽).

하는 말에 따라 고구려시기의 산성으로 판단하였음.
○ 1986년과 1987년 연속으로 2차례에 걸친 조사를 통해 성 안의 동남쪽 경작지에서 소량의 유물을 채집하였는데, 황갈색의 가는 모래혼입 토기편(黃褐夾細砂陶片)이 있었음. 민무늬에 윤이 나며, 물레로 빚었음. 재질은 견고하고 단단하며 소성도는 비교적 높음. 이 밖에도 泥質의 회색 토기(泥質灰陶), 수키와(筒瓦) 잔편 1점을 채집하였음. 토기편과 수키와 잔편으로 보면, 발해 유물의 특징이 분명히 있고, 강의 북안에 위치한 新安城址에서 출토된 유물과 같음. 이를 통해 발해 시기의 성터임을 인정할 수 있음.

7. 역사적 성격

楡樹川古城은 北流 松花江의 상류인 頭道松花江의 左岸에 위치하였음. 이 지역은 백두산 서북쪽의 산간지대로 通化나 臨江에서 二道白河를 거쳐 敦化나 和龍으로 나아가는 山間路가 지나는 교통로상의 요충지임. 고성은 산 정상에 위치하고 있지만, 지세가 평탄하므로 山城과 함께 평지성의 특징을 모두 갖고 있음. 1980년대 초엽까지 이 고성을 조사한 연구자들은 현지 주민의 전언을 토대로 고구려시기의 성곽으로 파악했고, 그 이후에도 여러 논저에서 고구려 성곽으로 소개되었음(孫進己·馮永謙, 1989, 343쪽; 馮永謙, 1994, 196쪽; 魏存成, 1999, 34쪽; 王綿厚, 2002, 122쪽).

그런데 1986년과 1987년 조사에서는 고성 내부에서 頭道松花江 맞은편에 위치한 撫松 新安城址의 출토품과 동일한 발해 시기의 토기편과 기와편이 출토되었음. 이에 고구려시기의 성곽을 발해 시기까지 이어서 사용한 것이라고 파악하기도 함(馮永謙, 1994, 196쪽). 반면 1986~1987년도 조사자들은 유수천고성을 발해 시기의 성곽으로 파악함. 특히 『渤海國志長篇』下編 「地理考」 豊州條에는 "일명 盤安郡으로 불린 豊州는 西京의 동북 210里에 위치했다"고 하는데, 유수천고성과 신안성지가 西京鴨綠府의 治所로 비정되는 臨江鎭의 동북쪽 200여 리에 위치한 사실을 근거로 두 성을 발해 豊州의 치소로 비정함. 두 성은 가까이 위치하며 입지조건이 강변과 산상으로 달라 상황에 따라 동시에 사용하거나 어느 하나만 사용했을 것이라며 두 성을 모두 豊州의 치소로 비정함(吉林省文物志編委會, 1988, 48~49쪽).

참고문헌

- 吉林省文物志編委會, 1988, 『靖宇縣文物志』, 吉林省文物志編修委員會.
- 孫進己·馮永謙, 1989, 『東北歷史地理』(2), 黑龍江人民出版社.
- 國家文物局, 1993, 『中國文物地圖集』吉林分冊, 中國地圖出版社.
- 馮永謙, 1994, 「高句麗城址輯要」, 『北方史地研究』, 中州古蹟出版社.
- 東潮·田中俊明, 1995, 『高句麗の歷史と遺跡』, 中央公論社.
- 魏存成, 1999, 「길림성 내 고구려산성의 현황과 특징」, 『고구려연구』 8.
- 王綿厚, 2002, 『高句麗古城研究』, 文物出版社.
- 김진광, 2012, 『북국 발해 탐험』, 박문사.

제12부

무송현(撫松縣) 지역의 유적

| 유적 분포도 |

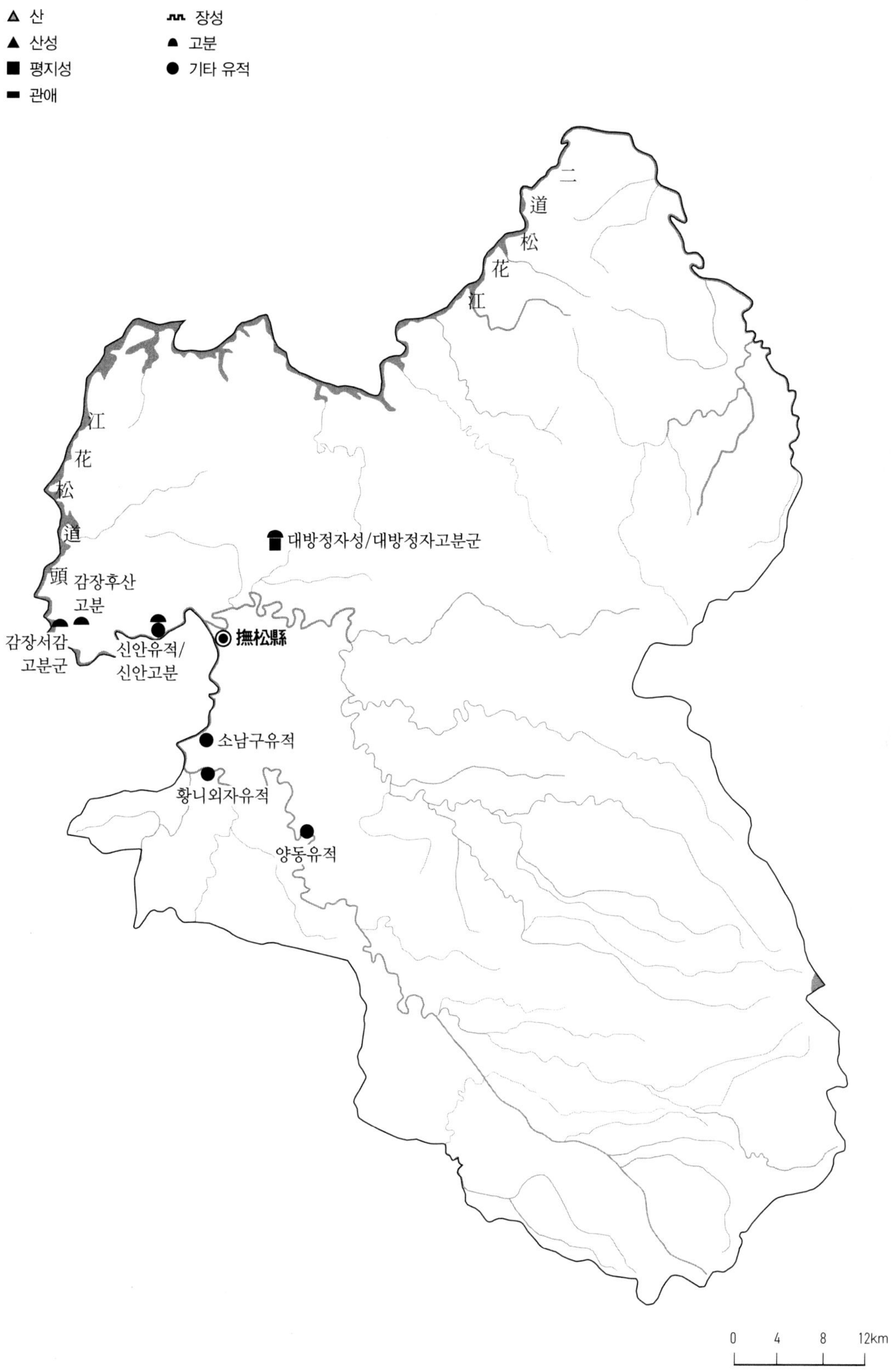

▲ 산　　ᨆ 장성
▲ 산성　▲ 고분
■ 평지성　● 기타 유적
━ 관애

1
고분군과 고분

01 무송 감장후산고분
撫松 鹼場後山古墳

1. 조사현황

○ 조사시기 : 1986년 5월.
○ 조사기관 : 撫松縣文物普査隊.
○ 조사내용 : 심하게 파괴된 고분 발견, 주민의 증언 수집.

2. 위치와 자연환경(그림 1)

○ 撫松縣 抽水鄕 鹼場村 북쪽 後山 정상 산비탈에 위치.
○ 고분군 동남에는 村府로 통하는 산길이 있으며, 서북에는 산봉우리가 있으며, 남쪽으로 1km 떨어져 감장촌이 자리하고, 북쪽은 높은 산이 자리하고 있음.

3. 고분군의 현황

○ 무덤의 원래 모습을 전혀 찾아 볼 수 없고, 무덤에 사용된 판석과 돌만이 보임. 분포 범위는 약 1,400m²임.
○ 원래 적석묘 10여 기가 있었다고 하나 1986년 조사 당시 겨우 몇 기만 남아 있고 대다수 파괴당한 상황이었음.
○ 감장촌 주민에 따르면 1946년경 돌로 쌓은 무덤이 있었고, 무덤 천정부에는 거대한 판석이 덮여 있어 주민들이 '高麗墳'이라 불렀다고 함.

그림 1
감장후산고분군의 위치도

4. 역사적 성격

마을 주민이 소개한 고분의 형식과 조사 당시 고찰한 정황을 분석하여 고구려 고분으로 보고하였으나, 보고된 내용만으로는 그 성격과 연대를 알 수 없음.

참고문헌

· 吉林省文物志編纂委會, 1987, 『撫松縣文物志』.
· 國家文物局 主編, 1993, 『中國文物地圖集』 吉林分冊, 中國地圖出版社.

02 무송 감장서감고분군
撫松 鹼場西坎古墳群

1. 조사현황

○ 조사시기 : 1986년 5월.
○ 조사기관 : 撫松縣文物普查隊.
○ 조사내용 : 고분군은 심하게 삭평되어 고분상황에 대해 주민의 증언을 수집.

2. 위치와 자연환경(그림 1)

○ 撫松縣 抽水鄕 鹼場村 西坎屯 서북 약 500m의 高麗溝 일대에 위치.
○ 고분군 동쪽은 높은 산이며, 서쪽은 큰 골짜기가 있어 이 산길을 따라가면 서감둔에 이르게 됨. 남쪽은 高麗溝이며, 북쪽은 언덕임.

3. 고분군의 현황

○ 감장촌 주민에 의하면 일찍이 墓壙 속에서 비녀(簪子)처럼 생긴 금속(청동) 잔편과 모래혼입 토기편(夾砂黑陶片)을 발견하였다고 함.
○ 무덤은 삭평되어 황무지를 이루고 있음. 지상에 무덤 축조에 사용된 돌만이 보임.
○ 墓區는 동서 길이 50m, 남북 너비 20m임.
○ 지하에 유구가 매몰되었을 가능성도 있으나, 발굴이 진행되지 않아 무덤의 내부구조와 부장품은 명확치 않음.

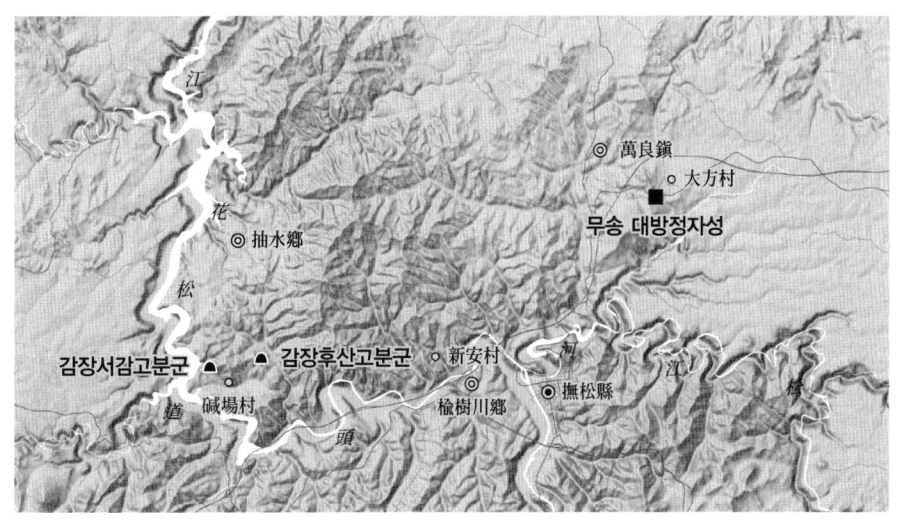

그림 1
감장서감고분군의 위치도

4. 역사적 성격

마을 주민들의 증언과 채집한 유물 및 실제 조사 상황을 고찰·종합해보면, 무덤은 돌로 축조했지만 형식은 판별하기 어려움. 적석묘일 가능성도 단언할 수 없음. 고분군 연대는 대체로 고구려에서 발해시기로 추정됨.

참고문헌

- 吉林省文物志編纂委會, 1987, 『撫松縣文物志』.
- 國家文物局 主編, 1993, 『中國文物地圖集』 吉林分冊, 中國地圖出版社.

03 무송 신안고분
撫松 新安古墳

1. 조사현황

○ 조사시기 : 1986년 5월.
○ 조사기관 : 撫松縣文物普査隊.
○ 조사내용 : 당시 이미 파괴, 경작지화 됨. 지상의 상황정보 수집.

2. 위치와 자연환경

○ 撫松縣 松郊鄕 新安村 서쪽 약 1km 거리, 頭道松花江 우안 약 300m의 개활 평지에 자리함. 고분의 북쪽은 높은 산이며, 동남은 頭道松花江임.
○ 무덤은 新安古城 내 서북 모서리 지점에 자리하고 있음.

3. 고분군의 분포현황

○ 무덤은 이미 인위적인 파괴를 당한 상태로 발견됨. 분구의 頂部와 동남 양측은 이미 제거되어 완만하게 경사진 경작지가 되었음.
○ 잔존 형상은 마치 원형분구의 봉토묘와 같음. 서쪽과 북쪽 양측 바닥부에 돌을 쌓은 흔적이 남아있는데 층층히 쌓은 무덤의 서북 모서리로 보임. 돌이 무덤의 頂部에 이르렀는지는 불명확함. 서쪽에 쌓은 돌은 한 변 길이 7m, 북측은 11m임. 무덤 잔존 높이 3m. 돌을 쌓은 형식이나 규모로 미루어 적석묘처럼 보임. 관찰되는 돌이 무덤의 원래 형태인지 여부는 현재로서는 판별할 수 없음.
○ 고분은 신안유적(舊 신안고성) 내의 서북 모서리에 위치하며, 무덤의 서측 100m 지점에는 일찍이 파괴된 무덤 1기가 남아 있었음. 무덤의 형식은 판별할 수 없으며, 많은 돌이 쌓인 돌더미가 있음. 그 가운데 약 3m² 크기의 거대한 방형 판석이 하나 있고 돌더미 일부는 방원형의 경작지가 되었음. 그 범위는 10m×10m이며, 지표 보다 약 1m 낮음. 이곳에서 출토된 유물은 없음.

4. 역사적 성격

무덤이 신안유적(舊 신안고성) 안에 자리하고 있다는 점이 특이하며, 이런 현상은 역대 고고 조사 중에 드문 사례임. 성터와 무덤의 관계는 불분명하며, 인위적으로 파괴되어 무덤 형식은 물론, 유추할 출토유물도 없어 무덤 연대를 판별하기 어려움. 외관의 대체적 형식을 보면 고구려 적석묘와 거의 흡사함.

참고문헌
• 吉林省文物志編纂委會, 1987, 『撫松縣文物志』.

04 무송 대방(황)정자적석고분군
撫松 大方(荒)頂子積石古墳群

1. 조사현황

1) 1960년 6월 조사
- 조사기관 : 通化地區文物普查隊.
- 조사참여자 : 戰成竹, 張棟才 등.
- 조사내용 : 제1차 전국문물조사로 확인. 『撫松縣文物志』에 신석기시대와 고구려시대의 古城으로 소개됨.

2) 1986년 조사
- 조사기관 : 撫松縣文保所.
- 조사참여자 : 王文興 등.
- 조사내용 : 제2차 전국문물조사 때, 대방정자산 고대유적지에 대한 재조사 실시. 지표에서 유물이 발견되지 않음. 평탄한 언덕 위에 직경이 서로 다른 돌무지 6개와 우물 하나가 남쪽에서 북쪽으로 배열되어 있고 길이 50m, 너비 1m, 높이 0.35m의 석렬(石帶)이 하나 있음. 6개 돌무지는 후대인이 돌을 쌓아 올린 것이 아니므로 원래 옛 성벽(城墻)에 사용된 돌무지인지 확인조사 필요한 것으로 파악. 돌무지와 석렬은 파괴된 유적으로 석렬은 성벽, 특히 고구려 성터의 가능성이 있다고 판단.

3) 2008년 10월 조사
- 조사기관 : 撫松縣文保所.
- 조사참여자 : 王文興, 顧聆博 등.
- 조사내용 : 제3차 전국문물조사 당시 대방정자산 정상의 적석무지 조사. 문보소의 조사 보고서(登記表)를 보면, 돌무지 6개를 고구려 적석묘로 판단하고, 북쪽에서부터 남쪽으로 M1~M6이라고 편호함. 대방정자산 주봉 동북 1.3km의 작은 산 정상에서 대방촌 신석기시대 유적지를 조사하여 흑요석제 괄삭기(黑曜巖刮削器), 모래혼입 흑도의 구연편(夾砂黑陶口沿), 굽이 있는 바닥편(高臺底 基底部) 등의 유물 수습. 1986년 조사에서 발견한 석렬(石帶)은 찾지 못함.

4) 2008년 5월~2011년 조사
- 조사기관 : 吉林林業局.
- 조사참여자 : 陳景河 등의 長白文化 연구자.
- 조사내용 : 陳景河는 답사 후에 고구려 고성이 아니고, 金 여진황족의 제단일 가능성을 제기. 이에 따라 3년 동안 林業局에서 여러 차례 조사대를 구성하여 현지조사 및 방문과 논증을 하였음. 임업국 조직의 현지조사 결과 적석무지는 나무와 잡초가 덮여 가려져 있어 돌무지의 수량 및 형상 모두 명확치 않았음.

5) 2011년 6월 및 9월 조사
- 조사기관 : 吉林大學邊疆考古中心(吉林省文物局 위탁, 泉陽林業局과 撫松文保所의 지원).
- 조사참여자 : 謝浩, 馬天夫, 梁娜, 陳影, 馮恩學.
- 조사목적 : 적석무지의 고대유적 또는 제단 여부 확인.
- 조사내용 : 대방정자산 돌무지(石堆) 유적에 대한 고고조사를 실시함. 현지 주민의 도움으로 적석무지 9기

그림 1 대방정자적석고분군 위치도(『邊疆考古研究』 11)

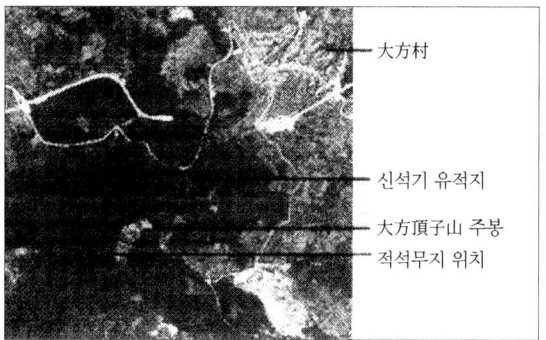

그림 2 대방정자산 위성도(『邊疆考古研究』 11)

를 확인함. 인근에서 흑요석제 세석기, 토기편, 석기 등을 수습하여 신석기시대 유적이 있는 것으로 추정.
○ 대방정자산의 산정부 적석고분군은 撫松縣文保所에는 '大方頂子遺址'로 기록되어 있음. 혼란을 피하기 위해 본 조사보고에서는 문물계통의 정식명칭을 사용하고, '대황정자제단'이란 명칭은 사용하지 않음.

2. 위치와 자연환경 (그림 1~그림 2)

○ 大方頂子山(大荒頂子山)의 산마루에 위치.
○ 해당 유적의 지리좌표는 동경 127°19', 북위 42°24'임.
○ 대방정자산은 吉林省 白山市(원래 渾江市) 撫松縣으로부터 동북 10km, 大方村 서남 2km 거리에 위치함. 동남으로는 장백산 주봉과 75km 떨어져 있음. 頭道松花江과 二道松花江 사이의 松江河 지류인 大浦江 북안에 자리함. 대방정자산은 해발 912m로 주봉 동쪽 산의 상대고도는 300m이며, 주변 10km내에서 가장 높은 곳임.

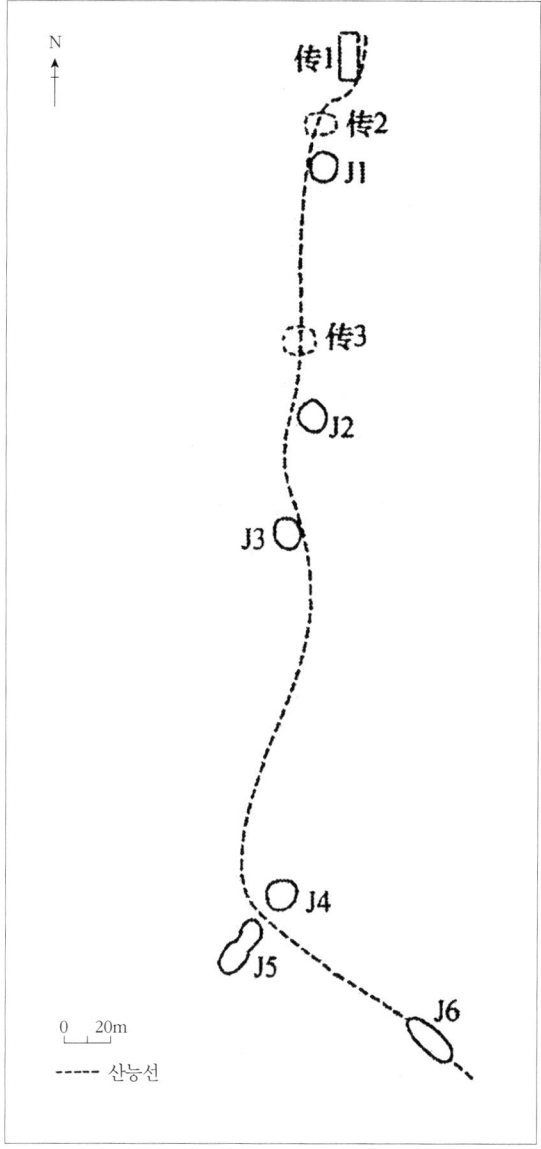

그림 3 대방정자적석고분군 분포도(『邊疆考古研究』 11)

○ 대방정자산 원래 이름은 '대황정자산'이었고, 산 아래의 대방촌도 본래 명칭은 대황촌이었음.

3. 고분군의 분포와 현황(그림 3)

○ 대방정자산 주봉 형태는 '厂'자형. 가장 높은 지점에는 삼림 조망탑(산불감시탑)이 설치되어 있음. 조망탑 북쪽 산등성이의 주향은 동북-서남향, 조망탑 남쪽 산등성의 주향은 북-남향.
○ 적석무지는 남반부 산등성이에 분포. 산등성이의 남북 고도 차이는 15m, 지표는 비교적 완만하나 약간 기복이 있음. 산등성이 양쪽은 완만한 비탈과 골짜기이며, 남쪽 비탈 아래에는 철광산이 있음. 산에는 활엽수들이 심어져 있으며 나무 사이에는 인삼밭이 약간 있음.
○ 적석무지는 대방정자산의 남부 산등성이를 따라 북에서 남으로 분포하고 있음. 현지인의 진술에 의하면 1980년대 泉陽林業局이 산 정상에 산불감시탑을 세우면서 북쪽 비탈에 산길을 하나 만들었고, 村民들이 집을 짓고 도로를 닦을 때 산의 적석무지에서 돌을 채취하여 적석무지가 파괴되거나 소실되었다고 함.
○ 2011년 6월 조사 당시 대방촌 거주민의 안내로 적석무지를 찾음. 그 선후순서에 따라 적석무지를 J1-J6으로, 그 외 확인할 수 없는 것은 傳1-傳3으로 편호함.
○ 傳1 : 조망탑 남쪽 50m에 위치. 관목잡초 제거 후에도 지표에서 잔존 흔적이 없었음.
○ 傳2 : 傳1에서 남으로 20m(즉, 조망탑 남쪽 70m)에 위치. 수목 및 부식토를 제거한 후에 지표에서 약 1m² 범위의 깨진 돌(碎石)을 확인. 적석무지의 잔류일 가능성이 있으나 너무 소량이라서 적석무지라고 확정하지 못함.
○ 傳3 : J1 남쪽 60m 지점에 위치. 수목 부식토를 제거했으나 적석무지는 발견되지 않음.

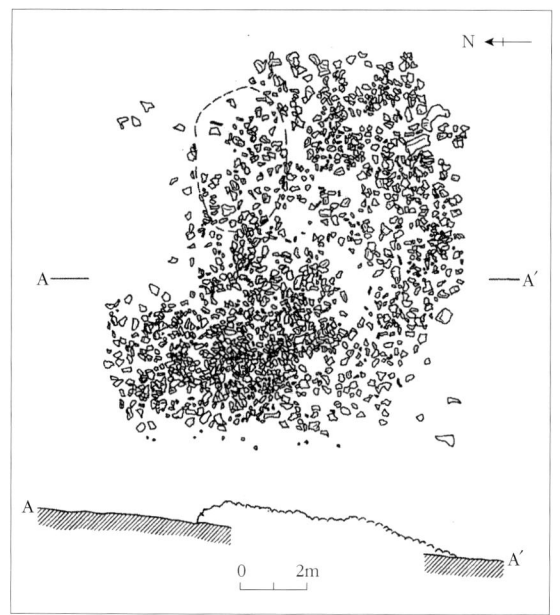

그림 4 J1 평·단면도(『邊疆考古研究』11)

4. 고분별 현황

1) 1호 적석무지(J1, 그림 4)

(1) 위치
조망탑 남쪽 110m 떨어진 곳.

(2) 적석 규모
동서 길이 12.5m, 남북 너비 12m, 잔존 높이 2.84m.

(3) 현황
○ 비탈에 기대어 조성됨. 관목·잡초로 덮여 있음.
○ 가장 높은 곳과 가장자리 가장 낮은 곳과의 고도 차이는 2.84m이며, 동북 모서리는 결실됨. 정상부의 높이는 고르지 않음. 대부분 0.2m 정도의 작은 돌이 흩어져있음. 돌은 모두 浮石임.
○ 동남모서리에 약 0.6m×0.2m의 돌들이 끝을 밖으로 향하고 모서리가 위로 향해 가지런하지 않게 배열됨.
○ 북쪽에는 늦게 도굴된 함몰구덩이가 있음.

그림 5 J2 평·단면도(『邊疆考古硏究』 11)

2) 2호 적석무지(J2, 그림 5)

(1) 위치
J1 남쪽 100m 지점.

(2) 적석 규모
동서 길이 13m, 남북 너비 11m, 잔존 높이 2.28m.

(3) 현황
○ 자연 지세에 따라 돌출된 북측에 기대어 축조. 북측에서 조망하면, 무덤은 현저하게 높이 솟았음.
○ 적석무지 정상부는 남쪽으로 점차 낮아져 지세가 높은 곳과 서로 평평하게 만남.
○ 울창한 숲속에 위치하며, 북쪽에는 인삼밭이 있음.
○ 돌무지 위로 관목·잡초가 무성하여 심하게 파괴됨. 이를 제거한 후에 측량함.
○ 가장자리의 돌은 비교적 큼. 돌무지 정상부에는 두 개의 함몰구덩이가 있으며 흙이 쌓여있어서 묘갱의 입구가 파괴된 것인지 모호함. 서북 모서리의 작은 돌은 대다수 밀집해 있음.
○ 고분 동·북쪽에는 길이 약 0.4m, 너비 약 0.2m 돌의 긴 방향이 적석무지 중심을 향해 있음. 바깥은 직선적인데, 가장자리에 해당함. 동북 모서리에서는 둥글고 완만한 모퉁이 흔적을 볼 수 있어 고분의 평면은 圓角方形으로 추정됨.

3) 3호 적석무지(J3, 그림 6)

(1) 위치
J2 남쪽 40m 지점.

(2) 적석 규모
동서 길이 및 남북 너비 12m, 최고 높이 2.73m.

(3) 현황
○ 산등성이 높은 곳에 위치. 적석무지는 남면이 비교적 높고, 북면은 비교적 완만하며, 동면은 가파른 비탈임. 적석무지 위의 수목·잡초를 제거한 후 조사.
○ 적석무지 위에는 수목잡초가 많음.
○ 고분이 심하게 파괴된 것을 발견함. 서변의 돌무지는 높이 솟았는데 도굴 후 퇴적된 것으로 보임.
○ 적석무지 전체는 0.4m 정도의 중형 돌로 구성. 함몰구덩이에는 흙이 쌓여 있음.
○ 네 모서리에는 모서리 돌(轉角石)이 있음. 서북 모서리와 북쪽 가장자리에는 계장(階墻邊)이 남아 있음. 계장은 한 층의 장대석으로 쌓음. 모서리는 위를 향하고 평편한 돌 끝은 밖을 향해 가지런하지 않게 배열됨. 돌(石條)들 간에는 서로 맞물려 기초를 견고하게 하였음.
○ 일부 석재(石條)의 최상면에는 돌이 깔려 있음. 해당지점에서 바깥 가장자리의 계장은 세 층의 돌로 구성된 것으로 추정. 모서리에는 버팀돌(支護石) 3매가 남아 있으며, 버팀돌은 비교적 작은 장방체로, 하단은 땅에 박혀 있고 상단은 계장석을 기울여 받치고 있음.

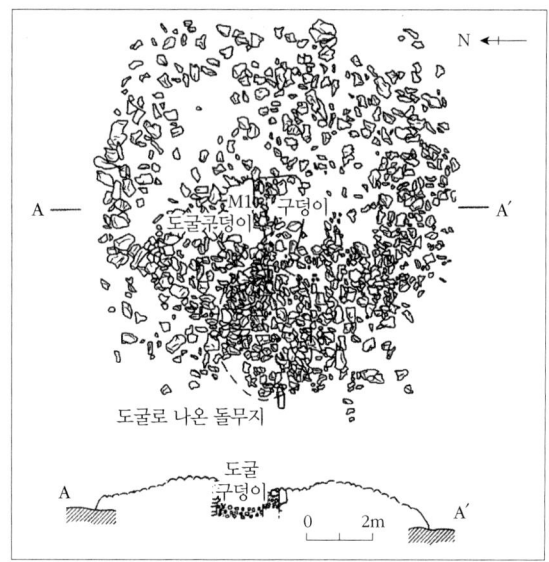

그림 6 J3 평·단면도(『邊疆考古研究』 11)

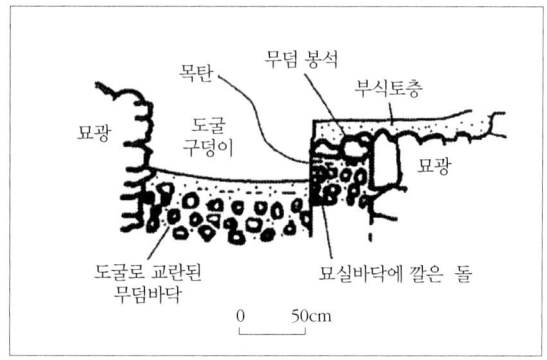

그림 7 J3의 묘광 적석무지 단면도(『邊疆考古研究』 11)

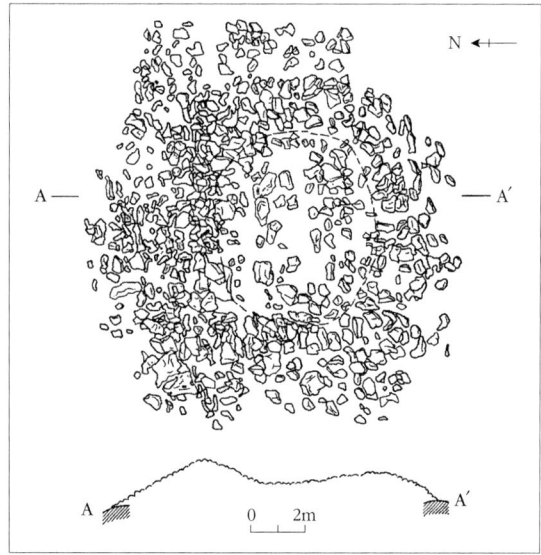

그림 8 J4 평·단면도(『邊疆考古研究』 11)

○ 북측에는 일부 석재가 잔존함. 잔존하는 일부를 보면 정북과 서북에는 모두 모서리가 있는데 모서리가 둔각을 이루고 있어서 평면은 정방형이 아닌 것으로 추정됨.

○ 적석무지 頂部의 4.4m×2.5m 함몰구덩이 밖에는 큰 나무가 하나 자라고 있어서 구덩이 밖의 적석무지가 여전히 원상을 유지하고 있는 것을 알 수 있음. 구덩이 표면의 부식토 위에 작은 묘목과 잡초가 자라고 있으며, 부식토 안에는 가로로 뻗은 작은 나무뿌리가 있음. 구덩이는 또한 도굴갱에 의해 파괴되어 있음. 도굴은 구덩이의 동북 모서리를 따라 이루어졌으며, 구덩이의 서부와 남부 역시 도굴 당하여 곱은자 모양(曲尺形)의 도랑형 도굴갱을 형성함. 도굴갱 바닥부에 떨어져 내린 돌, 잡초, 흙 등을 정리한 후에 주먹 크기의 깨진 작은 돌이 노출. 0.3m 아래에서 작은 돌이 밀집 분포하는데 이 작은 돌은 북벽까지 이어지나, 북벽 밖에는 보이지 않음. 깨진 돌 사이에는 잡토와 부패한 나뭇잎이 있으며, 흑색의 목탄과 비교적 많은 나무껍질과 나무뿌리, 양면이 불에 탄 작은 목판 등이 발견됨. 이 작은 돌들은 무덤 안을 메운 돌들이며, 도굴로 교란된 것으로 보임. 불탄 작은 목탄은 묘실 바닥의 잔류물일 가능성이 있음.

○ 함몰구덩이와 도굴갱 서쪽의 돌무지는 臺를 이루며 상부의 돌은 臺 밖으로 흘러내림. 서쪽 돌무지의 돌들은 길이 약 0.4m로, 불탄 흔적이 없음.

(4) 고분 구조(그림 7)

○ 황갈색 생토 위에 축조.

○ 석광묘로 묘광은 적석무지 표면에 위치하고, 묘광 안은 중형돌로 메워짐. 광벽은 큰돌로 층층히 쌓았으나 정연하지 않으며, 바닥은 작은 돌로 여러 겹 깔음.

(5) 기타

묘실에서 목탄 등의 葬具 흔적이 있음. 불에 탄 돌은 없음.

4) 4호 적석무지(J4, 그림 8)

(1) 위치
J3 남쪽 140m 지점.

(2) 적석 규모
직경 14m, 최고 높이 1.83m.

(3) 현황
○ 산등성이의 평탄한 대지 위에 자리하고 있음.
○ 적석무지는 대체로 원형을 띠고 있음. 山石으로 쌓았음.
○ 정상부에는 바닥이 둥글고 거대한 함몰구덩이가 하나 있음. 구덩이 직경이 7m에 달하며, 표면에는 부식토 한 층이 있음. 함몰구덩이 중심부에는 큰 나무 한 그루가 있고, 나무는 매우 오래전에 있었던 것을 알 수 있음. 구덩이가 매우 깊기 때문에 묘광이 무너지고 또 도굴을 당한 것으로 추정됨. 구덩이 주위에는 돌이 산재하는데 전부 비교적 크며 깨진 돌은 발견되지 않았으며 새로운 도굴갱도 발견되지 않음.
○ J4 남쪽에 0.3~0.4m 크기의 돌이 여러 개가 있으며 弧形으로 가지런히 배열되었음. 추측컨대 평면은 근원형으로 보임.

5) 5호 적석무지(J5, 그림 9)

(1) 위치
J4 서남쪽 9.5m 지점.

(2) 적석 규모
세로 길이 24m, 높이 1.8m. 전체적으로 타원형. 북쪽과 남쪽이 호선을 이룸. 북부 호선의 최대 너비 11.5m, 중간 부분 너비 10.5m, 남부 호선 최대 너비 14m.

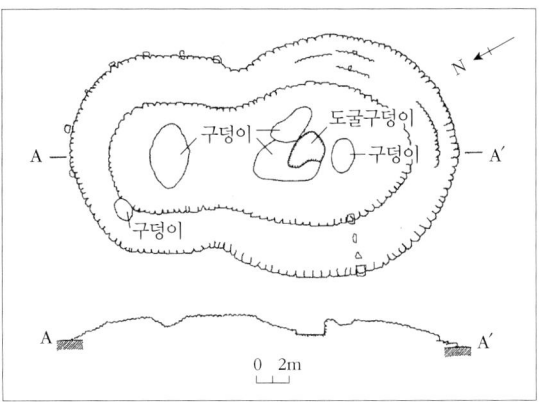

그림 9 J5 평·단면도(『邊疆考古硏究』 11)

(3) 현황
○ 산등성이 서쪽의 평탄 대지 위에 자리하고 있음.
○ 동남-서북 주향을 장축으로 한 돌무지임. 양끝이 圓弧形이고 중앙부는 약간 안으로 들어간 형태로 조롱박형(葫蘆形)과 유사함.
○ 서쪽 중간부(잘록한 부분)는 비탈진 언덕 형태를 띠고 있는데 정상부 너비 1m, 바닥부 너비 1.5m임. 남쪽은 원호상을 띠고 있으며, 경사면은 살짝 계단모양을 띠고 있음.
○ 동쪽 중간부(잘록한 부분)도 경사진 언덕 형태로 경사면은 가지런하며 돌은 긴밀히 맞물려 있으며, 북쪽[도면상(그림 9)으로는 남쪽] 일부에 계장이 남아 있고 계장은 3층으로 쌓았음. 북단 동쪽의 바닥에는 각기 1.5~2m 간격으로 대석이 놓여 있는데 길이 45~60cm, 너비 30cm, 두께 15cm 정도로 버팀석(依護石)일 가능성이 있음. 남단 가장자리 바닥층 돌은 모두 길이 70cm임.
○ 계단(壇階)이 없으나 일부 범위 내에서 층층이 쌓은 흔적을 볼 수 있음. 가장자리는 대석을 사용하였고 내부는 약간 작은 돌을 사용함. J5 남단 양쪽에서는 모두 종렬한 대석이 돌무지 표면을 누르고 있는 것을 발견할 수 있는데 역시 버팀석일 가능성이 있음. 버팀석은 쌓은 돌이 밖으로 흘러내리는 것을 방지하기 위해 설치한

것임. 특히 동남 모서리 2층 계단의 가장자리에 안으로 경사지게 세워둔 대석판은 안쪽의 중소형 돌에 직접 기대어 버팀석 역할을 하고 있음.

○ 적석무지는 윤곽이 온전히 남아 있으며, 정상부에는 크고 작은 5개 함몰구덩이 및 1개 도굴 구멍(盜洞)이 분포하고 있음. 지표에 노출된 대다수는 0.4~0.5m의 중형돌이며, J5의 동북쪽 적석무지는 도굴 때 옮겨진 대량의 돌이 쌓여진 것임. 도굴 구멍은 중심축선상에 위치하며, 먼저 아래로 2.65×2.3~0.65m의 갱을 파고 남쪽을 향해 가로 방향으로 0.4m의 구멍을 파냄. 도굴 구멍에서 적석무지의 퇴적 상태를 볼 수 있는데 비교적 큰 돌을 임의로 쌓아 세밀하고 층층이 쌓은 것으로 보이지 않으며, 돌 사이 틈이 비교적 큰 편임.

6) 6호 적석무지(J6, 그림 10)

(1) 위치
J5 동남쪽 약 90m 지점.

(2) 적석 규모
길이 20m, 너비 약 8.5m.

(3) 현황
○ J5 동남 약 90m 거리에 위치(GPS로 측량하면 오차가 약 10m).

○ J5가 자리한 곳에서 동쪽으로 돌아가면 산마루임. J6이 자리한 곳은 산마루 최남단이며, 동남 10여m는 벼랑이고 동쪽은 가파른 고개이며, 서쪽은 완만한 비탈임. 산마루 끝은 비교적 좁아 장타원형(魚背形)을 이룸.

○ 수목과 잡초가 무성해 도굴당하지 않아서 보존현황이 가장 양호함.

○ 상면의 수목잡초를 제거하지 않은 채 측량함. J6은 동남-서북 주향으로, 길이가 20m에 달하는 장타원

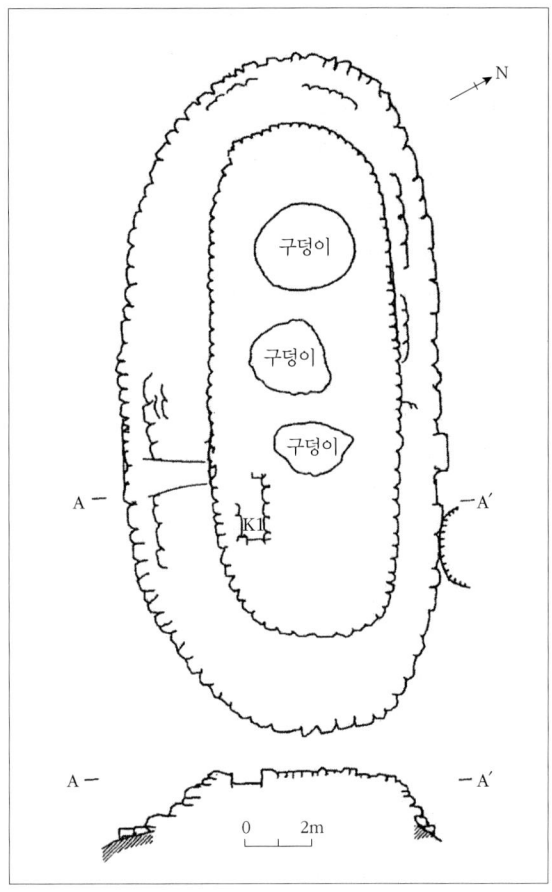

그림 10 J6 평·단면도(『邊疆考古硏究』 11)

형 적석무지임. 양끝의 폭은 짧으며, 울타리 돌(階墻)이 없음. 지세에 따라 서북은 높고 동남은 낮으며, 서북단 가장 높은 곳의 적석 고도는 0.5m이며, 남부 가장 높은 지점은 서쪽 비탈 아래 가장자리와의 수직 고도가 2m임.

○ 돌무지 가장자리는 지형을 따라 쌓아 일부는 현재 계단모양 또는 경사진 언덕모양을 띠고 있음. 전체를 계단 모양으로 돌리지 않았고, 쌓는 방식은 다양하며 통일되지 않음. 산등성이 동쪽 비탈은 가파른 언덕이므로 돌무지의 동쪽 언덕은 대형 돌로 쌓고 서쪽 비탈은 완만한 비탈이므로 중형돌로 쌓았음. 동쪽은 큰 돌로 쌓은 2층 계장 가장자리가 비교적 정연하며, 高大하고 험준하여 사람들이 오를 수 없음. 정연하게 잘 쌓았음.

○ 적석무지 아래의 산비탈에서 파낸 커다란 구덩이에 層狀의 암석이 노출됨. 이를 채석하여 적석무지를 쌓은 것으로 보임. 단애와 산비탈 모두에서 山石이 분포하며, 적석무지는 현지에서 채석한 돌로 조영된 것으로 보임. 대형 돌로 축조한 계장의 목적은 내부의 적석이 미끄러져 떨어지는 것을 방지하기 위함임.

○ 적석무지의 서쪽 남부 정상에서 하부로 내려가면서 관찰하면, 각 곳에는 2단 계단이 있으며 각 단은 돌을 2층으로 가지런히 축조하여 틈이 비교적 적음. 각 층 계단석은 한 변 길이 0.2m 정도의 장방체 석재 두 매로 되었음. 큰 부분이 밖을 향하게 쌓았음. 축조법은 J2·J3에 보존되어 있는 원시 가장자리와 유사. 2단 계단석의 중간은 비스듬히 완만한 언덕에 정연하게 축조되어 사람이 오르내릴 수 있음.

○ 적석무지 정상부에는 3개의 함몰구덩이가 있는데, 서북 구덩이는 비교적 크고, 동남 구덩이는 비교적 작고 매우 얕음. J6 정상부의 서쪽에 墓壙으로 추정되는 구덩이가 있어서 K1이라 편호함. 석광 K1의 동쪽 가장자리는 정연하고 길이 약 2m이며, 서쪽 가장자리는 확실치 않지만 심하게 교란되었으며, 돌은 동쪽 석광 가장자리와 약 0.6m 떨어져 있음. 석광 방향은 南偏東 45°이고 적석무지 종축 방향과 일치함. 석광은 아래로 깊이 0.2m이고 석벽 역시 수직 아래로 쌓음.

7) 기타

조명탑 옆의 건물에는 碑形의 상부가 둥근 판석(圓首石板)이 하나 있음. 이 비형 판석은 J5 서남 10m 지점에서 발견했다고 하는데 길이 1.3m, 판석 최대 너비 0.6m, 바닥면 너비 0.44m, 두께 0.11~0.2m임. 판석 상부의 둥근 부분은 인공으로 갈았으며, 비 앞뒤 양면은 불규칙하고 표면에는 글자 흔적이 없음.

5. 역사적 성격

1) 유적 성격

① 성터
吉林省文物志編纂委會(1987)는 길이 50m, 너비 1m, 높이 0.35m의 석렬(石帶)을 고대 성벽(城垣) 흔적으로 파악하고 고구려 성터의 가능성을 제기함.

② 제단
○ 陳景河 등의 長白文化 연구자(2008) : 대방정자 유적을 祭壇으로 파악. 金 여진황족의 망제가 장백산에서 참배하였다는 제단인지를 논의.

○ 張璇如(2009) : 해당유적을 제단으로 파악하고 "長白山祭壇"이라고 명명함. 제단공간은 방단과 원단, 碑碣, 護垣, 古井 등으로 구성된 것으로 파악. 제단은 唐代 조영되어 金代, 明代로 이어지며 사용된 것으로 이해함. 그런데 護垣은 1986년 2차 문물조사에서 성벽으로, 방단과 원단은 2008년 3차 문물조사 이래로 고구려 적석묘로 파악되고 있음.

③ 고구려 적석묘
○ 무송현문관소의 제3차 문물조사(2008) : 대방정자산 정상부에서 적석무지를 조사함. 돌무지 6개를 초보적으로 고구려 적석묘로 규정하고 적석무지를 북쪽에서부터 남쪽으로 M1~M6이라고 편호함.

○ 馮恩學·馬天夫(2012) : 조사에서 적석무지가 인공적인 유적이며, 성질은 산성의 砲臺나 제단이 아니라 山頂形 적석묘군으로 파악함. 고구려 무덤의 분류 가운데 무단석광적석묘와 동일하며, 분포상 "연접묘"의 특징을 갖추고 있음.

2) 고분 연대 (馮恩學·馬天夫, 2012)
대방정자 적석무지와 유사한 유적은 요령 남부의 여순

대련지구에서 가장 풍부한데 신석기시대 말기부터 유행하기 시작하여 청동기시대 다수 보임. 산정형 적석묘군은 동쪽으로 전파되어 요동지구 환인에 도달하여 환인 망강루 묘지처럼 연대는 이미 고구려 건국전후에 해당함. J5에는 버팀석이 확인되는데 이는 고구려 적석묘에서 일찍이 보이는 축조방법임.

대방정자 적석무지의 위치는 고구려 초기 국도 소재지인 환인과 180km, 압록강변과는 최단 거리로 60km 떨어져 있음. 따라서 대방정자 적석무지 유적의 조영연대는 고구려 건국 전후의 적석묘군일 가능성이 보임. 한편, 상한은 청동기시대보다 이를 가능성도 있음. 요동반도에서 신석기시대 말기에 산정형 적석묘가 유행하기 시작하였으나 대방정자산 산기슭에 대방촌 신석기시대 유적이 있으므로 신석기시대 말기보다 이를 가능성도 배제할 수 없음. 그러나 고구려 이후일 가능성은 배제할 수 있음.

대방정자 적석무지 유적에 관한 연구자들의 견해는 크게 선사시대의 적석묘로 보는 견해와 고구려 적석묘로 보는 견해로 나뉘지만, 무덤인지 여부는 차치하고, 돌무지가 있다는 현상만으로 무덤의 구조와 성격, 연대를 판단하기는 어려움.

참고문헌

- 吉林省文物志編纂委會, 1987, 「大方頂子城址」, 『撫松縣文物志』.
- 國家文物局 主編, 1993, 『中國文物地圖集』 吉林分冊, 中國地圖出版社.
- 陳景河 等, 2008, 「大方頂子古祭壇遺址的考察報告」, 『協商新報』(2008. 12. 19).
- 張璇如, 2009, 「長白山祭壇探源」, 『東北史地』 2009-5.
- 馮恩學·馬天夫, 2012, 「撫松大方(荒)頂子積石堆調査報告」, 『邊疆考古研究』 11.

2
성곽

01 무송 대방정자성
撫松 大方頂子城 | 大方頂子山城

1. 조사현황

1) 1960년 5월
○ 조사자 : 撫松縣 文物普查隊.
○ 조사결과 : 大方頂子城에 대한 조사를 진행하여 돌로 쌓은 성벽을 발견. 이곳이 신석기시대 유적과 고구려시대의 고성임을 확인함.

2) 1986년 5월
○ 조사자 : 撫松縣 文物普查隊.
○ 조사결과 : 大方頂子城에 대한 재조사를 진행하였으나, 지표에서는 어떤 유물도 발견하지 못하였음. 산등성이 위에서 6개의 돌더미(石堆)와 우물(枯井) 및 석벽(石帶)을 발견하였음.

○ 발표 : 吉林省文物志編委會, 1987, 『撫松縣文物志』.

2. 위치와 자연환경(그림 1)

○ 大方頂子城은 北流 松花江 상류인 頭道松花江의 산간지대에 위치함.
○ 성곽은 撫松縣 萬良鎭 大方村에서 4km 떨어진 평지상의 대지(平崗)에 위치하는데, 대지는 속칭 '大方頂子'라 불림. 대지는 동서 방향으로 뻗어가다가 남북 방향으로 꺾이며, '厂'자 모양을 이루고 있음.
○ 대지의 양쪽은 골짜기이며 북쪽으로 撫松-泉陽 간 도로가 지나감. 대지가 남북 방향으로 꺾이는 모퉁이에는 TV송전탑과 벽돌 기와 공장이 있음.

그림 1
대방정자성 지리위치도

3. 성곽의 전체현황

○ 형태는 'ㄏ'자 모양을 이루고 있음.
○ 대방정자성이 자리잡은 평평한 대지는 동서 방향으로 이어지다가 남북 방향으로 꺾임.

4. 성벽과 성곽시설

1) 성벽
○ 돌더미(石堆) 유적 : 평평한 대지에 북쪽에서 남쪽으로 배열된 지름이 일정하지 않은 돌더미(石堆) 6개가 있는데, 후대 사람들이 쌓은 것으로 보임. 본래 모습은 아닌 것 같지만, 성벽의 성돌이 아니라고 단언할 수도 없음.
○ 석벽 : 길이 50m, 너비 1m, 높이 0.35m의 석벽(石帶 ; 石墻帶)이 남아 있음.

5. 성내시설과 유적

1986년 무송현 문물보사대가 조사할 당시 산등성이 위에서 말라버린 우물(枯井)을 발견하였다고 함.

6. 출토유물

발견된 유물이 아직 없음.

7. 역사적 성격

大方頂子城은 北流 松花江의 상류인 頭道松花江 유역에 위치하였음. 이 지역은 백두산 서북쪽의 산간지대로 通化나 臨江에서 二道白河를 거쳐 敦化나 和龍으로 나아가는 山間路가 지나는 교통로상의 요충지임. 대방정자성은 산간지대의 평지에 위치한 평지성인데, 축조시기를 명확하게 파악할 수 있는 유물이 출토된 상태는 아님.

조사자는 돌더미(石堆)와 석벽(石帶 ; 石墻帶)이 자연적으로 퇴적된 것이 아니고 석벽에서 고대 성벽의 흔적을 확인할 수 있다는 점을 근거로 고구려시기의 성곽으로 파악했고(吉林省文物志編委會, 1987, 36쪽), 그 이후 다수의 논저에서 고구려 성곽으로 소개하였음(國家文物局, 1993, 138쪽 ; 馮永謙, 1994, 196쪽 ; 魏存成, 1999, 34쪽 ; 魏存成, 2002, 94쪽). 또한 고구려시기에 축조한 것을 발해가 연용하였다고 보기도 함(王禹浪·王宏北, 1994, 52~53쪽).

대방정자성이 위치한 무송현 지역은 백두산 서북쪽의 산간지대로 通化나 臨江에서 二道白河를 거쳐 敦化나 和龍으로 나아가는 山間路가 지나는 교통로상의 요충지임. 이 가운데 臨江에서 二道白河에 이르는 교통로는 발해시기에 上京에서 西京鴨綠府를 거쳐 압록강 수로를 통해 당으로 나아가는 이른바 朝貢道의 육로 구간에 해당하는데, 이 루트는 고구려시기부터 이용되었을 가능성도 있음(이성제, 2009 ; 2016, 73~81쪽).

大方頂子城이 실제 고구려시기의 성곽이라면 도성이었던 국내성에서 백두산 북쪽의 산간로를 경유하여 牡丹江 유역이나 豆滿江 유역으로 나아가는 교통로를 공제하며, 주변 지역을 다스리던 거점 기능을 수행했을 것으로 추정됨.

참고문헌

· 吉林省文物志編委會, 1987, 『撫松縣文物志』, 吉林省文物志編修委員會.
· 國家文物局, 1993, 『中國文物地圖集』 吉林分冊, 中國地圖出版社.
· 王禹浪·王宏北, 1994, 『高句麗·渤海古城址硏究匯編』

(上), 哈爾濱出版社.
- 馮永謙, 1994, 「高句麗城址輯要」, 『北方史地硏究』, 中州古蹟出版社.
- 남대명, 1995, 『연변문화 유물략편』, 민족문화.
- 東潮·田中俊明, 1995, 『高句麗の歷史と遺跡』, 中央公論社.
- 魏存成, 1999, 「길림성 내 고구려산성의 현황과 특징」, 『고구려연구』 8.
- 魏存成, 2002, 『高句麗遺蹟』, 文物出版社.
- 劉子敏, 2008, 「也談大武神王伐扶余」, 『東北史地』 2008-3.
- 이성제, 2009, 「고구려와 발해의 성곽 운용방식에 대한 기초적 검토」, 『고구려발해연구』 34.
- 魏存成, 2011, 「中國境內發現的高句麗山城」, 『社會科學戰線』 2011-1.
- 이성제, 2016, 「최근 조사자료를 통해 본 중국 소재 고구려 성곽의 운용양상」, 『東北亞歷史論叢』 53.

3
기타 유적

01 무송 양동유적
撫松 羊洞遺蹟

1. 조사현황

○ 조사시기 : 1986년 5월.
○ 조사기관 : 撫松縣文物普查隊.
○ 조사내용 : 문물조사 당시 발견.

2. 위치와 자연환경(그림 1)

○ 羊洞유적은 북류 松花江의 상류인 頭道松花江(현 漫江)의 우안에 위치하는데, 撫松縣 東崗鎭 西江村 서남쪽 약 1km 지점의 漫江 우안의 2급 대지에 해당함.
○ 漫江은 유적지를 반원형으로 감싸 돌아 북으로 흘러감. 강 건너편은 험준한 절벽(峭壁)이며, 절벽 위에 자연적으로 형성된 동굴이 있음. 산양이 동굴 안에 서식하여 '羊洞'이란 이름을 얻음.

3. 유적의 전체현황

○ 면적은 6,000m²로 동서 길이 100m, 남북 너비 60m임.
○ 지층 단면을 보면 두께가 15~20cm이고, 회흑색 부식토인 경작층 아래에 문화층인 두께 40~60cm의 砂質 황색토가 있음. 황색토층에서 일부 부분은 灰坑 흔적이 있는 것 같지만 유물은 보이지 않음. 그 아래는

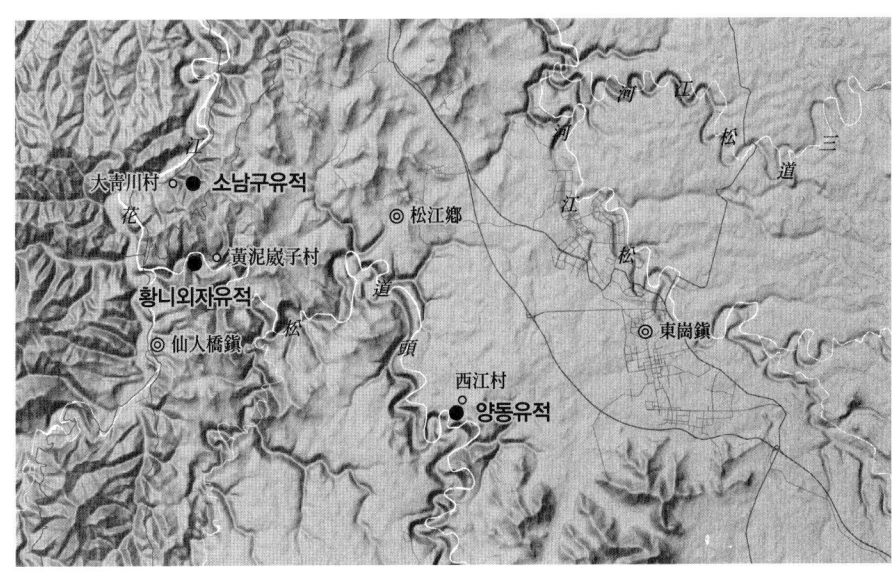

그림 1 양동유적 위치도
(『中國文物地圖集』 吉林分冊)

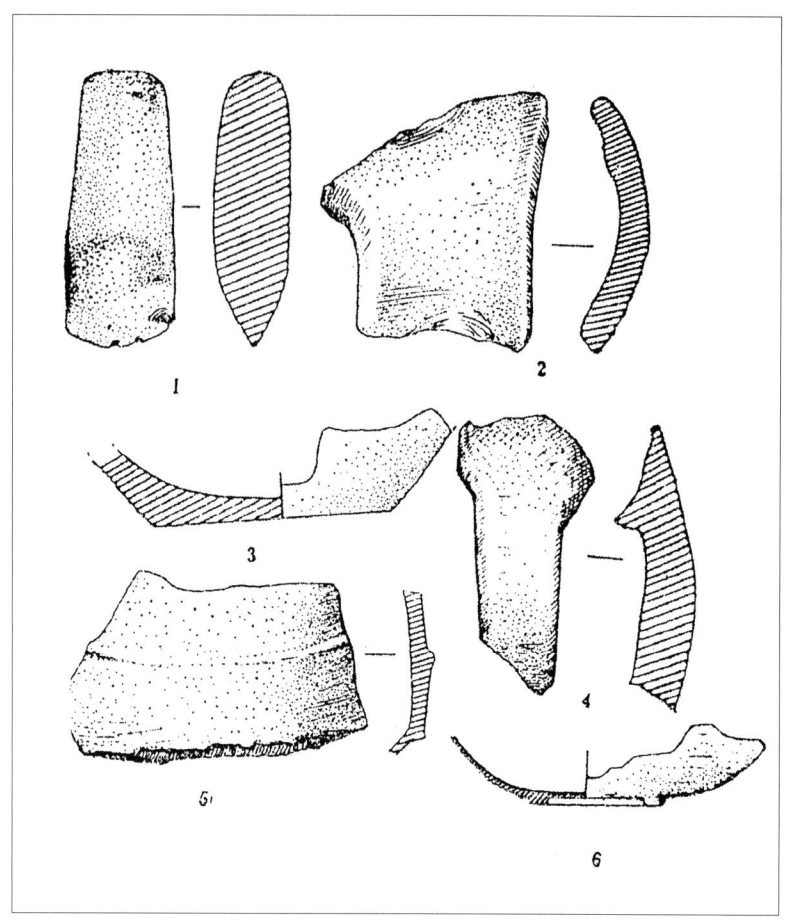

그림 2 양동유적 출토유물
(『撫松縣文物志』, 26쪽)
1. 돌도끼(1/4) 2. 토기 손잡이(1/2)
3. 토기 바닥부(1/4) 4. 토기 손잡이(1/2)
5. 철기 잔편(1/2) 6. 청동기 바닥부(1/4)

생토층임.

○ 유적 지표에는 비교적 많은 유물이 산재해 있음. 채집한 표본은 돌도끼, 토기편, 청동기와 철기 잔편 등임.

4. 출토유물

1) 돌도끼(石斧, 그림 2-1)

○ 크기 : 전체 길이 11cm, 너비 4.2cm, 두께 3cm, 刃 너비 4.8cm.

○ 형태 : 흑색 석재의 磨製品. 타원형. 頂部는 평평하고, 중앙이 뾰족하며, 날은 둥근 弧刃. 刃部는 사용하여 파손된 흔적이 있고 약간 한쪽으로 기울어짐.

2) 토기편

○ 토기편은 구연, 손잡이 토기 바닥 등이 있음. 手製와 輪製로 나뉘며, 대부분 灰陶와 黑灰陶이지만 간혹 紅褐陶와 黃褐陶가 있음.

○ 구연은 圓脣, 尖脣, 方脣 등 세 형태가 있음. 원순의 구연은 대부분 밖으로 말려 입이 크게 밖으로 벌여졌으며, 첨순은 구연이 평평하게 꺾여 입이 오므라들고 복부는 볼록한 형태임. 방순 토기는 입이 곧고 복부가 볼록하거나 구연부가 평평하게 꺾임. 어떤 것은 구연부에 음각선이 한 줄 돌아가고, 구연부 안쪽에 음각선을 돌리기도 하였음. 종류는 罐, 盆, 碗, 鉢 등이 있음.

○ 토기 손잡이는 모두 수제의 니질회도이고, 띠모양의 납작한 손잡이(橋狀板耳)로 길이는 각기 다름(그림 2-2·4).

○ 토기 바닥부 잔편은 황갈색이고 수제이며, 기벽이

비스듬하고 바닥이 평평함(斜壁平底)(그림 2-3).

3) 청동기 바닥(그림 2-6)
채집된 청동기 잔편은 청동을 두들기고 눌러서 제작했으며, 형태는 청동완(銅碗)과 비슷하여 비스듬한 기벽(斜壁)은 아주 둥글고, 저부에는 작은 굽(圈足)이 형성되어 있음.

4) 철기 잔편(그림 2-5)
철기 잔편은 주조품. 둥근 바닥 같으며 복부 하단에는 돌대(凸棱)가 하나 있음.

5. 역사적 성격

羊洞유적은 北流 松花江의 상류인 頭道松花江의 우안에 위치함. 유적지에서 출토된 유물을 분석하면 토기편은 다수가 물레를 사용해 제작한 泥質陶인데, 원시사회의 생산공구를 대표하는 돌도끼와 공반되고, 철기 잔편도 발견됨. 이에 양동 유적을 고구려시기의 생활유적으로 파악함(吉林省文物志編委會, 1987, 26~27쪽; 國家文物局 主編, 1993, 138쪽).

보고된 띠모양의 납작한 손잡이(橋狀板耳)로 미루어 고구려시기의 유적일 가능성은 매우 높다고 판단되지만, 조사가 정밀하게 진행된 상황이 아니기 때문에 석기와 금속기의 병행기라고 단정하기는 어렵고 구체적인 시기를 판단하기도 쉽지 않음.

참고문헌
- 吉林省文物志編委會, 1987, 『撫松縣文物志』.
- 國家文物局 主編, 1993, 『中國文物地圖集』 吉林分冊, 文物出版社.

02　무송 황니외자유적
撫松 黃泥崴子遺蹟

1. 조사현황

○ 조사시기 : 1986년 5월.
○ 조사기관 : 撫松縣文物普查隊.
○ 조사내용 : 문물조사 당시 해당 유적을 발견함.

2. 위치와 자연환경(그림 1)

○ 黃泥崴子유적은 북류 松花江의 상류인 頭道松花江(현 漫江)의 좌안에 위치하는데, 행정구역상으로는 撫松縣 仙人橋鎭 黃泥崴子村에 해당함.
○ 유적지는 황니외자촌 정부 소재지에서 철교로 두도송화강을 건너 약 1km 거리에 경사진 좁고 긴 지대에 위치.
○ 유적지 앞 20m 거리에 頭道松花江이 흐르며, 강 좌안의 경작지에 위치함. 강 우안은 강을 따라 단애가 형성되어 있는데, 아주 곧게 솟은 절벽이 거대한 石墻처럼 보여 현지인들은 '刀劈砬子'라고 부름. 유적지 뒤쪽에는 通化 - 白河 간의 철로가 지나가며, 그 뒤로는 높은 산이 있음.

3. 유적의 전체현황

○ 유적의 범위는 1,000m²로 동서 길이 50m, 남북 너비 20m임.
○ 지세와 환경은 인류 주거지로 부적합하나 지표에 토기편이 산재해 있음.

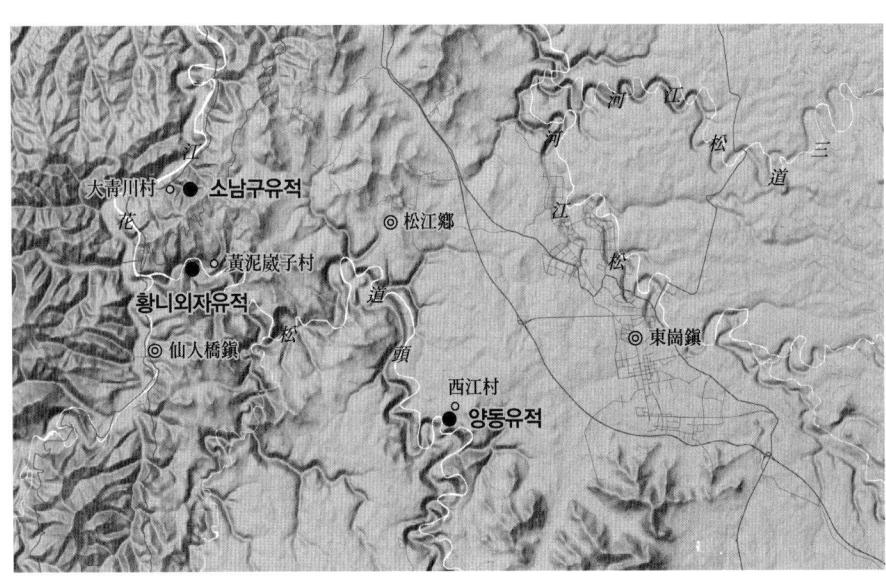

그림 1
황니외자유적의 위치도

4. 출토유물

○ 토기편은 니질회도와 황갈도 등 두 종류임. 구연과 토기 바닥이 있는데 모두 물레 제작임.

○ 구연은 둥근 입술에 곧은 입(圓脣直口), 뾰족한 입술에 곧은 입(尖脣直口), 네모진 입술에 곧은 입(方脣直口) 등이 있음. 모두 무문(素面)임.

○ 토기 바닥은 물레로 제작한 泥質灰陶로 기벽이 비스듬하고(斜壁), 바닥이 평평함(平底). 바닥부와 가까운 곳은 안으로 오목한 형태를 띠어 굽과 유사함(假圈足).

○ 일부 토기편에는 파상문(波浪文)과 현문(弦文)이 시문됨.

5. 역사적 성격

黃泥崴子유적은 北流 松花江의 상류인 頭道松花江의 좌안에 위치함. 조사자는 유적지에서 출토된 유물을 분석해 고구려시기의 생활유적으로 파악했음(吉林省文物志編委會, 1987, 27쪽; 國家文物局 主編, 1993, 138쪽). 토기의 저부가 평저라는 점에서 고구려시기의 유적일 가능성은 높지만, 조사가 정밀하게 진행되지 않았기 때문에 구체적인 시기를 판단하기는 쉽지 않음.

참고문헌

- 吉林省文物志編委會, 1987, 『撫松縣文物志』.
- 國家文物局 主編, 1993, 『中國文物地圖集』 吉林分冊, 文物出版社.

03 무송 소남구유적
撫松 小南溝遺蹟

1. 조사현황

1) 1960년
○ 조사기관 : 通化地區文物普查隊.
○ 조사내용 : 일찍 石斧, 石錛, 石球, 흑갈협사도 등의 유물을 채집한 결과 신석기시대 유적으로 추정함.

2) 1986년 5월
○ 조사기관 : 撫松縣文物普查隊.
○ 조사내용 : 유적 범위를 확정하고 구연, 토기바닥 등의 토기편을 채집하고, 이 유물 등을 통해 고구려 유적임을 확인함.

2. 위치와 자연환경(그림 1)

○ 小南溝유적은 북류 松花江 상류인 頭道松花江(현 漫江)의 우안에 위치하는데, 행정구역상으로는 撫松縣 仙人橋鎭 大靑川村의 小南溝에 해당함.
○ 유적은 小南溝 북쪽 산비탈의 완만한 구릉의 경작지에 위치하는데, 사면은 모두 산으로 둘러싸여 있음.

3. 유적의 전체현황

○ 유적 분포면적은 3,500m²로 동서 길이 50m, 남북 길이 70m임.

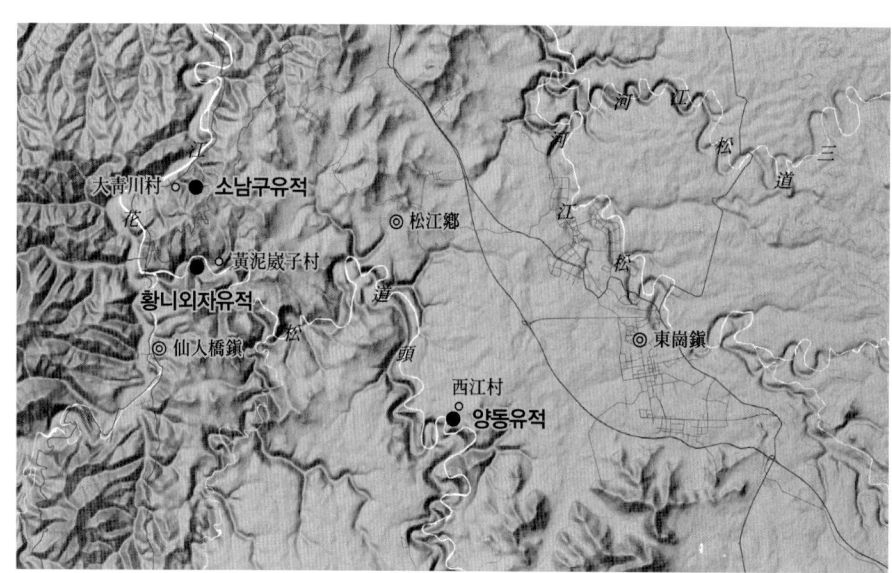

그림 1
소남구유적 위치도

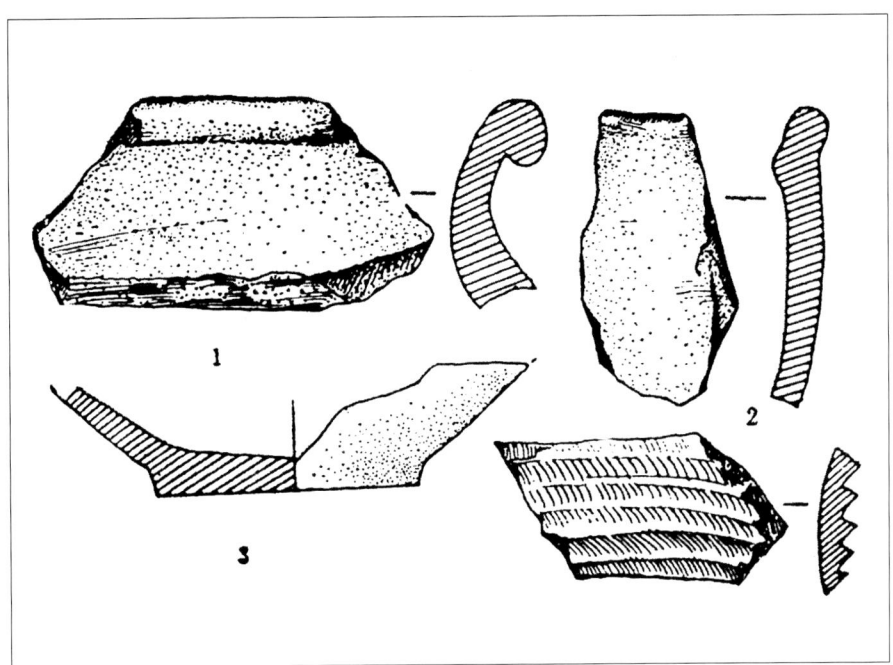

그림 2
소남구유적 출토유물
(『撫松縣文物志』, 18쪽)
1·2. 토기 구연부(1/2)
3. 토기 바닥부 4. 토기편(1/4)

○ 소남구유적지는 南崗유적에서 동쪽으로 1km 떨어져 있음.

4. 출토유물

○ 1984년 수습된 토기 잔편들은 구연과 바닥으로, 대다수 물레 제작(輪制)한 니질회도이며 소량의 협사갈도가 있음.
○ 구연은 둥근 입술의 곧은 입(圓脣直口)과 둥근 입술의 큰 입(圓脣折沿侈口)이 있음(그림 2-1·2). 토기 바닥부는 호형의 기울어진 벽(弧形斜壁)과 평저로 이루어졌고(平底), 바닥 가까운 부분은 안으로 오목해져 굽(圈足)과 유사한 형태임(그림 2-3).
○ 토기편은 거의 무문(素面)이며, 內壁에는 등거리의 돌대(凸棱)가 있는데 권상법 흔적임.

5. 역사적 성격

小南溝유적은 北流 松花江의 상류인 頭道松花江의 우안에 위치함. 조사자는 유적지에서 출토된 유물을 분석해 신석기시대의 문화유적이 다수이고 소량의 비교적 늦은 문화 유물이 있는데 그 연대 하한은 거의 고구려시기까지 내려간다고 파악했음(吉林省文物志編委會, 1987, 18~19쪽; 國家文物局 主編, 1993, 138쪽). 다만 조사가 정밀하게 진행되지 않았기 때문에 유적의 성격이나 구체적인 시기를 판단하기는 쉽지 않음.

참고문헌
· 吉林省文物志編委會, 1987, 『撫松縣文物志』.
· 國家文物局 主編, 1993, 『中國文物地圖集』 吉林分冊, 文物出版社.

04 무송 신안유적
撫松 新安遺蹟

1. 조사현황

縣文物保護單位로 지정됨.

1) 1983년
- 조사기간 : 1983년 11월.
- 조사자 : 王志敏, 徐平(撫松縣文化館).
- 조사내용 : 撫松縣 新安鄕 新安村 촌민 周成貴가 집 채소밭에서 야채 저장소를 팔 때, 연화문 와당, 포문 기와, 고리가 두 개인 청동기(銅雙環器), 궁형 청동기(銅弓形器), 어망추(網墜), 토기편 등을 발견함. 지역 文管會가 이 소식을 듣고, 王志敏과 撫松縣文化館 徐平이 조사를 진행함. 산언덕에서 아래 산비탈까지 회색 토기편과 기와편 등의 유물이 흩어져 있었음. 출토 유물을 근거로 유적지의 연대를 발해시기로 추정함. 이 조사에서는 도면과 사진자료를 남기지 않았고, 유물 출토 지점에 대한 설명도 없었음.
- 발표 : 王志敏, 1985, 「吉林撫松新安渤海遺址」, 『博物館研究』1985-2.

2) 1985년
- 기간 : 1985년 봄.
- 내용 : 상술한 출토지점에서 북측으로 70m 떨어진 비탈에 집을 짓기 위해서 기초를 파다가, 철제화살촉(鐵鏃) 두 묶음을 발견함. 각 묶음에는 20여 개가 있었음. 농민들에 의하면 화살촉은 梭形起脊과 短鋌方柱形 두 종류가 있었다고 함. 한 주민에 의하면, 그 집 채소밭에서 20m도 떨어지지 않은 곳에 사는 이웃집 촌민이 야채 저장소를 파다가 1.4~1.6m 깊이의 지층에서 돌로 쌓은 주거지벽 기초를 발견하였는데, 기초의 너비는 30~40cm였다고 함. 돌은 현지에서 생산된 것이 아니라, 2.5km 밖의 牛崗才에 있는 것임. 사람들이 이 돌을 캐서 집을 짓지 않았고 석벽이 비교적 깊게 매장되어 있는 점을 근거로 발해시기의 주거지라고 봄.

3) 1986년
- 조사기간 : 1986년 5월.
- 조사기관 : 撫松縣文物普查隊.
- 조사내용 : 유적지 서남모서리 근처 유물이 많은 약간 높은 대지(高埠)를 시굴하였는데, 연화문 와당, 치미 등 전형적인 발해시기의 건축부재가 출토됨. 유적지 동·남·서 바깥 주위에 성벽과 성문 흔적이 발견되면서 발해시기의 성지로 파악하였고, '新安古城遺址'로 명명함. 또한 사료 기록을 토대로 하여 渤海 豊州 治所로 추정하였음. 조사를 통해 신안유적의 범위를 확정하였고, 성벽 벽체 기본구조를 묘사하였으며, 출토유물의 종류와 수량을 발표하였음. 비교적 과학적인 고고발굴을 진행함으로써 많은 유물을 발견하였고 풍부한 자료를 수집하여 학술계에 큰 영향을 주었고, 그 성과는 지금까지도 광범위하게 인용되고 있음. 다만 정식적인 고고보고서가 발표되지 않았는데, 文物志에 간단한 기록과 출토유물 일부에 대한 사진과 도면이 있을 뿐임. 그

리하여 발굴과정, 유적의 형태, 유물이 출토된 구체적인 지점, 遺存이 분포된 정황과 상호 사이의 관계 등의 문제 등에 대해 알 수가 없음.
○ 발표 : 吉林省文物志編委會, 1987, 『撫松縣文物志』.

4) 1986년
○ 조사기간 : 1986년 6월.
○ 조사내용 : 6월 27일 유적지를 조사할 때, 동북 모서리 외측에서 제련유적지(煉鐵) 1곳을 발견함.

5) 1986년
○ 내용 : 1986년 7월 新安村의 한 농민이 유적지 안에서 동제 허리띠고리(銅帶扣), 철제칼(鐵刀), 철제화살촉(鐵鏃) 등을 발견함.

6) 1994년
○ 조사기간 : 1994년 10월.
○ 조사기관 : 吉林省文物考古硏究所.
○ 조사자 : 何明, 王靑, 張建宇, 包顯斌(이상 吉林省文物考古硏究所), 王文興(撫松縣文管所).
○ 조사내용 : 吉林省文物考古硏究所가 유적지에 대해 재조사와 시굴을 진행함. 이 조사에서는 유적지의 지리 상황과 보존상태를 상세하게 기록하였음. 유적지 범위 안을 동·중·서 세 구역으로 나누고, 각 구역마다 시굴에 적절한 지점을 선정하여, 트렌치를 파는 방식을 진행함. 각 구역 가운데 서쪽 구역에 위치한 피트에서 비교적 풍부한 유구와 유물이 발견되었음. 발굴 규모가 비교적 작아 유적지 일부분만 노출되면서, 유적지의 전모를 알기 어려웠음. 그리하여 주거지의 평면구조, 실내시설, 방향, 문길 등의 정황을 파악하지 못함. 다만 서쪽 구역에 중요한 건물지가 위치했음을 파악하였음. 조사 보고서에는 시굴 성과를 간단하게 소개하고, 교통의 요충지에 위치하고 있어 오가는데 매우 편리하다고 기술하였는데, "榆樹川 나루터에서 선착장에 도착한 다음, 동문을 통해 성내를 진입하고 다시 抽水로 갈 수 있다. 혹은 강 맞은편의 二道花園에서 강을 건너 남벽의 동쪽 성문을 통해 성내로 진입한 후 抽水로 갈 수 있다"고 언급하였음. 그 이외에 성곽 북면·서쪽구역과 마주하는 산봉우리 정상에서 봉화대와 유사한 유적을 발견하였는데, 북부 산 위의 망대시설로 보았음. 신안유적(舊 신안고성)을 발해시기 朝貢道의 중요 城市로 보면서, 대체적으로 기존의 결론을 긍정함. 다만 보고서에서는 시굴지점의 구체적인 위치와 유물이 출토된 명확한 지점을 언급하지 않았고, 출토유물의 도면 혹은 사진을 제시되지 않았음. 또한 유적지 성격에 대한 진전된 견해가 보이지 않음.
○ 발표 : 吉林省文物考古硏究所, 2000, 「撫松新安渤海古城的調査與發掘」, 『博物館硏究』 2000-2.

7) 2009년
○ 조사기관 : 吉林省文物考古硏究所.
○ 조사자 : 宋玉彬(吉林省文物考古硏究所, 발굴 책임, 보고서 편저 지도), 梁會麗(吉林省文物考古硏究所, 집행 책임, 도면과 사진 담당), 于丹(吉林省文物考古硏究所), 張哲(吉林省文物考古硏究所), 穀苪(白山市文物管理委員會辦公室), 王文興(撫松縣文物管理所), 劉輝(吉林大學考古系硏究), 李簪哲(吉林大學考古系硏究), 於麗群(토기 복원 및 탁본 담당), 張玉春(금속기 보호와 복원), 王培新(吉林大學邊疆考古硏究中心, 보고서 편저 지도)
○ 조사내용 : 2009년 5월 營(營城子)-松(松江河) 고속도로를 건설하면서 吉林省文物考古硏究가 고속도로 공사 범위와 부근 구역에 대해 구제발굴을 진행하였는데, 6개월 동안 2,100㎡를 발굴함. 발굴구역은 유적지 서남모서리에 위치하는데, 1986년 시굴지점과 중복됨. 지리좌표는 동경 127°11′04″, 북위 42°19′54″이고, 해발은 420m임. 遺存이 가장 풍부한 서남쪽 대지를 전면적으로 발굴해, 건물지의 規格·形態 등의 정황을 파악함. 아울러 남쪽 성벽에 대한 절개조사를 진행

함. 확인된 성지 범위 안에서는 이전에 언급된 "전체 유적지 범위 내에 기와편의 유물이 분포되었다"라는 정황을 발견하지 못함. 성지 서남모서리 즉 발굴구역에 해당하는 대지 위에서 풍부한 유물을 발견함. 발굴을 통하여 유적지의 성격을 파악하고, 발해시기의 유적·유물 자료를 대거 수집함으로써, 유적지와 관련한 발해에 대한 인식이 풍부해짐. 그리고 유적지에 남아 있는 지층을 통해 後漢, 발해 중기, 발해 후기~金 초 등 3기 遺存을 확인함으로써, 유적지가 발해만의 단일 문화유적지가 아님을 확인함.
○ 발표 : 吉林省文物考古硏究所, 2013, 「吉林撫松新安遺址發掘報告」, 『考古學報』 2013-3.

2. 위치와 자연환경 (그림 1 ~ 그림 2)

○ 신안유적은 頭道松花江 北岸(右岸)의 산간 평지에 위치하는데, 행정구역상으로는 吉林省 撫松縣 撫松鎭 新安村의 서쪽 1km 거리에 해당함. 동쪽 6~8km 거리에 撫松縣城이 있고, 서남쪽 100km 거리에 臨江市 소재지가 있음.
○ 유적은 북측으로 산간지대가 펼쳐짐. 남쪽은 靖宇縣 榆樹鄕 관할인데, 靖宇 榆樹川山城과 강을 사이에 두고 마주하고 있음. 동쪽은 大靑河溝를 사이로 두고 東台子山城과 접함. 頭道松花江이 동쪽에서 서쪽으로 흐르면서 유적의 남측과 서측을 지나가고 있음. 이 지점은 頭道松花江에 의해 형성된 매우 개활한 하곡 평지임. 북면의 계속 이어지는 여러 산들과 유적지를 둘러싸고 있는 頭道松花江이 천연장벽이 되면서, 공격과 퇴각이 가능하고 수비가 가능한 전략적인 지위를 보유하게 되었고, 교통 중심지를 통제하는 요충지가 되었음.

3. 유적의 전체현황

○ 유적지는 하류 쪽에 건설한 댐의 침수 범위에 해당되기 때문에 남측과 서측 가장자리가 장기간 강물에 침식되어 면적이 계속해서 줄어들고 있음. 신안유적은 이 대지 서부에 위치하면서 서·남 양측이 대지 가장자리 가까이에 있어 비교적 심하게 침식되었기 때문에, 이전에 확정된 유적지 범위 일부가 없어졌음. 유적지가 위치한 대지는 지세의 기복이 크고, 홍수에 따른 침식으로 형성된 남북향의 도랑(沖溝)이 여러 줄기 있는데, 유적지를 관통하여 頭道松花江으로 합류함. 도랑의 너비는 일정하지 않은데, 최고 너비는 10여 m에 달하고, 깊이는 대부분 1m 이상임. 신안유적의 북측 산에서 흘러나온 홍수와 서측·남측 강물의 침식을 받는 등 자연적인 파괴가 매우 큰데, 자연적으로 갈라져 여러 개의 울퉁불퉁하고 불규칙한 형태의 지면을 형성함.
○ 유적지 남측에서는 지면보다 1.5~3m 높은 남북방향의 흙두둑이 끊어졌다 이어짐을 반복하고 있음. 현재 남아 있는 길이는 약 30m임.
○ 동쪽으로 1.5km 정도 가면 1983년 촌민이 유물을 파냈던 지점이 나옴. 북측으로 100m 떨어진 지점에 높이 3m의 원형 흙무지가 있는데, 지역주민은 '高麗墳'이라고 부르고 있음. 고분으로 추정됨(吉林省文物志編委會, 1987).

1) 1986년 5월 조사내용 (吉林省文物志編委會, 1987)

(1) 형태

○ 고성은 장방형임.
○ 성벽의 보존상태는 같지 않고, 일부 구간은 보존이 양호함.
○ 동벽 길이는 490m, 남벽 길이는 1,150m, 서벽 길이는 680m임. 북벽은 경작지와 평면을 이루고 있는데,

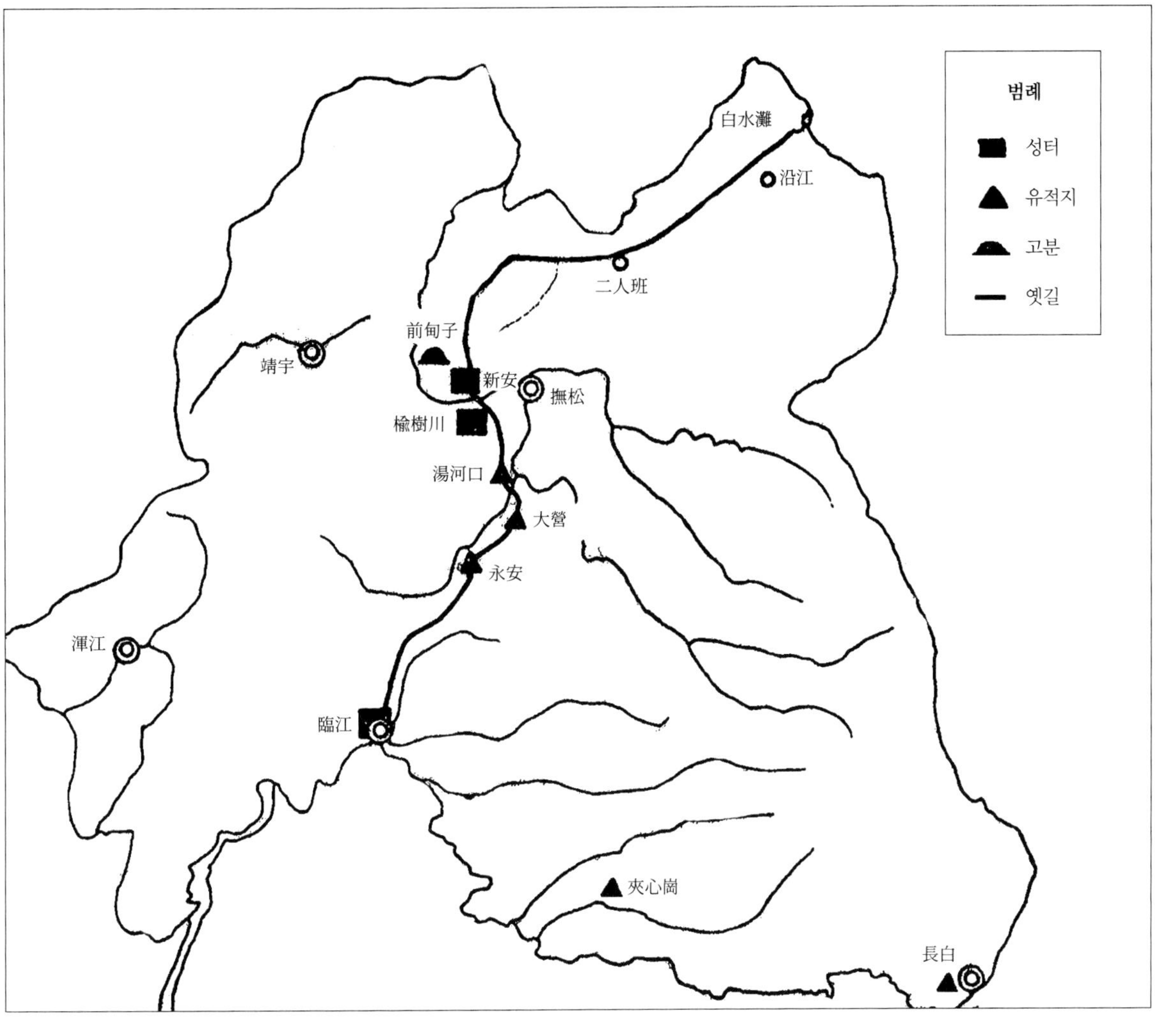

그림 1 신안유적 위치도 1

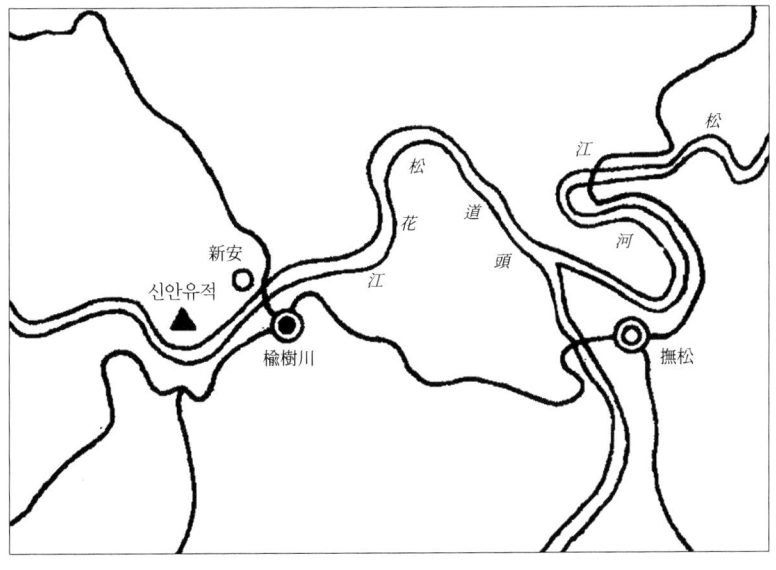

그림 2 신안유적 위치도 2
(吉林省文物考古硏究所, 2013, 347쪽)

제12부 무송현(撫松縣) 지역의 유적

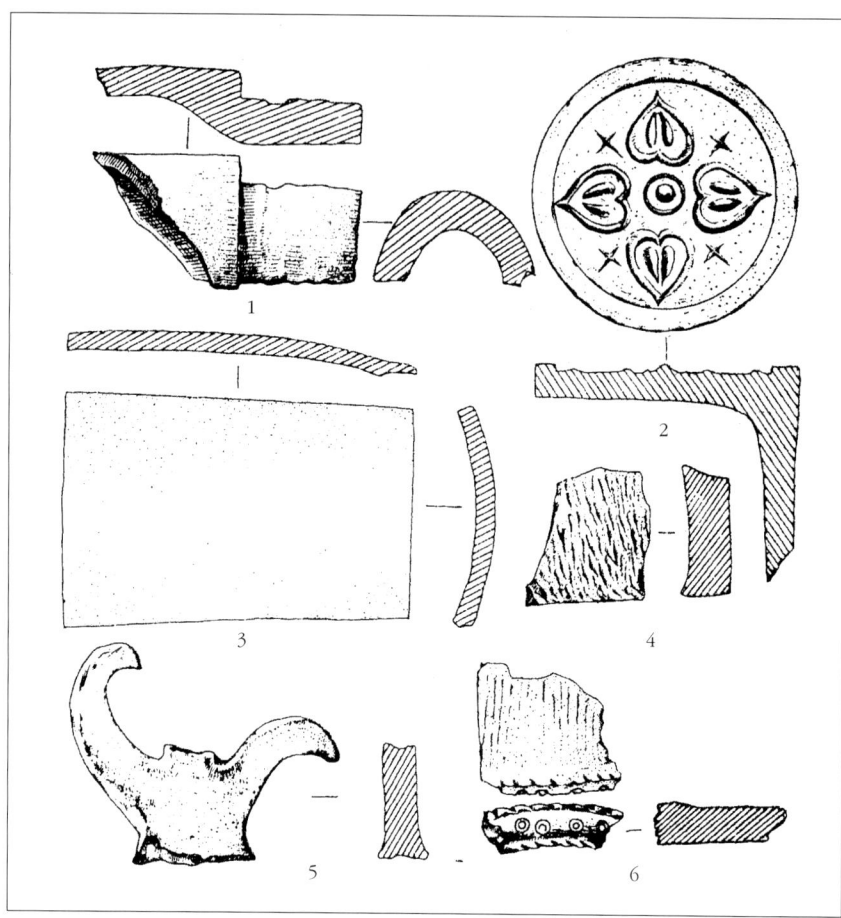

그림 3 신안유적 출토 건축부재
(1986년 5월)
(吉林省文物志編委會, 1987, 42쪽)
1. 수키와 2. 와당 3. 암키와
4. 암키와 잔편 5. 토제 장식품
6. 끝암키와

길 옆 단면에서 판축 흔적을 볼 수 있고, 대체적인 방향도 확인할 수 있음. 길이는 1,020m임. 성벽의 전체 둘레는 3,340m임.

○ 동벽에는 한 개의 문이 있음. 남벽에 개구부(豁口) 2곳이 있는데, 문지로 볼 수 있음. 서벽에는 3개의 문이 있음. 가운데 성문이 가장 큰데, 너비가 44m임. 고성에서 가장 웅장한 성문이라고 볼 수 있음.[1]

○ 남벽 단면에서 퇴적층 5개층을 확인할 수 있음. 제1층은 경작층으로 두께는 55cm임. 제2층은 판축층(夯土層)으로 두께는 115cm임. 제3층은 자갈이 들어 있는 굵은 모래층(粗砂層)으로 두께는 40cm임. 제4층은 황색 진흙층으로 두께는 40cm임. 제5층은 모래층(砂土層)임. 성벽의 판축층은 명확한데, 각 층의 두께는 8~10cm임.

○ 보존이 비교적 양호한 성벽의 높이는 1.5~2m임.

(2) 건물지

○ 남벽과 서벽 사이에 유물이 비교적 많이 흩어져 있는 대지(高埠)가 있음. 대지는 동서 길이 50m, 남북 너비 35m, 높이 2m임. 대지는 남벽으로부터 90m, 서벽으로부터 100m 떨어져 있는데, 비교적 중요한 건물지로 볼 수 있음.

○ 출토된 유물로는 수키와 및 암키와 잔편, 토기편, 건축부재 등이 있음.

○ 수키와 : 두 종류가 있음. 하나는 연화문 와당과 연

---

[1] 남벽에 한 개, 동벽과 서벽에 각각 2개 등 5개라는 기록이 있음(張殿甲, 1988).

결된 미구가 있는 수키와(檐頭筒瓦, 그림 3-2)임. 와당 정면의 돌기된 주연부(邊框) 내부는 안으로 들어가 있고, 4개의 蓮瓣이 장식되어 있으며, 蓮瓣 사이에는 '十'자 문양이 장식되어 있음. 수키와 부분의 배면에는 문양이 없고, 내면에는 포문이 있음. 다른 한 종류는 일반 수키와로 한쪽 끝에 미구(瓦脣)가 있음.

○ 암키와 : 세 종류가 있음. 첫 번째는 황토색의 미구가 있는 암키와(檐頭板瓦)로 표면에 희미한 승문 흔적이 있음. 미구(檐頭)에는 일정한 간격으로 連珠文이 있고, 連珠文 양측에는 지압문(指按文)이 있음. 일반적으로 溝滴(끝암키와)이라고 부르고 있음(그림 3-6). 두 번째는 청회색의 미구가 있는 끝암키와(檐頭板瓦)로 정면에는 앞에서 서술한 문양이 있음(그림 3-3). 세 번째는 일반적인 암키와로 색깔은 청회색임. 배면에는 문양이 없고, 내면에는 포문이 있음.

○ 건축부재 : 여러 종류가 있음. 하나는 건물 용마루 양측의 장식(披飾)으로 手製의 泥質 회색임. 진흙띠를 합쳐서 제작하였음. 표면은 문질러서 광이 남. 윗부분에는 가로 방향의 凸棱 두 줄이 있고, 凸棱 중간에는 원형 구슬장식 세 개가 일정한 간격으로 돌기되어 있음. 아랫부분에는 세로방향의 弧가 일정한 간격으로 세 줄 있는데, 형태는 凸棱으로 가로 방향의 凸棱과 서로 접함(그림 4). 다른 하나는 점토판(泥餠)을 사용하여 손으로 제작했는데, 편평한 모양이고, 양측에는 각각 길게 납작하고 네모난 기둥 형태가 뻗어 나와 있음. 미늘(倒鉤) 길이는 차이가 있음. 미늘(倒鉤)은 앞부분으로 가면서 꺾임. 중간에도 납작하고 네모난 기둥 형태가 있었지만, 파손됨. 전체적으로 소의 뿔과 유사함(그림 3-5).

○ 건물지의 성격을 명확하게 파악하기 위해, 건물지 위에 길이 20m, 너비 2m의 '厰' 형태 트렌치를 파서, 36m²의 면적을 노출시킴. 단면을 보면 3층의 퇴적층이 있음. 제1층은 耕作層으로, 흑회색의 부식토이며, 두께는 0.10~0.20m임. 제2층은 문화층이고, 흑갈색토 중에 석기·토기·철기·철·철광석 등이 포함되어 있

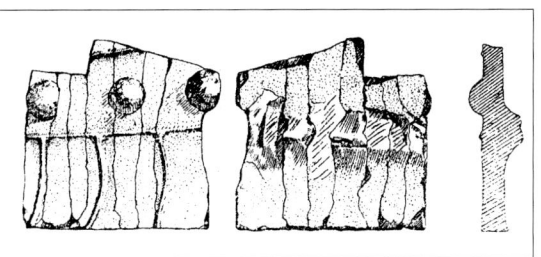

그림 4 신안유적 출토 용마루장식(1986년 5월) (吉林省文物志編委會, 1987, 42쪽)

으며, 두께는 0.60~0.80m로 일정하지 않음. 제3층은 모래층(砂土層)임.

○ 시굴 중에 주거지(房屋) 3곳, 아궁이(竈址) 3곳, 재구덩이(灰坑) 2곳을 발견함. 주거지(房屋)의 벽체는 황토를 다져서 쌓았고, 너비는 0.40m임. F1 주거지(房屋) 벽체의 벽면에는 백회를 칠한 흔적이 있음. 재구덩이(灰坑)는 모두 원형인데, 크기는 차이가 있음. 서로 간의 거리는 매우 가까움. 구덩이에는 흑색토가 채워져 있고, 포문 기와편·짐승뼈·새뼈·숯덩어리 등이 섞여 있음.

2) 1986년 6월 조사내용 (張殿甲, 1988)

○ 동북 모서리 외측에서 제련유적지(煉鐵) 1곳을 발견함. 동서 길이는 50m이고, 너비는 명확하지 않음. 노출된 지면 부분에서 퇴적층 5층을 볼 수 있음. 제1층은 흑회색 부식토로 두께는 30cm임. 제2층은 철슬래그와 자갈로 두께는 20cm임. 제3층은 紅燒土로 두께는 40cm임. 제4층은 자갈과 철슬래그로 두께는 15cm임. 제5층은 紅燒土로 두께는 명확하지 않음.

3) 1994년 가을 조사내용 (吉林省文物考古研究所, 2000)

(1) 조사정황

○ 평면은 불규칙한 평행사변형임.
○ 동·남·서 세 면에 성벽이 있고, 북면은 산세를 자연 성벽으로 삼음. 동벽은 490m이고, 한 개의 문(동문)

이 있음. 남벽은 1,150m이고, 두 개의 성문(동쪽과 서쪽 양측에 각각 한 개)이 있음. 서벽은 680m이고, 두 개의 성문(남쪽과 북쪽 양측에 각각 한 개)이 있음. 북면은 산세 방향과 동서 양벽 사이의 거리를 볼 때, 1,000여 m로 볼 수 있음. 북벽의 흔적은 발견하지 못함. 남벽의 동·서문과 서벽 모두 頭道江과 접해 있어서, 일부 구간이 강물에 침수되었음.

○ 인근 강물은 매년 가을이 되면 범람하였음. 이에 下流에 댐을 건설하였음. 성곽 사용 시기에는 강물이 성벽 위치에 도달하지 않았다고 추정되는데, 현재 강 면적이 물 차오를 때의 1/3이므로, 당시 강물은 남벽으로부터 약 100m 떨어져 있었다고 추정됨. 남벽 동문이 강 반대편의 二道花園 하구와 대응되지만, 이곳의 강물도 성문 밖까지 도달하지 못했을 것임. 성곽 동측의 新安村은 동벽과 동문을 포함함. 1983년 新安村 촌민이 동벽과 남벽이 만나는 지점 부근에서 발해시기의 중요한 유물을 발견하였는데, 바로 新安村의 남쪽 가장자리 높은 지대임. 新安村의 서쪽과 남쪽은 움푹한 지대이고, 작은 개천 너머 撫松縣의 種畜場이 있음. 그 남쪽 가장자리에는 높은 지대가 있는데, 그 위에 학교가 자리잡고 있고, 남벽 동문과 서로 마주하고 있음. 다시 서쪽으로 가면 개활한 경작지임. 성 안에서 유물은 서북쪽 높은 지대에 집중되어 분포하고 있음. 경작지 부근 남벽 서문 일대의 지면에서 유물이 가장 풍부하게 출토되고 있음. 높은 지대 서북 근처의 성지 서북 모서리는 저지대인데, 가을에 물이 차오르면 이곳과 서북문이 침식됨.

○ 성 안의 여러 작은 길과 소하천은 성 내부를 여러 개의 장방형 구획으로 나눔. 성지 동측 맞은편의 榆樹川 나루터에서 강을 건너 부두(大靑河 하구)에 오를 수 있고, 부두에 오른 후 작은 다리를 지나 서쪽으로 가다보면 성지를 관통하는 동서방향의 소로(抽水로 가는 방향)가 있음. 이 소로는 성곽 남·북반부의 경계를 이룸. 성내의 북반부는 주로 북면의 여러 산에서 발원한 작은 하천에 의해 형성된 자갈퇴적층으로 이루어져 있고, 남반부는 주로 頭道江과 여러 소하천에 의해 형성된 모래퇴적층을 이룸. 소로는 동문을 지나 신안촌을 가로질러 種畜場 서쪽 일대에 이르고, 또한 남쪽으로 향하는 세 개의 갈림길로 나누어짐. 남쪽으로 가면 동남향의 갈림길이 있는데, 이 길은 세 줄기의 갈림길과 통함. 그 가운데 서측 두 갈림길 사이의 남부에는 유물이 집중되어 있는 높은 지대가 있고, 북부는 풀이 무성한 황무지인데, 지세는 약간 융기되었음. 그 가운데 가장 서쪽의 갈림길 북단에 주택이 있고, 주택 뒤에 方臺形의 흙더미가 있는데, 오래된 고분으로 전해지고 있음. 이 갈림길 서남쪽으로 가면 서북문으로 통함. 그 이외에 남벽 가운데 구간에 성벽이 노출된 단면에 있는데, 성벽은 粘性이 비교적 큰 黃沙土層 위에 축조되었으며, 黃沙土와 그 위의 문화층인 갈색 모래토층은 명확하게 구별됨. 이러한 粘性의 모래 토질은 비교적 비옥하여 경작에 적합함.

(2) 조사발굴(그림 5)

○ 1994년 조사발굴에서는 성 안을 동쪽, 중앙, 서쪽 세 구역으로 나누고, 각 구역의 높은 대지에 10×2m의 트렌치 두 개를 팠는데, 총 발굴면적은 120m²임.

○ 세 구역의 지층퇴적 상황은 기본적으로 유사함. 제①층은 경작층으로 흑갈색토이고, 두께는 5~15cm임. 제②층은 문화층으로 황갈색 모래흙이고, 두께는 10~25cm임. 토질은 굳어있고, 안에는 기와편, 石塊 木炭粒, 紅燒土, 토기편 등이 들어가 있음. 제③층은 생토층으로 황색 사토층임.

○ 동쪽과 중앙 구역에서는 지층퇴적층을 제외하고 기타 유적은 발견되지 않았음. 다만 적은 양의 紅燒土와 회색 기와편이 출토됨. 서쪽 구역에서는 주거지, 재구덩이(灰坑), 灰溝 등이 발견됨.

○ 서쪽 구역에서는 성지 서부의 높은 대지를 선택하여 발굴함. 서쪽으로 서벽까지의 거리는 50m임. 지표에

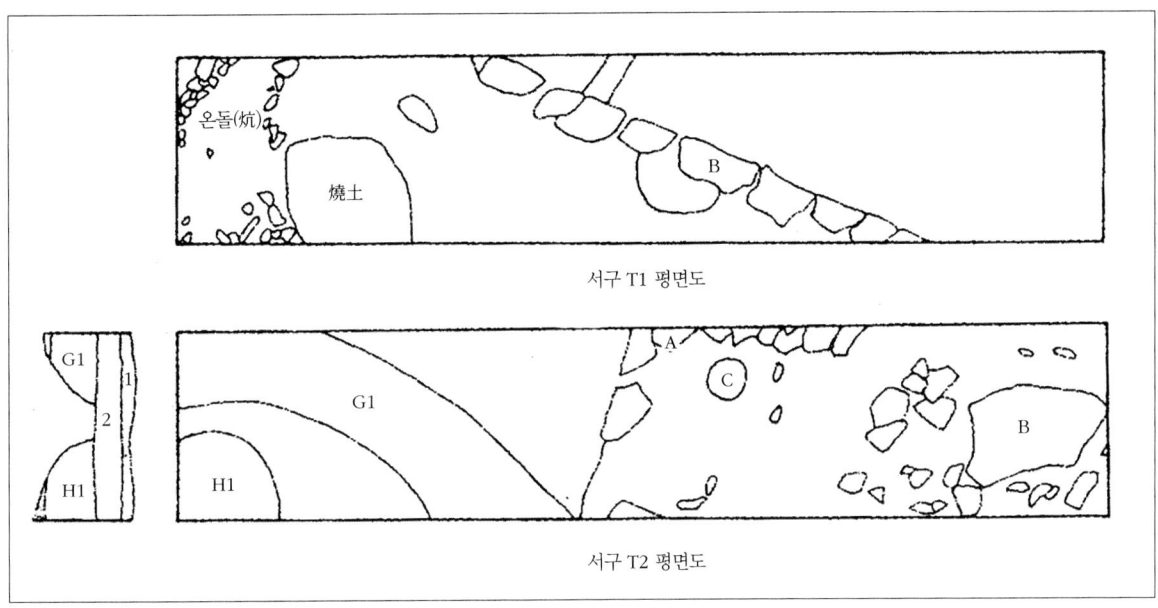

그림 5 신안유적 서쪽 구역 T1, T2 평·단면도(1994년 발굴)
1. 경작층(흑갈토) 2. 문화층(황갈토) 3. 황색사토층 A. 전돌 B. 돌 C. 기둥구멍

노출된 유물(석괴, 기와 등)은 비교적 풍부함. 10×2m의 트렌치 두 줄을 팠고, 94Fx西 T1·T2로 편호하였음. 트렌치 거리는 1m이고, 배열은 'T'자형임. 그 가운데 'T1'은 정남 방향이고, 'T2'는 동서 방향임.

① 서쪽 구역 유적

㉠ 주거지(房址) : F1 주거지(房址)
○ 開口는 제①층 아래에 있음.
○ 발굴 면적의 한계로 인하여 구체적인 형태는 자세히 알 수 없음. T1과 T2 구역에 위치함.
○ 주거지 안의 퇴적층은 3층이 있음. ①층에는 대량의 기와편이 있고, 석괴가 퇴적되어 있음. 토질은 단단함. 두께는 약 10cm임. ②층은 흑갈색토임. 비교적 많은 紅燒土, 煙炱土, 목탄 등이 들어 있음. 또한 기와편, 토기편, 흑요석 등도 포함되어 있음. 두께는 약 20cm임. ③층은 거주면임. 비교적 고른 모래토층으로 가공한 것처럼 보여짐. 두께는 약 5cm임.

○ 주거지 안에는 돌로 쌓은 온돌(火炕)과 아궁이(灶址) 등이 있음. 돌로 쌓은 온돌(火炕)은 동서 방향의 작은 고래(石牆) 두 줄로 이루어져 있음. 그 가운데 두 번째 고래(石牆) 서쪽 끝에 석판 2개가 수직으로 세워져 있고, 중간에 25cm 정도의 공간이 있는데, 불길(火道)로 추정됨. 고래(石牆) 주위에 黑燒土(煙炱土)가 군데군데 있음. 고래(石牆) 서쪽 끝부분에 원형의 紅燒土가 접해 있는데, 직경이 약 1.5m임. 그 가운데 부분이 아궁이(灶址)로 직경은 90cm, 깊이는 50cm임. 고래(石牆) 동쪽은 노면이고, 노면 위에서 기둥 구멍(柱洞) 한 개가 발견되었음. 기둥 구멍(柱洞)은 직경이 35cm인 원형이며, 구멍 안에서 紅燒土와 토기 등의 유물이 출토됨. 다져진 것으로 보임. 다른 노면에서는 강돌이 매우 불규칙하게 깔려 있는데, 강돌의 크기는 같지 않음. 주거지의 퇴적 정황을 볼 때 불에 타서 지붕이 무너진 것으로 보임.

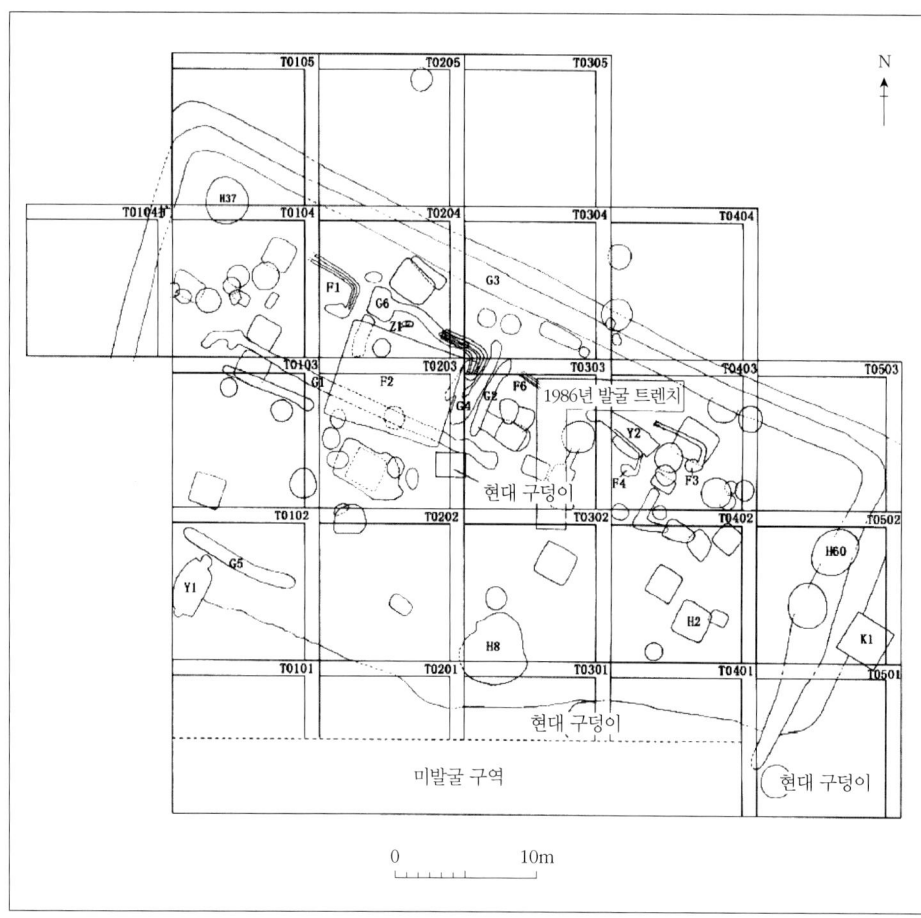

그림 6 신안유적 트렌치와 유적분포 평면도(吉林省文物考古硏究所, 2013, 348쪽)

ⓛ 재구덩이(灰坑) : H1 재구덩이(灰坑)

開口는 T2②층 아래에 있음. 원형으로 직경은 약 70cm, 깊이는 약 50cm임. 구덩이벽은 비스듬하게 곧고, 바닥은 둥그스름함. 바닥 아래에는 10cm 두께의 모래층이 있는데, 지하수 침식층임. 구덩이 안에서 토기편, 기와편, 흑요석기 등이 출토되었음.

ⓒ 灰溝 : G1 灰溝

開口는 T2②층 아래에 있음. 대체로 서-동 방향의 弧形 띠모양임. 조사부분은 길이 3.5m, 깊이 0.5m임. 그 아래에는 두께 10cm의 침식모래층(沉積沙層) 한 층이 있음. 이 灰溝는 작은 도랑이 폐기된 후 쓰레기장으로 활용된 것으로 보임. 구덩이 안에서 출토된 유물은 비교적 풍부한데, 토기편, 기와편, 석괴, 흑요석기 등이 있음.

4) 2009년 조사 내용(吉林省文物考古硏究所, 2013)(그림 6)

4분할 그리드 설치법(象限法布方)을 채용하여, 발굴구역인 서남모서리를 기준점으로, 제1 그리드에서 정남북 방향으로 10m×10m 피트 23개를 설치함. 피트 편호는 4자리수인데, 앞의 두 자리는 가로좌표, 뒤의 두 자리는 세로좌표임.

(1) 퇴적층(그림 7)

유적지 퇴적층은 모두 3층임. T0203 북벽 단면을 예로 들면 다음과 같음.

○ 제1A층: 耕土層임. 두께는 약 15cm임. 회갈색토임. 토질은 푸석푸석함. 지표에는 적은 양의 니질 회색 토기편과 포문 기와편, 강돌, 현대의 쓰레기 등이 흩어

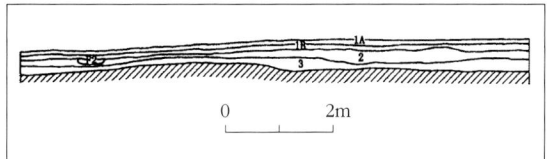

그림 7 신안유적 T0203 북벽 단면도(吉林省文物考古硏究所, 2013, 349쪽)
1A. 경작층 1B. 갈색토층 2. 흑색토층 3. 황색토층

져 있음.

○ 제1B층 : 갈색토층임. 두께는 15~20cm임. F2 주거지 開口는 이 층 아래에 있음. 토질은 약간 단단함. 비교적 많은 강돌을 포함하고 있음. 물레질로 제작한 니질의 회색토기편이 많이 출토되었고, 手製의 모래혼입 토기편은 적게 출토됨. 암키와·수키와·와당 등의 건축자재 잔편, 철기, 흑요석편 등도 출토됨. 시기는 金 초기임.

○ 제2층 : 흑색토층임. 두께는 10~30cm임. 토질은 비교적 푸석푸석함. 혼입되어 있는 물질은 비교적 많고 풍부한데, 대부분 手製의 모래혼입 갈색토기편이고, 일부 泥質 토기편도 보임. 비교적 많은 와당편과 치미, 獸頭 등의 건축재료 잔편 등도 출토됨. 비교적 많은 紅燒土 알갱이가 혼입되어 있고, 일부 黑灰가 혼입되어 있음. 건물이 무너진 퇴적층으로 추정됨. 시기는 발해 중기임.

○ 제3층 : 황색토층임. 두께는 10~15cm임. 토질은 조밀함. 다지거나 장기간 밟혀 눌러진 것으로 보임. 상대적으로 혼입된 물질은 적은데, 手製의 모래혼입 토기편만 소량 출토됨. 시기는 後漢임.

○ 유적지 지층의 교란이 비교적 커서 초기 유물이 후기 지층 혹은 유구 중에 보이기도 하고, 開口가 동일한 층의 유구에서 출토된 유물의 시대적 특징이 같지 않기도 함. 남아 있는 층위 관계와 유물의 시기적 특징을 볼 때 신안유적 문화층(文化遺存)은 3기로 나눌 수 있음.

(2) 제1기 문화층(문화층)(그림 8)

○ 제1기 문화층은 지층 제3층, 開口가 제3층 아래인 유구를 포함하며, 開口가 제2층 아래에 있는 유구도 일부 있음.

○ 이 시기 유적에는 灰溝 3기, 재구덩이(灰坑) 23곳, 아궁이(灶址) 1곳이 있음.

○ 유물은 제3층과 開口가 제3층 아래에 있는 유구에서 출토되었고, 일부 유물은 제1·2층과 開口가 제1·2층 아래에 있는 유구에서도 출토됨.

① 灰溝

灰溝(G2, G4, G6)는 매우 불규칙한 형태를 띠고 있음.

㉠ G2 灰溝 (그림 9)

○ 위치 : T0303 서북 모서리에 위치함. 開口는 제2층 아래에 있음. 방향은 30°임.

○ 규모 : 전체 길이 5.65m, 가장 넓은 너비 0.8m, 깊이 0.55m.

○ 형태 : 평면은 대략 彎弧形임. 가운데 부분과 동북 끝부분은 너비가 넓고, 서남 끝부분은 너비가 좁음. 벽은 곧고 가지런함. 바닥은 평평함. 溝 바닥 가운데 부분에는 길이 1.1m, 너비 0.6m의 紅燒土가 있음. 동·서·남 세 면에 흑회가 둘러져 있는데, 溝 안에서 불을 사용하면서 형성된 것으로 보임. 入火口는 동북쪽으로 향하고 있음. 紅燒土 부근 구덩이벽에 아직도 연기에 그을린 잿더미가 남아 있음.

○ 퇴적토 : 溝 안에 채워진 흙은 한 번에 퇴적된 것인데, 토질은 푸석푸석하고, 비교적 흑색임.

○ 출토유물 : 퇴적토 안에 대량의 황갈색 혹은 회갈색 모래혼입 토기편이 들어가 있는데, 대부분 기표에 광택이 남. 외반구연호(侈口罐), 발(鉢), 시루(甑), 손잡이(橫橋耳) 등이 출토됨. 그 이외에 토제 가락바퀴(陶紡輪)가 출토됨.

㉡ G6 灰溝 (그림 10)

○ 위치 : T0204 동남부에 위치함. 開口는 제3층에 있

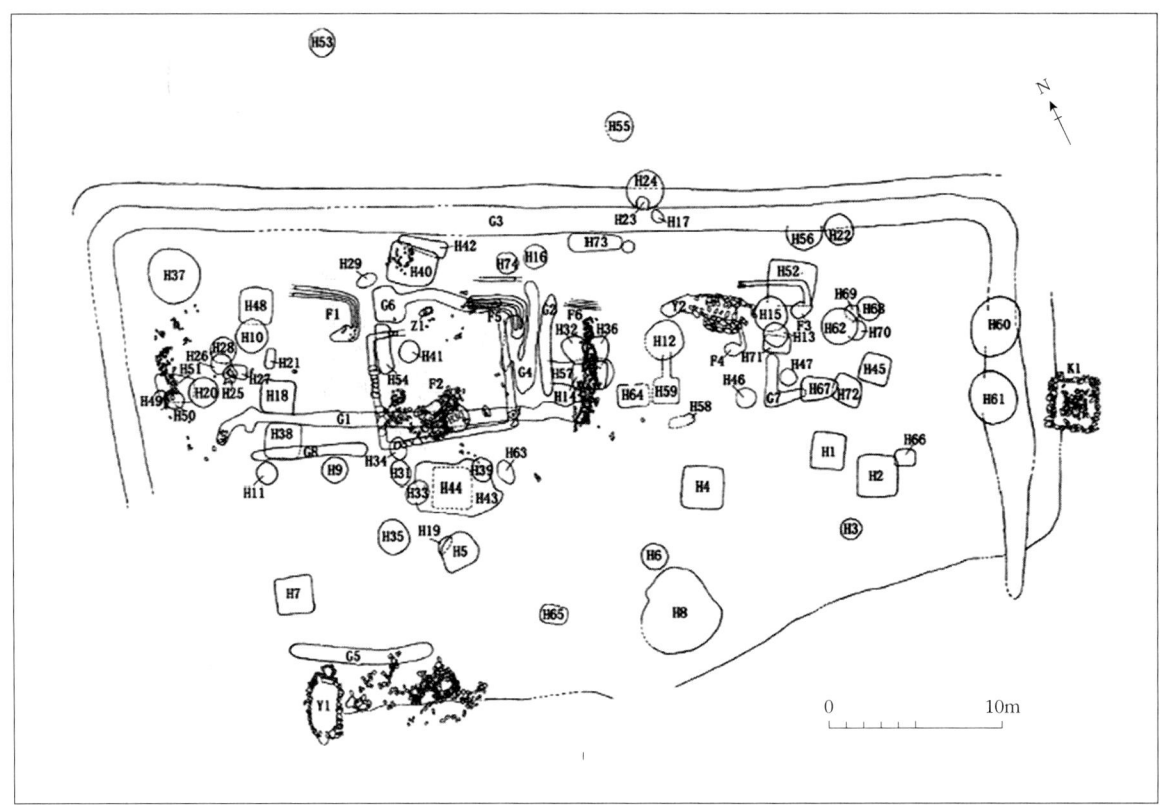

그림 8 신안유적 유구분포 평면도(吉林省文物考古研究所, 2013, 350쪽)

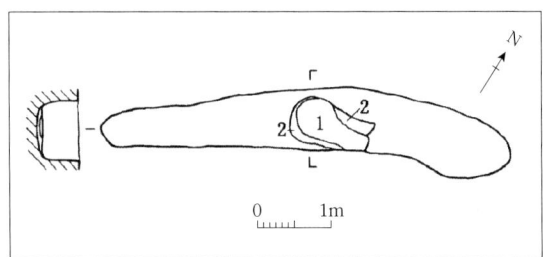

그림 9 신안유적 G2 灰溝 평·단면도(吉林省文物考古研究所, 2013, 351쪽)
1. 홍소토 2. 흑회색토

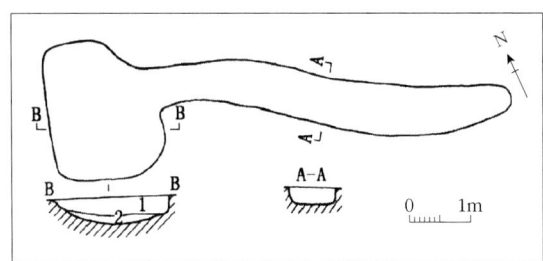

그림 10 신안유적 G6 灰溝 평·단면도(吉林省文物考古研究所, 2013, 351쪽)
1. 흑색토 2. 흑회색토

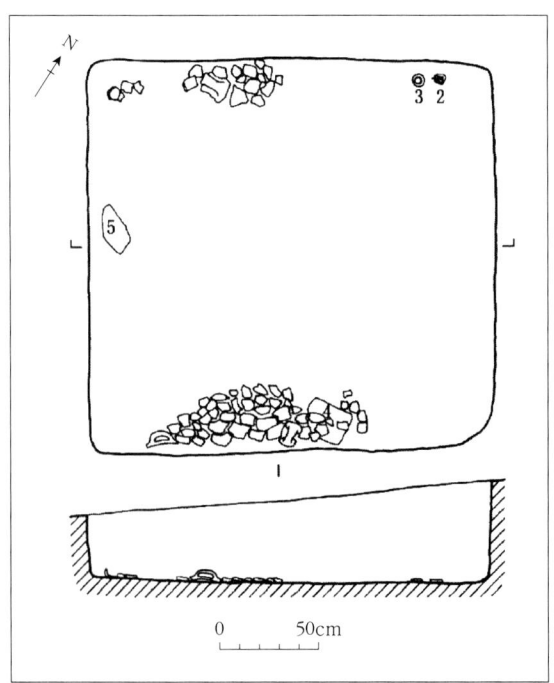

그림 11 신안유적 H1 재구덩이 평·단면도(吉林省文物考古研究所, 2013, 351쪽)
1. 석제화살촉(메운 흙 속에서 출토) 2. 철제띠고리 3. 청동고리
4·5. 석편

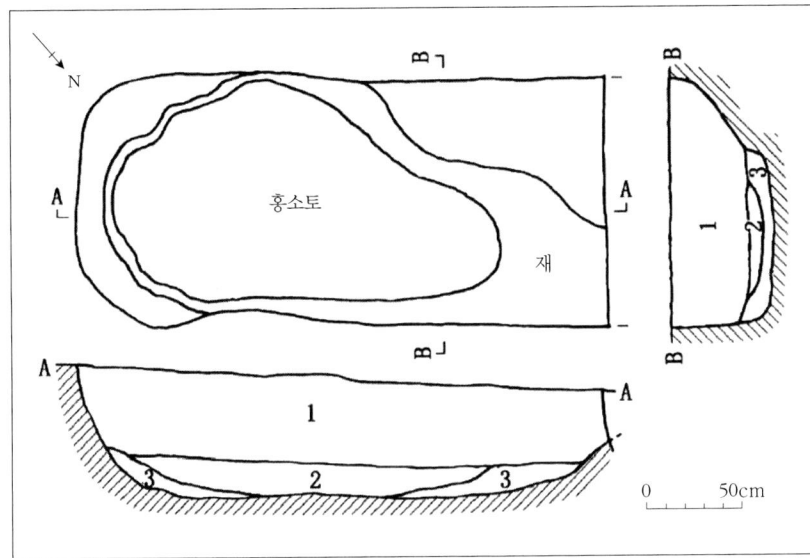

그림 12 신안유적 H57 재구덩이 평·단면도(吉林省文物考古研究所, 2013, 352쪽)
1. 짙은 갈색토 2. 홍소토 3. 재

음. 방향은 110°임.

○ 규모 : 溝 서쪽 끝 너비 2.15m, 깊이 3m.

○ 형태 : 溝 서쪽 끝은 너비 2.15m의 불규칙한 방형임. 가운데 부분에서 동쪽으로 길이 5.6m, 너비 0.75m의 溝가 뻗어 있음. 벽은 곧고 가지런함. 바닥은 평평함.

○ 퇴적토 : 溝 안에 2층이 퇴적됨. 제1층은 흑색토임. 두께는 0.15~0.2m임. 溝 안 전체에 분포하고 있음. 토질은 푸석푸석함. 흙 안에는 비교적 많은 강돌이 포함되어 있음. 제2층은 흑회색이고, 두께는 0~0.15m 임. 溝 바닥 서쪽 끝에 퇴적되어 있음. 비교적 많은 숯 부스러기(炭屑)가 들어가 있음.

○ 출토유물 : 퇴적토 제1층 안에서는 대량의 황갈색·흑갈색 모래혼입 토기편이 출토되었는데, 手製이고 문양은 없음. 외반구연호(侈口罐), 손잡이가 있는 호(橫橋耳罐), 발(鉢) 등이 있음. 그 이외에 토제 가락바퀴(陶紡輪) 1점, 석제도(石刀) 2점, 大泉五十錢 1매가 출토됨.

② 재구덩이(灰坑)

재구덩이(灰坑)는 23기가 발견됨(H1~H4, H18, H38, H44, H45, H48, H54~H59, H63, H64, H66, H69~H74). 그 가운데 방형은 8기, 장방형은 8기, 원형과 타원형은 6기, 불규칙한 형태는 1기임.

㉠ H1 재구덩이(灰坑, 그림 11)

○ 위치 : T0402 가운데 부분에 위치함. 開口는 제2층 아래에 있음.

○ 규모 : 변 길이 2.1m, 깊이 0.54m.

○ 형태 : 평면은 가지런한 방형임. 벽은 곧음. 바닥은 평평함.

○ 퇴적토 : 구덩이 안에 채워진 흙은 한 번에 퇴적된 것임. 토질은 비교적 꽉 차있고 단단함. 흑색토임. 흙 안에 대량의 黑灰와 숯찌꺼기가 들어가 있음. 구덩이 안 가장자리에는 탄화된 나무가 가로 방향으로 놓여 있음.

○ 출토유물 : 구덩이 안의 채워진 흙에서 석제화살촉(石鏃) 1점, 소량의 강돌과 片石이 출토됨. 구덩이 바닥 동부와 남부에 비교적 많은 모래혼입 토기편과 약간의 片石이 혼재되어 있음. 토기는 구연이 내반된 호(斂口罐)로 보임. 서북 모서리에서는 철제허리띠고리(鐵帶扣) 1점과 동제고리(銅環) 1점이 출토됨.

㉡ H57 재구덩이(灰坑, 그림 12)

○ 위치 : T0303 서부에 위치함. 開口는 제3층 아래에

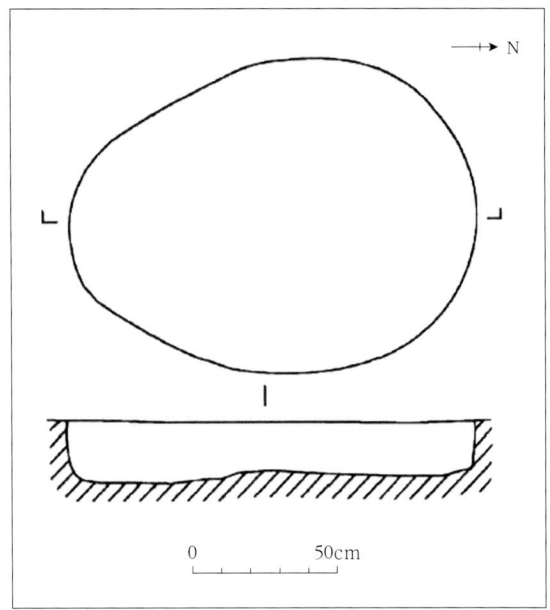

그림 13 신안유적 H63 재구덩이 평·단면도(吉林省文物考古研究所, 2013, 352쪽)

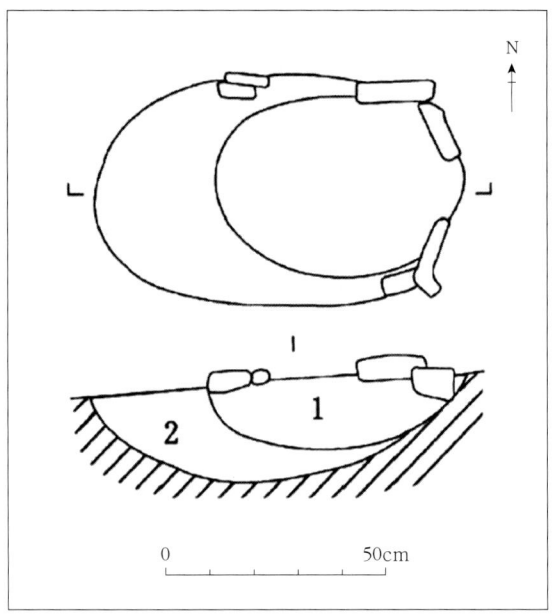

그림 14 신안유적 Z1 아궁이 평·단면도(吉林省文物考古研究所, 2013, 352쪽)
1. 흑회색토 2. 홍소토

있음. 서부는 G2 灰溝에 의해 파괴됨. 상부는 H14 재구덩이(灰坑)에 의해 파괴됨.

○ 규모 : 남은 길이 2.75m, 너비 1.3m, 남은 깊이 0.6m.

○ 형태 : 평면은 장방형임. 북측 구덩이벽은 비교적 가파르고 곧으며, 남측 구덩이벽은 완만한 곡선(弧緩)을 이룸. 바닥은 평평함. 구덩이 바닥에 두께 0.15m의 紅燒土과 黑灰가 퇴적되어 있는데, 구덩이 안에서 불을 사용하여 형성된 흔적임. 북측 구덩이 벽에는 연기에 그을린 잿더미가 아직 남아 있음.

○ 퇴적토 : 구덩이 안에 채워진 흙은 짙은 갈색토임.

○ 출토유물 : 구덩이 안에서 소량의 토기편이 출토됨. 대부분 황갈색·적갈색의 모래혼입 토기편임. 手製이고 광택이 남.

ⓒ H63 재구덩이(灰坑, 그림 13)

○ 위치 : T0203 동남부에 위치함. 開口는 제3층 아래에 있음.

○ 규모 : 坑口 길이 1.4m, 너비 1m, 깊이 0.3m.

○ 형태 : 평면은 타원형임. 벽은 곧음. 바닥은 평평함.

○ 퇴적토 : 구덩이 안에 채워진 흙은 한번에 퇴적된 것임. 토질은 푸석푸석함. 토색은 황색에 가까움.

○ 출토유물 : 구덩이 안에서 소량의 모래혼입 회갈색 토기편이 출토됨.

③ 아궁이(竈址) : 1곳

㉠ Z1 아궁이(竈址, 그림 14)

○ 위치 : T0204 남부에 위치함. 開口는 제2층 아래에 있음. 방향은 90°임.

○ 규모 : 동서 길이 0.9m, 남북 너비 0.52m, 깊이 0.2m.

○ 형태 : 실외에서 불을 사용했던 유구임. 아궁이(竈) 평면은 타원형임. 벽은 弧形임. 바닥은 둥그스름함(圜底). 아궁이 입구(竈口)는 동쪽 끝에 있음. 아궁이 구덩이(竈坑) 가장자리에는 片石을 세로로 세웠음. 보존 상황은 차이가 있는데, 아궁이 입구(竈口)와 북측 가

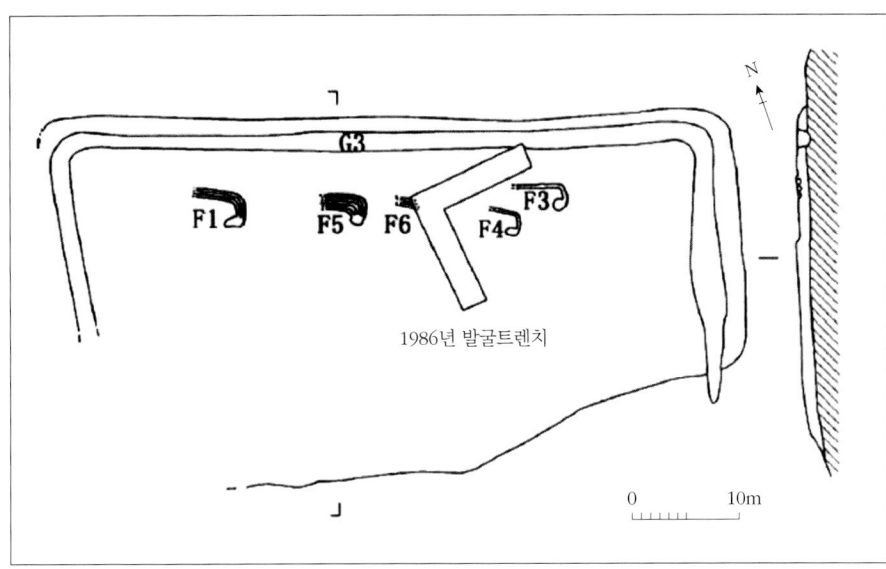

그림 15 신안유적 대형건물지 평·단면도(吉林省文物考古硏究所, 2013, 361쪽)

장자리는 여러 개의 돌만 남아 있음. 아궁이 구덩이(灶坑) 안에는 대량의 검은 재가 퇴적되어 있음. 불이 사용되면서 주변과 구덩이 바닥에 비교적 두꺼운 紅燒土가 형성되어 있고, 出火口는 불에 그을린 정도가 더욱 심함. 형성된 紅燒土의 너비는 약 0.3m임.

(3) 제2기 문화층(문화층)

○ 제2기 문화층은 지층 제2층의 유구를 포함하며, 일부는 開口가 제2층 아래에 있는 유구와 開口가 제1B층 아래에 있는 유구도 있음.
○ 유적으로 대형 건물지 1곳, 灰溝 2기, 재구덩이(灰坑) 23기가 있음.
○ 유물은 제2층과 開口가 제2층·제1B층 아래에 있는 일부 유구, 그리고 제1B층에서 출토됨(그림 8).

① 대형 건물지 : 1곳

㉠ 대형 건물지(그림 15)
○ 위치 : 발굴지역 중심부(高埠의 중앙)에 위치함. 방향은 200°임.
○ 형태 : 다져서 조성한 기단부는 없었음. 열을 이루는 주거지와 折尺形 溝로 구성됨. 전체적으로 서북-동남 방향임. 평면은 장방형임. 주거지는 서남향임. 건물 기초부는 비교적 높은 지세를 약간 정리하고 축조함. 가옥은 초기 문화층 위에 직접 축조함. 주거지에서는 지하에 있는 아궁이(灶坑)와 온돌(火坑), 고래(煙道) 등의 시설을 볼 수 있음. 開口는 제2층 아래에 있음. 주거지는 5기가 있음. 그 가운데 F1·F4·F5·F6은 동일한 직선상에 위치함. 주거지는 대체로 좌우 대칭으로 분포함. 규모는 상당함. 동일한 시기에 축조한 것으로 보임. 현재까지의 유적 상황으로 보아, 이들 건물은 정면 4칸으로 범위는 折尺形 溝의 길이인 51m를 초과하지 않고, 너비도 21m의 범위를 초과하지 않는 것으로 파악됨. 유적 보존상태의 차이가 커서 건물지의 기능은 명확하게 알 수 없음. 제2기 遺存에는 많은 기와편이 있음. 기와 가운데 櫛齒聯圈文 檐頭 암키와와 지압문 암키와는 전형적인 발해시기 기와의 특징을 갖추고 있음. 연화문 와당의 경우, 비록 다른 유적에서 출토된 와당에서 완전히 같은 문양이 발견되지는 않았지만, 그 개체의 문양과 와당면의 문양 배치 모두 성숙한 발해시기의 특징을 갖추고 있음을 의심할 수 없음. 그 이외에 발해 中京城에서 출토된 치미와 유사한 형태의 치미, 獸

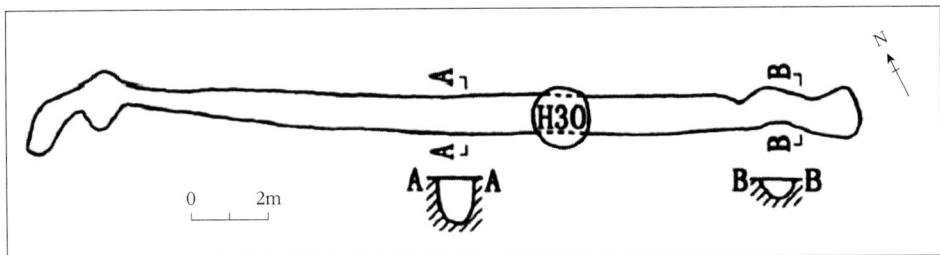

그림 16 신안유적 G1 灰溝 평·단면도 (吉林省文物考古硏究所, 2013, 361쪽)

頭 등의 건축부재가 출토됨. 이로 볼 때 건물지는 규모가 크고, 등급이 비교적 높으며, 일반민이 사용한 시설이 아님을 알 수 있음(梁會麗, 2013).

○ F1 주거지 : 서북쪽 끝부분에 위치함. 타원형으로 휘어진 벽, 둥근 바닥(圓底), 얕은 아궁이(灶坑), 동북 방향으로 뻗어 있는 고래(煙道)가 남아 있음. 아궁이(灶坑)는 남은 길이 1.4m, 남은 너비 0.9m, 최대 깊이 0.3m임. 아궁이(坑) 바닥에는 대량의 검은 재와 紅燒土 알갱이가 있음. 주변에는 장시간 불을 사용함에 따라 紅燒土가 형성됨. 고래(煙道)는 너비 0.12m, 깊이 0.25m이고, 1.8m 지점에서 서북 방향으로 꺾임. 고래(煙道)는 너비 약 0.18m이고, 깊이 약 3.5m 지점에서 사라짐. 入煙口와 出煙口 사이에 0.25m의 높이차가 있음. 아궁이벽(灶壁)과 고래 입구(煙道口)에 紅燒土가 매우 두껍게 형성되어 있음. 주로 흑색의 잿더미가 채워져 있고, 벽면은 불에 그을려 적갈색을 이룸. 고래(煙道) 가운데 부분에 채워진 물질은 비교적 얕고, 포함된 재(灰)의 양은 비교적 적음. 벽면이 불에 그을린 정도는 일반적임. 주거지 안 퇴적층 중에서 황갈색·회갈색의 모래혼입 토기편, 물레질로 제작한 니질의 회색 토기편과 손잡이(器耳)가 출토됨. 아궁이 입구(灶口)에서는 불에 탄 동물뼈가 출토됨.

○ F4 주거지 : 동남쪽 끝부분에 위치함. 형태는 F1 주거지와 대체로 같음. 고래(煙道)는 한 줄기만 발견됨.

○ F5 주거지 : F1 주거지 동남측에 위치함. 고래(煙道) 세 줄기가 나란히 있음.

○ F6 주거지 : F4 주거지와 F5 주거지 사이에 있음.

1986년 시굴된 트렌치에 의해 파괴됨. 길이 1.5m, 너비 0.1m, 깊이 0.05m의 고래(煙道) 두 줄기만 남아 있음.

○ 折尺形 溝(G3) : 4기 주거지(房址, F1·F4·F5·F6)의 북측에 위치함. 평면 형태는 정연함. 벽은 비스듬함. 바닥은 호형임. 북단 길이 51m, 동단 길이 21m, 서단 발굴 길이 15m, 평균 너비 1.5m, 최대 깊이 0.7m임. 溝 안에 채워진 흙은 한 번에 퇴적된 것임. 윗부분의 토색은 비교적 검고, 아래로 갈수록 점차 옅어짐. 溝 안에 포함된 물질은 비교적 적음. 手製의 문양이 없는 모래혼입 토기편이 대다수인데, 일부는 물레질을 거쳐서 정연함. 기형으로는 발(缽), 시루(甑), 외반구연호(侈口罐)가 출토됨. 토기색은 황갈색과 적갈색이 주를 이루고, 일부 회흑색이 있음. 溝와 상술한 4기 주거지(房址)의 開口層位는 서로 같음. 형태가 비교적 정연하고 溝 안에 채워진 흙이 치밀하고 꽉차며 단단한 것을 볼 때, 다져진 것으로 추정됨. 그러므로 4기의 주거지(房址) 바깥의 담장 기초 홈으로 추정됨.

○ F3 주거지 : 상술한 유적과 같은 층위에서 아궁이(灶坑)와 고래(煙道)가 있는 주거지(房址, F3)가 발견됨. F3 주거지는 F4 주거지 동남부에 있음. 형태와 방향은 다른 주거지(房址)와 같음. 자리 잡은 위치가 주거지(房址) 4기와 대응하지 않은 점을 볼 때, 조영시기가 서로 다르다고 추정됨.

② 灰溝

○ G1, G2 두 줄기가 있음.

○ 비교적 깊고, 坑壁은 비교적 곧음.

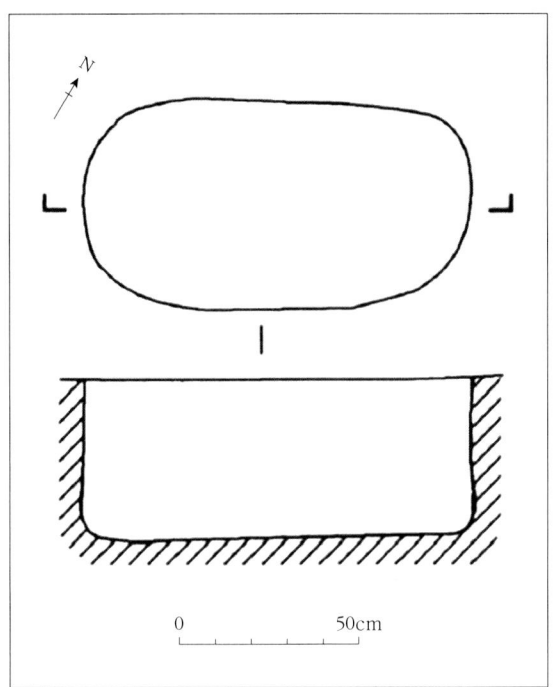

그림 17 신안유적 H21 재구덩이 평·단면도
(吉林省文物考古研究所, 2013, 362쪽)

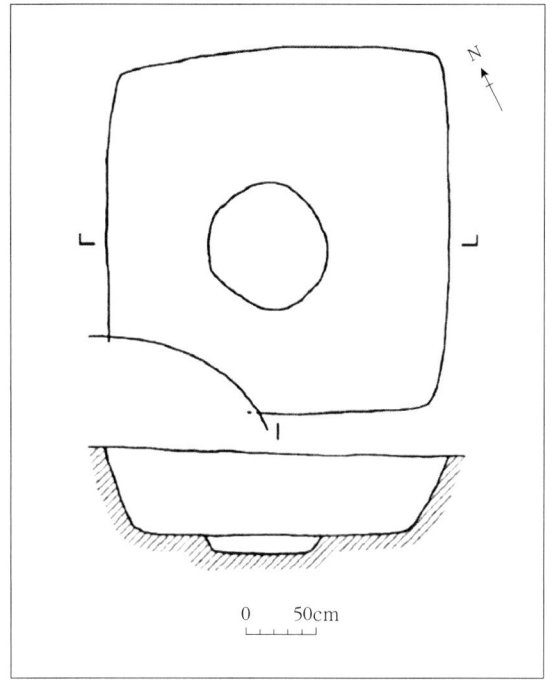

그림 18 신안유적 H52 재구덩이 평·단면도
(吉林省文物考古研究所, 2013, 362쪽)

㉠ G1 灰溝(그림 16)

○ 위치 : T0203·T0103과 T0104 사이에 위치함. 開口는 제1B층 아래에 있음. 방향은 120°임.

○ 규모 : 길이 21.5m, 최대 너비 0.9m, 가운데 부분 깊이 1.1m, 양 끝부분 깊이 0.2~0.4m.

○ 형태 : 불규칙형임. 벽은 비스듬함. 바닥은 호형임. 양 끝부분은 약간 굽어져 있음.

○ 퇴적토 : 溝 안에는 3층이 퇴적되어 있음. 토질은 비교적 푸석푸석함. 제1층은 회갈색토임. 두께는 0.2~0.3m임. 溝 안 전체에 퍼져 있음. 제2층은 흑갈색토임. 두께는 0~0.5m임. 灰溝 깊은 곳에만 일부 남아 있음. 제3층은 황갈색토임. 두께는 0~0.3m임. 灰溝 중앙의 깊은 곳에만 남아 있음.

○ 출토유물 : 퇴적토 제1층에는 대량의 황갈색 혹은 회갈색 모래혼입 토기편이 포함되어 있음. 호(罐), 종지(盅), 시루(甑) 등이 출토됨. 그 이외에 철제못(鐵釘), 숫돌(礪石), 석제 화살촉(石鏃), 그리고 소량의 니

질 건축부재가 출토됨. 제2층에는 소량의 모래혼입 토기편이 포함되어 있음.

③ 재구덩이(灰坑)

○ 재구덩이(灰坑)는 23곳이 있음(H12, H14, H15, H19, H21, H25, H30, H31, H33, H34, H36, H41, H43, H46, H47, H49~H52, H60~H62, H67).

○ 방형과 장방형은 5곳, 원형과 타원형은 16곳, 불규칙형은 2곳이 있음.

㉠ H21 재구덩이(灰坑, 그림 17)

○ 위치 : T0104 동남부에 위치함. 開口는 제1B층 아래에 있음.

○ 규모 : 坑口 길이 1.1m, 너비 0.6m, 깊이 0.45m.

○ 형태 : 평면은 圓角長方形임. 벽은 곧음. 바닥은 평평함.

○ 퇴적토 : 구덩이 안에 채워진 흙은 푸석푸석함. 비교

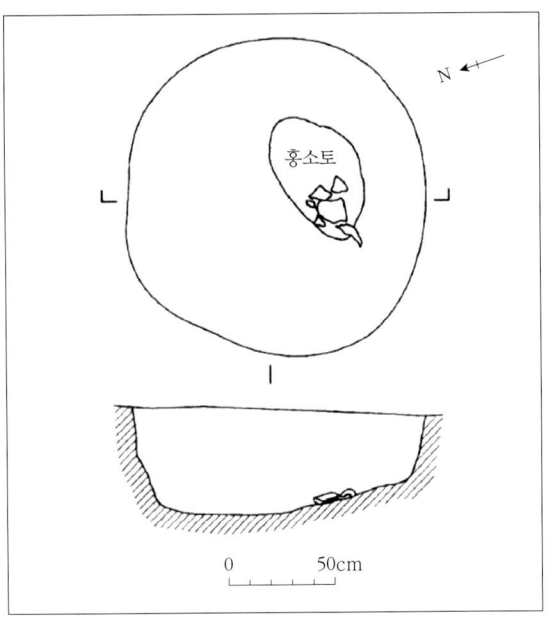

그림 19 신안유적 H30 재구덩이 평·단면도
(吉林省文物考古研究所, 2013, 362쪽)

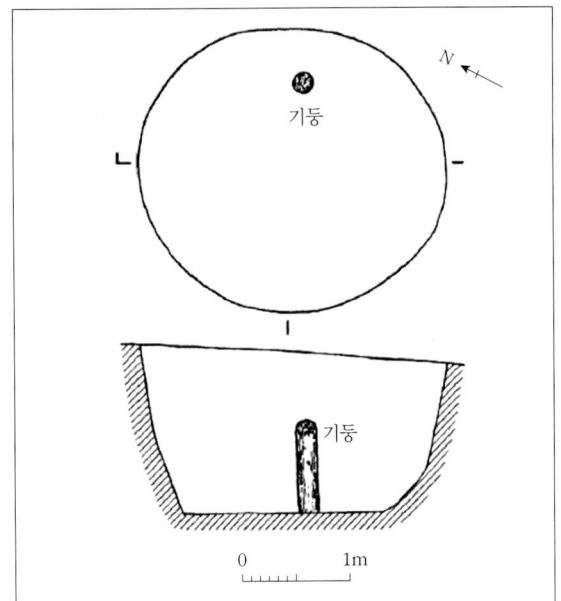

그림 20 신안유적 H61 재구덩이 평·단면도
(吉林省文物考古研究所, 2013, 362쪽)

적 순수한 회색토임.
○ 출토유물 : 문양이 없는 모래혼입 토기편이 소량 출토됨. 황갈색과 회갈색이 다수를 차지함.

ⓒ H52 재구덩이(灰坑, 그림 18)
○ 위치 : T0403 가운데 부분에 위치함. 開口는 제2층 아래에 있음. 서부는 H15 재구덩이(灰坑)에 의해 파괴됨.
○ 규모 : 坑口변 길이 2.5m, 바닥변 길이 1.9m.
○ 형태 : 평면은 방형임. 벽은 곧음. 바닥은 평평함. 구덩이 바닥 가운데 부분에 직경 0.8m, 깊이 0.12m의 구덩이가 있는데, 바닥은 평평하고 원형임.
○ 퇴적토 : 채워진 흙은 푸석푸석함. 회갈색토임.
○ 출토유물 : 구덩이 안에서 동제 장식(銅飾) 1점이 출토됨. 그 이외에 약간의 토기편이 출토되었는데, 대부분 굵은 모래 혼입의 토기편임. 회갈색이 다수를 이루고 황갈색이 그 다음을 차지함. 문양은 없음. 토기 표면에서는 광택이 남. 호(陶罐), 구연(口沿), 손잡이(器耳) 등이 출토됨. 극소량의 니질 회색 토기편도 출토됨.

ⓔ H30 재구덩이(灰坑, 그림 19)
○ 위치 : T0203 동북부에 위치함. 開口는 제1B층 아래에 있음. G1 灰溝를 파괴하였음.
○ 규모 : 坑口 길이 1.54m, 너비 1.48m, 바닥 직경 1.28m, 깊이 0.5m.
○ 형태 : 평면은 매우 불규칙한 원형임. 벽은 비스듬하고 호형임. 바닥은 매우 정연하지 않음.
○ 퇴적토 : 채워진 흙은 한번에 퇴적된 것임. 토질은 푸석푸석함. 회갈색토임. 구덩이바닥 남부에 紅燒土와 炭灰가 있는데, 구덩이에서 불을 사용하면서 형성된 것임.
○ 출토유물 : 구덩이 안에서 비교적 많은 토기편이 출토됨. 모래혼입 토기편임. 황갈색, 회갈색, 흑갈색이 다수를 차지함. 대다수 토기의 표면은 문질러서 광택이 남. 일부 토기의 표면에는 연기에 그을린 흔적이 있고, 비교적 많은 검은 재가 남아 있음. 手製임. 판별할 수 있는 기형으로는 구연이 외반된 호(侈口罐), 구연이 내반된 호(斂口罐) 등이 있음. 그 이외에 철제못 1점이 출토됨.

㉣ H61 재구덩이(灰坑, 그림 20)

○ 위치 : T0502 가운데 부분에 위치함. 開口는 제2층 아래에 있음. G3 灰溝를 파괴하였음.

○ 규모 : 坑口 긴 축 3m, 짧은 축 2.7m, 바닥 길이 2m, 너비 1.7m, 깊이 1.62m.

○ 형태 : 평면은 타원형임. 벽은 비스듬함. 바닥은 평평함. 바닥 동측에 나무 말뚝이 세워져 있음. 남은 길이는 0.9m, 단면 직경은 0.2m임.

○ 퇴적토 : 안에 채워진 흙은 한번에 퇴적된 것임. 토질은 푸석푸석하고, 대량의 모래를 포함하고 있으며, 회갈색임.

○ 출토유물 : 출토된 토기는 대부분 문양이 없는 모래혼입 토기편임. 기벽 두께는 균등하지 않음. 手製임. 토기편을 제외하면 토기 손잡이(器耳) 1점, 토기 바닥(器底) 1점이 출토됨. 물레질로 제작한 니질의 토기편은 적은데, 구연이 말아지고 구순이 둥그스름한 토기(卷沿圓脣), 구연은 뻗어 있고 구순은 뾰족한 토기(展沿尖脣), 구순이 각이 진 토기(方脣口沿) 등이 출토됨. 그 이외에 포문 암키와 1점과 돼지뼈 1점이 출토됨.

(4) 제3기 문화층

○ 제3기 문화층은 제1B층의 유구를 포함하며, 일부 開口가 제1B층 아래에 있는 유구, 그리고 출토된 일부 유물을 포괄하고 있음.

○ 주거지 1기, 灰溝 2기, 재구덩이(灰坑) 28곳, 가마터(窯址) 2곳, 저장구덩이(窖藏坑) 1곳이 있음.

① 주거지

㉠ F2 주거지

○ 위치 : T0203과 T0204 사이에 위치함. 開口는 제1A층 아래에 있음. 방향은 105°임.

○ 형태 : 돌로 쌓아올린 벽체 기초를 볼 수 있음. 주거지(房) 안에는 무너진 돌이 퇴적되어 있음. 문길(門

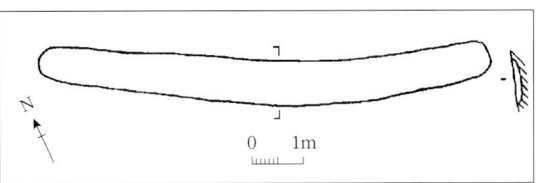

그림 21 신안유적 G5 灰溝 평,단면도(吉林省文物考古硏究所, 2013, 377쪽)

道), 기둥구멍(柱洞) 등은 발견되지 않았음. 주거지(房) 안에서 불을 사용한 흔적 또한 발견되지 않았음. 돌로 쌓아 올린 벽기초(牆基)는 서북-동남 방향이고, 장방형임. 길이는 8.25m, 너비는 6.4m, 남은 높이는 0.25m임. 서측에는 비교적 많은 돌이 남아 있고, 동측에는 벽기초(石牆基)와 대체적으로 너비가 동일한 얕은 溝 한줄기가 있음. 벽기초(牆基)에 사용된 돌은 대부분 비교적 큰 강돌임. 그 가운데 동남모서리에 있는 돌은 파손된 돌절구(石臼)임. 주거지 안 서남부에는 많은 돌들이 퇴적되어 있음.

○ 출토유물 : 주거지(房) 안 서남부에 퇴적된 돌 속에 심하게 파괴된 포문 기와편들이 많이 들어가 있고, 소량의 니질과 모래혼입의 토기편도 들어가 있는데, 구연이 외반된 호(侈口罐), 시루(甑), 종지(盅) 등으로 파악됨.

② 灰溝

G5, G8 灰溝가 있음. 정연하고 얕음.

㉠ G5 灰溝(그림 21)

○ 위치 : T0102 북부에 위치함. 開口는 제1A층 아래에 있음. 방향은 115°임.

○ 규모 : 길이 8.3m, 너비 0.8m, 깊이 0.15m.

○ 형태 : 형태는 정연함. 비스듬한 벽은 비교적 얕음. 바닥은 호형임.

○ 퇴적토 : 溝 안에 채워진 흙은 한번에 퇴적된 것임. 토색은 회흑색임. 토질은 푸석푸석함. 많은 양의 굵은 모래 알갱이를 포함하고 있음.

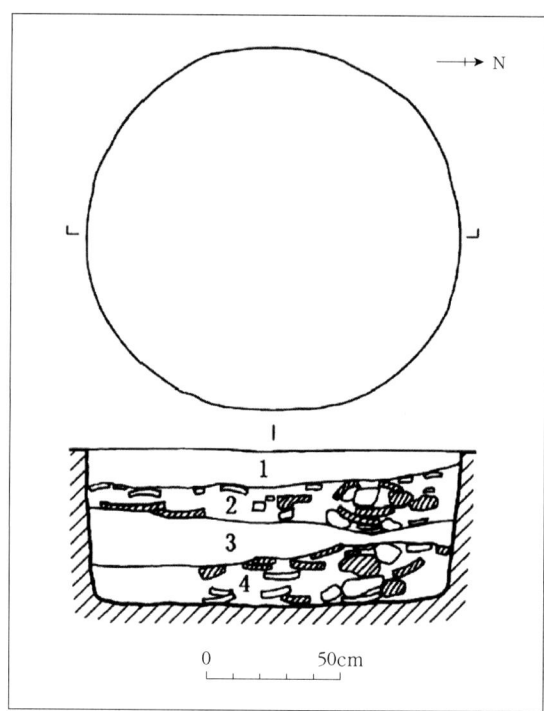

그림 22 신안유적 H16 재구덩이 평·단면도(吉林省文物考古研究所, 2013, 378쪽)
1·3. 황색토층 2·4. 황갈색토층

○ 출토유물 : 토기 동체부편들이 출토되었는데, 니질의 회색임.

③ 재구덩이(灰坑)

○ 재구덩이(灰坑)는 28곳이 발견됨(H5~H11, H13, H16, H17, H20, H22~H27, H29, H32, H35, H37, H39, H40, H42, H53, H55, H65, H68).
○ 방형과 장방형은 6곳, 원형과 타원형은 19곳, 불규칙형은 3곳임.

㉠ H40 재구덩이(灰坑)

○ 위치 : T0204 중동부에 위치함. 開口는 제1B층 아래에 있음. 북부는 H42 재구덩이(灰坑)를 파괴하였음.
○ 규모 : 坑口 길이 3.2m, 너비 2.2m, 깊이 0.44m.
○ 형태 : 평면은 圓角長方形임. 벽은 곧음. 바닥은 평평함.

○ 퇴적토 : 구덩이 안에 채워진 흙은 한 번에 퇴적된 것임. 토질은 푸석푸석하고, 흑회색임.
○ 출토유물 : 구덩이 안에서 대량의 포문 기와편·와당·치미 등 건축부재와 철제못(鐵釘), 가락바퀴(陶紡輪), 말이빨 등이 출토됨. 그 가운데 가장 많이 출토된 유물은 토기편으로, 대부분 소성 온도가 매우 높은 니질의 회색 토기편임. 크기는 비교적 크고, 기벽은 비교적 두꺼우며, 기표에는 광택이 남. 굵은 모래혼입의 황갈색·갈색 토기편(동체부)도 일부 출토됨.

㉡ H16 재구덩이(灰坑. 그림 22)

○ 위치 : T0304 서남부에 위치함. 開口는 제1B층 아래에 있음.
○ 규모 : 坑口 직경 약 1.4m, 깊이 0.56m.
○ 형태 : 평면은 원형에 가까움. 벽은 곧음. 바닥은 평평함.
○ 퇴적토 : 구덩이 안은 황색토와 황갈색토가 엇갈리게 퇴적됨. 토질은 푸석푸석함. 황토는 비교적 순수하고, 두께는 0.1~0.2m이며, 다른 물질을 포함하고 있지 않음. 황갈색토는 두께가 0.08~2m임.
○ 출토유물 : 황갈색토에서 깨진 기와편, 건축부재, 토기편, 강돌 등이 출토됨. 기와편은 대부분 배면에 문양이 없고 내면에 포문이 있는 암키와편이고, 승문 암키와도 일부 출토됨. 비교적 많은 와당과 치미편도 출토됨. 토기편은 대부분 크고 기벽이 비교적 두꺼움. 물레질로 제작한 니질의 회색 토기편임. 구연은 말아지고(卷沿), 구순은 둥그스름함(圓脣). 바닥은 평평함(平底). 문양은 없음. 기벽이 비교적 두꺼운 흑색의 토기편과 시루 바닥(甑底) 등이 일부 출토되었는데, 모래혼입의 흑색임.

㉢ H37 재구덩이(灰坑, 그림 23)

○ 위치 : T0104와 T0105 사이에 있음. 開口는 제1B층 아래에 있음.

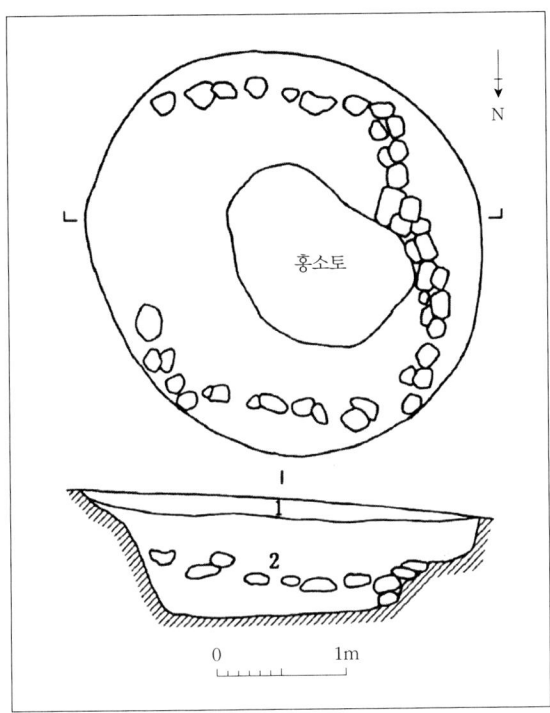

그림 23 신안유적 H37 재구덩이 평·단면도(吉林省文物考古硏究所, 2013, 378쪽)
1. 흑색토층 2. 황갈색토층

○ 규모 : 坑口 긴 축 3m, 짧은 축 2.86m, 구덩이 바닥 직경 1.8m, 깊이 0.85m.
○ 형태 : 평면은 원형임. 비스듬한 벽은 안으로 조금씩 줄어듦. 그다지 정연하지 않음. 바닥은 평평함. 구덩이 바닥에는 돌로 쌓아올린 방형에 가까운 유구가 있음. 보존이 비교적 양호한 서측에는 4층의 돌을 안으로 들이면서 쌓았는데, 계단으로 추정됨. 구덩이 바닥 서쪽으로 치우친 지점에 紅燒土가 있는데, 검은 재가 혼입되어 있음.
○ 퇴적토 : 구덩이 안에는 2층이 퇴적되어 있음. 제1층은 흑색토임. 두께는 약 0.15m임. 토질은 푸석푸석함. 제2층은 황갈색토임. 두께는 1cm임. 토질은 가늘고 윤기있으며 순수하고 푸석푸석함.
○ 출토유물 : 퇴적토 제1층에서는 많은 양의 포문 기와, 승문 기와, 치미, 황갈색의 문양이 없는 手製 모래 혼입 토기편(동체부), 물레질로 제작한 니질의 회색 토기편 등이 출토됨. 구연이 내반된 호(斂口罐), 구연, 손잡이가 있는 호(橫橋耳罐) 등이 확인됨. 퇴적토 제2층에서는 적은 양의 포문 기와편과 모래 혼입 토기편(동체부)이 출토됨.

④ 가마터(窯址)
Y1, Y2 등 2곳의 가마터(窯址)가 있음.

㉠ Y1 가마터(窯址, 그림 24)
○ 위치 : T0102 서부에 위치함. 開口는 제1B층 아래에 있음. 방향은 207°임.
○ 규모 : 가마(窯室) 길이 3m, 최대 너비 1.5m, 깊이 0.5m.
○ 형태 : 가마(窯室)는 장방형에 가까움. 앞은 좁고 뒤는 넓음. 강돌로 쌓았음. 돌은 불에 태워져서 적색을 이룸. 내부에는 紅燒土와 炭灰가 채워져 있음. 燒結이 비교적 심함. 아래로 갈수록 燒土塊 알갱이는 점차 커짐. 풀을 섞은 진흙덩어리가 많이 있음. 가마(窯室) 바닥은 1층의 평평하고 단단한 燒結面인데, 회흑색임. 가마(窯室) 북면에는 돌로 쌓은 원형의 굴뚝(煙囪)이 있음. 직경은 0.4m, 깊이는 0.5m임. 하부는 가마(窯室) 북단 정중앙과 통함. 키다란 條石 한 개가 通道 위에 가로로 놓여 있음. 가마(窯室) 남부의 窯口는 길이 0.8m, 너비 0.7m, 깊이 0.4m인 원형 구덩이임. 구덩이 동서 양측에는 비교적 큰 판석 두 개가 세워져 있음. 구덩이 안에는 흑색토가 채워져 있는데, 紅燒土 알갱이와 炭灰가 많이 포함되어 있음.
○ 출토유물 : 가마(窯室) 안과 입구의 흑색토 범위 안에서 토기편과 포문 기와편이 많이 출토되었고, 승문기와편도 일부 출토됨. 대부분 불에 그을린 흔적이 있음. 토기편은 깨져 있고, 소성 온도는 비교적 높음. 기벽이 비교적 두꺼운 물레질로 제작한 니질의 토기편이 대다수를 차지함. 표면은 광택이 남. 가로방향으로 갈았던 흔적이 있는 토기편을 많이 볼 수 있음. 바닥은 평평하

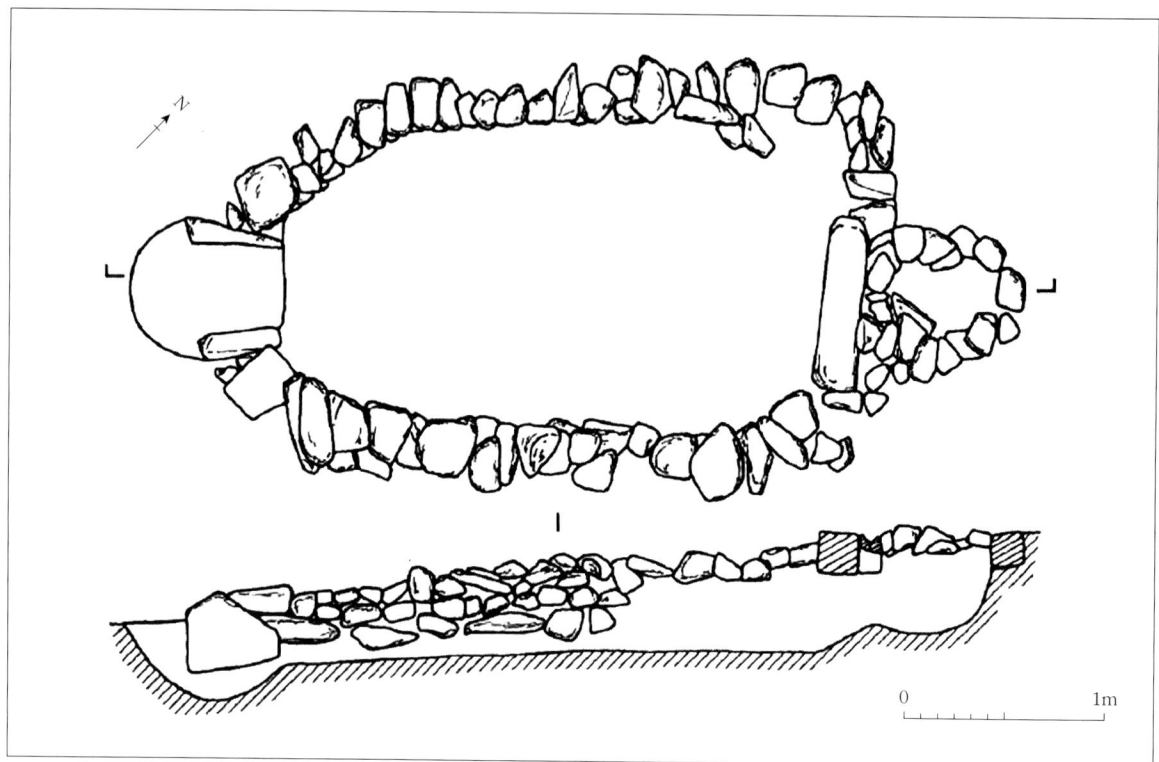

그림 24 신안유적 Y1 가마터 평·단면도(吉林省文物考古硏究所, 2013, 379쪽)

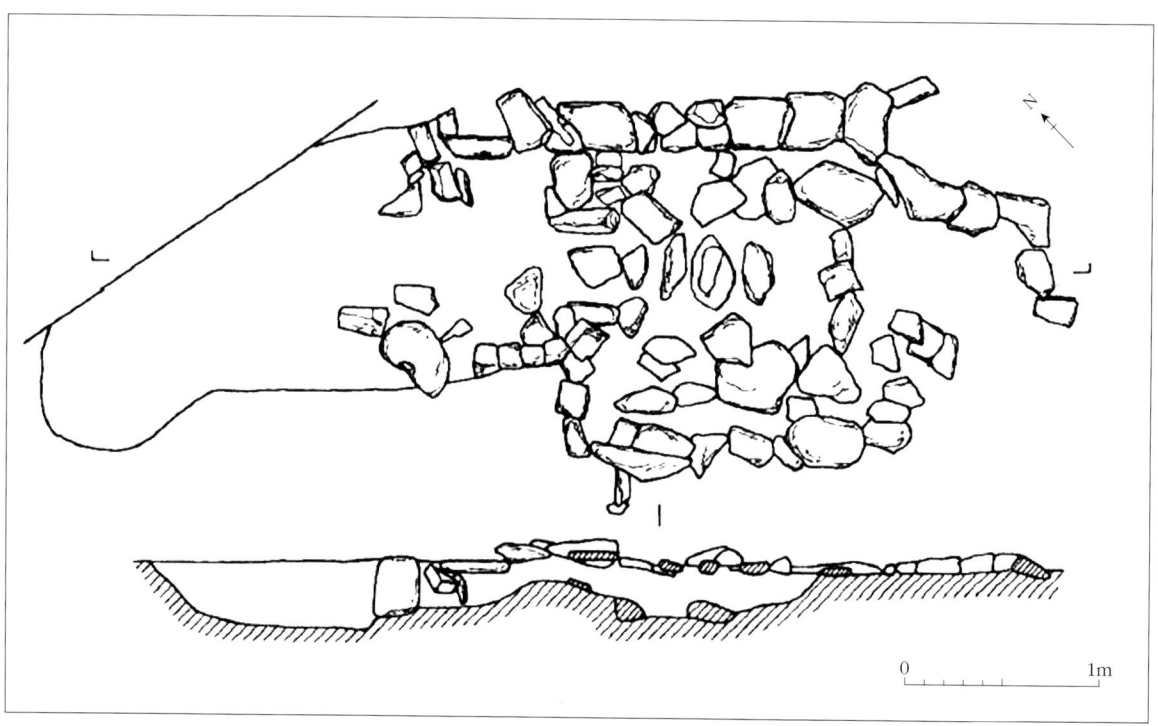

그림 25 신안유적 Y2 가마터 평·단면도(吉林省文物考古硏究所, 2013, 379쪽)

고(平底), 구연은 말아졌으며(卷沿), 구순은 둥그스름함(圓脣). 토기색은 회색이 주를 이루고, 일부 황갈색이 보임. 모래혼입의 토기편(동체부와 평평한 토기바닥)도 일부 보이는데, 황갈색 혹은 회갈색이 주를 이룸. 그 외에도 소성 온도가 비교적 낮고, 가는 모래와 풀이 섞인 니질의 토기구연부 1점이 출토됨. 가마 입구(窯口)에서는 철제화살촉(鐵鏃) 1점이 출토됨.

ⓒ Y2 가마터(窯址, 그림 25)

○ 위치 : T0403 서북부에 위치함. 開口는 제1B층 아래에 있음. 방향은 305°임.

○ 규모 : 전실 길이 1m, 너비 1.3m, 깊이 0.3m, 후실 변 길이 1.8m, 깊이 0.4m.

○ 형태 : 가마(窯室)는 돌로 쌓았음. 장방형임. 전실과 후실로 나눌 수 있음. 전실은 비교적 작음. 불규칙한 깬돌로 양측을 쌓았음. 석벽은 일부 무너짐. 서측 정중앙에 돌을 수직으로 축조하여 너비 0.36m의 가마 입구(窯口)를 조성함. 가마 입구(窯口)는 밖으로 1.9m 뻗어 나가며 비스듬한 구덩이를 이루는데, 길이는 1.9m, 너비는 1.3m임. 구덩이 깊이는 약 0.1~0.35m임. 구덩이 안에는 많은 검은 재가 퇴적되어 있는데, 紅燒土 알갱이와 炭粒이 섞여 있음. 구덩이 북쪽은 1986년 발굴 때 판 트렌치로 인하여 파괴됨. 동측 가운데에서 남쪽으로 치우친 지점에 돌을 세로로 세워 쌓은 煙口가 있는데, 아랫부분은 후실과 통함. 상부 중간에는 석판 한 개가 있음. 후실은 정방형임. 변 가장자리에는 비교적 크고 가지런한 돌을 쌓았음. 실내 양측에는 비교적 평평하면서 불규칙한 편석으로 너비 0.4m의 가마바닥을 깔았음. 중앙의 연기가 통하는 곳 바닥에는 가로로 세워진 돌이 여러 개 있음. 후실 동측 정중앙에는 돌로 축조한 장방형에 가까운 굴뚝(煙囪)이 있음. 굴뚝(煙囪)은 길이 1m, 너비 0.8m, 너비 0.3m임. 아랫부분은 가마(窯室)와 서로 통함. 상부에 가로로 놓인 돌이 가마(窯室)를 차단함. 전체 가마터(窯址)가 장기간 고온

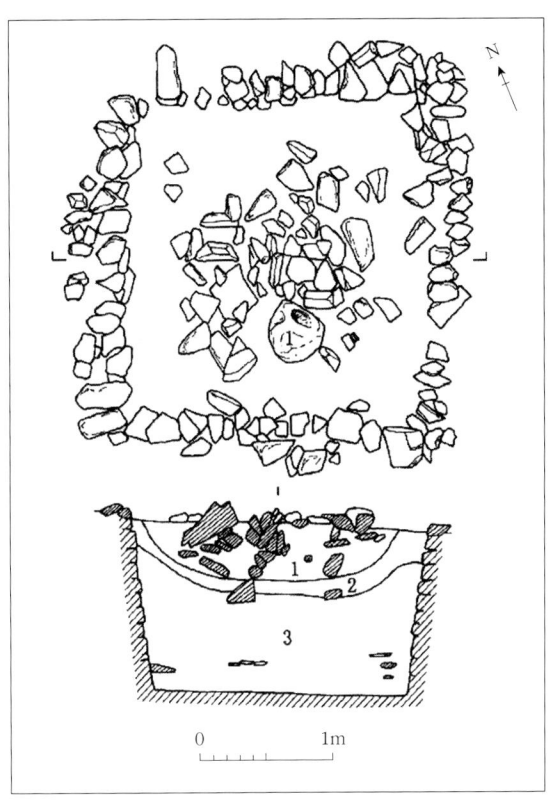

그림 26 신안유적 K1 저장구덩이 평·단면도
(吉林省文物考古硏究所, 2013, 380쪽)

에 노출되면서, 주위에 큰 면적의 紅燒土가 형성되었음. 가마(窯)를 쌓는데 사용한 돌 또한 장기간 불에 노출되어 붉어지고 파괴됨. 가마(窯室) 내부에는 燒結로 인해 형성된 紅燒土가 많이 퇴적되어 있음.

○ 출토유물 : 비교적 소성 온도가 높고 기벽이 비교적 두꺼우며 문양이 없는 니질의 회색 토기편, 적색 포문 암키와, 수키와편 등이 출토됨.

⑤ 저장구덩이(窖藏坑)

㉠ K1 저장구덩이(窖藏坑, 그림 26)

○ 위치 : T0502 동남모서리에 위치함. 開口는 제1B층 아래에 있음.

○ 규모 : 坑口안 변길이 2.2m, 구덩이 바닥 변길이 1.8m, 구덩이 깊이 1.2m.

○ 형태 : 방형임. 벽은 비스듬함. 바닥은 평평함. 네 벽 모두 돌로 쌓았음. 동남쪽 부분에는 불규칙한 작은 구덩이가 있음. 동서 길이는 1m, 남북 너비는 0.7m, 깊이는 0.4m임.

○ 퇴적토 : 구덩이 안에는 3층이 퇴적되어 있음. 제1층은 황갈색토임. 최대 두께는 0.4m임. 가는 모래가 구덩이 가운데부분에서 집중적으로 보임. 많은 돌들이 섞여 있음. 제2층은 회흑색 모래토임. 두께는 0.05~0.2m임. 모래토는 비교적 조밀함. 적은 양의 돌을 제외하고 혼입된 물질은 없음. 제3층은 황색 모래토임. 두께는 0.7~1m임.

○ 출토유물 : 구덩이 안 1층 퇴적층에서는 호의 구연부(橫陶罐口沿) 1점이 출토됨. 구덩이 안 3층 퇴적층에서는 문양이 없고 물레질로 제작한 니질의 회색토기편이 많이 출토됨. 坑口에서 약 1m 떨어진 지점에서 집중적으로 보이는데, 기본적으로 구덩이 안에 깔아져 있음. 탄화된 나무(木頭) 2개가 들어가 있는데, 두께는 2~3cm임. 항아리(陶缸) 5점이 복원되었고, 수 점의 옹(陶甕) 혹은 호(陶罐)의 구연부와 바닥이 출토됨. 그 이외에도 筒形器 1점이 출토됨. 구덩이 바닥 동북 모서리에서 옹(陶甕) 1점이 출토되었는데, 甕口가 비스듬히 아래로 향해 있는 모습으로 출토되었음. 동남쪽 부분에 있는 작은 구덩이에서는 호(陶壺) 1점, 철제솥(鐵鍋) 1점, 호(陶罐) 2점, 철제보습(鐵犁鏵) 2점이 출토됨. 솥(鍋) 안의 녹을 정리할 때 동전 한꾸러미, 동제 거울(銅鏡) 1점, 철제보습(犁鏵) 1점이 발견됨. 동전으로는 開元通寶 12점과 乾元重寶 2점이 발견되었는데, 발견 당시 삼실에 꿰어 있었음. 동제 거울은 출토 당시 양면에 麻織物이 남아 있었고, 거울꼭지(鏡鈕) 안에는 썩은 삼실이 남아 있었음. 보습(犁鏵) 壁 안쪽 표면에는 두께 약 0.5cm인 버드나무 가지와 같은 編織物이 썩어 붙어 있었음. 그 이외에도 솥(鍋) 안에서 썩은 목제품의 잔흔이 보이는데, 너무 심하게 썩어서 형태를 판별할 수 없음.

(5) 유적지 남부 토루(土壘)

○ 신안유적 남측에서 동서 방향으로 끊어졌다 이어졌다 하는 토루를 볼 수 있음.

○ 頭道松花江 북안 대지 가장자리 저지대에 자리잡고 있음.

○ 30~40여 m가 남아 있음. 현재 남아 있는 높이는 1.5~3m, 최대 너비는 8m임.

○ 토루는 인위적으로 형성된 것임. 기존에는 이 토루를 성벽으로 보았음. 토루의 성격과 축조시기를 파악하기 위해 절개를 진행함. 토루는 생토 위에 축조하였고, 문화층이 없음. 축조된 곳(起建處)과 황색 생토 사이에 진흙모양의 흑록색토가 섞여 있고, 그 위에 표토 1층이 덮혀 있음. 토루는 푸석푸석한 모래토를 쌓아서 축조함. 단면에는 두께 5~20cm의 토층 여러 개가 있는데, 각 층의 토질과 토색은 큰 변화가 없고, 또한 다져진 흔적도 없음. 이로 볼 때 토루를 성벽으로 볼 수 없음. 한편 남아 있는 토루에서는 성문으로 볼 수 있는 개구부(豁口)도 발견되지 않았음(梁會麗, 2013).

○ 토루에 대한 절개조사와 함께 부근에 대해 지표조사를 하였는데, 유물은 발견되지 않았음. 층위상의 자료 부족으로 인하여 토루 형성 시기는 명확하게 알 수 없음.

4. 출토유물

1) 1983년 출토유물

1983년 11월에 新安村에서 토기, 청동기 등의 유물이 발견되었는데, 발해시기의 유물로 확인되었음(王志敏, 1985).

(1) 동기

① 고리가 2개인 동기(雙環器) : 1점(그림 27-上)
○ 출토지 : 신안유적.
○ 크기 : 동제 고리 안 직경 4cm, 框粗 직경 2cm, 전체 길이 16.4cm.
○ 형태 : 紅銅으로 주조됨. 형태는 안경테(∞)와 유사함. 두 고리가 연결되는 중간 부분에 매듭 문양이 주조되어 있음. 기표는 거칠음. 일부는 약간 녹이 슬었음. 형태는 투박하고, 풍격은 독특함.

② 弓形 동기(弓形器) : 1점
○ 출토지 : 신안유적.
○ 크기 : 전체 길이 20.8cm, 단면 직경 2cm.
○ 형태 : 출토 당시 두 마디로 부서져 있었음. 紅銅으로 주조됨. 모양은 활과 비슷함. 몸통은 八棱形임. 양 끝은 복숭아모양임. 단면을 보면 안에 기포구멍(汽泡孔)이 있음.

(2) 기와

① 연화문 와당 : 1점
○ 출토지 : 신안유적.
○ 크기 : 직경 14cm, 가장자리 너비 1cm, 가장자리 깊이 0.5cm, 두께 1.8cm.
○ 형태 : 회색임. 원형임. 模製임. 浮雕形의 模印文임. 문양은 대칭하는 桃形 蓮花瓣 4세트와 '十'자 星形文으로 구성되어 있음. 와당 정중앙에는 반구형 花芯이 있고, 바깥에는 양각선문(凸弦文)이 한 바퀴 둘러져 있음. 와당의 문양은 정연하고 서로 대칭하며 미관이 조화로움. 발해시기의 연화문 와당의 전형적인 특징을 갖추고 있음.

② 암키와 : 1점
○ 출토지 : 신안유적.
○ 크기 : 전체 길이 45.3cm, 앞부분 너비 28.5cm, 뒷부분 너비 24.5cm, 두께 2cm.
○ 형태 : 내면에는 굵은 포문이 있음. 비교적 큼. 앞부분이 넓고 뒷부분이 좁음. 문양은 없음. 弧形임.

③ 수키와 : 1점
○ 출토지 : 신안유적.
○ 크기 : 남은 길이 20cm, 너비 13.8cm, 두께 1.5cm, 수키와 목(頸) 길이 6.5cm, 목(頸) 너비 8.5cm.
○ 형태 : 樺頭 모양임. 반원형임. 목(頸) 가운데 부분에는 너비 1.5cm의 얕은 凹線이 둘러져 있음. 내면에는 굵은 포문이 있음.

(3) 토기

○ 지표에서 소량의 토기편이 출토됨. 토기편은 주로 모래혼입의 회색이고, 일부 회갈색과 적갈색이 있음. 옹(甕), 분(盆), 호(罐), 나팔입 호(喇叭口罐) 등으로 나눌 수 있음. 일반적으로 문양은 없고, 표면에 광택이 남. 일부 옹(甕)과 호(罐)의 어깨부분(肩部)에 선문(弦文)이 한 바퀴 둘러져 있음. 둥그렇게 말아진 구순(圓卷脣), 납작하고 말아진 구순(扁形卷脣), 평평하게 꺾여진 구연(平折沿), 나팔형 구연(喇叭形口沿) 등이 있음. 모래혼입 회색 토기에는 호(罐) 바닥과 손잡이(橋狀器耳)가 있음(그림 28). 이러한 토기편은 대부분 소성 온도가 비교적 높고, 일부만 소성 온도가 낮음. 토질과 기형 등의 특징을 볼 때, 모두 발해시기의 유물임.
○ 토제 어망추(網墬)는 니질의 회색임. 手製임. 기둥모양임. 비교적 큼. 양 끝에는 각각 홈(凹槽)이 있음.

2) 1986년 5월 출토유물
1986년 5월 시굴 중에 43점의 유물이 출토됨.

(1) 철기 : 7점

① 철제칼(鐵刀) : 2점

㉠ 철제칼 1(鐵刀, 그림 29-3)
○ 출토지 : 신안유적.
○ 크기 : 남은 길이 9.7cm, 너비 1.1cm, 두께 0.5cm.
○ 형태 : 鍛造임. 등(背)은 평평하고 날(刃)은 곧음. 뾰족한 부분은 파손됨.

㉡ 철제칼 2(鐵刀, 그림 29-4)
○ 출토지 : 신안유적.
○ 크기 : 전체 길이 19.6cm, 너비 1.7cm.
○ 형태 : 鍛造임. 등(背)은 평평하고 날(刃)은 비스듬히 기울어져 있음. 칼날부분(刃部) 중간은 안으로 들어가 있음.

② 철제화살촉(鐵鏃) : 2점

㉠ 철제화살촉 1(鐵鏃, 그림 29-1)
○ 출토지 : 신안유적.
○ 크기 : 전체 길이 7.8cm, 너비 1.0cm, 두께 0.3cm.
○ 형태 : 鍛造임. 편평한 菱形임. 경부(鋌)는 네모난 기둥모양임.

㉡ 철제화살촉 2(鐵鏃, 그림 29-2)
○ 출토지 : 신안유적.
○ 크기 : 길이 5.1cm, 너비 0.9cm, 두께 0.3cm.
○ 형태 : 鍛造임. 편평한 鏟形임. 경부(鋌)는 짧음.

③ 철제살포(鐵鏟) : 1점

④ 철제못(鐵釘) : 1점

⑤ 파손된 철기 : 1점

⑥ 철광석 : 1점
○ 출토지 : 신안유적.
○ 크기 : 길이 4.8cm, 너비 2.5cm, 두께 1.1cm.
○ 형태 : 암황색의 자연석임.

⑦ 철슬래그 : 1점
○ 출토지 : 신안유적.
○ 크기 : 길이 7.6cm, 너비 5.7cm, 두께 1.3cm.
○ 형태 : 제련 중에 나온 폐찌꺼기로, 불규칙한 타원형임.

(2) 토기
○ 토기는 8점(복원이 가능한 토기는 7점)이 출토됨(그림 30).
○ 토기편이 가장 많이 출토됨. 手製로 제작한 토기와 물레질로 제작한 토기가 있음. 모래혼입의 적갈색·회갈색 토기와 니질의 회색 토기가 가장 전형적임. 모두 표면에는 점렬문(戳壓文)이 일정한 간격으로 가득 차 있음. 또한 시루(陶甑底) 1점이 출토되었는데, 니질의 황갈색이고, 물레로 제작함. 구멍이 여러 곳에 뚫어져 있음. 남은 길이는 9cm, 남은 너비는 8cm임.

① 호(陶罐) : 2점
비교적 작음. 회갈색임. 手製임. 구순은 뾰족하고(尖脣), 구연은 외반됨(侈口). 동체부는 약간 배부름(腹微鼓). 문양은 없음. 모래혼입. 제작 기법은 투박함. 높이는 8.8cm, 직경은 10.4cm임.

② 완(陶碗) : 5점
적갈색과 흑갈색 두 종류가 있음. 구순(脣)의 경우, 둥그스런 것(圓脣), 각이 진 것(方脣)이 있음. 또한 구순이 둥그스름하면서 밖으로 말아져 있거나(圓脣外卷),

구순이 뾰족하면서 평평하게 꺾여 있는 것(尖脣平折沿)도 있음. 벽은 비스듬히 기울어져 있음. 구연은 외반됨(敞口). 바닥은 평평함. 물레질로 제작함.

③ 종지(陶盅) : 1점

㉠ 종지(陶盅)
○ 출토지 : 신안유적.
○ 크기 : 높이 2.6cm, 직경 4.1cm.
○ 형태 : 手製임. 문양은 없음.
○ 태토 및 색깔 : 가는 니질의 회색 토기

(3) 석기 : 28점

① 돌도끼(石斧) : 3점
출토된 돌도끼는 2종류로 나눌 수 있음. 하나는 납작하고 네모난 기둥형태로, 끝은 바르고(正鋒) 날(刃)은 호형임. 갈아서 제작함. 길이는 11cm, 너비는 5.5cm, 두께는 3.2cm임. 다른 하나는 靑石으로 제작하였고, 타원형의 기둥 모양임. 쪼아서 제작함. 날(刃)부분은 갈아서 광이 남. 전체 길이는 12.8cm, 너비는 5.5cm, 두께는 3.5cm임(그림 31-1·2).

② 돌절굿공이(石杵) : 2점

③ 석제칼(石刀) : 1점(그림 31-3)
○ 출토지 : 신안유적.
○ 크기 : 남은 길이 7cm, 너비 2.5cm, 두께 0.3cm.
○ 형태 : 靑石을 갈아서 제작함. 등(背)은 곧고 날(刃)은 휘었음. 손잡이부분(柄部)은 파손됨. 전체적으로 갈아서 광택이 남.

④ 돌화살촉(石鏃, 그림 31-6) : 1점
○ 출토지 : 신안유적.
○ 크기 : 남은 길이 2.1cm, 너비 1.2cm, 두께 0.2cm.
○ 형태 : 청회색 灰巖을 갈아서 제작함. 葉形임. 뒷부분은 파손됨. 중간에 등(脊)이 완만하게 솟아 있음.

⑤ 숫돌(砥石, 그림 31-7~10) : 3점
황토색 가는 砂巖과 황갈색 砂巖 두 종류가 있음. 일부 숫돌(砥石)은 양면 모두 문질러서 평평하게 되었음.

⑥ 흑요석 : 17점

⑦ 石壞形器 : 1점

3) 1986년 7월 출토유물

(1) 청동기

① 동제허리띠고리(銅帶扣) : 1점(그림 32-8)
○ 출토지 : 신안유적.
○ 크기 : 길이 4cm, 너비 2.5cm.
○ 형태 : 청동을 단조하여 제작함.

(2) 철기

① 철제칼(鐵刀) : 1점(그림 32-7)
○ 출토지 : 신안유적.
○ 크기 : 길이 11.5cm, 너비 1.6cm.
○ 형태 : 鍛製임. 등(背)은 평평하고, 칼날(刃)은 곧음. 손잡이부분(柄部)에는 鐵庫가 있음.

② 철제화살촉(鐵鏃)
대부분 네모난 기둥모양임. 菱形의 화살촉으로 뾰족함. 경부(鋌)는 원형인데, 긴 형태와 짧은 형태가 있음.

4) 1994년 가을 출토유물

서쪽 구역에서 토기, 석기, 건축용 벽돌, 기와 등이 출토됨.

(1) 토기
대부분 파손됨. 호(罐), 호(壺), 완(碗) 등이 확인됨.

① 호(陶罐)
구연은 외반됨(侈口). 동체부는 배부름(鼓腹). 모래혼입의 황갈색 토기임.

② 호(陶壺)
구연은 외반됨(侈口). 목(頸)이 있음. 동체부는 배부름(鼓腹). 바닥은 평평함(平底). 니질의 회색 토기임.

③ 완(陶碗)
구연은 외반됨(侈口). 동체부는 얕음(淺腹). 바닥은 평평함(平底). 비교적 작음.

(2) 석기

① 黑曜石 刮削器 : 5점
불규칙한 삼각형임. 몸통(器身)에 타격한 흔적이 있음.

(3) 기와
수량이 비교적 많음. 모두 파손됨. 수키와, 암키와, 와당 등이 출토됨.

① 암키와
암키와의 가장자리에 지압문(指按文), 원점문(圈點文) 등이 있고, 안에는 포문 혹은 승문이 있음.

② 와당
모두 연화문 와당임. 蓮瓣 사이에 '十'자 혹은 乳丁 모양이 장식되어 있음.

(4) 벽돌
모두 파손되었는데, 파손의 정도가 기와보다 심함.

5) 2009년 제1기 문화층(文化遺存) 출토유물

(1) 청동기
동제고리(銅環), 銅條, 동전 등이 출토됨.

① 동제고리(銅環) : 1점(H1 : 3, 그림 33-1)
○ 출토지 : 신안유적 제1기 문화층 H1 재구덩이(灰坑).
○ 크기 : 직경 3.5cm, 단면 직경 0.5cm.

② 銅條 : 1점(H58 : 2, 그림 33-3)
○ 출토지 : 신안유적 제1기 문화층 H58 재구덩이(灰坑).
○ 크기 : 남은 길이 7.7cm, 너비 0.6cm, 두께 0.4cm.
○ 형태 : 단면은 圓角長方形임.

③ 동전 : 4점
3점은 문화층에서 출토되었고, 1점은 지표에서 채집함.

㉠ 오수전(五銖錢, T0303② : 3, 그림 34-1)
○ 출토지 : 신안유적 제1기 문화층 T0303②.
○ 크기 : 직경 2.5cm, 구멍 직경 0.9cm, 두께 0.15cm.
○ 형태 : 새겨진 글씨는 篆書임.

㉡ 대천오십전(大泉五十錢, G6 : 4, 그림 34-2).
○ 출토지 : 신안유적 제1기 문화층 G6 灰溝.
○ 크기 : 직경 2.8cm, 구멍변 길이 0.8cm, 두께 0.2cm.
○ 형태 : 새겨진 글씨는 篆書임.

(2) 철기

허리띠고리(帶扣), 화살촉(鏃), 도(刀), 못(釘) 등이 출토됨.

① 철제허리띠고리(鐵帶扣) : 1점(H1 : 2, 그림 33-2)
○ 출토지 : 신안유적 제1기 문화층 H1 재구덩이(灰坑).
○ 크기 : 길이 5.1cm, 최대 너비 3.3cm.

② 철제화살촉(鐵鏃) : 1점(H56 : 1, 그림 33-4)
○ 출토지 : 신안유적 제1기 문화층 H56 재구덩이(灰坑).
○ 크기 : 전체 길이 8.7cm, 뾰족한 부분 너비 1.2cm, 경부(鋌) 너비 0.7cm, 두께 0.3cm
○ 형태 : 鏃身은 柳葉形임. 가운데 부분에는 명확하지 않은 등(脊)이 있음. 경부(鋌) 단면은 장방형임.

③ 철제칼(刀) : 5점
등(背)은 곧음.

㉠ 철제칼 1(鐵刀, T0304③ : 1, 그림 33-9)
○ 출토지 : 신안유적 제1기 문화층 T0304③.
○ 크기 : 남은 길이 7.4cm, 최대 너비 1.6cm, 두께 0.1cm.
○ 형태 : 등(背)은 곧음. 칼날(刃)은 휘었음. 뾰족한 부분(刀尖)은 약간 들려져 있음.

㉡ 철제칼 2(鐵刀, H67 : 1, 그림 33-10)
○ 출토지 : 신안유적 제1기 문화층 H67 재구덩이(灰坑).
○ 크기 : 전체 길이 12.9cm, 칼날부분(刃部) 길이 9cm, 최대 너비 1.3cm, 자루(柄) 길이 3.9cm, 너비 0.9cm, 두께 0.3cm.
○ 형태 : 등(背)은 곧음. 칼날(刃)은 곧음. 칼날 끝부분(尖端刃)은 약간 휘어져 있음.

④ 철제못(釘) : 3점
단면은 방형임.

㉠ 철제못 1(鐵釘, H73 : 1, 그림 33-5)
○ 출토지 : 신안유적 제1기 문화층 H73 재구덩이(灰坑).
○ 크기 : 길이 7.4cm, 단면변 길이 0.4cm.
○ 형태 : 단면은 방형임.

㉡ 철제못 2(鐵釘, T0303③ : 8, 그림 33-6)
○ 출토지 : 신안유적 제1기 문화층 T0303③.
○ 크기 : 전체 길이 10.5cm, 긴 부분 길이 7.4cm, 단면변 길이 0.8cm
○ 형태 : 단면은 방형임. 직각으로 휘어져 있음.

⑤ 철편(鐵片) : 3점

㉠ 철편 1(鐵片, H4 : 1, 그림 33-7)
○ 출토지 : 신안유적 제1기 문화층 H4 재구덩이(灰坑).
○ 크기 : 길이 8cm, 너비 2.5cm, 두께 0.2cm.
○ 형태 : 평면은 장방형임.

㉡ 철편 2(鐵片, T0303③ : 5, 그림 33-8)
○ 출토지 : 신안유적 제1기 문화층 T0303③.
○ 크기 : 길이 6.1cm, 너비 3.9cm, 두께 0.2cm.
○ 형태 : 장방형으로 약간 휘어져 있음.

(3) 토기

토기는 대부분 手製이고, 일부는 물레질(慢輪)을 거쳐 정연함. 대부분 문양이 없고, 일부는 선문(弦文), 麥穗狀戳點文(그림 35-1), 楕圓形戳點文(그림 35-2·3), '之'자형 戳點文(그림 35-4), 指甲文(그림 35-5), 拍印方格文(그림 35-6·7), 菱格文(그림 35-7) 등이 새겨져 있음. 方格文과 麥格文 토기편이 니질인 것을 제외하고, 그 나머지는 모두 모래혼입 토기임. 기형에는 양이호(雙耳罐), 筒形 호(罐), 발(鉢), 분(盆), 호(壺), 가락바퀴(紡輪) 등이 있음.

① 양이호(雙耳罐) : 1점(T0402②:8, 그림 36-1)
○ 출토지 : 신안유적 제1기 문화층 T0402②.
○ 크기 : 口徑 21.6cm, 남은 높이 14cm.
○ 형태 : 手製임. 구순은 둥그스름함(圓脣). 구연은 외반됨(侈口). 동체부는 통형임(筒腹). 어깨 윗부분(肩上部)에는 대칭하는 손잡이(橫橋耳)가 있음. 문양은 없음.
○ 태토 및 색깔 : 모래혼입의 적갈색 토기.

② 통형호(筒形罐) : 6점
○ 모래혼입 토기임. 구연은 외반됨(侈口). 목은 잘록함(束頸). 바닥은 평평함(平底). 手製임.
○ 口部에 따라 2형으로 나눌 수 있음.
○ A형은 5점이 출토됨. 꺾여 있는 구연은 비교적 긺(折沿較長). 동체부(腹部)의 형태에 따라 2식으로 나눌 수 있음. Ⅰ식은 3점이 출토됨. 구순은 둥그스름함(圓脣). 동체부는 약간 배부름(微鼓腹). Ⅱ식은 2점이 출토됨. 동체부는 약간 곧음(微直腹). 모래혼입의 황갈색 토기임.
○ B형은 1점이 출토됨. 구연은 짧고 꺾여 있음(短折沿). 구순은 둥그스름함(圓脣). 어깨는 풍만함(豐肩). 호형의 동체부는 안으로 들여져 있음(弧腹內收).

㉠ 통형호 1(筒形罐, G1:8, 그림 36-2)
○ 출토지 : 신안유적 제1기 문화층 G1 灰溝.
○ 크기 : 口徑 16cm, 바닥 직경 8.8cm, 높이 15.6cm.
○ 형태 : A형 Ⅰ식. 구연은 외반됨(侈口). 목은 잘록함(束頸). 바닥은 평평함(平底). 手製임. 꺾여 있는 구연은 비교적 긺(折沿較長). 구순은 둥그스름함(圓脣). 동체부는 약간 배부름(微鼓腹). 물레질(慢輪)하여 손질함.
○ 태토 및 색깔 : 모래혼입의 황갈색 토기.

㉡ 통형호 2(筒形罐 H5:3, 그림 36-3)
○ 출토지 : 신안유적 제1기 문화층 H5 재구덩이(灰坑).
○ 크기 : 口徑 10.8cm, 남은 높이 7.6cm.
○ 형태 : A형 Ⅰ식. 구연은 외반됨(侈口). 목은 잘록함(束頸). 바닥은 평평함(平底). 手製임. 꺾여 있는 구연은 비교적 긺(折沿較長). 구순은 둥그스름함(圓脣). 동체부는 약간 배부름(微鼓腹).
○ 태토 및 색깔 : 모래혼입의 회갈색 토기.

㉢ 통형호 3(筒形罐, H5:2, 그림 36-4)
○ 출토지 : 신안유적 제1기 문화층 H5 재구덩이(灰坑).
○ 크기 : 口徑 14.8cm, 바닥 직경 10cm, 높이 15.4cm.
○ 형태 : A형 Ⅱ식. 구연은 외반됨(侈口). 목은 잘록함(束頸). 바닥은 평평함(平底). 手製임. 꺾여 있는 구연은 비교적 긺(折沿較長). 동체부는 약간 곧음(微直腹). 구순은 각이 짐(方脣).
○ 태토 및 색깔 : 모래혼입의 황갈색 토기.

㉣ 통형호 4(筒形罐, H30:2, 그림 36-5)
○ 출토지 : 신안유적 제1기 문화층 H30 재구덩이(灰坑).
○ 크기 : 口徑 14.8cm, 바닥 직경 8cm, 높이 15.2cm.
○ 형태 : A형 Ⅱ식. 구연은 외반됨(侈口). 목은 잘록함(束頸). 바닥은 평평함(平底). 手製임. 꺾여 있는 구연은 비교적 긺(折沿較長). 동체부는 약간 곧음(微直腹). 구순은 둥그스름함(圓脣).
○ 태토 및 색깔 : 모래혼입의 황갈색 토기.

㉤ 통형호 5(筒形罐, H4:2, 그림 36-6)
○ 출토지 : 신안유적 제1기 문화층 H4 재구덩이(灰坑).
○ 크기 : 口徑 10.8cm, 바닥 직경 8cm, 동체부 최대 직경 14cm, 높이 14.4cm.
○ 형태 : B형. 구연은 외반됨(侈口). 목은 잘록함(束頸). 바닥은 평평함(平底). 手製임. 구연은 짧고 꺾여져 있음

(短折沿). 구순은 둥그스름함(圓脣). 어깨는 풍만함(豐肩). 호형의 동체부는 안으로 들여져 있음(弧腹內收).
○ 태토 및 색깔 : 모래혼입의 회갈색 토기.

③ 광구호(大口罐) : 2점(T0203③ : 3, 그림 36-7)
○ 출토지 : 신안유적 제1기 문화층 T0203③.
○ 크기 : 口徑 10cm, 남은 높이 6.8cm.
○ 형태 : 물레질(慢輪)하여 손질함. 구순은 각이 짐(方脣). 구연은 외반됨(敞口). 동체부는 비스듬하게 기울어져 있고 호형임(斜弧腹).
○ 태토 및 색깔 : 모래혼입의 회갈색 토기.

④ 절견호(折肩罐) : 1점(H30 : 3, 그림 36-8)
○ 출토지 : 신안유적 제1기 문화층 H30 재구덩이(灰坑).
○ 크기 : 口徑 24cm, 동체부 최대 직경 32.8cm, 남은 높이 16cm.
○ 형태 : 구순은 각이 짐(方脣). 구연은 외반됨(侈口). 목은 잘록함(束頸).
○ 태토 및 색깔 : 모래혼입의 황갈색 토기.

⑤ 속경호(束頸罐) : 20점
○ 구연은 외반됨(侈口). 목은 잘록함(束頸).
○ 크기에 따라 2형으로 나눌 수 있음.
○ A형은 15점이 출토됨. 비교적 큼. 口部와 어깨부분(肩部)의 변화에 따라 3식으로 나눌 수 있음. Ⅰ식은 9점이 출토됨. 목은 짧음(短頸). Ⅱ식은 3점이 출토됨. 목은 약간 긺(微長頸). 동체부는 둥그스름하게 배부름(圓鼓腹). Ⅲ식은 3점이 출토됨. 목은 긺(長頸). 동체부는 긺(長腹).
○ B형은 5점이 출토됨. 비교적 작음. 동체부의 형태에 따라 2식으로 나눌 수 있음. Ⅰ식은 2점이 출토됨. 동체부는 둥그스름하게 배부름(圓鼓腹). Ⅱ식은 3점이 출토됨. 동체부는 가늘고 긺.

㉠ 속경호 1(束頸罐, G1 : 13, 그림 36-9)
○ 출토지 : 신안유적 제1기 문화층 G1 灰溝.
○ 크기 : 口徑 24cm, 남은 높이 12cm.
○ 형태 : A형 Ⅰ식. 구연은 외반됨(侈口). 목은 잘록함(束頸). 비교적 큼. 목은 짧음(短頸). 구순은 둥그스름함(圓脣).
○ 태토 및 색깔 : 모래혼입의 회흑색 토기.

㉡ 속경호 2(束頸罐, G6 : 7, 그림 36-10)
○ 출토지 : 신안유적 제1기 문화층 G6 灰溝.
○ 크기 : 口徑 16.4cm, 동체부 최대직경 21.2cm, 남은 높이 18.4cm.
○ 형태 : A형 Ⅱ식. 구연은 외반됨(侈口). 목은 잘록함(束頸). 비교적 큼. 목은 약간 긺(微長頸). 동체부는 둥그스름하게 배부름(圓鼓腹). 구순은 각이 짐(方脣).
○ 태토 및 색깔 : 모래혼입의 황갈색 토기.

㉢ 속경호 3(束頸罐, T0203② : 16, 그림 36-11)
○ 출토지 : 신안유적 제1기 문화층 T0203②.
○ 크기 : 口徑 20cm, 바닥 직경 14.4cm.
○ 형태 : A형 Ⅲ식. 구연은 외반됨(侈口). 목은 잘록함(束頸). 비교적 큼. 목은 긺(長頸). 동체부는 긺(長腹). 구순은 둥그스름함(圓脣). 바닥은 평평함(平底).
○ 태토 및 색깔 : 모래혼입의 흑갈색 토기.

㉣ 속경호 4(束頸罐, F5 : 1, 그림 36-12)
○ 출토지 : 신안유적 제1기 문화층 F5 주거지.
○ 크기 : 口徑 24cm, 남은 높이 15.2cm.
○ 형태 : A형 Ⅲ식. 구연은 외반됨(侈口). 목은 잘록함(束頸). 비교적 큼. 목은 긺(長頸). 동체부는 긺(長腹). 구순은 각이 짐(方脣). 어깨는 흘러내려가고 있음(溜肩). 동체부는 배부름(鼓腹). 手製임.
○ 태토 및 색깔 : 모래혼입의 황갈색 토기.

㉤ 속경호 5(束頸罐, T0303③ : 11, 그림 37-1)
- 출토지 : 신안유적 제1기 문화층 T0303③.
- 크기 : 口徑 10cm, 동체부 최대 직경 12cm, 남은 높이 10.2cm.
- 형태 : B형 Ⅰ식. 구연은 외반됨(侈口). 목은 잘록함(束頸). 비교적 작음. 동체부는 둥그스름하게 배부름(圓鼓腹). 구순은 둥그스름함(圓脣). 목은 잘록함(束頸).
- 태토 및 색깔 : 모래혼입의 회갈색 토기

㉥ 속경호 6(束頸罐, T0303③ : 10, 그림 37-2)
- 출토지 : 신안유적 제1기 문화층 T0303③.
- 크기 : 口徑 10cm, 남은 높이 6.4cm.
- 형태 : B형 Ⅱ식. 구연은 외반됨(侈口). 목은 잘록함(束頸). 비교적 작음. 동체부는 가늘고 깊. 구순은 둥그스름함(圓脣).
- 태토 및 색깔 : 모래혼입의 회갈색 토기

㉦ 속경호 7(束頸罐, H30 : 5, 그림 37-3)
- 출토지 : 신안유적 제1기 문화층 H30 재구덩이(灰坑).
- 크기 : 口徑 14cm, 남은 높이 8.6cm.
- 형태 : B형 Ⅱ식. 구연은 외반됨(侈口). 목은 잘록함(束頸). 비교적 작음. 동체부는 가늘고 깊. 구순은 뾰족함(尖脣).
- 태토 및 색깔 : 모래혼입의 적갈색 토기.

⑥ 호(罐) : 2점
手製임. 구순은 둥그스름함(圓脣).

㉠ 호 1(罐, H48 : 2, 그림 37-4)
- 출토지 : 신안유적 제1기 문화층 H48 재구덩이(灰坑).
- 크기 : 口徑 11.2cm, 남은 높이 7.8cm.
- 형태 : 手製임. 구순은 둥그스름함(圓脣). 구연은 외반됨(侈口). 어깨는 흘러내려가고 있음(溜肩). 목부분(頸部)과 동체부(腹部)에는 선문띠(弦文帶)가 새겨져 있고 그 중간은 꺾여진 선문띠(折線弦文帶)가 메우고 있음.
- 태토 및 색깔 : 모래혼입의 흑갈색 토기.

㉡ 호 2(罐, H4 : 5, 그림 37-5)
- 출토지 : 신안유적 제1기 문화층 H4 재구덩이(灰坑).
- 크기 : 口徑 14cm, 남은 높이 4.2cm.
- 형태 : 手製임. 구순은 둥그스름함(圓脣). 목은 잘록함(束頸). 목부분(頸部)에 "之"자형 戳點文이 있음.
- 태토 및 색깔 : 모래혼입의 회갈색 토기.

⑦ 발(鉢) : 9점
- 모래혼입 토기임. 구연은 외반됨(敞口). 대부분 手製임. 물레질(慢輪)하여 가공함.
- 토기 바닥(器底)에 따라 3형으로 나눌 수 있음.
- A형은 6점이 출토됨. 바닥은 모서리가 꺾여 있고 평평함(折角平底). 동체부는 비스듬히 기울어져 있음(斜腹). 구연부에 따라 2형으로 나눌 수 있음. Aa형은 5점이 출토됨. 구연은 곧음(直沿). Ab형은 1점이 출토됨. 구연은 뒤집혔음(翻沿). 구순은 둥그스름함(圓脣). 동체부 안쪽(內腹)에 흑색 燒結物이 붙어 있음.
- B형은 1점이 출토됨. 바닥은 모서리가 휘어져 있고 평평함(弧角平底). 동체부는 비교적 깊음(腹較深). 광택이 남. 구순은 뾰족함(尖脣). 동체부는 비스듬히 기울어져 있음(斜腹).
- C형은 2점이 출토됨. 구순은 둥그스름함(圓脣). 구연은 외반됨(敞口). 동체부는 비스듬히 기울어져 있음(斜腹). 바닥은 높음(臺底).

㉠ 발 1(鉢, G2 : 1, 그림 37-6)
- 출토지 : 신안유적 제1기 문화층 G2 灰溝.
- 크기 : 口徑 17cm, 바닥 직경 11.6cm, 높이 6.2cm.

○ 형태 : Aa형. 구연은 외반됨(敞口). 물레질(慢輪)하여 가공함. 바닥은 모서리가 꺾여 있고 평평함(折角平底). 동체부는 비스듬히 기울어져 있음. 구연은 곧음(直沿). 구순은 둥그스름함(圓脣).
○ 태토 및 색깔 : 모래혼입의 흑갈색 토기.

ⓒ 발 2(鉢, T0303② : 7, 그림 37-7)
○ 출토지 : 신안유적 제1기 문화층 T0303②.
○ 크기 : 口徑 11.6cm, 바닥 직경 8cm, 높이 4.8cm.
○ 형태 : Aa형. 구연은 외반됨(敞口). 물레질(慢輪)하여 가공함. 바닥은 모서리가 꺾여 있고 평평함(折角平底). 동체부는 비스듬히 기울어져 있음. 구연은 곧음(直沿). 구순은 둥그스름함(圓脣).
○ 태토 및 색깔 : 모래혼입의 회색 토기.

ⓒ 발 3(鉢, T0203③ : 1, 그림 37-8)
○ 출토지 : 신안유적 제1기 문화층 T0203③.
○ 크기 : 口徑 10cm, 바닥 직경 6cm, 높이 4.6cm.
○ 형태 : Aa형. 구연은 외반됨(敞口). 물레질(慢輪)하여 가공함. 바닥은 모서리가 꺾여 있고 평평함(折角平底). 동체부는 비스듬히 기울어져 있음. 구연은 곧음(直沿). 구순은 각이 짐(方脣).
○ 태토 및 색깔 : 모래혼입의 회갈색 토기.

ⓔ 발 4(鉢, G6 : 6, 그림 37-9)
○ 출토지 : 신안유적 제1기 문화층 G6 灰溝.
○ 크기 : 口徑 10cm, 바닥 직경 6.8cm, 높이 4.4cm.
○ 형태 : Ab형. 구연은 외반됨(敞口). 물레질(慢輪)하여 가공함. 바닥은 모서리가 꺾여 있고 평평함(折角平底). 동체부는 비스듬히 기울어져 있음. 구연은 뒤집혔음(翻沿). 구순은 둥그스름함(圓脣). 동체부(腹) 안쪽에 흑색 燒結物이 붙어 있음.
○ 태토 및 색깔 : 모래혼입의 회흑색 토기.

ⓜ 발 5(鉢, H73 : 2, 그림 37-10)
○ 출토지 : 신안유적 제1기 문화층 H73 재구덩이(灰坑).
○ 크기 : 口徑 6.4cm, 바닥 직경 4cm, 높이 4.8cm.
○ 형태 : B형. 구연은 외반됨(敞口). 물레질(慢輪)하여 가공함. 바닥은 모서리가 휘어져 있고 평평함(弧角平底). 동체부는 비교적 깊음(腹較深). 광택이 남. 구순은 뾰족함(尖脣). 동체부는 비스듬히 기울어져 있음(斜腹).
○ 태토 및 색깔 : 모래혼입의 적갈색 토기.

ⓗ 발 6(鉢, G3 : 3, 그림 37-11)
○ 출토지 : 신안유적 제1기 문화층 G3 灰溝.
○ 크기 : 口徑 8cm, 바닥 직경 4.8cm, 높이 4.2cm.
○ 형태 : C형. 구연은 외반됨(敞口). 물레질(慢輪)하여 가공함. 구순은 둥그스름함(圓脣). 구연은 외반됨(敞口). 동체부는 비스듬히 기울어져 있음(斜腹). 바닥은 높음(臺底). 동체부는 호형임(弧腹).
○ 태토 및 색깔 : 모래혼입의 적갈색 토기.

ⓢ 발 7(鉢, G3 : 2, 그림 37-12)
○ 출토지 : 신안유적 제1기 문화층 G3 灰溝.
○ 크기 : 口徑 6.8cm, 바닥 직경 5.2cm, 높이 3.7cm.
○ 형태 : C형. 구연은 외반됨(敞口). 물레질(慢輪)하여 가공함. 구순은 둥그스름함(圓脣). 구연은 외반됨(敞口). 동체부는 비스듬히 기울어져 있음(斜腹). 바닥은 높음(臺底).
○ 태토 및 색깔 : 모래혼입의 회갈색 토기.

⑧ 분(盆) : 10점
○ 구연은 외반됨(敞口). 手製이면서 물레질(慢輪)하여 가공함.
○ 손잡이(耳部)에 따라 3형으로 나눌 수 있음.
○ A형은 5점이 출토됨. 동체부(腹部)에 대칭하는 橫橋耳가 있음.

○ B형은 1점이 출토됨. 동체부(腹部)에 2개의 대칭하는 豎橋耳가 있음.

○ C형은 4점이 출토됨. 손잡이(耳)가 없음.

㉠ 분 1(盆, H59 : 1, 그림 37-13)

○ 출토지 : 신안유적 제1기 문화층 H59 재구덩이(灰坑).

○ 크기 : 口徑 34.4cm, 바닥 직경 12cm, 높이 20.8cm.

○ 형태 : A형. 구연은 외반됨(敞口). 手製이면서 물레질(慢輪)하여 가공함. 동체부에 대칭하는 橫橋耳가 있음. 구순은 각이 짐(方脣). 동체부는 호형임(弧腹). 바닥은 평평함(平底).

○ 태토 및 색깔 : 모래혼입의 황갈색 토기.

㉡ 분 2(盆, T0203③ : 2, 그림 37-14)

○ 출토지 : 신안유적 제1기 문화층 T0203③.

○ 크기 : 口徑 26.4cm, 남은 높이 12.8cm.

○ 형태 : A형. 구연은 외반됨(敞口). 手製이면서 물레질(慢輪)하여 가공함. 동체부에 대칭하는 橫橋耳가 있음. 구순은 뾰족함(尖脣). 동체부는 비스듬하게 기울어져 있고 호형임(斜弧腹).

○ 태토 및 색깔 : 모래혼입의 회갈색 토기.

㉢ 분 3(盆, H54 : 2, 그림 37-15)

○ 출토지 : 신안유적 제1기 문화층 H54 재구덩이(灰坑).

○ 크기 : 口徑 20cm, 남은 높이 8.8cm.

○ 형태 : B형. 구연은 외반됨(敞口). 手製이면서 물레질(慢輪)하여 가공함. 동체부(腹部)에 2개의 대칭하는 豎橋耳가 있음. 手製임. 구순이 각이 짐(方脣). 동체부는 호형임(弧腹).

○ 태토 및 색깔 : 모래혼입의 황갈색 토기.

㉣ 분 4(盆, G2 : 9, 그림 37-16)

○ 출토지 : 신안유적 제1기 문화층 G2 灰溝.

○ 크기 : 口徑 32cm, 남은 높이 9.2cm.

○ 형태 : C형. 구연은 외반됨(敞口). 手製이면서 물레질(慢輪)하여 가공함. 손잡이(耳)는 없음. 구순은 각이 짐(方脣). 구연은 꺾여 있음(折沿).

○ 태토 및 색깔 : 모래혼입의 회갈색 토기.

㉤ 분 5(盆, H4標 : 5, 그림 37-17)

○ 출토지 : 신안유적 제1기 문화층 H4 재구덩이(灰坑).

○ 크기 : 口徑 24cm, 남은 높이 7.2cm.

○ 형태 : C형. 구연은 외반됨(敞口). 手製이면서 물레질(慢輪)하여 가공함. 손잡이(耳)는 없음. 구순은 둥그스름함(圓脣). 구연은 밖으로 말아짐(外卷沿). 동체부는 비스듬하게 기울어져 있고 호형임(斜弧腹).

○ 태토 및 색깔 : 모래혼입의 회흑색 토기.

⑨ 호(壺) : 3점

○ 모래혼입의 회갈색 토기임. 手製임.

㉠ 호 1(壺, H43 : 3, 그림 38-1)

○ 출토지 : 신안유적 제1기 문화층 H43 재구덩이(灰坑).

○ 크기 : 口徑 10cm, 바닥 직경 8cm, 동체부 최대 직경 15.4cm, 높이 20cm.

○ 형태 : 手製임. 구순은 둥그스름함(圓脣). 구연은 외반됨(侈口). 목은 긺(長頸). 어깨는 흘러내려가고 있음(溜肩). 동체부는 배부름(鼓腹). 바닥은 평평함(平底). 동체부에는 대칭하는 4개의 손잡이(橫橋耳)가 있음.

○ 태토 및 색깔 : 모래혼입의 회갈색 토기.

㉡ 호 2(壺, G2 : 4, 그림 38-2)

○ 출토지 : 신안유적 제1기 문화층 G2 灰溝.

○ 크기 : 口徑 6.8cm, 바닥 직경 4.8cm, 높이 11.8cm.
○ 형태 : 手製임. 구순은 각이 짐(方脣). 구연은 외반됨(侈口). 어깨는 흘러내려가고 있음(溜肩). 동체부는 배부름(鼓腹). 바닥은 평평함(平底).
○ 태토 및 색깔 : 모래혼입의 회갈색 토기.

⑩ 반(盤) : 1점(G6 : 1, 그림 38-3)
○ 출토지 : 신안유적 제1기 문화층 G6 灰溝.
○ 크기 : 口徑 7.2cm, 바닥 직경 6.8cm, 높이 2.8cm.
○ 형태 : 手製임. 구순은 둥그스름함(圓脣). 直口임. 동체부는 얕음(淺腹). 바닥은 평평함(平底).
○ 태토 및 색깔 : 모래혼입의 적갈색 토기.

⑪ 옹(甕) : 2점

㉠ 옹(甕, T0403③ : 2, 그림 38-4)
○ 출토지 : 신안유적 제1기 문화층 T0403③.
○ 크기 : 口徑 18.8cm, 남은 높이 3.2cm.
○ 형태 : 구순은 각이 짐(方脣). 구연은 내반됨(斂口). 어깨는 둥그스름함(圓肩).
○ 태토 및 색깔 : 니질의 적갈색 토기.

⑫ 항(缸) : 3점
모래혼입의 회흑색 토기임. 구순은 각이 짐(方脣). 구연은 외반됨(侈口). 동체부는 곧음(直腹).

㉠ 항 1(缸, F2 : 3, 그림 38-5)
○ 출토지 : 신안유적 제1기 문화층 F2 주거지.
○ 크기 : 口徑 28.8cm, 남은 높이 7.2cm.
○ 형태 : 구순은 각이 짐(方脣). 구연은 외반됨(侈口). 동체부는 곧음(直腹).
○ 태토 및 색깔 : 모래혼입의 회흑색 토기.

㉡ 항 2(缸, F2 : 4, 그림 38-6)
○ 출토지 : 신안유적 제1기 문화층 F2 주거지.
○ 크기 : 口徑 34.4cm, 남은 높이 7.6cm.
○ 형태 : 구순은 각이 짐(方脣). 구연은 외반됨(侈口). 동체부는 곧음(直腹).
○ 태토 및 색깔 : 모래혼입의 회흑색 토기.

⑬ 시루(甑) : 8점
胎 두께는 두꺼움. 일부는 물레질(慢輪)을 거쳐 가공함. 手製임. 문양은 없음.

㉠ 시루 1(甑, G1 : 9, 그림 38-7)
○ 출토지 : 신안유적 제1기 문화층 G1 灰溝.
○ 크기 : 口徑 25.6cm, 바닥 직경 11.2cm, 높이 17.6cm.
○ 형태 : 胎 두께는 두꺼움. 手製임. 문양은 없음. 구순이 각이 짐(方脣). 구연은 꺾여 있음(折沿). 목은 잘록함(束頸). 동체부는 비스듬하게 기울어져 있고 호형임(斜弧腹). 바닥은 평평함(平底). 바닥부분(底部)에는 직경 약 0.8cm의 원형 算孔이 여러 개 있음. 어깨부분(肩部)에는 대칭하는 손잡이(橫橋耳)가 있음. 광택이 남.
○ 태토 및 색깔 : 모래혼입의 갈색 토기.

㉡ 시루 2(甑, G2 : 3, 그림 38-8)
○ 출토지 : 신안유적 제1기 문화층 G2 灰溝.
○ 크기 : 口徑 28.8cm, 바닥 직경 14.4cm, 높이 26.4cm.
○ 형태 : 胎 두께는 두꺼움. 手製임. 문양은 없음. 구순은 둥그스름함(圓脣). 구연은 꺾여 있음(折沿). 목은 잘록함(束頸). 동체부는 비스듬하게 기울어져 있고 호형임(斜弧腹). 바닥은 평평함(平底). 바닥부분(底部)에는 직경 약 0.8cm의 원형 算孔이 여러 개 있음. 어깨부분(肩部)에는 대칭하는 손잡이(橫橋耳)가 있음.

○ 태토 및 색깔 : 모래혼입의 갈색 토기.

ⓒ 시루 3(甑, G1 : 10, 그림 38-9)
○ 출토지 : 신안유적 제1기 문화층 G1 灰溝.
○ 크기 : 口徑 28.8cm, 바닥 직경 12cm, 높이 15.6cm.
○ 형태 : 胎 두께는 두꺼움. 手製임. 문양은 없음. 구순은 각이 짐(方脣). 구순면은 안으로 들어가 있음(脣面內凹). 구연은 외반됨(敞口). 동체부는 비스듬하게 기울어져 있고 호형임(斜弧腹). 바닥은 평평함(平底). 바닥부분(底部)에는 직경 약 0.8cm의 원형 箅孔이 여러 개 있음.
○ 태토 및 색깔 : 모래혼입의 갈색 토기.

ⓔ 시루 4(甑, G1 : 6, 그림 38-10)
○ 출토지 : 신안유적 제1기 문화층 G1 灰溝.
○ 크기 : 口徑 6.4cm, 바닥 직경 3.2cm, 높이 3cm.
○ 형태 : 胎 두께는 두꺼움. 手製임. 문양은 없음. 구순은 둥그스름함(圓脣). 구연은 외반됨(敞口). 동체부는 비스듬히 기울어져 있음(斜腹). 바닥은 평평함(平底). 바닥부분(底部)에는 직경 약 0.6cm의 원형 구멍이 여러 개 있는데, 불규칙적으로 분포하고 있음.
○ 태토 및 색깔 : 모래혼입의 적갈색 토기.

⑭ 토기 뚜껑꼭지(器蓋鈕) : 2점
手製임.

㉠ 토기 뚜껑꼭지 1(器蓋鈕, H4 : 4, 그림 38-11)
○ 출토지 : 신안유적 제1기 문화층 H4 재구덩이(灰坑).
○ 크기 : 꼭지(鈕) 직경 2.4cm, 남은 높이 4cm.
○ 형태 : 手製임. 圓餅形 꼭지(鈕)임.
○ 태토 및 색깔 : 모래혼입의 회갈색 토기.

ⓒ 토기 뚜껑꼭지 2(器蓋鈕, T0305①b : 8, 그림 38-12)
○ 출토지 : 신안유적 제1기 문화층 T0305①b.

○ 크기 : 꼭지(鈕) 직경 7cm, 남은 높이 5cm.
○ 형태 : 手製임. 圓柱形 꼭지임(圈鈕).
○ 태토 및 색깔 : 모래혼입의 적갈색 토기.

⑮ 종지(盅) : 2점
손으로 빚어 제작함(手工捏製). 기형은 정연하지 않음.

㉠ 종지 1(盅, H2 : 2, 그림 38-13)
○ 출토지 : 신안유적 제1기 문화층 H2 재구덩이(灰坑).
○ 크기 : 口徑 5cm, 바닥 직경 3.2cm, 높이 4cm.
○ 형태 : 손으로 빚어 제작함(手工捏製). 기형은 정연하지 않음. 구순은 각이 짐(方脣). 구연은 내반됨(斂口). 동체부는 곧음(直腹). 바닥은 평평함(平底).
○ 태토 및 색깔 : 사질의 황갈색 토기.

ⓒ 종지 2(盅, T0303③ : 6, 그림 38-14)
○ 출토지 : 신안유적 제1기 문화층 T0303③.
○ 크기 : 口徑 3cm, 바닥 직경 1.5cm, 높이 2.3cm.
○ 형태 : 손으로 빚어 제작함. 기형은 정연하지 않음. 구순은 둥그스름함(圓脣). 直口임. 동체부는 곧음(直腹). 바닥은 평평함(平底).
○ 태토 및 색깔 : 모래혼입의 적갈색 토기.

⑯ 구연부(口沿) : 8점
모래혼입 토기임. 手製임.

㉠ 구연부 1(口沿, H4標 : 1, 그림 39-1)
○ 출토지 : 신안유적 제1기 문화층 H4 재구덩이(灰坑).
○ 크기 : 남은 높이 3.7cm.
○ 형태 : 手製임. 구순은 둥그스름함(圓脣). 구연은 외반됨(侈口). 堆文이 부가되어 있음.
○ 태토 및 색깔 : 모래혼입의 흑색 토기.

ⓛ 구연부 2(口沿, Y2標 : 1, 그림 39-2)
○ 출토지 : 신안유적 제1기 문화층 Y2 가마터(窯址).
○ 크기 : 남은 높이 5.6cm.
○ 형태 : 手製임. 이중구연임(外疊脣). 구연은 외반됨(侈口). 구순(脣)에는 세로 방향의 麥粒狀戳點文이 장식되어 있음.
○ 태토 및 색깔 : 모래혼입의 회갈색 토기.

ⓒ 구연부 3(口沿, H60標 : 3, 그림 39-3)
○ 출토지 : 신안유적 제1기 문화층 H60 재구덩이(灰坑).
○ 크기 : 남은 높이 3.4cm.
○ 형태 : 手製임. 이중구연임(外疊脣). 구연은 외반됨(侈口).
○ 태토 및 색깔 : 모래혼입의 황갈색 토기.

ⓔ 구연부 4(口沿, H44標 : 1, 그림 39-5)
○ 출토지 : 신안유적 제1기 문화층 H44 재구덩이(灰坑).
○ 크기 : 남은 높이 3.5cm.
○ 형태 : 手製임. 구순은 둥그스름함(圓脣). 直口임. 구연(口沿) 아랫부분에 麥穗狀戳點文이 장식되어 있음.
○ 태토 및 색깔 : 모래혼입의 흑색 토기.

ⓜ 구연부 5(口沿, T0102②標 : 2, 그림 39-4)
○ 출토지 : 신안유적 제1기 문화층 T0102②.
○ 크기 : 남은 높이 4.6cm.
○ 형태 : 手製임. 구순은 각이 짐(方脣). 구연은 외반됨(侈口). 구연은 말아짐(卷沿). 成排戳點文이 장식되어 있음.
○ 태토 및 색깔 : 모래혼입의 흑갈색 토기.

⑰ 손잡이(器耳) : 5점
手製임.

㉠ 손잡이 1(器耳, T0403②標 : 4, 그림 39-6)
○ 출토지 : 신안유적 제1기 문화층 T0403②.
○ 크기 : 손잡이(耳) 너비 2cm, 두께 0.9cm.
○ 형태 : 手製임. 구순은 각이 짐(方脣). 구연은 외반됨(侈口). 橋狀耳임. 손잡이(耳)는 어깨부분(肩部)에 위치함.
○ 태토 및 색깔 : 모래혼입의 황갈색 토기.

ⓛ 손잡이 2(器耳, G1標 : 11, 그림 39-7)
○ 출토지 : 신안유적 제1기 문화층 G1 灰溝.
○ 크기 : 손잡이(耳) 너비 1.6cm, 두께 1cm.
○ 형태 : 手製임. 고리 모양임.
○ 태토 및 색깔 : 모래혼입의 회갈색 토기.

ⓒ 손잡이 3(器耳, T0403②標 : 2, 그림 39-8)
○ 출토지 : 신안유적 제1기 문화층 T0403②.
○ 크기 : 손잡이(耳) 너비 4.8cm, 두께 2.4cm.
○ 형태 : 手製임. 납작한 꼭지 모양임(扁鈕耳).
○ 태토 및 색깔 : 모래혼입 회흑색 토기.

⑱ 토기 바닥(器底) : 26점
○ 手製임.
○ 바닥부분(底部)의 형태에 따라 2형으로 나눌 수 있음.
○ A형은 24점이 출토됨. 바닥은 평평함(平底). 세부 형태에 따라 2형으로 나눌 수 있음. Aa형은 19점이 출토됨. 바닥 가장자리에 명확하게 꺾어지는 棱이 없음. Ab형은 5점이 출토됨. 토기 바닥은 두께가 더해졌고, 명확하게 꺾어지는 棱이 있음.
○ B형은 2점이 출토됨. 들린굽 형식의 높은 바닥임.

㉠ 토기 바닥 1(器底, G1 : 7, 그림 40-1)
○ 출토지 : 신안유적 제1기 문화층 G1 灰溝.
○ 크기 : 바닥 직경 9.6cm, 남은 높이 8cm.
○ 형태 : Aa형. 手製임. 바닥은 평평함(平底). 바닥 가

장자리에 명확하게 꺾어지는 棱이 없음.
○ 태토 및 색깔 : 모래혼입의 황갈색 토기.

ⓒ 토기 바닥 2(器底, T0303② : 21, 그림 40-2)
○ 출토지 : 신안유적 제1기 문화층 T0303②.
○ 크기 : 바닥 직경 4.8cm, 남은 높이 5cm.
○ 형태 : Aa형. 手製임. 바닥은 평평함(平底). 바닥 가장자리에 명확하게 꺾어지는 棱이 없음. 동체부에 망격문이 戳印되어 있음.
○ 태토 및 색깔 : 모래혼입의 흑갈색 토기.

ⓒ 토기 바닥 3(器底, G2 : 5, 그림 40-3)
○ 출토지 : 신안유적 제1기 문화층 G2 灰溝.
○ 크기 : 바닥 직경 8.8cm, 남은 높이 6.8cm.
○ 형태 : Ab형. 手製임. 바닥은 평평함(平底). 토기 바닥은 두께가 더해졌고, 명확하게 꺾어지는 棱이 있음. 바닥은 가운데가 들어가 있음.
○ 태토 및 색깔 : 모래 혼입의 황갈색 토기.

ⓔ 토기 바닥 4(器底, T0303③ : 12, 그림 40-6)
○ 출토지 : 신안유적 제1기 문화층 T0303③.
○ 크기 : 바닥 직경 8.6cm, 남은 높이 9.6cm.
○ 형태 : Ab형. 手製임. 바닥은 평평함(平底). 토기 바닥은 두께가 더해졌고, 명확하게 꺾어지는 棱이 있음.
○ 태토 및 색깔 : 모래 혼입의 회갈색 토기.

ⓜ 토기 바닥 5(器底, T0403③ : 1, 그림 40-4)
○ 출토지 : 신안유적 제1기 문화층 T0403③.
○ 크기 : 바닥 직경 5cm, 남은 높이 2cm.
○ 형태 : B형. 手製임. 들린굽 형식의 높은 바닥임.
○ 태토 및 색깔 : 모래 혼입의 회흑색 토기.

ⓗ 토기 바닥 6(器底, T0204② : 30, 그림 40-5)
○ 출토지 : 신안유적 제1기 문화층 T0204②.
○ 크기 : 바닥 직경 5cm, 남은 높이 3cm.
○ 형태 : B형. 手製임. 들린굽 형식의 높은 바닥임.
○ 태토 및 색깔 : 모래 혼입의 회갈색 토기

⑲ 餠形器 : 2점
굵은 모래가 혼입됨. 기형은 정연하지 않음. 토기뚜껑으로 보여짐. 手製임.

㉠ 餠形器 1(G1 : 11, 그림 41-1)
○ 출토지 : 신안유적 제1기 문화층 G1 灰溝.
○ 크기 : 직경 13.6cm, 두께 1.4cm.
○ 형태 : 기형은 정연하지 않음. 토기뚜껑으로 보임. 手製임.
○ 태토 및 색깔 : 굵은 모래 혼입의 흑갈색 토기.

ⓒ 餠形器 2(T0104② : 9, 그림 41-2)
○ 출토지 : 신안유적 제1기 문화층 T0104②.
○ 크기 : 직경 13.6cm, 변가장자리 두께 1.2cm.
○ 형태 : 기형은 정연하지 않음. 토기뚜껑으로 보여짐. 手製임.
○ 태토 및 색깔 : 굵은 모래 혼입의 황갈색 토기.

⑳ 陶球 : 1점(H58 : 1, 그림 41-3)
○ 출토지 : 신안유적 제1기 문화층 H58 재구덩이(灰坑).
○ 크기 : 직경 2.2m, 높이 1.8cm.
○ 형태 : 手製임. 가운데 부분에 직경 0.7cm, 깊이 0.6cm의 원형인 오목한 움(窩)이 있음.
○ 태토 및 색깔 : 모래 혼입의 회갈색 토기.

㉑ 가락바퀴(紡輪) : 4점

㉠ 가락바퀴 1(紡輪, G6 : 5, 그림 41-4)
○ 출토지 : 신안유적 제1기 문화층 G6 灰溝.

○ 크기 : 직경 4.8cm, 두께 0.5cm, 구멍 직경 0.5cm.
○ 형태 : 납작하고 얇은 원형임.
○ 태토 및 색깔 : 모래 혼입의 회갈색.

ⓒ 가락바퀴 2(紡輪, H2 : 1, 그림 41-6)
○ 출토지 : 신안유적 제1기 문화층 H2 재구덩이(灰坑).
○ 크기 : 직경 5.1cm, 구멍 직경 1.2cm, 높이 1.7cm.
○ 형태 : 圓餠형태임. 가운데 부분은 약간 안으로 들어가 있음.
○ 태토 및 색깔 : 모래 혼입의 황갈색.

ⓒ 가락바퀴 3(紡輪, T0204③ : 1, 그림 41-7)
○ 출토지 : 신안유적 제1기 문화층 T0204③.
○ 크기 : 직경 5.1cm, 구멍 직경 0.9cm, 높이 3.2cm.
○ 형태 : 饅頭形임. 바닥부분(底部)은 약간 들어가 있음.
○ 태토 및 색깔 : 니질의 황갈색.

(4) 옥기

① 옥대롱(玉管) : 1점(T0303③ : 4, 그림 42-4)
○ 출토지 : 신안유적 제1기 문화층 T0303③.
○ 크기 : 남은 길이 2.7cm, 최대 직경 1.1cm, 구멍 직경 0.3cm.
○ 형태 : 비교적 작음. 磨製임. 전체적으로 가운데 부분이 약간 굵고 양끝부분이 비교적 가느다란 대롱(管)모양임.

(5) 석기

석제칼(石刀), 석제화살촉(石鏃) 등이 출토됨. 비교적 작고, 磨製임.

① 석제칼(石刀) : 2점
등은 곧고, 칼날은 약간 휘었음. 원형의 鑽孔은 파손됨. 기표에는 비스듬하게 갈아진 흔적이 있음.

㉠ 석제칼(石刀, G6 : 2, 그림 42-1)
○ 출토지 : 신안유적 제1기 문화층 G6 灰溝.
○ 크기 : 남은 길이 6.3cm, 최대 너비 3.cm, 두께 0.4cm, 구멍 직경 0.45cm.
○ 형태 : 등은 곧음(直背). 칼날은 약간 휘었음. 圓形의 鑽孔은 파손됨. 기표에는 비스듬하게 갈아진 흔적이 있음.

② 석제화살촉(石鏃) : 1점(H1 : 1, 그림 42-3)
○ 출토지 : 신안유적 제1기 문화층 H1 재구덩이(灰坑).
○ 크기 : 남은 길이 3.2cm, 너비 2cm, 두께 0.3cm.
○ 형태 : 청회색 頁巖임. 변이 호형인 삼각형 모양임. 아랫부분은 약간 튀어나왔음.

③ 유공석기(石穿孔器) : 2점
圓餠形임. 가운데에서 약간 윗부분에 원형의 구멍이 뚫어져 있음.

㉠ 유공석기 1(石穿孔器, T0303② : 15, 그림 42-2)
○ 출토지 : 신안유적 제1기 문화층 T0303②.
○ 크기 : 긴 축 4.8cm, 짧은 축 4.4cm, 두께 1cm, 구멍 직경 0.5~0.9cm.
○ 형태 : 圓餠形임. 가운데에서 약간 윗부분에 원형의 구멍이 뚫어져 있음.

ⓒ 유공석기 2(石穿孔器, T0304③:2, 그림 42-5)
○ 출토지 : 신안유적 제1기 문화층 T0304③:2.
○ 크기 : 직경 6.8cm, 최대 두께 1cm, 구멍 직경 0.5~0.9cm.
○ 형태 : 圓餠形임. 가운데에서 약간 윗부분에 원형의 구멍이 뚫어져 있음.

5) 2009년 제2기 문화층(文化遺存) 출토유물

(1) 청동기

① 동제화살촉(銅鏃) : 1점 (T0403② : 10, 그림 43-1)
○ 출토지 : 신안유적 제2기 문화층 T0403② : 10.
○ 크기 : 전체 길이 8.2cm, 뾰족한 부분의 남은 길이 3.7cm, 경부(鋌) 길이 4.5cm.
○ 형태 : 四棱形임. 상단은 파손됨. 경부(鋌部) 또한 四棱形임.

② 銅條 : 1점 (H15 : 1, 그림 43-2)
○ 출토지 : 신안유적 제2기 문화층 H15 재구덩이(灰坑).
○ 크기 : 남은 길이 2.5cm, 단면 직경 0.3cm.
○ 형태 : 원형임.

③ 동제사슬(銅鏈) : 1점 (T0403② : 9, 그림 43-3)
○ 출토지 : 신안유적 제2기 문화층 T0403②.
○ 크기 : 남은 길이 3.6cm.
○ 형태 : 직경 0.5cm의 동제 고리 여러 개가 연결되어 있음.

④ 동제띠고리(銅帶環) : 1점 (H52 : 1, 그림 43-4)
○ 출토지 : 신안유적 제2기 문화층 H52 재구덩이(灰坑).
○ 크기 : 직경 3.3cm.
○ 형태 : 고리 모양임. 너비 0.9cm인 띠모양 동을 구부려서 제작함. 한쪽 끝에는 직경 0.2cm의 원형 구멍 2개가 있음.

⑤ 동제대구(銅帶銙) : 1점 (T0403② : 1, 그림 43-5)
○ 출토지 : 신안유적 제2기 문화층 T0403②.
○ 크기 : 변 길이 2.9cm, 변가장자리 높이 0.5cm.
○ 형태 : 방형임. 윗부분에는 條形이면서 변은 곡선인 구멍이 뚫어져 있음.

⑥ 동전 : 14점
출토 당시 삼실(麻線)에 꿰어져 있었음.

㉠ 개원통보(開元通寶, K1 : 25-1, 그림 44-1)
○ 출토지 : 신안유적 제2기 문화층 K1 저장구덩이(窖藏坑).
○ 크기 : 직경 2.45cm, 구멍변 길이 0.7cm, 두께 0.1cm.
○ 형태 : 동전에 쓰여진 글자는 隸書임. 뒷면에는 月文이 주조됨.

㉡ 건원중보(乾元重寶, K1 : 25-2, 그림 44-1)
○ 출토지 : 신안유적 제2기 문화층 K1 저장구덩이(窖藏坑).
○ 크기 : 직경 2.45cm, 구멍변 길이 0.7cm, 두께 0.1cm.
○ 형태 : 동전에 쓰여진 글자는 隸書임.

(2) 철기

① 철제화살촉(鐵鏃) : 9점
○ 화살촉(鏃)의 뾰족한 부분 형태에 따라 4형으로 나눌 수 있음.
○ A형은 5점이 출토됨. 뾰족한 부분은 柳葉形임. 경부(鋌) 단면은 장방형임.
○ B형은 1점이 출토됨. 뾰족한 부분은 삼각형이고, 아래는 안으로 들어가 있음.
○ C형은 2점이 출토됨. 뾰족한 부분은 平頭鏟形임. 경부(鋌) 단면은 장방형임.
○ D형은 1점이 출토됨. 뾰족한 부분은 三翼形임. 경부(鋌) 단면은 이등변삼각형임.

㉠ **철제화살촉 1**(鐵鏃, T0302② : 2, 그림 45-1)
○ 출토지 : 신안유적 제2기 문화층 T0302②.
○ 크기 : 전체 길이 10.2cm, 너비 1.3cm.
○ 형태 : A형. 뾰족한 부분은 柳葉形임. 경부(鋌) 단면은 장방형임. 날(刃)은 휘어짐.

㉡ **철제화살촉 2**(鐵鏃, H46 : 1, 그림 45-2)
○ 출토지 : 신안유적 제2기 문화층 H46 재구덩이(灰坑).
○ 크기 : 전체 길이 8.4cm, 너비 1.4cm.
○ 형태 : A형. 뾰족한 부분은 柳葉形임. 경부(鋌) 단면은 장방형임. 날(刃)은 곧음.

㉢ **철제화살촉 3**(鐵鏃, T0303② : 10, 그림 45-3)
○ 출토지 : 신안유적 제2기 문화층 T0303②.
○ 크기 : 전체 길이 7.7cm, 너비 1.3cm.
○ 형태 : A형. 뾰족한 부분은 柳葉形임. 경부(鋌) 단면은 장방형임. 날(刃)은 휘어짐.

㉣ **철제화살촉 4**(鐵鏃, T0203② : 11, 그림 45-4)
○ 출토지 : 신안유적 제2기 문화층 T0203②.
○ 크기 : 길이 3.1cm, 너비 1.8cm, 두께 0.1cm.
○ 형태 : B형. 뾰족 부분은 삼각형이고, 아래는 안으로 들어가 있음.

㉤ **철제화살촉 5**(鐵鏃, T0403② : 6, 그림 45-5)
○ 출토지 : 신안유적 제2기 문화층 T0403②.
○ 크기 : 전체 길이 6cm, 뾰족한 부분(鏃尖) 너비 1.2cm, 경부(鋌) 길이 1.1cm, 너비 0.4cm, 두께 0.3cm.
○ 형태 : C형. 뾰족한 부분은 平頭鏃形임. 경부(鋌) 단면은 장방형임.

㉥ **철제화살촉 6**(鐵鏃, T0304② : 3, 그림 45-6)
○ 출토지 : 신안유적 제2기 문화층 T0304②.
○ 크기 : 전체 길이 7.7cm, 뾰족한 부분(鏃尖) 너비 2.4cm, 경부(鋌) 길이 1.5cm, 너비 0.4cm, 두께 0.2cm.
○ 형태 : C형. 뾰족한 부분은 平頭鏃形임. 경부(鋌) 단면은 장방형임.

㉦ **철제화살촉 7**(鐵鏃, T0404② : 2, 그림 45-7)
○ 출토지 : 신안유적 제2기 문화층 T0404②.
○ 크기 : 전체 길이 7.8cm, 뾰족한 부분 길이 4.9cm, 너비 1.2cm, 경부(鋌) 길이 2.9cm, 단면 변길이 0.4cm.
○ 형태 : D형. 뾰족한 부분은 三翼形임. 경부(鋌) 단면은 이등변삼각형임.

② **철제칼**(鐵刀) : 17점
○ 칼등(刀背)의 형태에 따라 2형으로 나눌 수 있음.
○ A형은 16점이 출토됨. 등(背)은 곧음. 크기에 따라 다시 2형으로 나눌 수 있음. Aa형은 13점이 출토됨. 비교적 큼. Ab형은 3점이 출토됨. 크기는 작음.
○ B형은 1점이 출토됨. 등(背)은 휘어짐.

㉠ **철제칼 1**(鐵刀, 0403② : 12, 그림 45-8)
○ 출토지 : 신안유적 제2기 문화층 0403②.
○ 크기 : 전체 길이 14cm, 칼날(刃) 최대 너비 2cm, 칼자루(刀柄) 너비 1cm, 칼등(刀背) 두께 0.4cm.
○ 형태 : Aa형. 등(背)은 곧음. 비교적 큼. 칼날(刃)은 휘어짐.

㉡ **철제칼 2**(鐵刀, T0204② : 22, 그림 45-9)
○ 출토지 : 신안유적 제2기 문화층 T0204②.
○ 크기 : 전체 길이 15.5cm, 칼날(刃) 최대 너비 1.7cm, 칼자루(刀柄) 너비 0.7cm, 칼등(刀背) 두께 0.4cm.
○ 형태 : Aa형. 등(背)은 곧음. 비교적 큼. 날(刃)은 곧음.

㉢ **철제칼 3**(鐵刀, T0204② : 4, 그림 45-10)
○ 출토지 : 신안유적 제2기 문화층 T0204.

○ 크기 : 전체 길이 6.5cm, 칼날(刃) 최대 너비 1cm, 자루(柄) 너비 0.6cm, 등(背) 두께 0.3cm.

○ 형태 : Ab형. 등(背)은 곧음. 크기는 작음. 날(刃)은 곧음.

ⓔ 철제칼 4(鐵刀, T0203② : 23, 그림 45-11)

○ 출토지 : 신안유적 제2기 문화층 T0203②.

○ 크기 : 전체 길이 4.4cm, 칼날(刃) 너비 1cm, 자루(柄) 너비 0.5cm, 등(背) 두께 0.2cm.

○ 형태 : Ab형. 등(背)은 곧음. 크기는 작음. 칼날(刃)은 휘어짐.

ⓜ 철제칼 5(鐵刀, T0203② : 8, 그림 45-12)

○ 출토지 : 신안유적 제2기 문화층 T0203②.

○ 크기 : 남은 길이 4.4cm, 너비 0.8cm, 등(背) 두께 0.2cm.

○ 형태 : B형. 등(背)은 휘어짐. 칼날(刃)은 휘어짐.

③ 철제살포(鐵鏵) : 2점

㉠ 철제살포 1(鐵鏵, T0403② : 3, 그림 45-13)

○ 출토지 : 신안유적 제2기 문화층 T0403②.

○ 크기 : 전체 길이 11cm, 너비 10cm, 자루(柄) 너비 4.6cm.

○ 형태 : 공부(銎部)임. 어깨부분(肩)은 꺾여 있음. 몸체(身)는 방형임. 날(刃)은 곧음.

㉡ 철제살포 2(鐵鏵, T0103② : 4, 그림 45-14)

○ 출토지 : 신안유적 제2기 문화층 T0103②.

○ 크기 : 남은 길이 8.2cm, 너비 5.8cm, 자루(柄) 너비 3cm.

○ 형태 : 공부(銎部)임. 어깨부분(肩)은 휘어짐. 몸체(身) 양측은 약간 휘어짐.

④ 철제고리(鐵環) : 1점(T0404② : 3, 그림 45-16)

○ 출토지 : 신안유적 제2기 문화층 T0404②.

○ 크기 : 고리(環) 직경 3cm, 단면 직경 0.3cm.

○ 형태 : 이음새부분(接口)은 상하 중첩됨. 鐵條를 주조한 후에 구부려 고리모양을 만듦.

⑤ 鐵掌釘 : 1점(T0204② : 24, 그림 45-15)

○ 출토지 : 신안유적 제2기 문화층 T0204②.

○ 크기 : 전체 길이 4.2cm, 釘身 너비 0.7cm, 두께 0.3cm.

○ 형태 : 釘頭는 삼각형임. 釘身은 약간 휘어져 있음. 단면은 장방형임.

⑥ 철제건축부재(鐵建築構件) : 4점

㉠ 철제건축부재 1(鐵建築構件, H21 : 1, 그림 45-17)

○ 출토지 : 신안유적 제2기 문화층 H21 재구덩이(灰坑).

○ 크기 : 길이 9.4cm, 너비 3.3cm, 두께 0.5cm.

○ 형태 : 납작한 曲尺形임.

㉡ 철제건축부재 2(鐵建築構件, T0403② : 8, 그림 45-18)

○ 출토지 : 신안유적 제2기 문화층 T0403②.

○ 크기 : 남은 길이 8cm, 최대 너비 0.9cm, 두께 0.5cm.

㉢ 철제건축부재 3(鐵建築構件, T0403② : 2, 그림 45-19)

○ 출토지 : 신안유적 제2기 문화층 T0403②.

○ 크기 : 길이 12.8cm, 너비 2cm, 두께 0.2cm.

○ 형태 : 납작한 長條形임. 한쪽 끝은 말아져서 구부러진 갈고리모양임.

㉣ 철제건축부재 4(鐵建築構件, T0202② : 5, 그림 45-20)

○ 출토지 : 신안유적 제2기 문화층 T0202②.

○ 크기 : 길이 7.3cm, 너비 1.7cm, 두께 0.2cm.
○ 형태 : 편평한 비녀(釵)모양임.

⑦ **철제못(鐵釘) : 40점**
○ 釘身 단면은 모두 방형임.
○ 釘頭 형태에 따라 4형으로 나눌 수 있음.
○ A형은 10점이 출토됨. 釘頭는 楔形임.
○ B형은 23점이 출토됨. 釘頭와 釘身은 명확한 경계가 없음.
○ C형은 5점이 출토됨. 釘帽는 원형임.
○ D형은 2점이 출토됨. 釘頭가 갈라져 있음.

㉠ 철제못 1(鐵釘, T0402② : 3, 그림 46-1)
○ 출토지 : 신안유적 제2기 문화층 T0402②.
○ 크기 : 전체 길이 13.2cm, 釘身 단면 변길이 0.6cm.
○ 형태 : A형. 釘身 단면은 방형임. 釘頭는 쐐기형임.

㉡ 철제못 2(鐵釘, T0203② : 12, 그림 46-6)
○ 출토지 : 신안유적 제2기 문화층 T0203②.
○ 크기 : 전체 길이 8cm, 釘身 단면 변길이 0.5cm.
○ 형태 : A형. 釘身 단면은 방형임. 釘頭는 쐐기형임.

㉢ 철제못 3(鐵釘, T0303② : 6, 그림 46-2)
○ 출토지 : 신안유적 제2기 문화층 T0303②.
○ 크기 : 전체 길이 15cm, 단면 변길이 0.5cm.
○ 형태 : B형. 釘身 단면은 방형임. 釘頭와 釘身은 명확한 경계가 없음. 釘頭는 구부러져 있음.

㉣ 철제못 4(鐵釘, T0203② : 10, 그림 46-7)
○ 출토지 : 신안유적 제2기 문화층 T0203②.
○ 크기 : 길이 8.6cm, 釘身 너비 0.7cm, 두께 0.4cm.
○ 형태 : B형. 釘身 단면은 방형임. 釘頭와 釘身은 명확한 경계가 없음. 釘頭는 구부러져서 고리모양을 이룸.

㉤ 철제못 5(鐵釘, T0203② : 14, 그림 46-5)
○ 출토지 : 신안유적 제2기 문화층 T0203②.
○ 크기 : 전체 길이 2.5cm, 帽 너비 1.3cm, 身 너비 0.3cm.
○ 형태 : C형. 釘身 단면은 방형임. 釘帽는 원형임.

㉥ 철제못 6(鐵釘, T0101② : 1, 그림 46-4)
○ 출토지 : 신안유적 제2기 문화층 T0101②.
○ 크기 : 전체 길이 5.9cm, 단면 변길이 0.3cm.
○ 형태 : C형. 釘身 단면은 방형임. 釘帽는 원형임.

㉦ 철제못 7(鐵釘, T0303② : 2, 그림 46-3)
○ 출토지 : 신안유적 제2기 문화층 T0303②.
○ 크기 : 전체 길이 5.3cm, 帽 직경 0.6cm, 身 단면 0.3cm.
○ 형태 : C형. 釘身 단면은 방형임. 釘帽는 원형임.

㉧ 철제못 8(鐵釘, T0202② : 2, 그림 46-8)
○ 출토지 : 신안유적 제2기 문화층 T0202② : 2.
○ 크기 : 전체 길이 7.8cm, 너비 0.4cm.
○ 형태 : D형. 釘身 단면은 방형임. 釘頭가 갈라져 있음. 身은 휘어져 있음.

(3) 토기
○ 토기는 대부분 물레질로 제작한 니질의 회색이고, 일부 모래혼입임. 대부분 문양이 없고, 일부 격자문이 있음.
○ 직구호(直口罐), 내반구연호(斂口罐), 발(鉢), 분(盆), 호(壺), 반(盤), 가락바퀴 등이 출토됨.

① **직구호(直口罐)**
○ 수량 : 3점
○ 물레질로 제작함.

㉠ 직구호(直口罐, T0104② 標 : 2, 그림 47-1)
○ 출토지 : 신안유적 제2기 문화층 T0104②.
○ 크기 : 口徑 16cm, 남은 높이 11.6cm.
○ 형태 : 물레질로 제작함. 구순은 각이 짐(方脣). 동체부는 곧음(直腹).
○ 태토 및 색깔 : 모래혼입의 황갈색 토기.

② 내반구연호(斂口罐) : 7점
○ 물레질로 제작함.
○ 목부분(頸部)의 형태에 따라 2형으로 나눌 수 있음.
○ A형은 3점이 출토됨. 목은 긺(長頸).
○ B형은 4점이 출토됨. 목은 짧음(短頸).

㉠ 내반구연호 1(斂口罐, T0203② 標 : 14, 그림 47-2)
○ 출토지 : 신안유적 제2기 문화층 T0203②.
○ 크기 : 남은 높이 8cm.
○ 형태 : A형. 물레질로 제작함. 목은 긺(長頸). 광택이 남. 구순은 각이 짐(方脣). 목은 곧음(直頸). 어깨는 둥그스름함(圓肩).
○ 태토 및 색깔 : 모래혼입의 흑갈색 토기.

㉡ 내반구연호 2(斂口罐, T0304② 標 : 3, 그림 47-4)
○ 출토지 : 신안유적 제2기 문화층 T0304②.
○ 크기 : 남은 높이 3.4cm.
○ 형태 : B형. 물레질로 제작함. 목은 짧음(短頸). 구순은 각이 짐(方脣). 어깨는 둥그스름함(圓肩).
○ 태토 및 색깔 : 니질의 회색 토기.

㉢ 내반구연호 3(斂口罐, H32 標 : 4, 그림 47-3)
○ 출토지 : 신안유적 제2기 문화층 H32 재구덩이(灰坑).
○ 크기 : 口徑 12cm, 남은 높이 2cm.
○ 형태 : B형. 물레질로 제작함. 목은 짧음(短頸). 구순은 뾰족함(尖脣). 구연은 안으로 꺾임(內折沿). 어깨는 꺾여 있음(折肩).
○ 태토 및 색깔 : 사질의 적갈색 토기.

③ 광구호(大口罐) : 6점
○ 니질의 회색 토기임. 물레질로 제작함.
○ 2형으로 나눌 수 있음.
○ A형은 4점이 출토됨. 비교적 큼. 구연은 밖으로 말아짐(外卷沿). 목은 잘록함(束頸). 어깨는 흘러내려가고 있음(溜肩). 동체부는 배부름(鼓腹).
○ B형은 2점이 출토됨. 비교적 작음. 구연은 밖으로 말아짐(外卷沿). 목은 잘록함(束頸). 어깨는 흘러내려가고 있음(溜肩). 동체부는 얕고 호형임(淺弧腹). 문양은 없음.

㉠ 광구호 1(大口罐, T0404② : 5, 그림 47-5)
○ 출토지 : 신안유적 제2기 문화층 T0404②.
○ 크기 : 口徑 32.8cm, 남은 높이 17.6cm.
○ 형태 : A형. 물레질로 제작함. 비교적 큼. 구연은 밖으로 말아짐(外卷沿). 목은 잘록함(束頸). 어깨는 흘러내려가고 있음(溜肩). 동체부는 배부름(鼓腹). 구순은 각이 짐(方脣). 대칭하는 손잡이(橫橋耳)가 있음. 동체부 가운데에는 세로방향의 윤이 나는 暗條文이 한바퀴 둘러져 있음.
○ 태토 및 색깔 : 니질의 회색 토기.

㉡ 광구호 2(大口罐, T0503② : 3, 그림 47-6)
○ 출토지 : 신안유적 제2기 문화층 T0503②.
○ 크기 : 口徑 34.4cm, 바닥 직경 32cm, 높이 28.4cm.
○ 형태 : A형. 물레질로 제작함. 비교적 큼. 구연은 밖으로 말아짐(外卷沿). 목은 잘록함(束頸). 어깨는 흘러내려가고 있음(溜肩). 동체부는 배부름(鼓腹). 구순은 각이 짐(方脣). 바닥은 평평함(平底). 문양은 없음.
○ 태토 및 색깔 : 니질의 회색 토기.

ⓒ 광구호 3(大口罐, T0302①b : 13, 그림 47-7)
　○ 출토지 : 신안유적 제2기 문화층 T0302①b.
　○ 크기 : 口徑 21.6cm, 바닥 직경 10cm, 높이 17.2cm.
　○ 형태 : A형. 물레질로 제작함. 비교적 큼. 구연은 밖으로 말아짐(外卷沿). 목은 잘록함(束頸). 어깨는 흘러내려가고 있음(溜肩). 동체부는 배부름(鼓腹). 구순은 둥그스름함(圓脣). 바닥은 평평함(平底). 동체부 가운데에 2개의 대칭하는 橫條形 盲耳가 있음. 문양은 없음.
　○ 태토 및 색깔 : 니질의 회색 토기.

ⓔ 광구호 4(大口罐, T0104② : 8, 그림 47-8)
　○ 출토지 : 신안유적 제2기 문화층 T0104②.
　○ 크기 : 바닥 직경 14.4cm, 동체부 최대 직경 30cm, 남은 높이 20cm.
　○ 형태 : A형. 물레질로 제작함. 비교적 큼. 구연은 밖으로 말아짐(外卷沿). 목은 잘록함(束頸). 어깨는 흘러내려가고 있음(溜肩). 동체부는 배부름(鼓腹). 바닥은 평평함(平底). 대칭하는 손잡이(橫橋殘耳)가 있음. 동체부에서 직경이 가장 큰 곳에 세로방향의 윤이 나는 暗條文이 한바퀴 둘러져 있음.
　○ 태토 및 색깔 : 니질의 회색 토기.

ⓜ 광구호 5(大口罐, T0301①b : 3, 그림 47-9)
　○ 출토지 : 신안유적 제2기 문화층 T0301①b.
　○ 크기 : 口徑 9.2cm, 바닥 직경 4cm, 높이 5.6cm.
　○ 형태 : B형. 물레질로 제작함. 비교적 작음. 구연은 밖으로 말아짐(外卷沿). 목은 잘록함(束頸). 어깨는 흘러내려가고 있음(溜肩). 동체부는 얕고 호형임(淺弧腹). 문양은 없음. 구순은 둥그스름함(圓脣). 바닥은 평평함(平底).
　○ 태토 및 색깔 : 니질의 회색 토기.

ⓗ 광구호 6(大口罐, T0104擴①b : 5, 그림 47-10)
　○ 출토지 : 신안유적 제2기 문화층 T0104擴①b.
　○ 크기 : 口徑 11.2cm, 남은 높이 5.6cm.
　○ 형태 : B형. 물레질로 제작함. 비교적 작음. 구연은 밖으로 말아짐(外卷沿). 목은 잘록함(束頸). 어깨는 흘러내려가고 있음(溜肩). 동체부는 얕고 호형임(淺弧腹). 문양은 없음. 구순은 둥그스름함(圓脣).
　○ 태토 및 색깔 : 니질의 회색 토기.

④ 외반구연호(侈口罐) : 3점
手製임. 목은 잘록함(束頸). 바닥은 평평함(平底).

㉠ 외반구연호1(侈口罐, T0302①b : 6, 그림 47-11)
　○ 출토지 : 신안유적 제2기 문화층 T0302①b.
　○ 크기 : 口徑 9.6cm, 바닥 직경 6.1cm, 높이 8.2cm.
　○ 형태 : 手製임. 목은 잘록함(束頸). 바닥은 평평함(平底). 구순은 뾰족함(尖脣). 어깨는 호형임(弧肩). 비스듬히 기울여진 동체부는 안으로 들여짐(斜腹內收).
　○ 태토 및 색깔 : 사질의 회갈색 토기.

㉡ 외반구연호 2(侈口罐, T0203② : 22, 그림 47-12)
　○ 출토지 : 신안유적 제2기 문화층 T0203②.
　○ 크기 : 口徑 7.2cm, 바닥 직경 4cm, 높이 6cm.
　○ 형태 : 手製임. 목은 잘록함(束頸). 바닥은 평평함(平底). 구순은 둥그스름함(圓脣). 동체부는 배부름(鼓腹).
　○ 태토 및 색깔 : 모래혼입의 황갈색 토기.

㉢ 외반구연호 3(侈口罐, T0104② : 10, 그림 47-13)
　○ 출토지 : 신안유적 제2기 문화층 T0104②.
　○ 크기 : 口徑 10.8cm, 남은 높이 7cm.
　○ 형태 : 手製임. 목은 잘록함(束頸). 바닥은 평평함(平底). 구순은 둥그스름함(圓脣). 어깨는 흘러내려가고 있음(溜肩). 어깨부분(肩部)에 선문(弦文) 2줄이 평행하게 있음.

⑤ 발(鉢) : 8점
○ 구연은 외반됨(敞口). 문양은 없음.
○ 3형으로 나눌 수 있음.
○ A형은 4점이 출토됨. 구순은 각이 짐(方脣). 바닥은 평평함(平底). 동체부의 형태에 따라 다시 2형으로 나눌 수 있음. Aa형은 3점이 출토됨. 동체부는 비스듬히 기울어져 있음(斜腹). 手製임. 물레질(慢輪)을 거침. Ab형은 1점이 출토됨. 동체부는 호형임(弧腹). 물레질로 제작함.
○ B형은 2점이 출토됨. 바닥은 평평함(平底). 구연은 꺾여 있음(折沿).구순은 둥그스름함(圓脣). 동체부는 비스듬히 기울어져 있음(斜腹). 물레질로 제작함.
○ C형은 2점이 출토됨. 바닥은 두껍고 평평함(厚平底). 동체부는 배부름(鼓腹). 手製임.

㉠ 발 1(鉢, T0102② : 12, 그림 48-1)
○ 출토지 : 신안유적 제2기 문화층 T0102②.
○ 크기 : 바닥 직경 5.6cm, 높이 4cm.
○ 형태 : Aa형. 구연은 외반됨(敞口). 문양은 없음. 구순은 각이 짐(方脣). 바닥은 평평함(平底). 동체부는 비스듬히 기울어져 있음(斜腹). 手製임.
○ 태토 및 색깔 : 모래혼입의 황갈색 토기.

㉡ 발 2(鉢, T0205② : 11, 그림 48-2)
○ 출토지 : 신안유적 제2기 문화층 T0205②.
○ 크기 : 口徑 8.8cm, 바닥 직경 6.4cm, 높이 4.8cm.
○ 형태 : Aa형. 구연은 외반됨(敞口). 문양은 없음. 구순은 각이 짐(方脣). 바닥은 평평함(平底). 동체부는 비스듬히 기울어져 있음(斜腹). 手製임. 물레질(慢輪)하여 손질함. 구순면은 안으로 들어가 있음(脣面內凹).
○ 태토 및 색깔 : 사질의 회색 토기.

㉢ 발 3(鉢, T0404② : 4, 그림 48-3)
○ 출토지 : 신안유적 제2기 문화층 T0404②.
○ 크기 : 口徑 9.6cm, 바닥 직경 6.8cm, 높이 4.4cm.
○ 형태 : Ab형. 구연은 외반됨(敞口). 문양은 없음. 구순은 각이 짐(方脣). 바닥은 평평함(平底). 동체부는 호형임(弧腹). 물레질로 제작함.
○ 태토 및 색깔 : 모래혼입의 적갈색 토기.

㉣ 발 4(鉢, T0303①b : 2, 그림 48-4)
○ 출토지 : 신안유적 제2기 문화층 T0303①b.
○ 크기 : 口徑 10.8cm, 바닥 직경 7.2cm, 높이 5.6cm.
○ 형태 : B형. 구연은 외반됨(敞口). 문양은 없음. 바닥은 평평함(平底). 구연은 꺾여 있음(折沿). 구순은 둥그스름함(圓脣). 동체부는 비스듬히 기울어져 있음(斜腹). 물레질로 제작함. 동체부는 깊음(深腹). 바닥 근처는 밖으로 볼록함.
○ 태토 및 색깔 : 모래혼입의 회갈색 토기.

㉤ 발 5(鉢, H26 : 1, 그림 48-5)
○ 출토지 : 신안유적 제2기 문화층 H26 재구덩이(灰坑).
○ 크기 : 口徑 15.6cm, 바닥 직경 12.8cm, 높이 4.6cm.
○ 형태 : B형. 구연은 외반됨(敞口). 문양은 없음. 바닥은 평평함(平底). 구연은 꺾여 있음(折沿). 구순은 둥그스름함(圓脣). 동체부는 비스듬히 기울어져 있음(斜腹). 물레질로 제작함. 동체부는 얕음(淺腹).
○ 태토 및 색깔 : 사질의 회흑색 토기.

㉥ 발 6(鉢, H8 : 4, 그림 48-7)
○ 출토지 : 신안유적 제2기 문화층 H8 재구덩이(灰坑).
○ 크기 : 口徑 8.4cm, 바닥 직경 4.4cm, 높이 4.4cm.
○ 형태 : C형. 구연은 외반됨(敞口). 문양은 없음. 바닥은 두껍고 평평함(厚平底). 동체부는 배부름(鼓腹). 手製임. 구연(口沿) 바깥과 내벽에 흑색 燒結物이 붙어 있음. 구순은 각이 짐(方脣).
○ 태토 및 색깔 : 사질의 회갈색 토기.

Ⓐ 발 7(鉢, T010I② : 2, 그림 48-8)
○ 출토지 : 신안유적 제2기 문화층 T010I②.
○ 크기 : 口徑 5.2cm, 남은 높이 4cm.
○ 형태 : C형. 구연은 외반됨(敞口). 문양은 없음. 바닥은 두껍고 평평함(厚平底). 동체부는 배부름(鼓腹). 手製임. 구순은 둥그스름함(圓脣).
○ 태토 및 색깔 : 모래혼입의 황갈색 토기.

⑥ 분(盆) : 3점
구순은 둥그스름함(圓脣). 구연은 밖으로 말아짐(外卷沿). 목은 잘록함(束頸). 동체부는 비스듬하게 기울어져 있고 호형임(斜弧腹). 물레질로 제작함.

㉠ 분 1(盆, T0503② : 4, 그림 48-6)
○ 출토지 : 신안유적 제2기 문화층 T0503②.
○ 크기 : 口徑 41.6cm, 바닥 직경 29.6cm, 높이 11.6cm.
○ 형태 : 구순은 둥그스름함(圓脣). 구연은 밖으로 말아짐(外卷沿). 목은 잘록함(束頸). 동체부는 비스듬하게 기울어져 있고 호형임(斜弧腹). 물레질로 제작함. 동체부는 얕음(淺腹). 바닥은 크고 평평함(大平底). 동체부 가운데 부분(中腹部)에 대칭하는 손잡이(橫橋耳)가 있음. 내벽에는 세로방향의 윤이 나는 暗條文이 있음.
○ 태토 및 색깔 : 니질의 회색 토기.

㉡ 분 2(盆, T0302①b : 12, 그림 48-9)
○ 출토지 : 신안유적 제2기 문화층 T0302①b.
○ 크기 : 口徑 28cm, 동체부 최대 직경 27.2cm, 남은 높이 13.2cm.
○ 형태 : 구순은 둥그스름함(圓脣). 구연은 밖으로 말아짐(外卷沿). 목은 잘록함(束頸). 동체부는 비스듬하게 기울어져 있고 호형임(斜弧腹). 물레질로 제작함. 동체부 가운데 부분에 너비 3.5cm의 윤이 나는 暗文帶가 교차하면서 한바퀴 둘러져 있음.

○ 태토 및 색깔 : 니질의 황갈색 토기.

㉢ 분 3(盆, H8 : 1, 그림 48-10)
○ 출토지 : 신안유적 제2기 문화층 H8 재구덩이(灰坑).
○ 크기 : 口徑 16.4cm, 바닥 직경 9.2cm, 높이 6.2cm.
○ 형태 : 구순은 둥그스름함(圓脣). 구연은 밖으로 말아짐(外卷沿). 목은 잘록함(束頸). 동체부는 비스듬하게 기울어져 있고 호형임(斜弧腹). 물레질로 제작함. 어깨는 꺾여 있음(折肩). 바닥은 들린 굽임(圈足). 문양은 없음.
○ 태토 및 색깔 : 사질의 적갈색 토기.

⑦ 반(盤) : 5점
○ 니질의 회색 토기임. 물레질로 제작함. 구연은 외반됨(敞口).
○ 동체부(腹部) 형태에 따라 2형으로 나눌 수 있음.
○ A형은 3점이 출토됨. 동체부는 비스듬하게 기울어져 있고 호형임(斜弧腹). 구순은 둥그스름함(圓脣). 문양은 없음.
○ B형은 2점이 출토됨. 동체부는 비스듬히 기울어져 있음(斜腹). 구연은 밖으로 말아짐(口沿外卷). 바닥은 크고 평평함(大平底).

㉠ 반 1(盤, T0102②標 : 1, 그림 48-11)
○ 출토지 : 신안유적 제2기 문화층 T0102②.
○ 크기 : 口徑 24cm, 높이 3.2cm.
○ 형태 : A형. 물레질로 제작함. 구연은 외반됨(敞口). 동체부는 비스듬하게 기울어져 있고 호형임(斜弧腹). 구순은 둥그스름함(圓脣). 문양은 없음. 바닥은 크고 평평함(大平底).
○ 태토 및 색깔 : 니질의 회색 토기.

㉡ 반 2(盤, H20 : 1, 그림 48-13)
○ 출토지 : 신안유적 제2기 문화층 H20 재구덩이(灰坑).

○ 크기 : 口徑 20.8cm, 바닥 직경 10.4cm, 높이 4.2cm.
○ 형태 : A형. 물레질로 제작함. 구연은 외반됨(敞口). 동체부는 비스듬하게 기울어져 있고 호형임(斜弧腹). 구순은 둥그스름함(圓脣). 문양은 없음. 바닥은 작고 평평함(小平底).
○ 태토 및 색깔 : 니질의 회색 토기.

ⓒ 반 3(盤, H20 : 4, 그림 48-12)
○ 출토지 : 신안유적 제2기 문화층 H20 재구덩이(灰坑).
○ 크기 : 口徑 38.4cm, 바닥 직경 32cm, 높이 5.6cm.
○ 형태 : B형. 물레질로 제작함. 구연은 외반됨(敞口). 동체부는 비스듬히 기울어져 있음(斜腹). 구연은 밖으로 말아짐(口沿外卷). 바닥은 크고 평평함(大平底). 구순은 둥그스름함(圓脣). 문양은 없음.
○ 태토 및 색깔 : 니질의 회색 토기.

ⓔ 반 4(盤, T0205② : 7, 그림 48-14)
○ 출토지 : 신안유적 제2기 문화층 T0205②.
○ 크기 : 口徑 26cm, 바닥 직경 19.2cm, 높이 5.2cm.
○ 형태 : B형. 물레질로 제작함. 구연은 외반됨(敞口). 동체부는 비스듬히 기울어져 있음(斜腹). 구연은 밖으로 말아짐(口沿外卷). 바닥은 크고 평평함(大平底). 구순은 뾰족함(尖脣). 내벽에는 윤이 나는 暗條文이 교차하고 있음.
○ 태토 및 색깔 : 니질의 회색 토기.

⑧ 항(缸) : 4점
○ 니질의 회색 토기임. 목은 잘록함(束頸). 어깨는 흘러내려가고 있음(溜肩). 물레질로 제작함.
○ 구연(口沿)의 형태에 따라 2형으로 나눌 수 있음.
○ A형은 2점이 출토됨. 구연은 밖으로 꺾여 있음(外折沿).
○ B형은 2점이 출토됨. 구연은 약간 말아짐(微卷沿). 광택이 남.

㉠ 항 1(缸, T0503② : 5, 그림 48-15)
○ 출토지 : 신안유적 제2기 문화층 T0503②.
○ 크기 : 口徑 70.4cm, 남은 높이 8cm.
○ 형태 : A형. 목은 잘록함(束頸). 어깨는 흘러내려가고 있음(溜肩). 물레질로 제작함. 구연은 밖으로 꺾여 있음(外折沿). 구순은 둥그스름함(圓脣).
○ 태토 및 색깔 : 니질의 회색 토기.

㉡ 항 2(缸, T0104擴①b : 6, 그림 48-16)
○ 출토지 : 신안유적 제2기 문화층 T0104擴①b.
○ 크기 : 口徑 36cm, 남은 높이 10cm.
○ 형태 : A형. 목은 잘록함(束頸). 어깨는 흘러내려가고 있음(溜肩). 물레질로 제작함. 구연은 밖으로 꺾여 있음(外折沿). 각이 진 구순은 안으로 들어가 있음(方脣內凹). 기표에는 가로 방향으로 빠른 물레질로 가공한 흔적이 명확하게 있음. 동체부 가운데 부분(中腹部)에는 세로 방향의 윤이 나는 暗條文이 있음.
○ 태토 및 색깔 : 니질의 회색 토기.

㉢ 항 3(缸, T0204② : 33, 그림 48-17)
○ 출토지 : 신안유적 제2기 문화층 T0204②.
○ 크기 : 口徑 40cm, 남은 높이 11.2cm.
○ 형태 : B형. 목은 잘록함(束頸). 어깨는 흘러내려가고 있음(溜肩). 물레질로 제작함. 구연은 약간 말아짐(微卷沿). 광택이 남. 구순은 둥그스름함(圓脣). 구순(脣) 측면 아랫부분은 안으로 들어가 있음.
○ 태토 및 색깔 : 니질의 회색 토기.

㉣ 항 4(缸, T0403①b : 2, 그림 48-18)
○ 출토지 : 신안유적 제2기 문화층 T0403①b.
○ 크기 : 口徑 32cm, 남은 높이 7.6cm.
○ 형태 : B형. 목은 잘록함(束頸). 어깨는 흘러내려가고 있음(溜肩). 물레질로 제작함. 구연은 약간 말아짐(微卷沿). 광택이 남. 구순(脣) 측면에는 홈(凹槽) 두

줄이 둘러져 있음. 목부분(頸部)에는 비스듬하고 짧은 刻劃線文이 한 바퀴 둘러져 있음. 어깨부분(肩部)에는 凸棱 한 줄이 있음.
○ 태토 및 색깔 : 니질의 회색 토기.

⑨ 시루 바닥(甑底) : 2점

㉠ 시루 바닥(T0104② 標 : 14, 그림 48-20)
○ 출토지 : 신안유적 제2기 문화층 T0104②.
○ 크기 : 胎 두께 0.8cm.
○ 형태 : 시루(甑) 구멍은 비교적 큼.
○ 태토 및 색깔 : 니질의 회색 토기.

⑩ 토기 뚜껑(器蓋) : 6점
○ 물레질로 제작함.
○ 口部의 형태에 따라 3형으로 나눌 수 있음.
○ A형은 4점이 출토됨. 구순은 둥그스름함(圓脣). 니질의 흑색임. 소성 온도는 비교적 낮음.
○ B형은 1점이 출토됨. 구순은 뾰족함(尖脣). 니질의 회색 토기임. 소성 온도는 비교적 높음.
○ C형은 1점이 출토됨. 구순은 각이 짐(方脣). 모래혼입의 회갈색 토기임.

㉠ 토기 뚜껑 1(器蓋, T0205② : 10, 그림 48-19)
○ 출토지 : 신안유적 제2기 문화층 T0205②.
○ 크기 : 꼭지(鈕) 최대 직경 3.2cm, 남은 높이 6cm.
○ 형태 : A형. 물레질로 제작함. 구순은 둥그스름함(圓脣). 소성 온도는 비교적 낮음.
○ 태토 및 색깔 : 니질의 흑색 토기.

㉡ 토기 뚜껑 2(器蓋, T0205② : 9, 그림 48-21)
○ 출토지 : 신안유적 제2기 문화층 T0205②.
○ 크기 : 직경 13.2cm, 胎 두께 1.2cm.
○ 형태 : A형. 물레질로 제작함. 소성 온도는 비교적 낮음. 구순은 뾰족함(尖脣). 기표면에는 음각선문(凹弦文) 4줄이 있음.
○ 태토 및 색깔 : 니질의 흑색 토기.

㉢ 토기 뚜껑 3(器蓋, T0305② : 2, 그림 48-22)
○ 출토지 : 신안유적 제2기 문화층 T0305②.
○ 크기 : 胎 두께 0.6~0.8cm.
○ 형태 : B형. 물레질로 제작함. 구순은 뾰족함(尖脣). 소성 온도는 비교적 높음. 기표면에는 雀鳥文이 새겨져 있음.
○ 태토 및 색깔 : 니질의 회색 토기.

㉣ 토기 뚜껑 4(器蓋, T0203② 標 : 7, 그림 48-23)
○ 출토지 : 신안유적 제2기 문화층 T0203②.
○ 크기 : 口徑 12cm.
○ 형태 : C형. 물레질로 제작함. 구순은 각이 짐(方脣). 토기색은 균등하지 않음. 꼭지부분(鈕部)은 파손됨.
○ 태토 및 색깔 : 모래혼입의 회갈색 토기.

⑪ 종지(盅) : 4점
捏制임. 胎는 비교적 두꺼움. 구순은 뾰족함(尖脣). 바닥은 평평함(平底).

㉠ 종지 1(盅, G1 : 5, 그림 49-1)
○ 출토지 : 신안유적 제2기 문화층 G1 灰溝.
○ 크기 : 口徑 4.8cm, 바닥 직경 3cm, 높이 3.4cm.
○ 형태 : 捏製임. 胎는 비교적 두꺼움. 구순은 뾰족함(尖脣). 바닥은 평평함(平底). 구연은 외반됨(敞口). 동체부는 비스듬히 기울어져 있음(斜腹).
○ 태토 및 색깔 : 가는 모래혼입의 갈색 토기.

㉡ 종지 2(盅, T0302 : 1, 그림 49-2)
○ 출토지 : 신안유적 제2기 문화층 T0302.
○ 크기 : 口徑 2.8cm, 바닥 직경 2.8cm, 동체부 최대

직경 5.2cm, 높이 3.5cm.
- 형태 : 捏製임. 胎는 비교적 두꺼움. 구순은 뾰족함(尖脣). 바닥은 평평함(平底). 구연은 내반됨(斂口). 동체부는 배부름(鼓腹).
- 태토 및 색깔 : 가는 모래혼입의 적갈색 토기.

ⓒ 종지 3(盅, T0204② : 21, 그림 49-3)
- 출토지 : 신안유적 제2기 문화층 T0204②.
- 크기 : 口徑 3.3cm, 바닥 직경 2.5cm, 높이 3cm.
- 형태 : 捏製임. 胎는 비교적 두꺼움. 구순은 뾰족함(尖脣). 바닥은 평평함(平底). 直口임. 동체부는 호형임(弧腹).
- 태토 및 색깔 : 모래혼입의 적갈색 토기.

ⓔ 종지 4(盅, T0302①b : 5, 그림 49-4)
- 출토지 : 신안유적 제2기 문화층 T0302①b.
- 크기 : 口徑 2.3cm, 바닥 직경 1.6cm, 높이 2.8cm.
- 형태 : 捏製임. 胎는 비교적 두꺼움. 구순은 뾰족함(尖脣). 바닥은 평평함(平底). 구연은 약간 내반됨(口微斂). 동체부는 배부름(鼓腹).
- 태토 및 색깔 : 사질의 황갈색 토기.

⑫ 가락바퀴(紡輪) : 4점
모래혼입의 황갈색임. 납작한 원형임.

㉠ 가락바퀴 1(紡輪, T0303② : 13, 그림 50-1)
- 출토지 : 신안유적 제2기 문화층 T0303②.
- 크기 : 직경 4.9cm, 구멍 직경 1.1cm, 두께 1.3cm.
- 형태 : 납작한 원형임. 한 면은 평평하고 정연하며, 다른 한 면은 가운데 부분이 약간 두꺼움. 평평하고 정연한 면에는 방사형의 문양이 壓印되어 있음.
- 태토 및 색깔 : 모래혼입의 황갈색.

㉡ 가락바퀴 2(紡輪, T0103② : 2, 그림 50-2)
- 출토지 : 신안유적 제2기 문화층 T0103②.
- 크기 : 직경 4.5cm, 구멍 직경 0.5cm, 두께 1cm.
- 형태 : 납작한 원형임.
- 태토 및 색깔 : 모래혼입의 황갈색.

㉢ 가락바퀴 3(紡輪, T0403② : 15, 그림 50-3)
- 출토지 : 신안유적 제2기 문화층 T0403②.
- 크기 : 직경 4.4cm, 구멍 직경 0.7~0.9cm, 두께 1.3cm.
- 형태 : 납작한 원형임. 기표면에는 직경 0.4cm의 圓圈이 찍혀 있음.
- 태토 및 색깔 : 모래혼입의 황갈색.

⑬ 구멍이 많은 토기(多孔器) : 1점(T0205② : 2, 그림 50-4)
- 출토지 : 신안유적 제2기 문화층 T0205②.
- 크기 : 남은 길이 7.4cm, 남은 너비 5.5cm, 남은 두께 3cm.
- 형태 : 장방형임. 정면과 측면에 직경이 1cm인 기둥모양의 둥근 구멍이 있음. 手製임.
- 태토 및 색깔 : 니질의 회색 토기.

⑭ 棒形 토기 : 1점(0104擴② : 1, 그림 50-6)
- 출토지 : 신안유적 제2기 문화층 0104擴②.
- 크기 : 남은 길이 6.3cm, 단면 직경 2.8cm.
- 형태 : 원형임. 手製임.
- 태토 및 색깔 : 모래혼입의 황갈색 토기.

⑮ 토기편 : 6점
소성온도가 비교적 높은 니질의 회색 토기임. 격자문이 拍印되어 있음. 기형은 명확하지 않음. 남아 있는 토기편의 弧度를 볼 때, 비교적 큰 것으로 추정됨.

㉠ 토기편 1(T0105② : 3, 그림 50-7)
○ 출토지 : 신안유적 제2기 문화층 T0105②.
○ 크기 : 胎 두께 1.5cm.
○ 형태 : 소성 온도는 비교적 높음. 격자문이 拍印되어 있음. 기형은 명확하지 않음. 남아 있는 토기편의 弧度를 볼 때, 비교적 큰 것으로 추정됨. 직경이 3.2cm인 원형 꼭지(鈕)가 있음. 내벽에는 격자모양의 선(網格狀線條)이 새겨져 있음. 胎體에 약간의 弧度가 있음.
○ 태토 및 색깔 : 니질의 회색 토기.

㉡ 토기편 2(T0104② : 14, 그림 50-8)
○ 출토지 : 신안유적 제2기 문화층 T0104②.
○ 크기 : 胎 두께 0.8cm.
○ 형태 : 소성온도는 비교적 높음. 격자문이 拍印되어 있음. 기형은 명확하지 않음. 남아 있는 토기편의 弧度를 볼 때, 비교적 큰 것으로 추정됨. 胎體에 약간의 弧度가 있음. 위에는 직경이 약 0.6cm인 원형 구멍이 있음.
○ 태토 및 색깔 : 니질의 회색 토기.

⑯ 병(餠) : 1점

㉠ 병(餠, H20 : 2, 그림 50-10)
○ 출토지 : 신안유적 제2기 문화층 H20 재구덩이(灰坑).
○ 크기 : 직경 5cm, 두께 1cm.
○ 형태 : 磨製임. 器身은 약간 호형임.
○ 태토 및 색깔 : 모래혼입의 회색 토기.

⑰ 球 : 2점
手製임.

㉠ 球1(T0102② : 4, 그림 50-5)
○ 출토지 : 신안유적 제2기 문화층 T0102②.
○ 크기 : 직경 1.5cm.

○ 형태 : 手製임.
○ 태토 및 색깔 : 니질의 적갈색.

㉡ 球2(T0204② : 9, 그림 50-9)
○ 출토지 : 신안유적 제2기 문화층 T0204②.
○ 크기 : 바깥 직경 2.2cm, 안쪽 직경 1.2cm.
○ 형태 : 手製임. 반구형임. 가운데는 비어 있음.
○ 태토 및 색깔 : 사질의 황갈색.

(4) 기와

① 암키와 : 45점
○ 내면에는 포문이 있음. 대부분의 기와는 배면에 문양이 없고, 일부 기와만 승문이 있음.
○ 寬端 형태에 따라 2형으로 나눌 수 있음.
○ A형은 28점이 출토됨. 寬端에 특수공예처리를 하지 않음.
○ B형은 17점이 출토됨. 寬端 내면에 指壓形이 일렬로 형성되어 있음.

㉠ 암키와 1(T0303② : 24, 그림 51-1)
○ 출토지 : 신안유적 제2기 문화층 T0303②.
○ 크기 : 남은 길이 26.8cm, 남은 너비 15.2cm, 두께 1.8cm.
○ 형태 : A형. 기와는 니질의 회색임. 模製임. 내면에는 포문이 있음. 평면은 장방형임. 배면 前端에는 문양이 없고, 後端에는 세로방향의 승문이 있음.

㉡ 암키와 2(F2 : 2, 그림 51-2)
○ 출토지 : 신안유적 제2기 문화층 F2 주거지.
○ 크기 : 남은 길이 24cm, 너비 20cm, 두께 1.6cm.
○ 형태 : A형. 기와는 니질의 회색임. 模製임. 내면에는 포문이 있음. 寬端에 특수공예처리를 하지 않음. 평면은 장방형임. 문양은 없음.

ⓒ 암키와 3(T0303② : 36, 그림 51-4)
○ 출토지 : 신안유적 제2기 문화층 T0303②.
○ 크기 : 남은 길이 26cm, 남은 너비 18cm, 두께 1.6cm.
○ 형태 : B형. 기와는 니질의 회색임. 模製임. 내면에는 포문이 있음. 寬端 내면에 지압문이 일렬로 형성되어 있음. 평면은 등변사다리꼴임.

ⓔ 암키와 4(F2 : 6, 그림 51-5)
○ 출토지 : 신안유적 제2기 문화층 F2 주거지.
○ 크기 : 남은 길이 22cm, 남은 너비 15.2cm, 두께 2cm.
○ 형태 : B형. 기와는 니질의 회색임. 模製임. 포문이 있음. 寬端 내면에 지압문이 일렬로 형성되어 있음. 평면은 장방형임.

② 끝암키와(檐頭板瓦) : 28점
○ 기와는 니질의 회색임. 模製임.
○ 내면에는 포문이 있음. 대부분의 기와는 배면에 문양이 없고, 일부 기와만 승문이 있음.
○ 檐頭의 형태에 따라 2형으로 나눌 수 있음.
○ A형은 14점이 출토됨. 檐頭에 櫛齒聯圈文이 있음.
○ B형은 14점이 출토됨. 檐頭에 櫛齒戳點文이 있음.

㉠ 끝암키와 1(檐頭板瓦, T0202② : 11, 그림 51-3)
○ 출토지 : 신안유적 제2기 문화층 T0202②.
○ 크기 : 남은 길이 15cm, 남은 너비 8.6cm, 두께 1.8cm.
○ 형태 : A형. 기와는 니질의 회색임. 模製임. 내면에는 포문이 있음. 檐頭에 櫛齒聯圈文이 있음. 평면은 장방형임. 밖으로 볼록함. 聯圈文의 폭은 비교적 넓음.

㉡ 끝암키와 2(檐頭板瓦, F2標 : 1, 그림 51-6)
○ 출토지 : 신안유적 제2기 문화층 F2 주거지.

○ 크기 : 남은 길이 11.6cm, 남은 너비 6.8cm, 두께 1.5cm.
○ 형태 : A형. 기와는 니질의 회색임. 模製임. 내면에는 포문이 있음. 檐頭에 櫛齒聯圈文이 있음. 평면은 장방형임. 櫛齒文帶와 동일한 平面에 있음. 聯圈文의 폭은 비교적 좁음.

㉢ 끝암키와 3(檐頭板瓦, H37 : 2, 그림 51-7)
○ 출토지 : 신안유적 제2기 문화층 H37 재구덩이(灰坑).
○ 크기 : 남은 길이 23.2cm, 최대 너비 18cm, 두께 1.7cm.
○ 형태 : B형. 기와는 니질의 회색임. 模製임. 내면에는 포문이 있음. 檐頭에 櫛齒戳點文이 있음. 簷角에 사용함. 남아 있는 평면은 삼각형임.

㉣ 끝암키와 4(檐頭板瓦, T0303② : 25, 그림 51-8)
○ 출토지 : 신안유적 제2기 문화층 T0303②.
○ 크기 : 남은 길이 30cm, 남은 너비 16.8cm, 두께 2cm.
○ 형태 : B형. 기와는 니질의 회색임. 模製임. 내면에는 포문이 있음. 檐頭에 櫛齒戳點文이 있음. 평면은 장방형임.

㉤ 끝암키와 5(檐頭板瓦, T0303② : 4, 그림 51-9)
○ 출토지 : 신안유적 제2기 문화층 T0303②.
○ 크기 : 남은 길이 29.6cm, 너비 12.7cm, 두께 2cm.
○ 형태 : B형. 기와는 니질의 회색임. 模製임. 내면에는 포문이 있음. 檐頭에 櫛齒戳點文이 있음. 簷角에 사용함. 평면은 직각사다리꼴임.

③ 통형 암키와(筒形板瓦) : 3점
○ 기와는 니질의 회색임. 模製임.

○ 내면에는 포문이 있음. 대부분의 기와는 배면에 문양이 없고, 일부 기와만 승문이 있음. 胎體는 비교적 얇음. 암키와와 수키와 형태가 모두 보임. 사용부위는 명확하지 않음. 평면은 등변사다리꼴임.

㉠ 통형 암키와 1(筒形板瓦, T0202② : 9, 그림 52-1)
○ 출토지 : 신안유적 제2기 문화층 T0202②.
○ 크기 : 남은 길이 16.4cm, 남은 너비 15cm, 두께 1.4cm.
○ 형태 : 기와는 니질의 회색임. 模製임. 내면에는 포문이 있음. 胎體는 비교적 얇음. 평면은 등변사다리꼴임.

㉡ 통형 암키와 2(筒形板瓦, T0303② : 39, 그림 52-2)
○ 출토지 : 신안유적 제2기 문화층 T0303②.
○ 크기 : 남은 길이 20cm, 남은 너비 12cm, 두께 0.8cm.
○ 형태 : 기와는 니질의 회색임. 模製임. 내면에는 포문이 있음. 胎體는 비교적 얇음. 평면은 등변사다리꼴임.

④ 적새기와(壓當條) : 31점
○ 기와는 니질의 회색임. 模製임.
○ 내면에는 포문이 있음. 대부분의 기와는 배면에 문양이 없고, 일부 기와만 승문이 있음.
○ 기형의 형태에 따라 2형으로 나눌 수 있음.
○ A형은 21점이 출토됨. 암키와형(板瓦型) 적새기와(壓當條)임. 瓦身의 弧度는 비교적 작음. 胎體는 비교적 두꺼움.
○ B형은 10점이 출토됨. 수키와형(筒瓦型) 적새기와(壓當條)임. 瓦身의 弧度는 비교적 큼. 胎體는 가볍고 얇음.

㉠ 적새기와 1(壓當條, H16 : 15, 그림 52-3)
○ 출토지 : 신안유적 제2기 문화층 H16 재구덩이(灰坑).
○ 크기 : 남은 길이 13.2cm, 너비 12cm, 두께 2cm.
○ 형태 : A형. 기와는 니질의 회색임. 模製임. 내면에는 포문이 있음. 암키와형(板瓦型) 적새기와(壓當條)임. 瓦身의 弧度는 비교적 작음. 胎體는 비교적 두꺼움. 배면에 세로방향의 승문이 있음.

㉡ 적새기와 2(壓當條, H37 : 5, 그림 52-4)
○ 출토지 : 신안유적 제2기 문화층 H37 재구덩이(灰坑).
○ 크기 : 남은 길이 18.4cm, 너비 15cm, 두께 2cm.
○ 형태 : A형. 기와는 니질의 회색임. 模製임. 내면에는 포문이 있음. 암키와형(板瓦型) 적새기와(壓當條)임. 瓦身의 弧度는 비교적 작음. 胎體는 비교적 두꺼움. 배면 瓦端에 지압문이 있음.

㉢ 적새기와 3(壓當條, T0303② : 32, 그림 52-6)
○ 출토지 : 신안유적 제2기 문화층 T0303②.
○ 크기 : 남은 길이 20.8cm, 너비 9.2cm, 두께 1.2cm.
○ 형태 : B형. 기와는 니질의 회색임. 模製임. 내면에는 포문이 있음. 수키와형(筒瓦型) 적새기와(壓當條)임. 瓦身의 弧度는 비교적 큼. 胎體는 가볍고 얇음.

⑤ 수키와 : 77점
○ 기와는 니질의 회색임. 模製임.
○ 내면에는 포문이 있음. 대부분의 기와는 배면에 문양이 없고, 일부 기와에는 그다지 명확하지 않은 승문이 있음. 瓦舌 가운데 부분에는 너비 약 1cm의 홈(凹槽)이 있음.

㉠ 수키와 1(T0303② : 29, 그림 52-5)
○ 출토지 : 신안유적 제2기 문화층 T0303②.
○ 크기 : 남은 길이 15.2cm, 너비 12.2cm, 胎 두께 1.6cm.

○ 형태 : 기와는 니질의 회색임. 模製임. 내면에는 포문이 있음. 瓦舌 가운데 부분에는 너비 약 1cm의 홈(凹槽)이 있음.

ⓒ 수키와 2(H40 : 13, 그림 52-7)
○ 출토지 : 신안유적 제2기 문화층 H40 재구덩이(灰坑).
○ 크기 : 남은 길이 25.4cm, 너비 14.2cm, 胎 두께 2cm.
○ 형태 : 기와는 니질의 회색임. 模製임. 내면에는 포문이 있음. 瓦舌 가운데 부분에는 너비 약 1cm의 홈(凹槽)이 있음.

⑥ 착고(當溝) : 4점
○ 기와는 니질의 회색임. 模製임.
○ 한 측변은 평평하고 곧고, 다른 한 측변은 잘려져 舌形을 이룸. 내면에는 포문이 있음. 배면에는 문양이 없음.

㉠ 착고(當溝, T0303② : 1, 그림 52-8)
○ 출토지 : 신안유적 제2기 문화층 T0303②.
○ 크기 : 길이 24cm, 너비 14.4cm, 胎 두께 1.2cm.
○ 형태 : 기와는 니질의 회색임. 模製임. 한 측변은 평평하고 곧고, 다른 한 측변은 잘려져 舌形을 이룸. 내면에는 포문이 있음. 배면에는 문양이 없음.

⑦ 와당 : 98점
○ 니질의 회색임. 模製임.
○ 當面의 특징에 따라 4형으로 나눌 수 있음.
○ A형은 49점이 출토됨. 當心은 반구형 乳突이고, 주위에 약간 작은 타원형 乳突 7개가 있음. 胎質은 부드럽고 매끈함. 乳突 외측에 양각선문(凸弦文)이 한 바퀴 둘러져 있음. 주문양은 七瓣倒心形 연화문이고, 瓣形은 통일되지 않음.

○ B형은 34점이 출토됨. 當心은 반구형 乳突이고, 주위에 양각선문(凸弦文)이 한 바퀴 둘러져 있음. 주문양은 四瓣倒心形 연화문임. 蓮瓣 사이에 "十"자가 있음. 胎質은 부드럽고 매끈함.
○ C형은 13점이 출토됨. 當心은 반구형 乳突임. 胎質은 거칠음. 四瓣 蓮文 사이에 花草文이 있는 문양이 주문양임.
○ D형은 2점이 출토됨. 當心은 반구형 乳突임. 四瓣心形 연화문 사이에 'X'자 형식이 있는 문양이 주문양임. 胎質은 거칠음.

㉠ 와당 1(T0204② : 15, 그림 53-1)
○ 출토지 : 신안유적 제2기 문화층 T0204②.
○ 크기 : 직경 13cm, 邊輪 너비 1.2cm, 두께 2cm, 가운데부분 두께 1.3cm.
○ 형태 : A형. 니질의 회색임. 模製임. 當心은 반구형 乳突이고, 주위에 약간 작은 타원형 乳突 7개가 있음. 胎質은 부드럽고 매끈함. 乳突 외측에 양각선문(凸弦文)이 한 바퀴 둘러져 있음. 주문양은 七瓣倒心形 연화문이고, 瓣形은 통일되지 않음.

ⓒ 와당 2(H16 : 1, 그림 53-2)
○ 출토지 : 신안유적 제2기 문화층 H16 재구덩이(灰坑).
○ 크기 : 직경 12.8cm, 邊輪 너비 1.1cm, 두께 1.7cm, 가운데부분 두께 0.8cm, 筒身 남은 길이 6.3cm.
○ 형태 : A형. 니질의 회색임. 模製임. 當心은 반구형 乳突이고, 주위에 약간 작은 타원형 乳突 7개가 있음. 胎質은 부드럽고 매끈함. 乳突 외측에 양각선문(凸弦文)이 한 바퀴 둘러져 있음. 주문양은 七瓣倒心形 연화문이고, 瓣形은 통일되지 않음.

ⓒ 와당 3(H32 : 2, 그림 53-3)
○ 출토지 : 신안유적 제2기 문화층 H32 재구덩이

(灰坑).

○ 크기 : 직경 14.8cm, 邊輪 너비 1.3cm, 두께 1.3cm, 가운데부분 두께 0.8cm.

○ 형태 : B형. 니질의 회색임. 模製임. 當心은 반구형 乳突이고, 주위에 양각선문(凸弦文)이 한 바퀴 둘러져 있음. 주문양은 四瓣倒心形 연화문임. 蓮瓣 사이에 "十"자식이 있음. 胎質은 부드럽고 매끈함.

ⓔ 와당 4(T0204② : 13, 그림 53-4)

○ 출토지 : 신안유적 제2기 문화층 T0204②.

○ 크기 : 직경 13cm, 邊輪 너비 1.2cm, 두께 3cm, 가운데부분 두께 1.5~1.8cm.

○ 형태 : C형. 니질의 회색임. 模製임. 當心은 반구형 乳突임. 胎質은 거칠음. 四瓣 蓮文 사이에 花草文이 있는 문양이 주문양임.

ⓜ 와당 5(T0102② : 6, 그림 53-6)

○ 출토지 : 신안유적 제2기 문화층 T0102②.

○ 크기 : 직경 14.2cm, 邊輪 너비 1.8cm, 두께 1.8cm, 가운데부분 두께 1.3cm.

○ 형태 : D형. 니질의 회색임. 模製임. 當心은 반구형 乳突임. 當心은 반구형 乳突임. 四瓣心形 연화문 사이에 "X"자 형식이 있는 문양이 주문양임. 胎質은 거칠음.

ⓗ 와당 6(H20 : 3, 그림 53-5)

○ 출토지 : 신안유적 제2기 문화층 H20 재구덩이 (灰坑).

○ 크기 : 직경 14.4cm, 邊輪 너비 1.8cm, 두께 1.9cm, 가운데부분 두께 1.31cm.

○ 형태 : D형. 니질의 회색임. 模製임. 當心은 반구형 乳突임. 當心은 반구형 乳突임. 四瓣心形 연화문 사이에 "X"자 형식이 있는 문양이 주문양임. 胎質은 거칠음.

⑧ 치미편(鴟尾殘塊) : 24점

㉠ 치미편 1(鴟尾殘塊, T0303② : 42, 그림 54-2)

○ 출토지 : 신안유적 제2기 문화층 T0303②.

○ 크기 : 胎 두께 1.7cm.

○ 형태 : 모래혼입의 황갈색임. 길이 0.4cm, 너비 0.3cm의 직사각형 구멍이 두 줄 있음. 기표와 구멍 안에 불에 그을린 흔적이 있음. 구멍 사이의 거리는 4cm, 줄과의 거리는 5cm임.

㉡ 치미편 2(鴟尾殘塊, H16 : 11, 그림 54-3)

○ 출토지 : 신안유적 제2기 문화층 H16 재구덩이 (灰坑).

○ 크기 : 높이 53.2cm, 남은 너비 46.5cm, 胎 두께 2cm.

○ 형태 : 扇面만 남아 있음. 물고기 지느러미 모양임. 가운데부분에 남아 있는 3개의 원형 구멍에서 반구형 장식을 부착한 흔적을 볼 수 있음.

㉢ 치미편 3(鴟尾殘塊, T0303② : 41, 그림 54-4)

○ 출토지 : 신안유적 제2기 문화층 T0303②.

○ 크기 : 남은 길이 32cm, 너비 20.8cm, 높이 10.4cm, 胎 두께 1.6~2cm

○ 형태 : 뾰족한 끝부분만 남아 있음. 매 부리와 유사함.

⑨ 짐승머리편(獸頭殘塊) : 17점

건축부재임.

㉠ 짐승머리편 1(T0403①b : 1, 그림 55-1)

○ 출토지 : 신안유적 제2기 문화층 T0403①.

○ 크기 : 남은 길이 9.4cm, 최대 너비 4.8cm.

○ 형태 : 짐승의 눈부분임.

ⓒ 짐승머리편 2(T0203①b : 15, 그림 55-2)
○ 출토지 : 신안유적 제2기 문화층 T0203①.
○ 크기 : 남은 길이 8.9cm, 최대 너비 3.5cm, 두께 1.9cm.
○ 형태 : 기둥모양임. 약간 휘어짐.

ⓒ 짐승머리편 3(T0204② : 2 : 15, 그림 55-3)
○ 출토지 : 신안유적 제2기 문화층 T0204②.
○ 크기 : 남은 길이 7.5cm, 최대 너비 2.3cm.
○ 형태 : 뿔모양과 유사함.

ⓔ 짐승머리편 4(T0201② : 4, 그림 55-4)
○ 출토지 : 신안유적 제2기 문화층 T0201②.
○ 크기 : 남은 길이 6.5cm, 최대 너비 4.5cm, 두께 1.7cm, 구멍 직경 약 2.8cm.
○ 형태 : 납작한 형태임. 원형 구멍이 있음.

ⓜ 짐승머리편 5(H8 : 5, 그림 55-6)
○ 출토지 : 신안유적 제2기 문화층 H8 재구덩이(灰坑).
○ 크기 : 남은 길이 9.6cm, 최대 너비 5.2cm, 두께 1.4cm.
○ 형태 : 舌形임.

ⓗ 짐승머리편 6(H68 : 1, 그림 55-7)
○ 출토지 : 신안유적 제2기 문화층 H68 재구덩이(灰坑).
○ 크기 : 남은 길이 5.7cm, 최대 너비 3.8cm, 두께 2cm.

ⓢ 짐승머리편 7(T0102② : 3, 그림 55-8)
○ 출토지 : 신안유적 제2기 문화층 T0102②.
○ 크기 : 남은 길이 3.2cm.
○ 형태 : 짐승머리에 뿔이 있음. 단면은 원형임.

⑩ 乳釘狀飾 : 4점
건축부재임.

㉠ 乳釘狀飾(T0204② : 16, 그림 55-5)
○ 출토지 : 신안유적 제2기 문화층 T0204②.
○ 크기 : 길이 5.4cm, 너비 4.5cm, 乳突 직경 1.2cm.
○ 형태 : 타원형임. 납작한 형태에 7개의 반구형 乳突이 있음.

⑪ 건축부재(建築構件) : 2점

㉠ 건축부재 1(建築構件, T0403② : 16, 그림 54-5)
○ 출토지 : 신안유적 제2기 문화층 T0403②.
○ 크기 : 남은 길이 14cm, 남은 너비 12cm, 두께 1.5~2cm.
○ 형태 : 불규칙형임. 평평하지 않고 납작한 형태임. 기표에 長條形의 戳點이 퍼져 있는데, 손톱으로 찌른 흔적과 유사함.

ⓒ 건축부재 2(建築構件, T0202①b : 8, 그림 55-9)
○ 출토지 : 신안유적 제2기 문화층 T0202①.
○ 크기 : 남은 길이 11cm, 너비 2.4cm, 두께 1.2cm.
○ 형태 : 휘어진 條形임.

(5) 벽돌 : 1점

① 벽돌(T0104② : 3, 그림 54-1)
○ 출토지 : 신안유적 제2기 문화층 T0104②.
○ 크기 : 남은 길이 13.4cm, 남은 너비 9.8cm, 두께 2.6cm.
○ 형태 : 남아 있는 부분에서 'T'형 凸棱을 볼 수 있고, 안에는 휘어져 있는 凸棱文이 있음.

(6) 옥기

마노대롱(瑪瑙管)이 출토됨.

① 마노대롱(瑪瑙管)

㉠ 마노대롱(瑪瑙管, T0202② : 3, 그림 56-11)
○ 출토지 : 신안유적 제2기 문화층 T0202②.
○ 크기 : 길이 1.8cm, 직경 1cm, 구멍 직경 0.2cm.
○ 형태 : 단면은 칠각형임. 가운데 부분에 원형 구멍이 뚫어져 있음.

(7) 석기
숫돌(礪石), 도(石刀), 화살촉(石鏃), 球 등이 출토됨.

① 숫돌(礪石) : 4점

㉠ 숫돌 1(礪石, G1 : 4, 그림 56-1)
○ 출토지 : 신안유적 제2기 문화층 G1 灰溝.
○ 크기 : 남은 길이 7.1cm, 너비 3.2cm, 두께 0.9cm.
○ 형태 : 장방형임. 윗부분에 직경 0.4cm인 원형 구멍 한 개가 뚫려 있음.

㉡ 숫돌 2(礪石, T0303② : 18, 그림 56-2)
○ 출토지 : 신안유적 제2기 문화층 T0303② : 18.
○ 크기 : 길이 7cm, 너비 1.8cm, 두께 1cm.
○ 형태 : 條形임. 단면은 장방형임. 윗부분에 직경 0.2cm인 원형 구멍 한 개가 뚫려 있음.

② 석제칼(石刀) : 9점

㉠ 석제칼 1(石刀, T0104② : 5, 그림 56-3)
○ 출토지 : 신안유적 제2기 문화층 T0104② : 5.
○ 크기 : 길이 6.9cm, 최대 너비 6cm, 최대 두께 1.25cm, 구멍 직경 0.6cm.
○ 형태 : 삼각형에 가까움. 칼날은 휘어짐(弧刃). 자루(柄) 끝부분에는 원형의 구멍이 뚫어져 있음. 칼날면에는 비스듬하게 갈아진 흔적이 있음.

㉡ 석제칼 2(石刀, H60 : 2, 그림 56-4)
○ 출토지 : 신안유적 제2기 문화층 H60 재구덩이(灰坑).
○ 크기 : 남은 길이 5cm, 너비 3.25cm, 두께 0.4cm, 구멍 직경 0.6cm.
○ 형태 : 등(背)은 곧음. 칼날(刃)은 약간 휘어짐. 가운데 윗부분에는 원형 구멍 2개가 뚫어져 있음. 기표에는 비스듬하게 갈아진 흔적이 있음.

㉢ 석제칼 3(石刀, T0303② : 17, 그림 56-6)
○ 출토지 : 신안유적 제2기 문화층 T0303②.
○ 크기 : 남은 길이 11.9cm, 너비 3.5cm, 두께 0.3cm.
○ 형태 : 등(背)은 곧음. 칼날은 휘어짐(弧刃). 가운데 윗부분에는 뚫어지지 않은 원형 구멍 2개가 있음.

㉣ 석제칼 4(石刀, T0303② : 14, 그림 56-5)
○ 출토지 : 신안유적 제2기 문화층 T0303②.
○ 크기 : 남은 길이 7cm, 너비 4.5cm, 두께 0.5cm, 구멍 직경 0.4cm.
○ 형태 : 등(背)은 곧음. 칼날은 휘어짐(弧刃). 가운데 윗부분에는 원형 구멍 2개가 뚫어져 있음. 기표에는 비스듬하게 갈아진 흔적이 있음.

③ 석제화살촉(石鏃) : 2점

㉠ 석제화살촉 1(石鏃, T0304② : 1, 그림 56-8)
○ 출토지 : 신안유적 제2기 문화층 T0304②.
○ 크기 : 남은 길이 4.3cm, 뾰족한 부분 길이 3.3cm, 경부(鋌) 길이 1cm.
○ 형태 : 三棱形임. 단면은 변의 길이가 0.7cm인 이등변삼각형임. 경부(鋌)의 단면은 직경이 0.3cm인 원형임.

㉡ 석제화살촉 2(石鏃, G1 : 3, 그림 56-9)
○ 출토지 : 신안유적 제2기 문화층 G1 灰溝.

○ 크기 : 남은 길이 4.1cm, 뾰족한 부분 길이 2.5cm, 경부(鋌) 길이 1.6cm.
○ 형태 : 단면은 菱形임. 경부(鋌部) 단면은 圓角長方形임.

④ 석제끌(石鑿) : 1점

㉠ 석제끌(石鑿, T0202② : 1, 그림 56-7)
○ 출토지 : 신안유적 제2기 문화층 GT0202②.
○ 크기 : 남은 길이 5.5cm, 너비 1.8cm, 두께 0.9cm.
○ 형태 : 條모양임. 단면은 장방형임. 자루 끝부분(柄端)은 파손됨. 기표에는 세로방향과 비스듬한 방향으로 갈아진 흔적이 있음.

⑤ 石球 : 2점
약간 납작함. 광택이 남.

㉠ 石球 (T0102② : 13, 그림 56-10)
○ 출토지 : 신안유적 제2기 문화층 T0102②.
○ 크기 : 직경 약 3cm.
○ 형태 : 약간 납작함. 광택이 남.

6) 2009년 제3기 문화층(文化遺存) 출토유물

(1) 동기

① 동제거울(銅鏡) : 1점

㉠ 동제거울(銅鏡, K1 : 15, 그림 57-1)
○ 출토지 : 신안유적 제3기 문화층 K1 窖藏坑.
○ 크기 : 직경 13.2cm, 邊輪 너비 0.5cm, 두께 0.4cm.
○ 형태 : 範鑄임. 菱花形임. 거울면은 비교적 평평함. 거울등(鏡背)의 거울꼭지(鏡鈕)는 반구형이고, 鈕座는 八瓣蓮花形임. 주요 장식구역(主體文飾區)은 三圈聯珠文 동심원에 의해 세 구역으로 나눠짐. 내·외 두 구역에는 각각 일정한 간격으로 圓點文 8조가 장식되어 있음. 가운데 구역에는 일정한 간격으로 簡化八瓣蓮花文 8개가 장식되어 있는데, 簡化八瓣蓮花文의 위치는 내·외 두 구역 문양과 서로 엇갈리고 있음. 출토 당시 거울면과 거울등(鏡背)에 썩은 마직물이 붙어 있었고, 거울꼭지(鏡鈕) 안에는 매어진 끈이 남아 있었음.

② 銅條 : 2점

㉠ 銅條(T0103①b : 2, 그림 58-1)
○ 출토지 : 신안유적 제3기 문화층 T0103①b.
○ 크기 : 남은 길이 5.5cm, 단면 긴 축 0.6cm, 단면 짧은 축 0.4cm.
○ 형태 : 둥근 기둥 모양임. 약간 휘어져 있음. 단면은 타원형임.

③ 銅鎖 : 1점

㉠ 銅鎖(T0202①b : 3, 그림 58-2)
○ 출토지 : 신안유적 제3기 문화층 T0202①b.
○ 크기 : 길이 4.1cm, 너비 2.2cm, 두께 0.75cm.
○ 형태 : 鎖芯부분만 남아 있음.

④ 銅扣 : 1점

㉠ 銅扣(T0205①b : 4, 그림 58-3)
○ 출토지 : 신안유적 제3기 문화층 T0205①b.
○ 크기 : 직경 1.5cm, 남은 높이 0.7cm.
○ 형태 : 원형임. 등부분(背部)에는 橋形 꼭지(鈕)가 있음.

⑤ 동전 : 1점

㉠ 숭녕통보(崇寧通寶, T0301①b : 4, 그림 59)
○ 출토지 : 신안유적 제3기 문화층 T0301①b.
○ 크기 : 직경 3.3cm, 구멍변 길이 0.9cm, 두께 0.25cm.
○ 형태 : 동전에 쓰여진 글씨는 楷書임.

(2) 철기

① 철제화살촉(鐵鏃) : 8점
○ 뾰족한 부분의 형태에 따라 3형으로 나눌 수 있음.
○ A형은 6점이 출토됨. 뾰족한 부분은 납작한 片모양임. 경부(鋌部)의 형태에 따라 다시 3형으로 나눌 수 있음. Aa은 4점이 출토됨. 경부(鋌)는 장방형의 기둥모양이고 속이 차 있음. Ab형은 1점이 출토됨. 경부(鋌)는 원형의 기둥모양이고 속이 비어 있음. Ac형은 1점이 출토됨. 오목하게 들어가 있는 아랫부분은 삼각형임.
○ B형은 1점이 출토됨. 뾰족한 부분은 四棱形임.
○ C형은 1점이 출토됨. 뾰족한 부분은 鏟形임.

㉠ 철제화살촉 1(鐵鏃, T0302①b : 1, 그림 60-1)
○ 출토지 : 신안유적 제3기 문화층 T0302①b.
○ 크기 : 전체 길이 8.7cm, 뾰족한 부분 길이 2.3cm, 촉신(關) 길이 4.2cm, 경부(鋌) 길이 2.2cm.
○ 형태 : Aa형. 뾰족한 부분은 납작한 片모양임. 경부(鋌)는 장방형의 기둥모양이고 속이 차 있음. 날(刃)은 휘었음.

㉡ 철제화살촉 2(鐵鏃, T0301①b : 1, 그림 60-2)
○ 출토지 : 신안유적 제3기 문화층 T0301①b.
○ 크기 : 전체 길이 7cm, 뾰족한 부분 남은 길이 2.9cm, 촉신(關) 2cm, 경부(鋌) 길이 2.1cm.
○ 형태 : Aa형. 뾰족한 부분은 납작한 片모양임. 경부(鋌)는 장방형의 기둥모양이고 속이 차 있음. 날(刃)은 곧음.

㉢ 철제화살촉 3(鐵鏃, T0401①b : 1, 그림 60-3)
○ 출토지 : 신안유적 제3기 문화층 T0401①b.
○ 크기 : 전체 길이 3.5cm, 뾰족한 부분 길이 2.2cm, 촉신(關) 1cm, 경부(鋌) 길이 0.3cm.
○ 형태 : Aa형. 뾰족한 부분은 납작한 片모양임. 경부(鋌)는 장방형의 기둥모양이고 속이 차 있음. 날(刃)은 휘었음.

㉣ 철제화살촉 4(鐵鏃, T0302①b : 3, 그림 60-4)
○ 출토지 : 신안유적 제3기 문화층 T0302①b.
○ 크기 : 전체 길이 8.7cm, 뾰족한 부분 길이 2.3cm, 너비 1.2cm, 경부(鋌) 길이 6.4cm.
○ 형태 : Ab형. 뾰족한 부분은 납작한 片모양임. 경부(鋌)는 원형의 기둥모양이고 속이 비어 있음.

㉤ 철제화살촉 5(鐵鏃, H5 : 1, 그림 60-5)
○ 출토지 : 신안유적 제3기 문화층 H5 재구덩이(灰坑).
○ 크기 : 길이 3.2cm, 최대 너비 2.6cm, 두께 0.1cm.
○ 형태 : Ac형. 뾰족한 부분은 납작한 片모양임. 오목하게 들어가 있는 아랫부분은 삼각형임.

㉥ 철제화살촉 6(鐵鏃, Y1 : 1, 그림 60-6)
○ 출토지 : 신안유적 제3기 문화층 Y1 가마터(窯址).
○ 크기 : 전체 길이 6cm, 뾰족한 부분 길이 3.3cm, 경부(鋌) 길이 2.7cm.
○ 형태 : B형. 뾰족한 부분은 四棱形임. 뾰족한 부분과 경부(鋌) 단면 모두 방형임.

㉦ 철제화살촉 7(鐵鏃, T0103①b : 11, 그림 60-7)
○ 출토지 : 신안유적 제3기 문화층 T0103①b.
○ 크기 : 전체 길이 8.5cm, 뾰족한 부분 너비 0.7cm, 경부(鋌) 길이 1.8cm.
○ 형태 : C형. 뾰족한 부분은 鏟形임. 鏃身 단면은 장방형임. 경부(鋌部)는 약간 짧음.

② 철제칼(鐵刀) : 5점

㉠ 철제칼 1(鐵刀, T0303①b : 13, 그림 60-8)
  ○ 출토지 : 신안유적 제3기 문화층 T0303①b.
  ○ 크기 : 남은 길이 14.8cm, 너비 1cm, 칼등(刀背) 두께 0.6cm.
  ○ 형태 : 등(背)은 곧음. 칼날(刃)은 휘었음.

㉡ 철제칼 2(鐵刀, T0103①b : 1, 그림 60-9)
  ○ 출토지 : 신안유적 제3기 문화층 T0103①b.
  ○ 크기 : 길이 6.5cm, 너비 1.1cm, 칼등(刀背) 두께 0.3cm.
  ○ 형태 : 등(背)은 곧음. 칼날(刃)은 휘었음.

③ 건축부재(鐵建築構件) : 8점

㉠ 철제건축부재 1(鐵建築構件, T0302①b : 4, 그림 60-10)
  ○ 출토지 : 신안유적 제3기 문화층 T0302①b.
  ○ 크기 : 전체 길이 9.8cm, 최대 너비 1.3cm, 두께 0.6cm.
  ○ 형태 : 윗부분은 넓고 아랫부분은 좁음. 단면은 장방형임.

㉡ 철제건축부재 2(鐵建築構件, H40 : 10, 그림 60-11)
  ○ 출토지 : 신안유적 제3기 문화층 H40 재구덩이(灰坑).
  ○ 크기 : 전체 길이 16.5cm.
  ○ 형태 : 條形임. 구부러져서 직각을 이루고 있음.

㉢ 철제건축부재 3(鐵建築構件, T0204①b : 5, 그림 60-12)
  ○ 출토지 : 신안유적 제3기 문화층 T0204①b.
  ○ 크기 : 길이 2.7cm, 너비 2cm, 두께 0.3cm.
  ○ 형태 : 片모양임. 평면은 "U"자형임.

㉣ 철제건축부재 4(鐵建築構件, T0404①b : 3, 그림 60-13)
  ○ 출토지 : 신안유적 제3기 문화층 T0404①b.
  ○ 크기 : 전체 길이 12cm, 너비 1.2cm, 두께 0.3cm.
  ○ 형태 : 條形임. 아랫부분은 구부러져서 갈고리모양임.

㉤ 철제건축부재 5(鐵建築構件, T0302①b : 2, 그림 60-14)
  ○ 출토지 : 신안유적 제3기 문화층 T0302①b.
  ○ 크기 : 전체 길이 9.5cm, 최대 너비 1.3cm.
  ○ 형태 : 片모양임. 평면은 약간 휘어진 條形임. 볼록하게 도드라진 변에 너비 0.7cm, 깊이 0.2cm인 홈(凹槽) 2개가 있음.

④ 철제꺽쇠(扒鋦) : 1점(T0202①b : 4, 그림 60-15)
  ○ 출토지 : 신안유적 제3기 문화층 T0202①b.
  ○ 크기 : 길이 5.3cm, 너비 0.6cm, 두께 0.3cm.

⑤ 철제편자(馬掌) : 1점 (T0202①b : 2, 그림 60-16)
  ○ 출토지 : 신안유적 제3기 문화층 T0202①b.
  ○ 크기 : 전체 길이 10.6cm, 최대 너비 2.6cm, 두께 0.6cm.
  ○ 형태 : 반월형임. 바깥가장자리 근처에 홈(凹槽)이 있고, 홈(槽) 안에는 타원형 구멍 세 개가 뚫어져 있음.

⑥ 철제편자못(掌釘) : 2점

㉠ 철제편자못 1(掌釘, T0304①b : 1, 그림 60-18)
  ○ 출토지 : 신안유적 제3기 문화층 T0304①b.
  ○ 크기 : 전체 길이 5cm, 너비 0.5cm, 두께 0.3cm.
  ○ 형태 : 釘帽는 비교적 넓고, 한쪽으로 약간 휘어짐. 釘身 단면은 장방형임.

㉡ 철제편자못 2(掌釘, T0103①b : 3, 그림 60-17)
  ○ 출토지 : 신안유적 제3기 문화층 T0103①b.
  ○ 크기 : 길이 3.9cm, 최대 너비 1.3cm.
  ○ 형태 : 윗부분은 삼각형이고, 아랫부분은 약간 휘어짐.

⑦ **철제못(鐵釘) : 26점**
○ 단조임. 釘身 단면은 방형임.
○ 釘頭 형태에 따라 3형으로 나눌 수 있음.
○ A형은 15점이 출토됨. 釘頭는 쐐기형임.
○ B형은 10점이 출토됨. 釘頭와 釘身은 같은 형태임.
○ C형은 1점이 출토됨. 帽는 원형임.

㉠ 철제못 1(鐵釘, T0303①b : 3, 그림 61-1)
○ 출토지 : 신안유적 제3기 문화층 T0303①b.
○ 크기 : 전체 길이 17cm, 단면 변 길이 0.6cm.
○ 형태 : A형. 단조임. 釘身 단면은 방형임. 釘頭는 쐐기형임. 釘頭는 구부러져 있음. 두드린 흔적이 있음.

㉡ 철제못 2(鐵釘, T0205①b : 2, 그림 61-2)
○ 출토지 : 신안유적 제3기 문화층 T0205①b.
○ 크기 : 전체 길이 7.9cm, 너비 0.5cm.
○ 형태 : A형. 단조임. 釘身 단면은 방형임. 釘頭는 쐐기형임.

㉢ 철제못 3(鐵釘, T0103①b : 8, 그림 61-3)
○ 출토지 : 신안유적 제3기 문화층 T0103①b.
○ 크기 : 전체 길이 6.9cm, 너비 0.4cm, 두께 0.2cm.
○ 형태 : A형. 단조임. 釘身 단면은 방형임. 釘頭는 쐐기형임.

㉣ 철제못 4(鐵釘, T0305①b : 5, 그림 61-4)
○ 출토지 : 신안유적 제3기 문화층 T0305①b.
○ 크기 : 전체 길이 10.2cm, 단면 변 길이 0.5cm.
○ 형태 : A형. 단조임. 釘身 단면은 방형임. 釘頭는 쐐기형임. 釘頭는 구부러져 있음. 두드린 흔적이 있음. 뾰족한 부분은 약간 구부러져 있음.

㉤ 철제못 5(鐵釘, H40 : 8, 그림 61-5)
○ 출토지 : 신안유적 제3기 문화층 H40 재구덩이(灰坑).
○ 크기 : 길이 7.3cm, 단면 변 길이 0.4cm.
○ 형태 : B형. 단조임. 釘身 단면은 방형임. 釘頭와 釘身은 같은 형태임.

㉥ 철제못 6(鐵釘, H40 : 11, 그림 61-7)
○ 출토지 : 신안유적 제3기 문화층 H40 재구덩이(灰坑).
○ 크기 : 길이 10.7cm, 단면 변 길이 0.7cm.
○ 형태 : B형. 단조임. 釘身 단면은 방형임. 釘頭와 釘身은 같은 형태임. 釘身 상단은 구부러져 고리모양을 이룸. 하단은 약간 가늚.

㉦ 철제못 7(鐵釘, T0104①b : 1, 그림 61-6)
○ 출토지 : 신안유적 제3기 문화층 T0104①b.
○ 크기 : 전체 길이 4.5cm, 帽 직경 1cm, 身 단면 변 길이 0.4cm.
○ 형태 : C형. 단조임. 釘身 단면은 방형임. 帽는 원형임.

⑧ **철제솥(鐵鍋) : 1점**(K1 : 5, 그림 62-1)
○ 출토지 : 신안유적 제3기 문화층 K1 저장구덩이(窖藏坑).
○ 크기 : 口徑 41.4cm, 손잡이(耳部) 직경 60cm, 바닥 직경 15cm, 두께 1.4cm, 높이 41cm.
○ 형태 : 直口임. 약간 내반됨(微敛). 목은 곧음(直頸). 목부분(頸部)에는 여러 줄의 凸棱이 있음. 어깨부분에는 고리형태의 손잡이(環耳)가 돌출되어 있음. 동체부는 호형임(弧腹). 바닥은 들린 굽임(假圈足). 바닥은 작고 평평함(小平底).

⑨ **철제보습(鐵犁鏵) : 2점**
평면은 변이 휘어져 있는 이등변삼각형임. 주조임.

㉠ 철제보습 1(鐵犁鏵, K1 : 7, 그림 62-2)
○ 출토지 : 신안유적 제3기 문화층 K1 저장구덩이(窖藏坑).
○ 크기 : 전체 길이 36cm, 너비 27cm, 벽 두께 1cm, 높이 5cm.
○ 형태 : 평면은 변이 휘어져 있는 이등변삼각형임. 주조임. 가운데에서 위쪽으로 치우친 지점에 삼각형의 구멍 한 개가 뚫어져 있음.

㉡ 철제보습 2(鐵犁鏵, K1 : 6, 그림 62-4)
○ 출토지 : 신안유적 제3기 문화층 K1 저장구덩이(窖藏坑).
○ 크기 : 전체 길이 38.5cm, 너비 31cm, 두께 1.2cm, 높이 8.4cm.
○ 형태 : 평면은 변이 휘어져 있는 이등변삼각형임. 주조임. 가운데에서 위쪽으로 치우친 지점에 圓角長方形 구멍 한 개가 뚫어져 있음. 배면 끝부분 근처에 길이가 8cm, 너비가 1.5cm인 세로 방향의 凸棱이 있음.

⑩ 철제보습볏(鐵犁鏵壁) : 1점(K1 : 26, 그림 62-3)
○ 출토지 : 신안유적 제3기 문화층 K1 저장구덩이(窖藏坑).
○ 크기 : 길이 36cm, 너비 32.8cm.
○ 형태 : 상단은 원호형임. 하단은 삼각형임. 상단 왼쪽에 원형 구멍이 남아 있음. 器身 볼록한 면에는 길이가 2.8cm, 너비가 1.1cm인 세로 방향의 고리형 꼭지 세 개가 있음. 출토 당시 오목한 면에는 줄기류의 식물 편직물이 붙어 있었음.

(3) 토기

① 광구호(大口罐) : 2점
니질의 회색 토기임. 물레질로 제작함. 구연은 밖으로 말아짐(外卷沿). 구순부분은 약간 위로 들려짐(脣部略上翹). 어깨는 흘러내려가고 있음(溜肩).

㉠ 광구호 1(大口罐, K1 : 23, 그림 63-1)
○ 출토지 : 신안유적 제3기 문화층 K1 저장구덩이(窖藏坑).
○ 크기 : 口徑 36cm, 남은 높이 8cm.
○ 형태 : 물레질로 제작함. 구연은 밖으로 말아짐(外卷沿). 구순부분은 약간 위로 들려짐(脣部略上翹). 어깨는 흘러내려가고 있음(溜肩). 구순은 뾰족함(尖脣).
○ 태토 및 색깔 : 니질의 회색 토기.

㉡ 광구호 2(大口罐, K1 : 21, 그림 63-2)
○ 출토지 : 신안유적 제3기 문화층 K1 저장구덩이(窖藏坑).
○ 크기 : 口徑 32cm, 남은 높이 9.2cm.
○ 형태 : 물레질로 제작함. 구연은 밖으로 말아짐(外卷沿). 구순부분은 약간 위로 들려짐(脣部略上翹). 어깨는 흘러내려가고 있음(溜肩). 구순은 둥그스름함(圓脣).
○ 태토 및 색깔 : 니질의 회색 토기.

② 협구호(小口罐) : 2점
니질의 회색 토기임. 물레질로 제작함.

㉠ 협구호 1(小口罐, K1 : 3, 그림 63-3)
○ 출토지 : 신안유적 제3기 문화층 K1 저장구덩이(窖藏坑).
○ 크기 : 口徑 9.6cm, 바닥 직경 7.2cm, 최대 직경 18.4cm, 높이 23.4cm.
○ 형태 : 물레질로 제작함. 구순은 둥그스름함(圓脣). 구연은 외반됨(侈口). 목은 짧음(短頸). 깊고 비스듬하게 기울여진 동체부는 안으로 들여져 있음(深斜腹內收). 바닥은 평평함(平底). 목부분(頸部)에는 菱形網格文과 용수철 모양의 研光暗文이 있음. 목(頸)과 어깨(肩)에 凸棱이 둘러져 있음. 어깨(肩)와 동체부(腹

部)에 가로방향으로 갈아진 흔적이 있음.
○ 태토 및 색깔 : 니질의 회색 토기.

ⓒ 협구호 2(小口罐, K1 : 4, 그림 63-4)
○ 출토지 : 신안유적 제3기 문화층 K1 저장구덩이(窖藏坑).
○ 크기 : 口徑 8.8cm, 바닥 직경 7.2cm, 최대 직경 18.4cm, 높이 20.6cm.
○ 형태 : 물레질로 제작함.
○ 태토 및 색깔 : 니질의 회색 토기.

③ 발(鉢) : 5점
○ 구연은 외반됨(敞口). 바닥은 평평함(平底).
○ 동체부(腹部)의 형태에 따라 2형으로 나눌 수 있음.
○ A형은 2점이 출토됨. 동체부는 비스듬히 기울여져 있음(斜腹).
○ B형은 3점이 출토됨. 동체부는 호형임.

㉠ 발 1(鉢, F2 : 1, 그림 63-5)
○ 출토지 : 신안유적 제3기 문화층 F2 주거지.
○ 크기 : 口徑 5cm, 바닥 직경 3.6cm, 높이 2.4cm.
○ 형태 : A형. 구연은 외반됨(敞口). 바닥은 평평함(平底). 동체부는 비스듬히 기울여져 있음(斜腹). 구순은 뾰족하면서 둥그스름함(尖圓脣).
○ 태토 및 색깔 : 모래혼입의 황갈색 토기.

㉡ 발 2(鉢, T0202①b : 6, 그림 63-6)
○ 출토지 : 신안유적 제3기 문화층 T0202①b.
○ 크기 : 口徑 7.2cm, 바닥 직경 6cm, 높이 4.2cm.
○ 형태 : A형. 구연은 외반됨(敞口). 바닥은 평평함(平底). 동체부는 비스듬히 기울여져 있음(斜腹). 구순은 둥그스름함(圓脣).
○ 태토 및 색깔 : 모래혼입의 회색 토기.

㉢ 발 3(鉢, H20 : 6, 그림 63-7)
○ 출토지 : 신안유적 제3기 문화층 H20 재구덩이(灰坑).
○ 크기 : 口徑 8cm, 바닥 직경 4.8cm, 높이 5cm.
○ 형태 : B형. 구연은 외반됨(敞口). 바닥은 평평함(平底). 동체부는 호형임(弧腹). 구순은 둥그스름함(圓脣).
○ 태토 및 색깔 : 사질의 회색 토기.

㉣ 발 4(鉢, H6 : 1, 그림 63-8)
○ 출토지 : 신안유적 제3기 문화층 H6 재구덩이(灰坑).
○ 크기 : 口徑 10cm, 바닥 직경 7.4cm, 높이 5.2cm.
○ 형태 : B형. 구연은 외반됨(敞口). 바닥은 평평함(平底). 동체부는 호형임(弧腹). 구순은 각이 짐(方脣).
○ 태토 및 색깔 : 모래혼입의 흑갈색 토기.

㉤ 발 5(鉢, H7 : 2, 그림 63-9)
○ 출토지 : 신안유적 제3기 문화층 H7 재구덩이(灰坑).
○ 크기 : 口徑 9.4cm, 바닥 직경 5.8cm, 높이 4.8cm.
○ 형태 : B형. 구연은 외반됨(敞口). 바닥은 평평함(平底). 동체부는 호형임(弧腹). 구순은 둥그스름함(圓脣).
○ 태토 및 색깔 : 모래혼입의 흑갈색 토기.

④ 분(盆) : 4점
니질의 회색 토기임. 물레질로 제작함. 구순은 뾰족함(尖脣). 구연은 밖으로 말아짐(外卷沿). 목은 잘록함(束頸).

㉠ 분 1(盆, K1 : 22, 그림 63-10)
○ 출토지 : 신안유적 제3기 문화층 K1 저장구덩이(窖藏坑).
○ 크기 : 口徑 44.8cm, 남은 높이 10cm.
○ 형태 : 물레질로 제작함. 구순은 뾰족함(尖脣). 구연은 밖으로 말아짐(外卷沿). 목은 잘록함(束頸). 동체부는 비스듬하게 기울어져 있고 호형임(斜弧腹).
○ 태토 및 색깔 : 니질의 회색 토기.

ⓛ 분 2(盆, K1 : 1, 그림 63-11)
○ 출토지 : 신안유적 제3기 문화층 K1 저장구덩이(窖藏坑).
○ 크기 : 口徑 28cm, 바닥 직경 18.4cm, 높이 11.4cm.
○ 형태 : 물레질로 제작함. 구순은 뾰족함(尖脣). 구연은 밖으로 말아짐(外卷沿). 목은 잘록함(束頸). 동체부는 호형임(弧腹). 바닥은 크고 평평함(大平底).
○ 태토 및 색깔 : 니질의 회색 토기.

⑤ 호(壺) : 2점
니질의 회색 토기임. 물레질로 제작함.

㉠ 호(壺, K1 : 2, 그림 63-13)
○ 출토지 : 신안유적 제3기 문화층 K1 저장구덩이(窖藏坑).
○ 크기 : 口徑 8.8cm, 바닥 직경 8cm, 최대 직경 14.6cm, 높이 32.8cm.
○ 형태 : 물레질로 제작함. 구순은 둥그스름함(圓脣). 盤口와 유사함(似盤口). 목은 깊(長頸). 어깨는 비스듬함(斜肩). 동체부는 깊음(深腹). 바닥은 평평함(平底).
○ 태토 및 색깔 : 니질의 회색 토기.

⑥ 옹(甕) : 3점
○ 니질의 회색 토기임. 구순은 둥그스름함(圓脣). 목은 잘록함(束頸). 어깨는 둥그스름함(圓肩). 물레질로 제작함.

㉠ 옹 1(甕, K1 : 20, 그림 63-14)
○ 출토지 : 신안유적 제3기 문화층 K1 저장구덩이(窖藏坑).
○ 크기 : 口徑 23.2cm, 남은 높이 9.6cm.
○ 형태 : 구순은 둥그스름함(圓脣). 목은 잘록함(束頸). 어깨는 둥그스름함(圓肩). 물레질로 제작함. 口는 큼(大口). 구연은 바깥으로 말아짐(口沿外卷). 단면은 속이 차있는 원형임.
○ 태토 및 색깔 : 니질의 회색 토기.

ⓛ 옹 2(甕, K1 : 19, 그림 63-12)
○ 출토지 : 신안유적 제3기 문화층 K1 저장구덩이(窖藏坑).
○ 크기 : 口徑 16cm, 동체부(腹) 최대 직경 40cm, 남은 높이 28cm.
○ 형태 : 구순은 둥그스름함(圓脣). 목은 잘록함(束頸). 어깨는 둥그스름함(圓肩). 물레질로 제작함. 口는 작음(小口). 구연은 약간 밖으로 뻗어 있음(口沿微外展). 동체부는 배부름(鼓腹).
○ 태토 및 색깔 : 니질의 회색 토기.

⑦ 항아리(缸) : 11점
니질의 회색 토기임. 기표에 輪磨한 흔적이 있음. 구연은 내반됨(斂口). 구순은 둥그스름함(圓脣). 구연은 밖으로 말아짐(口沿外卷). 어깨는 둥그스름함(圓肩). 동체부는 배부름(鼓腹). 비스듬히 기울여져 있는 동체부는 안으로 들여져 있음(斜腹內收). 바닥은 평평함(平底).

㉠ 항아리 1(缸, K1 : 14, 그림 64-1)
○ 출토지 : 신안유적 제3기 문화층 K1 저장구덩이(窖藏坑).
○ 크기 : 口徑 56cm, 바닥 직경 32cm, 동체부(腹) 최대직경 73.6cm, 높이 72cm.
○ 형태 : 기표에 輪磨한 흔적이 있음. 구연은 내반됨(斂口). 구순은 둥그스름함(圓脣). 구연은 밖으로 말아짐(口沿外卷). 어깨는 둥그스름함(圓肩). 동체부는 배부름(鼓腹). 비스듬히 기울여져 있는 동체부는 안으로 들여져 있음(斜腹內收). 바닥은 평평함(平底).
○ 태토 및 색깔 : 니질의 회색 토기.

ⓛ 항아리 2(缸, K1 : 11, 그림 64-2)
o 출토지 : 신안유적 제3기 문화층 K1 저장구덩이(窖藏坑).
o 크기 : 口徑 40cm, 바닥 직경 24cm, 동체부(腹) 최대 직경 54.6cm, 높이 52cm.
o 형태 : 기표에 輪磨한 흔적이 있음. 구연은 내반됨(斂口). 구순은 둥그스름함(圓脣). 구연은 밖으로 말아짐(口沿外卷). 어깨는 둥그스름함(圓肩). 동체부는 배부름(鼓腹). 비스듬히 기울여져 있는 동체부는 안으로 들여져 있음(斜腹內收). 바닥은 평평함(平底).
o 태토 및 색깔 : 니질의 회색 토기.

⑧ 구멍이 뚫려 있는 筒形 토기(鏤孔筒形器) : 1점 (K1 : 9, 그림 65-1)
o 출토지 : 신안유적 제3기 문화층 K1 저장구덩이(窖藏坑).
o 크기 : 구멍 사이의 거리 7.2cm, 행 사이의 거리 약 8.5cm, 남은 높이 26cm, 단면 직경 18.4cm, 구멍 직경 0.7cm, 胎 두께 0.6cm.
o 형태 : 물레질로 제작함. 한쪽 끝은 파손됨. 원형 구멍이 일정한 간격으로 7행이 있음.
o 태토 및 색깔 : 니질의 회색 토기.

⑨ 가락바퀴(紡輪) : 5점

㉠ 가락바퀴 1(紡輪, T0103①b : 4, 그림 65-2)
o 출토지 : 신안유적 제3기 문화층 T0103①b.
o 크기 : 직경 4.8cm, 구멍 직경 1cm, 두께 0.5cm.
o 형태 : 圓餠形임. 약간 弧度가 있음.
o 태토 및 색깔 : 모래혼입의 황갈색.

ⓛ 가락바퀴 2(紡輪, T0303①b : 1, 그림 65-3)
o 출토지 : 신안유적 제3기 문화층 T0303①b.
o 크기 : 직경 3.9cm, 구멍 직경 1cm, 두께 1.3cm.

o 태토 및 색깔 : 모래혼입의 황갈색.

ⓒ 가락바퀴 3(紡輪, H39 : 1, 그림 65-4)
o 출토지 : 신안유적 제3기 문화층 H39 재구덩이(灰坑).
o 크기 : 직경 4.3cm, 구멍 직경 1cm, 두께 1.8cm.
o 형태 : 만두모양임.
o 태토 및 색깔 : 니질의 황갈색.

㉣ 가락바퀴 4(紡輪, T0105①b : 2, 그림 65-6)
o 출토지 : 신안유적 제3기 문화층 T0105①b.
o 크기 : 직경 5cm, 구멍 직경 0.9cm, 두께 1.5cm.
o 형태 : 중간이 두껍고 가장자리는 얇은 圓餠形임.
o 태토 및 색깔 : 모래혼입의 회갈색.

⑩ 그물추(網墜) : 1점(T0103①b : 9, 그림 65-5)
o 출토지 : 신안유적 제3기 문화층 T0103①b.
o 크기 : 길이 3.1cm, 너비 2.8cm, 두께 0.5cm.
o 형태 : 磨製임.
o 태토 및 색깔 : 모래혼입의 회색.

(4) 옥기

① 마노대롱(瑪瑙管) : 1점 (T0205①b : 3, 그림 66-5)
o 출토지 : 신안유적 제3기 문화층 T0205①.
o 크기 : 남은 길이 1.7cm, 직경 1.5cm, 구멍 직경 1cm.
o 형태 : 단면은 칠각형임. 가운데 부분에 원형 구멍이 뚫어져 있음.

② 마노구슬(瑪瑙珠) : 2점
球形임. 가운데 부분에 원형 구멍이 뚫어져 있음.

㉠ 마노구슬 1(瑪瑙珠, T0204①b : 4, 그림 66-6)
o 출토지 : 신안유적 제3기 문화층 T0204①b.

◦ 크기 : 직경 0.8cm, 구멍 직경 0.2cm.
◦ 형태 : 球形임. 가운데 부분에 원형 구멍이 뚫어져 있음.

㉡ 마노구슬 2(瑪瑙珠, T0204①b : 4, 그림 66-7)
◦ 출토지 : 신안유적 제3기 문화층 T0204①b.
◦ 크기 : 직경 1cm, 구멍 직경 0.2cm.
◦ 형태 : 球形임. 가운데 부분에 원형 구멍이 뚫어져 있음.

(5) 석기

① 숫돌(礪石) : 1점(T0204①b : 9, 그림 66-2)
◦ 출토지 : 신안유적 제3기 문화층 T0204①b.
◦ 크기 : 길이 8.8cm, 너비 1.6~2.2cm, 두께 0.5~1.3cm.
◦ 형태 : 납작하고 평평한 條모양임. 기표에 가로방향 혹은 비스듬하게 갈았던 흔적이 있음.

② 석제화살촉(石鏃) : 3점

㉠ 석제화살촉 1(石鏃, T0402①b : 2, 그림 66-3)
◦ 출토지 : 신안유적 제3기 문화층 T0402①b.
◦ 크기 : 남은 길이 3.3cm, 너비 0.7cm.
◦ 형태 : 柳葉形임. 단면은 장방형임.

㉡ 석제화살촉 2(石鏃, T0103①b : 6, 그림 66-4)
◦ 출토지 : 신안유적 제3기 문화층 T0103①.
◦ 크기 : 길이 2.5cm, 너비 1cm, 두께 0.1cm.
◦ 형태 : 삼각형임. 片모양임.

③ 석제 마연기(石研磨器) : 1점(T0303①b : 11, 그림 66-1)
◦ 출토지 : 신안유적 제3기 문화층 T0303①b.
◦ 크기 : 길이 12cm, 너비 4.2~5.6cm, 두께 2.8~3.4cm.

◦ 형태 : 장방형의 기둥모양임. 윗부분은 둥그스름함. 아랫부분은 평평하고 약간 안으로 들어가 있음.

④ 돌절구(石臼) : 2점

㉠ 돌절구 1(石臼, K1 : 8, 그림 67-1)
◦ 출토지 : 신안유적 제3기 문화층 K1 저장구덩이(窖藏坑).
◦ 크기 : 변 길이 45cm, 높이 26cm, 절구홈(窩口) 직경 20cm, 깊이 6cm.
◦ 형태 : 불규칙형임. 가운데부분은 원형의 底窩임.

㉡ 돌절구 2(石臼, F2 : 7, 그림 67-2)
◦ 출토지 : 신안유적 제3기 문화층 F2 주거지.
◦ 크기 : 길이 53cm, 너비 49cm, 높이 25cm, 절구홈(窩口) 직경 22cm, 바닥 직경 10cm.
◦ 형태 : 장방형임. 가운데부분은 원형이고 底窩가 없음.

5. 역사적 성격

1) 지리 위치와 유적의 특징

新安유적지는 北流 松花江의 상류인 頭道松花江의 右岸에 위치하였음. 이 지역은 백두산 서북쪽의 산간 지대로 通化나 臨江에서 二道白河를 거쳐 敦化나 和龍으로 나아가는 山間路가 지나는 교통로상의 요충지임. 이 가운데 二道白河에서 撫松을 거쳐 臨江에 이르는 교통로는 발해시기에 上京에서 西京鴨綠府를 거쳐 鴨綠江 水路를 통해 唐으로 나아가는 이른바 朝貢道의 육로 구간에 해당함.

신안유적은 범위가 매우 크고, 비교적 집중되어 있음. 또한 유물이 비교적 풍부하며, 건축부재가 많다는 점에서 조사 초기부터 거대한 건물지로 구성된 거점으로 파악됨. 특히 1977년 5월에 吉林省博物館이 신안 유적에서 頭道松花江 하류 쪽에 위치한 推水公社 城場大隊에서 발해 고분 3기를 조사하고, 금동기 등 유물을 출토했는데, 두 유적의 거리와 위치로 보아 서로 밀접한 관계가 있을 것으로 추정됨(王志敏 1985).

또한 유적의 동북 모서리 외측에서 제련유적지(煉鐵) 1곳이 발견됨. 이에 『渤海國志長編』 食貨考의 "渤海人長於煉鐵, 宋五曾於柳河館質渤海人就漉沙石煉鐵是也"라는 기록 및 中京顯德府 鐵州 관할의 位城에서 철이 많이 생산된다는 기록 등을 바탕으로 철 슬래그가 많이 출토된 汪淸縣의 高城古城처럼 新安古城에도 발해시기의 제련유적지가 있었을 것으로 파악함(張殿甲, 1988).

이처럼 신안유적은 2000년대 이전에는 주로 발해 유적지로 파악되었음. 그런데 2009년도 발굴조사에서 신안유적에 3시기의 문화층이 존재한다는 사실이 확인되었고, 그 가운데 가장 아래층인 제1기 문화층에서는 漢代의 五銖錢과 大泉五十錢 등이 출토되었음. 이에 따라 신안유적이 발해시기 이전부터 사용되었을 가능성이 제기됨. 제1기 문화층의 시기와 성격에 대해서는 吉林省文物考古研究所(2013)에 다음과 같이 상세히 기술되어 있음.

2) 제1기 문화층(遺存)의 발견과 그 성격

(1) 제1기 문화층의 발견과 판별

2009년에 높이 2m 정도의 높은 대지를 발굴하였음. 발굴 이전에 지표에는 발해시기의 깨진 기와편과 물레질로 제작한 니질의 회색 토기편 등이 많이 흩어져 있었음. 또한 기벽이 비교적 두껍고 태토는 비교적 굵으며 소성 온도가 비교적 낮은 모래혼입 갈색 토기편이 발견됨. 다만 수량이 매우 적고 심하게 파손되어 器形을 알 수가 없었음. 이전의 여러 발굴조사에서는 이러한 정황이 크게 중시되지 않았음.

발굴을 통해 발해시기의 문화층이 대량으로 출토되면서 주목을 받게 되었음. 제①층과 제②층(발해시기) 발굴 과정 중에 물레질로 제작한 니질의 회색 토기편과 모래혼입의 갈색 토기편이 출토되었는데, 같은 시대이면서 같지 않은 문화 요소를 갖추고 있음. 제③층을 발굴하였을 때에는 니질의 토기편은 발견되지 않았고, 그 대신에 토기색이 균등하지 않은 갈색 계열의 모래혼입 토기편이 많이 발견되었음. 이러한 토기편은 지층 제③층과 開口가 제②·③층 아래에 있는 재구덩이(灰坑) 등의 유구에서 많이 출토되었는데, 대부분 기벽이 비교적 두껍고, 굵은 모래가 혼입되어 있으며, 器形은 윗층 지층과 유구 중에 보이는 니질의 회색 토기보다 작음.

이 문화층의 유구는 재구덩이가 주를 이루는데, 주거지가 주를 이루는 윗 문화층인 발해 문화층과 다름. 토기의 특징도 일치하지 않은데, 발해시기의 독립된 1기 문화층보다 이르다고 추정됨. 유적지의 가장 아래층으로 시대가 가장 이른 층이고, 시대와 문화속성이 아직 명확하지 않으므로 '신안유적 제1기 遺存'으로 명명하였음.

제1기 문화층에서는 방형 혹은 장방형의 재구덩이가 주를 이루고, 일부 원형 혹은 타원형이 있음. 방형 재구덩이의 형태는 정연하고, 벽은 곧으며, 바닥은 평평함. 변 길이는 대부분 2~2.5m, 깊이는 0.5~0.8m임. 구덩이 안에 채워진 흙은 대부분 토질이 견실하고 한번에 퇴적되었으며, 토색은 비교적 짙고, 비교적 많은 흑회와 숯부스러기(炭屑)가 들어가 있음. 구덩이 바닥 혹은 구덩이 안에 채워진 흙에서 간혹 많이 부서진 모래 혼입 토기편이 발견됨. 灰溝는 형태가 모두 불규칙함. 너비는 0.5~0.8m, 깊이는 0.5m 정도임. 모래 혼입 토기편이 비교적 많이 들어가 있음. 일부 灰溝 안에서는 불에 노출된 흔적을 볼 수 있음. 그 이외에 片石을 세로로 세워 둘러쌓은 다음, 불을 사용하여 취사한 흔적이 발견됨. 출토유물은 용기용 토기가 주를 이루는데, 대부분 手製의 모래혼입 토기편이고, 일부는 물레질(慢輪)하여 손질하였음. 泥質 토기편도 약간 있음. 이외에도 가락바퀴 등의 공구용 토기, 소형의 석기·청동기·철기 등이 출토됨. 제1기 문화층에서는 주거지의 흔적이 명확하지 않지만, 기존에 발견된 유적의 성격과 출토된 유물이 모두 생활용기인 것을 볼 때, 주거지로 볼 수 있음.

(2) 제1기 출토 토기류의 문화요소 구성 분석

신안유적에서 출토된 제1기 토기는 器形이 비교적 다양하고, 기벽이 비교적 두꺼우며, 굵은 모래가 혼입되어 있고, 기표는 약간 거칠고, 토기색은 균등하지 않은 갈색임. 胎質이 상대적으로 얇고 매끄러우며, 기표가 윤이 나는 泥質의 회색 토기편도 있음.

주요 器形의 특징을 보면, 통형 호(筒形罐)는 그 출토 수가 비교적 적음. 구순은 각이 지거나(方脣) 둥그스름하고(圓脣), 구연은 외반되었으며(侈口), 동체부는 약간 배부르고(腹部微鼓), 바닥은 크고 평평함(大平底). 口徑과 높이는 모두 15cm 정도임. 예컨대 G1:8이 대표적임.

목이 긴 호(長頸壺)는 그 출토수가 비교적 적은데, 특징은 명확함. 구순은 둥그스름하고(圓脣), 목은 곧으며(直頸), 동체는 배부르고(鼓腹), 동체부 윗부분에는 대칭하는 손잡이(橫橋耳) 4개가 있음. 예컨대 H43:3은 구경 10cm, 높이 20cm임.

동체가 배부른 호(鼓腹罐)는 니질의 회색 혹은 흑피색이고, 비교적 크며, 기벽은 상대적으로 얇음. 토기 표면에는 간혹 망격문, 指甲文, 波浪文 등의 문양이 있음.

발(鉢)은 구순이 각이 지거나(方脣) 둥그스름하고(圓脣), 구연은 외반되었으며(敞口), 벽은 곧고(直壁), 바닥은 평평함(平底).

그 외에 항아리(缸), 종지(盅), 반(盤) 등이 출토되었음. 상술한 주요 器形을 통해 신안유적 제1기 문화층에는 고구려, 부여, 한 등 다양한 문화요소가 포함되어 있음을 알 수 있음.

① 고구려 문화요소

신안유적 제1기의 모래혼입 토기 가운데 구연이 외반되고(口沿外侈), 동체부 가운데 부분이 약간 배부르며(中部微鼓), 동체부가 깊은(深腹) A형 호(罐)와 통형 호(罐)가 가장 많이 출토됨. 이러한 유형의 토기는 보편적으로 口徑과 바닥 직경이 같고, 높이는 동체부 최대 직경보다 큼. 이러한 토기는 고구려 문화층 중에서 항상 보이는 토기임. 제1기에서 출토된 완전한 토기와 파손된 토기 구연을 통계내보면, 이러한 유형의 토기는 전체 출토 토기 수의 약 60%를 차지하고 있음. 이러한 유형의 토기는 桓仁 五女山城 제3기 문화와 集安의 고구려 고분군에서 보이고, 新賓 永陵鎭古城에서도 출토되고 있음. 그 외에 어깨부분(肩部)에 2개의 대칭하는 손잡이(豎橋耳)가 있는 통형 호(罐) 또한 상술한 여러 유적에서 많이 볼 수 있음.

모래 알갱이가 약간 작고 소성 온도가 상대적으로 높은 호(陶壺) H43:3은 형태가 상대적으로 정연하고, 물레질(慢輪)하여 손질하였으며, 비스듬하면서 곧은 긴 목(斜直的長頸)을 갖추고 있고, 동체부(腹)는 球形임. 동체부(腹) 윗부분에 4개의 대칭하는 손잡이(橫橋耳)가 있는데, 손잡이 모양(耳形)은 편평하고 넓음. 集安 雲峰댐 수몰구역에 있는 고구려 고분군과 集安 洞溝古墓群에서 유사한 器形이 출토되었음. 永陵鎭古城을 발굴하던 중 제4기 문화 즉 고구려 문화층에서도 같은 형태의 호(陶壺)가 출토되었음.

② 부여 문화요소

제1기의 구연이 외반된(侈口) 모래혼입 갈색 토기편 가운데 한 유형은 口가 큼(大口). 口沿은 棱角이 분명하고, 기벽과 두께가 같거나 더 넓음. 구순은 넓은 方脣임. 口徑은 높이보다 크거나 같음. 器類는 속경호(束頸罐), 구멍이 많은 시루(多孔甑), 동체가 깊은 분(深腹盆) 등이 주를 이룸. 대부분 대칭하는 손잡이가 널리 달려 있는데, 단면은 장방형이며 형태가 넓고 납작한 손잡이(橋耳居)가 주를 이루고, 일부 단면이 원형인 고리 모양 손잡이(環耳)도 일부 있음. 대부분 시루(甑), 동체부가 깊은 분(深腹盆) 등 口가 큰 토기에서 동체부 직경이 가장 큰 부위에 있음.

시루(陶甑) G2:3은 동체부 윗부분이 약간 배부르고(上腹微鼓), 동체부 아랫부분이 비스듬하게 휘어지며 안으로 들어가 있음. 최대 직경은 2개의 대칭하는 손잡이(橫橋耳)가 있는 부위임. 시루 구명은 밀집되어 있고, 불규칙하게 분포되어 있음. 구명 직경은 0.8cm, 口徑은 28.8cm, 토기 높이는 26.4cm임. 東團山유적지 H102 재구덩이에서 출토된 동체가 깊은 호(深腹罐)의 형태와 같음. 또한 동체가 깊은 분(深腹盆) H59:1은 동체부(腹部) 가운데 부분에 대칭하는 손잡이(橫橋耳)가 있고, 口徑은 34.4cm, 높이는 20.8cm임. 東團山유적지 H4 재구덩이에서 출토된 토기와 아주 비슷함.

제작공예는 東團山유적지에서 출토된 토기와 서로 같음. 이러한 유형의 토기는 대부분 手製이고, 器形이 매우 정연하지 않음. 태토에 굵은 모래 알갱이가 들어가 있고, 器表泥漿이 칠해져 있으며, 일정 정도 다듬었음. 토기 표면은 간혹 토색이 매우 균등하지 않은데, 흑색, 회갈색, 황갈색, 적갈색 등의 색깔이 강렬하게 대비되는 덩어리 형태의 얼룩덜룩함이 나타남. 이것은 燒造 과정 중에 화력이 균등하지 않고 온도가 비교적 낮아서 조성된 것으로, 그 가운데 일부는 사용과정 중 오랜 기간 여러 차례 고온에 구워진 흔적임. 신안유적에서 출토된 이러한 유형의 토기는 東團山유적지 출토품과 같은 것으로, 모두 부여문화에 속함.

이전에 부여 유적지에서 출토된 유물을 통해 부여문화의 토기 기본조합은 호(壺), 두형 토기(豆), 호(罐)임을 알 수 있었음. 그 가운데 漢書 2기 문화에서 전승되어 내려온 목(頸部)이 길고 곧으면서 안으로 모아지는 杯口壺는 출토지역이 광범위하고 수량도 많아 부여문화의 전형적인 器形이라고 할 수 있음. 漢文化의 정수를 흡수하여 변화·발전시킨 柱把豆 또한 많은 부여 유적지에서 볼 수 있는 器類임.

신안유적에서는 부여유적지에서 많이 보이는 유형의 토기가 아직 발견되지 않았음. 또한 출토된 광구호(大口罐), 구명이 많은 시루(多孔甑) 등의 토기는 東團山 등 많지 않은 부여유적지에서 보이는 것임. 이를 통해 신안유적에서 부여문화요소가 차지하는 부분이 많지 않고, 유적지가 위치한 지역에서는 부여문화의 주류적인 성격을 갖춘 토기는 크게 받아들여지지 않았음을 알 수 있음.

③ 漢 문화요소

기원전 108년(漢 武帝 元封 3년)에 漢四郡이 설치되었는데, 그 가운데 한반도 북부 함경남도·함경북도와 중국의 遼寧省·吉林省 서부 일대에는 현도군이 설치됨. 이에 따라 漢의 官吏, 상인, 농민 등이 끊임없이 이곳으로 유입됨. 고구려 건국 이후 신안유적 소재지는 고구려 관할 내로 들어갔지만, 이 지역에 대한 漢文化의 영향력은 훨씬 이전부터 깊이 미쳤을 것임.

제1기 토기 가운데 니질의 회색 옹(甕)과 호(罐)류 등은 비록 완전한 토기가 출토되지는 않았지만, 토기의 특징을 명확하게 파악할 수 있음. 모두 물레질로 제작하였고, 토기 표면에는 광택이 나며, 기벽은 비교적 얇고, 網格文, 戳點文, 垂幛文이 拍印되어 있거나 혹은 波浪文 등 각종 문양이 새겨져 있는데, 전술하였던 토기와 달리 漢文化의 요소를 명확하게 갖추고 있음.

網格文이 拍印된 토기는 吉林市의 龍潭山·東團山 일대의 부여 유적지에서 많이 출토되고 있는데, 器形을 볼 때 의심할 여지없는 부여문화의 산물임. 龍潭山 鹿場유적지에서도 이러한 유형의 토기가 많이 출토되었음. 集安 國內城, 將軍塚 서남 건물지 등에서 출토된 고구려시기의 網格文 암키와 또한 漢文化의 영향을 받은 것임. 垂幛文은 漢代 畵像石의 帷帳에서 변천되어 내려온 것으로, 고구려 및 鮮卑 등의 토기에서도 자주 보이는데, 전형적인 漢文化의 체현임.

3) 유적의 조성시기

(1) 제1기 문화층의 조성시기

2009년 이전에는 신안유적에서 발해 시기 이전의 유적이 확인되지 않았음. 이에 2000년대 초까지는 거의 모든 연구자나 연구기관이 신안유적을 발해시기의 고성으로 파악함(張殿甲, 1988; 國家文物局, 1993; 吉林省文物考古研究所, 2000). 그렇지만 2009년도 고고조사를 통해 신안유적에서 세 시기의 문화층이 확인되었는데, 각 문화층의 조성 시기에 대해서는 吉林省文物考古研究所(2013)에 다음과 같이 상세하게 기술되어 있음.

먼저 제1기 문화층에서는 재구덩이(灰坑)와 灰溝 등의 유구를 많이 볼 수 있는데, 분포에 규칙은 없음. 유구 안에 채워진 흙은 모두 한 번에 퇴적된 것으로 임의성이 비교적 강함. 유적지 안에서 출토된 토기를 보면, 파손된 手製의 모래혼입 토기편이 많이 보이고, 복원할 수 있는 토기는 매우 적음. 토기는 비교적 크고 기벽은 두꺼우며, 재질은 비교적 거침. 대부분 토기 표면에는 광택이 남. 토기색은 균등하지 않고 대부분 황갈색과 회갈색임. 가장 큰 특징은 구순이 각이 지고(方脣) 구연이 외반되었다(侈口)는 점임.

구연이 외반된 호(罐), 시루(甑), 분(盆) 등이 많이 보이는데, 같은 유형의 토기가 五女山城 제3기 문화와 集安의 고구려 고분에서 보이고, 일부 토기는 吉林市 東團山 유적지와 龍潭山 鹿場유적지의 동시기 유물과 유사함. 그 이외에 적은 양의 니질 회색 토기편이 출토되었는데, 대부분 비교적 크고, 기벽은 얇으며, 격자문이 拍印되어 있음. 철기, 석기, 적은 양의 청동기, 五銖錢, 大泉五十錢 등도 출토됨. 비록 이 시기의 주거지(房址)는 발견되지 않았지만, 戶 밖에 노출되어 있던 취사유적과 일부 재구덩이 안에서 불을 사용했던 흔적을 볼 때, 주거지라고 볼 수 있음. 이러한 토기의 특징과 제작기술을 통해 조사자는 제1기 문화층의 시기를 後漢으로 비정했는데, 고구려 초기로 파악했다고 볼 수 있음.

한편 梁會麗(2014)는 조사자보다 유적의 하한을 조금 내려서 漢魏 시기로 파악함. 그에 따르면 제1기 遺存에서 출토된 토기는 대부분 파손된 手製의 모래혼입 토기편인데, 복원할 수 있는 토기는 극히 적다고 함. 여기서 발견된 유적·유물은 대규모이면서 높은 수준의 건물지와 대량의 암키와, 수키와, 와당, 치미 등 높은 수준의 건축부재가 발견되는 제2기 遺存과 큰 차이가 있다는 것임.

출토유물을 보면, 제1기 遺存에서 출토된 토기의 경우, 盆罐類의 비교적 크고 바닥이 평평한 토기가 기본이고 삼족기와 두형 토기(豆類)는 볼 수 없음. 토기는 기벽이 비교적 두껍고, 태토는 비교적 거칠며, 대부분 육안으로도 볼 수 있는 굵은 모래 알갱이가 들어가 있음. 器形은 외반구연호(侈口罐), 손잡이가 있는 호(橫橋耳罐), 작은 구멍이 있는 시루(小孔甑), 동체가 깊은 분(深腹盆) 등이 있음. 기표에는 대부분 광택이 남. 토기색은 균등하지 않고 대부분 황갈색과 회갈색임. 구순이 각이 지고(方脣) 구연이 외반(侈口)된 것이 특징임.

이외에도 니질의 회색토기편을 일부 볼 수 있음. 대부분 비교적 크고, 태토는 비교적 얇으며, 망격문이 拍印되어 있음. 이러한 유형의 굵은 모래혼입 갈색 토기가 주를 이루는 토기군과 제2기 遺存의 성숙한 물레질로 제작한 니질의 회색 토기편 사이에는 재질과 공예를 막론하고 긴밀한 연관 관계를 확인할 수 없음. 이로 볼 때, 신안유적 제1·2기 遺存 사이에 시대적인 일치성은 존재하지 않고, 전후 서로 이어지는 계승성이 없음을 알 수 있는데, 즉 양자 사이에 비교적 큰 시간차가 존재한다고 볼 수 있음.

문양이 없는 모래혼입 갈색 토기편은 중국 동북지역 청동기~철기시기 유적에서 자주 볼 수 있는 器類로, 이어진 시간이 비교적 길고, 제작기술 방면의 특징 또한 일치되는 추세임. 제1기 遺存은 철기가 대량으로 사용되고 있음을 통해 알 수 있듯이 성숙한 철기시대로, 上限은 前漢보다 이르지 않음. 구순이 각이 지고 (方脣) 구연이 외반(侈口)된 토기는 기타 지역에서 많이 보이는데, 吉林市 東團山유적지와 集安 洞溝古墓群 등에서도 보임. 그리고 五銖錢·大泉五十錢 등의 동전이 발견됨. 이로 보아 제1기 遺存은 대체로 漢魏시기로 추정된다고 파악함. 조사자보다 유적의 하한을 조금 더 내려보았지만, 고구려 초기에 조성되었을 것이라고 보는 점은 동일함.

(2) 제2기와 제3기 문화층의 조성시기

제2기 문화층에서는 비교적 많은 재구덩이(灰坑), 灰溝, 주거지 등의 유구가 발견되었음. 유물로는 물레질로 제작한 니질의 회색 토기편이 많이 보임. 이러한 토기편은 대부분 기벽이 비교적 얇음. 주요 기형으로는 호(罐), 분(盆), 반(盤), 발(鉢), 토기뚜껑(器蓋) 등이 있음. 많은 큰 토기의 동체부(腹部)와 손잡이부분(耳部)에서 명확하지 않은 砑光文飾帶가 보임. 제2기에서도 모래혼입 토기편이 출토되었는데, 대부분 手製임. 출토된 철기, 석기, 토기 등의 형태는 제1기 遺存과 큰 차이가 없음. 많은 양의 암키와, 수키와, 와당, 치미편이 출토되었는데, 이는 대형건물지가 있었음을 보여줌. 발굴과정에서 발견된 인위적으로 정비한 臺面, 臺面 위에 분포하고 있는 주거지, 주거지 북부의 折尺形 溝는 제2기 遺存 가운데 규모가 가장 큰 건물임.

제2기 遺存은 보존상황의 차이가 큰데, 건물의 구체적인 형태·구조·기능 등은 알기 어려움. 이 때문에 제2기 遺存의 성격을 판단할 수 없음. 다만 와당과 치미 등의 건축부재가 출토되었다는 점에서 보통 거주지는 아님을 알 수 있음. 출토된 와당 가운데 A·B형과 C·D형은 태토와 제작기술 모두 큰 차이가 있고, 출토된 양 또한 현저하게 차이가 남. 동시에 출토된 다른 기와의 태토는 대부분 A·B형 와당과 비교적 일치함. 이로 볼 때, A·B형 와당과 C·D형 와당의 사용시기가 달랐다고 추정됨. 이 외에 건물 臺面 위의 주거지에서 분포 규칙에 차이가 있고, 축조와 사용시간에도 차이가 있는 정황이 확인됨.

이로 볼 때 제2기의 대형 건물지는 사용과정 중에 대규모의 개축이 있었는데, 그때 기와를 바꾸었을 뿐만 아니라, 건물 구조도 일정 정도 바꾸었던 것으로 추정됨. 제2기에서 출토된 끝암키와(檐頭板瓦)의 문양은 和龍 西古城, 琿春 八連城, 寧安 上京城에서 출토된 것과 같은데, 전형적인 발해시기의 기와임. 신안유적에서 출토된 연화문 와당은 비록 다른 유적지에서는 발견되지 않았으나, 문양의 특징을 볼 때 발해시기의 유물임을 의심할 수 없음. 그러므로 시기는 발해 중기 전후임.

제3기 문화층에서는 주거지, 재구덩이(灰坑), 灰溝, 저장구덩이(窖藏坑), 가마터(窯址) 등의 유구가 발견됨. 대부분 돌로 쌓았는데, 건물 기초(房基), 저장구덩이(窖穴), 가마(窯室) 등도 모두 돌로 쌓았음. 일부 재구덩이에 돌로 쌓은 흔적이 있고, 지층 중에 강돌 퇴적이 있는 재구덩이도 여러 곳 있음. 유물로는 소성 온도가 높고 물레질로 제작한 니질의 회색 토기가 대표적임. 토기는 비교적 크고, 胎體는 두꺼우며, 기표에서는 광택이 남. 또한 대부분의 토기에는 가로 방향으로 갈았던 흔적이 있음.

주요 기형으로는 항아리(缸), 옹(甕), 호(罐) 등이 있음. 기형의 특징을 보면 구연은 말아져 있고(卷沿), 구순은 둥그스름하며(圓脣), 문양은 없음. 토기 외에도 비교적 많은 철제화살촉(鐵鏃)·칼(刀)·못(釘), 석기, 청동기 등이 출토됨. 아울러 崇寧通寶 1점도 출토되었음. 제3기 토기의 특징은 동북지역 金代 유적지에서 출토된 토기와 유사함. 형태는 제2기 토기와 전승관계가 있음. K1 저장구덩이에서 출토된 목이 긴 호(長頸陶壺)와 협구호(小口罐)는 遼代 토기의 특징을 갖추고 있음. 이로 볼 때, 시기는 발해 후기-金代 초기로 볼 수 있음.

4) 역사지리 비정

이상과 같이 2009년 이전에는 신안유적에서는 주로 연화문 와당과 포문 암키와 등 주로 발해시기의 건축부재가 출토되었고, 제련유적지도 발견되었음. 이에 많은 연구자들이 신안유적을 西京鴨綠府 산하 豊州의 治所로 비정하였음. 즉 신안유적은 발해시기의 西京鴨綠府 소재지로 비정되는 臨江의 동북쪽 100km에 위치했는데, 이는 西京鴨綠府의 동북 210리에 위치했다는 豊州의 治所에 해당한다는 것임(吉林省文物志編委會, 1987; 國家文物局, 1993). 특히 신안유적(舊 신안고성)의 전체 둘레가 약 4km에 이르고 제련유적지가 발견된 사실을 근거로 豊州는 발해시기의 治鐵之城일 뿐만 아니라 발해에서 당에 이르는 朝貢道에서 반드시 지나야 하는 곳으로 철제품과 기타 물자의 운송에 편리한 조건을 갖추었을 것으로 파악함(張殿甲, 1988).

그런데 2009년 고고조사 이후 신안유적을 발해시기 豊州의 治所로 비정하는데 비판적인 견해가 다수 제기되었음. 가령 吉林省文物考古硏究所(2013)에서는 제2기 문화층이 발해시기에 해당한다는 점을 인정하면서도 豊州의 治所로 보는 견해에 대해서는 유보적인 입장을 취함. 즉 2009년 조사에서 대형 건물지 흔적이 있었음이 증명되었으나, 보존 상황의 차이로 인하여 遺存의 기능을 명확하게 알 수 없었고, 유적지 범위 안의 발굴구역을 제외한 기타 지점에서 상관 遺存을 발견하지 못하였음. 신안유적은 산으로 둘러싸여 있음으로 인하여 교통이 막혀 있고 물자공급도 곤란하였음. 또한 유적지 범위 안의 지세는 기복이 있어 평평하지 않음. 북측은 홍수로 인해 씻겨 나갔고, 남쪽은 강물로 침식당하는 등 자연에 의한 파괴가 비교적 큼. 이러한 일련의 환경요소들은 중요한 행정 기능 시설이 들어서는데 적합하지 않음. 이에 신안유적을 渤海 豊州城舊址로 보는 관점에 대해 다양한 논의가 필요하다고 파악함.

梁會麗(2013)도 신안유적을 豊州의 治所로 보는 견해에 대해 비판적인 입장을 표명함. 즉 신안유적이 豊州城 舊址라는 관점은 1980년대 이래 계속 지지를 받아왔고, 비록 의문점이 있을지라도 자료의 한계로 인하여 새롭게 돌파하려는 인식이 없었음. 이후 20여년이 지난 후에도 진일보한 고고학적 발굴이 없었기 때문에 신안유적에 대한 학술계의 인식은 기존 시굴 중에 얻은 결론으로 장기간 정체됨. 유적지에 대한 현장조사를 진행하면서, 기존의 유적지의 인식·결론에 대하여 여러 의문을 품게 되었다고 함.

첫째, 유적지가 위치한 지리 위치는 교통이 편리하지 않고, 사료상 朝貢道 상의 豊州에 대한 기록과 어긋남. 둘째, 비탈 면적의 한계가 있어 자급자족의 방식으로 州城이 안고 있는 인구를 부양하는 데 있어 곤란하다고 여겨짐. 셋째, 전체 유적지 범위 안의 지세는 기복이 있어 평평하지 않고, 소위 성벽과 성문이라는 것이 성벽과 성문으로서 가져야 하는 기능을 하지 못하고 있음. 넷째, 주로 트렌치를 팠던 시굴은 그 면적이 매우 좁았고, 여러 차례로 시굴로 간단한 기록을 남겼으나 그림과 사진자료를 남기지 않았기 때문에, 믿기가 어려움. 다섯째, 출토유물 가운데 시대의 특징이 명확하여 발해시기의 것으로 추정할 수 있는 기와를 제외하고, 다른 유물은 시대와 상관관계 모두 모호함. 여섯째, 성벽과 성문 모두 발굴을 거치지 않았기 때문에 성격과 시기 모두 완전히 단정할 수 없음.

신안유적에 위치한 지점의 지세를 보면, 산들로 둘러싸여 있어 교통이 불편하고, 물자공급이 상대적으로 어려웠음을 알 수 있음. 이러한 환경요소들이 갖추어진 지점은 중요 행정기능을 갖춘 시설을 조영하기에 적합하지 않고, 중요 시설이 장기간 있기에도 적합하지 않다는 것임.

2009년 신안유적에 대한 조사와 발굴로 인해, 유적지의 성격을 깊이 인식하는데 있어 참신한 자료를 얻게 되었음. 새롭게 얻은 자료를 토대로 기존의 자료를 재인식하고, 학술계가 공인하고 있는 다른 발해 州城 유적지와 비교해보면, 신안유적의 성격에 대한 결론에 대하여 논의할 여지가 있음. 그 이유는 첫째, 유적지 범위 안에서 출토된 연화문 와당·치미 등 전형적인 발해시기의 건축부재는 이 유적지가 일정한 등급 혹은 특정한 기능을 갖추고 있음을 설명할 뿐이고, 유적의 성격을 판단하는데 제한적인 자료만 제공하였기 때문에 유적지의 구체적인 성격을 완전히 확정할 수 없음.

둘째, 기존의 조사자는 유적지의 성벽으로 동·남·서 세 줄기가 있고, 매우 불규칙한 평행사변형이 드러난다고 언급한 바 있는데, 상세한 도면이나 문자자료가 남아 있지 않음. 그리고 현재 남아 있는 유적지의 면모는 20년 전과 비교해 보면 큰 변화가 있는데, 기존의 학자들이 언급하였던 유적이 현재는 대다수 존재하지 않음. 소위 성벽이라고 하는 토루를 보면 지세가 낮은 곳에 위치하고 있고, 바깥측은 頭道松花江과 직면하고 있는데, 이렇게 되면 강물이 약간만 차올라도 성벽과 성문은 잠기게 됨. 이러한 성벽은 어떠한 방어작용을 할 수 없고, 성문은 출입이 편리하지 못함. 그러므로 소위 '성벽'이라는 것은 현지인이 강물을 막기 위해 사용한 것으로, 차오르는 물의 범람을 막기 위해 강안의 지세가 낮은 곳에 설치한 간단한 토루이고, 소위 '성벽 개구부(豁口)'는 유적지 북측 산홍수가 지세를 따라 흘러내려오고, 토루가 이 산홍수를 막다가 휩쓸려버리면서 형성된 것이라고 추정됨. 토루를 절개한 후에 시대를 파악할 수 있는 근거가 발견되지 않았는데, 이러한 정황에서 그것과 渤海遺存을 비교하는 것은 적절하지 않다고 볼 수 있음.

셋째, 현재 확인되고 있는 발해 府州級 성지는 형태가 비교적 정연하고 기능이 비교적 완비되었음. 예컨대 정식으로 발굴된 日本道 상의 城市로 東京龍原府 산하의 鹽州의 州治인 克拉斯基諾城址가 있음. 신안유적에서 언급되고 있는 소위 성벽 분포범위는 기타 동급 성지와 부합하지 않음. 또한 유적지가 위치한 지점의 지형적 특징을 보면, 산성의 특징인 높은 곳에서 굽어 내려 볼 수 있는 방어의 우세를 갖추지 못하였고, 또한 평지성 지세의 개활함도 갖추지 못하였음. 정치·경제 등에 있어 크게 발전할 수 있는 객관적 조건에 있어 일부 억지스러움이 확인되는 것임.

넷째, 확인된 성지 범위 내에서 이전에 언급된 "전체유적지 범위 지표에서 기와편 등의 유물이 발견되었다"는 정황을 발견하지 못하였음. 州治의 성이라면, 일정한 면적 이외에도 비교적 완성된 城市 배치와 시설을 갖추어야 함. 성 안팎으로 각각 정치·경제·종교·수공업장소·민가 등을 갖추어야 하고, 일정한 인구도 갖추어야 하는 것임. 현재 신안유적 범위 안에서는 동남 모서리와 서남 모서리 두 지점에서 유구와 유물이 출토된 것으로 제외하고, 상관 遺存이 발견되지 않았는데, 이는 유적지 안에 인위적 시설이 많지 않았음을 보여줌. 그리고 유적지에서 인간이 큰 범위로 활동한 흔적이 없음. 그러므로 유적지는 당시에 상당한 규모와 일정한 고정 거주민을 갖춘 城市가 아니고, 특수한 기능을 가진 소규모의 활동지로 볼 수 있음.

다섯째, 冶鐵공장의 유무가 유적지에 대해 성인지 아닌지를 판단하는 근거가 될 수 없음. 더군다나 소위 冶鐵유적지에 대해 과학적인 견별(甄別)이 진행되지 않아, 형태·규모·시기 모두 불명확하고, 특히 발해시기의 것이라고 증명할 수 있는 근거가 없음. 반면 "冶鐵유적지가 발해성지의 남벽을 파괴하였다"는 것은 발해성지의 사용연대보다 늦음을 증명하는 것임. 冶鐵유적지의 존재를 신안유적(舊 신안고성)이 발해시기의 성지임을 증명하는 논거로 삼는 것은 앞뒤가 맞지 않는 모순인 것임.

여섯째, 豐州城은 渤海 朝貢道상의 중요한 州城이므로, 그 구체적인 지점은 반드시 朝貢道 상의 지세가 개활하고 교통이 편리한 곳이어야 함. 사료를 볼 때, 豐州 지점이 대체로 撫松縣城 부근이라는 점에 대해서는 의심의 여지가 없음. 撫松縣은 '전체 면적의 9/10가 산지이고, 縣의 서북부 산지·頭道江·二道江이 만나는 지점에 여러 하곡분지가 있다'고 함. 현재 撫松縣城은 상술한 여러 하곡분지 중에 가장 개활한 곳에 위치함. 비록 신안유적이 撫松縣城에서 멀지 않지만, 위치한 지점이 좁고 막혀 있어 전자에 이르지 못하고, 또한 옛적에 반드시 육로와 통하였다고 할 수는 없음. 이상의 우세를 갖추지 못하였을 뿐만 아니라, 사료에서 朝貢道에 대해 기록한 노선운행방식과 다름. 비록 그 주변의 여러 산성이 발해시기로 비정되었지만, 명확한 근거가 없고, 州城 혹은 衛星城의 요소를 갖추지 못하였음. 과거 撫松縣城 안에서 발해시기의 유적지가 발견되었고, 아울러 연화문 와당과 철제화살촉이 출토되었음. 비록 유물 출토지점이 명확하게 기록되어 있지 않지만, 현재 撫松縣 縣城 관할구역 내에 등급이 신안유적 못지않은 유적이 존재함을 알 수 있음. 그러므로 豐州治所는 신안유적이 아니고, 신안유적에서 비교적 가까운 撫松縣城 소재지 중에 있을 것으로 추정됨.

현재 정식 발굴된 발해시기의 유적 가운데, 와당과 치미 등 건축부재가 출토되는 유적은 성지를 제외하고, 寺廟址와 귀족 묘장 등 지상 건축임(일부 중소형 유적지에서 와당이 출토되고 있는데, 발굴이 진행되지 않았고 지표에서 출토되었으므로, 유적지 성격이 명확하지 않음). 명확하게 寺廟址로 인정되는 유적은 비교적 면적이 작고, 상대적으로 독립된 臺基式 건축이 있음. 출토된 유물은 집중되어 있고, 와당 문양은 풍부하고 독특하며, 불교 造像 등 종교 형태의 遺存이 보임. 신안유적 안에서는 종교 관련 유적·유물이 발견되지 않았기 때문에 종교관련 유적지라고 증명할 수 있는 근거가 없음. 신안유적 발굴구역 북측 70m 지점에 직경 5m, 높이가 2m인 원형 흙무지가 있음. 文物志에는 발해시기의 무덤으로 추측하고 있지만, 발굴을 하지 않았기 때문에 그 성격을 증명할 수 있는 충분한 근거가 없음. 설령 고분이라고 하더라도 그 규모는 六頂山·河南屯·龍頭山 고분군 등과 차이가 있고, 고분 앞에 조영하는 건축물의 등급에도 미치지 못하며, 그 부근에서 다른 중요한 묘장 혹은 고분군이 발견되지 않았음. 그러므로 신안유적과 묘장이 관련되었을 가능성은 그리 크지 않음.

고고발굴을 통해 신안유적이 비교적 높은 건축등급을 갖추고 있고, 보통 민들이 사용하는 성격의 시설이 아니며, 특정한 기능을 갖춘 官方機構임을 알 수 있었음. 豐州城은 발해 朝貢道 상에 위치함. 신안유적 또한 대체로 사료에 기록된 豐州城의 범위 안에 위치함. 만약에 豐州城이 아니라면, 州城에 대해 중요한 보조 기능을 하는 관문(關卡)으로 추정됨. 신안유적이 위치한 지점은 외부에서 수로를 통하여 豐州城을 갈 때 반드시 지나야 하는 곳으로 州城과 그리 멀지 않는데, 이곳에 설치된 검문소 성격의 수로교통역참으로 볼 수 있음. 뿐만 아니라 頭道松花江을 왕래하는 선박에 대한 여객과 화물의 환승, 물자 보급 등과 관련한 편리한 조건을 제공할 수 있어 이상적인 항구 혹은 역참이 되고, 州城 진출입을 위해 설치된 확실한 장벽으로도 볼 수 있음. 이상의 논거를 바탕으로 梁會麗(2013)는 신안유적을 豐州城의 수로교통 역참시설로 파악함.

한편 신안유적이 위치한 무송현 지역은 백두산 서북쪽의 산간지대로 通化나 臨江에서 二道白河를 거쳐 敦化나 和龍으로 나아가는 山間路가 지나는 교통로상의 요충지임. 이 가운데 臨江에서 二道白河에 이르는 교통로는 발해시기에 上京에서 西京鴨綠府를 거쳐 압록강 수로를 통해 당으로 나아가는 이른바 朝貢道의 육로 구간에 해당하는데, 이 루트는 고구려시기부터 이용되었을 가능성도 있음(이성제, 2009; 2016, 73~81쪽). 따라서 신안유적에서 고구려 초기에 해당하는 문화층이 확인된 만큼, 이 유적이 국내성에서 백두산 북쪽의 산간로를 경유하여 牡丹江 유역이나 豆滿江 유역으로 나아가는 교통로상의 거점 역할을 수행했을 가능성을 면밀하게 검토할 필요가 있음.

참고문헌

- 王志敏, 1985,「吉林撫松新安渤海遺址」,『博物館研究』 1985-2.
- 吉林省文物志編委會, 1987,『撫松縣文物志』.
- 張殿甲, 1988,「渾江地區渤海遺跡與遺物」,『博物館研究』1988-1.
- 國家文物局, 1993,『中國文物地圖集』吉林分冊, 中國地圖出版社.
- 何明, 1995,「撫松縣新安古城址」,『中國考古學年監』, 文物出版社.
- 吉林省文物考古研究所, 2000,「撫松新安渤海古城的調查與發掘」,『博物館研究』2000-2.
- 이성제, 2009,「고구려와 발해의 성곽 운용방식에 대한 기초적 검토」,『고구려발해연구』 34.
- 梁會麗·于丹·張哲, 2010,「撫松縣新安東漢及唐宋金時遺址」,『中國考古學年監』, 文物出版社.
- 吉林省文物考古研究所, 2013,「吉林撫松新安遺址發掘報告」,『考古學報』 2013-3.
- 梁會麗, 2013,「新安遺址渤海遺存性質新論」,『東北史地』2013-24.
- 梁會麗, 2014,「試論新安遺址第一期遺存」,『考古與文物』2014-4.
- 이성제, 2016,「최근 조사자료를 통해 본 중국 소재 고구려 성곽의 운용양상」,『東北亞歷史論叢』53.

출토유물

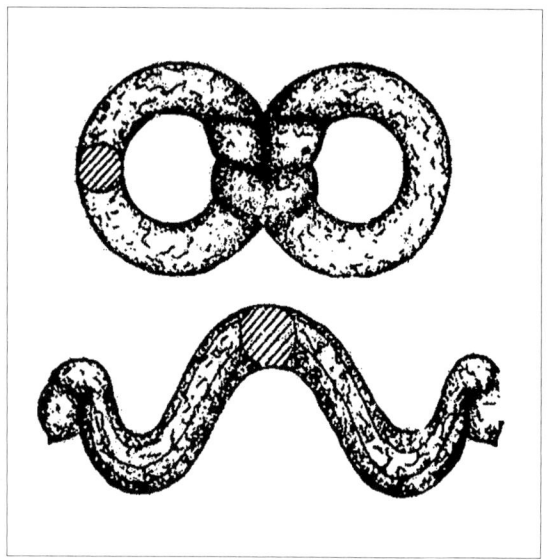

그림 27 신안유적 출토 청동기(1983년)(王志敏, 1986, 68쪽)
위 : 고리가 2개인 청동기 아래 : 弓形 청동기

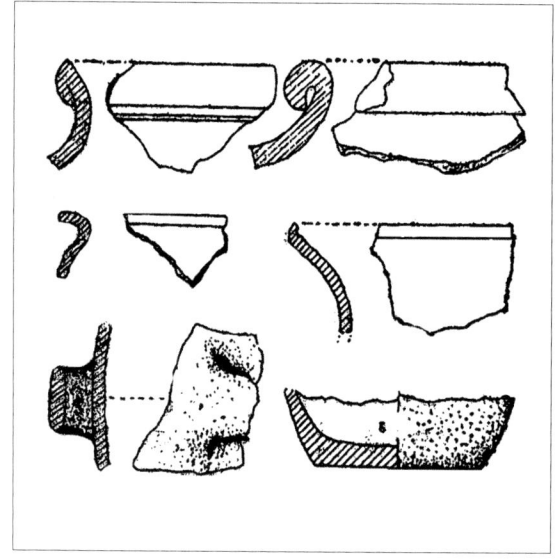

그림 28 신안유적 출토 토기(1983년)(王志敏, 1986, 69쪽)
1~4. 구연부 5. 대상파수 6. 호바닥(6은 1/4, 나머지는 1/2)

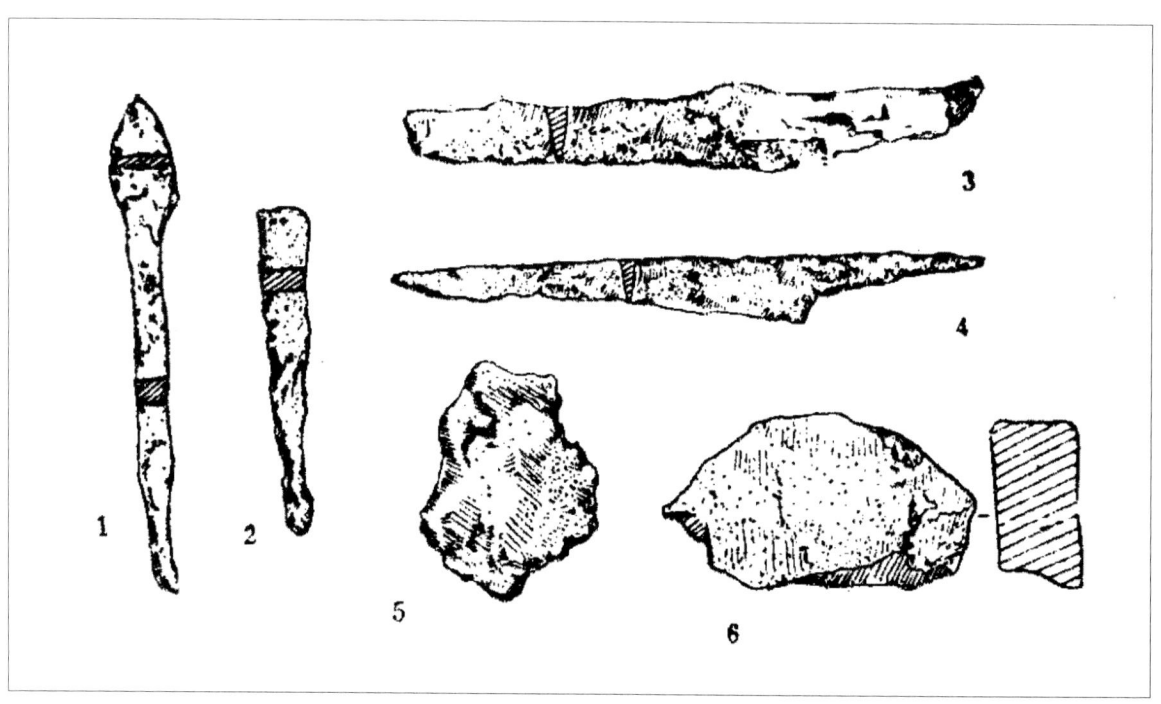

그림 29 신안유적 출토 철기(1986년 5월)(吉林省文物志編委會, 1987, 47쪽)
1~2. 화살촉 3~4. 철제칼 5. 철슬래그 6. 철광석 (1·4·6은 1/2, 2·4·5는 1/4)

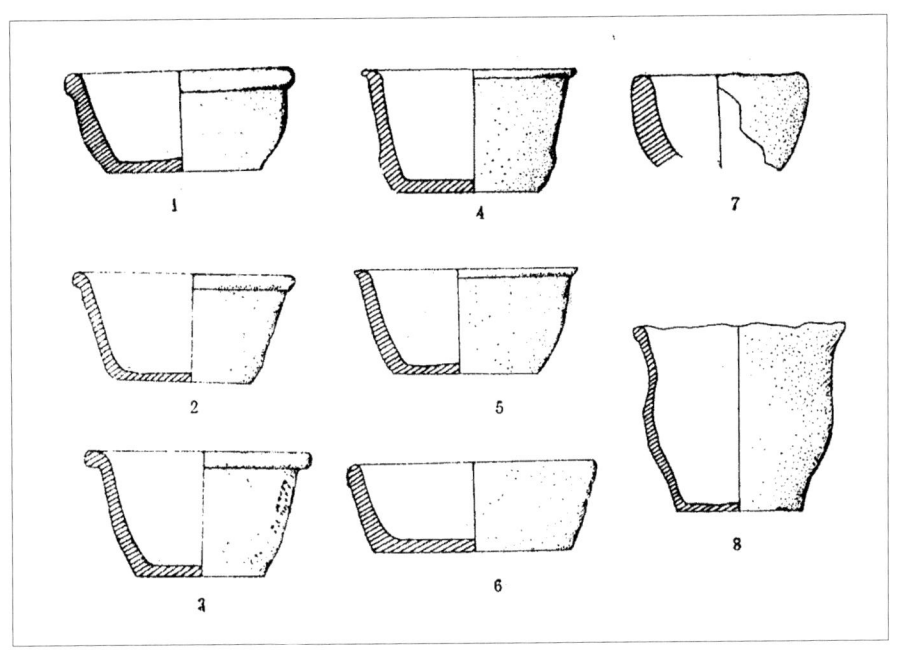

그림 30 신안유적 출토 토기(1986년 5월)(吉林省文物志編委會, 1987, 45쪽)
1~5. 완 6. 발 7. 종지 8. 호 (모두 1/4)

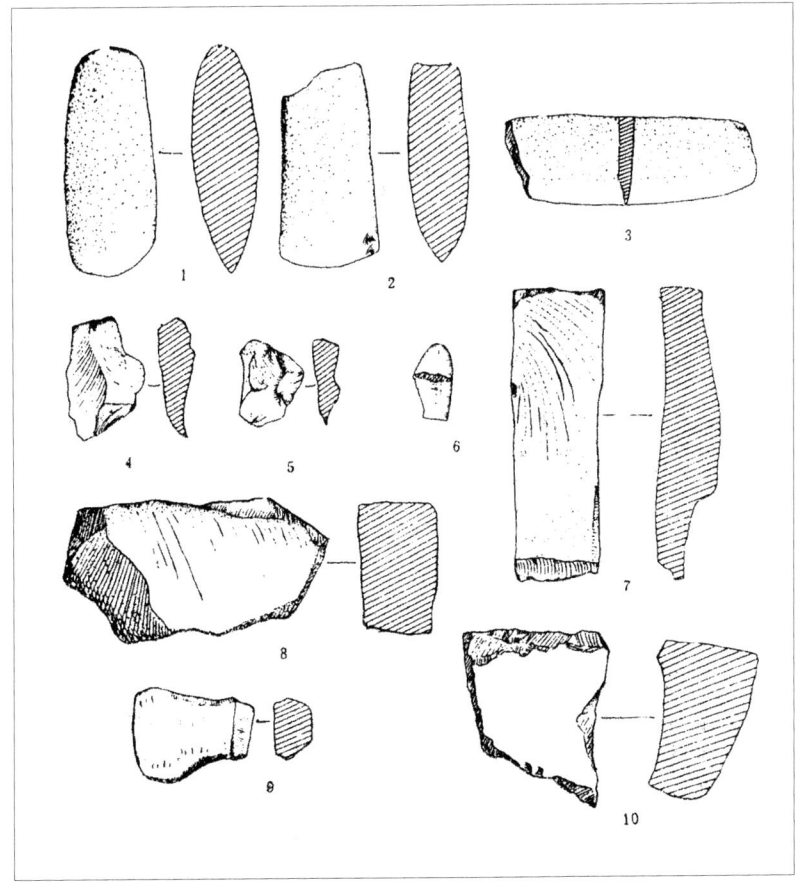

그림 31 신안유적 출토 석기(1986년 5월)(吉林省文物志編委會, 1987, 46쪽)
1~2. 돌도끼 3. 석제칼 4~5. 흑요석기 6. 돌화살촉 7~10. 숫돌 (4~6은 1/2, 나머지는 1/4)

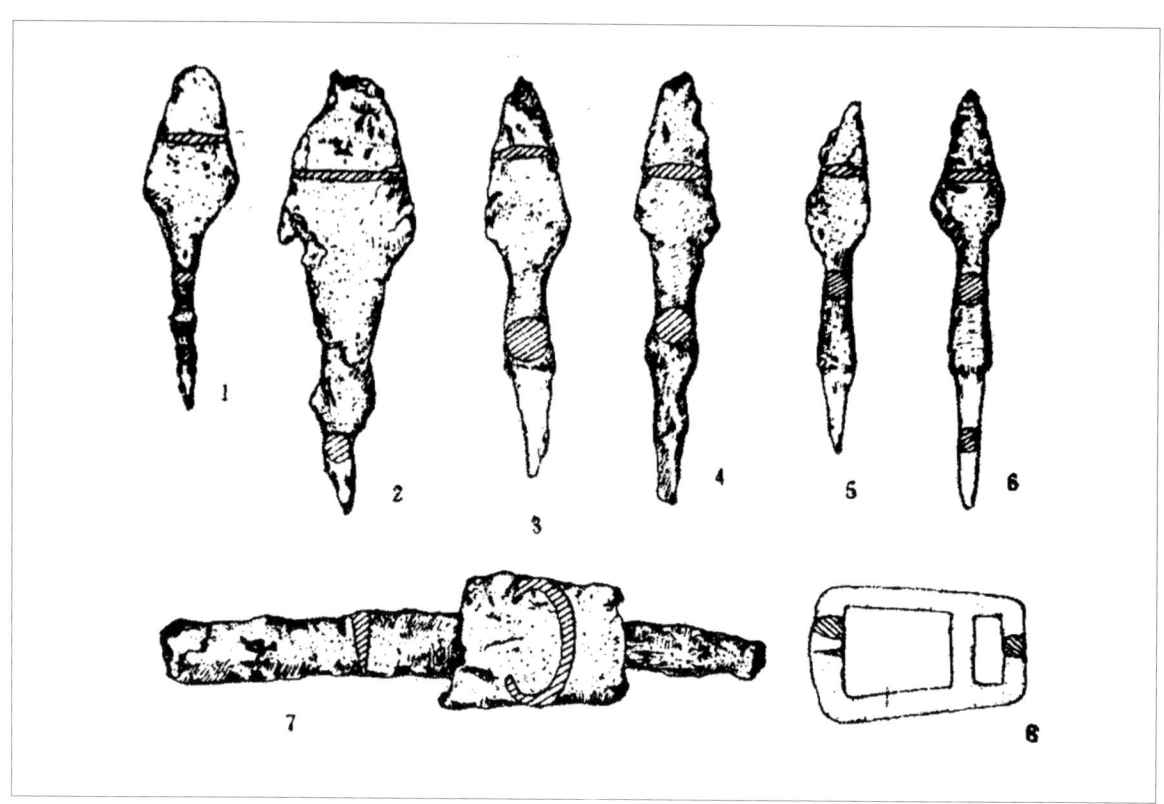

그림 32 신안유적 출토유물(1986년 7월)(吉林省文物志編委會, 1987, 48쪽)
1~6. 철제화살촉 7. 철제칼 8. 동제허리띠고리 (모두 1/2)

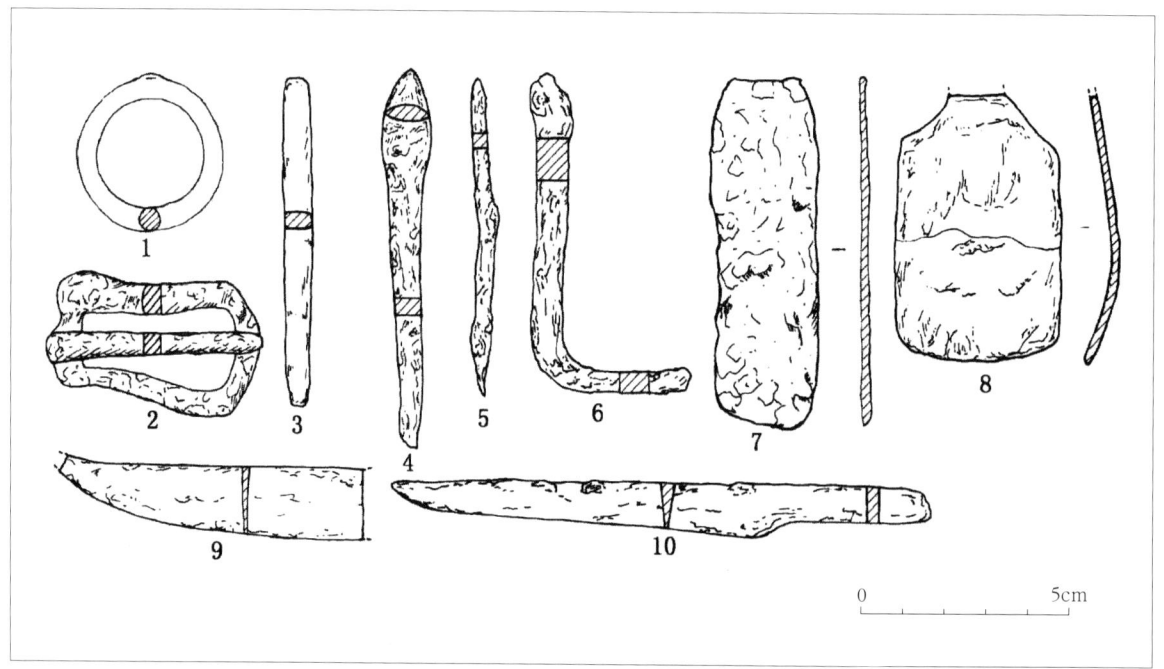

그림 33 신안유적 제1기 문화 출토 청동기 및 철기(吉林省文物考古硏究所, 2013, 360쪽)
1. 동제고리(H1:3) 2. 철제허리띠고리(H1:2) 3.銅條(H58:2) 4.철제화살촉 5~6. 철제못(H73:1, T0303③:8) 7~8. 철편(H4:1, T0303③:5) 9~10. 철제칼(T0304③:1, H67:1)

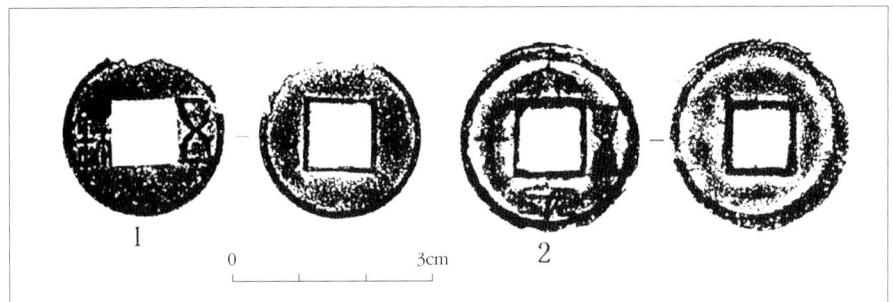

그림 34 신안유적 제1기 문화 출토 동전(吉林省文物考古硏究所, 2013, 360쪽)
1. 오수전(T0303②:3)
2. 대천오십전(G6:4)

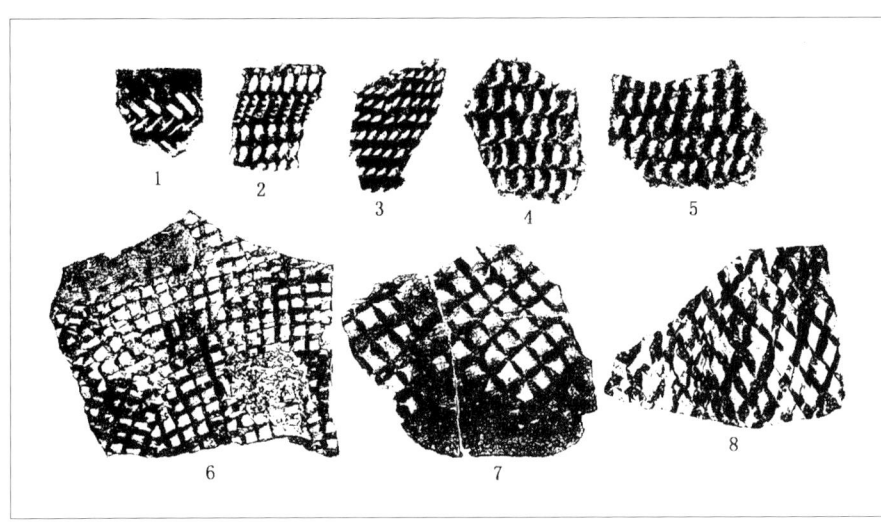

그림 35 신안유적 제1기 문화 출토 청동기 및 철기(吉林省文物考古硏究所, 2013, 360쪽)
1~4. 戳點文(H44 標:1, H8 標:2, H5 標:1, H4 標:3)
5. 指甲文(H42 標:1)
6~7. 方格文(H38 標:1, H54 標:2)
8. 菱格文(H54 標:1)

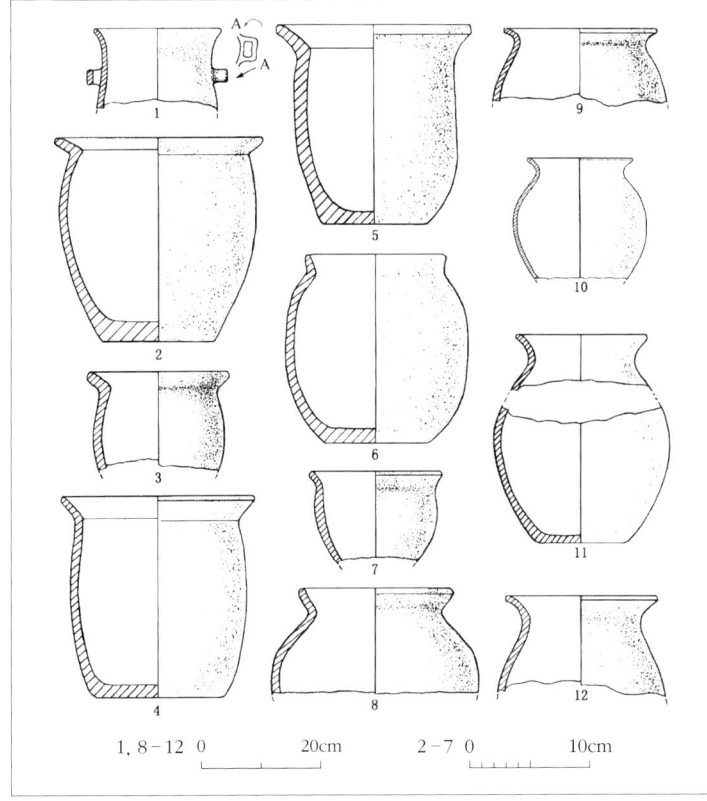

그림 36 신안유적 제1기 문화 출토 토기 (吉林省文物考古硏究所, 2013, 354쪽)
1. 양이호(T0402②:8)
2~3. A형I식 통형호(G1:8, H5:3)
4~5. A형II식 통형호(H5:2, H30:2)
6. B형 통형호5(H4:2)
7. 광구호(T0203③:3)
8. 절견호(H30:3)
9. A형I식 속경호1(G1:13)
10. A형II식 속경호(G6:7)
11~12. A형III식 속경호(T0203②:16, F5:1)

제12부 무송현(撫松縣) 지역의 유적 365

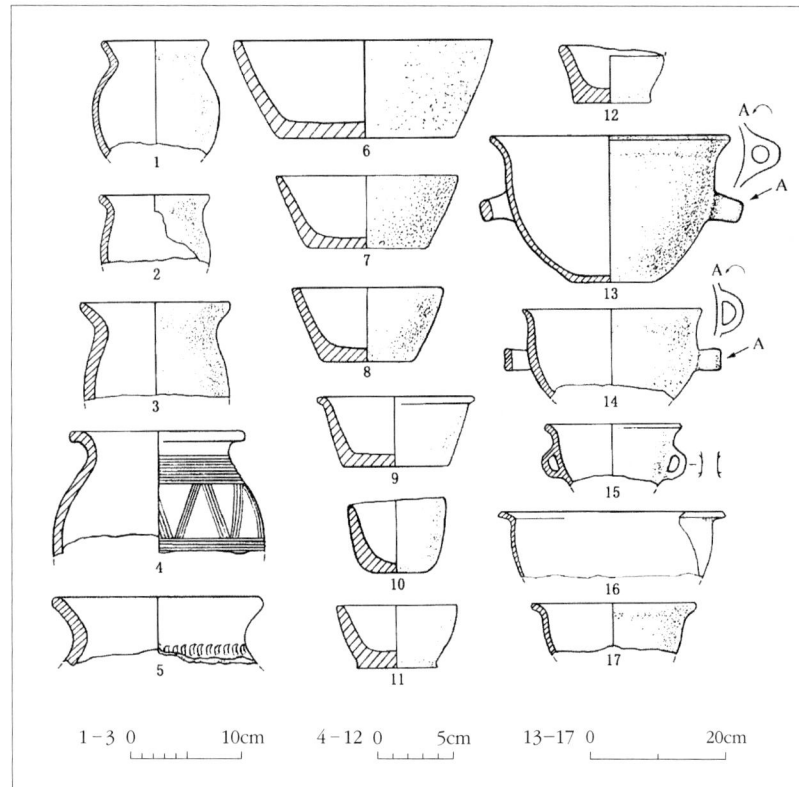

그림 37 신안유적 제1기 문화 출토 토기
(吉林省文物考古硏究所, 2013, 355쪽)
1. B형I식 속경호(T0303③:11)
2~3. B형II식 속경호(T0303③:10, H30:5)
4~5. 호(H48:2, H4:5)
6~8. Aa형 발(G2:1, T0303②:7, T0203③:1)
9. Ab형 발(G6:6)
10. B형 발(H73:2)
11~12. C형 발(G3:3, G3:2)
13~14. A형 발(H59:1, T0203③:2)
15. B형 발(H54:2)
16~17. C형 발(H4標:5, G2:9)

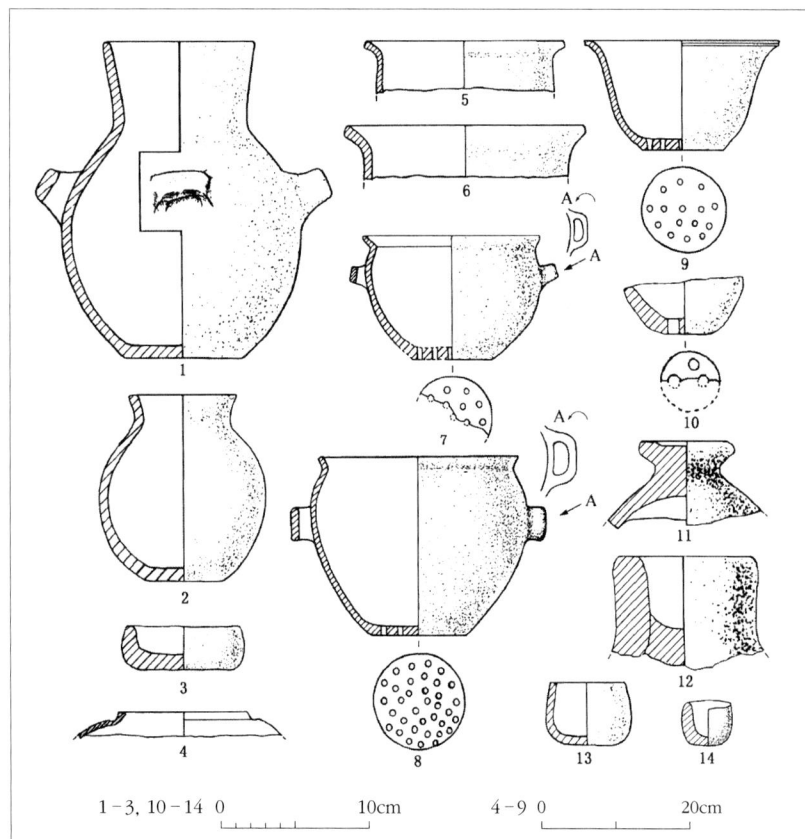

그림 38 신안유적 제1기 문화 출토 토기
(吉林省文物考古硏究所, 2013, 356쪽)
1~2. 호(H43:3, G2:4)
3. 반(G6:1)
4. 옹(T0403③:2)
5~6. 항(F2:3, F2:4)
7~10. 시루(G1:9, G2:3, G1:10, G1:6)
11~12. 토기 뚜껑꼭지(H4:4, T0305①b:8)
13~14. 종지(H2:2, T0303③:6)

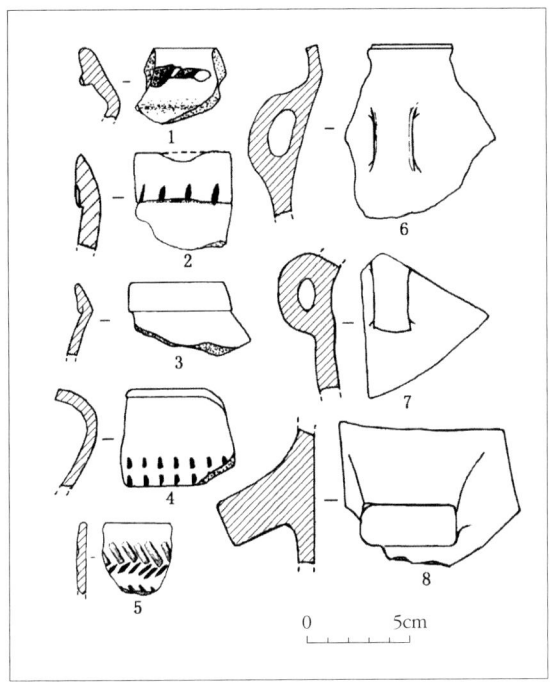

그림 39 신안유적 제1기 문화 출토 토기(吉林省文物考古研究所, 2013, 357쪽)

1~5. 구연부(H4標:1, Y2標:1, H44標:1, T0102②標:2)
6~8. 손잡이(T0403②標:4, G1標:11, T0403②標:2)

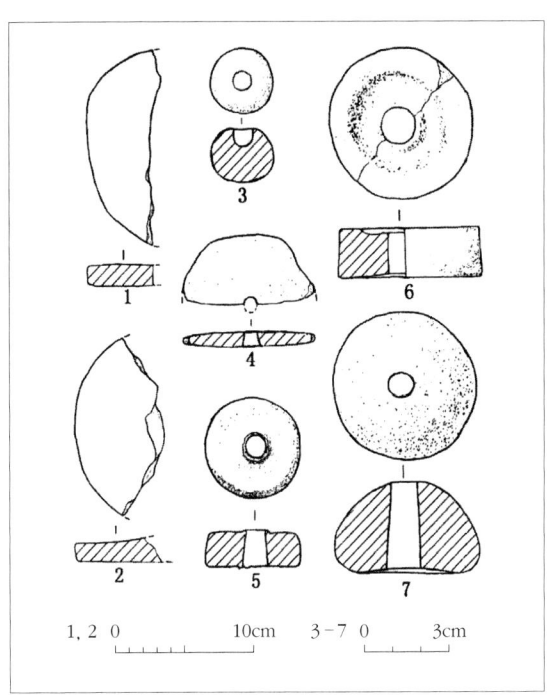

그림 41 신안유적 제1기 문화 출토 토기(吉林省文物考古研究所, 2013, 359쪽)

1~2. 餠形器(G1:11, T0104②:9) 3. 陶球(H58:1)
4~7. 가락바퀴(G6:5, H2:1, T0204③:1)

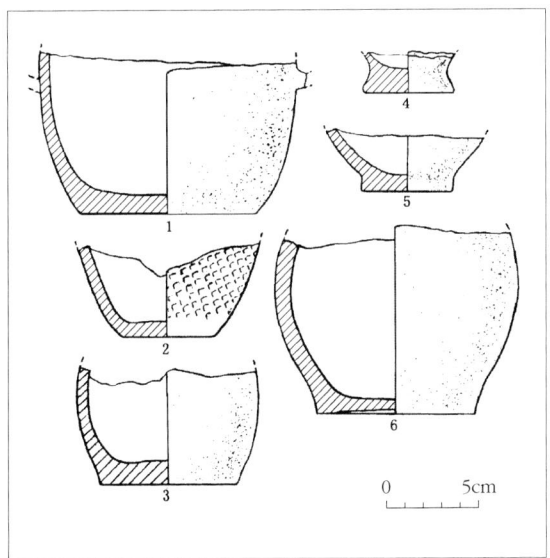

그림 40 신안유적 제1기 문화 출토 토기(吉林省文物考古研究所, 2013, 358쪽)

1~2. Aa형(G1:7, T0303②:21) 3. Ab형(G2:5)
4~5. B형(T0403③:1, T0204②:30) 6. Ab형(T0303③:12)

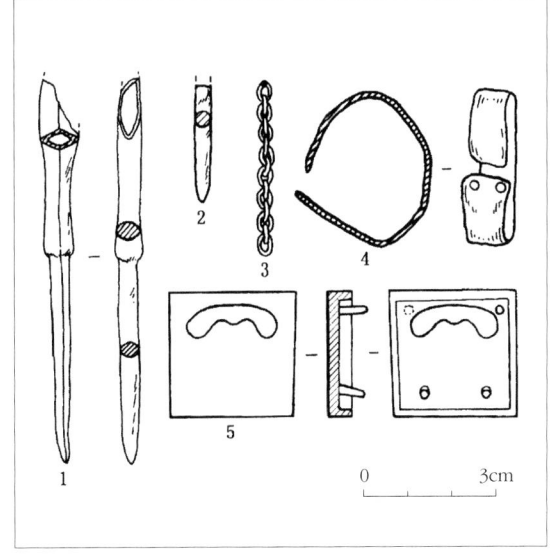

그림 43 신안유적 제2기 문화 출토 동기
(吉林省文物考古研究所, 2013, 373쪽)

1. 동제화살촉(T0403②:10) 2. 銅條(H15:1) 3. 동제사슬(T0403②:9) 4. 동제띠고리(H52:1) 5. 동제대구(T0403②:1)

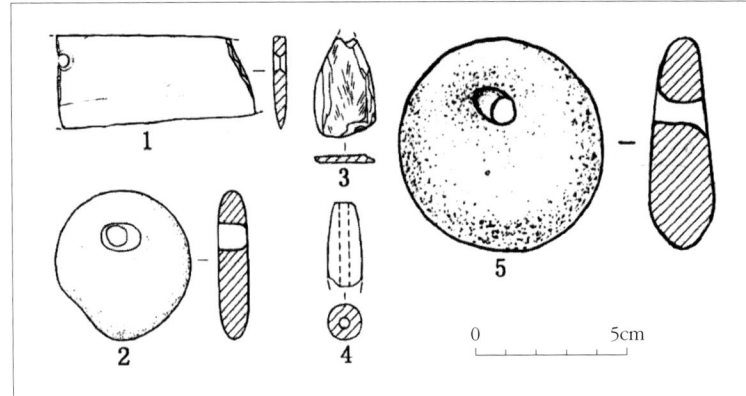

그림 42 신안유적 제1기 문화 출토 옥석기
(吉林省文物考古硏究所, 2013, 359쪽)
1. 석제칼(G6:2)
2. 유공석기(T0303②:15)
3. 석제 화살촉(H1:1)
4. 옥대롱(T0303③:4)
5. 유공석기(T0304③:2)

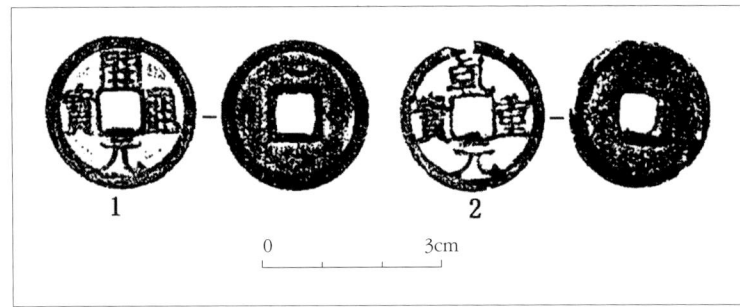

그림 44 신안유적 제2기 문화 출토 동전 탁본(吉林省文物考古硏究所, 2013, 374쪽)
1. 개원통보(K1:25-1)
2. 건원중보(K1:25-2)

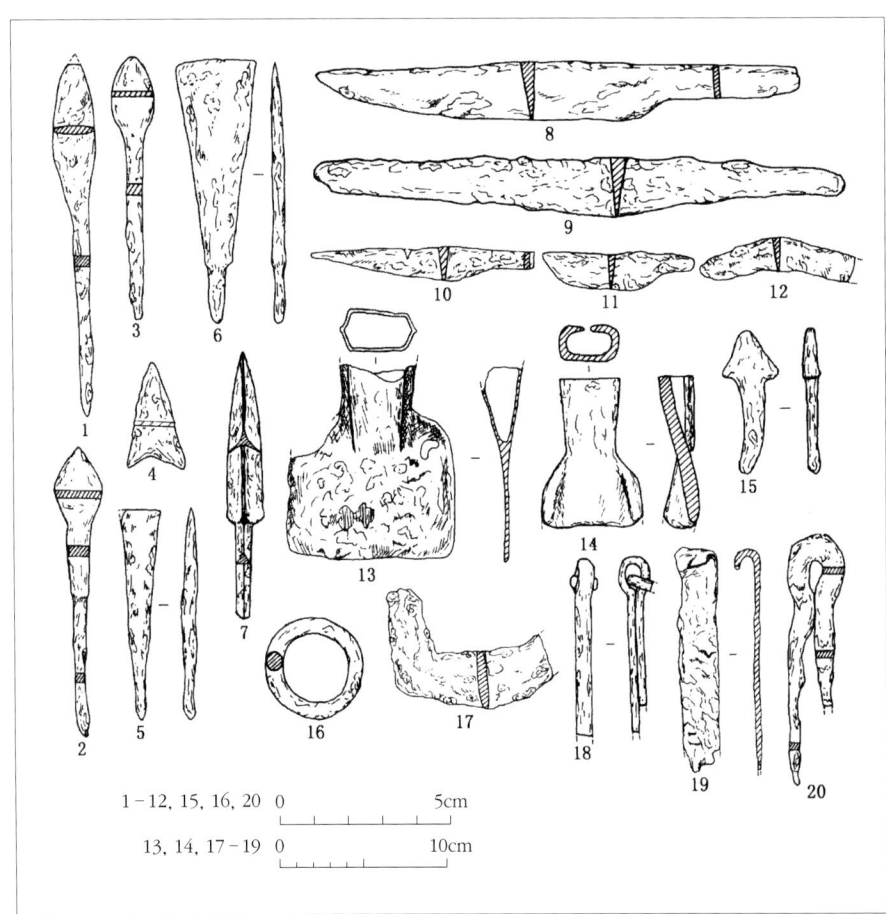

그림 45 신안유적 제2기 문화 출토 철기(吉林省文物考古硏究所, 2013, 375쪽)
1~3. A형 철제화살촉(T0302②:2, H46:, T0303②:10)
4. B형 철제화살촉(T0203②:11)
5~6. C형 철제화살촉(T0403②:6, T0304②:3)
7. D형 철제화살촉(T0404②:2)
8~9. Aa형 철제칼(0403②:12, T0204②:22)
10~11. Ab형 철제칼(T0204②:4, T0203②:23)
12. B형 철제칼(T0203②:8)
13~14. 철제살포(T0403②:3, T0103②:4)
15. 鐵掌釘(T0204②:24)
16. 철제고리(T0404②:3)
17~20. 철제 건축부재(H21:1, T0403②:8, T0403②:2, T0202②:5)

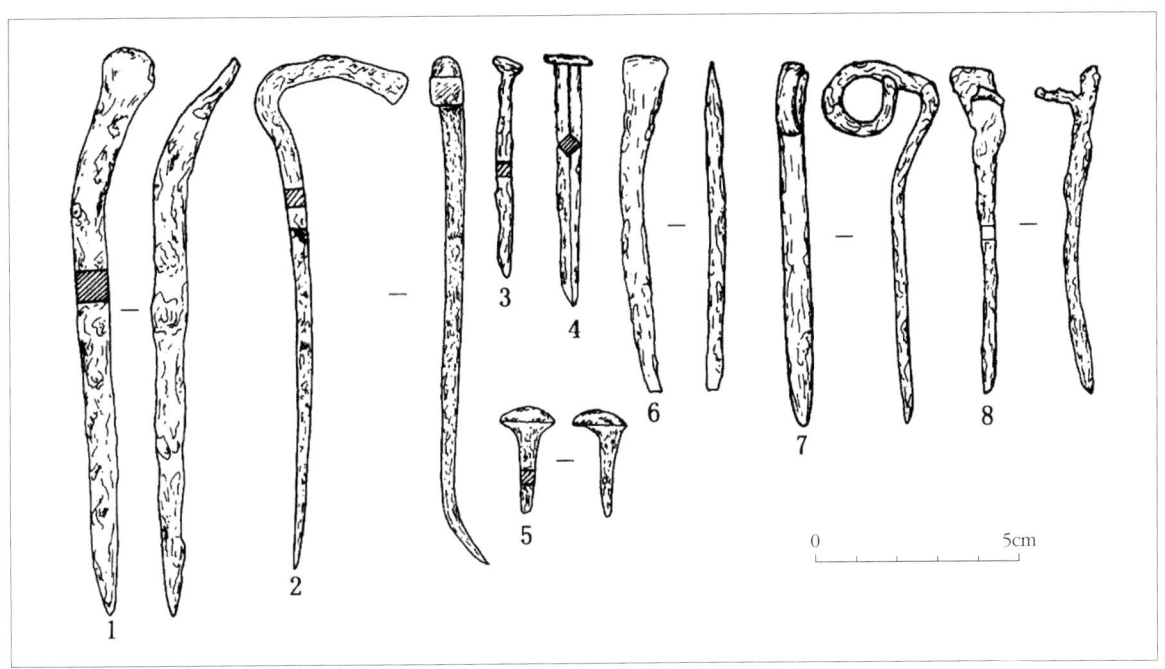

그림 46 신안유적 제2기 문화 출토 철제못(吉林省文物考古硏究所, 2013, 376쪽)
1. A형(T0402②:3) 2. B형(T0303②:6) 3~5. C형(T0303②:2, T0101②:1, T0203②:14) 6. A형(T0203②:12) 7. B형(T0203②:10)
8. D형(그림 46-8)

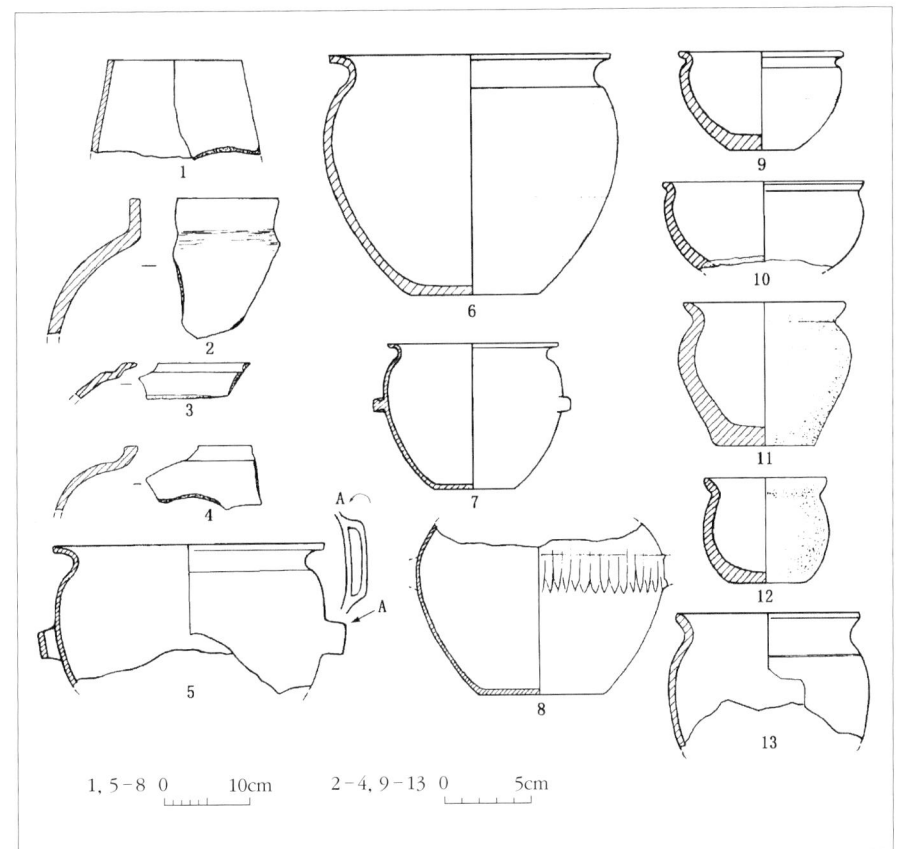

그림 47 신안유적 제2기 문화 출토 토기(吉林省文物考古硏究所, 2013, 368쪽)
1. 직구호(T0104②標:2)
2. A형 내반호(T0203②標:14)
3~4. B형 내반호(H32標:4, T0304②標:3)
5~8. A형 광구호(T0404②:5, T0503②:3, T0302①b:13, T0104②:8)
9~10. B형 광구호(T0301①b:3, T0104擴①b:5)
11~13. 외반구연호(T0302①b:6, T0203②:22, T0104②:10)

제12부 무송현(撫松縣) 지역의 유적 369

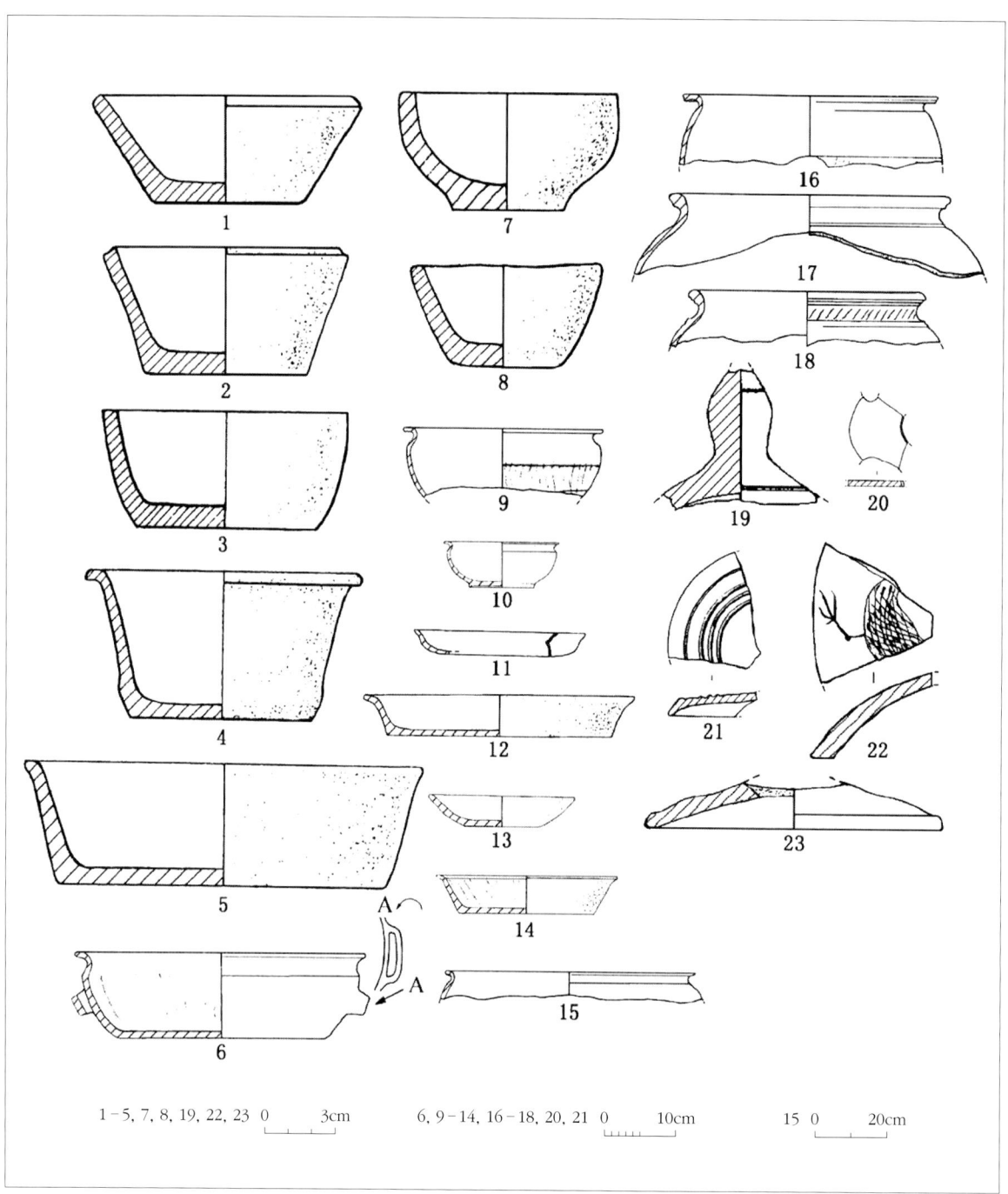

그림 48 신안유적 제2기 문화 출토 토기(吉林省文物考古硏究所, 2013, 370쪽)
1~2. Aa형 발(T0102②:12, T0205②:11) 3. Ab형 발(T0404②:4) 4~5. B형 발(T0303①b:2, H26:1) 6. 분(T0503②:4) 7~8. C형 발(H8:4, T0101②:2) 9~10. 분(T0302①b:12, H8:1) 11~13. A형 반(T0102②標:1, H20:1) 12. B형 반(H20:4) 14. B형 반(T0205②:7) 15~16. A형 항(T0503②:5, T0104擴①b:6) 17~18. B형 항(T0204②:33, T0403①b:2) 19~21. A형 토기 뚜껑(T0205②:10, T0205②:9) 20. 시루 바닥(T0104② 標:14) 22. B형 토기 뚜껑(T0305②:2) 23. C형 토기 뚜껑(T0203②標:7)

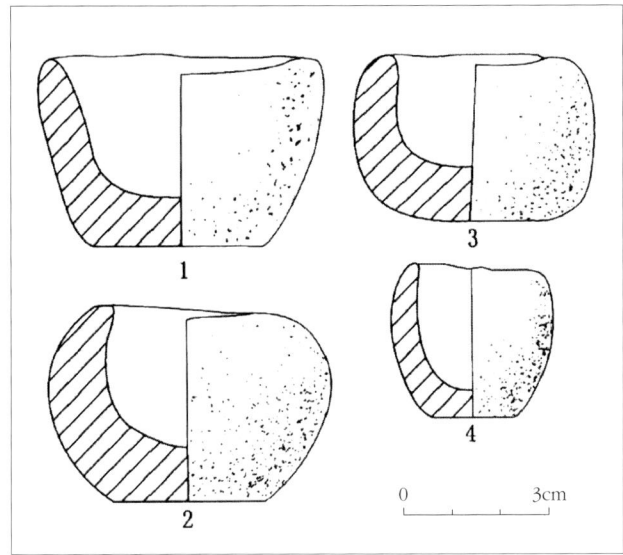

그림 49 신안유적 제2기 문화 출토 종지(吉林省文物考古硏究所, 2013, 371쪽)
1. G1:5 2. T0302:1 3. T0204②:21 4. T0302①b:5

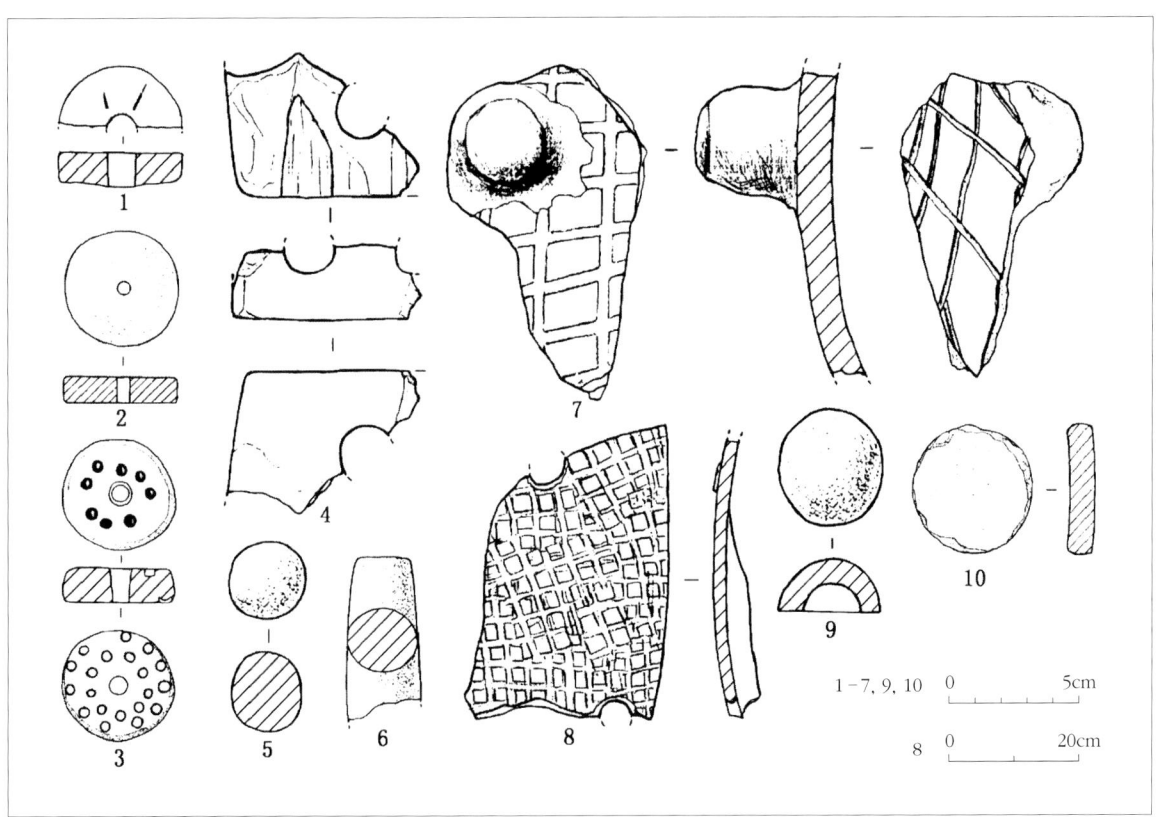

그림 50 신안유적 제2기 문화 출토 토기(吉林省文物考古硏究所, 2013, 372쪽)
1~3. 가락바퀴(T0303②:13, T0103②:2, T0403②:15) 4. 구멍이 많은 토기(T0205②:2) 5. 球(T0102②:4) 6. 棒形 토기(0104擴②:1)
7~8. 토기편(T0105②:3, T0104②:14) 9. 球(T0204②:9) 10. 병(H20:2)

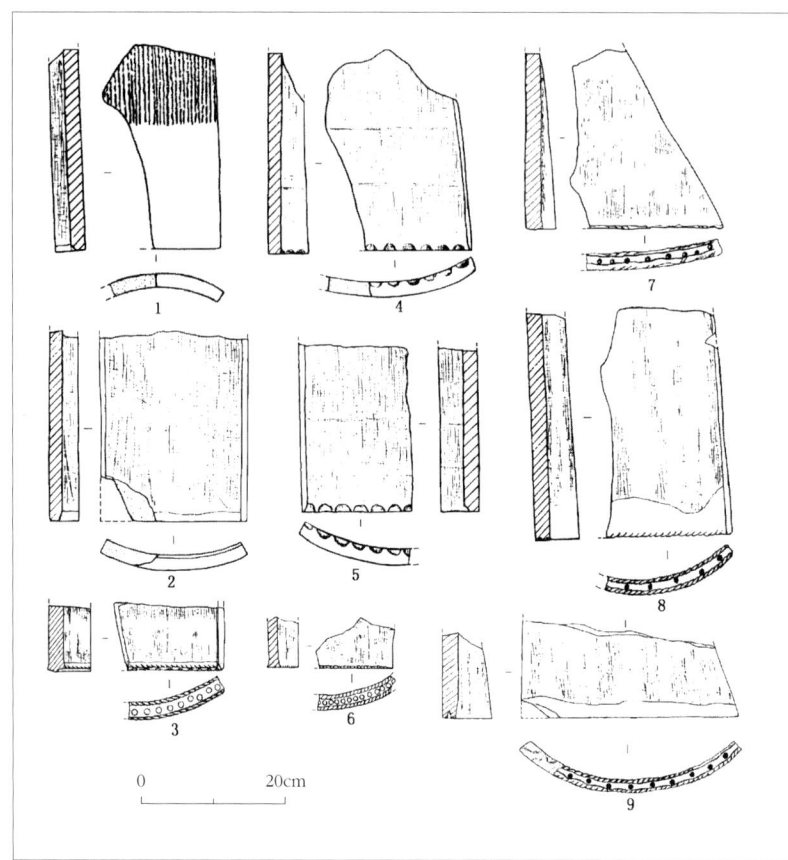

그림 51 신안유적 제2기 문화 출토 암키와(吉林省文物考古硏究所, 2013, 363쪽)
1~2. A형 암키와(T0303②:24, F2:2)
3. A형 끝암키와(T0202②:11)
4~5. B형 암키와(T0303②:36, F2:6)
6. A형 끝암키와(F2標:1)
7~9. B형 끝암키와(H37:2, T0303②:25, T0303②:4)

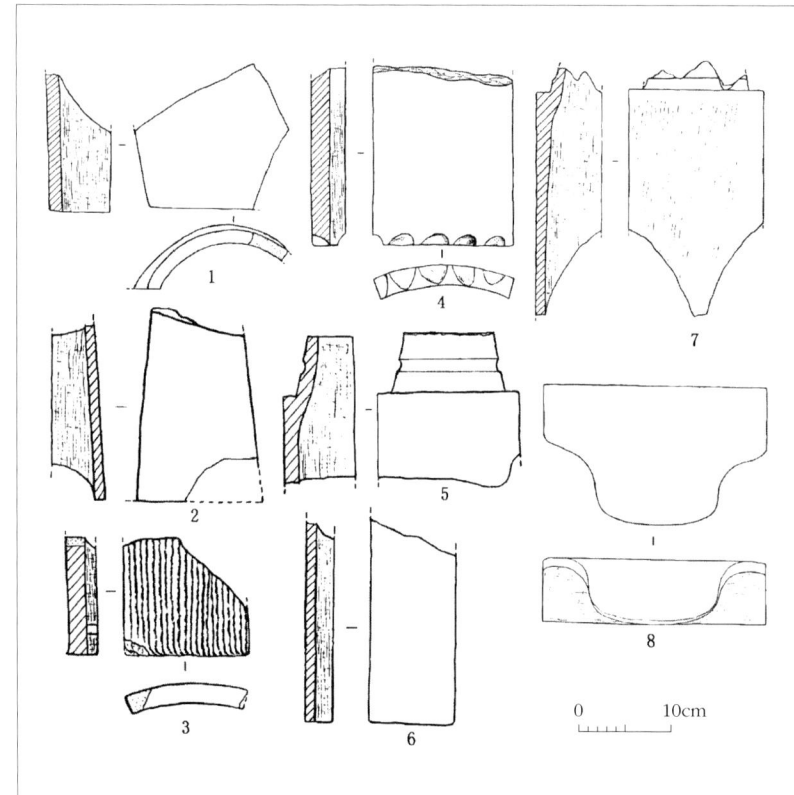

그림 52 신안유적 제2기 문화 출토 토기(吉林省文物考古硏究所, 2013, 364쪽)
1~2. 통형 암키와(T0202②:9, T0303②:39)
3~4. A형 적새기와(H16:15, H37:5)
5. 수키와(T0303②:29)
6. B형 적새기와(T0303②:32)
7. 수키와(H40:13) 8. 착고(T0303②:1)

그림 53 신안유적 제2기 문화 출토 와당(吉林省文物考古硏究所, 2013, 365쪽)
1~2. A형(T0204②:15, H16:1) 3. B형(H32:2) 4. C형(T0204②:13) 5~6. D형(H20:3, T0102②:6)

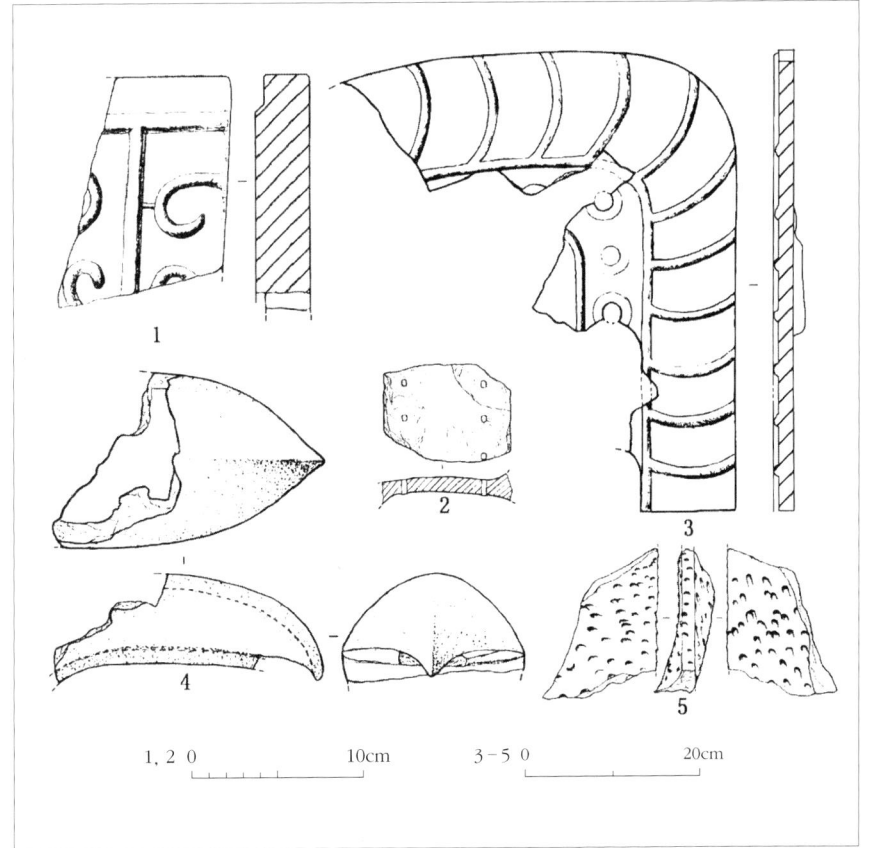

그림 54 신안유적 제2기 문화 출토 건축부재(吉林省文物考古硏究所, 2013, 366쪽)
1. 벽돌(T0104②:3)
2~4. 치미편(T0303②:42, H16:11, T0303②:41)
5. 건축부재(T0403②:16)

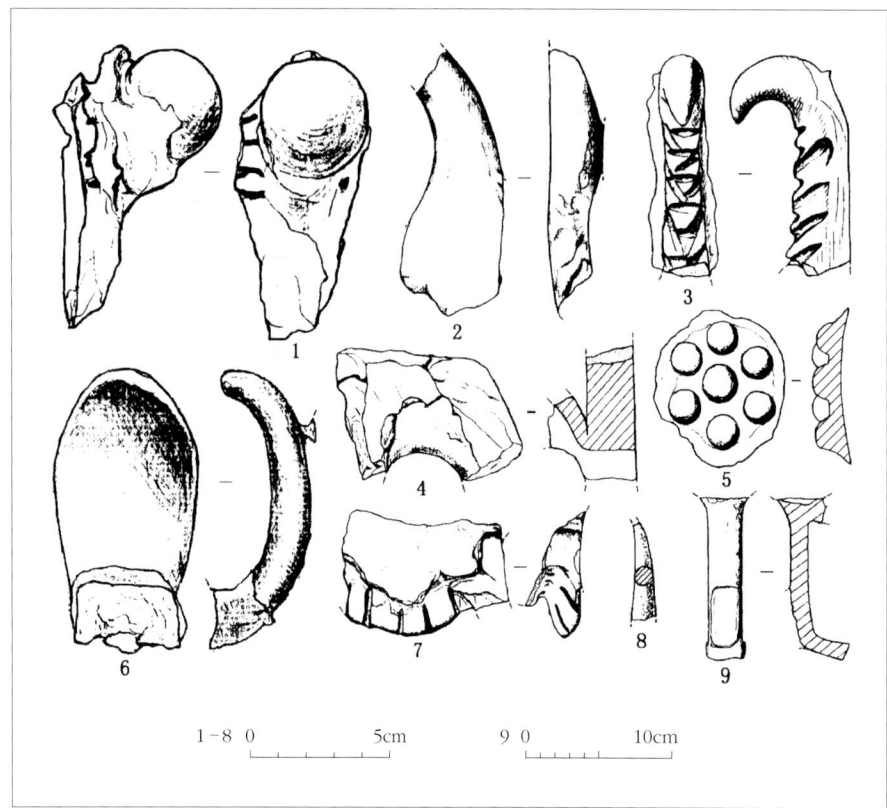

그림 55 신안유적 제2기 문화 출토 짐승머리편(吉林省 文物考古研究所, 2013, 367쪽)
1~4. 짐승머리편(T0403①b:1, T0203①b:15, T0204②:2:15, T020l②:4)
5. 乳釘狀飾(T0204②:16)
6~8. 짐승머리편(H8:5, H68:1, T0102②:3)
9. 건축부재(T0202①b:8)

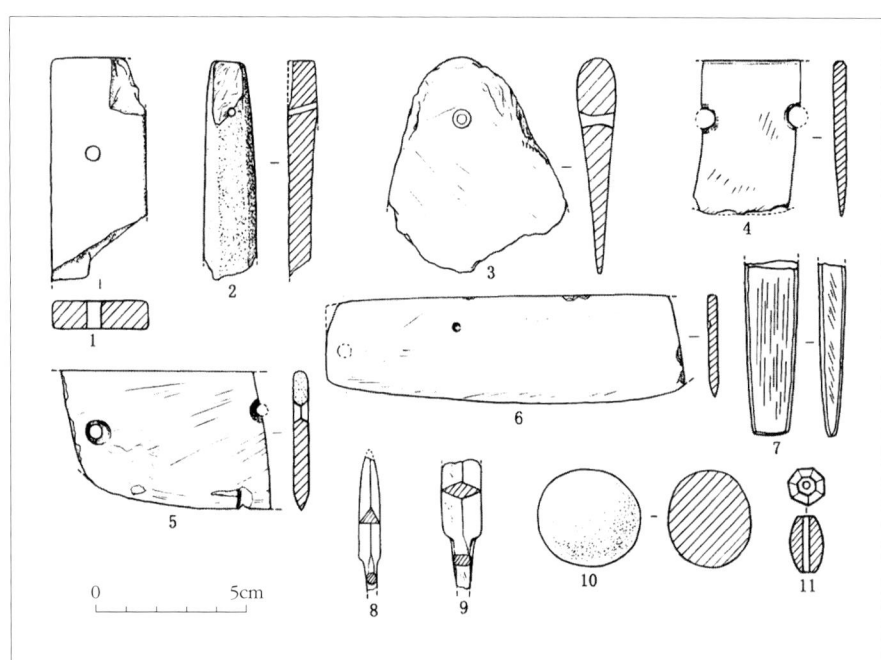

그림 56 신안유적 제2기 문화 출토 석기(吉林省文物考古研究所, 2013, 373쪽)
1~2. 숫돌(G1:4, T0303②:18)
3~6. 석제칼(T0104②:5, H60:2, T0303②:14, T0303②:17)
7. 석제끌(T0202②:1)
8~9. 석제화살촉(T0304②:1, G1:3)
10. 石球(T0102②:13)
11. 마노대롱(T0202②:3)

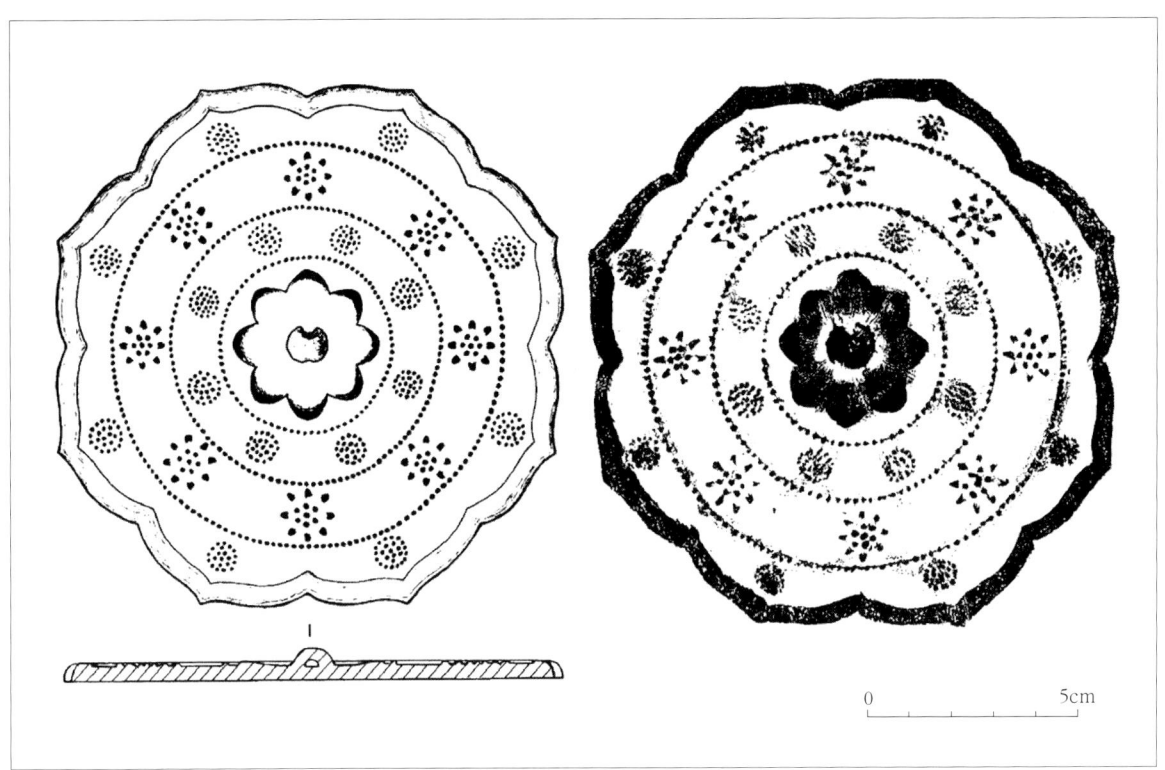

그림 57 신안유적 제3기 문화 출토 동제 거울 탁본(吉林省文物考古研究所, 2013, 384쪽)

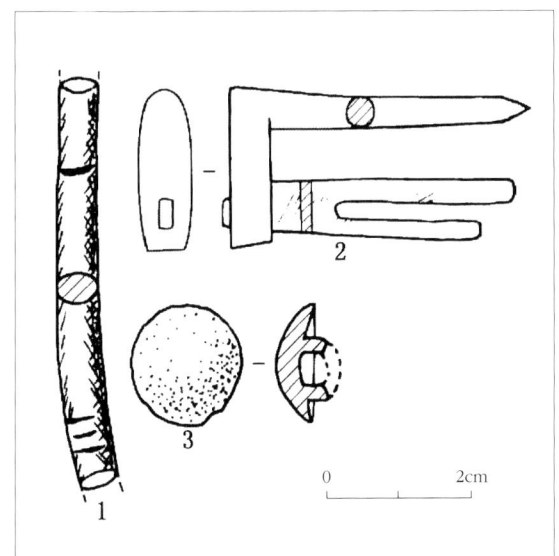

그림 58 신안유적 제3기 문화 출토 동기(吉林省文物考古研究所, 2013, 384쪽)
1. 銅條(T0103①b:2) 2. 銅鎖(T0202①b:3) 3. 銅扣(T0205①b:4)

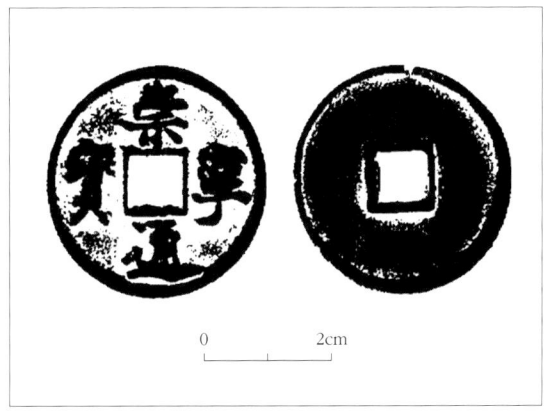

그림 59 신안유적 제3기 문화 출토 동전(吉林省文物考古研究所, 2013, 384쪽)
신안유적 제3기 문화 출토 숭녕통보(T0301①b:4)

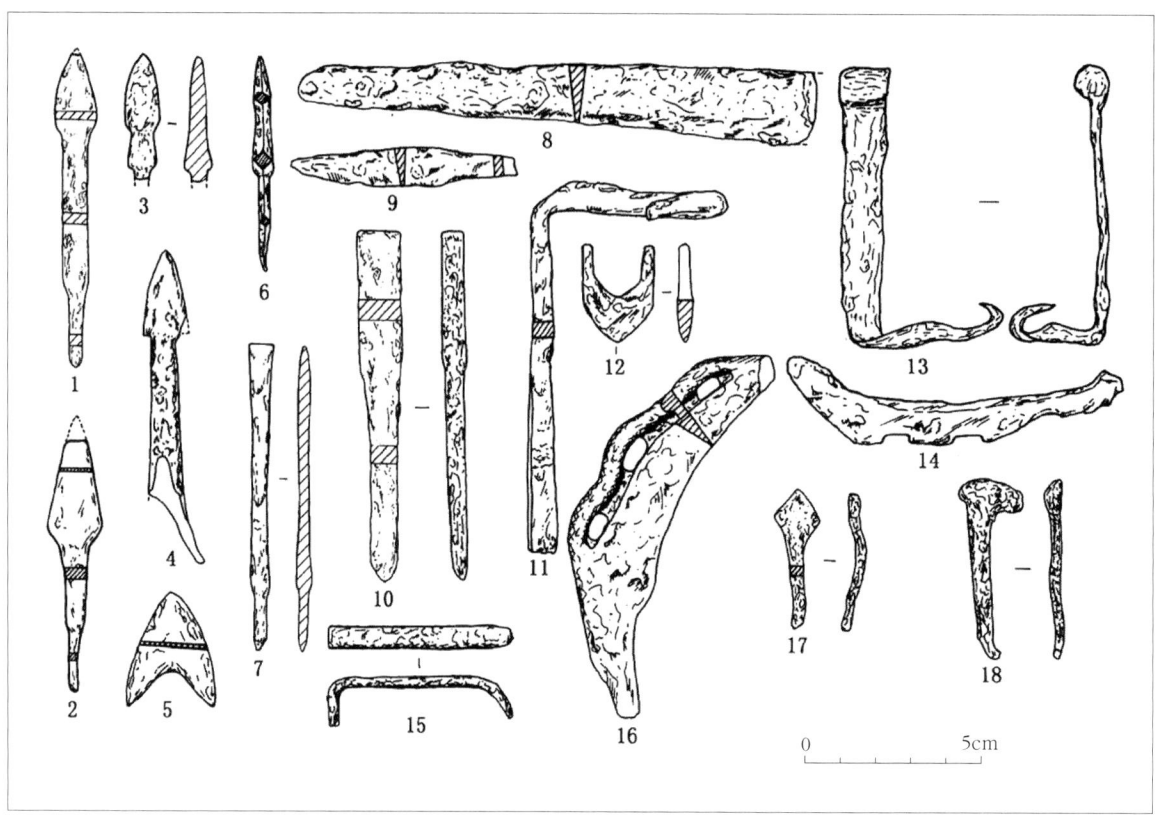

그림 60 신안유적 제3기 문화 출토 철기(吉林省文物考古硏究所, 2013, 385쪽)

1~3. Aa형 철제화살촉(T0302①b:1, T0301①b:1, T0401①b:1) 4. Ab형 철제화살촉(T0302①b:3) 5. Ac형 철제화살촉(H5:1) 6. B형 철제화살촉(Y1:1) 7. C형 철제화살촉(T0103①b:11) 8~9. 철제칼(T0303①b:13, T0103①b:1) 10~14. 철제건축부재(T0302①b:4, H40:10, T0204①b:5, T0404①b:3, T0302①b:2) 15. 철제꺽쇠(T0202①b:4) 16. 철제편자(T0202①b:2) 17~18. 철제편자못(T0103①b:3, T0304①b:1)

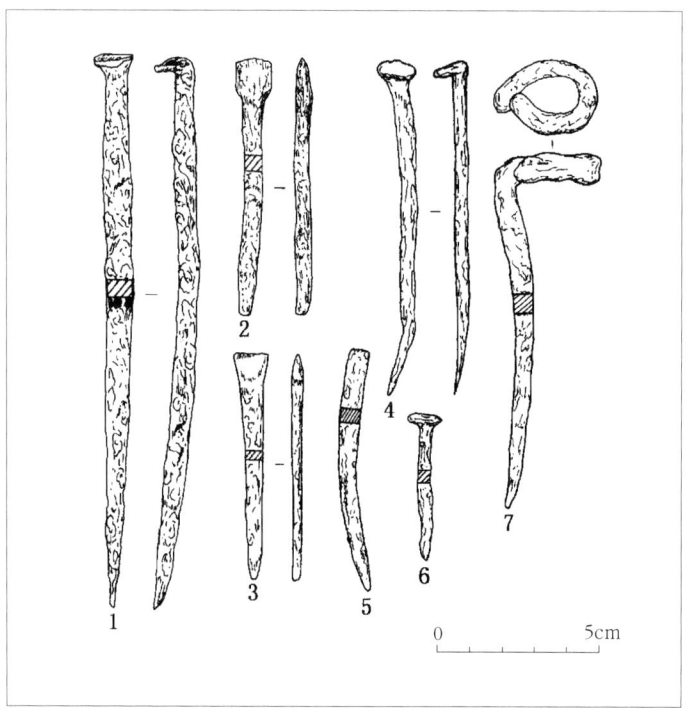

그림 61 신안유적 제3기 문화 출토 철제못
(吉林省文物考古硏究所, 2013, 386쪽)

1~4. A형(T0303①b:3, T0205①b:2, T0103①b:8, T0305①b:5)
5. B형(H40:8)
6. C형(T0104①b:1)
7. D형(H40:11)

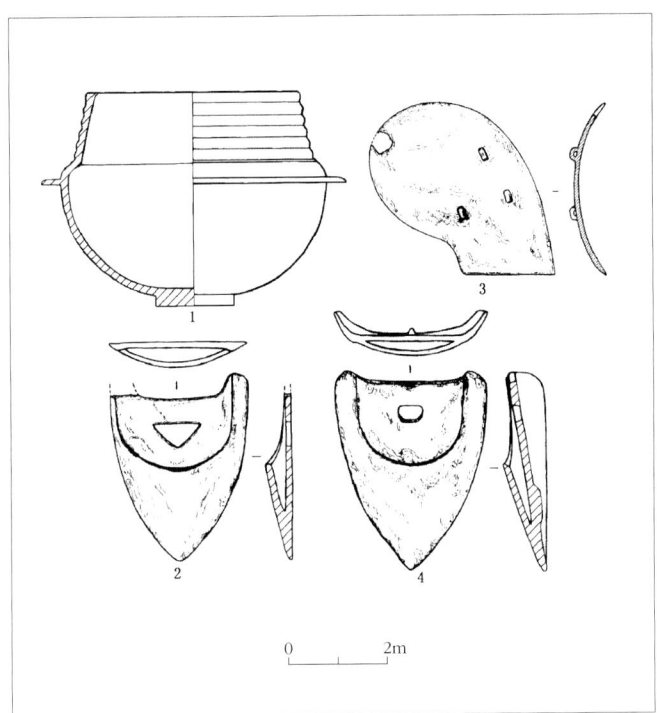

그림 62 신안유적 제3기 문화 출토 철기(吉林省文物考古研究所, 2013, 386쪽)
1. 철제솥(K1:5)
2. 철제보습(K1:7)
3. 철제보습볏(K1:26)
4. 철제보습(K1:6)

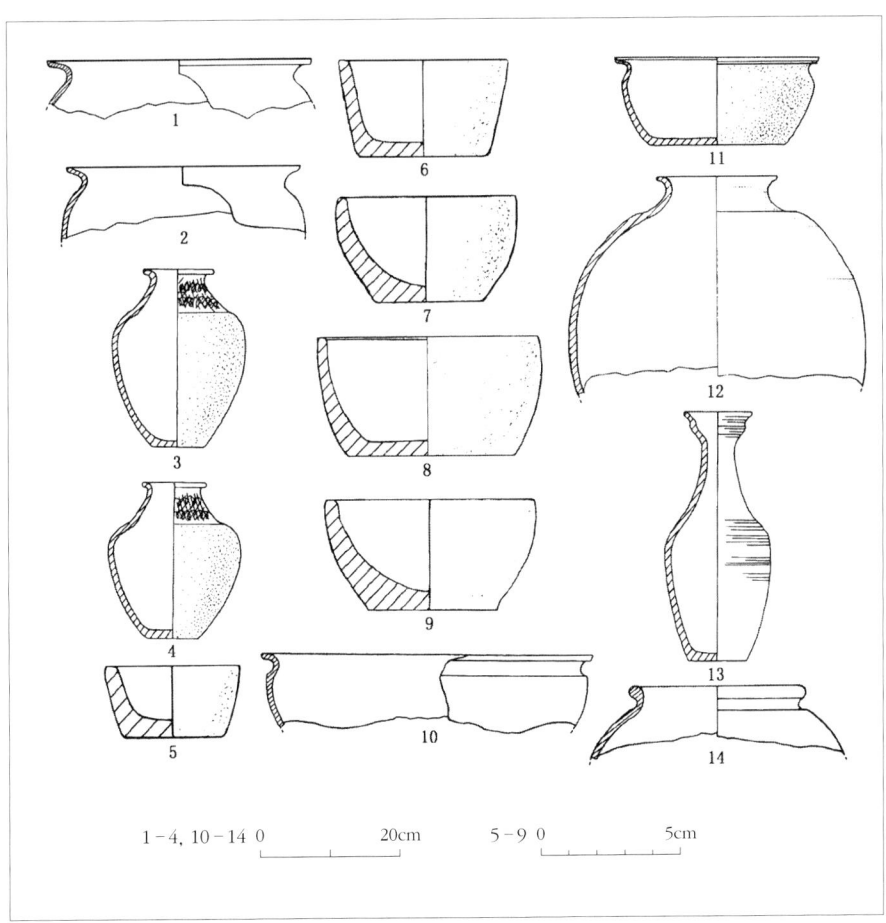

그림 63 신안유적 제3기 문화 출토 토기(吉林省文物考古研究所, 2013, 381쪽)
1~2. 광구호(K1:23, K1:21)
3~4. 협구호(K1:3, K1:4)
5~6. A형 발(F2:1, T0202①b:6)
7~9. B형 발(H20:6, H6:1, H7:2)
10~11. 분(K1:22, K1:1)
12~14. 옹(K1:19, K1:20)
13. 호(K1:2)

제12부 무송현(撫松縣) 지역의 유적

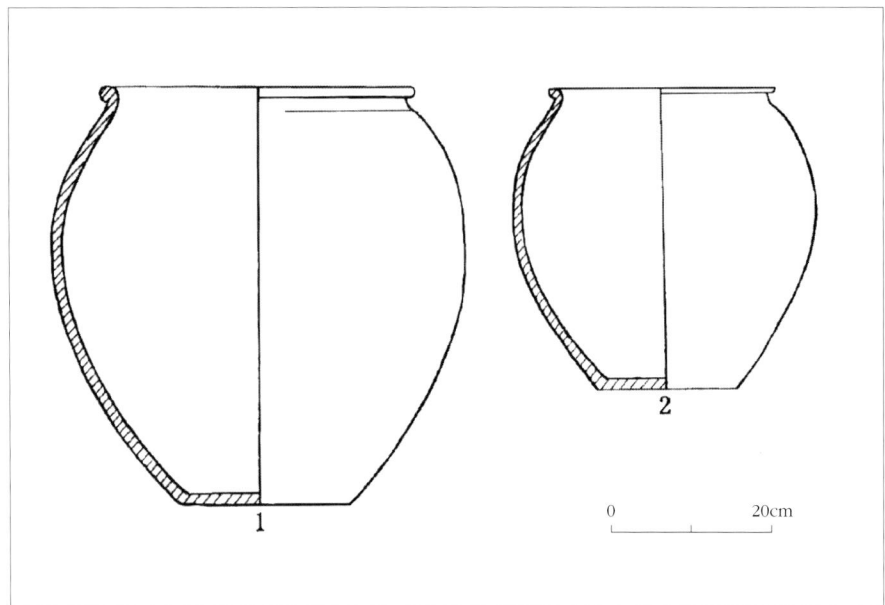

그림 64 신안유적 제3기 문화 출토 항아리(吉林省文物考古研究所, 2013, 382쪽)
1. K1:14
2. K1:11

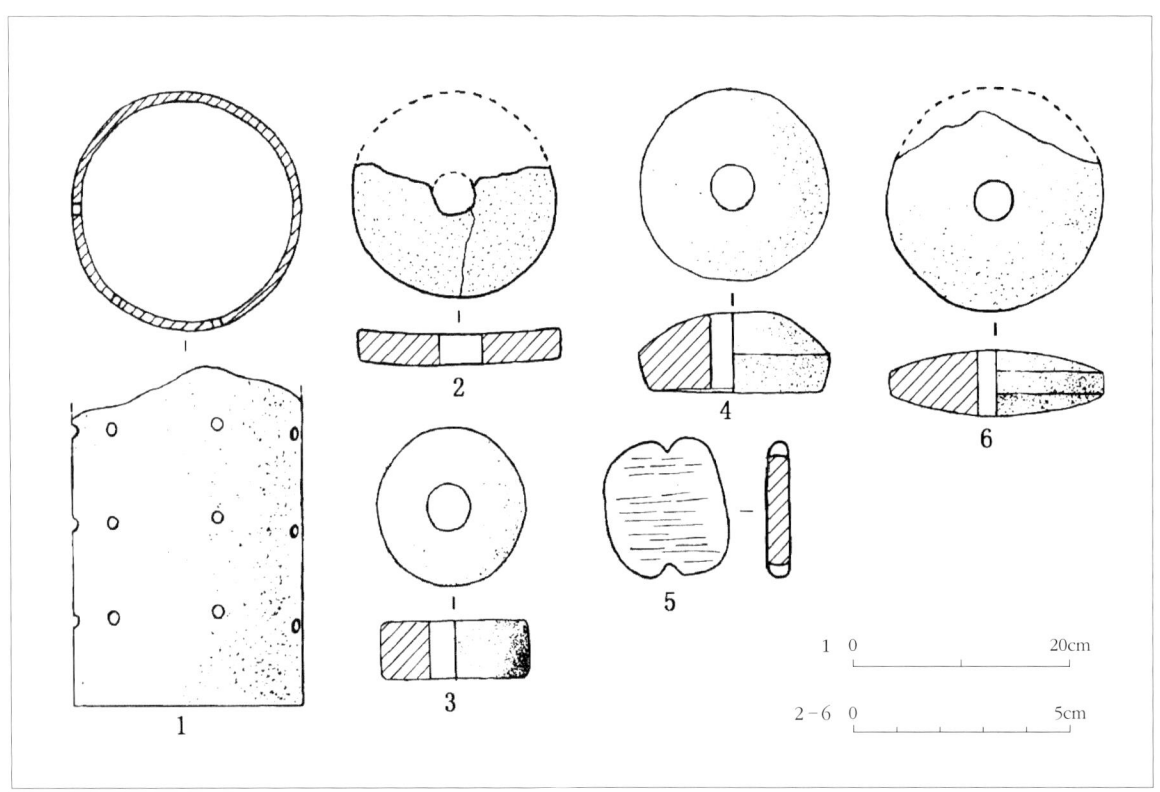

그림 65 신안유적 제3기 문화 출토 석기(吉林省文物考古研究所, 2013, 382쪽)
1. 구멍이 뚫려 있는 筒形 토기(K1:9) 2~4. 가락바퀴(T0103①b:4, T0303①b:1, H39:1) 5. 그물추(T0103①b:9) 6. 가락바퀴(T0105①b:2)

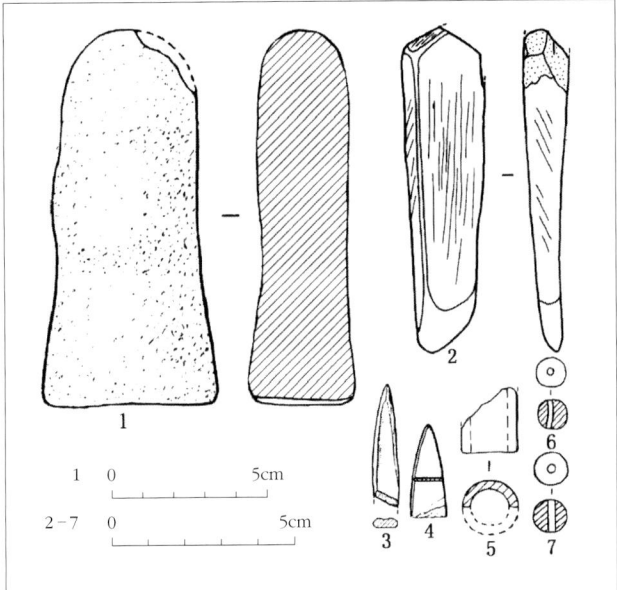

그림 66 신안유적 제3기 문화 출토 석기(吉林省文物考古研究所, 2013, 383쪽)
1. 석제 마연기(T0303①b:11)
2. 숫돌(T0204①b:9)
3~4. 석제화살촉(T0402①b:2, T0103①b:6)
5. 마노대롱(T0205①b:3)
6~7. 마노구슬(T0204①b:4, T0204①b:4)

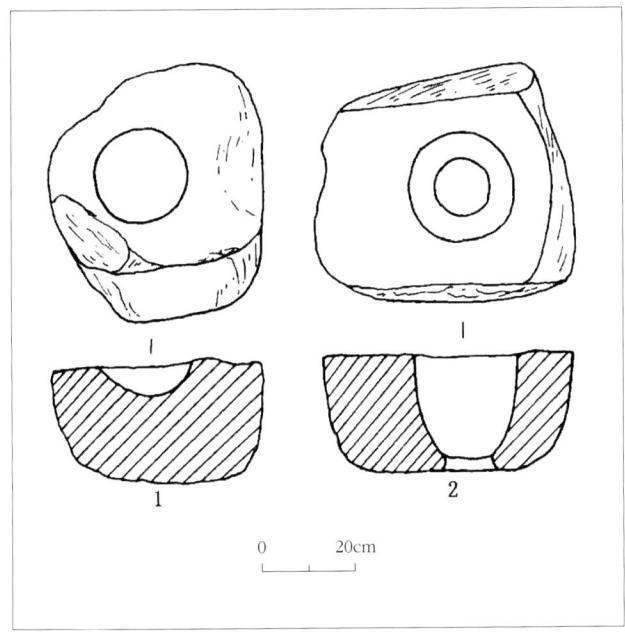

그림 67 신안유적 제3기 문화 출토 돌절구(吉林省文物考古研究所, 2013, 383쪽)
1. K1:8
2. F2:7

제12부 무송현(撫松縣) 지역의 유적   379

제13부

돈화시(敦化市) 지역의 성곽

01 돈화 성산자산성
敦化 城山子山城

1. 조사현황

o 1961년 省級重點文物保護單位로 지정됨.
o 2006년 全國重點文物保護單位로 지정됨.

2. 위치와 자연환경(그림 1~그림 2)

1) 지리위치

o 城山子山城은 敦化市에서 서남쪽으로 22.5km 떨어진 賢儒鎭(紅石鄕) 城山子村의 동북쪽 산 위에 위치함. 城山子村은 높은 산에 古城이 있다는 데서 생겨난 이름임.
o 산성에서 동북쪽으로 약 5km 떨어진 牡丹江의 東岸에 永勝屯유적이 있는데, 강을 사이에 두고 동서 방향으로 서로 마주하고 있음. 동북쪽으로 약 7km 떨어진 곳에는 발해시기의 六頂山古墳群이 있으며, 동북쪽으로 15km 떨어진 곳에 敖東城이 위치함.

2) 자연환경

o 산성은 牡丹江 상류의 지류인 大石河 南岸의 城山子山에 위치하는데, 城山子山은 해발 600m로 비교적 넓은 평원에 고립하여 우뚝 솟아 있음.
o 大石河가 산성의 북쪽에서 東流하여 牡丹江으로 유입됨. 산성 동북쪽에 합류지점이 있는데, 산성에서의 거리는 약 4.5km임. 성산자의 동남쪽 4km에는 牡丹江이 있는데, 서남에서 동북 방향으로 흘러감.

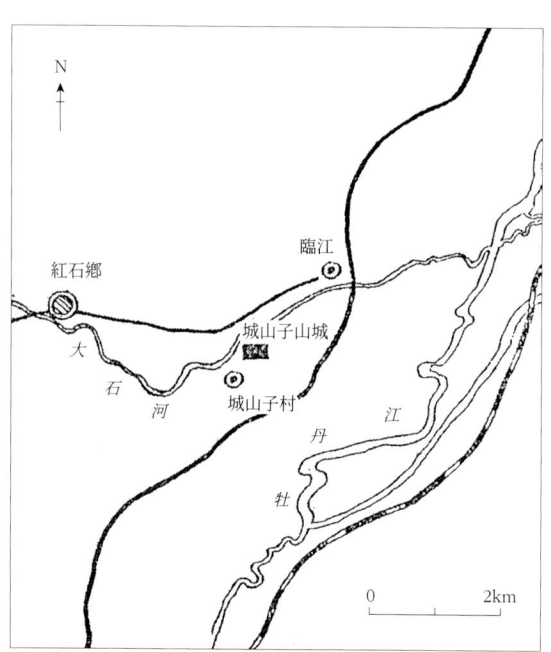

그림 1 성산자산성 지리위치도 1
(吉林省文物志編委會, 1985, 55쪽)

3. 성곽의 전체현황(그림 3)

o 평면 : 대체로 타원형.
o 규모 : 전체 둘레 2,000m.
o 성문 : 동문과 서문 2개로 모두 내옹식.
o 치(馬面) : 서문에서 동남쪽 구간에 3개의 치가 설치되어 있음.

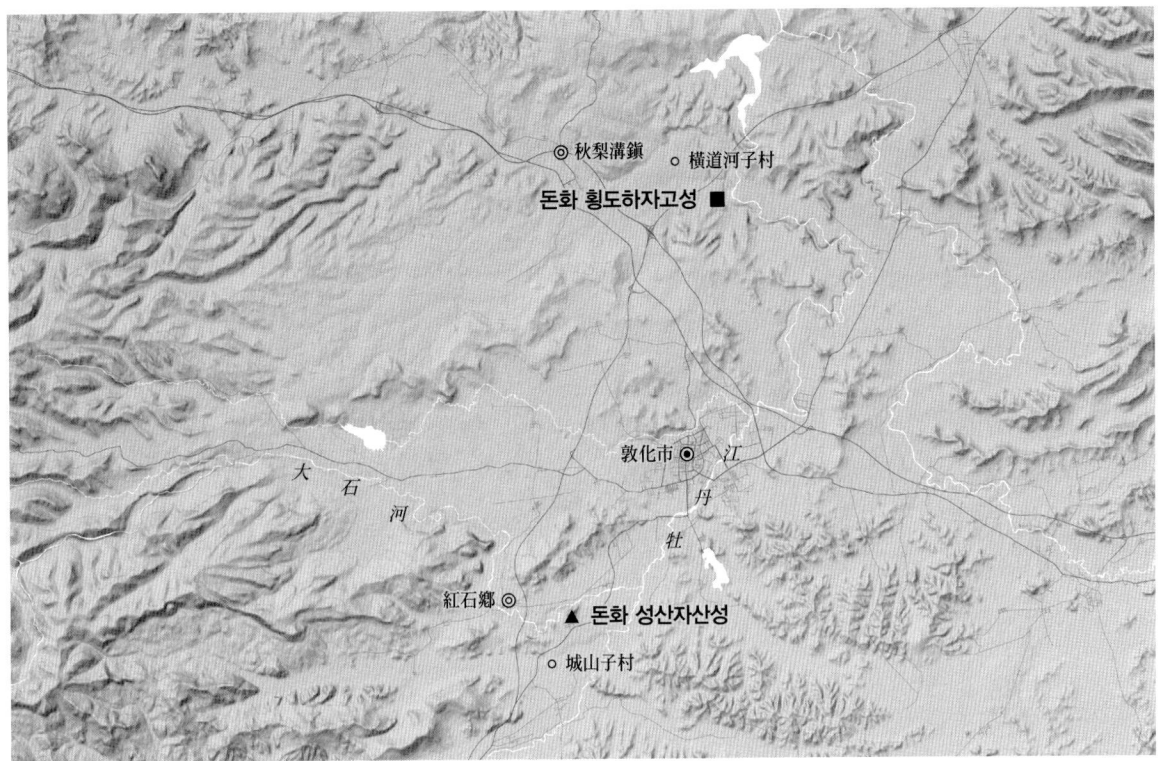

그림 2 성산자산성 지리위치도 2

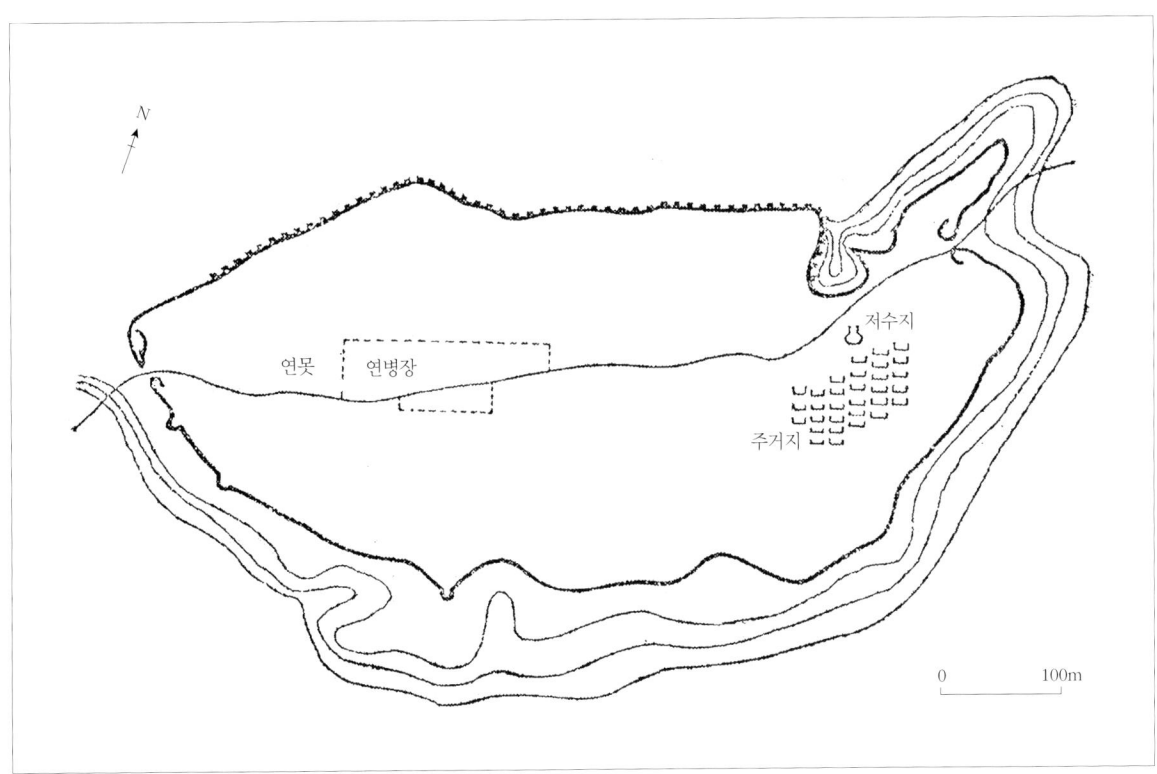

그림 3 성산자산성 평면도(吉林省文物志編委會, 1985, 56쪽)

○ 성내시설로 주거지(半地穴式房屋基址), 연못(水池), 저수지(貯水池)가 있음.
○ 보존상태 : 비교적 양호함.

4. 성벽과 성곽시설

1) 성벽
○ 성벽은 산세의 높낮이에 따라 축조하였으며 산허리에서 완연한 기복을 이룸. 성은 동북쪽이 낮고 서남쪽이 높아 약간 동북쪽으로 경사졌음.
○ 성벽의 전체 둘레는 2,000m 정도임. 성벽은 흙과 돌을 섞어 쌓은 토석혼축 구조임. 성벽의 아랫너비는 대체로 5~7m이나 어떤 곳은 너비가 10m 이상임. 성벽의 잔고는 1.5~2.5m로 일정하지 않음.
○ 성의 북벽은 강에 잇닿은 가파른 절벽 위에 있는데, 절벽 높이가 40여 m에 이르러 비교적 낮게 축조하였음. 북벽의 서쪽 끝에서 성벽이 동남쪽으로 꺾이는데, 예각을 이룸. 성벽은 길지 않은 구간을 지난 다음 성문이 나타나는데, 서문임. 서문 서측은 바깥쪽에서 안쪽으로 휘어지는 둥근 갈고리 형태를 이루는데, 보루 모양을 띔.[1] 성벽은 다시 산비탈을 따라 산의 높은 곳에 이르렀다가, 급격히 내려가며 구불구불 꺾이는 지점에서 다시 동북쪽으로 경사짐.

2) 성문

(1) 서문
○ 위치 : 북벽의 서쪽 끝에서 동남쪽으로 돌아 그다지 길지 않은 구간을 지나면 성문이 하나 있는데, 서문임.
○ 규모 : 서문의 너비(開口) 4m임.
○ 내옹식 성문 : 서문 서측의 벽체는 바깥쪽에서 안쪽으로 휘어지는 둥근 갈고리 형태를 이루며 보루모양을 띠는데, 내옹식 성문임.

(2) 동문
○ 위치 : 동북 모서리 꺾이는 지점의 낮고 평평한 곳.
○ 규모 : 입구(開口)는 서문에 비해 약간 좁은데, 3m임.
○ 내옹식 성문 : 동문 양쪽의 벽체가 바깥쪽에서 안쪽으로 휘어지는 둥근 갈고리 형태를 이루어 2개의 보루를 구성함.

3) 치(馬面)
○ 성벽은 서문에서 동남쪽으로 산비탈을 따라 점차 높아지는데, 이 구간에서 바깥으로 돌출되어 있으며, 각각 일정하지 않은 간격으로 3개의 치를 설치하였음.
○ 첫 번째 치는 서문에서 36m, 두 번째 치는 첫 번째 치에서 80m, 세 번째 치는 두 번째 치에서 200m 떨어져 있음.

5. 성내시설과 유적

1) 주거지(房屋基址)
○ 수량 : 50여 기.
○ 위치 : 동문의 안쪽에서 남쪽으로 치우친 곳에는 넓은 면적의 평평하고 완만한 산굽이가 있는데, 50여 기의 주거지가 남아 있음.
○ 반지하식(半地穴式)으로 대부분 장방형임. 큰 것은 동서 8m, 남북 6m 정도이며, 작은 것은 동서 6m, 남북 4m 정도임.
○ 축조방법 : 북쪽으로 경사진 산비탈을 따라 주거지의 남쪽 바깥에 도랑을 파서 절수구(截水溝)로 삼았음. 이것은 산 위에서 흘러내리는 빗물로 인해 가옥(房屋)이 침식되는 것을 방지하기 위한 것임. 도랑은 빗물을 가옥의 동서 양쪽으로 이끌어 산비탈 아래로 흘러가게

---

[1] 國家文物局(1993), 195쪽에서는 '內甕城'이라고 표현함.

함. 주거지의 중간은 평면이 얕은 구덩이(坑) 형태로 만들고, 둘레에 흙을 쌓아 벽체를 만들었는데, 남아있는 높이가 20~40cm에 달함.
○ 각각의 가옥마다 문이 하나씩 있는데, 대부분 동벽 한 가운데에 있으나, 일부는 북쪽에 문이 있음.
○ 산의 남쪽 기슭과 산성의 서부에도 몇 개의 주거지가 있음.

2) 연못(水池)
○ 위치 : 성 안쪽의 서북부, 서문에서 100m 떨어진 곳에 돌로 만든 연못이 하나 있음.
○ 솥 바닥 모양으로 바닥에 돌을 깔았고, 직경은 4.6m, 깊이는 1m.
○ 배수구(出水口) : 연못의 북쪽에는 물이 흘러나가는 배수구가 있는데, 작은 도랑을 지나 북쪽 절벽 아래로 떨어지도록 하였음.

3) 저수지(貯水池)
성의 동부 주거구역 아래쪽에 커다란 저수지가 있음.

4) 연병장(演兵場)
○ 성의 중부에 평평하게 깎은 운동장 형태의 평지가 몇 곳 있음.
○ 규모 : 큰 것은 길이가 100여 m에 이름.
○ 당시 연병장으로 추정됨.

6. 출토유물

성 안팎에서 창머리(矛頭), 철제칼(鐵刀), 철제화살촉(鐵鏃), 개원통보(開元通寶), 니질의 회색 토기편 등이 출토되었음.

7. 역사적 성격

城山子山城은 敦化市에서 서남쪽으로 22.5km 떨어진 牡丹江 지류인 大石河 南岸의 城山子山에 위치하고 있음. 산성의 동북쪽 5km 거리에는 永勝유적, 동북쪽 7km 거리에는 발해시기의 六頂山고분군 등이 위치해 있음.

성산자산성을 고구려시기에 처음 축조되어 발해-요·금대까지 사용했다고 보기도 하지만(王禹浪·王宏北, 1994, 96~97쪽; 지승철, 2005, 261쪽), 일반적으로는 발해 건국지인 東牟山 유적으로 파악하고 있음(吉林省文物志編委會, 1985, 54~58쪽; 國家文物局, 1993, 195쪽). 아직까지 고구려시기의 성곽이라고 볼 만한 명확한 유물이나 유구는 확인되지 않았는데, 향후 면밀한 고고조사가 필요함.

참고문헌
- 王承禮, 1962,「吉林敦化牡丹江上游渤海遺址調査記」,『考古』1962-11.
- 劉忠義, 1982,「東牟山在挪里」,『學習與探索』1982-4.
- 劉忠義·馮慶余, 1984,「渤海東牟山考」,『松遼學刊』1984-1.
- 吉林省文物志編委會, 1985,『敦化縣文物志』, 吉林省文物志編修委員會.
- 孫進己·馮永謙, 1989,『東北歷史地理』2, 黑龍江人民出版社.
- 國家文物局, 1993,『中國文物地圖集』吉林分冊, 中國地圖出版社.
- 林直樹, 1994,「中國東北部の高句麗山城」,『靑丘學術論集』5.
- 王禹浪·王宏北, 1994,『高句麗·渤海古城址硏究匯編』(上), 哈爾濱出版社.
- 東潮·田中俊明, 1995,『高句麗の歷史と遺蹟』, 中央公論社.
- 魏存成, 1999,「길림성 내 고구려산성의 현황과 특징」,『고구려연구』8.
- 정영진, 1999,「延邊地域의 城郭에 대한 연구」,『고구려연구』8.

- 방학동, 2002, 『발해성곽연구』, 연변인민출판사.
- 楊雨舒, 2005, 「渤海國期時吉林的鐵器述論」, 『北方文物』 2005-3.
- 지승철, 2005, 『고구려의 성곽』, 사회과학출판사.
- 徐學毅, 2006, 「敦化城山子山城考察記」, 『北方文物』 2006-4.
- 이성제, 2009, 「高句麗와 渤海의 城郭 운용방식에 대한 기초적 검토」, 『고구려발해연구』 34.
- 동북아역사재단, 2010, 『고구려성 사진자료집』(중국 길림성 동부).
- 김진광, 2012, 『북국 발해 탐험』, 박문사.

02 돈화 횡도하자고성
敦化 橫道河子古城 | 橫道河古城

1. 조사현황

市文物保護單位로 지정(國家文物局, 1993).

2. 위치와 자연환경(그림 1~그림 2)

○ 橫道河子古城은 敦化市의 서북쪽 秋梨溝鎭 橫道河子村에서 동쪽으로 2.5km 떨어진 곳에 위치함.
○ 雷風氣河와 牡丹江이 합류하는 서남쪽 높은 대지에 자리잡고 있음. 고성의 북쪽에는 雷風氣河가 서쪽에서 동쪽으로 흘러가며, 동쪽에는 牡丹江이 남쪽에서 북쪽으로 흘러감. 고성의 동쪽과 북쪽은 강과 인접한 절벽인데, 동남쪽 모서리의 절벽은 높이 30m, 북쪽 절벽의 높이는 20m 정도임.

3. 성곽의 전체현황

○ 평면 : 불규칙한 방형임.
○ 규모 : 둘레 1,620m.
○ 보존상태 : 비교적 좋음(國家文物局, 1993).

4. 성벽과 성곽시설

1) 성벽
성벽은 토축인데, 보존상태는 비교적 좋은 편임.

2) 성문
○ 서벽 중간에 성문터가 있음. 성문터의 너비 7m.
○ 옹성 흔적이 있음.

5. 성내시설과 유적

○ 동쪽에 남북방향의 석벽이 있음. 석벽 길이 70m 정도.
○ 서벽 북단 바깥쪽에는 세 겹의 성벽과 해자가 있음. 성벽 잔고 2~4m, 성벽 기단의 너비 35m, 해자의 너비 2m임. 옹성은 이미 파괴되었음.
○ 성 안 서남쪽에는 직경 10m인 웅덩이가 있는데, 높이 40cm의 흙둑 모양을 띰.

6. 출토유물

횡도하자고성 안쪽은 일찍이 경작지로 개간되었고, 다년간의 경작으로 인해 유물을 발견하기가 어려움.

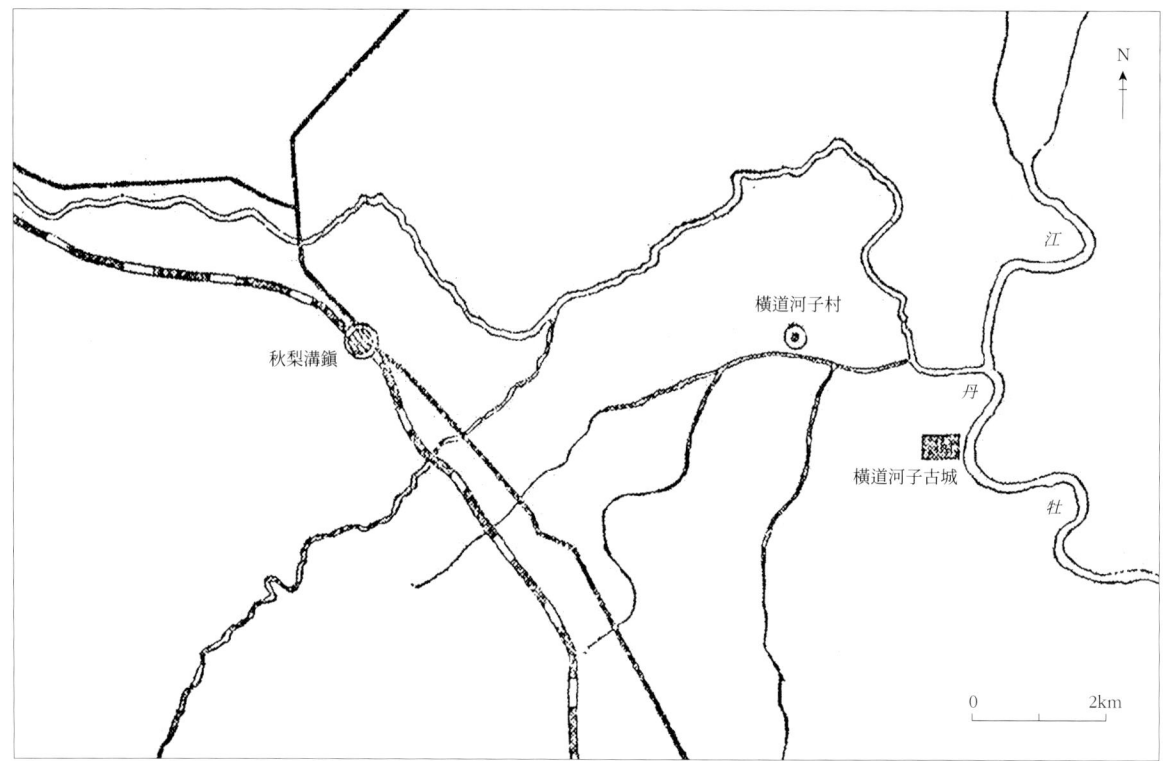

그림 1 횡도하자고성 지리위치도 1(吉林省文物志編委會, 1985, 60쪽)

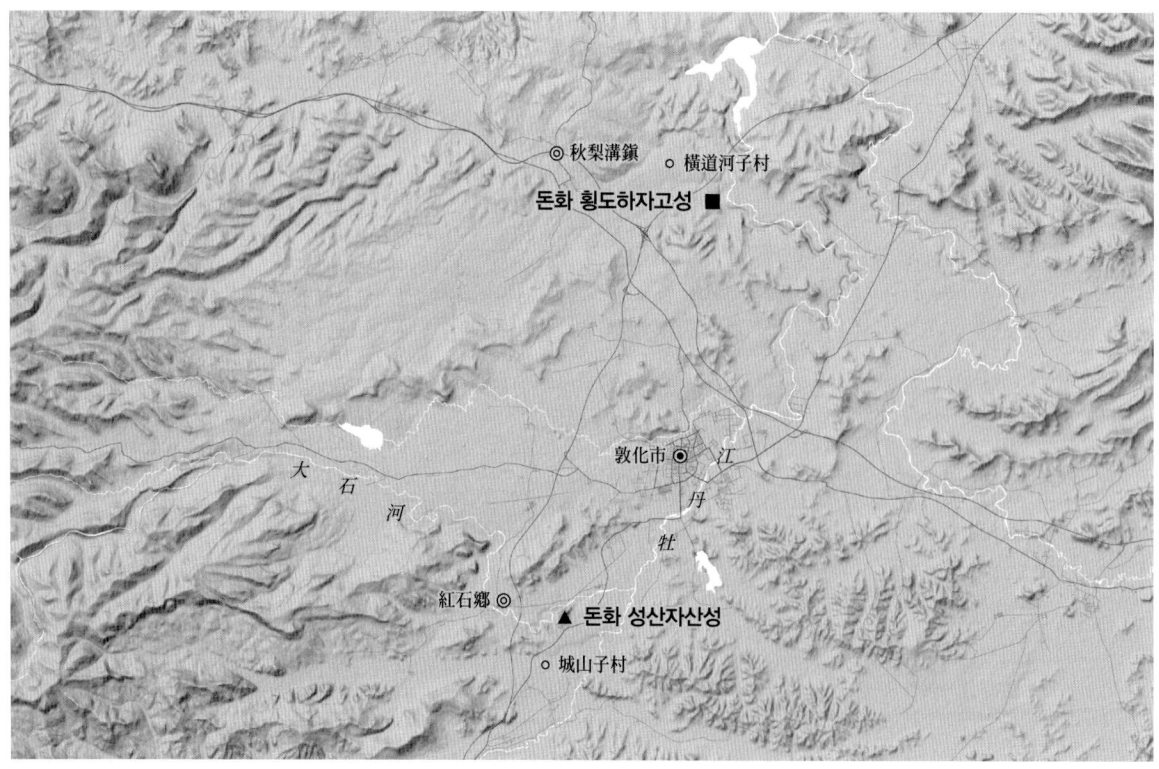

그림 2 횡도하자고성 지리위치도 2

7. 역사적 성격

橫道河子古城은 敦化市 서북쪽의 雷風氣河와 牡丹江 합류지점 서남쪽의 높은 대지에 자리잡고 있음. 두 강물이 합류하는 곳에 축조되어 험준하게 보이며, 서벽 밖에는 3중의 방어선을 축조하였음. 이로 보아 동쪽으로는 수로를 통제할 수 있고, 서쪽으로는 침략해 오는 적을 방어할 수 있는 지키기는 쉽고 공격하기는 어려운 요새임. 성 안에는 유물이 매우 적음.

고성의 형태와 입지에 근거하여 고구려시기에 축조하여 발해를 거쳐 요·금대까지 사용했을 것으로 추정하기도 하지만(王禹浪·王宏北, 1994, 97~98쪽), 일반적으로는 발해시기의 성곽으로 분류함(吉林省文物志編委會, 1985, 60~61쪽; 國家文物局, 1993, 195쪽). 아직까지 고구려시기의 성곽이라고 볼 만한 명확한 유물이나 유구는 확인되지 않았는데, 향후 면밀한 고고조사가 필요함.

참고문헌

- 王承禮, 1962, 「吉林敦化牡丹江上游渤海遺址調査記」, 『考古』 1962-11.
- 吉林省文物志編委會 主編, 1985, 『敦化市文物志』.
- 國家文物局, 1993, 『中國文物地圖集』 吉林分冊, 中國地圖出版社.
- 王禹浪·王宏北, 1994, 『高句麗·渤海古城址研究匯編』 (上), 哈爾濱出版社.
- 정영진, 1999, 「延邊地域의 城郭에 대한 연구」, 『고구려연구』 8.
- 김진광, 2012, 『북국발해탐험』, 박문사.

03 돈화 대전자고성

敦化 大甸子古城 | 大甸子村古城

1. 조사현황

○ 1957년에 발견됨.
○ 시문물보호단위로 지정.

2. 위치와 자연환경(그림 1~그림 2)

○ 大甸子古城은 林勝鄕(林勝鎭) 大甸子村 북쪽을 지나는 牡丹江 北岸(左岸)의 동서 방향의 좁고 긴 대지에 위치하는데, 행정구역상으로는 雁鳴湖鎭 관할 구역에 속함.
○ 고성 일대에는 목단강 南岸에 위치한 대전자촌만 있기 때문에 현지 주민들이 대전자고성이라고 부름. 고성은 강이 굽어지는 곳에 자리잡고 있는데, 목단강이 절벽 서쪽으로부터 南流하다가 서남쪽에서 방향을 동쪽으로 바꾸어 흘러감. 절벽 앞쪽과 강 북안에 동서로 좁고 긴 대지가 형성되었음.

3. 성곽의 전체현황

○ 평면 : 불규칙한 형태임.
○ 규모 : 전체 길이 약 600m.
○ 보존상태 : 심하게 훼손되었음.

4. 성벽과 성곽시설

1) 성벽

○ 대전자고성은 목단강 北岸의 좁고 기다란 동서 방향 대지의 지형을 따라 성벽을 축조하였음.
○ 성벽은 토축인데, 강변을 따라 북쪽에서 남쪽으로 뻗어 있음.
○ 성벽은 전체적으로 서벽과 남벽에만 있음. 동쪽 아래는 곧장 강기슭에 잇닿아 있어 성벽을 쌓지 않았고, 북쪽도 높은 산에 의지해 마치 병풍 같은 모습을 하고 있어 성벽을 축조하지 않았음.
○ 성문에서 남쪽으로 160m 떨어진 곳에서 성벽은 동서방향으로 이어져 동서 방향의 강과 평행함. 동쪽으로 가면서 지세가 점점 낮아지는데, 낮고 평평한 곳에 강을 따라 토벽을 쌓았음. 다시 동쪽으로 향하다가 강이 북쪽을 향해 완만하게 꺾이는 곳에서 대지가 단절되며 성벽도 사라짐.

2) 성문

성벽은 절벽에서 축조하기 시작해 남쪽으로 이어지다가 60m 지점에서 동쪽으로 꺾임. 다시 동쪽으로 이어지다가 90m 되는 지점에 너비 10m인 트인 곳이 나타나는데, 성문으로 파악됨. 다만 침식으로 인해 형태가 모호함.

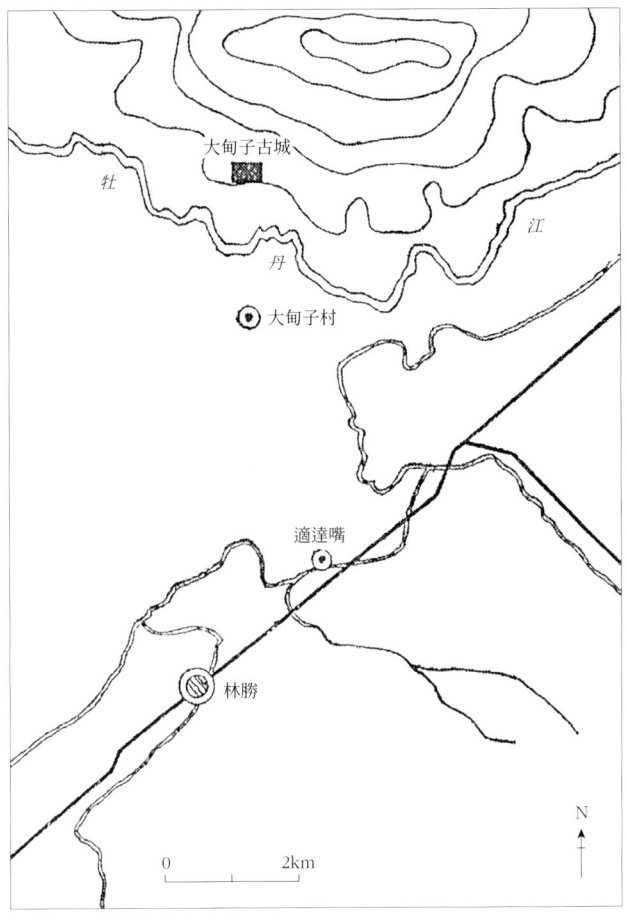

그림 1 대전자고성 지리위치도 1
(吉林省文物志編委會, 1985, 62쪽)

그림 2 대전자고성 지리위치도 2

제13부 돈화시(敦化市) 지역의 성곽 391

3) 치

2곳(吉林省文物志編委會, 1985) 혹은 6곳(國家文物局, 1993)이 있다고 함.

5. 성내시설과 유적

성 안의 중부에 돌더미(石堆)가 있음. 동서 길이 약 12m, 남북 너비 약 5m임. 건물지로 추정됨.

6. 출토유물

유물은 발견되지 않았음.

7. 역사적성격

大甸子古城은 敦化市 동북방의 목단강 北岸(左岸)의 대지에 위치하는데, 이곳은 敦化盆地의 평원지대가 끝나고 寧安지역으로 접어드는 낮은 산간지대의 입구에 해당함. 이러한 입지조건으로 보아 고성은 목단강 沿岸路를 공제하기 위한 목적으로 축조했을 가능성이 높은 것으로 판단됨(王承禮, 1962; 吉林省文物志編委會, 1985, 61~62쪽).

이에 고성이 고구려시기에 축조되어 발해시기까지 사용되었을 것으로 추정하기도 하지만(王禹浪·王宏北, 1994, 98쪽), 일반적으로는 발해시기의 성곽으로 분류함(吉林省文物志編委會, 1985, 61~62쪽; 國家文物局, 1993, 195쪽). 아직까지 고구려시기의 성곽이라고 볼 만한 명확한 유물이나 유구는 확인되지 않았는데, 향후 면밀한 고고조사가 필요함.

참고문헌

- 王承禮, 1962, 「吉林敦化牡丹江上游渤海遺址調査記」, 『考古』 1962-11.
- 丹化沙, 1983, 「渤海歷史地理研究情況述略」, 『黑龍江文物叢刊』 1983-1.
- 吉林省文物志編委會 主編, 1985, 『敦化市文物志』.
- 孫進己·馮永謙, 1989, 『東北歷史地理』 2, 黑龍江人民出版社.
- 李健才, 1991, 「唐代高麗長成和扶餘城」, 『民族研究』 1991-4.
- 國家文物局, 1993, 『中國文物地圖集』 吉林分冊, 中國地圖出版社.
- 王禹浪·王宏北, 1994, 『高句麗渤海古城址研究匯編』 (上), 哈爾濱出版社.
- 정영진, 1999, 「延邊地域의 城郭에 대한 연구」, 『고구려연구』 8.
- 지승철, 2005, 『고구려의 성곽』, 사회과학출판사.
- 김진광, 2012, 『북국 발해 탐험』, 박문사.

제14부

안도현(安圖縣) 지역의 유적

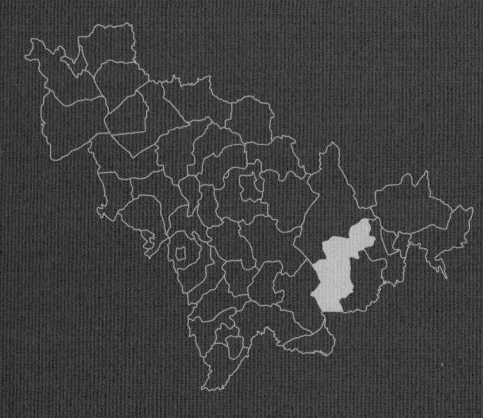

| 유적 분포도 |

△ 산
▲ 산성
■ 평지성
━ 관애
⏚ 장성
▲ 고분
● 기타 유적

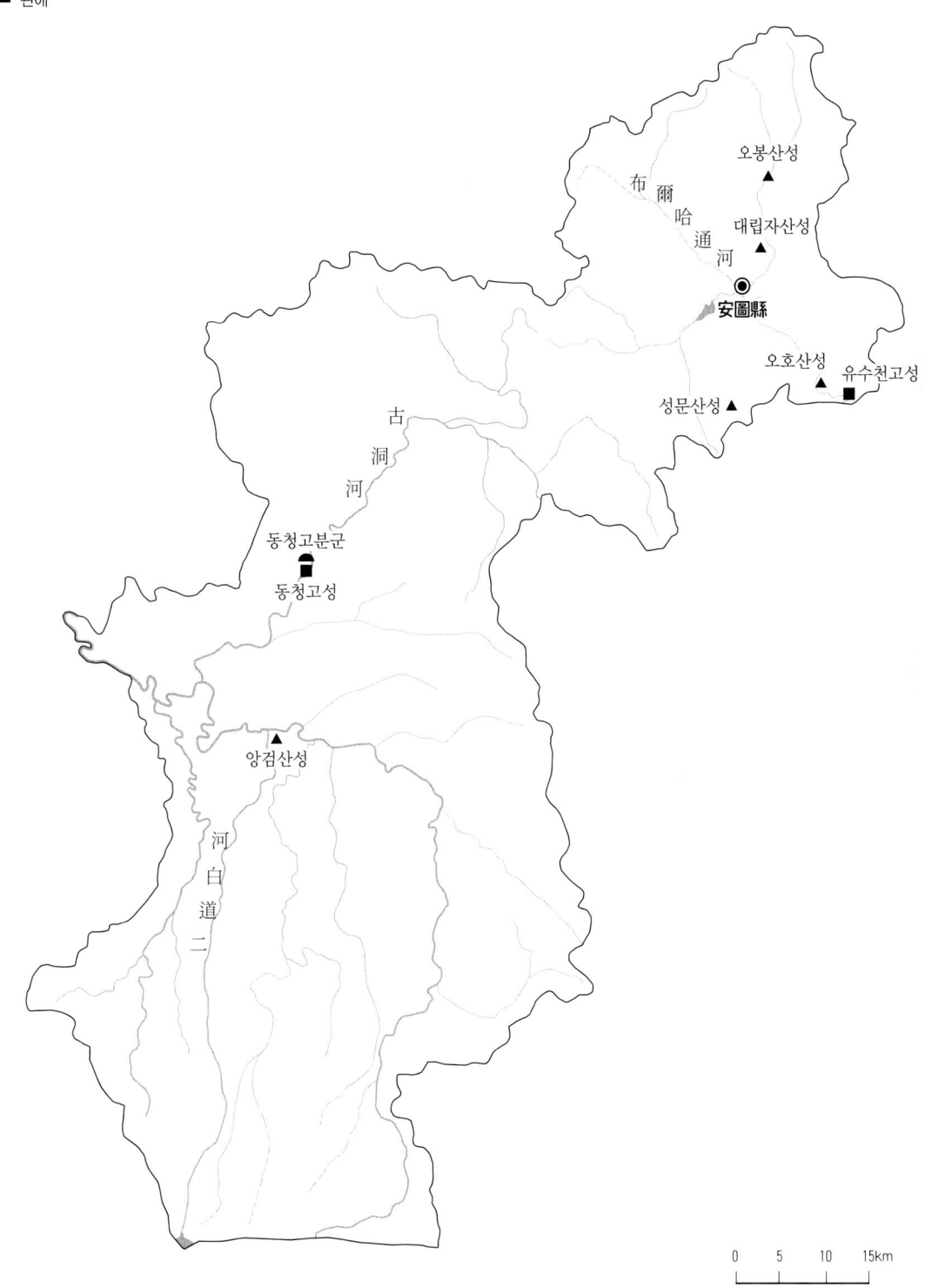

1
고분군과 고분

01 안도 동청고분군
安圖 東淸古墳群

1. 조사현황

1) 1984년 발견
○ 조사기관 : 연변자치주 문화유물조사대.
○ 조사내용 : 안도현 경내의 유적 및 유물의 대대적 조사 때 발견.

2) 1990년 8월 29일~10월 22일 조사 : 제1차 조사
○ 조사기관 : 연변박물관.
○ 조사 참여자 : 박윤무, 박룡연, 엄장록, 정영진, 마성길, 호국주.
○ 조사내용 : 발해유적 조사 시 동청 고분군 파괴 정황을 발견. 상급기관의 비준을 거쳐 일부 무덤과 인근 유적 조사. 신작로 동쪽 등성이에 있는 파괴 정도가 가장 심한 1호 무덤을 비롯해 신작로 동쪽 경작지에 있는 9기 무덤(2~10호)까지 총 10기를 발굴조사. 분포범위는 동서 약 60m, 남북 60m 정도임. 동청마을 부근에 있는 발해시기 유적 1곳, 성터 1곳, 건축지 1곳을 조사함.

3) 1991년 8월 9일~8월 14일 조사 : 제2차 조사
○ 조사기관 : 연변박물관, 연변문화유물관리위원회, 안도현문화국.
○ 조사 참여자 : 박윤무·호국주·마성길(연변박물관), 왕춘영(연변문화유물관리위원회 관공실), 장성의(안도현문화국).
○ 조사내용 : 安圖－松江 간의 도로 공사에 맞추어 제2차로 신작로 양 옆의 3기 무덤을 발굴 정리함. 2기는 신작로 동쪽 낭떠러지에 있고 14기는 서쪽 낭떠러지에 있음. 분구가 뚜렷한 무덤과 분구 흔적이 있거나 매장부 돌이 드러난 무덤은 분구나 매장부 돌을 중심으로 남북 방향의 방형 혹은 장방형의 일정한 발굴구역을 정하고 무덤부근의 지층상태를 파악하면서 발굴함. 이후 무덤 돌층을 전부 노출시킨 후에 무덤 내부의 발굴을 진행함. 무덤 내의 인골들 가운데 인골감정이 가능한 표본들은 감정을 의뢰함.

2. 위치와 자연환경(그림 1)

1) 고분의 위치
○ 安圖縣 永慶鄕 東淸村 북쪽에 위치.
○ 동청 고분군은 동청마을에서 동북쪽으로 약 1km 가량 떨어진 높이가 5m가량 되는 서북－동남 방향의 나지막한 언덕의 남쪽 비탈에 위치함.
○ 언덕의 동쪽 끝은 古洞河에 인접한 낭떠러지이고, 무덤 구역의 남쪽은 높이가 5m가량 되는 평평한 언덕으로, 남쪽의 이 언덕과 무덤 구역 사이에는 깊이 3m 가량 되는 좁은 골짜기가 있음.

2) 주변의 자연환경
○ 東淸村은 안도현 소재지 明月鎭에서 서남쪽으로

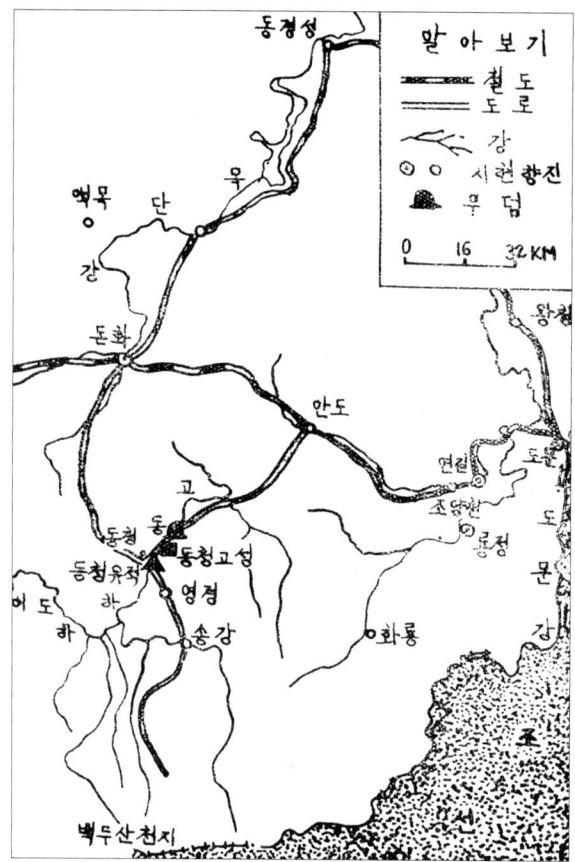

그림 1 동청고분군 위치도(『발해사연구』 3)

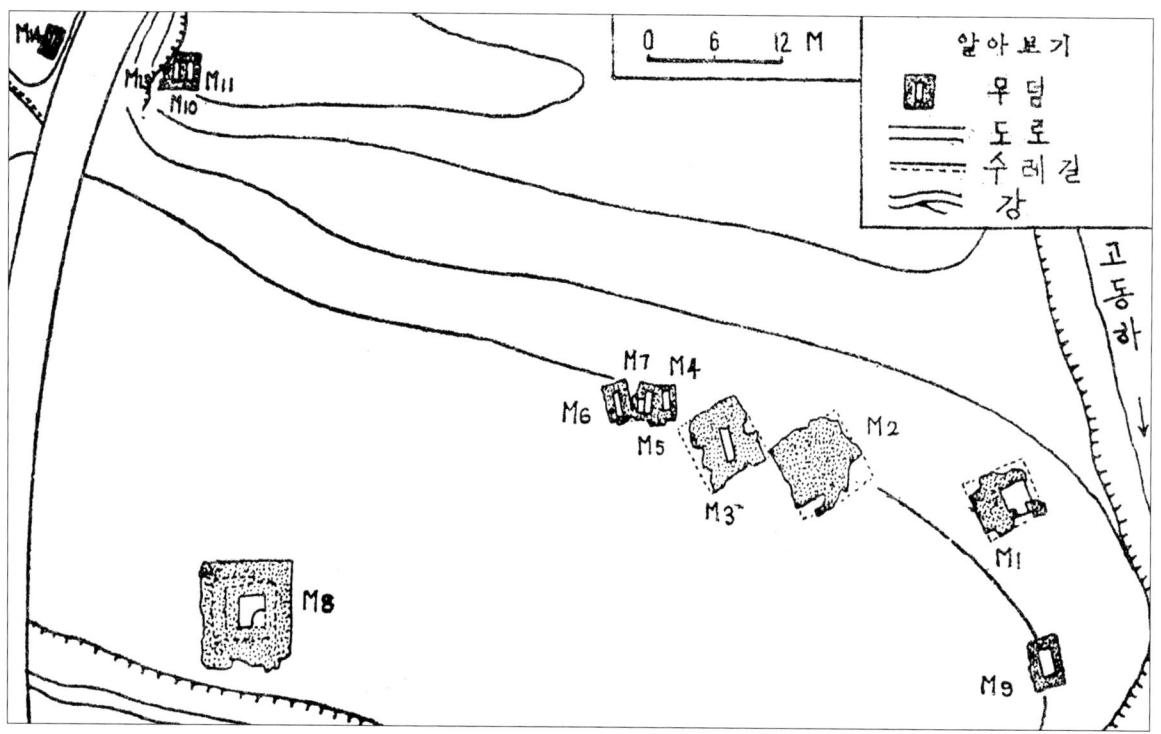

그림 2 동청고분군의 발굴무덤 분포도(『발해사연구』 3)

약 87km 되는 송화강 상류의 큰 지류의 하나인 古洞河 우안의 분지에 자리잡고 있음.
○ 古洞河는 동북쪽에서 서남방향으로 흐르고, 유적의 동남쪽에서 흘러 나감. 남쪽으로 110km 떨어진 곳에 백두산이 있음.
○ 동청분지는 동북방향으로부터 오는 안도-송강 간의 도로와 서북쪽 敦化방면으로부터 오는 敦化-松江 간의 도로가 교차되는 교통의 요지. 동청분지의 남쪽으로 고동하 다리가 있으며, 다리를 건너 송강 방향으로 뻗어 있음.
○ 동청분지는 동서가 약 4km, 남북이 2km 가량 되는 사면이 산으로 둘러싸인 작은 하곡평지임.

3. 고분군의 현황(그림 2)

○ 安圖-松江 도로가 동북에서 서남으로 무덤 구역의 언덕을 가로질러 무덤을 동·서 두 개 구역으로 나눔. 서쪽 구역의 무덤들은 장시간 경작지로 사용되어 거의 파괴됨. 1991년도 발굴한 무덤들은 신작로 서쪽에서 발견된 무덤 1기를 제외하고는 모두 동쪽 구역의 무덤임.
○ 1호부터 9호까지의 무덤은 동서 약 50m, 남북 30m 정도의 옥수수밭 가운데에 산재함. 그 가운데 분구가 비교적 크고 완전한 9호 무덤과 8호 무덤은 밭 남쪽으로 35m 간격을 두고 각기 동서로 배치되어 있음. 그 북쪽으로 약 10m를 가면 1~7호 무덤이 동쪽으로부터 서쪽으로 한 줄로 배열되었음.
○ 2호 무덤은 동쪽으로 1호 무덤과 10m 떨어져 있으며 서쪽으로 3호 무덤과 거의 잇닿아 있음. 3호 무덤 서쪽의 4호·5호·6호 무덤은 좁은 간격으로 병렬되어 있음. 7호 무덤은 5호 무덤과 6호 무덤 사이에서 발견되었고, 7호 묘실 동쪽 부분은 5호 묘실 서쪽 벽 밑에 덧놓여 있음.
○ 10호·11호·13호 무덤은 동남쪽으로 6호 무덤과 대략 25m 정도 떨어진 신작로 동쪽 언덕의 낭떠러지 부근에 위치함. 11호 무덤과 10호 무덤은 동서로 나란히 잇대어 있고 13호 무덤은 10호 무덤의 서남쪽에 달려 있음. 12호 무덤은 10호 무덤과 신작로를 사이에 두고 서쪽 산등성이에 마주하여 있음.
○ 동청고분군은 묘실을 돌로 쌓아 마련하고 그 위에 흙 또는 돌을 덮은 단실묘가 압도적 다수임. 묘실입구는 남쪽 벽 중간에 있으며, 연도가 없거나 연도가 있는 경우도 있음. 묘실의 중심 방향은 모두 남향으로, 남쪽에서 동쪽 혹은 서쪽으로 약간 치우쳐 있음.
○ 구조는 기단이 있는 돌무덤, 기단이 없는 돌무덤, 흙구덩이 무덤 등 세 유형으로 분류.
○ 기단이 있는 돌무덤은 기단봉토묘(방단석광봉토묘)와 계단적석묘(계단식 방단석실적석묘)로 나뉘며, 기단이 없는 돌무덤은 지상식 석실봉토묘와 지하식 석실봉토묘로 분류됨. 흙구덩이 무덤은 수혈식 토광묘임.

4. 고분별 현황

1) 1호묘

(1) 위치
낭떠러지 인근, 무덤 구역의 동단.

(2) 유형
기단봉토묘(방단석광봉토묘).

(3) 규모
분구 직경 6~7m, 높이 1m.

(4) 묘실 평면 및 방향
정방형. 방향 160°.

(5) 현황 및 구조(그림 3)

○ 발굴 당시 자연적·인위적 파괴로 인해 분구의 대부분이 파괴되어 원상을 유지하지 못하였음. 움푹하게 함몰된 중앙부분에서 묘실 구조가 노출되었음. 묘실 서쪽 벽 외측 부분이 비교적 잘 남아 있었음.

○ 묘실, 묘도 및 기단으로 이루어진 중급 규모의 무덤임.

○ 묘실은 경사진 동북쪽 지면을 0.6~0.7m 정도의 깊이로 파내어 수평이 되게 고른 다음 쌓았음. 벽의 내면은 대체로 다듬었으나 거칢. 길이 0.4~0.8m, 두께 0.15~0.3m 정도의 장방형 화강석으로 정밀하게 포개어 쌓았음. 묘실은 남북 길이 2.7m, 동서 너비 2.6m이며, 벽 윗면은 무너져 본래 높이는 알 수 없으나, 서쪽벽 잔존 높이는 0.6~0.75m임.

○ 묘실 바닥은 5cm 두께의 납작한 판석을 서로 엇물리면서 한 층 깔았음. 묘실 남쪽 벽 아래에서부터 동·서 양 벽 아래까지 연결된 좁은 홈을 팠음. 홈은 너비 20cm, 깊이 5~10cm 정도이며, 홈 바닥에는 돌을 깔지 않았음. 이 홈은 돈화 육정산고분군 제1구역의 정혜공주무덤(2호묘) 및 4호묘와 비교해보면 묘실 내부로 스며드는 물을 빼내어 습기를 방지하기 위해 시설된 배수구로 추정됨.

○ 묘실 천정은 심한 파괴로 인해 원형을 가늠하기 어려움. 판석을 덮었을 경우에는 고임식 천정구조가 아니고는 방형의 묘실 천정을 봉하기 어려웠을 것임. 그러나 고임 흔적은 찾아볼 수 없고 주위에도 천정돌로 여겨지는 판석은 보이지 않음. 묘실 윗면에 흙과 막돌이 쌓여 있을 뿐이어서 묘실은 천정돌을 올리지 않고 막돌과 흙을 덮은 봉토묘로 추정됨.

○ 묘실벽 남쪽 중간에는 묘도를 마련함. 묘도의 양 벽에는 돌로 쌓았던 자리가 남아 있음. 묘실 쪽 입구는 너비 1.2m, 현존 높이 0.2m 정도임. 묘도바닥은 묘실 바닥과 마찬가지로 납작한 판석을 한 층 깔았으나 묘도 양쪽에는 돌로 벽을 쌓은 흔적이 보이지 않았음. 묘도는 남북 길이 1.6m, 동서 너비 1.2m이며, 자연 지세에

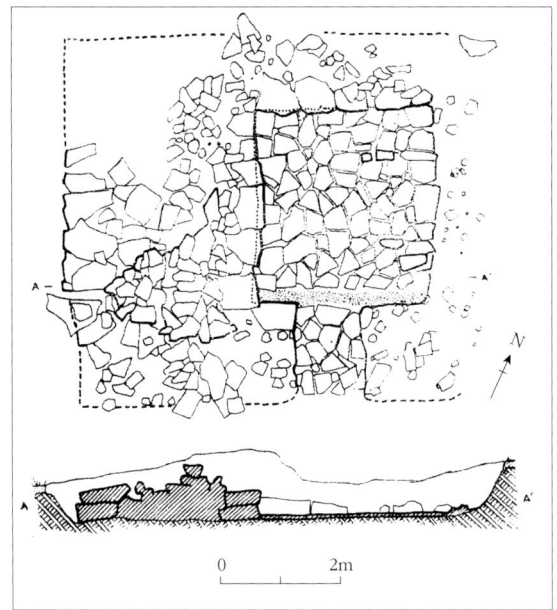

그림 3 동청1호묘의 평·단면도(『발해사연구』 3)

따라 남쪽으로 가면서 점차 낮아짐.

○ 묘실 둘레에는 서쪽과 남쪽 서단 2면에 걸쳐 'ㄴ'자형 돌기단을 설치함. 기단의 둘레는 깨진 큰 돌로 두 층 쌓았고 그 안쪽은 막돌로 채웠음. 묘실 남쪽 기단은 너비가 0.6~0.8m이며, 서쪽 기단은 너비 3m이고 길이 5.6m이고 높이가 0.9m로 남쪽 기단보다 훨씬 더 넓음. 묘실 북쪽과 동쪽에는 돌기단을 축조한 흔적은 없음. 이는 지형상 동북쪽 보다 낮은 서남쪽을 보강하기 위한 목적 때문이었을 것임.

(6) 기타

○ 묘실 내에서 총 17구의 인골을 발견함. 모두 화장을 하지 않고 상·하 두층으로 이차장 두벌묻기를 한 다인장 무덤임. 하층 무덤은 먼저 1차장으로 묘실바닥에 남북 방향으로 된 목관 세 개를 동서로 나란히 배열하였음(그림 4-우). 목관 두께는 4cm 정도이고 주변에 쇠못이 널려 있는 것으로 보아 목관은 쇠못을 박아 조립하였을 것임. 중간 목관은 길이가 1.9m, 너비 0.9m인데 서쪽 목관보다 10m가량 더 높게 놓여있음. 관안에

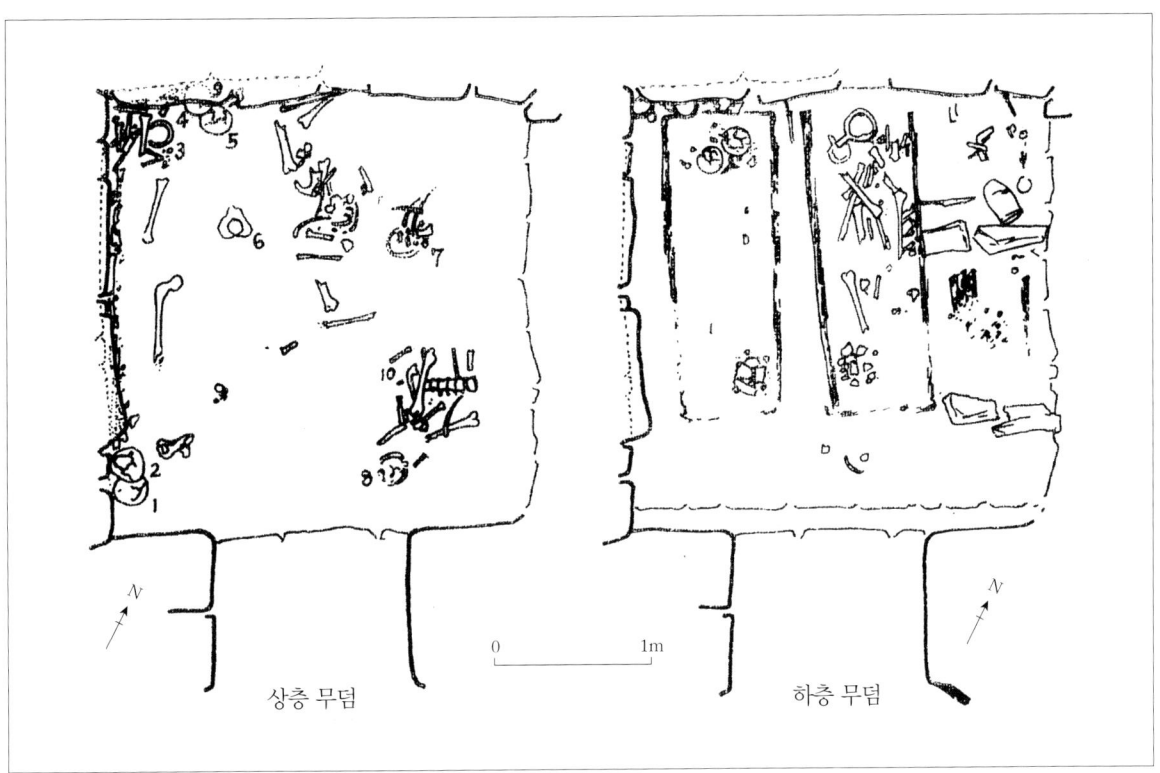

그림 4 동청1호묘 상층·하층 인골 출토상황(『발해사연구』 3)

는 인골 3구가 묻혀 있었는데 깨진 두개골 일부와 기타 사지뼈는 주로 북쪽에 치우쳐 무질서하게 모여 있었음. 서쪽 목관은 중간 목관과 15cm 사이를 두고 배열되었음. 목관의 평면형은 梯形으로 너비는 북쪽이 0.8m, 남쪽이 0.62m임. 목관 안 북쪽에는 2구의 두개골이 안장되었을 뿐 기타 사지뼈는 별로 보이지 않았음. 두개골은 감정에 의하면 36~40세의 남녀 성인으로 2차 부부합장으로 추정됨. 동쪽 목관은 그대로 세워져 있었는데 잔존 높이는 약 0.10~0.15m 정도임. 이 목관은 부식정도가 심하며, 판별이 어려운 인골이 발견되었는데 2구의 유골이 안장된 것으로 추정됨. 목관은 장방형으로 길이 약 1.9m, 너비 0.7m 정도임. 목관 밑바닥에는 남북 양끝 쪽에 고임돌을 두 개씩 각기 놓았음.

○ 하층 위에 겹 놓인 상층 무덤은 그 밑바닥을 20cm 두께의 흑갈색 흙으로 다지고 만들었음. 상층에서는 10구에 달하는 인골을 발견하였는데 葬具를 갖춘 완전한 유골은 하나도 없고 이곳저곳에 무질서하게 널려 있었음. 유골의 매장상태를 보면 묘실 서북쪽 모서리에 4개체의 유골, 서남쪽 모서리에 2개체의 유골이 모여 있었음. 그 외에 동남쪽과 중부에 각기 2개체에 해당하는 유골이 널려 있었음(그림 4 - 좌). 모두 二次遷入葬한 것임.

○ 묘실 내는 부장품이 다수 확인됨. 토기, 동, 철, 은, 호박, 수정, 벽옥 등을 원재료로 한 무기, 마구, 띠부속품, 구슬, 치레거리, 질그릇 등 각종 유물은 총 44점임. 무덤 분구층에서도 쇠창끝 2점과 많은 질그릇 조각들이 출토됨. 대부분 유물은 하층에서 출토되었는데 철촉 등의 무기류와 등자, 재갈, 띠고리 등의 마구류는 서쪽 목관의 북쪽 바깥에서 출토됨. 병, 호 등의 질그릇은 목관 안 주검의 머리 위쪽과 발치에서 많이 출토됨. 치레거리는 주로 유골 주변에서 많이 출토됨.

2) 8호묘

(1) 위치
1호 무덤에서 서남쪽으로 약 40m 떨어진 지세가 낮고 평평한 옥수수밭 서남모퉁이.

(2) 유형
계단적석묘(계단식 방단석실적석묘).

(3) 규모
분구는 동서 길이 8m, 남북 길이 7.7m, 높이 1m 정도.

(4) 묘실 평면 및 방향
정방형. 방향 160°.

(5) 현황과 구조(그림 5)
○ 분구에는 나무와 무성한 잡초가 있으며, 형태는 모죽임 방추형임.

○ 기단은 대체로 3단으로 이루어졌음. 밑단은 현존 지면에서 30cm 깊이의 모래층 위에서부터 쌓기 시작하였음. 먼저 땅을 고른 다음 그 위에 남북 길이 6.8m, 동서 너비 5.7m 방형기단을 축조하였음. 네 면의 둘레에는 모가 난 큰 화강암으로 쌓고 안쪽에 0.4~0.7m 두께로 막돌과 강돌을 폈음. 동쪽과 서쪽 밑단 둘레는 각각 2층을 올렸고 남쪽과 북쪽은 3층으로 쌓았음. 사면은 모두 약 0.4m 높이를 유지하고 있었음. 밑단 주위에는 보강 목적으로 많은 돌을 모아 쌓았음.

○ 두 번째 단은 밑단에서 0.4~0.6m 정도로 안으로 좁혀 쌓아올렸는데 묘실과 그 벽체를 이루고 있음. 두 번째 단은 남북 길이 4.6m, 동서 너비 4.4m, 높이 0.2~0.25m 정도임.

○ 셋째 단은 묘실 상부가 됨. 현재 심하게 파괴되어 원형을 알 수 없으나 깨진 막돌이나 강돌을 가지고 여러 번 덮어서 상부를 마무리 지었다고 볼 수 있는 積石爲

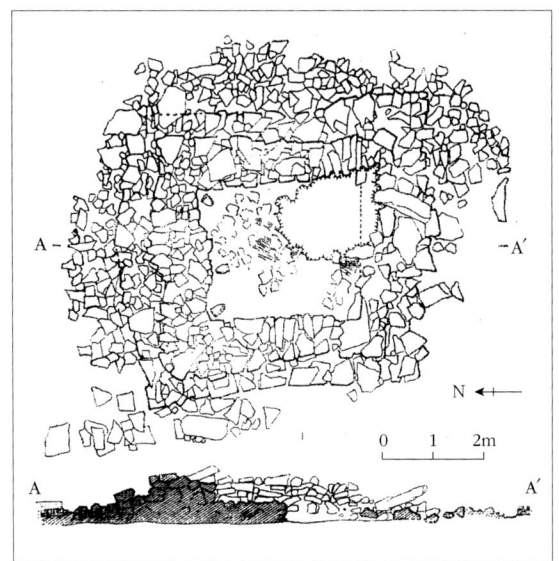

그림 5 동청8호묘 평·단면도(『발해사연구』3)

封의 흔적이 남아 있음. 무덤 외부형태는 계단식 방추형을 이루고 있음.

○ 묘실은 둘째 단 중심에 마련하였는데 방향은 동쪽으로 6° 정도 치우친 남향임. 묘실은 대체로 남북 길이 2.8~2.9m, 동서 너비 2.5~2.7m로 기단 중심부분에 마련됨. 묘실 네 벽은 밑단에서부터 큰돌로 쌓아올렸는데 묘벽은 일반적으로 3~4층이며 그 높이는 대략 0.5~0.6m임. 묘실 밑바닥은 부분적으로 납작한 강돌을 깔았거나 황토를 폈음.

○ 묘실 입구는 남쪽 벽에서 동쪽으로 조금 치운 곳에 마련됨. 입구 양쪽에는 문을 상징하듯 1m 넘는 길이의 돌기둥 두 개를 세웠음. 동쪽 돌기둥은 남쪽으로 기울어져 있었고 서쪽 돌기둥은 도굴자들에 의해 무덤 서쪽에 옮겨져 있었음. 돌문의 간격은 약 0.8m 정도임. 돌문 남쪽은 도굴 때에 험하게 파손되어 원상태를 알 수 없음.

(6) 기타
○ 화장무덤으로 묘실 밑바닥 가까이에는 불에 탄 토층이 1cm 두께로 한 층 깔려 있었는데 그 속에는 많은 목

탄과 타서 부서진 뼈들이 널려 있었으며 불에 그을린 쇠못들도 발견됨. 이는 피장자를 목관에 넣어 묘실에 안장한 후 화장하였음을 암시함.

○ 무덤에서 출토된 유물은 묘실 북벽 라인 부근의 동서쪽에서 흙으로 빚어 만든 3점의 토기가 나왔을 뿐 다른 부장품은 보이지 않았음.

3) 3호묘

(1) 위치
8호묘 동북쪽 10여 m 되는 옥수수밭 북쪽 가장자리.

(2) 유형
계단적석묘(계단식 방단석실적석묘).

(3) 규모
남북 길이 6m, 동서 너비 4m.

(4) 묘실 평면 및 방향
장방형. 동쪽으로 14°정도 치우친 남향.

(5) 현황과 구조(그림 6)
○ 무덤 동쪽으로 2호 무덤과 거의 잇대어 있고 서쪽으로는 4호 무덤과 가까움. 8호 무덤과 같이 건축 규모가 비교적 큰 돌무덤으로 묘실, 입구 및 기단으로 이루어졌음.

○ 무덤은 북쪽 지면을 0.9m 깊이로 파내어 고른 후에 돌로 묘벽을 쌓았음. 묘벽은 거칠지만 다듬어진 모난 돌 혹은 막돌로 밑으로부터 올라오면서 안으로 기울이며 정연하게 쌓았음. 동벽은 6층, 서쪽과 북쪽은 3~4층으로 되어 있음. 묘실 천정은 발굴시 판석을 덮은 무덤은 아니었을 것으로 확인되었으나 흙 혹은 막돌 따위로 모아 봉한 흔적도 없었음. 다만 묘실퇴적층을 정리하던 중 묘실 중부에서 길이 0.5m, 두께 0.25m에

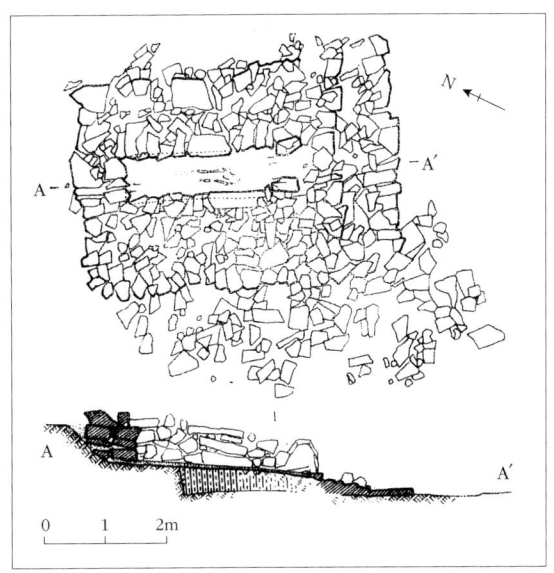

그림 6 동청3호묘 평·단면도(『발해사연구』3)

달하는 능형의 판석 하나와 여러 개의 막돌 및 강돌 등을 발견하였을 뿐임.

○ 묘실 남쪽에는 묘실 너비와 같은 폭을 가진 墓門이 있고, 묘문 양벽에 두 개의 길다란 판석을 대칭되게 세웠음. 동쪽 문가에 세운 판석은 서쪽으로 기울어져 있었는데 길이 1m, 너비 0.5m, 두께 0.2m임. 동서 양쪽의 돌문 사이 거리는 0.62m임. 별도의 연도나 묘도 시설은 없었던 것으로 확인되었음.

○ 묘실을 중심으로 한 사면에는 남북 길이 6m, 동서 너비 4m에 달하는 방형기단을 마련함. 기단은 크고 작은 돌을 가지고 축조함. 기단 네 면은 비교적 큰 돌로 거칠게 다듬었는데 동·서 두 면은 3층으로 쌓았고 북면은 4층으로 쌓았음. 기단 안쪽은 작은 막돌로 채워 넣었으며 부분적으로 황색점토도 기단의 축조재료로 보충하였음. 묘실 정면에 해당하는 남쪽에는 북쪽이 높고 남쪽이 낮은 자연 지세를 이용하여 2층으로 된 계단식 기단을 마련함. 밑단은 판석과 장대석을 가지고 가지런하게 한 층을 쌓았음. 윗단은 밑단에서 안쪽으로 약 1m 정도 들여쌓았는데 역시 판석, 막돌과 강돌 등으로 축조하였음. 각 기단층의 높이는 20cm 정도임.

(6) 기타

○ 묘실 안에는 1차장으로 된 일부 인골이 남아 있었는데 대체로 북쪽에 머리를 두었던 것으로 보임. 화장하지 않았으나 부식정도가 몹시 심하여 판별이 불가능함. 인골 주위에서 14점의 쇠못이 발견된 것으로 보면 주검은 목관에 넣어 안장하였던 것을 알 수 있음.
○ 묘실 안에서 부장품을 발견하지 못함. 단지 묘실 입구 서쪽 1m쯤 되는 기단돌층에서 철촉 1점이 출토되었음.
○ 3호묘 정리를 마무리하고 바닥을 정리하는 과정에서 묘실 밑바닥으로부터 0.65m 되는 깊이에서 새로운 유적을 발견하였음. 무덤 바닥의 층위 조사에서 온전한 토기 1점과 한데 묶은 듯이 놓여 있는 철촉 3점을 발견함. 그 주변에는 몇 개의 돌을 놓았던 흔적도 있었음.

4) 2호묘

(1) 위치

3호묘 동쪽 경사진 산비탈.

(2) 유형

계단적석묘(계단식 방단석실적석묘).

(3) 규모

남북 길이 10m, 동서 너비 8m.

(4) 묘실 평면 및 방향

방형.

(5) 현황과 구조

방형 기단을 설치함. 기단은 표토층 아래의 황색점토층에서부터 돌로 쌓았음. 축조방식은 8호 무덤의 기단과 같이 둘레에 다듬은 큰 돌로 쌓고, 안에는 강돌을 채워 넣었음. 남아있는 기단은 파괴가 심하여 치석한 흔적이 거의 보이지 않음. 다만 기단 서북쪽과 동남모서리 부근에 많은 돌들이 허물어져 가운데를 채워 넣었던 강돌들이 많이 노출되었음. 묘실은 허물어져 흔적마저 없어지고 묘실 입구에 세운 문주석으로 생각되는 큰 판돌 두 개가 기단 남쪽 한가운데에 놓여 있을 뿐임.

(6) 기타

○ 무덤 내에서 인골은 발견하지 못하였으나 많은 목탄들이 널려 있는 것을 보면 화장무덤으로 추정됨.
○ 무덤 내에서 약간의 토기편, 철제의 창고달·띠고리·고리 각 1점, 청동 방형과판 2점, 패식 2점, 호박구슬 1점을 발견하였음.

5) 9호묘

(1) 위치

1호묘 남쪽으로 약 12m 떨어진 옥수밭 동쪽 언저리.

(2) 유형

석실봉토묘(지상식).

(3) 규모

분구는 동서 길이 4m, 남북 너비 4.6m, 높이 0.5m 정도.

(4) 묘실 평면 및 방향

장방형. 방향은 185°.

(5) 현황과 구조(그림 7)

○ 묘실은 지상에 마련하였음. 묘벽은 묘실 밑바닥에서 약 20cm 정도로 내려간 후 돌로 쌓기 시작하였음. 벽은 대부분 모가 난 큰 석재로 정연하게 포개어 쌓아 올렸음. 동벽은 3층으로 0.8m 높이로 쌓았고 서벽은 2층으로 0.6m 높이로 쌓았음. 묘실 안벽은 매우 곧고 반듯함. 묘실 밑바닥은 황색점토를 약 10cm 두께로 편

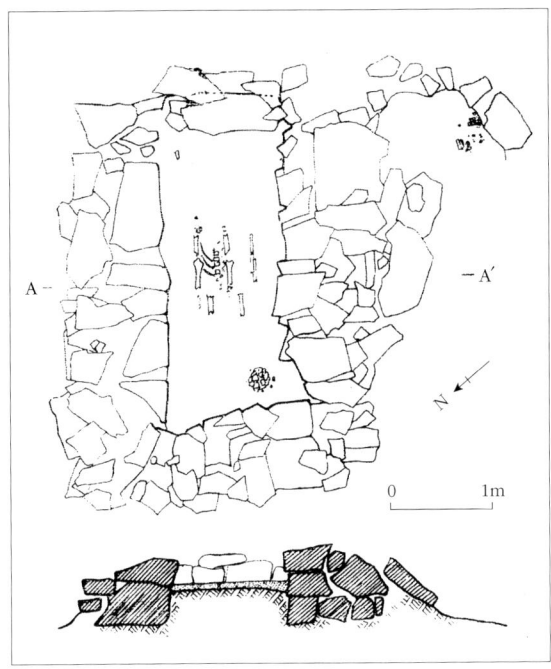

그림 7 동청9호묘 평·단면도(『발해사연구』 3)

후 다져서 단단함.
○ 묘실 평면은 장방형으로 남북 길이 2.7~2.9m, 동서 너비 1.04~1.40m, 높이 0.25~0.35m 정도임. 벽체의 두께는 1m임. 발굴시 묘실천정에는 덮개돌이 없었음. 묘실 정리 중 묘실 남쪽 윗부분에 해당하는 곳에 큰 판석이 내려앉은 사실과 무덤 서벽 벽체에 의지하여 세워진 큰 판석이 있었다는 사실을 통해 무덤은 원래 덮개돌을 덮었다는 것을 알 수 있음. 묘실 남쪽에는 너비 1m, 높이 0.2m 되는 입구를 냈는데 이맛돌(眉石)은 얹지 않았음. 밖으로부터 크고 작은 막돌을 쌓아 입구를 막았음.

(6) 기타

○ 2차장을 거친 다인장무덤. 묘실 상층에 매장한 인골은 2차장으로 화장함. 뼈는 불에 타서 회백색을 띠었으며 심하게 부서져서 유골 수를 알 수 없음. 하층의 두 사람 분의 인골은 1차장으로서 화장을 거치지 않았음. 두 인골은 상하로 서로 겹쳐 놓여 있는데 윗부분에 놓인 인골은 머리를 남쪽에 두고 그 밑의 인골은 머리를 북쪽에 두어 서로 중첩되었음, 주검은 반듯하게 눕혀 안장하였음.
○ 묘실에서 철못이나 목관 같은 葬具을 발견하지 못하였고 입구바깥에서 철못 1점를 발견하였음. 묘실 안과 퇴적층에서 토기편과 함께 철기가 출토됨. 철기는 띠고리, 띠끝장식, 방형과판 같은 띠장식품이 있음.
○ 무덤 밖 서남쪽 귀퉁이에서 돌을 가지고 어수선하게 쌓은 'ㄷ'자형 시설물을 발견하였는데 안에서 말이빨 하나와 말뼈조각들이 있었음.

6) 4호묘

(1) 위치
3호무덤에서 서쪽으로 약 3m 되는 지점.

(2) 유형
석실봉토묘(지하식).

(3) 묘실 평면 및 방향
장방형. 방향은 168°.

(4) 현황과 구조(그림 8-4)

○ 축조규모가 작고 치석상태가 정연하지 못하며 구조형식이 간단한 석실봉토묘임. 무덤은 먼저 깊이 50cm 정도의 장방형 흙구덩이를 판 후 묘실을 마련하였음. 묘실 네 벽은 크고 작은 깬 돌로 서로 엇물리면서 쌓았는데 대체로 3~4층 겹쳐 쌓았음.
○ 묘실 높이는 0.4~0.6m이며, 벽체 두께는 0.4m 정도임. 묘실 밑바닥은 남쪽이 북쪽에 비해 낮은 편이며 바닥돌을 깔지 않았음. 천장은 큰 판석 3매를 남북 일렬로 덮었음. 덮개돌은 길이가 모두 1m이상 되는 큰 화강암 판석임. 남쪽에 놓인 덮개돌은 길이 2.1m, 너비 1m, 두께 0.27m임. 덮개돌 위에는 흙을 올렸는데

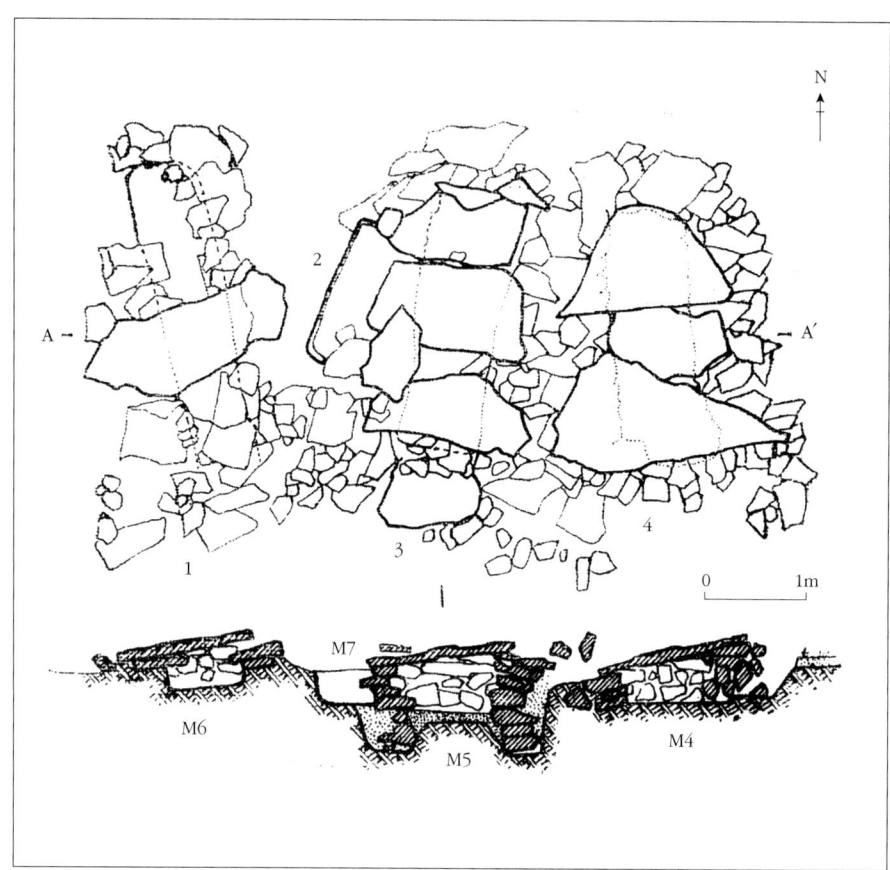

그림 8 동청4~7호묘
평·단면도(『발해사연구』 3)
1. 6호묘 2. 7호묘
3. 5호묘 4. 4호묘

현존 봉토높이는 0.2~0.4m를 유지하고 있었음. 묘실 남벽에서 동쪽으로 조금 치우친 곳에는 묘실 입구를 마련하였다. 입구시설은 간단하며, 양쪽에 반듯한 돌을 남북 길이로 놓아 문주석처럼 상징적 입구를 만들었을 뿐이고 이맛돌은 놓여 있지 않았음. 입구는 너비 0.4m, 높이 0.35m임. 입구 바깥쪽에는 막돌로 둥글게 쌓아 입구를 봉쇄하였던 흔적이 뚜렷이 남아 있음.

(5) 기타

화장을 거치지 않은 다인장무덤. 묘실에서 세 사람분 인골이 출토되었는데 1차장과 2차장임. 1차장으로 된 중심인골의 머리뼈는 묘실 북쪽으로 치우친 중부에서 나왔는데 두개골은 비교적 온전하나 기타 사지뼈는 부식정도가 심하였음. 두개골 북쪽 10cm 되는 곳에서 뼈 빗(骨梳) 1점과 청동 동곳(銅釵) 2점이 머리에 얹었던

원 상태 그대로 출토됨. 2차장 인골은 2명분인데 두개골과 사지뼈를 모아 북벽쪽에 가지런히 놓았음. 인골은 부식이 심해 판별이 불가능함.

7) 5호묘

(1) 위치

4호묘와 6호묘 사이에 위치.

(2) 유형

석실봉토묘(지하식).

(3) 묘실 평면 및 방향

장방형. 방향은 서쪽으로 10° 치우친 남향.

(4) 현황과 구조(그림 8-3)

○ 묘실은 깊이가 80cm 정도 되는 흙구덩이를 판 후에 네 벽을 치석함. 벽은 묘실 바닥에서 40cm 가량 깊이로 파서 4층을 쌓아 기초를 만들고 묘실바닥에서 다시 4층을 쌓았음. 묘실 밑바닥은 5cm 두께의 황색점토를 편 후 다졌고 부분적으로 몇 장의 판석을 깔았음.

○ 묘실 평면은 장방형으로 상부가 바닥에 비해 넓고 큼. 크기는 남북 길이 2.1m, 동서 너비 0.6~0.65m, 높이 0.54m임. 천정은 길이 0.9~1.5m, 너비 0.3~0.7m, 두께 0.1~0.3m 되는 네 개의 큰 판석을 남북 일렬로 가로로 덮고 넓적한 돌과 깬 돌로 틈새를 메웠음. 봉토 높이는 0.1~0.3m임.

○ 묘실 입구는 묘실 남쪽에 설치하였는데 너비 0.7m, 높이 0.4m임. 입구 어구에는 막음돌로 보이는 한 변 길이 0.8m 되는 네모난 판석이 넘어져 있었음.

(5) 기타

인골은 부식되어 없어지고 입구에 가까운 안쪽에서 몇 개의 이빨이 발견되었음. 묘실퇴적층에서 몇 점의 토기편이 출토되고 묘실 남쪽 입구 부근에서는 철촉 1점을 발견함.

8) 6호묘

(1) 위치

5호묘에서 서쪽으로 2m 정도 올라간 곳.

(2) 유형

석실봉토묘(지하식).

(3) 묘실 평면 및 방향

장방형. 방향은 173°.

(4) 현황과 구조(그림 8-1)

○ 무덤은 묘실과 묘도로 구성. 무덤은 일정한 깊이의 흙구덩이를 판 다음 묘실을 마련하였음.

○ 묘실 네 벽의 밑부분은 흙벽으로 하고 일정한 높이에 올라온 후에 돌로 네 벽을 쌓기 시작함. 서벽은 10~20cm 정도 올라와서 2~3층을 쌓았고 동벽은 15~30cm 정도 올라와서 2~3층을 쌓아 올렸음. 묘실의 동·서벽은 밑으로부터 올라오면서 서쪽으로 몹시 기울어졌고 치석상태는 매우 거칠음. 묘실 상부는 남북 길이 2.3m, 동서 너비 0.3~0.6m이며 묘실 밑바닥은 길이 2.2m, 너비 0.7~0.75m이며 묘실 전체 높이 0.6m임. 묘실천정은 판석을 덮었음. 발굴시 천정막음돌은 묘실 남쪽에 하나 남아 있었음. 길이 1.5m, 너비 0.9m, 두께 0.13~0.16m 되는 큰 판석임. 천정막음돌 위에는 흙을 덮었음.

○ 묘실 남벽에 너비 0.6m, 높이 0.6m인 입구를 마련. 이맛돌은 놓지 않았음. 입구 바깥쪽에는 3개의 큰 판석을 촘촘히 겹쳐 세워 봉함. 그 가운데 막음돌은 길이 0.55m, 너비 0.4m, 두께 0.4m 되는 큰 판석임. 입구 남쪽으로 묘도를 마련하였던 흔적이 남아 있었음. 묘실 동·서벽 남단에 이어서 남쪽으로 1m 정도 쌓았는데, 서벽이 잘 남아 있음. 묘도 밑바닥은 부분적으로 돌을 깔았던 것으로 보임.

(5) 기타

묘실 안에서 인골, 부장품을 발견하지 못함.

9) 10호묘

(1) 위치

6호묘에서 서북쪽으로 26m 올라간 산언덕 위.

(2) 유형

석실봉토묘(지하식).

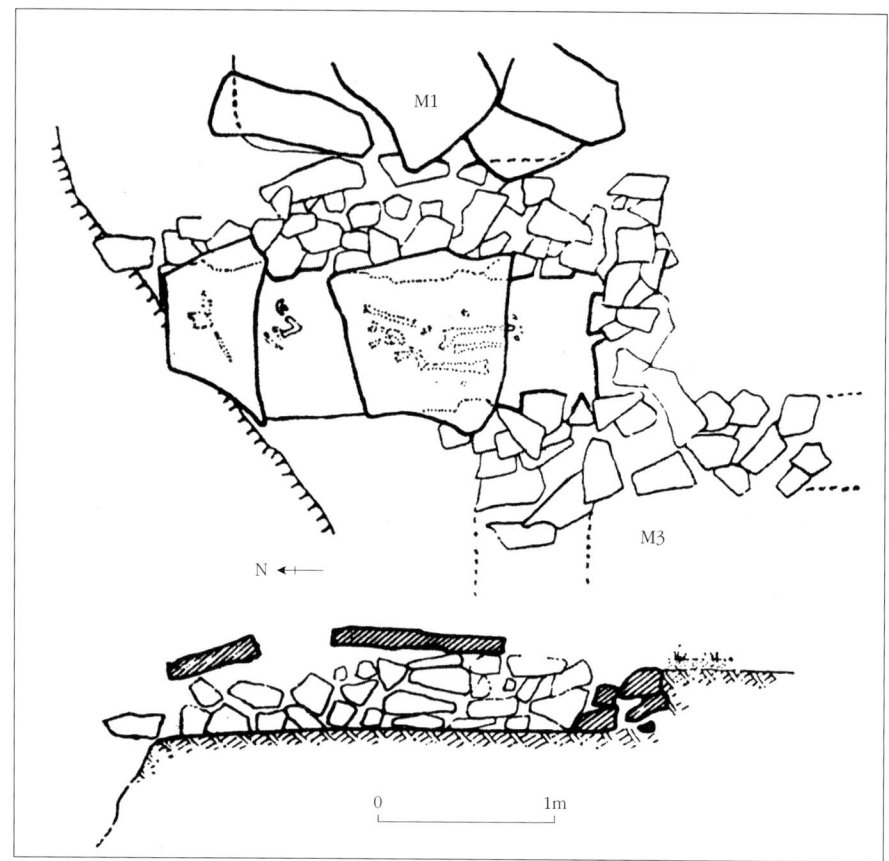

그림 9 동청10호묘
평·단면도(『발해사연구』 3)

(3) 묘실 평면 및 방향

장방형. 방향은 185°.

(4) 현황과 구조(그림 9)

○ 안도-송강 도로를 내기 위해 둔덕을 가르는 과정에서 노출됨. 무덤의 서북쪽과 서쪽 묘실 벽 대부분이 떨어져나가고 없었음. 묘실 벽은 돌로 쌓았는데 일정한 깊이의 흙구덩이를 판 후에 묘실을 마련하였음. 묘실 북벽은 완전히 떨어져나가고 없으나 묘실 밑바닥만 그대로 남아 있었음.

○ 묘실은 남북 길이 2.25m, 너비 0.8m, 높이 0.4m임. 묘벽 두께는 0.4m 정도임. 묘실 천정은 두 개의 큰 판석을 가로로 덮었음. 묘실 바닥은 얇은 판석을 한 층 깔았고 돌 틈 사이에는 황색점토를 편 후에 다졌음. 묘실 남쪽에는 묘실 너비와 같은 폭의 입구를 마련하고 막돌을 쌓아 봉하였음.

(5) 기타

묘실에서 두 사람분의 인골이 발견되었는데 머리는 북쪽에 두고 반듯하게 안장하였던 것으로 확인됨. 부장유물은 발견하지 못하였음.

10) 11호묘

(1) 위치

10호묘의 묘실 동벽 하나를 사이에 두고 위치.

(2) 유형

석실봉토묘(지하식).

(3) 묘실 평면 및 방향

장방형. 방향은 정남향.

(4) 현황과 구조

○ 묘실은 일정한 깊이로 흙구덩이를 판 후에 네 벽을 치석하여 마련하였음. 무덤 벽은 깬돌로 대체로 5~6층 쌓아올렸는데 내벽은 그다지 고르지 못함. 서벽은 10호묘의 동벽을 이용하였음. 즉, 10호묘와 11호묘는 하나의 격벽을 두고 쌓은 무덤임.

○ 묘실은 남북 길이 2.5m, 너비 0.7m, 깊이 0.7m임. 묘실 위에는 두 장의 판석을 남북 일렬로 가로로 덮었음. 입구는 묘실 남벽 중간에 마련. 위에는 이맛돌을 얹었음. 묘실 입구는 4장의 얇은 판석을 겹쳐 세워서 막았고 둘레에 깬 돌과 강돌을 여러 층 겹쳐 쌓았음.

(5) 기타

묘실에는 2개체의 인골이 있었는데 1차장으로 확인됨. 두개골과 이빨은 묘실 북쪽에서 나왔음. 인골은 몹시 부식되어 판별이 불가능함. 묘실 남쪽과 북부에서 형태가 같은 청동 팔찌를 각 1점씩 발견함.

11) 12호묘

(1) 위치

안도–송강 도로 서쪽 산언덕.

(2) 유형

석실봉토묘(지하식).

(3) 묘실 평면 및 방향

장방형. 방향은 남향.

(4) 현황과 구조

○ 무덤은 언덕 밑의 도로를 다시 넓히는 과정에서 노출됨. 묘실은 그리 크지 않은 깬 돌을 가지고 올려쌓았음. 서벽은 바깥쪽으로 기울어지고 일부 돌들이 허물어져 내려앉았음.

○ 묘실 천정은 두 개의 큰 판석을 덮어 봉하였음. 무덤 입구는 묘실 남벽 중간쯤에 마련되었는데 파괴정도가 심함.

(5) 기타

묘실 안에서 1개체의 인골을 발견함. 머리 방향은 북쪽에 두었다는 것은 명확하나 사지뼈가 부식이 심하여 다른 정황을 알 수 없음. 묘실 북쪽에서 철못이 출토된 것을 보면 시신은 목관에 넣어 안장된 것으로 추정됨. 부장품은 없었음.

12) 13호묘

(1) 위치

동북쪽으로 10호묘와 인접.

(2) 유형

석실봉토묘(지하식).

(3) 묘실 방향

장방형. 방향은 서쪽으로 약간 치우친 남향.

(4) 현황과 구조

○ 무덤 전체가 거의 파괴되고 멸실되어 묘실 동벽 일부만 남아 있음.

○ 묘실은 지하에 마련하였고 묘벽은 돌을 포개어 쌓아올렸음. 동벽의 북쪽 부분은 10호묘의 남벽을 이용하였음.

○ 묘실 바닥은 보존되지 못하였음. 묘실 동벽은 잔존 길이 2m정도, 두께 0.6m, 높이 0.2m 정도됨.

13) 7호묘

(1) 위치
6호묘와 5호묘와의 사이.

(2) 유형
토광묘.

(3) 묘실 평면 및 방향
장방형. 방향은 서쪽으로 15° 치우친 남향.

(4) 현황과 구조(그림 8-2)
○ 무덤은 5호묘를 해체 조사하는 과정에서 노출됨. 발굴 당시 무덤 동쪽은 6호묘를 서벽에 의해 파괴되고 없었음.
○ 무덤 평면은 모죽임 장방형임. 묘실은 남북 길이 1.2m, 동서 너비 0.45~0.55m, 잔존 깊이 0.15~0.20m정도임. 묘실 바닥과 네 벽은 원래 상태 그대로 하였으며 입구나 묘도 시설이 없는 간단한 무덤임. 무덤 윗부분에는 봉토를 하였던 것으로 추정됨.

(5) 기타
○ 무덤 안에는 불에 탄 재와 목탄이 가득하였으며, 불에 타서 회백색을 띤 부서진 인골편들이 산재하고 있는 상태였음. 묘실 벽 부근에서 총 16점의 불에 탄 철못을 발견함. 이는 주검을 목관에 넣은 후에 화장한 것으로 추정됨.
○ 무덤 서쪽으로부터 20m 올라간 곳에서 구덩이를 파지 않고 안장한 한 무지의 인골더미를 발견하였는데 전부 화장한 것임. 7호묘와 관련성을 가진 유적으로 추정됨.

5. 주변 유적

1) 유적지
○ 동청마을 동부에 위치.
○ 유적 중부에는 서북에서 동남으로 작은 골짜기가 있음.
○ 유적 면적은 동서 150m, 남북 300m 정도 되는데 모두 이미 경작지로 되었음.
○ 유적지 지표에서는 포문 회색기와, 공작새무늬기와 및 평행사선을 새긴 띠무늬에 물결무늬를 새긴 토기편, 목이 짧고 굵으며 구연부가 외반한 토기편 등 발해시기 유물특징을 지닌 니질토기편 등의 유물이 산재해 있었음.

2) 건축자리
○ 유적에서 서쪽 약 100m 되는 밭에 위치.
○ 건축자리는 동서 14m, 남북 22m, 높이 1m 정도 되는 흙기단으로 그 위에 5개의 큰 주춧돌이 남아 있음.
○ 부근 지면에는 많은 기와, 벽돌, 건축 장식물 등의 건축부재들이 널려 있음. 여기서 와당, 암키와, 수키와, 벽돌, 건축 장식물, 토기 등이 출토됨.
○ 건축물의 위치, 규모, 건축부재 등을 보면 절터로 추정.

3) 성터
○ 동청유적 동쪽에 인접하여 지세가 좀 높고 평탄한 언덕 위에 위치.
○ 동쪽 성벽 밖 10여m 되는 곳은 급경사를 이루는데 경사면 아래는 고동하에 인접해 있음. 서쪽과 북쪽은 평탄하며 서벽에서 안도-송강 도로는 100여 m 거리를 두고 있음.
○ 성벽은 이미 허물어졌고 성벽 기초는 동·남·북 3면이 기본상 남아 있고 서벽 기초는 흔적이 약간 남아 있음. 3면의 성벽기초는 강돌이나 막돌로 쌓았는데 이 세 면의 성벽 기초부는 미개간상태로 남아 있어 관목과 잡

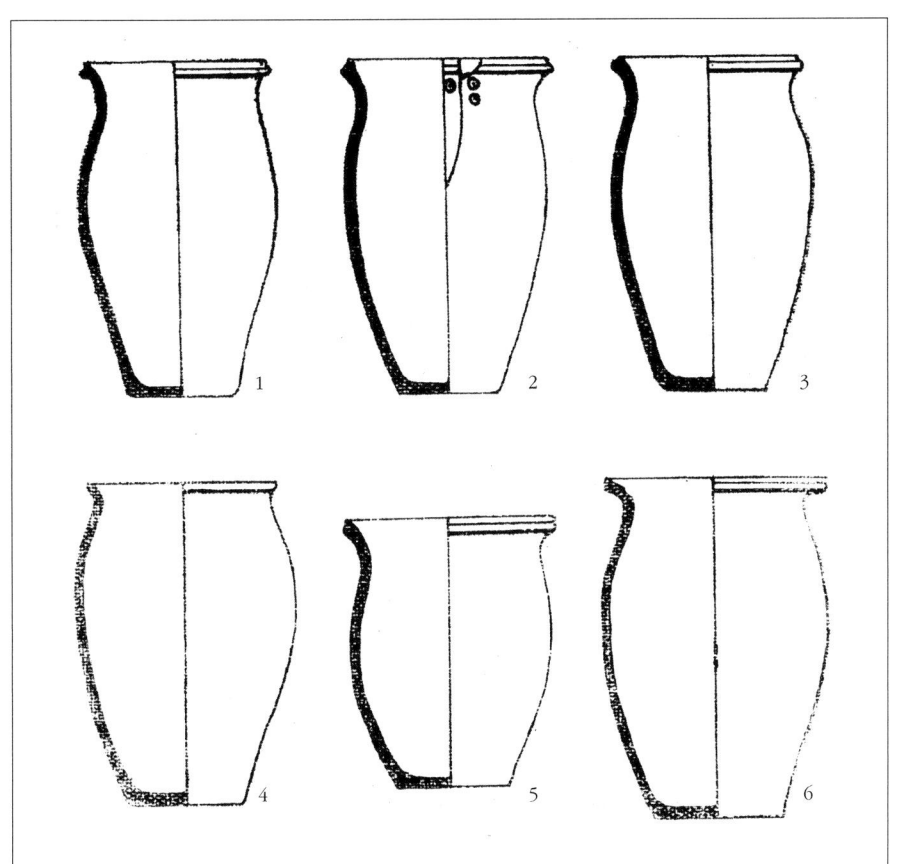

그림 10 호(『발해사연구』 3)
1. M1:32, M3:1 3. M1:3
4. M8:2 5. M8:1 6. M8:3

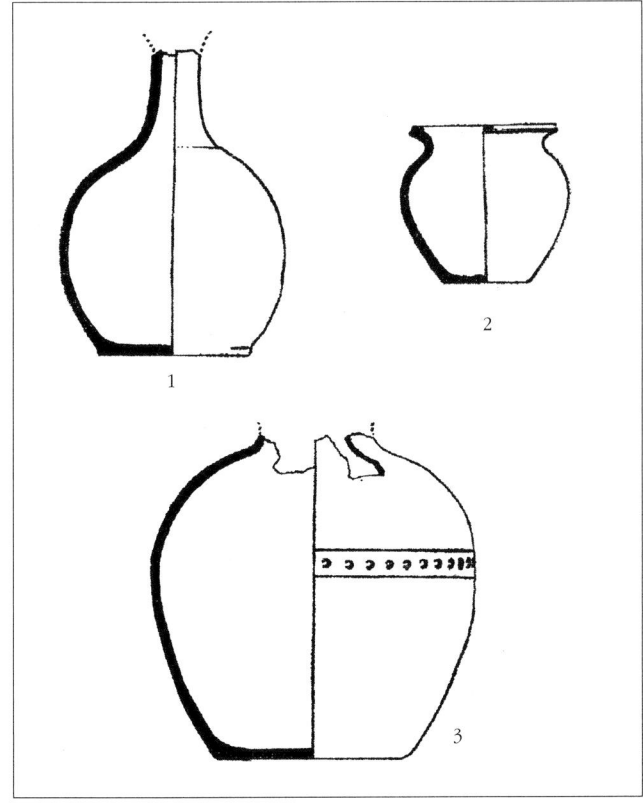

그림 11 토기류(『발해사연구』 3)
1. 심발형토기(M1:13) 2. 호(M1:11) 3. 호(M1:4)

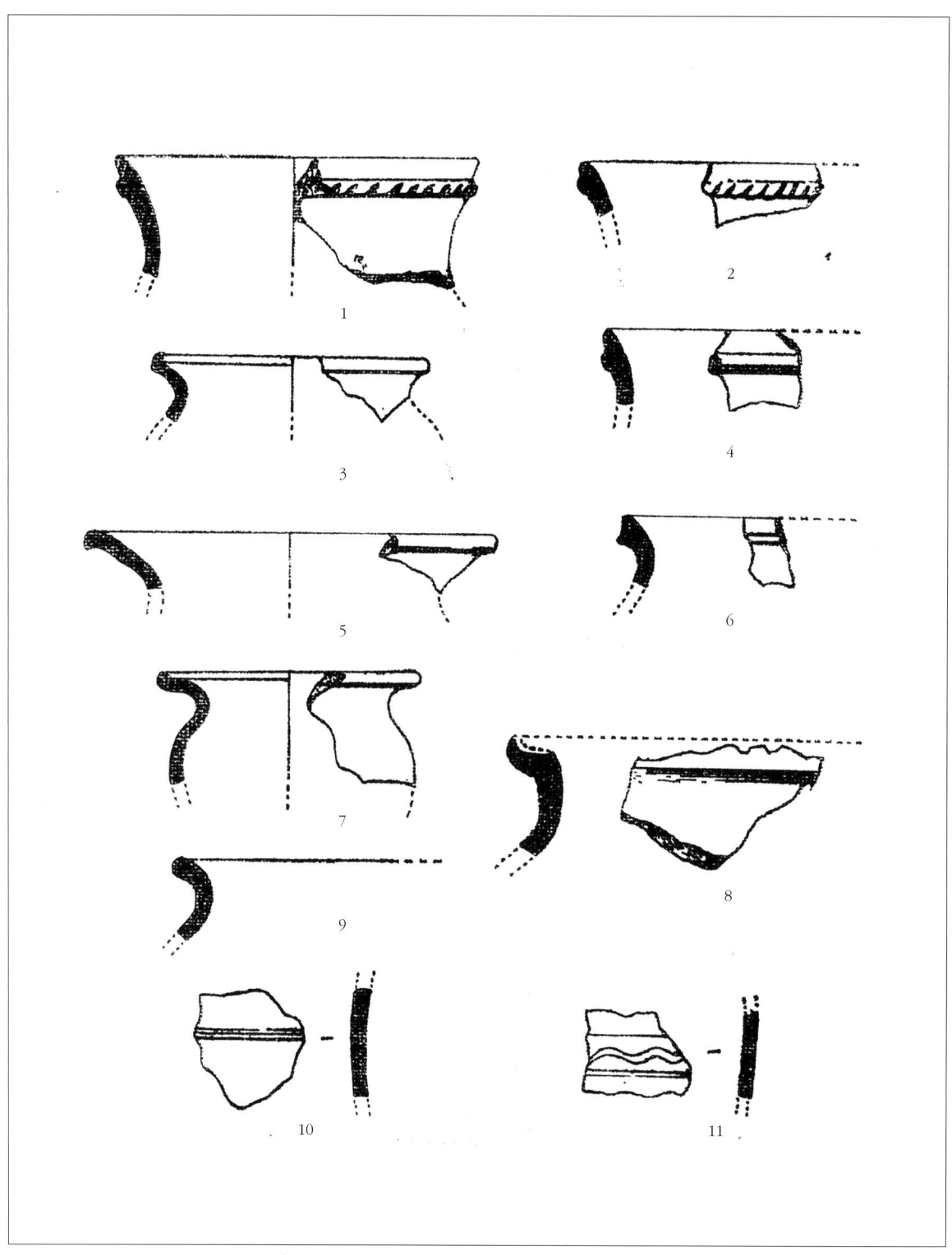

그림 12 토기편 각종(『발해사연구』 3)
1. M5:1 2. M1:011 3. M1:02 4. M9:5 5. M1:05 6. M1:05 7. M1:01 8. M1:012 9. M9:6 10. M2:02 11. M11:3

초가 우거져 있음. 성벽 기초의 잔존 높이는 0.5~1.0m 정도임. 동벽과 서벽은 각기 75m, 남벽 67m, 북벽 70m로 성벽 총 둘레는 287m임. 성은 정남방향. 동벽 중부에 너비 22m 되는 터진 곳이 있는데 성문으로 추정됨.
○ 성 안 중부에서 북으로 약간 치우쳐서 지형이 30~50cm 가량 높은 곳에서 건축시설물의 흔적은 남아 있지 않으나 돌이 많이 널려 있고, 바닥에는 두께가 30cm 가량 되는 붉게 탄 굳은 흙층이 있고 토기편이 섞여 있었음. 토기편 속에서 붉은색 니질토기편을 비롯한 각종 토기류가 있음. 성 안 경작지 지표에서는 포문이 찍힌 회색 기와편, 손가락으로 누른 파상문 기와편, 황회색 니질토기편 등도 일부 보임.

6. 출토유물

총 130여 점 출토. 대체로 토기, 철기, 은기 및 청동기, 골기 및 옥돌 치레거리 등으로 나눌 수 있음.

1) 토기
○ 출토된 토기를 보면 일부분은 니질토기로 색깔은 흑갈색 또는 회갈색을 띠며 돌림판에 의해 제작됨.
○ 다수를 점하는 것은 무문의 手製로, 부드러운 모래 혼입의 황갈색 태토임. 표면에 무늬를 장식한 토기는 아주 드묾. 토기 두께는 0.1~0.7cm임.

(1) 호(M1: 4; 그림 11-3)

① 출토지
○ 동청 1호묘. 조각난 채 출토되었는데 그릇 밑부분은 동남모서리에서 나왔고, 그릇 윗부분의 조각들은 분구층에 나왔음.

② 크기
○ 잔존 높이 24cm, 경부 직경 8.4cm, 배 직경 14.6cm.

③ 형태
○ 목이 가늘고 배가 부른 호.
○ 구연부만 잔존. 가는 목에 어깨가 넓고 배는 볼록한 편임. 배의 둘레에는 2줄의 평행하는 줄무늬가 나 있고 줄무늬 안쪽에는 점 2개가 1組를 이룬 빗점무늬를 찍었음. 빗점무늬 사이는 1.8~1.4cm이고 두 줄무늬 사이는 2.2cm여서 마치 꽃띠를 두른 듯함.
○ 토기 표면에는 그을린 흔적이 있음.

(2) 호(M1: 11; 그림 11-2)

① 출토지
○ 동청 1호묘.

② 크기
○ 높이 11.7cm, 구연 직경 11cm, 바닥 직경 6.2~6.6cm, 견부 직경 12cm, 경부 직경 9.4cm.

③ 형태
○ 목이 짧고 키가 낮은 단지.
○ 해바라진 구연에 목은 짧으며, 견부가 좀 부른 편임. 바닥은 타원형에 가까우며 좀 오목하게 들어갔음.

(3) 호(M8: 1; 그림 10-5)

① 출토지
○ 동청 8호묘.

② 크기
○ 높이 14.2cm, 구연 직경 9.8~12.4cm, 바닥 직경 5.6~6.6cm.

③ 형태
○ 외반한 구연에 몸체가 긴 호.
○ 長胴한 호형으로 볼록한 몸체에 그릇 높이가 구연 직경이나 몸체 직경보다 크며 몸체 상반부가 가장 볼록함.
○ 겹아가리(二重口緣).

(4) 호(M8: 2; 그림 10-4)

① 출토지
○ 동청 8호묘.

② 크기
○ 높이 17.0~18.6cm, 구연 직경 9.8~12.4cm, 바닥 직경 5.6~6.6cm

③ 형태
○ 외반한 구연에 몸체가 긴 호.
○ 長胴한 호형으로 볼록한 몸체에 그릇 높이가 구연 직경이나 몸체 직경보다 크며 몸체 상반부가 가장 볼록함.
○ 홑아가리(單口緣).

(5) 호(M3: 1; 그림 10-2)

① 출토지
○ 동청 3호묘.

② 크기
○ 높이 14.2cm, 구연 직경 9.8~12.4cm, 바닥 직경 5.6~6.6cm.

③ 형태
○ 외반한 구연에 몸체가 긴 호.

○ 長胴한 호형으로 볼록한 몸체에 그릇 높이가 구연 직경이나 몸체 직경보다 크며 몸체 상반부가 가장 볼록함.
○ 겹아가리(二重口緣). 구연 부분에 아래쪽으로 갈라진 금이 있는데 금 양쪽에 갈라지는 것을 막기 위해 뚫었던 세 개의 걸개 못구멍이 남아 있음.

(6) 심발형토기(M1: 13; 그림 11-1)

① 출토지
○ 동청 1호묘.

② 크기
○ 전체높이 22.5cm, 경부 높이 7cm, 경부 직경 3.6cm, 몸체의 최대 직경 16.5cm, 바닥 직경 11.4cm.

③ 형태
○ 목이 긴 형태.
○ 구연과 바닥의 일부가 떨어져 나갔으며 목은 가늘고 길며 몸체는 둥그스름하고 바닥은 반듯한데 굽과 유사한 형태(假圈足)로 추정.

2) 철기
○ 총 89점으로 출토유물의 70%을 차지함.

(1) 재갈(M1 : 18. 그림 13-3)

① 출토지
○ 동청 1호묘.

② 크기
○ 재갈쇠 길이 19cm. 재갈멈추개는 길이 7.7cm, 너비 4.7cm. 고삐이음쇠 직경 0.7cm, 길이 11.7cm.

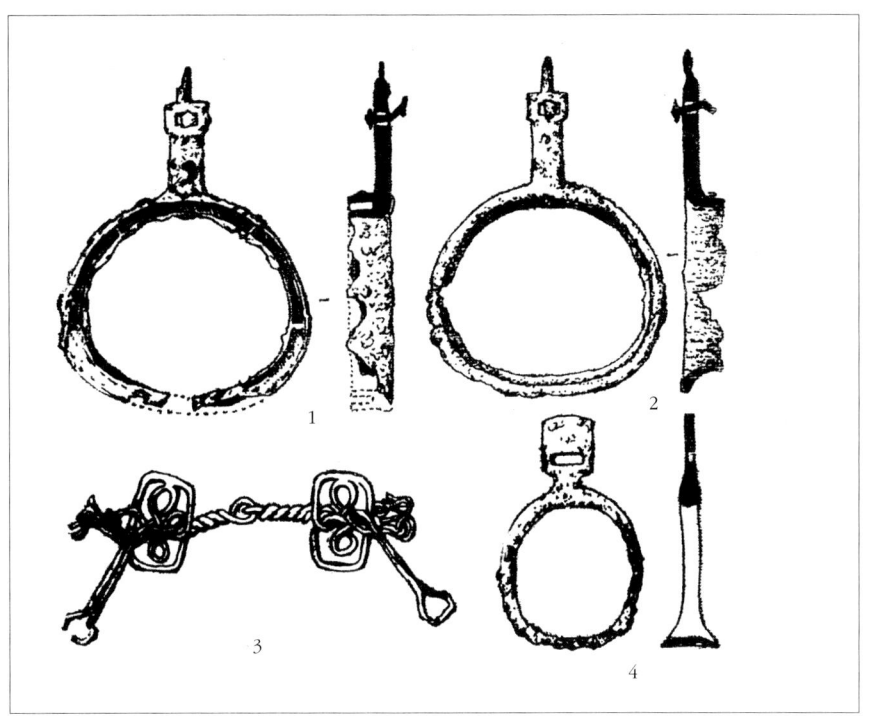

그림 13 동청 1호묘의 철제 마구
(『발해사연구』3)
1. 등자(M1:16) 2. 등자(M1:17)
3. 재갈(M1:18) 4. 등자(M1:15)

③ 형태

○ 재갈쇠, 재갈멈추개, 고삐이음쇠 세부분으로 구성.

○ 재갈쇠는 막대를 꼬아 만든 二連式으로 양쪽에 둥근고리가 있음. 안쪽 고리는 서로 재갈쇠 막대를 연결하고, 'S'자형으로 막는 바깥쪽 고리에는 재갈멈추개가 물려 있음.

○ 재갈멈추개는 타원형에 가까운 고리로, 타원형 고리 내부는 쇠줄을 구부려서 구름모양의 고리를 만들었음. 이 구름모양 고리에 재갈쇠의 "S"자형 고리가 물림. 재갈멈추개의 위쪽으로 굴레와 연결되도록 굴레 연결고리가 있음. 2개의 고리가 연결된 굴레 연결고리는 재갈멈치에 각각 두 개가 있음.

○ 고삐이음쇠는 쇠고리의 양쪽 끝이 고리모양을 이루게 단조함. 한쪽고리는 재갈의 'S'자형 고리의 끝에 물리었음.

(2) 등자(M1 : 15. 그림 13-4)

① 출토지

○ 동청1호묘.

② 크기

○ 윤부는 높이 12cm, 너비 11cm. 답수부는 길이 9cm, 너비 4.8cm.

③ 형태

○ 윤부는 종방향이 조금 긴 타원형.

○ 답수부는 버들잎모양의 작은 납작판임. 밑면 중부에도 둥그런 너비 1cm가량의 등살을 붙여 견고하게 함.

○ 병부에는 안장에 달 수 있도록 가죽끈을 꿸 수 있는 장방형 구멍이 뚫려 있음. 장방형 구멍은 길이 4.5cm, 너비 4cm임.

(3) 등자(M1 : 16, 그림 13-1)

① 출토지
○ 동청1호묘.

② 크기
○ 윤부는 높이 16cm, 너비 18.1cm. 전체높이 25.8cm.

③ 형태
○ 윤부는 아래가 넓어 삼각형에 가까운 타원형.
○ 병부와 윤부는 하나로 되어있고, 윤부의 횡단면은 안쪽이 높은 'L'자형이며, 반대쪽으로 철편으로 된 고리를 끼어 맞춘 후 못으로 양쪽을 고정시킴. 목심등자로 추정됨. 고정시킨 못과 못구멍이 두 개 씩 남아있고, 못 사이 간격은 5.5cm~8.5cm임. 답수부는 직선적인 편임.
○ 등자 위에는 납작한 장방형 병부가 수직으로 붙어있고 병부의 윗부분에는 1.0×1.2cm의 횡구멍이 있음. 구멍 안에는 고정못이 꽂혀 있는 채로 발견됨. 병부의 맨 윗 끝부분은 다시 길이가 3.4cm 되는 송곳모양으로 이루어졌음.
○ 등자 몸체의 부식이 심한 편임.

(4) 띠고리(M2 : 7, 그림 14-2)

① 출토지
○ 동청2호묘.

② 크기
○ 길이 5cm, 너비 3cm.

③ 형태
○ 먼저 양 끝에 뚫은 두 쌍의 구멍이 꼬리부분에서 서로 대응되게 쇠고리를 구부려 고리둘레를 만든 후에 안쪽 한 쌍의 구멍에 침(扣針)을 물리고 다시 바깥 한 쌍의 구멍에 고정못을 고정시켰음.
○ 띠고리는 'C'형을 이루어 버섯모양이며, 꼬리부분에 와서는 급격히 안쪽으로 꺾어들면서 그 세로 폭이 줄어들어 전체 모양이 좀 넓고 짧은 편임.

(5) 띠고리(M1: 19, 그림 14-1)

① 출토지
○ 동청1호묘.

② 크기
○ 길이 11.1~11.3cm, 앞너비 5.4cm, 뒷너비 3.8~4cm.

③ 형태
○ 전체가 대체로 뒤로 가면서 점차 좁아진 'ㄷ'자형. 전체 모양은 좁고 긴 편임.

(6) 띠고리(M9 : 2, 그림 14-4)

① 출토지
○ 동청9호묘.

② 크기
○ 길이 5.1cm, 너비 2.7cm.

③ 형태
○ 침은 없고 'C'자형으로 된 대가리 부분만 남아 있으며, 부식 정도가 심함. 고리를 이룬 쇠고리의 단면은 납작한 편으로 안쪽으로부터 바깥으로 약 45°의 경사면을 이루었음.

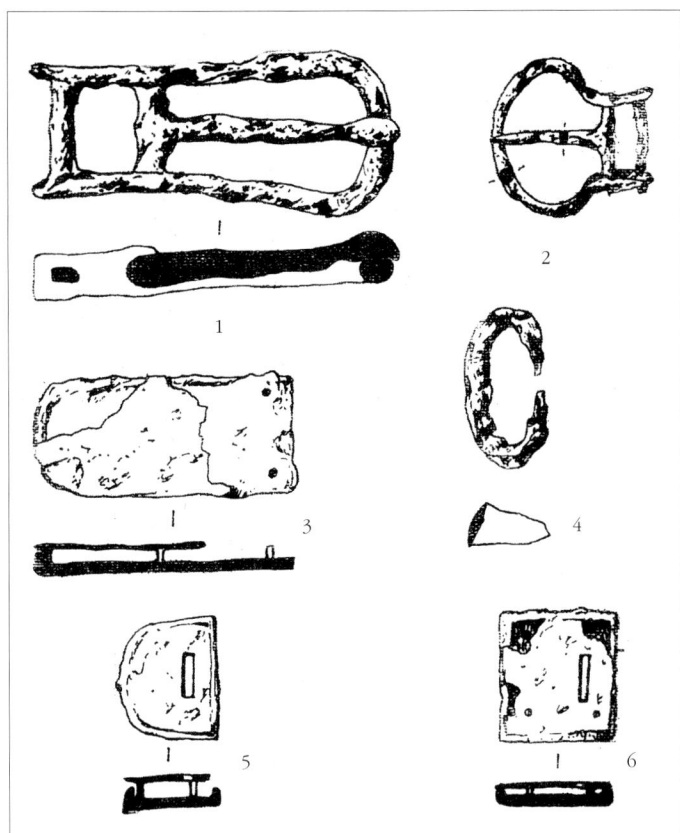

그림 14 철제 띠고리와 띠꾸미개(『발해사연구』 3)
1. 띠고리(M1:19) 2. 띠고리(M2:07) 3. 띠끝장식(M9:4)
4. 띠고리(M9:2) 5. 띠꾸미개(M9:1) 6. 띠꾸미개(M9:3)

(7) 띠꾸미개(M9 : 1, 그림 14-5)

① 출토지
○ 동청9호묘.

② 크기
○ 길이 3.75cm, 너비 3cm, 두께 1cm.

③ 형태
D형. 직선 면에 좁고 길쭉한 장방형의 구멍이 하나 뚫려 있고 정면과 뒷면은 세 개의 고정못에 의해 엇붙었는데 속은 비어 있음.

(8) 띠꾸미개(M9 : 3, 그림 14-6)

① 출토지
○ 동청9호묘.

② 크기
○ 길이 4.1cm, 너비 3.6cm, 두께 1cm.

③ 형태
○ 네모형. 앞뒷면의 쇠편은 모두 네 모서리 부근에 있는 네 개의 고정못에 의해 고정되어 있는데 속은 비어 있음. 한쪽에 큰 변과 평행되는 좁고 긴 장방형구멍이 뚫려 있음.
○ 부식이 심해 떨어져나간 부분이 많고 표면도 고르지 않음.

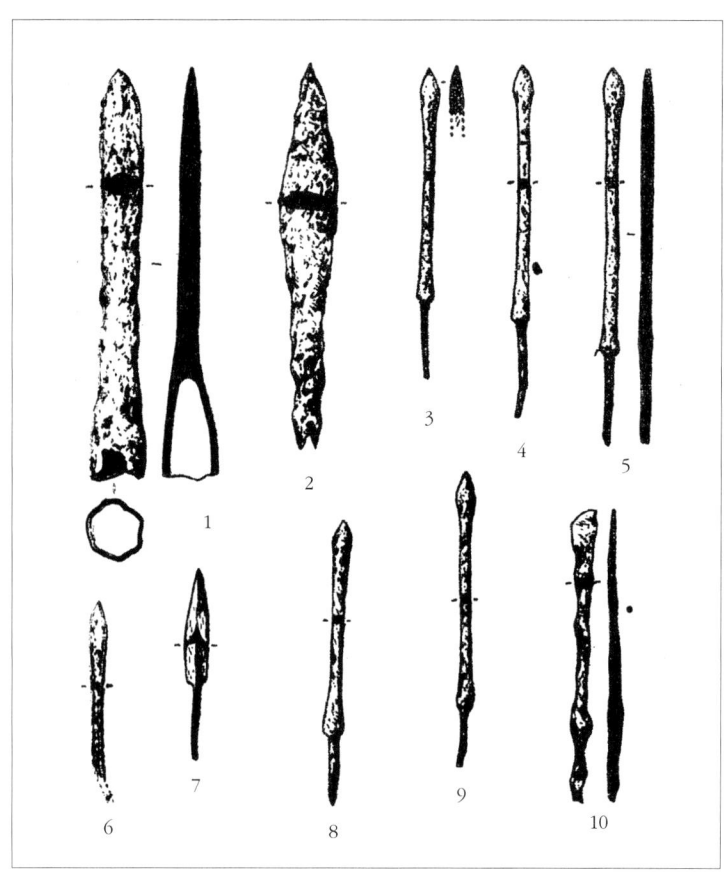

그림 15 철제무기(『발해사연구』3)
1. 창(M1:08) 2. 창(M1:07) 3. 활촉(M3:04)
4. 활촉(M3:02) 5. 활촉(M1:01) 6. 활촉(M1:42)
7. 활촉(M3:01) 8. 활촉(M1:12) 9. 활촉(M3:03)
10. 활촉(M5:2)

(9) 띠끝장식(M9 : 4, 그림 14-3)

① 출토지
  ○ 동청9호묘.

② 크기
  ○ 길이 8.2cm, 너비 3.7cm, 두께 1cm.

③ 형태
  ○ 대체로 긴 혀끝모양을 이루어 두 긴 변은 서로 평행되고 옆 한쪽 끝은 곧고 다른 한쪽 끝은 호형을 이루고 있음. 앞뒤는 여섯 개의 고정못에 의해 엇물려 있음.

(10) 창(M1 : 8, 그림 15-1)

① 출토지
  ○ 동청1호묘.

② 크기
  ○ 길이 20.5cm, 너비 2cm.

③ 형태
  원추형 주머니모양의 자루맞추개가 달린 형태. 창은 버들잎형태로, 좁고 길며 허리부분이 조금 좁음. 창의 중앙에 능선이 있고, 단면은 능형임.

(11) 창(M1 : 7, 그림 15-2)

① 출토지
○ 동청1호묘.

② 크기
○ 날(刃)은 길이 9cm, 너비 2.8cm. 자루는 길이 10.7cm, 너비 2.8cm.

③ 형태
○ 창은 버들잎 형태. 창의 몸체는 중간에 능선을 이루며 단면은 납작한 능형임. 창 끝부분은 예각을 이루어 예리함.
○ 자루를 끼우는 구멍은 없고, 자루는 좁고 긴 통쇠로 단면은 능형임.

(12) 화살촉(M1 : 12·01; M3 : 02·03·04, 그림 15-8·5·4·9·3)

① 출토지
○ 동청1호묘 및 동청3호묘.

② 크기
○ 전체 길이 14.6~19.6cm, 너비 3cm. 슴베 길이 3.6~5.3cm. 몸체 굵기 0.7×0.6~0.4×0.3cm.

③ 형태
○ 좁고 긴 네모기둥형의 몸체에 뱀머리 모양의 촉끝, 몸체보다 좁아진 슴베를 갖고 있음.

(13) 화살촉(M3 : 1)

① 출토지
○ 동청3호묘.

② 크기
○ 날부분(刃部) 길이 5.8cm, 슴베 길이 3.9cm.

③ 형태
○ 세나래형(三翼形).
○ 날몸체는 같은 간격을 두고 돋힌 세 개의 능선체로서 끝은 뾰족하고 예리함. 슴베는 방추형.

(14) 화살촉(M5 : 2; 그림 15-10)

① 출토지
○ 동청5호묘

② 크기
○ 전체 길이 15cm, 슴베 길이 3.3cm, 날끝 너비 1.1cm, 몸체 굵기 0.3~0.5cm.

③ 형태
○ 착두형.
○ 날끝부분은 납작비스듬한 착두형. 몸체는 좁고 긴 방추형이며, 슴베 부분은 좀 뾰족함. 몸체와 슴베 사이에는 양쪽으로 두드러져 나온 마디가 있음.
○ 전체 표면은 부식 정도가 심하여 몹시 거칠음.

(15) 창고달(M2 : 8, 그림 16-15)

① 출토지
○ 동청2호묘.

② 크기
○ 잔존부의 길이 7cm, 윗 직경 1.5cm.

③ 형태
○ 속이 빈 긴 원추형으로 두께가 0.2cm인 철편을 두

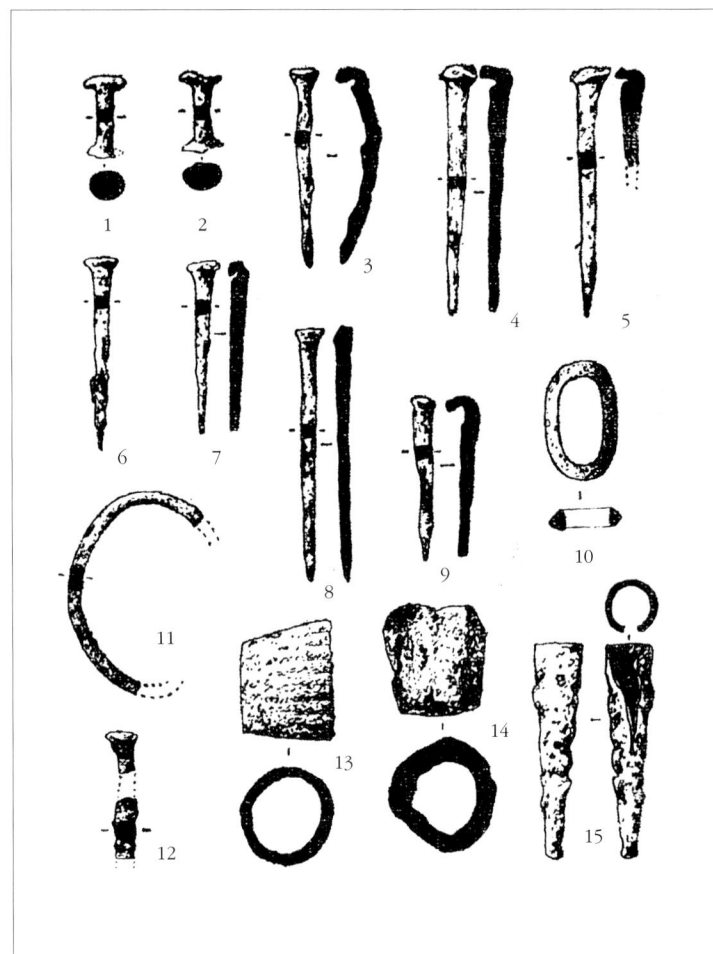

그림 16 철기(『발해사연구』3)
1·2. 고정못(M1:4-①, M1:4-②)
3. 못(M1:3) 4. 못(M7:4-②)
5. 못(M7:4-①) 6. 못(M7:1)
7. 못(M7:2-①) 8. 못(M3:5)
9. 못(M7:2-②) 10 고리(M2:05)
11. 고리(M1:23) 12. 나사못형 철기(M4:4)
13. 원통형 철기(M1:38) 14. 월통형 철기(M1:2)
15. 창고달(M2:08)

드려 붙여 제작. 붙인 쪽은 위로부터 삼각형으로 열려 있으며 그 양옆에 각기 두 개의 대칭되는 못구멍이 뚫려 있음. 맞붙인 맞은편 중심선에도 두 개의 못구멍이 뚫려 있음.
○ 창고달 아래끝은 좀 삭아 떨어졌음.

(16) 고정못(M1 : 4-①·②, 그림 16-1·2)

① 출토지
○ 동청1호묘

② 크기
○ 못 길이 2.6cm. 윗못대가리와 아래못대가리 사이 간격 2.1cm, 못대가리 직경 1.8~1.4cm, 몸체 굵기 0.4×0.4cm

③ 형태
○ 모양은 대체로 'I'자형을 이루어 몸체부분은 기둥형이고 상하 대가리는 타원형을 이루었음. 그 옆 부분이 많이 떨어졌음. 못의 몸에는 썩은 널부스러기가 붙어 있음.

(17) 못(M1 : 3; M3 : 5; M7 : 4-②·1·2-①·2-②, 그림 16-3·8·4·6·7·9)

① 출토지
○ 동청1호묘·동청3호묘·동청7호묘

② 크기
○ 못 길이 5～10cm, 굵기 0.2～0.7cm.

③ 형태
○ 모두 몸체가 방추형. 대가리 생김에 따라 납작대가리, 한쪽으로 굽어든 대가리, 둥근모자모양의 대가리 등으로 나뉨.
○ 모두 단조품으로 표면에 녹이 덮여 있거나 삭아 떨어졌으며 어떤 것들에는 썩은 널부스러기가 붙어 있음.
○ M7 : 1(그림 16-6)은 표면에 붉은 색칠을 올린 흔적이 있는데 녹도 나있지 않음.

(18) 원통형 철기(M1 : 2, 그림 16-14)

① 출토지
○ 동청1호묘.

② 크기
○ 길이 1.8cm, 외경 1.7cm, 두께 0.5cm.

③ 형태
○ 한쪽 끝이 막힘.

(19) 원통형 철기(M1 : 38, 그림 16-13)

① 출토지
○ 동청1호묘.

② 크기
○ 몸체 길이 1.4～1.9cm, 직경 1.5cm, 두께 0.15cm.

③ 형태
○ 대체로 가락지모양을 이루고 있음. 바깥둘레에 서로 평행되는 8줄의 음각 줄무늬가 세로로 새겨져 있으며 둘레의 세로 이음면은 약간 벌어져있고 아래와 위쪽의 끝은 반듯하지 못함. 안쪽으로 경사졌음.

(20) 나사못형 철기(M4 : 4, 그림 16-12)

① 출토지
○ 동청4호묘.

② 크기
○ 잔존 길이 1.6cm, 못대가리 직경 0.5cm, 몸체 굵기 0.4cm.

③ 형태
○ 삭아 끊어지고 떨어져 나가기도했음. 대가리는 못대가리형으로 되어 있고 몸체는 좀 긴 나선형으로 되어 있는데 철사 하나를 비틀어서 만듦.

(21) 고리(M2 : 5, 그림 16-10)

① 출토지
○ 동청2호묘.

② 크기
○ 2×1.2cmcm, 굵기 0.35cm.

③ 형태
○ 단면은 삼각형에 가까움.

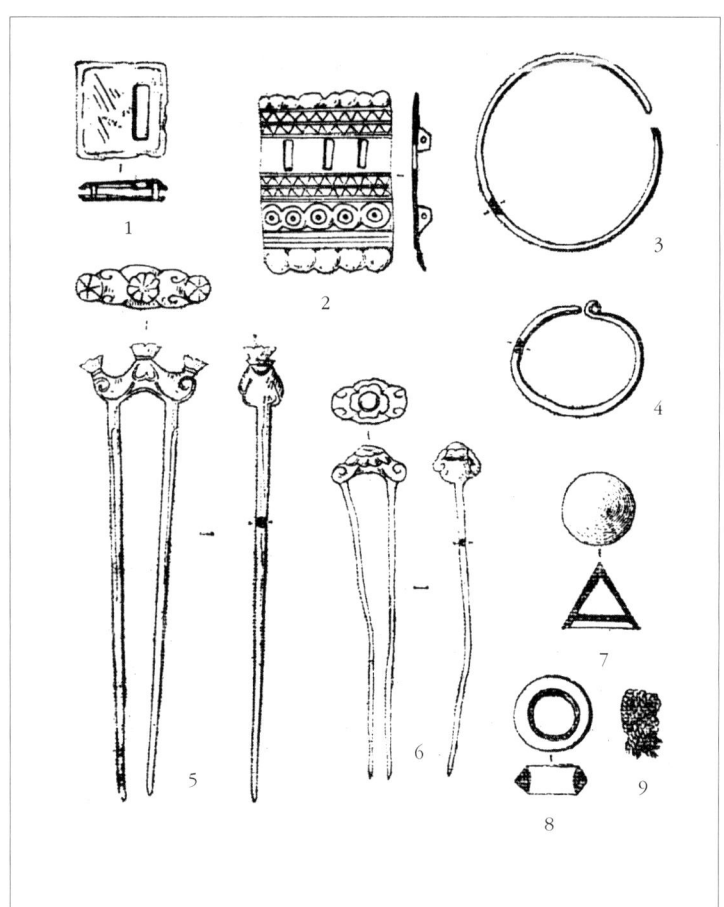

그림 17 은기 및 청동기(『발해사연구』 3)
(1. 청동띠꾸미개(M2:04) 2. 청동패식(M2:03)
3. 청동팔찌(M11:1) 4. 은귀걸이(M1:9)
5·6. 청동동곳(M4:2, M4:1) 7. 청동장식(M1:25)
8. 청동고리(M1:8) 9. 청동고리에 꿴 끈)

(22) 고리(M1 : 23, 그림 16-11)

① 출토지
○ 동청1호묘.

② 형태
○ M2 : 5(그림 16-10) 보다 크기와 굵기가 더 큰 쇠고리로 추정되는데 현재 고리가 끊어진 상태임. 마구에서 사용되던 고리로 추정됨.

(23) 불명 철기(M1 : 27, 그림 19-3)

① 출토지
○ 동청1호묘.

② 크기
○ 잔존 길이 6.6cm. 중간부분은 너비 1.5cm, 두께 0.6cm.

③ 형태
○ 자루 붙은 칼모양을 이루고 표면은 몹시 삭아서 밋밋하지 못하고 앞뒤 끝부분도 떨어져 없어짐.

3) 은기

(1) 귀고리(M1 : 9, 그림 17-4)

① 출토지
○ 동청1호묘.

② 크기
○ 굵기 0.3cm, 직경 3.5～4.2cm.

③ 형태
○ 고리 형태로 타원형을 이룸. 두 끝이 좀 열렸는데 한쪽 끝은 작은 고리모양으로 구부렸음.

4) 청동기

(1) 패식(M2 : 03, 그림 17-2)

① 출토지
○ 동청1호묘.

② 크기
○ 길이 6cm, 너비 4.5cm, 두께 1.5cm.

③ 형태
○ 푸른 구리녹으로 덮여 있음. 온전한 형태.
○ 대체로 장방형을 이루는데 높고 낮은 양각과 투각수법이 유기적으로 결합된 주조품임.
○ 패식 아래와 위의 끝부분은 각기 가로 한 줄로 연결된 복숭아와 구슬모양의 돋음무늬로 되어 있고 잇닿은 안쪽부분에는 가로로 줄지은 작은 삼각형구멍이 뚫려 있음.
○ 몸체상반부의 중간부분에는 좁고 긴 장방형의 구멍 3개가 가로 한줄로 뚫려 있으며 아래와 위쪽에는 가로 두 줄의 작은 오목 삼각형 떼로 이루어진 가름무늬가 있음.
○ 몸체하반부의 중간부분에는 다섯 개의 가로로 연결된 옅은 무늬 동심원이 있고 동심원의 아래 위쪽 사이마다 다시 삼각형의 작은 구멍이 있고 그 아래에는 가로로 평행한 세 줄의 음각 줄무늬가 있음.
○ 패식뒷면 네 모서리 부근에는 꿸 수 있게 작은 구멍이 뚫려있는 엷고 작은 고리가 각각 하나씩 붙어 있음.

(2) 팔찌(M11 : 1, 그림 17-3)

① 출토지
○ 동청1호묘.

② 크기
○ 고리 직경 6.0～6.5cm, 굵기 0.4cm.

③ 형태
○ 납작한 고리모양으로 굽혀서 제작함.
○ 팔찌 안쪽은 밋밋하고 바깥쪽은 호형으로 단면은 'D'에 가까움.
○ 팔찌 표면은 녹색의 구리녹을 씻어내니 광택을 띤 흑동색을 띰.

(3) 동곳(M4 : 1, 그림 17-6)

① 출토지
○ 동청4호묘의 머리뼈 부근.

② 크기
○ 대가리 너비 2.2cm, 굵기 1.2cm, 높이 1.2cm. 가닥 길이 9.4cm, 직경 0.2cm.

③ 형태
○ 표면에는 청록색 구리녹이 덮여 있음.
○ 전체 모양이 거꾸로 놓은 'U'자형이며, 대가리부분은 중간이 솟아오른 코망울형으로 도금함. 대가리부분 평면윤곽을 보면 가운데에 네 잎의 연꽃돋음무늬가 있고 그 바깥변두리에 다시 구름무늬가 시문됨. 끝은 뾰족함.

(4) 동곳(M4 : 2, 그림 17-5)

① 출토지
○ 동청4호묘의 머리뼈 부근.

② 크기
○ 대가리 높이 2cm, 너비 4cm, 두께 1.5cm. 꼭지 직경 1cm. 가닥 길이 13.6cm, 두 가닥 사이의 거리 0.6~1.7cm.

③ 형태
○ 표면에는 청록색 구리녹이 덮여 있음.
○ 전체 모양이 거꾸로 놓은 'U'자형에 가까움. 대가리 부분에 '山'자형의 새김무늬가 하나씩 있음. 꼭지들 사이의 가로 이음면에는 구름무늬를 시문함.

(5) 띠꾸미개(M2 : 04, 그림 17-1)

① 출토지
○ 동청2호묘.

② 크기
○ 길이 3.2cm, 너비 2.8cm, 두께 0.6cm.

③ 형태
○ 장방형. 아래쪽에 1.8×0.6cm 되는 좁고 긴 장방형의 작은 구멍이 뚫려 있음. 앞뒤 잎은 네모서리에 각기 하나의 고정못으로 이어지고 속은 비어 있음.

(6) 장식(M1 : 25, 그림 17-7)

① 출토지
○ 동청1호묘.

② 크기
○ 밑너비 1.05cm, 높이 1cm, 두께 0.1~0.2cm.

③ 형태
○ 속 아랫부분에 굵기가 0.2cm인 구리줄이 가로로 붙어 있음.

(7) 고리(M1 : 8, 그림 17-8)

① 출토지
○ 동청1호묘.

② 크기
○ 바깥직경 1.2cm, 높이 1cm, 두께 0.1~0.2cm, 고리 두께 0.5cm.

③ 형태
○ 고리 안쪽은 좀 밋밋하고 바깥은 두드러지게 나왔는데 그 단면은 삼각형에 가까움.

5) 옥돌장식

(1) 구슬(M1 : 1, 그림 18-2)

① 출토지
○ 동청1호묘.

② 크기
○ 높이 2cm, 너비 1.9cm, 두께 1cm.

③ 형태
○ 얼룩진 황회색 바탕에 청록색무늬가 섞인 마노로 제작됨.
○ 모양은 납작한 원형에 가까우며 아래와 위의 끝은

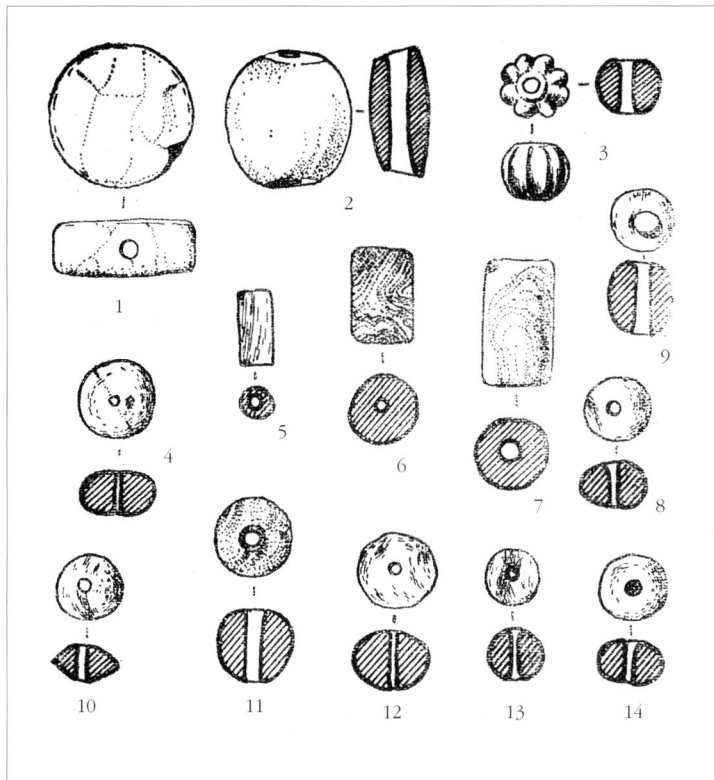

그림 18 치레거리(『발해사연구』 3)
1. 수정구슬(M1:6) 2. 옥구슬(M1:1)
3. 벽옥구슬(M1:33) 4. 마노구슬(M2:05)
5. 벽옥구슬(M1:28)
6·7. 호박구슬(M1:29, M1:30)
8. 호박구슬(M1:35) 9. 벽옥구슬(M1:31)
10. 호박구슬(M1:34) 11. 옥구슬(M1:7)
12·13·14. 호박구슬(M1:37, M1:33, M1:36)

비스듬한 작은평면으로 간 후 두 평면과 구슬높이를 관통시키는 직경 0.4cm인 구멍을 뚫었음.
○ 몸체의 횡단면은 좁고 길며 중간이 조금 도드라졌음.

(2) 구슬(M1 : 6. 그림 18-1)

① 출토지
○ 동청1호묘.

② 크기
○ 직경 2.2cm, 두께 0.9cm.

③ 형태
○ 투명한 수정석으로 정교하게 제작함.
○ 원판모양을 이루었는데 다시 그 두께중심에서 아래 위로 곧게 관통된 구멍을 뚫었음. 몸체에는 틈무늬가 적지 않게 확인됨.

(3) 구슬(M2 : 06; M1 : 7·31·34~37. 그림 18-4; 그림 8~14)

① 출토지
○ 동청1호·동청2호묘.

② 크기
○ 직경 0.9~1.2cm.

③ 형태
○ 평면 윤곽이 모두 중심에 작은 구멍이 뚫린 원형.
○ 단면을 보면 두께 등 모양에 따라 구별됨. 두께가 직경의 절반에 가까워 0.6cm 되는 주산알모양(M1 : 34),

두께가 0.7~0.9cm로서 그 직경의 절반을 좀 초월한 납작한 것, 높이가 직경과 같거나 0.1cm 정도 더 큰 공 모양 등으로 구별됨.
○ 바탕질과 색깔로 구분하면 주홍색을 띤 호박질로 된 것이 제일 많고, 남흑색 혹은 거기에 자연적인 조개무늬가 섞인 반투명 벽옥으로 된 것이 있음.

(4) 구슬(M1 : 32, 그림 18-3)

① 출토지
○ 동청1호묘.

② 크기
○ 바깥 직경 및 높이 0.9cm, 작은 구멍의 직경 0.2cm.

③ 형태
○ 짙은 녹색의 반투명 벽옥으로 제작.
○ 아래와 위쪽은 대칭되는 두 개의 작은 평면으로 되어 있으며, 그 중심은 작은 구멍이 관통함.
○ 호형으로 된 몸체는 여덟 개의 볼록한 능이 높이를 따라 세로로 균일하게 다듬어져 있음. 그 평면은 매화꽃과 유사.

(5) 대롱구슬(M1 : 28, 그림 18-5)

① 출토지
○ 동청1호묘.

② 크기
○ 길이 1.2cm, 전체 직경 0.5cm, 구멍 직경 0.2cm.

③ 형태
○ 회백색의 불투명한 옥돌로 제작.

(6) 대롱구슬(M1 : 29·30, 그림 18-6·7)

① 출토지
○ 동청1호묘.

② 크기
○ 길이 1.5~2cm, 전체 직경 1.0~1.1cm, 구멍 직경 0.2~0.3cm.

③ 형태
○ 물결문 속무늬(暗文)가 섞인 주홍색 반투명 호박으로 제작.

6) 기타

(1) 뼈빗(M4 : 3, 그림 19-1)

① 출토지
○ 동청4호묘.

② 크기
○ 빗몸 잔존 길이 7.3cm, 너비 3.4cm, 두께 0.8cm. 빗살 잔존 길이 3.2cm, 두께 0.1cm. 뿌리쪽 너비 0.2cm. 빗살 끝너비 0.1cm.

③ 형태
○ 부식 정도가 심하여 좌우 양쪽 끝부분과 빗살 끝부분이 이미 삭아 떨어졌음.
○ 빗몸의 남은 부분은 대체로 장방형에 가까움. 빗몸은 큰짐승의 갈비뼈를 갈아서 제작. 단면은 가운데가 좀 두드러져 대체로 실북모양임. 빗몸의 밑변에는 다시 좁은 홈을 침으로써 빗살의 뿌리 쪽을 끼워 넣을 수 있게 되어 있음.
○ 빗살 역시 뼈로 제작. 뿌리 쪽은 같은 사개로 맞물린

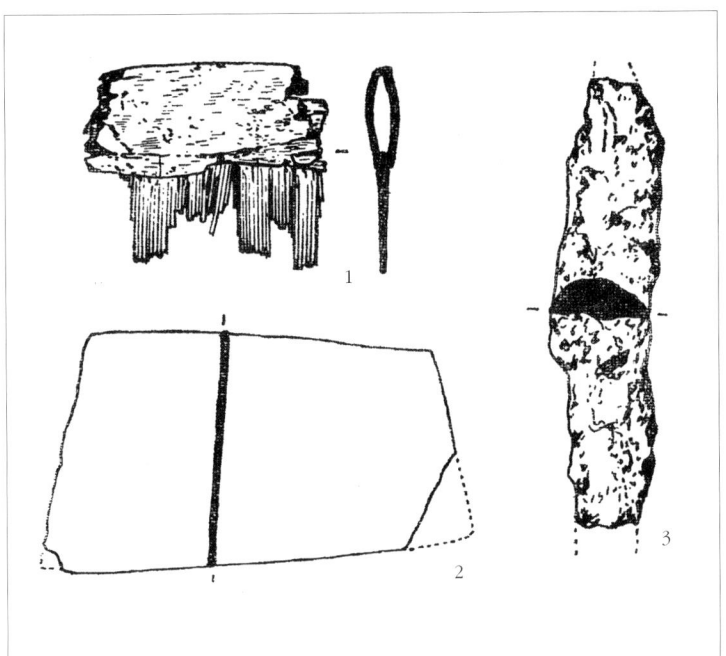

그림 19 기타 유물(『발해사연구』 3)
1. 뼈빗(M4:3) 2. 옻칠 조각(M1:24) 3. 불명 철기(M1:27)

통일체이고 맞물림 아래쪽으로부터 균일한 간격을 두고 어인 빼곡한 빗살체를 이루고 있음. 모양은 납작하고 길쭉함. 빗살의 밀도는 매 1cm 폭에 8살 정도임.
○ 현재 남은 몸체에 붙어 있는 빗살 수는 45살인데 몹시 삭아서 끊어졌거나 부스러진 것이 적지 않음.
○ 빗은 4호무덤에서 청동 동곳에 꽂힌 채로 출토되었는데 빗몸체 일부에는 유약을 칠한 듯한데 연녹색 광택이 남.

(2) 옻칠 조각(M1 : 24, 그림 19-2)

① 출토지
○ 동청1호묘 밑층의 동쪽 목관 부근.

② 크기
길이 6.7cm, 너비 3.7cm, 두께 0.1cm.

③ 형태
○ 한귀가 떨어져나간 제형에 가까운 형태.

○ 엷은 껍질모양으로서 표면이 반들반들하며 출토 당시 가지색을 띠었으나 시간이 지남에 따라 짙은 밤색을 띠고 있음.

7. 역사적 성격

1) 매장 풍속

동청 무덤의 매장습속을 보면 단인장, 다인합장 또는 화장무덤 등이 있음. 단인장은 모두 3기로 1차장이고 머리 방향은 북쪽에 두었음. 다인합장은 모두 5기로 1호묘 및 9호묘의 매장 형식이 특히 주목됨. 1호묘에 매장된 유골은 17개체 달하는데 모두 2차장으로 상·하 두층으로 나누어 매장하였음. 상층에는 목관을 사용하지 않은 10개체의 인골이 무질서하게 묻혀 있음. 하층에는 세 개의 목관을 동서로 나란히 놓고 각 관에는 2~3개체의 2차장 유골이 있었음. 이는 발해무덤에서 볼 수 없던 양상임. 부장품 출토정황상 하층 세 목관의 매장자들은 같은 신분계층으로 친족관계로 추정되며,

상층 10개체의 유골은 목관도 사용되지 않고 부장품도 없어 하층 매장 인물들보다 신분이 낮은 계층으로 하층에 매장된 신분층에 예속된 노비 계층으로 추정.

다인장 가운데 1차단인장과 2차2인장의 혼합장(4호묘), 1차2인합장(10호묘), 2차2인합장(11호묘), 다인화장(8호묘), 1차2인합장과 1인화장의 혼합장(9호묘) 등이 있음. 9호묘는 2개체의 1차장 주검을 머리쪽을 남·북으로 서로 엇바꾸어 중첩되게 묻는 매장형식이 주목됨. 다인장 무덤에서 이와 같은 매장방식은 연변지구 청동기시대 무덤들의 특징임(용정시 덕신향 금곡 A구역 8호묘 및 13호묘, 도문시 양수진 신흥동 11호묘). 이런 매장습속은 이 지방 청동기시대 매장습속의 유습으로 생각됨.

2) 유물 성격

무기나 마구 등은 고구려 문화의 영향, 토기는 말갈문화의 영향이 보임. 이는 이 일대가 북옥저나 백산 말갈인들의 활동구역이면서 고구려 통치구역이었다는 점, 발해초기 주민이 고구려유민과 말갈인으로 구성된 양상 등을 보여주고 있음.

1호묘 등자 3점 가운데 2점은 한 쌍인데 등자의 모양이 집안에서 출토된 고구려 금동 등자와 유사하며 신라 천마총에서 나온 목심 금동피 등자와도 유사. 재갈, 재갈멈추개, 고삐이음쇠의 제작방법이나 모양이 고구려 유물로 추정되는 본계 소시 진묘와 유사함. 1호묘와 3호묘 및 문화층에서 나온 뱀머리모양 화살촉은 집안 일대의 고구려 유적의 창끝이나 화살촉과 유사함.

토기 가운데 호는 대다수 몸체가 가늘고 길며 배가 약간 부르고 구연이 외반하였고, 무문이고, 이중구연부임. 이런 유형의 호는 보통 '말갈단지'로 분류되며 돈화 육정산무덤이나 화룡 북대무덤에서도 일부 출토됨. 토기편 가운데 구연 아래쪽에 한 줄의 덧무늬 또는 덧무늬 위에 세로로 촘촘히 그은 무늬가 보이는데 이런 유형의 호는 길림시 양둔 대해맹무덤에 많이 출토됨. 이는 속말말갈의 초기 문화유물로 비정됨.

그 외 대다수 유물은 발해유물의 특징을 보임. 4호묘의 청동 동곳 가운데 머리부분에 도금한 동곳은 형태가 북대 발해무덤 출토품과 유사하고, 머리부분에 3개의 돌기가 달려 '山'자형 모양인 동곳은 화룡현 용해발해무덤이나 집안 발해무덤의 출토품과 유사. 뼈로 만든 빗은 발해유적이나 무덤에 출토된 사례가 없어 중요한 유물임. 1호·2호·9호묘의 철제 또는 청동제 띠고리, 방형 띠꾸미개, 띠끝장식, 띠드리개 등의 띠부속품이나 장식품이 출토됨. 띠고리, 방형 띠꾸미개, 띠끝장식 등은 발해무덤에 흔히 보이는 형태임. 2호묘에서 출토된 청동패식은 길림 양둔 대해맹과 집안 동대자 등지에서 출토된 바 있음.

3) 발해의 주요 교통로

동청유적과 무덤은 장백산 지구의 중요 발해유적으로 안도-송강 도로, 돈화-송강 도로의 교착점, 즉 주요 교통요지에 자리하고 있음. 동청 이남의 장백산구(안도현 경내)에는 송강 부근의 고려성유적, 양렴산성 등 발해유적이 있고 이도백하진 부근에는 보마고성이 있으며 동청유적 동북쪽 고동하 유역의 맘보향 신흥촌에도 발해 유적이 있음.

발해시기 발해 구국(돈화 오동성)으로부터 또는 중경(화룡 서고성) 혹은 상경(흑룡강성 영안현 발해진고성)으로부터 압록강 수로를 통해 당나라 장안을 왕래하는 조공도에서 반드시 동청일대를 거쳐야만 했음. 따라서 동청 일대는 발해시기 조공로상 역참 역할을 담당하였을 것임. 이곳은 발해국 중경현덕부 산하의 興州로 비정하고 있음.

4) 고분군 내의 축조 순서

동청 고분군은 구조와 유물상 발해 초기 특징을 갖지만 무덤들 간의 일정한 차이성을 나타내고 있음. 이는 무덤 피장자의 신분상 차이나 시간상 선후관계로 인한 것으로 추정됨. 5호묘 및 6호묘와 같이 석실봉토묘는 수혈식토갱묘인 7호묘 위에 놓여 있음. 즉 수혈식토갱묘가 석실봉토묘에 앞선 시기에 조영된 것임. 계단식 방단석광적석묘인 8호묘와 방단석광봉토묘인 1호묘는 유물양상 등을 통해 1호묘가 8호묘보다 시기가 늦은 것을 알 수 있음. 봉토석실묘는 발해무덤으로 시기상 가장 늦은 무덤임. 매장습속상 7호묘나 8호묘 같이 완전히 화장을 한 무덤이 기타 화장하지 않는 무덤들보다 상대적으로 이른 시기로 보임.

5) 고분의 조성연대

(1) 연변박물관(1993)

동청 일대에서 조사 발굴된 유적과 무덤들은 출토된 유물 특성상 모두 발해시기로 추정. 동청 고분군은 동청 유적에 살며 활동하던 발해인들의 공동묘지임.

무덤은 대체로 강돌이나 깬 돌로 축조하였는데 이는 발해무덤에서 흔히 볼 수 있는 특징임. 그러나 동청 고분군 가운데는 발해무덤에서 흔히 보이는 석광봉토묘나 석실봉토묘 이외에 1호묘, 3호묘, 8호묘와 같은 돌기단 적석무덤이 있으며, 7호묘와 같은 수혈식 토갱묘도 있음. 돌기단이 있는 적석무덤 가운데 8호묘는 깬돌로 무덤구역 둘레를 쌓고 그 안에 강돌을 70cm 정도의 두께로 깔고 그 위에 다시 무덤 칸을 쌓았음. 무덤 칸 위에는 강돌이나 막돌을 모아 덮었음. 분구 위에는 10cm 정도의 부식토가 덮였을 뿐 흙을 덮은 흔적은 보이지 않았음. 이 무덤은 무덤둘레의 기단, 무덤칸 외곽, 무덤칸 봉석의 3단계로 되어 있으며 무덤칸 남쪽의 문 양쪽에는 길쭉한 큰 판돌을 세웠음. 이 무덤은 계단식 돌기단이 있는 돌각담무덤으로 그 무덤형식은 고구려 무덤에서 많이 보이는 돌기단 적석무덤과 아주 유사함. 이는 고구려 무덤의 영향을 받았음을 반영하며, 시간적으로 발해 초기 무덤임을 보여줌.

(2) 이성제(2009)

돌로 기단을 쌓은 방식은 고구려 적석총과 같고, 고분이 자리하는 입지 조건으로 미루어 고구려시기 무덤군으로 파악.

그런데 돌로 쌓은 기단이나 계단상의 분구를 가진 무덤의 경우 매장부가 분구 중에 위치하지 않을 뿐 아니라, 다인다차에 걸친 합장이며, 화장 등의 장속을 보이며, 16호묘에서 출토된 등자나 2호묘에서 출토된 허리띠 장식이나 4호묘에서 출토된 소위 山字形 장식의 머리 장식은 발해의 전형적인 유물이므로, 고구려시기에 조성된 무덤으로 보기는 어려움. 뿐만 아니라 돈화 육정산 205호묘과 206호묘, 그리고 화룡 용해5호묘도 이와 유사한 적석분구의 석실구조를 가진 무덤이므로 고구려보다는 발해 고분으로 보는 것이 더 적절할 것으로 추정됨. 다만, 인근 토성지, 적석분구라는 점에 초점을 둔다면 발해의 고구려 계승을 보여주는 증거로 볼 수는 있음(강현숙).

참고문헌

- 吉林省文物志編委會, 1985, 「安圖縣文物志」.
- 國家文物局 主編, 1993, 『中國文物地圖集』 吉林分冊, 中國地圖出版社.
- 연변박물관, 1992, 「동청발해무덤발굴보고」, 『발해사연구』 3, 연변대학출판사.
- 이성제, 2009, 「高句麗와 渤海의 城郭 운용방식에 대한 기초적 검토」, 『高句麗渤海研究』 34.

2
성곽

01 안도 대립자산성
安圖 大砬子山城

1. 조사현황

1983~1985년 吉林省 각 市·縣 文物志 편찬을 위한 문물 조사과정에서 大砬子山城도 조사됨.

2. 위치와 자연환경(그림 1)

1) 지리위치
○ 吉林省 安圖縣 明月鎭 大砬子村에 위치하는데, 수계상으로는 豆滿江 지류인 布爾哈通河의 상류 지역으로 두만강 유역에서 牡丹江 유역으로 나아가는 경계지대임.
○ 明月鎭에서 동북쪽으로 布爾哈通河의 지류인 長興河 골짜기를 따라 약 5km 정도 가면 동쪽을 향해 뻗어 있는 높이 약 30m의 大砬子山이 있는데, 大砬子山의 동단에 산성이 축조됨.
○ 산성에서 남쪽으로 약 1.5km 떨어진 지점에 大砬子村이 있음. 大砬子村 동쪽에는 小明月溝(豊産村)가 있는데, 龍井市 三道灣鄕을 지나 延吉까지 이어짐.[1]
○ 明月鎭에서 長興 방면으로 통하는 도로가 산 밑 바로 옆으로 지나가고 있는데, 長興河와 평행을 이루면서, 산성 북·동 양측을 지나감.
○ 산성 서부는 완만한 구릉인데, 長興 방면으로 통하는 구도로가 산성 서측의 고개를 넘어가고 있음.

2) 자연환경
○ 서쪽은 長興溝인데, 哈爾巴嶺을 넘어 敦化 大石頭, 汪淸 蛤螞塘, 黑龍江省 寧安 鏡泊湖 일대와 이어짐.
○ 산언덕의 서북부는 높은 산과 이어져 있고, 그 나머지 세 면은 개활한 하곡평지임.

3. 성곽의 전체현황(그림 2)

○ 산성 동·북 양측은 여러 해 동안 이루어진 채석으로 인해 인공절벽으로 변함.
○ 평면은 사다리꼴에 가까운데, 각 성벽 길이는 동벽 42m, 남벽 86m, 서벽 140m, 북벽 75m로 전체 둘레는 약 340m이며, 보루성에 가까움.
○ 성내 동쪽에 작은 성이 붙어 있는데, 두 성이 서로 접해 있는 곳의 두 성벽은 평행함. 작은 성은 서벽 길이 42m, 남벽의 남은 길이 12.6m이고, 동단과 북단은 낭떠러지임.
○ 성 안은 모두 경작지로 개간되어 유적과 기타 시설은 보이지 않음.

---

[1] 王禹浪·王宏北(1994)은 '大砬子村 동쪽에는 小明月溝村(豊産村)이 있는데, 여기에서 龍井縣 三道灣鄕으로 통하는 도로가 延吉까지 이어진다'고 기록함.

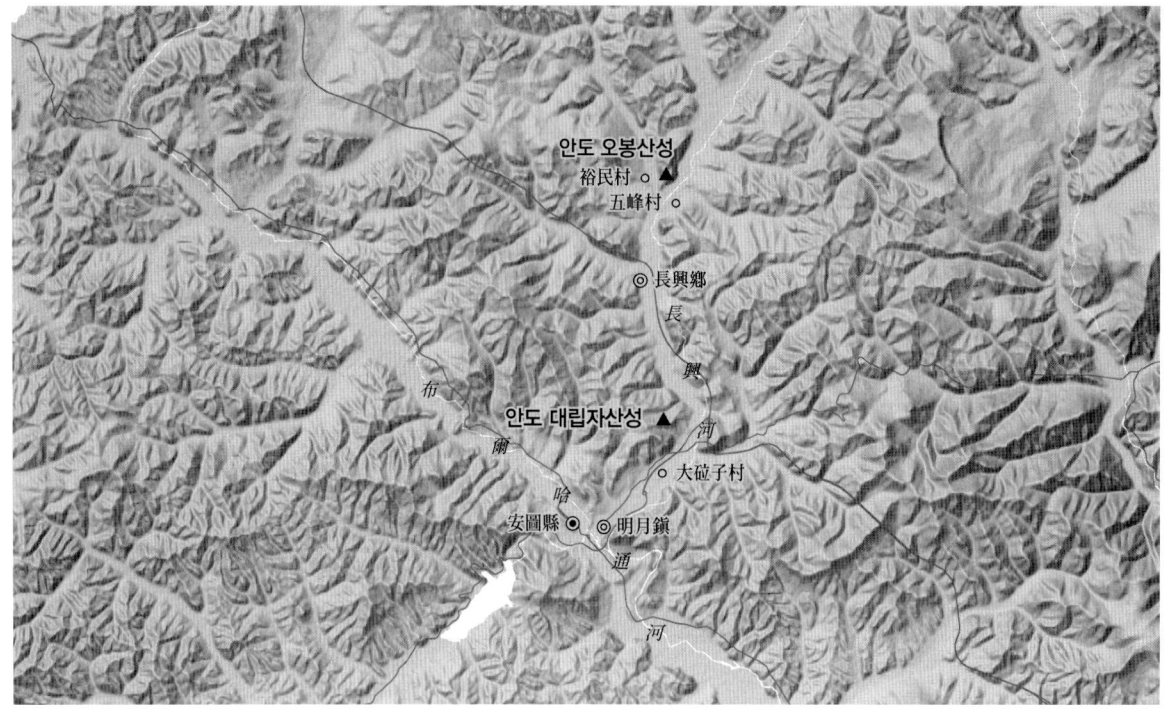

그림 1 대립자산성 위치도

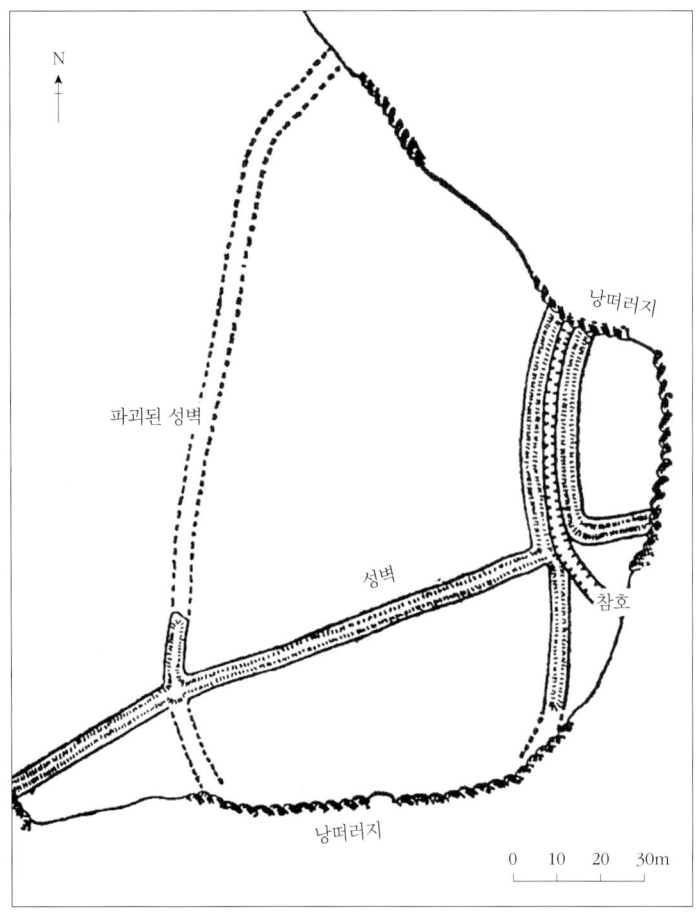

그림 2 대립자산성 평면도
(吉林省文物志編委會, 1985, 49쪽)

4. 성벽과 성곽시설

1) 성벽
○ 여러 해 동안의 채석으로 인해 인공절벽으로 변한 동·북 양측에는 성벽이 남아 있지 않음. 북벽과 서벽은 계단식 밭으로 개간되면서 파괴되어 거의 남아 있지 않음. 남벽만 보존상태가 아직 양호함.
○ 성벽은 절벽을 따라 축조했는데, 기단은 흙으로 다졌고, 윗부분은 돌을 쌓았음. 기단 너비는 6m, 높이는 약 2m임.
○ 남벽 서단에는 성벽 한 줄기가 산 아래로 뻗어 있는데, 길이는 39m임. 남벽 외측은 너비 20~30m의 평탄지이고, 그 남단은 낭떠러지인데, 평지 주위에 높이 0.5m 정도의 성벽 흔적이 있음.
○ 작은 성의 동·북 두 성벽은 남아 있지 않음.

2) 참호
산성과 동쪽 작은 성의 성벽 중간에 너비 6m, 깊이 1m의 참호(壕溝)가 있음. 그 남쪽으로는 산 아래와 통함.

5. 출토유물

1) 철기
지역주민들의 말에 의하면 만주국 시기에 도로를 닦을 때, 철제화살촉두와 철제솥 등이 발견되었다고 함(吉林省文物志編委會, 1985; 延邊博物館, 1988; 王禹浪·王宏北, 1994). 두 철기 유물을 발해시기의 유물로 보기도 함(楊雨舒, 2005).

2) 토기
성내 지면에는 물레로 제작한 황갈색 혹은 회색의 니질 토기편이 흩어져 있는데, 대상파수(橋狀耳)편과 구연부편(卷沿陶器口沿部)이 있음. 그 외에 태토(陶胎)가 흰색인 토기편이 있음.

6. 역사적 성격

大砬子山城은 豆滿江 지류인 布爾哈通河의 상류 지역에 위치하였는데, 이 일대는 두만강과 목단강 유역의 경계지대로 고구려시기에는 두만강 하류의 柵城과 북류 송화강 중류의 扶餘城을 잇는 전략적 요충지에 해당함. 그러므로 고구려가 이 지역으로 진출한 다음 성곽을 축조했을 가능성이 상당히 높음. 이에 大砬子山城도 성의 축조형태나 출토유물상 고구려나 발해가 축조하여 遼·金代까지 연용하였을 것으로 추정하기도 함(王禹浪·王宏北, 1994, 91~92쪽).

다만 大砬子山城에서는 아직 고구려시기라고 단정할 만한 유물은 출토되지 않았고, 발해시기의 지압문 암키와와 遼·金시기의 유물이 출토된 상태임(정영진, 1999). 이에 일반적으로 大砬子山城은 발해가 축조하여 遼·金이 연용하였다고 파악하는데(吉林省文物志編委會, 1985; 延邊博物館, 1988; 國家文物局, 1993; 방학봉, 2002; 魏存成, 2002), 성곽의 축조시기나 그 성격을 규명하기 위해서는 향후 면밀한 고고조사가 필요함.

참고문헌
- 吉林省文物志編委會, 1985, 『安圖縣文物志』, 吉林省文物志編修委員會.
- 延邊博物館, 1988, 『延邊文物簡編』, 延邊人民出版社.
- 國家文物局, 1993, 『中國文物地圖集』 吉林分冊, 中國地圖出版社.
- 王禹浪·王宏北, 1994, 『高句麗·渤海古城址研究匯編』(上), 哈爾濱出版社.
- 정영진, 1999, 「延邊地域의 城郭에 대한 연구」, 『고구려연구』 8.
- 방학봉, 2002, 『발해성곽연구』, 연변인민출판사.
- 魏存成, 2002, 『高句麗遺蹟』, 文物出版社.
- 李强·侯莉閩, 2003, 「延邊地區渤海遺存之我見」, 『北方文物』 2003-4.
- 楊雨舒, 2005, 「渤海國時期吉林的鐵器述論」, 『北方文物』 2005-3.

02　안도 오봉산성
安圖 五峰山城

1. 조사현황

2007년 12월 28일 延邊朝鮮族自治州 文物保護單位로 지정됨.

1) 1982년
○ 조사자 : 엄장록, 정영진.
○ 조사내용 : 산성을 측량하고 발해·遼·金시기의 유물을 발견함.

2) 1983~1985년
○ 조사기관 : 吉林省文物局.
○ 조사내용 : 1983년~1985년 吉林省 각 市·縣 文物志 편찬을 위한 문물 조사과정에서 五峰山城도 조사함.

2. 위치와 자연환경 (그림 1 ~ 그림 2)

1) 지리위치
○ 五峰山城은 吉林省 安圖縣 明月鎭 북쪽 長興鄕 五峰村에서 북쪽으로 500m 떨어진 島(安)-明(月鎭) 도로변의 五峰山에 위치하는데, 수계상으로는 豆滿江 지류인 布爾哈通河의 상류 지역에 해당함.
○ 산성 남부에는 五峰村이 있고, 서부의 좁고 긴 窩集溝 西端에는 裕民村이 있음. 五峰山城 주변에는 大砬子山城과 長興東山 봉화대 등의 유적들이 분포하고 있음.

2) 자연환경
○ 산성 동부에는 개활한 島安분지가 펼쳐져 있음.
○ 산성 서부에는 좁고 긴 窩集溝가 있음.
○ 산성 북쪽으로는 기복이 있는 산들이 첩첩으로 펼쳐져 있음.
○ 산 아래로는 布爾哈通河 지류인 長興河가 흐르고 있음.

3. 성곽의 전체현황 (그림 3)

○ 산성 내부는 산골짜기인데, 남면이 산골짜기 입구임.
○ 산성은 산등성이의 방향을 따라 축조했는데, 방향은 서남향 220°임.
○ 포곡식(簸箕型) 산성으로 산성의 평면은 나뭇잎 모양임.
○ 둘레는 약 2,000m인데, 성내에 둘레가 약 80m인 작은 성이 있음.
○ 보존상태는 비교적 양호함.

4. 성벽과 성곽시설

1) 성벽
○ 성벽은 산등성이를 따라 축조함.
○ 보존상태는 비교적 양호한데, 토석혼축임.

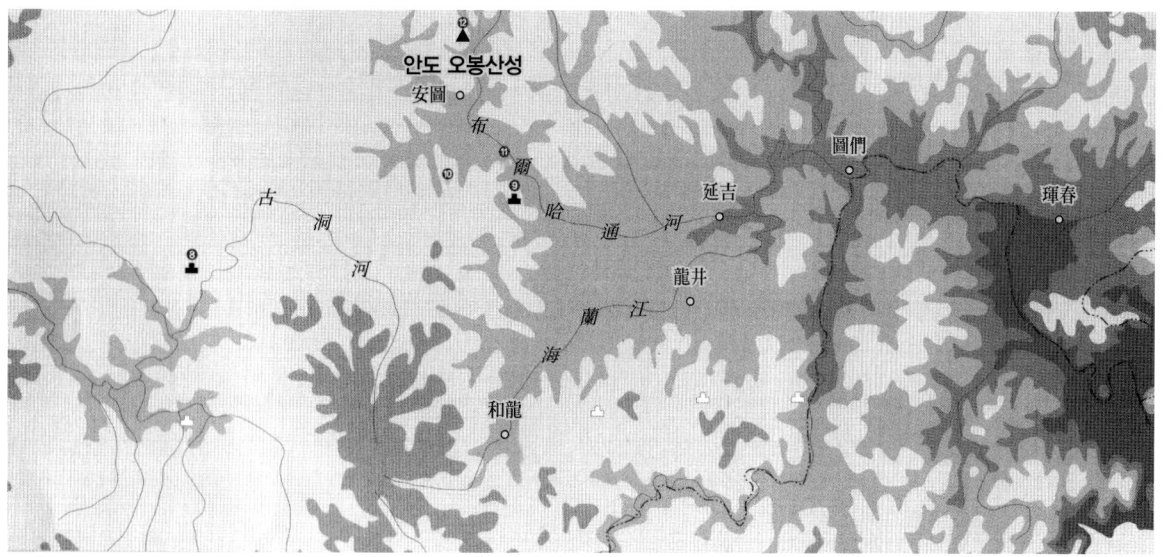

그림 1 오봉산성 위치도 1

그림 2 오봉산성 위치도 2

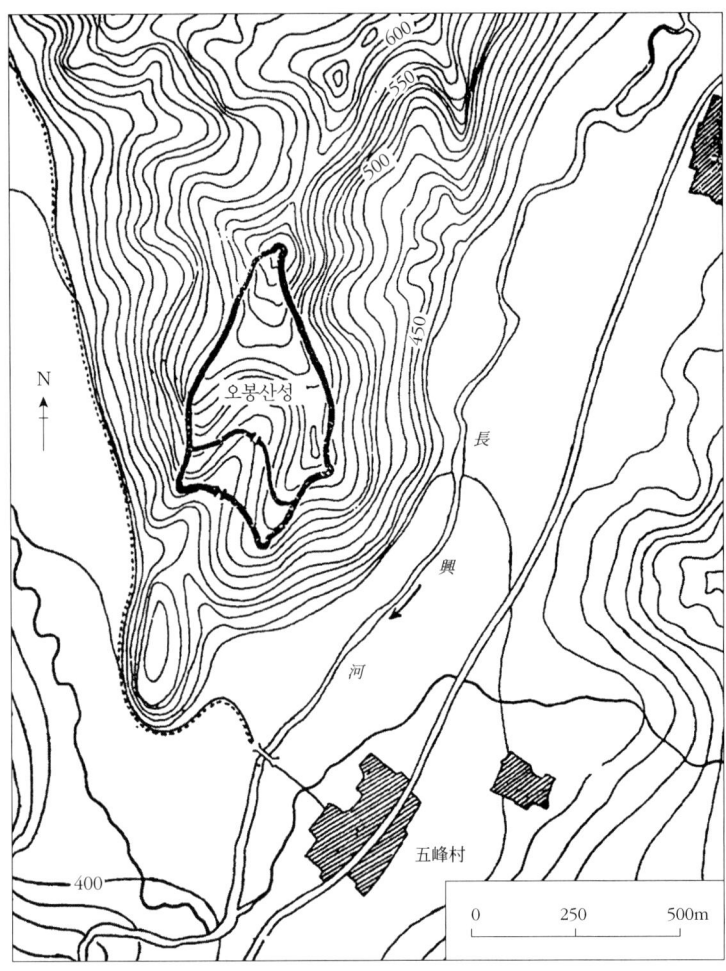

그림 3 오봉산성 평면도
(吉林省文物志編委會, 1985, 48쪽)

2) 성문

산성 성문지는 (서)남부의 자연적으로 형성된 트인 곳(豁口)에 위치하는데, 너비는 17m임. 성문을 나가면 窩集溝에 이름. 성문을 보호하기 위해 성문 바깥에[1] 한 줄기의 성벽을 더 축조하면서 이중문의 구조를 갖추고 있는데, 두 성벽 간의 거리는 150m임.

3) 망대(瞭望臺)

○ 동벽 중부와 북부는 감제고지로 각각 망대가 축조되어 있는데, 돌과 흙을 섞어 쌓았음. 그 위에 올라가면 주변 정황이 한눈에 들어옴.

○ 남쪽으로 뻗은 산언덕 끝에도 망대가 있음.

4) 角樓

角樓 1곳이 있는데, 돌과 흙을 섞어 쌓았음.

5) 치

성벽 네 면에서 치 4개가 발견됨. 이 치에 대해서 角樓로 파악하는 견해도 있음(王禹浪·王宏北, 1994).

---

[1] 성 안이라는 기록이 있음(林直樹, 1994; 동북아역사재단, 2010).

5. 성내시설과 유적

1) 건물지
○ 산성 내 북벽[2] 아래에 동서 약 30m, 남북 약 20m의 평평한 대지가 있음. 그 윗면에는 비교적 많은 벽돌·기와류 등 건축자재들이 흩어져 있는데, 산성의 중요 건물지로 추정됨(吉林省文物志編委會, 1985; 延邊博物館, 1988; 王禹浪·王宏北, 1994; 동북아역사재단, 2010).
○ 북벽 아래의 평평한 대지 서남쪽으로 30m 떨어진 지점에 있는 저수지에서 동쪽 50m 떨어진 지점에 작은 토성이 발견되었는데, 동서 길이는 19m, 남북 너비는 18m, 殘高는 1m임. 문지는 남벽 가운데에 있음. 이 건물지는 산성을 지휘하는 인물의 관저로 추정됨(吉林省文物志編委會, 1985; 延邊博物館, 1988). 두 번째 줄기의 성벽을 지나 북쪽으로 가면 산골짜기 양측에 인공으로 축조한 여러 개의 평평한 대지가 있는데, 건물지의 흔적이 남아 있음. 건물지 위에서는 기와편·토기편·회색 벽돌 등이 출토됨. 이들 건물지는 병영 혹은 주거지라고 볼 수 있음(吉林省文物志編委會, 1985; 延邊博物館, 1988).

2) 저수지
북벽 아래의 평평한 대지에서 서남쪽으로 30m 떨어진 지점에 직경 8m, 깊이 1.5m의 원형 구덩이가 있는데, 저수지로 추정됨(吉林省文物志編委會, 1985; 延邊博物館, 1988; 國家文物局, 1993; 王禹浪·王宏北, 1994; 동북아역사재단, 2010).

3) 개울
산성 중앙 산골짜기 가운데로 작은 개울이 남쪽으로 흐르고 있음.

---

[2] '동벽 아래'라는 기록(國家文物局, 1993), '서북편'이라는 기록이 있음(동북아역사재단, 2010).

6. 출토유물

○ 五峰村 주민들의 말에 의하면 일찍이 산성에서 철제화살촉이 발견되었다고 함. 화살촉을 발해시기의 유물로 보기도 함(楊雨舒, 2005).
○ 북벽 아래의 동서 약 30m, 남북 약 20m의 평평한 대지, 두 번째 줄기의 성벽을 지나 북쪽의 산골짜기 양측에 위치한 평평한 대지에서 회색의 포흔기와, 토기 손잡이, 장방형의 푸른 벽돌 등이 출토됨.
○ 출토된 토기는 泥質의 회색임.
○ 기와의 제작시기를 발해와 遼·金 시기로 보기도 함(嚴長錄, 1990).

7. 역사적 성격

五峰山城은 豆滿江 지류인 布爾哈通河의 상류 지역에 위치하였는데, 이 일대는 두만강과 목단강 유역의 경계지대로 고구려시기에는 두만강 하류의 柵城과 북류 송화강 중류의 扶餘城을 잇는 전략적 요충지에 해당함. 그러므로 고구려가 이 지역으로 진출한 다음, 이 일대에 성곽을 축조했을 가능성은 상당히 높음.

이에 오봉산성도 성의 입지와 형태상 고구려가 축조했고(林直樹, 1994; 東潮·田中俊明, 1995), 이를 발해와 遼·金이 연용하였다고 보기도 함(孫進己·馮永謙, 1989; 馮永謙, 1994; 王禹浪·王宏北, 1994). 특히 성곽의 입지조건과 축조방식이 蘇子河 유역에 위치한 新賓 五龍山城과 유사하다고 보기도 함(동북아역사재단, 2010). 또한 최근 〈李他仁墓誌銘〉에 나오는 고구려 후기 최고 지방관인 柵城 褥薩(都督) 李他仁이 관장했다는 12州 治所城의 하나로 비정하는 견해도 제기되었음(여호규, 2017).

그렇지만 아직까지 오봉산성에서는 고구려시기라고 단정할 만한 유물이 출토되지는 않았음. 이에 오봉산성에서 발해시기의 지압문 암키와와 遼·金시기의 유물이 출토된 사실을 근거로(정영진, 1999) 발해가 축조하였으며(楊雨舒, 2011), 그 이후 遼·金이 연용하였다고 보는 견해가 일반적임(吉林省文物志編委會, 1985; 延邊博物館, 1988; 嚴長錄, 1990; 國家文物局, 1993; 방학봉, 2002; 魏存成, 2002). 다만 성곽의 입지조건이나 형태상 고구려 성곽과 유사한 점이 많으므로 성곽의 축조시기나 그 성격을 규명하기 위해서는 향후 면밀한 고고조사가 필요함.

참고문헌

- 吉林省文物志編委會, 1985, 『安圖縣文物志』, 吉林省文物志編修委員會.
- 延邊博物館, 1988, 『延邊文物簡編』, 延邊人民出版社.
- 孫進己·馮永謙, 1989, 『東北歷史地理』 2, 黑龍江人民出版社.
- 嚴長錄, 1990, 「연변지구 발해시기의 옛 성터에 관한 고찰」, 『발해사연구』 1, 延邊大學出版社.
- 國家文物局, 1993, 『中國文物地圖集』 吉林分冊, 中國地圖出版社.
- 林直樹, 1994, 「中國東北部の高句麗山城」, 『靑丘學術論集』 5.
- 王禹浪·王宏北, 1994, 『高句麗·渤海古城址硏究匯編』 (上), 哈爾濱出版社.
- 馮永謙, 1994, 「高句麗城址輯要」, 『北方史地硏究』, 中洲古籍出版社.
- 東潮·田中俊明, 1995, 『高句麗の歷史と遺跡』, 中央公論社.
- 魏存成, 1999, 「길림성 내 고구려산성의 현황과 특징」, 『고구려연구』 8.
- 정영진, 1999, 「延邊地域의 城郭에 대한 연구」, 『고구려연구』 8.
- 방학봉, 2002, 『발해성곽연구』, 연변인민출판사.
- 魏存成, 2002, 『高句麗遺蹟』, 文物出版社.
- 李强·侯莉閩, 2003, 「延邊地區渤海遺存之我見」, 『北方文物』 2003-4.
- 楊雨舒, 2005, 「渤海國時期吉林的鐵器述論」, 『北方文物』 2005-3.
- 동북아역사재단, 2010, 『고구려성 사진자료집』(중국 길림성 동부).
- 楊雨舒, 2011, 「渤海國時期與遼·金時期的吉林城鎭」, 『遼寧工程技術大學學報』 2011-5.
- 여호규, 2017, 「두만강 유역 고구려 성곽의 분포현황과 지방통치의 양상」, 『역사문화연구』 61.

03 안도 오호산성
安圖 五虎山城

1. 조사현황

○ 1983~1985년 吉林省 각 市·縣 文物志 편찬을 위한 문물 조사과정에서 五虎山城도 조사함.
○ 延邊朝鮮族自治州 文物保護單位로 지정됨.

2. 위치와 자연환경(그림 1~그림 2)

1) 지리위치

○ 五虎山城은 吉林省 安圖縣 동남쪽의 石門鎭(鄕) 新豊村 五虎屯에 위치하는데, 茶條溝(村)에서 동남쪽 5km 거리의[1] 五虎山에 자리잡고 있음. 수계상으로는 豆滿江 지류인 布爾哈通河의 상류 지역에 해당함.
○ 동서방향으로 연이어진 5개 산봉우리(높이 약 300~400m)가 우뚝 솟아 있기 때문에 五虎山(五峰山)이라고 불렸음. 五虎山은 해발 650m인데, 산성은 동쪽에서부터 두 번째 봉우리에서 네 번째 봉우리에 이르는 산등성이 및 서남쪽으로 뻗은 지맥의 산등성이에 축조됨.
○ 長(春)圖(們) 철로가 五虎山 서부 협곡 사이를 우회하여 지나감. 산 동부에는 安圖에서 龍井으로 이어지는 도로가 산봉우리를 굽이굽이 돌면서 지나가고 있음. 산성이 위치한 지점은 敦化와 龍井, 延吉 간을 왕래할 때 반드시 거치는 길목에 해당함(동북아역사재단, 2010).

○ 산성 부근에 여러 기의 석실묘가 파헤쳐진 채 남아 있고, 적석묘와 유사한 돌무지가 여러 곳 있다고 알려짐(동북아역사재단, 2010).

2) 자연환경

○ 산성이 위치한 곳은 長(春)圖(們) 철도의 楡樹川驛과 茶條溝驛 사이의 우뚝 솟은 산봉우리가 環狀으로 연이어진 산간지대임.
○ 산성의 서면과 남면에는 布爾哈通河가 흐름.

3. 성곽의 전체현황(그림 3)

○ 성 안은 좁은 산골짜기이고, 골짜기 입구는 서남쪽에 있음. 골짜기의 동북부는 남·북으로 나뉘어 있음.
○ 산성으로 오르는 길은 두 갈래가 있음. 우선 철로가 延吉 방향의 도로와 갈라지는 곳에서 철로변으로 내려오는 오솔길이 있음. 이곳에서 가파른 골짜기를 타고 오르면 산성의 북쪽 구간에 이를 수 있음. 철도를 따라 布爾哈通河의 북안에서 五虎山의 골짜기 입구를 찾아 오르는 길도 있으나, 입구를 찾기가 쉽지 않음.
○ 산성은 험준한 산등성이를 이용하여 축조했는데, 포곡식 산성으로 평면은 대략 半月形 혹은 삼각형임. 전체 둘레는 약 5,000m임.[2]

---

[1] 石門鎭 楡樹川村(楡樹林)에서는 서북쪽으로 5km 떨어져 있음.

[2] 5,020m(王綿厚, 1994), 5,600m(嚴長錄, 1990)라는 기록도 있음.

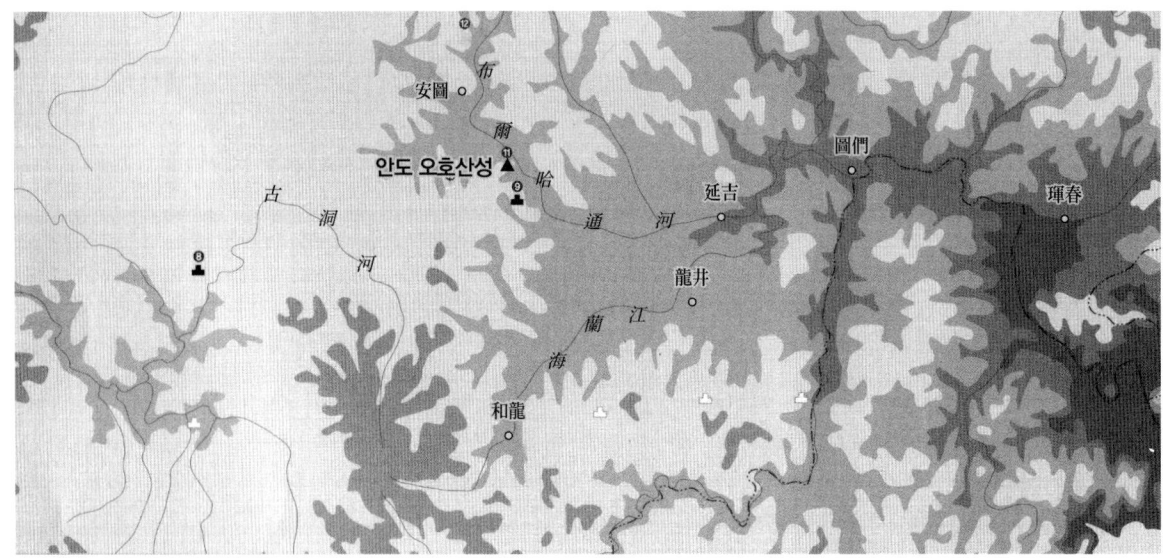

그림 1 오호산성 위치도 1

그림 2 오호산성 위치도 2

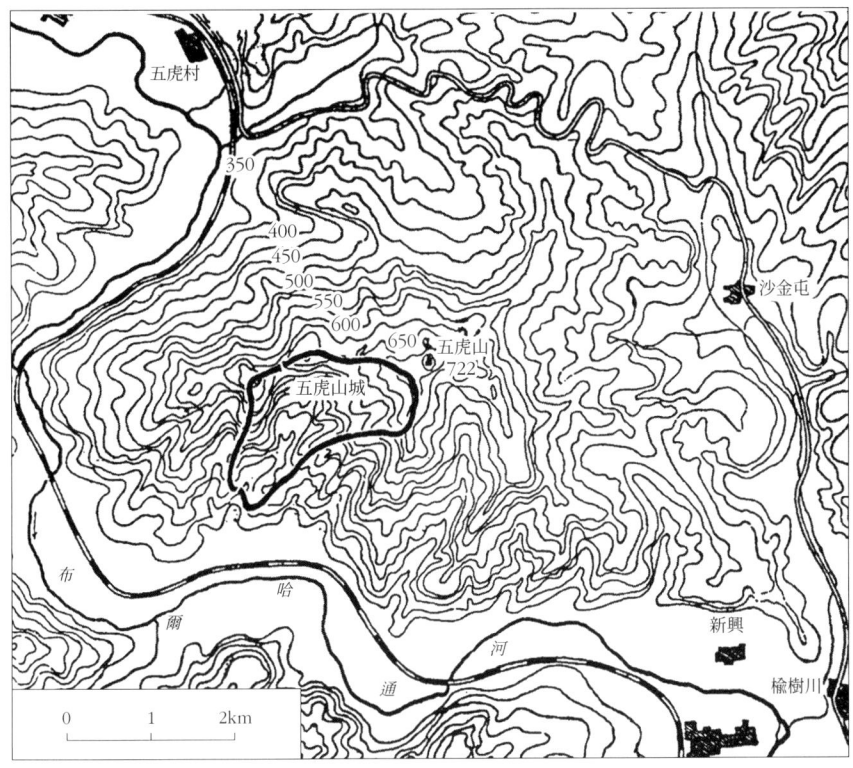

그림 3 오호산성 평면도
(吉林省文物志編委會, 1985, 51쪽)

4. 성벽과 성곽시설

1) 성벽

○ 오르기 쉽지 않은 높은 봉우리와 낭떠러지를 제외하고 성벽을 쌓았는데, 현재는 대부분 무너졌음.
○ 성벽은 석축인데, 성벽 축조에 사용된 돌은 약간 다듬었음.
○ 남벽 중간에 보존상태가 비교적 양호한 구간이 있는데, 길이는 약 15m, 성벽 외측 높이는 1.7m, 성벽 내측 높이는 0.6m, 정상부의 너비는 1.2m임. 성벽이 가장 잘 남아 있는 구간의 높이는 약 4m임.

2) 성문

(1) 서남문

○ 철로와 布爾哈通河가 지나는 서남부 골짜기의 입구에서 약 0.5km 떨어진 지점에 너비 3m의 서남문이 있음.
○ 성문 양측은 너비 7m,[3] 높이 3.5m의 석축벽으로 산골짜기를 가로막고 문을 낸 것임. 북측 석축벽의 길이는 20m, 남측 석축벽의 길이는 100m임.[4] 두 석축벽의 끝부분은 모두 커다란 절벽과 접해 있음.
○ 성 안의 개울이 트인 곳(豁口)으로 흘러가는데, 배수로나 통로였을 것으로 추정됨(吉林省文物志編委會, 1985; 王禹浪·王宏北, 1994).

(2) (서)북문

○ 북쪽에서 세 번째 봉우리와 네 번째 봉우리 사이의 높은 골짜기 입구(완만한 산등성이)에 돌로 쌓은 벽이 있고 중간에 너비 2m의 개구부가 있는데, 문지라고 볼 수 있음(吉林省文物志編委會, 1985; 王禹浪·王宏北,

---

[3] 너비 3m라는 기록이 있음(동북아역사재단, 2010).
[4] 북측 성벽의 길이가 100m라는 기록이 있음(동북아역사재단, 2010).

1994; 방학봉, 2002; 동북아역사재단, 2010).

○ 문지 서쪽 가까운 곳에 직경 약 7m, 높이 5m의 큰 돌이 있는데, 초소로 추정됨(吉林省文物志編委會, 1985; 방학봉, 2002). 문지 바깥쪽에는 돌로 쌓은 반원형 옹성이 있고, 그 가운데 부분에 트인 곳이 있는데, 너비는 약 14m임.

○ 문지 서쪽과 동쪽에 올라서면 산 아래가 그대로 내려다보임. 또한 문지에서 골짜기를 따라 남쪽으로 내려가면 바로 성 안으로 들어갈 수 있는데, 현재는 사람들이 지나 다니고 있음.

3) 망대(瞭望臺)

○ 두 번째 봉우리와 세 번째 봉우리 사이 산 입구의 성벽에 밖으로 돌출된 반원형의 석축벽이 있는데, 직경은 10m, 벽의 너비는 5m임. 망대로 추정됨(吉林省文物志編委會, 1985; 王禹浪·王宏北, 1994).

○ 두 번째 산봉우리 북측에는 북쪽으로 뻗어 나가는 7m의 석축벽이 있는데, 높이는 2~3m, 너비는 3m임. 망대로 추정됨. 여기에 올라서면 북부의 좌우 두 골짜기가 한 눈에 들어옴.

○ 두 번째 산봉우리와 남벽에 밖으로 돌출된 성벽 3곳이 있음. 망대 혹은 치로 추정됨(吉林省文物志編委會, 1985).

○ 두 번째 봉우리와 첫 번째 봉우리 사이에 높이 0.5m 정도의 토축성벽이 있는데, 이로 인해 첫 번째 봉우리를 성 바깥의 망대로 만듦. 이 토벽은 망대를 왕래하는 통로임.

5. 성내시설과 유적

1) 건물지

○ 성 안에는 건물지 10곳, 적석묘와 유사한 돌무지 10여 기가 있는데, 모두 개울 양측 비탈에 위치함. 일부 건물지는 계단을 갖추고 있는데, 개울 한 측에 붙여 돌계단을 만들었음. 일부 건물지는 비탈을 파내서 키모양(簸箕狀)으로 만들었는데, 이러한 건물지의 규모는 비교적 큼. 이 외에 직경이 약 5m인 구덩이가 있는데, 역시 건물지로 볼 수 있음(吉林省文物志編委會, 1985; 國家文物局, 1993; 王禹浪·王宏北, 1994).

○ 서남문에서 동쪽으로 약 200m 떨어진 골짜기 남쪽의 높이 약 10m의 완만한 구릉에 인위적으로 만들어진 평평한 대지가 있는데, 동서 길이 30m, 남북 너비 8m임. 건물지로 추정됨.

2) 개울

○ 성 안의 좁은 골짜기 내에 작은 개울이 흐르는데, 서남쪽 골짜기 바깥으로 나가 布爾哈通河로 유입됨.

6. 역사적 성격

五虎山城은 豆滿江 지류인 布爾哈通河의 상류 지역에 위치하였는데, 두만강과 목단강 유역의 경계지대로 두만강 유역에서 敦化나 吉林 지역으로 내왕할 때 반드시 경유해야하는 곳임(방학봉, 2002). 고구려시기에는 두만강 하류의 柵城과 북류 송화강 중류의 扶餘城을 잇는 전략적 요충지였을 것임. 특히 五虎山城은 安圖縣 소재지 일대의 盆地와 布爾哈通河 중하류 평원지대를 잇는 교통로에 위치함(吉林省文物志編委會, 1985; 王禹浪·王宏北, 1994). 그러므로 고구려가 이 지역으로 진출한 다음, 이 일대에 성곽을 축조했을 가능성이 상당히 높음.

이에 많은 연구자들이 오호산성의 입지나 형태상 고구려가 축조했고(孫進己·馮永謙, 1989; 林直樹, 1994; 王綿厚, 1994·2002; 東潮·田中俊明, 1995; 동북아역사재단, 2010), 이를 발해와 遼·金이 연용하였다고 파악하고 있음(馮永謙, 1994; 王禹浪·王宏北, 1994). 또한 최근 〈李他仁墓誌銘〉에 나오는 고구려 후기 최고 지방관인 柵城 褥薩(都督) 李他仁이 관장했다는 12州 治所城의 후보지 가운데 하나로 비정하는 견해도 제기되었음(여호규, 2017).

이에 대해 다른 연구자들은 발해가 오호산성을 축조했고(延邊博物館, 1988), 遼·金이 이를 연용하였다고 파악하고 있음(吉林省文物志編委會, 1985; 嚴長錄, 1990; 國家文物局, 1993; 정영진, 1999; 방학봉, 2002; 魏存成, 2002). 현재까지 오호산성에서는 축조시기를 정확하게 판별할 만한 유물이 출토되지 않았음. 성곽의 위치나 입지조건 등으로 보아 고구려시기에 축조되었을 가능성은 높지만, 현재로서는 단정하기 어려움. 성곽의 축조시기나 그 성격을 규명하기 위해서는 향후 면밀한 고고조사가 필요함.

참고문헌

- 吉林省文物志編委會, 1985, 『安圖縣文物志』, 吉林省文物志編修委員會.
- 延邊博物館, 1988, 『延邊文物簡編』, 延邊人民出版社.
- 孫進己·馮永謙, 1989, 『東北歷史地理』2, 黑龍江人民出版社.
- 엄장록, 1990, 「연변지구 발해시기의 옛 성터에 관한 고찰」, 『발해사연구』1, 延邊大學出版社.
- 國家文物局, 1993, 『中國文物地圖集』吉林分冊, 中國地圖出版社.
- 林直樹, 1994, 「中國東北部の高句麗山城」, 『靑丘學術論集』5.
- 王綿厚, 1994, 「鴨綠江右岸高句麗山城硏究」, 『遼海文物學刊』1994-2.
- 王禹浪·王宏北, 1994, 『高句麗·渤海古城址硏究匯編』(上·下), 哈爾濱出版社.
- 馮永謙, 1994, 「高句麗城址輯要」, 『北方史地硏究』, 中洲古籍出版社.
- 東潮·田中俊明, 1995, 『高句麗の歷史と遺跡』, 中央公論社.
- 魏存成, 1999, 「길림성 내 고구려산성의 현황과 특징」, 『고구려연구』8.
- 정영진, 1999, 「延邊地域의 城郭에 대한 연구」, 『고구려연구』8.
- 방학봉, 2002, 『발해성곽연구』, 연변인민출판사.
- 王綿厚, 2002, 『高句麗古城硏究』, 文物出版社.
- 魏存成, 2002, 『高句麗遺蹟』, 文物出版社.
- 李强, 2003, 「延邊地區渤海遺存之我見」, 『北方文物』2003-4.
- 동북아역사재단, 2010, 『고구려성 사진자료집』(중국 길림성 동부).
- 여호규, 2017, 「두만강 유역 고구려 성곽의 분포현황과 지방통치의 양상」, 『역사문화연구』61.

04 안도 유수천고성
安圖 楡樹川古城

1. 조사현황

1983~1985년 吉林省 각 市·縣 文物志 편찬을 위한 문물 조사과정에서 楡樹川古城도 조사함.

2. 위치와 자연환경 (그림 1)

1) 지리위치
○ 楡樹川古城은 吉林省 安圖縣 石門鎭 楡樹村 新興屯에 위치하는데, 수계상으로는 豆滿江 지류인 布爾哈通河의 상류 지역에 해당함.
○ 楡樹川 철도역에서 북쪽으로 약 500m 떨어진 분지형 골짜기에 자리 잡고 있음. 남쪽으로 약 90m 거리에 楡樹川 5·6隊 촌락이 있음.

2) 자연환경
고성이 위치한 楡樹川 일대는 산간지대로 여러 봉우리가 우뚝 솟아 있으며, 布爾哈通河가 산 사이의 협곡을 따라 서북쪽에서 동남쪽으로 굽이굽이 흘러감. 고성 북쪽은 험준한 산봉우리들과 이어져 있음.

3. 성곽의 전체현황

○ 고성이 위치한 지세는 주위 지면보다 1m 정도 높음.
○ 평면은 장방형으로 동벽 98m, 서벽 105m, 남벽 150m, 북벽 143m로 전체 둘레는 496m임.
○ 성내 지면에는 편평한 모양의 큰 돌과 강자갈이 흩어져 있음. 성 내부는 대부분 논으로 개간되었는데, 서북 모서리부분이 약간 높음.

4. 성벽과 성곽시설

성벽은 대부분 남아 있지 않은데, 서벽 북단에서 희미하게 볼 수 있음. 서벽 북단에 만들어진 도랑(水渠) 단면을 보면, 성벽의 기단은 석축이고, 그 윗부분은 토석혼축인데, 너비는 4m, 殘高는 1m임. 남벽 위에는 돌무지 1줄이 있고, 서남 모서리에는 직경 5m, 높이 1m의 돌무지가 있음.

5. 출토유물

1) 토기
물레로 제작한 泥質의 회색토기가 출토되었고, 일부 적갈색의 토기도 보임. 구연부, 토기바닥, 시유도기, 단지편(缸胎器片) 등이 출토됨.

2) 기와
성내 지면에서 포흔기와편을 약간 볼 수 있는데, 회색,

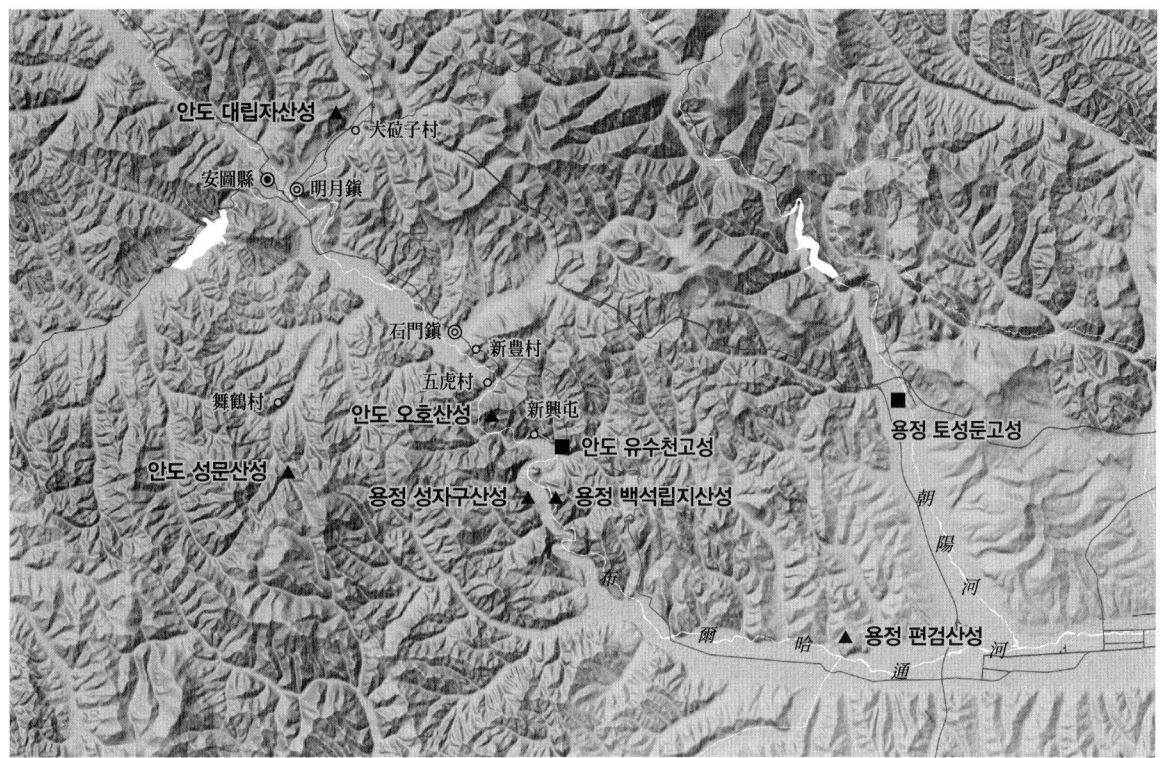

그림 1 유수천고성 위치도

갈색, 검은색이 있음. 기와편의 두께는 1.4~2cm임.

3) 벽돌
성내 지면에 깨진 푸른색 벽돌조각이 보임.

6. 역사적 성격

楡樹川古城은 豆滿江 지류인 布爾哈通河의 상류 지역에 위치하였는데, 이 일대는 두만강과 목단강 유역의 경계지대로 고구려시기에는 두만강 하류의 柵城과 북류 송화강 중류의 扶餘城을 잇는 전략적 요충지에 해당함. 특히 楡樹川古城은 서북방의 五虎山城과 함께 安圖縣 소재지 일대의 盆地와 布爾哈通河 중하류 평원지대를 잇는 교통로에 위치함. 그러므로 고구려가 이 지역으로 진출한 다음, 이 일대에 성곽을 축조했을 가능성은 상당히 높음.

이에 고구려가 楡樹川古城을 처음 축조했고 발해와 遼·金이 연용하였다고 파악하기도 하지만(王禹浪·王宏北, 1994), 발해가 축조했다고 보는 견해가 더 많음(嚴長錄, 1990). 특히 고성에서 출토된 유물 및 고성 남쪽 2.5km 거리의 龍井 太陽古城과의 관계 등을 근거로 발해가 처음 축조한 다음 遼·金이 이를 연용했다고 파악하는 연구자가 많음(吉林省文物志編委會, 1985; 國家文物局, 1993; 정영진, 1999). 그리고 遼·金이 처음 축조했다고 보기도 함(延邊博物館, 1988).

이처럼 유수천고성을 처음 축조한 시기나 이를 사용한 시기에 대해서는 다양한 견해가 있는 만큼, 축조시기나 그 성격을 규명하기 위해서는 향후 더욱 면밀한 고고조사가 필요하다고 생각됨.

참고문헌

- 吉林省文物志編委會, 1985, 『安圖縣文物志』, 吉林省文物志編修委員會.
- 延邊博物館, 1988, 『延邊文物簡編』, 延邊人民出版社.
- 嚴長錄, 1990, 「연변지구 발해시기의 옛 성터에 관한 고찰」, 『발해사연구』 1, 延邊大學出版社.
- 國家文物局, 1993, 『中國文物地圖集』 吉林分冊, 中國地圖出版社.
- 정영진, 1999, 「延邊地域의 城郭에 대한 연구」, 『고구려연구』 8.
- 王禹浪·王宏北, 1994, 『高句麗·渤海古城址硏究滙編』 (上·下), 哈爾濱出版社.
- 李强·侯莉閩, 2003, 「延邊地區渤海遺存之我見」, 『北方文物』 2003-4.

05 안도 성문산성
安圖 城門山城

1. 조사현황

1983~1985년 吉林省 각 市·縣 文物志 편찬을 위한 문물 조사과정에서 城門山城도 조사함.

2. 위치와 자연환경(그림 1~그림 2)

○ 城門山城은 吉林省 安圖縣 동남쪽의 石門鎭 舞鶴村 1隊(원래는 舞鶴洞)에서 남쪽으로 약 2.5~3km 떨어진 (南)城門山 위에 위치함. 산성이 위치한 곳은 해발 600~900m의 산들이 길게 이어져 있는 산간지역임. 서쪽 제일 높은 산봉우리는 해발 900m임.

○ 산성 동쪽에는 남북방향으로 긴 골짜기가 있는데, 黃老毛子溝라고 부르고 있음. 그 골짜기 안에는 개울이 남쪽에서 북쪽으로 흘러감. 이 골짜기를 따라 북쪽으로 가면 茶條溝, 明月鎭 등과 통하고, 남쪽으로 가면 神仙洞, 天寶山, 長仁, 頭道溝 등과 통함.

○ 산성 북쪽에는 啞巴溝가 있는데, 이 골짜기를 따라 가면 福興 일대와 통함. 동남쪽으로 4km 떨어진 지점에 天寶山 텔레비전 중계국이 있음.

3. 성곽의 전체현황

○ 산성은 동서 방향의 산골짜기에 위치하는데, 골짜기 입구는 동향임.

○ 성내는 서쪽이 높고 동쪽이 낮음. 산등성이의 높이는 50~100m이고, 대부분 50° 이상의 비탈 혹은 낭떠러지임.

○ 산성은 산등성이를 따라 축조했는데, 평면은 대략 타원형으로 전체 둘레는 2.5km임. 현재 성 내외는 나무가 무성한 숲으로 변모하였지만, 보존상태는 비교적 양호함.

4. 성벽과 성곽시설

1) 성벽

○ 성벽은 해발 900m의 주봉에서 내려오는 산등성이 혹은 낭떠러지를 이용해서 축조하였는데, 현재는 산성 동북부의 너비가 40m인 골짜기 입구에 축조한 성벽이 남아 있음. 이 성벽은 돌을 겹겹이 쌓아 올려 축조하였는데, 너비는 약 8m, 높이는 약 3m정도임.

○ 성벽의 축조방식은 대체로 석축으로 파악되나(孫進己·馮永謙, 1989; 國家文物局, 1993; 林直樹, 1994; 王綿厚, 1994·2002; 東潮·田中俊明, 1995; 魏存成, 1999·2002), 토석혼축으로 보기도 함(정영진, 1999).

2) 성문

산성 동북부 골짜기 입구의 성벽 남단에 트인 곳이 있는데, 남문지임. 현재 등산로로 이용되고 있는데, 산 정

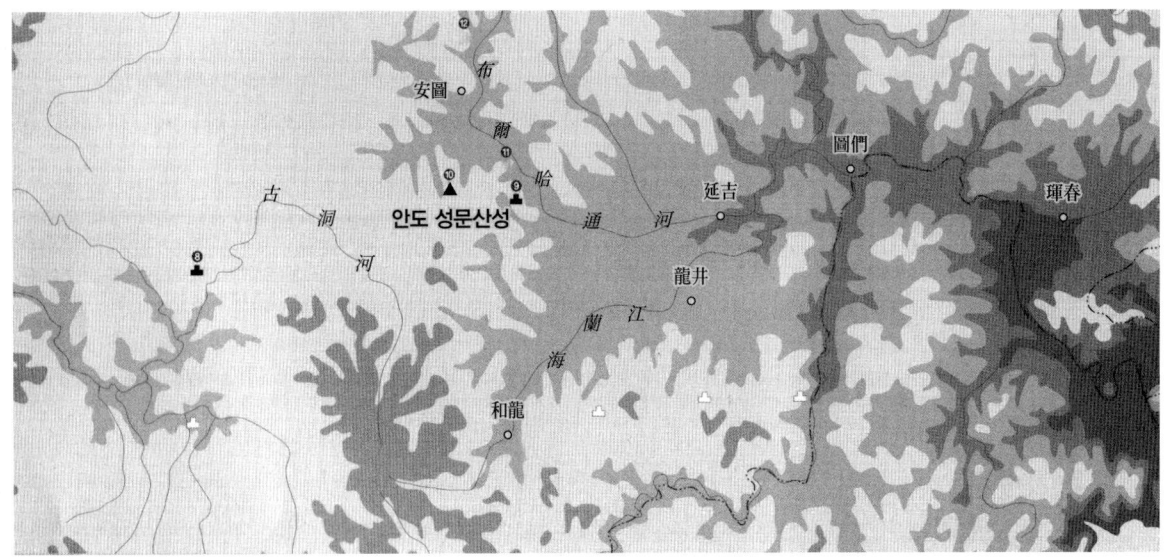

그림 1 성문산성 위치도 1

그림 2 성문산성 위치도 2

상과 산성으로 통하는 유일한 통로임(王禹浪·王宏北, 1994).

3) 水口門
산성 동북부의 골짜기 입구에 축조한 성벽 북쪽 끝에 트인 곳이 있는데 水口門임.

5. 성내시설과 유적

1) 건물지

(1) 건물지 1
○ 성내 중앙에서 북쪽으로 치우친 곳의 완만한 비탈에 위치함.
○ 건물지는 동향으로 남북 길이 40m, 동서 너비 10m, 면적 400m²임.
○ 동·남·북 세 면은 흙으로 담장(墻)을 쌓았음. 서측은 구릉과 접해 있는데, 담장(墻)은 쌓지 않았음. 담장(墻)의 너비는 3m, 높이는 1.5m임.
○ 동쪽 담장(墻)에는 문지 2곳이 있는데, 두 문 사이의 거리는 15m이고, 너비는 각 1.5m임.[1]
○ 담장(圍墻) 내에는 7~8개의 편평하고 큰 돌이 있는데, 초석이라고 볼 수 있음(吉林省文物志編委會, 1985; 王禹浪·王宏北, 1994).
○ 병영지로 추정됨(吉林省文物志編委會, 1985).

(2) 건물지 2
○ 건물지 1에서 동북쪽으로 약 20m 떨어진 지점에 있는데, 방향은 남향임. 동서 길이는 20m, 남북 너비는 9m, 면적은 180m²임.
○ 동·서·남 세 면은 흙으로 담장(圍墻)을 쌓았음. 북

---

[1] 문지가 하나라는 기록이 있음(國家文物局, 1993).

부는 산비탈을 이용하고, 담장(墻)은 보이지 않음.
○ 남쪽 담장(墻) 중부에는 너비 2m의 트인 곳이 있는데, 문지로 볼 수 있음(吉林省文物志編委會, 1985; 王禹浪·王宏北, 1994).
○ 병영지로 추정됨(吉林省文物志編委會, 1985).

(3) 건물지 3
○ 건물지 1에서 동쪽으로 약 10m 떨어진 지점에 방형의 구덩이가 있는데, 건물지로 추정됨(吉林省文物志編委會, 1985).
○ 구덩이의 둘레는 약 8m, 깊이는 0.5m임.

2) 우물
건물지 3에서 비탈을 따라 동쪽으로 약 40m 가면 돌로 쌓은 우물이 있음. 원형으로 직경은 2.5m, 깊이는 1m 정도임. 조사 당시 우물 안에는 낙엽이 쌓여 있었음.

3) 개울
산성 동쪽의 黃老毛子溝 골짜기 안에는 개울이 남쪽에서 북쪽으로 흘러감.

6. 역사적 성격

城門山城은 豆滿江 지류인 布爾哈通河의 상류 지역에 위치하였는데, 이 일대는 두만강과 목단강 유역의 경계지대로 고구려시기에는 두만강 하류의 柵城과 북류 송화강 중류의 扶餘城을 잇는 전략적 요충지에 해당함. 그러므로 고구려가 이 지역으로 진출한 다음, 이 일대에 성곽을 축조했을 가능성은 상당히 높음.

다만 종래 많은 연구자들이 城門山城이 위치한 곳이 고대의 교통요충지라고 파악하였지만(吉林省文物志編委會, 1985; 王禹浪·王宏北, 1994; 방학봉, 2002), 산성 주변은 해발 600~900m의 높은 산들이 이어져 있

고 현재의 교통로에서 크게 벗어난 외진 곳임(동북아역사재단, 2010).

다수의 연구자들이 고구려가 성문산성을 처음 축조하고(孫進己·馮永謙, 1989; 林直樹, 1994; 王綿厚, 1994·2002; 東潮·田中俊明, 1995), 발해나 遼·金이 이를 연용했다고 파악하고 있지만(馮永謙, 1994; 王禹浪·王宏北, 1994), 발해가 처음 축조하고(國家文物局, 1993) 遼·金이 연용하였다고 보는 연구자도 많음(吉林省文物志編委會, 1985; 嚴長錄, 1990; 정영진, 1999; 방학봉, 2002; 魏存成, 2002). 또한 遼·金이 처음 축조하였다고 보기도 함(延邊博物館, 1988).

이처럼 城門山城의 축조시기와 그 성격에 대해 논란이 분분한데, 아직 축조시기를 단정할 만한 유물도 출토되지 않은 상태임. 그러므로 성문산성의 축조시기와 그 성격을 정확하게 규명하기 위해서는 향후 더욱 면밀한 고고조사가 필요함.

참고문헌

- 吉林省文物志編委會, 1985, 『安圖縣文物志』, 吉林省文物志編修委員會.
- 延邊博物館, 1988, 『延邊文物簡編』, 延邊人民出版社.
- 孫進己·馮永謙, 1989, 『東北歷史地理』 2, 黑龍江人民出版社.
- 嚴長錄, 1990, 「연변지구 발해시기의 옛 성터에 관한 고찰」, 『발해사연구』 1, 延邊大學出版社.
- 國家文物局, 1993, 『中國文物地圖集』 吉林分冊, 中國地圖出版社.
- 林直樹, 1994, 「中國東北部の高句麗山城」, 『靑丘學術論集』 5.
- 王綿厚, 1994, 「鴨綠江右岸高句麗山城研究」, 『遼海文物學刊』 1994-2.
- 王禹浪·王宏北, 1994, 『高句麗·渤海古城址研究匯編』(上·下), 哈爾濱出版社.
- 馮永謙, 1994, 「高句麗城址輯要」, 『北方史地研究』, 中洲古籍出版社.
- 東潮·田中俊明, 1995, 『高句麗の歷史と遺跡』, 中央公論社.
- 魏存成, 1999, 「길림성 내 고구려산성의 현황과 특징」, 『고구려연구』 8.
- 정영진, 1999, 「延邊地域의 城郭에 대한 연구」, 『고구려연구』 8.
- 방학봉, 2002, 『발해성곽연구』, 연변인민출판사.
- 王綿厚, 2002, 『高句麗古城研究』, 文物出版社.
- 魏存成, 2002, 『高句麗遺蹟』, 文物出版社.
- 李强·侯莉閩, 2003, 「延邊地區渤海遺存之我見」, 『北方文物』 2003-4.
- 동북아역사재단, 2010, 『고구려성 사진자료집』(중국 길림성 동부).

06 안도 동청고성
安圖 東淸古城

1. 조사현황

1) 1984년
○ 조사기관 : 연변조선족자치주 문화유물조사대.
○ 조사내용 : 安圖 경내의 문화유적과 유물을 조사할 때 발견됨.

2) 1990년
○ 조사기간 : 1990년 8월 29일~10월 22일.
○ 조사기관 : 연변박물관.
○ 조사자 : 박윤무, 박용연, 엄장록, 정영진, 마성길, 호국주, 리령철 등.
○ 조사내용 : 東淸 고분을 발굴할 때 고성도 함께 조사함.
○ 발표 : 연변박물관, 1992, 「동청발해무덤발굴보고」, 『발해사연구』 3, 연변대학출판사.

2. 위치와 자연환경(그림 1~그림 3)

1) 지리위치
東淸古城은 安圖縣 永慶鄕 東淸村에 위치함. 東淸村은 安圖縣 明月鎭에서 서남쪽으로 87km 떨어진 北流松花江의 지류인 古洞河 右岸[1]의 분지에 위치하고 있음.

---
[1] 좌안이라는 기록이 있음(동북아역사재단, 2010).

○ 고성이 위치한 東淸은 撫松의 露水河에서 大蒲柴河鎭을 거치거나 二道白河를 거쳐 松江鎭으로 나온다고 해도 반드시 거쳐야 하는 교통의 요지임. 이 가도를 따라가면 동북쪽으로는 발해의 萬寶古城이 있는 萬寶鎭과 연결되고 安圖 明月鎭을 지나 布爾哈通河를 따라 延吉에 이를 수 있음(이성제, 2009; 동북아역사재단, 2010).
○ 서쪽으로 100m 떨어진 지점에 安圖 – 松江 도로가 있음. 동북방향으로 오는 安圖 – 松江도로와 서북쪽 敦化방면으로부터 오는 敦化 – 松江 도로가 이곳에서 교차한 후 남쪽으로 古洞河 다리를 건너 松江방향으로 뻗어 나감.
○ 고성 근처에서 고분군과 건물지가 발견됨.

2) 자연환경
○ 고성이 위치한 東淸분지는 동서 약 4km, 남북 약 2km 가량 되는 사면이 산으로 둘러싸인 작은 하곡평지임.
○ 동벽 밖 10m 떨어진 지점은 급경사를 이루는데, 경사면 아래로 古洞河가 흐르고 있음.

3. 성곽의 전체현황(그림 4)

○ 고성은 지세가 높고 평탄한 언덕 위에 위치하는데, 정남 방향임.

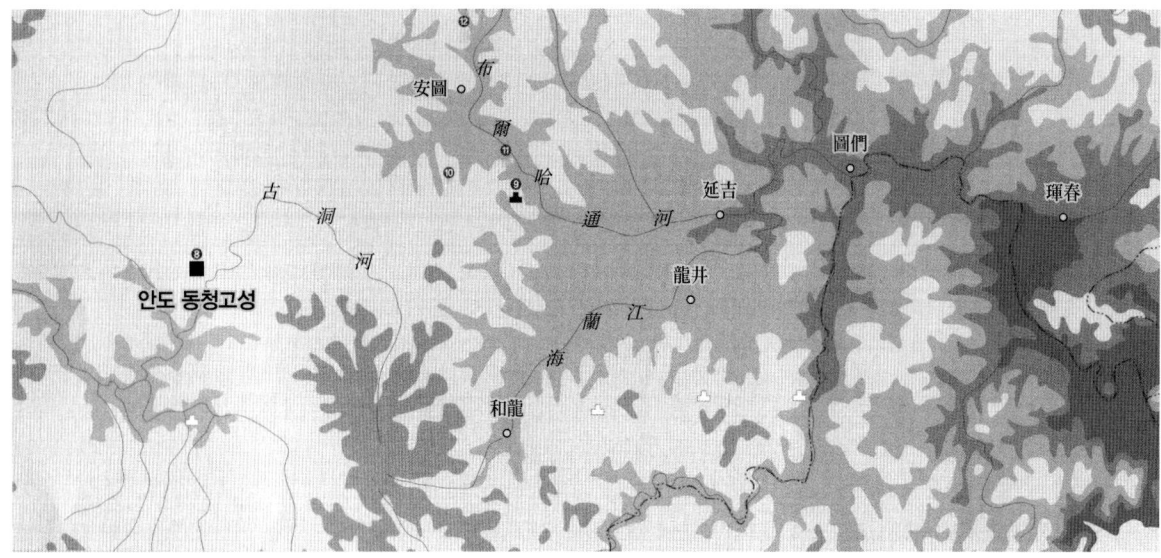

그림 1 동청고성 위치도 1

그림 2 동청고성 위치도 2

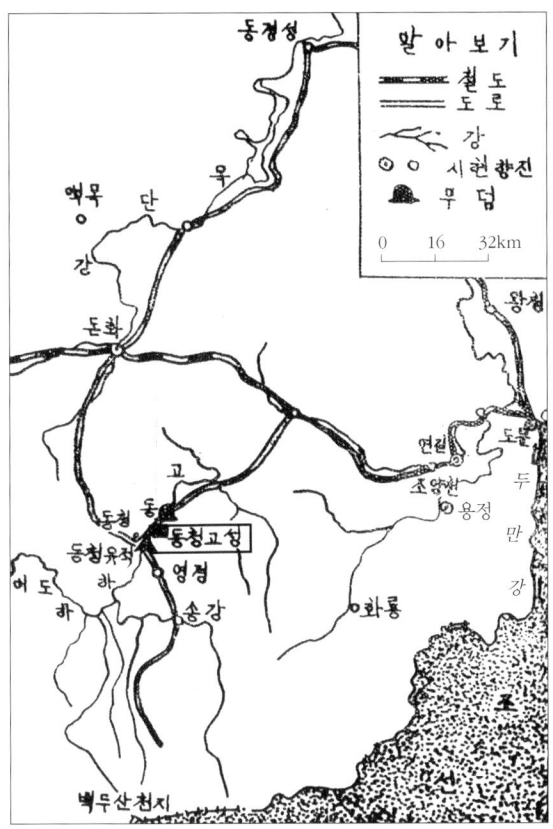

그림 3 동청고성 위치도 3

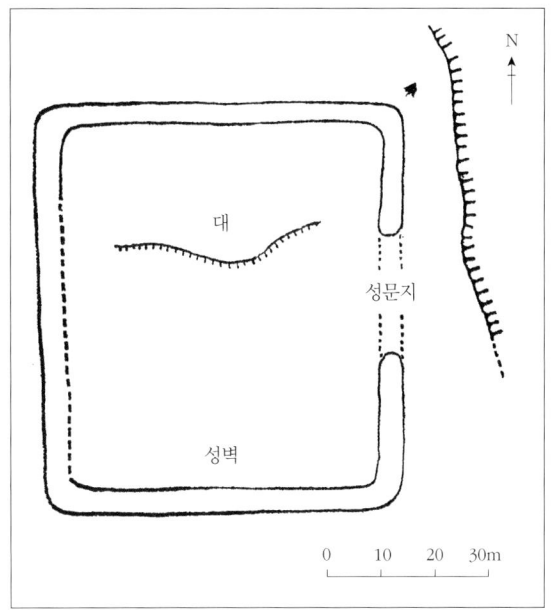

그림 4 동청고성 평면도

○ 동벽과 서벽의 길이는 각각 75m, 남벽의 길이는 67m, 북벽의 길이는 70m로 전체 둘레는 287m임.
○ 고성은 형태를 거의 잃어버려 흔적만 확인할 수 있을 뿐임.

4. 성벽과 성곽시설

1) 성벽
○ 성벽 기단은 동·남·북 세 면에 남아 있지만, 주변 미개간 상태로 관목과 잡초가 우거져 있음. 서벽 기단은 흔적만 남아 있음.
○ 동·남·북 세 면의 성벽 기단은 강돌이나 막돌로 쌓았음.
○ 성벽 기단의 殘高는 0.5~1m임.

2) 성문
동벽 가운데 부분에 개구부가 있는데, 성문지로 추정됨. 개구부의 너비는 약 22m임.

5. 성내시설과 유적

성내 중부에서 북쪽으로 치우친 지점은 약 30~50cm 가량 높은데, 돌이 많이 널려 있고, 바닥에는 두께가 30cm가량 되는 붉게 탄 군은 흙층이 있으며, 토기 조각도 일부 섞여 있음. 이 지점에 건물이 있었던 것으로 추정됨(연변박물관, 1992; 방학봉, 2003).

6. 출토유물

○ 성 내부의 건물터에서 붉은색의 泥質 토기편, 구연이 외반되거나 말아 올려진 단지류의 구연부가 출토됨.
○ 성 내부의 경작지에서 포흔이 펼쳐진 회색기와편,

지압문 기와, 황회색의 니질 토기편이 출토됨.

7. 역사적 성격

1) 지리위치와 교통로

東淸古城은 北流 松花江의 지류인 古洞河 右岸의 분지에 자리잡고 있음. 이 지역은 압록강 상류유역에서 安圖 방면으로 나아갈 경우, 撫松의 露水河에서 大蒲柴河鎭을 거치거나 二道白河를 거쳐 松江鎭으로 나온다고 해도 반드시 거쳐야 하는 교통의 요지임. 이 가도를 따라가면 동북쪽으로는 발해의 萬寶古城이 있는 萬寶鎭과 연결되고 安圖 明月鎭을 지나 布爾哈通河를 따라 延吉에 이를 수 있음(이성제, 2009; 동북아역사재단, 2010).

이에 고구려 도성이었던 國內城에서 柵城이 소재했던 延邊지역으로 나아갈 때 백두산 북쪽의 산간지대를 경유했을 것으로 상정한 다음, 구체적인 경로를 集安에서 동진하여 압록강 수로를 따라 臨江에 도착한 뒤 撫松을 거쳐 安圖 부근에 이르는 루트로 상정하기도 함. 이 경우 東淸古城은 國內城과 柵城 간의 연결을 위해 축조했던 고구려성의 존재를 확인시켜주는 사례임. 다만 성곽의 규모상 지역 거점성으로 보기는 어려우며, 압록강 상류의 수로를 따라 축조된 樺皮甸子古城, 夾皮古城, 東馬城 등과 같이 교통로상의 역참시설일 것으로 추정(이성제, 2009; 동북아역사재단, 2010).

한편 이 일대는 발해시기에도 교통로상으로 중요한 요충지이자 군사요새였을 것으로 파악됨. 발해의 西京鴨綠府는 압록강 상류의 臨江으로 비정되는데, 臨江에서 東淸을 거쳐 동북 방향으로 萬寶를 지나 新合에 도착하였다가 다시 동으로 나가면 발해의 中京顯德府(西古城)에 이르고, 東淸에서 서쪽으로 나가 경구를 경유하여 대푸채하진에 이르렀다가 북으로 마호, 城山子山을 지나면 발해 건국지인 敦化 지역에 이름. 이러한 지리적 위치로 인하여 東淸지역은 발해시기에도 매우 중시되었을 것으로 파악하고 있음(방학봉, 2003).

2) 성곽의 축조시기와 성격

東淸古城이 위치한 東淸 지역은 고구려나 발해 시기에 압록강 상류에서 敦化 방면으로 나아가거나 安圖를 거쳐 延吉지역으로 나아갈 경우 반드시 경유해야하는 교통로상의 요충지임. 이에 東淸古城의 축조시기에 대해서도 지리위치와 연관하여 다양한 논의가 진행되었음.

가령 연변박물관(1992)의 경우, 고성 근처에는 석광봉토묘나 석실봉토분이 많고, 대부분 강돌이나 깬돌로 축조하였는데, 이는 발해고분에서 흔히 볼 수 있다고 파악함. 다만 기단적석묘도 일부 보이는데, 이 고분 양식은 고구려의 영향을 받았다며, 고분군은 발해 초기에 조성되었고, 고성도 발해시기에 축조된 것으로 추정된다고 파악함.

이에 대해 이성제(2009)나 동북아역사재단(2010)의 경우, 東淸 지역은 고구려시기에 있어서도 國內城과 柵城 간의 연결을 유지하기 위하여 반드시 관리되어야 하는 교통로상의 요충지였고, 고성 주변에 분포한 적석묘도 고구려가 이 지역을 장악하고 있던 시기의 흔적으로 보아야 한다고 파악함. 東淸 지역은 고구려시기에 국내성에서 柵城(북옥저) 방면으로 통하는 간선도로의 경유지로서 동청고성과 그 부근의 적석묘는 모두 고구려시기에 조영된 것으로 파악된다는 것임.

이처럼 東淸古城과 그 부근 적석묘의 축조시기에 대해서는 고구려시기설과 발해시기설이 대립하고 있는데, 현재까지 성곽 내부에서 고구려시기라고 단정할 만한 유물이 출토된 상태는 아님. 그러므로 고성의 축조시기와 그 성격을 보다 정확하게 규명하기 위해서는 향후 더욱 면밀한 고고조사가 필요한 상황임.

참고문헌

- 연변박물관, 1992, 「동청발해무덤발굴보고」, 『발해사연구』 3, 연변대학출판사.
- 방학봉, 2003, 「동청발해유적의 발견과 그의 의의」, 『발해의 유물 유적』, 천지출판.
- 이성제, 2009, 「高句麗와 渤海의 城郭 운용방식에 대한 기초적 검토」, 『高句麗渤海硏究』 34.
- 동북아역사재단, 2010, 『고구려성 사진자료집』(중국 길림성 동부).

07 안도 앙검산성
安圖 仰臉山城

1. 조사현황

1983~1985년 吉林省 각 市·縣 文物志 편찬을 위한 문물 조사과정에서 仰臉山城도 조사함.

2. 위치와 자연환경(그림 1)

1) 지리위치

吉林省 安圖縣 松江鎭 서쪽 12.5km의 兩江鎭 小營子村(小嶺子라고도 부름)에서 남쪽으로 3km 떨어진 二道江 우안 仰臉山 위에 위치함. 仰臉山은 주변 평지보다 70~80m 높은데, 북쪽에서 동남쪽으로 뻗은 산등성이임. 水系上으로는 北流 松花江 상류의 지류인 二道江 유역에 속함.

2) 자연환경

○ 북쪽으로 흘러 내려가는 二道白河가 仰臉山 부근에서 二道江으로 유입되는데, 산성이 위치한 곳은 二道江 유역의 산간협곡으로 교통이 매우 불편함. 二道江은 동쪽으로 흐르면서 산성 동·남·서 세 면을 감싸면서 흐른 뒤에 서쪽으로 흘러 나감.

○ 산성의 동북쪽은 산골짜기인데, 골짜기 내의 개울이 북쪽에서 남쪽으로 흘러 二道江으로 유입됨. 골짜기의 깊숙한 곳은 다시 둘로 나누어져 있는데, 동쪽 골짜기를 따라가면 小沙河로 통하고, 서쪽 골짜기를 따

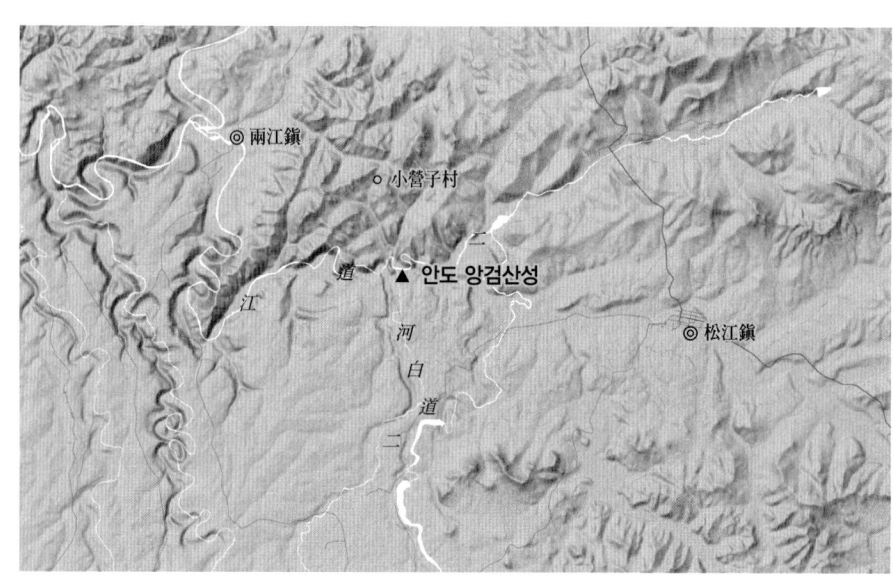

그림 1
앙검산성 위치도

라가면 兩江으로 통함.
○ 산성 동·남 양 면에는 강과 인접한 절벽이 있고, 서쪽은 가파른 비탈이며, 북부에는 여러 산들이 첩첩으로 펼쳐져 있고, 남면은 二道白河 양안의 기복 있는 구릉지대임. 산성의 지리형세는 대체로 험준함.

3. 성곽의 전체현황(그림 2)

○ 산성은 자연 산세를 이용하여 축조했는데, 동서가 좁고 남북이 긴 불규칙한 조롱박 형태임.
○ 산성의 전체 둘레는 약 1.5km임(吉林省文物志編委會, 1985; 嚴長錄, 1990; 國家文物局, 1993; 王禹浪·王宏北, 1994; 東潮·田中俊明, 1995; 魏存成, 1999·2002; 정영진, 1999; 방학봉, 2002).[1]
○ 산성 북부에는 병목처럼 좁아지는 곳이 두 군데 있어 성내를 北區, 中區, 南區 세 구역으로 구분하는데, 南區가 가장 넓음.
○ 성내는 초목이 무성하고 낙엽으로 가득 차 있으나, 보존상태는 비교적 양호함.

4. 성벽과 성곽시설

1) 성벽

○ 성벽은 토석혼축으로 조사되었는데(吉林省文物志編委會, 1985; 國家文物局, 1993; 王禹浪·王宏北, 1994; 東潮·田中俊明, 1995; 魏存成, 1999·2002; 정영진, 1999; 방학봉, 2002), 토축으로 파악하기도 함(嚴長錄, 1990).
○ 성 北區에는 세 줄기의 성벽이 있음. 그 가운데 두 번째 성벽이 가장 높고 큰데, 기단부의 너비는 7m, 높이는 2.1m임.

---

1 약 4여 里라는 기록이 있음(安圖縣地方志編纂委員會, 1928).

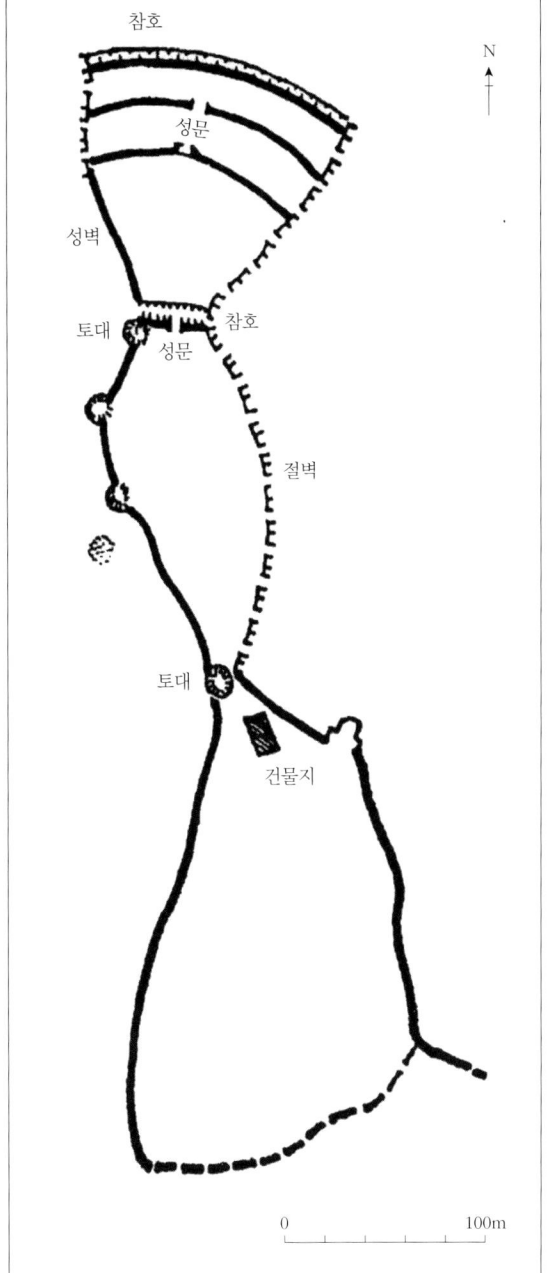

그림 2 앙검산성 평면도(吉林省文物志編委會, 1985, 57쪽)

○ 북벽 첫 번째 성벽과 두 번째 성벽 간의 거리는 17m이고, 두 번째 성벽과 세 번째 성벽 간의 거리는 25m임.
○ 북벽 세 번째 성벽의 바깥에는 너비 5m의 'ㄴ'형 토축벽이 있음.

2) 성문

○ 산성 北區의 두 번째 성벽 가운데 부분에 너비 4m의 개구부가 있는데, 문지로 볼 수 있음.[2]

○ 북벽 세 번째 성벽에서 남쪽으로 약 75m 떨어진 지점에 있는 참호(壕溝)의 남쪽 가까이에 있는 성벽 가운데에 너비 3m의 개구부가 있는데, 문지로 볼 수 있음(吉林省文物志編委會, 1985; 王禹浪·王宏北, 1994).

3) 망대(瞭望臺)

망대 등의 시설이 산성 서벽 위에는 세 곳, 동벽에는 한 곳이 있음. 한편 동벽에 있는 망대를 치로 보기도 함(國家文物局, 1993).

4) 참호(壕溝)

○ 북벽 첫 번째 성벽 바깥에 참호가 있는데, 너비는 3m, 깊이는 1m임.

○ 북벽 세 번째 성벽에서 남쪽으로 약 75m 떨어진 지점에 동서방향으로 인위적으로 파낸 구덩이가 있는데, 너비는 6m, 깊이는 2m임. 구덩이 양 끝은 모두 산비탈과 접해 있음. 참호(壕塹)로 추정됨(王禹浪·王宏北, 1994).

5. 성내시설과 유적

南區 북단에 건물지 2곳이 연이어져 있음. 북측 건물지는 동서 길이 20m, 남북 너비 15m임. 이곳에서 기와편이 다량 확인되었고, 어망추(陶網墜)도 1점 발견됨. 남측 건물지는 동서 길이 15m, 남북 너비 12m, 깊이 약 20cm의 얕은 구덩이 형태임.

6. 출토유물

1) 기와

南區 북단의 북측 건물지에서 기와편이 출토되었는데, 지압문 기와편이 가장 많음. 비교적 짙은 흑회색 혹은 적갈색 포흔 기와임.

2) 석기

南區 북단의 북측 건물지에서 어망추(陶網墜) 1점이 발견되었는데, 납작한 원기둥 형태이고, 그 한쪽 끝에는 홈(凹槽) 한 바퀴가 있음. 길이는 5.4cm임.

7. 역사적 성격

仰臉山城은 北流 松花江의 상류인 二頭江 유역에 위치하였음. 이 지역은 백두산 북쪽의 산간지대로 通化나 臨江에서 二道白河를 거쳐 敦化나 安圖, 和龍 등으로 나아가는 山間路가 지나는 교통로상의 요충지임.

산성의 축조시기에 대해서는 고구려가 축조하였다는 견해(東潮·田中俊明, 1995) 및 성의 형태와 출토유물상 고구려가 축조하고 발해나 遼·金이 연용하였다는 견해(王禹浪·王宏北, 1994) 등이 있음. 그러나 발해시기의 지압문 기와가 출토된 것을 근거로(정영진, 1999) 발해시기로 보는 견해가 더 많음(吉林省文物志編委會, 1985; 嚴長綠·楊再林, 1988; 嚴長錄, 1990; 國家文物局, 1993; 방학봉, 2002; 魏存成, 2002·2007).

仰臉山城에 대해서는 아직 면밀한 고고조사가 시행되지 않은 상황이므로 향후 고고조사가 더 진척되면 축조시기나 성곽의 성격을 보다 명확하게 규명할 수 있을 것으로 기대됨.

---

[2] 中區에 있다는 기록이 있음(王禹浪·王宏北, 1994).

참고문헌

- 安图縣地方志編纂委員會, 1928, 『安圖縣志』.
- 吉林省文物志編委會, 1985, 『安圖縣文物志』, 吉林省文物志編修委員會.
- 嚴長綠·楊再林, 1988, 「延邊地區高句麗-渤海時期紋飾板瓦初探」, 『博物館研究』 1988-2.
- 嚴長錄, 1990, 「연변지구 발해시기의 옛 성터에 관한 고찰」, 『발해사연구』 1, 延邊大學出版社.
- 國家文物局, 1993, 『中國文物地圖集』 吉林分冊, 中國地圖出版社.
- 王禹浪·王宏北, 1994, 『高句麗·渤海古城址研究匯編』(上·下), 哈爾濱出版社.
- 東潮·田中俊明, 1995, 『高句麗の歷史と遺跡』, 中央公論社.
- 魏存成, 1999, 「길림성 내 고구려산성의 현황과 특징」, 『고구려연구』 8.
- 정영진, 1999, 「延邊地域의 城郭에 대한 연구」, 『고구려연구』 8.
- 방학봉, 2002, 『발해성곽연구』, 연변인민출판사.
- 魏存成, 2002, 『高句麗遺蹟』, 文物出版社.
- 李强·侯莉閩, 2003, 「延邊地區渤海遺存之我見」, 『北方文物』 2003-4.
- 魏存成, 2007, 「渤海政權的對外交通及其遺蹟發現」, 『中國邊疆史地研究』 2007-9.

제15부

화룡시(和龍市) 지역의 성곽

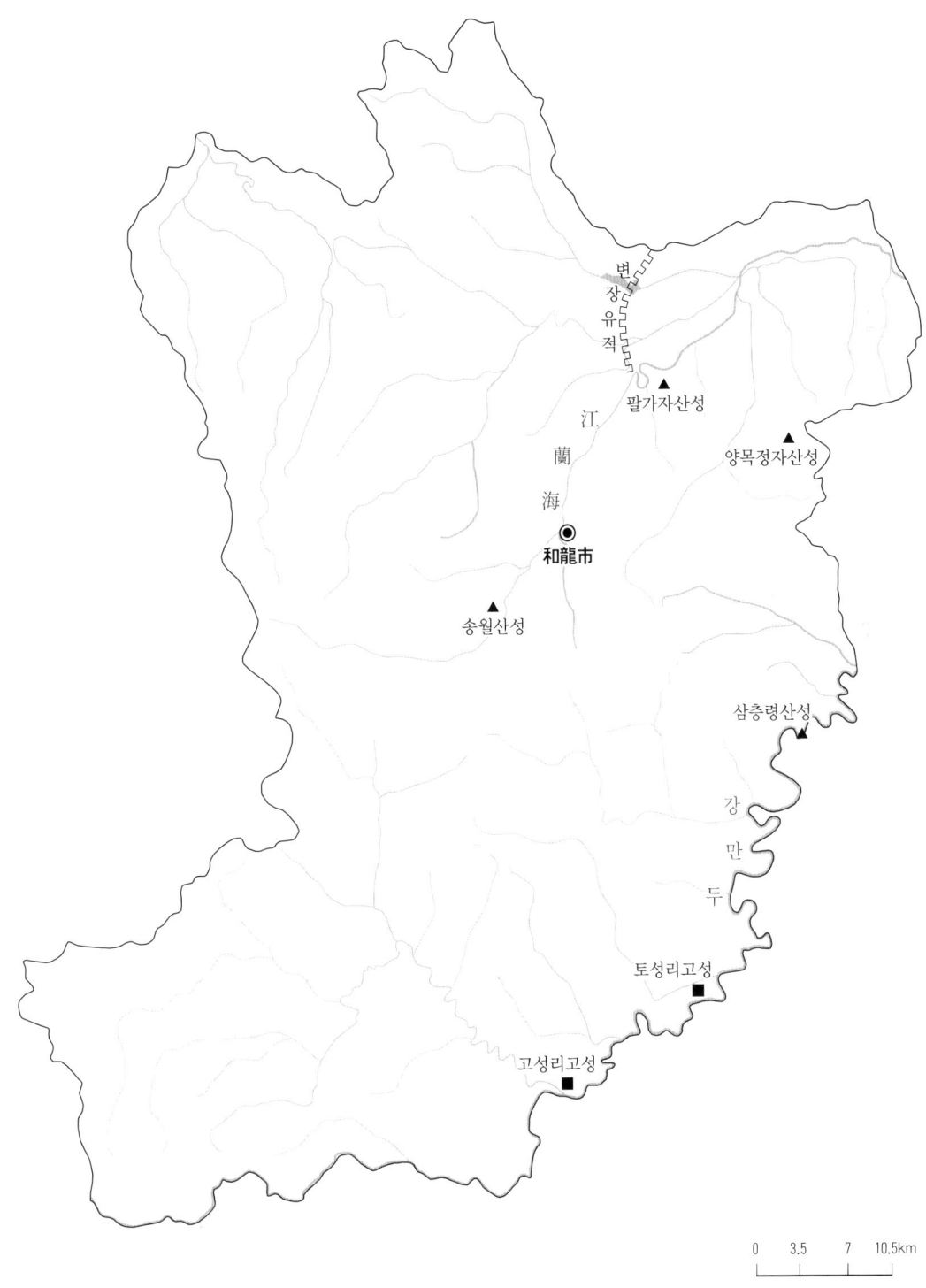

01 화룡 송월산성
和龍 松月山城

1. 위치와 자연환경 (그림 1~그림 2)

1) 지리위치
○ 松月山城은 和龍市 서남쪽의 富興鄉 松月村에서 서남쪽으로 약 1km 떨어진 산 위에 위치함. 산성 이름은 松月村이란 촌락 이름에서 유래함(王禹浪·王宏北, 2007).

○ 水系上으로는 두만강 지류인 布爾哈通河 남쪽 지류인 海蘭江 상류에 위치함. 산성에서 동쪽으로 300m 떨어진 지점에 和龍에서 石人溝 林場으로 통하는 도로가 있음.

2) 자연환경
산성 동쪽 300m 거리의 和龍~石人溝 林場 도로에서 동쪽으로 약 50m 떨어진 지점에 海蘭江이 北流하다가 松月村에 도달한 뒤 동북쪽으로 꺾여 흐름.

2. 성곽의 전체현황(그림 3)

○ 산성의 서·남·북 세 면은 높고 가파른 산등성이이고, 문지가 있는 동쪽의 지형은 관문처럼 생겼음.
○ 성내에는 3개의 골짜기가 있는데, 남·북 두 개의 골짜기는 좁고 가파르며, 중간에 있는 골짜기는 완만하고 넓게 트여 있음. 골짜기의 중심에는 평탄한 대지가 있음.

○ 산성은 산세를 따라 산등성이에 축조했는데, 포곡식(簸箕型) 산성으로 평면은 불규칙한 타원형이고, 전체 둘레는 2,480m임.
○ 도로를 건설하기 위한 취토로 인해 훼손된 성문 서측 산기슭의 성벽 30m를 제외하면, 보존상태가 비교적 양호함.

3. 성벽과 성곽시설

1) 성벽
○ 서북부의 산등성이 절벽을 성벽으로 이용한 구간을 제외하고, 그 나머지 구간은 인위적으로 성벽을 축조함.
○ 성벽은 토축으로[1] 산세가 비교적 가파른 구간은 성벽 내의 흙을 파서 성벽을 쌓았고, 지세가 완만하고 평평한 구간은 성벽 내외의 흙을 파서 성벽을 쌓았음. 판축을 하거나 흙을 다져 성벽을 쌓지는 않았다고 함(延邊博物館, 1988; 방학봉, 2002).[2]
○ 성벽은 기저부의 너비 10m, 윗 너비 1~2m, 높이 2~4m임.

---

[1] 吉林省文物志編委會, 1984; 延邊博物館, 1988; 孫進己·馮永謙, 1989; 嚴長錄, 1990; 國家文物局, 1993; 林直樹, 1994; 王綿厚, 1994·2002; 東潮·田中俊明, 1995; 魏存成, 1999·2002; 정영진, 1999; 방학봉, 2002; 王禹浪·王宏北, 2007.

[2] 성벽의 축조방식을 토석혼축으로 보는 견해도 있음(동북아역사재단, 2010).

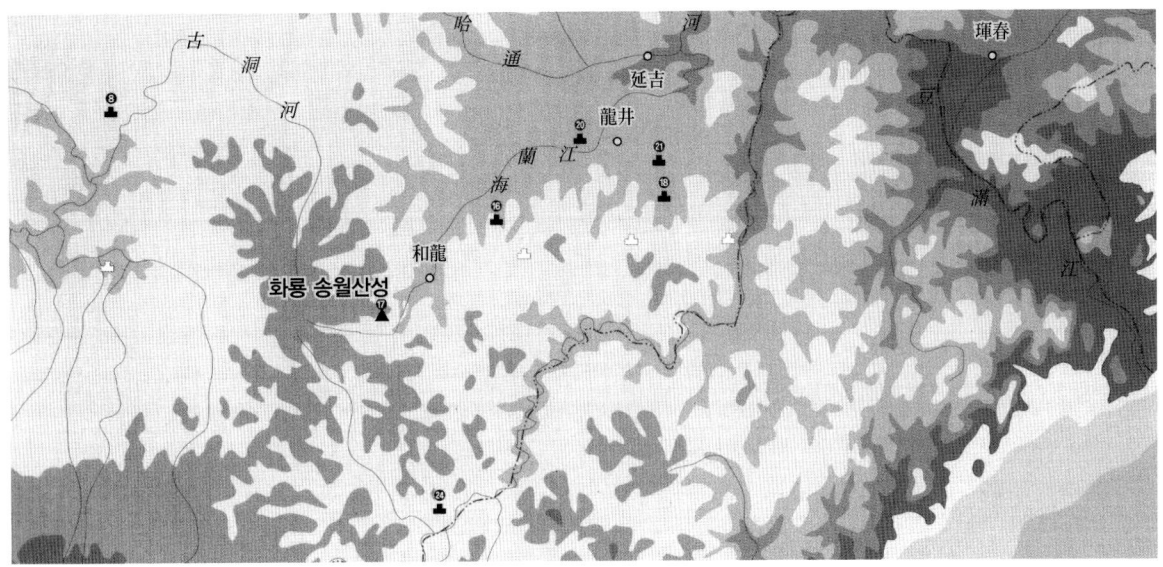

그림 1 송월산성 위치도 1

그림 2 송월산성 위치도 2

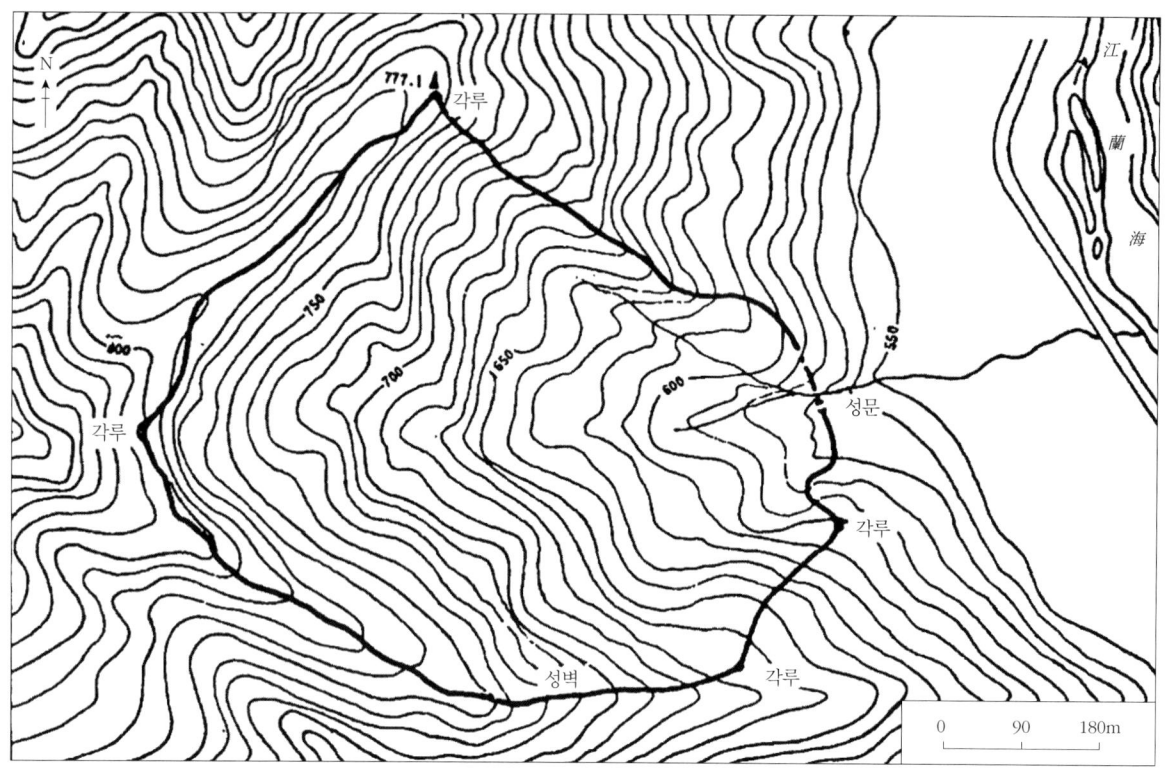

그림 3 송월산성 평면도(吉林省文物志編委會, 1984, 63쪽)

2) 성문
동벽에서 남쪽으로 치우친 골짜기 입구에 성문이 있는데, 너비는 약 13m임.

3) 角樓
성벽이 굽어지는 곳에 4개의 반원형 角樓가 있는데, 남쪽에 2개, 서쪽에 1개, 북측의 가장 높은 지점에 1개가 있음. 각 角樓의 직경은 6m임.

4) 水口門
골짜기 입구의 문지 옆에 水口門이 있음.

4. 성내시설과 유적

1) 건물지
성내 골짜기 중앙에 평탄한 대지가 있는데, 그 동단은 돌로 쌓았음. 건물지로 추정됨(吉林省文物志編委會, 1984; 延邊博物館, 1988; 國家文物局, 1993; 동북아역사재단, 2010).

2) 우물
성내 골짜기 중앙의 평탄한 대지에서 동쪽으로 10m 거리에 샘이 있는데, 옛 우물지임. 물이 모여 개울을 이루면서 문지에서 북쪽으로 20m 거리의 水口門으로 흘러나가 산 아래로 내려감.

5. 출토유물

1) 철기
지역주민들의 말에 의하면, 과거에 철제화살촉이 발견되었는데, 형태는 삼각형 혹은 柳葉形이었다고 함. 발해시기의 유물로 보기도 함(楊雨舒, 2005).

2) 토기
○ 泥質의 회색·갈색 토기편 세 점이 출토됨(吉林省文物志編委會, 1984; 王禹浪·王宏北, 2007).

6. 역사적 성격

松月山城은 두만강 지류인 布爾哈通河의 남쪽 지류인 海蘭江 상류에 위치하고 있으며, 전체 둘레가 2.8km에 이르는 중대형급 산성임. 이곳은 두만강 지류인 布爾哈通河 - 海蘭江의 하곡평지에서 海蘭江 상류를 거쳐 백두산 북쪽의 산간지대로 나아가거나 두만강 중상류 방면으로 나아갈 경우 반드시 거쳐야하는 교통로상의 요충지이며, 산성의 주변에는 海蘭江을 따라 하곡분지가 상당히 넓게 펼쳐져 있음.

이에 松月山城의 축조시기와 관련해 海蘭江 연안로를 따라 조성된 고구려의 산성으로 보거나(동북아역사재단, 2010) 고구려가 축조하고(孫進己·馮永謙, 1989; 林直樹, 1994; 王綿厚, 1994·2002; 東潮·田中俊明, 1995) 발해가 연용했다고 보기도 함(王禹浪·王宏北, 2007). 최근에는 고구려 후기 최고 지방관인 柵城 褥薩(都督) 李他仁이 관장했다는 12州 治所城의 하나로 비정하는 견해도 제기되었음(여호규, 2017).

그렇지만 아직까지 송월산성에서는 고구려시기라고 단정할 만한 유물이 출토되지 않았음. 이에 발해가 송월산성을 축조하고(延邊博物館, 1988; 嚴長錄, 1990; 정영진, 1999; 방학봉, 2002; 魏存成 2002), 遼·金이 연용했다고 파악하기도 함(國家文物局, 1993). 특히 和龍盆地 일대에서 발해의 中京顯德府 치소로 비정되는 西古城을 보위하던 성곽으로 파악하기도 함(방학봉, 2002).

이처럼 송월산성의 축조시기나 그 성격을 둘러싸고 논란이 분분한 만큼, 이를 보다 명확하게 규명하기 위해서는 향후 더욱 면밀한 고고조사가 필요하다고 생각됨.

참고문헌

- 吉林省文物志編委會, 1984, 『和龍縣文物志』, 吉林省文物志編修委員會.
- 延邊博物館, 1988, 『延邊文物簡編』, 延邊人民出版社.
- 孫進己·馮永謙, 1989, 『東北歷史地理』 2, 黑龍江人民出版社.
- 嚴長錄, 1990, 「연변지구 발해시기의 옛 성터에 관한 고찰」, 『발해사연구』 1, 延邊大學出版社.
- 國家文物局, 1993, 『中國文物地圖集』 吉林分冊, 中國地圖出版社.
- 林直樹, 1994, 「中國東北部の高句麗山城」, 『靑丘學術論集』 5.
- 王綿厚, 1994, 「鴨綠江右岸高句麗山城研究」, 『遼海文物學刊』 1994-2.
- 東潮·田中俊明, 1995, 『高句麗の歷史と遺跡』, 中央公論社.
- 魏存成, 1999, 「길림성 내 고구려산성의 현황과 특징」, 『고구려연구』 8.
- 정영진, 1999, 「延邊地域의 城郭에 대한 연구」, 『고구려연구』 8.
- 방학봉, 2002, 『발해성곽연구』, 연변인민출판사.
- 王綿厚, 2002, 『高句麗古城研究』, 文物出版社.
- 魏存成, 2002, 『高句麗遺蹟』, 文物出版社.
- 楊雨舒, 2005, 「渤海國時期吉林的鐵器述論」, 『北方文物』 2005-3.
- 王禹浪·王宏北, 2007, 『高句麗·渤海古城址研究匯編』 (上·下), 哈爾濱出版社.
- 동북아역사재단, 2010, 『고구려성 사진자료집』(중국 길림성 동부).
- 여호규, 2017, 「두만강 유역 고구려 성곽의 분포현황과 지방통치의 양상」, 『역사문화연구』 61.

02 | 화룡 팔가자산성
和龍 八家子山城 | 八家子南山城

1. 조사현황

1979년에 조사됨.

2. 위치와 자연환경(그림 1 ~ 그림 2)

1) 지리위치
○ 和龍市 동북쪽 八家子鎭에서 남쪽으로 500m 떨어진 혁명열사탑이 세워진 산 정상에 위치함. 水系上으로는 두만강 지류인 布爾哈通河의 남쪽 지류인 海蘭江 중류에 위치함.

○ 산성의 북쪽 절벽 아래에서 북쪽으로 약 50m 떨어진 지점에 朝(陽川)和(龍) 철도가 동서방향으로 지나가며, 북쪽으로 약 1km 떨어진 지점에는 발해시기의 北臺古墳群이 있음. 산성의 동북쪽 6km 거리에는 발해시기의 중경현덕부로 비정되는 和龍 西古城이 있음.

2) 자연환경
성 서쪽은 깊은 협곡이고, 남부는 기복 있는 산지이며, 북쪽에는 절벽이 접해 있음. 왼쪽에 海蘭江이 있음.

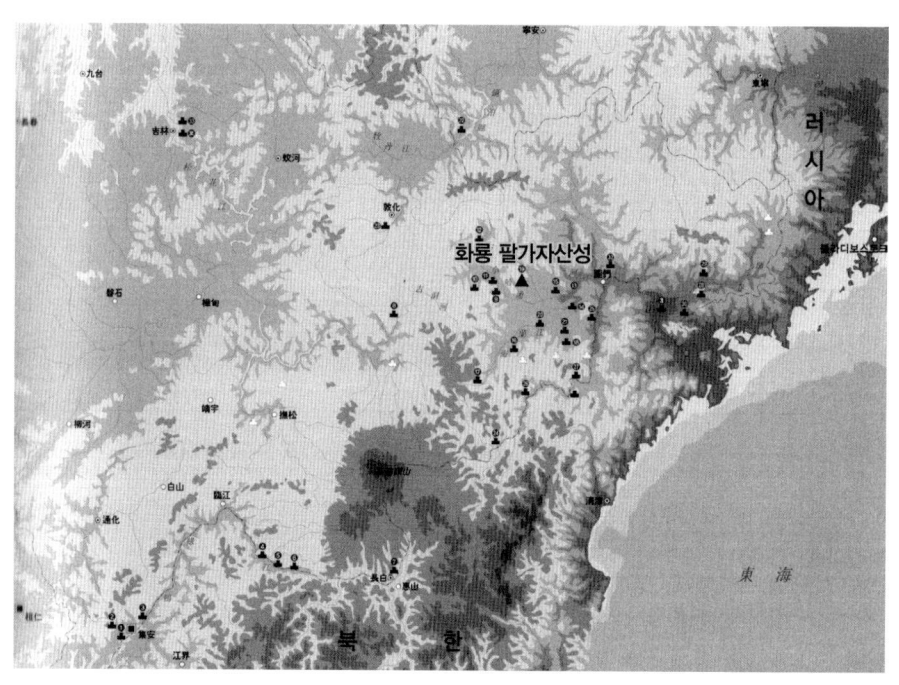

그림 1
팔가자산성 위치도 1

그림 2 팔가자산성 위치도 2

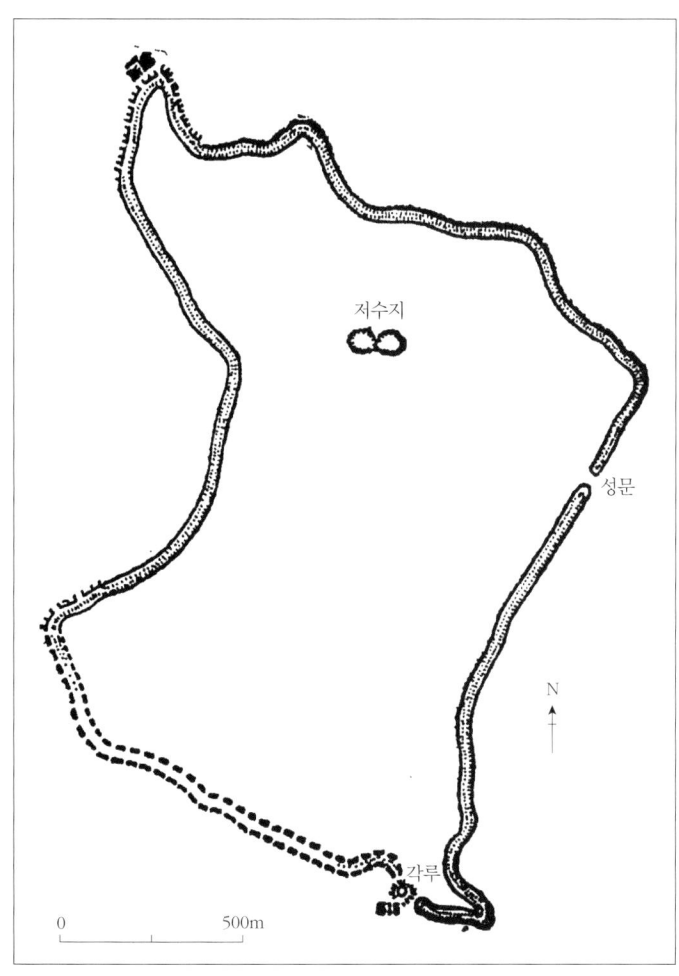

그림 3 팔가자산성 평면도
(吉林省文物志編委會, 1984, 62쪽)

제15부 화룡시(和龍市) 지역의 성곽 467

3. 성곽의 전체현황 (그림 3)

○ 산성의 지세는 남쪽이 높고 북쪽이 낮은데, 포곡식(簸箕型) 산성으로 평면은 불규칙한 '凹'자형임. 전체 둘레는 약 1,500m임.
○ 서벽에서 남쪽으로 약 40m 떨어진 지점과 남벽에서 북쪽으로 약 30m 떨어진 지점에 높은 산언덕이 있는데, 성의 감제고지임.
○ 경사가 비교적 완만한 구릉 몇 군데는 농경지로 개간되는 등 자연적 혹은 인위적인 파괴로 인해 산성의 면모를 확인하기 어려움.

4. 성벽과 성곽시설

1) 성벽
○ 서·남·북벽은 모두 험준한 산세를 이용하여 축조함.
○ 남벽의 경우, 약 100m의 성벽은 완전히 남아 있지 않지만, 나머지 성벽은 보존상태가 비교적 양호함. 북쪽의 상당 구간은 흔적도 없이 사라졌고, 서벽으로 넘어가는 구간은 채석으로 인해 많이 파괴됨. 그러나 대부분의 구간에 기단부가 남아 있어 그 흔적을 살펴볼 수 있음.
○ 성벽의 축조방식은 대부분 토축이고 일부 구간은 토석혼축으로 조사되었는데,[1] 토석혼축이나[2] 토축으로[3] 파악하기도 함.
○ 성벽 가운데 가장 잘 남아 있는 구간은 동벽으로 비교적 완만한 기슭에 축조됨. 성벽은 기단 너비 약 3m, 높이 약 1.2~1.5m임.

2) 성문
동벽의 북단에 성문이 있음. 문지의 너비는 약 10m임. 문지 양쪽에는 여러 개의 돌이 드러나 있는데, 성문의 석벽으로 추정됨(王禹浪·王宏北, 2007). 문지 안팎에 인위적으로 정리한 흔적을 볼 수 있음.

3) 망대(瞭望臺)
서벽에서 남쪽으로 약 40m 떨어진 지점과 남벽에서 북쪽으로 약 30m 떨어진 지점은 성의 감제고지로 정상부에 인위적으로 축조한 유구가 있는데, 망대 혹은 봉화대로 추정됨(吉林省文物志編委會, 1984; 國家文物局, 1993).

4) 角樓
남벽 동단에 토루가 있는데, 角樓의 역할을 하였던 것으로 추정됨(동북아역사재단, 2010).

5. 성내시설과 유적

1) 저수지
성내 북벽에서 약 70m 떨어진 지점에 저수지로 보이는 유구가 2곳 있음.

2) 우물
지역주민들에 의하면 과거 산성 안에 오래된 우물이 있었다고 하나, 현재는 찾을 수 없음.

6. 역사적 성격

八家子山城은 두만강 지류인 布爾哈通河의 남쪽 지

---

[1] 吉林省文物志編委會, 1984; 國家文物局, 1993; 馮永謙, 1994; 정영진, 1999; 방학봉, 2002; 王綿厚, 2002; 魏存成, 2002; 王禹浪·王宏北, 2007; 동북아역사재단, 2010.

[2] 孫進己·馮永謙, 1989; 林直樹, 1994; 王綿厚, 1994; 東潮·田中俊明, 1995; 魏存成, 1999.

[3] 嚴長錄, 1990.

류인 海蘭江 중류에 위치하고 있으며, 전체 둘레가 1.5km인 중소형급 산성임. 이곳은 두만강 지류인 布爾哈通河-海蘭江의 하곡평지에서 海蘭江 상류를 거쳐 백두산 북쪽의 산간지대로 나아가거나 두만강 상류 방면으로 나아갈 경우 반드시 거쳐야하는 교통로상의 요충지이며, 산성 주변에는 海蘭江을 따라 하곡분지가 상당히 넓게 펼쳐져 있음.

이에 八家子山城의 축조시기와 관련해 고구려가 축조하고(孫進己·馮永謙, 1989; 林直樹, 1994; 王綿厚, 1994·2002; 東潮·田中俊明, 1995; 동북아역사재단, 2010) 발해가 연용하였다고 보기도 함(馮永謙, 1994; 王禹浪·王宏北, 2007). 최근에는 〈李他仁墓誌銘〉에 나오는 고구려 후기 최고 지방관인 柵城 褥薩(都督) 李他仁이 관장했다는 12州 治所城의 하나로 비정하는 견해도 제기되었음(여호규, 2017).

그렇지만 아직까지 八家子山城에서는 고구려시기라고 단정할 만한 유물이 출토되지 않았음. 이에 발해가 八家子山城을 축조했다고 보기도 함(吉林省文物志編委會, 1984; 延邊博物館, 1988; 嚴長錄, 1990; 國家文物局, 1993; 정영진, 1999; 방학봉, 2002; 魏存成, 2002). 또한 和龍盆地 일대에서 발해의 中京顯德府로 비정되는 西古城을 보위했을 것으로 파악하기도 함(방학봉, 2002).

이처럼 팔가자산성의 축조시기나 그 성격을 둘러싸고 논란이 분분한 만큼, 이를 보다 명확하게 규명하기 위해서는 향후 더욱 면밀한 고고조사가 필요하다고 생각됨.

참고문헌

- 吉林省文物志編委會, 1984, 『和龍縣文物志』, 吉林省文物志編修委員會.
- 延邊博物館, 1988, 『延邊文物簡編』, 延邊人民出版社.
- 孫進己·馮永謙, 1989, 『東北歷史地理』2, 黑龍江人民出版社.
- 嚴長錄, 1990, 「연변지구 발해시기의 옛 성터에 관한 고찰」, 『발해사연구』1, 延邊大學出版社.
- 國家文物局, 1993, 『中國文物地圖集』吉林分冊, 中國地圖出版社.
- 林直樹, 1994, 「中國東北部의 高句麗山城」, 『靑丘學術論集』5.
- 王綿厚, 1994, 「鴨綠江右岸高句麗山城研究」, 『遼海文物學刊』1994-2.
- 馮永謙, 1994, 「高句麗城址輯要」, 『北方史地研究』, 中洲古籍出版社.
- 東潮·田中俊明, 1995, 『高句麗の歷史と遺跡』, 中央公論社.
- 魏存成, 1999, 「길림성 내 고구려산성의 현황과 특징」, 『고구려연구』8.
- 정영진, 1999, 「延邊地域의 城郭에 대한 연구」, 『고구려연구』8.
- 방학봉, 2002, 『발해성곽연구』, 연변인민출판사.
- 王綿厚, 2002, 『高句麗古城研究』, 文物出版社.
- 魏存成, 2002, 『高句麗遺蹟』, 文物出版社.
- 楊雨舒, 2005, 「渤海國時期吉林的鐵器述論」, 『北方文物』2005-3.
- 王禹浪·王宏北, 2007, 『高句麗·渤海古城址研究匯編』(上·下), 哈爾濱出版社.
- 동북아역사재단, 2010, 『고구려성 사진자료집』(중국 길림성 동부).
- 여호규, 2017, 「두만강 유역 고구려 성곽의 분포현황과 지방통치의 양상」, 『역사문화연구』61.

03 화룡 양목정자산성
和龍 楊木頂子山城

1. 조사현황

1979년 5월 吉林省考古訓練班과 和龍縣文物普査隊가 산성에 대해 조사를 진행하면서 철제화살촉, 깨진 벽돌, 승문 암키와 2점, 포흔 암키와 1점 등의 유물을 수습함.

2. 위치와 자연환경(그림 1)

○ 楊木頂子山城은 和龍市 동북부의 龍水鄕 石國村 石國저수지에서 동남쪽으로 5km 떨어진 楊木頂子溝의 산 정상에 위치함. 지역주민들은 '土城溝'라고 부르고 있는데, 골짜기 입구는 북쪽에 있음. 산 정상에 백양나무(미루나무: 楊木)가 가득하여 楊木頂子라고 불렸던 것임.

○ 水系上으로는 두만강 지류인 布爾哈通河의 남쪽 지류인 海蘭江 중류에 해당하는데, 海蘭江 유역에서 두만강 본류의 중류지역으로 넘어가는 분수령 일대라고 할 수 있음.

3. 성곽의 전체현황(그림 2)

○ 산성이 위치한 楊木頂子溝의 동·서·남쪽은 험준한 산등성이이고 북쪽은 깊은 협곡임. 산성 내부의 서남·

그림 1
양목정자산성 위치도

4. 성벽과 성곽시설

1) 성벽

○ 성벽은 토석혼축으로 축조한 것으로 조사됨.[1] 성벽 외벽은 크기가 일정하지 않은 돌로 쌓았는데, 층위가 분명하며, 石面은 비교적 가지런함. 성벽의 윗부분과 내면에는 흙과 돌을 채워 넣었는데, 너비가 일정하지 않아, 일부 구간은 넓고 일부 구간은 좁음. 이에 대해 토석혼축과 함께 석축 성벽도 있다고 보기도 함.[2]

○ 성벽 기단 너비는 10여m이고, 높이는 약 1.5~2.5m임.

○ 서벽·남벽 중단과 동벽 남단은 폭이 비교적 넓은데, 폭이 넓은 성벽 구간에는 구덩이가 있음. 폭이 넓은 성벽 정상부에는 부속시설이 있었던 것으로 추정됨(吉林省文物志編委會 1984; 馮永謙 1994; 王禹浪·王宏北 2007).

○ 폭이 약 8~10m인 서벽 중단 정상부 중간지대는 대략 V형이 나타나고, V형 안에는 깊이가 일정하지 않은 구덩이 3개가 있는데, 각 구덩이의 넓이는 같지 않음. 그 가운데 한 곳은 서벽 남부에 있고, 약간 대칭하는 4개의 구덩이는 깊이 0.5~1m, 직경 1.5~2m임. 용도는 알 수 없음.

○ 서벽의 중부와 남부 한 구간, 동벽의 동남 구간은 성벽이 덧대어져 있는데, 주성벽을 보호하는 보축성벽으로 추정됨(國家文物局, 1993; 방학봉, 2002).

2) 성문

○ 성문지는 북문과 남문이 있음.[3]

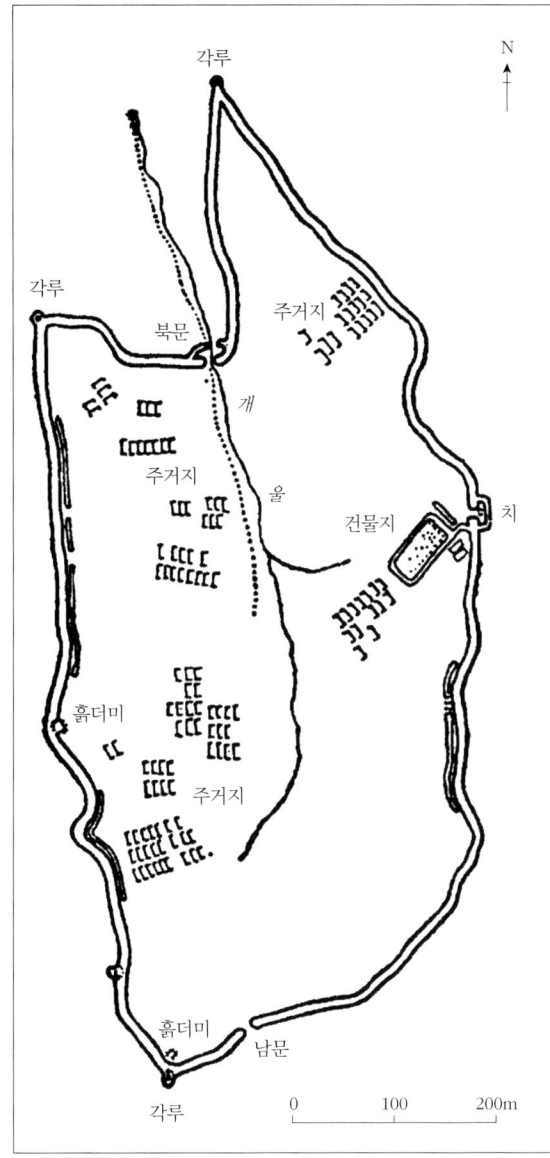

그림 2 양목정자산성 평면도(吉林省文物志編委會, 1984, 60쪽)

남·동남쪽은 구릉이고, 북쪽으로 갈수록 경사지면서 골짜기로 이어짐.

○ 산성은 산등성이를 따라 축조하였는데, 포곡식(簸箕型) 산성으로 평면은 불규칙한 타원형이며, 전체 둘레는 2,680m임.

○ 보존상태는 비교적 양호함.

1　吉林省文物志編委會, 1984; 延邊博物館, 1988; 孫進己·馮永謙, 1989; 嚴長錄, 1990; 國家文物局, 1993; 林直樹, 1994; 王綿厚, 1994·2002; 馮永謙, 1994; 정영진, 1999; 방학봉, 2002; 魏存成, 2002; 王禹浪·王宏北, 2007.

2　東潮·田中俊明, 1995; 魏存成, 1999.

3　吉林省文物志編委會, 1984; 延邊博物館, 1988; 國家文物局, 1993; 馮永謙, 1994; 방학봉, 2002; 魏存成, 2002; 王禹浪·王宏北, 2007. 한편 남문을 동문으로 보기도 함(嚴長錄, 1990).

○ 북문은 북부 골짜기 입구에 있는데, 너비가 약 11m 임. 옹성이 있는데, 둘레는 25m임.
○ 남문은 산정상에 있는데, 너비가 6m임. 옹성구조가 없다는 기록이 다수이지만,[4] 있다고 보기도 함.[5] 바깥에는 반원형의 토축 담장이 있는데, 옹성과 유사하지만 문이 없음. 문의 안팎으로 계단 흔적이 있음.

3) 角樓
성벽의 네 모서리에 각각 角樓가 있음.

4) 치
고성 동남부의 건물지 담장(圍墻)과 가까운 성벽에 치 한 개가 있음.

5. 성내시설과 유적

1) 건물지
○ 성내 서남·남·동남쪽은 모두 비탈지로 북쪽으로 갈수록 경사가 심하고 골짜기로 이어지는데, 건물지가 분포하고 있음. 특히 동남부의 건물지가 가장 규모가 큼. 인위적으로 정리한 지면에는 20여 개의 초석이 드러나 있음. 주위에는 장방형의 토축 담장(圍墻)이 축조되어 있는데, 범위는 약 70×35m임. 성벽과의 거리는 불과 50m인데, 이 성벽에 치가 있는 것임. 성벽에 개구부(開口)가 있는데, 너비는 약 3m임.
○ 주거지는 각 산기슭의 계단식 대지에 분포하고 있는데, 수는 일정하지 않으나, 배열은 가지런함. 성의 서부 산기슭 주거지는 비교적 밀집되어 있음.

2) 우물
고성 동남부의 건물지 담장(圍墻)과 가까운 성벽 근처에 구덩이가 있음. 깊이는 0.7m(吉林省文物志編委會, 1984; 王禹浪·王宏北, 2007) 또는 1m(延邊博物館, 1988)로 조사됨. 오래된 우물로 추정됨(吉林省文物志編委會, 1984; 延邊博物館, 1988; 王禹浪·王宏北, 2007).

3) 개울
산성 내에 개울이 있는데, 산골짜기를 따라 남쪽에서 북쪽으로 흘러 楊木河로 들어가고, 마지막으로는 石國 저수지로 유입됨.

6. 출토유물

철제 삼각형 화살촉, 깨진 벽돌, 승문 암키와 2점, 포흔 암키와 1점 등이 출토됨. 벽돌과 기와를 발해시기의 유물로 보기도 함(嚴長錄, 1990).

7. 역사적 성격

楊木頂子山城은 두만강 지류인 布爾哈通河의 남쪽 지류인 海蘭江 중류에 위치하는데, 海蘭江 유역에서 두만강 중류 연안으로 넘어가는 분수령 일대에 해당함. 지리위치상 海蘭江 유역과 두만강 연안을 가르는 분수령 일대의 교통로를 방어하던 군사방어성일 가능성이 높음.

이에 고구려가 축조하여(孫進己·馮永謙, 1989; 林直樹, 1994; 東潮·田中俊明, 1995) 발해가 연용하였다고 보는 견해가 있음(王綿厚, 1994·2002; 王禹浪·王宏北, 2007). 특히 산성의 지리위치, 형태, 성벽 정상의 구덩이, 북문의 옹성구조 등은 모두 고구려 산성에서 볼 수 있는 요소로 고구려시기에 축조하여 후대에도 개축하여 사용했을 것으로 추정하기도 함(馮永謙, 1994).

---

4 吉林省文物志編委會, 1984; 방학봉, 2002; 王禹浪·王宏北, 2007.
5 馮永謙, 1994.

그렇지만 楊木頂子山城에서는 아직까지 고구려시기라고 단정할 만한 유물이 출토되지 않았고, 지리위치상 고구려가 이곳에 군사방어성을 축조해야할 필연성도 상정하기 어려움. 이에 발해가 축조하여(정영진, 1999; 방학봉, 2002) 遼·金이 연용하였다거나(延邊博物館, 1988; 嚴長錄, 1990), 아니면 遼·金이 축조했다고 보기도 함(國家文物局, 1993). 또한 발해의 中京顯德府로 비정되는 西古城을 보위하는 위성의 기능을 담당했다고 파악하기도 함(방학봉, 2002).

이처럼 양목정자산성의 축조시기나 그 성격을 둘러싸고 논란이 분분한 만큼, 이를 보다 명확하게 규명하기 위해서는 향후 더욱 면밀한 고고조사가 필요하다고 생각됨.

참고문헌

- 吉林省文物志編委會, 1984, 『和龍縣文物志』, 吉林省文物志編修委員會.
- 延邊博物館, 1988, 『延邊文物簡編』, 延邊人民出版社.
- 孫進己·馮永謙, 1989, 『東北歷史地理』 2, 黑龍江人民出版社.
- 嚴長錄, 1990, 「연변지구 발해시기의 옛 성터에 관한 고찰」, 『발해사연구』 1, 延邊大學出版社.
- 國家文物局, 1993, 『中國文物地圖集』 吉林分冊, 中國地圖出版社.
- 林直樹, 1994, 「中國東北部の高句麗山城」, 『靑丘學術論集』 5.
- 王綿厚, 1994, 「鴨綠江右岸高句麗山城研究」, 『遼海文物學刊』 1994-2.
- 馮永謙, 1994, 「高句麗城址輯要」, 『北方史地研究』, 中洲古籍出版社.
- 東潮·田中俊明, 1995, 『高句麗の歷史と遺跡』, 中央公論社.
- 魏存成, 1999, 「길림성 내 고구려산성의 현황과 특징」, 『고구려연구』 8.
- 정영진, 1999, 「延邊地域의 城郭에 대한 연구」, 『고구려연구』 8.
- 방학봉, 2002, 『발해성곽연구』, 연변인민출판사.
- 王綿厚, 2002, 『高句麗古城研究』, 文物出版社.
- 魏存成, 2002, 『高句麗遺蹟』, 文物出版社.
- 李强·侯莉閩, 2003, 「延邊地區渤海遺存之我見」, 『北方文物』 2003-4.
- 王禹浪·王宏北, 2007, 『高句麗·渤海古城址研究匯編』 (上·下), 哈爾濱出版社.

04 화룡 삼층령산성
和龍 三層嶺山城 | 山城嶺山城

1. 조사현황

1984년에 조사됨.

2. 위치와 자연환경(그림 1~그림 2)

1) 지리위치
○ 和龍市 동남부 두만강 중류 서안의 勇化鄕과 德化鄕(현재는 南坪鎭) 경계에 위치한 해발 570m인[1] 三層嶺 정상부에 위치함.
○ 행정구역상으로는 勇化鄕에 속하는데, 勇化鄕 上化村에서 남쪽 500m 거리임. 和龍市 勇化鄕 소재지를 지나 龍淵村을 거쳐 大洞村의 서북에 위치함.

2) 자연환경
○ 수계상으로는 두만강 본류의 중류 연안에 해당하는데, 남쪽으로 두만강 너머는 북한 지역임.
○ 성 동쪽은 좁고 긴 하곡분지로 두만강을 사이에 두고 북한과 서로 마주하고 있음. 그 나머지 세 면은 산들이 첩첩으로 펼쳐져 있음.

3. 성곽의 전체현황(그림 3)

○ 산성은 비교적 넓게 트인 산골짜기에 축조하였는데, 서쪽이 높고 남쪽이 낮음. 성벽은 자연적인 산세를 이용하여 서·북·남 세 면의 산봉우리와 산등성이에 축조했는데, 포곡식(簸箕狀) 산성으로 평면은 불규칙 원형 혹은 타원형임.
○ 성벽의 전체 둘레는 약 1,000m(吉林省文物志編委會, 1984; 孫進己·馮永謙, 1989; 國家文物局, 1993; 林直樹, 1994; 馮永謙, 1994; 東潮·田中俊明, 1995; 魏存成, 1999·2002; 동북아역사재단, 2010) 또는 1,400m(정영진, 1999)로 파악됨.

4. 성벽과 성곽시설

1) 성벽
○ 성벽은 북·서·남 세 면에만 축조하였고, 동면은 험준한 산세를 성벽으로 삼았으며, 강안 절벽까지 뻗어 있음.
○ 산성 북벽 동단에서 약 140m까지의 구간은 절벽을 성벽으로 이용하였고, 북벽 서반부와 서벽 북반부는 깬돌을 약간 다듬어 夾築 성벽을 쌓아올리고 잡석으로 안을 채웠음.
○ 북벽은 자연석으로 축조하였는데, 성돌을 평행하고 어긋나게 쌓았음. 성벽의 면석은 평평하고 가지런함. 작은 돌로 틈을 알맞게 메움으로써 더욱 견고하게

---

[1] 吉林省文物志編委會, 1984; 林直樹, 1994; 魏存成, 2002; 王禹浪·王宏北, 2007; 동북아역사재단 2010. 해발 650m라는 기록도 있음(馮永謙, 1994).

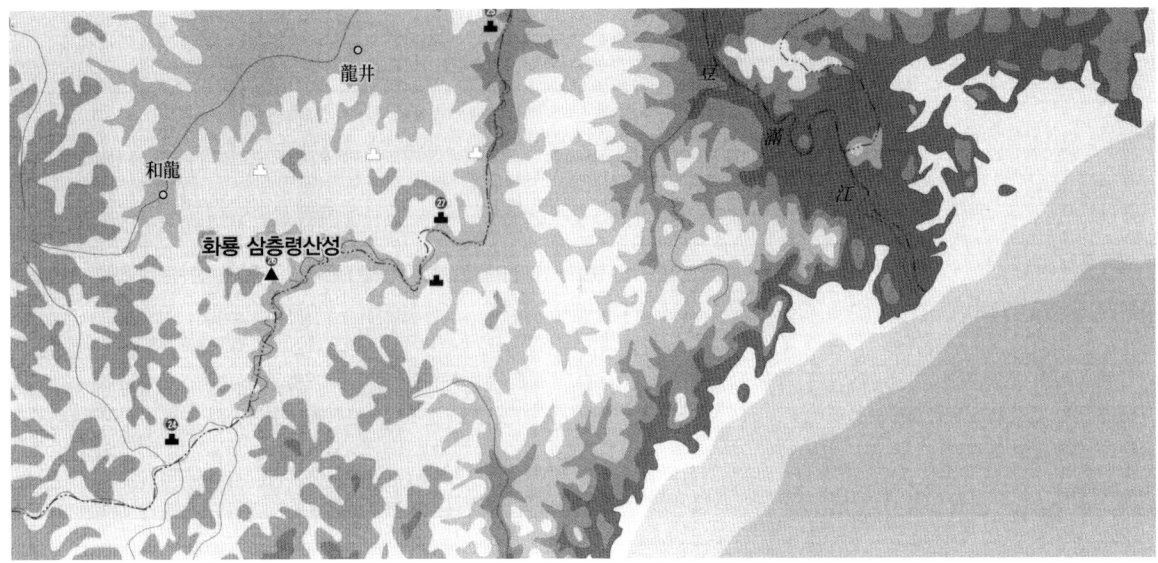

그림 1 삼층령산성 위치도 1

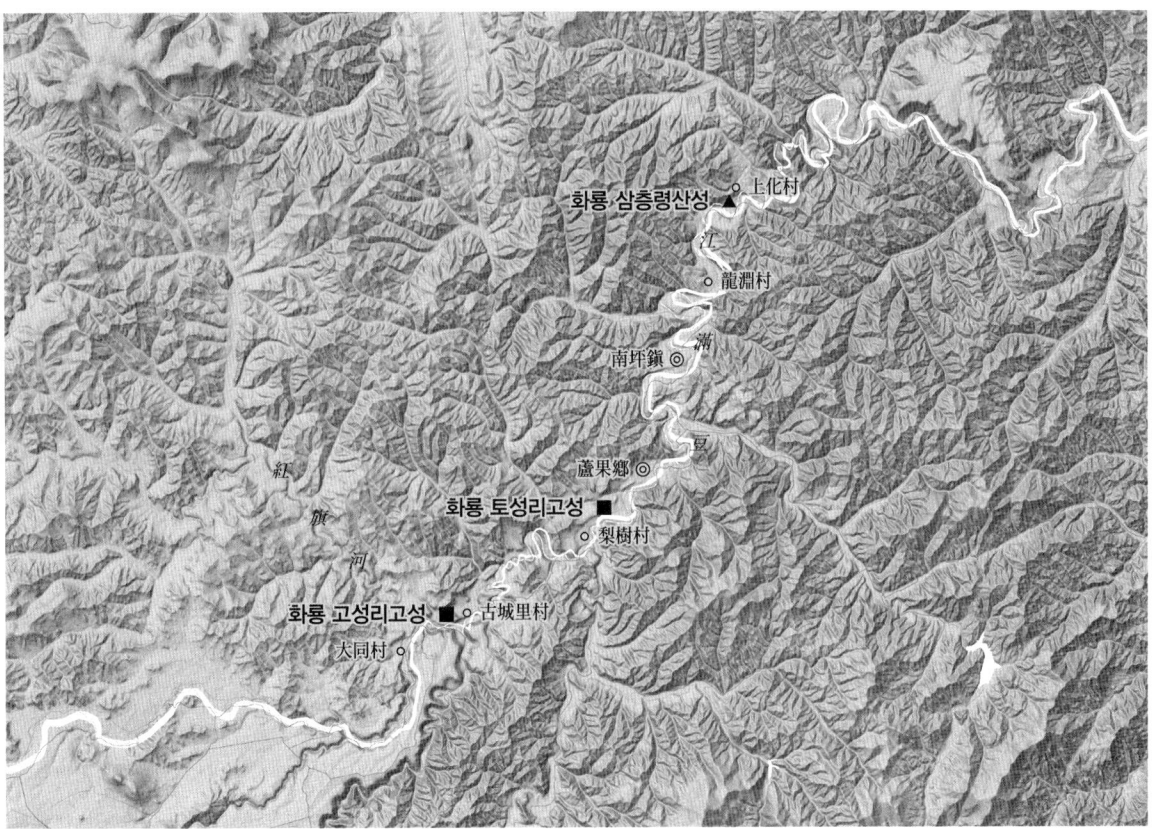

그림 2 삼층령산성 위치도 2

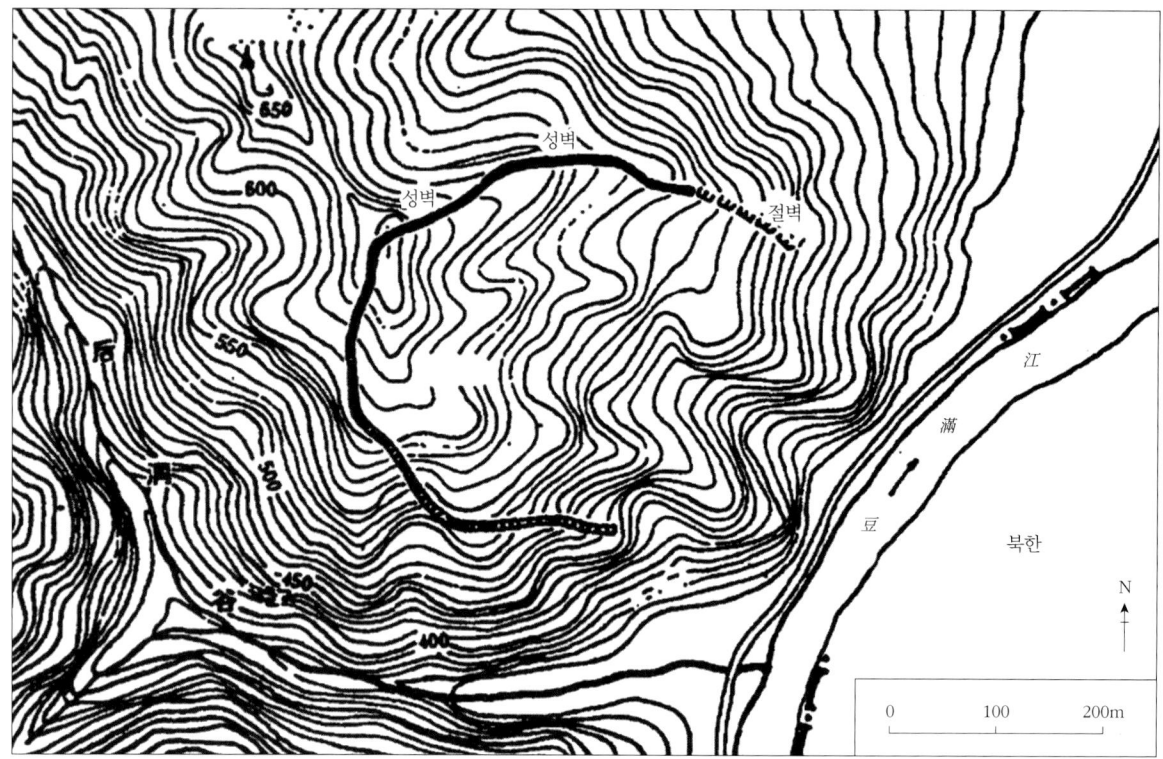

그림 3 삼층령산성 평면도(吉林省文物志編委會, 1984, 64쪽)

됨. 일반적으로 성벽은 12층에 이르고(곳에 따라서는 그보다 더 남아 있는 구간도 있음), 높이는 1.5~2.2m이며, 윗너비는 1.5~2m임. 북벽은 747m를 뻗어나간 후에 험준한 자연 산등성이를 성벽으로 이용하였고, 강안 절벽까지 뻗어나가는데, 이 구간의 길이는 470m임.

○ 남벽은 대부분 자연 산등성이를 이용함.
○ 몇몇 붕괴지점을 제외하고 성벽의 보존상태는 비교적 양호함.

2) 성문

문지는 남쪽으로 낮게 흘러가던 성벽의 끝단, 두만강 쪽으로 시설되어 있고, 두만강 대안의 도로까지 경사가 급한 비탈길을 S자로 내려가는 길이 있는데, 축조 당시의 길이라고 추정됨(동북아역사재단, 2010).[2]

5. 출토유물

지역주민의 말에 의하면 성내를 개간하고 땔나무를 벨 때 철제화살촉을 여러 점 발견하였다고 하는데, 현재는 소재를 알 수 없음.

6. 역사적 성격

三層嶺山城은 두만강 중류의 험준한 산간지대에 위치함. 산성의 전체 둘레는 약 1km로 큰 편은 아니지만, 지리상 두만강 중상류의 德化-崇善 연안로의 요충지에 위치하며, 높은 곳에서 아래를 내려다 볼 수 있는 요

---

2 吉林省文物志編委會는 성문지를 찾지 못하면서 산세와 성의 형태

로 볼 때, 두만강 골짜기 입구에 있을 가능성이 크다고 추정함(吉林省文物志編委會, 1984).

새임. 이에 삼층령산성이 두만강 연안의 교통로를 통제·방어하는 군사요새였을 것으로 추정함(吉林省文物志編委會 1984; 馮永謙 1994). 다만 성 내부에서 축조 시기를 단정할 만한 유물이 출토되지 않은 상태임.

이에 고구려가 축조하고(孫進己·馮永謙, 1989; 林直樹, 1994; 馮永謙, 1994; 東潮·田中俊明, 1995) 발해가 연용하였다고 보는 견해(王禹浪·王宏北, 2007), 발해가 축조하였다고 보는 견해(정영진, 1999), 遼·金이 축조하였다고 보는 견해(國家文物局, 1993) 등 다양한 견해가 제기되었음. 또한 두만강변에 위치한 고구려 산성인 朝東山城과 축조방식이나 성곽의 배치 등이 유사하다는 점에서 고구려시기에 축조된 것으로 추정하기도 함(동북아역사재단, 2010).

이처럼 삼층령산성의 축조시기나 그 성격을 둘러싸고 논란이 분분한 만큼, 이를 보다 명확하게 규명하기 위해서는 향후 더욱 면밀한 고고조사가 필요하다고 생각됨.

참고문헌

- 吉林省文物志編委會, 1984, 『和龍縣文物志』, 吉林省文物志編修委員會.
- 孫進己·馮永謙, 1989, 『東北歷史地理』 2, 黑龍江人民出版社.
- 國家文物局, 1993, 『中國文物地圖集』 吉林分冊, 中國地圖出版社.
- 林直樹, 1994, 「中國東北部の高句麗山城」, 『靑丘學術論集』 5.
- 馮永謙, 1994, 「高句麗城址輯要」, 『北方史地研究』, 中洲古籍出版社.
- 東潮·田中俊明, 1995, 『高句麗の歷史と遺跡』, 中央公論社.
- 魏存成, 1999, 「길림성 내 고구려산성의 현황과 특징」, 『고구려연구』 8.
- 정영진, 1999, 「延邊地域의 城郭에 대한 연구」, 『고구려연구』 8.
- 魏存成, 2002, 『高句麗遺蹟』, 文物出版社.
- 王禹浪·王宏北, 2007, 『高句麗·渤海古城址研究匯編』(上·下), 哈爾濱出版社.
- 동북아역사재단, 2010, 『고구려성 사진자료집』(중국 길림성 동부).

05 화룡 토성리고성
和龍 土城里古城 | 土城屯古城

1. 조사현황

1979년에 조사됨.

2. 위치와 자연환경(그림 1 ~ 그림 2)

1) 지리위치
○ 和龍市 蘆果鄉 梨樹村 土城里屯 소재지에 위치하는데, 두만강 상류 좌안의 대지에 자리잡고 있음.
○ 성에서 서쪽으로 0.5km 떨어진 산기슭 아래에 蘆果에서 崇善으로 통하는 도로가 있음.

2) 자연환경
성에서 남쪽으로 20여m 떨어진 지점에 두만강이 서쪽에서 동쪽으로 흐르고 있음.

3. 성곽의 전체현황

○ 고성이 위치한 대지와 강바닥의 표고 차는 약 15m임.
○ 고성의 평면은 불규칙한 사다리꼴 혹은 장방형으로 방향은 350°임.
○ 고성은 外城 1개와 內城 2개로 구성됨. 內城은 外城 중부에서 북벽으로 치우친 지점과 外城 중부에서 남벽으로 치우친 지점에 위치함.
○ 外城의 동벽 길이는 135m, 서벽 길이는 75m, 남벽 길이는 418m, 북벽 길이는 388m로 전체 둘레는 1,006m임.
○ 오랜 기간에 걸친 채석으로 인해 파괴되면서 남벽과 外城 중부에서 북벽으로 치우친 지점에 있는 內城 성벽은 평평하게 됨. 外城 중부에서 남벽으로 치우친 지점에 위치한 內城은 보존상태가 비교적 양호함.

4. 성벽과 성곽시설

○ 성벽은 현무암으로 대지의 방향을 따라 축조하였는데, 성벽의 내외 양측은 돌로 쌓았고, 가운데는 흙을 채워 넣었음.[1] 들여쌓기의 모습도 확인됨. 성벽 기저부의 너비는 9m, 윗너비는 2m, 동·남벽의 殘高는 0.5m, 서·북벽의 殘高는 1m임.
○ 外城 중부에서 북벽으로 치우친 지점에 있는 內城은 동·서·남 3면에만 성벽을 축조하였고, 북면은 外城 북벽을 이용함. 동서 길이는 52m, 남북 길이는 60m, 성벽 기저부 너비는 5m, 윗너비는 1m, 殘高는 0.5m임.
○ 外城 중부에서 남벽으로 치우친 지점에 있는 內城은 동·서·북 3면에만 성벽을 축조하였고, 남면은 남벽을 이용함. 동서는 80m, 남북은 36m, 성벽 기저부 너비는 9m, 윗너비는 3m, 殘高는 1.5m임.

---

1 돌로 축조하였다는 기록이 있음(嚴長錄, 1990; 國家文物局, 1993).

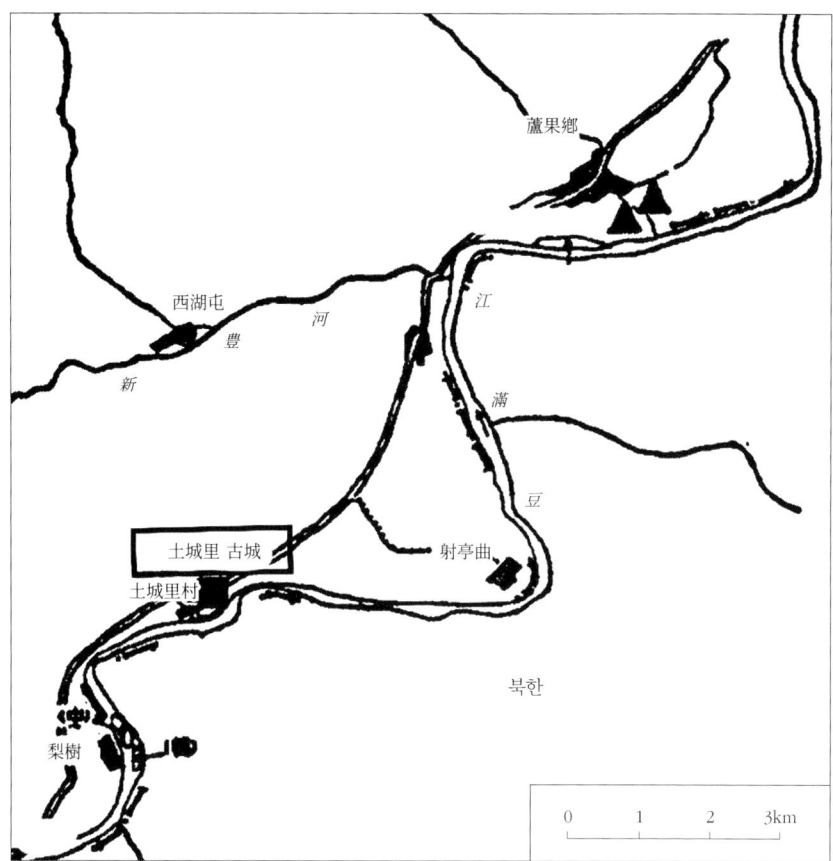

그림 1 토성리고성 위치도 1
(吉林省文物志編委會, 1984, 56쪽)

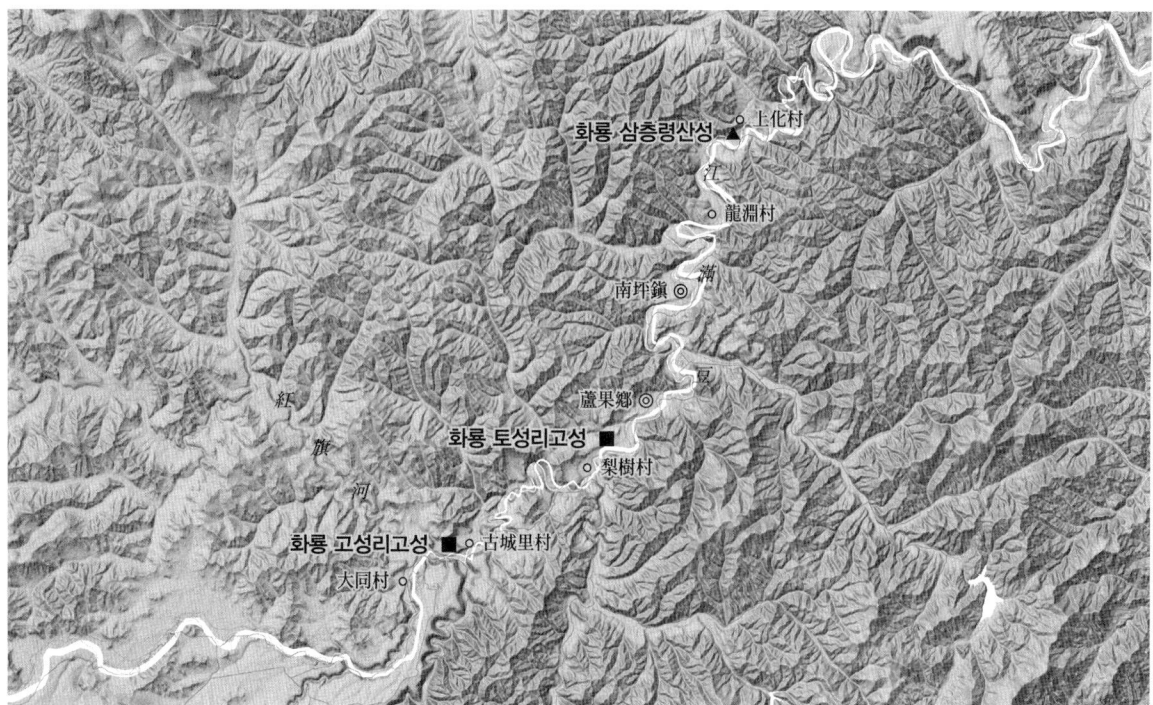

그림 2 토성리고성 위치도 2

5. 출토유물

○ 지역주민들의 말에 의하면 성내에서 철기가 출토되었다고 함.
○ 완전한 형태의 호(罐), 모래 혼입의 흑갈색으로 이중 구순을 갖춘 구연부(重脣口沿) 등 토기편이 출토됨.

6. 역사적 성격

土城里古城은 두만강 상류의 강변에 위치한 소형 평지성임. 두만강 연안로나 수로와 관련한 역참시설일 가능성이 높음. 다만 성 내부에서 축조시기를 단정할 만한 유물이 출토되지 않은 상태임.

이에 고성의 축조시기와 관련해 고구려가 축조하였고 발해가 연용하였다고 보는 견해(王禹浪·王宏北, 2007), 발해가 축조하였다고 보는 견해(嚴長錄, 1990; 정영진, 1999; 방학봉, 2002), 遼·金이 축조하였다고 보는 견해(國家文物局, 1993) 등이 제기된 상태임.

이처럼 토성리고성의 축조시기나 그 성격을 둘러싸고 논란이 분분한 만큼, 이를 보다 명확하게 규명하기 위해서는 향후 더욱 면밀한 고고조사가 필요하다고 생각됨.

참고문헌

- 吉林省文物志編委會, 1984, 『和龍縣文物志』, 吉林省文物志編修委員會.
- 嚴長錄, 1990, 「연변지구 발해시기의 옛 성터에 관한 고찰」, 『발해사연구』 1, 延邊大學出版社.
- 國家文物局, 1993, 『中國文物地圖集』 吉林分冊, 中國地圖出版社.
- 정영진, 1999, 「延邊地域의 城郭에 대한 연구」, 『고구려연구』 8.
- 방학봉, 2002, 『발해성곽연구』, 연변인민출판사.
- 王禹浪·王宏北, 2007, 『高句麗·渤海古城址研究匯編』 (上·下), 哈爾濱出版社.

06 화룡 고성리고성
和龍 古城里古城

1. 위치와 자연환경(그림 1~그림 2)

1) 지리위치
○ 和龍市 崇善鄕의 소재지인 古城里村에서 서쪽으로 0.5km 떨어진 두만강·紅旗河 합류지점의 서변 대지 동단 절벽 가장자리에 위치함. 성 동쪽 절벽 아래에는 紅旗河 다리가 있음.
○ 두만강 본류의 상류 연안으로 성 남쪽 절벽 아래의 두만강 좌안에는 和龍~백두산 천지로 통하는 도로가 있음.
○ 서쪽으로 2.5km 떨어진 大同村 남쪽에 대규모 발해유적이 있음.

2) 자연환경
○ 성 동쪽 절벽 아래로 두만강이 서쪽에서 동쪽으로 흐름.
○ 紅旗河가 서쪽에서 동남쪽으로 흐르고, 두만강이 서남쪽에서 동북쪽으로 흐르는데, 두 강이 고성 동벽 근처에서 서로 교차하면서 삼각형의 대지를 형성함.

2. 성곽의 전체현황 (그림 3)

○ 강 바닥으로부터 고성이 위치한 대지의 가파른 절벽까지 직선 높이는 약 30여 m임. 대지는 평탄한 분지임.
○ 성의 평면은 불규칙한 사다리꼴 혹은 삼각형으로 파악되는데, 동벽의 길이는 60m, 서벽의 길이는 180m, 남벽 길이는 250m, 북벽 길이는 220m로, 전체 둘레는 710m임. 방향은 340°임.[1]
○ 성곽의 내부는 논으로 개간되었으나, 보존상태는 비교적 양호함.

3. 성벽과 성곽시설

1) 성벽
○ 성벽은 지표를 파서 기초 부분을 견고하게 조성한 다음에 그 위에 현무암 계열의 깬돌을 쌓아올렸는데, 성벽의 외측과 내측은 돌로 쌓았고, 가운데는 흙을 채웠음. 성돌은 성이 위치한 대지에 있는 자연석을 다듬어 사용함. 들여쌓기의 모습도 확인됨.
○ 북벽은 서부에 인공적으로 축조한 성벽 구간 80m를 제외하고, 가파른 절벽을 성벽으로 삼았음. 남벽은 전부 절벽을 성벽으로 삼았음. 동벽과 서벽은 모두 돌로 인위적으로 축조함.
○ 현재 남아 있는 성벽은 기저부 너비 5~6m, 윗너비 1.5~2m, 殘高 1m 정도임.

---

1 吉林省文物志編委會, 1984. 350°로 보기도 함(방학봉, 2002).

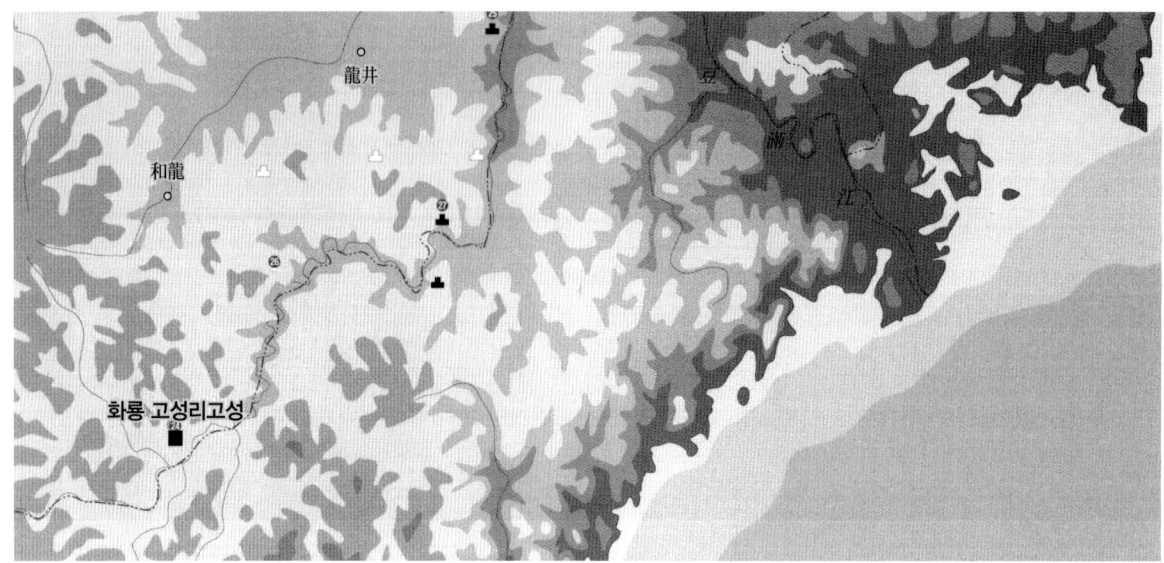

그림 1　고성리고성 위치도 1

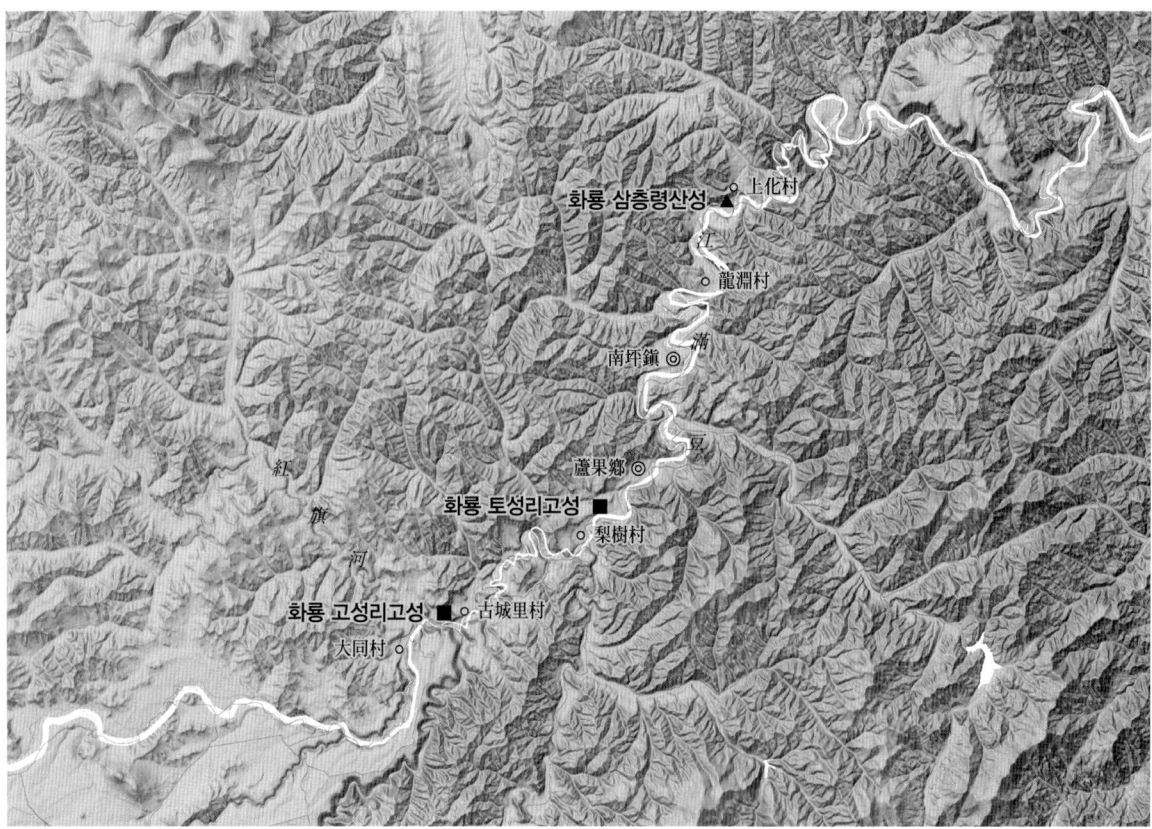

그림 2　고성리고성 위치도 2

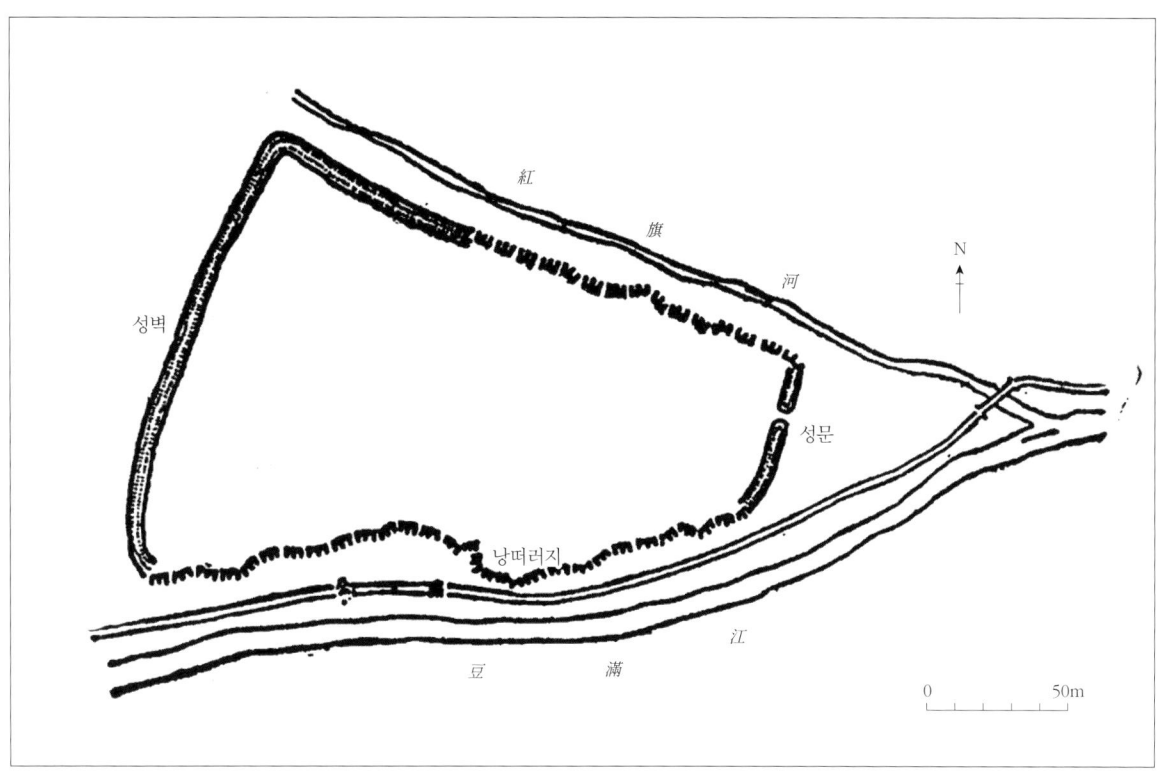

그림 3 고성리고성 평면도(吉林省文物志編委會, 1984, 55쪽)

2) 성문

○ 동벽에서 북쪽으로 치우친 지점(紅旗河와 두만강이 교차하는 지점)에 문지가 있는데, 너비는 2.5m임.
○ 서벽에서 남쪽으로 치우친 곳에 너비 2.5m의 문지가 있음.

4. 출토유물

지역주민들에 의하면 성내를 논으로 개간할 때 벽돌, 기와, 철제화살촉 등의 유물이 출토되었다고 함. 철제화살촉에 대해서 발해시기의 유물로 보기도 함(楊雨舒, 2005).

5. 역사적 성격

古城里古城은 두만강 본류의 상류 연안에 위치하는데, 이곳은 紅旗河와 두만강이 교차하는 지점으로 두만강 상류에서 백두산이나 延吉로 갈 때 반드시 지나가야 하는 교통로상의 요충지임. 고성은 요충지에 축조되었고 백두산으로 진입하는 협곡 입구를 통제할 수 있다는 점에서 전략적 위상이 매우 높은 것으로 평가됨(吉林省 文物志編委會, 1984; 王禹浪·王宏北, 2007).

다만 성 내부에서 축조시기를 단정할 만한 유물이 출토되지 않은 상태임. 이에 고구려가 축조하고 발해가 연용하였다고 보는 견해(王禹浪·王宏北, 2007), 발해가 축조하고(嚴長錄, 1990; 정영진, 1990; 방학봉, 2002) 遼·金이 연용하였다고 보는 견해(國家文物局, 1993) 등이 제기된 상황임.

특히 吉林省文物志編委會(1984)에서는 古城 서

쪽 2.5km 거리의 大洞村 남쪽에 대규모 발해 유적지가 있다는 점 및 교통로상의 위치 등을 근거로 발해시기에 축조한 關隘城堡로 추정하기도 함. 또한 동북아역사재단(2010)에서는 임진강 유적에 위치한 연천 호로고루성, 당포성, 은대리성 등의 입지조건이나 축조방식과 유사하다는 점에 주목하여 고구려시기에 축조했을 가능성도 검토할 필요가 있다고 봄.

이처럼 고성리고성의 축조시기나 그 성격을 둘러싸고 논란이 분분한 만큼, 이를 보다 명확하게 규명하기 위해서는 향후 더욱 면밀한 고고조사가 필요하다고 생각됨.

참고문헌

- 吉林省文物志編委會, 1984, 『和龍縣文物志』, 吉林省文物志編修委員會.
- 嚴長錄, 1990, 「연변지구 발해시기의 옛 성터에 관한 고찰」, 『발해사연구』 1, 延邊大學出版社.
- 國家文物局, 1993, 『中國文物地圖集』 吉林分冊, 中國地圖出版社.
- 정영진, 1999, 「延邊地域의 城郭에 대한 연구」, 『고구려연구』 8.
- 방학봉, 2002, 『발해성곽연구』, 연변인민출판사.
- 楊雨舒, 2005, 「渤海國時期吉林的鐵器述論」, 『北方文物』 2005-3.
- 王禹浪·王宏北, 2007, 『高句麗·渤海古城址研究匯編』 (上·下), 哈爾濱出版社.
- 동북아역사재단, 2010, 『고구려성 사진자료집』(중국 길림성 동부).

제16부

용정시(龍井市) 지역의 유적

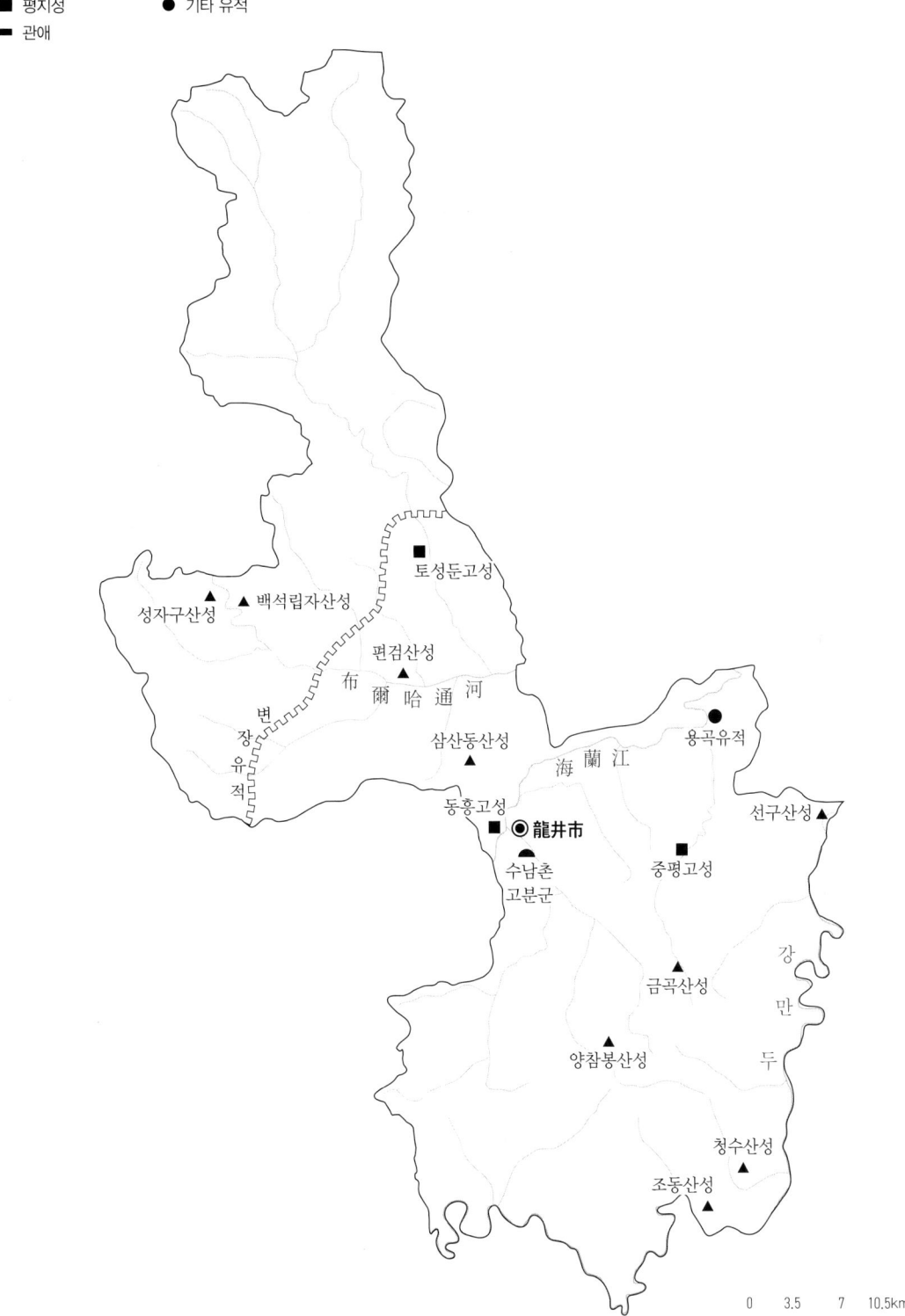

1
고분군과 고분

01 용정 수남촌 고분군
龍井 水南村古墳群

1. 조사현황

○ 1911년(明治 40) 鳥居龍藏 답사. 末松保和 등의 조사에 의해 일부 소개되었으나 학계에 정식 보고되지 않음(鳥居龍藏,「咸鏡南北道及東間島旅行談」,『東洋時報』第116號).
○ 1937년 만주국 문교부 의뢰를 받은 경성제국대학(鳥山喜一, 藤田亮策)에서 4월 한 달간 간도성 내 용정, 혼춘, 연길 등의 유적을 조사. 수남촌 고분군은 4월 7일 조사.(鳥山喜一·藤田亮策, 1941,『間島省古蹟調査報告』, 滿洲國古蹟古物調査報告 第三編)

2. 위치와 자연환경(그림 1)

龍井市 水南村 東興古城 동남쪽에 위치.

3. 고분군의 분포현황

1)『間島省古蹟調査報告』(1941)
○ 龍井街 동남쪽 水南土城의 남쪽으로, 六道溝岸에서 土城堡土城의 서남쪽, 해란강에 이르는 2km 평지에 고분 산재. 고분은 백여 기 이상으로 추정. 1911년 鳥居龍藏 조사 때 온전한 형태의 고분이 많았으나 파괴 및 도굴로 인해 1937년도 조사에서는 그 흔적을 찾을 수 없는 것이 다수.
○ 수남토성과 토성보토성과의 중간 부근은 밭이었으나 日高丙子郎에 의하면 일찍이 六道溝河의 제방공사에 석묘의 돌을 사용했다고 하며, 1937년 당시 육도구하 좌안에 이 돌담이 남아 있었음.
○ 고분 형식은 봉토분과 석묘 등 두 종류가 있음. 수남촌 방면은 대부분 석묘이고 봉토분이 혼재되어 있었음. 서쪽 해란강에서 가까운 쪽은 봉토분만이 논밭 사이에 줄지어 있었고 그 중간에는 두 종류가 혼재해 있었음.
○ 봉토분[1]은 연문(羨門)이 있는 횡구식 장방형 석실 위에 흙을 덮어 饅頭狀을 이룸. 원형으로 추정되나 당시에는 방형 고분이 적지 않았고, 대다수 붕괴되어 있었음. 당시 森林鐵道 선로 옆에 파괴된 고분 1기는 남북 4.3m, 동서 2.9m, 연문 너비는 1.3m이고 남쪽에 입구가 열려 있었으며 대석을 덮었음. 봉토 직경은 약 15m 정도임.
○ 석묘는 고구려의 방형 계단형태 분묘임. 평면이 장방형이 많고 방형은 보이지 않는 것이 특징임. 이런 고분은 석재가 없어져 원형을 갖춘 것은 한 기도 없음. 기단 평면을 알 수 있는 1기를 보면 남북 11.7m, 동서 8.8m의 장방형으로 3단 계단까지 원상이 확인되며 그 한 변은 6.6m임.

---

[1] 제시된 도면에 의하면 매장부는 장방형 현실, 중앙연도의 횡혈식 석실임(그림 2 참조).

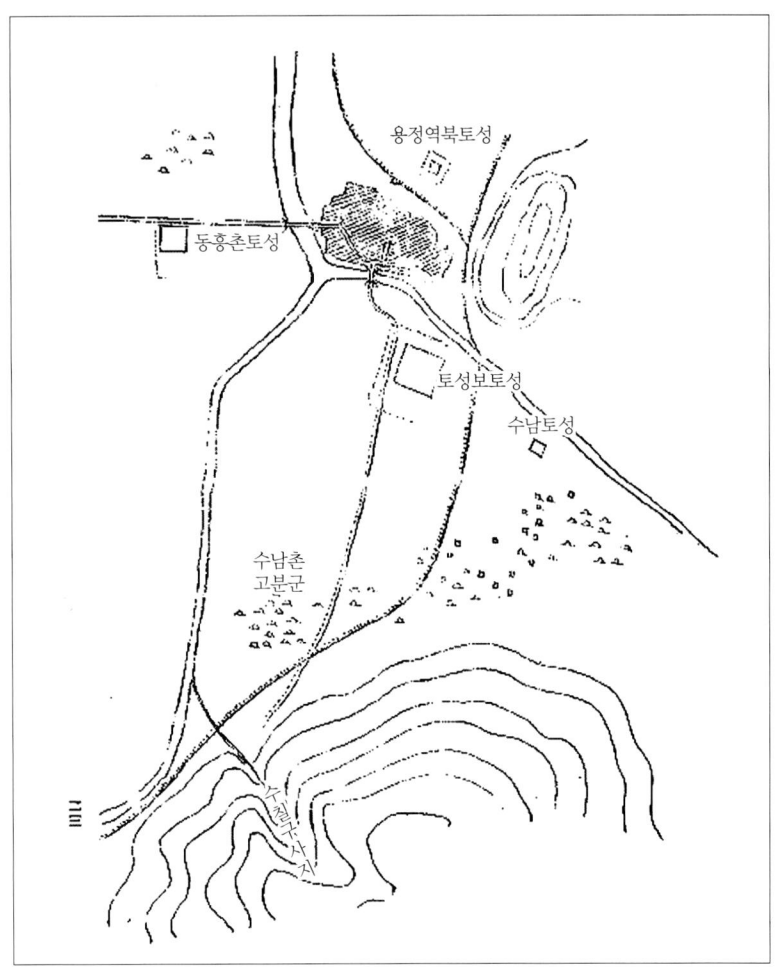

그림 1 수남촌 부근의 유적 위치도
(『間島省古蹟調査報告』, 1941)

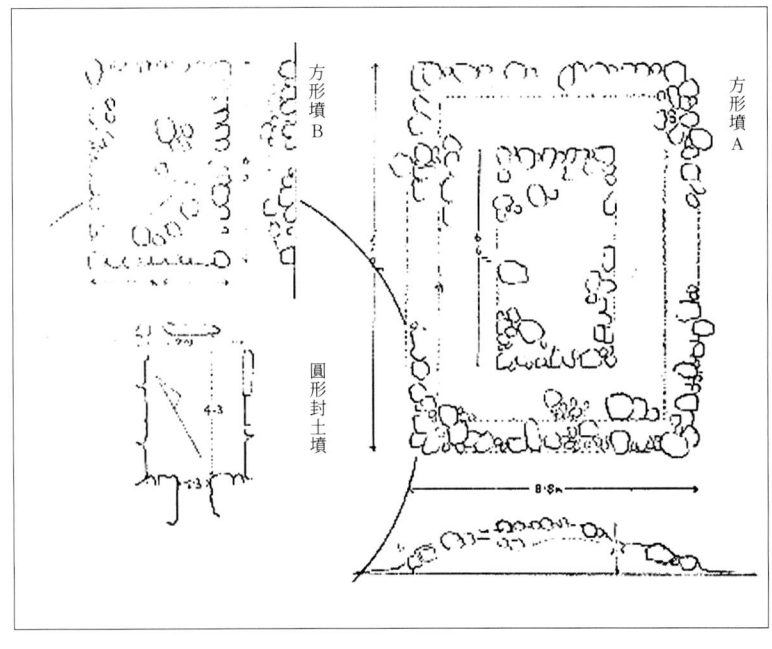

그림 2 수남촌고분군의 석묘
(우측 및 좌측 상단)와 봉토묘(좌측 하단)
(『間島省古蹟調査報告』, 1941)

2) 藤田亮策(1939) 및 정찬영(1979)

○ 일제 시기 조사에 의하면 토분은 방형과 원형이 있고, 석묘는 장방형 평면에 3~4단의 계단이 남아 있는 것이 많았다고 함. 또한 인근에 고구려 기와가 있는 유적이 있었다고 함.

○ 현재는 멸실된 상태로 현상을 알 수 없음.

4. 역사적 성격

고분 조성연대는 수남촌 토성연대와 중요한 관련성을 갖지만 발굴조사 되지 않았음. 간도총영사관의 진열품 가운데 호가 있었는데 그 형식이 발해시대의 것으로 추정됨. 수남토성·토성보토성에서는 고구려식 기와편이 보이지 않지만 동흥촌토성에서 고구려 적색기와가 많음. 이 토성과 그 부근 고분들과 직접 인과관계가 있다는 것이 명확치 않지만 관련 속에서 연구될 만함.(『間島省古蹟調査報告』, 1941)

계단적석총과 봉토분으로 이루어진 고분군으로 소개된 자료에 의하면 그 조성의 상한은 4세기 이전으로 소급될 수 없으며, 간도총영사관에 전시된 호가 발해시대의 것으로 추정된다고 하는 것을 미루어 고구려 고분군이라고 단정하기도 어려움.

참고문헌

- 藤田亮策, 1939, 「通溝附近の古墳と高句麗墓制」, 『池內博士還曆記念 東洋史論叢』(『朝鮮考古學硏究』(1949) 재수록).
- 鳥山喜一·藤田亮策, 1941, 『間島省古蹟調査報告』, 滿洲國古蹟古物調査報告 第三編.
- 정찬영, 1973, 「기원 4세기까지의 고구려 묘제에 관한 연구」, 『고고민속론문집』 5.
- 양시은, 2012, 「연변 지역 고구려 유적의 현황과 과제」, 『동북아역사논총』 38.

2
성곽

01 용정 삼산동산성
龍井 三山洞山城

1. 위치와 자연환경 (그림 1)

○ 龍井市 朝陽鄕(朝陽川鎭) 三峰村 三山洞 北山 정상에 위치하는데, 水系上으로는 두만강 지류인 布爾哈通河 중류에 해당함.
○ 남쪽으로 0.5km 떨어진 지점에 三山洞村이 있음.

2. 성곽의 전체현황

○ 산 정상은 북쪽이 높고 남쪽이 낮음. 산성의 지세는 험준한데, 동·북 양 면은 가파른 절벽이고, 서면은 비교적 평탄하고 완만한 구릉이 접해져 있으며, 남쪽은 가파른 구릉임.
○ 포곡식(簸箕形) 산성으로 평면은 불규칙하며, 둘레는 2,075m임.
○ 성내에는 三山洞原始文化 유적지가 있음.

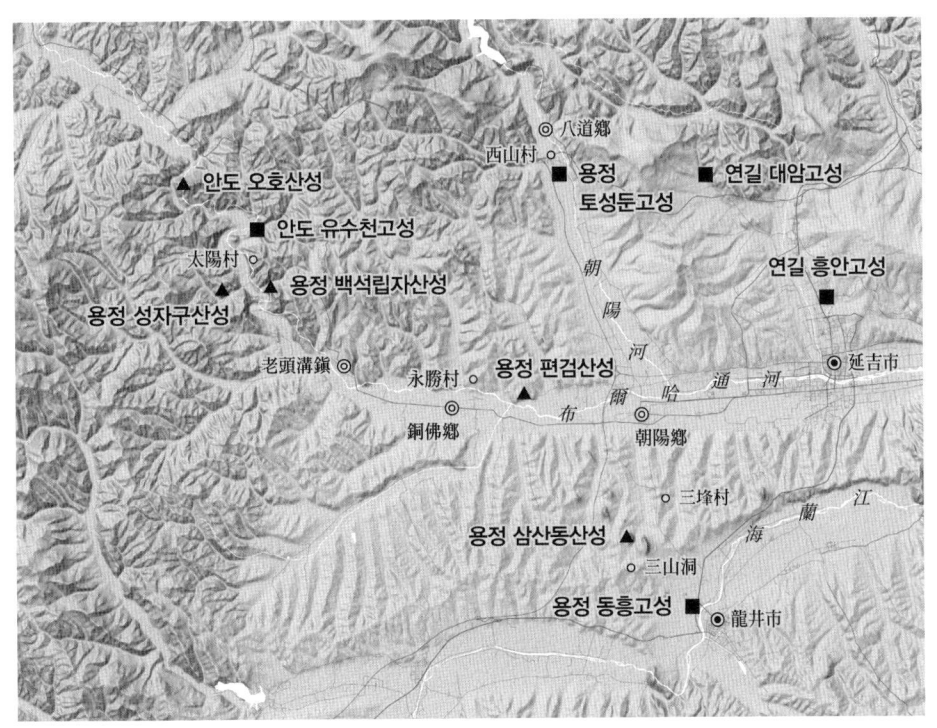

그림 1
삼산동산성 위치도

3. 성벽과 성곽시설

1) 성벽
○ 성벽은 산 정상부 주변 가장자리에 위치함. 성내에는 弧形의 석벽 두 줄기가 있는데, 너비는 1~1.5m, 높이는 0.1~0.5m임. 성벽 북쪽 산봉우리를 기점으로 부채모양을 이룸. 양 끝은 절벽임.
○ 성벽은 土石을 이용해서 축조했는데, 너비 4m, 높이 1~1.5m임.

2) 성문
서벽에 개구부가 있는데, 산 아래에서 산 정상으로 통하는 도로가 지나간다는 것을 볼 때 당시의 문길로 추정됨 (吉林省文物志編委會, 1984; 王禹浪·王宏北, 2007).

4. 출토유물

1) 철기
만주국시기에 일본학자들이 산성을 조사하면서 지역주민으로부터 철제화살촉 2점을 얻었는데, 하나는 四棱式, 하나는 扁平式임. 모두 遼·金시기 유물임(吉林省文物志編委會, 1984; 王禹浪·王宏北, 2007).

2) 석기
○ 성문 추정지 바깥에서 石球와 石餅이 출토됨.
○ 石球는 琢製이고, 단면은 타원형이며, 한 쪽에 돌기가 있음. 큰 것은 직경 5.7~7.6cm, 작은 것은 직경 2~4cm임.
○ 石餅은 月餅形이고, 打製임. 큰 것은 직경 7~9.3cm, 두께 2~3cm이고, 작은 것은 직경 4.6cm, 두께 0.6~0.7cm임.
○ 石球와 石餅은 延邊에서는 처음 발견된 것으로, 투석용 석환(擂石)으로 보이나, 자세한 용도는 알 수 없음.

5. 역사적 성격

三山洞山城은 두만강 지류인 布爾哈通河 중류에 위치한 둘레 2km 전후의 중형급 산성임. 성 내부나 성곽에 대한 면밀한 조사가 진행되지 않아 성곽의 축조시기를 둘러싸고 고구려가 축조하고 발해·遼·金이 연용하였다는 견해(王禹浪·王宏北, 2007), 遼·金이 축조하였다는 견해(吉林省文物志編委會, 1984; 延邊博物館, 1988; 國家文物局, 1993; 정영진, 1999; 魏存成, 2002) 등이 있음. 아직까지 고구려시기라고 단정할 만한 유물은 출토된 바 없는데, 산성의 정확한 축조시기와 그 성격을 규명하기 위해서는 향후 더욱 면밀한 고고조사가 필요한 상황임.

참고문헌
- 吉林省文物志編委會, 1984, 『龍井縣文物志』, 吉林省文物志編修委員會.
- 延邊博物館, 1988, 『延邊文物簡編』, 延邊人民出版社.
- 國家文物局, 1993, 『中國文物地圖集』 吉林分冊, 中國地圖出版社.
- 정영진, 1999, 「延邊地域의 城郭에 대한 연구」, 『고구려연구』 8.
- 魏存成, 2002, 『高句麗遺蹟』, 文物出版社.
- 王禹浪·王宏北, 2007, 『高句麗·渤海古城址研究匯編』 (上·下), 哈爾濱出版社.

02 용정 중평고성
龍井 仲坪古城

1. 조사현황

1984년에 발견·조사됨.

2. 위치와 자연환경(그림 1~그림 2)

1) 지리위치

○ 仲坪古城은 龍井市 德新鄉 安邦村(河北村) 仲坪屯 북쪽의[1] 경작지 안에 위치함. 德新鄉 – 龍巖村을 잇는 도로가 유적지 중부를 통과하며, 서남쪽으로 1.5km 떨어진 지점에 德新鄉 소재지가 있음.

○ 水系上으로는 두만강 지류인 布爾哈通河의 남쪽 지류인 海蘭江 유역에 해당하는데, 고성의 서북쪽은 높고 동남쪽은 낮은 완만한 구릉임.

○ 고성 주위에 발해의 사원유적(德新鄉 소재지에서 1km, 仲坪屯 남쪽 가장자리 동측)과 고분군이 분포하고 있음.

2) 자연환경

고성의 동측에는 海蘭江의 지류인 八道河가 서남쪽에서 동북쪽으로 흐르며, 하천 주변에는 상당히 넓은 분지형 평원이 펼쳐져 있음.

---

[1] 동쪽이라는 기록도 있음(延邊博物館, 1988; 정영진, 1990·1999; 방학봉, 2002; 동북아역사재단, 2010).

3. 성곽의 전체현황

○ 성의 평면은 동서가 긴 장방형인데, 서남–동북 길이 약 500m, 동남–서북 너비 약 300m로 전체 둘레는 약 1,600m임.

○ 河流 단면을 통해 지표층 아래가 문화층임을 알 수 있는데, 깊이는 20~40cm임.

○ 성 동부는 파괴되었고, 성내는 경작지로 개간되었음.

4. 성벽과 성곽시설

성벽은 대부분 파괴되어 평평하게 되었고, 성벽 기초가 일부 남아 있음. 성벽은 흙과 돌로 축조함.

5. 성내시설과 유적

북부에 건물지가 있음(國家文物局, 1993).

6. 출토유물

○ 지표 위에 蓆文·지압문·승문 암키와편 등이 흩어져 있고, 격자문·蓮圈櫛齒文 암키와, 석조불상 잔편 등이 출토됨.

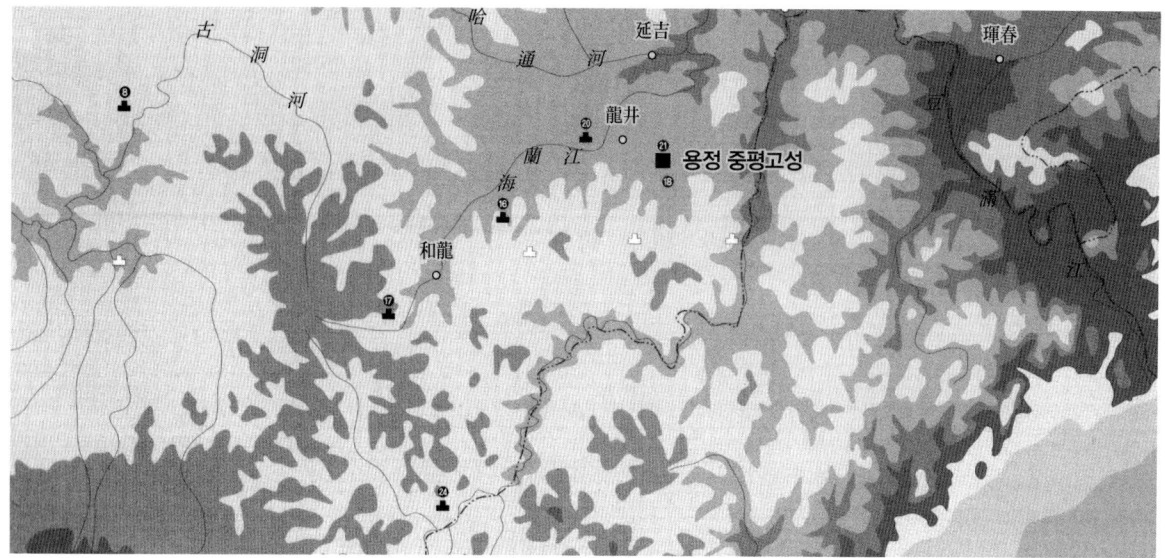

그림 1 중평고성 위치도 1

그림 2 중평고성 위치도 2

○ 연화문와당이 출토되었는데, 발해시기로 보기도 함(양시은, 2012).
○ 지표층 아래 문화층 중간에 풀과 나무가 섞여있는 탄흙(燒土草木灰炭渣), 짐승 뼈, 조개껍데기, 토기편 등이 있음.

7. 역사적 성격

仲坪古城은 두만강 지류인 布爾哈通河의 남쪽 지류인 海蘭江 유역에 자리잡고 있음. 고성의 동쪽으로는 海蘭江의 지류인 八道河가 서남쪽에서 동북쪽으로 흐르고 있는데, 八道河 주변으로는 상당히 넓은 분지가 펼쳐져 있음. 중평고성은 이 분지의 중심부에 위치하는데, 지형상 龍井市 소재지 주변의 분지와 구별되는 독립적인 평원지대를 이루고 있음.

중평고성은 둘레 약 1.6km인 중형급 평지성으로 일찍부터 성 내부에서 많은 유물이 출토되었음. 특히 성내에서 출토된 蓆文·網文·격자문·승문 기와 등은 고구려시기 기와이며, 일부 암키와의 문양은 圖們 城子山山城에서 나온 암키와 문양과 같다고 함. 또한 발해시기의 연화문 와당과 連圈文 첨두와도 출토되었음.

이에 仲坪古城은 고구려시기에 처음 축조되었고 발해시기에도 계속 사용된 것으로 추정되고 있음. 고성 서남쪽 1.5km 거리에 발해시기의 사원유적이 있고, 서쪽 2km 거리에 발해시기 고분군이 있는 것도 仲坪古城이 발해시기까지 계속 사용되었음을 뒷받침하는 근거로 파악되고 있음(延邊博物館, 1988; 정영진, 1990·1999; 방학봉, 2002).

이에 많은 연구자들이 고구려가 중평고성을 축조하고(劉子敏, 2001; 王綿厚, 2002; 이성제, 2009; 양시은, 2012), 발해가 연용했을 것으로 보고 있음(嚴長綠·楊再林, 1988; 嚴長錄, 1990; 동북아역사재단 2010). 또한 최근 중평고성이 八道河 유역의 독립 분지에 위치한 점에 주목하여 고구려 후기의 최고 지방관인 柵城 褥薩(都督) 李他仁이 관장했다는 12州 治所城의 하나로 비정하기도 함(여호규, 2017).

이에 반해 중평고성이 발해시기에 처음 축조되었다고 보기도 하며(吉林省文物志編委會, 1984; 國家文物局, 1993), 특히 성곽이 아니라 발해시기의 비교적 큰 거주지 유적에 해당한다고 보기도 함(吉林省文物志編委會 1984). 성곽 내부에서 고구려시기로 추정되는 기와편이 다수 출토된 만큼 고구려 성곽일 가능성이 매우 높지만, 異見도 있는 만큼 향후 더욱 면밀한 고고조사를 통해 성곽의 축조시기와 그 성격을 규명할 필요가 있음.

참고문헌

- 吉林省文物志編委會, 1984, 『龍井縣文物志』, 吉林省文物志編修委員會.
- 嚴長綠·楊再林, 1988, 「延邊地區高句麗-渤海時期紋飾板瓦初探」, 『博物館研究』 1988-2.
- 延邊博物館, 1988, 『延邊文物簡編』, 延邊人民出版社.
- 嚴長錄, 1990, 「연변지구 발해시기의 옛 성터에 관한 고찰」, 『발해사연구』 1, 延邊大學出版社.
- 정영진, 1990, 「연변지구의 고구려유적 및 몇 개 문제에 대한 탐구」, 『한국상고사학보』 4.
- 國家文物局, 1993, 『中國文物地圖集』 吉林分冊, 中國地圖出版社.
- 정영진, 1999, 「延邊地域의 城郭에 대한 연구」, 『고구려연구』 8.
- 劉子敏, 2001, 「高句麗疆域沿革考辨」, 『社會科學戰線』 2001-4.
- 방학봉, 2002, 『발해성곽연구』, 연변인민출판사.
- 王綿厚, 2002, 『高句麗古城研究』, 文物出版社.
- 이성제, 2009, 「高句麗와 渤海의 城郭 운용방식에 대한 기초적 검토」, 『高句麗渤海研究』 34.
- 동북아역사재단, 2010, 『고구려성 사진자료집』(중국 길림성 동부).
- 양시은, 2012, 「연변 지역 고구려 유적의 현황과 과제」, 『동북아역사논총』 38.
- 여호규, 2017, 「두만강 유역 고구려 성곽의 분포현황과 지방통치의 양상」, 『역사문화연구』 61.

03 용정 편검산성
龍井 偏臉山城

1. 조사현황

1) 만주국시기
만주국시기에 일본학자가 산성을 조사하였는데, 『間島』라는 책에서 '太平溝山城子'라고 불렀고, 金代에 축조된 것으로 추정하였음.

2) 1984년
白瓷碗, 방형의 壓印文이 있는 토기편, 구연이 말아 올라가고 외반된 토기구연부(卷沿侈口陶器口沿), 돌절구 등을 발견함.

2. 위치와 자연환경(그림 1)

1) 지리위치
○ 龍井市 銅佛鄕 永勝村 동쪽 偏臉山 위에 위치하는데, 銅佛鄕 소재지인 銅佛寺 동쪽 3km 거리에 해당함.
○ 水系上으로는 두만강 지류인 布爾哈通河 본류 연안에 해당함.

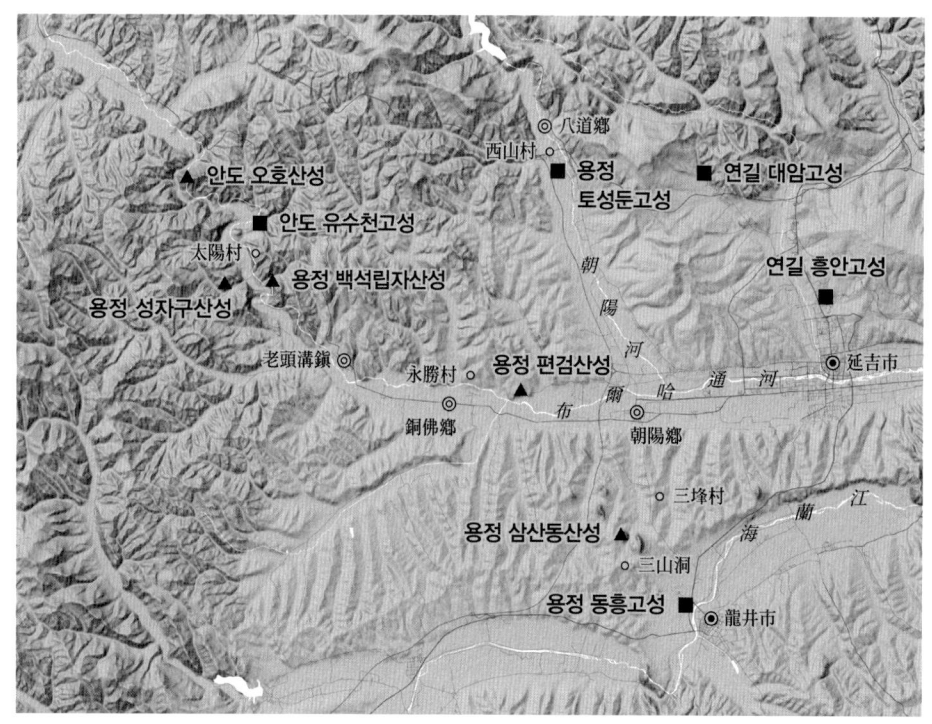

그림 1
편검산성 위치도

2) 자연환경

○ 산성의 동·북 양면은 깊은 골짜기이고, 골짜기 안에는 개울이 흐르고 있는데, 남쪽으로 흘러가서 布爾哈通河로 유입됨.

○ 남쪽으로 약 300m 떨어진 지점에 布爾哈通河가 서쪽에서 동쪽으로 흐르고 있는데, 강의 남북 양안은 논으로 개간됨.

3. 성곽의 전체현황

○ 산성이 위치한 偏臉山은 산이 갈라지는 끝부분에 우뚝 솟아 있는 산인데, 해발 358m이고, 부근의 布爾哈通河보다 약 100m 높음.

○ 산 정상부는 북쪽이 높고 남쪽이 낮으며, 바람을 등지며 남쪽을 향하고 있음. 산세는 험준한데, 동·남·북 세 면은 초벽이고, 남면은 완만한 산과 연결되며, 지세는 평탄하고 완만함.

○ 산정식 산성으로 평면은 불규칙한 圓角長方形 혹은 타원형이며, 전체 둘레는 약 380m로 보루성으로 분류할 수 있음.

4. 성벽과 성곽시설

1) 성벽

○ 성 내부의 동서방향 성벽이 성을 남·북 두 구역으로 나누고 있음.

○ 성벽은 토석혼축으로 쌓았는데, 기단부의 너비 7m, 높이 1~2m임.

○ 성벽은 매우 심하게 파괴됨.

2) 성문

성문은 북벽 서단에 있는데, 너비는 6m임.

3) 치

서벽에 3개의 치가 있는데 모두 성벽 밖으로 펼쳐져 있음.

5. 출토유물

1) 토기

기둥을 받친 흔적이 있는 白瓷碗, 방형의 壓印文이 있는 토기편, 구연이 말아 올라가고 외반된 토기 구연부(卷沿侈口陶器口沿) 등이 출토됨. 출토된 토기편은 니질의 회색임.

2) 석기

돌절구가 출토됨.

6. 역사적 성격

偏臉山城은 두만강 지류인 布爾哈通河 연안을 따라 펼쳐진 평원지대 가장자리의 산 정상에 위치했는데, 둘레 380m로 보루성으로 분류할 수 있음. 위치와 규모로 보아 布爾哈通河 연안의 평원지대를 공제하거나 방어하기 위해 축조한 소형 군사보루성으로 파악됨.

다만 아직까지 고구려나 발해시기의 유물은 출토되지 않았으며, 요·금대의 자기편 등이 다수 출토되었음. 이에 고구려나 발해가 偏臉山城을 축조했다고 보기도 하지만(王禹浪·王宏北, 2007), 일반적으로는 遼·金이 축조했다고 파악함(吉林省文物志編委會, 1984; 國家文物局, 1993; 정영진, 1999; 魏存成, 2002). 偏臉山城이 고구려 성곽인지 여부를 판별하기 위해서는 향후 더욱 면밀한 고고조사가 필요하다고 생각됨.

참고문헌

- 吉林省文物志編委會, 1984, 『龍井縣文物志』, 吉林省文物志編修委員會.
- 國家文物局, 1993, 『中國文物地圖集』 吉林分冊, 中國地圖出版社.
- 정영진, 1999, 「延邊地域의 城郭에 대한 연구」, 『고구려연구』 8.
- 魏存成, 2002, 『高句麗遺蹟』, 文物出版社.
- 王禹浪·王宏北, 2007, 『高句麗·渤海古城址硏究匯編』 (上·下), 哈爾濱出版社.

04 용정 금곡산성
龍井 金谷山城

1. 조사현황

1983~1985년 吉林省 각 市·縣 文物志 편찬을 위한 문물 조사과정에서 金谷山城도 조사함.

2. 위치와 자연환경(그림 1)

1) 지리위치
○ 龍井市 동남쪽 德新鄉 金谷村에서 서쪽으로 250m 떨어진 산 정상의 북단에 위치함. 水系上으로는 두만강 지류인 布爾哈通河의 남쪽 지류인 海蘭江 유역인데, 海蘭江의 지류인 八道河의 상류에 해당함.
○ 산성 근처 金谷저수지 서편 언덕 위에 신석기시대 거주지와 청동기시대 무덤이 남아 있음.

2) 자연환경
○ 산성의 동·서 산기슭 아래로 개울이 흐르고 있는데, 八道河의 상류와 그 지류임.
○ 산성의 북쪽으로는 비교적 낮은 산과 접하면서 개활지가 펼쳐짐. 남쪽으로는 기복이 있는 산간지대가 펼쳐지는데, 해란강 유역과 두만강 본류 연안을 가르는 분수령 지대에 해당함.

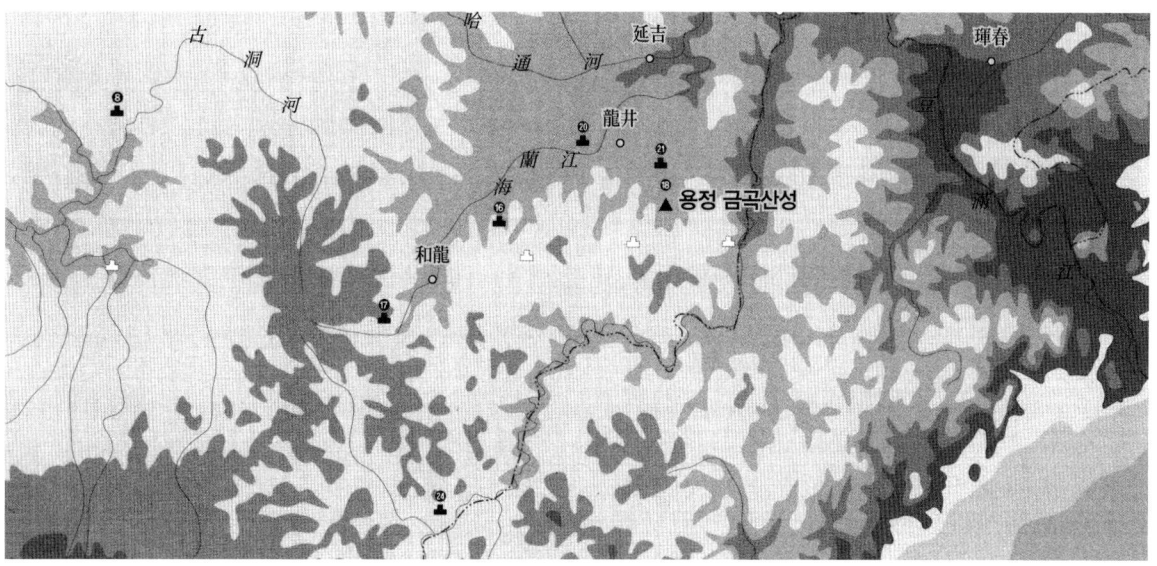

그림 1 금곡산성 위치도

○ 산성에서 북쪽으로 약 0.5km[1] 떨어진 지점에 金谷저수지가 있음.

3. 성곽의 전체현황

○ 산성은 산등성이를 따라 축조했는데, 방향은 250°이고, 평면은 불규칙한 꽃잎모양(花葉狀)임. 전체 둘레는 1,415m인데, 정상부 중간 부분의 성벽 남쪽에 있는 평탄지까지 포함하면, 전체 둘레는 더 늘어날 수 있음(동북아역사재단 2010).
○ 산성은 네 부분으로 이루어져 있음. 첫 번째 부분은 북문 바깥에 있는 성벽인데, 옹성 역할에 부합됨. 두 번째 부분은 약간 가파른 구릉으로 방어시설에 속함. 그 서북 모서리에는 작고 평탄한 대지가 있고 구덩이도 있는데, 초소가 있었던 곳으로 볼 수 있음. 세 번째 부분은 성의 주체부로 지세는 평탄하고 연못이 있으며 연못 동북쪽과 서남쪽에는 크지 않은 초석과 작은 평지가 있음. 네 번째 부분은 성의 부속으로 추정되는데, 유적은 발견되지 않았음.
○ 북문 바깥의 성벽을 지나면 조금 가파른 경사지가 나오고 정상부로 연결됨. 정상부는 중간 부분의 성벽에 의해 다시 두 부분으로 나뉨. 이 성벽의 남쪽으로 넓은 평탄지가 펼쳐져 있는데, 이곳도 산성의 일부로 보아야 한다는 견해가 있음(동북아역사재단, 2010).

4. 성벽과 성곽시설

1) 성벽
○ 성벽은 토축으로 축조했는데, 판축의 흔적은 발견되지 않음. 이곳의 토질이 모두 沙質로 평지토성을 쌓는 것처럼 흙을 다질 수가 없기 때문에 산세를 따라 성 안팎의 흙을 파서 성벽을 쌓은 것으로 파악됨.[2]
○ 현재 성벽의 殘高는 약 1m임.

2) 성문
북문이 있는데, 북문 바깥의 성벽이 옹성역할을 하고 있음.

5. 성내시설과 유적

1) 건물지
○ 고성의 서북 모서리에 구덩이가 있는데, 초소로 볼 수 있음(吉林省文物志編委會, 1984; 王禹浪·王宏北, 2007).
○ 성의 주체부에 있는 연못 동북쪽과 서남쪽에는 크지 않은 초석과 작은 평지가 있는데, 건물이 있었던 것으로 추정됨.

2) 연못
성의 주체부에 연못(혹은 우물)이 있음.

6. 역사적 성격

金谷山城은 海蘭江의 지류인 八道河 분지 남쪽 가장자리의 산줄기에 위치함. 둘레 약 1.5km으로 규모상 중소형급 산성인데, 북쪽으로는 八道河 주변의 분지형 평원이 펼쳐지지만, 해란강 유역과 두만강 본류 연안을 가르는 분수령 지대에 위치했다는 점에서 군사방어성

---

[1] 1.5km라는 기록이 있음(동북아역사재단, 2010).

[2] 吉林省文物志編委會, 1984; 孫進己·馮永謙, 1989; 嚴長錄, 1990; 정영진, 1990; 國家文物局, 1993; 林直樹, 1994; 王綿厚, 1994·2002; 東潮·田中俊明, 1995; 魏存成, 1999·2002; 방학봉, 2002; 王禹浪·王宏北, 2007. 이에 대해 성곽의 축조방식을 토석혼축으로 보기도 함(동북아역사재단, 2010).

으로서의 기능이 강했던 것으로 추정됨.

다만 산성 내부에서는 고구려시기라고 단정할만한 유물이 출토되지 않았음. 이에 고구려가 축조했다고 보는 견해도 있지만(孫進己·馮永謙, 1989; 林直樹, 1994; 王綿厚, 1994·2002; 東潮·田中俊明, 1995), 산성 근처의 金谷村 유적지를 발해시기의 유적으로 비정해(吉林省文物志編委會, 1984; 王禹浪·王宏北, 2007) 발해시기에 축조했다고 보는 견해가 더 많은 상황임(延邊博物館, 1988; 嚴長錄, 1990; 國家文物局, 1993; 정영진, 1999; 방학봉, 2002).

이에 대해 산성의 북편에 있는 金谷村北유적지는 청동기시대에 해당하지만, 金谷村 안에서 발견된 金谷 유적에서는 포흔 기와 조각과 토기조각이 흩어져 있는데, 이는 이 지역이 철기시대 이전부터 발해시기까지 지속적으로 지역민의 생활공간이었음을 알려준다며 발해 이전의 옥저인이나 고구려와도 관련이 깊을 가능성이 높다고 파악하기도 함(동북아역사재단, 2010).

이처럼 금곡산성의 축조시기나 그 성격에 대해서는 논란이 분분한 만큼, 이를 보다 명확하게 규명하기 위해서는 향후 더욱 면밀한 고고조사가 필요하다고 판단됨.

참고문헌

- 吉林省文物志編委會, 1984, 『龍井縣文物志』, 吉林省文物志編修委員會.
- 延邊博物館, 1988, 『延邊文物簡編』, 延邊人民出版社.
- 孫進己·馮永謙, 1989, 『東北歷史地理』 2, 黑龍江人民出版社.
- 嚴長錄, 1990, 「연변지구 발해시기의 옛 성터에 관한 고찰」, 『발해사연구』 1, 延邊大學出版社.
- 國家文物局, 1993, 『中國文物地圖集』 吉林分冊, 中國地圖出版社.
- 林直樹, 1994, 「中國東北部の高句麗山城」, 『靑丘學術論集』 5.
- 王綿厚, 1994, 「鴨綠江右岸高句麗山城研究」, 『遼海文物學刊』 1994-2.
- 東潮·田中俊明, 1995, 『高句麗の歷史と遺跡』, 中央公論社.
- 魏存成, 1999, 「길림성 내 고구려산성의 현황과 특징」, 『고구려연구』 8.
- 정영진, 1999, 「延邊地域의 城郭에 대한 연구」, 『고구려연구』 8.
- 방학봉, 2002, 『발해성곽연구』, 연변인민출판사.
- 王綿厚, 2002, 『高句麗古城研究』, 文物出版社.
- 魏存成, 2002, 『高句麗遺蹟』, 文物出版社.
- 李强·侯莉閩, 2003, 「延邊地區渤海遺存之我見」, 『北方文物』 2003-4.
- 王禹浪·王宏北, 2007, 『高句麗·渤海古城址研究匯編』(上·下), 哈爾濱出版社.
- 동북아역사재단, 2010, 『고구려성 사진자료집』(중국 길림성 동부).

05 용정 양참봉산성
龍井 養參峰山城 | 養三峰山城

1. 조사현황

1984년에 조사됨.

2. 위치와 자연환경 (그림 1)

1) 지리위치
○ 龍井市 동남쪽 智新鄕 城南村에서 서남쪽으로 5km 떨어진 養參峰 꼭대기에 위치함. 養參峰은 해발 1101.6m이고, 南崗산맥에 속함(馮永謙, 1994). 산성은 산봉우리 감제고지 동측의 약간 들어가 있는 구릉에 위치함.
○ 水系上으로는 두만강 지류인 布爾哈通河의 남쪽 지류인 海蘭江 유역인데, 海蘭江의 지류인 六道河 상류에 해당함.
○ 산성에서 서측으로 2km 떨어진 지점에 德壽村이 있음.

2) 자연환경
○ 산성이 위치한 養參峰의 동남쪽과 서쪽으로 산줄기가 연이어지는데, 海蘭江 유역과 두만강 본류 연안을 가르는 분수령 지대에 해당함.
○ 산성의 동북쪽으로는 海蘭江 지류인 六道河 주변의 분지가 펼쳐짐.

3. 성곽의 전체현황(그림 2)

○ 성내 지세는 서쪽이 높고 동쪽이 낮음.
○ 포곡식(簸箕型) 산성으로 평면은 손바닥 모양이며, 둘레는 1,952m임.
○ 보존상태가 비교적 양호함.

4. 성벽과 성곽시설

1) 성벽
○ 성벽은 산등성이를 따라 축조해 산성을 감싸는 형태를 이룸.
○ 성벽은 흙으로 축조했는데, 잔고는 1~2m임.
○ 성벽이 부가된 시설이 한 곳 발견되었는데, 북벽 중단에 있음. 평면은 弓背形이고, 그 양쪽은 주성벽 내측과 직접 연결됨. 길이는 24m이고, 주성벽과의 거리는 8m임.

2) 성문
○ 성문은 동문과 서문 2개가 확인됨.
○ 동문은 동벽 북부에 위치함. 너비는 3m임. 성문 남북은 산기슭을 따라 안쪽으로 축조된 성벽과 연결되어 있음. 성문에는 성벽 한 줄기가 부가되어 있음. 성벽은 남아 있는 길이 40m, 기단 너비 5m, 높이 2.5m임. 원래 성벽과의 거리는 4m임. 성문 바깥 남측에는 직경이

그림 1 양참봉산성 위치도

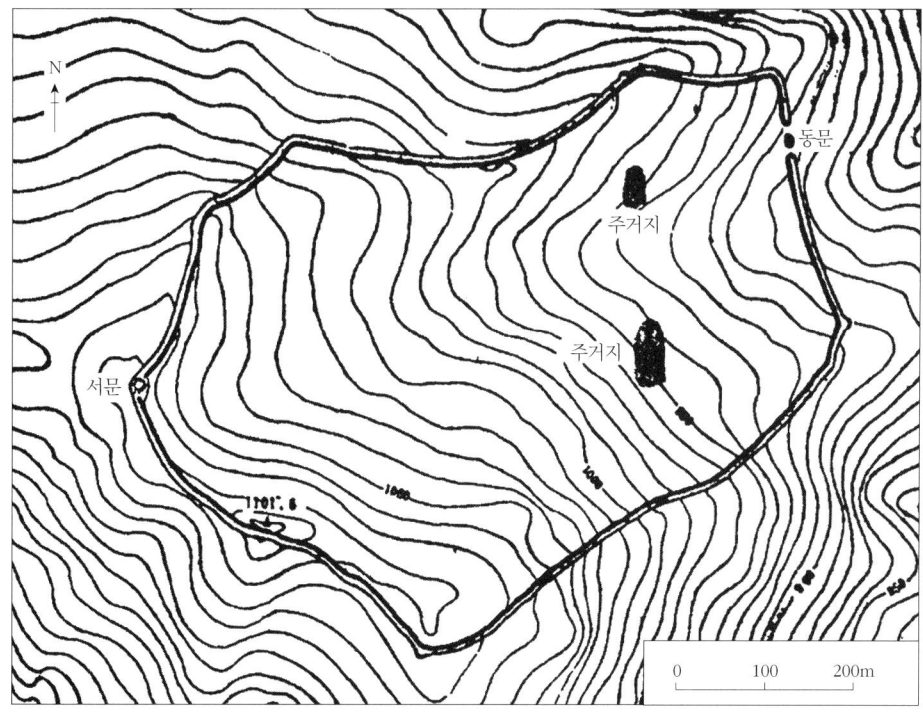

그림 2
양참봉산성 평면도
(吉林省文物志編委會,
1984, 70쪽)

10m에 달하는 원형의 토벽시설이 있음. 성문 안의 남북 양측 길 옆에 장방형 또는 타원형의 토축시설 3곳이 있음. 그 가운데 한 곳은 남북 길이가 8m, 동서 너비가 6m로 내측은 함몰된 구덩이 형태이고 주위는 흙구덩이 형태임.
○ 서문은 서벽 북단 산골짜기 입구에 위치함.

3) 망대(瞭望臺)
망대가 있다는 기록이 있음(魏存成, 2002).

4) 角樓
성벽 위에 5곳의 土臺가 있는데, 성의 동남·남·서·동북 모서리 등 성벽이 꺾이는 부분의 높은 지점에 위치함. 土臺의 평면은 대부분 반원형이고, 성벽 바깥으로 2~5m 돌출되어 있으며, 안에는 흙구덩이 모양의 시설이 있음. 角樓나 치와 같은 기능을 한 것으로 추정됨(吉林省文物志編委會, 1984; 國家文物局, 1993; 정영진, 1999; 王禹浪·王宏北, 2007).

5) 내황(土壕)
성벽 내측에 내황(土壕)이 있는데, 너비는 2~3m, 깊이는 1m임. 대체로 성벽의 방향과 평행함.

5. 성내시설과 유적

1) 건물지
○ 구덩이 형태의 시설이 성벽과 평행한 내황(土壕) 내측 가까이에 위치하고 있음. 대부분 원형으로 직경은 2m, 깊이는 0.5~1m임. 모두 33곳이 발견되었는데, 대부분 경사가 비교적 완만한 북쪽과 서북쪽 성벽 내측에 집중되어 있음. 주요 방어 방향과 관련이 있는 것으로[1] 반지하식 거주지로 추정됨(王禹浪·王宏北, 2007).
○ 성문에서 150m 떨어진 기슭의 남북 양쪽에 주거지가 있음.
○ 버려진 경작지 위에는 계단 형태가 있음.

6. 출토유물

○ 성내 농민의 말에 의하면, 철제화살촉 등이 출토되었다고 함.
○ 성에서 3km 떨어진 東北山 아래 長豊洞 부근에서 遼·金시기의 솥이 출토되었는데, 일찍이 鄕供銷社에 보내져 폐철 처리됨.
○ 泥質의 회색토기편이 출토됨. 바닥이 평평한 토기가 출토되었는데, 어떠한 기형인지 알 수 없음.

7. 역사적 성격

養參峰山城은 海蘭江의 지류인 六道河 남쪽의 산줄기에 위치함. 둘레 약 2km으로 규모상 중형급 산성인데, 북쪽으로는 六道河 주변의 분지가 펼쳐지지만, 해란강 유역과 두만강 본류 연안을 가르는 분수령 지대에 위치했다는 점에서 군사방어성으로서의 기능이 강했던 것으로 추정됨.

養參峰山城은 智新鄕 경내에서 발견된 유일한 고성으로 성내에는 비교적 많은 유구가 있고, 보존상태도 비교적 양호한 상태임(吉林省文物志編委會, 1984; 王禹浪·王宏北, 2007). 특히 산성이 높은 곳에서 낮은 곳을 바라볼 수 있는 지점에 위치했다는 점에서 중요한 전략 요충지로 파악됨(吉林省文物志編委會, 1984; 馮永謙, 1994).

다만 성 내부에서는 축조시기를 파악할 만한 유물이 출토되지 않은 상태임. 이에 산성의 축조시기에 대해

---

1 吉林省文物志編委會, 1984; 王禹浪·王宏北, 2007.

고구려시기설(孫進己·馮永謙, 1989; 林直樹, 1994; 東潮·田中俊明, 1995; 王禹浪·王宏北, 2007) 및 遼·金 시기설(國家文物局, 1993; 정영진, 1999) 등이 제기된 상태임. 성벽 안쪽의 구덩이가 遼寧省 지역의 고구려산성에서 많이 확인된다는 점을 근거로 고구려 산성으로 파악하기도 하지만(馮永謙, 1994), 단정하기는 힘듦.

이처럼 양참봉산성의 축조시기나 그 성격에 대해서는 논란이 분분한 만큼, 이를 보다 명확하게 규명하기 위해서는 향후 더욱 면밀한 고고조사가 필요하다고 판단됨.

참고문헌

- 吉林省文物志編委會, 1984,『龍井縣文物志』, 吉林省文物志編修委員會.
- 孫進己·馮永謙, 1989,『東北歷史地理』2, 黑龍江人民出版社.
- 國家文物局, 1993,『中國文物地圖集』吉林分冊, 中國地圖出版社.
- 林直樹, 1994,「中國東北部の高句麗山城」,『靑丘學術論集』5.
- 馮永謙, 1994,「高句麗城址輯要」,『北方史地研究』, 中州古籍出版社.
- 東潮·田中俊明, 1995,『高句麗の歷史と遺跡』, 中央公論社.
- 魏存成, 1999,「길림성 내 고구려산성의 현황과 특징」,『고구려연구』8.
- 정영진, 1999,「延邊地域의 城郭에 대한 연구」,『고구려연구』8.
- 魏存成, 2002,『高句麗遺蹟』, 文物出版社.
- 王禹浪·王宏北, 2007,『高句麗·渤海古城址研究匯編』(上·下), 哈爾濱出版社.

06 용정 토성둔고성

龍井 土城屯古城 | 土城子古城

1. 조사현황

1) 1930년대
조사내용 : 발견됨.

2) 1983~1985년
○ 조사기관 : 吉林省文物局.
○ 조사내용 : 1983~1985년 吉林省 각 市·縣 文物志 편찬을 위한 문물 조사과정에서 土城屯古城도 조사함.

2. 위치와 자연환경(그림 1~그림 3)

1) 지리위치
○ 龍井市 八道鄉 西山村 土城屯 북쪽의 朝陽河 우안(서안) 대지에 위치함. 북쪽으로 2.5km 떨어진 지점에 八道鄉 소재지가 있음.
○ 水系上 두만강 지류인 布爾哈通河의 북쪽 소지류인 朝陽河 연안에 해당하는데, 朝陽河 좌우로는 상당히 넓은 河谷平地가 펼쳐져 있음.

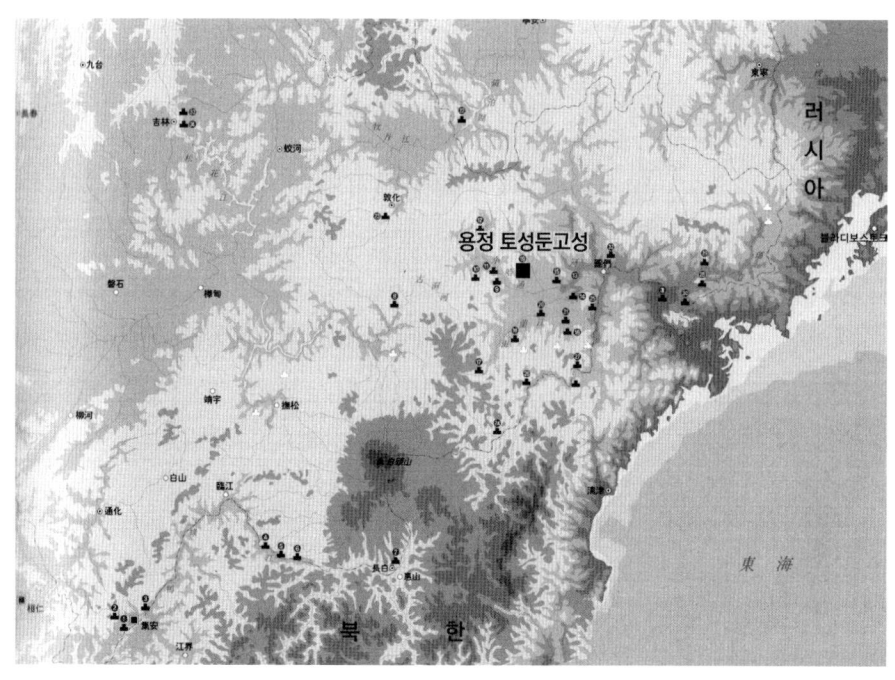

그림 1
토성둔고성 위치도 1

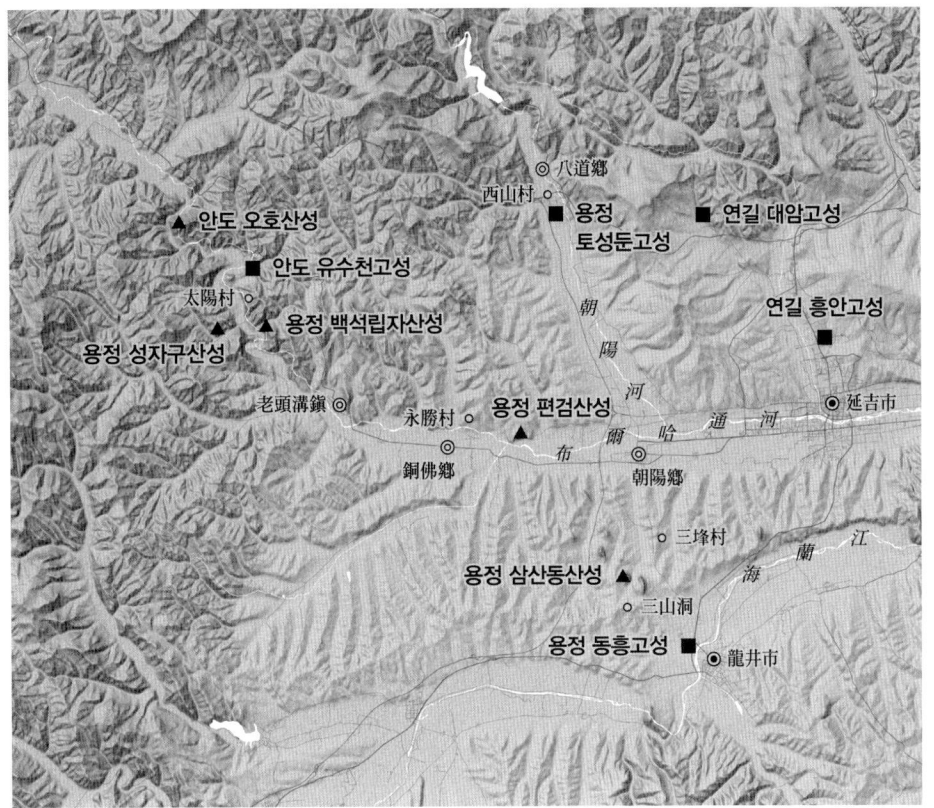

그림 2
토성둔고성 위치도 2

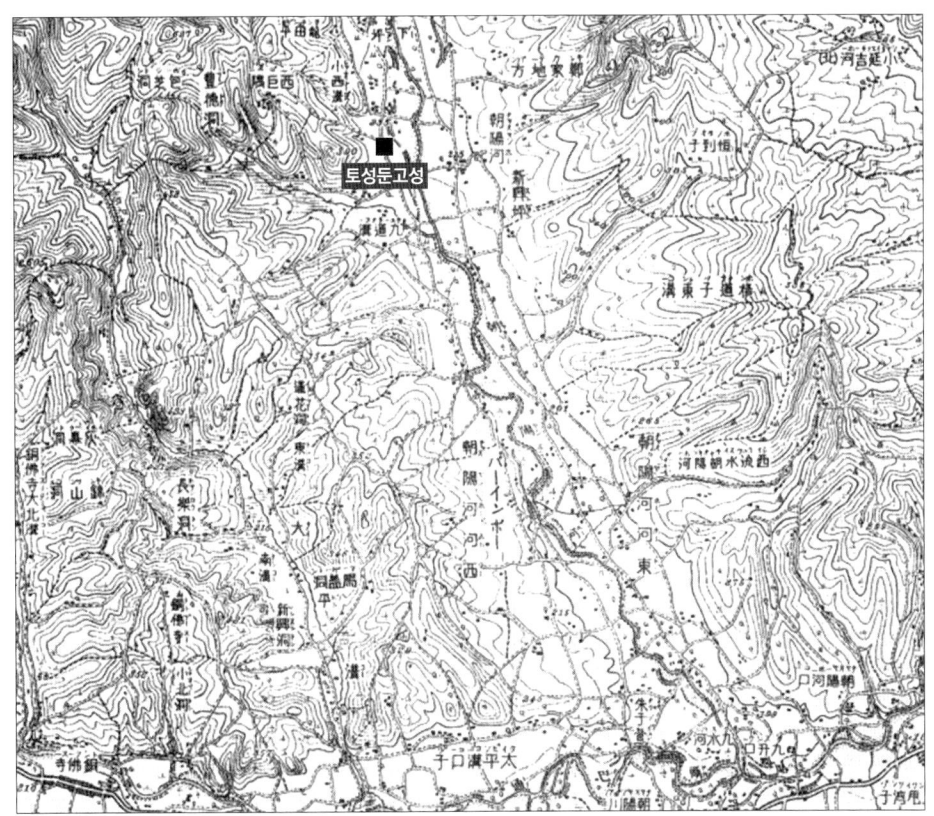

그림 3
토성둔고성 주변 지형도
(滿洲國 10만분의 1 지형도)

제16부 용정시(龍井市) 지역의 유적

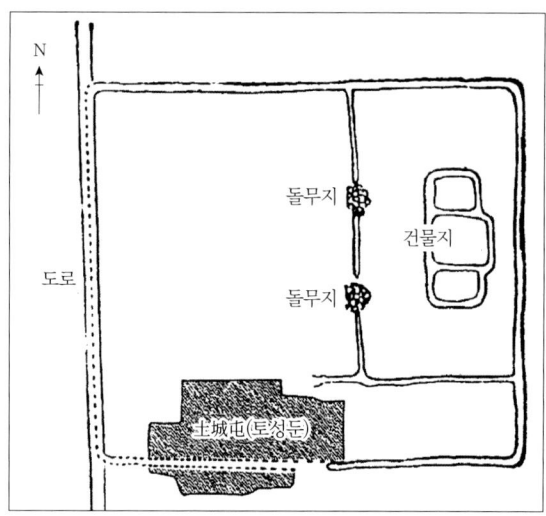

그림 4 토성둔고성 평면도(吉林省文物志編委會, 1984, 54쪽)

2) 자연환경

○ 동쪽으로 1km 떨어진 지점에 布爾哈通河의 지류인 朝陽河가 남쪽으로 흐르고 있고, 고성 서쪽으로 약 200m 떨어진 지점에 남북 방향의 산이 있음.
○ 남·북쪽으로는 朝陽河 연안의 河谷平地가 연이어짐.

3. 성곽의 전체현황(그림 4)

○ 성곽의 평면은 동서가 긴 장방형인데, 방향은 정남에 가까운 178°임.
○ 성벽의 길이는 동벽 440m, 서벽 420m, 남벽 500m, 북벽 520m 등으로 전체 둘레는 1,880m임.
○ 성 내부 북부의 동쪽 구역 서벽에 강돌로 이루어진 돌무지가 2곳 있는데, 옛날부터 있었다고 하며 경작과정에서 나온 돌로는 보이지 않음.
○ 성 내부는 대부분 논으로 개간되었고, 민가도 자리 잡고 있음.

4. 성벽과 성곽시설

1) 성벽

○ 남벽 부근에는 마을이 들어서 있고, 북벽은 농로와 배수로로 활용되어 있으며, 동벽 안쪽에는 배수로가 개설되어 있지만, 성벽의 보존상태는 양호함. 다만 동벽 북단 일부는 농로 개설로 파괴됨.
○ 성 내부에는 동서 방향의 성벽 기단부와 남북 방향의 성벽 기단부가 남아 있음. 두 성벽 기단부가 성내 동남부에서 교차되면서 성내를 남부 1개 구역과 북부 2개 구역 등 총 3개 구역으로 나누고 있음.
○ 북부의 동쪽 구역 중앙에는 다시 장방형 성벽을 축조했는데, 중간에는 성벽 기단부가 2줄 있어서 그 내부를 다시 3구역으로 분할함.
○ 지역 주민들의 말에 의하면 과거 성내에 여러 줄기의 성벽이 있어서 성내 전체를 여러 개의 구역으로 나누었다고 함. 이러한 배치는 琿春 八連城의 배치와 같은데(吉林省文物志編委會, 1984; 王禹浪·王宏北, 2007), 축조 당시의 구획인지에 대해서는 면밀한 검토가 필요함(동북아역사재단, 2010).
○ 성벽은 토석혼축으로 쌓았는데, 돌이 차지하는 비율이 높음. 현재 남아 있는 성벽은 기저부의 너비 7~10m, 높이 1~1.5m임.

2) 성문

성벽에서 명확한 문길이 발견되지 않아 문지를 찾을 수 없음.

5. 성내시설과 유적

○ 건물지가 있다는 기록이 있음(방학봉 2002).
○ 북벽 동단부에 고구려·발해시기의 기와가 많이 있

는데, 성 내부를 경작지로 개간하는 과정에서 나온 기와를 성벽에 버린 것으로 추정됨.

6. 출토유물

1) 토기

구순은 둥그스름하고 구연은 꺾여 있는 토기구연부(圓脣折沿陶器口沿), 니질호(泥質陶器壺, 그림 5) 등이 출토됨.

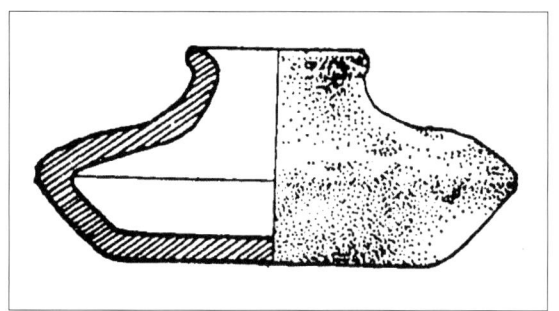

그림 5 토성둔고성 출토 호(吉林省文物志編委會, 1984, 55쪽)

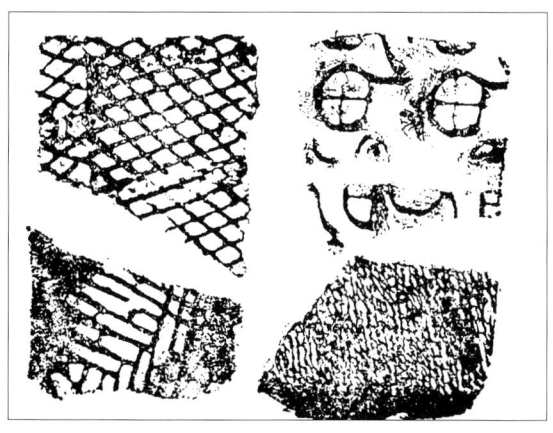

그림 6 토성둔고성 출토 기와(吉林省文物志編委會, 1984, 55쪽)

2) 기와

○ 성벽에 고구려기와가 들어가 있었고, 성내 지표면에서 회색·적색의 고구려기와가 출토됨(李文信, 1982). 발해시기 기와도 출토됨(정영진, 1990).
○ 기와로는 연화문 와당, 암키와(席文, 사격자문, 격자+'田'字文 등), 끝암키와(蓮圈櫛齒文) 등이 출토됨(그림 6).
○ 菱形回文 암키와의 경우, 긴 격자면(長方格邊)은 길이 4cm, 너비 2.5cm이고, 菱形은 윗너비 1.5cm, 아랫너비 3cm, 높이 1.8cm이며, 삼각형은 변 길이 1~1.2cm임(그림 7).
○ 田字文 암키와는 '田'자 바깥에 원형의 테두리가 있음.
○ 연화문 와당과 끝암키와의 연대를 발해시기로 추정하기도 함(嚴長錄·楊再林, 1988).

그림 7 토성둔고성 菱形回文 암키와 문양(嚴長錄, 1988, 837쪽)

3) 기타

泥質의 새머리 장식이 출토됨.

7. 역사적 성격

土城屯古城은 두만강 지류인 布爾哈通河의 북쪽 소지류인 朝陽河 연안에 위치함. 고성은 둘레 1.9km에 이르는 중형급 평지성이라는 점에서 朝陽河 좌우로 펼쳐진 河谷平地 일대를 다스리던 거점성이었을 것으로 추정됨. 실제 성곽 내부에서는 기와편을 비롯해 많은 유물이 출토되었는데, 유물의 편년에 따라 성곽의 축조시기나 그 성격도 다르게 파악함.

가령 延邊博物館(1988)이나 방학봉(2002)은 성 내에서 출토된 고구려·발해시기의 기와는 고구려시기에 축조되고 발해시기에도 계속 사용되었음을 보여준다고 파악함. 특히 고성 동쪽 1.5km 거리에 있는 고분군은 봉토석관묘로, 和龍市 八家子 북쪽 고분군의 발해시기 봉토석관묘와 유사한데, 이는 土城屯古城이 발해시기까지 계속 사용되었음을 보여준다고 파악함. 또한 정영진(1990·1999)도 蓆文·사격자문·격자문·승문 기와 등 고구려 기와가 출토된 것으로 보아 고구려시기에 축조되었고, 발해 기와가 출토된 것으로 보아 발해시기에도 계속 사용한 것으로 추정된다고 파악함.[1]

이에 대해 吉林省文物志編委會(1984)나 王禹浪·王宏北(2007)은 土城屯古城은 형태가 방형이고, 성내가 성벽에 의해 구획되는 등 발해 고성의 특징을 갖추고 있다고 파악했음. 또한 새머리장식과 田字文 암키와 등을 제외하면 다른 유물은 거의 모두 발해 고성에서 출토된다는 점에서 발해시기 고성으로 볼 수 있다고 파악함.[2]

한편 최근 고성이 축조되기 이전부터 선주민들의 거주 공간으로 활용된 점에 주목해 土城屯古城이 선주민의 주거지 위에 세워진 것으로 고구려의 옥저지역 경영과 관련하여 검토할 필요가 있다는 견해가 제기되었음(동북아역사재단 2010). 또한 고성이 朝陽河 연안의 독립된 하곡평지에 위치한 점에 주목해 고구려 후기의 최고 지방관인 柵城 褥薩(都督) 李他仁이 관장했다는 12州 治所城의 하나로 비정하기도 함(여호규 2017).

이처럼 고성의 축조시기나 그 성격에 대해서는 출토 유물의 편년관에 따라 논란이 분분한 상황임. 그러므로 고성의 축조시기나 그 성격을 보다 정확하게 규명하기 위해서는 향후 더욱 면밀한 고고조사가 필요하다고 생각됨.

참고문헌

- 李文信, 1982, 「土城村土城的調査」, 『延邊大學學報』 1982-2.
- 吉林省文物志編委會, 1984, 『龍井縣文物志』, 吉林省文物志編修委員會.
- 嚴長綠·楊再林, 1988, 「延邊地區高句麗-渤海時期紋飾板瓦初探」, 『博物館研究』 1988-2.
- 延邊博物館, 1988, 『延邊文物簡編』, 延邊人民出版社.
- 嚴長錄, 1990, 「연변지구 발해시기의 옛 성터에 관한 고찰」, 『발해사연구』 1, 延邊大學出版社.
- 정영진, 1990, 「연변지구의 고구려유적 및 몇 개 문제에 대한 탐구」, 『한국상고사학보』 4.
- 國家文物局, 1993, 『中國文物地圖集』 吉林分冊, 中國地圖出版社.
- 정영진, 1999, 「延邊地域의 城郭에 대한 연구」, 『고구려연구』 8.
- 劉子敏, 2001, 「高句麗疆域沿革考辨」, 『社會科學戰線』 2001-4.
- 방학봉, 2002, 『발해성곽연구』, 연변인민출판사.
- 王綿厚, 2002, 『高句麗古城研究』, 文物出版社.
- 李强·侯莉閩, 2003, 「延邊地區渤海遺存之我見」, 『北方文物』 2003-4.
- 王禹浪·王宏北, 2007, 『高句麗·渤海古城址研究匯編』 (上·下), 哈爾濱出版社.
- 이성제, 2009, 「高句麗와 渤海의 城郭 운용방식에 대한 기초적 검토」, 『高句麗渤海研究』 34.
- 동북아역사재단, 2010, 『고구려성 사진자료집』(중국 길림성 동부).
- 楊雨舒, 2011, 「渤海國時期與遼·金時期的吉林城鎮」, 『遼寧工程技術大學學報』 2011-5.
- 여호규, 2017, 「두만강 유역 고구려 성곽의 분포현황과 지방통치의 양상」, 『역사문화연구』 61.

---

[1] 嚴長綠·楊再林, 1988; 嚴長錄, 1990; 劉子敏, 2001; 王綿厚, 2002; 이성제, 2009; 동북아역사재단, 2010; 양시은, 2012 등도 이와 동일한 견해를 제시함.

[2] 國家文物局, 1993; 楊雨舒, 2011도 발해시기설을 제시함.

07 용정 선구산성
龍井 船口山城

1. 조사현황

○ 1960년 이래 여러 차례 조사가 이루어짐.
○ 1983년~1985년 吉林省 각 市·縣 文物志 편찬을 위한 문물 조사과정에서 船口山城도 조사함.
○ 延邊朝鮮族自治州 文物保護單位로 지정됨.

2. 위치와 자연환경(그림 1 ~ 그림 3)

1) 지리위치

○ 龍井市 開山屯鎭 북쪽 7.5km의 船口村 5屯에서 서북쪽으로 300m 떨어진 산 정상에 위치하는데, 光開鄕 관할에 속함.
○ 수계상으로는 두만강 본류의 중류유역에 해당하는데, 산성의 동쪽 산 아래로 圖們市 - 開山屯鎭 간 도로가 지나가며, 동쪽의 두만강 맞은편은 북한의 종성군임.

2) 자연환경

○ 산성 서쪽에는 동남-서북 방향의 산골짜기가 있는데, 北獐溝라고 부르고 있음. 동쪽으로 0.5~1km 떨어진 지점에 두만강이 북쪽으로 흐름.
○ 산성 남면에는 남북 길이 5km, 동서 너비 3.5km인 두만강 연안의 충적분지가 펼쳐져 있음. 이곳은 토지가 비옥하고 기후가 온화하여, 光開鄕에서 유명한 쌀 생산지 가운데 하나임.

3. 성곽의 전체현황(그림 4)

○ 산성은 산등성이를 따라 축조했는데, 방향은 140°이고, 평면은 마름모형 혹은 불규칙한 타원형임.
○ 산성 중간의 성벽이 동남성과 서북성으로 분할하고 있는데, 동남성이 주성이고 서북성은 부속성임. 동남성의 둘레는 1,960m, 서북성의 둘레는 1,814m임. 전체 둘레는 2,700여 m 임.
○ 동남성의 서남벽과 남벽에는 각각 작은 계곡이 있음.

4. 성벽과 성곽시설

1) 성벽

○ 동남성의 동부는 산비탈의 경사가 비교적 급한데, 성벽의 흔적은 발견되지 않음.
○ 서북성의 서북벽 동북단은 대체로 완만한 산등성이이기 때문에 성벽이 가장 높은데, 외측 성벽의 높이는 7.1m, 내측 성벽의 높이는 5.7m, 기저부의 너비는 26.1m, 윗 너비는 1m임.
○ 서북성의 동북벽은 동남성 서북벽의 동북쪽과 이어져 있고, 서남벽과 동남성은 계곡을 사이에 두고 서로 이어져 있는데, 계곡의 끝부분은 서북성과 동남성의 옹

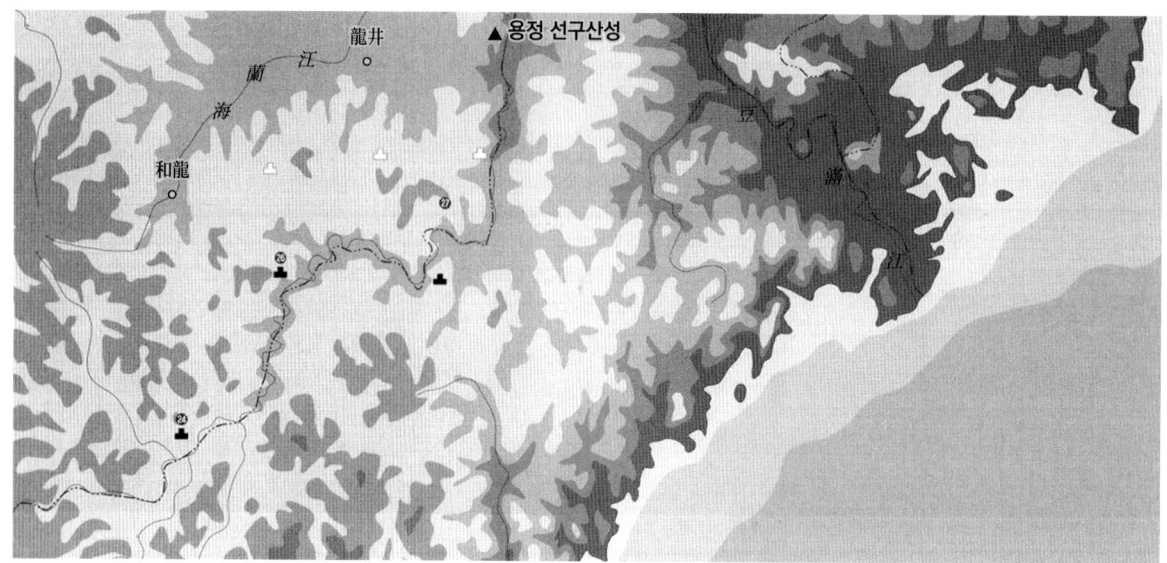

그림 1 선구산성 위치도 1

그림 2 선구산성 위치도 2

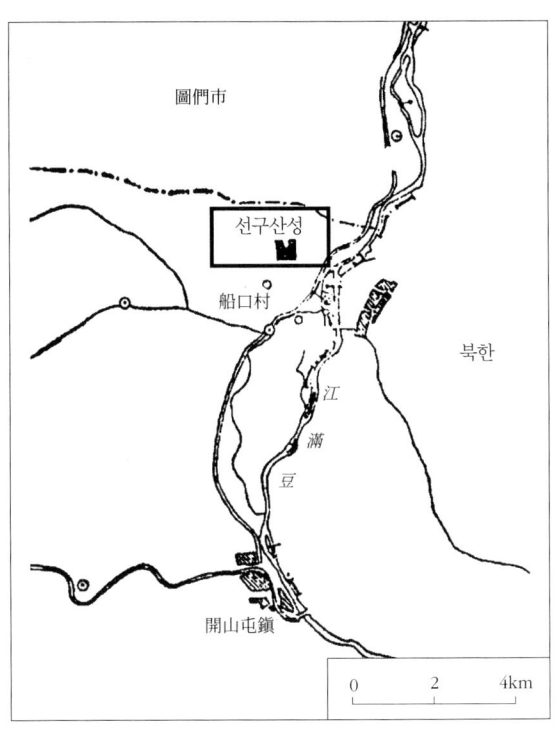

그림 3 선구산성 위치도 3(吉林省文物志編委會, 1984, 61쪽)

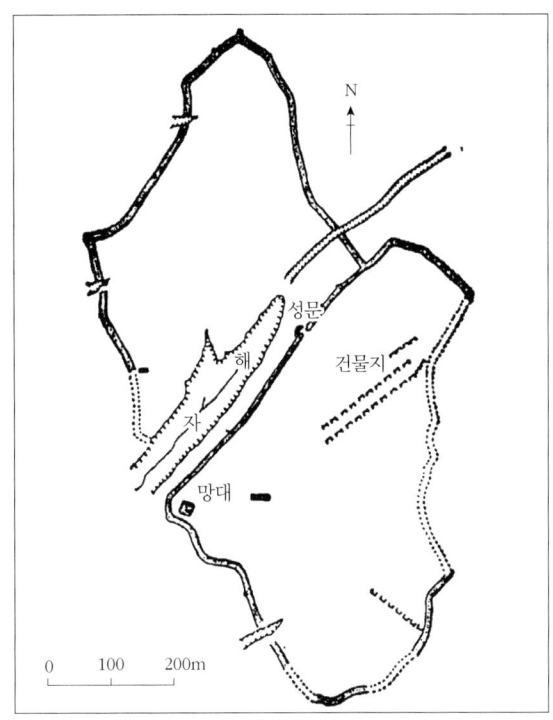

그림 4 선구산성 평면도(吉林省文物志編委會, 1984, 62쪽)

성문 근처에 있음.
○ 성벽 축조방식에 대해서는 대체로 토축이라고 보지만,[1] 기단은 석축이고 그 위는 토석혼축으로 보기도 함(동북아역사재단 2010). 성벽 높이는 대체로 약 4m임.

2) 성문
○ 동남성의 서북벽 중앙에서 약간 동북쪽으로 치우친 지점에 옹성문이 설치되어 있음. 동쪽으로 두만강 연안로로 내려가는 골짜기와 관련이 있는 문지로 보이며, 성의 정문으로 추정됨(동북아역사재단, 2010).
○ 船口村 5屯에서 표지판이 서 있는 곳으로 오르면 성 안으로 들어가는 트인 곳이 있는데, 문자리가 설치되었던 곳은 아닌 것으로 추정됨(동북아역사재단, 2010).

3) 망대(瞭望臺)
동남성 서쪽 모서리에 흙으로 쌓은 방형 건물 유적지가 있는데, 망대임. 이곳에서 남쪽을 바라보면 산 아래의 평원이 한눈에 들어옴.

4) 土臺
○ 동남성의 서북벽 중앙에서 약간 동북쪽으로 치우친 지점에 있는 옹성문 동북쪽에 2개의 돌출된 土臺가 있음.
○ 서북성의 서북벽에 밖으로 돌출된 土臺 3개가 있는데, 문지시설은 없음.

5) 봉화대
동남성 서쪽 바깥으로 0.5km 떨어져 있는 산 위에 봉화대가 있음.

---

[1] 國家文物局, 1993; 東潮·田中俊明, 1995; 魏存成, 1999; 정영진, 1999; 방학봉, 2002.

6) 해자
○ 인공적으로 파낸 해자가 있음. 해자는 서북성의 동북벽 동단에서 나와 서북성 밖의 또 다른 산골짜기와 통하는데, 서북성에서 성 바깥으로 통하는 유일한 통로임. 길이는 450m, 너비는 16m임.

5. 성내시설과 유적

1) 건물지

(1) 동남성 서쪽 모서리 가까운 지점의 대형건물지
○ 동남성 서쪽 모서리에서 가까운 지점에 대형 건물지가 있음.
○ 32개의 초석이 동서 3행으로 배열되어 있음.
○ 대형건물지 부근에 지압문 암키와, 平頭 암키와, 암막새, 귀면 와당, 물레질로 제작한 니질의 회색 토기바닥 등의 유물이 흩어져 있는데, 산성의 중심이라고 볼 수 있음(吉林省文物志編委會, 1984; 國家文物局, 1993; 王禹浪·王宏北, 2007; 동북아역사재단, 2010).

(2) 대형 건물지 동북쪽 구릉의 거주구역
○ 대형 건물지의 동북쪽에 비교적 평탄하고 완만한 구릉이 있는데, 泥質의 회색 둥근 손잡이와 토기편이 출토되었고, 낮고 작은 흙담장 흔적을 희미하게 볼 수 있음. 주요 거주구역이라고 추정됨(吉林省文物志編委會, 1984; 王禹浪·王宏北, 2007).

6. 출토유물

○ 동남성 서쪽모서리 부근의 대형 건물지에서 지압문 암키와, 平頭 암키와, 암막새, 귀면 와당, 물레질로 제작한 니질의 회색토기 바닥 등이 출토됨.

○ 대형 건물지 동북쪽의 비교적 평탄하고 완만한 구릉에서 泥質의 회색 둥근 손잡이와 토기편이 출토됨.
○ 출토된 유물들을 발해시기로 편년하기도 함(王綿厚, 2002).

7. 역사적 성격

船口山城은 두만강 본류의 중류유역에 위치했는데, 전체 둘레 2.7km로 중대형급 산성으로 분류됨. 산성 주변에 두만강 연안을 따라 동서 길이 5km, 남북 너비 3.5km인 상당히 넓은 충적분지가 펼쳐져 있고, 이를 공제할 수 있는 산 위에 위치했다는 점에서 지역 거점성과 군사방어성의 역할을 동시에 했을 가능성이 높음.

다만 산성 내부에서 기와편을 비롯해 많은 유물이 출토되었지만, 유물의 편년이나 성곽의 축조시기에 대해서는 논란이 분분한 상황임. 가령 상당 연구자들은 고구려가 선구산성을 축조하고(孫進己·馮永謙, 1989; 王綿厚, 1994·2002; 東潮·田中俊明, 1995) 발해가 이를 연용했다고 보지만(王禹浪·王宏北, 2007), 발해가 축조하고(楊雨舒, 2011) 遼·金이 이를 연용했다고 보는 견해도 많은 상황임(吉林省文物志編委會, 1984; 延邊博物館, 1988; 嚴長錄, 1990; 國家文物局, 1993; 정영진, 1999; 방학봉, 2002; 魏存成, 2002).

특히 두만강변의 교통로와 관련하여 고구려가 축조했을 가능성이 높다고 추정한 다음, 복곽식 산성이라는 점에서 柳河 羅通山城과의 유사성을 제기하기도 함(동북아역사재단 2010). 또한 고구려 고성으로 추정되지만, 동남성에서 발해의 지압문 기와가 출토되었고 부근에 24塊石이 있는 것으로 볼 때 발해유적일 가능성도 고려할 필요가 있다고 보기도 함(林直樹, 1994). 그리고 산성 주변의 충적분지에서 벼가 생산된다는 점에 주목하여 발해시기의 벼 산지로 유명한 中京 盧州로 비정하기도 함(李强·侯莉閩, 2003; 楊雨舒, 2011).

이처럼 선구산성의 축조시기나 그 성격에 대해서는 논란이 분분한 상황임. 그러므로 고성의 축조시기나 그 성격을 보다 정확하게 규명하기 위해서는 향후 더욱 면밀한 고고조사가 필요하다고 생각됨.

참고문헌

- 吉林省文物志編委會, 1984, 『龍井縣文物志』, 吉林省文物志編修委員.
- 延邊博物館, 1988, 『延邊文物簡編』, 延邊人民出版社.
- 孫進己·馮永謙, 1989, 『東北歷史地理』 2, 黑龍江人民出版社.
- 嚴長錄, 1990, 「연변지구 발해시기의 옛 성터에 관한 고찰」, 『발해사연구』 1, 延邊大學出版社.
- 國家文物局, 1993, 『中國文物地圖集』 吉林分冊, 中國地圖出版社.
- 林直樹, 1994, 「中國東北部の高句麗山城」, 『青丘學術論集』 5.
- 王綿厚, 1994, 「鴨綠江右岸高句麗山城研究」, 『遼海文物學刊』 1994-2.
- 東潮·田中俊明, 1995, 『高句麗の歷史と遺跡』, 中央公論社.
- 魏存成, 1999, 「길림성 내 고구려산성의 현황과 특징」, 『고구려연구』 8.
- 정영진, 1999, 「延邊地域의 城郭에 대한 연구」, 『고구려연구』 8.
- 방학봉, 2002, 『발해성곽연구』, 연변인민출판사.
- 王綿厚, 2002, 『高句麗古城研究』, 文物出版社.
- 魏存成, 2002, 『高句麗遺蹟』, 文物出版社.
- 李强·侯莉閩, 2003, 「延邊地區渤海遺存之我見」, 『北方文物』 2003-4.
- 王禹浪·王宏北, 2007, 『高句麗·渤海古城址研究匯編』 (上·下), 哈爾濱出版社.
- 동북아역사재단, 2010, 『고구려성 사진자료집』(중국 길림성 동부).
- 楊雨舒, 2011, 「渤海國時期與遼·金時期的吉林城鎮」, 『遼寧工程技術大學學報』 2011-5.

08 용정 백석립자산성
龍井 白石砬子山城 | 桃源山城

1. 위치와 자연환경(그림 1)

○ 龍井市 桃源鄉(老頭溝鎭[1]) 太陽村 동남쪽 1.5km의 白石砬子山에 위치함. 白石砬子山은 여러 봉우리 사이에서 높이 솟아 있는데, 산세는 남쪽이 높고 북쪽이 낮음. 산의 북쪽 끝에는 평평하고 정연한 대지와 산봉우리 1개가 있는데, 산성은 바로 여기에 축조됨.
○ 두만강 지류인 布爾哈通河 중류에 해당하는데, 산성의 서남쪽에 布爾哈通河가 만곡하며 서북에서 동남으로 흘러감. 산의 북단 대지 북변 산 아래에 長圖 철로가 지나가며, 북단 대지 남변에 桃源鄉 수력발전소가 있음.

2. 성곽의 전체현황(그림 2)

○ 白石砬子山城이란 이름은 산 이름에서 유래하였는데, 산성이 桃源屯 부근에 위치하기 때문에 桃源山城이라고 부르기도 함.
○ 산성의 지세는 서쪽이 높고 동쪽이 낮으며, 서남쪽에는 산봉우리가 있는데, 동·남·북 세 면은 완만한 구릉임. 구릉지 끝에는 평평하고 정연한 대지가 있는데, 대지의 동·남·북 세 면의 산세는 매우 험하고, 산기슭 아래로 布爾哈通河가 흐르며, 대지는 강바닥보다 20m 높음.
○ 산정식 산성으로 평면은 불규칙한 장방형이며, 전체 둘레는 1,675m임. 동북 모서리에 附城을 갖추고 있음.
○ 성의 내부는 일찍이 경작지로 개간되었는데, 현재는 묵혀진 땅과 소나무숲으로 변모하였고, 적지 않은 건물 축조로 인해 훼손되었음.

3. 성벽과 성곽시설

1) 성벽
○ 성벽은 대지의 동·남·북 3면의 가장자리와 서변 산봉우리의 산등성이에 축조했는데, 土石混築임.
○ 성의 동북부에 장방형의 성벽이 축조되어 있는데(附城), 동서 길이는 125m, 남북 너비는 90m, 기저부 너비는 2m, 높이는 1m임.

2) 성문
동벽 중앙에 문지가 있는데, 옹성문을 갖추고 있음. 문은 북쪽을 향하고 있음.[2]

3) 角樓
성의 동남·동북·서북 모서리에 角樓가 있음.

---

[1] 國家文物局, 1993.

[2] 두 개의 문이 있다는 기록이 있음(魏存成, 2002).

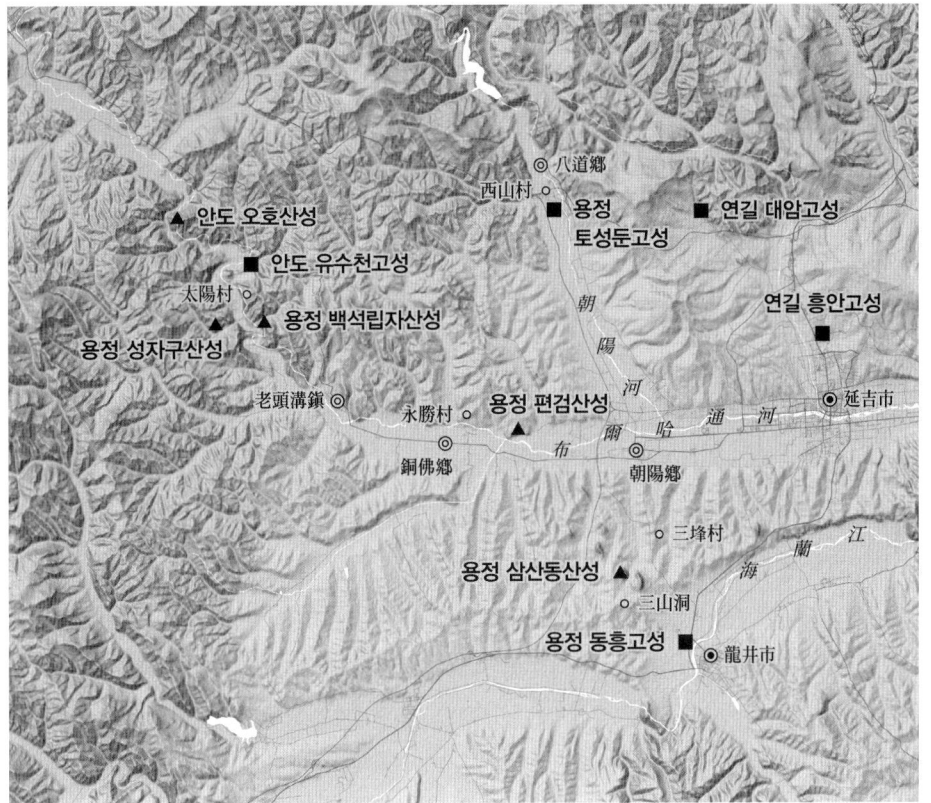

그림 1
백석립자산성 위치도

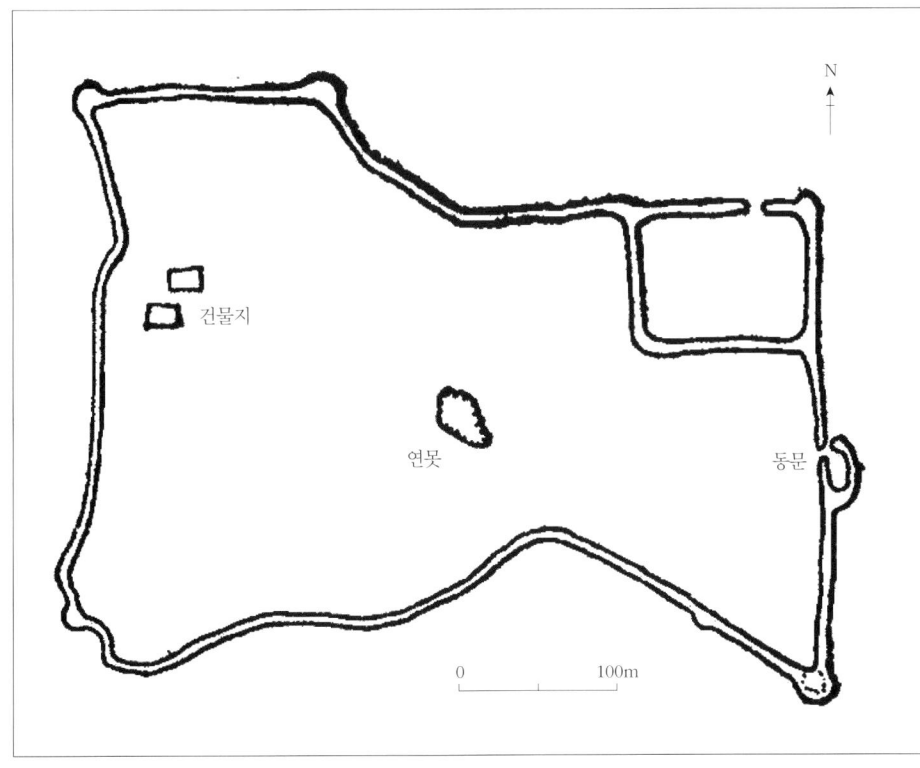

그림 2
백석립자산성 평면도
(吉林省文物志編委會, 1984, 64쪽)

제16부 용정시(龍井市) 지역의 유적

4) 치
성벽에 치가 축조되어 있음(정영진, 1999).

4. 성내시설과 유적

1) 건물지
성의 서남부에 건물지가 있음.

2) 연못
성의 중부에 연못이 있는데, 타원형이고, 직경은 20~30m임.

5. 출토유물

유물은 매우 적게 출토되었다고 하는데(國家文物局, 1993), 자세한 것은 알 수 없음.

6. 역사적 성격

白石砬子山城은 두만강 지류인 布爾哈通河 중류 연안에 위치했는데, 전체 둘레 약 1.7km로 중형급 산성으로 분류됨. 布爾哈通河 중하류 연안을 따라 펼쳐진 延吉平原에서 布爾哈通河 상류의 安圖盆地로 나아가는 교통로의 길목에 위치하고 있다는 점에서 군사방어성의 성격이 강한 것으로 추정됨.

다만 白石砬子山城에서는 유물이 거의 출토되지 않아 성곽의 축조시기를 파악하기가 쉽지 않은 상황임. 이에 고구려가 白石砬子山城을 축조하고 발해나 遼·金이 이를 연용했다는 견해(王禹浪·王宏北, 2007) 및 遼·金이 축조했다는 견해(吉林省文物志編委會, 1984; 延邊博物館, 1988; 國家文物局, 1993; 정영진, 1999; 魏存成, 2002) 등이 제기된 상황임.

이처럼 백석립자산성의 축조시기나 그 성격에 대해서는 논란이 분분한 상황임. 그러므로 산성의 축조시기나 그 성격을 보다 정확하게 규명하기 위해서는 향후 더욱 면밀한 고고조사가 필요하다고 생각됨.

참고문헌

- 吉林省文物志編委會, 1984, 『龍井縣文物志』, 吉林省文物志編修委員會.
- 延邊博物館, 1988, 『延邊文物簡編』, 延邊人民出版社.
- 國家文物局, 1993, 『中國文物地圖集』吉林分冊, 中國地圖出版社.
- 정영진, 1999, 「延邊地域의 城郭에 대한 연구」, 『고구려연구』 8.
- 魏存成, 2002, 『高句麗遺蹟』, 文物出版社.
- 王禹浪·王宏北, 2007, 『高句麗·渤海古城址研究匯編』(上·下), 哈爾濱出版社.

09 용정 성자구산성
龍井 城子溝山城

1. 조사현황

○ 1973년 延邊博物館이 조사하였을 때, 남문 부근에서 투석용 석환(擂石) 2점을 발견함.
○ 市文物保護單位로 지정됨.

2. 위치와 자연환경(그림 1 ~ 그림 2)

1) 지리위치
○ 龍井市 서쪽 桃源鄕 太陽村 서남 2.5km의 城子溝(山)에 위치함. 골짜기로 들어가면 산성의 동쪽 구간에 이르게 됨. 행정구역상 太陽村 7隊에 속함.
○ 수계상 城子溝山城은 두만강 지류인 布爾哈通河 중류 연안에 해당하는데, 산성의 동편에는 布爾哈通河가 서북에서 동남 방향으로 흘러가고 있음.

2) 자연환경
○ 太陽村 7隊에서 북쪽으로 저수지가 있는데, 이곳으로 통하는 도로를 따라 들어가다 보면 城子溝山城의 북문으로 진입할 수 있음.
○ 城子溝 골짜기 입구에서 1km 떨어진 지점에 布爾哈通河가 흐르고 있음.

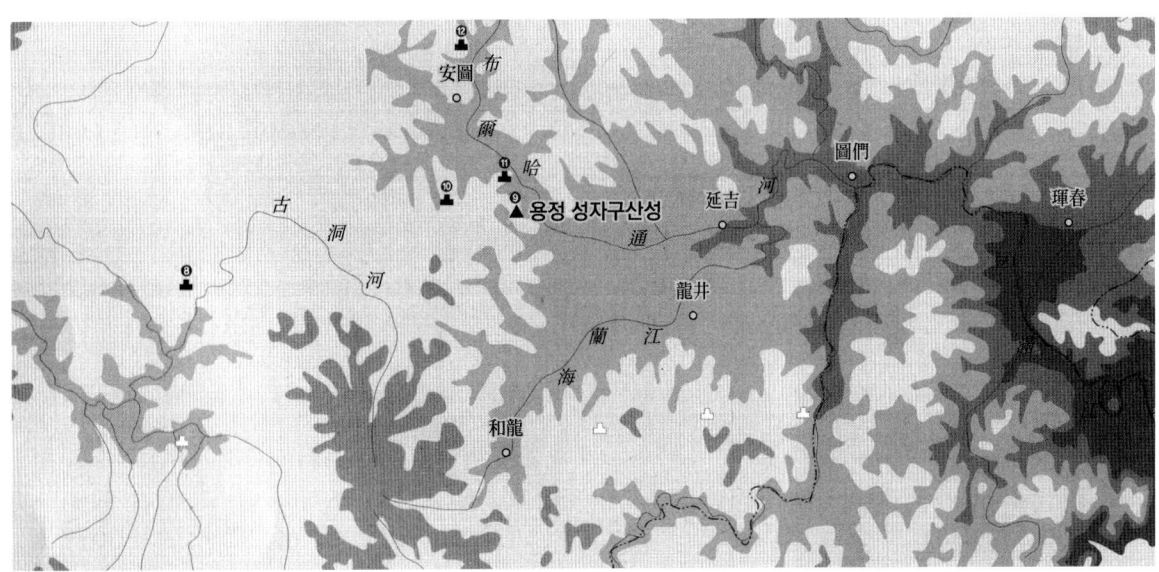

그림 1 성자구산성 위치도 1

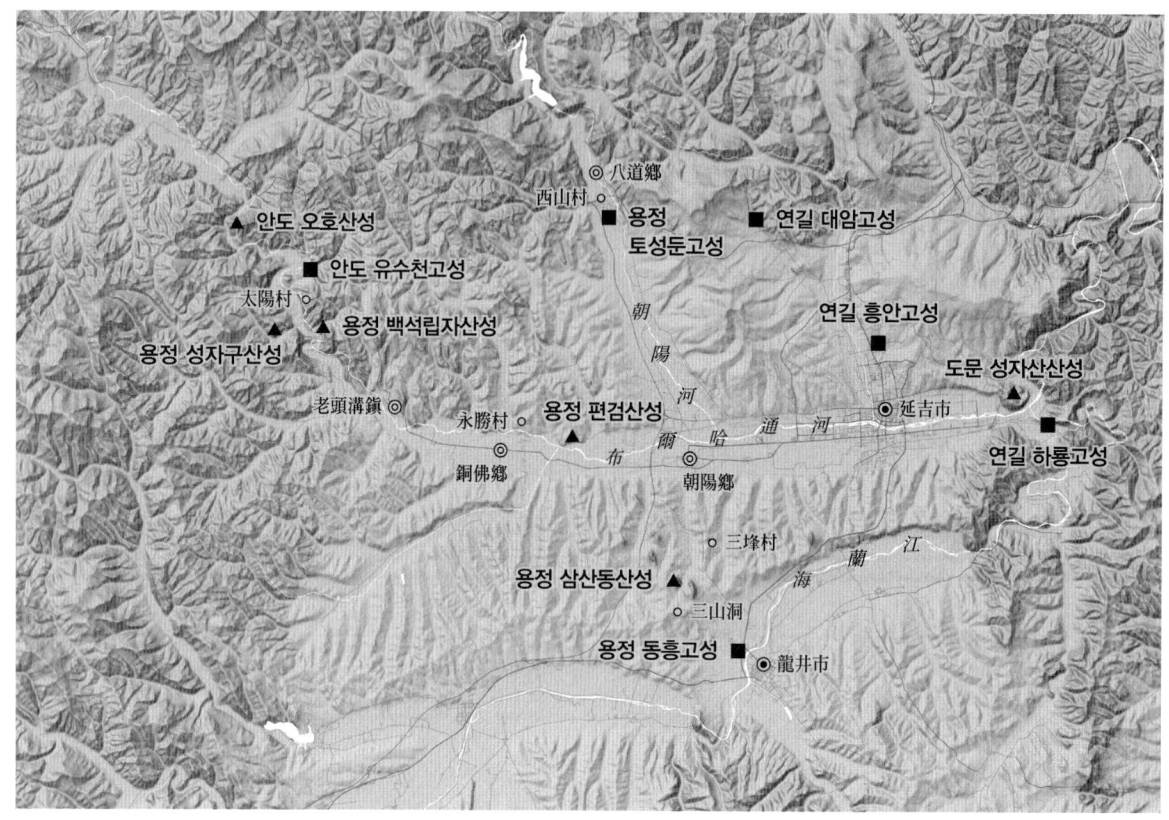

그림 2 성자구산성 위치도 2

3. 성곽의 전체현황(그림 3)

○ 산성이 위치한 城子溝는 키형태(簸箕狀)로 골짜기 입구는 북쪽에 있고, 골짜기 내 지세는 남쪽이 높고 북쪽이 낮음. 골짜기 바깥의 산등성이는 말발굽 형태로 안쪽 골짜기의 동·서·남 3면을 둘러싸고 있으며, 매우 험준함. 이러한 지세이기 때문에 외부에서의 공격이 쉽지 않음.
○ 성의 평면은 불규칙한 타원형으로 전체 둘레는 2,500m임.
○ 성내 구릉지와 평지는 일찍이 경작지로 개간되었는데, 현재는 일부 경작지를 제외하고 대부분 묵히는 땅이 되었음.

4. 성벽과 성곽시설

1) 성벽
○ 성벽은 산등성이를 따라 토석혼축으로 축조했는데, 동벽과 남벽이 잘 남아 있는 편이며, 서벽도 일부 확인됨.
○ 산성의 동쪽에는 둘레 약 100m인 성곽이 체성 바깥을 두르고 있음. 이 성벽의 기능은 동쪽 골짜기 진입로의 방어와 연관됨(동북아역사재단, 2010).

2) 성문
○ 남쪽과 북쪽에 각각 1개의 문이 있음.
○ 남문 바깥에는 옹성이 있는데 방형임. 문지는 서남향임.

3) 치
성벽에는 모두 7개의 치가 있는데, 그 가운데 4개는 성벽 바깥에 위치하며, 3개는 성벽 안쪽에 위치함.

5. 성내시설과 유적

1) 건물지
동·서·남 3면 근처 구릉지에 적지 않은 건물지가 있는데, 행을 이루면서 위에서 아래로 배열되어 계단 형태를 형성함.

2) 개울
골짜기의 개울이 남쪽에서 북쪽으로 흘러 布爾哈通河로 유입됨.

6. 출토유물

1) 토기
성내에 회색 토기편들이 흩어져 있음.

2) 석기
1973년 延邊博物館에서 산성을 조사할 때, 남문 부근에서 투석용 석환(擂石) 2점을 발견함. 투석용 석환은 공 모양인데, 큰 것은 직경 17cm, 작은 것은 직경 12cm임.

7. 역사적 성격

城子溝山城은 두만강 지류인 布爾哈通河 중상류 연안에 위치했는데, 전체 둘레 2.5km로 중대형급 산성으로 분류됨. 이 지역은 두만강과 목단강 유역의 경계지대로 고구려시기에는 두만강 하류의 柵城과 북류 송화강 중류의 扶餘城을 잇는 전략적 요충지에 해당함. 특히 城子溝山城은 布爾哈通河 중하류의 延吉平原과 布爾哈通河 상류의 安圖盆地를 잇는 교통로에 위치했다는 점에서 교통로를 공제하던 군사중진이었을 가능성이 높음(吉林省文物志編委會, 1984; 王禹浪·王宏北, 2007).

다만 성자구산성에서는 유물이 거의 출토되지 않아 성곽의 축조시기를 파악하기가 쉽지 않은 상황임. 이에 고구려가 성자구산성을 축조하고(林直樹, 1994; 東潮·田中俊明, 1995) 발해 등이 이를 연용했다는 견해(孫進己·馮永謙, 1989; 王綿厚, 1994·2002; 王禹浪·王宏北, 2007), 발해가 축조했다는 견해(방학봉, 2002), 遼·金이 축조했다는 견해(吉林省文物志編委會, 1984; 延邊博物館, 1988; 國家文物局, 1993; 정영진 1999; 魏存成 2002) 등이 제기되었음.

또한 산성의 부근에 평지성인 太陽古城이 남아 있다는 점에 주목해 발해나 그 이전에 축조했다고 보기도 함(동북아역사재단, 2010). 또한 최근 延吉平原과 安圖盆地를 잇는 교통로상의 요충지에 위치했다는 점에 주목하여 고구려 후기의 최고 지방관인 柵城 褥薩(都督) 李他仁이 관장했다는 12州 治所城의 후보지 중 하나로 비정하는 견해도 제기되었음(여호규, 2017).

이처럼 성자구산성의 축조시기나 그 성격에 대해서는 논란이 분분한 상황임. 그러므로 산성의 축조시기나 그 성격을 보다 정확하게 규명하기 위해서는 향후 더욱 면밀한 고고조사가 필요하다고 생각됨.

참고문헌

- 吉林省文物志編委會, 1984, 『龍井縣文物志』, 吉林省文物志編修委員會.
- 延邊博物館, 1988, 『延邊文物簡編』, 延邊人民出版社.
- 孫進己·馮永謙, 1989, 『東北歷史地理』 2, 黑龍江人民出版社.
- 國家文物局, 1993, 『中國文物地圖集』 吉林分冊, 中國地圖出版社.
- 林直樹, 1994, 「中國東北部の高句麗山城」, 『靑丘學術

- 論集』5.
- 王綿厚, 1994, 「鴨綠江右岸高句麗山城研究」, 『遼海文物學刊』1994-2.
- 東潮·田中俊明, 1995, 『高句麗の歷史と遺跡』, 中央公論社.
- 魏存成, 1999, 「길림성 내 고구려산성의 현황과 특징」, 『고구려연구』8.
- 정영진, 1999, 「延邊地域의 城郭에 대한 연구」, 『고구려연구』8.
- 방학봉, 2002, 『발해성곽연구』, 연변인민출판사.
- 王綿厚, 2002, 『高句麗古城研究』, 文物出版社.
- 魏存成, 2002, 『高句麗遺蹟』, 文物出版社.
- 王禹浪·王宏北, 2007, 『高句麗·渤海古城址研究彙編』(上·下), 哈爾濱出版社.
- 동북아역사재단, 2010, 『고구려성 사진자료집』(중국 길림성 동부).
- 여호규, 2017, 「두만강 유역 고구려 성곽의 분포현황과 지방통치의 양상」, 『역사문화연구』61.

10 용정 동흥고성
龍井 東興古城

1. 조사현황

1) 1937년
○ 조사기간 : 1937년 4월.
○ 조사자 : 鳥山喜一, 藤田亮策.
○ 조사내용 : 間島省 일대를 다니면서 여러 유적의 현황을 조사하였는데, 東興古城도 함께 조사함.
○ 발표 : 鳥山喜一·藤田亮策, 1941, 『間島省古蹟調査報告』(滿洲國古蹟古物調査報告第3編), 滿洲帝國民生部.

2) 1977년 전후
龍井 太陽古城, 延吉 河龍古城, 安圖 寶馬城, 和龍 河南屯古城·獐項古城과 더불어 東興古城도 함께 조사함.

2. 위치와 자연환경(그림 1~그림 3)

○ 龍井市 서쪽 德新鄕(光新鄕) 東興村에 위치하는데, 수계상으로는 두만강 지류인 布爾哈通河의 남쪽 지류인 海蘭江 유역에 해당함.
○ 고성의 남쪽으로 海蘭江이 서남에서 동북 방향으로 흘러가고 있으며, 海蘭江 주변에는 하곡분지가 상당히 넓게 펼쳐져 있음.
○ 고성 동남의 수남촌고분군을 비롯해 적석묘와 봉토

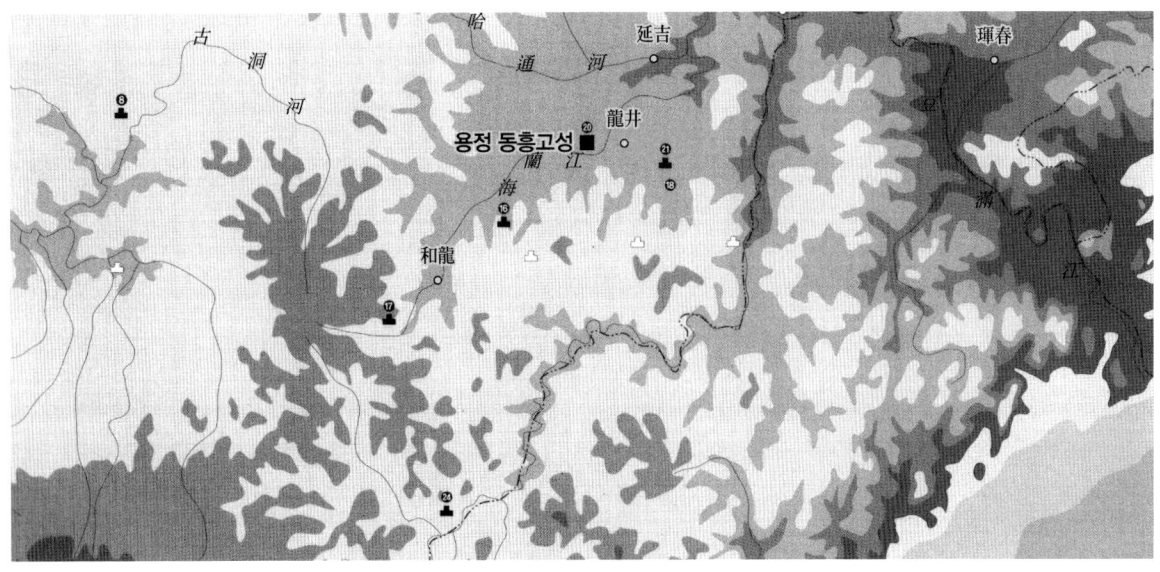

그림 1 동흥고성 위치도 1

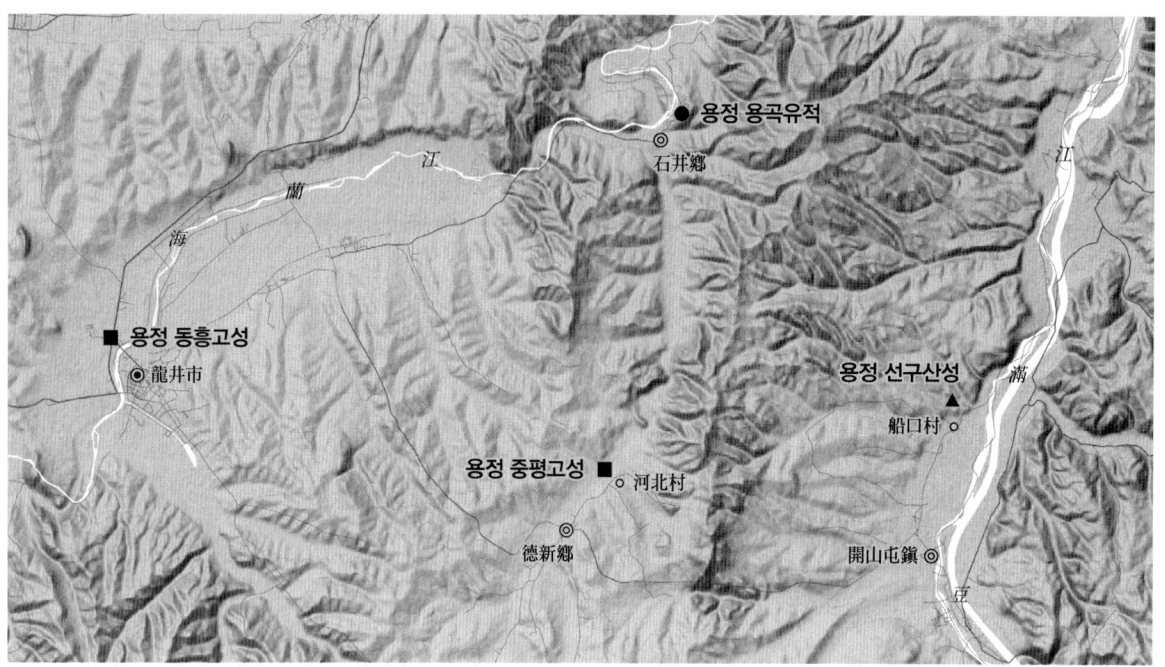

그림 2 동흥고성 위치도 2

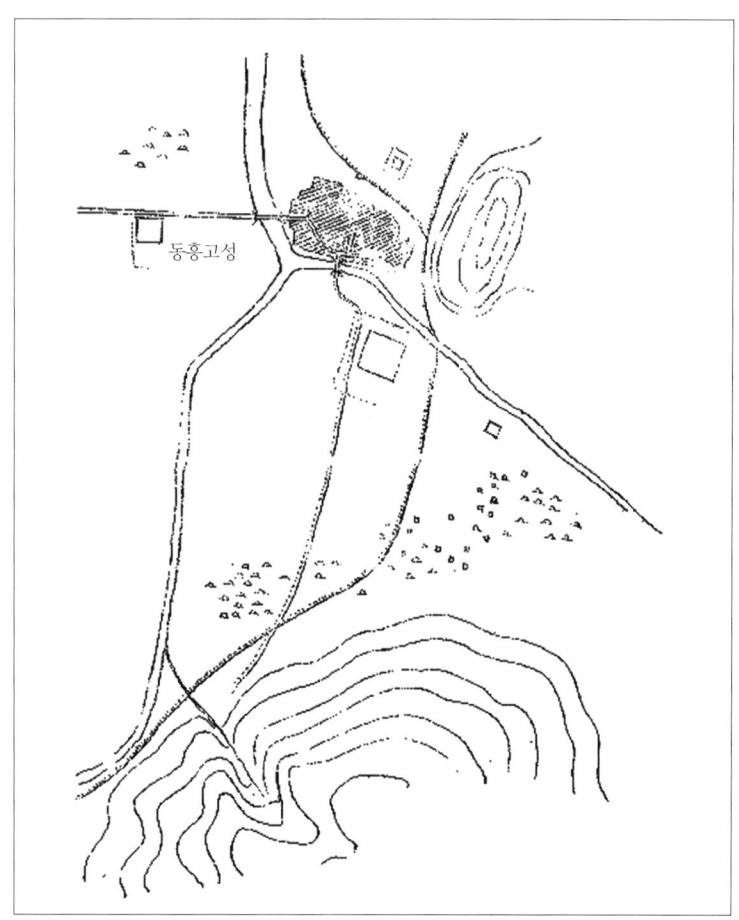

그림 3 동흥고성 위치도 3
(『間島省古蹟調査報告』)

묘로 이루어진 고분군이 현재의 龍井 시가지를 중심으로 서북쪽과 동북방에 분포되어 있었음.

3. 성곽의 전체현황

○ 1937년 조사 때에는 內城과 外城으로 이루어졌을 것으로 추정했는데, 이 가운데 내성은 동서 55m, 남북 60m였다고 함(鳥山喜一·藤田亮策, 1941).
○ 현재는 성에 군부대가 들어서고 경작지로 개간되는 등 심하게 파괴되어 형태 및 규모를 알기 어려운데, 1937년 조사 때에도 동면과 북면은 파괴되어 흔적을 찾을 수 없었다고 함.

4. 성벽과 성곽시설

서벽이 남아 있는데, 토석혼축임. 1937년 조사 때에는 서벽으로부터 36m 떨어진 지점에 돌이 많이 들어간 토석혼축의 토루가 남북 방향으로 있었다고 하는데, 이 토루를 외성벽으로 추정하였음(鳥山喜一·藤田亮策, 1941).

5. 성내시설과 유적

1937년 조사 때에는 중앙에서 서쪽으로 치우친 지점에 방형, 장방형의 초석 2개가 있었다고 함. 초석은 폭 1m, 높이 60cm의 큰 돌이고, 간격은 3.2m였다고 함. 그 부근에는 2~3군데 초석을 발취한 흔적이 있었다고 함. 초석은 동서로 나란히 있었고, 초석 부근에서는 적색 기와가 발견되었다고 함(鳥山喜一·藤田亮策, 1941).

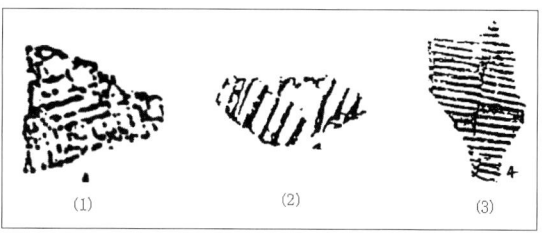

그림 4 동흥고성 출토기와(嚴長綠·楊再林, 1988, 837~838쪽)
(1. 석문·망문 암키와 2. 승문 기와 3. 남문 기와)

6. 출토유물

1) 토기
토기편이 출토됨.

2) 기와
○ 고구려시기의 승문·網格文·蓆文·籃文 암키와가 출토됨. 발해시기의 연화문 와당·蓮圈櫛齒文 암키와·지압문 암키와 등이 출토됨.
○ 蓆文과 網文이 함께 있는 암키와가 출토됨(그림 4-1). 승문 암키와는 선의 굵기 0.2~0.6cm, 선의 간격 0.8~1.1cm임(그림 4-2). 籃文 암키와는 格子는 장방형이고, 길이 6cm, 너비 0.8cm, 선의 굵기 0.2~0.5cm임. 선은 매우 곧음. 같은 문양이 있는 기와가 龍淵유적지에서 출토됨(그림 4-3).
○ 서울대학교 박물관에 소장된 기와편은 대체로 승문과 網格文 계열인데 승문이 시문되어 있지만, 단면에 지압문이 있는 기와편도 있음.

7. 역사적 성격

東興古城은 두만강 지류인 布爾哈通河의 남쪽 지류인 海蘭江 유역에 자리잡고 있음. 고성의 남쪽으로는 海蘭江이 서남쪽에서 동북쪽으로 흐르고 있는데, 그 주변으로는 상당히 넓은 충적분지가 펼쳐져 있음. 동흥고성은 이 분지의 중심부에 위치함.

東興古城은 내외성으로 이루어진 복곽식 평지성인데, 내성의 둘레가 약 200m 전후라는 사실만 확인되었고, 전체 규모는 정확히 밝혀지지 않았음. 다만 고구려시기의 승문·網格文·蓆文·籃文 암키와와 함께 발해시기의 연화문 와당·蓮圈櫛齒文 암키와·지압문 암키와 등이 많이 출토되었음.

이에 거의 대부분의 연구자가 동흥고성은 고구려시기에 축조되어 발해가 연용했다고 파악하며(延邊博物館, 1988; 嚴長錄, 1990; 정영진, 1990·1999; 방학봉, 2002; 이성제, 2009; 양시은, 2012), 遼·金시기의 회색 수키와가 혼재되어 있다며 遼·金시기에도 연용되었을 것으로 보기도 함(鳥山喜一·藤田亮策, 1941). 또한 최근에는 동흥고성이 용정시 일대의 충적분지 중심부에 위치한 점에 주목하여 고구려 후기의 최고 지방관인 柵城 褥薩(都督) 李他仁이 관장했다는 12州 治所城의 하나로 비정하기도 함(여호규, 2017).

다만 동흥고성 일대는 군부대의 주둔과 농경지 개간 등으로 성벽이나 성곽시설 등이 많이 파괴된 상태임. 그러므로 동흥고성의 축조시기와 그 성격을 더욱 정확하게 파악하기 위해서는 향후 더욱 면밀한 고고조사가 필요함.

참고문헌

- 鳥山喜一·藤田亮策, 1941, 『間島省古蹟調査報告』(滿州國古蹟古物調査報告第3編), 滿州帝國民生部
- 嚴長綠·楊再林, 1988, 「延邊地區高句麗-渤海時期紋飾板瓦初探」, 『博物館研究』 1988-2.
- 延邊博物館, 1988, 『延邊文物簡編』, 延邊人民出版社.
- 嚴長錄, 1990, 「연변지구 발해시기의 옛 성터에 관한 고찰」, 『발해사연구』 1, 延邊大學出版社.
- 정영진, 1990, 「연변지구의 고구려유적 및 몇 개 문제에 대한 탐구」, 『한국상고사학보』 4.
- 정영진, 1999, 「延邊地域의 城郭에 대한 연구」, 『고구려연구』 8.
- 방학봉, 2002, 『발해성곽연구』, 연변인민출판사.
- 李强·侯莉閩, 2003, 「延邊地區渤海遺存之我見」, 『北方文物』 2003-4.
- 이성제, 2009, 「高句麗와 渤海의 城郭 운용방식에 대한 기초적 검토」, 『高句麗渤海研究』 34.
- 동북아역사재단, 2010, 『고구려성 사진자료집』(중국 길림성 동부).
- 양시은, 2012, 「연변 지역 고구려 유적의 현황과 과제」, 『동북아역사논총』 38.
- 여호규, 2017, 「두만강 유역 고구려 성곽의 분포현황과 지방통치의 양상」, 『역사문화연구』 61.

11 용정 청수산성
龍井 淸水山城 | 金山山城

1. 조사현황

1960년에 발견·조사됨.

2. 위치와 자연환경(그림 1)

1) 지리위치
○ 龍井市 동남부의 三合鎭 淸水村 淸水洞屯에서 서북쪽으로 2km 떨어진 해발 643.8m인[1] 金山 남단에 위치함.
○ 수계상으로 두만강 본류의 중류 연안에 해당하는데, 동쪽으로 6km 떨어진 지점에 三合鎭이 있음.

2) 자연환경
○ 성 서쪽으로는 두만강 지류가 남쪽으로 흐르고 있는데, 성 남쪽 2km 지점에서 동쪽으로 꺾여 5km 정도 흐르다가 두만강으로 유입됨.
○ 성 동쪽에는 기복이 있는 산맥이 있는데, 지세는 비교적 완만함.

3. 성곽의 전체현황(그림 2)

○ 산성 중앙에는 비교적 깊은 계곡이 있는데, '古城溝'라고 부르고 있음. 계곡은 동남-서북향임. 북부가 가장 높고 입구는 남면에 있음.
○ 산성은 산세를 따라 축조했는데, 방향은 150°이고, 포곡식(簸箕型) 산성으로 평면은 대략 손바닥 모양 혹은 타원형임. 전체 둘레는 2,053m임.[2]
○ 보존상태는 비교적 양호함.

4. 성벽과 성곽시설

1) 성벽
○ 성벽은 古城溝 끝부분 근처에서 험준한 산비탈을 따라 각각 동북·동남쪽으로 축조하였고, 산등성이에 이르러서는 산마루를 따라 축조하여 성곽 내부를 감싸는 형세를 이룸.
○ 성벽은 토석혼축이며, 높이 2~5m, 윗 너비 1~3m, 기단 너비 10~17m임. 산성 북부의 성벽이 비교적 높은데, 5m에 달함. 북벽 밖에는 높이 약 1m인 낮은 성벽이 있음.
○ 골짜기 끝부분 우측 평평한 대지에 낮은 토축벽이 있음.

---

[1] 吉林省文物志編委會, 1984, 71쪽 도면 및 馮永謙, 1994. 다만 吉林省文物志編委會, 1984, 71쪽 본문을 비롯해 國家文物局, 1993; 王禹浪·王宏北, 2007에는 해발 500m로 기록되어 있음.

[2] 外城을 갖춘 복곽식 산성이라는 견해도 있는데(林直樹, 1994; 王綿厚, 1994·2002), 명확한 근거가 있는 것은 아님.

그림 1　청수산성 위치도

2) 성문
○ 북벽 중간에 문지가 있는데, 옹성을 갖추고 있음.
○ 북벽과 동북벽이 서로 연결되는 지점에 옹성과 같은 시설이 있으나, 성 밖으로 통하는 문길이 보이지 않음.

3) 망대(瞭望臺)
망대가 있음(魏存成, 2002).

4) 치
북벽 동단에는 융기된 2개의 흙더미가 있는데, 치와 같은 기능을 함(吉林省文物志編委會, 1984; 정영진, 1999; 王禹浪·王宏北, 2007).

5) 水口門
남면의 골짜기 입구에 水口門이 있음(馮永謙, 1994).

5. 성내시설과 유적

1) 건물지
○ 성내에서 서남쪽으로 10m 떨어진 지점에서 5×5m의 키형(簸箕狀) 구덩이 2개가 서로 연결된 모습을 볼 수 있는데, 주요 방어구역으로 추정됨(吉林省文物志編委會, 1984; 王禹浪·王宏北, 2007).
○ 동북벽 위에 융기된 작은 흙더미가 있는데, 군사시설로 추정됨(吉林省文物志編委會, 1984; 王禹浪·王宏北,

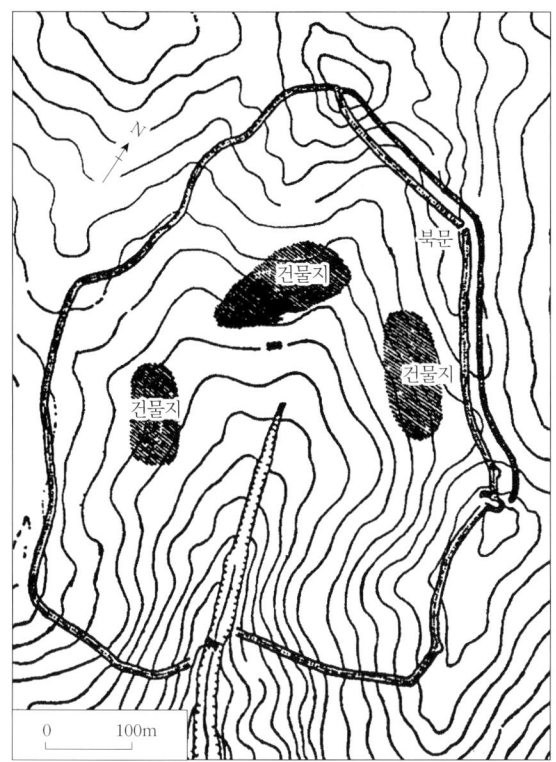

그림 2 청수산성 평면도(吉林省文物志編委會, 1984, 71쪽)

2007).

○ 성내 골짜기 끝부분에 비교적 큰 평지가 있는데, 이곳의 좌측 평대는 주요 건물지로 초석, 회색 포흔 암키와가 출토되었음.

2) 우물
성내에 우물이 있음(馮永謙, 1994).

6. 출토유물

1) 동기
○ 지역주민에 의하면, 산성에서 동제 불상 1구가 출토되었는데, 만주국시기에 북한 회령군 박물관에 팔았다고 함.

○ 많은 동전들이 출토되었다고 하나, 현재 소재는 알 수 없음.

2) 기와
회색 포흔기와가 많이 출토됨.

7. 역사적 성격

淸水山城은 두만강 중류의 소지류 연안에 위치했는데, 전체 둘레 약 2km인 중형급 산성임. 산성 주변은 험준한 산간지대이고, 남쪽으로 두만강 연안로가 지나간다는 점에서 군사방어성의 성격이 강한 것으로 추정됨.

다만 산성 내부에서 기와편이 출토되었지만, 성곽의 축조시기를 단정할 만한 유물이 출토된 상황은 아님. 이에 성곽의 축조시기와 관련해 고구려시기설(孫進己·馮永謙, 1989; 林直樹, 1994; 王綿厚, 1994·2002; 馮永謙, 1994; 東潮·田中俊明, 1995; 王禹浪·王宏北, 2007) 및 遼·金시기설(國家文物局, 1993; 정영진, 1999) 등이 대립하고 있는 상황임.

이처럼 청수산성의 축조시기에 대해서는 논란이 분분하므로 이를 보다 정확하게 규명하기 위해서는 향후 더욱 면밀한 고고조사가 필요함.

참고문헌

- 吉林省文物志編委會, 1984, 『龍井縣文物志』, 吉林省文物志編修委員會.
- 孫進己·馮永謙, 1989, 『東北歷史地理』 2, 黑龍江人民出版社.
- 國家文物局, 1993, 『中國文物地圖集』 吉林分冊, 中國地圖出版社.
- 林直樹, 1994, 「中國東北部の高句麗山城」, 『靑丘學術論集』 5.
- 王綿厚, 1994, 「鴨綠江右岸高句麗山城硏究」, 『遼海文物學刊』 1994-2.
- 馮永謙, 1994, 「高句麗城址輯要」, 『北方史地硏究』, 中州古籍出版社.
- 東潮·田中俊明, 1995, 『高句麗の歷史と遺跡』, 中央公論社.
- 魏存成, 1999, 「길림성 내 고구려산성의 현황과 특징」,

『고구려연구』 8.
- 정영진, 1999, 「延邊地域의 城郭에 대한 연구」, 『고구려연구』 8.
- 王綿厚, 2002, 『高句麗古城研究』, 文物出版社.
- 魏存成, 2002, 『高句麗遺蹟』, 文物出版社.
- 王禹浪·王宏北, 2007, 『高句麗·渤海古城址硏究匯編』(上·下), 哈爾濱出版社.

12 용정 조동산성
龍井 朝東山城 | 汗王山城

1. 위치와 자연환경(그림 1~그림 3)

1) 지리위치
○ 朝東山城은 龍井市 남부 富裕鄉 朝東村 서쪽 1km의 汗王山 정상에 위치함. 汗王山은 天佛指山의 지맥으로 天佛指山 산봉우리 동남 10km 지점에 있음. 해발은 560m임.

○ 두만강 본류의 중류 연안인데, 산성에서 三合鎭 淸泉村과는 2.5km 떨어져 있고, 두만강 너머 서남쪽에 북한의 유선군이 있으며, 동북쪽으로는 회령군이 바라다보임. 두만강 너머 서남쪽 5km 거리에 고구려 雲頭山城이 있음.

2) 자연환경
○ 산성 동북쪽은 기복이 있는 산들과 이어져 있음.

○ 산 아래에서 서남쪽으로 1.5km 떨어진 지점에 두만강이 있음. 두만강은 산성의 서쪽에서 동남 방향으로 흐르다가 산성 남쪽에서 방향을 꺾어 동북 방향으로 흘러나감.

2. 성곽의 전체현황(그림 4)

○ 朝東山城은 汗王山城이라고도 부르는데, 努爾哈赤이 축조했다고 전해졌기 때문임. 2014년에 산성 동남쪽 입구에 汗王山城이라는 표지판이 있었음.

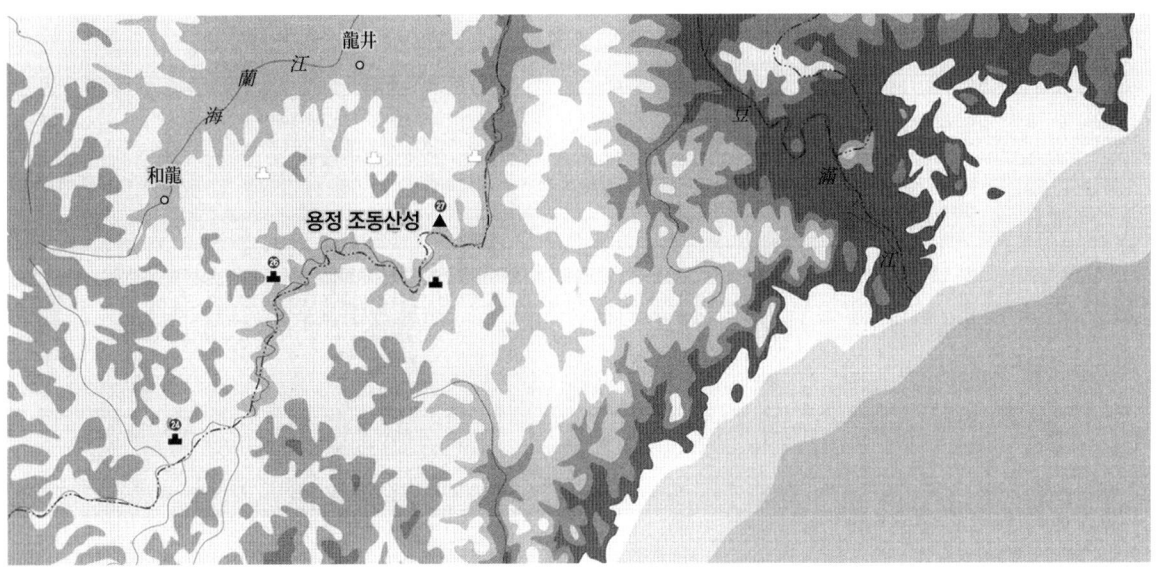

그림 1 조동산성 위치도 1

그림 2 조동산성 위치도 2

○ 산 정상부의 외곽은 비교적 완만한 동쪽 산비탈 및 그와 연결된 동북변 중부의 옹성문 구간을 제외하면 모두 높이 5~15m인 절벽임.
○ 성내 지세는 북부가 비교적 높고 가파르며, 남부는 낮고 평탄함.
○ 산정식 산성으로 평면은 불규칙한데, 좁고 긴 형태임. 서북-동남 길이는 620m이고, 동북-서남 너비는 20~160m이며, 전체 둘레는 1,502m임.

3. 성벽과 성곽시설

1) 성벽

○ 일부 성벽은 파괴되었지만, 원래 규모와 형태를 볼 수 있음.
○ 성벽은 대부분 산의 험준함을 이용하였는데, 험준한 구간이나 절벽 가장자리에 높이 0.5~5m의 성벽을 쌓아 높이를 보강하였고, 직접 올라갈 수 없는 험준한 절벽에는 수직 혹은 경사진 장벽이 형성되어 있음.
○ 성벽은 석축인데, 협축성벽으로 성벽의 바깥과 안쪽면 모두 돌로 쌓고 내부를 잔돌로 채웠음.
○ 동벽 아래 숲 속에 2~3줄기의 석축렬이 남아 있

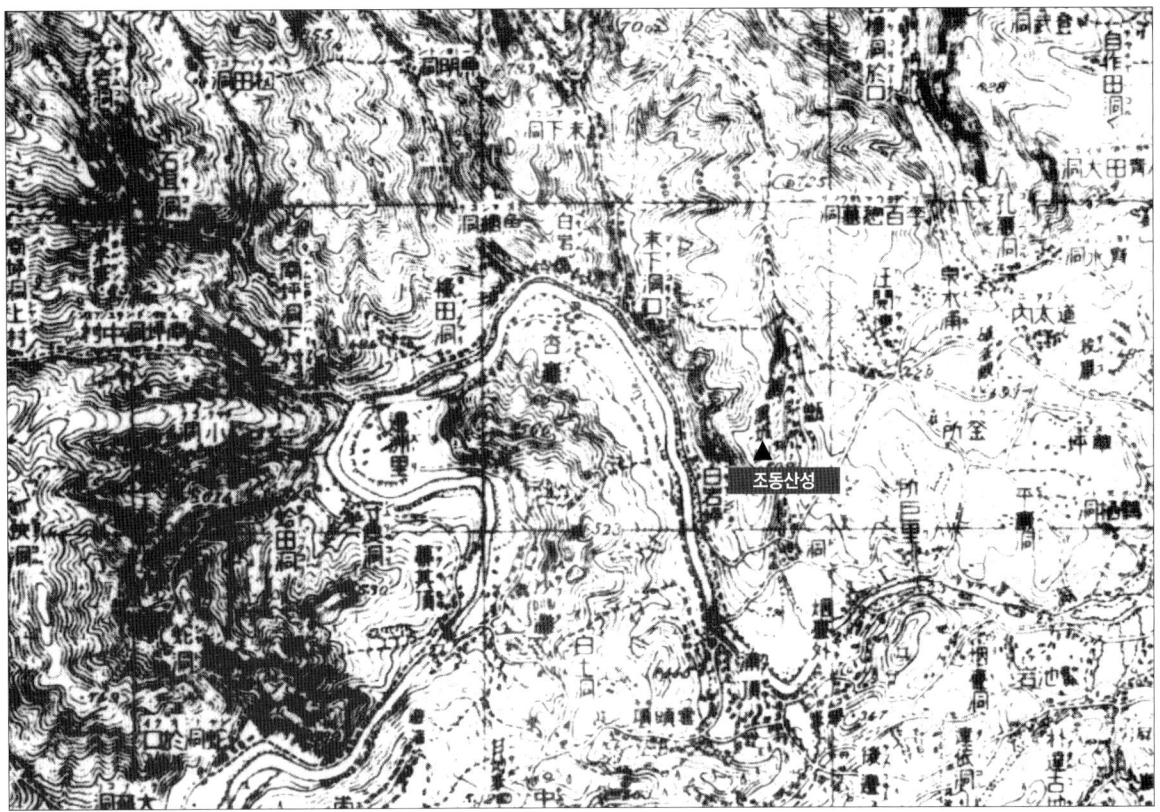

그림 3 조동산성 주변 지형도(滿洲國 10만분의 1 지형도)

는데, 진입로에 둔 차단시설로 추정됨(동북아역사재단, 2010).

2) 성문

(1) 동북문

○ 동북벽 중단의 지세가 비교적 완만한 곳에 있음.

○ 성문은 옹성문을 갖추고 있음. 옹성문은 주머니모양(袋狀)으로 서남-동남 길이는 80m, 동문-서남 너비 30m임. 옹성문은 모두 돌로 축조하였고, 성벽과 마찬가지로 동북쪽을 향하고 있음. 내벽과 외벽 모두 중부에서 약간 남쪽으로 치우친 지점에 출입구가 있는데, 30m의 간격을 두고 서로 마주하고 있음. 내문은 너비 5.5m, 외문은 너비 2m임.

○ 옹성문 외문 내측 부근의 성벽 양쪽에는 각각 깊이 1.5m·직경 2m의 구덩이가 있는데, 초소건물지로 추정됨(吉林省文物志編委會, 1984).

○ 옹성문 외문 내측 부근의 성벽 동남쪽 구덩이 서북측에 너비 1.5m의 경사진 도로가 있는데, 문지 동남벽과 이어짐.

(2) 서남문

○ 서남벽의 남부에 문지가 있는데,[1] 너비는 6m임.

○ 문지는 두만강과 마주하고 있는데, 바깥쪽 산비탈의 경사도가 심하여 수비하기는 쉽고 상대방이 공격하기는 어려움.

---

[1] 남벽 중부에 있다고 기록하기도 함(國家文物局, 1993).

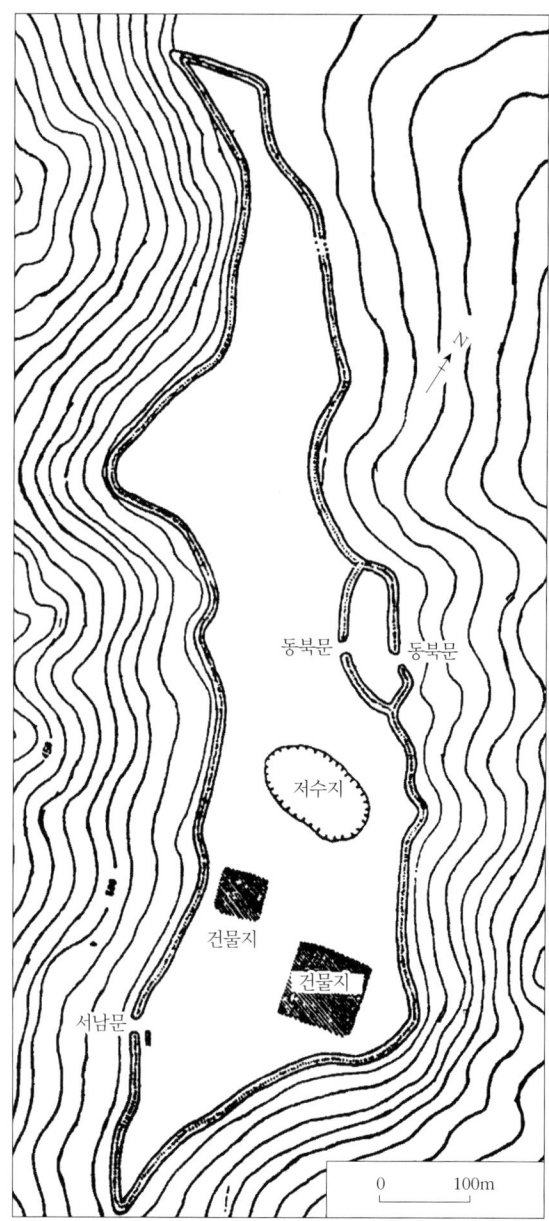

그림 4 조동산성 평면도(吉林省文物志編委會, 1984, 73쪽)

3) 회곽도

성벽 내측에는 대부분 너비 1~2m의 꼬불꼬불한 작은 길이 형성되어 있음. 회곽도로 추정됨.

4. 성내시설과 유적

1) 건물지

(1) 건물지1

○ 서남문 동측 가운데 남쪽으로 치우친 지점인데,[2] 문지와 8m 거리임.
○ 평면은 장방형으로 성벽의 방향을 따라 축조했고, 동북에서 서남을 바라봄. 길이는 7.6m, 너비는 4.5m임.
○ 벽은 돌로 축조하였는데, 기단의 잔고 0.4m, 너비 0.7~0.8m임.
○ 문지는 서남벽에서 동남쪽으로 치우친 지점에 있는데, 너비는 0.9m임

(2) 건물지2

○ 옹성문에서 남쪽으로 120m 떨어진 지점에 위치하는데, 남쪽 80m 거리에 건물지1이 있음. 흙둔덕 모양의 담장(院墻)이 남아 있음.
○ 평면은 방형으로 방향은 남동 25°임. 기단 너비는 4m, 높이는 1.5m, 변의 길이는 27~28m임. 문지는 없음.

(3) 건물지3

○ 건물지2의 동측에 위치하는데, 동남 성벽의 안쪽에 해당함.
○ 흙둔덕 모양의 낮은 담장(圍墻)이 있는데, 방향은 남동 30°이고, 평면은 방형임. 각 변의 길이는 45~50m, 높이는 0.2~0.4m임.
○ 건물지 안에는 여러 개의 방형 구덩이가 있지만, 다른 유구는 발견되지 않았음.

---

2 吉林省文物志編委會, 1984, 74쪽에는 '서쪽으로 치우친 지점(偏西)'이라고 기술되어 있지만, 같은 책 73쪽의 도면(이 책의 그림 5) 및 현장 답사를 통해 수정함.

2) 저수지

○ 옹성문 남쪽 40m의 저지대에 위치하고 있음.
○ 저수지 서측에 인공적으로 축조한 것으로 보이는 둑이 있는데, 자연지세를 이용하여 축조하였다고 볼 수 있음(吉林省文物志編委會, 1984).
○ 저수지 평면은 대체로 타원형으로 직경은 60m임. 저수지 서남쪽과 서북쪽 가장자리에 직경 10m, 깊이 2m의 물웅덩이가 있고, 물웅덩이 내에 여러 개의 큰 돌이 있는 것으로 보아 취수지로 추정됨(吉林省文物志編委會, 1984; 王禹浪·王宏北, 2007).

3) 우물

○ 건물지1 바깥 동남측 0.9m 떨어진 지점에 직경 0.7m, 깊이 0.5m의 우물이 있음.
○ 동남모서리에 직경 1.5m, 깊이 0.5m의 우물이 있음.

5. 출토유물

성내에서 출토된 유물은 매우 적음.

1) 동기
지역 주민의 말에 의하면 성내에서 동제 수저(匙)가 출토되었다고 함.

2) 기와
서남문 남단 성벽 부근에서 회색 포흔 암키와편 1점 출토됨.

3) 석기
○ 지역 주민의 말에 의하면 성내에서 石槽가 출토되었다고 함.
○ 돌절구(石臼)가 출토됨.

6. 역사적 성격

1) 축조시기

朝東山城은 두만강 본류의 중류 연안에 위치했는데, 전체 둘레 1.5km로 중형급 산성으로 분류됨. 朝東山城은 주거지와 저수지 등과 같은 일반적인 성곽시설뿐만 아니라, 견고한 옹성문을 갖추고 수비는 쉽고 공격하기는 어려운 석축성벽으로 축조되었다는 점에서 군사 중진이었을 것으로 파악됨(吉林省文物志編委會, 1984; 王禹浪·王宏北, 2007). 산 정상부의 평탄면을 활용해 축조한 사실도 군사방어성의 기능이 강하였을 가능성을 시사함.

다만 산성 내부에서 유물이 많이 출토되지 않아, 성곽의 축조시기를 둘러싸고 논란이 분분한 상황임. 이에 고구려가 축조하고(孫進己·馮永謙, 1989; 林直樹, 1994; 王綿厚, 1994·2002; 東潮·田中俊明, 1995) 발해나 遼·金이 연용했다는 견해가 다수이지만(王禹浪·王宏北, 2007), 明이 축조하였다는 견해도 제기되고 있음(吉林省文物志編委會, 1984; 國家文物局, 1993; 정영진, 1999).

이에 대해 산성의 입지와 형태, 북문의 구조가 蓋州 高麗城山城 서문과 유사하다는 점을 근거로 고구려시기에 축조되었다고 추정하거나(馮永謙, 1994), 협축식의 성벽 축조방식 및 회령 雲頭山城과의 위치관계와 축조방식의 유사성 등을 근거로 고구려시기에 축조되었을 것으로 추정하기도 함(이성제, 2009; 동북아역사재단, 2010). 또한 현지에서는 산성 남쪽 1.5km 거리의 두만강변에서 여진족의 무덤이 나왔다는 것을 근거로 努爾哈赤이 축조하였다고 전해지고 있다고 함(동북아역사재단, 2010).

2) 고구려시기의 교통로와 산성의 성격

이처럼 조동산성의 축조시기에 대해서는 고구려시기 설이 우세하기는 하지만, 고구려시기에 축조했다고 단정할 만한 유물이 출토된 상황은 아님. 이와 관련해 고구려시기의 교통로에 대해 유의할 필요가 있음. 고구려 초기의 중심지였던 압록강 중류유역에서 두만강 유역으로 나아갈 경우, 백두산 남쪽 또는 북쪽을 경유했을 가능성이 있음.

다만 문헌사료나 〈광개토왕릉비〉 등에는 고구려 초중기에 중심부인 압록강 중류유역에서 두만강 유역의 北沃沮나 柵城으로 나아갈 때, 함경북도 일대로 비정되는 新城(敦城)이나 海谷(東海賈)을 경유한 것으로 나옴. 도성인 국내성에서 압록강 중상류 수로를 거슬러 장백-혜산 일대에 이른 다음 여기에서 백두산 남쪽의 마천령산맥을 넘어 함경북도 해안을 따라 두만강 하류 일대로 나아갔는데, 고구려가 함경북도 앞바다를 東海로 인식했다는 점에 주목하여 이 교통로를 東海路라고 명명하기도 함(여호규, 2008).

이 경우 조동산성이 위치한 북한의 會寧과 중국의 三合 일대는 고구려시기의 海谷(東海賈)으로 비정되는 淸津을 출발해 柵城으로 비정되는 두만강 하류의 琿春盆地이나 布爾哈通河 유역의 延吉平原으로 갈 경우 경유해야 하는 곳임. 會寧-三合 일대는 청진, 琿春분지, 延吉평원을 잇는 교통로의 결절점임. 실제 會寧-三合 일대에는 조동산성을 비롯해 淸水山城, 북한의 운두산성 등 산성이 조밀하게 분포하는데, 여러 시기에 걸쳐 성곽을 축조한 결과임. 조동산성이 고구려시기에 축조되었다면, 두만강 건너편에 위치한 운두산성과 함께 고구려시기의 간선도로망인 東海路를 관할하고 통제하던 거점성의 역할을 했을 가능성이 높음 (여호규, 2017).

이에 대해 고구려의 國內城에서 延邊지역으로 나아갈 때 백두산 북쪽 루트를 사용했다고 상정한 다음, 集安에서 동진하여 압록강 수로를 따라 臨江에 도착한 뒤 撫松-安圖를 거쳐 布爾哈通河를 따라 延吉로 나아갔다고 보기도 함. 이 경우 朝東山城이 위치한 會寧-三合 일대는 集安-臨江-撫松-安圖-延吉로 이어지는 幹線 교통망에서 갈라져 延吉평원과 두만강 이남의 함경북도를 잇는 支線으로 파악됨. 이에 朝東山城이 雲頭山城과 함께 고구려시기에 옥저지역의 남과 북을 연결하는 교통로에 축조된 것으로 상정한 다음, 고구려시기의 옥저 방면로는 일단 集安을 출발해 臨江-撫松-安圖를 경유해 柵城에 이른 다음, 그 곳에서 다시 남하하여 두만강 남쪽의 함경도 동해안으로 이어졌다고 추정하기도 함(이성제, 2009; 동북아역사재단, 2010).

이처럼 조동산성의 축조시기에 대해 논란이 분분할 뿐 아니라, 고구려 초중기의 중심부인 압록강 중류유역에서 두만강 유역의 책성지역에 이르는 간선 교통망의 경로를 둘러싸고도 다양한 이견이 제기된 상황임. 이러한 제반 문제를 해결하기 위해서는 조동산성을 비롯해 會寧-三合 일대 나아가 두만강 유역에 위치한 여러 성곽을 더욱 면밀하게 조사할 필요가 있음.

참고문헌

- 吉林省文物志編委會, 1984, 『龍井縣文物志』, 吉林省文物志編修委員會.
- 孫進己·馮永謙, 1989, 『東北歷史地理』 2, 黑龍江人民出版社.
- 國家文物局, 1993, 『中國文物地圖集』 吉林分冊, 中國地圖出版社.
- 林直樹, 1994, 「中國東北部の高句麗山城」, 『青丘學術論集』 5.
- 王綿厚, 1994, 「鴨綠江右岸高句麗山城硏究」, 『遼海文物學刊』 1994-2.
- 馮永謙, 1994, 「高句麗城址輯要」, 『北方史地硏究』, 中州古籍出版社.
- 東潮·田中俊明, 1995, 『高句麗の歷史と遺跡』, 中央公論社.
- 魏存成, 1999, 「길림성 내 고구려산성의 현황과 특징」, 『고구려연구』 8.
- 정영진, 1999, 「延邊地域의 城郭에 대한 연구」, 『고구려연구』 8.
- 王綿厚, 2002, 『高句麗古城硏究』, 文物出版社.
- 魏存成, 2002, 『高句麗遺蹟』, 文物出版社.

- 王禹浪·王宏北, 2007, 『高句麗·渤海古城址硏究匯編』 (上·下), 哈爾濱出版社.
- 여호규, 2008, 「압록강 중상류 연안의 고구려 성곽과 東海路」, 『역사문화연구』 29.
- 이성제, 2009, 「高句麗와 渤海의 城郭 운용방식에 대한 기초적 검토」, 『高句麗渤海研究』 34.
- 동북아역사재단, 2010, 『고구려성 사진자료집』(중국 길림성 동부).
- 여호규, 2017, 「두만강 유역 고구려 성곽의 분포현황과 지방통치의 양상」, 『역사문화연구』 61.

3
기타 유적

01 용정 용곡유적
龍井 龍曲遺蹟

1. 위치와 자연환경(그림 1)

○ 龍井市 石井鄉 龍曲村(龍河村) 남쪽 海蘭江 우안의 강을 따라 형성된 대지에 위치함.
○ 유적지의 동쪽에는 높고 낮은 산들이 연이어 있고, 북쪽에는 동서 방향의 산등성이가 있으며, 서·남 양쪽에는 해란강의 작은 충적 평원이 있음. 남쪽으로 석정향 소재지와 2km 떨어져 있음.

2. 유적의 현황

○ 유적 규모는 동서 100m, 남북 200m로 면적은 2만 m²에 이름.
○ 유적지 서남부는 해란강에 의해 파괴됨. 또한 깊이 3m, 너비 5m, 남북 길이 200m의 인공 수로를 파고, 도로를 개설하고, 농지로 사용하면서 심하게 파괴됨.
○ 해란강에 의해 깎여나간 단면과 수로 단면을 통해 지표 0.4~1m의 고르지 않은 문화층과 돌로 쌓은 건축지 흔적을 볼 수 있음. 문화층 내에 灰層, 紅燒土層 등과 조개껍데기·기와편·토기편 등의 유물이 있는 것을 확인할 수 있음. 또한 지표에도 같은 유물과 礎石 등이 분포하고 있음.

3. 출토유물

○ 지표와 문화층 단면에서 채집한 유물은 대부분 건축용 기와 및 생활용기 등임.
○ 기와류 : 연화문 와당, 수키와, 암키와 등이 있음. 암키와에는 여러 무늬가 시문되었는데 지압문, 승문, 그물무늬(網格文), '人'자 무늬 등이 있음. 기와는 대다수 회색이며 간혹 회황색과 홍색이 있음.
○ 토기 : 대다수 니질, 輪製, 회색임. 기형은 호(罐), 발(鉢), 시루(甑) 등이 있음. 다수가 구연이 외반되고(侈口), 바닥이 평평하며(平底), 구연부는 변화가 다양함. 일부 토기의 구연부 아래에는 돌대를 돌리고 그 위에 손으로 눌러 무늬를 냈으며, 혹은 손잡이(板狀橫耳)가 부착되었음.
○ 소량의 瓷器가 보이는데 대다수 회색 태토 위에 회황색 시유가 발라져 있는 淺口碗의 구연편임.
○ 토기 잔편 중간에 구멍(鑽孔)을 낸 방추차와 직경 2.6cm 크기의 불규칙한 圓球狀 토기 등도 출토.

4. 역사적 성격

龍曲유적은 두만강 지류인 布爾哈通河 남쪽 지류인 해란강변의 충적대지에 조성된 생활유적임. 유적의 조성시기에 대해서는 출토유물의 편년에 따라 달라짐. 가령 정영진(1990)은 유적에서 출토된 기와에 시문

그림 1 용곡 유적 위치도(『中國文物地圖集 - 吉林分冊』)

된 그물무늬(網文), 삿자리무늬(蓆文, 布文), 노끈무늬(繩文), 네모칸무늬(方格文) 등을 고구려시기로 편년하고 고구려 유적으로 파악함. 이에 반해 발해시기의 촌락유적으로 파악하기도 함(吉林省文物志編委會, 1984). 따라서 용곡유적의 조성시기와 그 성격을 보다 정확하게 파악하기 위해서는 향후 더욱 면밀한 고고조사가 필요함.

참고문헌

- 吉林省文物志編委會, 1984, 『龍井縣文物志』.
- 國家文物局 主編, 1993, 『中國文物地圖集』 吉林分冊, 文物出版社.
- 정영진, 「연변지구의 고구려유적 및 몇 개 문제에 대한 연구」, 『한국상고사학보』 4, 1990.

02 용정 수남수칠구사지
龍井 水南水七溝寺址

1. 조사현황

1937년 만주국 문교부 의뢰를 받은 경성제국대학(鳥山喜一, 藤田亮策)에서 4월 한 달간 간도성 내 용정, 혼춘, 연길 등의 유적을 조사. 수남수칠구사지는 4월 6일에 조사.(『間島省古蹟調査報告』)

2. 위치와 자연환경

○ 龍井市 서쪽에 위치하는데, 수계상으로는 두만강 지류인 布爾哈通河의 남쪽 지류인 海蘭江 유역에 해당함. 유적지는 해란강의 남쪽에 위치하는데, 일제강점기의 '10만분의 1' 지형도에서 西洞이 있는 지점으로 추정됨.

○ 土城堡에서 森林輕鐵 노선을 가로질러 서남쪽 계곡으로 들어간 뒤, 민가 사이를 지나 동쪽으로 완만한 비탈을 올라가면 대지에 이름. 이 대지 동쪽과 남쪽은 다시 높은 구릉으로 이어지고, 서쪽은 경작지가 골짜기 방향으로 급격하게 경사를 이룸. 북쪽은 계곡 너머로 멀리 넓은 해란강 지역을 조망할 수 있는 곳임.

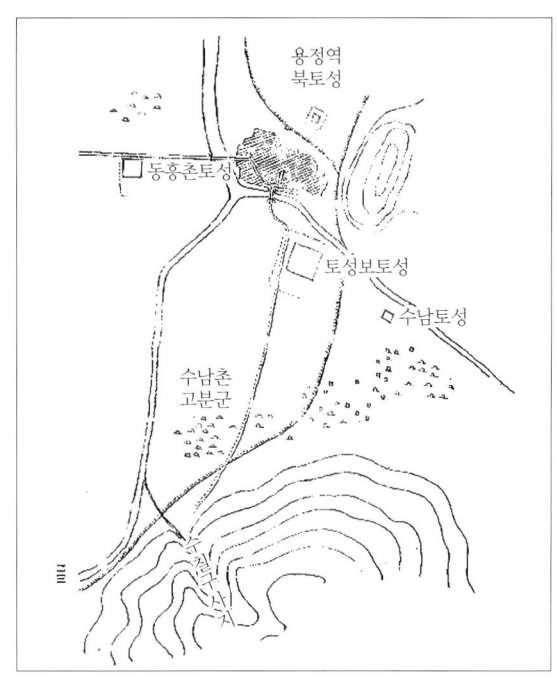

그림 1 수남촌 부근의 유적 배치도(『間島省古蹟調査報告』)

배치와 지형을 고려해보면 14m 四方位의 건축 흔적을 상정해 볼 수 있으며, 주초의 중심 거리는 4.3m로 추정됨.

○ 1937년 조사 당시 해당 유적지에서 채집되어 간도 총영사관의 진열실에 있던 4~5점의 유물을 근거로 수남수칠구 유적을 사찰터로 추정함.

3. 유적의 현황(그림 1)

○ 초석 2개가 노출되어 있었고 3개를 더 발굴함. 초석

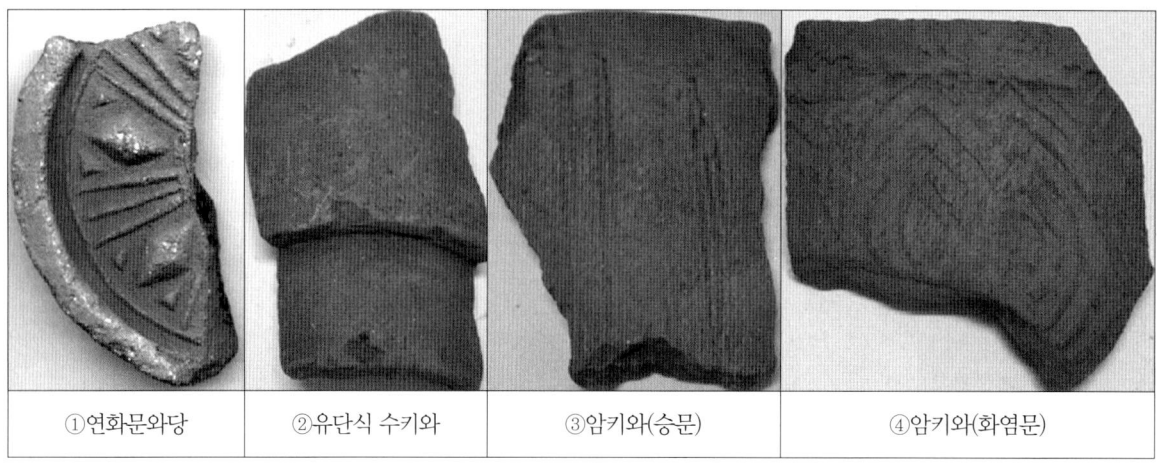

| ①연화문와당 | ②유단식 수키와 | ③암키와(승문) | ④암키와(화염문) |

그림 2 수남수칠구사지의 출토 기와(양시은, 2012)

4. 출토유물

○ 일제시기 조사 당시 고구려 계통의 승문 및 꺾음선 문(屈折波文; 굴절 물결무늬) 기와편 등을 수습함. 승문기와는 고구려 계통의 기와와 유사하면서도 약간 다른 느낌임. 꺾음선문 암키와는 다른 곳에서 볼 수 없는 사례임(『間島省古蹟調査報告』).

○ 양시은(2012)에 따르면, 해당 유적에서 수습한 고구려 계통의 기와편과 토기편이 서울대학교 박물관에 소장되어 있다고 함. 6엽형 연화문 와당(그림 2-①), 승석문이 일부 남아 있는 유단식 적색 수키와편(그림 2-②), 승문과 거치문 등이 시문된 적갈색 암키와편(그림 2-③) 등이 있음. 암키와편 중에는 내면에 5cm 너비의 모골흔이 관찰되는 예도 있음. 그 밖에 화염문과 지두문이 시문된 암키와편도 일부 확인됨(그림 2-④).

가 모두 불에 타 붉은 색을 띠고 있다는 점에서 화재로 절이 무너졌을 것으로 추정됨(『間島省古蹟調査報告』).

실제 수남수칠구유적이 고구려시기의 사찰이라면, 고구려시기에 불교가 두만강 유역까지 널리 전파되었음을 반영할 뿐 아니라 용정시 소재지 일대에 중요한 지방지배의 거점이 축조되었을 가능성을 시사함. 다만 1937년 이후 이 유적에 대한 상세한 조사가 더 이상 이루어지지 않았기 때문에 유적의 구체적인 시기나 그 성격을 정확하게 파악하기는 어려움. 향후 더욱 면밀한 고고조사가 필요하다고 판단됨.

참고문헌

- 鳥山喜一·藤田亮策, 1941, 『間島省古蹟調査報告』(滿州國古蹟古物調査報告第3編), 滿州帝國民生部
- 양시은, 2012, 「연변 지역 고구려 유적의 현황과 과제」, 『동북아역사논총』 38.

5. 역사적 성격

수남수칠구유적은 산재한 초석, 고구려 기와편, 1937년 조사 당시 간도총영사관 진열실의 유물 등을 통해 일찍부터 고구려시기 사찰터로 추정되었음. 기와

제17부

연길시(延吉市) 지역의 유적

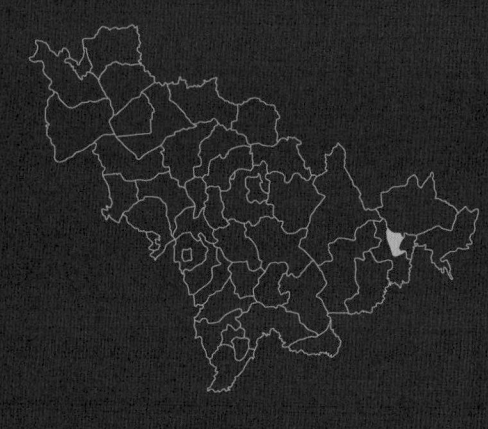

1
성곽

01 연길 흥안고성
延吉 興安古城

1. 조사현황

1981년에 조사됨.

2. 위치와 자연환경(그림 1~그림 3)

1) 지리위치
○ 吉林省 延吉市 북쪽 외곽의 興安鄕 興安6隊에 있는 延吉 분지 북단의 완만한 구릉 위에 위치함.
○ 興安鄕 청사에서 북쪽으로 500m 정도 떨어진 곳으로 도로의 동편에 있는 변전소를 중심으로 한 일대가 성 안에 해당함. 延吉~圖們 도로가 성 동북 모서리를 지나가며, 성지의 남부와 서남부는 주거지임.
○ 두만강 지류인 布爾哈通河의 소지류인 烟集河 유역에 해당함.

2) 자연환경
○ 고성 서쪽에는 布爾哈通河 지류인 烟集河가 南流하고 있으며, 그 연안에는 河谷平地가 넓게 펼쳐지며 布爾哈通河 연안의 延吉平原으로 이어짐. 이러한 점에서 고성은 延吉平原 중부의 북단에 위치했다고 볼 수 있음.
○ 고성 동부에 경작지가 있는데, 기복이 있는 완만한 언덕으로 지역 주민들은 '東山'이라고 부르고 있음.

3. 성곽의 전체현황

○ 고성의 지세는 동쪽이 높고 서쪽이 낮음.
○ 평면은 장방형인데, 북벽은 길이가 374m이고, 서벽은 烟集河에 침식되어 그 흔적을 볼 수 없지만 길이가 500여 m로 추정됨. 동벽은 흔적으로 보아 500m로 추정되고, 남벽은 평평하게 되었음. 전체 둘레는 약 1,800m임.[1]

4. 성벽과 성곽시설

1) 성벽
○ 성벽은 거의 다 파괴되었고, 동벽과 북벽에 돌로 쌓은 성벽 기단이 남아 있는데, 주위 지세보다 약간 높음.
○ 성벽의 축조방식에 대해서는 토석혼축으로 보는 견해,[2] 기단부는 석축이고 성벽은 토축이라는 견해,[3] 석축이라는 견해[4] 등이 있음.

---

[1] 동서 길이는 500m, 남북 너비는 약 380m라는 기록이 있음(國家文物局, 1993).

[2] 嚴長錄·楊再林, 1988; 孫進己·馮永謙, 1989; 정영진, 1990·1999; 王綿厚, 2002.

[3] 國家文物局, 1993.

[4] 東潮·田中俊明, 1995; 王綿厚, 1999.

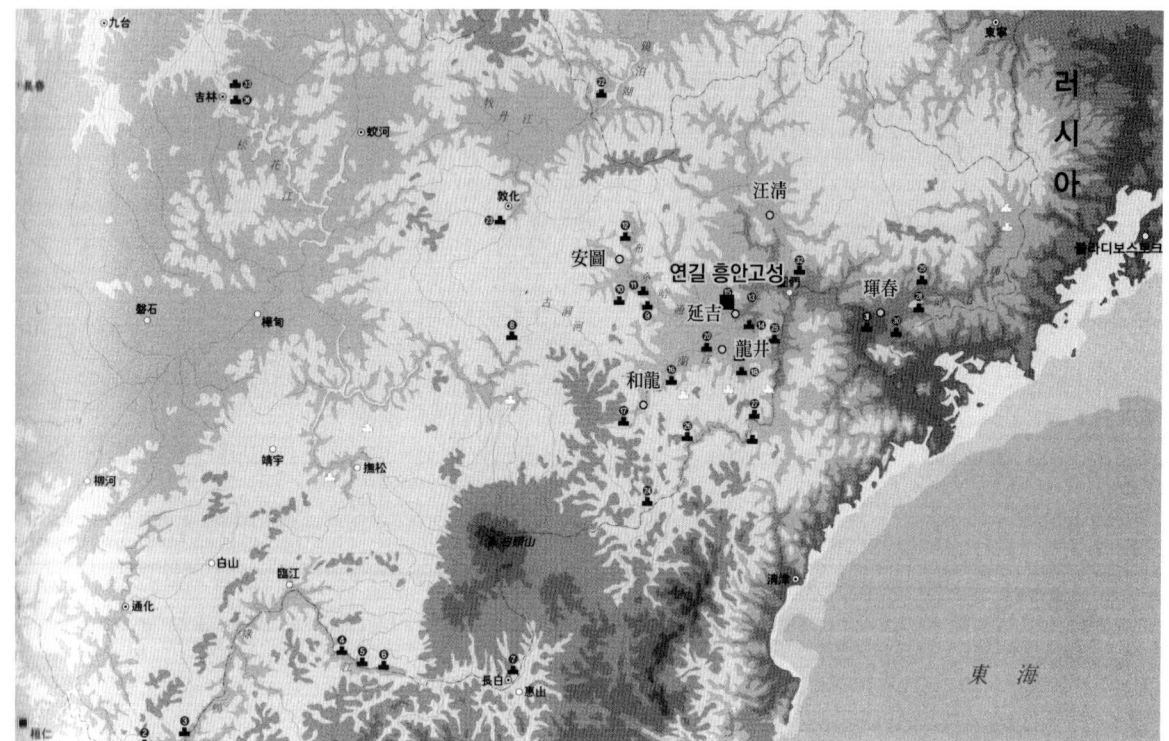

그림 1 흥안고성 위치도 1

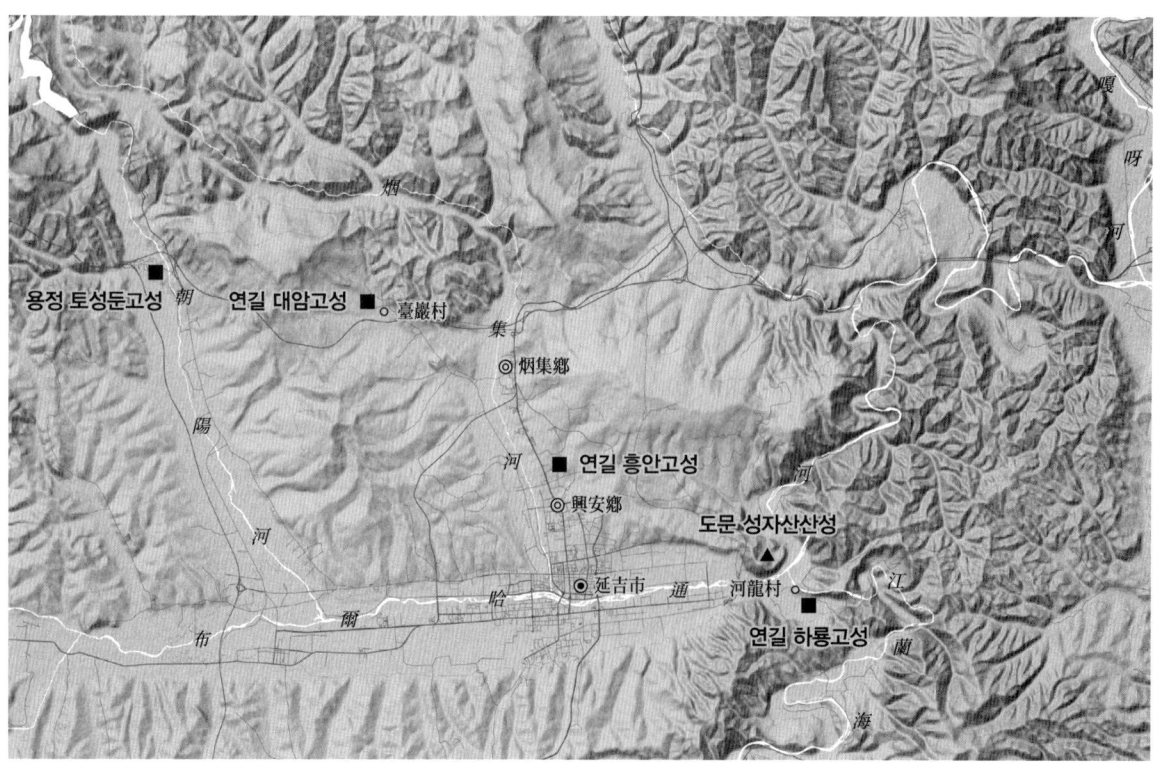

그림 2 흥안고성 위치도 2

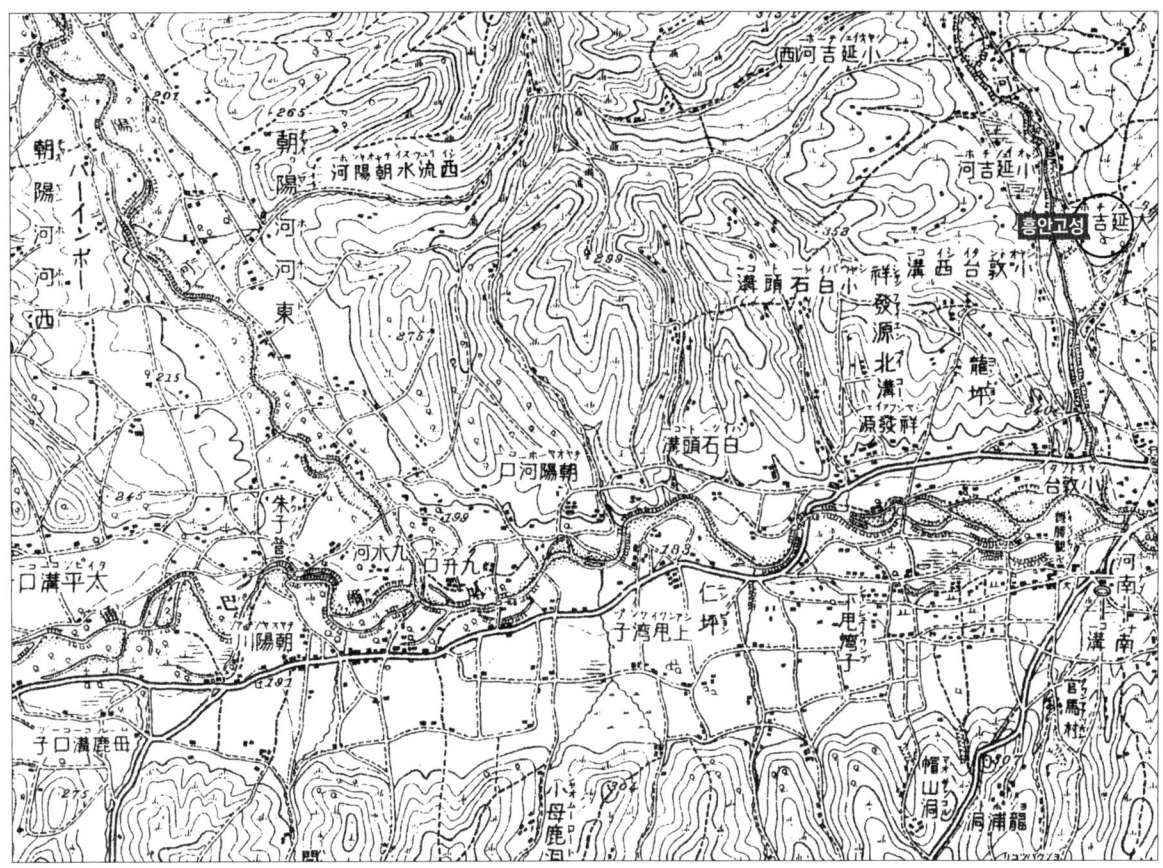

그림 3 흥안고성 주변 지형도(滿洲國 10만분의 1 지형도)

2) 角樓
○ 동북 모서리에 角樓가 있는데, 높이는 약 1.5m임.

5. 출토유물

유물은 주로 기와편과 토기편으로 대부분 변전소에서 출토됨.

1) 토기(그림 4-3·4·8)
토기는 니질이고, 물레로 제작하였으며, 적갈색과 회갈색이 있는데, 회갈색이 대부분을 차지함. 손잡이는 舌狀과 橋狀이 있음. 구연부는 외반되고 말려 있는 형태(侈口卷沿)가 많음. 波浪文 토기편도 일부 보임.

(1) 토기편
○ 출토지 : 延吉 興安古城 성내.
○ 크기 : 두께 1cm.
○ 형태 : 기벽은 곡선임. 波浪文이 있음.
○ 태토 및 색깔 : 니질의 황회색 토기.

(2) 토기 구연부 1
○ 출토지 : 延吉 興安古城 성내.
○ 크기 : 남은 길이 7.5cm, 두께 1.5cm.
○ 형태 : 문양은 없음. 구연부는 외반됨. 구순은 둥그스름함.
○ 태토 및 색깔 : 니질의 적갈색 토기.

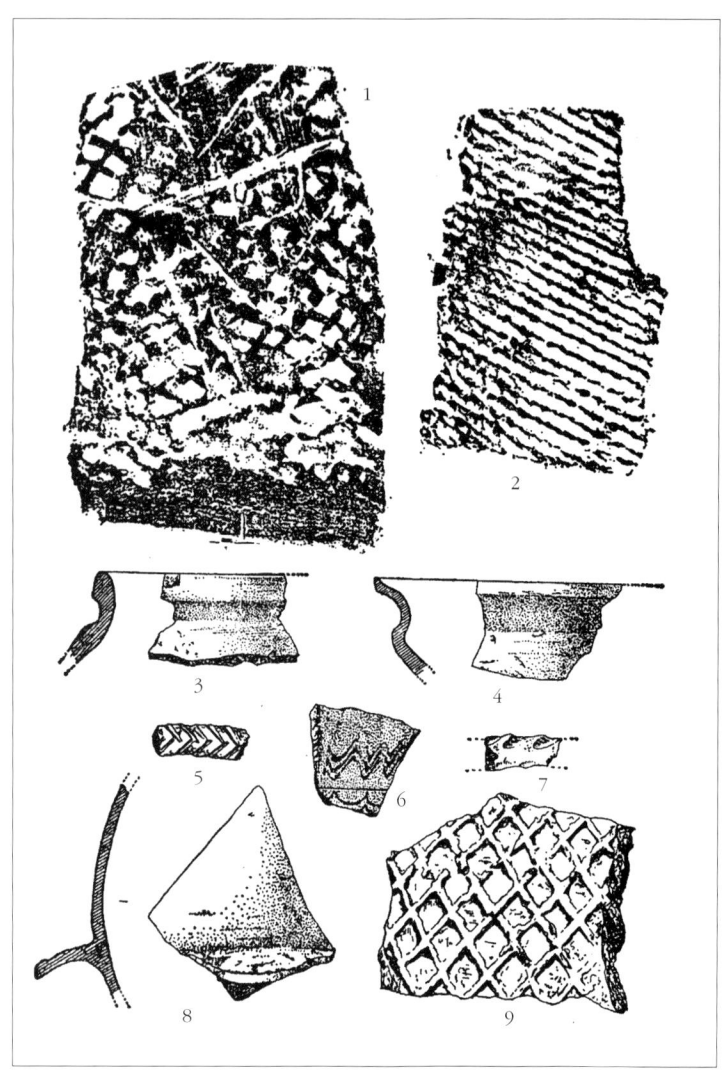

그림 4 흥안고성 출토유물
(吉林省文物志編委會, 1985, 54쪽)
1. 망격문 기와 2. 승문 기와 3~4. 토기 구연부
5. 花沿文 기와 6. 문양 있는 토기편 7. 지압문 기와
8. 토기 손잡이(耳) 9. 망격문 기와

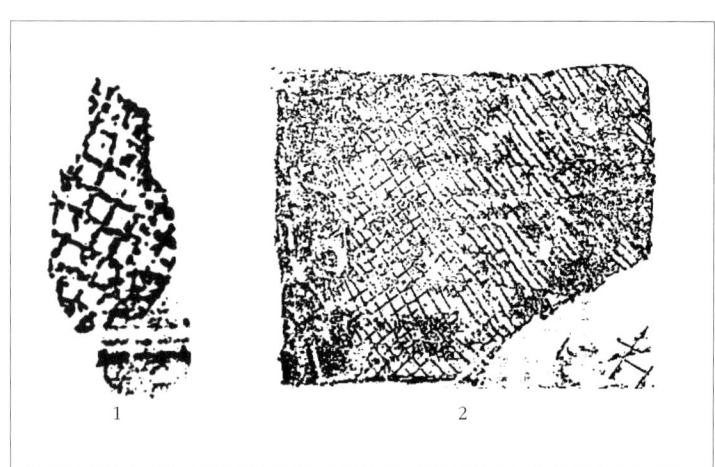

그림 5 흥안고성 출토 암키와
(嚴長綠・楊再林, 1988)
1. 격자문 암키와 2. 사격자문 암키와

(3) 토기 구연부 2
○ 출토지 : 延吉 興安古城 성내.
○ 크기 : 남은 길이 9cm, 두께 0.3cm.
○ 형태 : 문양은 없음. 구연부가 넓고 구순이 뾰족한 호(廠口尖骨罐)와 비슷함.
○ 태토 및 색깔 : 니질의 회갈색 토기.

(4) 토기 손잡이
○ 출토지 : 延吉 興安古城 성내.
○ 크기 : 너비 9cm, 높이 3cm, 두께 0.8cm.
○ 형태 : 문양은 없음. 舌形임.
○ 태토 및 색깔 : 니질의 회색 토기.

2) 기와 (그림 4-1·2·5·6·7·9)
○ 고성 지면에서 주로 고구려시기의 암키와가 출토되었는데, 圖們 城子山山城에서 출토된 기와와 같음(延邊博物館, 1988; 임기환, 2012).
○ 출토된 기와로는 암키와와 수키와가 있는데, 대부분 적갈색이고 회색은 매우 적음. 기와에는 대부분 문양이 있는데, 망격문, 승문, 蓆文 등이 있음. 그 가운데 크기가 일정하지 않은 망격문이 대다수를 차지하고 승문은 적음. 성지 서쪽에서는 약간의 지압문 암키와, 人字文 기와, 花沿文 기와 등을 볼 수 있음. 와당은 볼 수 없음.
○ 일부 격자문 암키와의 경우, 格子邊의 길이는 1.1cm, 선의 굵기는 0.2cm임(그림 5-1). 일부 사격자문의 경우 格子邊의 길이 2cm, 너비 1.8cm, 선의 굵기 0.2cm임(그림 5-2).

(1) 암키와 1
○ 출토지 : 延吉 興安古城 성내.
○ 크기 : 기와 두께 2.5cm, 남은 길이 16.5cm, 남은 너비 10.4cm.
○ 형태 : 황갈색임. 기와 가장자리에서 2cm 지점까지는 문양이 없고, 그 아래에는 작은 격자문이 있음. 일부 기와면에는 劃文이 있고, 내면에는 포흔이 펼쳐져 있음.

(2) 암키와 2
○ 출토지 : 延吉 興安古城 성내.
○ 크기 : 기와 두께 2cm.
○ 형태 : 적색임. 배면에는 굵은 網格文이 있고, 내면에는 포흔이 펼쳐져 있음. 고성에서 이러한 형태의 암키와가 가장 많이 출토됨.

(3) 암키와 3
○ 출토지 : 延吉 興安古城 성내.
○ 크기 : 기와 두께 1.9cm.
○ 형태 : 회색임. 배면에는 승문, 내면에는 포흔이 펼쳐져 있음.

(4) 수키와
○ 출토지 : 延吉 興安古城 성내.
○ 크기 : 남은 길이 16cm, 두께 0.9cm.
○ 형태 : 적갈색임. 圓弧모양임. 배면에는 두 줄기의 劃文, 내면에는 포흔이 있음.

6. 역사적 성격

興安古城은 두만강 지류인 布爾哈通河의 북쪽 소지류인 烟集河 연안에 위치함. 고성은 둘레 1.8km에 이르는 중형급 평지성이라는 점에서 烟集河 연안을 따라 펼쳐진 河谷平地와 그와 이어진 布爾哈通河 연안의 延吉平原 일대를 다스리던 거점성이었을 것으로 추정됨.

실제 성곽 내부에서는 기와편을 비롯해 많은 유물이 출토되었음. 興安古城에서 출토된 기와편, 특히 적색 網格文 기와와 승문 기와는 集安 山城子山城 출토품과 거의 일치하는 것으로 파악됨. 이에 興安古城은 고구려 동북부 변경의 요충지로 고구려가 이 일대의 피정

복인이었던 옥저인을 통치하던 정치·군사중심지 가운데 하나였을 것으로 추정(吉林省文物志編委會, 1985).

고성에서는 고구려시기의 기와뿐 아니라 발해시기의 유물도 많이 출토됨(延邊博物館, 1988). 이에 많은 연구자들이 興安古城은 고구려시기에 축조된 다음(嚴長綠·楊再林, 1988; 孫進己·馮永謙, 1989; 馮永謙, 1994; 東潮·田中俊明, 1995; 魏存成, 1999; 劉子敏, 2001; 이성제, 2009; 동북아역사재단, 2010; 양시은, 2012), 발해시기(延邊博物館, 1988; 정영진, 1990·1999; 國家文物局, 1993) 나아가 요·금대까지(王禹浪·王宏北, 2007) 연용되었다고 파악함.

특히 흥안고성은 험준한 산에 축조되어 있지는 않으나, 고구려성의 일반적인 특징을 갖추고 있고, 고성에서 출토된 황갈색·적색 網格文 암키와 내면의 포흔은 고구려 중·후기의 특징이며, 적색 網格文·승문 암키와와 수키와는 集安 山城子山城 출토품과 거의 동일하다며 전형적인 고구려 산성이라고 파악하기도 함(王綿厚, 2002).

흥안고성은 布爾哈通河 유역의 고구려 성곽 가운데 규모가 가장 큰 圖們 城子山山城과의 거리가 10km에 불과하여 양자 사이에는 긴밀한 관계가 있을 것으로 추정하기도 했음(延邊博物館, 1988). 이에 최근에는 흥안고성과 圖們 城子山山城이 모두 布爾哈通河 연안의 연길평원에 위치하며, 양자의 거리가 10km에 불과하다는 점에 주목하여 흥안고성이 성자산산성의 직할성일 가능성을 제기하기도 함(여호규, 2017).

한편 발해시기에 이르면 興安古城 주변에 北大古城, 臺巖古城, 臺巖유적지, 小墩臺, 大墩臺 등 많은 유적들이 들어서게 됨. 이에 고구려가 烟集河 연안의 대지에 조성했던 市街의 토대 위에 발해의 지방행정과 일반생활이 전개되어 나갔을 것으로 추정하기도 함(동북아역사재단, 2010).

이처럼 흥안고성이 고구려시기에 축조되었을 것이라는 점에 대해서는 거의 모든 연구자가 동의하고 있음. 다만 고구려시기 가운데 구체적으로 어느 시기에 축조되었는지는 아직 명확하게 밝혀지지 않았는데, 이를 규명하기 위해서는 향후 더욱 면밀한 고고조사가 필요하다고 생각됨.

참고문헌

- 吉林省文物志編委會, 1985, 『延吉市文物志』, 吉林省文物志編修委員會.
- 嚴長綠·楊再林, 1988, 「延邊地區高句麗-渤海時期紋飾板瓦初探」, 『博物館研究』 1988-2.
- 延邊博物館, 1988, 『延邊文物簡編』, 延邊人民出版社.
- 孫進己·馮永謙, 1989, 『東北歷史地理』 2, 黑龍江人民出版社.
- 정영진, 1990, 「연변지구의 고구려유적 및 몇 개 문제에 대한 탐구」, 『한국상고사학보』 4.
- 國家文物局, 1993, 『中國文物地圖集』 吉林分冊, 中國地圖出版社.
- 馮永謙, 1994, 「高句麗城址輯要」, 『北方史地研究』, 中州古籍出版社.
- 東潮·田中俊明, 1995, 『高句麗の歷史と遺跡』, 中央公論社.
- 魏存成, 1999, 「길림성 내 고구려산성의 현황과 특징」, 『고구려연구』 8.
- 정영진, 1999, 「延邊地域의 城郭에 대한 연구」, 『고구려연구』 8.
- 劉子敏, 2001, 「高句麗疆域沿革考辨」, 『社會科學戰線』 2001-4.
- 王綿厚, 2002, 『高句麗古城研究』, 文物出版社.
- 王禹浪·王宏北, 2007, 『高句麗·渤海古城址研究匯編』(上·下), 哈爾濱出版社.
- 이성제, 2009, 「高句麗와 渤海의 城郭 운용방식에 대한 기초적 검토」, 『高句麗渤海研究』 34.
- 동북아역사재단, 2010, 『고구려성 사진자료집』(중국 길림성 동부).
- 양시은, 2012, 「연변 지역 고구려 유적의 현황과 과제」, 『동북아역사논총』 38, 동북아역사재단.
- 임기환, 2012, 「고구려의 연변 지역 경영-柵城과 新城을 중심으로」, 『동북아역사논총』 38, 동북아역사재단.
- 여호규, 2017, 「두만강 유역 고구려 성곽의 분포현황과 지방통치의 양상」, 『역사문화연구』 61.

02 연길 하룡고성
延吉 河龍古城 | 土城村古城

1. 조사현황

1) 1958년
○ 조사기관 : 1958년 6월.
○ 조사자 : 李文信, 延邊大 학생 등.
○ 조사내용 : 圖們 城子山山城과 더불어 고성을 실측·조사함.

2) 1963년
○ 조사기간 : 1963년 9월.
○ 조사기관 : 吉林省博物館.
○ 조사내용 : 고성에서 자기 등 유물을 수습함.

3) 1964년
○ 조사기간 : 1964년 5월.
○ 조사자 : 박진석, 연변박물관 등.
○ 조사내용 : 동기, 토기, 기와 등 360여 점의 유물을 수습함.

4) 1977년 전후
龍井 太陽古城·東興古城, 安圖 寶馬城, 和龍 河南屯古城·獐項古城과 더불어 河龍古城도 함께 조사됨.

5) 1978년
○ 조사기간 : 1978년 10월.

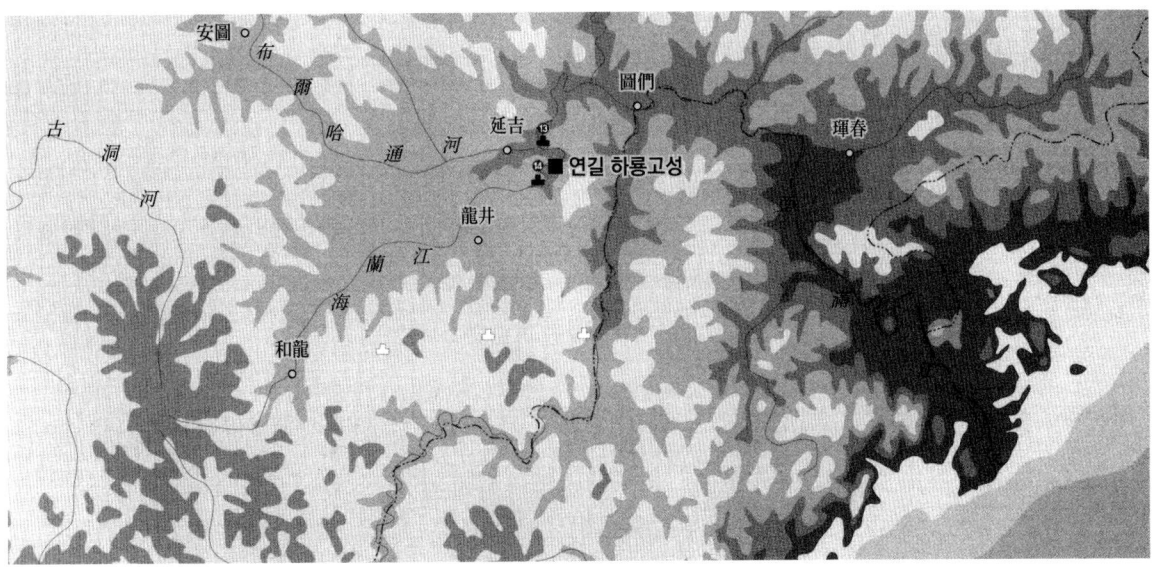

그림 1 하룡고성 위치도 1

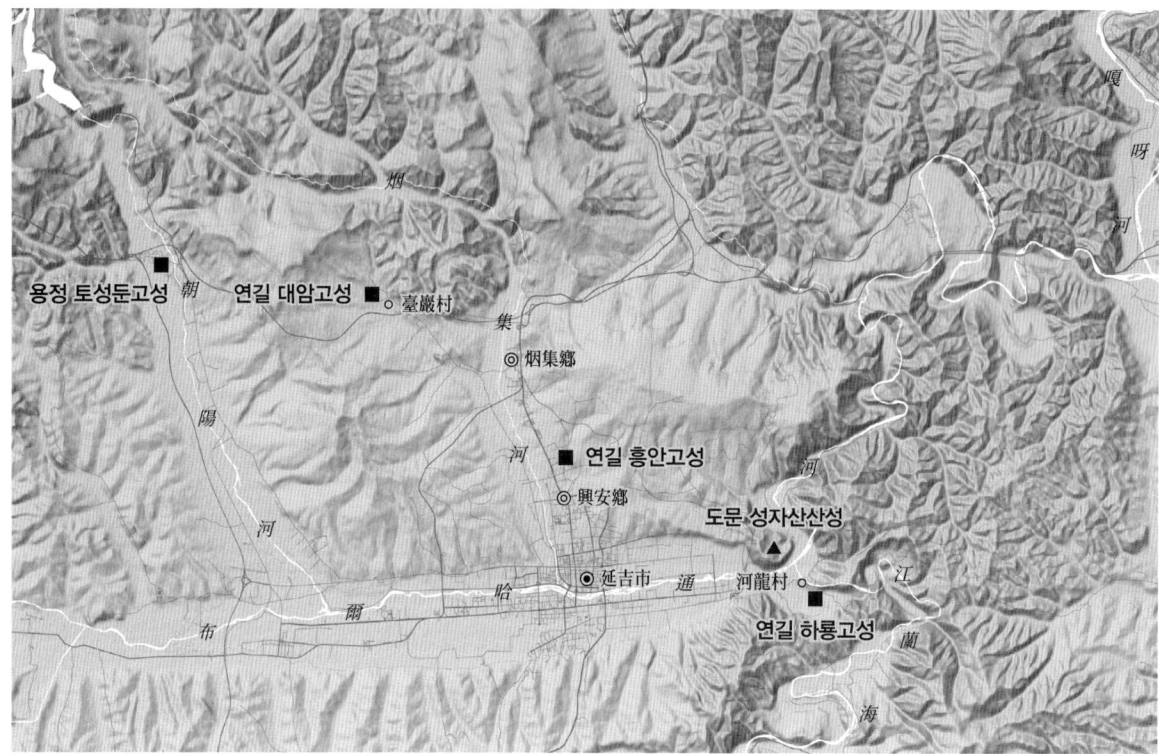

그림 2 하룡고성 위치도 2

그림 3 하룡고성 주변 지형도(滿洲國 10만분의 1 지형도)

○ 조사기관 : 吉林省考古硏究室.
○ 조사내용 : 토성을 실측하고, 연화문 와당, 지압문 암키와, 승문 암키와 등을 수습함.

6) 1983～1985년
○ 조사기관 : 吉林省文物局.
○ 조사내용 : 1983～1985년 吉林省 각 市·縣 文物志 편찬을 위한 문물 조사과정에서 河龍古城도 조사됨.

2. 위치와 자연환경(그림 1～그림 3)

1) 지리위치
○ 吉林省 延吉盆地 동단의 長白鄕 河龍村 5隊에 위치하는데, 두만강 지류인 布爾哈通河와 海蘭江이 합류하는 삼각형 지대의 하곡평지임.[1]
○ 고성 서북쪽으로[2] 布爾哈通河 너머 1.5km 거리에 圖們 城子山山城이 있고, 고성의 동·서·남부는 촌락과 인접해 있음.

2) 자연환경
○ 고성 남부에는 花尖子山이 우뚝 솟아 있음.
○ 고성 동북쪽에는 海蘭江이 圖們 城子山山城 방향으로 흐름.

3. 성곽의 전체현황(그림 4)

○ 성의 평면은 마름모형 혹은 장방형에 가깝고, 방위는 남쪽에서 서쪽으로 20° 기울었음.

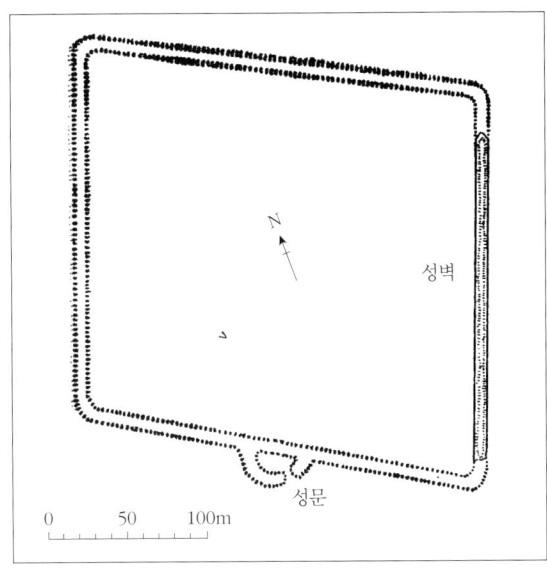

그림 4 하룡고성 평면도(吉林省文物志編委會, 1985, 56쪽)

○ 동벽 길이 240m, 남벽 길이 255m, 서벽 길이 230m, 북벽 길이 259m로, 전체 둘레는 984m임.

4. 성벽과 성곽시설

1) 성벽
○ 동벽이 약간 남아 있고, 그 나머지 남·서·북 세 벽은 모두 논으로 개간되면서 사라짐. 현재 남아 있는 동벽의 일부 구간은 金代에 축조된 것임(동북아역사재단, 2010).
○ 성벽 기초는 토석혼축이고, 윗부분은 흙을 다져서 쌓았음(吉林省文物志編委會, 1985; 國家文物局, 1993; 방학봉, 2002; 王禹浪·王宏北, 2007; 동북아역사재단, 2010; 양시은, 2012; 임기환, 2012). 다진 층의 두께는 약 10cm임. 일부 성벽 구간에는 돌이 섞여 있음(吉林省文物志編委會, 1985; 방학봉, 2002; 王禹浪·王宏北, 2007; 동북아역사재단, 2010).[3]

---

1   圖們市 長安鎭 磨盤村에 위치한다는 기록도 있음(양시은, 2012).
2   남쪽에 있다는 기록도 있으나(王禹浪·王宏北, 2007), 오기로 추정됨.
3   흙을 다져서 쌓았다는 기록도 있음(延邊博物館, 1988; 嚴長錄, 1990; 정영진, 1999; 王綿厚, 2002).

○ 성벽의 殘高는 2.5m임.

2) 성문
남벽 가운데 부분에 문지와 옹성이 있었으나, 현재는 평평하게 되는 등 훼손되었음.

5. 성내시설과 유적

건물지가 있음(방학봉, 2002).

6. 출토유물

1) 토기

(1) 호(罐)
○ 출토지 : 延吉 河龍古城 동벽 흙 속.
○ 크기 : 가장자리 남은 너비 5cm, 두께 0.5cm.
○ 형태 : 구연부임. 盤口임. 물레질로 제작함. 按壓文이 있음.
○ 태토 및 색깔 : 니질의 회색 토기.

(2) 반(盤)
○ 출토지 : 延吉 河龍古城.
○ 태토 및 색깔 : 니질의 회색 토기.

2) 기와
網格文·승문 암키와, 연화문 와당, 수키와 등이 출토됨(國家文物局, 1993).

(1) 연화문 와당(그림 5-1)
○ 출토지 : 延吉 河龍古城.
○ 형태 : 발해시기의 유물로 보기도 함(양시은, 2012).

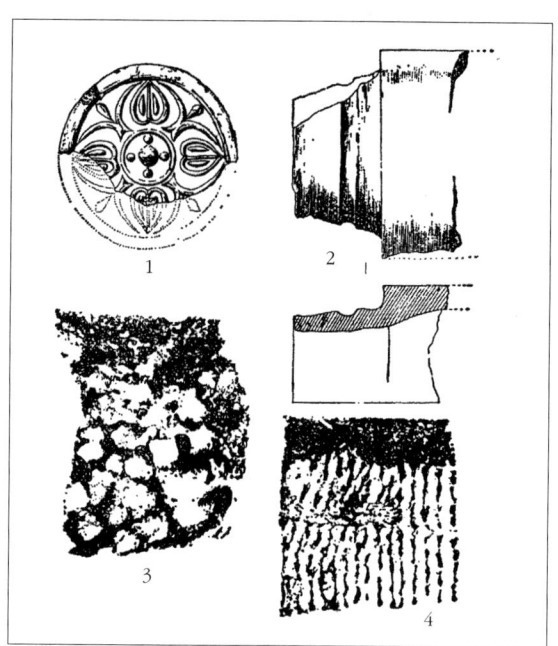

그림 5 하룡고성 출토유물(吉林省文物志編委會, 1985, 57쪽)
1. 와당 2. 수키와 3~4. 암키와

(2) 암키와 1(그림 5-3)
○ 출토지 : 延吉 河龍古城 동벽 흙 속.
○ 크기 : 기와 가장자리 남은 너비 6.2cm, 두께 2.3cm.
○ 형태 : 적갈색임. 배면에는 網格文, 내면에는 포흔이 있음. 고구려시기의 유물로 보기도 함(양시은, 2012).

(3) 암키와 2(그림 5-4)
○ 출토지 : 延吉 河龍古城 동벽 흙 속.
○ 크기 : 기와 가장자리 남은 너비 6.6cm, 두께 1.4cm.
○ 형태 : 회황색임. 배면에는 승문, 내면에는 포흔이 있음. 고구려시기의 유물로 보기도 함(양시은, 2012).

(4) 수키와(그림 5-2)
○ 출토지 : 延吉 河龍古城 동벽 흙 속.
○ 형태 : 1964년 5월에 출토됨. 미구(模頭)가 있음.

3) 석기

(1) 돌도끼(石斧)
○ 출토지 : 延吉 河龍古城 동벽의 한 붕괴지점 주변 어지럽게 흩어져 있는 돌무지
○ 형태 : 원시시대에 제작된 것임.

7. 역사적 성격

1) 출토유물과 축조시기

河龍古城은 布爾哈通河 연안을 따라 동서로 펼쳐진 延吉平原의 동단에 위치하는데, 고성 주변은 海蘭江이 布爾哈通河로 합류하며 삼각형 하곡평지를 이루고 있음. 고성 서북쪽으로 布爾哈通河 맞은편 1.5km 거리에 布爾哈通河 유역에서 규모가 가장 큰 고구려 성곽인 圖們 城子山山城이 위치함. 이에 河龍古城과 城子山山城의 관계에 대해 다양한 논의가 이루어짐.

河龍古城 성벽에서는 網格文·승문 기와가 출토되었고, 성벽 주변에서는 원시 돌도끼(石斧)가 출토되었으며, 그 이전에 고성 부근에서 문양이 있는 모래혼입 토기편이 출토됨(吉林省文物志編委會, 1985). 이 가운데 蓆文·網格文·격자문·승문 기와 등은 고구려시기로 편년되며, 발해, 遼·金, 東夏國시기의 유물도 포함된 것으로 파악됨(延邊博物館, 1988; 정영진, 1999).

다만 성벽에서 출토된 고구려시기의 기와를 축조 당시의 유물로 보는 경우에는 고구려가 축조하고(박진석, 1988; 劉子敏, 2001; 王綿厚, 2002; 이성제, 2009), 이를 발해시기나 遼·金代(延邊博物館, 1988; 嚴長錄, 1990; 魏存成, 1999·2007; 王禹浪·王宏北, 2007; 양시은, 2012; 임기환, 2012) 나아가 東夏國 시기까지(정영진, 1999; 방학봉, 1999·2002) 연용했다고 파악함. 이에 비해 성벽에서 출토된 고구려 기와를 古城 축조 이전의 유물로 보는 경우에는 발해가 고구려 유적 위에 고성을 축조했으며(吉林省文物志編委會, 1985; 楊雨舒, 2011), 이를 遼·金이 연용했다고 파악함(國家文物局, 1993).

한편 河龍古城에서 출토된 고구려시기의 기와는 圖們 城子山山城에서 출토된 기와와 같다는 점이 많은 연구자에 의해 지적되었음(延邊博物館, 1988; 魏存成, 1999·2007). 이에 河龍古城과 城子山山城의 관계를 일반적으로 평지성과 산성의 세트 관계로 파악함(방학봉, 1999·2002).

이에 대해 城子山山城이 고구려 중기의 산성이라면 河龍古城은 그보다 일찍 축조했을 것으로 파악하기도 함. 두 성의 거리가 너무 가깝기 때문에 처음부터 두 성을 동시에 조성했을 가능성은 희박하다는 것임. 당초 거점은 河龍古城이었는데, 나중에 군사적 요인으로 대형산성이 필요하게 되면서 城子山山城을 축조하였을 것이라는 것임(이성제, 2009).

2) 역사지리 비정

이상과 같이 하룡고성의 초축 시기에 대해서는 성벽에서 출토된 고구려시기의 기와를 어떻게 보느냐에 따라 고구려시기설과 발해시기설로 나뉨. 다만 전체적으로는 고구려시기설이 우세한 편이며, 대체로 도문 성자산산성과 함께 평지성과 산성의 세트 관계를 이루었을 것으로 파악함. 이에 평지성과 산성의 세트 관계인 하룡고성-성자산산성을 고구려시기의 柵城이나 동북 新城(敦城)으로 비정하기도 하는데, 구체적인 논지는 다음과 같음.

(1) 고구려 柵城설 : 박진석(1998)

고구려의 柵城은 琿春 八連城이 아닌 圖們 城子山山城과 延吉 河龍古城이 연계한 구조의 성으로 추정됨. 『삼국사기』에서 인용한 『古今郡國志』의 "발해국의 南海·鴨綠·扶余·柵城 등 4개의 府는 모두 고구려의 옛 땅이다"라는 기록과 『新唐書』 渤海傳의 기록은 琿春 八連城을 발해 柵城府의 치소로 보면서 고구려 柵

城으로 보는 중요한 근거가 되고 있는데, 위의 사료는 발해 柵城府가 고구려 柵城 '舊地' 위에 있음을 설명할 뿐, 고구려의 柵城과 발해 柵城府 치소 사이의 관계를 구체적으로 설명하지 않음.

『魏書』에 "고구려는 요동 남쪽 1천여 리에 있고, 동쪽으로는 柵城, 남쪽으로는 小海, 북쪽으로는 扶餘에 이른다"라는 기록이 있음. 5~6세기 고구려의 영역을 보여주는 위의 기록에서 "남쪽으로는 小海에 이른다"고 하고, 동쪽으로는 '海'에 이른다고 하지 않고 "柵城에 이른다"고 한 것으로 보아, 柵城은 沿海의 성이 아니었다고 추정됨. 이는 『新唐書』의 "龍原(柵城) 동남은 바다와 접해 있고, 일본으로 가는 길이다"라는 기록과 차이가 남. 고구려의 柵城과 발해의 柵城府 치소 지점은 명확하게 차이가 있는 것임.

이로 볼 때 바다와 가까운 八連城은 고구려 柵城으로 볼 수 없음. 또한 『삼국사기』에 의하면 柵城은 고구려시기에 중요한 위치를 차지하고 있었으므로 고구려시기의 명확한 특징을 갖추고 있을 것인데, 八連城은 고구려성의 특징을 거의 갖추지 못했다는 점에서 고구려의 柵城이 아님을 뒷받침함. 반면 延吉 河龍古城과 圖們 城子山山城은 평지성과 산성의 관계로 평지성과 산성을 함께 구축했던 고구려의 축성 특징에 부합함. 또한 두 고성 모두 적지 않은 고구려 기와가 출토된다는 점에서 고구려와 밀접한 관계가 있음을 알 수 있음.

또한 고구려왕이 '동쪽으로 순수하였다'라는 기록을 볼 때 그 방위에 부합하고, "신라 井泉郡에서 柵城府까지 39驛(1,170里)"이라는 기록과 동쪽으로 "柵城, 남쪽으로는 小海, 북쪽으로는 扶餘에 이른다"는 기록과도 부합함. 고구려왕이 "동쪽으로 柵城을 돌아보았고 사신을 보내 위로하였다"는 기사와 "漢 平州人 夏瑤 등 백성 1천여 가를 柵城에 안치하였다"는 기사를 참고했을 때의 추론되는 성의 규모와도 부합함. 그리고 고구려 柵城이 북옥저 경내(延吉 부근)에 위치한다는 점도 두 고성을 柵城으로 볼 수 있는 근거가 됨.

(2) 고구려 新城설 : 임기환(2012)

고구려 동북지역의 대표적인 성으로는 柵城과 新城이 있는데, 柵城은 薩其城과 溫特赫部城으로 추정되고, 新城은 성곽의 규모나 성 내부의 넓은 대지 등 거주성과 방어력의 측면에서 볼 때, 圖們 城子山山城으로 추정됨. 한편 고구려의 도성이나 주요 거점지역을 살펴보면 평지성과 산성이 조합을 이루고 있는데, 이 점을 고려하면 주변에 있는 河龍古城과 세트를 이루면서 新城을 구성하였다고 추정됨.

(3) 하룡고성의 성격

柵城은 일반적으로 두만강 하류의 琿春盆地에 위치한 薩其城과 溫特赫部城으로 비정됨. 또한 〈광개토왕릉비〉에 敦城으로 나오는 東北 新城도 〈광개토왕릉비〉의 舊民 수묘인연호조의 기술 순서상 함경도 해안지역으로 파악됨. 이러한 점에서 하룡고성-성자산산성을 고구려의 柵城이나 동북 新城(敦城)으로 비정하기는 어려움. 한편 최근 하룡고성-성자산산성이 布爾哈通河 연안의 延吉平原을 다스리던 거점성의 성격이 강하다는 점에 주목하여 고구려 후기 최고 지방관인 柵城 褥薩(都督) 李他仁이 관장했다는 12州 治所城의 하나로 비정하는 견해도 제기되었음(여호규, 2017).

그밖에 하룡고성을 발해시기에 中京이 관할하던 崇州로 비정하거나(李强·侯莉閩, 2003) 明代에 이 일대에서 활동하던 여진인인 兀良哈部의 愛丹衛 치소로 추정하기도 함(동북아역사재단, 2010). 또한 발해 초기 日本道의 경로를 敦化에서 哈爾巴嶺을 넘어 布爾哈通河를 따라 延吉-圖們을 거쳐 琿春 경내로 진입했을 것으로 상정한 다음, 河龍古城을 日本道 상에 있는 고성으로 추정하기도 함(魏存成, 2007).

이처럼 하룡고성의 축조시기나 그 성격을 둘러싸고 매우 다양한 논의가 이루어졌음. 다만 축조시기 및 도문 성자산산성과의 관계 등을 둘러싸고 논란이 분분한 만큼 이를 더욱 명확하게 규명하기 위해서는 향후 더욱 면밀한 고고조사가 필요함.

참고문헌

- 吉林省文物志編委會, 1985, 『延吉市文物志』, 吉林省文物志編修委員會.
- 박진석, 1987, 「城子山山城和土城村土城及其築城年代」, 『延邊大學學報』 1987-4.
- 박진석, 1988, 「高句麗柵城遺址考」, 『朝鮮中世紀研究』, 延邊大學出版社.
- 延邊博物館, 1988, 『延邊文物簡編』, 延邊人民出版社.
- 嚴長錄, 1990, 「연변지구 발해시기의 옛 성터에 관한 고찰」, 『발해사연구』 1, 延邊大學出版社.
- 정영진, 1990, 「연변지구의 고구려유적 및 몇 개 문제에 대한 탐구」, 『한국상고사학보』 4.
- 國家文物局, 1993, 『中國文物地圖集』 吉林分冊, 中國地圖出版社.
- 방학봉, 1999, 「高句麗柵城의 위치에 대한 고찰」, 『京畿史學』 3.
- 魏存成, 1999, 「길림성 내 고구려산성의 현황과 특징」, 『고구려연구』 8.
- 정영진, 1999, 「延邊地域의 城郭에 대한 연구」, 『고구려연구』 8.
- 劉子敏, 2001, 「高句麗疆域沿革考辨」, 『社會科學戰線』 2001-4.
- 방학봉, 2002, 『발해성곽연구』, 연변인민출판사.
- 王綿厚, 2002, 『高句麗古城研究』, 文物出版社.
- 李强·侯莉閩, 2003, 「延邊地區渤海遺存之我見」, 『北方文物』 2003-4.
- 王禹浪·王宏北, 2007, 『高句麗·渤海古城址研究匯編』 (上·下), 哈爾濱出版社.
- 魏存成, 2007, 「渤海政權的對外交通及其遺蹟發現」, 『中國邊疆史地研究』 2007-9.
- 이성제, 2009, 「高句麗와 渤海의 城郭 운용방식에 대한 기초적 검토」, 『高句麗渤海硏究』 34.
- 동북아역사재단, 2010, 『고구려성 사진자료집』(중국 길림성 동부).
- 楊雨舒, 2011, 「渤海國時期與遼·金時期的吉林城鎭」, 『遼寧工程技術大學學報』 2011-5.
- 양시은, 2012, 「연변 지역 고구려 유적의 현황과 과제」, 『동북아역사논총』 38, 동북아역사재단.
- 임기환, 2012, 「고구려의 연변 지역 경영-柵城과 新城을 중심으로」, 『동북아역사논총』 38, 동북아역사재단.
- 여호규, 2017, 「두만강 유역 고구려 성곽의 분포현황과 지방통치의 양상」, 『역사문화연구』 61.

03 연길 대암고성
延吉 臺巖古城

1. 조사현황

1) 1981년
자세한 내용은 알 수 없음.

2) 1983~1985년
- 조사기관 : 吉林省文物局.
- 조사내용 : 1983~1985년 吉林省 각 市·縣 文物志 편찬을 위한 문물 조사과정에서 臺巖古城도 조사됨.

2. 위치와 자연환경(그림 1)

1) 지리위치
- 延吉市 烟集鄕 臺巖村 4隊 뒤편(북측)의 개활하고

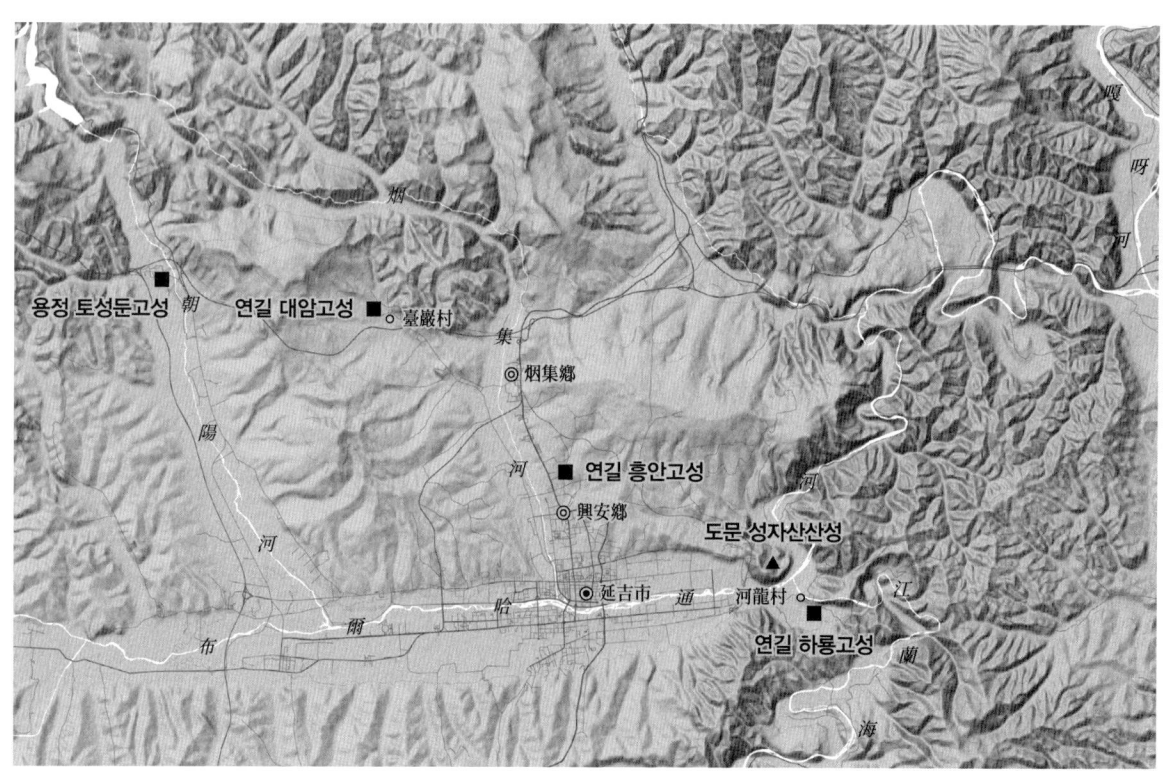

그림 1 대암고성 위치도

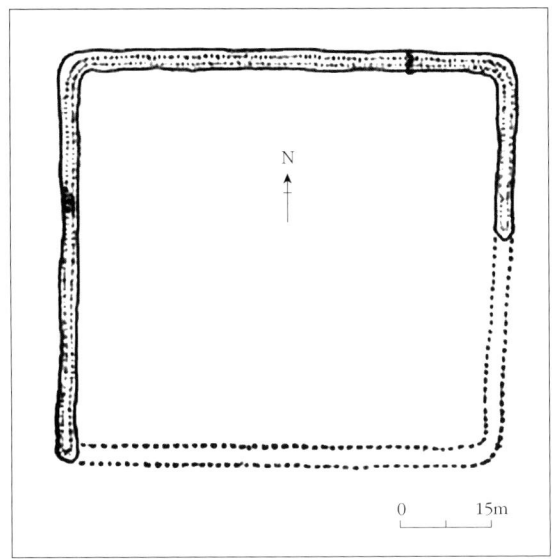

그림 2 대암고성 평면도(吉林省文物志編委會, 1985, 60쪽)

완만한 비탈에 위치하는데, 고성 동남쪽은 臺巖 3·4隊 촌락임.
○ 두만강 지류인 布爾哈通河의 소지류인 烟集河 유역에 해당함.

2) 자연환경
○ 고성의 남쪽 300m 거리에 소하천이 서쪽에서 동쪽으로 흐름. 고성의 동쪽 1km 거리에는 小烟集河가 南流하여 大烟集河로 유입됨.
○ 북서쪽 6.5km 거리에 平峰山(平頂山)이 있는데, 해발은 682m임.

3. 성곽의 전체현황(그림 2)

○ 고성의 평면은 방형으로 방향은 남쪽에서 서쪽으로 5° 기울어졌음.
○ 동·서벽의 길이는 75m, 남·북벽의 길이는 80m, 전체 둘레 310여 m임.
○ 현재 고성 안팎은 경작지로 개간되었음.

4. 성벽과 성곽시설

성벽은 가공하지 않은 자연석으로 축조됨. 서벽은 기단 너비 4m, 殘高는 1.5m임. 남벽 동단과 동벽 남단은 파괴되어 남아 있지 않음.

5. 출토유물

1) 토기
물레질로 제작한 회색·적갈색의 토기편이 출토됨.

2) 기와
○ 성 바깥 남부와 동부의 지면에서 연화문 와당, 미구가 있는 수키와, 지압문 암키와 등이 출토되었는데, 발해시기의 유물로 추정하기도 함(吉林省文物志編委會, 1985; 國家文物局, 1993; 王禹浪·王宏北, 2007).
○ 적갈색 기와가 연변대학 발해연구소에 소장되어 있는데, 소성도가 매우 높음.

6. 역사적 성격

臺巖古城은 두만강 지류인 布爾哈通河의 소지류인 烟集河 유역에 위치하는데, 전체 둘레 310m로 보루성으로 분류할 수 있음. 성 내부에서 출토된 기와를 발해시기로 편년하여 발해가 축조했다고 보는 견해가 우세한 편이지만(嚴長錄, 1990; 國家文物局, 1993; 정영진, 1999; 王禹浪·王宏北, 2007), 고구려(양시은, 2012)나 遼·金(吉林省文物志編委會, 1985)이 축조했다는 견해도 있음. 대암고성의 축조시기와 그 성격을 보다 정확하게 규명하기 위해서는 향후 더욱 면밀한 고고조사가 필요함.

참고문헌

- 吉林省文物志編委會, 1985, 『延吉市文物志』, 吉林省文物志編修委員會.
- 嚴長錄, 1990, 「연변지구 발해시기의 옛 성터에 관한 고찰」, 『발해사연구』 1, 延邊大學出版社.
- 國家文物局, 1993, 『中國文物地圖集』 吉林分冊, 中國地圖出版社.
- 정영진, 1999, 「延邊地域의 城郭에 대한 연구」, 『고구려연구』 8.
- 방학봉, 2002, 『발해성곽연구』, 연변인민출판사.
- 李强·侯莉閩, 2003, 「延邊地區渤海遺存之我見」, 『北方文物』 2003-4.
- 王禹浪·王宏北, 2007, 『高句麗·渤海古城址研究匯編』 (上·下), 哈爾濱出版社.
- 양시은, 2012, 「연변 지역 고구려 유적의 현황과 과제」, 『동북아역사논총』 38, 동북아역사재단.

2
기타 유적

01　연길 용연유적
延吉 龍淵遺蹟

1. 위치와 자연환경

○ 延吉市 烟集鄉 龍淵村 7隊 마을은 동서 방향의 龍淵溝가 서쪽에 치우쳐 자리하고 있고, 유적지는 龍淵溝의 북쪽 비탈 대지 위에 자리하고 있음.
○ 유적지 남쪽으로는 채소밭과 주택이 있고 동쪽으로는 계곡을 지나 완만하고 평탄한 구릉이 있으며, 북쪽으로는 높은 산맥과 이어짐.

2. 유적의 전체현황

○ 유적의 전체 면적은 3,500m²로 동서 길이 70m, 남북 너비 50m임.[1]
○ 유적지는 이미 경작지로 파괴됨. 회색의 布文이 있는 기와편 및 물레로 제작한 토기편 등이 산재함. 기와편 가운데 지압문 암키와가 있으며, 유적지 서쪽 비탈에서는 소량의 협사 토기편을 볼 수 있음.

3. 역사적 성격

龍淵유적은 두만강 지류인 布爾哈通河의 소지류인 烟集河 유역의 산비탈 대지에 자리한 생활유적으로 분류할 수 있음. 다만 유적의 조성시기에 대해서는 유적지에서 출토된 기와의 편년에 따라 달라짐.

가령 정영진(1990)은 그물무늬(網文), 삿자리무늬(蓆文, 布文), 노끈무늬(繩文), 네모칸무늬(方格文) 등의 무늬가 고구려 유적에서 출현한다며 용연유적을 고구려시기의 건물지로 파악함. 이에 비해 吉林省文物志編委會(1985)는 유적지에서 출토된 지압문 기와를 발해시기로 편년하여 발해시기로 파악함.

이와 관련해 지압문이 발해 기와의 중요한 특징이지만, 최근 고구려 유적에서도 지압문 기와가 출토된 사실에 유의할 필요가 있음. 현재로서는 용연유적의 조성시기를 단정하기 쉽지 않은 상황인데, 향후 더욱 면밀한 고고조사를 통해 유적의 조성시기와 그 성격을 규명할 필요가 있음.

참고문헌

- 吉林省文物志編委會, 1985, 『延吉市文物志』, 吉林省文物志編修委員會.
- 정영진, 1990, 「연변지구의 고구려유적 및 몇 개 문제에 대한 탐구」, 『한국상고사학보』 4.

---

[1] 『연길시문물지』(1985) 참조. 정영진(1990)은 동서 50m, 남북 약 100m로 소개함.

제18부

도문시(圖們市) 지역의 성곽

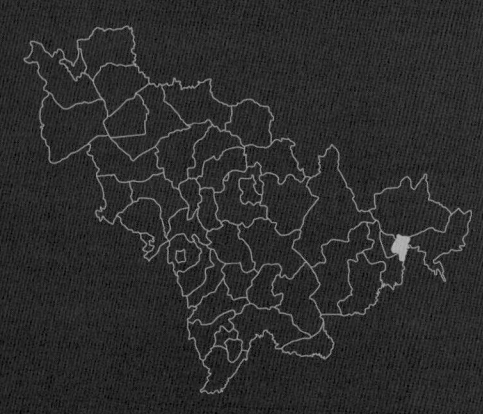

01 도문 성자산산성
圖們 城子山山城 | 磨盤村山城

1. 조사현황

1961년 4월 13일 吉林省 第一批重點文物保護單位로 지정됨.

1) 1906~1910년
- 조사기관 : 朝鮮統監府 臨時間島派出所.
- 조사자 : 條田治策, 小川琢治 등으로 추정됨.
- 조사내용 : 1906년에 설치된 朝鮮統監府 臨時間島派出所가 고적에 대해 관심을 가졌고, 1910년에 발행한 統監府 臨時間島派出所 紀要의 고적항목에 城子山山城을 소개함.

2) 1900년대 초
- 조사자 : 鳥居龍藏, 鳥山喜一, 三上次男, 斎藤甚衛兵, 三宅俊定, 島田正郎 등.
- 조사내용 : 琿春市, 和龍市, 延吉市, 龍井市, 敦化市 등의 유적을 조사하며 城子山山城도 함께 조사함.

3) 1937년
- 조사기간 : 1937년 4월.
- 조사자 : 鳥山喜一, 藤田亮策.
- 조사내용 : 間島省 일대를 다니면서 여러 유적들의 현황을 조사하였는데, 城子山山城도 함께 조사함.
- 발표 : 鳥山喜一·藤田亮策, 1941, 『間島省古蹟調査報告』(滿州國古蹟古物調査報告 第3編), 滿州帝國民生部.

4) 1940년대·1950년대 초
- 조사자 : 李文信.

5) 1950년대 초
- 조사자 : 王綿厚.
- 조사내용 : 산성에 대한 기본 도면을 작성함.

6) 1958년
- 조사기관 : 1958년 6월.
- 조사자 : 李文信, 延邊大 학생.
- 조사내용 : 河龍古城과 더불어 산성을 조사함. 망격문 등 문양이 있는 암기와, 호(漢式提梁罐), 철제 솥(圓耳鐵鍋) 등 수집.

7) 1960년
자세한 내용은 알 수 없음(國家文物局, 1993).

8) 1963년
- 조사기간 : 1963년 9월.
- 조사기관 : 延邊博物館.
- 조사내용 : 산성에 대해 측량·조사하고, 자기 등 유물을 수습함.

9) 1983~1985년
- 조사기관 : 吉林省文物局.
- 조사내용 : 1983~1985년 吉林省 각 市·縣 文物

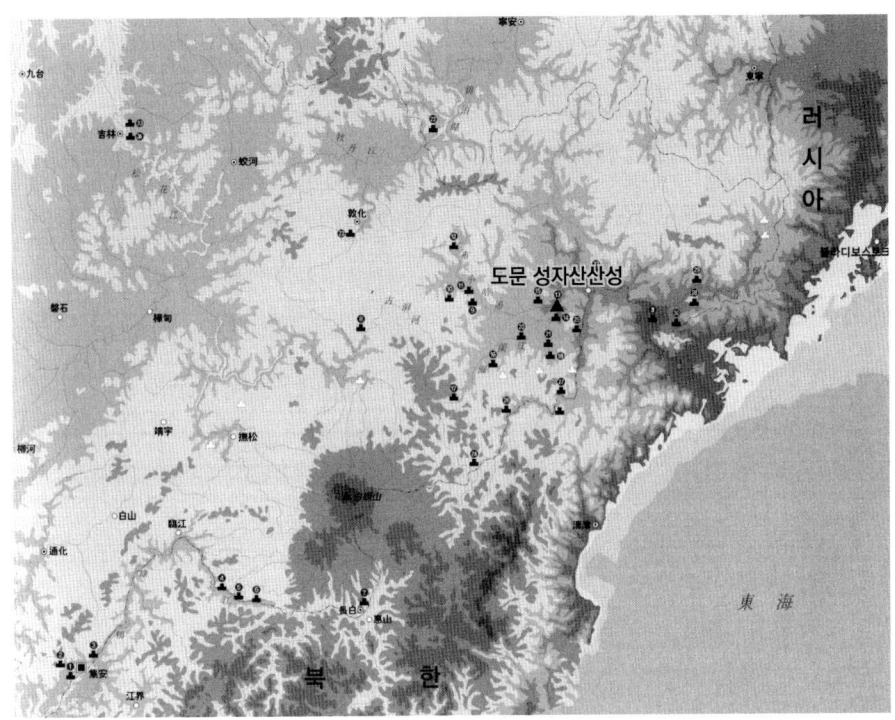

그림 1
성자산산성 위치도 1

志 편찬을 위한 문물 조사과정에서 城子山山城도 조사함.

10) 1992년
○ 조사기간 : 1992년 5월.
○ 조사자 : 林直樹 등.
○ 조사내용 : 서문 통로에서 초석과 유사한 돌과 깨진 기와들을 발견하면서 문루의 존재를 상정함. 북문 골짜기 동측 경사면에서 장대, 그 뒤의 대지에서 건물지를 확인함.

11) 1999년
○ 조사자 : 정영진 등.
○ 조사내용 : 기존의 동남문을 角樓라고 파악함(정영진, 1999).

12) 2014년
○ 조사기간 : 2014년 6~11월.
○ 조사기관 : 吉林省文物考古硏究所, 延邊州文物保護中心.
○ 조사내용 : 북문지, 2호 궁전지, 1호 각루를 발굴. 동문지와 서문지 남측의 성벽을 절개. 발굴면적은 800m²임. 아울러 성내 4만m²을 시추함.
○ 발표 : 李强, 2015, 「图們市磨盤村金代山城」, 『中國考古學年鑑』, 文物出版社.

2. 위치와 자연환경(그림 1~그림 5)

1) 지리위치
○ 延吉市에서 동쪽으로 10km 떨어진 圖們市 長安鎭 磨盤村 山城里屯의 서쪽 海蘭江과 布爾哈通河가 합류하는 지점에 있는 城子山에 위치함. 산 위에 고성이 있기 때문에 산 이름을 城子山이라고 불렀음. 지리좌표는 북위 42°54′, 동경 129°35′-129°37′임.
○ 두만강 지류인 布爾哈通河 연안을 따라 동서로 길게 펼쳐진 延吉평원의 동쪽 끝에 해당함. 동·남면 산기

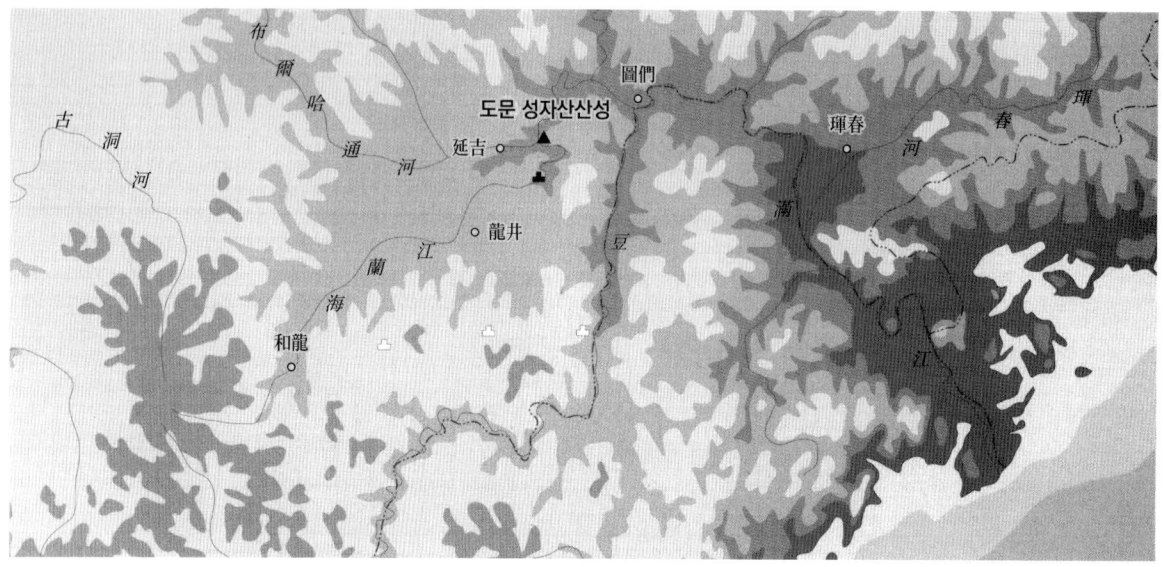

그림 2 성자산산성 위치도 2

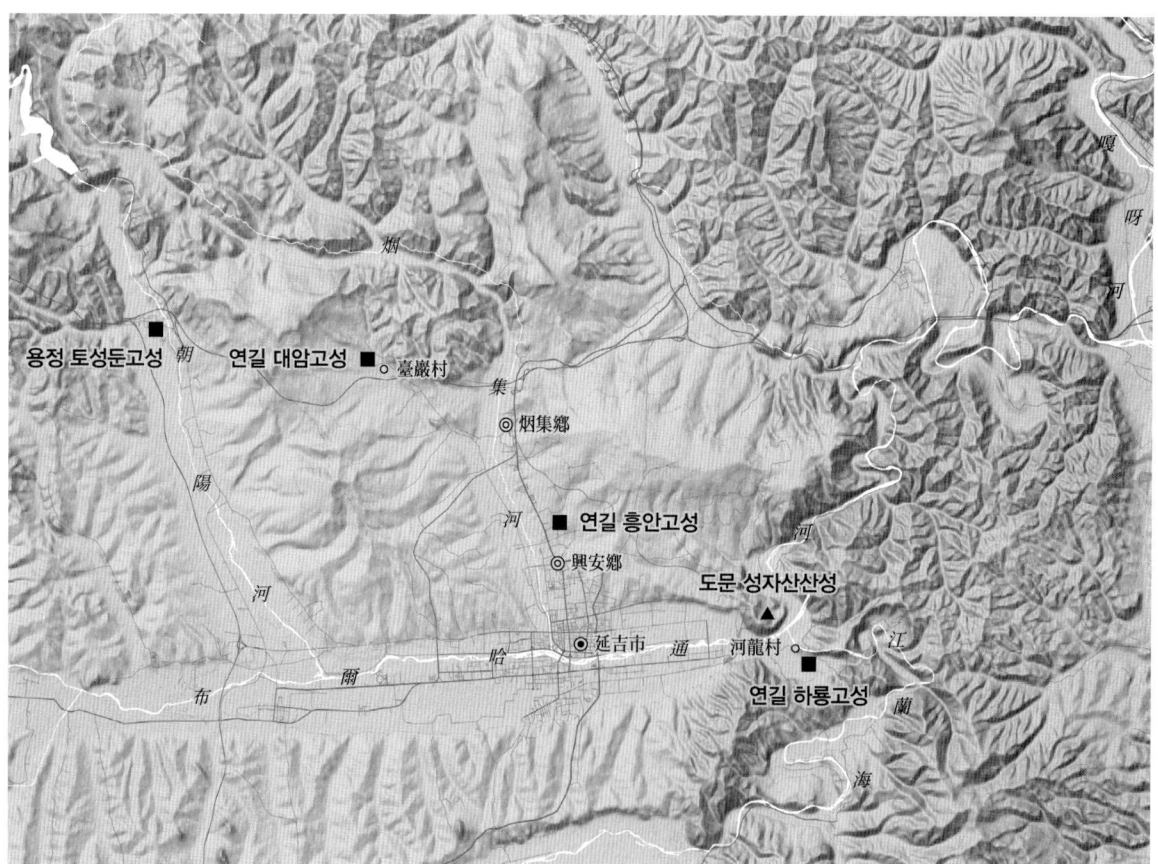

그림 3 성자산산성 위치도 3

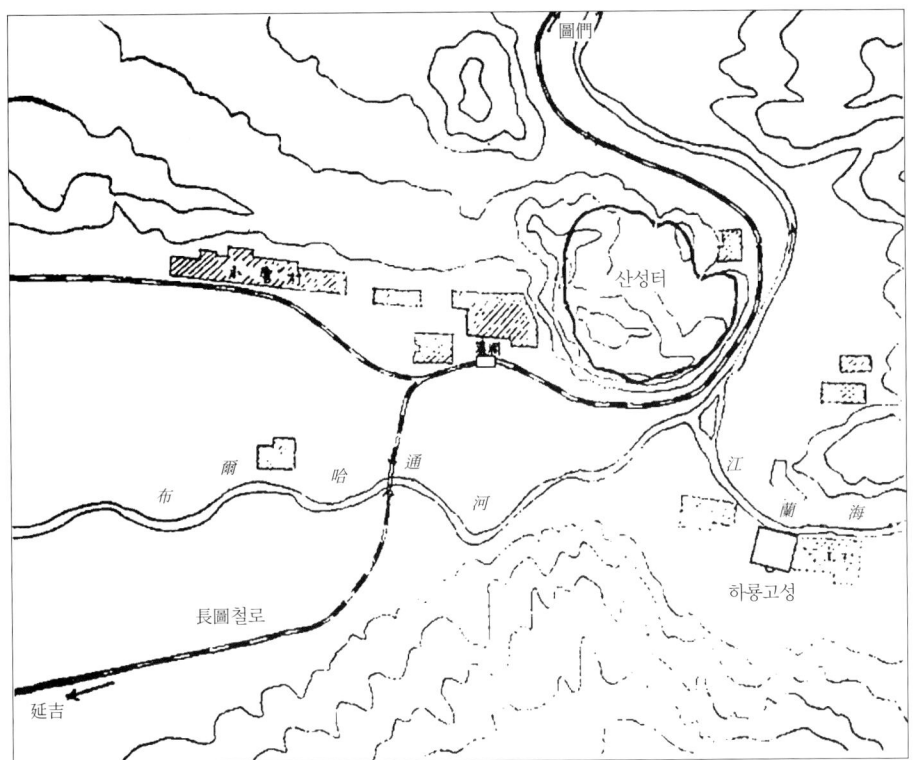

그림 4
성자산산성 위치도 4

그림 5 성자산산성 주변 지형도(滿洲國 10만분의 1 지형도)

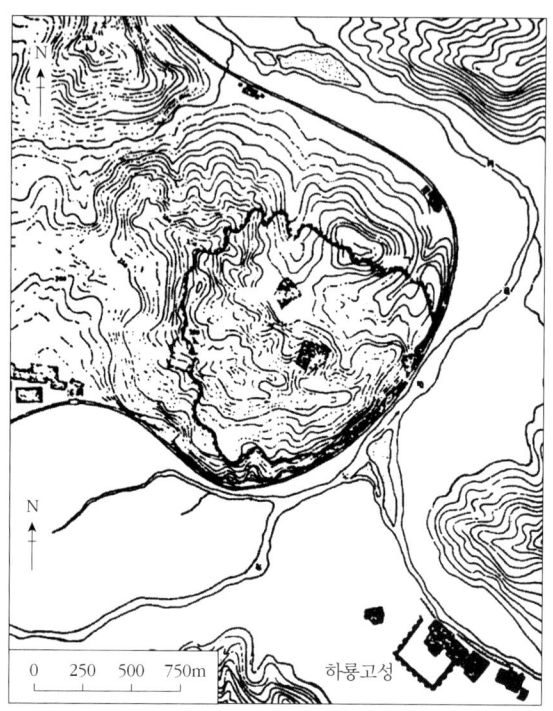

그림 6 성자산산성 평면도 1
(吉林省文物志編委會, 1984, 67쪽)

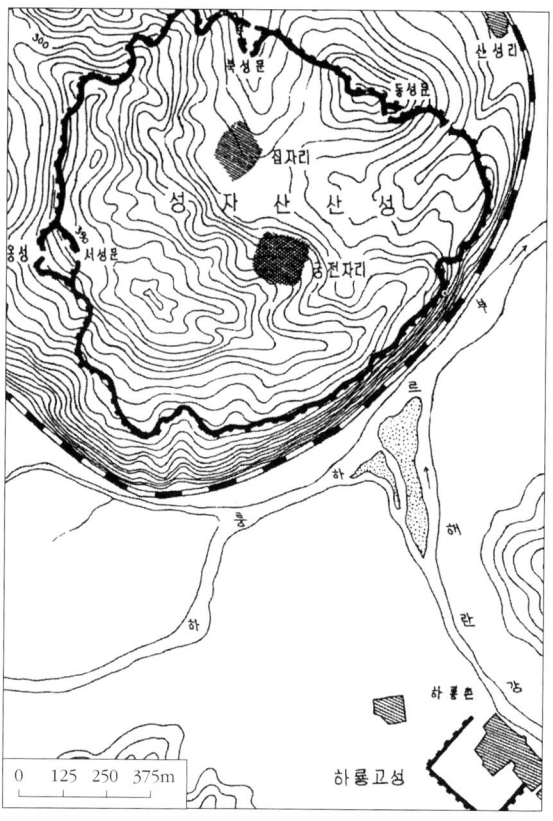

그림 7 성자산산성 평면도 2(정영진, 1990, 302쪽)

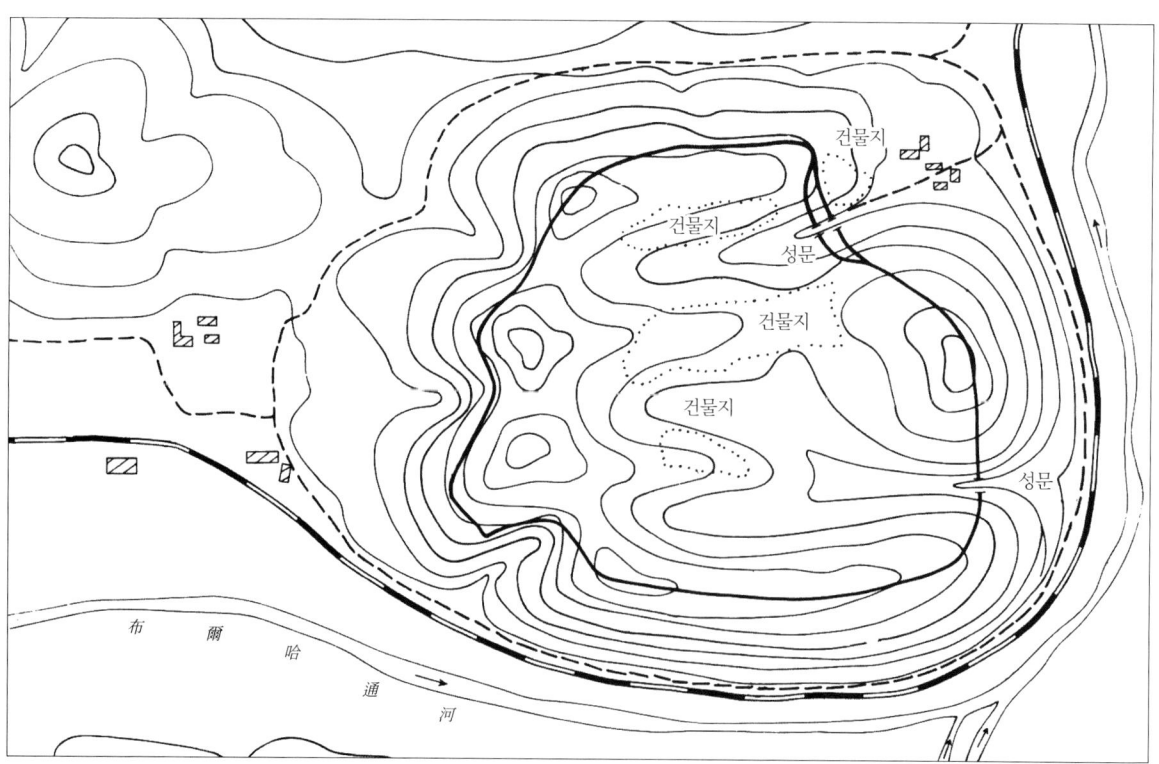

그림 8 성자산산성 평면도 3(王綿厚, 2002, 111쪽)

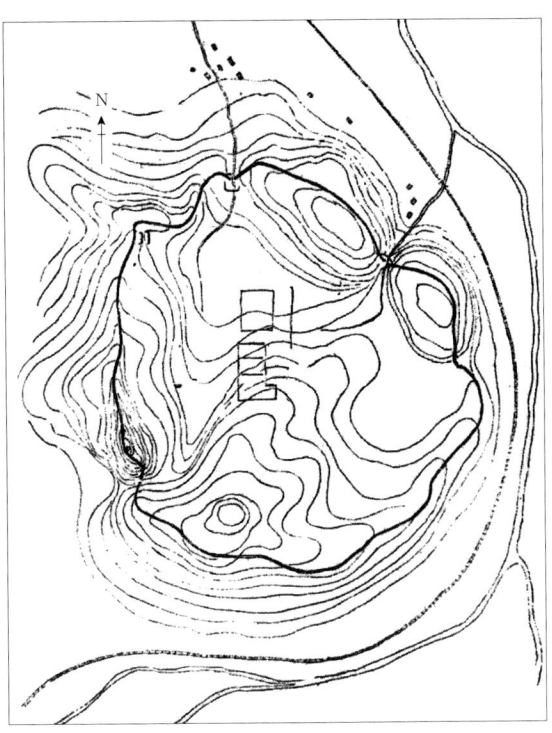

그림 9 성자산산성 평면도 4

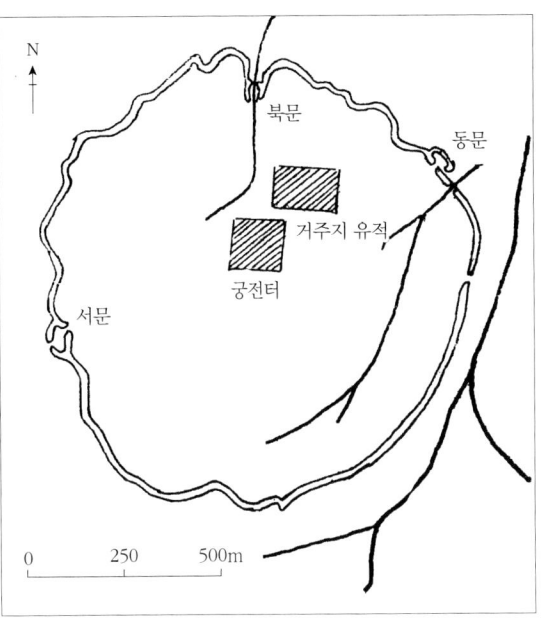

그림 10 성자산산성 평면도 5

숲 아래로는 長圖철로가 서쪽에서 동쪽으로 지나다가 다시 북쪽으로 꺾어서 지나가고 있음. 海蘭江 맞은편의 동남쪽 2km[1] 거리에 河龍古城이 있음.

○ 산성 부근의 산 정상에는 墩臺(혹은 봉화대)가 많이 남아 있음. 墩臺는 일반적으로 발해시기나 그보다 약간 이른 시기에 축조되었고, 遼·金시기에도 계속 사용된 것으로 추정됨. 墩臺는 대부분 돌로 축조되었는데, 墩基, 墩圍, 臺面, 돈대 주위의 圍壕, 土墻 등을 갖추고 있음. 주요 墩臺로는 帽儿山墩臺, 小墩臺, 烟河墩臺, 大墩臺 등이 있음.

○ 서쪽으로 延吉市까지의 거리는 10km, 동쪽으로 圖們市까지 거리는 20km임.

2) 자연환경

○ 布爾哈通河가 산성의 서남쪽에서 동류하다가, 산성의 남쪽과 동쪽을 휘감아 흘러가고 있음. 동남쪽으로 1km 떨어진 지점에서는 海蘭江이 (동)남쪽에서 (서)북쪽으로 흘러 布爾哈通河로 유입됨.

○ 布爾哈通河 남안과 海蘭江 양안에는 충적분지가 펼쳐져 있는데, 산성 서쪽으로는 布爾哈通河 연안을 따라 延吉평야가 동서로 길게 펼쳐져 있음.

○ 산 북쪽은 협곡으로 골짜기 안에는 작은 개울이 있는데, 서쪽에서 동쪽으로 흘러 布爾哈通河로 유입됨. 북쪽으로 가면 높은 언덕이 있고, 높은 언덕 정상부 동단에는 옛 유적이 있음. 유적지 동쪽 구릉에는 산을 오르내릴 수 있는 "之"형 옛길이 있음.

3. 성곽의 전체현황(그림 6~그림 10)

○ 2014년 당시 산성의 명칭을 磨盤村山城이라고 개칭한 상태임.

○ 산성이 위치한 城子山은 말발굽 형태로 주위에는 산봉우리들이 높이 솟아 있고, 중부는 움푹 들어가 있

---

[1] 12km라는 기록도 있으나(동북아역사재단, 2010), 오기로 추정됨.

음. 동쪽과 동북쪽에는 골짜기가 있고, 골짜기 안에는 각각 작은 개울이 흐름. 서북쪽에 산봉우리가 우뚝 솟아 있는데, 城子山의 주봉으로 해발은 390m임. 그 남쪽과 동남쪽에도 각각 산봉우리가 있음. 동쪽에도 산봉우리가 있는데, 해발은 277m임.

○ 4개 산봉우리는 서로 산등성이로 연결되어 그 안쪽에 골짜기 2곳, 산비탈 4면, 대지 3곳 등을 형성함. 대지는 산비탈의 중턱에 위치하는데, 약간 경사져 있으면서 산성의 서북·중부·동남쪽에 분포하고 있음. 城子山의 동·남면의 산세는 험준하고, 서·북 양면은 약간 완만함. 서면은 낮은 산과 접해 있고, 북면은 작은 하천과 마주하고 있음.

○ 성벽은 골짜기와 산비탈을 감싼 산등성이를 따라 축조했는데, 포곡식(簸箕型) 산성으로 평면은 불규칙한 타원형임. 전체 둘레는 4,454m에 이름.[2]

4. 성벽과 성곽시설

1) 성벽

○ 성벽은 성곽 안쪽으로 뻗은 서면의 산봉우리를 제외한 나머지 구간 산봉우리와 낮은 산의 산등성이에 축조됨. 성벽이 많이 허물어져 산등성이를 따라 그 자취를 볼 수 있는 정도임.

○ 성벽은 돌로 쌓은 다음 흙으로 덮은 것으로 조사되었는데,[3] 성벽 기단부의 너비는 5~7m, 높이는 1~3m임(吉林省文物志編委會, 1984). 성돌로는 현무암이 가장 많고 그다음으로 화강암이 많음.[4]

○ 산성은 성문 좌우 성벽나 협축식 성벽 구간 등을 제외하면, 대부분 성벽의 외측만 돌로 쌓고 내측은 흙으로 채웠다고 함. 산등성이 바깥 부분의 경사면을 일정한 깊이로 수직되게 파고 거기에 기초를 마련한 다음, 다듬은 돌로 쌓아 올리고 안면은 흙으로 채웠다는 것임. 성벽에서는 들여쌓기의 모습이 확인된다고 함(방학봉, 2002).

○ 서문에서 북쪽으로 50m 떨어진 서북쪽 구간에서 다듬은 돌로 內外夾築한 모습을 볼 수 있다고 함(동북아역사재단, 2010).

○ 서문 밖에는 토축 성벽이 있는데, 형태는 '∧'으로 한쪽 성벽의 방향은 205°이고 길이 30m임. 다른 쪽 성벽의 방향은 105°이고 길이 40m임.[5] 동남문 안쪽에도 성벽 흔적이 있는데, '∧'형태임. 한쪽 성벽의 방향은 100°이고, 길이 40m임. 다른 쪽 성벽의 방향은 190°이고 길이 40m이며, 25m 지점에 트인 곳이 있는데 너비는 1m임(吉林省文物志編委會, 1984).

(1) 2014년 발굴 내용

○ 성벽은 산 基巖 위에 돌로 직접 쌓았음.

○ 벽면으로 사용한 돌은 인위적으로 다듬었고, 어긋나게 쌓아올리면서 안으로 들여쌓았는데, 매우 정연함.

○ 성벽 기초 아래 2층 석괴 사이는 찰흙을 발라서 붙임.

○ 성벽은 너비 3.4m, 남은 높이 3.8m임.

---

2 1937년 조사 때에는 3,000여 m라고 기록함(鳥山喜一·藤田亮策, 1941).

3 吉林省文物志編委會, 1984; 延邊博物館, 1988; 孫進己·馮永謙, 1989; 嚴長綠, 1990; 정영진, 1990·1999; 林直樹, 1994; 馮永謙, 1994; 방학봉, 1999·2002; 魏存成, 1999·2002·2011; 동북아역사재단, 2010; 楊雨舒, 2011; 임기환, 2012.

4 성벽의 축조방식을 석축으로 파악하기도 하며(鳥山喜一·藤田亮策, 1941; 嚴長綠·楊再林, 1988; 國家文物局, 1993; 王綿厚, 1994; 東潮·田中俊明, 1995; 王禹浪·王宏北, 2007), 기본적으로 석축이지만 일부 구간에는 돌로 쌓은 성벽 위에 흙을 쌓았다고 보기도 함(王綿厚, 2002; 기획편집위원회, 2009; 양시은, 2012).

5 서문 바깥의 성벽을 『元史』 卷152 石抹阿辛傳에 나오는 東夏國 南京의 서남 모서리에 위치했다는 飛樓로 비정하기도 함(吉林省文物志編委會, 1984, 67쪽).

2) 성문

동남문, 동문, 북문,[6] 서문 등 4개가 있음.[7]

(1) 동남문[8]

o 동남문은 산등성이에 자리잡고 있는데, 비교적 폭이 좁고, 바깥쪽의 험준한 구릉에는 '之'자형 옛길이 있음.

o 대부분 옹성이 없다고 보지만(吉林省文物志編委會, 1984; 馮永謙, 1994; 王綿厚, 2002; 王禹浪·王宏北, 2007; 기획편집위원회, 2009), 내옹식 옹성이 있다고 보기도 함(방학봉, 2002).

o 문 내측에 건물지가 있는데, 산성의 주요 문지 방어와 관련 있는 건물지로 추정하기도 함(王綿厚, 2002).

(2) 동문

o 골짜기 입구에 위치하는데, 산성의 정문으로 비교적 폭이 넓음.

o 외옹식 옹성을 갖추고 있는데, 옹성 외측에 외성벽을 축조하면서 이중문 구조를 갖추고 있음.

o 문 밖으로 나가면 山城里村이 나옴.

(3) 북문(그림 11)

o 북문은 골짜기 입구에 위치하는데, 비교적 폭이 넓음.

o 북문 또한 주요 통로로 방어를 강화하기 위해 외옹식 옹성을 갖추고 있는데, 옹성 외측에 외성벽을 축조하면서 이중문 구조를 갖추고 있음.

그림 11 성자산산성 북문 평면도(정원철, 2009, 56쪽)

① 2014년 발굴 내용

o 북문은 성문, 성벽, 옹문, 옹성벽으로 구성됨. 평면은 활형임.

o 성문 서벽은 다듬은 돌로 축조함. 벽체는 성벽 기초부를 포함하고 있음. 현재 높이는 5.5m임.

o 문길은 길이 6m, 너비 2.3m임.

o 옹성벽은 동서 방향으로 비교적 곧음. 두 차례 수축되었음. 1차는 판축벽을 구축하였고, 2차는 판축벽 바깥에 석벽을 구축하였음.

o 옹문 문길은 길이 3.8m, 너비 2.85m임.

o 성문과 옹문의 문길 양측에서 나무로 제작한 문지방(地栿)이 발견됨. 문지방은 보존이 비교적 양호한데, 장부(榫卯)가 명확함.

(4) 서문

o 서쪽 산의 성벽 가운데에 위치함.

o 성문 바깥에 '八'자형의 방어시설이 있는데, 외옹식 옹성시설로 추정됨(방학봉, 2002; 王綿厚, 2002; 王禹浪·王宏北, 2007; 동북아역사재단, 2010). 다른 문에 있는 옹성보다 비교적 큼. 옹성 외측에 외성벽을 축조하면서 이중문 구조를 갖추고 있음.

o 서문 통로에서 초석과 유사한 돌, 깨진 기와들이 발견됨. 문루의 존재를 상정할 수 있음(林直樹, 1994).

---

[6] 동북문이라고 칭하기도 함(吉林省文物志編委會, 1984; 國家文物局, 1993; 馮永謙, 1994).

[7] 성문의 위치와 수에 대해 동남문만 언급한 기록(延邊博物館, 1988; 방학봉, 1999·2002; 王禹浪·王宏北, 2007; 기획편집위원회, 2009), 동·서·북 3면에 성문이 있다는 기록(정영진, 1999; 이성제, 2009; 동북아역사재단, 2010; 양시은, 2012; 임기환, 2012), 북·서북·서남쪽 3면에 성문이 있다는 기록(鳥山喜一·藤田亮策, 1941) 등이 있음.

[8] 동남문을 角樓로 보는 견해가 있음(정영진, 1999).

(5) 암문

북벽의 서단과 서벽의 북단에 트인 곳이 있는데, 암문으로 추정됨.

3) 장대

북문 골짜기 동측 경사면에 성토한 장대가 있음.

4) 각루

2014년 발굴 당시 1호 각루가 확인됨. 1호 각루는 평면이 방형임. 변 길이는 9~10.5m, 벽의 남은 높이는 2.8~3.9m임. 각루 위에는 누각과 같은 건물이 있었던 것으로 보임.

5. 성내시설과 유적

1) 건물지

○ 성내 중부 대지[9]에 궁전지가 있음. 평면은 장방형임. 남북 길이는 120m, 동서 너비는 45m임. 궁전지의 기단은 계단식으로, 모두 9개의 계단이 있는데, 6~7개의 계단이 비교적 명확하게 보임. 각 계단의 너비는 약 10m, 길이는 약 17m임. 그 위에는 동남쪽에서 서북쪽 방향으로 초석이 일렬로 배열되어 있는데, 간격은 12.5m, 22m, 22.5m, 19m, 22m, 15m로 일정하지 않음. 초석 배열의 평면은 대체로 장방형. 초석은 장방형으로 크기는 다르나, 대체로 비슷하게 생김. 가공 상태는 비교적 조잡함. 가운데 초석 한 개는 길이 60cm, 너비 50cm, 두께 15~28cm임. 궁전지 위에는 청회색 포흔기와와 토기편이 흩어져 있고, 계단 가장 아래쪽 평지에서도 기와가 출토되었는데, 고구려시기에 제작된 기와로 보기도 함(鳥山喜一·藤田亮策, 1941). 지역주민들의 말에 의하면 궁전지 부근에서 '兵馬按撫使之印'명 도장이 출토되었다고 함. 궁전지는 遼·金시기의 유적으로 추정되고 있음(延邊博物館, 1988).

○ 궁전지 동남측과 서부에 비교적 규모가 큰 주거지가 있는데, 遼·金시기의 유물이 흩어져 있음.

○ 성내 동남대지와 구릉에 깨진 기와편들이 흩어져 있는데, 건물지가 있었던 것으로 추정됨(延邊博物館, 1988).

○ 북문에서 약 600m 떨어진 북측의 완만한 구릉에 밀집된 거주지가 있는데, 지표면에 遼·金시기의 깨진 벽돌과 기와편이 흩어져 있음.

○ 동남문 근처에 작은 담장(圍墻)이 있고, 담장(圍墻) 안에서는 遼·金시기의 회색 벽돌과 기와가 출토됨.

○ 성내 서측 구릉에서 함몰된 주거지가 질서 있게 배열되어 있는 모습을 희미하게 볼 수 있음.

○ 城子山山城 내부의 건물지는 거의 대부분 골짜기의 경사면을 이용하여 축조했는데, 계단식 대지에 건물지를 축조한 遼東지역의 고구려산성과 연관시키기도 함(林直樹, 1994).

(1) 2014년 발굴 내용

○ 북문 문길 내측 동부에 소형 주거지(F2)가 있음. 지상식 건물임. 주거지 내에 아궁이(灶膛)와 구들(烟道)이 있음.

○ 2호 궁전지는 성 중심의 궁전구역 내에 있음. 완만한 구릉 위에 축조. 축조할 때 구릉을 평평하게 하였음. 기초석의 배열과 궁전지 주변의 滴水 흔적을 토대로 길이 28.6m, 너비 10m로 추정할 수 있음. 남아 있는 기초석은 47개임. 坐南朝北 입지이고, 모두 5열임. 기초석 전부 가공하면서 정연함. 각 기초석은 대략 사각형으로, 길이는 0.4~0.6m임. 기초석이 긴밀하게 배열되어 있는 모습은 '24개 돌' 유적과 매우 유사함.

○ 2호 궁전지를 중심으로 남북에 각각 殿址 1곳이 있고, 동서 양측에는 각각 殿址 3곳이 있음. 2호 궁전지 남북 중심축에서 북부에 있는 회랑(廊道) 추정 건물지

---

9 서쪽 기슭이라는 기록도 있음(기획편집위원회, 2009).

2곳을 시추함.

6. 출토유물

○ 100여 점의 유물이 출토됨.
○ 산성에서는 고구려, 발해, 遼·金, 東夏國의 유물이 출토되는데, 遼·金시기의 유물이 가장 많고, 고구려시기의 유물이 가장 적게 출토됨.

1) 은기
서울대학교 박물관에 은제 귀이개가 있는데, 제작시기는 알 수 없음.

2) 동기
서울대학고 박물관에서 청동제 금구류를 소장하고 있는데, 제작시기는 알 수 없음.

(1) 동제도장 1
○ 출토지 : 圖們 城子山山城 성내 서북쪽 대지.
○ 형태 : 도장은 네모지고, 손잡이는 기둥모양임. 도장면에는 "南京路勾當公事之印", 뒤에는 "天泰三年六月一日", 측면에는 "南京行部造"라고 새겨져 있음. 손잡이 위에는 "上"자가 새겨져 있음. 모두 31자가 새겨져 있음. 東夏國시기의 도장임.

(2) 동제도장 2
○ 출토지 : 圖們 城子山山城 성내 궁전지 부근.
○ 형태 : 도장면에는 "兵馬按撫使之印", 뒤에는 "天泰二年四月二十八日造"라고 새겨져 있음. 東夏國시기의 도장임.

(3) 동제도장 3
○ 출토지 : 圖們 城子山山城.

○ 크기 : 변 길이 5.7cm.
○ 형태 : 도장은 네모지고, 손잡이는 기둥모양임. 도장면에는 "勾當公事之印", 뒤에는 "大同七年七月", "禮部造"라고 새겨져 있음. 모두 15자가 새겨져 있음. 서체는 九疊篆書 계열임. 東夏國시기의 도장임. 현재 延邊博物館이 소장하고 있음.

(4) 동제도장 4
○ 출토지 : 圖們 城子山山城.
○ 형태 : 도장면에는 "都統所印"이라고 새겨져 있음. 연호는 없음. 東夏國시기의 유물로 추정됨.

(5) 동제도장 5
○ 출토지 : 圖們 城子山山城.
○ 형태 : 도장면에는 "吏部主事之印"이라고 새겨져 있음. 그 외에 "天泰九年六月分"이라고 새겨져 있음. 延吉市에서 수집함.

(6) 동제도장 6
○ 출토지 : 圖們 城子山山城.
○ 크기 : 도장면의 가로폭 4.2cm, 腹部 둥그스름한 부분의 너비 4.5cm, 세로 3.2cm, 두께 1.8cm.
○ 형태 : 표면에 있는 세 글자의 陽鑄와 두 가장자리는 절단되었음. 배면에는 둥그런 손잡이의 흔적이 남아 있음. 원래 형태는 장방형임. 글자체와 문자의 크기 등은 和龍市 智新社七道溝十二甲 즉 大拉子 서쪽 1∼2km 지점에서 발견된 元의 '開元路退毀昏鈔印'명 도장과 동일하지만, 폭은 좁고 두꺼우며, 꼭지가 장방형이 아닌 원형이라는 점에서 차이가 있음. 문자는 "－貢戶部－"라고 읽을 수 있고, 위아래 문자는 결실됨. 元代 동제 도장이 출토되었다는 점에서 元代 산성의 연용 가능성을 생각해보아야 한다는 견해가 있음(鳥山喜一·藤田亮策, 1941).

(7) 동제印函蓋

○ 출토지 : 圖們 城子山山城.

○ 형태 : "天泰八年二月分四品印二村三分二釐五毫"라고 새겨져 있음.

(8) 동제거울 1

○ 출토지 : 圖們 城子山山城.

○ 크기 : 가로 7.1cm, 세로 5.95cm, 가장자리 두께 0.35cm.

○ 형태 : 白銅製로, 현재는 녹이 슬어 있음. 방형임. 거울 꼭지 네 방면에 正書로 "福德長壽"라는 글자가 양각되어 있음. 왼쪽 가장자리에는 "三河縣記官匠"이라는 글자가 음각되어 있음. 이러한 유형의 음각은 宋代 거울, 특히 만주와 한반도에서 많이 보임. 음각된 글자는 주조한 官工의 刻記로 생각되고, 金代의 특이한 지명관명을 확인할 수 있음(鳥山喜一·藤田亮策, 1941).

(9) 동제거울 2

○ 출토지 : 圖們 城子山山城.

○ 크기 : 직경 10cm, 가장자리의 두께 0.4cm.

○ 형태 : 원형임. 黃銅質의 표면이 닳아서 현재는 黝褐色이 됨. 가장자리는 평평함. 거울꼭지는 작고 높음. 正書로 "長命富貴"라는 글자가 양각되어 있고, 가장자리에는 "金(혹은 正)成記官王匠"이라는 글자가 음각되어 있음.

(10) 동제거울 3

○ 출토지 : 圖們 城子山山城.

○ 형태 : "員羊形美好而光明"이라고 새겨진 명문 거울임. 가장자리에는 "上京會寧縣鑿"이라고 새겨져 있음.

(11) 동제거울 4

○ 출토지 : 圖們 城子山山城.

○ 형태 : 纏枝文이 있는 작은 거울임.

(12) 동제거울 5

○ 출토지 : 圖們 城子山山城.

○ 형태 : 海獸葡萄文이 있는 작은 거울임.

(13) 동제토끼상

○ 출토지 : 圖們 城子山山城.

○ 형태 : 佩飾을 만들기 위한 것임.

(14) 동제母子造像

○ 출토지 : 圖們 城子山山城.

○ 형태 : 佩飾을 만들기 위한 것임.

(15) 동제占卜器

○ 출토지 : 圖們 城子山山城.

○ 형태 : 원형임. 가장자리에 두 개의 둥그런 손잡이(耳)가 서로 마주하고 있음.

(16) 동제바둑돌(相棋子)

○ 출토지 : 圖們 城子山山城.

○ 형태 : 일부는 '象'자, '士'자가 새겨 있음.

(17) 동제저울추(砝碼)

○ 출토지 : 圖們 城子山山城.

(18) 동전

○ 출토지 : 圖們 城子山山城.

○ 형태 : 唐代의 開元通寶 40매, 北宋代의 宋元通寶 3매, 太平通寶 2매, 淳化元寶 4매, 至道元寶 12매, 咸平元寶 7매, 景德元寶 14매, 祥符通寶 19매, 天禧通寶 6매, 天聖元寶 13매, 景祐元寶 10매, 至和通寶 3매, 嘉祐通寶 9매, 治平元寶 9매, 熙寧重寶 30매, 元豊通寶 50매, 元祐通寶 28매, 紹聖通寶 10매, 元符通寶 2매, 崇寧通寶 5매, 大觀通寶 40매, 政和通寶 6매, 宣和通寶 3매, 皇宋通寶 29매, 聖宋元寶 7매, 明

道元寶, 嘉祐元寶, 熙寧元寶, 金代의 正隆元寶 7매, 大定通寶 13매, 淸代의 乾隆通寶 1매, 光緖通寶, 그리고 조선시기의 常平通寶가 출토됨.

(19) 동제선
○ 출토지 : 圖們 城子山山城.
○ 형태 : 여러 종류의 동제 선이 산성 안팎으로 400매 정도 발견됨.

3) 철기
○ 철제솥이 출토되었는데, 제작시기와 관련해서 고구려시기로 보는 견해(李文信), 발해시기의 특징을 갖추고 있다고 하면서 발해시기로 보는 견해가 있음(李强·侯莉閩, 2003; 楊雨舒, 2005).
○ 산성 부근에서 철제 동자상이 발견되었는데, 학계 보고는 거의 없음. 길이는 5cm임. 왼손에는 봉과 비슷한 것을 쥐고 있고, 陰部를 드러내고 있으며, 정수리에는 고리가 붙어 있음. 꼭지를 통해 허리에 매는 부적(護符)류로, 만주와 서시베리아 등의 샤먼과 관계가 있는 것으로 추정됨(鳥山喜一·藤田亮策, 1941).
○ 金代의 화살촉, 등자, 車轄, 도끼(斧), 矛 이외에 손칼(削), 고리(環), 마구 등이 출토됨.
○ 철제화살촉에는 扁鑿形, 柳葉形, 窄扇形扁體 등이 있음(王禹浪·王宏北, 2007). 扁鑿形은 만주 및 몽골에서 많이 보이는 유형임(鳥山喜一·藤田亮策, 1941).
○ 서울대학교 박물관에 화살촉, 矛, 가위를 소장하고 있는데, 제작 시기는 알 수 없음.

4) 옥기
○ 瑪瑙帶飾, 白玉瑪瑙帶飾, 象鮮佩飾, 水晶鴛鴦佩飾 등이 출토됨.
○ 象鮮佩飾은 백색 옥으로 제작함. 헤엄 치는 물고기를 새겨 넣었음. 이러한 형태는 金代 유물, 특히 동제 거울에서 자주 보임.

○ 瑪瑙佩飾은 桃形, 柿蒂形, 圭形 등 여러 종류가 있고, 정교하게 가공하였음.

5) 토기
○ 회색 니질의 호(漢式提梁罐)가 출토되었는데, 고구려시기에 제작되었다는 견해(李文信), 金代에 제작되었다는 견해가 있음(李强·侯莉閩, 2003).
○ 발해·遼·金시기의 회색토기편이 출토됨. 출토된 토기편은 바닥과 구연부임. 바닥은 모두 평저임. 대체로 구순은 둥그스름하고 구연은 꺾여 있는 형태(圓脣折沿), 구순은 둥그스름하고 구연은 말아 올려진 형태(圓脣卷沿)가 있음.
○ 산성에서 출토된 백자편 모두 가마에서 생산된 瓷碟임.
○ 일부 토기편이 서울대학교 박물관에 소장되어 있는데, 니질의 회색·적갈색 토기편임.

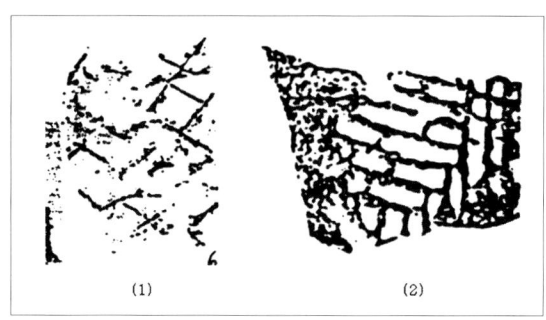

그림 12 성자산산성 출토 암키와(嚴長綠·楊再林, 1988, 836·837쪽)
(1. 망격문 암키와 2. 석문 암키와)

6) 기와
○ 기와로는 고구려시기의 망격문·蓆文·승문 암키와, 발해시기의 지압문 암키와, 가장자리에는 波文이 있고 그 위에 거치문 혹은 매화문이 있는 遼·金시기의 암막새(勾滴)가 출토됨. 그 외에 각종 양식의 암막새와 처마기와(滴水檐瓦)가 출토됨(吉林省文物志編委會, 1984; 馮永謙, 1994). 일부 망격문 암키와의 경우 格子邊 길이는 0.5cm, 선의 굵기는 0.2cm임(그림 12-1).

蓆文 암키와는 3~5줄의 선이 가로세로로 교차하고 있는데, 席格의 길이는 2cm, 너비는 2cm, 선의 굵기는 0.3cm임(그림 12-2).

○ 궁전지 위에서 청회색 포흔기와와 토기편, 계단 가장 아래층의 높고 넓은 평지에서는 고구려 기와가 출토되었다고 함(鳥山喜一·藤田亮策, 1941).

○ 궁전지에서 동남쪽으로 200m 떨어진 지점에서 적색 망격문·승문·蓆文 기와편이 출토되었는데, 集安 山城子山城에서 출토된 기와와 같은 유형임(吉林省文物志編委會, 1984).

○ 성내 서북쪽 대지에 많은 기와편이 흩어져 있는데, 지압문 암키와와 波文 암막새(勾滴)로, 모두 청회색임.

○ 성내 동남부 대지에 기와편들이 흩어져 있는데 수량은 많지 않음.

○ 서울대학교 박물관에 일부 기와가 소장되어 있는데, 승문·사격자문이 찍혀 있는 적갈색 기와편임. 사격자문 암키와의 내면에서는 모골흔이 확인되고 있는데, 모골의 폭은 대략 5cm임.

7) 석기

○ 투석용 석환(擂石), 搗衣砧板, 蓮瓣文이 새겨진 기둥, 돌출된 둥근 테두리가 조각된 초석, 맷돌(石磨), 돌절구 등이 출토됨. 搗衣砧板과 돌출된 둥근 테두리가 조각된 초석은 고구려시기의 특징을 갖추고 있다고 보기도 함(延邊博物館, 1988; 王禹浪·王宏北, 2007).

○ 북문 바깥 민가에서 인골과 함께 마제석창 한 점이 발견됨. 마제석창은 함경도 종성, 은성, 회령 등에 위치한 유적에서도 많이 출토되었는데, 석기시대에 동일 문화권내에 있었음을 보여줌(鳥山喜一·藤田亮策, 1941).

○ 2014년 발굴당시 많은 양의 철제화살촉, 철제칼(刀), 투석용 석환 등 병기, 철제괭이(鐵鎬), 철제칼끼(鐵斧), 철제추(鐵錘) 등 생산용구, 분(陶盆), 완(陶碗), 설(陶碟) 등 생활용기가 출토됨. 아울러 수십 매의 元祐通寶, 大定通寶 등 송금대 화폐, 많은 양의 벽돌 및 기와, 그리고 인물 석각 등도 출토됨.

7. 역사적 성격

1) 지리위치와 지정학적 위상

城子山山城은 두만강 지류인 布爾哈通河 연안을 따라 동서로 기다랗게 펼쳐진 延吉平原의 동단에 위치하는데, 산성의 남쪽에서 海蘭江이 布爾哈通河로 흘러들며 삼각형 하곡평지를 이루고 있음. 산성의 동남쪽으로 布爾哈通河 맞은편 약 2km 거리에 평지성인 河龍古城이 있음. 이에 일찍부터 산성인 城子山山城과 평지성인 河龍古城의 관계에 대해 다양한 논의가 이루어짐.

城子山山城은 布爾哈通河 연안에 형성된 延吉平原의 동단에 위치하는데, 이곳에서 布爾哈通河 하류를 거쳐 두만강 하류 방면으로 나아갈 수 있음. 城子山山城은 布爾哈通河 연안의 延吉平原과 두만강 하류 일대를 연결하는 교통로상의 요충지인 것임. 이에 일찍부터 城子山山城이 延吉平原(局子街평야)과 두만강 하류(북한의 종성 동관진)를 잇는 교통의 요충지라는 점이 지적되었음(鳥山喜一·藤田亮策, 1941).

또한 城子山山城은 둘레 약 4.5km로 布爾哈通河 유역에서 확인된 고구려 성곽 가운데 규모가 가장 큼. 이에 城子山山城이 그 주변에 위치한 北大古城이나 河龍古城을 수호하는 역할을 했을 뿐만 아니라, 海蘭江과 布爾哈通河 유역을 호위하는 중요한 군사요새로 기능했을 것으로 파악함(방학봉, 2002; 기획편집위원회, 2009).

더욱이 최근에는 고구려 도성인 國內城에서 두만강 유역(延邊지역)으로 나아갈 때 백두산 북쪽 루트를 사용했다고 상정한 다음, 集安에서 동진하여 압록강 수로를 따라 臨江에 도착한 뒤 撫松-安圖를 거쳐 布爾哈通河를 따라 延吉까지 나아가고, 이 축선을 幹線으로 삼은 支線들이 龍井과 和龍·琿春 나아가 두만강 이남의 함경북도로 연결된다고 파악하기도 함. 城子山山城이 고구려의 국내성에서 두만강 유역에 이르는 간선 교통로에 위치한 중요한 성곽이라는 것임(동북아역사재단, 2010).

다만 이 견해는 문헌사료나 〈광개토왕릉비〉에 고구려 국내성에서 두만강 유역으로 나아갈 때, 백두산 북쪽의 산간지대가 아니라 주로 백두산 남쪽의 함경도 해안지대로 비정되는 新城(敦城)이나 海谷(東海賈)을 경유한 것으로 나온다는 점에 유의할 필요가 있음. 고구려 초기 국내성에서 두만강 유역에 이르는 간선 교통로는 압록강 중상류와 백두산 남쪽 해안지대를 경유하는 루트일 가능성이 높은 것임(여호규, 2008).

그러므로 城子山山城의 지정학적 위상은 고구려 초기 중심부에서 두만강 유역에 이르는 간선 교통로보다는 두만강 유역의 각 지역을 연결하는 교통로 및 두만강 유역과 牡丹江이나 북류 송화강 유역을 연결하는 교통로와의 관계를 통해 파악할 필요가 있음. 이러한 점에서 성자산산성의 지정학적 위상을 발해시기의 日本道와 연관시키는 견해에도 주목할 필요가 있음.

그 견해에 따르면 발해 초기 日本道의 경로가 敦化에서 동쪽으로 哈爾巴嶺을 넘어 布爾哈通河를 따라 延吉로 진입하고, 여기에서 다시 圖們을 지나 琿春 경내로 이르러 日本道 항구에 이르렀다고 보았는데, 城子山山城은 이러한 日本道에 위치한 중요한 산성이라는 것임(魏存成, 2007).

이상의 논의를 종합하면 성자산산성은 布爾哈通河 연안과 두만강 하류 일대를 연결하는 전략적 요충지에 위치하여 양자를 연결하는 교통로를 공제하는 기능을 수행했을 것으로 상정할 수 있음. 좀 넓게 본다면 두만강 하류나 함경도 해안지대에서 布爾哈通河 연안을 거쳐 牡丹江이나 松花江 유역으로 나아가는 교통로상에서도 중요한 기능을 수행했다고 볼 수 있음. 또한 布爾哈通河 연안의 延吉平原 동단에 위치했다는 점에서 이 일대를 다스리는 거점성의 기능을 수행했을 가능성이 높음. 이에 성자산산성의 축조시기나 역사지리 비정을 둘러싸고 다양한 견해가 제기되었음.

2) 출토유물과 축조시기

성자산산성 내부에서는 일찍이 석기시대의 유물이 출토되었음. 이에 일찍부터 산성이 위치한 지역이 석기시대부터 중요시되었을 것으로 파악함(鳥山喜一·藤田亮策, 1941). 또한 고구려시기의 승문·網文·蓆文의 적색 기와, 遼·金시기의 자기와 철기, 東夏國시기의 도장 등이 많이 출토되었음. 이에 대부분의 연구자들이 성자산산성은 고구려시기에 축조된 다음,[10] 발해, 遼·金, 東夏國 등이 연용했다고 이해하고 있음.[11]

특히 李文信은 성자산산성에서 출토된 암키와가 고구려시기의 성곽인 琿春 薩其城 출토품과 동일하다고 파악했고, 延邊博物館(1988)도 석축 성벽, 고구려시기의 기와 출토 양상, 부근에 평지성이 위치한 양상 등이 薩其城과 유사하다고 파악함.

이성제(2009)는 城子山山城의 축조시점과 관련해 산성 내부에 평탄지가 넓게 조성되어 있을 뿐 아니라 성 내부로 진입하기도 비교적 용이하다는 사실을 근거로 군사적 목적 이외에 평상시 거주성과 주민의 入居性을 고려했다고 추정한 다음, 이는 고구려 중기 산성의 특징이므로 4세기 초 이전에 축조했다고 보기는 힘들다고 파악함. 즉 고구려가 이 지역으로 진출한 초기에는 산성을 위주로 거점을 구축했던 원고구려지역이나 遼東방면과 달리, 옥저 계통의 선주민이 밀집하던 거주지에 평지성인 河龍古城을 축조해 지역거점으로

---

10 박진석, 1988; 孫進己·馮永謙, 1989; 東潮·田中俊明, 1995; 劉子敏, 2001.

11 鳥山喜一·藤田亮策, 1941; 吉林省文物志編委會, 1984; 嚴長綠·楊再林, 1988; 嚴長錄, 1990; 정영진, 1990·1999; 國家文物局, 1993; 林直樹, 1994; 王綿厚, 1994·2002; 馮永謙, 1994; 魏存成, 1999; 방학봉, 2002; 王禹浪·王宏北, 2007; 기획편집위원회, 2009; 동북아역사재단, 2010; 양시은, 2012.

운용했을 것이라는 것임. 따라서 城子山山城은 河龍古城보다 늦은 4세기 초 이후에 축조했으며, 고구려의 옥저 방면 진출이나 지역지배와 직접적인 관계는 없을 것으로 파악함.

이에 대해 임기환(2012)은 城子山山城이 넓은 평탄지를 보유하고 있으며, 산성 내부로도 비교적 쉽게 진입할 수 있다는 점에 주목하여 산성 내부에는 관청 등이 소재하며 평상시에도 지역지배의 중심지로 기능하였을 가능성이 높다고 파악함. 성자산산성은 고구려 중기의 산성으로 발해를 거쳐 遼·金이나 東夏國 시기까지 계속 사용되었다는 것임.

延邊博物館(1988)도 산성 내부에서 출토된 발해와 遼·金代 유물을 근거로 遼·金代까지도 계속 사용했을 것으로 파악했음. 특히 산성에서 출토된 '南京路勾當公事之印'·'兵馬按撫使之印'·'勾當公事之印'명 도장은 모두 東夏國에서 사용한 것이고, '南京路勾當公事之印'명 도장 뒤에는 '天泰三年六月一日'이라고 하여 東夏國의 연호가 새겨져 있음에 주목하여, 이에 城子山山城을 東夏國의 南京城으로 비정한 다음, '勾當公事'라는 명문은 東夏國에 勾當이라는 官職이 설치되었음을 보여준다고 파악함. 특히 '勾當公事之印'명 도장 뒤에 '大同七年七月', '禮部造'라는 명문이 새겨져 있는데, '大同'이라는 동하국의 연호가 사서에 보이지 않지만, 이 도장을 통해 天泰 9년 이후에 '大同'으로 연호를 고친 것으로 추정할 수 있다고 파악함.

3) 역사지리 비정

이상과 같이 성자산산성이 고구려시기에 축조되어 발해와 요·금을 거쳐 동하국시기까지 사용되었을 것이라는 점에 대해서는 거의 모든 연구자가 동의하고 있음. 특히 성자산산성은 布爾哈通河 연안에서 확인된 고구려 성곽 가운데 규모가 가장 크고, 평지성인 하룡고성과 세트 관계를 이루고 있음. 고구려시기에 성자산산성은 평지성인 하룡고성과 세트를 이루며 布爾哈通河 연안 일대에서 가장 중요한 지배거점으로 기능했을 가능성이 높음. 이에 양자를 고구려시기의 柵城이나 동북 新城(敦城)으로 비정하기도 하는데, 구체적인 논지는 다음과 같음.

(1) 고구려 柵城설; 박진석(1998)

고구려의 柵城은 琿春 八連城이 아닌 圖們 城子山山城과 延吉 河龍古城이 연계한 구조의 성으로 추정됨. 『삼국사기』에서 인용한 『古今郡國志』의 "발해국의 南海·鴨綠·扶余·柵城 등 4개의 府는 모두 고구려의 옛 땅이다"라는 기록과 『新唐書』 渤海傳의 기록은 琿春 八連城을 발해 柵城府의 치소로 보면서 고구려 柵城으로 보는 중요한 근거가 되고 있는데, 위의 사료는 발해 柵城府가 고구려 柵城 "舊地" 위에 있음을 설명할 뿐, 고구려의 柵城과 발해 柵城府 치소 사이의 관계를 구체적으로 설명하지 않음.

『魏書』에 "고구려는 요동 남쪽 1천여 리에 있고, 동쪽으로는 柵城, 남쪽으로는 小海, 북쪽으로는 扶余에 이른다"라는 기록이 있음. 5~6세기 고구려의 영역을 보여주는 위의 기록에서 "남쪽으로는 小海에 이른다"고 하고, 동쪽으로는 '海'에 이른다고 하지 않고 "柵城에 이른다"고 한 것으로 보아, 柵城은 沿海의 성이 아니었다고 추정됨. 이는 『新唐書』의 "龍原(柵城) 동남은 바다와 접해 있고, 일본으로 가는 길이다"라는 기록과 차이가 남. 고구려의 柵城과 발해의 柵城府 치소 지점은 명확하게 차이가 있는 것임.

이로 볼 때 바다와 가까운 八連城은 고구려 柵城으로 볼 수 없음. 또한 『삼국사기』에 의하면 柵城은 고구려시기에 중요한 위치를 차지하고 있었으므로 고구려시기의 명확한 특징을 갖추고 있을 것인데, 八連城은 고구려성의 특징을 거의 갖추지 못했다는 점에서 고구려의 柵城이 아님을 뒷받침함. 반면 延吉 河龍古城과 圖們 城子山山城은 평지성과 산성의 관계로 평지성과 산성을 함께 구축했던 고구려의 축성 특징에 부합함.

또한 두 고성 모두 적지 않은 고구려 기와가 출토된다는 점에서 고구려와 밀접한 관계가 있음을 알 수 있음.

또한 고구려왕이 "동쪽으로 순수하였다"라는 기록을 볼 때 그 방위에 부합하고, 신라 井泉郡에서 柵城府까지 39驛(1,170里)이라는 기록과 동쪽으로 "柵城, 남쪽으로는 小海, 북쪽으로는 扶餘에 이른다"는 기록과도 부합함. 고구려왕이 "동쪽으로 柵城을 돌아보았고 사신을 보내 위로하였다"는 기사와 "漢 平州人 夏瑤 등 백성 1천여 가를 柵城에 안치하였다"는 기사를 참고했을 때의 추론되는 성의 규모와도 부합함. 그리고 고구려 柵城이 북옥저 경내(延吉 부근)에 위치한다는 점도 두 고성을 柵城으로 볼 수 있는 근거가 됨.

(2) 고구려 新城설; 임기환(2012)

고구려 동북지역의 대표적인 성으로는 柵城과 新城이 있는데, 柵城은 薩其城과 溫特赫部城으로 추정되고, 新城은 성곽의 규모나 성 내부의 넓은 대지 등 거주성과 방어력의 측면에서 볼 때, 圖們 城子山山城으로 추정됨. 한편 고구려의 도성이나 주요 거점지역을 살펴보면 평지성과 산성이 조합을 이루고 있는데, 이 점을 고려하면 주변에 있는 河龍古城과 세트를 이루면서 新城을 구성하였다고 추정됨.

(3) 성자산산성의 성격

柵城은 일반적으로 두만강 하류의 琿春盆地에 위치한 薩其城과 溫特赫部城으로 비정됨. 또한 〈광개토왕릉비〉에 敦城으로 나오는 東北 新城도 〈광개토왕릉비〉의 舊民 수묘인연호조의 기술 순서상 함경도 해안지역으로 파악됨. 이러한 점에서 성자산산성-하룡고성을 고구려의 柵城이나 동북 新城(敦城)으로 비정하기는 어려움. 한편 최근 성자산산성-하룡고성이 布爾哈通河 연안의 延吉平原을 다스리던 거점성의 성격이 강하다는 점에 주목하여 고구려 후기 최고 지방관인 柵城 褥薩(都督) 李他仁이 관장했다는 12州 治所城의 하나로 비정하는 견해도 제기되었음(여호규, 2017).

발해 초기 日本道의 경로를 敦化에서 哈爾巴嶺을 넘어 布爾哈通河를 따라 延吉-圖們을 거쳐 琿春 경내로 진입했을 것으로 상정한 다음, 성자산산성을 日本道 상에 있는 고성으로 추정하기도 함(魏存成 2007). 또한 발해시기에는 中京顯德府의 치소로 비정되는 和龍 西古城을 호위하는 군사요새로 작용했을 것으로 파악하기도 함(방학봉, 2002).

한편 성자산산성은 많은 연구자에 의해 東夏國의 南京으로 비정되고 있음.[12] 鳥山喜一·藤田亮策(1941)은 일찍이 '天泰八年二月分四品印二村三分二釐五毫'라는 명문이 새겨진 동제 印函蓋를 근거로 金代 후기에 蒲鮮萬奴가 건국한 東夏國의 南京으로 추정했고, 吉林省文物志編委會(1984)도 전술한 바와 같이 東夏國의 각종 도장을 근거로 東夏國 行都南京의 치소로 파악함.

이처럼 성자산산성의 축조시기나 그 성격을 둘러싸고 매우 다양한 논의가 이루어졌음. 다만 구체적인 축조시점 및 역사지리 비정 등을 둘러싸고 논란이 분분한 만큼 이를 더욱 명확하게 규명하기 위해서는 향후 더욱 면밀한 고고조사가 필요함.

참고문헌

- 鳥山喜一·藤田亮策, 1941, 『間島省古蹟調査報告』(滿州國古蹟古物調査報告第3編), 滿州帝國民生部.
- 吉林省文物志編委會, 1984, 『龍井縣文物志』, 吉林省文物志編修委員會.
- 박진석, 1987, 「城子山山城和土城村土城及其築城年代」, 『延邊大學學報』 1987-4.
- 박진석, 1988, 「高句麗柵城遺址考」, 『朝鮮中世紀研究』, 延邊大學出版社.
- 嚴長綠·楊再林, 1988, 「延邊地區高句麗-渤海時期紋飾

---

[12] 鳥山喜一·藤田亮策 1941; 吉林省文物志編委會 1984; 林直樹 1994; 王綿厚 2002; 기획편집위원회 2009; 楊雨舒 2011; 李强 2015.

- 板瓦初探」,『博物館研究』1988-2.
- 延邊博物館, 1988,『延邊文物簡編』, 延邊人民出版社.
- 孫進己·馮永謙, 1989,『東北歷史地理』2, 黑龍江人民出版社.
- 嚴長錄, 1990,「연변지구 발해시기의 옛 성터에 관한 고찰」,『발해사연구』1, 延邊大學出版社.
- 정영진, 1990,「연변지구의 고구려유적 및 몇 개 문제에 대한 탐구」,『한국상고사학보』4.
- 國家文物局, 1993,『中國文物地圖集』吉林分冊, 中國地圖出版社.
- 林直樹, 1994,「中國東北部の高句麗山城」,『青丘學術論集』5.
- 王綿厚, 1994,「鴨綠江右岸高句麗山城研究」,『遼海文物學刊』1994-2.
- 馮永謙, 1994,「高句麗城址輯要」,『北方史地研究』, 中州古籍出版社.
- 東潮·田中俊明, 1995,『高句麗の歷史と遺跡』, 中央公論社.
- 방학봉, 1999,「高句麗柵城의 위치에 대한 고찰」,『京畿史學』3.
- 魏存成, 1999,「길림성 내 고구려산성의 현황과 특징」,『고구려연구』8.
- 정영진, 1999,「延邊地域의 城郭에 대한 연구」,『고구려연구』8.
- 劉子敏, 2001,「高句麗疆域沿革考辨」,『社會科學戰線』2001-4.
- 방학봉, 2002,『발해성곽연구』, 연변인민출판사.
- 王綿厚, 2002,『高句麗古城研究』, 文物出版社.
- 魏存成, 2002,『高句麗遺蹟』, 文物出版社.
- 李强·侯莉閩, 2003,「延邊地區渤海遺存之我見」,『北方文物』2003-4.
- 楊雨舒, 2005,「渤海國時期吉林的鐵器述論」,『北方文物』2005-3.
- 王禹浪·王宏北, 2007,『高句麗·渤海古城址研究匯編』(上·下), 哈爾濱出版社.
- 魏存成, 2007,「渤海政權的對外交通及其遺蹟發現」,『中國邊疆史地研究』2007-9.
- 여호규, 2008,「압록강 중상류 연안의 고구려 성곽과 東海路」,『역사문화연구』29.
- 기획편집위원회, 2009,『고구려유적의 어제와 오늘』, 동북아역사재단.
- 이성제, 2009,「高句麗와 渤海의 城郭 운용방식에 대한 기초적 검토」,『高句麗渤海研究』34.
- 정원철, 2009,「高句麗山城瓮城的類型」,『博物館研究』2009-3.
- 동북아역사재단, 2010,『고구려성 사진자료집』(중국 길림성 동부).
- 楊雨舒, 2011,「渤海國時期與遼·金時期的吉林城鎮」,『遼寧工程技術大學學報』2011-5.
- 魏存成, 2011,「中國境內發現的高句麗山城」,『社會科學戰線』2011-1.
- 양시은, 2012,「연변 지역 고구려 유적의 현황과 과제」,『동북아역사논총』38, 동북아역사재단.
- 임기환, 2012,「고구려의 연변 지역 경영-柵城과 新城을 중심으로」,『동북아역사논총』38, 동북아역사재단.
- 李强, 2015,「图們市磨盤村金代山城」,『中國考古學年鑑』, 文物出版社.
- 여호규, 2017,「두만강 유역 고구려 성곽의 분포현황과 지방통치의 양상」,『역사문화연구』61.

02 도문 만대성산성
圖們 滿臺城山城

1. 조사현황

1974년에 발견·조사됨.

2. 위치와 자연환경(그림 1~그림 2)

1) 지리위치
○ 吉林省 圖們市 북쪽 외곽 石峴鎭 永昌村 북쪽 5km의 滿臺城山 정상에 위치함. 해발은 269m, 방위는 25°임.
○ 수계상 두만강 지류인 布爾哈通河의 북쪽 지류인 嘎呀河 유역에 해당하는데, 두만강 하류에서 布爾哈通河를 경유해 嘎呀河 중상류로 나아가는 교통로에 위치함.
○ 산성 남면의 산중턱에는 永昌 – 滿臺城屯 간 도로가 지나가고 있음.

2) 자연환경
○ 布爾哈通河의 지류인 嘎呀河가 산성의 서·북·동 세 면을 감싸면서 천연의 해자(護城河)를 형성함.
○ 永昌방면에서 흘러 내려온 작은 개울이 산성의 남·서 양 면을 지나 嘎呀河로 유입됨.

그림 1
만대성산성 위치도 1

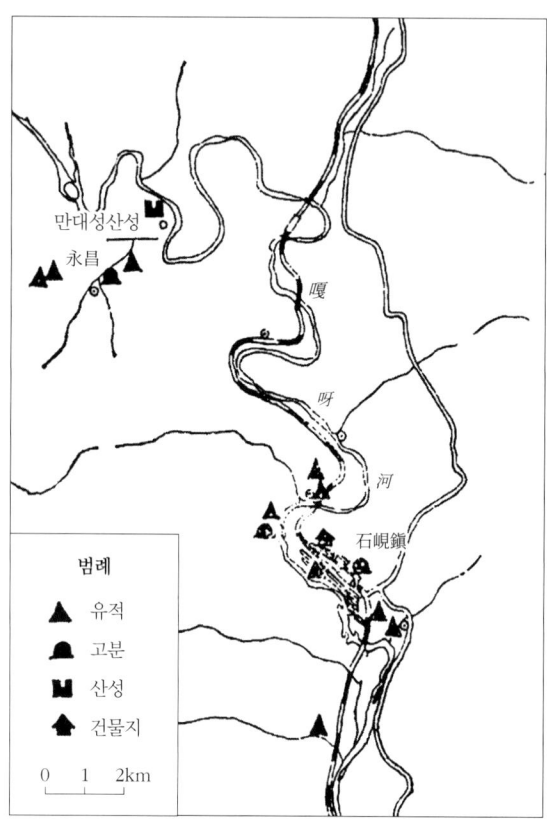

그림 2 만대성산성 위치도 2(吉林省文物志編委會, 1985, 41쪽)

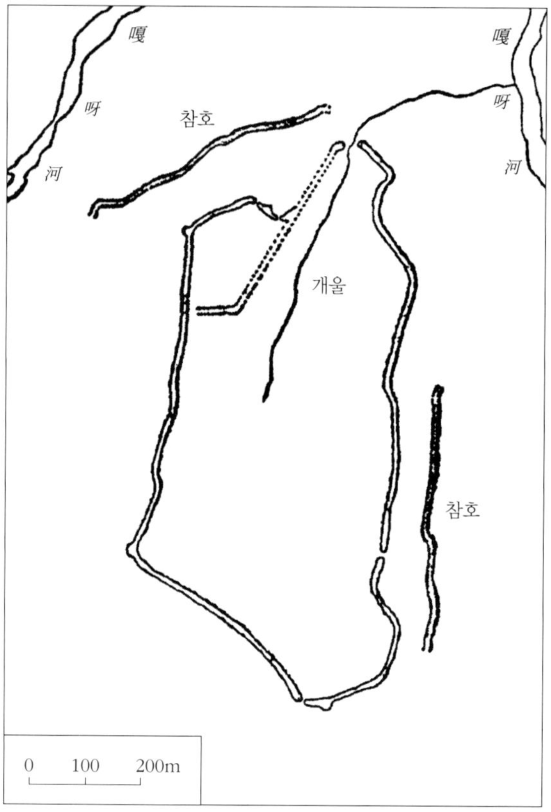

그림 3 만대성산성 평면도(吉林省文物志編委會, 1985, 42쪽)

3. 성곽의 전체현황(그림 3)

○ 산성의 지세는 동·서·남 3면이 높고 북면이 낮으면서 키형태(簸箕狀)를 이룸. 성 내부 서북부에는 서남-동북 방향의 언덕 산이 있음.
○ 산성은 산세를 이용하여 축조했는데, 평면은 장방형에 가까우며, 전체 둘레는 2,755m임. 보존상태가 비교적 양호함.

4. 성벽과 성곽시설

1) 성벽
○ 남벽과 서벽은 산등성이 위에 축조되어 있는 반면, 북벽과 동벽은 산등성이 외에 산허리에도 축조되어 있음.

○ 성벽의 축조방식은 토축으로 조사되었는데(國家文物局, 1993; 東潮·田中俊明, 1995; 魏存成, 1999; 정영진, 1999), 토석혼축으로 파악하기도 함(王禹浪·王宏北, 2007).
○ 성내 중앙에서 남쪽으로 치우친 지점에 방형에 가까운 토축 담장(圍墻)이 있는데, 둘레는 200m, 벽의 기단 너비는 1m, 殘高는 30cm임.
○ 동벽은 외측 높이 3m, 내측 높이 2.5m, 기단 너비 6m, 윗너비 1m임.
○ 일반적으로 성벽은 기단 너비 6~8m, 殘高 2~3m임.

2) 성문
문지는 북벽 서단에 2개, 동벽 남단에 1개, 남벽 동단에 1개, 북벽 동단에 1개 등 모두 5개가 있음. 북벽 동단에 있는 문지는 산골짜기 입구에 있는데, 문지에서 약 150m 떨어진 지점에 嘎呀河가 있음.

3) 角樓

산성의 동남 모서리, 서남 모서리, 서북 모서리에 角樓와 유사한 원형의 토축 담장(圍墻)이 있는데, 守城을 위한 군사시설임. 직경은 3.2~5m임.

4) 참호

○ 동문지에서 동쪽으로 약 80m 떨어진 지점에 남북 방향의 참호가 있는데, 너비는 10m, 길이는 461m임.
○ 북문 골짜기 입구의 양측에 산기슭을 따라 인위적으로 파내어 축조한 두 줄기의 참호가 있는데, 강변까지 뻗어 나가고 있음. 서측 참호의 길이는 동문 밖에 있는 참호와 비슷하고, 동측 참호의 길이는 이보다 짧음.

5) 水口門

남벽과 동벽 바깥에 각각 水口門이 있음.

5. 성내시설과 유적

1) 건물지

○ 성내 북부 골짜기 입구의 북문 동측에 4개의 방형·1개의 원형의 토축 담장(圍墻)이 있음. 담장은 산세를 따라 계단모양으로 축조하였는데, 남쪽으로 갈수록 높아짐. 규모는 크지 않은데, 원형은 직경이 3m, 방형은 한 변 길이가 4m임. 북문을 지키는 군사 병영지(吉林省文物志編委會, 1985) 혹은 성문 방어를 강화하는 중요시설로 추정됨(王禹浪·王宏北, 2007).
○ 작은 개울 서부의 평지에서 회색 포흔기와 2점이 출토되었는데, 건물지로 추정됨(吉林省文物志編委會, 1985).

2) 개울

작은 개울이 성내 중앙에서 북문 밖으로 흘러 나가 嘎呀河로 유입됨.

6. 출토유물

1) 동기

○ 지역주민들의 말에 의하면 1975년경에 북벽 동쪽 산기슭에서 동제 솥이 발견되었는데, 동체는 깊고 바닥은 둥그스름했다고 함. 형태를 볼 때 遼·金시기의 유물로 추정됨(吉林省文物志編委會, 1985). 현재 소재는 알 수 없음.
○ 北宋시기 동전이 출토됨.
○ 동제鏡이 출토됨.

2) 철기

철제솥(鐵鍋)이 출토되었는데, 솥귀(耳)가 6개임.

3) 토기

성 바깥에서 호(罐) 1점이 출토됨. 호 안에 동전 수백 매가 담겨져 있었다고 하는데, 동전은 현재 남아 있지 않음.

4) 기와

작은 개울 서부의 평지에서 회색 포흔기와 2개가 출토됨.

7. 역사적 성격

滿臺城山城은 두만강 지류인 布爾哈通河의 북쪽 지류인 嘎呀河 유역에 위치하는 둘레 약 2.8km의 중대형 산성임. 산성의 북쪽으로는 圖們市와 汪淸縣을 가르는 산줄기가 동서로 기다랗게 놓여 있음. 이로 보아 만대성산성은 두만강 하류에서 布爾哈通河를 경유해 嘎呀河 중상류로 나아가는 교통로에서 중요한 요충지로 파악됨(吉林省文物志編委會, 1985).

다만 산성 내부에서는 축조시기를 단정할 만한 유

물이 거의 출토되지 않았음. 이에 산성의 축조시기에 대해 고구려가 축조하고(孫進己·馮永謙, 1989; 林直樹, 1994; 王綿厚, 1994·2002; 東潮·田中俊明, 1995) 발해와 遼·金이 연용했다는 견해(王禹浪·王宏北, 2007) 및 遼·金이 축조했다는 견해(吉林省文物志編委會, 1985; 國家文物局, 1993; 정영진, 1999; 魏存成, 2002) 등이 제기된 상태임.

축조시기와 관련해 최근 만대성산성이 圖們市와 汪淸縣의 경계지점에 위치한 사실에 주목하여 고구려가 布爾哈通河 연안의 방어나 汪淸縣 지역과의 교류를 위해 축조했을 가능성을 상정하기도 했지만(여호규, 2017), 단정하기는 힘듦. 만대성산성의 축조시기나 그 성격을 보다 명확하게 규명하기 위해서는 향후 더욱 면밀한 고고조사가 필요함.

참고문헌

- 吉林省文物志編委會, 1985, 『圖們縣文物志』, 吉林省文物志編修委員會.
- 孫進己·馮永謙, 1989, 『東北歷史地理』 2, 黑龍江人民出版社.
- 國家文物局, 1993, 『中國文物地圖集』 吉林分冊, 中國地圖出版社.
- 林直樹, 1994, 「中國東北部の高句麗山城」, 『靑丘學術論集』 5.
- 王綿厚, 1994, 「鴨綠江右岸高句麗山城研究」, 『遼海文物學刊』 1994-2.
- 東潮·田中俊明, 1995, 『高句麗の歷史と遺跡』, 中央公論社.
- 魏存成, 1999, 「길림성 내 고구려산성의 현황과 특징」, 『고구려연구』 8.
- 정영진, 1999, 「延邊地域의 城郭에 대한 연구」, 『고구려연구』 8.
- 王綿厚, 2002, 『高句麗古城研究』, 文物出版社.
- 魏存成, 2002, 『高句麗遺蹟』, 文物出版社.
- 王禹浪·王宏北, 2007, 『高句麗·渤海古城址研究匯編』 (上·下), 哈爾濱出版社.
- 여호규, 2017, 「두만강 유역 고구려 성곽의 분포현황과 지방통치의 양상」, 『역사문화연구』 61.

03 도문 정암산성
圖們 亭巖山城

1. 조사현황

○ 州級文物保護單位로 지정됨.
○ 1983년~1985년 吉林省 각 市·縣 文物志 편찬을 위한 문물 조사과정에서 亭巖山城도 조사됨.

2. 위치와 자연환경(그림 1~그림 2)

○ 圖們市 凉水鄕 북쪽 약 11km[1]의 亭巖村에 위치함. 원래 행정구역상 琿春市 관할이었다가, 圖們市 관할로 바뀜(방학봉, 2002).
○ 亭巖村에서 북쪽으로 약 1.5km 떨어진 지점에 해발 463m인 亭子峰이 있는데, 산성은 亭子峰에서 서북쪽으로 약 400m 떨어진 골짜기 내에 위치함. 골짜기 입구는 동향임.
○ 산성이 위치한 골짜기 입구 바깥은 남북 방향의 河谷으로 골짜기 내부에는 汪淸방면으로 통하는 옛길이 있고, 亭巖盆地로 유입되는 개울이 북쪽에서 남쪽으로 흐름.
○ 산성은 수계상 두만강 하류의 소지류인 石頭河 유역에 위치하는데, 이 일대는 두만강 연안까지 산줄기가 발달하여 지형상 두만강 하류의 琿春盆地와 布爾哈通河 연안의 延吉平原을 구분하는 작용을 함.

3. 성곽의 전체현황

○ 포곡식(簸箕型) 산성으로 평면은 불규칙한 삼각형임.
○ 산성의 전체 둘레에 대해서는 2,320m,[2] 2,500m,[3] 2,800m[4] 등 다양한 기록이 있음. 보존상태는 비교적 양호함.

4. 성벽과 성곽시설

1) 성벽

○ 성벽은 기복이 있는 산세를 따라 산등성이에 쌓았음. 크기와 모양이 다른 거친 돌로 성벽을 축조하였는데, 성돌 사이의 이음새나 수평 등을 크게 고려하지 않았으며, 성벽 전체가 안쪽으로 조금 들어가게 쌓았음.
○ 동북벽은 길이가 720m임. 일부 성벽은 자연적으로 훼손됨. 성벽의 최고 높이는 2.8m, 너비는 1~3m임. 안쪽에는 일정하지 않은 간격으로 구덩이 8개가 있는데, 구덩이의 직경은 4m임.
○ 서벽은 길이가 약 800m임. 북단에서부터 약 300m 까지 구간의 성벽 안쪽에 구덩이와 길이 있는데, 구덩

---

1 1km라는 기록이 있으나(國家文物局, 1993), 오기로 추정됨.

2 방학봉, 2002.
3 延邊博物館, 1988; 國家文物局, 1993; 동북아역사재단, 2010.
4 吉林省文物志編委會, 1984; 孫進己·馮永謙, 1989; 林直樹, 1994; 王綿厚, 1994·2002; 馮永謙, 1994; 東潮·田中俊明, 1995; 魏存成, 1999; 정영진, 1999; 王禹浪·王宏北, 2007.

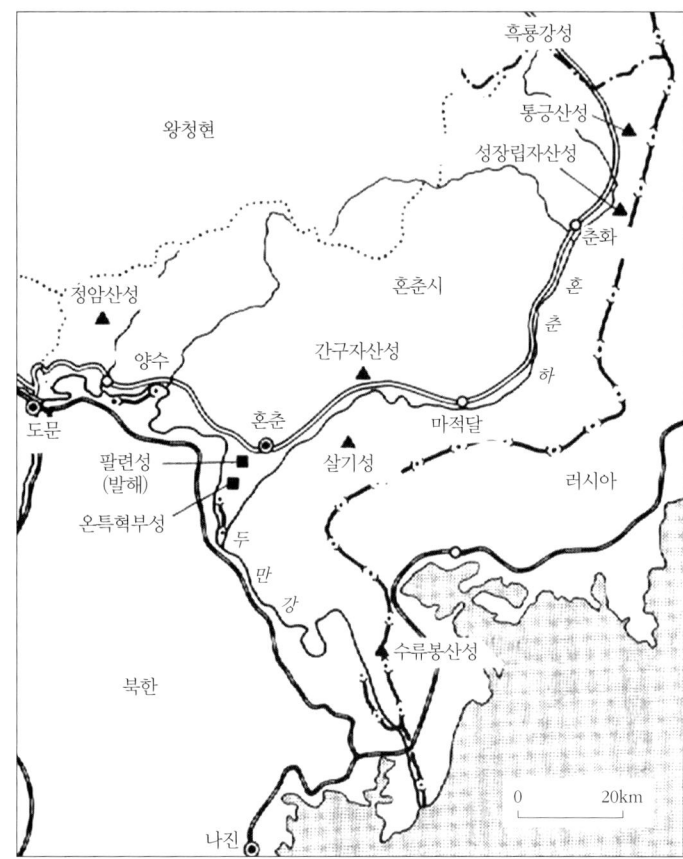

그림 1 정암산성 위치도 1
(東潮·田中俊明, 1995, 382쪽)

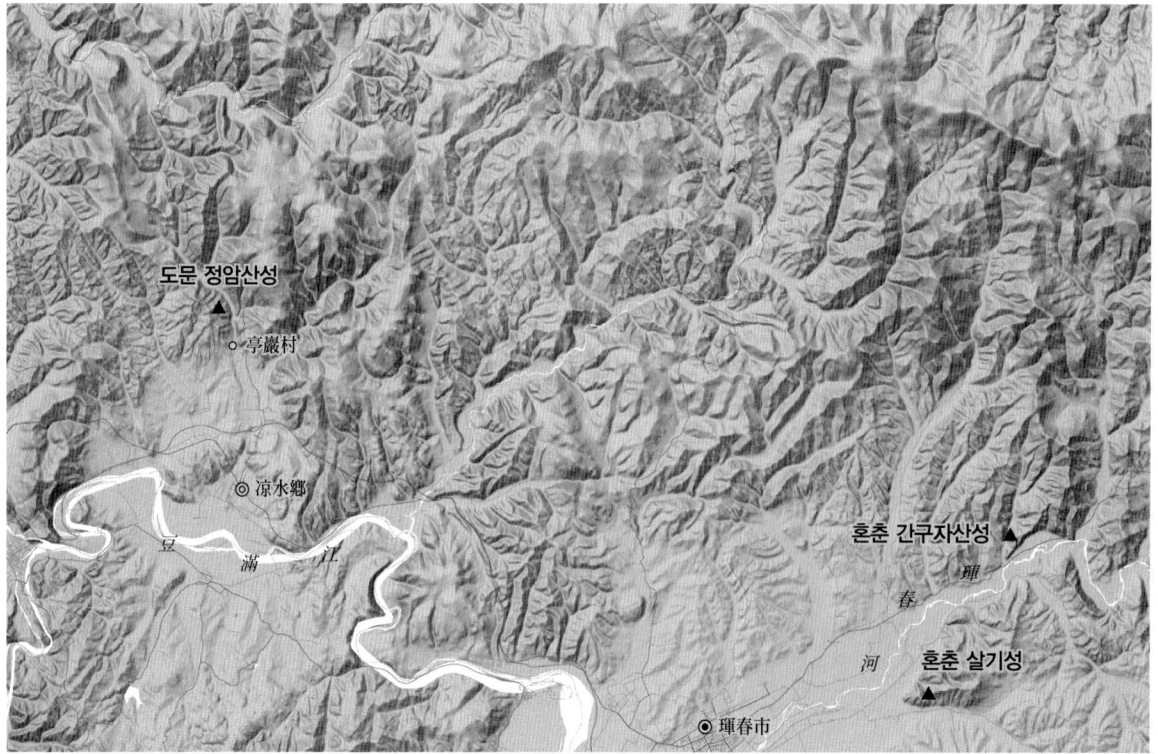

그림 2 정암산성 위치도 2

이는 16개임.[5] 나머지 500m의 구간에서는 다른 시설물이 발견되지 않음. 서벽(특히 남단)은 전체 성벽 가운데 가장 험준한 곳에 위치하는데, 성 바깥이 높이 15m 정도의 가파른 절벽으로, 오르내리기가 매우 어려움.
○ 남벽은 길이가 800m임. 성벽 안측에는 구덩이 7개가 있음.[6]

2) 성문
○ 동문은 성벽 동단의 골짜기 안쪽에 있는데, 골짜기 입구에서 문지까지의 거리는 약 500m임. 현재 너비는 약 30m임. 문지에서 골짜기 입구 중간까지 양면은 높은 산이 마주하고 있어 형세가 험준하고, 돌로 쌓은 두 줄기의 군사시설은 훼손됨.
○ 서문은 2개가 있음.

3) 망대(瞭望臺)
亭子峰은 산성의 천연 망대라고 볼 수 있음. 亭子峰에 올라 주변을 보면, 경영벌, 양수벌, 汪淸으로 통하는 도로와 골짜기 등이 한눈이 들어옴.

4) 회곽도
서벽 북단에서 약 300m까지의 구간 성벽 안쪽에 길이 있음(吉林省文物志編委會, 1984). 회곽도로 추정됨.

5. 성내시설과 유적

1) 건물지
○ 동북벽 내측의 구덩이 8개, 서벽 내측의 구덩이 16개, 남벽 내측의 구덩이 7개 등 총 31개의 구덩이는 병영지로 추정됨. 각 구덩이는 길이 3.4m, 너비 2.3m 임. 구덩이 안쪽에는 온돌(炕板)시설이 갖추어져 있음. 온돌은 구덩이 북반부에 설치되어 있는데, 너비는 1.4m이고, 고래(烟道)는 세 줄이 있음. 동부에는 부뚜막(火灶)이 연결되어 있고, 서쪽에는 돌로 쌓은 굴뚝(烟筒)이 있는데, 너비는 20~30cm임. 구덩이는 敦化城山子山城 내의 수혈주거지와 같은 구조임(林直樹, 1994).
○ 성 바깥 동남부의 亭子峰 서쪽에 구덩이가 있는데, 병영지로 추정됨(吉林省文物志編委會, 1984; 延邊博物館, 1988).

2) 샘
성벽 동단에 있는 문지 서북쪽의 경사진 산골짜기 분지 안쪽에 샘이 있음. 문지와 샘의 거리는 약 30m임.

6. 역사적 성격

亭巖山城은 두만강 하류의 소지류인 石頭河 유역에 위치하는데, 둘레 2.5km 전후의 중대형급 산성임. 이 일대는 두만강 연안까지 산줄기가 발달하여 비교적 험준한 지형을 이루는데, 두만강 하류의 琿春盆地와 布爾哈通河 연안의 延吉平原을 구분하는 작용을 함. 이로 보아 정암산성은 琿春盆地와 延吉平原을 잇는 교통로를 공제하는 한편, 琿春盆地와 汪淸縣 일대를 잇는 교통로를 방어하는 기능도 수행했을 것으로 파악됨(吉林省文物志編委會, 1984; 방학봉, 2002; 王禹浪·王宏北, 2007).

---

5 吉林省文物志編委會, 1984; 馮永謙, 1994; 방학봉, 2002; 王禹浪·王宏北, 2007. 10개라고 보기도 함(延邊博物館, 1988).

6 吉林省文物志編委會, 1984; 延邊博物館, 1988; 王禹浪·王宏北, 2007. 4개라고 보기도 함(馮永謙, 1994).

다만 산성 내부에서는 축조시기를 단정할 만한 유물이 거의 출토되지 않았음. 이에 고구려가 축조하고(林直樹, 1994; 王綿厚, 1994·2002; 東潮·田中俊明, 1995) 발해 등이 연용하였다는 견해(孫進己·馮永謙, 1989; 馮永謙, 1994; 魏存成, 1999·2002; 王禹浪·王宏北, 2007), 발해가 축조하였다는 견해(정영진, 1999; 방학봉, 2002), 遼·金이 축조하였다는 견해(國家文物局, 1993) 등이 제기된 상태임.

또한 정암산성이 汪淸과 琿春을 연결하는 경로에 자리잡았다는 점에 주목하여 발해 이전시기에 축조했을 가능성을 상정하기도 함(동북아역사재단 2010). 최근에는 정암산성이 두만강 유역에서 평지가 가장 넓은 琿春盆地와 延吉平原 중간에 위치한 점에 주목하여 고구려가 두 지역을 연결하는 교통로를 확보하기 위해 정암산성을 축조하고 지방관을 파견했을 가능성을 상정하기도 했음. 고구려 후기 최고 지방관인 柵城 褥薩(都督) 李他仁이 관장했다는 12州 治所城의 하나로 비정할 수 있는 것임(여호규, 2017).

다만 정암산성에서는 축조시기를 단정할 만한 유물이 출토되지 않은 상태임. 정암산성의 축조시기나 그 성격을 보다 명확하게 규명하기 위해서는 향후 더욱 면밀한 고고조사가 필요함.

참고문헌

- 吉林省文物志編委會, 1984, 『琿春縣文物志』, 吉林省文物志編修委員.
- 延邊博物館, 1988, 『延邊文物簡編』, 延邊人民出版社.
- 孫進己·馮永謙, 1989, 『東北歷史地理』 2, 黑龍江人民出版社.
- 國家文物局, 1993, 『中國文物地圖集』 吉林分冊, 中國地圖出版社.
- 林直樹, 1994, 「中國東北部の高句麗山城」, 『靑丘學術論集』 5.
- 王綿厚, 1994, 「鴨綠江右岸高句麗山城研究」, 『遼海文物學刊』 1994-2.
- 馮永謙, 1994, 「高句麗城址輯要」, 『北方史地研究』, 中州古籍出版社.
- 東潮·田中俊明, 1995, 『高句麗の歷史と遺跡』, 中央公論社.
- 魏存成, 1999, 「길림성 내 고구려산성의 현황과 특징」, 『고구려연구』 8.
- 정영진, 1999, 「延邊地域의 城郭에 대한 연구」, 『고구려연구』 8.
- 방학봉, 2002, 『발해성곽연구』, 연변인민출판사.
- 王綿厚, 2002, 『高句麗古城研究』, 文物出版社.
- 魏存成, 2002, 『高句麗遺蹟』, 文物出版社.
- 李强·侯莉閩, 2003, 「延邊地區渤海遺存之我見」, 『北方文物』 2003-4.
- 王禹浪·王宏北, 2007, 『高句麗·渤海古城址研究匯編』 (上·下), 哈爾濱出版社.
- 동북아역사재단, 2010, 『고구려성 사진자료집』(중국 길림성 동부).
- 여호규, 2017, 「두만강 유역 고구려 성곽의 분포현황과 지방통치의 양상」, 『역사문화연구』 61.

제19부

왕청현(汪淸縣) 지역의 성곽

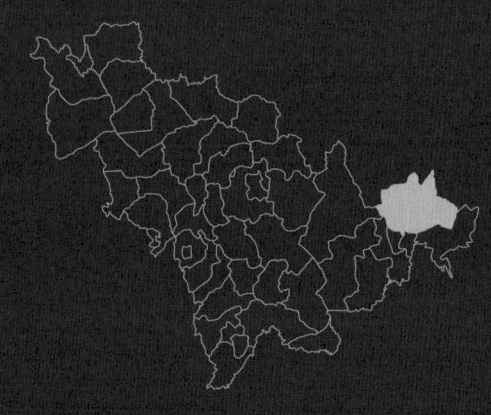

| 유적 분포도 |

△ 산　　ᨓ 장성
▲ 산성　▲ 고분
■ 평지성　● 기타 유적
▬ 관애

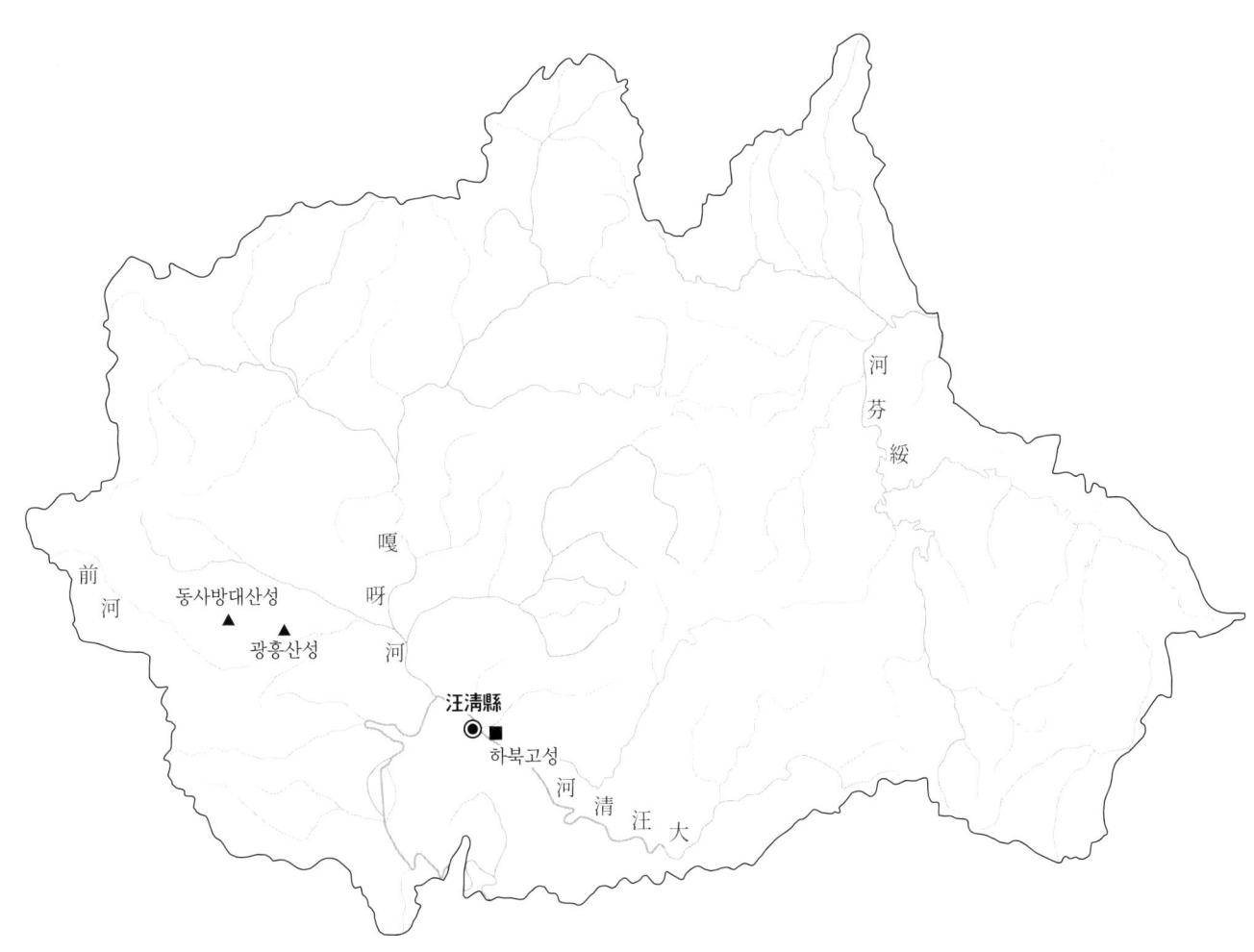

01 왕청 하북고성
汪淸 河北古城 | 江北城址

1. 조사현황

1979년에 조사됨.

2. 위치와 자연환경(그림 1~그림 2)

1) 지리위치
○ 河北古城은 汪淸縣 汪淸鎭에서 동북쪽으로 1~1.5km 떨어진 汪淸河 우안의 河北村(河北大隊) 벽돌 공장(현재는 汪淸縣 公安局 벽돌공장)에 위치함. 성 남측에는 汪淸에서 塔子溝 林場으로 통하는 도로가 있음.
○ 수계상 두만강 지류인 布爾哈通河의 북쪽 지류인 嘎呀河 유역에 해당하는데, 고성 남쪽에서 汪淸河가 동남에서 서북 방향으로 흘러 嘎呀河에 흘러들고 있음.

2) 자연환경
고성의 남쪽과 북쪽으로는 산줄기가 연이어지며, 동서로는 汪淸河 연안을 따라 비교적 넓은 충적평원이 펼쳐지고 있음.

3. 성곽의 전체현황

○ 고성의 평면은 장방형으로 전체 둘레는 1,200m임.
○ 고성에는 벽돌 공장이 세워져 성벽 흔적을 볼 수 없음.

4. 성벽과 성곽시설

성벽은 토석혼축임.

5. 성내시설과 유적

벽돌공장 남단 도로변 대지에 건물 초석이 여러 개 있음. 벽돌공장 남단 도로변을 취토하면서 형성된 구덩이 단면을 보면, 지표에서 20cm 아래에 두께가 약 10~15cm인 벽돌과 기와가 퇴적되어 있음을 볼 수 있음. 아울러 동서 길이가 약 8m인 돌 한 층이 있는데, 성내 건물 유적지로 추정됨(吉林省文物志編委會, 1984; 國家文物局, 1993; 王禹浪·王宏北, 2007).

6. 출토유물

단면 위에 노출된 유물의 범위는 동서 길이 130m인데, 고성의 동서 길이와 유사함.

1) 기와
○ 단면 아래 도로변에서 매우 많은 암키와, 수키와, 끝 암키와(그림 3-3~4), 연화문 와당(그림 3-1~2) 등이 출토됨.
○ 암키와의 내면에는 모두 포흔이 있음. 배면에는 승

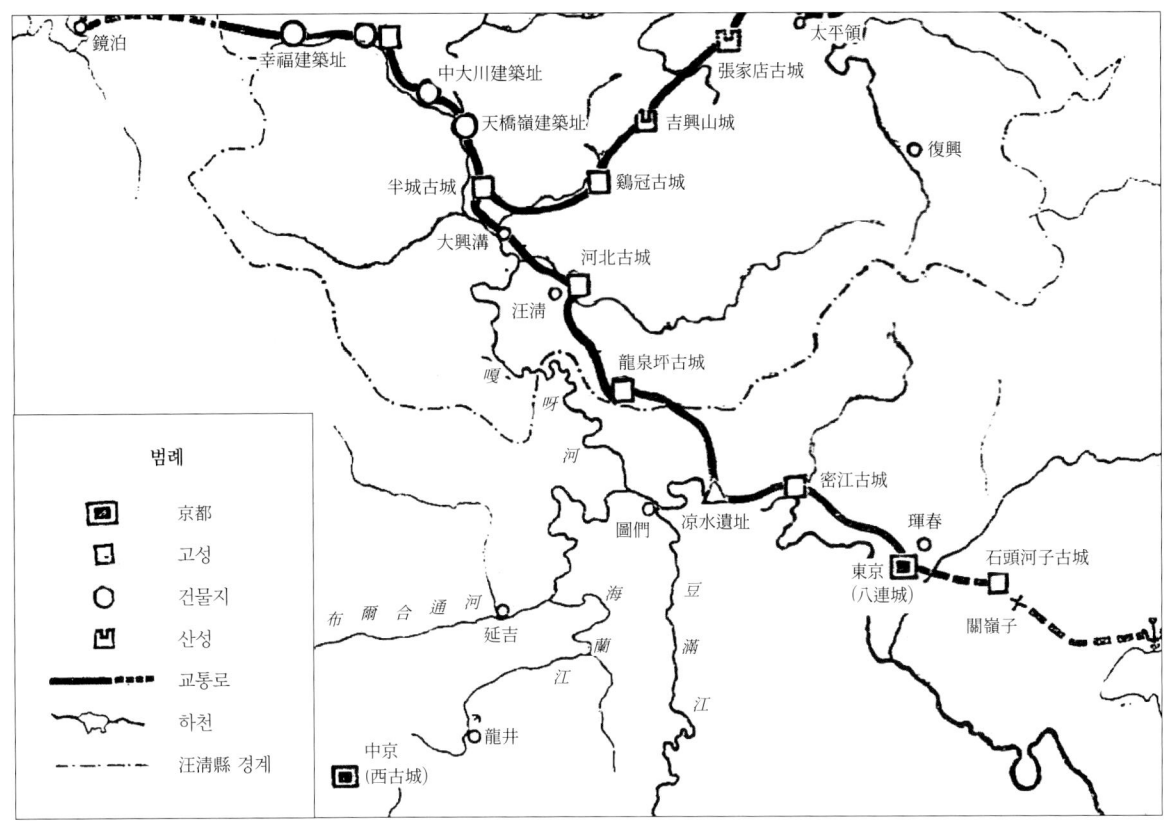

그림 1 하북고성 위치도 1(延邊朝鮮族自治州博物館, 1985, 10쪽)

그림 2 하북고성 위치도 2

그림 3 하북고성 출토유물
(吉林省文物志編委會, 1984, 39쪽)
1~2. 연화문 와당   3~4. 끝암키와
5~7. 화문 벽돌

문과 무문 두 종류가 관찰됨. 기와 상단부에는 지압문이 있음.
○ 수키와의 배면에는 문양이 없고, 내면에는 포흔이 있으며, 하단에는 미구(楣頭)가 있음. 미구에는 1~2줄의 홈(凹槽)이 돌아감.
○ 끝암키와 문양은 승문과 무문 두 종류임. 그리고 사격자문(斜線方格文)과 사격자압인문(斜線壓印文)의 격자 사이에는 중첩된 동심원문(圓圈文)과 십자문 등이 시문됨.
○ 연화문 와당과 끝암키와는 발해시기의 유물로 파악됨(嚴長綠·楊再林, 1988).

2) 벽돌
○ 화문벽돌 문양으로는 연화문, 寶相花文이 있음(그림 3-5~7).

○ 화문벽돌에 대해 발해시기의 유물로 보는 견해가 있음(嚴長綠·楊再林, 1988).

7. 역사적 성격

河北古城은 布爾哈通河의 북쪽 지류인 嘎呀河의 지류인 汪淸河 유역에 위치하는데, 둘레 1.2km인 중소형 평지성임. 汪淸河 연안의 충적평지에 위치하여 지역 거점성의 기능을 수행했을 것으로 추정되며, 발해 상경성이 있었던 牡丹江 유역의 寧安에서 汪淸-圖們을 경유해 두만강 하류 방면으로 나아가는 교통로를 공제하는 기능도 수행했을 것으로 추정됨.

河北古城의 축조시기와 관련해 고구려가 축조하고(延邊博物館, 1988) 발해가 연용했을 것이라고 파악하기도 함(嚴長綠·楊再林, 1988; 嚴長錄, 1990). 이에 대해 고성에서 출토된 지압문 암키와와 연화문 와당 등이 발해의 전형적인 유물이라며(吉林省文物志編委會, 1984; 王禹浪·王宏北, 2007), 발해시기에 축조했다는 견해가 다소 우세한 상황임(延邊朝鮮族自治州博物館, 1985; 國家文物局, 1993; 정영진, 1999; 방학봉, 2002).

특히 발해 후기의 日本道는 上京龍泉府(黑龍江省 寧安縣 渤海鎭)를 출발하여 東京龍原府를 경유해 동해의 항구로 나아갔는데, 이때 汪淸縣은 반드시 거쳐야 하는 곳임. 이 일본도를 따라 발해 유적지가 많이 분포하고 있는데, 河北古城에서는 日本道 상의 다른 발해 유적지에서 보기 힘든 유물이 많이 출토되었다는 점에서 발해시기의 중요한 성곽으로 파악되기도 함(吉林省文物志編委會, 1984).

이처럼 河北古城의 축조시기와 관련해 발해시기에 처음 축조했을 것이라는 견해가 있지만, 고구려시기설도 제기된 상황임. 고성의 축조시기와 그 성격을 규명하기 위해서는 향후 더욱 면밀한 고고조사가 필요한 상황임.

참고문헌

- 吉林省文物志編委會, 1984, 『汪淸縣文物志』, 吉林省文物志編修委員會.
- 延邊朝鮮族自治州博物館, 1985, 「吉林汪淸考古調査」, 『北方文物』 1985-4.
- 嚴長綠·楊再林, 1988, 「延邊地區高句麗-渤海時期紋飾板瓦初探」, 『博物館研究』 1988-2.
- 延邊博物館, 1988, 『延邊文物簡編』, 延邊人民出版社.
- 嚴長錄, 1990, 「연변지구 발해시기의 옛 성터에 관한 고찰」, 『발해사연구』 1, 延邊大學出版社.
- 國家文物局, 1993, 『中國文物地圖集』 吉林分冊, 中國地圖出版社.
- 정영진, 1999, 「延邊地域의 城郭에 대한 연구」, 『고구려연구』 8.
- 방학봉, 2002, 『발해성곽연구』, 연변인민출판사.
- 王禹浪·王宏北, 2007, 『高句麗·渤海古城址硏究匯編』(上·下), 哈爾濱出版社.

02 왕청 광흥산성
汪淸 廣興山城

1. 위치와 자연환경(그림 1~그림 2)

○ 吉林省 汪淸縣 서북쪽 蛤蟆塘鄕 蛤蟆塘村(과거 新興村) 廣興屯(廣興大隊) 서북쪽의 뒷산 위에 위치함. 산성은 산세를 따라 말발굽 형태에 가까운 산봉우리에 축조하였는데, 형세가 매우 험준함.

○ 산성에서 동남쪽으로 1km 떨어진 지점은 鄕과 村 소재지로, 현재는 蛤蟆塘屯이라고 부름. 汪淸~西陽 도로가 산성 남쪽 500m 지점의 산기슭 아래를 통과함.

○ 수계상 두만강 지류인 布爾哈通河의 북쪽 지류인 嘎呀河 유역에 해당하는데, 산성 남쪽에서 前河가 서쪽에서 동쪽으로 흘러 嘎呀河에 흘러들고 있음.

2. 성곽의 전체현황 (그림 3)

○ 산성은 포곡식(簸箕型) 산성으로 산등성이를 따라 축조했으며, 평면은 불규칙함. 전체 둘레는 2,288m임.
○ 산성은 매우 심하게 파괴되었음.

3. 성벽과 성곽시설

1) 성벽
○ 성벽은 토축으로 殘高 약 0.5m, 윗 너비 약 2m임.
○ 동·서·북 3면은 산등성이를 따라 축조하였음. 동·

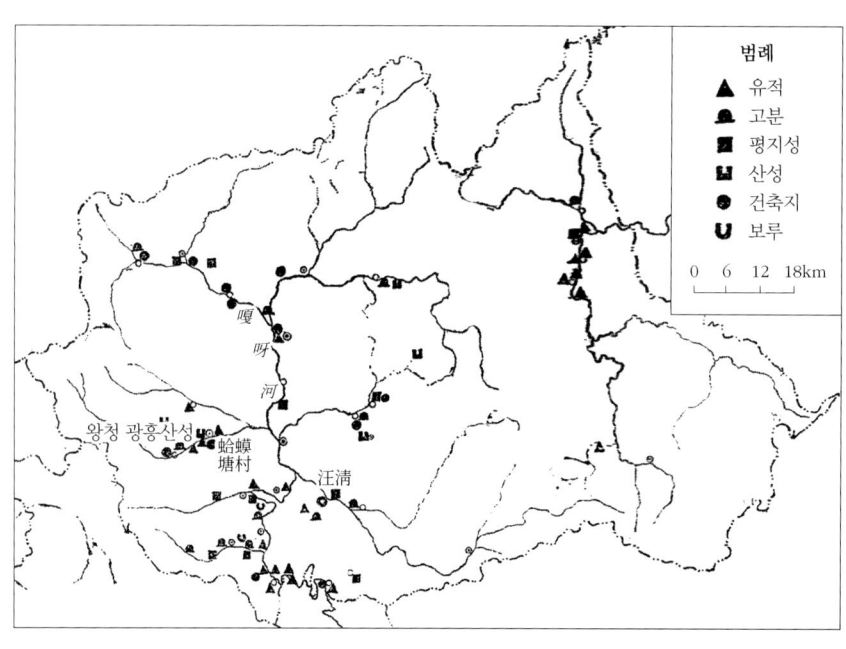

그림 1
광흥산성 위치도 1(延邊朝鮮族自治州博物館, 1985, 10쪽)

그림 2 광흥산성 위치도 2

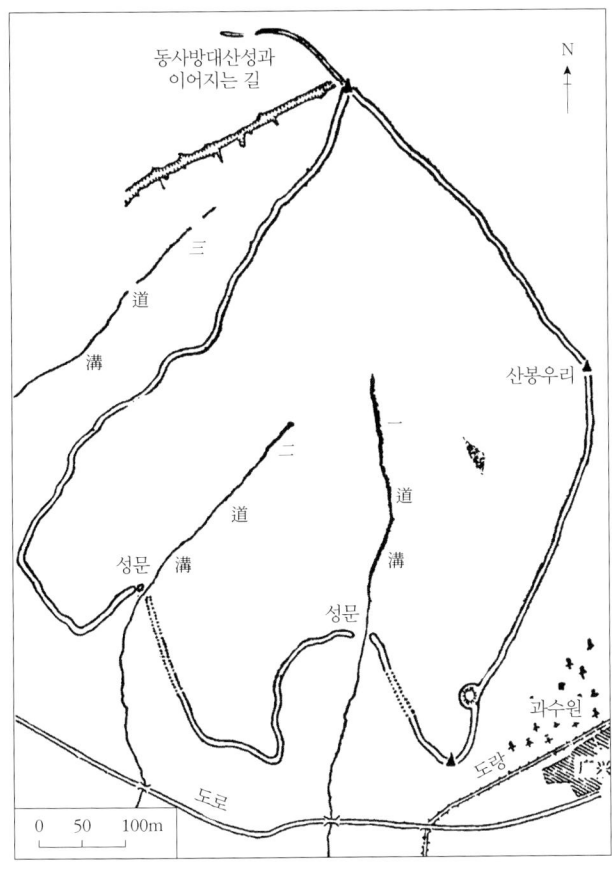

그림 3 광흥산성 평면도(吉林省文物志編委會, 1984, 61쪽)

제19부 왕청현(汪淸縣) 지역의 성곽　603

서벽은 南邊의 두 골짜기까지 뻗어 있으며, 남벽은 중간의 산봉우리를 가로질러 쌓았음.

2) 성문
동·서 골짜기 입구에 남문 2곳이 있는데, 성문의 너비는 10m[1] 또는 17m로[2] 파악되며, 옹성을 갖추고 있다고 보기도 함(정영진, 1999).

3) 角樓
角樓가 있음(정영진, 1999).

4) 치
치가 설치되어 있음(정영진, 1999).

4. 성내시설과 유적

1) 건물지
○ 성내 동·서·북 구릉에서 명확한 계단식의 건물지를 볼 수 있음. 그 지면에는 비교적 많은 토기편이 흩어져 있음.
○ 산성 아래 평지에 金代 건물지가 있음(정영진, 1999).

2) 길
산성의 서북쪽에는 인위적으로 정비한 너비 3m의 흙길이 산등성이를 따라 나 있는데, 지역주민들은 오래된 길이라고 말하고 있음. 길은 5km 밖에 있는 東四方臺山城과 연결됨.

---

1 延邊朝鮮族自治州博物館, 1985.
2 吉林省文物志編委會, 1984; 延邊博物館, 1988; 國家文物局, 1993; 馮永謙, 1994; 정영진, 1999; 魏存成, 2002; 王禹浪·王宏北, 2007; 楊福瑞, 2008.

5. 출토유물

1) 동기

(1) 동제도장
○ 출토지 : 汪淸 廣興山城.
○ 크기 : 변 길이 6.3cm, 柱杻 높이 2.8cm.
○ 형태 : 방형임. 방형 柱杻가 있음. 도장면에는 九疊篆書로 "行軍萬戶所印", 좌측에는 "行軍萬戶所印", 위에는 "金字號", 뒤에는 "貞佑三年二月二十八日□造"라고 새겨져 있음.『金史』百官志에 의하면 "泰和 8년(1208) 윤4월, 展前都點檢司에게 칙을 내려, 總官府의 예를 따라 도장을 만들었는데, '金'·'木'·'水'·'火' 다섯 글자로써 號를 삼게 하고, 本司差人에 주었다"고 함. 도장 뒤에 새겨진 貞佑는 金代 宣宗의 연호인데, 貞佑 3년은 1215년임(延邊博物館, 1988).

(2) 동제거울
○ 출토지 : 汪淸 廣興山城.
○ 크기 : 직경 20.2cm, 무게 1.9kg.
○ 형태 : 1984년 발견됨. 원형임. 거울 뒷편 가운데 부분에 구멍이 뚫린 乳丁형태의 꼭지(紐)가 있음. 꼭지(紐)와 테두리(圈帶) 사이에는 헤엄치고 있는 물고기 두 마리와 水波文이 있음. 테두리(圈帶) 위에는 "河北東路轉運司委差官□三斤"이라는 글자가 양각되어 있음. 이 동제 거울은 金代에 제작된 것임.『金史』地理志에 의하면 金代에 河北路가 설치되어 있었는데, 天會 7년(1129)에 河北東路와 河北西路로 나누어지게 됨. 그리고 각 길에는 조세 징수, 錢谷 징수, 轉運과 倉庫의 출납, 權度量衡 측량 등을 담당하는 轉運司가 설치됨. 가장자리에 보이는 '三斤'은 당시 동전의 실제 무게임. 이로 볼 때 동제 거울은 중원에서 들어왔음을 알 수 있음(延邊博物館, 1988).

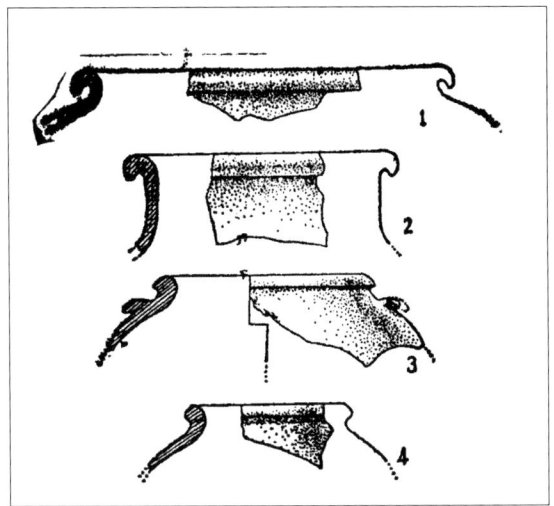

그림 4 광흥산성 출토 토기(吉林省文物志編委會, 1984, 62쪽)

(3) 동전
○ 출토지 : 汪淸 廣興山城.
○ 형태 : 北宋시기의 崇寧重寶, 天聖通寶 각각 1점이 출토됨.

2) 토기
성내 동·서·북 구릉에 있는 계단식 건물지 지면에 비교적 많은 토기편이 흩어져 있음(그림 4).

(1) 호(罐)
○ 출토지 : 汪淸 廣興山城.
○ 형태 : 구순은 둥그스름하고 구연은 말아 올라가 있음(圓脣卷沿). 동체부(腹部)에는 鈕狀 손잡이(器耳) 4개가 있음. 바닥은 평평함(平底). 문양은 없음. 遼·金시기의 특징을 갖추고 있음(吉林省文物志編委會, 1984).
○ 색깔 : 흑갈색.

(2) 토기편
○ 출토지 : 汪淸 廣興山城의 첫 번째 골짜기 입구.
○ 형태 : 원시시대의 토기임(吉林省文物志編委會, 1984).

○ 태토 및 색깔 : 모래혼입의 적갈색 토기.

6. 역사적 성격

廣興山城은 布爾哈通河의 북쪽 지류인 嘎呀河의 지류인 前河 유역에 위치하는데, 둘레 약 2.3km인 중대형 산성임. 지리위치상 嘎呀河의 지류인 前河 유역을 관할하던 거점성이었을 것으로 파악됨.

산성의 축조시기와 관련하여 고구려가 축조하고 발해나 遼·金이 연용하였다는 견해(孫進己·馮永謙, 1989; 林直樹, 1994; 馮永謙, 1994; 東潮·田中俊明, 1995), 발해가 축조하고 遼·金이 연용하였다는 견해(王禹浪·王宏北, 2007), 遼·金이 축조하였다는 견해(吉林省文物志編委會, 1984; 延邊朝鮮族自治州博物館, 1985; 延邊博物館, 1988; 國家文物局, 1993; 정영진, 1999; 魏存成, 2002; 楊福瑞, 2008) 등이 있음.

산성 내부에서 송대의 동전과 금대의 도장이 출토된 만큼 遼·金대에 사용되었을 것은 거의 명확함. 다만 초축시기에 대해서는 논란이 분분한 상황인데, 정확한 축조시기와 그 성격을 규명하기 위해서는 향후 더욱 면밀한 고고조사가 필요한 상황임.

참고문헌

- 吉林省文物志編委會, 1984, 『汪淸縣文物志』, 吉林省文物志編修委員會.
- 延邊朝鮮族自治州博物館, 1985, 「吉林汪淸考古調査」, 『北方文物』 1985-4.
- 延邊博物館, 1988, 『延邊文物簡編』, 延邊人民出版社.
- 孫進己·馮永謙, 1989, 『東北歷史地理』 2, 黑龍江人民出版社.
- 國家文物局, 1993, 『中國文物地圖集』 吉林分冊, 中國地圖出版社.
- 林直樹, 1994, 「中國東北部の高句麗山城」, 『靑丘學術論集』 5.
- 馮永謙, 1994, 「高句麗城址輯要」, 『北方史地硏究』, 中

州古籍出版社.
- 東潮·田中俊明, 1995, 『高句麗の歷史と遺跡』, 中央公論社.
- 魏存成, 1999, 「길림성 내 고구려산성의 현황과 특징」, 『고구려연구』 8.
- 정영진, 1999, 「延邊地域의 城郭에 대한 연구」, 『고구려연구』 8.
- 魏存成, 2002, 『高句麗遺蹟』, 文物出版社.
- 王禹浪·王宏北, 2007, 『高句麗·渤海古城址研究匯編』 (上·下), 哈爾濱出版社.
- 楊福瑞, 2008, 「試論遼朝對遼東地區的經略」, 『內蒙古民族大學學報』 2008-3.

03 왕청 동사방대산성
汪淸 東四方臺山城

1. 위치와 자연환경(그림 1~그림 3)

1) 지리위치

○ 東四方臺山城은 汪淸縣 서북쪽의 蛤蟆塘鄕 東陽村(東陽大隊)에서 북쪽으로 5km 떨어진 東四方臺山에 자리잡고 있는데, 東四方臺山은 매우 험준하고 해발 956m로 汪淸縣 경내에서 가장 높은 산봉우리 가운데 하나임.

○ 東四方臺山 정상에는 5km의 개활하고 평탄한 대지가 있는데, 불규칙한 四邊形임. 산성은 인접한 두 개의 대지 가운데 동부에 위치하기 때문에 東四方臺라고 부름.

○ 서측 산기슭 아래에서 남쪽으로 가면 東陽屯 서쪽의 遼·金 건물지에 도달할 수 있음. 동쪽으로 산등성이 옛길을 따라 약 5km 정도 가면 廣興山城에 도달할 수 있음.

2) 자연환경

○ 수계상 두만강 지류인 布爾哈通河의 북쪽 지류인 嘎呀河 유역에 해당하는데, 산성 남쪽의 하곡평지에는 前河가 서쪽에서 동쪽으로 흘러 嘎呀河에 흘러들고 있음.

○ 산성이 위치한 동·서 대지(東·西方臺)의 중간에는 여러 줄기의 개울이 유입되어 이루어진 소하천이 흐

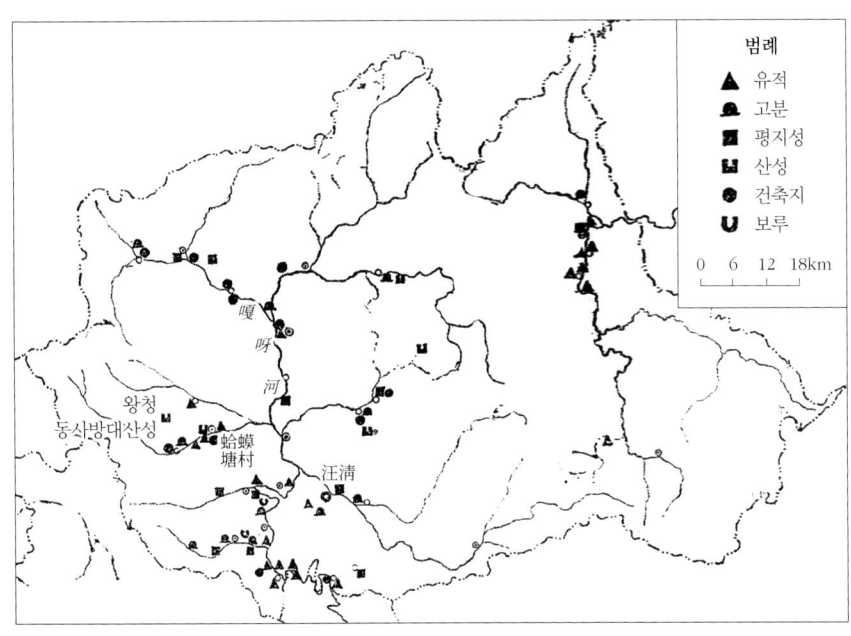

그림 1 동사방대산성 위치도 1
(延邊朝鮮族自治州博物館, 1985, 10쪽)

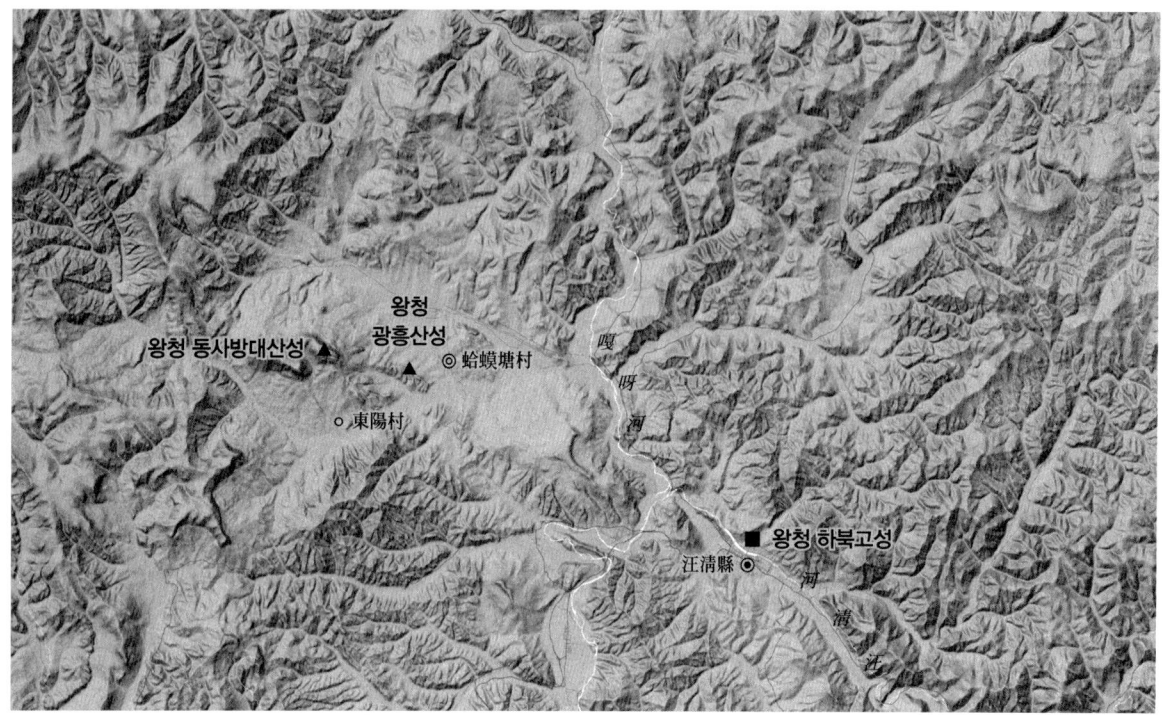

그림 2 동사방대산성 위치도 2

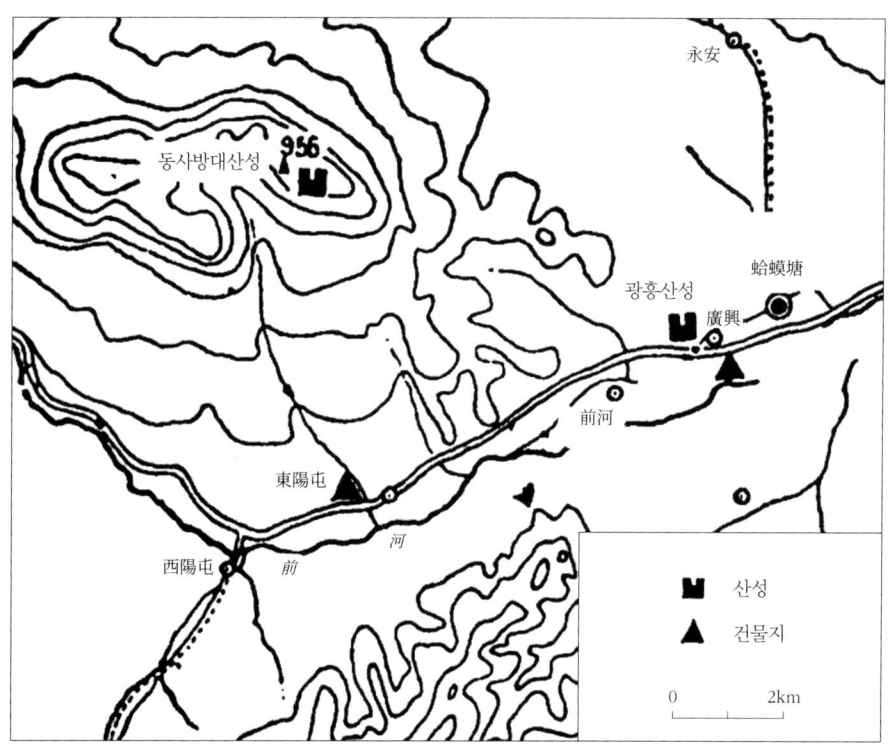

그림 3
동사방대산성 위치도 3
(吉林省文物志編委會, 1984, 62쪽)

르는데, 산 아래로 흘러 내려가 東陽屯에서 서남쪽 0.5km 거리에서 前河로 유입됨.

2. 성곽의 전체현황

○ 산성 남부는 화산 폭발로 형성된 너비 30~40m의 깊은 함몰부에 의해 두 부분으로 나뉘는데, 고도차는 70~80m임. 함몰부는 여러 개의 지표면(大板塊)으로 나뉘어 있는데, 단속적으로 이어져 평평하지 않음.
○ 산정식 산성으로 정상부의 험준한 지대와 절벽 가장자리를 따라 축조했는데, 평면은 불규칙한 四邊形 혹은 원형이며, 전체 둘레는 약 5,000m임.
○ 성 안에는 2개의 內城이 있음. 수목들이 무성히 자라고 있으나, 보존상태는 비교적 양호함.

3. 성벽과 성곽시설

1) 성벽
○ 성벽은 흙 또는 돌로 축조하였는데, 남아 있는 성벽 기저부의 너비는 약 15m이고, 윗 너비는 3m임.
○ 동북 모서리의 수백 m에 달하는 절벽 구간을 제외하고 그 나머지는 모두 토축임. 서벽은 특별히 견고하게 축조함.

2) 성문
성문은 동변의 산골짜기 안에 있는데, 너비는 약 5m임. 옹성을 갖추고 있음(정영진, 1999).

3) 角樓
산성 모서리와 돌출 지점에 모두 角樓(혹은 치)가 있음.

4) 참호(護城溝, 護城壕)
성 바깥 서북 모서리의 평탄한 지점에 참호(護城溝, 護城壕)가 파여 있는데, 산기슭까지 뻗어 있음. 너비는 약 10여 m임.

4. 성내시설과 유적

1) 건물지
內城 2개 가운데 하나는 건물지로 방형 담장으로 둘러싸여 있음.

2) 우물
성내에는 오래된 우물 한 곳이 있음.

3) 샘
성내 움푹 들어간 지점에 지하수가 솟아오르고 있는데, 지하수가 합쳐져 작은 개울을 이루면서 산 아래로 흘러나감.

5. 출토유물

성내에서 遼·金시기의 유물이 출토됨(馮永謙, 1994).

1) 동기
동쪽 대지(東四方臺)에서 唐代의 開元通寶, 金代의 大定通寶, 宋代의 天顯通寶 등이 출토됨.

2) 철기
1975년 西陽村의 小學生이 산성 내에서 철제 솥(鍋)을 발견함(그림 4). 현재는 延邊博物館이 소장하고 있음. 솥은 直口이고 구연부는 꺾였으며, 동체가 깊고, 바닥은 둥그스름함. 솥 안은 비교적 평평함. 동체부에

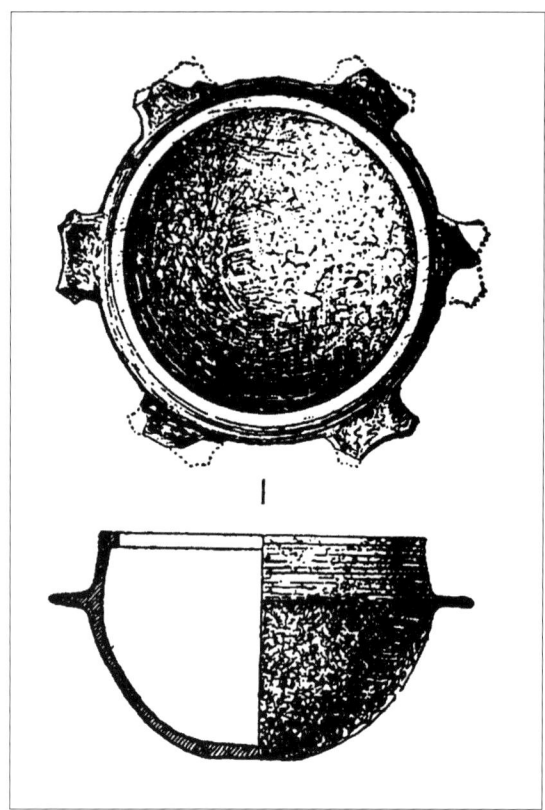

그림 4 동사방대산성 출토 철제솥(吉林省文物志編委會, 1984, 63쪽)

는 솥귀 6개가 있음. 솥귀와 구연부 사이에는 9줄의 철현문이 있음. 口徑은 38cm, 높이는 24cm, 무게는 20.5kg임. 솥귀 6개를 가진 솥은 金代의 토기에 자주 보임(吉林省文物志編委會, 1984; 延邊朝鮮族自治州博物館, 1985).

6. 역사적 성격

東四方臺山城은 布爾哈通河의 북쪽 지류인 嘎呀河의 지류인 前河 유역에 위치하는데, 둘레 약 5km인 산정식의 대형산성으로 汪淸縣 경내의 산성 가운데 가장 규모가 큼. 특히 높고 험준한 산 정상에 위치하며 前河와 後河 일대를 한눈에 조망할 수 있다는 점에서 군사요새로 파악

됨(吉林省文物志編委會, 1984; 王禹浪·王宏北, 2007).

산성의 축조시기와 관련해 고구려가 축조하고(孫進己·馮永謙, 1989; 林直樹, 1994; 王綿厚, 1994·2002; 東潮·田中俊明, 1995) 발해·遼·金·元이 연용하였다는 견해(馮永謙, 1994; 王禹浪·王宏北, 2007), 遼·金이 축조하였다는 견해(延邊朝鮮族自治州博物館, 1985; 延邊博物館, 1988; 國家文物局, 1993; 정영진, 1999; 魏存成, 2002; 楊福瑞, 2008) 등이 있음.

특히 산성의 형태나 주변의 廣興山城과 東陽건물지와의 연관관계를 근거로 遼·金시기에 축조되었고, 東陽건물지와 함께 元代에도 사용되며 東洋州라고 불렸다고 파악하기도 함. 元代에는 唆吉(현 敦化)에서 開元(현 黑龍江省 東寧縣 大城子古城)에 이르는 교통로의 중요한 역참시설로 기능했다는 것임(吉林省文物志編委會, 1984).

산성에서 금대와 송대의 동전이 출토된 만큼 요·금대에 사용했다는 것은 거의 명확함. 다만 초축시기에 대해서는 논란이 분분한 상황인데, 정확한 축조시기와 그 성격을 규명하기 위해서는 향후 더욱 면밀한 고고조사가 필요함.

참고문헌

- 吉林省文物志編委會, 1984, 『汪淸縣文物志』, 吉林省文物志編修委員會.
- 延邊朝鮮族自治州博物館, 1985, 「吉林汪淸考古調査」, 『北方文物』 1985-4.
- 延邊博物館, 1988, 『延邊文物簡編』, 延邊人民出版社.
- 孫進己·馮永謙, 1989, 『東北歷史地理』 2, 黑龍江人民出版社.
- 國家文物局, 1993, 『中國文物地圖集』 吉林分冊, 中國地圖出版社.
- 林直樹, 1994, 「中國東北部の高句麗山城」, 『靑丘學術論集』 5.
- 王綿厚, 1994, 「鴨綠江右岸高句麗山城硏究」, 『遼海文物學刊』 1994-2.
- 馮永謙, 1994, 「高句麗城址輯要」, 『北方史地硏究』, 中州古籍出版社.

- 東潮·田中俊明, 1995, 『高句麗の歷史と遺跡』, 中央公論社.
- 魏存成, 1999, 「길림성 내 고구려산성의 현황과 특징」, 『고구려연구』 8.
- 정영진, 1999, 「延邊地域의 城郭에 대한 연구」, 『고구려연구』 8.
- 王綿厚, 2002, 『高句麗古城研究』, 文物出版社.
- 魏存成, 2002, 『高句麗遺蹟』, 文物出版社.
- 王禹浪·王宏北, 2007, 『高句麗·渤海古城址研究彙編』(上·下), 哈爾濱出版社.
- 楊福瑞, 2008, 「試論遼朝對遼東地區的經略」, 『內蒙古民族大學學報』 2008-3.

제20부

혼춘시(琿春市) 지역의 유적

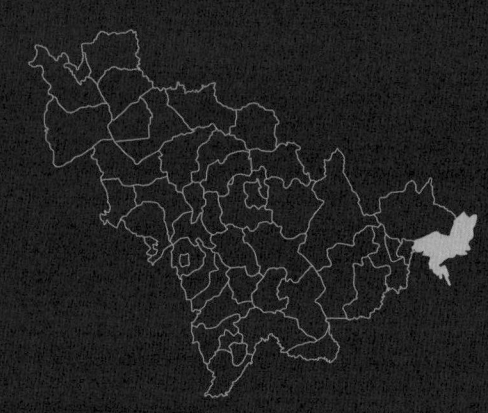

| 유적 분포도 |

- △ 산
- ▲ 산성
- ■ 평지성
- ▬ 관애
- ᘛᘚ 장성
- ▲ 고분
- ● 기타 유적

통긍산성
성장립자산성
영성자고성
정암산성
간구자산성
농평산성
양목림자유적
도원동남산성
살기성
琿春市
석두하자고성
온특혁부성
수류봉산성

嘎呀河
두만강
琿春河
변장유적

0 5 10 15km

1
성곽

01 혼춘 온특혁부성
琿春 溫特赫部城

1. 조사현황

1981년 4월 20일 吉林省 重點文物保護單位로 지정됨.

1) 1900년대 초
○ 조사자 : 鳥居龍藏, 鳥山喜一, 三上次男, 斋藤甚衛兵, 三宅俊定, 島田正郎 등.
○ 조사내용 : 琿春市, 和龍市, 延吉市, 圖們市, 龍井市, 敦化市 등을 조사하면서, 溫特赫部城도 함께 조사함.

2) 1972년
○ 조사기간 : 1972년 5월 초~1962년 초.
○ 조사자 : 李健才.
○ 조사내용 : 琿春 경내의 고성에 대해 조사를 진행함.

3) 1979년
○ 조사자 : 吉林省 文物考古練班.
○ 조사내용 : 각 地區·縣(市) 文物의 간부가 참여한 吉林省 文物考古練班이 汪淸, 琿春, 龍井, 和龍 경내의 유적에 대한 대규모 고고조사를 진행하였는데, 이때 溫特赫部城도 함께 조사함.

4) 1983~1985년
○ 조사기관 : 吉林省 文物局.
○ 조사내용 : 1983~1985년 吉林省 각 市·縣 文物志 편찬을 위한 문물 조사과정에서 溫特赫部城도 조사함.

5) 1989년
○ 조사자 : 엄장록, 정영진.
○ 조사내용 : 동벽 단면을 발굴하면서 기와를 수습함.

6) 1992년
○ 조사기관 : 省·州·縣聯合考古發掘隊.
○ 조사내용 : 琿(春)沙(沱島) 도로를 건설할 때 溫特赫部城의 동벽과 남벽을 절개하였고, 발해시기에 축조되었다는 결론을 내림.

2. 위치와 자연환경(그림 1~그림 6)

1) 지리위치
○ 琿春市에서 서남쪽으로 약 10km 떨어진 三家子鄕 古城村의 두만강 東岸 대지에 위치하는데, 琿春河 충적평원의 끝부분임.
○ 동북쪽으로 5km 떨어진 지점에 八連城이 있음.

2) 자연환경
○ 서쪽으로 1km 떨어진 지점에 두만강이 북쪽에서 남쪽으로 흘러감.
○ 성의 동·남·북 세 면은 개활한 두만강의 충적분지와 접하고 있음.

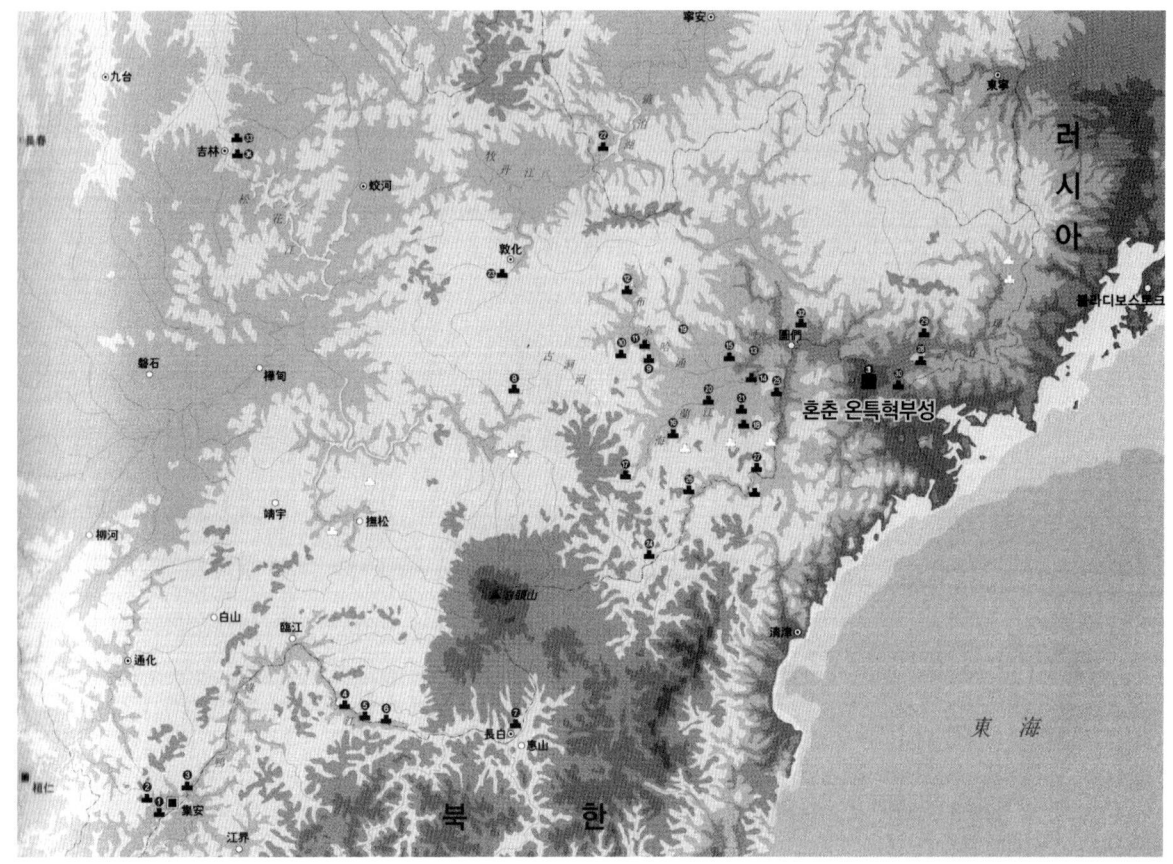

그림 1 온특혁부성 위치도 1

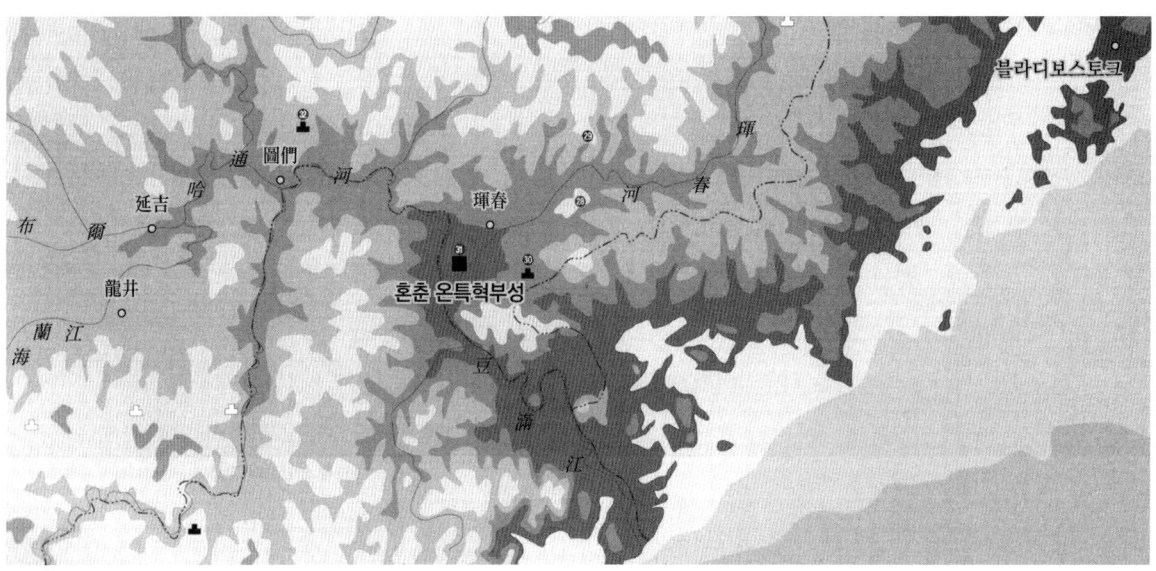

그림 2 온특혁부성 위치도 2

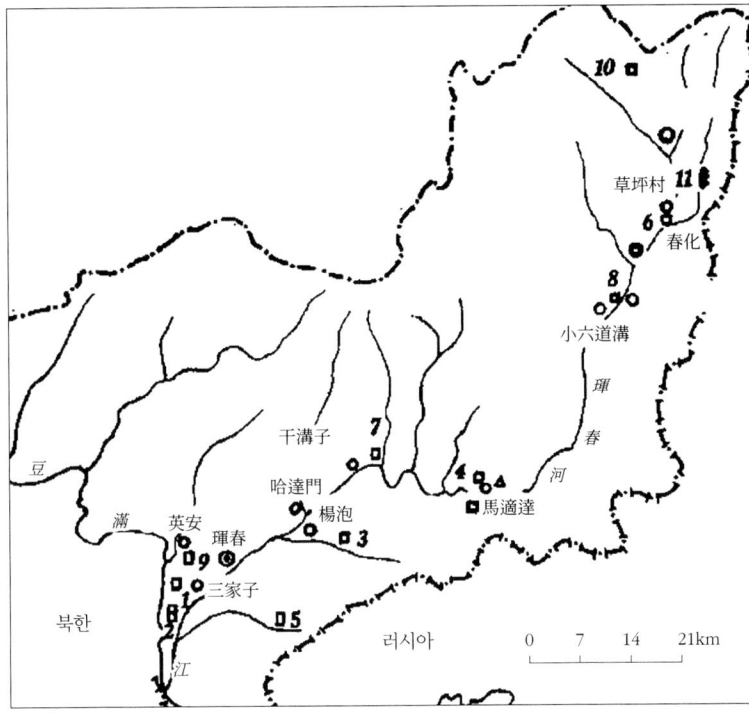

그림 3 온특혁부성 위치도 3
(李健才, 1985, 140쪽)
1. 팔련성
2. 온특혁부성, 비우성
3. 살기성
4. 도원동남산성
5. 석두하자고성
6. 영성자고성
7. 간구자산성
8. 소육도구산성
9. 영안성
10. 통긍산성
11. 성장립자산성

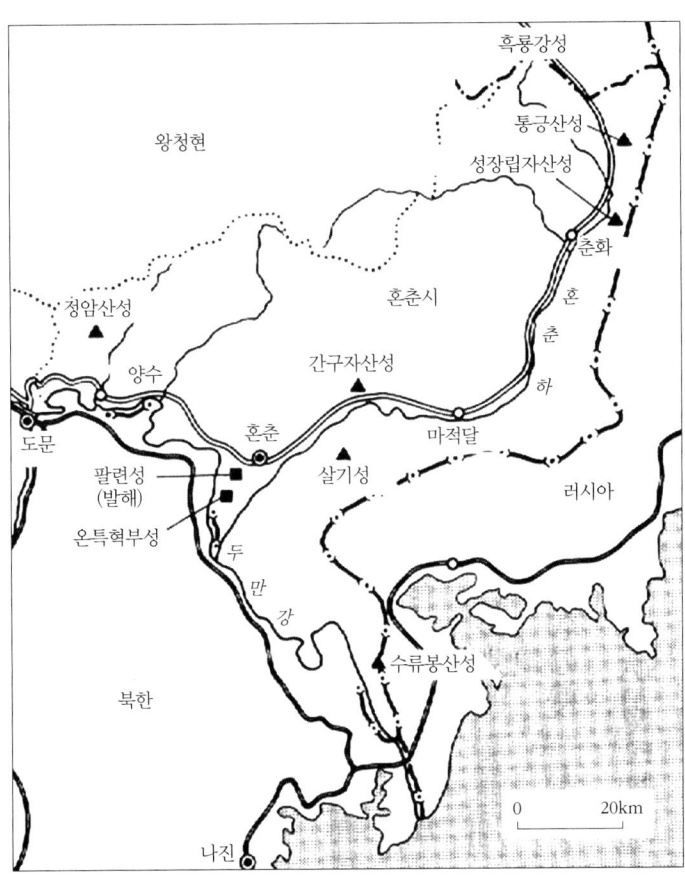

그림 4 온특혁부성 위치도 4
(東潮·田中俊明, 1995, 382쪽)

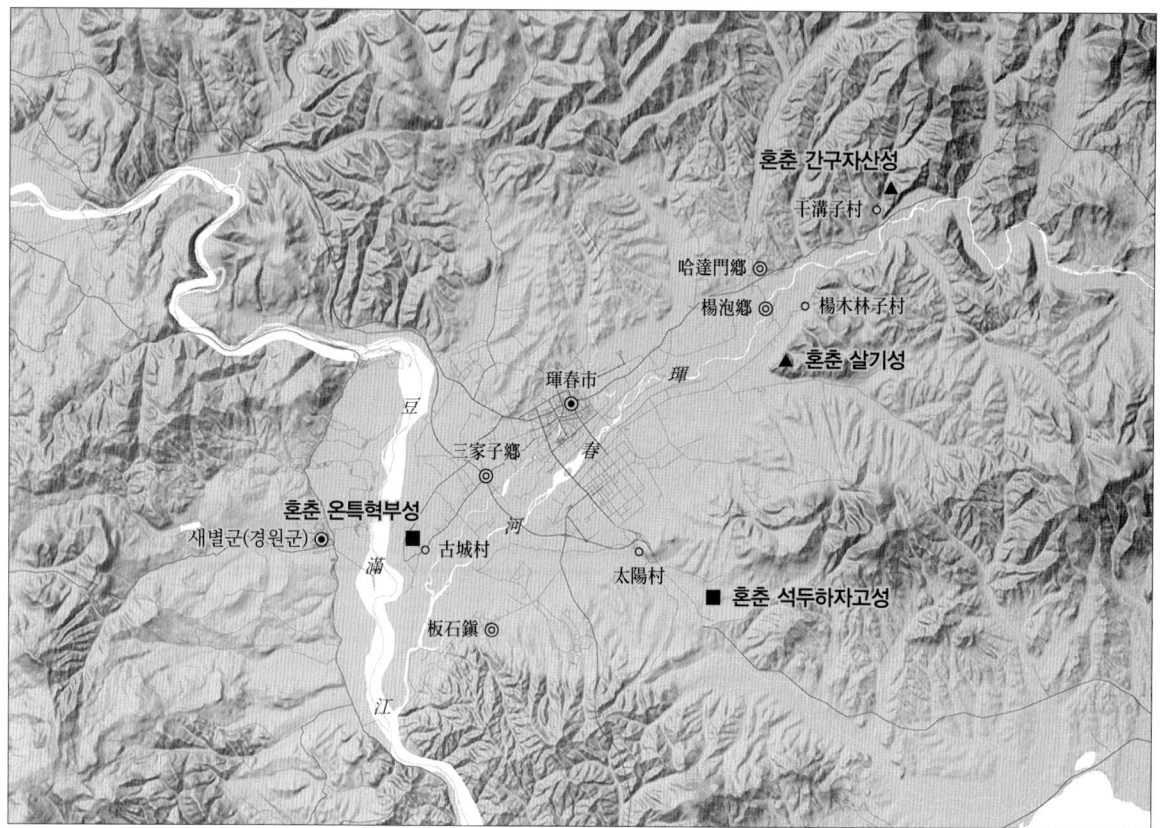

그림 5 온특혁부성 위치도 5

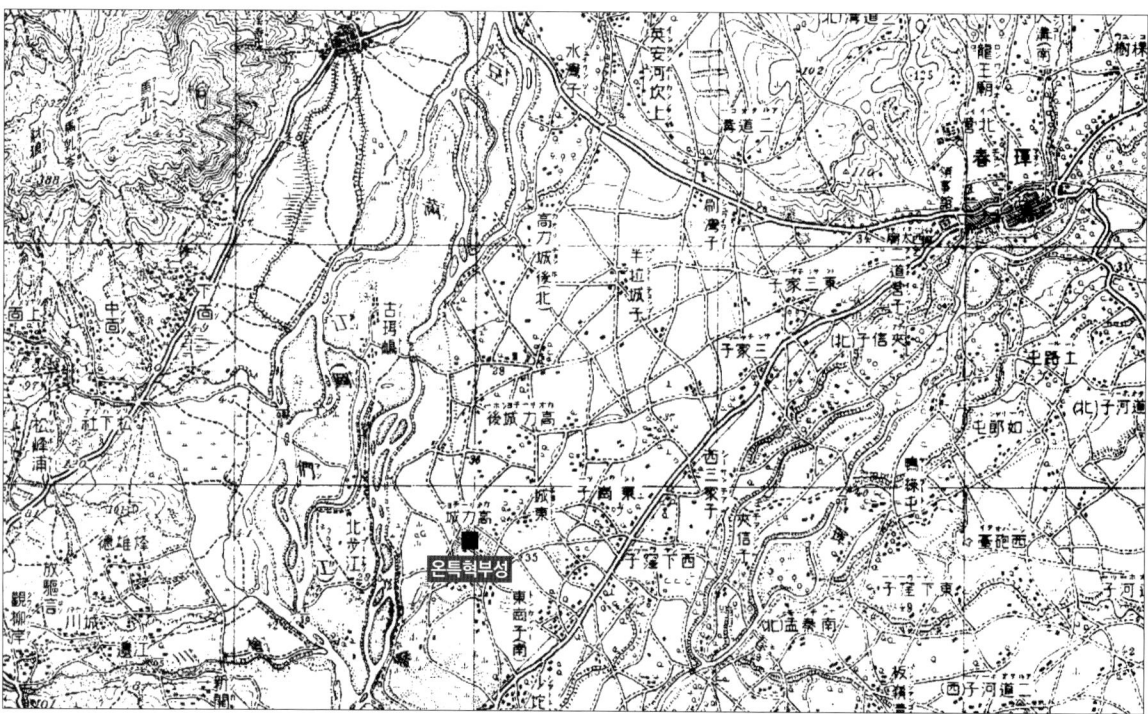

그림 6 온특혁부성 주변 지형도(滿洲國 10만분의 1 지형도)

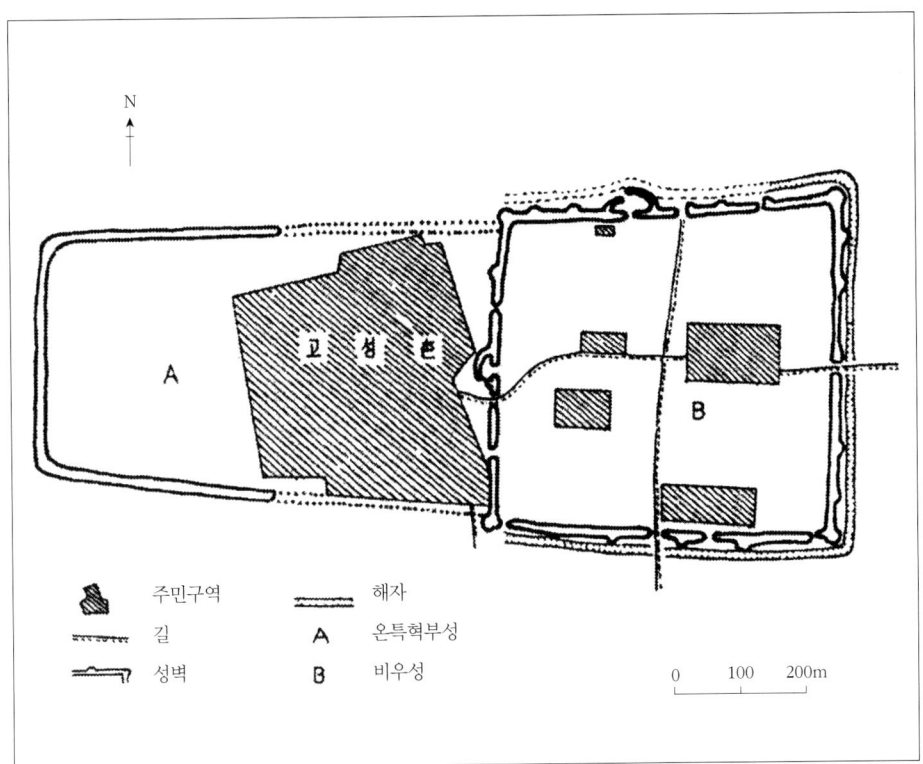

그림 7
온특혁부성 평면도
(정영진, 1990, 300쪽)

3. 성곽의 전체현황(그림 7)

○ 溫特赫部城은 斐優城과 성벽을 사이에 두고 마주하고 있는데, 고성의 북벽은 斐優城의 남벽이 됨. 이 때문에 두 성을 "姉妹城"이라고 부름.

○ 성의 평면은 사다리꼴 혹은 장방형인데, 동벽 길이 710m, 서벽 길이 710m, 남벽 길이 381m, 북벽(斐優城의 남벽) 길이 468m로, 전체 둘레는 2,269m로 조사되었음.[1] 이에 대해 전체 둘레가 2,247m라는 기록,[2] 2,290m라는 기록,[3] 동서 너비가 120丈라는 기록[4] 등

도 있음.

○ 성내 서남부는 경작지, 동북부는 古城村 주거지로 변모하여 그 자취를 찾아보기 어려우나, 연접한 斐優城의 잔존 성벽 등을 통해 원래의 모습을 유추할 수 있음.

4. 성벽과 성곽시설

1) 성벽

○ 성벽은 풍화와 인위적인 파괴로 인해 원래 모습을 찾을 수가 없음. 동·서 양 벽 북단과 북벽은 평평하게 되었고, 동·서 양 벽의 남단과 남벽은 날아온 모래로 뒤덮여 모래 언덕 형태를 이루고 있는데, 높이는 약 2~3m임. 동벽은 斐優城 서벽에 의해서 파괴되었고, 북벽은 斐優城의 남벽에 파묻혔음.[5] 동벽에는 트인 곳

---

1 吉林省文物志編委會, 1984; 嚴長綠·楊再林, 1988; 延邊博物館, 1988; 嚴長錄, 1990; 國家文物局, 1993; 東潮·田中俊明, 1995; 방학봉, 1999; 王禹浪·王宏北, 2007; 동북아역사재단, 2010; 임기환, 2012.

2 李健才, 1985.

3 王綿厚, 2002.

4 吉林師範學院古籍研究所, 1991.

5 溫特赫部城의 북쪽 끝이 斐優城으로 인해 파괴된 것인지 명확하지

(缺口)이 여러 곳 있음.
○ 성벽의 축조방식은 토축으로 조사되었지만,[6] 토석 혼축으로 보기도 함.[7]
○ 성벽(城址)의 높이는 2~6尺임.

2) 성문
고성 네 면에 각각 1개의 문이 있다는 기록이 있음(吉林師範學院古籍研究所, 1991).

3) 토루
서벽 모서리에 토루 4개가 있음.

4) 城洞
城洞을 확인할 수 있다고 함(吉林師範學院古籍研究所, 1991).

5) 해자
성 동쪽과 남쪽에 해자가 있음.

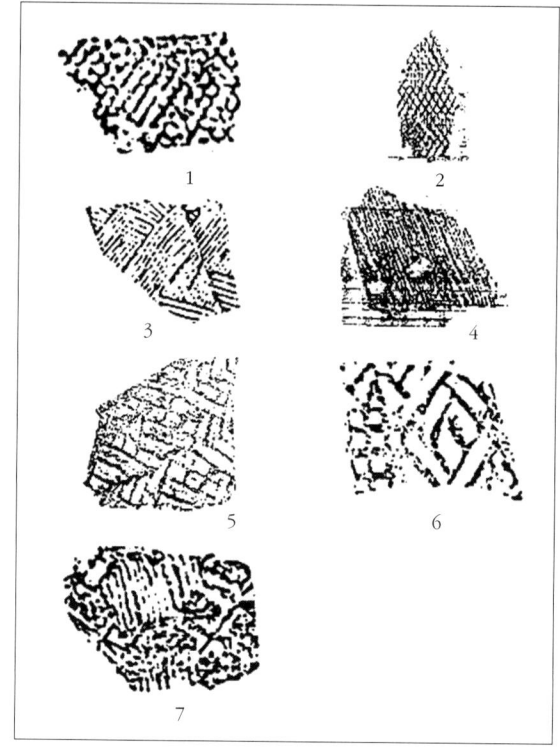

그림 8 온특혁부성 출토 기와 문양(嚴長綠·楊再林, 1988, 836~838쪽)
1~2. 격자문 암키와 3. 석문 암키와 4. 菱形回文 암키와
5. 棕葉文·망문·석문 암키와 6. 網格文·승문 암키와
7. 망문·승문 암키와

5. 출토유물

○ 성내와 남벽 바깥 지면에 기와편과 토기편이 흩어져 있음.
○ 고성 중부 生産隊 농장 주위의 도랑을 보면, 지표 아래 0.4~1m 깊이에서 문화층을 확인할 수 있는데, 기와편과 토기편 등이 포함되어 있음.

1) 동기
元祐通寶, 崇寧通寶, 洪武通寶, 그리고 常平通寶 등 동전이 출토됨.

2) 철기
철제칼가니솥(鐵坩鍋)이 출토됨. 철제칼가니솥은 물결(流)과 손잡이(把)가 있고, 밑부분에는 乳丁 모양의 작은 다리 세 개가 있음. 금속을 녹이는 유물임(吉林省文物志編委會, 1984; 王禹浪·王宏北, 2007). 발해시기 유물로 보기도 함(楊雨舒, 2005).

3) 토기
○ 토기편은 대부분 물레로 제작한 니질의 회색임.
○ 고성 중부 生産隊 농장 주위의 도랑 문화층 안에 보

않다는 기록도 있음(東潮·田中俊明, 1995).

[6] 嚴長綠·楊再林, 1988; 延邊博物館, 1988; 嚴長錄, 1990; 정영진, 1990·1999; 國家文物局, 1993; 방학봉, 1999; 양시은, 2012.

[7] 王綿厚, 2002.

이는 토기로는 항아리(缸)·옹(瓮)과 같은 큰 토기, 발(鉢)·호(罐)·구멍이 많은 토기 등 비교적 작은 토기, 橋狀耳·乳丁狀橫穿小耳와 같은 손잡이(耳) 등이 있음. 구멍이 많은 토기와 乳丁狀橫穿小耳 등은 小城子古城, 발해 楊泡유적지에서도 보임(吉林省文物志編委會, 1984; 방학봉, 1999; 王禹浪·王宏北, 2007).

4) 기와

○ 성 남부와 인접해 있는 斐優城 내에 고구려 기와편이 흩어져 있음.

○ 대부분이 회색 포흔 기와이고, 적갈색 기와도 보임. 와질은 비교적 단단함. 기와의 문양에는 승문, 蓆文, 격자문, 菱形回文, 사격자문 등이 있음. 대부분 암키와이고, 미구(樸頭)가 있는 수키와도 보임. 격자문의 경우 格子邊의 길이 3cm, 너비 2.7cm, 선의 굵기 0.3cm임(그림 8-1). 또 다른 격자문의 경우 格子邊의 길이 0.6cm, 선의 굵기 0.1~0.2cm임(그림 8-2). 蓆文 암키와는 선이 가늘고 9줄의 평행선이 가로세로 교차하고 있는데, 蓆格의 남은 길이 6cm, 너비 2.7cm임(그림 8-3). 菱形回文 기와는 크기가 다른 菱格이 서로 겹쳐져 있는데, 안쪽 변의 菱格 길이는 1.5cm, 바깥 변의 菱格 길이는 4cm임(그림 8-4). 棕葉文, 망문, 석문이 함께 있는 암키와(그림 8-5), 網格文과 승문이 함께 있는 암키와(그림 8-6), 망문과 승문이 함께 있는 암키와(그림 8-7) 등도 출토됨.

○ 고성 중부 生産隊 농장 주위의 도랑 문화층에서는 고구려와 발해시기의 기와가 출토되었는데, 연화문 와당, 승문·蓆文·사격자문 암키와, 지압문·圈線文 花緣瓦 등이 출토됨. 이 가운데 연화문 와당과 圈線文 花緣瓦의 형태는 琿春 八連城에서 출토된 것과 같음(延邊博物館, 1988; 방학봉, 1999). 한편 연화문 와당과 圈線文 花緣瓦는 발해가 上京城으로 천도한 이후에 유행한 양식을 갖추고 있다는 견해가 있음(魏存成, 2007).

○ 성내에서 수면문 와당이 출토되었는데, 遼·金시기

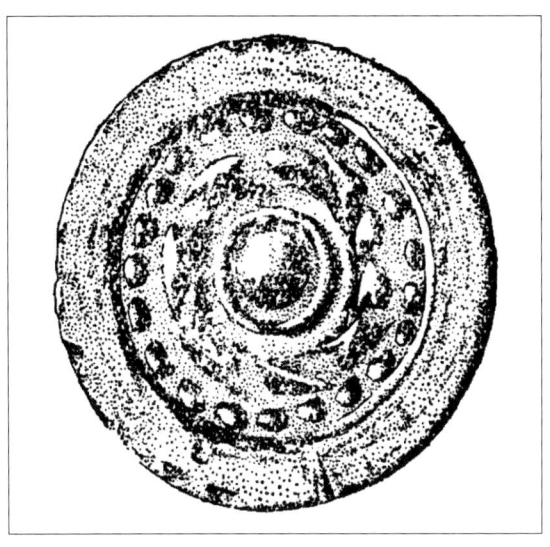

그림 9 온특혁부성 출토 立蓮花文 와당(延邊博物館, 1988, 58쪽)

의 와당으로 보기도 함(嚴長綠·楊再林, 1988).

○ 1960년경에 성내에서 立蓮花文 와당이 출토됨. 보존상태는 매우 양호한데, 니질의 황갈색임. 바깥 직경은 14.5~15cm, 주연부는 너비 1.8cm, 두께 3.5cm, 높이 1.3cm임(그림 9). 소형 돌기가 연주문 형태로 주연을 돌아가고 있음. 立蓮花文 와당은 集安 東臺子유적지나 평양 유적지에서도 확인됨. 立蓮花文 와당의 출현 시기와 관련하여, 溫特赫部城과 東臺子유적지 출토 와당을 평양 출토 와당보다 늦은 형식으로 보는 입장은 연판 개수의 변화와 문양의 복합성을 근거로 평양천도 이후 시기인 5세기 초반(王飛峰, 2013) 또는 5세기 후반(백종오, 2006)으로 편년함. 평양 출토 와당을 빠르게 보는 견해는 주연부에 연주문이 돌아가는 입연화문 와당이 중국 東魏(535~550)와 陳代(557~589)에 등장하기 시작하였고 隋·唐代 와당의 주요 문양이 된 점을 감안하여 6세기 후엽으로 비정함(강현숙 2010). 立蓮花文 와당은 발해 초기까지 이어짐.

6. 역사적 성격

1) 지리위치와 지정학적 위상

溫特赫部城은 두만강 하류에서 가장 넓은 琿春盆地의 서남부에 위치하는데, 고성 서남쪽에서 혼춘하가 두만강과 합류하며, 고성과 두만강의 거리는 1km에 불과함. 성벽은 많이 허물어졌지만 전체 둘레가 약 2.3km에 이르는 중대형 평지성이라는 점에서 琿春盆地 일대를 관할하던 거점성의 역할을 수행했을 것으로 보임.

溫特赫部城과 그 북쪽에 위치한 斐優城의 성벽에서는 網文, 승문, 蓆文 등 고구려 기와가 많이 발견됨. 이에 현재 남아있는 溫特赫部城의 성벽은 발해시기에 다시 쌓은 것이고 고구려시기의 성곽은 지금보다 더 컸을 것으로 추정하기도 함. 발해시기에 고구려 평지성의 일부 구간을 조정하여 연용했다는 것임(방학봉, 1999; 동북아역사재단, 2010).

두만강 하류의 琿春盆地 일대는 본래 北沃沮의 중심지로 고구려시기의 柵城 및 발해의 동경용원부가 위치한 것으로 파악됨. 고구려시기에 國內城에서 柵城이 소재했던 두만강 하류 방면으로 나아가는 경로는 크게 백두산 남쪽의 해안루트와 북쪽의 산간루트 등으로 상정됨.

백두산 남쪽의 해안루트는 문헌사료나 〈광개토왕릉비〉 등에 국내성에서 柵城으로 나아갈 때, 함경북도 일대로 비정되는 新城(敦城)이나 海谷(東海賈)을 경유했다고 나오는 점에 착안한 것임. 이 견해에서는 국내성에서 압록강 중상류를 거슬러 장백-혜산 일대에 이른 다음, 백두산 남쪽의 마천령산맥을 넘어 함경북도 해안을 따라 두만강 하류로 나아갔다고 상정됨. 고구려가 함경북도 앞바다를 東海로 인식했다고 보아 東海路라고 명명하기도 하는데, 柵城으로 비정되는 溫特赫部城은 東海路의 전략적 요충지로 파악됨(여호규, 2008).

백두산 북쪽의 산간루트는 발해도의 조공도가 고구려시기 이래의 교통로일 것이라는 점에 착안한 견해임. 이 견해에서는 국내성에서 압록강 수로를 따라 臨江에 도착한 뒤 撫松을 거쳐 安圖를 경유하여 布爾哈通河 연안로를 따라 延吉로 나아갔다고 상정함. 이 축선을 幹線으로 삼은 支線들이 龍井과 和龍·琿春 나아가 두만강 이남의 함경북도로 연결되었다고 봄. 溫特赫部城은 바로 이 경로상에 위치한 성이라는 것(동북아역사재단, 2010).

한편 琿春盆地 일대는 발해시기에도 중요한 교통로로 이용되었는데, 특히 日本道나 新羅道가 이 지역을 경유했음. 이에 발해 초기의 日本道의 경로를 敦化에서 동쪽으로 哈爾巴嶺을 넘어 布爾哈通河를 따라 延吉市로 진입한 다음, 圖們을 지나 琿春 경내로 이르러 日本道 항구에 이르는 루트를 설정하고, 溫特赫部城을 日本道 상의 고성으로 추정하기도 함(魏存成, 2007).

2) 출토유물과 축조시기

溫特赫部城에서는 많은 유물이 출토되었음. 이 가운데 蓆文·網文·격자문·승문 기와 등은 고구려시기로 편년되며, 발해유물도 다수 출토됨(정영진, 1990·1999). 또한 모골흔이 보이는 기와편은 고구려시기로 편년되며, 立蓮花文 와당은 고구려 후기에 새롭게 등장한 것으로 파악됨(양시은, 2012).

이에 많은 연구자들이 溫特赫部城은 고구려시기에 축조되어(東潮·田中俊明, 1995; 劉子敏, 2001; 王綿厚, 2002; 이성제, 2009; 동북아역사재단, 2010) 발해 및 遼·金시기까지 연용되었을 것으로 파악함(李健才, 1985; 嚴長綠·楊再林, 1988; 嚴長錄, 1990; 방학봉, 1999·2002; 王禹浪·王宏北, 2007)

특히 고구려시기의 기와가 성곽 내부뿐 아니라 성의 남측과 동북측의 斐優城에서도 출토되었는데, 고구려시기 성곽의 규모는 현재의 溫特赫部城보다 컸을 것으로 파악됨. 특히 토축성벽 내부에 고구려 기와편이 포함되어 있는데, 고구려시기 이후 발해나 요·금대에 성벽이 여러 차례 개축된 사실을 반영하는 것으로 해석됨(延邊博物館, 1988; 양시은, 2012).

이에 대해 성의 형태와 출토유물상 발해시기의 고성이라고 보기도 함. 발해시기에 축조되어(楊雨舒, 2011) 遼·金이 연용했다는 것임(吉林省文物志編委會, 1984; 國家文物局, 1993). 또한 溫特赫部城이란 성의 명칭은 『金史』에 나오는 '統門水溫迪痕部'에서 유래한 것으로 보이는데, 統門水는 현재의 두만강을 지칭한다고 함(吉林省文物志編委會, 1984; 王禹浪·王宏北, 2007).

3) 역사지리 비정

이처럼 온특혁부성의 축조시기를 발해시기로 보기도 하지만, 성 안팎에서 고구려시기의 기와가 대량으로 출토되는 만큼, 고구려가 온특혁부성이 위치한 지역에 거점을 구축한 것은 거의 명확함. 온특혁부성이 위치한 두만강 하류의 琿春盆地 일대는 본래 北沃沮의 중심지로 고구려시기에는 동북 대진인 柵城의 치소가 위치했던 것으로 파악됨. 이에 일찍부터 온특혁부성을 柵城으로 비정하는 견해가 많이 제기되었음.

가령 嚴長綠·楊再林(1988)은 고구려의 수도였던 國內城과 平壤城이 모두 평지에 위치하면서 큰 강을 끼고 있는데, 溫特赫部城도 두만강에 위치하고, 평원에 축조되어 있으며, 고구려 유물이 많이 출토되었다는 점에서 柵城일 가능성이 높다고 파악함.

정영진(1990)은 다음과 같은 문헌기록과 고고자료를 토대로 온특혁부성을 고구려의 책성으로 비정함. 즉 『古今郡國志』의 "발해국의 南海, 鴨綠, 扶餘, 柵城 네 개 府는 모두 고려(고구려)의 옛땅이다"라는 기록, 『新唐書』 渤海傳의 "예맥 옛고장은 東京인데 龍原府라고 하며 또 柵城府라고도 부른다"라는 기록, 『遼史』 地理志의 "開遠縣은 원래 柵城이 있던 땅이다. 고려(고구려)때는 龍原縣이었는데 발해 때에도 그대로였다"라는 기록 등은 발해의 東京龍原府를 柵城府라고도 불렀고, 고구려의 柵城과 밀접한 관계가 있으며, 고구려의 柵城이 발해의 東京龍原府 혹은 그 부근에 있었음을 반영함. 다만 발해의 東京龍原府로 추정되는 琿春 八連城에서는 고구려 유물이 없는 것으로 보아 고구려성이 아닌 발해성으로 볼 수 있으므로, 고구려의 柵城은 八連城 부근에 있는 고구려성에서 찾아야 함. 圖們 城子山山城은 八連城과 멀리 떨어져 있고, 그 구간에는 험준한 圖們嶺과 大盤嶺이 가로막고 있음. 城子山山城 일대는 발해 中京顯德府(和龍市 西古城)의 관할범위이지, 東京龍原府의 관할범위가 아님. 薩其城은 산성이고 성 안에는 고구려 유물은 많으나, 발해 유물은 적음. 그리고 薩其城의 자연지세는 좁고, 골짜기 이외에 대부분은 산비탈이며, 성 안에서 발견된 유구도 매우 적은 바, 행정통치중심으로는 적합하지 않음. 溫特赫部城은 넓은 벌에 위치하고, 성 내외에 고구려의 유물이 많을 뿐만 아니라 발해의 유물도 많음. 柵城이 발해에도 계속 사용되었다는 문헌을 볼 때, 溫特赫部城을 柵城으로 보는 것이 타당함. 다만 고구려나 발해 모두 정치 중심은 평원성에 두고 전쟁이 나면 산성으로 들어가 방어를 했다고 추정되므로, 고구려의 柵城을 어느 한 산성으로만 고증하는 것은 적당하지 않음. 또한 溫特赫部城과 薩其城의 거리가 20km인 만큼 柵城을 溫特赫部城에 두고 전쟁시에 薩其城으로 들어갔을 가능성도 없지 않음. 평지성인 溫特赫部城과 산성인 薩其城이 세트를 이루며 책성의 치소로 기능했을 수 있다는 것임.

방학봉(1999)도 문헌사료와 고고자료를 바탕으로 온특혁부성을 고구려의 책성으로 비정함. 즉 『삼국사기』에 인용된 賈耽의 『古今郡國志』에 "발해국의 南海·鴨綠·扶余·柵城 등 4개의 府는 모두 고구려의 옛 땅이다"라고 기록된 것으로 보아, 柵城이 위치한 곳은 고구려의 옛 지역이었음을 알 수 있음. 『新唐書』 渤海傳에 "예맥의 옛 땅을 東京으로 하고 龍原府 또는 柵城府라고 하였다"라는 기록이 있는 것으로 보아, 龍原府와 柵城府 모두 '예맥고지'라는 같은 지역에 있었음을 알 수 있음. 『新唐書』 渤海傳에 "天寶 말에 欽茂는 上京으로 천도하였다. … 貞元 때에는 동남으로 東京에 이주하였다"라는 기록이 있는데, 上京은 黑龍江省 寧安縣 渤海鎭, 上京의 동남쪽은 琿春지역, 東京은 琿春 八連城임. 『古今郡國志』에는 "신라 井泉郡으로부터 柵城府에 이르는 사이에 39개 驛이 있었다"라는 기록이 있음. 唐의 道里에 따라 한개 驛을 30里로 계산한다면 39개 驛의 거리는 1,170里임. 井泉郡은 현재 함경도 德原인데, 德原에서 東京龍原府까지는 대략 1,170里임. 『新唐書』 渤海傳에 "龍原府 동남쪽은 바다에 맞닿아 있는 곳으로서 일본으로 통하는 길이다"라는 기록이 있는데, 이는 龍原의 동남쪽이 바다에 닿았고, 龍原은 일본으로 내왕하는 주요한 교통로였다는 것을 설명함. 이상의 문헌기록을 고려했을 때, 柵城은 반드시 '예맥고지', 상경에서 동남방향에 있는 東京龍原府 일대 즉 오늘의 琿春 일대, 신라 井泉郡에 서북으로 1,170里 되는 東京龍原府 지역에서 찾아야 함. 琿春경내에 있는 고구려성 가운데 溫特赫部城은 琿春市에서 서남쪽으로 약 10km 떨어진 두만강 동쪽 기슭의 둔덕 위에 위치함. 그리고 東京龍原府로 추정되는 八連城과 약 5里 정도 떨어져 있음. 성 내외에서는 고구려시기의 유물뿐만 아니라 발해시기의 유물도 출토된다는 점에서 고구려시기는 물론 발해시기에도 계속 사용된 것으로 추정됨. 또한 인접한 斐優城에서 고구려시기의 유물이 출토되는 것으로 보아 고구려시기에는 그 성곽의 규모가 훨씬 컸던 것으로 추정됨. 문헌기록, 출토유물, 지리조건 등으로 보아 溫特赫部城이 柵城으로 추정됨.

임기환(2012)도 다음과 같이 온특혁부성과 살기성이 세트를 이루며 책성의 치소로 기능했다고 파악함. 『新唐書』 渤海傳에 "예맥의 옛 땅으로 東京을 삼으니, 龍原府라고 하고, 또는 柵城府라고 한다"라는 기록이 있음. 발해의 東京龍原府는 琿春의 八連城인데, 고구려 유물이 출토되지 않으므로 柵城으로 보기는 어려움. 柵城은 琿春 일대에서 찾아야 하는 바, 溫特赫部城과 薩其城이 그 후보가 될 수 있음. 고구려의 도성이나 주요 거점지역에서는 평지성과 산성이 조합을 이루고 있는데, 溫特赫部城과 薩其城의 거리가 그리 멀지 않다는 점에서, 두 성이 하나의 세트를 이루면서 柵城을 구성하였던 것으로 추정됨. 다만 柵城은 그 이름으로 볼 때 柵으로 이루어진 방어성이었을 것이므로, 溫特赫部城 일대가 초기에 柵을 설치한 柵城일 가능성이 높고, 후일에 평지성보다 방어력이 뛰어난 薩其城을 축조하였던 것으로 추정됨. 薩其城은 내부 공간이 넓지 않아 평상시 거점으로서는 한계가 있기 때문에, 평지성과 산성이 하나로 유기적으로 연관되어 柵城이라는 거점적 기능을 수행했던 것으로 추정됨.

한편 온특혁부성이 발해시기에는 東京龍原府의 首州인 慶州의 치소로 기능했다고 파악하기도 함. 『遼史』 地理志에는 "본래 柵城은 고구려 때에는 龍原縣이였는데 발해 때에도 그대로였다"라는 기록이 있고, 震鈞가 撰한 『渤海國志』 卷2下 地理志에는 "朝鮮의 慶源은 옛 慶州와 가깝다"라는 기록이 있는데, 溫特赫部城은 고구려의 柵城府址 위에 축조된 발해시기의 고성으로 발해의 평지성 가운데 비교적 규모가 큰 성이므로 東京龍原府의 首州인 慶州의 치소로 비정할 수 있다는 것임(李健才, 1985; 延邊博物館, 1988; 楊雨舒, 2011). 또한 발해 東京龍原府의 치소로 비정되는 팔련성의 위성 역할을 했을 것으로 보기도 함(방학봉, 2002).

이상과 같이 온특혁부성은 고구려시기에 두만강 유역을 총괄하던 책성의 치소일 가능성이 높고, 발해시기에도 사용된 것으로 파악됨. 특히 〈李他仁墓誌銘〉에 따르면 고구려 후기의 최고 지방관인 책성 욕살(도독)

이타인은 고구려의 12州와 말갈 37部를 관할했다고 하는데, 책성이 고구려의 지방행정구역뿐 아니라 두만강 유역과 그 주변에 산재한 말갈 부족까지 통할했음을 알 수 있음. 이에 혼춘분지에 위치한 온특혁부성과 살기성, 석두하자성이 세트관계를 이루며 책성 욕살의 치소 및 직할성을 이루었을 것으로 파악하기도 함(여호규 2017). 향후 더욱 면밀한 고고조사가 이루어지면 온특혁부성의 축조시기나 그 성격뿐 아니라 두만강 유역 일대에 대한 고구려의 지방지배를 더욱 구체적으로 규명할 수 있을 것으로 기대됨.

참고문헌

- 吉林省文物志編委會, 1984, 『琿春縣文物志』, 吉林省文物志編修委員會.
- 李健才, 1985, 「琿春渤海古城考」, 『學習與探索』 1985-6.
- 嚴長綠·楊再林, 1988, 「延邊地區高句麗-渤海時期紋飾板瓦初探」, 『博物館研究』 1988-2.
- 延邊博物館, 1988, 『延邊文物簡編』, 延邊人民出版社.
- 嚴長錄, 1990, 「연변지구 발해시기의 옛 성터에 관한 고찰」, 『발해사연구』 1, 延邊大學出版社.
- 정영진, 1990, 「연변지구의 고구려유적 및 몇 개 문제에 대한 탐구」, 『한국상고사학보』 4.
- 吉林師範學院古籍研究所, 1991, 『琿春史志』, 吉林文史出版社.
- 國家文物局, 1993, 『中國文物地圖集』 吉林分冊, 中國地圖出版社.
- 東潮·田中俊明, 1995, 『高句麗の歷史と遺跡』, 中央公論社.
- 방학봉, 1999, 「高句麗柵城의 위치에 대한 고찰」, 『京畿史學』 3.
- 정영진, 1999, 「延邊地域의 城郭에 대한 연구」, 『고구려연구』 8.
- 劉子敏, 2001, 「高句麗疆域沿革考辨」, 『社會科學戰線』 2001-4.
- 방학봉, 2002, 『발해성곽연구』, 연변인민출판사.
- 王綿厚, 2002, 『高句麗古城研究』, 文物出版社.
- 李强·侯莉閩, 2003, 「延邊地區渤海遺存之我見」, 『北方文物』 2003-4.
- 楊雨舒, 2005, 「渤海國時期吉林的鐵器述論」, 『北方文物』 2005-3.
- 백종오, 2006, 『고구려 기와의 성립과 왕권』, 주류성출판사.
- 王禹浪·王宏北, 2007, 『高句麗·渤海古城址研究匯編』 (上·下), 哈爾濱出版社.
- 魏存成, 2007, 「渤海政權的對外交通及其遺蹟發現」, 『中國邊疆史地研究』 2007-9.
- 여호규, 2008, 「압록강 중상류 연안의 고구려 성곽과 東海路」, 『역사문화연구』 29.
- 이성제, 2009, 「高句麗와 渤海의 城郭 운용방식에 대한 기초적 검토」, 『高句麗渤海研究』 34.
- 강현숙, 2010, 「中國 吉林省 集安 東台子遺蹟 再考」, 『한국고고학보』 75.
- 동북아역사재단, 2010, 『고구려성 사진자료집』(중국 길림성 동부).
- 楊雨舒, 2011, 「渤海國時期與遼·金時期的吉林城鎮」, 『遼寧工程技術大學學報』 2011-5.
- 양시은, 2012, 「연변 지역 고구려 유적의 현황과 과제」, 『동북아역사논총』 38, 동북아역사재단.
- 임기환, 2012, 「고구려의 연변 지역 경영-柵城과 新城을 중심으로」, 『동북아역사논총』 38, 동북아역사재단.
- 王飛峰, 2013, 『고구려 와당 연구』, 고려대학교대학원 박사학위논문.
- 여호규, 2017, 「두만강 유역 고구려 성곽의 분포현황과 지방통치의 양상」, 『역사문화연구』 61.

02 혼춘 살기성
琿春 薩其城 | 沙齊城 | 薩奇城

1. 조사현황

1987년 10월 24일 吉林省文化文物保護單位로 지정됨.

1) 1972년
- 조사기간 : 1972년 5월 초 ~ 1962년 초.
- 조사자 : 李健才.
- 조사내용 : 琿春 경내의 고성에 대해 조사를 진행함.

2) 1979년
- 조사자 : 吉林省文物考古練班.
- 조사내용 : 각 地區·縣(市) 文物의 간부가 참여한 吉林省文物考古練班이 汪淸, 琿春, 龍井, 和龍 경내의 유적에 대한 대규모 고고조사를 진행하였는데, 이때 薩其城도 함께 조사함.

3) 1983~1985년
- 조사기관 : 吉林省文物局.
- 조사내용 : 1983~1985년 吉林省 각 市·縣 文物志 편찬을 위한 문물 조사과정에서 薩其城도 조사함.

4) 1988년
- 조사기관 : 延邊博物館.

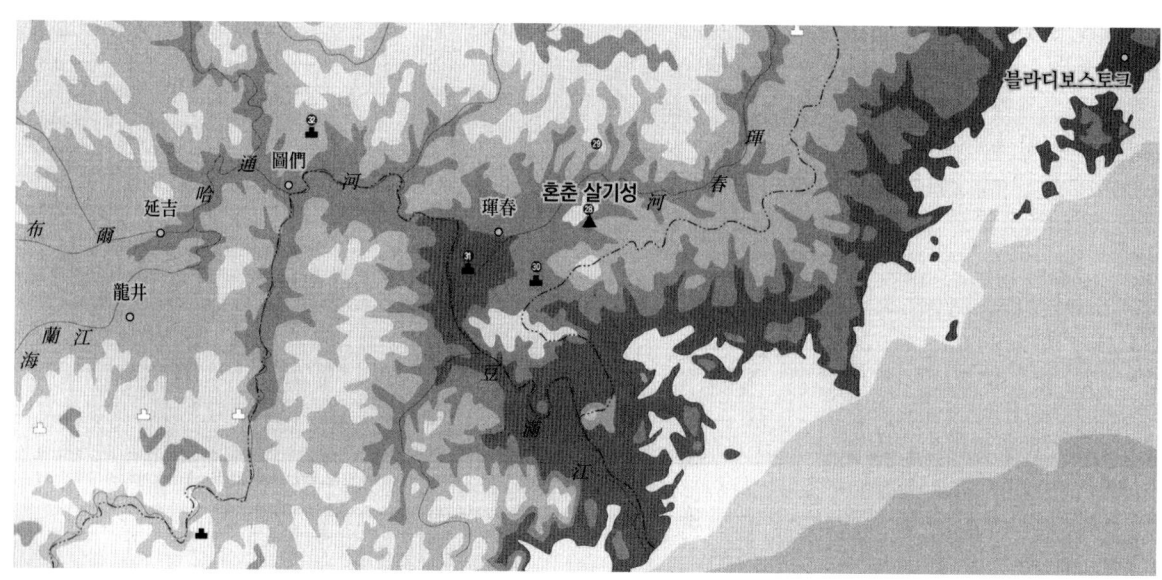

그림 1 살기성 위치도 1

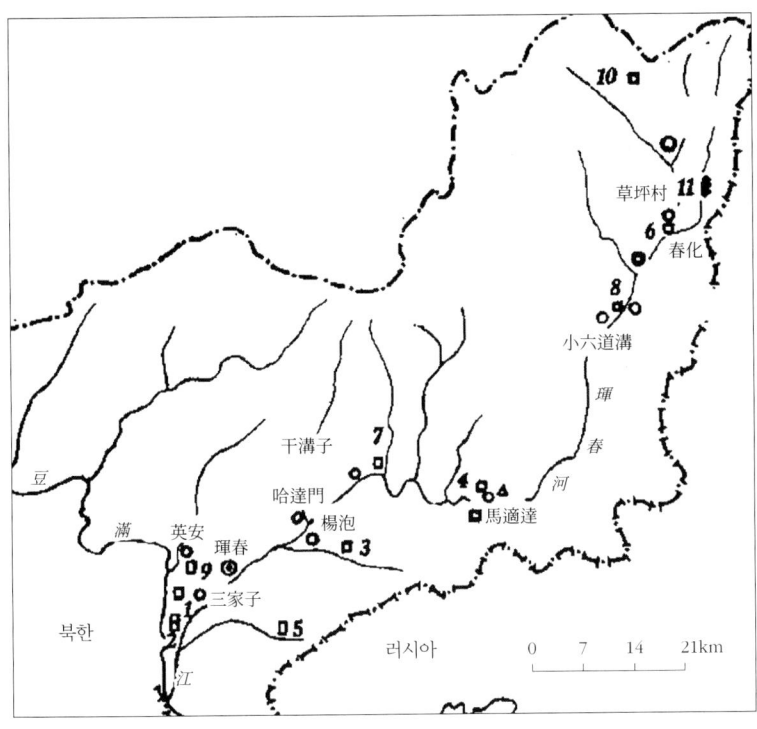

그림 2 살기성 위치도 2
1. 팔련성
2. 온특혁부성, 비우성
3. 살기성
4. 도원동남산성
5. 석두하자고성
6. 영성자고성
7. 간구자산성
8. 소육도구산성
9. 영안성
10. 통긍산성
11. 성장립자산성

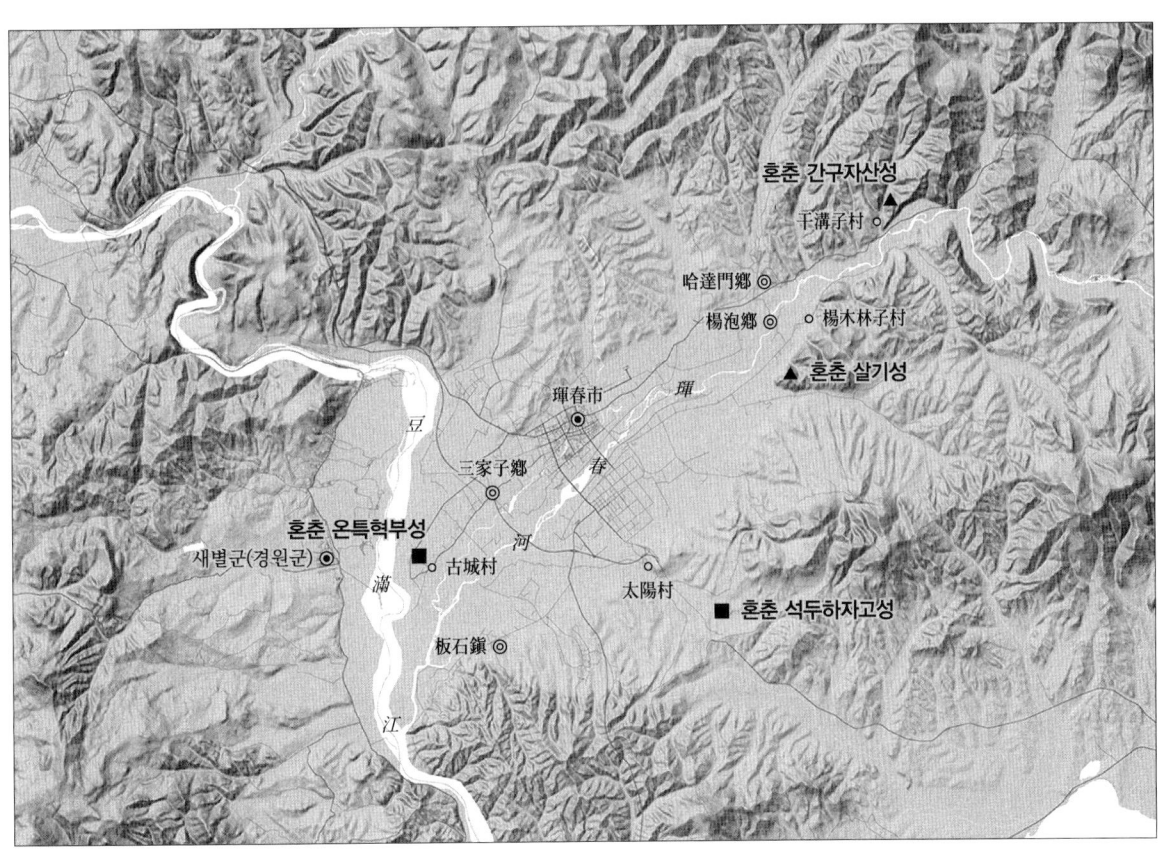

그림 3 살기성 위치도 3

제20부 혼춘시(琿春市) 지역의 유적 627

5) 1989년
○ 조사자 : 엄장록, 정영진.

2. 위치와 자연환경(그림 1 ~ 그림 4)

1) 지리위치
○ 琿春市에서 동쪽으로 13km 떨어진 楊泡鄕 楊木林子村(泡子沿村) 동남 1.5km 거리의 南山에 위치함. 산성은 주변 둘레 21km, 해발 493m인 산봉우리의 남단에 위치함.
○ 南山 서쪽 기슭에 인접한 도로는 남쪽으로 松林村과 연결되며, 산성에서 琿春市 외곽의 八連城까지 15km 정도 떨어져 있음.
○ 수계상 두만강의 지류인 琿春河 하류에 해당하는데, 琿春河 하류의 양안을 따라 펼쳐진 琿春盆地의 동북단에 위치함.

2) 자연환경
○ 薩其城 주위는 해발 100~423m인 산들로 둘러싸여 있음.
○ 산성의 동면은 큰 산봉우리와 접해 있고, 서·북 양면은 琿春河 충적평원임. 산성은 南山의 동쪽 산줄기에 위치하는데, 산성 내부에는 산줄기에 의해 형성된 小汪溝와 大汪溝가 있고, 서북쪽의 泡子沿村과 마주하고 있음.
○ 북쪽으로 3km 떨어진 지점에 琿春河가 있는데, 동(북)쪽에서 서(남)쪽으로 30km 정도 흐르다가 두만강으로 유입됨. 남쪽 1km 거리에 작은 개울이 있는데, 西流하다가 북쪽 방향으로 꺾여 琿春河로 유입됨.

3. 성곽의 전체현황 (그림 5)

○ 성내는 남쪽이 높고 북쪽이 낮아 경사를 이루고 있음. 산성 내부는 동·서 2개의 골짜기로 나누어짐. 골짜기 입구는 서북향인데, 너비는 200여 m로[1] 남북으로 뻗은 두 골짜기는 북문 안쪽에서 하나로 합쳐짐.
○ 포곡식(簸箕型) 산성으로 기복이 있는 산등성이를 따라 성벽을 축조하였기 때문에 평면은 매우 불규칙한데, 반월형에 가까움. 전체 둘레는 7km임.
○ 성벽 바깥 경사도는 30~40°로, 형세가 험준함. 성 내부는 숲을 이루고 있으나, 성벽의 보존상태는 비교적 양호함.

4. 성벽과 성곽시설

1) 성벽
○ 성벽은 돌로 축조함. 성벽은 기단부 너비 5~7m(延邊博物館, 1988), 높이 약 2~3m임.[2] 높이가 10m에 달하는 성벽도 남아 있음(양시은, 2012).
○ 산성으로 진입하는 골짜기 입구 안쪽에는 동서방향으로 길이 70m,[3] 높이 10m의 석축 성벽을 축조해 입구를 막았는데, 북문의 보조방어시설임(吉林省文物志編委會, 1984; 馮永謙, 1994; 王綿厚, 2002; 王禹浪·王宏北, 2007).

---

[1] 吉林省文物志編委會, 1984; 王綿厚, 2002; 王禹浪·王宏北, 2007. 100m라는 기록도 있음(延邊博物館, 1988).

[2] 吉林省文物志編委會, 1984; 延邊博物館, 1988; 방학봉, 1999·2002; 정영진, 1990·1999; 國家文物局, 1993; 東潮·田中俊明, 1995; 趙永軍, 2000; 王綿厚, 2002; 王禹浪·王宏北, 2007; 동북아역사재단, 2010; 임기환, 2012. 이러한 구간은 일부에 국한된다고 보기도 함(동북아역사재단, 2010).

[3] 성벽 길이는 100m, 하류의 침식으로 40m 구간이 훼손되었다는 기록도 있음(延邊博物館, 1988; 嚴長錄, 1990; 정영진, 1990·1999; 방학봉, 1999·2002; 양시은, 2012; 임기환, 2012).

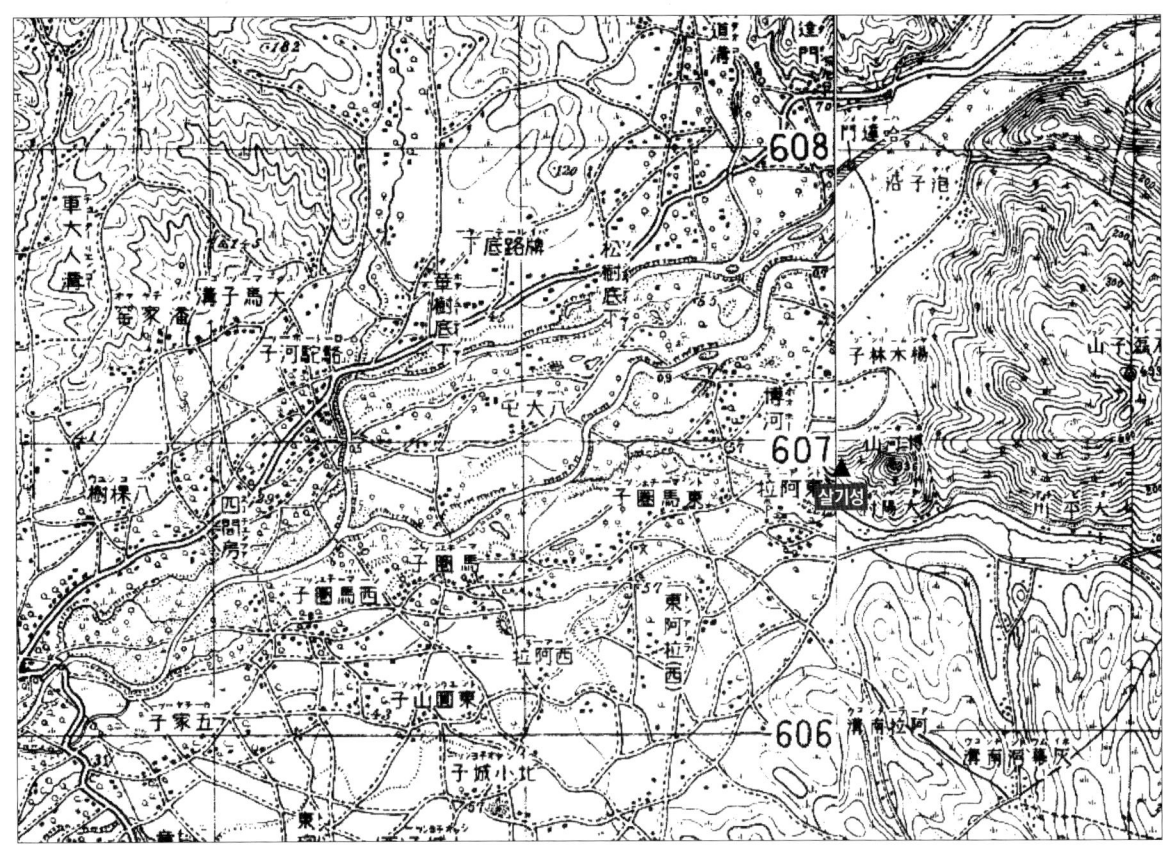

그림 4 살기성 주변 지형도(滿洲國 10만분의 1 지형도)

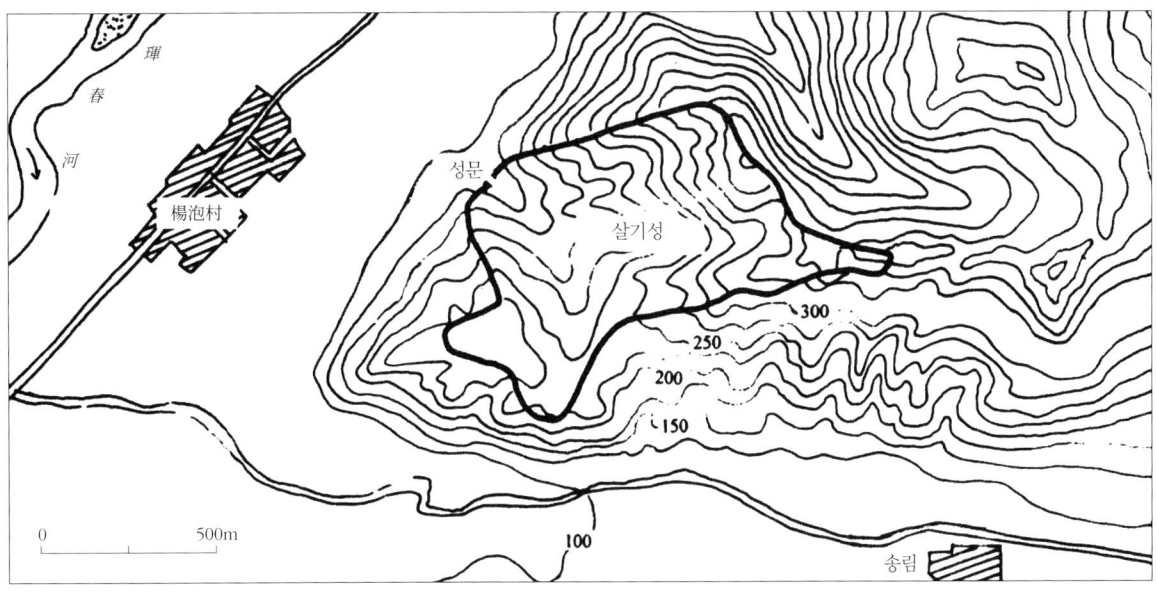

그림 5 살기성 평면도(王綿厚, 2002, 117쪽)

2) 성문

○ 문지는 동쪽에 1개, 서쪽에 1개, 남쪽에 2개, 북쪽에 1개 등 총 5개가 있음.[4] 문지의 너비는 각각 8m임.

○ 성문은 성내 골짜기 입구의 석축 성벽 동서 양단, 서남 모서리에 있는 망대 부근, 망대에서 500m 정도 떨어진 지점, 동쪽 망대 북쪽 등에 위치함.

○ 북문지는 성내 북벽 골짜기 입구에 있는데, 산성으로 주로 출입하는 정문임. 문을 나가면 촌락이 밀집된 琿春평원이기 때문에, 북문지에 특별히 석축벽[5](차단벽)을 축조해서 수비를 강화함.

○ 서문지는 산 위에 있는데, 서문을 출입하려면 경사가 급한 작은 길을 이용해야 함. 서문은 산성 서부를 지키는데 있어 當關之勢를 갖추고 있음.

3) 망대

○ 북문에서 동남쪽으로 300m 떨어진 작은 산 위에 망대가 있음. 망대에 오르면 북문 밖의 동향이 한눈에 들어오는데, 북문을 공제하는 기능을 함.

○ 산성 서남 모서리와 동남 모서리에 각각 원형의 망대가 있음. 두 망대 모두 밖으로 100여 m 돌출된 산봉우리를 이용해 축조함. 서남 모서리에 있는 망대는 높이 약 3m, 직경 30m이며, 주위는 석벽으로 둘러싸여 있음. 망대에 오르면 琿春河 유역의 충적평원을 조망할 수 있고, 날씨가 맑으면 12.5km 밖의 琿春까지도 볼 수 있음.

4) 角臺

角臺를 갖추고 있음(魏存成, 2002).

5) 참호

성 내측 가까이에 너비 2~5m의 참호가 있는데, 전쟁 시의 交通壕로 추정됨.[6] 회곽도로 보기도 함(林直樹, 1994).

6) 해자

산성 동쪽에는 긴 해자(壕溝)가 있는데, 琿春河 북쪽 哈達門 東荒溝와 泡子沿을 지나 산·산성과 연결됨. 해자는 다시 남쪽 골짜기를 지나 러시아 경내까지 이어짐.

7) 水口門

북문 동부에는 너비 약 30m의 트인 곳이 있는데, 성내의 개울이 이곳을 지나 북쪽으로 흘러감.

5. 성내시설과 유적

1) 건물지

성내에서 2곳의 건물지가 발견됨. 한 곳은 성내 동남쪽 망대가 있는 작은 산의 서쪽 기슭에 있고, 다른 한 곳은 그 북쪽의 완만한 기슭(성내 동쪽 골짜기 동쪽 산 서쪽기슭)에 있음. 망대 서쪽 기슭의 건물지는 남북 50~60m, 동서 20~30m임. 건물지에서 암키와, 수키와, 문자 기와, 토기 구연부와 손잡이 등이 출토됨.

2) 우물

폐기된 우물이 2개 있음.

3) 개울

개울이 성내 골짜기 사이로 흐르는데, 북문 남쪽 부근

---

4   성문의 개수에 대해 동·서쪽에 각각 2개, 북쪽에 1개가 있다는 기록도 있고(林直樹, 1994), 4개라는 기록도 있음(嚴長錄, 1990).

5   토석혼축이라는 기록이 있음(동북아역사재단, 2010).

6   吉林省文物志編委會, 1984; 延邊博物館, 1988; 國家文物局, 1993; 馮永謙, 1994; 東潮·田中俊明, 1995; 魏存成, 1999; 방학봉, 2002; 王綿厚, 2002; 王禹浪·王宏北, 2007.

에서 합류하여 골짜기 입구로 흘러 나감.

6. 출토유물

고구려 – 발해시기의 유물이 발견됨(王綿厚, 1994).

1) 철기

지역주민에 따르면 1950년대에 산성 안에서 철제화살촉이 발견되었는데, 현재 소재는 알 수 없다고 함. 발해시기의 유물로 보기도 함(楊雨舒, 2005).

2) 토기

(1) 토기 구연부
- 출토지 : 薩其城 내 망대 서쪽 기슭의 건물지.
- 크기 : 두께 1cm.
- 형태 : 물레질로 제작함. 외반되고 가장자리는 말려 있음(卷緣).
- 색깔 : 황회색.

(2) 손잡이(耳)
- 출토지 : 薩其城 내 망대 서쪽 기슭의 건물지.
- 크기 : 길이 5cm, 너비 1cm, 두께 0.7cm.
- 형태 : 물레로 제작함. 平舌狀橫耳임. 뾰족한 부분은 깎아서 다듬었음.
- 태토 및 색깔 : 니질의 황갈색.

3) 기와

- 성내 망대가 있는 작은 산의 서쪽 기슭 건물지에는 배면에 승문, 내면에는 포흔이 시문된 (청)회색·(홍)갈색의 암키와와 수키와편이 흩어져 있는데, (홍)갈색 기와가 대부분을 차지함. 암키와로는 지압문, 승문, 회색 蓆文·사격자문, 갈색 망격문, 갈색 '之'자형문 외에 문

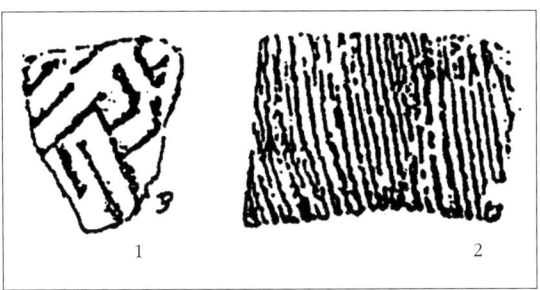

그림 6 살기성 출토 기와(嚴長綠·楊再林, 1988, 837쪽)
(1. 석문 암키와 2. 승문 암키와)

자가 있는 것도 있음.
- 일부 蓆文 암키와는 세 줄기의 평행한 선이 가로세로로 서로 교차하고 있는데, 席格의 길이는 7cm, 선의 굵기는 0.5cm임(그림 6-1). 승문 기와는 선의 굵기 0.1~0.2cm, 간격 0.2~0.3cm임(그림 6-2).

(1) 문자 기와 1
- 출토지 : 薩其城 내 망대 서쪽 기슭의 건물지.
- 크기 : 남은 길이 21.5cm, 두께 2.5cm.
- 형태 : "王"자가 보임. 아래의 한 글자는 결실되어 알 수 없음.
- 태토 및 색깔 : 니질의 황갈색.

(2) 문자 기와 2
- 출토지 : 薩其城 내 망대 서쪽 기슭의 건물지.

(3) 암키와 1
- 출토지 : 薩其城 내 망대 서쪽 기슭의 건물지.
- 크기 : 두께 1.5cm.
- 형태 : 부서짐. 小方格網文이 있음.
- 태토 및 색깔 : 니질의 적갈색.

(4) 암키와 2
- 출토지 : 薩其城 내 망대 서쪽 기슭의 건물지.
- 크기 : 두께 2cm.

○ 형태 : 파편임. 蓆文이 있음.
○ 태토 및 색깔 : 니질의 청회색.

(5) 수키와
○ 출토지 : 薩其城 내 건물지.
○ 크기 : 길이 0.52m.
○ 형태 : 승문이 있음.

(6) 기와
○ 출토지 : 薩其城 내 망대 서쪽 기슭의 건물지.
○ 크기 : 두께 1.6cm.
○ 형태 : 부서짐. 굵은 승문이 있음.
○ 태토 및 색깔 : 니질의 청회색.

7. 역사적 성격

1) 지리위치와 지정학적 위상

薩其城은 두만강 하류에서 가장 넓은 琿春盆地의 동북부에 위치함. 산성의 북쪽에서 두만강 지류인 琿春河가 동북에서 서남으로 흘러가고 있는데, 이 부근에서부터 琿春河 연안의 충적평지가 크게 넓어지며 琿春盆地를 이루기 시작함. 산성은 둘레 7km인 초대형급 포곡식 산성으로 험준한 산줄기로 둘러싸여 있다는 점에서 琿春盆地 일대를 방어하던 군사방어적 기능을 수행했을 것으로 보임(吉林省文物志編委會, 1984).

두만강 하류의 琿春盆地 일대는 본래 北沃沮의 중심지로 고구려시기의 柵城 및 발해의 東京龍原府가 위치했음. 고구려시기 柵城의 평지거점은 琿春盆地 서남부에 위치한 온특혁부성으로 비정되는데, 살기성은 온특혁부성의 군사방어성으로 양자가 세트를 이루며 책성을 이루었다고 파악됨. 고구려시기 살기성의 지정학적 위상은 먼저 고구려에서 두만강 하류의 책성에 이르던 교통로와 관련하여 파악할 필요가 있음. 고구려시기에 國內城에서 柵城이 소재했던 두만강 하류방면으로 나아가는 경로는 크게 백두산 남쪽의 해안루트와 북쪽의 산간루트 등으로 상정됨.

백두산 남쪽의 해안루트는 문헌사료나 〈광개토왕릉비〉 등에 국내성에서 柵城으로 나아갈 때, 함경북도 일대로 비정되는 新城(敦城)이나 海谷(東海賈)을 경유했다고 나오는 점에 착안한 것임. 이 견해에서는 국내성에서 압록강 중상류를 거슬러 장백-혜산 일대에 이른 다음, 백두산 남쪽의 마천령산맥을 넘어 함경북도 해안을 따라 두만강 하류로 나아갔다고 상정함. 고구려가 함경북도 앞바다를 東海로 인식했다고 보아 東海路라고 명명하기도 하는데, 살기성은 이 東海路의 최전방 군사방어성으로 파악됨(여호규, 2008).

백두산 북쪽의 산간루트는 발해도의 조공도가 고구려시기 이래의 교통로일 것이라 점에 착안한 견해임. 이 견해에서는 국내성에서 압록강 수로를 따라 臨江에 도착한 뒤 撫松을 거쳐 安圖를 경유하여 布爾哈通河 연안로를 따라 延吉로 나아갔다고 상정함. 이 축선을 幹線으로 삼은 支線들이 龍井과 和龍·琿春 나아가 두만강 이남의 함경북도로 연결되었다고 봄. 살기성은 溫特赫部城과 함께 이 경로상에 위치한 성이 됨(동북아역사재단, 2010).

이처럼 薩其城이 위치한 琿春河 유역은 고구려가 동북방으로 진출하는데 중요한 지역이었고, 戰時 등 위급한 상황에는 동천왕과 같이 고구려왕이 피난하기도 했음. 이에 고구려가 薩其城과 같은 대규모 산성을 축조하였다고 파악하기도 함(魏存成, 1999). 한편 살기성은 琿春盆地 전체를 놓고 보면 동북단에 해당하지만, 琿春河 상류에서 하류의 琿春盆地로 나아갈 경우에는 그 입구에 해당한다고 볼 수 있음. 이러한 점에서 살기성은 혼춘하 상류에서 하류방면으로 진격하는 세력을 방어하는 기능도 수행했을 것으로 파악됨.

2) 출토유물과 축조연대

살기성에서 출토된 蓆文·網文·격자문·승문 기와는 고구려 기와로 파악되며, 성 내부에서는 연화문 와당과 지압문 암키와 등 발해시기의 유물도 많이 출토되었음(李健才, 1985; 정영진, 1990·1999; 王綿厚, 1994·2002). 이에 많은 연구자들이 살기성은 고구려시기에 축조되어,[7] 발해시기에도 연용했을 것으로 파악함.[8]

특히 薩其城에서 출토된 암키와는 서북쪽으로 약 1.5km 떨어진 楊木林子(東崗子) 유적지에서 발견된 암키와와 같은데, 두 유적지의 분포와 배치를 集安의 山城子山城과 國內城의 사례와 유사하다고 보기도 함. 薩其城은 고구려시기의 산성으로 고구려 도성 축조방식의 영향을 받았을 것이라는 것임(延邊博物館, 1988; 방학봉, 1999·2002; 嚴長錄, 1990).

이에 대해 산성에서 출토된 기와편의 형태와 문양이 산성에서 0.5km 떨어진 발해시기의 楊木林子寺廟址에서 출토된 유물과 같다며 발해시기의 산성으로 추정하기도 함(吉林省文物志編委會, 1984; 國家文物局, 1993).

3) 역사지리 비정

이상과 같이 살기성을 발해시기에 처음 축조했다고 보기도 하지만, 거의 대부분의 연구자는 고구려시기에 축조되어 발해시기에도 계속 사용했을 것으로 파악함. 전술하였듯이 琿春盆地 일대는 본래 北沃沮의 중심지로 고구려시기의 柵城 및 발해의 東京龍原府가 위치했는데, 고구려시기 柵城의 치소성은 대체로 온특혁부성으로 비정하고 살기성은 비상시 군사방어성으로 파악하지만, 살기성을 책성의 치소성으로 비정하는 견해도 있음.

가령 李健才(1985)는 다음과 같은 문헌사료와 고고자료를 바탕으로 살기성을 책성의 치소로 파악함. 『新唐書』 渤海傳의 "예맥의 옛땅으로 東京을 삼으니, 龍原府라고 하고 또는 柵城府라고 한다"라는 기록을 토대로 八連城을 발해 東京龍原府 즉 고구려의 柵城府로 보는 견해가 있음. 그러나 八連城에서는 발해 유물만 보이고 고구려 유물은 보이지 않으므로 고구려의 柵城府로 보기에는 미흡함. 柵城은 고구려 동북의 군사중진이라고 볼 수 있는데, 薩其城이 전체 둘레가 5km에 이르는 대형 석축산성이고 고구려 유물이 출토된다는 점에서 柵城에 부합한다고 볼 수 있음. '薩其(沙齊)'라는 성 이름도 '柵城'의 音轉으로 볼 수 있음. 한편 薩其城과 그 부근에 있는 東崗子유적지에서 나온 유물이 비슷하다는 점에서 동시기에 축조된 것으로 추정되는데, 東崗子유적지를 포함해서 柵城으로 볼 수 있음.

또한 劉子敏(2001)도 살기성을 책성의 치소성으로 비정하는데, 다음과 같은 두 가지 논거를 제시함. 첫 번째, 성 이름을 보면 '薩'·'沙'는 '柵'과 음이 비슷함. '薩其(奇)'와 '柵'의 내재적 관계는 '朱理眞'과 '肅愼' 혹은 '女眞'과 같은 것으로, 모두 음은 비슷하고 글자는 다름. 本音의 읽는 속도에 따라, 음절의 譯字가 다소 차이가 날 수 있는 것임. 두 번째, 『삼국사기』 고구려본기에 "(태조)왕은 동쪽으로 柵城을 돌아보았다. … 마침내 바위에 공적을 새기고 돌아왔다"라는 기록이 있는데, 薩其城이 바로 산성임. 柵城이 지금의 琿春 경내에 있음은 의심할 여지가 없고, 바다에서 멀리 떨어져 있는 지역에 있다고 볼 수 없음.

王綿厚(2002)도 다음과 같은 문헌사료를 바탕으로 살기성을 책성으로 비정함. 즉 柵城은 본래 '北沃沮' 故地의 성인데, 고구려가 북옥저를 차지한 후에 북쪽으로 부여·숙신과 접했던 중요한 고성임. 『삼국사기』 고구려본기3 태조왕 46년(98)조에 "봄 3월에 왕은 동쪽으로 柵城을 돌아보았다. … 柵城에 이르자 여러 신

---

[7] 孫進己·馮永謙, 1989; 東潮·田中俊明, 1995; 魏存成, 1999·2002·2011; 양시은, 2012.

[8] 嚴長綠·楊再林, 1988; 嚴長錄, 1990; 馮永謙, 1994; 王禹浪·王宏北, 2007; 임기환, 2012.

하와 더불어 잔치를 베풀어 마시고, 柵城을 지키는 관리들에게 차등을 두어 물건을 내렸다. 마침내 바위에 공적을 새기고 돌아왔다. 겨울 10월에 왕은 柵城으로부터 돌아왔다"라는 기록이 있음. 태조왕이 3월부터 10월까지 柵城을 둘러보고 돌아왔다는 것은 柵城이 고구려 도성에서 멀리 떨어져 있음을 보여줌. 『魏書』 高句麗傳에는 "(고구려는) 遼東에서 남쪽으로 일천여 리 떨어진 곳으로서, 동쪽으로는 柵城, 남쪽으로는 小海에 이르고, 북쪽은 예전의 扶余에 이른다"라는 기록이 있음. 고구려 전성기(北魏시기)에도 柵城이 동북 변경의 중진이었음을 알 수 있는데, 그 위치는 백두산의 북쪽 기슭이라고 추정됨. 이후 발해시기까지 북옥저에 柵城府가 있었음을 볼 때, 고구려 초기에 이미 병합된 북옥저 舊地의 柵城은 延吉의 두만강과 琿春河 유역에 있었던 것으로 추정됨. 구체적인 柵城의 위치를 살펴보는 데 있어 그 관건은 발해의 '柵城府'임. 『新唐書』 渤海傳의 "예맥의 옛 땅으로 東京을 삼으니, 龍原府라고 하고 또는 柵城府라고 한다"라는 기록을 볼 때 고구려의 柵城은 반드시 발해의 東京龍原府에서 구해야 하는데, 薩其城이 가장 적합하다고 볼 수 있음. 薩其城이 위치한 곳은 두만강 좌안의 연해로 발해 '東京'의 이점을 갖추고 있음. 산성의 규모가 7km로 매우 크고, 고구려-발해시기의 유물이 출토되었으므로, 고고학적으로 증명이 가능함. 또한 성 근처는 琿春河와 두만강이 동해로 흘러드는 河口로 옥저의 북쪽 경계일뿐만 아니라 고구려·발해가 동해로 나가는 요충지임. 이 곳은 고구려 전성기의 북쪽 경계였고, 발해가 계속해서 '柵城府'라고 불렀던 것임.

이처럼 여러 연구자들이 살기성을 책성의 치소로 비정한데 대해, 임기환(2012)은 薩其城이 평지성인 溫特赫部城과 함께 세트로 책성을 구성했을 것으로 파악함. 즉 『新唐書』 渤海傳에 "예맥의 옛땅으로 東京을 삼으니, 龍原府라고 하고 또는 柵城府라고 한다"라는 기록이 있음. 발해의 東京龍原府는 琿春의 八連城인데, 고구려 유물이 출토되지 않으므로 柵城으로 보기는 어려움. 柵城은 琿春 일대에서 찾아야 하는 바, 溫特赫部城과 薩其城이 그 후보가 될 수 있음. 고구려의 도성이나 주요 거점지역에서는 평지성과 산성이 조합을 이루고 있는데, 溫特赫部城과 薩其城의 거리가 멀지 않다는 점에서 두 성이 하나의 세트를 이루면서 柵城을 구성하였던 것으로 추정됨. 다만 柵城은 그 이름으로 볼 때, 柵으로 이루어진 방어성이었을 것이므로 溫特赫部城 일대가 초기에 柵을 설치한 柵城일 가능성이 높고, 후일에 평지성보다 방어력이 뛰어난 薩其城을 축조하였던 것으로 추정됨. 薩其城은 내부공간이 넓지 않아 평상시 거점으로서는 한계가 있기 때문에 평지성과 산성이 하나로 유기적으로 연관되어 柵城이라는 거점적 기능을 수행했던 것으로 추정됨.

한편 살기성은 그 내부에서 발해유물도 출토된다는 점에서 발해시기에도 중요한 역할을 담당했을 것으로 추정됨. 살기성이 발해시기에는 東京龍原府 소속의 穆州나 賀州의 치소였을 것으로 추정하거나(延邊博物館, 1988) 東京龍原府의 치소로 비정되는 八連城을 호위하는 위성의 기능을 담당했을 것으로 파악하기도 함(방학봉, 2002).

이상과 같이 살기성은 고구려시기에 두만강 유역을 총괄하던 책성의 군사방어성 내지는 온특혁부성과 함께 치소를 구성했을 가능성이 높고, 발해시기에도 사용된 것으로 파악됨. 특히 〈李他仁墓誌銘〉에 따르면 고구려 후기의 최고 지방관인 책성 욕살(도독) 이타인은 고구려의 12州와 말갈 37部를 관할했다고 하는데, 책성이 고구려의 지방행정구역뿐 아니라 두만강 유역과 그 주변에 산재한 말갈 부족까지 통합했음을 알 수 있음. 이에 혼춘분지에 위치한 온특혁부성과 살기성, 석두하자성이 세트관계를 이루며 책성 욕살의 치소 및 직할성을 이루었을 것으로 파악하기도 함(여호규, 2017). 향후 더욱 면밀한 고고조사가 이루어지면 살기성의 축조시기나 그 성격뿐 아니라 두만강 유역 일대에 대한 고구려의 지방지배를 더욱 구체적으로 규명할 수 있을 것으로 기대됨.

참고문헌

- 吉林省文物志編委會, 1984, 『琿春縣文物志』, 吉林省文物志編修委員會.
- 李健才, 1985, 「琿春渤海古城考」, 『學習與探索』 1985-6.
- 嚴長綠·楊再林, 1988, 「延邊地區高句麗-渤海時期紋飾板瓦初探」, 『博物館研究』 1988-2.
- 延邊博物館, 1988, 『延邊文物簡編』, 延邊人民出版社.
- 孫進己·馮永謙, 1989, 『東北歷史地理』 2, 黑龍江人民出版社.
- 嚴長錄, 1990, 「연변지구 발해시기의 옛 성터에 관한 고찰」, 『발해사연구』 1, 延邊大學出版社.
- 정영진, 1990, 「연변지구의 고구려유적 및 몇 개 문제에 대한 탐구」, 『한국상고사학보』 4.
- 吉林師範學院古籍研究所, 1991, 『琿春史志』, 吉林文史出版社.
- 國家文物局, 1993, 『中國文物地圖集』 吉林分冊, 中國地圖出版社.
- 林直樹, 1994, 「中國東北部の高句麗山城」, 『靑丘學術論集』 5.
- 王綿厚, 1994, 「鴨綠江右岸高句麗山城研究」, 『遼海文物學刊』 1994-2.
- 馮永謙, 1994, 「高句麗城址輯要」, 『北方史地研究』, 中州古籍出版社.
- 東潮·田中俊明, 1995, 『高句麗の歷史と遺跡』, 中央公論社.
- 방학봉, 1999, 「高句麗柵城의 위치에 대한 고찰」, 『京畿史學』 3.
- 魏存成, 1999, 「길림성 내 고구려산성의 현황과 특징」, 『고구려연구』 8.
- 정영진, 1999, 「延邊地域의 城郭에 대한 연구」, 『고구려연구』 8.
- 趙永軍, 2000, 「渤海中小城址的初步考察」, 『北方文物』 2000-3.
- 劉子敏, 2001, 「高句麗疆域沿革考辨」, 『社會科學戰線』 2001-4.
- 李健才, 2001, 『東北史地考略』, 吉林文史出版社.
- 방학봉, 2002, 『발해성곽연구』, 연변인민출판사.
- 王綿厚, 2002, 『高句麗古城研究』, 文物出版社.
- 魏存成, 2002, 『高句麗遺蹟』, 文物出版社.
- 李强·侯莉閩, 2003, 「延邊地區渤海遺存之我見」, 『北方文物』 2003-4.
- 楊雨舒, 2005, 「渤海國時期吉林的鐵器述論」, 『北方文物』 2005-3.
- 王禹浪·王宏北, 2007, 『高句麗·渤海古城址研究匯編』 (上·下), 哈爾濱出版社.
- 여호규, 2008, 「압록강 중상류 연안의 고구려 성곽과 東海路」, 『역사문화연구』 29.
- 이성제, 2009, 「高句麗와 渤海의 城郭 운용방식에 대한 기초적 검토」, 『高句麗渤海研究』 34.
- 동북아역사재단, 2010, 『고구려성 사진자료집』(중국 길림성 동부).
- 魏存成, 2011, 「中國境內發現的高句麗山城」, 『社會科學戰線』 2011-1.
- 양시은, 2012, 「연변 지역 고구려 유적의 현황과 과제」, 『동북아역사논총』 38, 동북아역사재단.
- 임기환, 2012, 「고구려의 연변 지역 경영-柵城과 新城을 중심으로」, 『동북아역사논총』 38, 동북아역사재단.
- 여호규, 2017, 「두만강 유역 고구려 성곽의 분포현황과 지방통치의 양상」, 『역사문화연구』 61.

03 혼춘 석두하자고성
琿春 石頭河子古城

1. 조사현황

1981년 延邊朝鮮族自治州 文物保護單位로 지정됨.

1) 1972년
○ 조사기간 : 1972년 5월 초~1962년 초.
○ 조사자 : 李健才.
○ 조사내용 : 琿春 경내의 고성에 대해 조사를 진행함.

2) 1979년
○ 조사자 : 吉林省文物考古練班.
○ 조사내용 : 각 地區·縣(市) 文物의 간부가 참여한 吉林省文物考古練班이 汪淸·琿春·龍井·和龍 경내의 유적에 대한 대규모 고고조사를 진행하였는데, 이때 石頭河子古城도 함께 조사함.

3) 1983~1985년
○ 조사기관 : 吉林省文物局.
○ 조사내용 : 1983~1985년 吉林省 각 市·縣 文物志 편찬을 위한 문물 조사과정에서 石頭河子古城도 조사함.

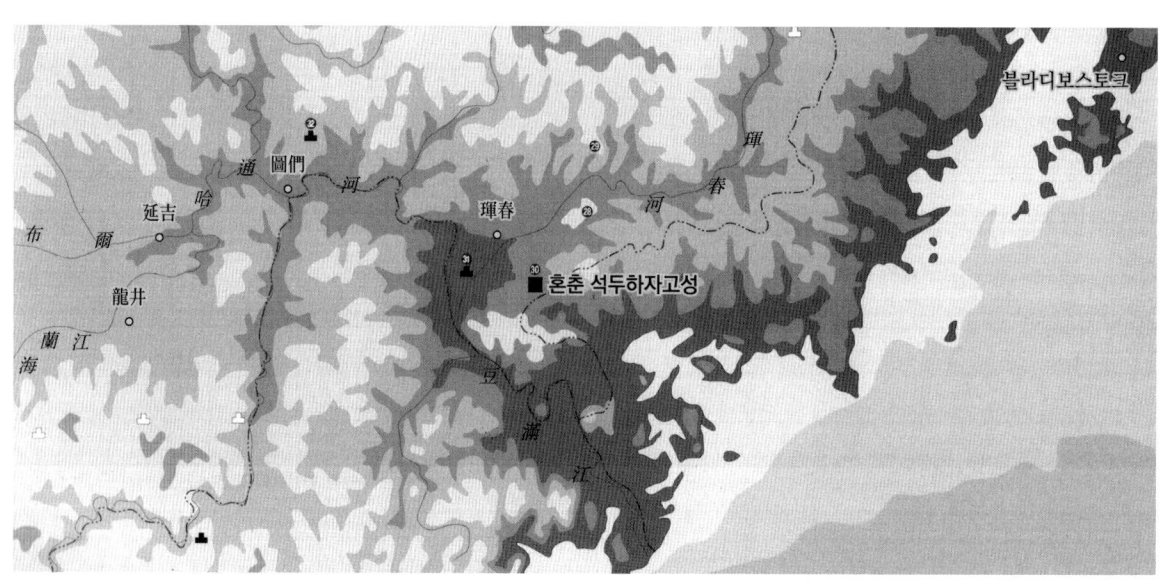

그림 1 석두하자고성 위치도 1

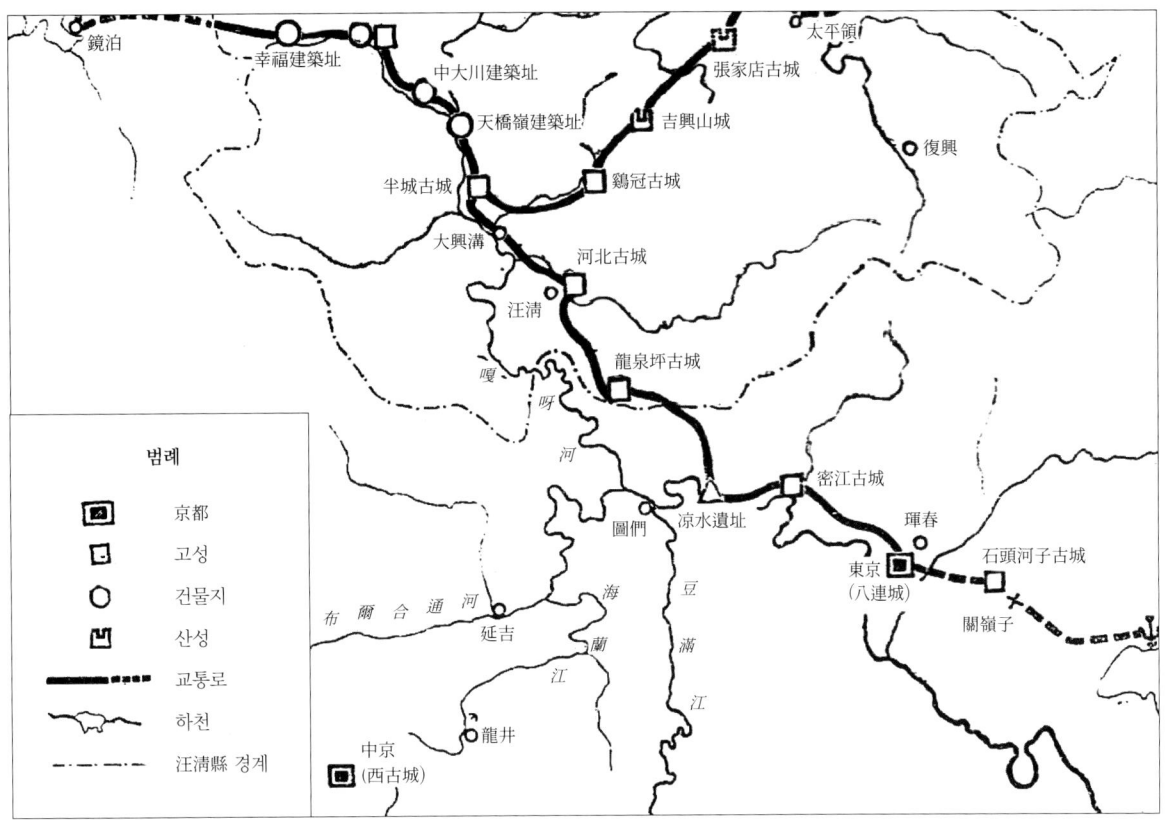

그림 2 석두하자고성 위치도 2

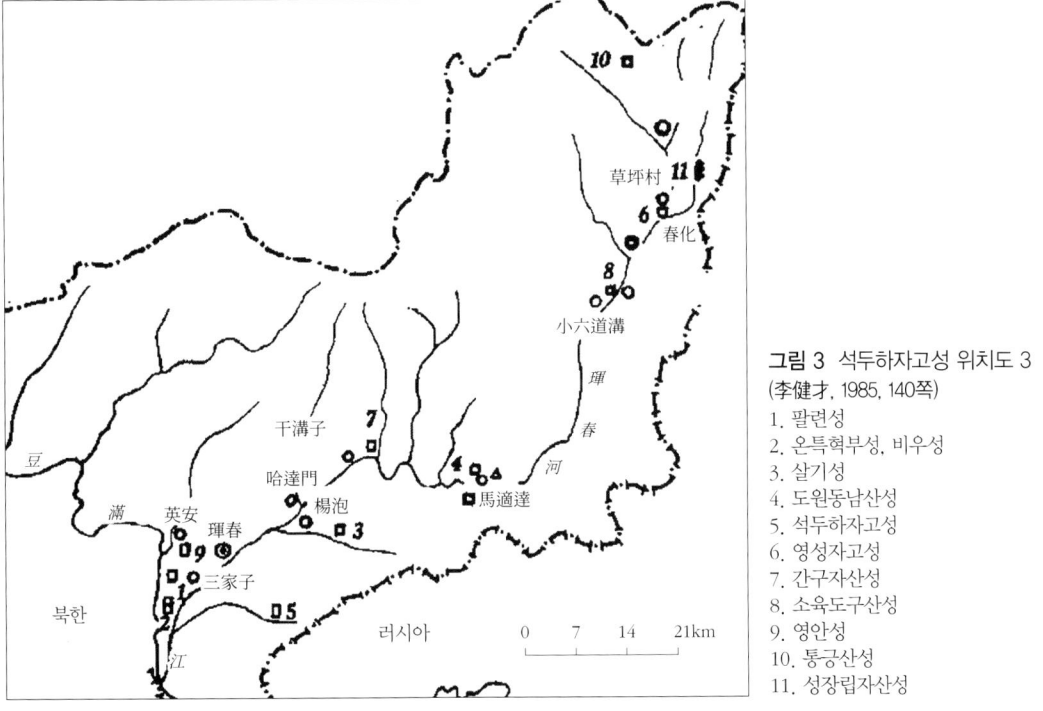

그림 3 석두하자고성 위치도 3
(李健才, 1985, 140쪽)
1. 팔련성
2. 온특혁부성, 비우성
3. 살기성
4. 도원동남산성
5. 석두하자고성
6. 영성자고성
7. 간구자산성
8. 소육도구산성
9. 영안성
10. 통긍산성
11. 성장립자산성

그림 4 석두하자고성 위치도 4

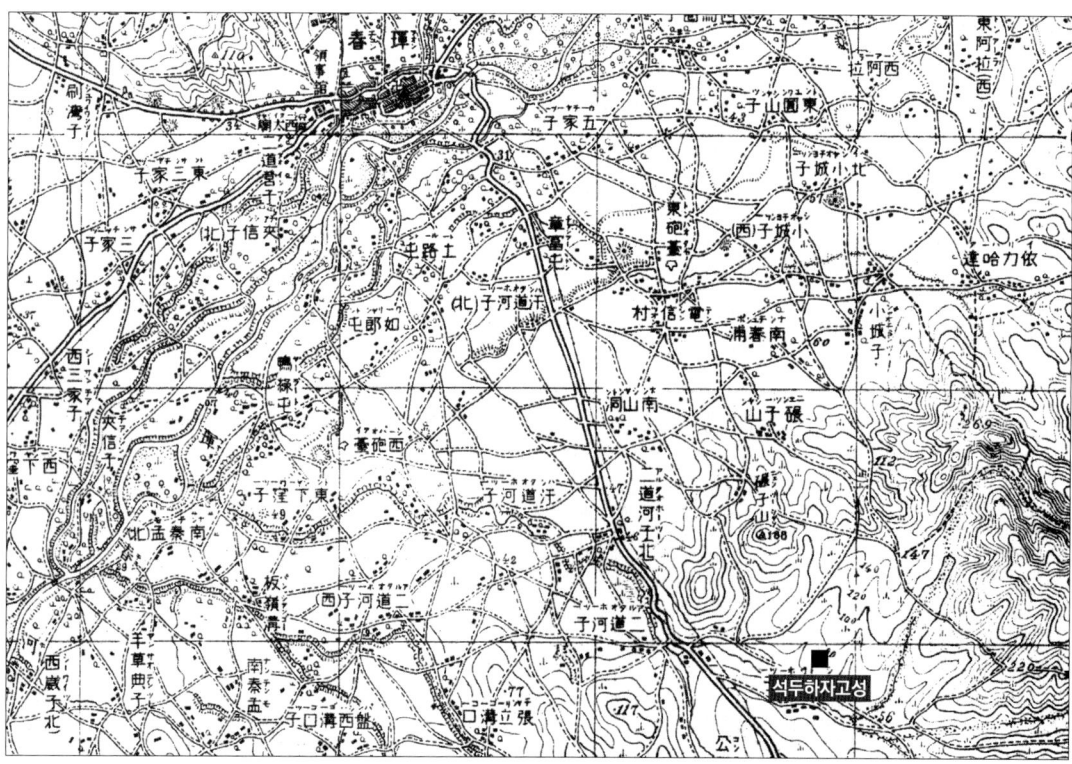

그림 5 석두하자고성 주변 지형도(滿洲國 10만분의 1 지형도)

2. 위치와 자연환경(그림 1~그림 5)

1) 지리위치

○ 琿春市 板石鄉 太陽村 潘家溝屯 동남쪽 약 1.5km 거리에 위치하였는데, 琿春河 연안을 따라 넓게 펼쳐진 琿春盆地 중부의 남단에 해당함.
○ 고성에서 북쪽으로 14km 떨어진 지점에 琿春市가 있음. 서쪽으로 15km 떨어진 지점에 溫特赫部城이 있음.
○ 동남쪽으로 2.5km 떨어진 지점에 중·러 국경의 분수령인 長嶺子가 있고 남쪽 산언덕에는 琿春에서 長嶺子로 통하는 도로가 있음.

2) 자연환경

○ 동·서·남 세 면은 가파르고 기복이 있는 산봉우리이고, 서북부의 지세는 개활하며 琿春분지와 이어짐.
○ 성의 남쪽과 북쪽에는 3개의 산언덕이 이어져 있는데, 너비 약 1km의 좁고 긴 하곡평지를 형성함.
○ 고성에서 남쪽으로 약 20여 m 떨어진 지점에 石頭河가 동쪽에서 서쪽으로 흘러 琿春河로 유입됨.

3. 성곽의 전체현황(그림 6)

○ 하곡평지에 자리한 평지성인데, 평면은 동서가 긴 장방형이며, 방향은 30°임(吉林省文物志編委會, 1984; 王禹浪·王宏北, 2007).[1]
○ 성벽의 길이는 동벽 123m, 서벽 134m, 북벽 288m, 남벽 287m 등으로 전체 둘레는 832m임.[2]

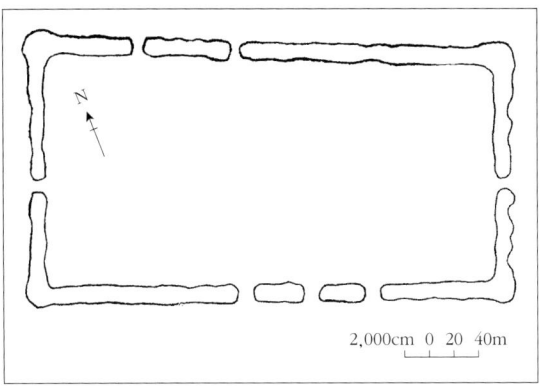

그림 6 석두하자고성 평면도(吉林省文物志編委會, 1984, 45쪽)

○ 성 내외는 모두 경작지로 개간되어 파괴가 심한 상태임.

4. 성벽과 성곽시설

1) 성벽

○ 성벽 축조방식은 일반적으로 석축으로 파악되지만,[3] 돌이 많이 들어간 토석혼축이라고 보기도 함(동북아역사재단, 2010). 성벽이 붕괴된 지점에 드러난 성돌을 보면 거칠게 다듬었으며 크기도 일정하지 않음.
○ 성벽은 현재 남아 있는 높이가 2~2.5m, 너비는 8~10m임(吉林省文物志編委會, 1984; 延邊博物館, 1988; 國家文物局, 1993; 東潮·田中俊明, 1995; 방학봉, 2002; 王禹浪·王宏北, 2007; 동북아역사재단, 2010).[4]
○ 트인 지점이 북벽 서단에 한 곳, 남벽 동단에 두 곳

1　남쪽을 중시하여 고성의 방향을 210°라고 기록하기도 함(延邊博物館, 1988; 방학봉, 2002).

2　吉林省文物志編委會, 1984; 嚴長綠·楊再林, 1988; 延邊博物館, 1988; 國家文物局, 1993; 東潮·田中俊明, 1995; 방학봉, 2002; 王禹浪·王宏北, 2007; 이성제, 2009; 동북아역사재단, 2010. 고성의 둘레를 900m(李健才, 1985), 동서는 180丈, 남북은 그 절반

(吉林師範學院古籍研究所, 1991) 등으로 파악하기도 함.

3　吉林省文物志編委會, 1984; 嚴長綠·楊再林, 1988; 延邊博物館, 1988; 嚴長錄, 1990; 정영진, 1990·1999; 吉林師範學院古籍研究所, 1991; 國家文物局, 1993; 東潮·田中俊明, 1995; 방학봉, 2002; 王禹浪·王宏北, 2007; 양시은, 2012.

4　성벽 높이가 2~3尺이라는 기록이 있음(吉林師範學院古籍研究所, 1991).

이 있음.

2) 성문
성벽 4면 가운데 부분에 각각 한 개의 문지가 있다고 보는 게 일반적이지만,[5] 각각 2개의 문지가 있다고 파악하기도 함.[6]

3) 角樓
성벽 네 모서리에 角樓가 있음.

5. 성내시설과 유적

1) 건물지
성내 중부에는 正房, 동서 곁채(廂房), 돌로 축조한 담장(院墻) 등으로 이루어진 건물지가 있는데, 그 남북 길이는 80m, 동서 너비는 36m임. 전해지는 말에 의하면 근대의 지주 저택이라고 함.

2) 우물
건물지 담장(院墻) 내 동쪽으로 치우친 지점에 우물 한 개가 있음.

6. 출토유물

○ 지면에는 깨진 기와편과 니질의 회색 토기편이 흩어져 있음.
○ 암키와는 회색과 적갈색으로 내면에는 굵은 포흔이 펼쳐져 있음. 배면에는 무늬가 없거나, 蓆文, 망격문, 굵기가 같지 않은 승문 등의 문양이 있음. 수키와는 청회색이고 견고하며 표면은 거침. 내면에는 굵은 포흔이 있고, 배면에는 문양이 없음.
○ 성내에서 출토된 일부 기와는 고구려 기와로 薩其城에서 출토된 기와와 형태가 같음. 발해시기의 기와편도 출토됨(延邊博物館, 1988; 嚴長錄, 1990).

7. 역사적 성격

石頭河子古城은 두만강 하류 琿春盆地 중부의 남단에 위치했는데, 전체 둘레 832m인 소형급 평지성임. 琿春市 소재지에서 남쪽으로 14km 떨어져 있고, 서쪽 15km 거리에는 고구려 책성의 치소로 비정되는 溫特赫部城이 있으며 동쪽 15km 거리에는 온특혁부성의 군사방어성으로 비정되는 薩其城이 위치함.

동남쪽 2.5km 거리에는 중·러 국경의 분수령인 長嶺子가 있는데, 고구려나 발해시기에는 혼춘분지에서 동해안으로 나아가는 주요 교통로였던 것으로 파악됨. 이에 고성의 규모가 비록 크지 않지만, 매우 견고하게 축조하였다는 점에서 長嶺子 교통로를 통제·방어하는 군사요새로 보기도 함(吉林省文物志編委會, 1984).

고성 내부에서는 고구려시기의 蓆文·網文·격자문·승문 기와가 출토되었고, 발해유물도 다수 출토되었음(정영진, 1990·1999). 이에 많은 연구자들이 고구려시기에 축조되어(嚴長綠·楊再林, 1988; 東潮·田中俊明, 1995; 劉子敏, 2001; 이성제, 2009; 양시은, 2012) 발해시기에도 연용했다고 파악함(李健才, 1985; 延邊博物館, 1988; 嚴長錄, 1990; 방학봉, 2002; 동북아역사재단, 2010).

특히 최근에는 琿春盆地 서남부와 동북부에 온특혁부성과 살기성이 세트로 책성을 구성했을 것으로 파악한 견해를(임기환, 2012) 수용한 다음, 석두하자고성이 양자의 중간 지점에 위치한 점에 착안하여 책성 욕살의

---

[5] 吉林省文物志編委會, 1984; 延邊博物館, 1988; 嚴長錄, 1990; 吉林師範學院古籍研究所, 1991; 國家文物局, 1993.

[6] 王禹浪·王宏北, 2007.

속료인 가라달이 파견되었을 가능성을 상정하기도 함(여호규, 2017).

석두하자고성에서는 발해시기의 유물도 출토되는데, 이에 발해시기에 축조되었다고 보기도 함(吉林省文物志編委會, 1984; 國家文物局, 1993; 王禹浪·王宏北, 2007; 魏存成, 2007). 또한 石頭河子古城이 발해 慶州의 치소로 비정되는 溫特赫部城과 15km 정도 떨어져 있는 것을 고려하여 慶州 소속 6縣 가운데 하나의 縣城으로 추정하기도 함(李健才, 2001). 그리고 발해 東京龍原府의 치소로 비정되는 팔련성의 위성 역할을 했다고 보기도 함(방학봉, 2002).

石頭河子古城은 琿春盆地에서 長嶺子를 넘어 동해안의 포시에트만으로 나아가는 교통로 부근에 위치하고 있는데, 발해시기의 '日本道'가 이곳을 지나갔음(吉林省文物志編委會, 1984; 延邊博物館, 1988; 嚴長錄, 1990; 방학봉, 2002; 王禹浪·王宏北, 2007; 魏存成, 2007; 이성제, 2009). 이러한 점에서 石頭河子古城은 발해 일본도의 역참으로 이용되었을 가능성도 있음.

石頭河子古城은 고구려시기에 축조되어 발해시기에도 계속 사용되었을 것으로 추정됨. 다만 성곽의 구체적인 축조시점과 그 성격을 규명하기 위해서는 향후 더욱 면밀한 고고조사가 필요한 상황임.

참고문헌

- 吉林省文物志編委會, 1984, 『琿春縣文物志』, 吉林省文物志編修委員會.
- 李健才, 1985, 「琿春渤海古城考」, 『學習與探索』 1985-6.
- 嚴長綠·楊再林, 1988, 「延邊地區高句麗-渤海時期紋飾板瓦初探」, 『博物館硏究』 1988-2.
- 延邊博物館, 1988, 『延邊文物簡編』, 延邊人民出版社.
- 孫進己·馮永謙, 1989, 『東北歷史地理』 2, 黑龍江人民出版社.
- 嚴長錄, 1990, 「연변지구 발해시기의 옛 성터에 관한 고찰」, 『발해사연구』 1, 延邊大學出版社.
- 정영진, 1990, 「연변지구의 고구려유적 및 몇 개 문제에 대한 탐구」, 『한국상고사학보』 4.
- 吉林師範學院古籍硏究所, 1991, 『琿春史志』, 吉林文史出版社.
- 國家文物局, 1993, 『中國文物地圖集』 吉林分冊, 中國地圖出版社.
- 東潮·田中俊明, 1995, 『高句麗の歷史と遺跡』, 中央公論社.
- 정영진, 1999, 「延邊地域의 城郭에 대한 연구」, 『고구려연구』 8.
- 劉子敏, 2001, 「高句麗疆域沿革考辨」, 『社會科學戰線』 2001-4.
- 李健才, 2001, 『東北史地考略』, 吉林文史出版社.
- 방학봉, 2002, 『발해성곽연구』, 연변인민출판사.
- 李强·侯莉閩, 2003, 「延邊地區渤海遺存之我見」, 『北方文物』 2003-4.
- 王禹浪·王宏北, 2007, 『高句麗·渤海古城址硏究匯編』(上·下), 哈爾濱出版社.
- 魏存成, 2007, 「渤海政權的對外交通及其遺蹟發現」, 『中國邊疆史地硏究』 2007-9.
- 이성제, 2009, 「高句麗와 渤海의 城郭 운용방식에 대한 기초적 검토」, 『高句麗渤海硏究』 34.
- 동북아역사재단, 2010, 『고구려성 사진자료집』(중국 길림성 동부).
- 양시은, 2012, 「연변 지역 고구려 유적의 현황과 과제」, 『동북아역사논총』 38, 동북아역사재단.
- 임기환, 2012, 「고구려의 연변 지역 경영-柵城과 新城을 중심으로」, 『동북아역사논총』 38, 동북아역사재단.
- 여호규, 2017, 「두만강 유역 고구려 성곽의 분포현황과 지방통치의 양상」, 『역사문화연구』 61.

04 혼춘 간구자산성
珲春 干溝子山城 | 乾溝子山城 | 韓溝子山城

1. 조사현황

1) 1972년
- 조사기간 : 1972년 5월 초 ~ 1962년 초.
- 조사자 : 李健才.
- 조사내용 : 珲春 경내의 고성에 대해 조사를 진행함.

2) 1983년
- 조사기간 : 1983년 5월.
- 조사기관 : 延邊文物普查隊.
- 조사내용 : 토기편, 수레바퀴 굿대축(車轄), 熙寧重寶 등을 발견함.

2. 위치와 자연환경 (그림 1 ~ 그림 5)

1) 지리위치
- 珲春市에서 25km[1] 떨어진 哈達門鄕 東紅村에서 동북쪽 1km 거리의 干溝子(乾溝子, 韓溝子) 골짜기 입구의 동북쪽 산에 위치함.
- 산성에서 동쪽으로 1km 떨어진 산 아래 평지에 一松亭村이 있음. 산성에서 1km 떨어진 珲春河 너머에 있는 小紅旗河古城과 서로 마주하고 있음.
- 수계상 두만강 하류의 지류인 珲春河 유역에 속하

---

[1] 20km라는 기록도 있음(吉林師範學院古籍研究所, 1991).

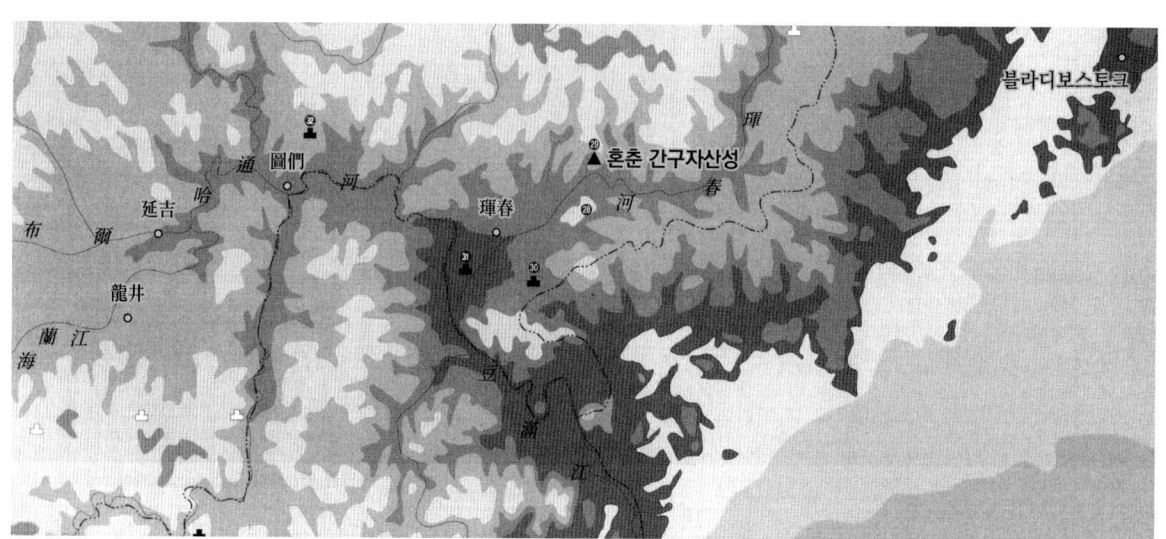

그림 1 간구자산성 위치도 1

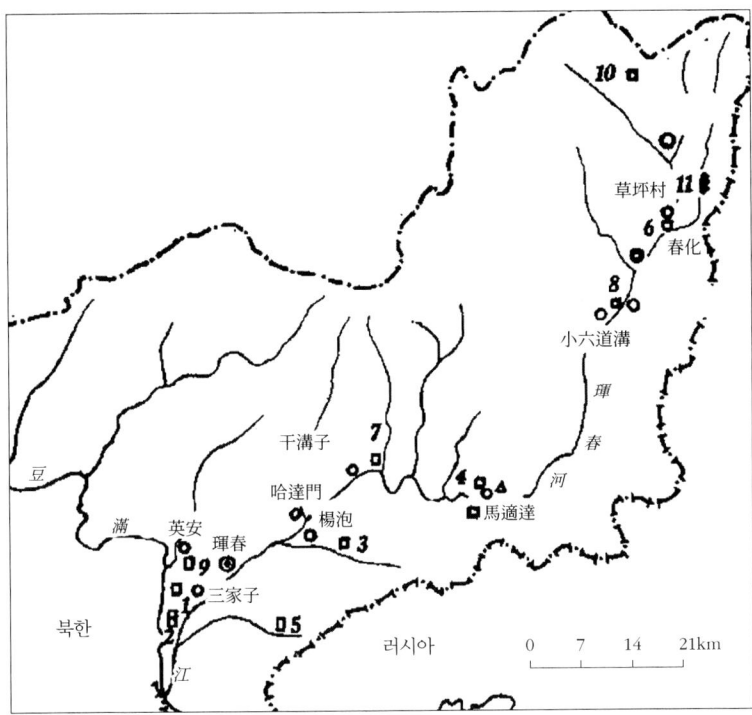

그림 2 간구자산성 위치도 2
(李健才, 1985, 140쪽)
1. 팔련성
2. 온특혁부성, 비우성
3. 살기성
4. 도원동남산성
5. 석두하자고성
6. 영성자고성
7. 간구자산성
8. 소육도구산성
9. 영안성
10. 통긍산성
11. 성장립자산성

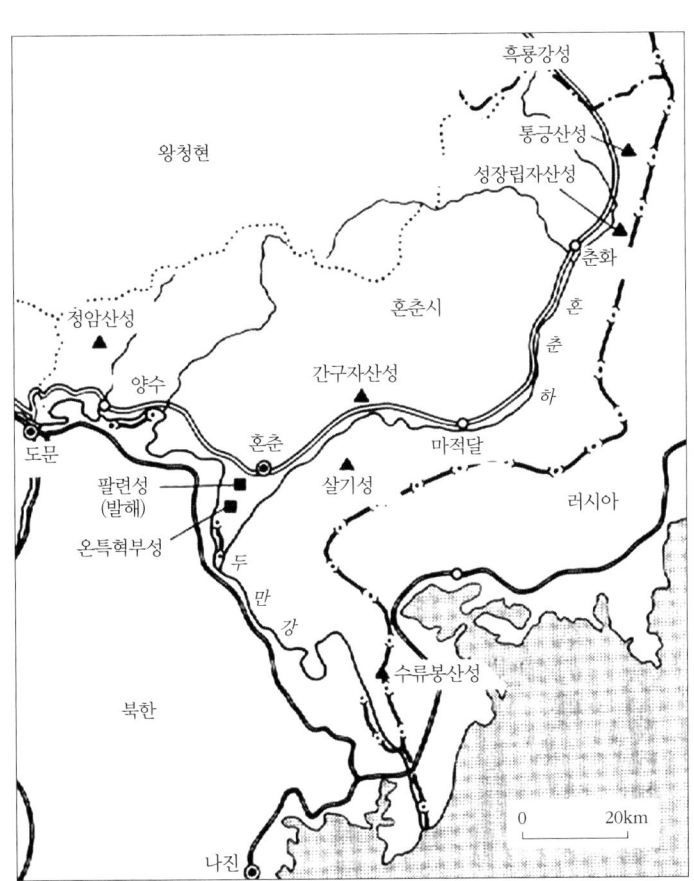

그림 3
간구자산성 위치도 3(東潮·田中俊明, 1995, 382쪽)

제20부 혼춘시(琿春市) 지역의 유적 643

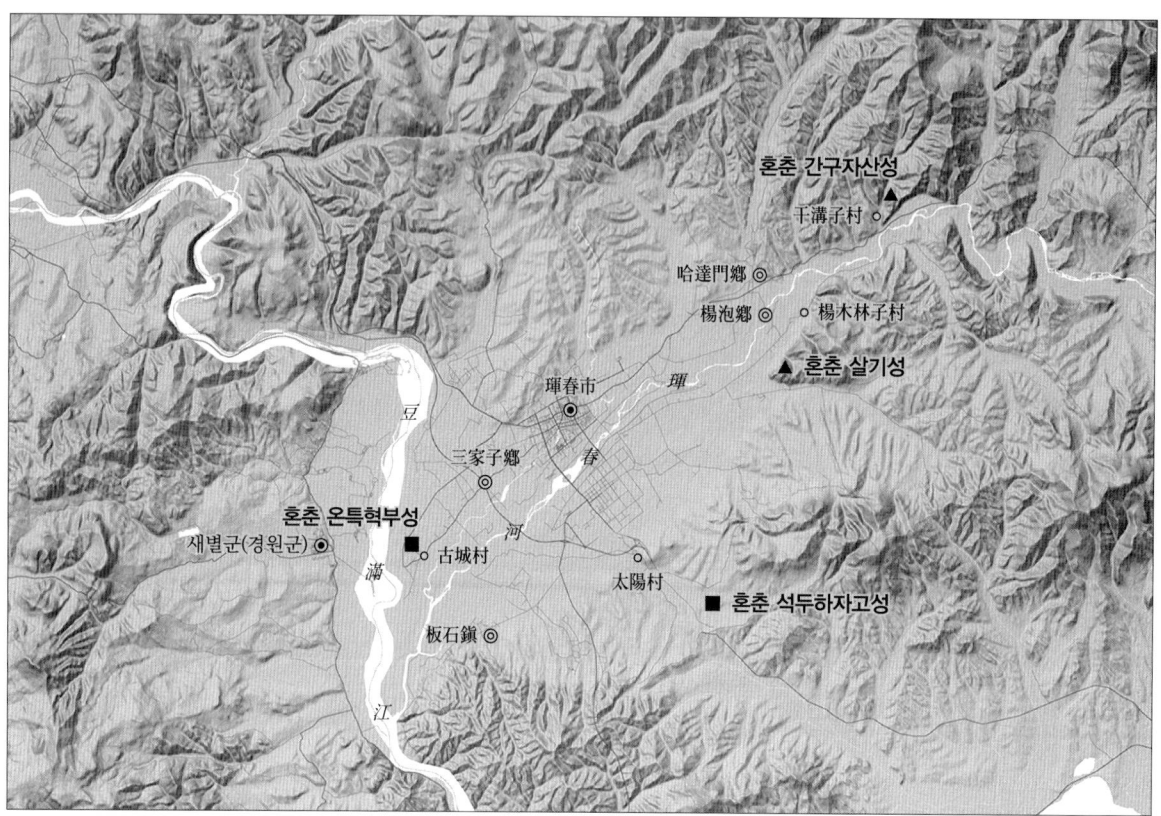

그림 4 간구자산성 위치도 4

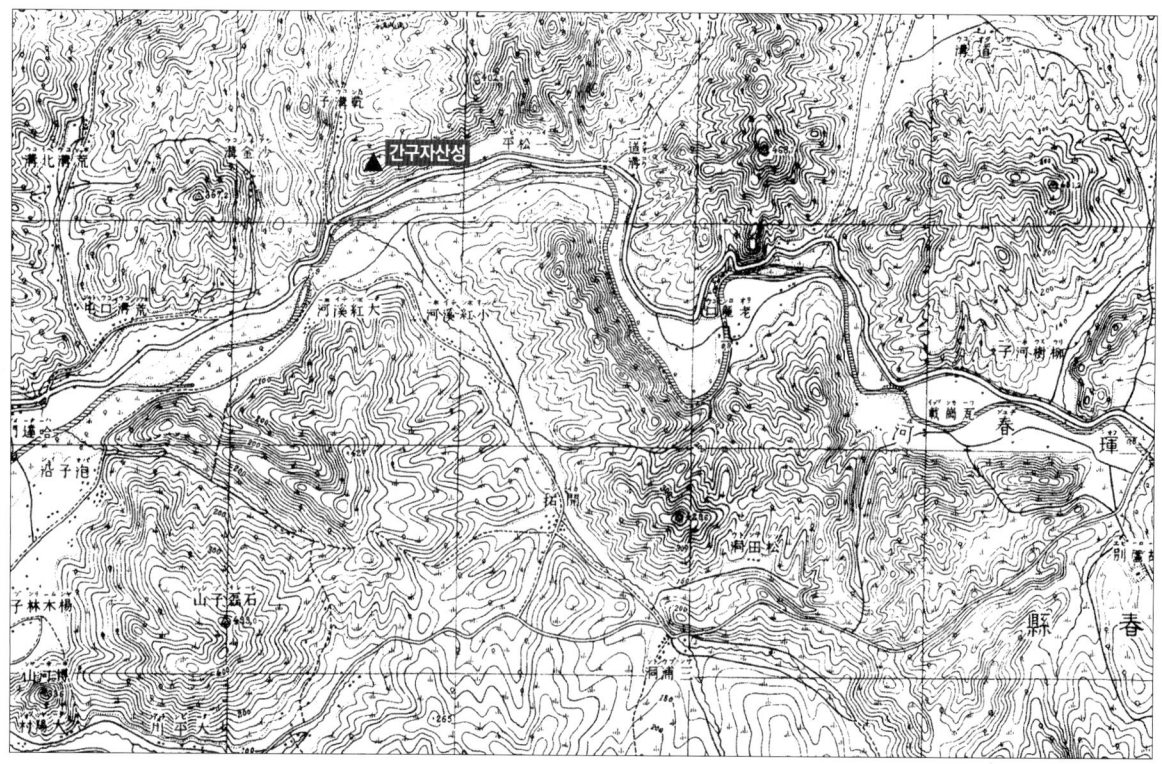

그림 5 간구자산성 주변 지형도(滿洲國 10만분의 1 지형도)

며, 琿春河를 따라 7~8km 정도 내려가면 琿春盆地가 넓게 펼쳐짐.

2) 자연환경
○ 산성 북쪽으로는 험준한 산줄기로 이어지며, 남쪽으로는 琿春河 하곡평지가 펼쳐져 있음.
○ 산성의 남쪽 1km 거리에 琿春河가 동쪽에서 서쪽으로 흐르고 있고, 산성 서쪽에는 琿春河의 지류인 干溝子河가 인접해 있음.

3. 성곽의 전체현황(그림 6)

○ 성 안에 골짜기가 있는데, 북벽으로 약간 치우쳐 있고, 입구는 서쪽임. 동북·서남 모서리의 산봉우리가 가장 높은데, 그곳에 오르면 성내의 전모를 내려다 볼 수 있음.
○ 산성은 산세를 따라 산등성이에 축조했는데, 평면은 불규칙하며, 서·북 양 면은 약간 곧고, 동·남면은 弧形임. 전체 둘레는 약 2.5km임.[2]
○ 서남 모서리의 角樓에서 동북쪽으로 200m 떨어진 구릉에 한 변의 길이가 40m인 작은 토성이 있음.
○ 성내는 초목이 자라고 낙엽이 덮고 있으나, 보존상태는 비교적 양호함.

4. 성벽과 성곽시설

1) 성벽
○ 성벽의 축조방식은 기본적으로 토축이고 일부 구간은 토석혼축으로 파악되지만,[3] 석축(王綿厚,

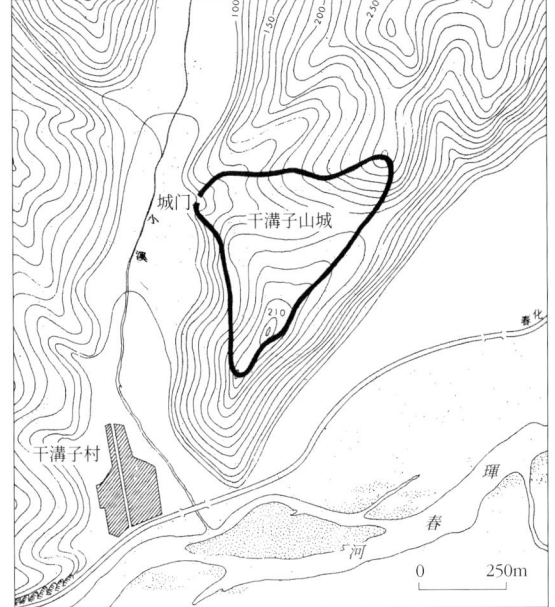

그림 6 간구자산성 평면도(『吉林省志』(文物志), 111쪽)

1994·2002) 또는 토축·토석혼축·석축(林直樹, 1994) 등으로 파악하기도 함.
○ 동·서벽은 높이가 6~7m이고, 남·북벽은 너무 낮아서 명확하지 않음.

2) 성문
○ 성문은 동벽, 서벽, 북벽에 있음. 동·북문은 二道河와 접해 있고 서문은 干溝子 산기슭에 기대어 있음.
○ 서문은 서벽의 골짜기 입구에 위치하였는데, 옹성 구조를 갖추고 있음. 외옹 성벽에 개구부 두 곳 있는데, 홍수 혹은 여러 해 동안 이루어진 채금으로 인해 넓어지고 깊어졌음. 두 개구부 가운데 북측 개구부는 너비가 6m이고, 현재는 찻길로 변모하였음. 당시에는 문지였을 것으로 추정됨(吉林省文物志編委會, 1984; 王禹浪·王宏北, 2007; 동북아역사재단, 2010). 성 안쪽으로 두른 내

---

2 3,000m라는 기록도 있음(李健才, 1985).

3 吉林省文物志編委會, 1984; 延邊博物館, 1988; 孫進己·馮永謙, 1989; 林直樹, 1994; 馮永謙, 1994; 東潮·田中俊明, 1995; 魏存成, 1999·2002; 정영진, 1999; 王禹浪·王宏北, 2007; 동북아역사재단, 2010.

옹 성벽은 弧形으로, 보존상태가 비교적 양호함.

3) 角樓와 망대
○ 성벽 모서리와 산봉우리에 7개의 토루 혹은 석루가 있는데, 角樓 혹은 치로 추정됨(吉林省文物志編委會, 1984; 延邊博物館, 1988; 孫進己·馮永謙, 1989; 馮永謙, 1994; 정영진, 1999; 王禹浪·王宏北, 2007).

○ 서남 모서리에서 서남쪽으로 뻗은 산등성이 끝 지점에 인공적으로 축조한 망대시설이 있음. 이곳에 서면 琿春河 하안평지와 琿春 방면 및 서남쪽의 薩其城을 한눈에 관찰할 수 있음.

4) 水口門
산성 서쪽 골짜기 입구의 와옹 성벽에 개구부가 두 곳 있는데, 남측 개구부로 개울이 흘러 나가고 있음. 水口門 자리일 가능성이 있음.

5. 성내시설과 유적

1) 건물지
○ 성내에 초석이 27개 있음(吉林師範學院古籍硏究所, 1991).[4]

○ 성내 남측은 완만한 구릉인데, 남쪽으로 갈수록 점차 높아짐. 이곳에 한 변의 길이가 5~8m인 방형의 작은 담장(圍墻)과 원형의 얕은 구덩이가 있는데, 그 안에 泥質 토기편 등의 유물이 흩어져 있음. 당시 건물지로 추정됨(吉林省文物志編委會 1984; 延邊博物館 1988; 동북아역사재단 2010).

○ 서남 모서리의 角樓에서 동북쪽으로 200m 떨어진 구릉에 위치한 토성 안에 동서방향의 5열 건물지가 있음.

---

[4] 수십 개가 있다는 기록이 있음(國家文物局, 1993).

2) 개울
성 내부의 골짜기에 개울이 흐르고 있음.

6. 출토유물

1) 동기
○ 民國 연간에 張春이라는 사람이 성내 개간지에서 동제 거울을 발견하였음. 거울은 직경이 5寸, 손잡이의 길이가 3寸이었다고 함. 거울의 배면에는 나무 하나가 있었고, 구부려진 형태임. 그 나무 아래에는 한 사람(아마도 신으로 보임. 머리 위에 圓光이 있음)이 앉아 있고, 또 한 사람은 펴지 않은 우산을 잡고 있었으며, 나무 위로는 학과 거북이가 있고, 해와 달이 떠 있는데, 모두 융기되었음. 거울면은 매끈하고 글씨는 없었다고 함. 金代의 '神仙故事鏡'으로 추정됨. 이 거울의 소재는 현재 알 수 없음.

○ 熙寧重寶 한 매가 출토됨.

2) 철기
지역 주민들에 의하면 철제 三稜 화살촉, 편평한 철제 雙叉화살촉, 철제솥(鍋) 등이 출토되었다고 함.

3) 토기
○ 성내 남측에 있는 건물지 안에 니질 토기편이 흩어져 있음.

○ 니질의 구연이 외반되고 말아올라간 호(斂口卷沿罐片) 2점이 출토됨.

4) 기와
기와편이 출토됨.

5) 석기
○ 성내에서 투석용 석환(擂石, 石彈)이 출토되었는데,

무게는 5~10斤임.
○ 글자가 있는 돌이 출토됨.

6) 기타

○ 수레바퀴 굇대축(車軸) 한 점이 출토되었는데, 톱니바퀴(齒輪)모양으로, 남은 길이는 9cm, 너비는 5cm, 두께는 1cm임.
○ 鉤戟 2점이 출토되었는데, 절반 이상 녹이 슬어 있음.

7. 역사적 성격

干溝子山城은 두만강 지류인 琿春河 하류 유역에 위치했는데, 전체 둘레 2.5km로 중대형급 산성으로 분류됨. 이곳에서 琿春河 하류 방면으로 7~8km 내려가면 琿春盆地가 넓게 펼쳐지며, 이곳 부근에서 혼춘하 상류 방면으로는 河谷平地의 폭이 급격히 좁아짐. 간구자산성은 혼춘하 하류의 혼춘분지와 중상류 하곡평지의 경계지점에 위치하며 두 지역을 잇는 교통로를 공제하던 군사방어적 기능을 수행했을 것으로 추정됨(吉林省文物志編委會, 1984; 王禹浪·王宏北, 2007).

산성의 축조시기와 관련해 고구려가 축조하고(林直樹, 1994; 王綿厚, 1994·2002; 東潮·田中俊明, 1995) 발해나 遼·金이 연용하였다는 견해(孫進己·馮永謙, 1989; 馮永謙, 1994), 발해가 축조하고 遼·金이 연용하였다는 견해(王禹浪·王宏北, 2007), 遼·金이 축조하였다는 견해(吉林省文物志編委會, 1984; 李健才, 1985; 延邊博物館, 1988 [5]; 國家文物局, 1993; 정영진, 1999; 魏存成, 2002) 등이 있음.

간구자산성의 서문은 평지와 연결되며 이중 성벽으로 감싸여 있고, 성 내부에는 넓은 평탄지가 있는데, 이

---

5 延邊博物館(1988)은 遼·金시기의 沙河子古城과 유사하다며 金代에 축조했을 것으로 추정했음.

를 安圖 五峰山城과 유사하다고 파악하기도 함. 琿春河 상류 방면의 城墻砬子山城, 營城子古城, 通肯山城 등은 모두 綏芬河 유역인 黑龍江省의 東寧 방면과 연결되는 성곽인데, 고구려시기에 干溝子山城이 薩其城과 함께 동녕방면으로 연결되는 琿春河 연안로를 유지하고 방어하는 기능을 수행했을 것으로 추정하기도 함(동북아역사재단, 2010).

또한 최근 혼춘분지에 위치한 온특혁부성과 살기성을 두만강 유역 전체를 통괄하던 책성 욕살의 치소성으로 비정한 다음, 책성 방어나 주변 지역과의 교류를 위해 혼춘분지에서 외곽으로 나아가는 교통로의 요충지에 성곽을 축조하고 지방관을 파견했을 것으로 추정하기도 함. 간구자산성은 고구려 후기의 최고 지방관인 柵城 褥薩(都督) 李他仁이 관장했다는 12州 治所城의 후보 가운데 하나라는 것임(여호규, 2017).

이상과 같이 간구자산성의 축조시기나 그 성격을 둘러싸고 다양한 견해가 제기된 상태임. 다만 아직 고구려시기라고 단정할만한 유물이 출토된 상태는 아님. 그러므로 산성의 축조시기나 그 성격을 보다 정확하게 규명하기 위해서는 향후 더욱 면밀한 고고조사가 필요한 상황임.

참고문헌

- 吉林省文物志編委會, 1984, 『琿春縣文物志』, 吉林省文物志編修委員會.
- 李健才, 1985, 「琿春渤海古城考」, 『學習與探索』 1985-6.
- 延邊博物館, 1988, 『延邊文物簡編』, 延邊人民出版社.
- 孫進己·馮永謙, 1989, 『東北歷史地理』 2, 黑龍江人民出版社.
- 吉林師範學院古籍研究所, 1991, 『琿春史志』, 吉林文史出版社.
- 吉林省地方志編纂委員會, 1991, 『吉林省志』 卷43 文物志, 吉林人民出版社.
- 國家文物局, 1993, 『中國文物地圖集』 吉林分冊, 中國地圖出版社.
- 林直樹, 1994, 「中國東北部の高句麗山城」, 『青丘學術

論集』 5.
- 王綿厚, 1994, 「鴨綠江右岸高句麗山城硏究」, 『遼海文物學刊』 1994-2.
- 馮永謙, 1994, 「高句麗城址輯要」, 『北方史地硏究』, 中州古籍出版社.
- 東潮·田中俊明, 1995, 『高句麗の歷史と遺跡』, 中央公論社.
- 魏存成, 1999, 「길림성 내 고구려산성의 현황과 특징」, 『고구려연구』 8.
- 정영진, 1999, 「延邊地域의 城郭에 대한 연구」, 『고구려연구』 8.
- 王綿厚, 2002, 『高句麗古城硏究』, 文物出版社.
- 魏存成, 2002, 『高句麗遺蹟』, 文物出版社.
- 王禹浪·王宏北, 2007, 『高句麗·渤海古城址硏究匯編』 (上·下), 哈爾濱出版社.
- 동북아역사재단, 2010, 『고구려성 사진자료집』(중국 길림성 동부).
- 여호규, 2017, 「두만강 유역 고구려 성곽의 분포현황과 지방통치의 양상」, 『역사문화연구』 61.

05 혼춘 도원동남산성
琿春 桃源洞南山城 | 下馬滴達河古城

1. 조사현황

1) 1972년
○ 조사자 : 吉林省博物館.
○ 조사내용 : 시굴 등을 진행함.

2) 1972년
○ 조사기간 : 1972년 5월 초~1962년 초.
○ 조사자 : 李健才.
○ 조사내용 : 琿春 경내의 고성에 대해 조사를 진행함.

3) 1983~1985년
○ 조사기관 : 吉林省文物局.
○ 조사내용 : 1983년~1985년 吉林省 각 市·縣 文物志 편찬을 위한 문물 조사과정에서 桃源洞南山城도 조사함.

2. 위치와 자연환경(그림 1~그림 2)

1) 지리위치
○ 琿春市 동부 馬滴達鄕 桃源洞村에서 동남쪽으로 1km 떨어진 琿春河 남안의 南山 정상에 위치함. 南山의 높이는 약 40m임.
○ 구철로가 南山 북단을 뚫고 지나가며, 동북쪽으로 6km 떨어져 있는 農坪山城과 琿春河를 사이에 두고 서로 마주하고 있음.
○ 산성에서 서쪽으로 37~38km 떨어진 지점에 琿春市가 있음.
○ 수계상 두만강의 지류인 琿春河 중류에 위치하는데, 琿春河 河口에서는 약 60km 정도 거리임.

2) 자연환경
산성 북쪽으로는 琿春河가 흐르고 있는데, 산성이 위치한 지점은 琿春河 유역의 협곡으로 골짜기의 너비는 0.5km가 되지 않음. 琿春河 남·북 양면은 모두 구불구불한 산임. 산성이 위치한 지점은 남쪽에서 서쪽으로 300m 뻗은 한 지맥의 북단임.

3. 성곽의 전체현황

○ 성내 지세는 북쪽에서 남쪽으로 갈수록 낮아지고, 남부는 산과 이어짐.
○ 산정식 산성으로 평면은 불규칙한데, 대략 신발 모양임. 전체 둘레는 약 430m로 조사되었는데,[1] 520m(정영진, 1999), 1,000m(李健才, 1985), 세로 약 25丈·가로 약 50丈(吉林師範學院古籍硏究所, 1991) 등으로 보기도 함.

---

[1] 吉林省文物志編委會, 1984; 嚴長錄, 1990; 國家文物局, 1993; 馮永謙, 1994; 방학봉, 2002; 魏存成, 2002; 王禹浪·王宏北, 2007.

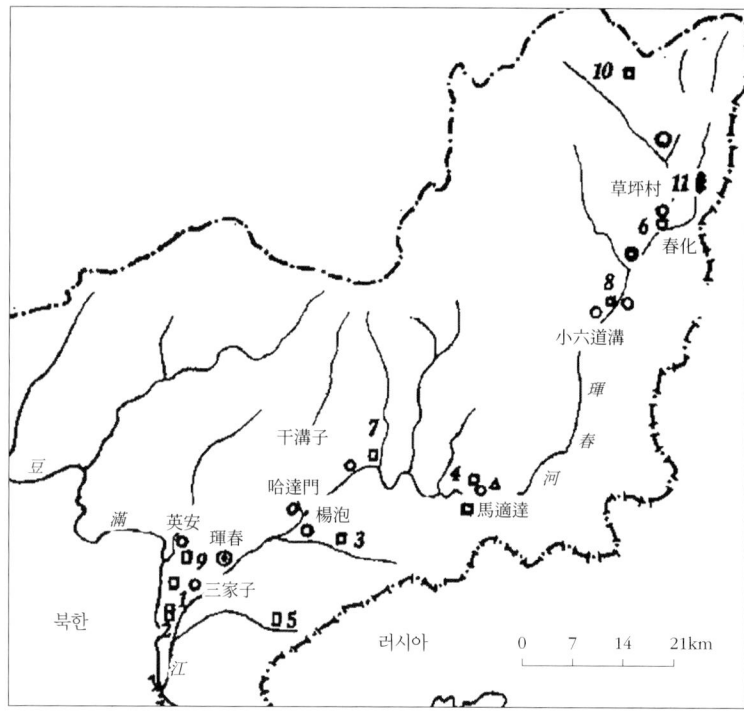

그림 1 도원동남산성 위치도 1
(李健才, 1985, 140쪽)
1. 팔련성
2. 온특혁부성, 비우성
3. 살기성
4. 도원동남산성
5. 석두하자고성
6. 영성자고성
7. 간구자산성
8. 소육도구산성
9. 영안성
10. 통긍산성
11. 성장립자산성

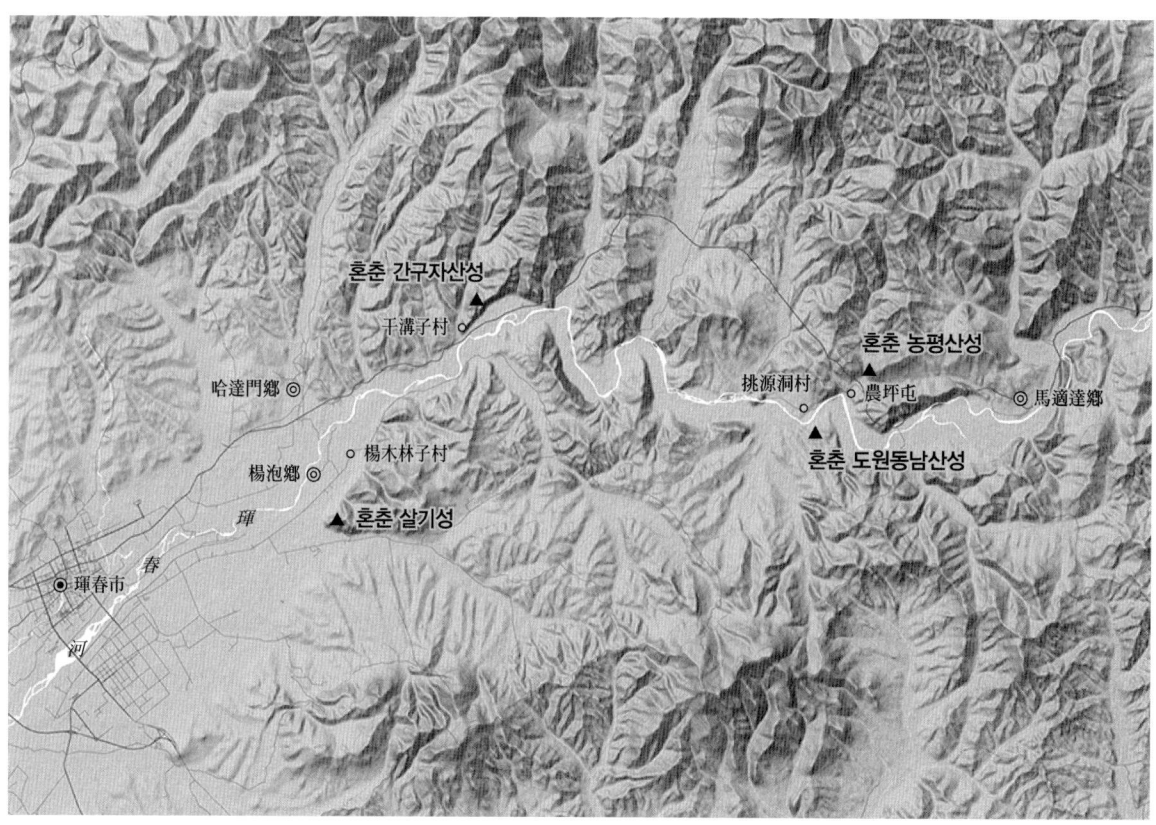

그림 2 도원동남산성 위치도 2

○ 성내는 현재 숲으로 변모하였지만, 보존상태는 비교적 양호함.

4. 성벽과 성곽시설

1) 성벽
○ 남·북면은 모두 돌로 축조하였고, 동·서 양면은 50~60°의 가파른 산기슭을 이용하면서 성벽을 축조하지 않았음.
○ 북벽은 산 북단 100여 m 지점에 축조함. 비교적 곧고, 방향은 50°임. 길이는 약 90m, 기단부 너비는 4~5m, 높이는 1~2m임.
○ 남벽은 휘어져 있고, 높고 웅장함. 길이는 170m, 기단부 너비는 8~9m, 내측 높이는 2m, 외측 높이는 3~5m임.
○ 서벽은 짧고 곧음. 동벽은 길고 휘어져 있음.

2) 성문
○ 북벽 중부에 문 한 개가 있음.[2]
○ 남벽에는 문지 2곳이 있는데, 너비는 4~5m임. 문지 옆 성벽에는 각각 석루 1개가 있음.

3) 角樓
산성의 네 모서리에 각각 돌로 축조한 角樓가 있음.

5. 성내시설과 유적

성벽 바깥에 여러 개의 구덩이가 있는데, 건물지로 추정됨(王禹浪·王宏北, 2007).

6. 출토유물

회색·적갈색의 가는 니질 토기편과 돌도끼(石斧)가 출토되었다고 함(李健才, 1985).

7. 역사적 성격

桃源洞南山城은 두만강의 지류인 琿春河 중류에 위치하는데, 둘레는 약 430m로 소형 보루성으로 분류됨. 규모는 비교적 작지만, 견고하고 험준함. 특히 동북쪽으로 3km 떨어진 農坪山城과 琿春河를 사이에 두고 대각선으로 마주하고 있는데, 두 성 모두 琿春河 수로 교통을 방어하던 군사요새로 파악됨(吉林省文物志編委會, 1984; 방학봉, 2002; 王禹浪·王宏北, 2007).

산성의 축조시기와 관련해 고구려가 축조하고 발해가 연용하였다는 견해(王禹浪·王宏北, 2007), 발해가 축조하였다는 견해(李健才, 1985; 嚴長錄, 1990; 國家文物局, 1993; 정영진, 1999; 방학봉, 2002; 魏存成, 2002) 등이 있음. 특히 산성 형태가 薩其城과 유사하다고 보면서도 그 축조시기에 대해서는 고구려시기설(馮永謙, 1994) 및 발해시기설(吉林省文物志編委會, 1984)로 나뉨.

특히 발해 東京龍原府가 관할하던 穆州나 賀州의 州治로 보는 견해도 있음(李健才, 1985). 琿春평원의 북부에 위치하여 발해 東京龍原府의 소재지인 八連城을 수호하는 위성 작용을 한 것으로 추정하기도 함(방학봉, 2002).

이상과 같이 桃源洞南山城이 발해시기에 사용되었을 가능성은 아주 높음. 다만 성 내부에서 고구려시기라고 단정할 만한 유물이 출토되지는 않았음. 그러므로 산성의 축조시기와 그 성격을 보다 명확하게 규명하기 위해서는 향후 더욱 면밀한 고고조사가 필요함.

---

[2] 서북문이라고 부르기도 함(吉林師範學院古籍研究所, 1991).

참고문헌

- 吉林省文物志編委會, 1984, 『琿春縣文物志』, 吉林省文物志編修委員會.
- 李健才, 1985, 「琿春渤海古城考」, 『學習與探索』 1985-6.
- 延邊博物館, 1988, 『延邊文物簡編』, 延邊人民出版社.
- 嚴長錄, 1990, 「연변지구 발해시기의 옛 성터에 관한 고찰」, 『발해사연구』 1, 延邊大學出版社.
- 吉林師範學院古籍研究所, 1991, 『琿春史志』, 吉林文史出版社.
- 國家文物局, 1993, 『中國文物地圖集』 吉林分冊, 中國地圖出版社.
- 馮永謙, 1994, 「高句麗城址輯要」, 『北方史地研究』, 中州古籍出版社.
- 정영진, 1999, 「延邊地域의 城郭에 대한 연구」, 『고구려연구』 8.
- 방학봉, 2002, 『발해성곽연구』, 연변인민출판사.
- 魏存成, 2002, 『高句麗遺蹟』, 文物出版社.
- 李强·侯莉閩, 2003, 「延邊地區渤海遺存之我見」, 『北方文物』 2003-4.
- 王禹浪·王宏北, 2007, 『高句麗·渤海古城址研究彙編』 (上·下), 哈爾濱出版社.

06 혼춘 농평산성
琿春 農坪山城 | 馬滴達山城

1. 조사현황

1983~1985년 吉林省 각 市·縣 文物志 편찬을 위한 문물 조사과정에서 農坪山城도 조사함.

2. 위치와 자연환경(그림 1)

1) 지리위치
○ 琿春市 동부의 馬滴達鄕 소재지에서 서북쪽으로 약 2km 떨어진 農坪屯(下馬滴達) 동북쪽 200m 거리에 위치함. 두만강의 지류인 琿春河 중류에 위치하는데, 琿春河 河口에서는 약 60km 정도 거리임.
○ 동쪽으로 뻗은 산줄기 끝단 구릉 형태의 산 정상에 자리잡고 있음. 산 정상은 주변 지면보다 약 20여 m 높음.
○ 琿圖도로가 남쪽 기슭을 지나가며, 산성 남쪽으로 琿春河를 사이에 두고 桃源洞南山城과 마주하고 있음.

2) 자연환경
○ 산성 동면은 작은 하곡과 접해 있음.
○ 산성 남쪽에는 琿春河가 흐름.

3. 성곽의 전체현황

○ 산성이 위치한 산의 동·남·서 3면은 가파른 구릉이고, 북부는 산줄기로 이어짐. 성 내부의 서남부와 동북부에는 도랑 두줄기가 나란히 있는데, 너비는 약 2.5m, 깊이는 약 2m이고, 성내 지면은 동쪽으로 갈수록 낮아짐.
○ 산성의 평면은 타원형 혹은 원형으로 전체 둘레는 약 400m임.[1]
○ 현재는 농경지로 개간되는 등 파괴가 매우 심함.

4. 성벽과 성곽시설

1) 성벽
○ 성벽은 대부분 석축인데, 기단 너비 약 5m, 높이 약 1m임.[2]
○ 산성 북쪽에는 세 줄기의 성벽이 축조되어 있는데, 높이는 1~2.5m이고, 성벽 사이의 거리는 4~6m임. 서북부 성문지 서측에서 시작해서 동북쪽으로 꺾였다가, 다시 동남쪽으로 꺾으면서 산성 북반부를 둘러싸고 있음. 이 성벽은 북쪽의 방어력을 강화하기 위해 쌓은 것임(방학봉, 2002).

---

[1] 吉林省文物志編委會, 1984; 嚴長錄, 1990; 國家文物局, 1993; 馮永謙, 1994; 정영진, 1999; 방학봉, 2002; 王禹浪·王宏北, 2007. 산성의 규모가 세로 35丈, 가로 25丈이라는 기록이 있음(吉林師範學院古籍研究所, 1991).

[2] 吉林省文物志編委會, 1984; 國家文物局, 1993; 馮永謙, 1994; 王禹浪·王宏北, 2007. 성벽 높이가 2尺이라는 기록도 있음(吉林師範學院古籍研究所, 1991).

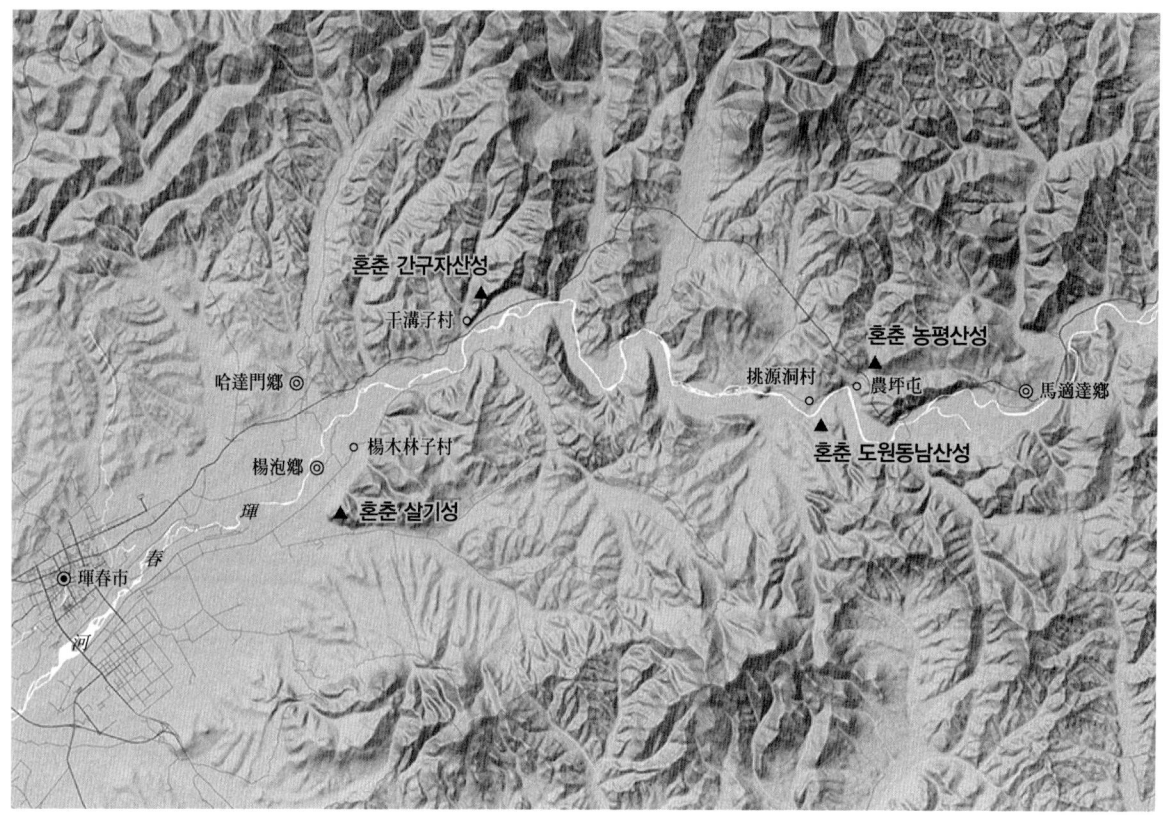

그림 1 농평산성 위치도

2) 성문
문지는 성벽 (서)북쪽과 (동)북쪽에 있는데, 남은 너비는 약 3m임.

5. 출토유물

성내 지표면에서 출토된 유물은 매우 적은데, 회색의 니질 토기편과 흑갈색 토기편이 출토됨. 회색의 니질 토기편에는 뾰족한 부분이 평평해진 손잡이(橫耳)가 있는데, 손잡이(耳)는 높이 2cm, 너비 5.6~8.5cm, 두께 1.1cm임. 흑갈색의 니질 토기편은 口部인데, 두께는 약 0.6cm임.

6. 역사적 성격

農坪山城은 두만강 지류인 琿春河 중류에 위치하는데, 둘레는 약 400m로 보루성으로 분류됨. 규모는 비교적 작지만, 견고하고 험준함. 특히 서남쪽으로 3km 떨어진 桃源洞南山城과 琿春河를 사이에 두고 대각선으로 마주하고 있는데, 두 성 모두 琿春河 수로 교통을 방어하던 군사요새로 파악됨(吉林省文物志編委會, 1984; 嚴長錄, 1990; 방학봉, 2002; 王禹浪·王宏北, 2007).

산성의 축조시기와 관련해 고구려가 축조하고 발해가 연용하였다는 견해(馮永謙, 1994), 발해가 축조하였다는 견해(吉林省文物志編委會, 1984; 延邊博物館, 1988; 嚴長錄, 1990; 國家文物局, 1993; 정영진, 1999; 방학봉, 2002; 王禹浪·王宏北, 2007) 등이 있음.

다만 성 내부에서는 축조시기를 단정할 만한 유물이 출토되지 않았음. 그러므로 산성의 축조시기와 그 성격을 보다 명확하게 규명하기 위해서는 향후 더욱 면밀한 고고조사가 필요함.

참고문헌

- 吉林省文物志編委會, 1984, 『琿春縣文物志』, 吉林省文物志編修委員會.
- 延邊博物館, 1988, 『延邊文物簡編』, 延邊人民出版社.
- 嚴長錄, 1990, 「연변지구 발해시기의 옛 성터에 관한 고찰」, 『발해사연구』 1, 延邊大學出版社.
- 吉林師範學院古籍研究所, 1991, 『琿春史志』, 吉林文史出版社.
- 國家文物局, 1993, 『中國文物地圖集』 吉林分冊, 中國地圖出版社.
- 馮永謙, 1994, 「高句麗城址輯要」, 『北方史地研究』, 中州古籍出版社.
- 정영진, 1999, 「延邊地域의 城郭에 대한 연구」, 『고구려연구』 8.
- 방학봉, 2002, 『발해성곽연구』, 연변인민출판사.
- 李强·侯莉閩, 2003, 「延邊地區渤海遺存之我見」, 『北方文物』 2003-4.
- 王禹浪·王宏北, 2007, 『高句麗·渤海古城址研究匯編』(上·下), 哈爾濱出版社.

07 혼춘 수류봉산성
琿春 水流峰山城

1. 조사현황

1983~1985년 吉林省 각 市·縣 文物志 편찬을 위한 문물 조사과정에서 水流峰山城도 조사함.

2. 위치와 자연환경(그림 1 ~ 그림 2)

1) 지리위치
琿春市 남부 敬信鄕 圈河村 동남쪽 水流峰에서 동쪽으로 약 3km 떨어진 水流峰 동쪽 기슭과 巴拉巴沙山 사이의 산 입구 양측 산등성이에 위치함. 이 산은 중국과 러시아 양국의 국경선임. 수계상 두만강 하구 부근의 좌안에 해당함.

2) 자연환경
○ 산성 북쪽은 협곡이고, 골짜기 내에는 작은 시내가 북쪽으로 흘러 두만강의 소지류인 八道泡子로 유입됨.
○ 성 남쪽은 비교적 넓은 산골짜기이고, 동쪽은 巴拉巴沙山과 이어짐. 서쪽은 水流峰山의 남부 지맥과 이어지는데, 현재는 러시아 경내에 속함.

3. 성곽의 전체현황

산성의 평면은 불규칙함. 성벽의 전체 둘레는 1.25km로 조사되었는데,[1] 1km라는 기록,[2] 중국 경내의 성곽 길이만 1.3km라는 기록[3]도 있음.

4. 성벽과 성곽시설

1) 성벽
○ 성벽은 산등성이를 따라 축조했는데, 석축으로 기단 너비 약 5m, 높이 1~5m임.
○ 성벽의 방향은 동서향으로 산세에 따라 약간 휘어져 있음.

2) 망대
망대가 있다고 하는데, 자세한 내용은 알 수 없음.

3) 보루
성벽 동쪽으로 치우친 지점에 있는 산 입구에서 동쪽 100m 지점의 성벽에 원형의 보루가 있음. 직경은 12m이고, 성벽보다 약 0.5m 높음.

1　吉林省文物志編委會, 1984; 王綿厚, 1994·2002; 東潮·田中俊明, 1995; 魏存成, 1999·2002; 정영진, 1999.

2　孫進己·馮永謙, 1989; 馮永謙, 1994.

3　國家文物局, 1993.

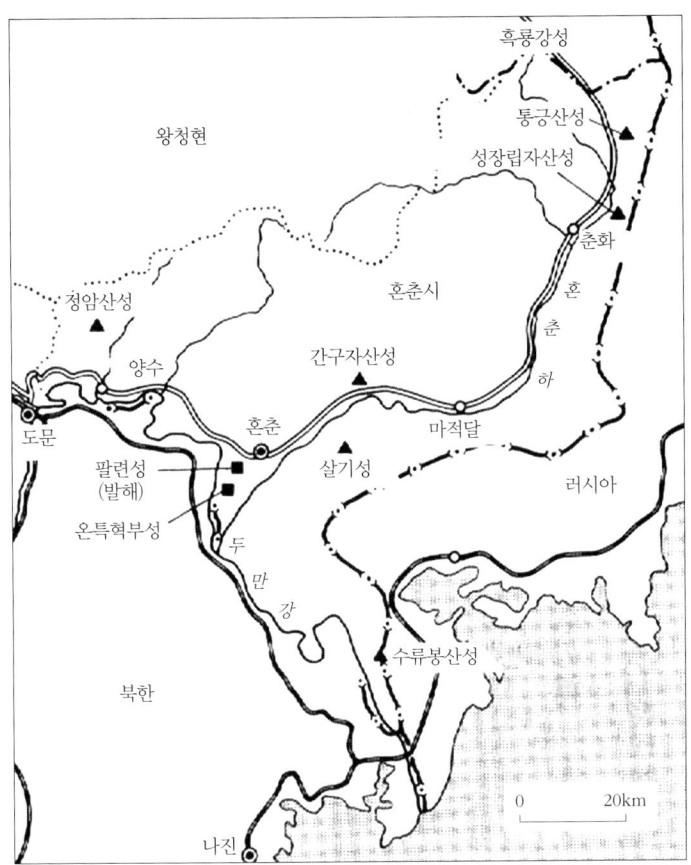

그림 1
수류봉고성 위치도 1(東潮·田中俊明, 1995, 382쪽)

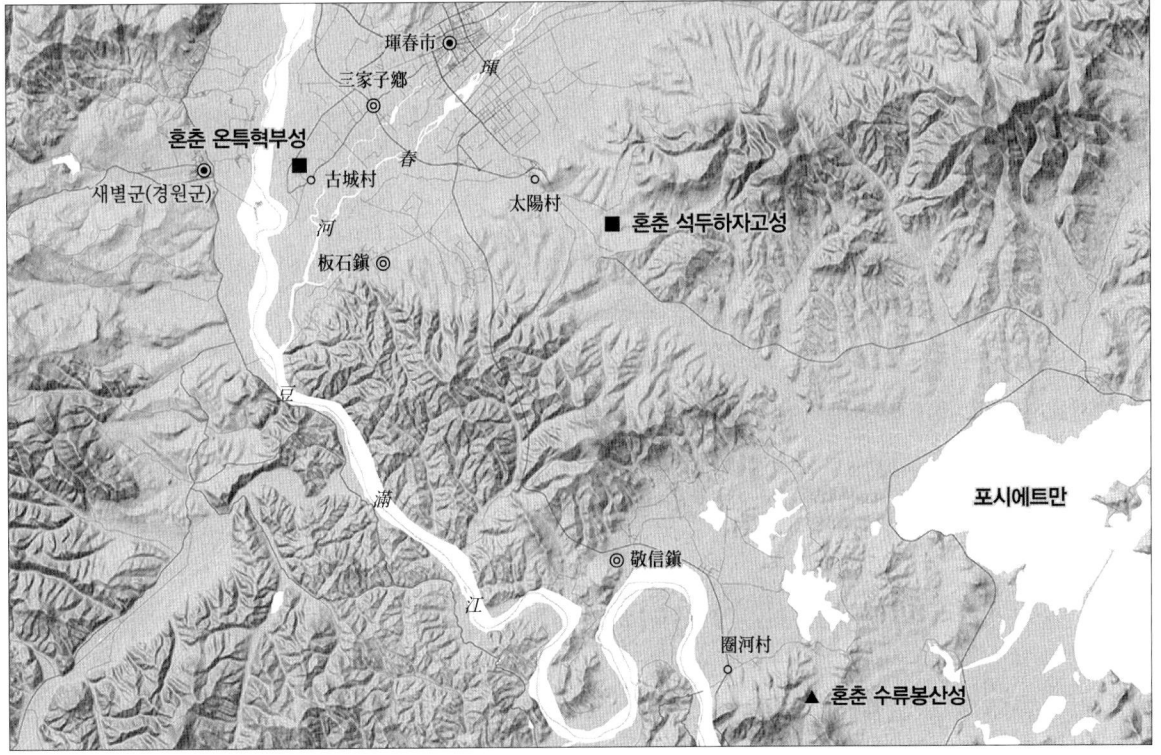

그림 2 수류봉고성 위치도 2

4) 참호

성벽 남측 가까이에 너비가 5~6m이고 깊이가 1m 정도인 참호(壕溝)가 있는데, 당시 성내 군사의 통로임(吉林省文物志編委會, 1984; 國家文物局, 1993; 馮永謙, 1994; 王禹浪·王宏北, 2007).

5. 역사적 성격

水流峰山城은 두만강 하구의 우안에 위치하는데, 둘레 약 1.3km 전후로 중소형 산성으로 분류됨. 두만강 하구에서 혼춘분지로 향하는 입구에 위치했다는 점에서 두만강 하구 일대를 방어하던 군사방어적 기능을 했을 것으로 추정됨.

산성의 축조시기와 관련하여 고구려가 축조하였다는 견해(孫進己·馮永謙, 1989; 林直樹, 1994; 王綿厚, 1994·2002; 馮永謙, 1994; 東潮·田中俊明, 1995), 발해가 축조하였다는 견해(吉林省文物志編委會, 1984; 정영진, 1999; 魏存成, 2002; 王禹浪·王宏北, 2007),[4] 遼·金이 축조하였다는 견해(國家文物局, 1993) 등이 있음.

또한 최근 琿春盆地에 위치한 온특혁부성과 살기성을 두만강 유역 전체를 통괄하던 책성 욕살의 치소성으로 비정한 다음, 책성 방어나 주변 지역과의 교류를 위해 琿春盆地에서 외곽으로 나아가는 교통로의 요충지에 성곽을 축조하고 지방관을 파견했을 것으로 추정하기도 함. 수류봉산성은 고구려 후기의 최고 지방관인 柵城 褥薩(都督) 李他仁이 관장했다는 12州 治所城의 후보 가운데 하나일 가능성이 있다는 것임(여호규, 2017).

다만 성 내부에서는 축조시기를 단정할 만한 유물이 출토되지 않았음. 그러므로 산성의 축조시기와 그 성격을 보다 명확하게 규명하기 위해서는 향후 더욱 면밀한 고고조사가 필요함.

참고문헌

- 吉林省文物志編委會, 1984, 『琿春縣文物志』, 吉林省文物志編修委員會.
- 孫進己·馮永謙, 1989, 『東北歷史地理』 2, 黑龍江人民出版社.
- 國家文物局, 1993, 『中國文物地圖集』 吉林分冊, 中國地圖出版社.
- 林直樹, 1994, 「中國東北部の高句麗山城」, 『靑丘學術論集』 5.
- 王綿厚, 1994, 「鴨綠江右岸高句麗山城研究」, 『遼海文物學刊』 1994-2.
- 馮永謙, 1994, 「高句麗城址輯要」, 『北方史地研究』, 中州古籍出版社.
- 東潮·田中俊明, 1995, 『高句麗の歷史と遺跡』, 中央公論社.
- 魏存成, 1999, 「길림성 내 고구려산성의 현황과 특징」, 『고구려연구』 8.
- 정영진, 1999, 「延邊地域의 城郭에 대한 연구」, 『고구려연구』 8.
- 王綿厚, 2002, 『高句麗古城研究』, 文物出版社.
- 魏存成, 2002, 『高句麗遺蹟』, 文物出版社.
- 李强·侯莉閩, 2003, 「延邊地區渤海遺存之我見」, 『北方文物』 2003-4.
- 王禹浪·王宏北, 2007, 『高句麗·渤海古城址研究匯編』 (上·下), 哈爾濱出版社.
- 여호규, 2017, 「두만강 유역 고구려 성곽의 분포현황과 지방통치의 양상」, 『역사문화연구』 61.

---

4 지역 주민들 사이에는 발해시기의 '白馬上書' 고사가 전해진다고 함(吉林省文物志編委會, 1984; 王禹浪·王宏北, 2007).

08 혼춘 영성자고성
琿春 營城子古城

1. 조사현황

延邊朝鮮族自治州 級文物保護單位로 지정됨.

1) 1900년대 초
○ 조사자 : 鳥居龍藏, 鳥山喜一, 三上次男, 斎藤甚衛兵, 三宅俊定, 島田正郎 등.
○ 조사내용 : 琿春市, 和龍市, 延吉市, 圖們市, 龍井市, 敦化市 등을 조사하면서, 營城子古城도 함께 조사함.

2) 1942년
○ 조사자 : 齋藤甚兵衛.
○ 조사내용 : 성내 동남모서리에서 건물지를 발견함.
○ 발표 : 『間島の史蹟』.

3) 1972년
○ 조사기간 : 1972년 5월 초~1962년 초.
○ 조사자 : 李健才.
○ 조사내용 : 琿春 경내의 고성에 대해 조사를 진행함.

4) 1979년
○ 조사자 : 吉林省文物考古練班.
○ 조사내용 : 각 地區·縣(市) 文物의 간부가 참여한 吉林省文物考古練班이 汪淸, 琿春, 龍井, 和龍 경내의 유적에 대한 대규모 고고조사를 진행하였는데, 이때 營城子古城도 함께 조사함.

5) 1983~1985년
○ 조사기관 : 吉林省文物局.
○ 조사내용 : 1983~1985년 吉林省 각 市·縣 文物志 편찬을 위한 문물 조사과정에서 營城子古城도 조사함.

2. 위치와 자연환경(그림 1~그림 2)

1) 지리위치
○ 琿春市 春化鄕 草坪村에서 (서)남쪽으로 1.5km 떨어진 琿春河 상류의 하곡분지 남단에 위치함. 수계상 두만강의 지류인 琿春河 상류에 위치하는데, 琿春河 河口에서는 약 115km 정도 거리임.
○ 琿春~東寧 도로가 고성 서측 50m 떨어진 지점을 지나가며, 남쪽 2km 거리에 東興鎭(옛 東土門子), 남쪽 7.5km 거리에 春化鄕이 있음. 서남쪽으로 96km 떨어진 지점에 琿春市가 있음.
○ 동북쪽으로 2.5km 떨어져 있는 城墻砬子山城과 琿春河를 사이에 두고 서로 마주하고 있음.

2) 자연환경
○ 동쪽으로 0.5km 떨어진 지점에 琿春河가 북쪽에서 남쪽으로 흐르는데, 남쪽으로 1.5km 떨어진 지점에서 草帽頂子河가 혼춘하로 흘러들고 있음.
○ 남쪽으로 300m 떨어진 지점에 동서향의 평평한 산언덕이 있음.

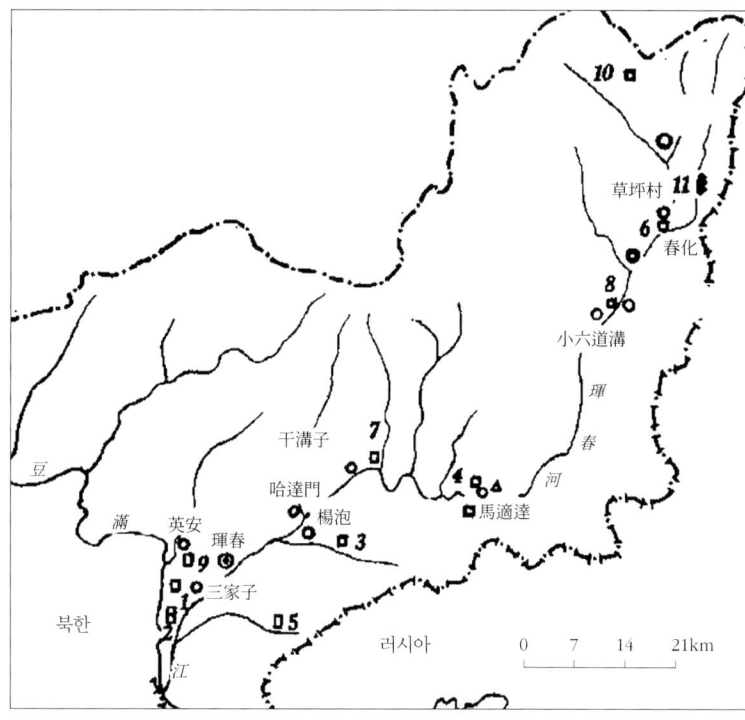

그림 1 영성자고성 위치도 1
(李健才, 1985, 140쪽)
1. 팔련성
2. 온특혁부성, 비우성
3. 살기성
4. 도원동남산성
5. 석두하자고성
6. 영성자고성
7. 간구자산성
8. 소육도구산성
9. 영안성
10. 통긍산성
11. 성장립자산성

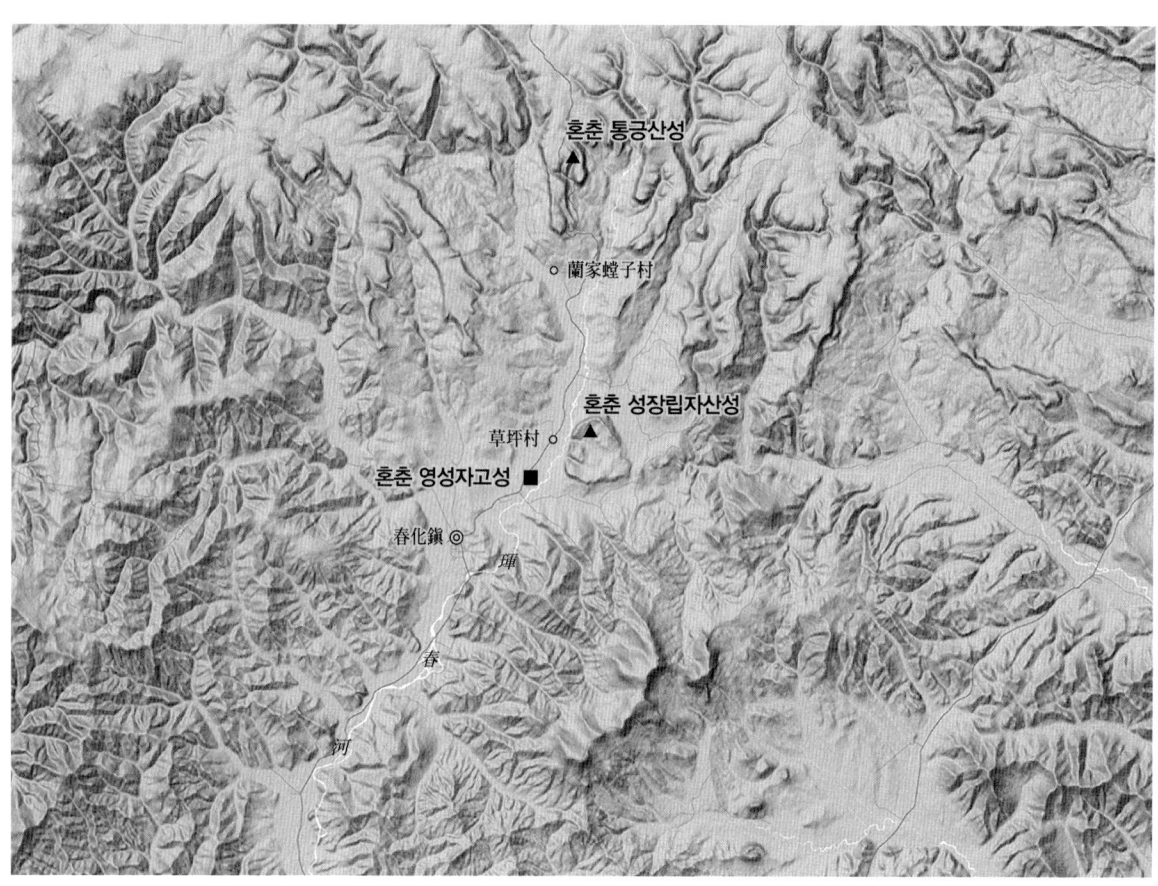

그림 2 영성자고성 위치도 2

3. 성곽의 전체현황(그림 3)

○ 성의 평면은 대략 동서향의 불규칙한 圓角長方形으로 동쪽이 넓고 서쪽은 좁음. 성벽의 서남·동북 모서리는 각을 이루지 않고 반월형 원각을 이루는 반면, 서남 모서리는 각을 이루고 있음. 방향은 남향임.
○ 동벽은 침수로 파괴되었고, 남벽의 남은 길이는 354m, 서벽의 남은 길이는 203m, 북벽의 남은 길이는 373m로 전체 남은 둘레는 930m임(吉林省文物志編委會, 1984; 延邊博物館, 1988; 國家文物局, 1993; 방학봉, 2002). 원래 둘레는 약 1,200m로 추정됨(嚴長錄, 1990; 王禹浪·王宏北, 2007).[1]
○ 성 내외가 일찍이 농경지로 개간되면서 심하게 파괴되었음.

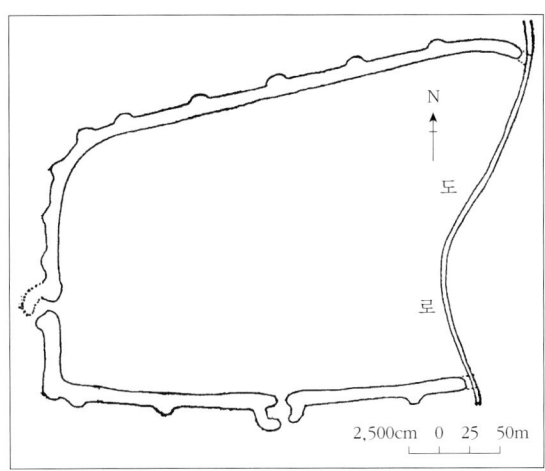

그림 3 영성자고성 평면도(吉林省文物志編委會, 1984, 51쪽)

4. 성벽과 성곽시설

1) 성벽
○ 성벽은 토석혼축으로 축조했다고 조사되었으나(吉林省文物志編委會, 1984; 延邊博物館, 1988; 國家文物局, 1993; 방학봉, 2002; 王禹浪·王宏北, 2007), 토축으로 파악하기도 함(嚴長錄, 1990).
○ 성벽은 기단 너비 약 13m, 윗너비 1.5m, 높이 3~4m임(吉林省文物志編委會, 1984; 延邊博物館, 1988; 國家文物局, 1993; 王禹浪·王宏北, 2007).[2]

2) 성문
○ 남벽 중부에 문지가 있음. 바깥에는 옹성이 남아 있

---

[1] 1,253m라는 기록(李健才, 1985), 길이는 35丈, 너비는 50丈이라는 기록이 있음(吉林師範學院古籍研究所, 1991).
[2] 성벽 높이가 최대 5~6丈에 이른다는 기록이 있음(吉林師範學院古籍研究所, 1991).

는데, 반원형임.
○ 서벽 중부에서 남쪽으로 치우친 지점에 문지가 있는데, 바깥에 옹성 흔적을 희미하게 볼 수 있음.

3) 망대
○ 성 서쪽으로 200m 떨어진 지점에 높이 약 10여 m 인 산언덕이 있고, 그 정상부에는 토루가 있음. 망대로 추정됨(吉林省文物志編委會, 1984; 방학봉, 2002; 王禹浪·王宏北, 2007).

4) 角樓
서남모서리에 角樓가 있음.

5) 치
치가 남벽에 3개, 서벽에 3개, 북벽에 6개 등 모두 12개가 남아 있음. 치와 치 사이의 거리는 같지 않음.

5. 성내시설과 유적

1) 건물지
○ 성내에 초석과 돌이 있었는데, 성 밖으로 옮겨지면

서 건물지의 흔적을 찾을 수 없음.
○ 1942년 조사 때에는 성내 동남 모서리에 건물지가 있었는데, 초석은 질서 있게 배열되었고, 그 규모는 동서 길이 8.8m, 남북 너비 8.5m였다고 함.

2) 우물
성내 동쪽으로 치우친 지점에 우물이 있는데, 원형이고, 벽은 돌로 쌓았음. 깊이는 약 3m, 직경은 0.7m임. 중화민국 건국 전까지 민가가 사용하였다고 함.

6. 출토유물

1) 동기
常平通寶가 출토됨(李健才, 1985).

2) 철기
○ 일곱 개의 별이 있는 철제검이 출토됨.
○ 四稜 화살촉이 출토됨(李健才, 1985).

3) 토기
○ 이중구순이면서(雙脣) 말아 올라간 구연부(圈沿), 발(鉢)·완(碗)·호(罐) 등의 평평한 바닥(平底)이 출토됨. 토기는 니질의 회색임.
○ 적갈색 니질 토기가 출토됨(李健才, 1985).

4) 기와
기와편은 회색이고, 내면에는 포흔이 펼쳐져 있음. 변형된 연화문 와당, 수면문 와당, 암막새 등도 출토됨. 연화문 와당은 발해시기, 수면문 와당은 遼·金시기에 제작되었다는 견해가 있음(延邊博物館, 1988).

7. 역사적 성격

營城子古城은 두만강 지류인 琿春河 상류에 위치하는데, 둘레 약 1.2km 전후의 중소형 평지성임. 이 지역은 琿春河 상류의 분수령을 넘어 북쪽의 綏芬河 유역이나 동쪽의 러시아 연해주로 나아갈 수 있는 교통로상의 요충지임. 이러한 점에서 고성은 동북쪽 2.5km 거리의 城墻砬子山城과 함께 혼춘하 상류 일대를 방어하며 관할했다고 추정되는데, 綏芬河 유역의 東寧이나 러시아 연해주의 블라디보스톡 일대로 통하는 교통요충지를 통제·방어하는 군사요새로 보기도 함(吉林省文物志編委會, 1984; 延邊博物館, 1988; 방학봉, 2002; 王禹浪·王宏北, 2007).

고성 내부에서 발해와 요·금대의 와당이 출토된 점에 주목하여 많은 연구자들이 발해가 축조하고(嚴長綠·楊再林, 1988) 遼·金이 연용했다고 파악함(吉林省文物志編委會, 1984; 延邊博物館, 1988; 嚴長錄, 1990; 國家文物局, 1993; 정영진 1999; 王禹浪·王宏北,. 2007).

이에 대해 최근 고구려가 黑龍江省 東寧 방면으로 연결되는 琿春河 상류방면을 방어하기 위해 春化鄕 일대에 營城子古城과 城墻砬子山城·通肯山城 등을 축조했다고 보기도 함. 영성자고성이 고구려시기에 축조되었다는 것임(동북아역사재단, 2010).

다만 성 내부에서는 아직 고구려시기라고 단정할 만한 유물이 출토된 적이 없음. 산성의 축조시기와 그 성격을 보다 명확하게 규명하기 위해서는 향후 더욱 면밀한 고고조사가 필요함.

참고문헌
- 吉林省文物志編委會, 1984, 『琿春縣文物志』, 吉林省文物志編修委員會.
- 李健才, 1985, 「琿春渤海古城考」, 『學習與探索』 1985-6.
- 嚴長綠·楊再林, 1988, 「延邊地區高句麗-渤海時期紋飾板瓦初探」, 『博物館研究』 1988-2.
- 延邊博物館, 1988, 『延邊文物簡編』, 延邊人民出版社.

- 嚴長錄, 1990, 「연변지구 발해시기의 옛 성터에 관한 고찰」, 『발해사연구』 1, 延邊大學出版社.
- 吉林師範學院古籍研究所, 1991, 『琿春史志』, 吉林文史出版社.
- 國家文物局, 1993, 『中國文物地圖集』 吉林分冊, 中國地圖出版社.
- 정영진, 1999, 「延邊地域의 城郭에 대한 연구」, 『고구려연구』 8.
- 방학봉, 2002, 『발해성곽연구』, 연변인민출판사.
- 李强·侯莉閩, 2003, 「延邊地區渤海遺存之我見」, 『北方文物』 2003-4.
- 王禹浪·王宏北, 2007, 『高句麗·渤海古城址研究匯編』 (上·下), 哈爾濱出版社.
- 동북아역사재단, 2010, 『고구려성 사진자료집』(중국 길림성 동부).

09 혼춘 성장립자산성
琿春 城墻砬子山城

1. 조사현황

1) 1979년
○ 조사자 : 吉林省文物考古練班.
○ 조사내용 : 地區·縣(市) 文物의 간부가 참여한 吉林省文物考古練班이 汪淸, 琿春, 龍井, 和龍 경내의 유적에 대한 대규모 고고조사를 진행하였는데, 이때 城墻砬子山城도 함께 조사함.

2) 1983~1985년
○ 조사기관 : 吉林省文物局.
○ 조사내용 : 1983~1985년 吉林省 각 市·縣 文物志 편찬을 위한 문물 조사과정에서 城墻砬子山城도 조사함.

2. 위치와 자연환경(그림 1~그림 3)

1) 지리위치
○ 琿春市 동북쪽 약 100km 거리의 春化鄕[1] 草坪村에서 동쪽으로 1.5km 떨어진 城墻砬子山에 위치함. 두만강의 지류인 琿春河 상류로 琿春河 河口에서는 약 120km 정도 거리임.

○ 서쪽의 하곡분지에 琿春-東寧 도로가 남쪽에서 북쪽으로 지나가며, 성 동남쪽 약 1km 거리의 分水嶺은 블라디보스톡 방면으로 통하는 옛길임.
○ 서남쪽 2.5km 거리에 위치한 營城子古城과 서로 마주하고 있음.

2) 자연환경
○ 산성 동·남 양 면에는 草帽頂子河가 산 아래를 감싸면서 흐르고 있음.
○ 산성 서면에는 琿春河가 북쪽에서 남쪽으로 흐르고 있음.

3. 성곽의 전체현황

○ 城墻砬子山은 높고 험준하여 오르기가 매우 어려운데, 동쪽 면만 약간 완만하고, 경사진 산길이 있어 오를 수 있음.
○ 성내는 두 개의 골짜기로 나뉘고, 골짜기 입구는 모두 서쪽에 있음. 남쪽 골짜기는 頭道關, 북쪽 골짜기는 二道關이라고 부르고 있음. 二道關이 頭道關에 비해 비교적 넓음. 두 골짜기는 자연적으로 험준한 要路임. 二道關 골짜기 입구 북측은 채석장으로 변모함.
○ 성벽은 험준한 산등성이에 축조했는데, 평면은 불규칙한 장방형임. 동서 2km, 남북 3km, 전체 둘레 약 10km로 혼춘하 상류에서 가장 큰 고성임.

---
[1] 春代鄕이라는 기록이 있는데(孫進己·馮永謙, 1989; 王綿厚, 1994), 오기로 보임.

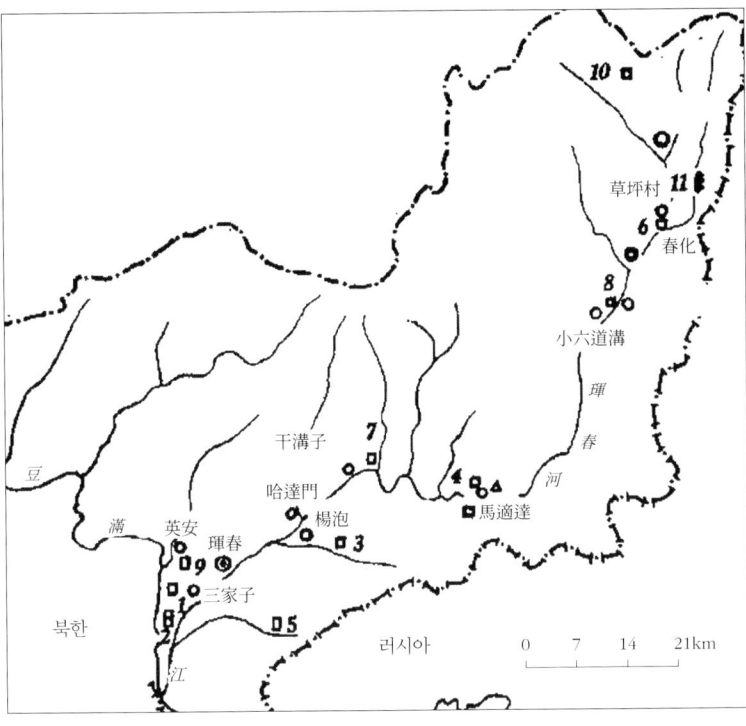

그림 1 성장립자산성 위치도 1
(李健才, 1985, 140쪽)
1. 팔련성
2. 온특혁부성, 비우성
3. 살기성
4. 도원동남산성
5. 석두하자고성
6. 영성자고성
7. 간구자산성
8. 소육도구산성
9. 영안성
10. 통긍산성
11. 성장립자산성

그림 2 성장립자산성 위치도 2

제20부 혼춘시(琿春市) 지역의 유적 665

그림 3 성장립자산성 위치도 3(東潮·田中俊明, 1995, 382쪽)

○ 산성 동부에 만주국시기에 만들어진 토치카, 벙커, 참호가 있음.
○ 성내가 숲을 이루면서 지면은 낙엽과 잡초가 덮고 있음.

4. 성벽과 성곽시설

1) 성벽
○ 頭道關 골짜기 입구에 돌로 축조한 성벽 일부가 남아 있음.
○ 산성 동부에서는 성벽을 축조한 흔적을 발견하지 못함.

2) 성문
○ 동문과 북문이 있음(吉林師範學院古籍研究所, 1991).[2]
○ 동문은 靑泥灣河와 접해 있음. 북문에는 內垣(重垣)과 外垣이 있는데, 外垣은 頭道關, 內垣은 二道關임. 外垣은 돌로 축조하였는데, 주민들이 건물 지을 때 사용하면서 훼손됨.

5. 성내시설과 유적

성내에 도로가 희미하게 나 있음.

6. 출토유물

성내주민인 張春이 동제 도장을 발견함. 도장은 네모나고 곧은 손잡이를 갖추고 있음. 도장면에는 "德虎魯府軍政之印"이라고 새겨져 있고, 印紐 옆에 "大同六年, 禮部造"라고 새겨져 있음. 도장은 金代 후기 東夏國시기의 유물임(吉林省文物志編委會, 1984; 延邊博物館, 1988; 王禹浪·王宏北, 2007).

7. 역사적 성격

城墻砬子山城은 두만강 지류인 琿春河 상류에 위치하는데, 둘레 약 10km로 초대형급 산성으로 분류됨. 이 지역은 琿春河 상류의 분수령을 넘어 북쪽의 綏芬河 유역이나 동쪽의 러시아 연해주로 나아갈 수 있는 교통로상의 요충지임. 이러한 점에서 산성은 서남쪽 2.5km 거리의 營城子古城과 함께 혼춘하 상류 일대

---

2 동문 한 개와 서문 두 개가 있다는 기록이 있음(國家文物局, 1993).

를 방어하며 관할했다고 추정됨. 이에 城墻砬子山城이 琿春에서 琿春河 연안을 따라 東寧에 이르고, 블라디보스토크에 이르는 통로에 위치한 점에 주목하여 교통요충지의 군사요새로 파악하기도 함(방학봉, 2002).

성곽의 축조시기에 대해서는 고구려가 축조하고(孫進己·馮永謙, 1989; 林直樹, 1994; 王綿厚, 1994·2002; 東潮·田中俊明, 1995) 발해·遼·金·東夏國 등이 연용하였다는 견해(馮永謙, 1994; 魏存成, 1999·2002; 방학봉, 2002; 王禹浪·王宏北, 2007), 발해가 축조하고 遼·金이나 東夏國이 연용하였다는 견해(嚴長錄, 1990; 國家文物局, 1993; 정영진, 1999; 楊福瑞, 2008) 등이 있음.

최근 고구려가 黑龍江省 東寧 방면으로 연결되는 琿春河 상류방면을 방어하기 위해 春化鄕 일대에 城墻砬子山城과 함께 營城子古城·通肯山城 등을 축조했다고 보기도 함. 城墻砬子山城이 고구려시기에 축조되었다는 것임(동북아역사재단, 2010). 반면 산성 서쪽 기슭에 발해 유적지가 있고, 琿春에서 東寧·블라디보스토크에 이르는 교통로상에 위치한다는 점에 주목하여 발해시기에 축조되어 遼·金시기에도 사용한 것으로 추정하기도 함(吉林省文物志編委會, 1984; 延邊博物館, 1988).

또한 고구려의 柵城과 발해의 東京龍原府로 비정하는 견해도 있음(黑龍江文物出判編輯室, 1982; 孫進己·馮永謙, 1989). 이에 대해 『古今郡國志』에 따르면 신라 井泉郡과 柵城 사이에는 39개 역이 있고, 거리는 1,170리로 추정되는데, 신라의 천정군으로 비정되는 德原에서 城墻砬子山城까지의 거리는 1,170리보다 200리나 초과하므로 柵城으로 비정할 수 없다고 비판하기도 함(박진석, 1988; 방학봉, 1999).

이처럼 城墻砬子山城의 축조시기와 그 성격에 대해서는 다양한 견해가 제기된 상태임. 산성의 축조시기와 그 성격을 보다 명확하게 규명하기 위해서는 향후 더욱 면밀한 고고조사가 필요함.

참고문헌

- 黑龍江文物出版編輯室, 1982, 『黑龍江古代民族史綱』.
- 吉林省文物志編委會, 1984, 『琿春縣文物志』, 吉林省文物志編修委員會.
- 박진석, 1988, 「高句麗柵城遺址考」, 『朝鮮中世紀研究』, 延邊大學出版社.
- 延邊博物館, 1988, 『延邊文物簡編』, 延邊人民出版社.
- 孫進己·馮永謙, 1989, 『東北歷史地理』 2, 黑龍江人民出版社.
- 嚴長錄, 1990, 「연변지구 발해시기의 옛 성터에 관한 고찰」, 『발해사연구』 1, 延邊大學出版社.
- 吉林師範學院古籍研究所, 1991, 『琿春史志』, 吉林文史出版社.
- 國家文物局, 1993, 『中國文物地圖集』 吉林分冊, 中國地圖出版社.
- 林直樹, 1994, 「中國東北部の高句麗山城」, 『靑丘學術論集』 5.
- 王綿厚, 1994, 「鴨綠江右岸高句麗山城研究」, 『遼海文物學刊』 1994-2.
- 馮永謙, 1994, 「高句麗城址輯要」, 『北方史地研究』, 中州古籍出版社.
- 東潮·田中俊明, 1995, 『高句麗の歷史と遺跡』, 中央公論社.
- 방학봉, 1999, 「高句麗柵城의 위치에 대한 고찰」, 『京畿史學』 3.
- 魏存成, 1999, 「길림성 내 고구려산성의 현황과 특징」, 『고구려연구』 8.
- 정영진, 1999, 「延邊地域의 城郭에 대한 연구」, 『고구려연구』 8.
- 방학봉, 2002, 『발해성곽연구』, 연변인민출판사.
- 王綿厚, 2002, 『高句麗古城研究』, 文物出版社.
- 魏存成, 2002, 『高句麗遺蹟』, 文物出版社.
- 李强·侯莉閩, 2003, 「延邊地區渤海遺存之我見」, 『北方文物』 2003-4.
- 王禹浪·王宏北, 2007, 『高句麗·渤海古城址研究匯編』(上·下), 哈爾濱出版社.
- 楊福瑞, 2008, 「試論遼朝對遼東地區的經略」, 『內蒙古民族大學學報』 2008-3.
- 동북아역사재단, 2010, 『고구려성 사진자료집』(중국 길림성 동부).

10 혼춘 통긍산성
琿春 通肯山城

1. 조사현황

1983~1985년 吉林省 각 市·縣 文物志 편찬을 위한 문물 조사과정에서 通肯山城도 조사함.

2. 위치와 자연환경(그림 1~그림 2)

1) 지리위치
○ 琿春市 동북부 春化鄉 蘭家蹚子村에서 북쪽으로 약 6~7km 떨어진 通肯山[1] 위에 위치함. 두만강의 지류인 琿春河 상류에 위치하는데, 琿春河 河口에서는 약 145km 정도 거리임.
○ 琿春-東寧(樂寧) 도로가 성 서쪽으로 약 1km 떨어진 지점을 지나감.
○ 서남쪽으로 125km 떨어진 지점에 琿春市가 있고, 북쪽으로 5km 거리에 흑룡강성 樂寧이 있음.

2) 자연환경
○ 산성 동·서쪽은 산골짜기로 주변의 지면보다 약 300m 정도 높고, 남부로는 草坪 일대를 볼 수 있음.
○ 동쪽으로 1.5km 떨어진 지점에 三人溝河가 북쪽에서 남쪽으로 흘러가고, 강 건너 紅砬子山과 서로 마주하고 있는데, 산성에서 紅砬子山까지의 거리는 약 3km임.
○ 산성이 위치한 通肯山에서 琿春河가 발원함.

3. 성곽의 전체현황

○ 산성 동·남 양 면은 초벽으로 높이는 약 150m임. 서면의 산기슭도 매우 가파름. 오직 북부만이 산과 연결되어 비교적 평탄함. 성내 지세는 북부가 약간 높고, 동남쪽은 비교적 평탄하고 완만하며, 서측은 완만한 구릉임.
○ 산성은 매우 험준한 자연 산세를 따라 축조했는데, 평면은 불규칙한 南圓北方形임. 남북 길이는 약 1,000m, 동서 너비는 약 600m로 전체 둘레는 약 3km임.[2]
○ 산성 중부에서 북쪽으로 약간 치우친 지점에 직경 5m, 높이 약 2m의 돌무지가 30여 개 정도 있는데, 적석묘로 추정됨(吉林省文物志編委會, 1984; 延邊博物館, 1988; 國家文物局, 1993; 魏存成, 2002; 王禹浪·王宏北, 2007).

---

[1] 通肯山은 '童寬山'(『明太宗實錄』)이나 '通墾山'(『滿洲源流考』, 『吉林通志』)이라고도 부름.

[2] 吉林省文物志編委會, 1984; 延邊博物館, 1988; 孫進己·馮永謙, 1989; 嚴長錄, 1990; 國家文物局, 1993; 林直樹, 1994; 王綿厚, 1994·2002; 馮永謙, 1994; 東潮·田中俊明, 1995; 魏存成, 1999·2002; 정영진, 1999; 방학봉, 2002; 王禹浪·王宏北, 2007. 일찍이 산성의 길이가 95丈, 너비는 75丈이라고 조사되기도 했음(吉林師範學院古籍研究所, 1991).

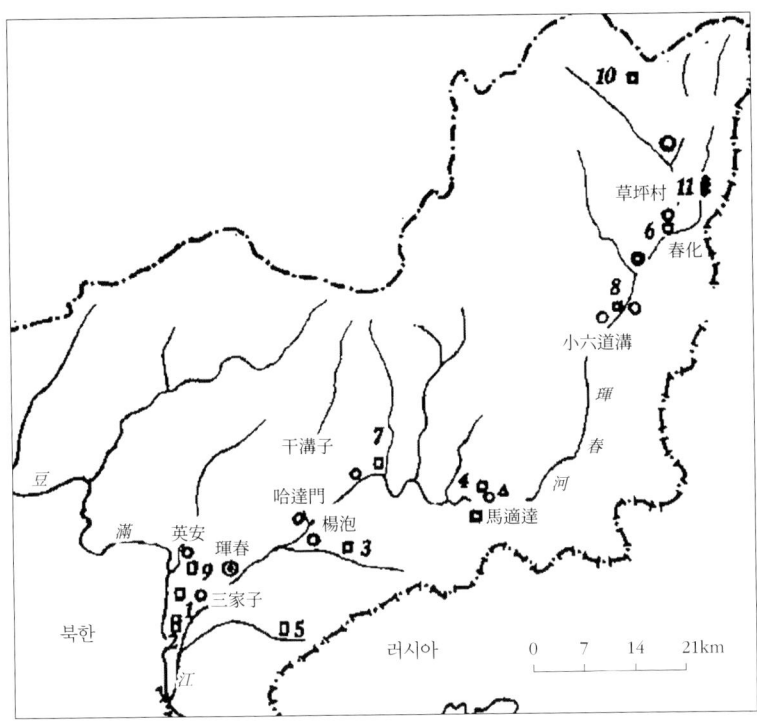

그림 1 통긍산성 위치도 1(李健才, 1985, 140쪽)
1. 팔련성
2. 온특혁부성, 비우성
3. 살기성
4. 도원동남산성
5. 석두하자고성
6. 영성자고성
7. 간구자산성
8. 소육도구산성
9. 영안성
10. 통긍산성
11. 성장립자산성

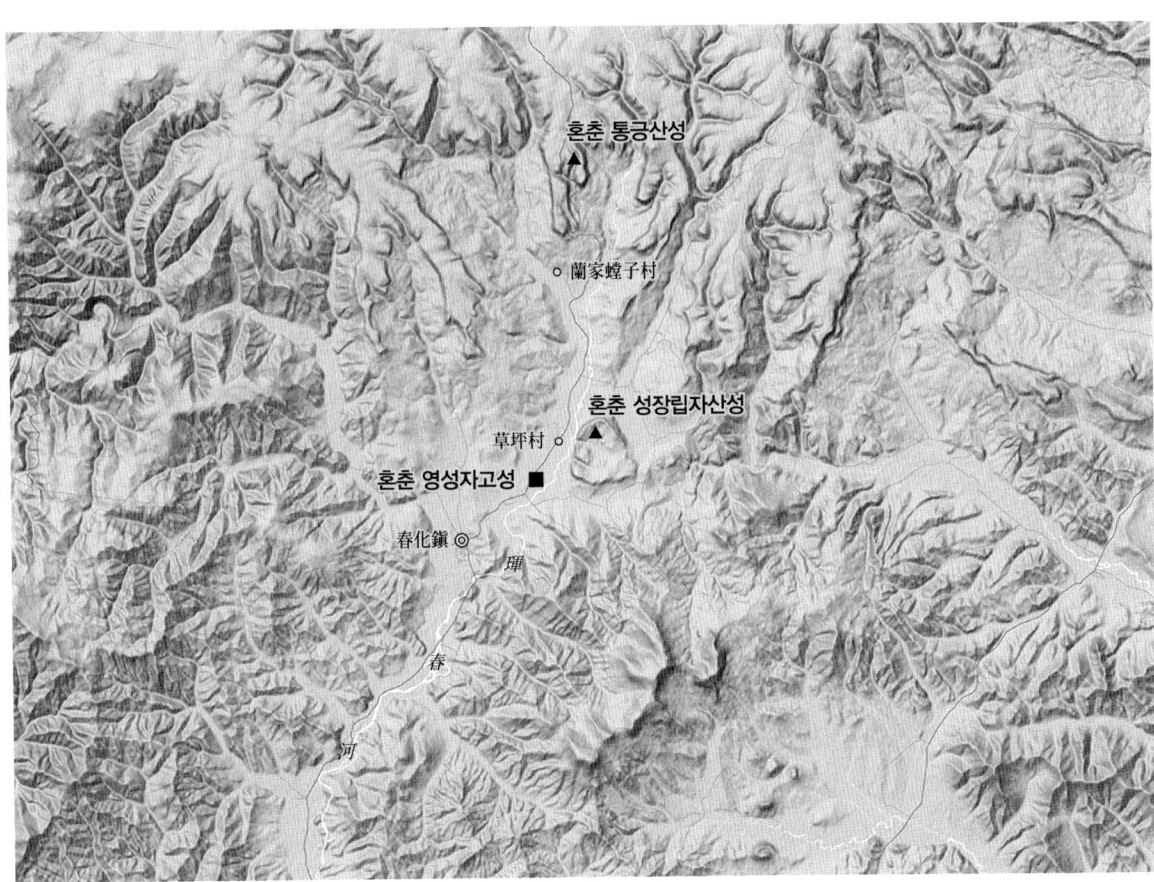

그림 2 통긍산성 위치도 2

○ 보존상태는 비교적 양호함.

4. 성벽과 성곽시설

1) 성벽
○ 동·남 양면은 초벽을 자연성벽으로 이용하였고, 성벽은 보이지 않음.
○ 서·북 양면에는 돌로 축조한 성벽이 있는데, 기단너비는 8m, 상부 너비는 4m, 외측 높이는 5~8m, 내측 높이는 2m임.[3]

2) 성문
북부와 (서)남부에 개구부가 있는데, 문지로 볼 수 있음.[4]

3) 角臺
산성 모서리 혹은 산 가장자리에서 밖으로 뻗어 나온 지점에 토루 혹은 석루가 있고, 부근에 구덩이 흔적이 있음. 角臺로 추정됨.

5. 성내시설과 유적

1) 건물지
○ 산성 중부에서 약간 북쪽으로 치우친 지점에 돌로 축조한 건물지가 있음. 건물지는 북쪽으로 높이 약 4m의 흙 둔덕과 이어져 있음. 건물지 범위는 길이 약 45m, 너비 약 15m에 달하는데, 이어져 있지는 않음.

○ 성내에 아궁이가 있는 건물터가 있는데, 근대에 세워진 것임.
○ 성내에 돌로 축조한 공자 사당이 있는데, 근대에 세워진 것임.

2) 우물
우물 2개가 있는데, 나무로 만든 우물 테두리가 아직도 썩지 않았음. 근대에 만들어진 것임.

6. 출토유물

지역주민들의 말에 의하면 1970년대에 큰 돌무지 부근에서 손잡이가 있고 세 발 달린 철제솥(鐵鼎)을 발견하였다고 하나, 현재 소재는 알 수 없음. 발해시기의 유물로 보기도 함(楊雨舒, 2005).

7. 역사적 성격

通肯山城은 두만강 지류인 琿春河 상류에 위치하는데, 둘레 약 3km로 대형급 산성으로 분류됨. 이 지역은 琿春河의 최상류로 북쪽의 분수령을 넘어 綏芬河 유역으로 나아갈 수 있는 교통로상의 요충지인데, 현재도 琿春에서 東寧·雙城子(우수리스크) 일대로 통하는 도로가 지나가고 있음. 淸代의 역참인 高力營屯이 북쪽으로 약 15km 떨어진 지점에 위치하고 있음. 이로 볼 때 通肯山城은 琿春河 상류 일대의 고대 교통로를 통제·방어하던 군사요새로 파악됨(吉林省文物志編委會, 1984; 방학봉, 2002).

성곽의 축조시기에 대해서는 고구려가 축조하고(林直樹, 1994; 王綿厚, 1994·2002; 東潮·田中俊明, 1995) 발해나 明 등 후대에 연용하였다는 견해(孫進己·馮永謙, 1989; 馮永謙, 1994; 王禹浪·王宏北, 2007), 발해가

---

[3] 吉林省文物志編委會, 1984; 延邊博物館, 1988; 國家文物局, 1993; 林直樹, 1994; 馮永謙, 1994; 王禹浪·王宏北, 2007. 성벽 높이가 7~8尺이라는 기록이 있음(吉林師範學院古籍硏究所, 1991).

[4] 吉林省文物志編委會, 1984; 延邊博物館, 1988; 林直樹, 1994; 馮永謙, 1994; 방학봉, 2002; 王禹浪·王宏北, 2007. 북부에만 문지가 있다고 조사되기도 했음(吉林師範學院古籍硏究所, 1991).

축조하고(방학봉, 2002) 遼·金이나 明淸이 연용하였다는 견해(延邊博物館, 1988; 嚴長錄, 1990; 정영진, 1999; 魏存成, 2002), 遼·金이 축조하고 明이 연용하였다는 견해(國家文物局, 1993) 등이 있음.

최근 고구려가 黑龍江省 東寧 방면으로 연결되는 琿春河 상류방면을 방어하기 위해 春化鄕 일대에 通肯山城과 함께 城墻砬子山城·營城子古城 등을 축조했다고 보기도 함. 通肯山城이 고구려시기에 축조되었다는 것임(동북아역사재단, 2010).

반면 산성 형태가 薩其城, 城墻砬子山城 등 발해시기 산성과 유사하므로 발해시기에 축조되어 明代까지 계속 사용되었다고 추정하며(吉林省文物志編委會, 1984), 琿春河 연안의 교통로를 지키며 혼춘평원과 발해 팔련성의 안전을 도모하는 군사요새였다고 파악하기도 함(방학봉, 2002). 특히 明 永樂 6년(1408년)에 奴兒干都司 아래로 通肯山衛가 설치되어 있었는데,[5] 通肯山衛를 산 이름에서 유래했다고 보아 通肯山城을 通肯山衛의 치소로 비정하기도 함(吉林省文物志編委會, 1984).

이처럼 通肯山城의 축조시기와 그 성격에 대해서는 다양한 견해가 제기된 상태임. 산성의 축조시기와 그 성격을 보다 명확하게 규명하기 위해서는 향후 더욱 면밀한 고고조사가 필요함.

참고문헌

- 吉林省文物志編委會, 1984, 『琿春縣文物志』, 吉林省文物志編修委員會.
- 李健才, 1985, 「琿春渤海古城考」, 『學習與探索』 1985-6.
- 延邊博物館, 1988, 『延邊文物簡編』, 延邊人民出版社.
- 孫進己·馮永謙, 1989, 『東北歷史地理』 2, 黑龍江人民出版社.
- 嚴長錄, 1990, 「연변지구 발해시기의 옛 성터에 관한 고찰」, 『발해사연구』 1, 延邊大學出版社.
- 吉林師範學院古籍研究所, 1991, 『琿春史志』, 吉林文史出版社.
- 國家文物局, 1993, 『中國文物地圖集』 吉林分冊, 中國地圖出版社.
- 林直樹, 1994, 「中國東北部の高句麗山城」, 『青丘學術論集』 5.
- 王綿厚, 1994, 「鴨綠江右岸高句麗山城研究」, 『遼海文物學刊』 1994-2.
- 馮永謙, 1994, 「高句麗城址輯要」, 『北方史地研究』, 中州古籍出版社.
- 東潮·田中俊明, 1995, 『高句麗の歷史と遺跡』, 中央公論社.
- 魏存成, 1999, 「길림성 내 고구려산성의 현황과 특징」, 『고구려연구』 8.
- 정영진, 1999, 「延邊地域의 城郭에 대한 연구」, 『고구려연구』 8.
- 방학봉, 2002, 『발해성곽연구』, 연변인민출판사.
- 王綿厚, 2002, 『高句麗古城研究』, 文物出版社.
- 魏存成, 2002, 『高句麗遺蹟』, 文物出版社.
- 李强·侯莉閩, 2003, 「延邊地區渤海遺存之我見」, 『北方文物』 2003-4.
- 楊雨舒, 2005, 「渤海國時期吉林的鐵器述論」, 『北方文物』 2005-3.
- 王禹浪·王宏北, 2007, 『高句麗·渤海古城址研究匯編』 (上·下), 哈爾濱出版社.
- 동북아역사재단, 2010, 『고구려성 사진자료집』(중국 길림성 동부).

---

5 『明太宗實錄』에는 '童寬山衛', 『滿洲源流考』와 『吉林通志』에는 '通墾山衛'라고 나옴.

2
기타 유적

01 혼춘 양목림자유적
琿春 楊木林子遺蹟

1. 위치와 자연환경

○ 琿春縣城 동남 12.5km 떨어진 楊泡鄉 楊木林子村 마을 동부 대지 및 그 주위(속칭 東崗子)에 위치.
○ 유적지 남쪽 1.5km에는 薩其城이 자리하고 있으며, 북쪽 1km에는 琿春河가 동북에서 서남으로 흐르고 있음.

2. 유적의 현황

○ 유적 범위는 60,000m²로 동서 너비 200m, 남북 길이 300m임.
○ 현재 楊泡鄉 정부 기관, 위생원 등 각종 시설과 주거지, 경작지가 차지하고 있음. 혼춘-양포향 간 도로가 동서 방향으로 유적지 중앙부를 관통하고 있음.

3. 출토유물

○ 지표면에는 협사갈도 잔편, 석기 등의 원시문화유물과 함께 발해시기 니질토기편 및 기와편 등이 산재해 있음.
○ 협사갈도 중에는 바닥이 평평하고(平底), 器壁이 경사지게 올라간 호(平底斜直壁罐)가 있음. 토기편은 다수가 황갈색이고 간혹 회갈색이 있으며, 무문이고 표면이 마광처리가 되었으며, 무늬 있는 토기는 보이지 않음.
○ 석기 중에서는 자귀(石錛), 끌(石鑿), 칼(石刀), 괭이(石鋤) 등이 있음. 자귀(石錛)는 석질이 흑색이며, 磨製로 매우 정교함. 끌(石鑿)은 길이 약 11.5cm로 통형(筒形)이며, 약간 갈아 거칠게 제작되었고, 頂部는 손상됨. 칼(石刀)은 약간 베틀북 모양(梭狀)을 띠며 칼날은 둥글고(弧刃), 날의 한쪽에 구멍 하나가 뚫려 있음. 괭이(石鋤)는 타제 계통으로 평면은 약간 긴 원형을 띠고 있으며 몸체는 편평하고 얇음.
○ 기와편은 모두 회색이며 내면에 布文이 있음. 와당, 암키와, 수키와 등이 있음. 와당의 무늬는 연화문, 卷草文 등이 있음. 암키와는 크고 두꺼우며, 그중에 어떤 것은 표면에 승문 또는 蓆文이 새겨져 있음. 지압문을 시문하거나 선을 둥글게 말아 가장자리에 꽃잎을 시문한 기와(花沿瓦)도 있음. 수키와는 대다수 미구(樺頭)를 갖추고 있음. 八連城, 馬滴達 등지의 발해 유적지에서 출토된 기와와 동일함.
○ 니질 토기편은 회색 또는 흑회색을 띠며, 채집품 중에는 발(鉢) 잔편과 작은 구멍이 뚫린 작은 돌기 모양의 토기 손잡이 등이 있음. 발(鉢)은 바닥이 평평하며(平底), 器壁이 호를 이루고(弧斜), 구연 하부에는 두 줄의 음각선문(凹弦文)이 새겨져 있음.
○ 해당 유적지 중앙을 관통하는 도로 남쪽에 발해시기의 사원지가 있음.

4. 역사적 성격

楊木林子 유적은 혼춘하와 두만강의 합류처에 넓게 펼쳐진 琿春盆地 동북부에 위치하는데, 남쪽 1.5km에는 살기성이 자리잡고 있음. 楊木林子 유적은 석조 불상이 출토되어 일찍부터 절터(寺院址)로 파악되었지만, 그 조성시기에 대해서는 고구려시기설과 발해시기설로 나뉨.

가령 吉林省文物志編委會(1984)는 지표면에 馬川子 유적이나 一松亭 유적에서 나온 것과 유사한 유물이 산포한 점으로 보아 원래 청동기시기나 혹은 그보다 조금 늦은 유적이 있었고 그 위에 발해시기의 절터를 조성했다고 파악함.

이에 대해 정영진(1990)은 유적지에서 그물무늬(網文), 삿자리무늬(席文, 布文), 노끈무늬(繩文), 네모칸무늬(方格文) 등의 고구려 기와가 출토되었다는 점에서 고구려시기의 사원지라고 파악함. 또한 유적지와 그 주변에서 발해시기의 유물도 출토되므로 발해시기에도 계속 사용한 것으로 파악함.

이처럼 楊木林子 유적의 조성시기에 대해서는 고구려시기설과 발해시기설이 제기된 상태인데, 남쪽의 살기성이 고구려시기에 축조되었다는 점에서 고구려 사원지일 가능성이 높다고 생각됨. 다만 조성시기를 보다 명확하게 규명하기 위해서는 향후 더욱 면밀한 고고조사가 필요함.

참고문헌

- 吉林省文物志編委會, 1984, 『琿春縣文物志』.
- 國家文物局 主編, 1993, 『中國文物地圖集』 吉林分冊, 文物出版社.
- 정영진, 1990, 「연변지구의 고구려유적 및 몇 개 문제에 대한 연구」, 『한국상고사학보』 4.

제21부

연변(延邊) 지역의 장성(長城)

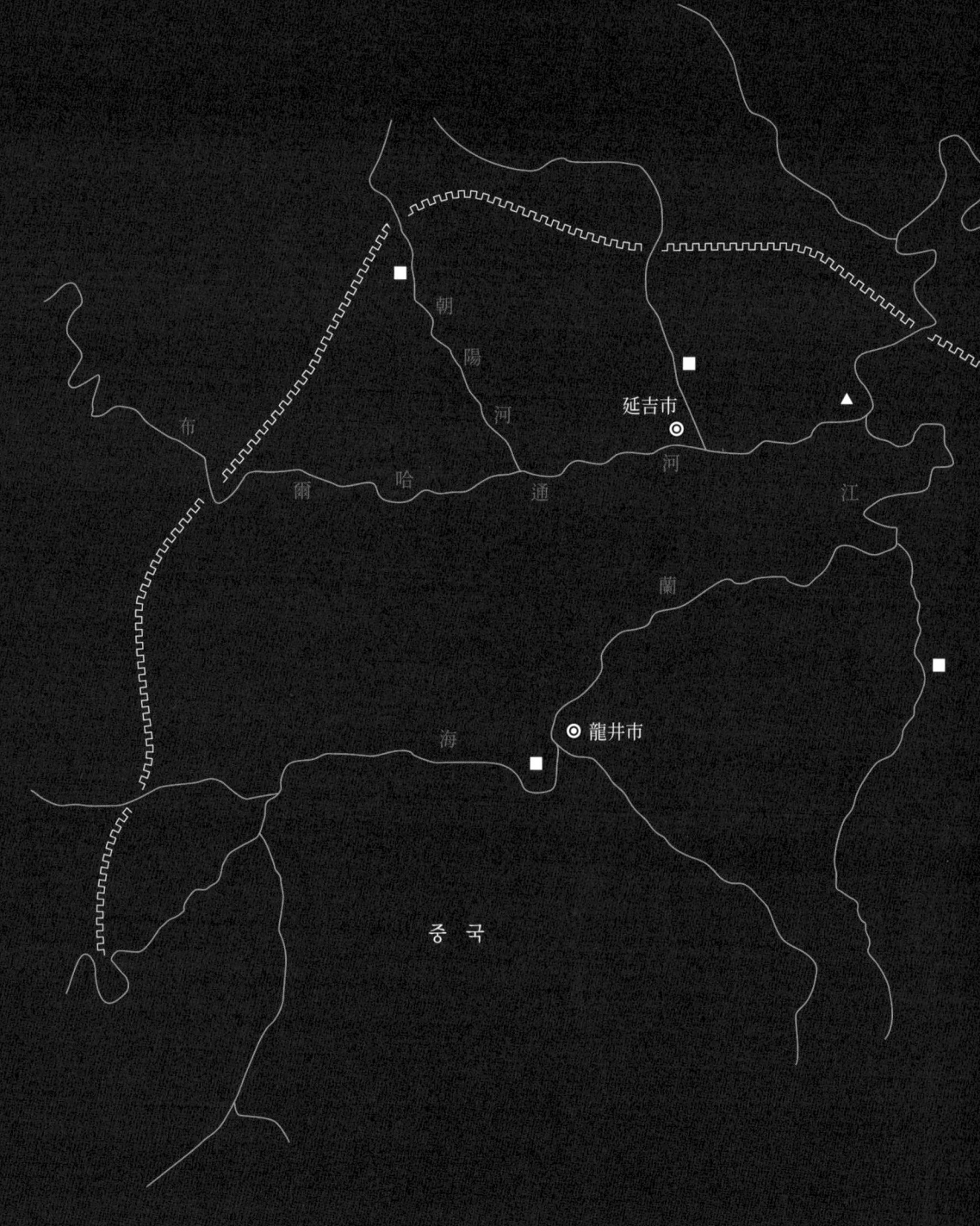

01 연변 장성
延邊 長城

1. 조사현황

1) 1920년대
○ 조사자 : 魏聲龢
○ 조사내용 : 琿春 일대의 고성을 조사하면서, 장성을 邊濠로 기록함.
○ 발표 : 魏聲龢, 1931, 「琿春古城考」, 『東北叢刊』 15.

2) 1978년
○ 조사기간 : 1978년 10월.
○ 조사자 : 李健在.
○ 조사내용 : 和龍과 龍井 경내를 조사하면서 장성을 확인함.

3) 1980~1985년대
○ 조사내용 : 朴龍淵, 嚴長錄, 呼國柱, 楊再林, 서학봉 등 연변박물관 소속의 관원들이 연이어 조사함.

4) 1983~1985년
○ 조사기관 : 吉林省 文物局.
○ 조사내용 : 1983~1985년 吉林省 각 市·縣 文物志 편찬을 위한 문물 조사과정에서 장성도 조사됨.

5) 1984~1985년
○ 조사자 : 徐學毅
○ 조사내용 : 두 해에 걸쳐 장성을 조사함.

6) 2010년
○ 조사기간 : 2010년 4월.
○ 조사자 : 임찬경.

2. 위치와 자연환경 (그림 1)

○ 延邊 장성은 크게 두 지역에서 확인되는데, 圖們市 서쪽의 頭道盆地와 延吉平原의 서·북·동 3면을 둘러싼 장성이고 (和龍·龍井·延吉·圖們 장성), 다른 하나는 琿春盆地 북부를 에워싼 장성임 (琿春 장성).

○ 장성 왼편 근처에는 적지 않은 고성이 있음. 장성에서 동쪽으로 10km 떨어진 지점에는 발해의 中京顯德府로 추정되는 和龍市 西古城, 동쪽으로 1km 떨어진 지점에는 明巖古城, 동쪽으로 15km 떨어진 지점에는 和龍市 東古城, 서쪽으로 2.5km 떨어진 지점에는 발해의 大灰屯古城, 서쪽으로 2.5km 떨어진 지점에는 발해-요·금 泗水유적지, 남쪽으로 1.5km 떨어진 지점에는 臺巖古城이 있음. 그 외에 장성 근처 南溪古城이 있고, 장성에서 북쪽으로 1km, 동쪽으로 2km 우회하면 城子山山城이 있음.

1) 和龍·龍井·延吉·圖們 장성
和龍·龍井·延吉·圖們 경내의 장성은 서쪽으로 海蘭江 북안 和龍의 土山鄕 東山村 동쪽 산(二道溝의 산기슭)에서 시작함.[1] 이곳은 절벽이라 험준하고, 和龍·福

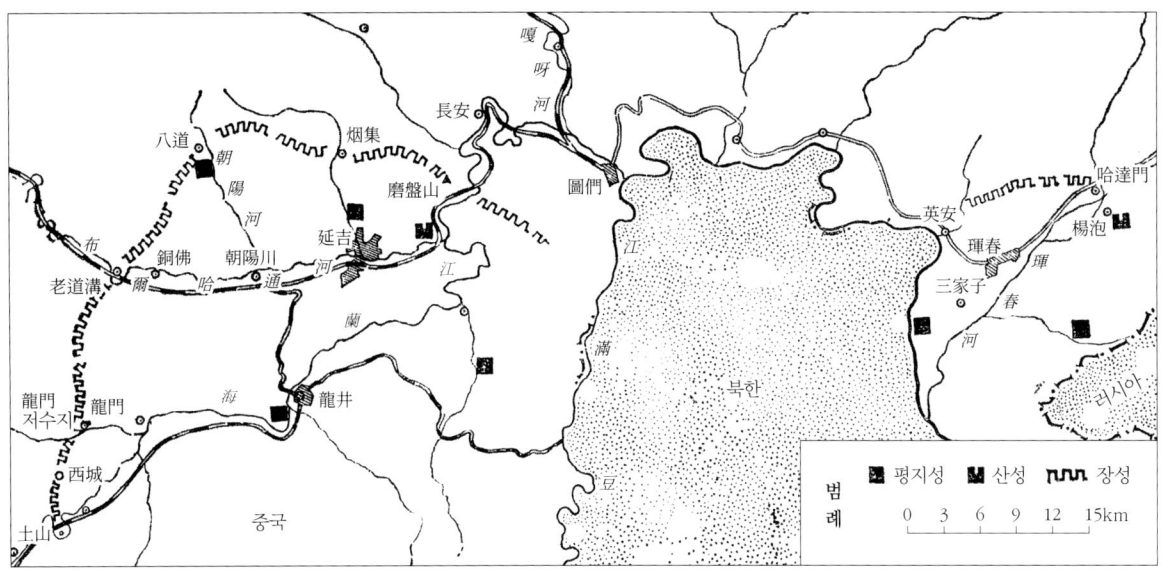

그림 1 장성유적 위치도(延邊博物館, 1988, 55쪽)

洞으로의 왕래를 통제·방어하는 교통의 요충지임. 장성은 西城鄕의 明巖과 龍門鄕의 亞東저수지를 거쳐 和龍의 인삼장에 이르고, 계속해서 龍井 경내의 細鱗河鄕 長城村·日新村·文化村·小北村, 桃源鄕 大箕村·廉明村·官道村·官船村, 銅佛鄕 泗水村, 朝陽鄕 石山, 八道鄕 互助 등을 지나 朝陽河를 건너 雙鳳村에 이르고 있음. 다시 동쪽으로 병풍산을 넘어 延吉市 烟集鄕 경내의 平峰山·台巖·南溪·利民을 지나 紅旗(淸茶館)에 이름. 마지막으로 圖們市 長安鎭 경내의 光興村 북쪽 산줄기를 따라 城子山山城 북쪽에 이른 후, 다시 布爾哈通河를 건너 높은 산줄기를 따라 동남으로 뻗어 長安鎭 鷄林北山에까지 이름.

2) 琿春 장성

琿春평원의 북부에 있음(吉林省文物志編委會, 1984). 老爺嶺에서 서남쪽으로 뻗은 각 줄기의 지맥은 남쪽으로 갈수록 지세가 점차 낮아지고, 그 가장자리는 구릉지를 형성함. 장성은 바로 여기에 축조됨. 동쪽으로 哈達門鄕 和平村(太平村) 西山에서 涌新·涌川을 지나, 다시 鎭郊의 車大人溝新地方을 거쳐, 英安鄕 關門咀子 西山에 이름. 대체로 동서 방향으로 3개의 산봉우리와 3개의 골짜기를 지나는데, 琿春 경내 전체 길이는 약 25km임.

3. 성곽의 전체현황

○ 장성은 '邊墻', '邊壕' 혹은 '高麗邊'이라고도 부름.
○ 和龍·龍井·延吉·圖們 장성에 대해 '백리장성'이라고도 부르고, 和龍 주민들은 '萬里長城'이라고도 부르고 있음.
○ 和龍·龍井·延吉·圖們 장성과 琿春 장성 모두 평면은 弧形임.
○ 和龍·龍井·延吉·圖們 경내의 장성은 길이가 약 150km임.[2] 반면 琿春 장성의 길이는 약 25km임. 만약 두 지역의 장성이 연결된다면 총 길이는 약 400km임(정영진, 1990).

---

1   和龍市 八家子鄕 豊産에서 시작한다는 기록이 있음(吉林省文物志編委會, 1984; 延邊博物館, 1988; 劉子敏, 2001).

○ 장성은 대부분 파괴됨.

4. 성벽과 성곽시설

1) 성벽

延邊 장성은 주위에서 구할 수 있는 돌과 흙을 소재로 하여 장성의 선이 지나는 지형에 맞추어 축조함. 돌이 많지 않은 淸茶館 구간은 토축 혹은 토석혼축으로 축조하였고, 암석 확보가 쉬운 平峰山 구간은 석축임. 또한 平峰山 석축 구간에서는 절벽을 그대로 성벽으로 활용한 부분도 있음.

(1) 和龍·龍井·延吉·圖們 장성

○ 대부분의 구간은 산등성이 혹은 산등성이 한쪽 구릉에 축조하였고, 일부 구간은 산봉우리, 협곡, 하천에 축조함. 장성은 서남-동북 방향으로 이어지고 있음.

○ 장성은 오랜 세월을 거치면서 자연적 혹은 도로 건설 등 인위적인 파괴로 인해 성벽이 끊어지거나 없어진 구간이 많음. 하천 유역의 평지에는 거의 보이지 않지만, 경작지가 아닌 산지의 성벽은 아직도 완연히 남아 있음.

① 和龍 장성

○ 장성은 우뚝 솟은 산과 험준한 준령 사이로 이어져 있음.

○ 성벽은 대부분 토축이고, 일부 석축 혹은 토석혼축이 보임.

○ 西城鄕의 明巖-邱山 서부 구간, 邱山 서쪽 산꼭대기-土山鄕 東山村 二道溝口 구간, 龍門鄕 亞東저수지 남·북측 구간이 잘 남아 있음. 북위 42°4′43.50″, 동경 129°04′46.51″ 지점인 亞東저수지의 長仁河 서쪽 언덕에서 남쪽으로 북위 42°43′00″, 동경 129°04′35.64″ 지점까지 약 1.2km 정도의 성벽은 식별이 가능하지만, 그 남쪽은 농경지로 조성되어 확인하기 어려움. 그 성벽 위에서는 동쪽 멀리 頭道평원이 조망됨. 그 나머지 구간은 대부분 파괴되어 남아 있지 않음.

○ 보존상태가 비교적 양호한 성벽을 보면 기단 너비 5~7m, 윗 너비 1~3m, 높이 약 1~2.5m임. 일반적으로는 기단 너비 3m, 윗너비 1m, 殘高 0.6~2m임.

○ 和龍 경내의 장성 길이는 약 20km임.

② 龍井 장성

○ 대부분 토축임.

○ 文化村 서쪽 약 1km 떨어진 지점(북위 42°48′43.94″, 동경 129°06′6.79″에서 북위 42°48′58.18″, 동경 129°06′20.66″까지)에 500m 정도의 남북으로 이어진 성벽 흔적을 볼 수 있음.

○ 八道鎭과 그 서쪽에 있는 互助村 사이로 장성이 있음.

○ 북위 43°00′16.74″, 동경 129°16′56.41″ 지점의 돈대가 있는 산등성이 서북쪽 비탈에 장성이 동북에서 서남 방향으로 지나가고 있음.

○ 龍井 경내의 장성 길이는 약 50km임.

③ 延吉·圖們 장성

○ 장성 성벽은 토축과 석축인데, 대부분 토축으로 명확하게 남아 있음.

○ 延吉 북쪽 연변종자사양장남산의 구들돌을 캐내면서 파헤친 성벽을 보면, 밑면의 너비는 6.1m이고, 흙을 쌓아올린 성벽 부분의 殘高는 1.1m임. 흙을 쌓은 밑층은 자갈돌이 섞인 생토층임.

○ 平峰山 동단 동부에 있는 절벽(大石砬子) 사이의 산 입구 남측에 동서방향으로 쌓은 석축벽이 있는데, 길이는 약 300m, 너비는 1.8m, 높이는 70~80cm임.

○ 平峰山 동단 동부에 있는 절벽(大石砬子) 사이의 산 입구 가운데 부분에 너비가 50m인 남북방향의 참

---

2 100여 km라는 기록이 있음(吉林省文物志編委會, 1984; 延邊博物館, 1988; 劉子敏, 2001).

호(深溝)가 있는데, 참호(溝)의 동단 석벽 북측에 방형의 벽이 있음. 벽은 동서 길이 9m, 남북 너비 12m임. 석벽은 대부분 무너짐.

○ 장성은 平峰山 동단 동부의 절벽(大石砬子) 동측에서 동남쪽으로 꺾어지는데, 小烟集河 하곡 서쪽에 이르면서 성벽은 보이지 않음. 平峰山에서 이곳까지 뻗어 내려온 성벽의 길이는 약 2.5km임.

○ 延吉 小河龍 北山에서 圖們지역으로 넘어가는 옛 도로가 산 정상에 이른 지점에서 북쪽으로 약 200m 정도 떨어진 산 정상에 장성이 확인됨. 그곳에는 돌로 쌓은 소형 산성이 있는데, 지역주민들은 小山城이라고 부르고 있음(그림 2). 小山城 중심은 해발 509m이고 좌표는 북위 42°55′26.75″, 동경 129°40′24.66″임.

○ 이 구간은 1980년대 조사 때에는 돌로 축조하였고, 장방형이며, 서남향이었다고 함. 길이는 27~32m, 너비는 18~20m, 성벽의 너비는 2m, 높이는 1~1.5m이었다고 함. 서벽 위에 너비가 4m인 트인 지점이 있는데, 출입구로 추정하였음(吉林省文物志編委會, 1985).

○ 2010년 조사 때에는 小山城 남쪽 성벽은 22.5m, 서쪽 성벽은 22.2m임. 남쪽 성벽에 문지가 있으며, 너비는 3m임. 남은 성벽은 윗 너비 3m, 기단은 4~5m 정도이고, 殘高는 1~1.5m임. 지세가 높은 곳에 위치한 성벽의 바깥 비탈에는 원형 참호를 파서 小山城을 두르고 있는데, 군사적 효용성을 강화하기 위한 것으로 추정됨(임찬경, 2012).

○ 제고점에 위치한 小山城 서북쪽 모서리에서 서쪽으로 산등성이가 연결되고 있는데, 이 모서리에서 서쪽으로 4.3km 떨어진 지점에 圖們 城子山山城이 있음. 小山城 동남쪽 모서리에서는 산등성이가 동쪽으로 뻗어 내려가며 점차 동북쪽으로 향하게 되는데, 小山城 동북쪽으로 약 15km 떨어진 지점에 圖們市가 있음. 小山城은 높은 곳에서 아래를 바라볼 수 있는 지세에 있어, 海蘭江과 布爾哈通河 사이의 통로를 방어·통제하고 있음(吉林省文物志編委會, 1984).

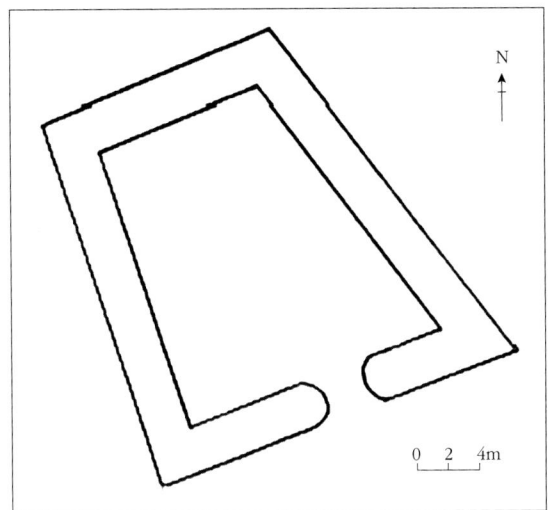

그림 2 연길 小山城 평면도

○ 延吉·圖們 경내 장성의 전체 길이는 약 35km인데, 대부분의 구간은 파괴됨.

(2) 琿春 장성

○ 장성 축조방식은 대부분 토축이고(吉林省文物志編委會, 1984; 延邊博物館, 1988; 國家文物局, 1993) 일부 구간은 석축임(國家文物局, 1993).[3]

○ 장성은 대부분 무너져 계속 이어지지 않지만, 경작지가 아니거나 산등성이를 넘는 구간은 완연히 잘 남아 있어 그 형태를 알아볼 수 있음.

○ 보존상태가 비교적 양호한 哈達門鄉 涌新 東山 성벽은 기단부 너비 8m, 높이 1~1.5m, 참호의 너비 6~7m, 깊이 1~2m임.

2) 성문

○ 和龍 亞東村 亞東저수지 남쪽 海蘭江의 지류인 頭道江 우안 대지에 있는 성벽 서남쪽 위에 너비 4m 정도의 트인 지점이 있는데, 출입구로 추정됨(방학봉 2002).

○ 延吉 淸茶館村에서 서북쪽의 산줄기를 따라 뻗어

---

3 모두 토축이라고 보는 견해도 있음(방학봉, 2002).

나간 성벽에 성문자리가 있는데, 성문을 수호하는 위성까지 있음(방학봉, 2002).

3) 돈대

○ 장성의 좌우 양측에는 수십 기의 돈대가 축조되어 있는데, 일부는 測量標志를 세워서 사용하고 있으나, 대다수는 폐기됨. 망대나 봉화대로 추정됨.

○ 비교적 평탄한 곳에는 1~1.5km 사이를 두고 돈대를 쌓았음.

○ 돈대는 일반적으로 기단은 흙으로 둥글게 쌓아올리고 위에는 돌을 쌓았는데, 일부 돈대는 가운데가 움푹 들어감. 돈대 가장자리는 너비 1~2m, 깊이 1m 내외의 홈으로 둘러졌고, 외곽은 약간 높은 흙무지로 둘러져 있음.

○ 돈대 규모는 같지 않으나, 대체로 직경 15~25m, 높이 2~3m임.

(1) 和龍·龍井·延吉·圖們 장성 돈대

① 和龍 장성 돈대

○ 和龍 경내에서는 모두 5곳이 발견됨. 그 형태는 유사하나, 크기는 일정하지 않음.

○ 和龍·龍井·延吉·圖們 장성의 서쪽 기점으로 알려진 지점에 있는 돈대는 해발 고도 567m이고 좌표는 대략 북위 42°38′41.75″ 동경 129°02′08.68″임. 돈대 상부에 구덩이가 있는데, 불을 피울 목적으로 팠을 수도 있음. 후대에 인위적으로 파헤친 흔적이 있음. 20여 m가 넘는 돈대 둘레로 環壕가 파여 있음.

○ 和龍 亞東村 亞東저수지 남쪽 海蘭江의 지류인 頭道江 우안 대지에 돈대가 남아 있음. 남쪽에는 頭道-長仁江 간 도로가 있음. 도로 양측에는 높은 산이 솟아 있음. 동쪽에는 개활한 頭道평원이 있음. 북쪽은 하천 협곡으로 지세가 험준함. 돈대는 토축이고, 장방형임. 길이는 1m, 너비는 14m, 성벽 기단 너비는 6m, 윗 너비는 2m, 높이는 2.1m임. 남벽 위에는 트인 지점이 있는데, 출입구로 추정됨(吉林省文物志編委會, 1984).

② 龍井 장성 돈대

○ 八道鎭과 그 서쪽에 있는 互助村 사이의 장성에 돈대가 있음.

○ 북위 43°00′16.74″, 동경 129°16′56.41″지점에 돈대가 있음. 장성에서 90여 m 떨어져 있는 산등성이의 돈대는 둘레가 약 30m이며 토석혼축으로 축조한 원형의 무덤모양임.

③ 延吉 장성 돈대

○ 延吉 烟集鄕 烟河村 北山(즉 小烟集河 하곡 서쪽)에 돌로 쌓은 돈대가 있는데, 바닥 직경은 15m이고(吉林省文物志編委會, 1985),[4] 높이는 2~3m임. 둘레에는 너비 1.5m, 깊이 1m 내외의 홈이 있음. 홈 바깥의 직경은 22.4m임.

○ 延吉 북쪽 淸茶館村 서북쪽 약 2km 지점에 돈대가 있음. 돈대의 동서 양쪽은 장성과 연결됨. 돈대의 직경은 23m,[5] 높이는 약 3m임. 돈대 서북쪽에는 주민들이 돌을 얻기 위해 파헤치면서 너비 4m의 단면이 생겼는데, 단면에 목탄층이 있음. 목탄층은 돈대 위에서 0.3m 깊이에 있는데, 길이는 2.2m이고, 두께는 10cm 정도임. 목탄층 밑은 돌이 섞여 있는 황토층인데, 인공적으로 쌓아올린 돈대의 기단부이고, 목탄층 위는 돌로 쌓은 부분임. 불탄층 안에는 검은 재, 불에 탄 흙, 목탄 등이 포함되어 있음. 불 놓았던 자리는 많이 잘려 나갔고 남은 부분은 너비 0.5m 정도임. 이 재층이 흙으로 쌓은 기단부와 그 위의 돌층 사이에 있는 정황으로 보아 돈대 축조시에 형성된 것으로 추정됨(방학봉, 2002). 여기에서 목탄 표본이 발견됨.

---

[4] 11m라고 보기도 함(國家文物局, 1993; 방학봉, 2002).

[5] 둘레는 약 35m라고 함(방학봉, 2002).

○ 북위 42°58'35.16", 동경 129°32'09.98" 지점에 있는 돈대는 남쪽으로 延吉 방향을 잘 조망할 수 있을 뿐만 아니라 그 반대쪽인 汪淸으로 향하는 202번 도로가 있는 산지도 잘 살펴 볼 수 있음. 이 돈대를 중심으로 반경 200m 이내 지점에서 성벽에 잇대어 다수의 무덤을 축조하면서 성벽 토석을 파내 훼손된 부분도 있고, 일부는 자동차가 지나다니면서 파괴됨.

(2) 琿春 장성 돈대

○ 성벽이 지나가는 지점 부근 산 정상에는 흙 또는 돌로 쌓은 돈대가 있음. 일부 구간에서는 돈대 2개가 마주하고 있는데, 모두 8곳이 발견됨.

○ 돈대는 큰 것이 직경 약 30m, 높이 약 2~3m이고, 일부는 바깥에 벽이 둘러져 있음. 작은 것은 직경 15m, 높이 2m임.

○ 涌新 東山 위에 있는 돈대는 직경이 29m이고, 높이는 3m 정도이며, 주위는 흙무지로 둘러싸여 있음.

○ 關門咀子 서쪽의 산 위에 돌로 쌓은 돈대가 있음. 지역주민들의 말에 의하면 甩彎子 방향으로 더 뻗어 나갔다고 하는데, 이 구간에는 성벽은 보이지 않고 토루만[6] 보일 뿐임.

○ 동부의 和平 東山에도 돈대 2곳이 있는데, 이 산맥은 琿春河 변까지 뻗어나감. 다시 동쪽으로 가면 성이 여러 곳 있는데, '長城'과 같은 시설은 보이지 않음.

4) 참호

(1) 和龍·龍井·延吉·圖們 장성 참호

○ 平峰山 동단 동부에 있는 절벽(大石砬子) 사이의 산 입구 가운데 부분에 너비가 50m인 남북방향의 참호(深溝)가 있음.

○ 延吉 烟集鄕 烟河村 北山(즉 小烟集河 하곡 서쪽)에 있는 墩臺에서 북쪽으로 10m 떨어진 지점에 동남향의 참호(深溝)가 있는데, 小烟集河 하곡까지 이르고 있음. 길이는 약 50m, 너비는 7~8m, 깊이는 2m 정도임.

(2) 琿春 장성 참호

○ 성벽과 참호의 방향은 대체로 일치하는데, 갈라지고 합쳐지는 양상이 완전히 일치하지는 않음.

○ 勇智鄕 洛特河子山에서 興仁鄕의 水灣子를 지나 서북쪽 德惠鄕 방면으로 참호가 있는데, 깊이는 약 6~7尺, 3~4尺임.

5. 성내시설과 유적

1) 건물지

(1) 연길 장성 건물지

○ 延吉市 烟集鄕 平峰山 중턱의 대지에 건물지가 남아 있음. 돌로 축조하였고, 장방형임. 동서 길이 21m, 남북 너비 10m, 성벽 너비 1m, 높이 0.5~1m임. 중간에 남북 방향의 성벽이 있어, 두 구역으로 나누고 있음. 서벽 밖에는 동서 길이 8m, 남북 너비 6m의 건물지가 붙어 있음.

○ 延吉市 烟集鄕 平峰山에서 동남쪽으로 1km 떨어진 산 구릉에 인위적으로 깎아낸 평평한 대지가 있는데, 동서 길이는 20m, 남북 너비는 15m임. 현재는 풀이 덮고 있고, 부식토의 두께는 20cm에 달함. 유적과 유물이 보이지 않는 것으로 보아, 건물지로 추정됨(吉林省文物志編委會, 1985).

(2) 圖們 장성 건물지

○ 圖們市 鷄林村 北山 위에 돌로 쌓은 건물지가 있음. 평면은 장방형임. 海蘭江과 布爾哈通河 사이의 통로를 통제하는 기능을 하였던 것으로 추정됨(방학봉, 2002).

---

[6] 석루라는 기록도 있음(國家文物局, 1993).

(3) 琿春 장성 건물지
關門咀子 골짜기입구 東山 꼭대기에 석루가 있고, 산 정상 동부에 돌로 쌓은 시설이 여러 곳 있는데, 건물지로 추정됨(吉林省文物志編委會, 1984).

6. 출토유물

○ 延吉 내 장성 부근에서 철제화살촉, "丙申"이라고 새겨진 니질의 회색토기편, 토기바닥 등이 출토됨.
○ 延吉 북부 淸茶館 부근 장성 돈대 단면에서 목탄이 출토됨.

7. 역사적 성격

1) 지리위치와 군사방어의 방향
延邊 장성은 크게 和龍·龍井·延吉·圖們 장성 및 琿春 장성으로 이루어져 있는데, 전자는 海蘭江 유역의 頭道盆地와 布爾哈通河 연안의 延吉平原을 감싸는 형태로 축조되었고, 후자는 琿春盆地 북쪽을 감싸는 형태로 축조되었음. 이에 일찍부터 연변장성은 海蘭江-布爾哈通河 연안이나 琿春盆地를 방어하기 위해 축조했을 것으로 파악함. 연변장성은 두만강 유역을 장악한 세력이 그 북방에서 남하하는 적군을 방어하기 위해 축조한 군사방어시설이라는 것임(吉林省文物志編委會, 1984; 延邊博物館, 1988).

이러한 견해는 연변장성이 海蘭江-布爾哈通河 연안의 頭道盆地와 延吉平原 그리고 琿春盆地를 감싸는 형태로 축조되었기 때문에 종래 일반적으로 받아들여졌음. 이에 대해 최근 연변장성의 축조양상이나 성벽과 돈대의 위치 등을 통해 오히려 두만강 유역에서 북진하는 세력을 방어하기 위해 축조했을 것이라는 비판이 제기됨.

가령 延吉 북쪽의 淸茶館 성벽을 보면 남향으로 배치되어 있는데, 성벽에서 돌출되어 있는 적대가 延吉 방향을 바라보고 있음. 그리고 淸茶館을 지나고 장성선 경계로 보면, 북쪽은 산지로 이어지며, 반대쪽은 평원지대가 펼쳐지는데, 여기에서도 성벽은 남쪽인 細鱗河 방향을 응시하고 있음. 이는 延吉을 바라보는 안쪽 사면에 성벽을 축조해 마치 延吉을 포위하는 형국으로 연길평원에서 북상하는 세력을 방어하기 위해 축조했다고 보아야 한다는 것임(이성제, 2009; 양시은, 2012).

2) 和龍·龍井·延吉·圖們 장성과 琿春 장성의 관계
한편 연변장성을 구성하는 和龍·龍井·延吉·圖們 구간의 장성과 琿春 장성의 관계에 대해서도 다양한 견해가 제기되었음.

가령 延邊博物館(1988)은 頭道·延吉평원 북부 장성과 혼춘 장성의 형태가 같다는 점에서 동시기의 유적으로 추정되지만, 양자의 관계는 좀 더 면밀하게 검토할 필요가 있다고 함.

이에 대해 정영진(1990)은 和龍·龍井·延吉·圖們 장성과 琿春 장성은 성벽 짜임새와 돈대 설치방법이 같다는 점에서 양자의 연결 관계를 정확하게 알기는 힘들지만, 돈대시설로 연결되었을 가능성이 높다고 봄.

방학봉(2002)은 『琿春古城考』에 따르면 琿春 장성의 동북쪽은 돈대로서 春化鎭의 분수령에 이르며 서쪽은 密江, 凉水와 굴룡산을 거쳐 延吉 경내(현재 圖們 경내)에 들어간다고 하였는데, 그 사실 여부는 알 수 없다고 함.

3) 축조시기에 대한 여러 견해
이처럼 연변장성의 주요 방어방향 및 연변장성을 구성하는 和龍·龍井·延吉·圖們 구간의 장성과 琿春 장성의 관계에 대해 다양한 견해가 제기된 상태임. 이로 인해 장성의 축조시기와 관련해서도 고구려 축조설, 발해 축조설, 東夏國 축조설, 여진족 축조설 등 다양한 견해가 제기되었음. 각 견해의 논거는 다음과 같음.

(1) 고구려 축조설

○ 연변박물관(1988) : 延吉市 북부 부근 장성 돈대의 단면에서 수집한 목탄을 C14연대 측정한 결과, 지금으로부터 1580±75년이라는 결과가 나왔는데, 고구려 중기에 해당함. 『三國志』 위지 동이전 읍루전에 의하면 "挹婁는 남쪽으로 북옥저와 접해 있고, 그 나라는 배를 타고 다니면서 노략질을 해서 이웃나라들의 근심거리였다"고 함. 또한 『三國志』 위지 동이전 동옥저전에는 "挹婁가 배를 타고 다니면서 노략질을 좋아했는데, 북옥저가 이를 두려워해서 여름에 깊은 산골짜기의 바위굴에서 살면서 수비하고, 겨울철에 얼음이 얼어 뱃길이 통하지 않을 때에 내려와 촌락에서 살았다"라고 함. 이로 볼 때, 挹婁가 북옥저의 큰 위협이 되었다는 것을 알 수 있음. 그런데 고구려가 매우 강대해지면서 북옥저는 고구려의 통치를 받게 되었음. 이런 상황에서 고구려가 북부 挹婁의 남침을 방어하기 위해 북옥저 거주민을 동원하여 장성을 축조하였던 것으로 추정됨. 장성이 발해·東夏國 시기에도 계속 사용되었을 가능성을 배제할 수 없음.

○ 박용연(1989) : 琿春 경내와 海蘭江·布爾哈通河 유역은 북옥저가 있던 지역으로 고구려의 중요 통치구역이었음. 장성은 고구려가 挹婁를 막기 위해 북옥저인들을 동원하여 축조한 것으로 추정됨. 영류왕대에 축조된 천리장성과 그 규모 및 축조방식이 유사하고, 淸茶館 서북쪽 세 번째 봉화대 단면에서 채집한 목탄표본의 C14측정연대가 4세기라는 점도 이를 뒷받침함.

○ 정영진(1990) : 고구려가 축조한 것으로 추정됨. 장성 이남은 고구려의 통치구역이었고 이북은 숙신·挹婁·물길이 자리잡고 있었음. 挹婁는 고구려의 변경을 침범하여 노략질을 하는 등 고구려의 큰 위협이었음. 그러므로 挹婁의 침입을 막기 위하여 장성을 쌓았을 가능성이 있음. 문헌상의 柵城에 관한 기록과 고고학 자료를 보면 琿春 경내와 海蘭江·布爾哈通河 유역은 북옥저지역으로 고구려의 주요 통치구역이었음. 장성은 이 지역의 안전과 방위를 위하여 축조한 것으로 보아야 함. 또한 『삼국사기』와 『舊唐書』에 기록된 고구려 영류왕대에 축조한 천리장성의 규모와 형태가 延邊 장성과 같거나 유사함. 그리고 延吉 북부 淸茶館 부근 장성 돈대 단면에서 채집한 목탄표본의 C14측정연대는 지금으로부터 1580±75년임. 즉 4세기 후반기로서 고구려 중기에 해당함.

○ 김현숙(2000) : 3세기 후반~5세기 초반까지 현재의 延邊 일대에 동부여가 있었음. 延邊지역 북방에 거주하는 숙신계 종족으로부터 和龍·龍井·延吉·琿春 등지의 주민들을 보호하면서, 동시에 동부여를 해체하여 영역지배를 본격화하려는 의도에서 고구려가 축조한 것으로 추정됨.

○ 劉子敏(2001) : 고구려가 挹婁의 남침에 대비하기 위해, 延邊 동남부에 축조한 것으로 추정됨.

○ 방학봉(2002) : 고구려가 축조한 것으로 추정됨. 그 근거로는 첫 번째, 延吉 북쪽 淸茶館 부근의 돈대 횡단면에서 목탄표본이 발견되었는데, C14연대 측정결과 1580±75년으로, 고구려 중기에 해당함. 문헌기록에 의하면 延邊지역에 北沃沮가 있었음. 두 번째, 『삼국사기』에 의하면 고구려는 동명왕 10년(기원전 28년)에 북옥저를 쳐서 그 지역을 성읍으로 삼았고, 이 지역에 柵城을 두기도 하였으며, 태조왕이 순행하기도 하였음. 이로 보아 북옥저지역은 고구려의 통치하에 있었고, 원북옥저 지역이었던 경내에는 고구려가 이 지역을 통치하는 柵城府까지 설치되어 있었으며, 고구려가 북옥저 지역에 대해 깊은 관심을 갖고 있었음을 알 수 있음. 고구려의 동쪽 경계와 관련하여 246년 魏軍의 침입으로 "고구려의 동천왕이 남옥저로 피난을 떠났다가 다시 북옥저로 떠났을 때 魏軍이 그를 추격하여 남옥저에서 1천여 리 되는 숙신의 남쪽 경계에까지 갔다"는 기록과 동옥저가 "북쪽은 挹婁, 부여와 접하고 남쪽은

예맥과 접하였다"는 기록을 볼 때, 고구려의 세력이 挹婁의 남쪽 변경까지 미쳤다는 것을 알 수 있음. 柵城의 위치에 대해 『新唐書』 渤海傳에 "예맥의 옛지역을 東京으로 하였는데 龍原府 혹은 柵城府 라고도 한다"라는 기록과 『삼국시기』 지리지에 "발해국의 남해, 압록, 부여, 책성 네 개 부는 모두 고구려의 옛 땅이었으며 신라의 井泉郡부터 柵城府에 이르기까지 대체로 39개 역이다"라는 기록을 볼 때, 발해 東京龍原府의 옛터인 琿春 八連城 부근에 柵城이 있었다는 것을 알 수 있음. 세 번째, 『三國志』 위지 동이전 읍루전에 의하면 "挹婁는 남쪽으로 북옥저와 접하였다. …… 그 나라는 배를 타고 다니면서 노략질을 해서 이웃나라들의 근심거리였다"라고 하였고, 같은 책 동옥저전에는 "挹婁가 배를 타고 다니면서 노략질을 좋아했는데, 북옥저가 이를 두려워해서 여름에 깊은 산골짜기의 바위굴에서 살면서 수비하고, 겨울철에 얼음이 얼어 뱃길이 통하지 않을 때에 내려와 촌락에서 살았다"라고 함. 이로 보아 북옥저에 대한 挹婁의 위협이 매우 컸음을 알 수 있음. 兩晉시기에는 挹婁가 점차 강성해지면서 부여 및 고구려 영역에도 세력을 뻗치기도 함. 당시 이 지역에 거주한 북옥저인들은 고구려의 통치하에 있었음. 그러므로 고구려가 挹婁의 남침을 막기 위해 북옥저인들을 동원하여 장성을 쌓은 것으로 볼 수 있음. 네 번째, 延邊지역에서 고구려 산성들이 발견되었음. 다섯 번째, 延邊 경내의 장성의 규모와 형태 등이 고구려 영류왕시기에 쌓은 서부의 천리장성과 유사함. 이로 볼 때 장성은 고구려가 축조하였다고 볼 수 있음.

○ 임찬경(2012) : 고구려가 연변지역의 토착세력인 북옥저인을 동원하여 그 북쪽 정치세력인 挹婁의 침략을 방어하기 위해 장성을 축조한 것으로 추정됨. 이후 발해, 東夏國, 여진 혹은 고려에서 계속 사용되었을 가능성이 높음. 이러한 관점은 고구려의 북옥저 경로에 대한 『삼국사기』 기록, 挹婁의 침략과 그에 대한 북옥저의 대응을 전하는 『삼국지』 기록과도 부합함. 또한 團結문화를 기반으로 한 북옥저와 그 북쪽에 이웃한 挹婁에 대한 고고학적 발굴자료와도 부합함.

(2) 고구려 축조 부정설

○ 이성제(2009) : 고구려가 遼東에 천리장성을 쌓은 것은 唐의 위협이라는 국가적 비상사태에 직면한 대응책이었는데, 물길은 고구려의 큰 위협세력으로 볼 수 없음. 고구려 축조설에 따르면 和龍·龍井·延吉·圖們 장성은 和龍-龍井-延吉-圖們을 감싸고 있는 긴 선이라고 할 수 있는데, 安圖 지역을 방어선 바깥에 방치하는 형국이 됨. 장성을 조성할 정도로 방어력의 강화가 절실한 것이라면, 외부로부터 지원 역시 방어의 성패를 좌우할 수 있는 요건이 될 것임. 이럴 경우 安圖는 國內城 방면과의 연결에 꼭 필요한 요충으로 우선적으로 방어되어야 할 지역임에도 불구하고 방어선 바깥에 놓여 있는 것임. 비교적 잘 남아 있는 延吉 북쪽 淸茶館 성벽을 보면, 남향으로 배치되어 있음을 확인할 수 있는데, 성벽에서 돌출되어 있는 적대가 延吉 방향을 바라보고 있음. 그리고 淸茶館을 지나고 장성선 경계로 보면, 북쪽은 산지로 이어지며, 반대쪽은 평원지대가 펼쳐지는데, 여기에서도 성벽은 남쪽인 細鱗河 방향을 응시하고 있음. 4세기 후반의 것으로 보는 목탄층에 대해서는 淸茶館 서북쪽 2km에서 채취한 자료라는 점에서 연대측정치를 부정할 만한 이유는 없으나, 한곳의 자료로써 150km가 넘는 장성의 축조연대를 판단하는 것은 무리가 있음. 또한 출토지가 돈대였다는 사실에 유의할 필요가 있는데, 후대의 돈대와 유사한 기능의 고구려시기 시설일 가능성도 있기 때문임. 따라서 목탄 표본의 발견과 그 연대추정지는 제한적으로 이해해야 할 것임.

○ 양시은(2012) : 석축 성벽의 축성방식이 엉성하고 延吉을 바라보는 안쪽 사면에 성벽이 축조되어 마치 延吉을 포위하고 있는 형국이므로, 고구려가 축조한 것으로 볼 수 없다고 추정됨.

(3) 여진, 遼·金 축조설

○ 魏聲龢(1931) : 女眞이 고려와의 갈등 속에서 축조한 것으로 추정됨.

○ 滿洲國民生部厚生司敎化科(1941) : 遼·金시기의 유적으로 추정됨.

○ 李健才(1987) : 延邊지역에 장성을 쌓을 수 있었던 국가는 오직 金뿐임. 장성의 형태는 大興安嶺 동쪽의 金代 界壕 및 邊堡와 같음. 그리고 延邊지역의 金代 성·장성과 고려가 축조한 曷懶甸 9성·장성은 남북으로 대치하고 있음. 이로 볼 때 金이 고려와의 갈등 속에서 축조한 것으로 추정됨.

(4) 東夏國 축조설

○ 徐學毅(1986) : 장성 성벽은 東夏國의 왕성인 圖們 城子山山城의 성벽과 같음. 延邊 장성의 돈대는 東夏國 봉화대와 서로 연결되어 있고 같은 시기에 축조된 것으로 보임. 봉화대가 장성 남쪽에 있는 것으로 보아 적은 장성 북쪽 혹은 서북쪽에 있는 것으로 추정됨. 이로 볼 때 東夏國이 서북부에 있던 耶律留哥의 침략을 방어하기 위해 장성을 축조한 것으로 추정됨.

○ 紹維(1986) : 東夏國 蒲鮮萬奴가 길림성, 흑룡강 동부에 축조한 장성으로 추정됨. 장성의 위치를 보면 주로 布爾哈通河를 중심으로 연길분지와 以東지역을 둘러싸고 있음. 그러므로 서쪽에 있는 적의 동침을 방어하기 위한 장벽으로 추정되는데, 元이 癸巳年(1233년)에 "蒲鮮萬奴를 생포하고 군사가 開元, 恤品에 이르니 동쪽 땅이 모두 평정되었다"는 『元史』의 기록과 비교적 부합.

이상과 같이 연변장성의 축조시기에 대해서는 고구려 축조설, 발해 축조설, 여진-금 축조설, 東夏國 축조설 등 다양한 견해가 제기된 상태임. 각 견해는 각기 타당한 논거와 함께 일정한 문제점도 지니고 있으므로 향후 더욱 다각도로 고찰할 필요가 있음. 이를 위해서는 더욱 면밀한 고고조사와 함께 문헌사료에 대한 종합적인 검토가 필요함.

참고문헌

- 魏聲龢, 1931, 「琿春古城考」, 『東北叢刊』 15.
- 滿洲國民生部厚生司敎化科, 1941, 『滿洲古蹟古物名勝天然記念物彙編』.
- 吉林省文物志編委會, 1984a, 『龍井縣文物志』, 吉林省文物志編修委員會.
- 吉林省文物志編委會, 1984b, 『琿春縣文物志』, 吉林省文物志編修委員會.
- 吉林省文物志編委會, 1984c, 『和龍縣文物志』, 吉林省文物志編修委員會.
- 吉林省文物志編委會, 1985, 『延吉市文物志』, 吉林省文物志編修委員會.
- 徐學毅, 1986, 「延邊古長城考察報告」, 『東疆學刊』 2.
- 紹維, 1986, 「延邊地區東夏邊墻」, 『中國考古學年鑒』, 文物出版社.
- 李健才, 1987, 「東北地區中部的邊疆和延邊長城」, 『遼海文物學刊』 1.
- 延邊博物館, 1988, 『延邊文物簡編』, 延邊人民出版社.
- 정영진, 1990, 「연변지구의 고구려유적 및 몇 개 문제에 대한 탐구」, 『한국상고사학보』 4.
- 吉林師範學院古籍硏究所, 1991, 『琿春史志』, 吉林文史出版社.
- 國家文物局, 1993, 『中國文物地圖集』 吉林分冊, 中國地圖出版社.
- 김현숙, 2000, 「延邊地域의 長城을 통해 본 高句麗의 東夫餘 支配」, 『國史館論叢』 88.
- 劉子敏, 2001, 「高句麗疆域沿革考辨」, 『社會科學戰線』 2001-4.
- 방학봉, 2002, 『발해성곽연구』, 연변인민출판사.
- 이성제, 2009, 「高句麗와 渤海의 城郭 운용방식에 대한 기초적 검토」, 『高句麗渤海研究』 34.
- 동북아역사재단, 2010, 『고구려성 사진자료집』(중국 길림성 동부).
- 양시은, 2012, 「연변 지역 고구려 유적의 현황과 과제」, 『동북아역사논총』 38, 동북아역사재단.
- 임찬경, 2012, 「延邊長城의 現況과 性格」, 『동북아역사논총』 38, 동북아역사재단.

중국 소재 고구려 유적과 유물 X
송화강-목단강-두만강 유역

초판 1쇄 인쇄 2020년 6월 15일
초판 1쇄 발행 2020년 6월 30일

기   획   동북아역사재단 한국고중세사연구소
엮 은 이   여호규, 강현숙, 백종오, 김종은, 이경미, 정동민
펴 낸 이   김도형
펴 낸 곳   동북아역사재단

등   록   제312-2004-050호(2004년 10월 18일)
주   소   03739 서울시 서대문구 통일로 81(미근동267) NH농협생명빌딩
전   화   02-2012-6065
팩   스   02-2012-6189
홈페이지   www.nahf.or.kr
제작·인쇄   역사공간

ⓒ 동북아역사재단, 2020

ISBN   978-89-6187-543-1 94910(세트)
       978-89-6187-547-9 94910

• 이 책의 출판권 및 저작권은 동북아역사재단이 가지고 있습니다.
  저작권법에 의해 보호를 받는 저작물이므로 어떤 형태나 어떤 방법으로도
  무단전재와 무단복제를 금합니다.
• 이 도서의 국립중앙도서관 출판예정도서목록(CIP)은 서지정보유통지원시스템 홈페이지
  (http://seoji.nl.go.kr)와 국가자료종합목록 구축시스템(http://kolis-net.nl.go.kr)에서 이용하
  실 수 있습니다. (CIP제어번호 : CIP2020024915)
• 책값은 뒤표지에 있습니다. 잘못된 책은 바꾸어 드립니다.